Psychotherapie im
Kindes- und Jugendalter

Vorwort

Diese Einführung in die Psychotherapie mit Kindern, Jugendlichen und Familien ist in zweifacher Weise aus der alltäglichen Praxis entstanden:

- Zum einen aus der *permanenten Beschäftigung mit psychotherapeutischen Behandlungsmaßnahmen*, ihren Indikationen und Problemen bei verschiedenen Erkrankungen und in verschiedenen Praxisfeldern,
- zum anderen aus nunmehr *15jähriger Unterrichtserfahrung im „Marburger Weiterbildungsseminar für Kinder-, Jugendlichen- und Familientherapie"*, welche stets Herausforderung war, das, was wir täglich praktizieren, auch möglichst effektiv weiterzugeben. Nahezu alle Autorinnen und Autoren unterrichten seit Jahren an unserem Weiterbildungsseminar.

Unsere Darstellung vermittelt ein Konzept von Psychotherapie, das von folgenden Voraussetzungen ausgeht:

1. Psychotherapie moderner Prägung kann nicht mehr für sich betrachtet oder isoliert angewandt werden. Sie ist stets einzugliedern in größere Zusammenhänge, in denen das Individuum, seine familiären Bezüge und das ganze Lebensumfeld einbezogen sind. Für Kinder und Jugendliche bedeutet dies darüber hinaus, daß die *Entwicklungsperspektive* in umfassender Weise berücksichtigt werden muß.
2. Psychotherapie gehört aber ebenso in den Kontext mit anderen Behandlungsmaßnahmen, die sie ergänzen oder die sich von ihr ergänzen lassen. In diesem Sinne lassen sich *psychotherapeutische Verfahren untereinander kombinieren*, aber auch mit anderen Behandlungsmaßnahmen (z.B. der medikamentösen Behandlung) sinnvoll und zielorientiert zusammenführen.
3. Psychotherapie kann heute nur von einer *pluralistischen Konzeption* ausgehen und sollte indikationsgeleitet und möglichst störungsspezifisch arbeiten.

4. Psychotherapie muß stets auch *lehrbar* sein, trotz der individuellen Probleme der Patienten und der vielen Variationsmöglichkeiten des Vorgehens in der psychotherapeutischen Praxis. Sie unterscheidet sich darin nicht von anderen Behandlungsmethoden. Als Lehrende kommen nur Psychotherapeuten in Frage, die langjährige Erfahrungen in der Behandlung von Kindern und Jugendlichen besitzen und die auch stets bereit sind, als Ausbilder ihre eigenen Therapiefälle zur Diskussion zu stellen. Dies trägt zur Entmythologisierung des Psychotherapeuten bei und macht die Psychotherapie im guten Sinne rational durchschaubar.

Wir versuchen, diese Gesichtspunkte in unserer klinischen Arbeit zu verwirklichen. Sie waren auch die Leitgedanken bei der Abfassung dieses Buches, welches sich an alle Berufsgruppen richtet, denen die Psychotherapie mit Kindern, Jugendlichen und Familien Aufgabe und Anliegen ist.

Mein Dank gilt zunächst allen Autoren, die ihr Wissen und ihre Erfahrungen in den einzelnen Beiträgen niedergelegt haben. Mein Dank richtet sich ferner an alle, die die umfangreichen redaktionellen Arbeiten mit viel Engagement und Geduld ausgeführt haben. Zu nennen sind hier Frau Dipl.-Psych. Monika Becker, Frau Inga Engel, Frau Inge Grundel, Frau Birgit Hofmann, Frau Ilse Karem, Frau Dipl.-Psych. Sabine Kastner, Frau Elisabeth Le Guillarme und Frau Dipl.-Psych. Johanna Schneider.

Besondere Verdienste um dieses Buch erworben haben sich der Leitende Psychologe unserer Klinik, Herr Dr. Gerhard Niebergall, und Herr Dipl-Psych. Kurt Quaschner, die nicht nur den gesamten Text abschließend redigiert, sondern auch zu allen Kapiteln kompetente Verbesserungsvorschläge gemacht haben.

Dem Thieme Verlag und seinen Mitarbeitern gilt ein besonderer Dank für die außerordentlich gute Zusammenarbeit, aber auch für die große Geduld, mit der sie mehrfache Terminverschiebungen ohne Groll akzeptiert haben.

Schließlich gilt ein besonders herzlicher Dank unseren Patienten und ihren Eltern, die uns jene Erfahrungen zugänglich gemacht haben, die wir in diesem Buche weitergeben.

In diesem Sinne widmen wir diese Darstellung unseren jetzigen und künftigen Patienten.

Marburg, im Juni 1996   Helmut Remschmidt

Inhaltsverzeichnis

II.   Psychotherapeutische Methoden und ihre Indikationen 79

III. Anwendung psychotherapeutischer Methoden bei verschiedenen kinder- und jugendpsychiatrischen Krankheitsbildern 197

Autoren

Herpertz-Dahlmann, Beate, Prof. Dr. med.
Klinik und Poliklinik f. Kinder- und Jugend-
psychiatrie der Philipps-Universität Marburg,
Hans-Sachs-Str. 6, 35033 Marburg

Jochmus, Ingeborg, Prof. Dr. med.
von-Manger-Str. 12, 48145 Münster

Kampmann-Elsas, Christiane,
Dr. phil. Dipl.-Psych. Dipl.-Päd.
Crumbacher Str. 40, 34253 Lohfelden

Martin, Matthias, PD Dr. med.
Klinik und Poliklinik f. Kinder- und Jugend-
psychiatrie der Philipps-Universität Marburg,
Hans-Sachs-Str. 6, 35033 Marburg

Mattejat, Fritz, PD Dr. phil.
Klinik und Poliklinik f. Kinder- und Jugend-
psychiatrie der Philipps-Universität Marburg,
Hans-Sachs-Str. 6, 35033 Marburg

Müller, Uwe, Dipl.-Psych.
Kinderhospital, Iburger Str. 187,
49082 Osnabrück

Niebergall, Gerhard, Dr. phil. Dipl.-Psych.
Klinik und Poliklinik f. Kinder- und Jugend-
psychiatrie der Philipps-Universität Marburg,
Hans-Sachs-Str. 6, 35033 Marburg

Quaschner, Kurt, Dipl.-Psych.
Klinik und Poliklinik f. Kinder- und Jugend-
psychiatrie der Philipps-Universität Marburg,
Hans-Sachs-Str. 6, 35033 Marburg

Remschmidt, Helmut, Prof. Dr. med. Dr. phil.
Klinik und Poliklinik f. Kinder- und Jugend-
psychiatrie der Philipps-Universität Marburg,
Hans-Sachs-Str. 6, 35033 Marburg

Schulz, Eberhard, PD Dr. med.
Klinik und Poliklinik f. Kinder- und Jugend-
psychiatrie der Philipps-Universität Marburg,
Hans-Sachs-Str. 6, 35033 Marburg

Schydlo, Reinhard, Dr. med.
Herzogstr. 89–91, 40215 Düsseldorf

Walter, Reinhard, Dr. phil. Dipl-Psych.
Klinik und Poliklinik f. Kinder- und Jugend-
psychiatrie der Philipps-Universität Marburg,
Hans-Sachs-Str. 6, 35033 Marburg

Warnke, Andreas, Prof. Dr. med. Dipl.-Psych.
Klinik für Kinder- und Jugendpsychiatrie
der Universität Würzburg, Füchsleinstr. 15,
97080 Würzburg

Weber, Doris, Prof. Dr. med.
Am Schützenplatz 2 a, 35039 Marburg

Einleitung

Helmut Remschmidt

Psychotherapie ist ein relativ junges Spezialgebiet der Medizin und der Psychologie. Ihre Grundlagen wurden um die Jahrhundertwende und in den ersten Jahrzehnten dieses Jahrhunderts gelegt, einerseits durch die Psychoanalyse, andererseits durch die Verhaltenstherapie. Sehr wichtige Impulse erhielt sie aus der Neurologie und Psychiatrie, aus der Psychologie und den Sozialwissenschaften. In Deutschland haben sich in den letzten beiden Jahrzehnten die tiefenpsychologisch fundierte Psychotherapie bzw. Psychoanalyse und die Verhaltenstherapie als gleichberechtigte Verfahren herauskristallisiert, die durch Evaluationsstudien ihre Wirksamkeit, trotz unterschiedlicher Indikationsschwerpunkte, nachgewiesen haben. Es wird künftig darauf ankommen, verschiedene psychotherapeutische Behandlungsmethoden vergleichend auf ihre Wirksamkeit zu untersuchen, um solchen Behandlungsmethoden eine Priorität einzuräumen, die sich, gestützt auf großangelegte empirische Studien, bewährt haben. Von diesem Ziel sind wir jedoch noch weit entfernt.

Im Kindes- und Jugendalter stehen wir insofern vor besonderen Problemen, als hier, stärker als im Erwachsenenbereich, die unmittelbare Umgebung des Kindes ebenso einzubeziehen ist wie die Entwicklungsvorgänge, Vulnerabilitäts- und protektive Faktoren sowie Bewältigungsstrategien, die sich auf den verschiedenen Alters- und Entwicklungsstufen unterschiedlich zeigen.

Mit diesem Buch versuchen wir, einen Überblick über den gegenwärtigen Stand der psychotherapeutischen Behandlung von Kindern und Jugendlichen unter Einschluß der Familienperspektive zu geben, wobei nicht eine lückenlose Darstellung aller möglichen Psychotherapieverfahren intendiert war, sondern eine Beschränkung auf jene, die in der alltäglichen Praxis häufig angewandt werden und nach Möglichkeit ihre erste empirische Bewährungsprobe bestanden haben.

Der *erste Teil* des Buches ist den *Grundlagen der Kinder-, Jugendlichen- und Familientherapie* gewidmet und beginnt mit Definition und Klassifikation psychotherapeutischer Vorgehensweisen. Er endet mit zwei Kapiteln zur Psychotherapieforschung und zur Qualitätssicherung.

Der *zweite Teil* gibt einen Überblick über die einzelnen *Psychotherapiemethoden*. Einbezogen wurden bevorzugt solche, die sich in der alltäglichen Praxis bewährt haben. Viele andere, die im gegenwärtigen "Psycho-Boom" propagiert werden, müssen jeweils kritisch bewertet und auf ihre Wirksamkeit geprüft werden. Dem Grundkonzept dieses Buches liegt die Auffassung zugrunde, daß nicht immer nur eine Methode zum Ziel führt; oft sind es Kombinationen von Methoden (psychotherapeutischen wie anderen Behandlungsformen), die in variablen Therapiesettings angewandt werden. Wenn der Akzent dieses Buches auf den *Psychotherapie*methoden liegt, so soll hier nicht der Eindruck vermittelt werden, daß andere Behandlungsformen bei psychisch kranken Kindern und Jugendlichen weniger angebracht oder weniger wirksam wären. Dies sind z.B. Methoden der funktionellen Übungsbehandlung, Maßnahmen der Beschäftigungstherapie, krankengymnastische und heilpädagogische sowie andere pädagogische Maßnahmen in Form einer gezielten Förderung innerhalb und außerhalb des Schulunterrichts, etwa bei Kindern mit Teilleistungsstörungen und Konzentrationsmängeln. Diese Verfahren können hier jedoch nur am Rande erwähnt werden.

Im *dritten Teil* des Buches werden wichtige und typische *psychische Erkrankungen und ihre psychotherapeutischen Behandlungsmethoden* vorgestellt. Dieser Teil hat zugleich den stärksten Bezug zu den praktischen Anwendungsmöglichkeiten der zuvor dargestellten Psychotherapiemethoden. Auch hierbei kann es sich nur um eine Auswahl von psychiatrischen Erkrankungen handeln, die in der Praxis häufig sind. Wir haben uns bemüht, die Darstellung durch die Einfügung von Fallbeispielen und die Herausarbeitung von Therapieprinzipien möglichst praxisnah zu gestalten.

Der abschließende *vierte Teil* ist der Anwendung von *Psychotherapieverfahren in verschiedenen Praxisfeldern gewidmet*. Dabei zeigt sich regelmäßig, daß die Psychotherapiemethoden, je nach Praxisfeld, gewisser Modifikationen bedürfen. Vor allem hat sich das Prinzip bewährt, daß ein Psychotherapeut mehrere Verfahren beherrscht und, je nach Indikation, selbst anwenden kann oder zumindest die verschiedenen Psychotherapiemethoden so gut kennt, daß er den Patienten ggf. an eine geeignete Klinik oder Praxis überweisen kann. Diese Vielfalt und erstrebenswerte Flexibilität bei der Anwendung von Psychotherapiemethoden stellt auch ein Grundkonzept unseres Marburger "Weiterbildungsseminars für Kinder-, Jugendlichen- und Familientherapie" dar, welches seit nunmehr 15 Jahren besteht und uns auch reiche Erfahrungen in der Vermittlung von psychotherapeutischen und anderen Behandlungsmethoden vermittelt hat. Diese Erfahrungen bestätigen, daß Psychotherapie vielen psychisch kranken Kindern und Jugendlichen und ihren Familien entscheidend weiterhelfen kann, aber auch, daß die praktischen Fortschritte im therapeutischen Vorgehen bisweilen die theoretischen Erkenntnisse überholen können. Nicht zuletzt daraus ergibt sich, daß noch viele Fragen in der Therapieforschung und Therapiepraxis offen sind, die nur durch sorgfältig konzipierte Forschungsstrategien in den nächsten Jahren geklärt werden können.

I. Grundlagen der Kinder-, Jugendlichen- und Familientherapie

1. Definition, Klassifikation und Anwendungsprinzipien

Helmut Remschmidt

1.1 Allgemeine Gesichtspunkte und Abgrenzungsfragen

Psychotherapie als Behandlung mit psychischen Mitteln muß abgegrenzt werden von anderen Behandlungsformen. Die Abgrenzung ist einfach, wenn es sich um medikamentöse Behandlung, physikalische Behandlungsmaßnahmen oder um Krankengymnastik handelt. Schwieriger wird die Abgrenzung schon bei heilpädagogischen Maßnahmen, bei der Arbeitstherapie sowie bei allen Formen der Beratung. Ja selbst bei der medikamentösen Behandlung spielen psychische Momente eine nicht unerhebliche Rolle, wie die Placeboforschung u.a. gezeigt hat. Ist aber jede Form der Einflußnahme mit psychischen Mitteln als Therapie zu bezeichnen? Diese Frage läßt sich sehr klar mit "nein" beantworten. Denn die Zahl psychischer Einflußnahmen auf Kinder und Jugendliche im Alltagsleben ist nahezu grenzenlos und niemand würde auf die Idee kommen, diese Einwirkungen als Psychotherapie zu bezeichnen. Dennoch ist die hier gestellte Frage nicht absurd. Denn angesichts des Psychobooms und des Psychomarktes haben viele Personen und Gruppen die Seele entdeckt und bieten Behandlungsmethoden an, die sie "Psychotherapie" nennen. So wird von der Maltherapie, der Reittherapie, der Kunsttherapie, der Tanztherapie, der Musiktherapie usw. gesprochen. In manchen Fällen mag diese Bezeichnung durchaus berechtigt sein, wenn sich dahinter ein Konzept verbirgt, welches Therapieziele definiert, und Methoden mit Hilfe derer die Therapieziele erreicht werden sollen. Eine Überprüfung dieser Methoden muß ebenfalls möglich sein und die Methoden müssen auf der Basis bisheriger Erkenntnisse als rational durchschaubar und überprüfbar angesehen werden können.

Im folgenden wird dementsprechend nur dann von psychotherapeutischen Methoden gesprochen, wenn sie diese Gesichtspunkte berücksichtigen. Darüberhinaus sollten noch folgende grundlegende Anforderungen gestellt werden, die zwar vielfach noch nicht realisierbar sind, die aber angestrebt werden sollten (Remschmidt 1982, 1988):

(1) Grundsatz der Spezifität

Die einzelnen psychotherapeutischen Behandlungsmethoden müssen dem Störungsmuster angemessen sein. Dies bedeutet, daß verschiedene psychiatrische Erkrankungen bei Kindern und Jugendlichen auch mit unterschiedlichen Methoden behandelt werden bzw. behandelbar sind. Spezifität heißt in diesem Zusammenhang, daß jene Methode gewählt werden muß, die im Hinblick auf das jeweilige Störungsmuster nach Maßgabe der bislang vorliegenden Befunde angemessen und wirksam ist. Im Idealfall handelt es sich um eine aus mehreren Methoden ausgewählte Behandlungsform, die bei der betreffenden Störung sowohl spezifisch wirkt als auch die besten Erfolgschancen hat. Dieser Idealfall ist bislang jedoch kaum erreicht.

(2) Grundsatz der alters- und entwicklungsbezogenen Abwandlung

Die angewandten psychotherapeutischen Methoden sollen im Hinblick auf Lebensalter und Entwicklungsstand so abgewandelt werden können, daß sie den therapeutischen Bedürfnissen auf den jeweiligen Alters- und Entwicklungsstufen entsprechen.

(3) Grundsatz der Variablität und Praktikabilität

Die einzelnen psychotherapeutischen Behandlungsmethoden müssen, je nach Setting (z.B. ambulant, stationär, home-treatment) variiert werden können und müssen vom Aufwand und von den Rahmenbedingungen her auch praktikabel sein.

(4) Grundsatz der Evaluation und Effektivitätsprüfung

Ihre Wirksamkeit muß nachgewiesen sein, möglichst im Vergleich zu anderen Behandlungsmethoden. Dieser Grundsatz gilt sowohl für somatische Behandlungsmethoden als auch für die Psychotherapie. Was letztere betrifft, so existieren bislang noch zu wenige aussagekräftige Studien im Hinblick auf die Effektivität (Wirksamkeit). An der Notwendigkeit, diese zu überprüfen muß aber festgehalten werden.

Wenngleich Definition, Durchführung und Wirksamkeitsprüfung psychotherapeutischer Methoden größeren Schwierigkeiten begegnen als bei somatischen Behandlungsmethoden, so ist die Indikationsstellung zur Psychotherapie keineswegs beliebig, sondern nach Erfahrungsgrundsätzen und Ergebnissen wissenschaftlicher Studien festlegbar.

1.2 Klassifikation psychotherapeutischer Behandlungsmethoden

Psychotherapeutische Behandlungsmethoden lassen sich nach zahlreichen Gesichtspunkten klassifizieren, z.B. nach der theoretischen Orientierung, nach den Inhalten des Verfahrens, nach den Rahmenbedingungen (Setting) oder nach den zu behandelnden Störungen bzw. der Zielgruppe.

In Abb. 1.1 sind drei wichtige Einteilungsgesichtspunkte wiedergegeben.

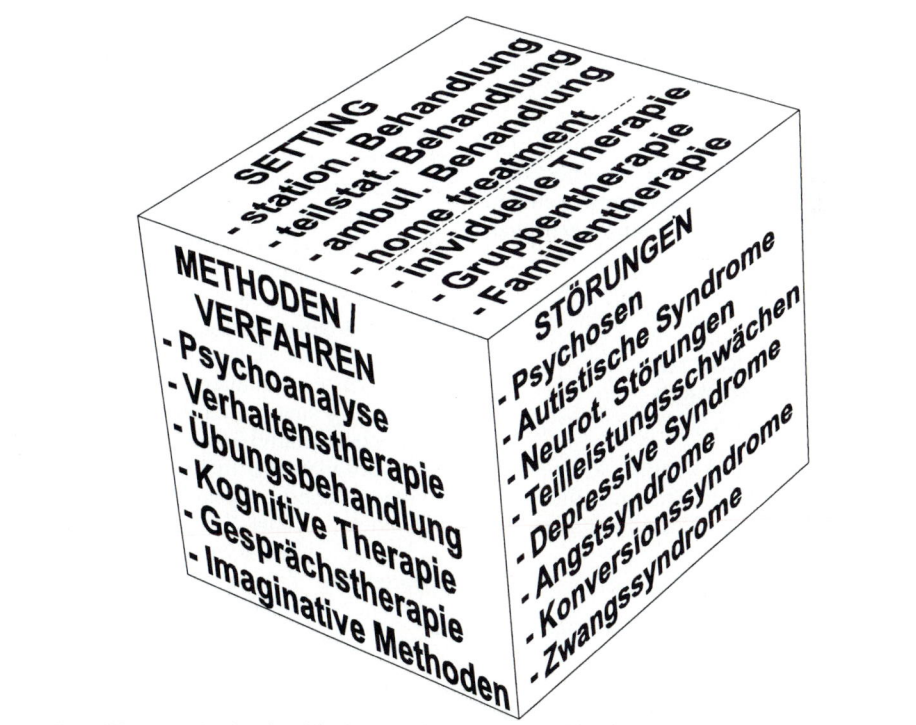

Abb. 1.1 Klassifikation der in der Kinder- und Jugendpsychiatrie gebräuchlichen Psychotherapiemethoden

(1) Zunächst geht es um die unterschiedlichen psychotherapeutischen Vorgehensweisen (Methoden), die in Abb. 1.1 nach den jeweiligen theoretischen Konzeptionen aufgelistet sind (z.B. Psychoanalyse, Verhaltenstherapie, nicht direktive Gesprächstherapie usw.).

(2) Diese Methoden können unter sehr unterschiedlichen Rahmenbedingungen (Settings) durchgeführt werden. Hier können wir wiederum unterscheiden zwischen den Partnern des therapeutischen Vorgehens (Individuum, Familie oder Gruppe) und den äußeren Rahmenbedingungen unter denen die Psychotherapie durchgeführt wird (stationäre Therapie, teilstationäre Therapie, ambulante Therapie oder home-treatment).

(3) Behandlungsmethoden und Rahmenbedingungen müssen wiederum auf die jeweiligen Störungsmuster abgestimmt sein, wobei sich in der Praxis meist mehrere Möglichkeiten ergeben. So kann z.B. ein autistisches Kind verhaltenstherapeutisch im Rahmen einer Einzeltherapie (also individuumzentriert) stationär, ambulant oder im Rahmen eines home-treatments behandelt werden. Es könnte aber ebenso stationär im Rahmen einer Spieltherapie gefördert werden. In beiden Fällen ist eine Beratung der Eltern, in gewissen Fällen auch eine Behandlung derselben, erforderlich.

Welche Methode, in welchem Setting, bei welcher Störung angewandt wird ist eine Frage der Indikationsstellung, die sich am jeweiligen Forschungsstand und an bewährten praktischen Grundsätzen orientieren sollte.

1.3 Gesichtspunkte zur Indikationsstellung

Im folgenden sind einige wichtige Grundsätze beschrieben, die bei jeder Indikationsstellung für eine psychotherapeutische Behandlungsmethode beachtet werden müssen.

(1) Sorgfältige Diagnostik vor dem Stellen einer Psychotherapie-Indikation.

Es ist selbstverständlich, daß die erste Voraussetzung für die Abwägung einer Psychotherapie-Indikation eine sorgfältige Diagnostik ist. Sie muß eine ärztliche und psychologische Untersu-

chung umfassen und über die zur Stellung der Diagnose hinaus erforderlichen Untersuchungsgänge auch bereits Gesichtspunkte für die in Aussicht genommene Psychotherapie zutage fördern. Letzteres wird häufig mit dem Begriff der therapierelevanten Diagnostik umschrieben. Vielfach wird der psychiatrischen Diagnostik vorgeworfen, sie stehe kaum im Zusammenhang mit der später erfolgenden Therapie. Heute wird jedoch in der kinder- und jugendpsychiatrischen Arbeit stets der Tatsache Rechnung getragen, daß neben der klinisch-psychiatrischen Diagnose auch jene Elemente mit erfaßt werden, die für die Formulierung von Therapiezielen wichtig sind, z.B. Entwicklungsstand, Intelligenz, Persönlichkeit, schulische und berufliche Situation, Familiensituation. Dieser Notwendigkeit tragen auch manche Klassifikationsschemata bereits Rechnung. Im Multiaxialen Klassifikationsschema für kinder- und jugendpsychiatrische Erkrankungen werden diese Bereiche erfaßt (Remschmidt und Schmidt 1994).

(2) Differentielle Anpassung der Psychotherapiemethode an das jeweilige Störungsmuster

Psychotherapie mit Kindern und Jugendlichen muß auf verschiedene Methoden zurückgreifen können. Die Indikation erfolgt im Idealfall nach Maßgabe des empirischen Wissens über die Wirksamkeit einer Behandlungsform. Leider ist diese Voraussetzung im Hinblick auf viele Störungen und Behandlungsmethoden bzw. ihre jeweilige Zuordnung noch nicht erfüllt. An zwei Beispielen läßt sich jedoch das Prinzip verdeutlichen. Monosymptomatische Phobien und Tierphobien lassen sich nach bisherigen Erkenntnissen am besten verhaltenstherapeutisch behandeln. Die Erfolge sind gut nachgewiesen und empirisch abgesichert. Individuationskrisen in der Adoleszenz wird man aber nicht verhaltenstherapeutisch, sondern eher tiefenpsychologisch orientiert behandeln, da ihre Symptome sehr uneinheitlich und zugleich umfassender sind, so daß ein lerntheoretischer Zugang zumindest mit erheblichen Problemen zu kämpfen hat (Remschmidt 1979).

(3) Abstimmung aller psychotherapeutischen Maßnahmen auf Alter und Entwicklungsstand

Diese sehr einleuchtende Forderung ist im Alltag oft schwer zu erfüllen. Jeder Therapeut muß sich aber Gedanken darüber machen, ob die von ihm in Aussicht genommene Behandlungsmethode dem Alter und Entwicklungsstand des Patienten angemessen ist. Auf diesen sehr wichtigen Gesichtspunkt soll im folgenden ein wenig genauer eingegangen werden, wobei wir uns an früher gegebene Darstellungen halten (Remschmidt 1977, 1982, 1988).

Das Kleinkindalter (3. bis 6. Lebensjahr) läßt sich entwicklungspsychologisch etwas vereinfacht kennzeichnen durch die Sprachentwicklung, die überragende Bedeutung des Spiels und der Phantasietätigkeit sowie durch die Entwicklung von Orientierungsvorgängen. Diesen Gesichtspunkten muß jede Form der Therapie Rechnung tragen. Dies bedeutet: die Anwendung projektiver (sprachfreier bzw. relativ sprachunabhängiger) Verfahren und die Nutzung des Spiels. Als therapeutische Hilfsmittel bewährt haben sich der Sceno-Test, der Welt-Test, Puppenspiele, Zeichnen und Phantasiespiele jeglicher Art. Die vom Kind dargebotenen Projektionen lassen sich sowohl diagnostisch als auch therapeutisch verwerten und erlauben vielfach auch eine gewisse Verlaufskontrolle der Therapie. Mit Hilfe dieser Technik ist sowohl eine Einzeltherapie des Kindes bei gleichzeitiger Beratung der Mutter oder der Bezugsperson möglich, als auch eine simultane Therapie von Mutter und Kind unter stufenweiser Einbeziehung der Mutter in den therapeutischen Prozeß.

Auch Verhaltenstherapien nach verschiedenen Methoden sind im Kleinkindesalter bereits möglich. Sie wurden u.a. erfolgreich angewandt beim frühkindlichen Autismus, bei Phobien und Angstzuständen, bei Tics, bei psychomotorischer Unruhe, bei Einkoten und Einnässen sowie bei hartnäckigem Nägelbeißen und Daumenlutschen.

Das Schulalter (6. bis 10. Lebensjahr) ist gekennzeichnet durch einen tiefgreifenden Wandel des kindlichen Erlebens in Richtung auf eine stärkere Realitätszuwendung, eine dauerhaftere Fixierung der Interessen sowie die zunehmende Fähigkeit zur Eingliederung in eine Gruppe. Nach Hart de Ruyter (1967, 1969) kommt in diesem Stadium dem Abwehrmechanismus der Regression eine besondere Bedeutung zu; dabei ist wichtig, unter welchen Umständen sie auftritt

(nur in der Phantasie, als Reaktion auf Frustrationen oder im alltäglichen Verhalten) und in welcher Form sie sich äußert (emotional, als Entwicklungshemmung oder in Form impulsiven und unkontrollierten Verhaltens). Auch hier muß die Psychotherapie diese Elemente berücksichtigen. Der verbale Zugang zum Kind ist besser als im Kleinkindalter, jedoch ist es vielfach notwendig, über kreative Methoden die therapeutische Kommunikation herzustellen. In dieser Lebensphase kommt auch den funktionellen Übungsbehandlungen ein besonderer Stellenwert zu.

Pubertät und Adoleszenz lassen sich entwicklungspsychologisch charakterisieren durch eine Reihe tiefgreifender psychischer und psychosozialer Wandlungen (Entwicklung zur Geschlechtsreife, Ich-Entwicklung und Identitätsfindung, Auseinandersetzung mit der Autorität in Familie, Schule und Gesellschaft) (Remschmidt 1975). Diese Wandlungen geben therapeutischen Versuchen jedweder Art besondere Probleme auf:

• Die Einleitung und Aufrechterhaltung einer Therapie ist bereits infolge des oft fehlenden Leidensdruckes häufig schwierig.

• Die Rolle des Therapeuten ist schwieriger zu definieren und auszufüllen als in der Therapie bei Erwachsenen oder bei Kindern.

• Eine weitere Schwierigkeit liegt in der speziellen Problemlage der Adoleszenten (Ablehnung einer retrospektiven Schau, Zentrierung auf aktuelle Probleme, Ablehnung von Hilfsangeboten und Autorität usw.).

Diese Gesichtspunkte erschweren die psychotherapeutische Behandlung und waren Anlaß zur Entwicklung spezieller Behandlungsmethoden für diese Altersgruppe.

(4) Sorgfältige Abwägung der jeweils besten Rahmenbedingungen (Setting) für die Therapie

Hier geht es um die Entscheidung, ob die in Aussicht genommene Psychotherapiemethode in einer Einzelsituation, als Familientherapie oder Gruppentherapie durchgeführt wird und wie die Rahmenbedingungen aussehen sollen (vgl. Abb. 1.1). Auch diese Fragen sollten stets nach zwei Gesichtspunkten abgeklärt werden: Nach dem jeweiligen empirischen Wissen über die Wirksamkeit der einzelnen Methoden und nach der Möglichkeit mit dem Kind, dem Jugendlichen und der Familie eine adäquate therapeutische Beziehung herzustellen.

Die Einleitung einer stationären Psychotherapie richtet sich in der Regel nach folgenden Gesichtspunkten:

- Schwere und/oder Chronifizierung der Erkrankung,
- Vorliegen einer Selbst- und/oder Fremdgefährdung,
- Notwendigkeit einer Trennung von der Familie und
- Fehlen geeigneter ambulanter oder teilstationärer Behandlungsangebote in Wohnnähe (relative Indikation)

Was den zuletzt genannten Gesichtspunkt betrifft, so läßt sich zeigen, daß die stationären Einweisungsraten für ambulant gut versorgte Gebiete zwar nicht niedriger sind als für ambulant schlecht versorgte Regionen, aber daß die stationäre Behandlungsdauer deutlich niedriger liegt (Remschmidt und Walter 1989).

Indikationen für eine teilstationäre psychotherapeutische Behandlung (Tagesklinik) sind:

- Verkürzung des stationären Aufenthaltes,
- Vermeidung einer stationären Behandlung und
- Vorbereitung auf eine stationäre Therapie.

Während die beiden zuerst genannten Indikationen von vornherein einleuchtend erscheinen, bedarf die dritte (Vorbereitung einer stationären Therapie) einer Erläuterung. Sie ist in jenen Fällen angebracht, in denen eine dringende stationäre Behandlungsnotwendigkeit (psychotherapeutische oder auch somatotherapeutische) besteht, der Patient und seine Familie jedoch eine derartige stationäre Aufnahme verweigern. Meist bestehen in solchen Fällen große Vorurteile gegenüber psychiatrischen Kliniken und eine Reihe irrationaler Befürchtungen, die im Rahmen einer teilstationären Behandlung häufig abgebaut werden können. Für die Eltern ist es oft eine große Beruhigung, wenn das Kind abends wieder zu Hause sein kann. Oft ist nach einer derartigen Vorbehandlung in einer Tagesklinik die stationäre Aufnahme möglich (z.B. bei Anorexia nervosa oder einer schweren Schulphobie) und eine Zwangseinweisung vermeidbar.

Was die tagesklinisch behandelbaren Erkrankungen betrifft, so ergeben sich kaum Einschränkungen, außer den bereits angeführten dringlichen Indikationen für eine stationäre Behandlung.

Indikationen für eine Behandlung im Milieu (home-treatment):

Für diese Behandlungsform, die in gewissen Fällen sowohl stationäre als auch teilstationäre Therapien und manchmal auch ambulante Behandlungsformen ersetzen kann, sind zunächst gewisse äußere Rahmenbedingungen Voraussetzung (Eisert et al. 1985):
- Wenigstens eine Bezugsperson muß zum Zeitpunkt der Therapie, aber auch zur Weiterführung derselben zu Hause sein.
- Die Räumlichkeiten sollten so sein, daß der Therapeut einen Platz findet, ohne die übrige Familie zu behindern.
- Ein Mindestmaß an Struktur muß in der Familie vorhanden sein.
- Die Entfernung darf nicht zu groß sein (Fahrtzeit des Therapeuten nicht mehr als 30-40 Minuten).

Darüberhinaus muß die Kooperationsbereitschaft der Eltern gegeben sein, das Eltern-Kind-Verhältnis darf nicht zu sehr belastet sein, und die Eltern müssen eine gewisse Gewähr dafür bieten, daß die abgesprochenen Behandlungsmaßnahmen auch dann fortgeführt werden, wenn der Therapeut nicht anwesend ist.

Schließlich muß noch darauf hingewiesen werden, daß home-treatment nur dann sinnvoll durchgeführt werden kann, wenn eine leistungsfähige Institution mit ambulanten, stationären und teilstationären Möglichkeiten im Hintergrund steht. Denn bei dem nicht seltenen Übergang von einer Behandlungsmodalität zu einer anderen sind auf diese Weise am wenigsten Schwierigkeiten zu erwarten.

Was das Krankheitsspektrum betrifft, so wurden Erfahrungen mit einer Reihe von Störungen gesammelt: Neurosen, Anorexia nervosa, Enuresis und Enkopresis, Adipositas, emotionale und Verhaltensstörungen, hyperkinetisches Syndrom (Remschmidt und Schmidt 1988).

Kontraindikationen liegen in der Notwendigkeit einer stationären Behandlung oder in besseren teilstationären Möglichkeiten. Trotz ermutigender Vorerfahrungen (Reimer 1983, Remschmidt und Schmidt 1988) hat diese Behandlungsmethode ihre Bewährungsprobe noch nicht bestanden.

(5) Integration verschiedener therapeutischer Ansätze in einen Therapieplan

Das vorliegende Buch behandelt schwerpunktmäßig psychotherapeutische Behandlungsmethoden. Bei psychiatrischen Erkrankungen im Kindes- und Jugendalter werden aber regelmäßig auch andere, nicht-psychotherapeutische Behandlungsmaßnahmen durchgeführt, die sich mit den psychotherapeutischen gegenseitig ergänzen müssen, wenn die Therapieziele erreicht werden sollen. Die Integration dieser verschiedenen therapeutischen Ansätze erfolgt in einem Therapieplan, der im Prinzip unter allen Rahmenbedingungen (z.B. ambulante Therapie, teilstationäre Therapie, home-treatment, Familientherapie etc.) erstellt werden kann. Er sollte von der Symptomatik und den Problemen des Patienten ausgehen, eine genaue Diagnose mit therapierelevanten Zusatzinformationen enthalten, die Therapieziele explicit formulieren, auf die Therapiemaßnahmen im einzelnen eingehen (einschließlich aller beteiligten Personen), Familie und Umfeld berücksichtigen und schließlich einen zeitlichen Rahmen enthalten, innerhalb dessen die Therapie voraussichtlich durchgeführt werden kann. In diesem Therapieplan ist, je nach Störung und Rahmenbedingungen, die Psychotherapie häufig ein entscheidender Baustein, der aber stets im Kontext mit anderen Behandlungsmaßnahmen gesehen werden muß. Im übrigen ändert sich die Wertigkeit der einzelnen Therapiemethoden auch häufig im Verlaufe einer Behandlung. So dominieren z.B. bei der Anorexia nervosa im kritischen, lebensbedrohlichen Stadium somatotherapeutische Maßnahmen. Sie werden mit zunehmendem Gewichtsanstieg durch individuelle psychotherapeutische Maßnahmen abgelöst, wobei, insbesondere bei jüngeren Patientinnen und Patienten dann häufig auch die Familientherapie eine entscheidende Rolle spielt. Ferner erweist sich, je nach Symptomatik, auch manchmal eine thymoleptische oder neuroleptische Medikation als erforderlich.

1.4 Grenzen der Psychotherapie

Psychotherapie bedeutet und bleibt immer Krankenbehandlung. Sie dient nicht Zielen, die darüber hinausgehen. Sie kann und will nicht erzieherische Maßnahmen oder allgemeine Lebenshilfen ersetzen. Sie kann auch nicht den Anspruch erheben, weltanschauliche Fragen zu lösen oder grundlegende Gesellschaftsänderungen herbeizuführen. Sie strebt aber auch nicht an, *jede* Befindensschwankung anzugehen, sondern sieht ihr Feld in der Behandlung psychischer Störungen oder Erkrankungen bei Kindern und Jugendlichen. In diesem Sinne heißt es in der Denkschrift der Deutschen Gesellschaft für Kinder- und Jugendpsychiatrie (1984): "Eine allumfassende "psychosoziale" Versorgung, die jedes Befindens- und Verhaltensproblem von Kindern, Jugendlichen und Familien beheben will, kann nicht die Aufgabe der Kinder- und Jugendpsychiatrie sein. Sie ist weder durchführbar noch human, da sie das Selbsthilfepotential der Betroffenen verkümmern läßt".

Psychotherapie mit Kindern, Jugendlichen und Familien hat vielmehr das Ziel, in der psychotherapeutischen Partnerschaft protektive Faktoren und Selbstheilungskräfte beim erkrankten Kind und in seiner Familie zu entdecken und diese für die Behandlung nutzbar zu machen.

Weiterführende Literatur:

Remschmidt, H.; Schmidt, M.H. (Hrsg.): Multiaxiales Klassifikationsschema für psychische Störungen des Kindes- und Jugendalters nach ICD-10 der WHO. 3. rev. Aufl.. Huber, Bern 1994.
Remschmidt, H.: Grundlagen, psychiatrischer Klassifikation und Psychodiagnostik. In: Petermann, F. (Hrsg.): Lehrbuch der Klinischen Kinderpsychologie. 2. Aufl.,3-52 Hogrefe, Göttingen 1996.

Literatur

Deutsche Gesellschaft für Kinder- und Jugendpsychiatrie (Hrsg.): Denkschrift zur Lage der Kinderpsychiatrie in der Bundesrepublik Deutschland. Marburg 1984.

Eisert, M.; Eisert, H.G.; Schmidt, M.H.: Hinweise zur Behandlung im häuslichen Milieu ("home-treatment"). Zeitschrift für Kinder- und Jugendpsychiatrie 13, 268-279, 1985.

Hart de Ruyter, T.H.: Zur Psychotherapie der Dissozialität im Jugendalter. Jahrbuch für Jugendpsychiatrie und ihre Grenzgebiete. 6, 79-108, 1967.

Hart de Ruyter, T.H.: Psychotherapie im Latenzalter. In: Biermann, G. (Hrsg): Handbuch der Kinderpsychotherapie, Bd.I, 236-240. Reinhardt, München 1969.

Reimer, M.: Verhaltensänderung in der Familie. Home-treatment in der Kinderpsychiatrie. Enke, Stuttgart 1983.

Remschmidt, H.: Neuere Ergebnisse zur Psychologie und Psychiatrie der Adoleszenz. Zeitschrift für Kinder- und Jugendpsychiatrie 3, 67-101, 1975.

Remschmidt, H.: Therapeutische Probleme in der Kinder- und Jugendpsychiatrie. In: Vogel, T.H.; Vliegen, J. (Hrsg): Diagnostische und therapeutische Methoden in der Psychiatrie, 254-265. Thieme, Stuttgart 1977.

Remschmidt, H.: Adoleszentenkrise und ihre Behandlung. In Specht, F.; Gerlicher, K; Schütt, K. (Hrsg): Beratungsarbeit mit Jugendlichen, 44-62. Vandenhoeck & Ruprecht, Göttingen 1979.

Remschmidt, H.: Indikationen und Grenzen der Psychotherapie in der Kinder- und Jugendpsychiatrie. In: Helmchen, H.; Linden, M.; Rueger, U. (Hrsg): Psychotherapie in der Psychiatrie, 280-290. Springer, Berlin 1982.

Remschmidt, H.; Schmidt, M.H. (Hrsg.): Multiaxiales Klassifikationsschema für psychiatrische Erkrankungen im Kindes- und Jugendalter nach Rutter, Shaffer und Sturge, 3 Aufl.. Huber, Bern 1994.

Remschmidt, H.: Gesichtspunkte zur Indikationsstellung therapeutischer Maßnahmen. In: Remschmidt, H.; Schmidt, M.H. (Hrsg): Kinder- und Jugendpsychiatrie in Klinik und Praxis, Bd. I, 608-614. Thieme, Stuttgart 1988.

Remschmidt, H.; Schmidt, M.H. (Hrsg.): Alternative Behandlungsformen in der Kinder- und Jugendpsychiatrie. Stationäre Behandlung, tagesklinische Behandlung und home-treatment im Vergleich. Enke, Stuttgart 1988.

Remschmidt, H.; Walter, R.: Evaluation kinder- und jugendpsychiatrischer Versorgung. Analysen und Erhebungen in drei hessischen Landkreisen. Enke, Stuttgart 1989.

2. Psychotherapiebedarf

Reinhard Walter

2.1 Einleitung

Der von der *Enquete-Kommission* im Jahr 1975 vorgelegte Bericht zur Lage der psychiatrischen und psychotherapeutischen Versorgung in der BRD hat nicht nur auf schwerwiegende Defizite in der Versorgung, vor allem psychisch kranker Kinder und Jugendlicher hingewiesen, sondern gleichzeitig auch den Mangel an zuverlässigen empirischen Daten zum Versorgungsbedarf beklagt. So wurde von der Kommission eigens eine Untersuchung in Auftrag gegeben (Kohlscheen 1975), um den Bedarf "eines Versorgungssystems für somatisch und psychisch auffällige Kinder und Jugendliche" zu ermitteln. Die bis dato vorliegenden Ergebnisse von Untersuchungen waren sowohl veraltet als auch hinsichtlich der Stichproben nicht repräsentativ bzw. auf ein zu enges Altersspektrum bezogen (von Harnack 1953, 1958; Heindorf, Renker und Schönrok 1967, Thalmann 1971). Erstaunlich ist, daß auch in der Folgezeit Fragen der Bedarfsermittlung bei Kindern und Jugendlichen allenfalls marginales Interesse in der empirischen Forschung fanden. Soweit uns bekannt ist, gibt es bisher keine einzige deutsche Studie, die speziell den Bedarf an Psychotherapie für Kinder und Jugendliche ermittelt hätte. Eine Durchsicht der ausländischen Literatur ergab, daß zu dieser Thematik ebenfalls nur wenig gesicherte Erkenntnisse vorliegen, wenn man einmal die epidemiologischen Arbeiten, die die Ermittlung von Prävalenzraten zum Ziel hatten, außer acht läßt.

Begriffserläuterungen und Methoden der Bedarfsermittlung:
Es erscheint zunächst notwendig, einige Begriffe zu erläutern und auf methodische Probleme der Bedarfsermittlung einzugehen.
Ganz allgemein bezeichnen *Prävalenzraten* den Anteil einer Bevölkerung, der unter einer

Erkrankung leidet, wobei sich die Aussagen entweder auf einen bestimmten Zeitpunkt *(Punktprävalenz)* oder einen bestimmten Zeitraum *(Streckenprävalenz)* beziehen können. Die *Inzidenz*, die eine Subgruppe darstellt, wird durch die absolute oder relative Anzahl der Neu- oder Ersterkrankungen definiert. Während die Prävalenz (auch sogenannte "wahre" Prävalenz) alle Erkrankungen in einem Zeitraum erfaßt, bezeichnet die *administrative Prävalenz* nur den Anteil der institutionell bekanntgewordenen Erkrankungen. Die teilweise erheblichen Unterschiede zwischen "wahrer" und administrativer Prävalenz (absolut und relativ) sind darauf zurückzuführen, daß nicht alle erkrankten Personen tatsächlich auch Einrichtungen der gesundheitlichen Versorgung in Anspruch nehmen.

Die administrative Prävalenz ist schwierig zu ermitteln, da Voraussetzung hierfür ist, daß alle Patienten einer definierten Region von allen in Frage kommenden Einrichtungen dokumentiert und von einer zentralen Erfassungsstelle ausgewertet werden. Bei mangelhafter Kooperation der Institutionen werden die Aussagen unzuverlässig. Eine alternative, jedoch weniger sichere Methode besteht in der retrospektiven Befragung von auslesefreien Bevölkerungsstichproben zu früheren Besuchen bei niedergelassenen Ärzten, Psychotherapeuten oder Aufenthalten in Kliniken.

Durch finanzielle und politische Unterstützungen im Rahmen des *Modellprogramms Psychiatrie der Bundesregierung (1980-1985)* war es uns erstmalig möglich, eine Totalerhebung aller Patienten bzw. Nutzer von Fachdiensten (psychiatrische, psychotherapeutische und andere psychosoziale Einrichtungen) bis zum Alter von 17 Jahren durchzuführen, die in einer definierten Region wohnhaft waren (Remschmidt, Walter 1989). Es handelte sich hierbei um eine von 14 Modellregionen, in der ausschließlich die kinder- und jugendpsychiatrische Versorgung evaluiert wurde. Das ländlich strukturierte Gebiet umfaßte

die nordhessischen Landkreise Marburg-Biedenkopf, Waldeck-Frankenberg und Schwalm-Eder
mit insgesamt 575.000 Einwohnern. Alle Einrichtungen in dieser Region, die psychisch kranke, verhaltensgestörte oder geistig behinderte
Kinder und Jugendliche versorgten, dokumentier-
ten für den Zeitraum eines Jahres, nämlich von
Mitte 1983 bis Mitte 1984 ihre Patienten bzw.
Nutzer. Außerdem beteiligten sich alle Institutionen, die ihren Standort in den angrenzenden
Landkreisen hatten. Die Auswertung ergab eine
Gesamtzahl von 3578 Kindern und Jugendlichen
mit Wohnsitz in den drei Landkreisen, die in insgesamt 70 Einrichtungen der ambulanten, stationären und komplementären Versorgung vorgestellt worden waren. Bezogen auf die altersentsprechende Bevölkerung betrug die Rate 2,9%.

2.2   Ergebnisse zur Prävalenz und zum Versorgungsbedarf

Von diesem Ergebnis kann man allerdings nicht
auf einen entsprechenden kinderpsychiatrischen
oder gar psychotherapeutischen Versorgungsbedarf schließen, da administrative Prävalenzraten,
wie bereits erwähnt, nicht diejenigen Kinder
enthalten, die trotz einer psychischen Auffälligkeit
keine Einrichtungen aufsuchen.

Eine bessere *Schätzung der Bedarfsrate* liefern Untersuchungen an unausgelesenen, repräsentativen Bevölkerungsstichproben, in denen
mittels geeigneter Verfahren die Kinder mit psychischen Auffälligkeiten ermittelt werden. Das
Hauptproblem, das sich hierbei ergibt, ist das der
Falldefinition, d.h., es müssen die Kriterien,
aufgrund derer ein Kind als psychisch auffällig
im klinischen Sinne gelten soll, definiert und
operationalisiert werden.

Für die Ermittlung von Prävalenzraten wurde
eine Reihe von *Methoden entwickelt*, die sich
grob in statistische und klinisch-diagnostische
Methoden unterteilen lassen. Die statistischen
Methoden basieren auf der *Anwendung von
Fragebögen*, mit denen die Häufigkeit und
Intensität von Symptomen bei Kindern erfragt
werden. Als Auskunftspersonen dienen entweder
die Kinder selbst, die Eltern oder die Lehrer.
Seltener werden mehrere Informationsquellen
simultan verwendet. Die klinisch-diagnostische
Methode stützt sich auf die *klinische
Urteilsbildung durch einen Experten*, der

aufgrund eines psychiatrischen Interviews, das er
mit den Eltern und/oder dem Kind führt, die
Entscheidung trifft, ob eine psychische Auffälligkeit
keit vorliegt oder nicht. Darüber hinaus kann ggf.
eine spezielle Diagnose gestellt werden. Das
Vorgehen entspricht am ehesten der klinischen
Alltagspraxis und wird als die bessere Methode
angesehen. Der Vorteil muß jedoch mit einem
beträchtlichen   Untersuchungsaufwand   erkauft
werden, da große repräsentative Stichproben von
Kindern erforderlich sind, die einzeln untersucht
werden müssen.

Die Prävalenzraten der nach 1975 durchgeführten deutschen Untersuchungen (Esser 1980;
Castell, Biener und Artner 1980; Artner, Biener
und Castell 1984; Esser und Schmidt 1987;
Poustka 1988; Fichter 1988) schwanken zwischen
9,5% (Poustka 1988) und 20,2% (Esser 1980)
sind aber aufgrund der verschiedenen Falldefini-
tionen und der unterschiedlichen Altersspektren
der untersuchten Kinder nicht ohne weiteres
miteinander vergleichbar. Die nach der statistischen Methode ermittelten Raten liegen bei
19,2% (5jährige) bzw. 20,2% (4jährige; Esser
1980), in der Untersuchung von Poustka (1988)
waren es 9,5% (4-16jährige). Die Raten der
Untersuchungen, die sich auf psychiatrische
Diagnosen stützen, bewegen sich zwischen
10,8% (Fichter 1988) und 20% (Esser 1980), d.h.,
*mindestens jedes 10. Kind oder Jugendliche weist
eine psychische Erkrankung auf.*

Das Gros der ausländischen Prävalenzstudien
kommt zu ähnlichen Ergebnissen. Danach müssen zwischen 5% und 25% der im Schulalter
befindlichen Kinder als psychisch auffällig im
weitesten Sinne angesehen werden (s. Übersicht
bei Remschmidt und Walter 1990). Bemerkenswert ist vor allem, daß in keiner Untersuchung ein
relativer Anteil von unter 5% festgestellt wurde.
Dies scheint eine absolute Untergrenze zu sein.
Gould et al. (1981) analysierten die Ergebnisse
von 25 amerikanischen und zehn britischen Studien, die zwischen 1928 und 1975 durchgeführt
wurden, und kamen zu dem Ergebnis, daß in den
USA die Rate der "clinical maladjusted children"
nicht unter 11,8% liegt. Generell scheinen die
Raten in großstädtischen Gebieten höher als in
ländlichen zu sein, was aber nicht auf einen direkten Einfluß der städtischen Lebensumwelten
zurückgeführt werden kann (s. Walter 1993).

Die Prozentzahlen, die in den genannten epidemiologischen Studien festgehalten wurden,
erlauben jedoch noch keinen Rückschluß auf
einen ebenso hohen Anteil behandlungsbedürfti-

ger Kinder, und zwar auch dann nicht, wenn die Methode der klinisch-psychiatrischen Falldefinition angewandt wurde. Der Behandlungsbedarf wird im allgemeinen niedriger eingeschätzt, weil die psychischen Auffälligkeiten leichten Grades, die keine schwerwiegende Beeinträchtigung beinhalten, hiervon ausgenommen werden. Die Beurteilung hängt wiederum vom psychiatrischen Diagnostiker ab.

So ermittelten Castell et al. (1980; s. auch Castell et al. 1981; Weyerer et al. 1988) für eine auslesefreie Stichprobe von 375 Kindern aus einem kleinstädtisch-ländlichen Gebiet Oberbayerns einen Anteil von 18% mit einer psychiatrischen Diagnose (Vierteljahresprävalenz). Für 5% wurde eine Behandlung als dringlich angesehen, für weitere 5% eine Beratung, so daß sich insgesamt *nur für 10% der Kinder ein Interventionsbedarf* ergibt. Diese Zahl gilt aber, wie bereits erwähnt, nur für ein ländliches Gebiet und für den Zeitraum von drei Monaten. Bezogen auf ein Jahr erhöhen sich die jeweiligen Anteile um 1%.

Um den *Beratungs- bzw. Behandlungsbedarf* psychisch auffälliger Kinder abzuschätzen, führten wir 1986/87 - unmittelbar nach Abschluß der Patientendokumentation im Rahmen des Modellprogramms Psychiatrie - in den bereits erwähnten drei nordhessischen Landkreisen eine Untersuchung an Schülern durch. Hierbei ging es u.a. um die Frage, wieviele der als psychisch auffällig definierten Kinder sich nicht in Behandlung befinden und welche Faktoren eine Inanspruchnahmepopulation speziell kinder- und jugendpsychiatrischer Einrichtungen beeinflussen (s. Remschmidt und Walter 1990).

Die Stichprobe umfaßte N = 1.969 Schülerinnen und Schüler im Alter von 6-17 Jahren aus insgesamt 85 öffentlichen Schulen der drei Landkreise. Sie war so zusammengesetzt, daß die Merkmale Alter, Geschlecht und Schultyp proportional zur Grundgesamtheit der Schüler pro Kreis repräsentiert waren. Alle Probanden waren auch in dem Gebiet wohnhaft. Der Anteil ausländischer, vor allem türkischer Kinder, betrug 4%.

Als Instrument setzten wir die aus dem amerikanischen übersetzte 'Child Behavior Checklist' von Achenbach u. Edelbrock (1983) ein. Der Fragebogen erfaßt 118 verschiedene Symptome und Verhaltensprobleme von Kindern und Jugendlichen. Gefragt wird jeweils nach den Häufigkeiten bzw. dem Auftreten des Verhaltens während des letzten halben Jahres in den Kategorien 0 (nicht zu treffend), 1 (etwas/manchmal) und 2 (häufig bzw. intensiv). Die Item-Antworten können zu einem Gesamtscore aufaddiert werden, darüber hinaus ist eine skalenspezifische Auswertung möglich.

Die Checkliste wurde über die Schulklassen an die Eltern verteilt. Zusätzlich wurden die Eltern und ab dem 10. Lebensjahr die Kinder selbst um Angaben darüber gebeten, wegen welcher in dem Fragebogen aufgeführten Beschwerden sie im letzten Halbjahr welche Einrichtungen aufgesucht hatten. An weiteren Daten wurden Alter, Geschlecht, Staatsangehörigkeit, Wohnort, Berufe der Eltern und Schultyp erhoben.

Zu den *kritischen Symptomen* zählten beispielsweise: Einkoten, Konzentrationsstörungen, Zwangsgedanken, Hyperaktivität, Phobien, Schulangst, Lügen, Schulschwänzen und Depressivität. Die folgenden Symptome wurden auch bei starker Ausprägung (Antwortkategorie 2) nicht für interventionsbedürftig befunden: verhält sich gegengeschlechtlich, gibt an, fühlt sich einsam, weint leicht, fordert viel Aufmerksamkeit und Beachtung, ungehorsam gegenüber Eltern usw.

Die Auswertung ergab, daß von den untersuchten Schülern 32,9% also jedes dritte Kind, ein kritisches Symptom aufwies, 12,7% der Schüler mindestens zwei Symptome und 5,8% drei und mehr Symptome.

Aufgrund einer ROC-Analyse (Receiver Operating Characteristic; Murphy et al. 1987), die unter Verwendung einer Patientenstichprobe (N = 171) und der Stichprobe der unbehandelten Schüler (n = 1.905 von N = 1.969) durchgeführt wurde, ermittelten wir als optimales Trennkriterium (niedrigste Mißklassifikationsrate) die Anzahl von zwei kritischen Items. Ein Proband galt somit als psychisch auffällig, wenn er zwei oder mehr Symptome oder Verhaltensauffälligkeiten aufwies, die nach Meinung der Experten Anlaß für eine Vorstellung in einer Institution sein sollten. Die Anwendung dieses Definitionskriteriums in der Schülerstichprobe (N = 1.969) ergab, *daß 12,7% der Schüler psychisch auffällig im Sinne einer Beratungs- oder Behandlungsbedürftigkeit sind.* Die Prävalenzrate bezieht sich auf den Zeitraum eines halben Jahres. Das Ergebnis stimmt sehr gut mit der von Castell et al. (1981) und Weyerer et al. (1988) in Oberbayern ermittelten Bedarfsrate von 10% für ein Vierteljahr und von 12% für ein ganzes Jahr überein.

Von den 1.969 Kindern befanden sich 64 im zurückliegenden Halbjahr wegen einer psychiatrischen Symptomatik oder einem Entwicklungsrückstand in Beratung oder Behandlung, das sind

3,3% der Stichprobe. Von den 64 Kindern hatten 33, also die Hälfte, eine psychiatrische/psychotherapeutische Einrichtung aufgesucht, die übrigen eine organmedizinische.

Aus den wenigen Zahlen lassen sich *zwei wichtige Schlußfolgerungen* ziehen:

(1) Obwohl das kinderpsychiatrische/psychotherapeutische Versorgungsangebot in den drei Landkreisen relativ hoch ist, liegt der Schwerpunkt der Inanspruchnahme keineswegs bei Einrichtungen dieses Typs, sondern es werden gleich häufig organmedizinische Einrichtungen beim Vorliegen einer psychischen Problematik genutzt.
(2) Wenn die Inanspruchnahmerate nur 3,3% beträgt, aber nach den Ergebnissen dieser und anderer Untersuchungen mindestens 10% der Kinder eine Beratung oder Behandlung benötigen, dann bedeutet dies, daß die Mehrzahl der Kinder mit einer psychischen Störung überhaupt nicht zur Vorstellung, gleichgültig in welcher Einrichtung, kommt.

Wir haben letztere Hypothese anhand unseres Datenmaterials überprüft und festgestellt, daß von 251 Kindern, die das Falldefinitionskriterium von zwei und mehr kritischen Items erfüllten, nur 31 institutionelle Hilfe in Anspruch genommen hatten, d.h., also 88% waren nicht in Behandlung. Andererseits fanden sich auch 33 Kinder in Behandlung, obwohl sie das Kriterium (zwei und mehr kritische Items) nicht erfüllt hatten. Dies hängt zum einen mit der mangelnden Validität des Kriteriums zusammen und zum anderen damit, daß unter den Kindern, für die eine Behandlung im letzten halben Jahr stattgefunden hatte, sich auch solche mit (in diesem Zeitraum) auslaufender bzw. abgeschlossener Behandlung befanden. Bei diesen Kindern waren dann auch nicht mehr die relevanten Symptome zu beobachten, so daß das Definitionskriterium verfehlt wurde.

2.3. Diagnosestruktur der Patienten

Die bereits eingangs erwähnte Nutzer- bzw. Patientendokumentation im Rahmen des Modellprogramms Psychiatrie ermöglichte es, auch die Diagnosen aller Patienten zu erfassen, die während des einjährigen Erhebungszeitraums (Mitte 1983 bis Mitte 1984) auf Kinder und Jugendliche spezialisierte Einrichtungen besucht hatten.

Wegen des Umfangs der Datenerhebung wurden nur ambulante und stationäre Einrichtungen mit Standort in der Modellregion berücksichtigt (N=30), von denen sich 23 an der ausführlichen Dokumentation beteiligten. Es handelte sich um Erziehungs- und sonstige Beratungsstellen, psychologische Praxen, kinder- und jugendpsychiatrische Ambulanzen, Praxen und Dienste, jugendärztliche Dienste an Gesundheitsämtern (insgesamt 21 ambulante Einrichtungen) sowie zwei kinder- und jugendpsychiatrische Kliniken.

Die genannten Einrichtungen ermittelten insgesamt N = 3722 Patienten (ambulante: 3197, stationäre 525) mit Wohnsitz in- und außerhalb der Modellregion. Von n = 3280 Patienten lag eine Diagnosestellung nach dem Multiaxialen Klassifikationsschema von Rutter, Shaffer und Sturge (Remschmidt und Schmidt 1994) vor, und zwar für alle stationären, aber nur für 2755 ambulante Patienten. Einige ambulante Einrichtungen waren aus prinzipiellen Erwägungen nicht bereit, eine Diagnose zu stellen oder hierzu nicht in der Lage. In den Zahlen sind, wie bereits erwähnt, auch auswärtige Nutzer enthalten sowie zu einem geringen Teil (8,1%) auch über 17jährige. Unter den n = 3280 Fällen befanden sich keine Mehrfachnutzer. Diese waren zuvor durch ein spezielles Verfahren ausgeschlossen worden.

Die Ergebnisse der Diagnoseauswertungen werden im folgenden (in vereinfachter Form) mitgeteilt, um Aufschlüsse über die relative Häufigkeit von psychischen Störungen zu geben, die in einer regionalen Inanspruchnahmepopulation auftreten bzw. zu erwarten sind. Tabelle 1 enthält die Diagnosen auf Achse 1 des Multiaxialen Klassifikationsschemas (Remschmidt und Schmidt, 1977). Da manche Patienten mehr als eine Diagnose erhalten haben, addieren sich die diagnosespezifischen Prozentzahlen, die auf Personen bezogen sind, zu mehr als zu 100%.

Aus der Tabelle ergibt sich zunächst, daß *38,8% der Patienten keine klinisch-psychiatrische Diagnose* erhielten. Es handelt sich hauptsächlich um Kinder und Jugendliche mit Entwicklungsstörungen, körperlichen Erkrankungen oder Intelligenzminderungen, die auf anderen Achsen klassifiziert werden.

Tabelle 2.1 Diagnosen (einschließlich Mehrfachnennungen) auf der ersten Achse für 3204
ambulante und stationäre Patienten nach ICD-9

Diagnosen	Patienten	
	N	%
Keine Störung	1244	38,8
Psychosen	180	5,6
Neurosen	214	6,7
Spezielle Syndrome	535	16,7
Anpassungs- und Belastungs-reaktionen	157	4,9
Störungen nach Hirnschädigung	77	2,4
Störungen des Sozialverhaltens	394	12,3
Spezifische emotionale Störungen	524	16,4
Hyperkinetisches Syndrom	111	3,5
Sonstige	163	5,1

5,6% (n = 180) der Patienten litten unter einer
Psychose, 6,7% (n = 214) an Neurosen, 3,5% an
einem hyperkinetischen Syndrom usw. Die
geringe Zahl der Neurosen erklärt sich daraus,
daß im Multiaxialen Klassifikationsschema Neurosen nur dann diagnostiziert werden, wenn sie
dem Typus der klassischen Neurosen des Er-
wachsenenalters entsprechen (z.B. Zwangsneurose, Phobie, Angstneurose), während alle anderen "neurotischen Störungen" unter den "spezifischen emotionalen Störungen" subsumiert sind.
Zählt man zu den beiden genannten Kategorien
noch die "Anpassungs- und Belastungsreaktionen" hinzu, so erhält man als relativ größte Gruppe 28% sogenannter introversiver Störungen,
gefolgt von 16,7% spezieller Syndrome und
12,3% Störungen des Sozialverhaltens. Die
Anteile aller übrigen Diagnosen liegen deutlich
unterhalb 10%.
Was die Diagnosen auf der Achse 2 des Multiaxialen Klassifikationsschemas anbetrifft, so
wiesen 72,2% der Patienten (n = 2297) keinen
Entwicklungsrückstand auf. 10,4% der Patienten
(n = 330) hatten einen Rückstand in der Sprachentwicklung, 10,3% (n = 329) in der motorischen Entwicklung, 6,3% (n = 201) wiesen eine
umschriebene Lese-Rechtschreibschwäche auf,
5,8% (n = 186) einen multiplen Entwicklungsrückstand, 1,3% (n = 42) eine umschriebene
Rechenschwäche und 1% (n = 32) andere
umschriebene Lernschwächen.
Eine Intelligenzmessung lag bei n = 2234
Patienten vor. Im Bereich der Lernbehinderung

bewegten sich 9,9% der Patienten (n =221), 7,6%
(n = 170) waren mindestens leichtgradig geistig
behindert.
Auf die Diagnosen der vierten Achse (körperliche Erkrankungen) soll im folgenden nicht
detailliert eingegangen werden. Mitteilungswert
ist allerdings die Tatsache, daß 50,4% aller
Patienten (n = 1520), also jeder zweite, einen körperlichen Befund aufwiesen (z.B. Paresen, Epilepsie, Migräne, MCD, Hirnverletzungen, sonstige Erkrankungen des ZNS). Das Ergebnis
zeigt, daß auf körperliche Untersuchungen nicht
verzichtet werden kann, stellen doch körperliche
Erkrankungen auch Risikofaktoren für psychische
Störungen dar. Dies trifft natürlich auch auf Entwicklungsrückstände und Intelligenzminderungen
zu, die vor dem Beginn einer Psychotherapie
diagnostisch abzuklären sind. Die mitgeteilten
Zahen machen deutlich, daß der auf Kinder und
Jugendliche spezialisierte Therapeut diagnostisch
mehrgleisig orientiert sein sollte, um Fehler in der
Indikationsstellung und psychotherapeutichen
Behandlung zu vermeiden.
In der Gesamtstichprobe der ambulanten Patienten erhielten n = 995, also *fast jeder dritte*,
psychotherapeutische Behandlungsmaßnahmen in
Kombination mit anderen Hilfen. Am *häufigsten
wurden Gesprächspsychotherapien (35,1%) bzw.
kindzentrierte Spieltherapien (22,4%)* durchgeführt. In nennenswertem Umfang kamen außerdem noch *Verhaltenstherapie (13,2%)* und *psychoanalytische Verfahren (9,7%)* zur Anwendung.
Von den *stationären Patienten* (N = 525)
erhielten *74,1%* eine *Psychotherapie*. Die am
häufigsten angewandte Therapie war wiederum
die Gesprächspsychotherapie (48,7%), gefolgt
von der Verhaltenstherapie (15,3%), psychoanalytischen Verfahren (9,7%), Psychodrama/Rol-
lenspiel (9,2%), kindzentrierte Spieltherapie (8%)
und sonstige Verfahren.
Die Zahlen belegen, daß die Verhaltenstherapie noch relativ selten in der Praxis angewandt
wird, obwohl sie nach Metaanalysen von weltweit
durchgeführten Therapiekontrollstudien (Grawe
1992, Heekerens 1989) die höchste Effektstärke
zeigt, d.h., den anderen überprüften Therapieformen (Gesprächspsychotherapie, psychoanalytische Therapien) deutlich überlegen ist. Im Unterschied zu Erwachsenen erwiesen sich bei Kindern
psychodynamische Therapieformen sogar als
unwirksam (Heekerens 1989).

2.4 Schlußfolgerungen

Die hohe *Diskrepanz zwischen administrativer und wahrer Prävalenz*, die generell in epidemiologischen Untersuchungen gefunden wird, kann in der untersuchten Region nicht durch ein mangelndes Versorgungsangebot erklärt werden, sondern muß andere Ursachen haben. In einigen wenigen Studien hat man versucht, die Variablen, die eine Inanspruchnahme begünstigen, zu identifizieren (Übersicht siehe Remschmidt u. Walter, 1990). Die Ergebnisse lassen sich folgendermaßen zusammenfassen:

(1) Familien, in denen eine *negative Einstellung gegenüber dem Kind* oder ein kontrollierender Erziehungsstil dominiert, finden sich häufiger bei den Patienten als bei den nicht vorgestellten Kindern. Die Mütter der Patienten sind außerdem nervöser, hilfloser, resignierter, kurzum weniger belastbar. Eine zweite Gruppe von Eltern bilden diejenigen, die aufgeschlossener, gebildeter und informierter sind. Dies erklärt das recht konsistente Ergebnis, das auch in unserer Untersuchung bestätigt wurde, nämlich daß Familien aus oberen sozialen Schichten eine höhere Behandlungsbereitschaft haben .

(2) Die Bereitschaft der Eltern, ihr Kind in einer Institution vorzustellen, wird durch *Art und Schwere der Symptomatik* mitbestimmt. Zum einen nimmt die Inanspruchnahme mit der Schwere der Störung zu, zum anderen sind es vor allem die extraversiven Störungen und Schulschwierigkeiten, die Eltern zu einer Konsultation von Experten veranlassen.

(3) Mindestens *ein Drittel der Eltern*, deren Kind nach Expertenmeinung psychisch auffällig ist, *erkennen dies überhaupt nicht*, d.h., sie beurteilen das Verhalten als nicht abweichend. Von denen, die die psychische Auffälligkeit erkennen, sind wiederum nur 20-60% bereit, eine Einrichtung aufzusuchen, die übrigen nicht.

(4) Die Wahrscheinlichkeit, vorgestellt zu werden, scheint für Jungen höher zu sein als für Mädchen bzw. es wurden - wie in unserer Untersuchung - *keine Geschlechterunterschiede* gefunden.

(5) In unserer Untersuchung fanden wir, daß die *Behandlungsbereitschaft mit zunehmendem Alter der Kinder abnimmt*. Bei jüngeren Kindern ist also die Besorgnis der Eltern höher.

Zusammenfassend kann man davon ausgehen, daß die Rate beratungs- und behandlungsbedürftiger Kinder in der Bevölkerung nicht unter 10% liegt, wobei der Bedarf an Psychotherapien niedriger anzusetzen ist. Abzüglich des Anteils der Kinder, für die eine Beratung ausreichend ist oder die somatische Behandlungen in Anspruch nehmen (einschließlich Logopädie, psychomotorische Übungsbehandlung), dürfte die *Rate psychotherapiebedürftiger Kinder* deutlich weniger als 10% betragen. Präzisere Aussagen sind aufgrund des bisherigen Erkenntnisstandes leider nicht möglich.

Die *Psychotherapiebedürftigkeit* hängt nicht nur davon ab, ob eine psychische Störung vorliegt, sondern auch davon, ob das Kind bzw. dessen Familie über Problembewältigungsmöglichkeiten verfügt, die eine Intervention ggf. überflüssig machen. Bei künftigen Studien zum Psychotherapiebedarf sollten daher zusätzlich die Coping-Potentiale erfaßt werden, da nur auf diese Weise genauere Zahlen zu erhalten sind. Von großem Interesse wäre auch die Beantwortung der Frage, wie sich diejenigen Kinder und Jugendlichen entwickeln, die trotz einer Behandlungsbedürftigkeit keine entsprechenden Angebote in Anspruch nehmen.

Weiterführende Literatur:

Remschmidt, H.; Walter, R.: Psychische Auffälligkeiten bei Schulkindern. Mit deutschen Normen für die Child Behavior Checklist. Hogrefe, Göttingen 1990.
Walter, R.; Remschmidt, H.: Zum Bedarf an Psychotherapie im Schulalter. Praxis der Kinderpsychologie und Kinderpsychiatrie 43, 223-229, 1993.

Literatur

Achenbach, T.M.; Edelbrock, C.S.: Manual for the Child Behavior Checklist and Revised Child Behavior Profile. Queen City Printers Inc., Burlington 1983.
Artner, K.; Biener, A.; Castell, R.: Psychiatrische Epidemiologie im Kindesalter. Untersuchungen an 3-14jährigen Kindern. In: Dilling, H.; Weyerer, S.: Castell, R. (Hrsg.): Psychiatrische Erkrankungen in der Bevölkerung, 123-195. Enke, Stuttgart 1984.

Castell, R.; Biener, A.; Artner, K.: Häufigkeit psychischer Störungen bei Kindern und Jugendlichen. Münchner Medizinische Wochenschrift 122, 591-592, 1980a.

Castell, R.; Biener, A.; Artner, K.; Dilling, H.: Häufigkeit von psychischen Störungen und Verhaltensauffälligkeiten bei Kindern und ihre psychiatrische Versorgung. Ergebnisse einer repräsentativen Querschnittsuntersuchung 3- bis 14jähriger. Zeitschrift für Kinder- und Jugendpsychiatrie 9, 115-125, 1981.

Deutscher Bundestag (Hrsg.): Bericht über die Lage der Psychiatrie in der Bundesrepublik Deutschland - Zur psychiatrischen und psychotherapeutisch/psychosomatischen Versorgung der Bevölkerung -. BT-Drucksache 7/4200, Bonn 1975.

Esser, G.: Über den Zusammenhang von Verhaltens- und Leistungsstörungen im Vorschulalter (und Grundschule). Diss. Mannheim, 1980.

Esser, G.; Schmidt, M.H.: Epidemiologie und Verlauf kinderpsychiatrischer Störungen im Schulalter - Ergebnisse einer Längsschnittstudie. Nervenheilkunde 6, 27-35, 1987.

Fichter, M.M.: Die Oberbayerische Verlaufsuntersuchung: Psychische Erkrankungen in der Bevölkerung. Bericht an die Deutsche Forschungsgemeinschaft über das Projekt D4 am Sonderforschungsbereich 116 ("Psychiatrische Epidemiologie") in Mannheim, Außenstelle München 1988.

Gould, M.S.; Wunsch-Hitzig, R.; Dohrenwend, B.: Estimating the Prevalence of Childhood Psychopathology. A Critical Review. Journal of the American Academy of Child Psychiatry 20, 462-476, 1981.

Grawe, K.: Psychotherapieforschung zu Beginn der neunziger Jahre. Psychologische Rundschau 43, 132-162, 1992.

Harnack, G.A. von: Wesen und soziale Bedingtheit frühkindlicher Verhaltensstörungen. Karger, Basel-New York 1953.

Harnack, G.A. von: Nervöse Verhaltensstörungen beim Schulkind. Eine medizinisch-soziologische Untersuchung. Thieme, Stuttgart 1958.

Heindorf, H.; Renker, K.; Schönrok, G.: Über Auffälligkeiten bei Vorschulkindern. VEB Verlag Volk und Gesundheit, Berlin, 1967.

Heekerens, H.P.: Effektivität von Kinder- und Jugendpsychotherapie im Spiegel von Meta-Analysen. Zeitschrift für Kinder- und Jugendpsychiatrie 17, 150-157, 1989.

Kohlscheen, G.: "Untersuchungen zur Bedarfsermittlung eines Versorgungssystems für somatisch und psychisch auffällige Kinder und Jugendliche". Anhang zum Bericht über die Lage der Psychiatrie in der Bundesrepublik Deutschland. - Zur psychiatrischen und psychotherapeutisch/psychosomatischen Versorgung der Bevölkerung. - Hrsg.: Deutscher Bundestag. BT-Drucksache, Bonn 7/4201, 432-457, 1975.

Murphy, J.M., Berwick, D.M., Weinstein, M.C., Borus, J.F., Budman, S.H., Klerman, G.L.: Performance of Screening and Diagnostic Tests. Application of Receiver Operating Characteristic Analysis. Archives of General Psychiatry 44, 550-555, 1987.

Poustka, F.: Untersuchung der gesundheitlichen Beeinträchtigung von Kindern in Gebieten unterschiedlicher militärischer Tiefflugaktivitäten. Unveröffentlichter Abschlußbericht über eine Felduntersuchung in Westfalen an den Minister für Umwelt, Raumordnung und Landwirtschaft des Landes Nordrhein-Westfalen, Frankfurt 1988.

Remschmidt, H.; Schmidt, M. (Hrsg.): Multiaxiales Klassifikationsschema für psychiatrische Erkrankungen im Kindes- und Jugendalter nach Rutter, Shaffer und Sturge. Huber, Bern, Stuttgart, Wien 1977, 1994[3].

Remschmidt, H.; Walter, R.: Evaluation kinder- und jugendpsychiatrischer Versorgung. Analysen und Erhebungen in drei hessischen Landkreisen. Enke, Stuttgart, 1989.

Remschmidt, H.; Walter, R.: Psychische Auffälligkeiten bei Schulkindern. Hogrefe, Göttingen 1990.

Thalmann, H.-Ch.: Verhaltensstörungen bei Kindern im Grundschulalter. Klett, Stuttgart 1971.

Walter, R.: Psychische Auffälligkeiten im Kindes- und Jugendalter. Untersuchungen über den Einfluß soziobiographischer Merkmale und Siedlungsstrukturen. Diss. im FB Psychologie, Marburg 1993.

Weyerer, S.; Castell, R.; Biener, A.; Artner, K.; Dilling, H.: Prevalence and Treatment of Psychiatric Disorders in 3 to 14-Year-Old Children: Results of a Representative Field Study in the Small Town Rural Region of Traunstein, Upper Bavaria. Acta Psychiatrica Scandinavica 77, 290-296, 1988.

3. Indikationsstellung und Therapieplanung

Fritz Mattejat

3.1 Diagnostik und Therapie als Problemlösungsprozesse

Definitionen

Unter Indikationsstellung (von indicatio = Hinweis, Anzeige) versteht man in der Medizin die Bestimmung des geeigneten Therapieverfahrens. Die Indikationsstellung hat die Aufgabe, bei einer bestimmten Erkrankung das Behandlungsverfahren auszuwählen, durch das die Erkrankung geheilt (kausale Behandlung) oder in ihren Folgewirkungen abgemildert werden kann (symptomatische Behandlung). Zur Indikationsstellung gehört zunächst die Definition des Behandlungsziels; während die Zielbestimmung in der somatischen Medizin zumindest in vielen Fällen relativ unstrittig ist, können im psychotherapeutischen Bereich bei der gleichen Ausgangslage die Therapieziele in sehr unterschiedlicher Weise definiert werden, so daß schon die Frage, ob und in welchem Sinne im psychotherapeutischen Bereich überhaupt eine "optimale Behandlung" definierbar ist, kontrovers diskutiert wird (vgl. Schulte, 1991).

Analoge Grundsatzprobleme können am Begriff der Therapieplanung aufgezeigt werden. "Planung" kann definiert werden (vgl. hierzu Lau in Speck, 1980, S. 481) als die bewußte und rationale Vorbereitung von Handlungen und damit verbundener Prozesse, wobei auf eine bestimmte Situation, Zielzustände und mögliche Mittel oder Operationen Bezug genommen wird. In seiner Anwendung auf den psychotherapeutischen Bereich impliziert dies ein bestimmtes Therapieverständnis: Therapie wird als bewußtes Problemlösen verstanden (vgl. z.B. Bartling et al., 1980; Caspar, 1987 und 1989; Schmidt, 1984; Jäger, 1988; Steller, 1994; Rudolf, 1993). Wird die rational begründbare Planung in den Vordergrund gestellt, so rücken damit andere Aspekte, wie z.B. subjektive und irrationale Momente und nicht prognostizierbare Prozesse in den Hintergrund (vgl. z.B. Schulte, 1991; Schiepek, 1991). Wenn Psychodiagnostik und Therapie in sinnvoller Weise als Prozeß der Problemlösung aufgefaßt werden soll, ist es deshalb notwendig, ein komplexes Problemlösungsmodell zugrundezulegen.

Problemlösungsmodell

In Abb. 3.1 sind Diagnostik und Therapie schematisch als Problemlösungsprozesse dargestellt; dabei nimmt die Indikationsstellung und Therapieplanung (mit ihren drei aufeinander bezogenen Grundkomponenten: Problemstruktur, Zielstruktur und mögliche Interventionen) einen zentralen Stellenwert ein: Der Prozeß setzt ein mit der Informationsgewinnung. In einem nächsten Schritt werden die erhaltenen Informationen einer diagnostischen Analyse unterzogen, um die weiteren Schritte planen zu können. Durch die Indikationsstellung und Therapieplanung werden zwei grundlegende Fragen beantwortet:

- Sind die diagnostischen Informationen hinreichend, um Interventionen sinnvoll planen zu können oder sind weitere diagnostische Schritte notwendig?

- Sind überhaupt therapeutische Interventionen notwendig und sinnvoll und um welche Interventionen handelt es sich hierbei?

Falls die diagnostischen Informationen noch nicht hinreichend sind, wird die Informationsgewinnung weitergeführt bzw. vertieft (Schleife 1). Falls dagegen die diagnostischen Informationen hinreichend sind, können die vorgesehenen therapeutischen Interventionen durchgeführt werden oder (falls keine Interventionen angezeigt sind) kann der Prozeß abgeschlossen werden. Während

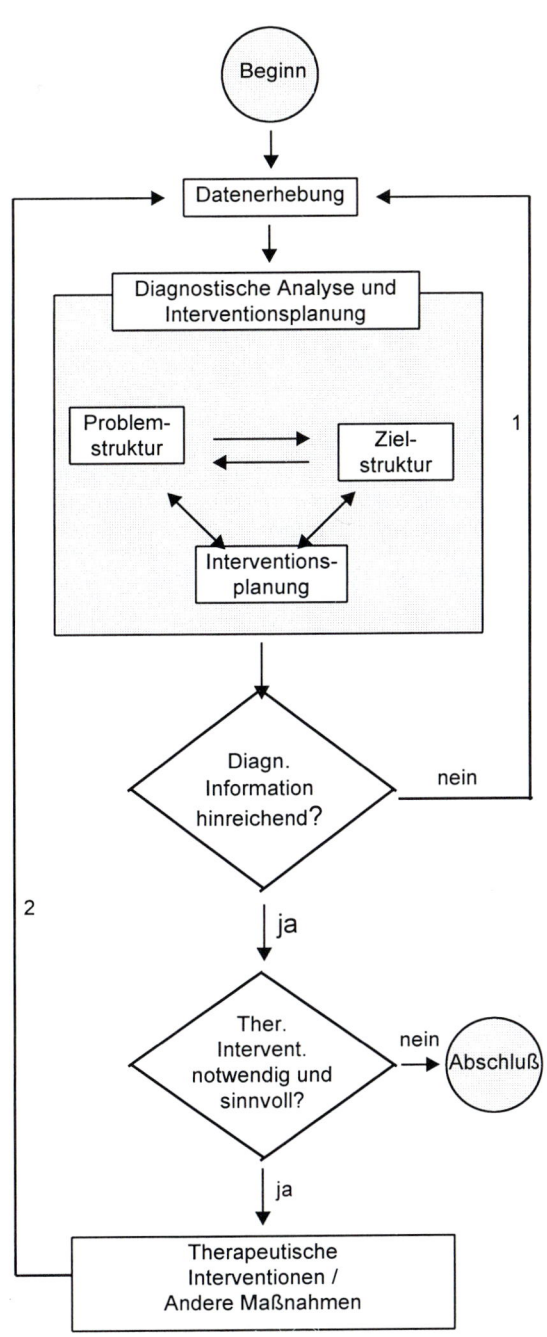

Abb. 3.1 Diagnostik und Therapie als Problem-lösungsfälle

der Therapiedurchführung werden kontinuierlich weitere Informationen gewonnen (Schleife 2), durch die die ursprüngliche diagnostische Analyse präzisiert, korrigiert und ergänzt werden kann und in denen sich die Veränderungen im Therapieverlauf darstellen, wodurch sich wiederum die weitere Planung verändert (Fortschreibung, Veränderung und Anpassung im Therapieverlauf).

Dieses Problemlösungs-Modell kann auf unterschiedliche Phasen der Indikationsstellung bzw. Therapieplanung angewandt werden: Die Vorausplanung, die sich an die Anfangsdiagnostik anschließt kann von den Verlaufsanpassungen während der Therapie abehoben werden (vgl. Schulte 1991). Seidenstücker (1984, 1988) unterscheidet in diesem Zusammenhang zwischen der "selektiven Indikation" und der "adaptiven Indikation". Schließlich können auch unterschiedliche Ebenen des diagnostischen und therapeutischen Prozesses nach dem dargestellten Problemlösungs-Schema analysiert werden; am gebräuchlichsten ist hierbei die Unterscheidung von drei Ebenen (vgl. hierzu z.B. Schulte, 1991; Blaser et al., 1992): Die Indikationsstellung und Therapieplanung bezieht sich zum einen auf die Ebene der Therapiestrategie bzw. des Therapiekonzeptes; innerhalb einer Gesamtstrategie wiederum ist darüber zu entscheiden, welche Therapiemethoden zur Anwendung kommen sollen, und schließlich ist gleichsam auf der mikroskopischen Ebene darüber zu entscheiden, durch welche therapeutischen Interventionen (bzw. Techniken) die gewählten Methoden zu realisieren sind. Während die Therapiestrategie und die Therapiemethoden vorausgeplant werden können, sind die Entscheidungen bezüglich der einzelnen Interventionen (z.B. im Verlauf einer Sitzung) häufig spontan und intuitiv und können erst im Nachhinein (z.B. in Supervisionen) reflektiert werden.

Spezifische Charakteristiken der Indikationsstellung und Therapieplanung

Bei den Indikationsentscheidungen haben wir auf die Ergebnisse der Therapieforschung zurückzugreifen, die uns objektives Wissen darüber vermittelt, unter welchen Bedingungen und bei welchen Zielsetzungen welche Methoden am besten geeignet sind. Die Nutzung der wissenschaftlichen Erkenntnisse, etwa aus der Psychotherapieforschung (vgl. Grawe et al., 1994; Heekerens, 1989) aber ist eine komplizierte Aufgabe mit spezifischen Charakteristiken, unter denen die folgenden Aspekte hervorzuheben sind:

(1)   Grenzen der Planbarkeit in komplexen Handlungssituationen:

Klinische Situationen sind komplexe Handlungssituationen, die weder für die Patienten selbst, noch für ihre Angehörigen und auch nicht für die Fachleute vollständig überschaubar sind. Sie sind deshalb - wie viele andere komplexe Handlungssituationen (vgl. hierzu Dörner, 1992) nur begrenzt planbar (vgl. Schiepek, 1991).

(2)   Planung als heuristische Konstruktion:

Die Therapieplanung hängt von einer Vielzahl von Kontextbedingungen ab. Deshalb kann die Indikationsstellung nicht als deterministische Regelanwendung aufgefaßt werden, sie stellt sich vielmehr als heuristischer Konstruktionsprozeß dar, bei dem die verschiedenen Komponenten in einen Behandlungsplan integriert werden, der in jedem Einzelfall neu zu erstellen ist, um zu einem individuell "maßgeschneiderten" Therapiekonzept zu gelangen (vgl. hierzu Grawe, 1988; Caspar und Grawe, 1992; Ambühl und Grawe, 1989; s.a. Blaser et al., 1992; Queckelberghe, 1979).

(3)   Pragmatisch-empirische Bedingungen:

Indikationsstellung und Therapieplanung stehen immer unter empirisch-pragmatischen Restriktionen: Hierzu gehören objektive Bedingungen wie z.B. die begrenzte Verfügbarkeit von Behandlungsangeboten; darüberhinaus sind in diesem Zusammenhang die persönlichen Bedingungen auf Seiten der Therapeuten (z.B. unterschiedliche fachliche Kompetenz; unterschiedliche Resonanz verschiedenen Patienten gegenüber) und bei den Patienten und ihren Angehörigen (z.B. eingeschränkte Kooperationsbereitschaft und -Fähigkeit) zu nennen. Die "theoretische Indikation" bezieht sich auf Gesichtspunkte, die zu einem optimalen Behandlungsangebot führen; die "pragmatische Indikation" dagegen wird unter Berücksichtigung des realisierbaren Behandlungsangebotes gestellt (vgl. Seidenstücker, 1984 und 1988). In Abb. 3.2 sind die wichtigsten Therapievoraussetzungen schematisch aufgeführt.

(4)   Die subjektive Komponente:

Indikationsstellung und Therapieplanung ist zu einem erheblichen Teil abhängig von den subjektiv-persönlichen Bedingungen des Diagnostikers bzw. Therapeuten. Die Indikationsstellung wird durch persongebundenes Expertenwissen, persönliche Wertungen, subjektive Präferenzen und emotionale Prozesse des Therapeuten beeinflußt. Dabei zeigt sich uns die "subjektive Komponente" in ihrer doppelten Wertigkeit: Einerseits wird durch sie eine objektive Indikationsstellung gefährdet oder doch zumindest eingeschränkt. Auf der anderen Seite sind die subjektiven Reaktionen der Therapeuten unverzichtbare diagnostische Mittel und ein wesentliches Medium der Therapie. Subjektiv Aspekte können deshalb aus der Indikationsstellung nicht eliminiert werden, es ist aber wichtig, sie kritisch zu reflektieren (gemeinsame Fallbearbeitung. Supervision, Fallbesprechung, Konsultation).

(5)   Die interaktionale Komponente:

Die Indikationsstellung ist zunächst einmal eine professionelle Aufgabe für die involvierten Therapeuten; doch die beste Therapieplanung nützt wenig, wenn sie nicht bei den Patienten und ihren Angehörigen "ankommt". Die expertenorientierte Indikation bezieht sich auf die Sicht der "klinischen Experten", d.h. die Indikationsstellung, so wie sie sich im Behandlungsvorschlag bzw. Therapieangebot der Diagnostiker bzw. Therapeuten niederschlägt. Der Begriff der interaktionellen (kooperationsorientierten) Indikation bezieht sich darauf, daß die faktisch wirksame Indikationsstellung - so wie sie sich in der Therapievereinbarung niederschlägt - das Ergebnis eines Einigungsprozesses zwischen Therapeuten, Patienten und ihren Familien darstellen soll (vgl. auch Seidenstücker, 1988).

	Bedingungen auf der Seite der Therapeuten	Bedingungen auf der Seite der Patienten und ihrer Familien
Objektiv-strukturelle Therapiebedingungen	Institutionelle Voraussetzungen (Versorgungssystem): Mögliche Therapie-modalitäten und -Settings; Zugang zu den Therapie-möglichkeiten; Kooperation zwischen verschiedenen Einrichtungen.	Möglichkeiten zur Finanzierung der Maßnahmen (Krankenversicherung, andere Möglichkeiten); Wohnort und Fahrtmöglichkeiten; zusätzliche Belastungen unter denen die Familie steht; Arbeitsbedingungen der Familienmitglieder.
Subjektiv-interaktionale Therapiebedingungen	Allgemeine Erfahrung und fachliche Kompetenz; Ausbildung in bestimmten psychotherapeutischen Verfahren; persönliche Affinität zu bestimmten psychotherapeutischen Verfahren; therapiebezogene Erwartungen und Patientenpräferenzen; subjektive Einstellung und Kontakt zum Patienten und seiner Familie.	Problemwahrnehmung und -interpretation; Leidensdruck und Einsicht in die Krankheit bzw. Störung; Therapiemotivation, Kooperationsbereitschaft und Kooperationsfähigkeit; Erwartungen an die Therapie und damit verbundene Hoffnungen und Befürchtungen; Einstellung gegenüber dem Diagnostiker / Therapeuten.

Abb. 3.2 Übersicht über die Therapiebedingungen

Der konkrete Ablauf der Indikationsstellung und Therapieplanung

In Abb. 3.3 ist ein typischer klinischer Ablauf dargestellt; er setzt ein mit der Vorstellung des Kindes bzw. Jugendlichen, die mit einem mehr oder weniger spezifischen Auftrag bzw. Fragestellung verbunden ist. Es schließt sich die Anfangsdiagnostik an, deren Ziel darin besteht, zu Diagnosen und einer Fallkonzeption zu gelangen. Hieran anknüpfend besteht nun die Aufgabe des Diagnostikers bzw. Therapeuten darin, die Indikation für eine mögliche Behandlung zu stellen und die Therapie zu planen (= expertenorientierte selektive Indikationsstellung bzw. Vorausplanung). Hierzu gehören die Klärung der Behandlungsnotwendigkeit und -möglichkeiten (d.h. die Beantwortung der "Grundfragen" der Indikationsstellung), die Gesamtplanung aller Behandlungs- bzw. Hilfsmaßnahmen und die spezielle Planung der Psychotherapie. Das Ziel dieses Schrittes besteht darin, einen Therapievorschlag zu entwickeln. Im nächsten Schritt, der Beratung des Patienten und seiner Angehörigen soll die Familie über die Ergebnisse der Diagnostik informiert, der Therapievorschlag erläutert und mit der Familie diskutiert werden (kooperations- bzw. konsensorientierte Indikation), um mit ihr - falls dies notwendig und sinnvoll erscheint - zu einer Therapievereinbarung (Therapievertrag)

zu gelangen. Hieran können sich die Psychotherapie bzw. die anderen vorgesehenen Maßnahmen anschließen. Diese Interventionen werden fortlaufend an den erreichten Entwicklungsstand angepaßt (adaptive Indikation/Verlaufsanpassung); der Prozeß wird durch die Therapieevaluation abgeschlossen. Die weitere Darstellung orientiert sich an diesem Ablaufschema.

3.2 Klärung der Grundfragen: Therapienotwendigkeit und Therapiemöglichkeit

Ausgangspunkt und Grundlage einer fundierten Indikationsstellung ist fachgerechte Diagnostik, deren Ziel darin besteht, die Diagnosen (z.B. nach ICD; vgl. Remschmidt und Schmidt, 1994) zu gewinnen und eine Fallkonzeption (ätiologische Faktoren, Bedingungszusammenhänge) zu erarbeiten. Hiervon ausgehend können dann die zwei Grundfragen der Indikationsstellung geklärt werden: Die Frage nach der Therapienotwendigkeit (Wie notwendig ist eine Behandlung?) und die Frage nach den Therapiemöglichkeiten (Welche Behandlungen sind sinnvoll möglich?). Beide Fragen können weiter aufgeschlüsselt werden (siehe Abb. 3.4), bei der Frage nach der Therapie-

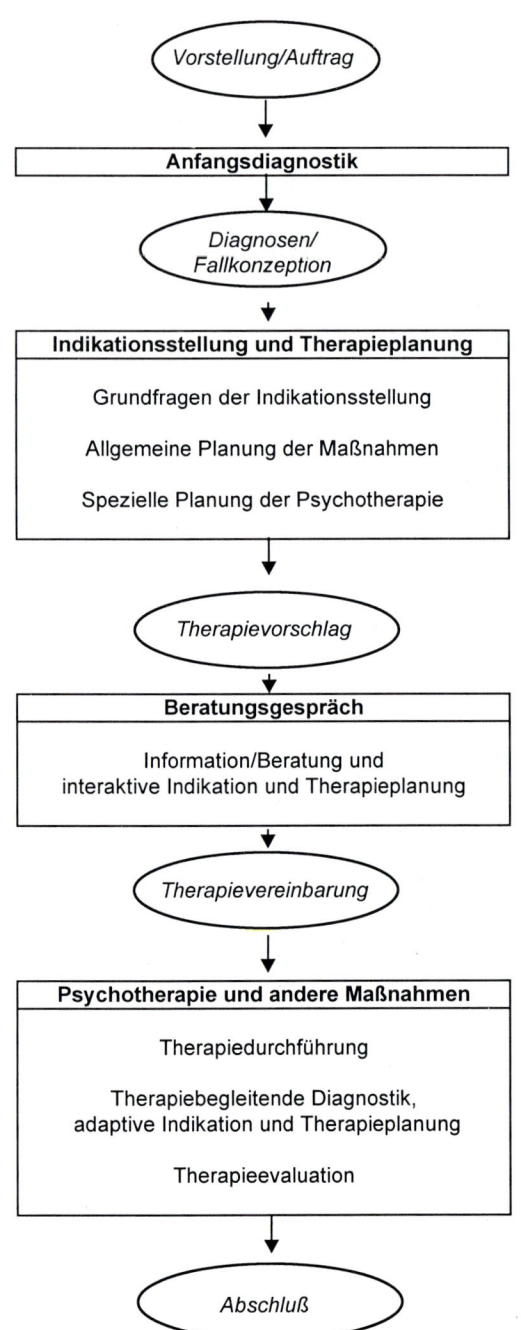

Abb. 3.3 Ablaufschema zur Indikationsstellung und Therapieplanung

notwendigkeit ist die allgemeine Prognose (vermutliche Entwicklung ohne therapeutische Hilfestellung; mögliche Spontanremission) von Bedeutung, bei der Frage nach den Therapiemöglichkeiten ist die Therapieprognose (erwartete Wirksamkeit der Therapiemaßnahmen) zu berücksichtigen. Die in Abb. 3.4 aufgeführten Grundfragen der Indikationsstellung beziehen sich immer gleichermaßen auf das vorgestellte Kind wie auch auf seine Familie und außerfamiliären Lebensumstände.

3.3 Allgemeine Planung der Maßnahmen: Schwerpunkte, Rahmenbedingungen und Koordinierung der Interventionen

Die Interventionsplanung darf sich nicht nur auf das psychotherapeutische Feld im engeren Sinne beschränken; vielmehr ist zunächst eine breite Palette von medizinischen, psychotherapeutischen und psychosozialen Hilfestellungen in Erwägung zu ziehen, wobei häufig auch mehrere Maßnahmen gleichzeitig eingeleitet werden. In diesem Zusammenhang können wir die allgemeine Interventionsplanung von der speziellen Planung der Psychotherapie abheben (vgl. Abb 3.5).

Bei der allgemeinen Planung der Maßnahmen sind drei Fragen zu beantworten:

(1) In welchem Bereich soll der Schwerpunkt der Maßnahmen bzw. Hilfestellungen liegen und durch wen können sie realisiert werden?

(2) Unter welchen Rahmenbedingungen (Lebensbedingungen, Behandlungsmodalität) können die vorgesehenen Maßnahmen realisiert werden?

(3) Wie können die verschiedenen Maßnahmen aufeinander abgestimmt werden?

Schwerpunkte

Die Psychotherapie ist häufig in ein Gefüge von Maßnahmen eingebettet, von denen sie nur einen

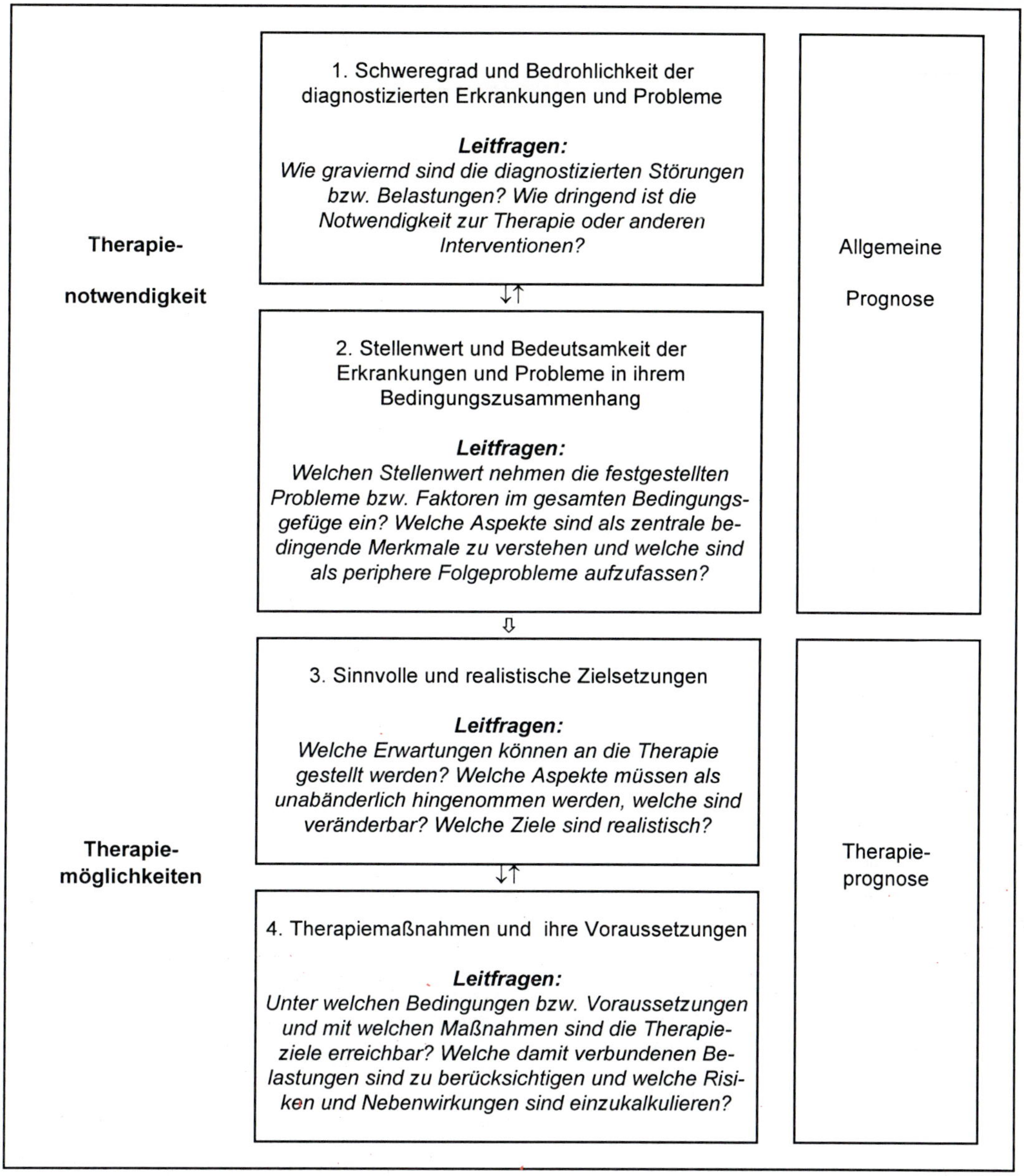

> **1. Schweregrad und Bedrohlichkeit der diagnostizierten Erkrankungen und Probleme**
>
> **Leitfragen:**
> *Wie gravierend sind die diagnostizierten Störungen bzw. Belastungen? Wie dringend ist die Notwendigkeit zur Therapie oder anderen Interventionen?*

Therapie-

notwendigkeit

↓↑

> **2. Stellenwert und Bedeutsamkeit der Erkrankungen und Probleme in ihrem Bedingungszusammenhang**
>
> **Leitfragen:**
> *Welchen Stellenwert nehmen die festgestellten Probleme bzw. Faktoren im gesamten Bedingungsgefüge ein? Welche Aspekte sind als zentrale bedingende Merkmale zu verstehen und welche sind als periphere Folgeprobleme aufzufassen?*

⇩

> **3. Sinnvolle und realistische Zielsetzungen**
>
> **Leitfragen:**
> *Welche Erwartungen können an die Therapie gestellt werden? Welche Aspekte müssen als unabänderlich hingenommen werden, welche sind veränderbar? Welche Ziele sind realistisch?*

**Therapie-
möglichkeiten**

↓↑

> **4. Therapiemaßnahmen und ihre Voraussetzungen**
>
> **Leitfragen:**
> *Unter welchen Bedingungen bzw. Voraussetzungen und mit welchen Maßnahmen sind die Therapieziele erreichbar? Welche damit verbundenen Belastungen sind zu berücksichtigen und welche Risiken und Nebenwirkungen sind einzukalkulieren?*

Allgemeine

Prognose

**Therapie-
prognose**

Abb. 3.4 Grundfragen der Indikationsstellung

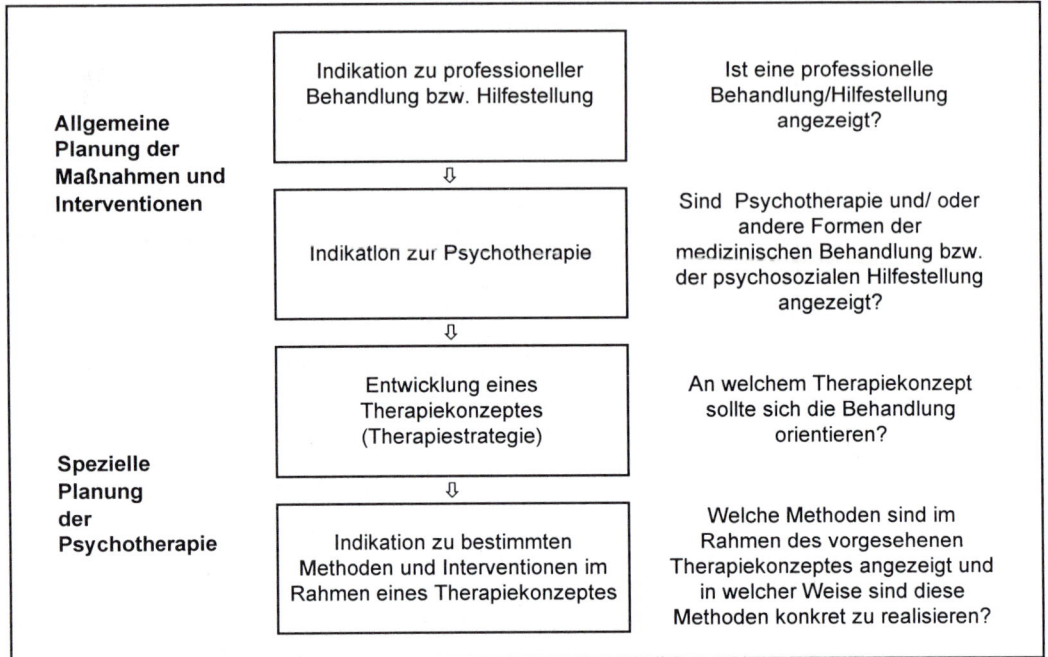

Abb. 3.5 Entscheidungsstufen bei der Indikationsstellung und Therapieplanung

- oftmals nur untergeordneten - Teil ausmacht. Abb. 3.6 vermittelt eine Übersicht zu den wichtigsten Maßnahmen, die bei Kindern und Jugendlichen mit psychischen Störungen und ihren Familien in Betracht kommen. Die Maßnahmen können danach geordnet werden, ob bei ihnen eher die Problematik des vorgestellten Patienten oder die der Familie und des sozialen Umfeldes im Vordergrund stehen (vgl. hierzu auch die sechs Achsen des "Multiaxialen Klassifikationsschemas", die sich auf die verschiedenen Interventionsebenen beziehen lassen).

Behandlungsmodalitäten und andere Rahmenbedingungen

Zur Klärung der Rahmenbedingungen der vorgesehenen Maßnahmen zählt die Frage, wie die Maßnahmen finanziert werden (eine Frage, die häufig sehr viel Kopfzerbrechen bereitet) und die Frage unter welchen Umständen die Maßnahmen durchführbar sind. In diesem Zusammenhang ist weiterhin zu klären, wie das Kind bzw. der Jugendliche beaufsichtigt und beschult wird (Schulform u.ä.) und ob das Kind bzw. der Jugendliche in seinem natürlichen Umfeld blei-

ben kann oder ob er aus der Familie herausgelöst werden muß (Inobhutnahme durch das Jugendamt; Heimunterbringung; Pflegefamilie; Tages- oder Wochenpflege; Hortunterbringung; Internatsunterbringung etc.). Im Hinblick auf ärztliche und psychotherapeutische Hilfestellungen ist in diesem Zusammenhang insbesondere die Frage nach den Behandlungsmodalitäten zu klären. Es werden vier verschiedene Modalitäten unterschieden:

- Stationäre Behandlung,
- teilstationäre Behandlung (tagesklinische Behandlung),
- Behandlung im natürlichen Umfeld (hometreatment) und die
- ambulante Behandlung.

Die Indikationskriterien für die einzelnen Behandlungsmodalitäten sind in den entsprechenden Kapiteln dieses Buches dargestellt (siehe dort).

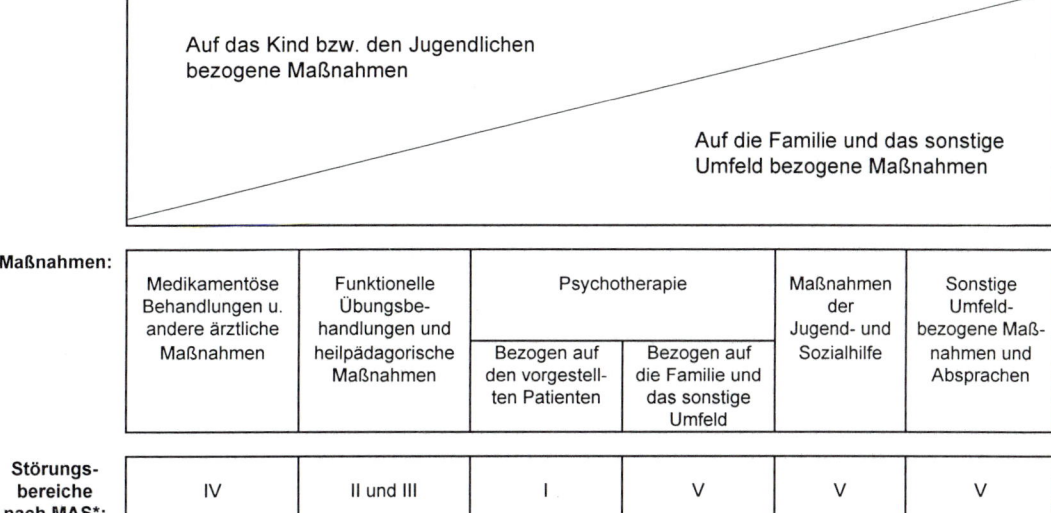

Maßnahmen:	Medikamentöse Behandlungen u. andere ärztliche Maßnahmen	Funktionelle Übungsbe-handlungen und heilpädagogische Maßnahmen	Psychotherapie		Maßnahmen der Jugend- und Sozialhilfe	Sonstige Umfeld-bezogene Maß-nahmen und Absprachen
			Bezogen auf den vorgestell-ten Patienten	Bezogen auf die Familie und das sonstige Umfeld		
Störungs-bereiche nach MAS*:	IV	II und III	I	V	V	V

* Multiaxiales Klassifikationsschema nach Remschmidt und Schmidt (1994). Die römischen Ziffern beziehen sich auf die Achsen des MAS.

Abb. 3.6 Übersicht zu den wichtigsten Maßnahmen

Abstimmung der Maßnahmen

Alle Maßnahmen sollten an den übergeordneten Zielsetzungen orientiert sein. Je klarer hierbei die Prioritäten bestimmt sind, desto leichter ist es auch möglich, verschiedene Maßnahmen zu integrieren. Wenn mehrere Maßnahmen vorge-sehen sind, bei denen verschiedene Einrichtungen bzw. professionelle Instanzen beteiligt sind, ist es besonders wichtig, die Aktivitäten der verschie-denen professionellen Instanzen zu koordinieren. In der Praxis scheitern viele Hilfestellungen für Kinder, Jugendliche und Familien, weil die Absprache zwischen den Einrichtungen nicht funktioniert. Deshalb sollte die Planung nach Möglichkeit von allen Beteiligten verstanden und unterstützt werden (Patient, Familie, Vernetzung zwischen allen beteiligten Einrichtungen). Dies darf aber nicht bedeuten, daß die Verantwortung für die Maßnahmen "irgenwo im Helferteam" liegt; es ist vielmehr wichtig, für jede Maßnahme die Verantwortlichkeiten festzulegen.

3.4 Spezielle Planung des psycho-therapeutischen Angebotes: Die Entwicklung eines Thera-pievorschlages

Fragestellungen

Die spezielle Planung der Psychotherapie umfaßt folgende Fragestellungen (vgl. auch Remschmidt und Mattejat, 1994):

(1) Inhaltliche Schwerpunkte: In welchem Be-reich sollte der inhaltliche Schwerpunkt der Psychotherapie liegen?

(2) Methodische Schwerpunkte: Wie können die angestrebten Ziele der Psychotherapie erreicht werden, welche psychotherapeutischen Me-thoden sind hierfür geeignet?

(3) Setting und Intensität: In welcher personellen Zusammensetzung sollen die psychothera-peutischen Sitzungen stattfinden?

(4) Abstimmung der Therapiekomponenten: Wie können die gewählten Methoden und Settings aufeinander abgestimmt werden?

Die vier genannten Fragestellungen sind so eng miteinander verbunden, daß sie kaum getrennt voneinander behandelt werden können. Dabei stellt die Bestimmung des methodischen Ansatzes das Kernstück der speziellen psychothe-rapeutischen Indikationsstellung dar. Auf diese soll deshalb ausführlicher eingegangen werden.

Therapierichtungen

In Anlehnung an Grawe (1992) und an Grawe et al. (1994) können die psychotherapeutischen Therapierichtungen in fünf große Gruppen eingeteilt werden (vgl. z.B. Wetzel und Linster, 1992):

(1) *Humanistische Therapien (erlebnisorientierte Therapien):* Hierzu zählen z.B. die personenzentrierte Therapie (klientzentrierte Gesprächspsychotherapie und Spieltherapie), die Gestalttherapie und das Psychodrama.

(2) *Psychodynamische Therapien (tiefenpsychologische Therapieverfahren):* Zu dieser Gruppe gehören die klassische Langzeitpsychoanalyse, psychoanalytische Kurztherapien, andere psychoanalytisch orientierte Psychotherapieformen und die Individualtherapie.

(3) *Kognitiv-behaviorale Therapien (Verhaltenstherapie und kognitive Therapien):* Hierzu zählen die klassischen verhaltenstherapeutischen Methoden wie operante Verfahren, die systematische Desensibilisierung, die Reizkonfrontationsbehandlung, Biofeedback, Training sozialer Kompetenz, kognitive Verhaltenstherapien, Problemlösungstherapien und kognitive Therapien wie z.B. die rational-emotive Therapie.

(4) *Interpersonale und systemische Therapien:* Zu dieser Gruppe zählen die interpersonale Psychotherapie, Paar- und Familientherapien mit unterschiedlichem theoretischen Schwerpunkt (wobei systemtheoretische Aspekte mehr oder weniger im Vordergrund stehen) und die systemische Einzeltherapie.

(5) *Ergänzende spezielle Therapieverfahren:* Die letzte, recht heterogene Gruppe umfaßt Verfahren, die nur schwer einer bestimmten Schulrichtung zuzuordnen sind und die meist nicht als psychotherapeutische Hauptmethode, sondern als ergänzende Therapieverfahren eingesetzt werden können. Beispiele sind das autogene Training, Meditation, imaginative Verfahren wie z.B. das katathyme Bilderleben, Hypnose und trancetherapeutische Verfahren, Musik-, Tanz-, und Kunsttherapie und andere bewegungs- und körperorientierte Verfahren.

Die psychotherapeutische Indikationsstellung wurde bisher häufig so dargestellt, als ob es dabei um die Auswahl der am besten geeigneten Therapierichtung bzw. um die Entscheidung für eine bestimmte psychotherapeutische Schule ginge (vgl. z.B. Seidenstücker 1984, 1988). Faktisch war dies schon allein deshalb nur partiell der Fall, da die meisten Therapierichtungen einen sehr breiten, wenn nicht einen unbegrenzten Anwendungsbereich beanspruchen (tendenzieller Universalitätsanspruch der Therapieschulen). Mittlerweile haben sich jedoch in jeder Therapieschule die methodischen Möglichkeiten stark erweitert, differenziert und ergänzt; eine Indikationsstellung, die sich vorwiegend an den traditionellen Schulrichtungen orientiert (Indikation für oder gegen eine Schulrichtung), kann somit dem modernen Wissensstand immer weniger gerecht werden und entspricht auch nicht der tatsächlich ausgeübten Praxis; schulenübergreifende Entwicklungen gewinnen zunehmend an Bedeutung. Dies zeigt sich in den Versuchen zur Entwicklung einer "differentiellen" oder "allgemeinen" Psychotherapie. Dieser Trend ist weiterhin erkennbar an der zunehmenden Bedeutung von störungsspezifischen Behandlungsmodellen, die ihre Einheit nicht mehr in der Orientierung an einer Therapieschule sondern durch ihren spezifischen Problembezug gewinnen (vgl. auch die anderen Artikel in diesem Buch). In der Praxis ist zum gegenwärtigen Entwicklungsstand ein eklektisch-pragmatisches Vorgehen vorherrschend; dies ergibt sich schon daraus, daß die meisten jüngeren Psychotherapeuten in mehreren Therapieeinrichtungen ausgebildet sind und in ihrer Arbeit eine "persönliche Integration" versuchen.

Psychotherapeutische Wirkprinzipien

Eine schulenübergreifend konzipierte Therapieplanung besteht darin, eine individuelle Fallkonzeption zu erarbeiten und auf dieser Grundlage ein problembezogenes und zielorientiertes Therapiekonzept (Therapiestrategie) zu entwickeln, an dem sich die Bestimmung der Therapiemethoden und der einzelnen Interventionen ausrichten kann. Als Orientierungshilfe bieten sich dabei solche Konzepte an, in denen versucht wird, die Ergebnisse der Psychotherapieforschung in einen einheitlichen Zusammenhang zu stellen (s.z.B. Orlinsky und Howard, 1988). Im deutschen Sprachraum sind die Arbeiten von Grawe und Mitarbeitern besonders einflußreich geworden; an ihrer Darstellung - der wir weitgehend zustimmen können - wollen wir uns hier orientieren. Ausgangspunkt ist die Frage, welche psychotherapeutischen Wirkprinzipien durch die empirische

Therapieforschung nachgewiesen werden konnten.

(1) Die Perspektive der konkreten Problembewältigung

Als erste Gemeinsamkeit vieler besonders wirksamer Verfahren und als das "mächtigste Wirkprinzip erfolgreicher Psychotherapie" nennen Grawe et al. die "aktive Hilfe zur Problembewältigung": Der Versuch dem Patienten direkt bei der Bewältigung eines ihn belastenden Problems zu helfen mit Maßnahmen, die spezifisch auf dieses Problem zugeschnitten sind. Die meisten kognitiven und verhaltenstherapeutischen Methoden können dieser Art der Hilfestellung subsummiert werden; in den "Einsichtstherapien" dagegen spielt die aktive Hilfe zur Problembewältiung in der Regel nur eine untergeordnete Rolle, allerdings können supportive Maßnahmen bzw. Faktoren (Stützung, Ermutigung u.ä.) als solche Hilfen verstanden werden. Die Problembewältigungsperspektive kann durch zwei Hauptmerkmale charakterisiert werden:

- Der Therapeut nimmt die Probleme des Patienten auf, so wie sie der Patient erlebt, als Schwierigkeiten die er überwinden möchte, wozu er aber ohne Hilfe nicht in der Lage ist, d.h. er sucht nicht nach geheimen Motiven (vgl. auch Pohlen und Bautz-Holzherr, 1995) und er versucht auch nicht, ihnen eine andere Bedeutung beizulegen, sondern er nimmt sie als ein Nicht-Können ernst.

- Der Therapeut hilft dem Patienten aktiv, diese Probleme zu überwinden, wobei er ein problemspezifisches "know-how" einbringt. Voraussetzung dafür, daß er einer solchen Aufgabe gerecht werden kann, sind Kenntnisse zum Störungsbild, zu den Maßnahmen, die sich bei dieser Störung bewährt haben, und die praktische Kompetenz, die Maßnahmen durchzuführen bzw. den Patienten dabei anzuleiten.

Das Ziel einer an der praktischen Problembewältigung orientierten Therapie liegt im Erwerb von neuen Fähigkeiten und Fertigkeiten, über die der Patient bisher noch nicht verfügt hat oder in der Aktivierung von Fähigkeiten und Fertigkeiten, d.h. der Patient soll erfahren, daß er seine eigentlich vorhandenen Fähigkeiten wieder ausüben kann.

(2) Die Klärungsperspektive

Neben der Problembewältigung nennen Grawe et al. als zweites "gleichrangiges oder annähernd gleichrangiges" Wirkprinzip erfolgreicher Psychotherapien die "Klärungsperspektive". Dieses Wirkprinzip besteht darin, "daß der Therapeut dem Patienten hilft, sich selbst, sein eigenes Erleben besser zu verstehen". Das Ziel der Therapie liegt darin, daß der Patient größere Klarheit darüber gewinnt, nach welchen Gesichtspunkten er seine Bedeutungen konstruiert, auch welche Aspekte er aus welchen Gründen ausklammert oder nicht wahrhaben will; d.h. der Patient soll sich besser verstehen lernen, "um sich besser anzunehmen und sich bewußt anders verhalten zu können". Die Aufgabe des Therapeuten besteht in diesem Zusammenhang darin, die Selbstexploration des Patienten durch Interventionen wie z.B. gezielte Deutungen, Konfrontation mit gemiedenen Wahrnehmungen, Focusing-Techniken etc. zu fördern. Die dabei genutzten Methoden können in zwei Bereiche eingeteilt werden: Methoden zur Bewußtseinsförderung und Methoden zur Emotionsverarbeitung (vgl. Blaser et al., 1992; Ambühl, 1993). Unter der "Klärungsperspektive" steht nicht der Fähigkeitsaspekt sondern der motivationale Aspekt im Zentrum der Aufmerksamkeit.

(3) Die Beziehungsperspektive

Neben der konktreten Problembewältigung und der Klärung nennen Grawe et al. als drittes Wirkprinzip die "Beziehungsperspektive". Die Beziehung zwischen Patient und Therapeut ist das Prozeßmerkmal, dessen Einfluß auf das Therapieergebnis am besten empirisch gesichert ist: Je besser die Qualität der Beziehung, umso günstiger ist der Therapieerfolg. Die Beziehungsperspektive ist außerdem deshalb bedeutsam, weil sich psychische Störungen zu einem wesentlichen Teil als interpersonale Beziehungsstörungen manifestieren und weil das zwischenmenschliche Geschehen in der Therapie eines der wichtigsten Mittel ist, um Veränderungen herbeizuführen. Ohne die Berücksichtigung der Therapeut-Patient-Beziehung können die an der Klärungs- oder Bewältigungsperspektive orientierten Interventionen wenig bewirken, denn eine gute Therapiebeziehung führt zu einer Verbesserung des Selbstwertgefühls des Patienten, erhöht seine Bereitschaft, sich seinen Problemen zu stellen und sie öffnet damit den Patienten erst für therapeutische

Angebote, d.h. sie macht ihn aufnahmebereit für die klärungs- oder problembewältigungsorientierten therapeutischen Interventionen.

Die Forschung hat gezeigt, daß es vor allem die Wahrnehmung und der Beitrag des Patienten sind, die das spätere Therapieergebnis beeinflussen. Dies bedeutet aber nicht, daß das Therapieergebnis von vorneherein durch Patientenmerkmale determiniert ist, denn der Beitrag des Patienten und die Wahrnehmung des Therapeuten durch den Patienten sind wiederum durch den Therapeuten beeinflußbar. Seine Aufgabe liegt darin, dem Patienten zu vermitteln, "daß er ihm helfen wird, mehr so zu werden, wie er eigentlich gerne sein möchte, daß er sich also als Verbündeter seiner positiven Ziele versteht, nicht als jemand, der anstrebt oder den Auftrag hat, den Patienten zu ändern." Je besser dem Therapeuten dies gelingt, umso eher können auch schwierige und emotional belastende Interventionen und therapeutische Prozesse vom Patienten als Hilfe und Unterstützung erlebt werden.

Aufgrund ihrer Auswertung und Interpretation der Ergebnisse der Psychotherapieforschung entwerfen Grawe et al. das Konzept einer "Allgemeinen Psychotherapie", die über die traditionellen Schulrichtungen hinausführen soll und in der die herausgearbeiteten Wirkprinzipien als die Grunddimensionen des therapeutischen Raums betrachtet werden. Konkret bedeutet dies, daß jeder Psychotherapeut, der die der Psychotherapie innewohnenden Möglichkeiten ausschöpfen will, in der Lage sein sollte,

- einen kognitiv-emotionalen und motivationalen Klärungsprozeß zu unterstützen,
- den Patienten aktive Hilfe und Anleitungen bei der Bewältigung ihrer Probleme zu vermitteln und
- sein Beziehungsangebot so auf den Patienten abzustimmen, daß der Patient die Beziehung zum Therapeuten als für ihn positiv und förderlich erlebt und den Therapeuten als Verbündeten seiner positiven Entwicklungstendenzen erleben kann.

Der heute weit verbreitete eklektisch-pragmatische Ansatz findet somit seine stichhaltige Begründung in den Ergebnissen der Therapieforschung; er birgt aber die Gefahr in sich, daß Psy-chotherapien auf eine unkoordinierte Anwendung inkompatibler Methoden unterschiedlicher Herkunft hinauslaufen und die "therapeutische Linie" verloren geht. Es ist Aufgabe der künftigen Theorienbildung und Forschung, schulenübergreifende Konzepte zu entwickeln, die dieser Praxis mehr Stringenz und innere Geschlossenheit verleihen können. Ein anderer, schon jetzt erfolgreicher Weg ist die Entwicklung von Behandlungsmodellen, die sich auf bestimmte Problemlagen oder Fragestellungen beziehen, wie z.B. störungsspezifische Therapieprogramme. Solche Entwicklungen aber können die praktische Aufgabe, in jedem Einzelfall ein überzeugendes Therapiekonzept neu zu erarbeiten, allenfalls erleichtern, niemals aber ersetzen. In der Praxis ergibt sich die "therapeutische Linie" aus der Fallkonzeption und aus einer problemorientierten und zielgerichteten Therapieplanung.

Indikation zum methodischen Schwerpunkt

Bei den Indikationsüberlegungen zur geeigneten psychotherapeutischen Methode ist die Frage zu beantworten, ob bei einem Patienten bzw. bei einer Familie die Problembewältigungsperspektive oder die Klärungsperspektive im Vordergrund stehen sollte. Dabei ist zu berücksichtigen, daß eine zu starre Orientierung an der einen oder anderen Perspektive den therapeutischen Prozeß behindern kann: Eine Betonung der Klärungsperspektive kann an dem dringenden Bedürfnis nach einer unmittelbaren Entlastung bzw. Problemmilderung und praktischen Hilfestellung vorbeigehen, die Patienten und Familien überfordern und damit zu einer zusätzlichen Strapazierung und Belastung der Patienten und ihrer Familien führen. Auf der anderen Seite kann ein starres Beharren auf stützenden, psychoedukativen oder verhaltenstherapeutischen Methoden die Patienten bzw. Familien unterfordern bzw. infantilisieren, ihre Kompetenz und Verantwortung unnötig einschränken und sie damit eher behindern als fördern (s. Abb. 3.7).

Leitfragen:

- In welchem *Umfang* können Patient und Familie Angebote zur Klärung kognitiver, emotionaler und motivationaler Aspekte nutzen?

- Welches *Ausmaß* an konkreter Hilfestellung zur Problembewältigung benötigen Patient und Familie?

Zu starre Orientierung an der Perspektive der konkreten Problembewältigung		**Zu starre Orientierung an der Klärungsperspektive**
Das Therapieangebot unterschätzt die Möglichkeiten des Patienten und seiner Familie: Patient und Familie werden in ihrer selbstbestimmten Problemlösung behindert oder eingeschränkt.		Das Therapieangebot überschätzt die Möglichkeiten des Patienten und seiner Familie: Patient und Familie werden mit ihren Problemen allein gelassen oder durch die Therapie zusätzlich belastet.

Abb. 3.7 Die Indikationsstellung zum methodischen Schwerpunkt der Psychotherapie als graduelle Einstellung der Arbeitsebene

Bei der Frage nach dem methodischen Schwerpunkt geht es nicht um eine Grundsatzentscheidung für oder gegen die eine oder andere Perspektive, sondern darum, sich auf die Arbeitsebene einzupendeln, die für die Patienten und ihre Familien zu einem bestimmten Zeitpunkt am produktivsten sind. Eine wichtige Orientierung bieten die Patienten und Familien selbst: Ansatzpunkt für therapeutische Hilfestellungen sind die Problemdefinitionen der Patienten und ihrer Familien und die Klärung der Frage, welche Art der Hilfestellung sie erwarten und wünschen. Im Therapieverlauf ist diese Frage von Therapeut und Patient immer wieder neu zu beantworten um die Arbeitsebene neu "einzustellen": Erfolgreiche Therapien zeichnen sich gerade dadurch aus, daß sich die Arbeitsebene verändert. Die wichtigsten Indikationskriterien zum methodischen Schwerpunkt sind in Abb. 3.8 aufgeführt (vgl. hierzu auch die Übersichten bei Seidenstücker, 1984 und 1988). Diese Übersicht kann natürlich nur grobe Anhaltspunkte für die Indikationsstellung geben; eindeutige Indikationshinweise können schon

deshalb nicht aus ihr abgeleitet werden, weil in dem meisten Fällen bestimmte Merkmale für ein klärungsorientiertes Vorgehen, andere Merkmale für ein symptom- und verhaltensorientiertes Vorgehen sprechen. Gerade dies zeigt aber, daß die methodischen Komponenten in jedem Fall individuell abzustimmen sind.

Indikation zum inhaltlichen Schwerpunkt

Bei der Frage, ob der Schwerpunkt auf individuenzentrierten (d.h. patientenbezogenen) oder eltern- bzw. familienbezogenen Interventionen liegen sollte, gilt prinzipiell, daß die Eltern möglichst eng in die Therapie einzubeziehen sind: Je mehr Verantwortung die Eltern für die Therapie übernehmen, umso besser ist dies in der Regel auch für den Patienten; dies gilt umso mehr, je jünger das Kind ist. Daraus folgt, daß - selbst wenn der Schwerpunkt eindeutig in der Einzeltherapie des Patienten liegt - mindestens eine

Perspektive:

	Klärung		Problembewältigung
	Personbezogene und einsichtsorientierte Verfahren	⬄	Symptombezogene und verhaltensorientierte Verfahren

Kriterien:

Formale Aspekte der Symptomatik	Diffuse, schwer umschreibbare und unspezifische Symptomatik	Umschriebene und spezifische Symptomatik
Inhaltlicher Schwerpunkt der Symptomatik	Internalisierende Symptome: Symptomatik vorwiegend im kognitiv-emotionalen Bereich	Externalisierende Symptome: Symptomatik vorwiegend im Verhaltensbereich
Assoziation mit Entwicklungsstörungen oder körperlichen Bedingungen	Keine Entwicklungsstörungen oder körperliche Bedingungen bzw. Symptome	Entwicklungsstörungen oder körperliche Bedingungen bzw. Symptome
Schweregrad	Leichte bis mittelgradige Störungen	Mittelgradige bis schwere Störungen
Akute Bedrohlichkeit	Geringere akute Bedrohlichkeit der Symptomatik (kein unmittelbarer Interventionsbedarf)	Höhere akute Bedrohlichkeit der Symptomatik (unmittelbarer Interventionsbedarf)
Psychische Belastungsfähigkeit	Höhere Belastungsfähigkeit und geringere Dekompensationsgefahr	Geringere Belastungsfähigkeit und höhere Dekompensationsgefahr

Abb. 3.8a Indikationskriterien zur psychotherapeutischen Methode: Psychopathologische Aspekte

Perspektive:

Klärung	$\Longleftrightarrow$	Problembewältigung
Personbezogene und einsichtsorientierte Verfahren		Symptombezogene und verhaltensorientierte Verfahren

Kriterien:

Individuelle Aspekte:

Alter und Entwicklungsstand	Höhere Altersstufen (Schulkinder und Jugendliche)	Niedere Altersstufen (Kleinkinder und Schulkinder)
Allg. soziales Funktionsniveau	Hohes Funktionsniveau	Geringes Funktionsniveau
Intelligenz und Introspektionsfähigkeit	Hohe Intelligenz und Introspektionsfähigkeit	Geringe Intelligenz und Introspektionsfähigkeit
Vorherrschende Bewältigungsstile	Intrapsychische, ereignisdistanzierte Bewältigungsformen	Aktionale und ereigniszentrierte Bewältigungsstile
Behandlungserwartungen	Präferenz für weniger strukturierte und nichtdirektive Behandlungen	Präferenz für strukturierte und direktive Behandlungen

Familiäre und soziale Aspekte:

Familiäre Problembelastung	Sozial integrierte Familien mit geringen sonstigen Belastungen	Familien mit multiplen Belastungen und sozialen Problemen
Bindung und Organisationsgrad	Familien mit tragfähigen Bindungen und hohem Organisationsgrad	Familien mit wenig tragfähigen Bindungen und geringem Organisationsgrad
Familiäre Beziehungsstruktur	Rigide und verstrickte Familienbeziehungsstrukturen	Chaotische und desintegrierte Familienbeziehungs-strukturen

Abb. 3.8b Indikationskriterien zur psychotherapeutischen Methode: Allgemeine individuelle, familiäre und soziale Aspekte

begleitende Elternberatung angestrebt werden sollte, an der (wenn es sich nicht um alleinerziehende Eltern handelt), möglichst Mutter und Vater teilnehmen sollten. Allenfalls bei Jugendlichen kann eine solche begleitende Elternarbeit entfallen (z.B. wenn weder die Eltern noch der Jugendliche hierzu bereit sind). Eine ausschließliche Einzeltherapie für den Patienten ist somit nur in Ausnahmefällen akzeptabel, in der Regel werden alle einzeltherapeutischen Maßnahmen durch eltern- bzw. familienbezogene Interventionen ergänzt. Umgekehrt ist es aber in bestimmten Fällen sehr wohl möglich, die Beratung bzw. Therapie ganz auf die Eltern oder die Familie zu konzentrieren (z.B. Elternarbeit, Familientherapie).

In jedem Fall stellt sich die Frage nach dem inhaltlichen Schwerpunkt der Therapie nicht als alternative Entscheidung zwischen patientenbezogenen und eltern- bzw. familienbezogenen Interventionen, sondern als Frage nach der Gewichtung:

In welchem Umfang und wie intensiv sollen Eltern einbezogen werden, wie intensiv kann einzeltherapeutisch gearbeitet werden?

Die wichtigsten Kriterien für die Entscheidung zum inhaltlichen Schwerpunkt der Psychotherapie sind:

(1) der Manifestationsbereich der Störung,
(2) die Ätiologie und Bedingungsstruktur der Störungen,
(3) die möglichen therapeutischen Ansatzpunkte und
(4) die Problemdefinition der Familie selbst.

(1)   Manifestationsbereich der Störung:

Viele psychische Störungen manifestieren sich relativ unabhängig vom situativen Kontext, andere zeigen eine hohe Situationsspezifität und manifestieren sich ausschließlich als familiäre Interaktionsstörungen (z.B. auf die Familie oder bestimmte Familienmitglieder beschränkte aggressive Auseinandersetzungen) oder als familiäre Beziehungskonflikte (z.B. Autonomiekonflikt von Jugendlichen). Ein erstes Kriterium für den inhaltlichen Schwerpunkt der Therapie ist der Manifestationsbereich der berichteten Auffälligkeiten: Wenn sich die Auffälligkeiten als relativ durchgängige und situationsunspezifische individuelle Verhaltenscharakteristika zeigen, ist ein individuenbezogener Ansatz naheliegend, zeigen sie sich dagegen als situationsspezifische Bezie-

hungsproblematik, dann ist ein beziehungs- und familienorientierter Ansatz sinnvoll.

(2)   Ätiologie und Bedingungszusammenhänge:

Der phänomenale Manifestationsbereich kann aber nicht das einzige Kriterium darstellen; Auffälligkeiten, die sich ausschließlich außerhalb der Familie zeigen, können gleichwohl auf familiäre Beziehungsprobleme verweisen. So stellt sich z.B. bei Kindern, die durch dissoziale Verhaltensweisen außerhalb der Familie auffallen (z.B. Schuleschwänzen, Stehlen) die Frage, inwieweit die Eltern in der Lage sind, ihrer Verantwortung und ihrer Aufsichtspflicht nachzukommen.

Bei der Frage nach dem inhaltlichen Schwerpunkt müssen somit über die vordergründige Manifestation hinaus die (mehr oder weniger klaren) Bedingungszusammenhänge berücksichtigt werden, so wie sie in der Diagnostik erarbeitet wurden. Aufgrund der Fallkonzeption und des ätiologischen Modells (Ätiologie, disponierende, auslösende, aufrechterhaltende, verstärkende Bedingungen; Grundfragen der Indikationsstellung mit prognostischer Einschätzung) kann diese Frage in manchen Fällen relativ klar beantwortet werden: So können z.B. psychische Probleme, die durch Vernachlässigung oder Mißhandlung bedingt sind, nicht ausschließlich individuenzentriert behandelt werden, sondern der Schwerpunkt der Therapie muß - zumindest solange das Kind in der Familie lebt - sich auf die Familie beziehen. Bei anderen Störungen dagegen, wie z.B. Psychosen oder psychischen Störungen aufgrund von umschriebenen Teilleistungsschwächen, sind individuenbezogene Interventionen erforderlich; eine ausschließlich beziehungs- bzw. familienorientiere Therapie würde den Kern der Probleme verfehlen. In den meisten Fällen aber sind sowohl individuelle wie auch interaktionale und soziale Faktoren an der Störung beteiligt, und es stellt sich die Frage nach ihrer Gewichtung: In welchem Ausmaß tragen individuelle (körperliche, entwicklungsbezogene, intrapsychische) und in welchem Ausmaß interaktionale und soziale Faktoren (Beziehungen, Umfeldfaktoren) zur Entstehung, Aufrechterhaltung und Verstärkung der Störung bei?

Eine wichtige Rolle spielen hierbei die prognostischen Einschätzungen zur Chronifizierung bzw. Plastizität der Störungen und ihrer bedingenden Faktoren: Handelt es sich um relativ stabile und verfestigte individuelle Verhaltensstrukturen oder sind die individuellen Verhaltensmerkmale durch eine Veränderung der Beziehungsstrukturen und des sozialen Kontextes beeinflußbar? So können z.B. Störungen, die sich zunächst als reine Beziehungskonflikte darstellen, durch eine schwere chronifizierte psychische Störung bei einem Elternteil (z.B. Alkoholismus) oder beim vorgestellten Patienten (z.B. chronifizierte Zwangssyndrome, Persönlichkeitsstörungen) verursacht sein; eine Therapie, die sich ausschließlich auf den Beziehungsaspekt bezieht, hätte relativ geringe Erfolgschancen. Umgekehrt können sich Auffälligkeiten, die zunächst als rein individuelle Probleme erscheinen, bei einer genaueren Analyse als Ausdruck eines zugrundeliegenden Beziehungskonfliktes erweisen.

Als zweites Kriterium für die Entscheidung zum therapeutischen Schwerpunkt können wir somit festhalten: Durch die Therapie sollen - soweit dies irgend möglich ist - die wesentlichen Bedingungsfaktoren oder "Kernfaktoren" der berichteten Störungen "erreicht" und verändert werden. Die Festlegung des therapeutischen Schwerpunktes hat sich daran zu orientieren.

(3) Therapeutische Ansatzpunkte:

Eine ausschließliche Orientierung am ätiologischen Modell ist weder hinreichend noch sinnvoll, denn in aller Regel können die Ursachen der berichteten Auffälligkeiten nicht eindeutig fixiert werden. Das Modell der Bedingungszusammenhänge kann in der Regel auch nicht "die Ursachen" benennen, es vermittelt vielmehr eine Gewichtung der störungsrelevanten Faktoren. Das Konzept einer kausalen Therapie hat somit im psychotherapeutischen Bereich seine engen Grenzen und eine Suche nach "der eigentlichen Ursache" oder gar "der Schuld" führt leicht in ein fruchtloses Raisonnieren hinein, das zu keinem sinnvollen Abschluß gebracht werden kann. Denn individuelle Faktoren bedingen interaktionale Probleme und durch die Beziehungsstörungen wiederum werden die individuellen Auffälligkeiten reproduziert. Diese Zusammenhänge werden in systemtheoretischen Konzepten der zirkulären Verknüpfung und der Koevolution thematisiert: Die in der Psychotherapie zu behandelnden Probleme bilden einen Zusammenhang aus biologischen, psychischen, interaktionalen und sozialen Aspekten, wobei sich die einzelnen Komponenten des Problem-Systems gleichzeitig und miteinander entwickeln (Koevolution) und wechselseitig

aufrechterhalten (zirkuläre Verknüpfung; Systemcharakter). Durch die Veränderung einer Systemkomponente verändern sich auch andere Komponenten (und damit das gesamte System) in der Weise, daß sich eine neue Konstellation herausbildet, in der die verschiedenen Komponenten wieder "zusammenpassen". Konkret bedeutet dies: Individuelle, Beziehungsprobleme und Familienprobleme sind so eng miteinander verknüpft, daß Veränderungen in einem Bereich Veränderungen in anderen Bereichen nach sich ziehen.

Durch eine solche Betrachtung gewinnt die Frage nach dem Schwerpunkt der therapeutischen Interventionen eine andere Perspektive: Sie richtet sich nicht auf die ursprünglichen (und ohnehin nicht vollständig rekonstruierbaren) Entstehungsbedingungen der Probleme, sondern darauf, an welchen "Stellen" des Systems sich Ansatzpunkte für effektive Veränderungen bieten: Wo, d.h. an welchen Themen, bei welchen Personen, auf welcher Ebene (individuell, interaktional, sozial) bieten sich Möglichkeiten zur Veränderung? Diese Frage wiederum lenkt den Blick von den Problemen auf die Bewältigungsmöglichkeiten und die Aufmerksamkeit verlagert sich von den pathologischen Aspekten auf die positiven Ressourcen der Patienten und ihrer Familien; und schließlich wird der Blick auf die therapeutische Beziehung gelenkt: Welche Angebote können die Patienten und ihre Familien aufgreifen und für sich nutzen?

Als drittes Kriterium bei der Entscheidung zum inhaltlichen Schwerpunkt der Therapie können wir somit festhalten: Die Therapie sollte dort ansetzen, wo am ehesten Veränderungen möglich sind. Ihr Schwerpunkt sollte dort liegen, wo bereits Ansätze für eine positive Bewältigung der dargestellten Probleme erkennbar sind.

Wie die anderen Kriterien, so kann auch dieses Kriterium nicht die alleinige Grundlage für die Indikationsentscheidung darstellen; denn eine verantwortlich betriebene Therapie darf sich nicht bloß auf die sich gerade bietenden Ansatzpunkte verlassen, sondern hat sich auch der Frage zu stellen, wo aus fachlicher Sicht Veränderungen erforderlich sind. Das ätiologische Kriterium bezieht sich auf die therapeutischen Notwendigkeiten, das Kriterium des effektiven Ansatzpunktes auf die Möglichkeiten der Therapie. Beide Kriterien schließen sich keinesfalls aus, sondern ergänzen sich komplementär.

(4)   Problemdefinition der Familie:

Die drei bisher genannten Kriterien bzw. Fragestellungen sind nicht nur vom Therapeuten zu beantworten, sondern ebenso von der Familie, denn der Schwerpunkt der Therapie wird letztlich in einer Übereinkunft zwischen der Familie und dem Therapeuten festgelegt. Aus diesem Grunde ist es von Bedeutung,

- wo sich aus der Sicht der Familienmitglieder die präsentierten Probleme am deutlichsten manifestieren,
- wie sie sich diese Probleme erklären und
- wo sie selbst Ansatzpunkte für mögliche Veränderungen sehen.

Insbesondere die letzte - auf die zukünftige Entwicklung gerichtete - Fragestellung bildet die wichtigste Grundlage für den Therapievertrag und den konkreten "Einstieg" in die Therapie. Dabei ist dies keine endgültige Entscheidung, sie ist vielmehr im Prozeß der Therapie mit der Familie immer wieder neu zu treffen, ja man kann einen Maßstab für erfolgreiche therapeutische Verläufe darin erblicken, daß sich die Schwerpunktdefinition der Familie ebenso wie die des Therapeuten im Therapieverlauf verändern.

Das vierte Kriterium für die Entscheidung zum therapeutischen Schwerpunkt bilden schließlich die Problemdefinitionen der Familienmitglieder selbst: Die Entscheidung zum therapeutischen Schwerpunkt sollte sich an der Perspektive der Familienmitglieder orientieren. Auch dieses Kriterium darf nicht verabsolutiert werden: Der Therapeut kann den Vorgaben der Familienmitglieder nur folgen, soweit diese therapeutisch sinnvoll und ethisch verantwortbar sind.

Indikation zum Setting und zur Intensität

Die wichtigsten psychotherapeutischen Settings bei der Arbeit mit Kindern, Jugendlichen und Familien sind:

- Einzeltherapie mit dem Kind/Jugendlichen,
- Beratung und Therapie mit den Eltern (Elternsitzung),
- Familiensitzungen und
- gruppentherapeutische Settings.

Einzeltherapeutische Sitzungen mit dem Patienten (Kind/Jugendlicher) umfassen alle Therapieformen (Therapiegespräche, spieltherapeutische, aktionale oder körperbezogene Therapieformen), in denen sich der Therapeut nur mit diesem einen Patienten beschäftigt. Zu den Elternsitzungen zählen Beratungs- und Therapiegespräche, Trainingssitzungen etc. mit einem oder beiden Elternteilen. Unter Familiensitzungen werden solche Settings zusammengefaßt, an denen Personen aus zwei verschiedenen Generationen einer Familie teilnehmen. Im Minimalfall handelt es sich dabei um den vorgestellten Patienten und einen Elternteil, in der Regel um den vorgestellten Patienten und beide Elternteile, häufig nehmen an den Sitzungen noch weitere Familienmitglieder (z.B. Geschwister) teil. Zu den gruppentherapeutischen Settings gehören Gruppentherapien für die vorgestellten Patienten, aber auch Elterngruppen und Angehörigengruppen. Familiensitzungen und gruppentherapeutische Settings werden häufig von zwei Therapeuten gemeinsam durchgeführt (Kotherapie); dies ist deshalb sinnvoll, da die Therapeuten sich gleichzeitig auf mehrere Personen konzentrieren müssen und die Situation deshalb oft schwer überschaubar ist.

Die Frage der Therapieintensität bezieht sich auf die Frequenz (Abstände zwischen den Sitzungen) und die Dauer der Therapiesitzungen. Bei ambulanten Einzeltherapien finden in der Mehrzahl der Fälle wöchentliche Termine statt, die eine Stunde (bzw. 50 Minuten) dauern. Aber sowohl Frequenz wie Dauer können je nach Problemlage sehr unterschiedlich festgelegt werden. So ist es z.B. sinnvoll, die Sitzungsdauer in der stationären Behandlung von psychotischen Patienten eher kürzer zu halten (bei 5 - 20 Minuten; dafür häufigere Gespräche), Gruppentherapien dagegen werden häufig auf 1 1/2 Stunden festgesetzt. Die Sitzungsfrequenz wird in analoger Weise recht unterschiedlich vereinbart; so wird der Abstand von ambulanten familientherapeutischen Sitzungen zum Teil auf mehrere Wochen ausgedehnt, in der stationären Einzeltherapie dagegen sind hochfrequente Therapiesitzungen (mehrere Termine pro Woche) nicht ungewöhnlich.

Welche Settings am günstigsten sind und wie intensiv die Therapie durchgeführt werden sollte, ist abhängig von den inhaltlichen und methodischen Schwerpunkten der Therapie (vgl. die oben angegebenen Kriterien):

1. Das Setting sollte so gewählt werden, daß die berichteten Auffälligkeiten sich in diesen Settings zeigen können und somit therapeutisch angehbar sind. D.h. zwischen dem Therapie-

Schwerpunkt: Patientenorientierte Interventionen	⟷	Schwerpunkt: Eltern-, familien- und umfeldorientierte Interventionen
Ambulante Spieltherapie (wöchentlich eine Stunde); begleitende Elterngespräche im Abstand von 4 Wochen. (Parallele Settings)	Ambulante Verhaltenstherapie (Einzeltherapie) mit einer Sitzung im Abstand von 2 Wochen; parallel hierzu Elterntraining (z.T. gemeinsam mit dem Kind), ebenfalls im Abstand von 2 Wochen (Alternierende Settings)	Nach einer kurzen stationären Einzeltherapie: Familientherapie mit dem vorgestellten Patienten, seinen Eltern und seinen beiden Geschwistern (eine Sitzung pro Monat). (Sukzessive Settings)

Abb. 3.9 Beispiele für unterschiedliche inhaltliche Schwerpunktsetzungen und Setting-Kombinationen

setting und den Situationen, in denen sich die Probleme manifestieren, sollte eine Ähnlichkeit bzw. Affinität bestehen (Beispiel: Soziale Interaktionsprobleme mit Gleichaltrigen/ Gruppentherapie).

2. Im gewählten Setting sollten alle die Personen erreichbar bzw. verfügbar sein, die für die Bewältigung der Probleme unabdingbar sind (Häufiges Problem: Teilnahme des Vaters.)

3. Das gewählte Setting sollte produktive Veränderungsmöglichkeiten bieten. D.h. es muß schnell erkennbar sein, daß im gewählten Therapiesetting die sich zeigenden Probleme nicht nur immer wieder neu inszeniert bzw. reproduziert werden, sondern (mit Hilfe des Therapeuten) kontrollierbar und veränderbar sind. (Typisches Problem: Familiensitzungen, in denen die Familienkonflikte nur noch weiter eskalieren.)

4. Das gewählte Setting sollte durch alle beteiligten Personen (Patienten, Familien) akzeptiert werden.

5. In Abb. 3.9 sind einige Beispiele für unterschiedliche inhaltliche Schwerpunkte und Setting-Kombinationen dargestellt.

Abstimmung der einzelnen Therapiekomponenten in einem Therapieplan

In der Abb. 3.10 sind die wichtigsten Methoden in der Therapie mit Kindern, Jugendlichen und Familien, aufgeschlüsselt nach methodischem und inhaltlichem Schwerpunkt dargestellt. Hieraus ist ersichtlich, daß die Frage, wie die verschiedenen Therapiekomponenten aufeinander abgestimmt werden können, auf zwei Aspekte bezogen werden kann:

• Die Kombination von Interventionen, die sich an der Klärungsperspektive orientieren mit Interventionen, die sich an der konkreten Problembewältigung orientieren.

• Die Kombination von patientenbezogenen mit eltern- bzw. familienbezogenen Interventionen.

Beide Aspekte werden bis auf den heutigen Tag durchaus kontrovers diskutiert. Dabei wurde von manchen Autoren die Position vertreten, daß z.B. klientzentrierte und verhaltenstherapeutische

Interventionen nicht miteinander vereinbar seien oder daß patientenorientierte und familientherapeutische Ansätze nicht parallel durchgeführt werden können, da die Therapiekonzepte inkompatibel seien. Diskussionen solcher Art lassen sich letztlich darauf zurückführen, wie strikt eine bestimmte therapeutische Schulorientierung vertreten wird: Je enger und ausschließlicher sich ein Therapeut auf eine bestimmte therapeutische Schulrichtung festlegt, und diese als hinreichend betrachtet, umso eher wird er Inkompatibilitäten feststellen. Unter solchen Voraussetzungen erscheint es nicht notwendig, ja sogar störend, Methoden, die in anderen Therapierichtungen entwickelt wurden, aufzugreifen. Die ideologische Fixierung auf eine einzelne Therapieschule kann dem heutigen Entwicklungsstand und den praktischen Anforderungen aber nicht mehr gerecht werden (sie "funktioniert" allenfalls dann, wenn die praktische Arbeit genau auf die Fälle eingeschränkt wird, die zur vertretenen Therapierichtung "passen"). Die Gründe dafür, daß dennoch solche Positionen auch heute noch vertreten werden, sind vielfältig und müssen hier nicht diskutiert werden (vgl. Grawe, der in diesem Zusammenhang von einer "Konfessionalisierung"

der Psychotherapie spricht; s.a. Mattejat, 1993 S. 17 u. 36). Wenn man dagegen - so wie es hier geschieht - von einen problemspezifischen Ansatz ausgeht, und die Therapie an den Ergebnissen der Therapieforschung und daran anknüpfenden schulenübergreifenden Konzepten orientiert, besteht die Aufgabe des Therapeuten darin, in jedem Fall ein individuelles Therapiekonzept zu entwickeln. Dabei stellt sich die Frage nach der prinzipiellen Vereinbarkeit von verschiedenen Therapierichtungen nicht, denn es geht gar nicht mehr um die Applikation eines vorgefertigten Therapiemodells auf den Einzelfall; vielmehr stellt sich die Frage, durch welche methodischen Ansätze die individuellen Therapieziele am besten erreicht werden können.

Konkret bedeutet dies z.B., daß spieltherapeutische Ansätze dann mit Methoden aus der Verhaltenstherapie kombiniert werden können, wenn sie differentiell auf den Einzelfall zugeschitten sind (so wie dies z.B. von Schmidtchen, 1989 vertreten wird): Anstelle der Anwendung eines uniformen nondirektiven Konzeptes (z.B. strikte Realisierung der Variable "unbedingte Akzeptanz") ist das Therapeutenverhalten auf die

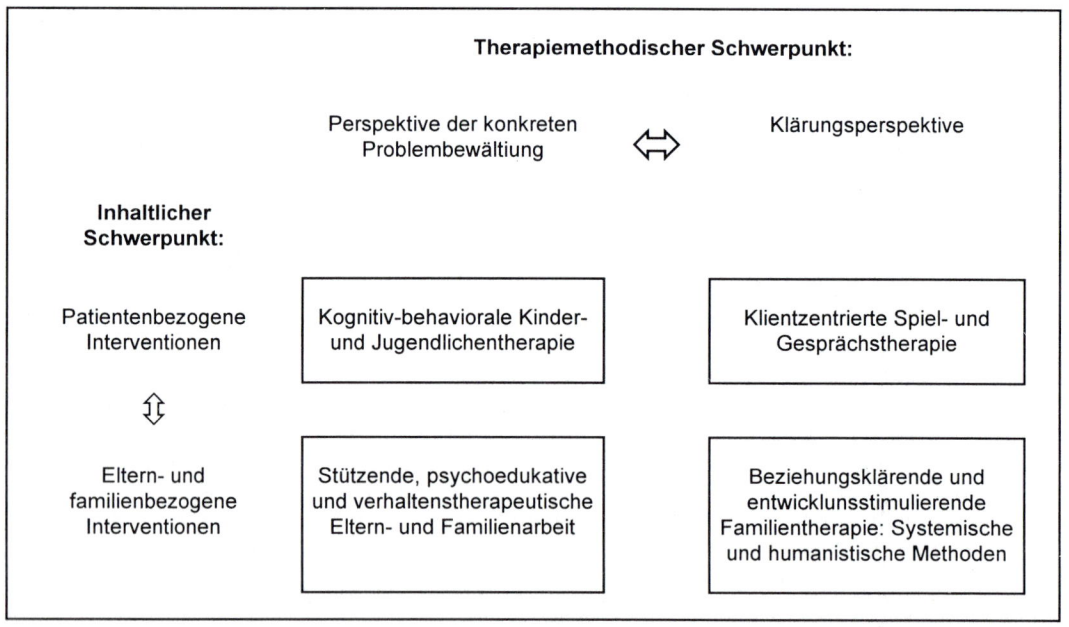

Abb. 3.10 Die wichtigsten Methoden in der Therapie mit Kindern, Jugendlichen und Familien, aufgeschlüsselt nach methodischem und inhaltlichem Schwerpunkt

jeweilige Problemlage des Patienten zu kalibrieren; dabei können verschiedene Dimensionen des Therapeutenverhaltens unterschieden werden (s. Döpfner 1993; vgl. Abb. 3.11):

- Grad der Vorstrukturierung der Situation durch die Auswahl von Spielmaterialien und Spielinhalten.
- Grad der Vorstrukturierung der Situation durch Grenzsetzungen und durch die Formulierung von Verhaltensregeln und Spielzielen.
- Grad der Hilfestellung: Beeinflussung der kognitiven Verarbeitung einer Situation und der emotionalen und aktionalen Reaktionen.
- Grad der Lenkung durch positive Zuwendung und Verstärkung.

Grad der Lenkung durch Reaktionen auf unangemessene Verhaltensweisen (zu einer genaueren Erläuterung dieser Dimensionen siehe Döpfner, S. 88 ff., der die Frage der Integration von spiel- und verhaltenstherapeutischen Methoden ausführlich abhandelt.)

Die Einstellung des Therapeuten auf die angemessene Arbeitsebene stellt sich oft schwierig dar; doch es handelt sich dabei nicht um Grundsatzentscheidungen, sondern um therapiepraktische Probleme, bei denen z.B. Supervisionen eine wichtige Hilfe für den Therapeuten sein können. In analoger Weise können auch in der therapeutischen Arbeit mit Eltern und Familien verhaltensorientierte und klärungsorientierte Methoden miteinander kombiniert werden (vgl. hierzu den Artikel "Familientherapie" von Mattejat in diesem Band).

Bei der Kombination von patientenbezogenen und eltern- bzw. familienbezogenen Interventionen ist zu berücksichtigen, daß auch dann, wenn der Schwerpunkt auf der Einzeltherapie des Kindes liegt, dennoch die therapeutische "Minimalkonstellation" aus dem Kind und seinen beiden Eltern besteht. Der Therapeut hat darauf zu achten, daß die Therapie von allen Beteiligten getragen wird, denn es gilt das Prinzip, daß Kinder nicht an ihren Eltern "vorbeitherapiert" werden können. Die praktische Realisierung dieses Prinzips stellt sich bei der Kombination von Einzeltherapie und Elternberatung bzw. Familientherapie nicht immer einfach dar:

	Dimensionen des Therapeutenverhaltens:			
Individuelle Problemlage des Kindes:	Vorstrukturierung der Spielsituation (Material etc.)	durch Grenzensetzung	Hilfestellung	Lenkung
Kinder mit emotionalen Störungen (ängstlich-gehemmte Syndrome)	gering	gering	mittel	gering
Kinder mit Entwicklungsretardierungen	mittel	gering	hoch	mittel
Kinder mit hyperkinetischen Syndromen und Konzentrationsstörungen	hoch	hoch	mittel	hoch
Kinder mit aggressivem Verhalten (aggressiv-ausagierende Syndrome)	gering	hoch	mittel	mittel

Abb. 3.11 Anpassung des Therapeutenverhaltens in der Spieltherapie an die individuelle Problemlage des Kindes (orientiert an Schmidtchen, 1989 und Döpfner, 1993)

- Manchmal erwarten Eltern, daß der Therapeut ihnen Einzelheiten aus der Einzeltherapie mit ihrem Kind mitteilt (z.B. was das Kind erzählt hat u.ä.). Der Therapeut muß dabei einerseits dem Informationsbedürfnis gerecht werden und ihnen seine fachlichen Einschätzungen mitteilen; andererseits hat er aber auch deutlich zu machen, daß alle Angaben, die in der Therapie gewonnen werden vertraulich sind, ohne die Eltern dabei zu verletzen oder ihnen den Eindruck zu vermitteln, daß er mit dem Kind gegen sie konspiriert.

- Eine ähnlich komplizierte Situation ergibt sich dann, wenn er von einem Familienmitglied wichtige Informationen über die Familie erhält (z.B. vom Kind in der Einzeltherapiesitzung oder von einem Elternteil in einem Telefongespräch), mit der Maßgabe, daß die anderen Familienmitglieder hierüber nichts erfahren dürfen. In solchen Fällen muß - soweit dies irgend verantwortbar ist - die Vertraulichkeit gewahrt bleiben, wobei darauf hinzuarbeiten ist, daß die Information offengelegt werden kann (z.B. mit der Unterstützung des Therapeuten).

- Ein weiteres, häufiges Problem ergibt sich dann, wenn z.B. nach einer intensiven stationären Einzeltherapie eine Familientherapie begonnen wird. Dabei kann der Therapeut Schwierigkeiten haben, sich auf die Perspektive der anderen Familienmitglieder einzustellen, da er die Familiensituation bisher vorwiegend aus der Sicht des jugendlichen Patienten kennengelernt hat (Problem der Identifikation mit dem Patienten; Probleme der Loyalität und Neutralität). Ein familientherapeutisches Setting kann aber nur dann produktiv werden, wenn der Therapeut auf alle anwesenden Familienmitglieder gleichermaßen eingehen kann. Neben der Reflexion der eigenen Einstellung im Rahmen der Supervision kann es in solchen Fällen auch hilfreich sein, einen Kollegen hinzuzuziehen um gemeinsam mit ihm die Familiengespräche zu führen.

In den genannten Beispielen liegt die Aufgabe des Therapeuten immer darin, darauf zu achten, daß individualtherapeutische und familientherapeutische Aspekte nicht "auseinanderdriften". Die beispielhaft genannten Probleme sind nicht vermeidbar, da wir es im Kinder- und Jugendlichenbereich immer mit mehreren Ansprechpartnern zu tun haben, wodurch sich naturgemäß erhebliche Divergenzen ergeben können. Sie sind auch dann nicht vermeidbar, wenn Einzeltherapie und Familientherapie von verschiedenen Therapeuten durchgeführt werden; sie werden dann lediglich auf die Kommunikation zwischen den Therapeuten verlagert. Bei einer solchen Konstellation können die genannten Probleme allerdings einfach dadurch ausgeblendet werden, daß die beiden Therapeuten nicht miteinander sprechen; wenn es um wesentliche Fragen geht, kann diese Regelung auch nicht durchgehalten werden; solange sie durchgehalten werden kann mag sie den Therapeuten ihre Arbeit etwas erleichtern, die Probleme werden dadurch allerdings nicht gelöst. Ähnlich wie bei der Frage nach der Kombination von spiel- und verhaltenstherapeutischen Komponenten, ist aber auch hier festzuhalten, daß die Abstimmung der verschiedenen Therapiekomponenten in der Praxis nicht nur schwierig werden kann, sondern daß gerade sie eine reizvolle und interessante Aufgabe darstellt.

3.5 Beratung und kooperative Indikationsstellung: Die Einigung auf ein Therapiekonzept

Indikationsstellung und Therapieplanung stellen nur den ersten Schritt auf dem Weg zu einer gemeinsamen Therapievereinbarung dar; denn die beste Planung durch einen Experten ist nutzlos, wenn sie von der Familie nicht aufgegriffen werden kann. Das Ziel des Beratungsgespräches besteht deshalb darin, zu einer Therapievereinbarung zu gelangen, die von allen für die Therapie wichtigen Personen getragen wird, denn:

- Eine Therapie hat dann gute Erfolgsaussichten und eine geringe Abbruchwahrscheinlichkeit, wenn sie vom Kind bzw. Jugendlichen und von den den Eltern aktzeptiert und gewünscht wird.

- Je mehr Eltern und Kinder bereit sind, sich in der Behandlung mit- und füreinander zu engagieren, umso günstiger sind die Erfolgsaussichten. D.h. die Therapievereinbarung ist umso tragkräftiger, je mehr sie sich auf eine positive Beziehung zwischen Therapeut und Familienmitgliedern und zwischen den Familienmitgliedern untereinander stützen kann.

- Die Therapievereinbarung ist umso aussichtsreicher je mehr sie auf die eigenen Vorschläge, Sichtweisen und Initiative der Familienmitglieder zurückgeht.

- Je klarer das Therapiekonzept für die Beteiligten ist und je deutlicher die Therapieziele formuliert sind, umso besser und gezielter können sich Patient und Familie an der Therapie beteiligen.

Am Beratungsgespräch, das an die Diagnostik anschließt sollten nach Möglichkeit alle Personen teilnehmen, die zur Bewältigung der anstehenden Probleme bedeutsam beitragen können; falls eine Therapievereinbarung angestrebt wird, sollten alle Personen eingeladen werden, die für das Zustandekommen eines stabilen und tragfähigen Therapiebündnisses notwendig sind. In der Regel sind dies das vorgestellte Kind (bzw. Jugendliche) und seine Eltern. Es sollte insbesondere darauf geachtet werden, daß der Vater am Beratungsgespräch teilnimmt; wenn die Therapie nur mit dem Patienten und der Mutter vereinbart wird, könnte die Gefahr bestehen, daß sie vom Vater unterlaufen bzw. boykottiert wird. In manchen Fällen (z.B. wenn Eheprobleme im Vordergrund stehen) ist es sinnvoll, das Beratungsgespräch allein mit den Eltern zu führen.

Ausgangspunkt der Beratung sind die Problemwahrnehmung, die Behandlungserwartungen und die damit verbundenen Beziehungsdefinitionen der Familienmitglieder.Wenn es nicht schon vorher im Rahmen einer ausführlichen Familiendiagnostik hinreichend geschehen ist, sollte der Therapeut zu Beginn des Gesprächs diese Aspekte klären.

(1) *Problem- und Zieldefinitionen:* Wie werden die Probleme von jedem der anwesenden Familienmitglieder wahrgenommen und definiert? (z.B. Problem-"Träger"; körperliche, psychische, interaktionale, soziale Probleme; wahrgenommene Ursachen; Zielsetzungen).

(2) *Familienbeziehungen*: Wie ist die Beziehung der Familienmitglieder zueinander? (z.B. Emotionale Bindung, Autonomie/Selbständigkeit)

(3) *Behandlungserwartungen*: Welche Wünsche, Hoffnungen und Befürchtungen verbinden die Familienmitglieder mit einer Therapie?

(4) *Therapiebeziehung*: Welche Beziehungsdefinitionen zum Therapeuten sind damit verbunden? (z.B. Erwartungen an die Therapeu

tenrolle; vorsichtig-distanzierte bis mißtrauische oder vertrauensvolle und hoffnungsvolle Einstellung gegenüber dem Therapeuten).

In dieser Gesprächsphase besteht die Aufgabe des Therapeuten zunächst nur darin, die Angaben der Familienmitglieder und ihre subjektiven Einschätzungen empathisch aufzunehmen. Je besser dies gelingt, umso eher können auch unterschiedliche Sichtweisen der Familienmitglieder verdeutlicht werden. Das Gespräch verläuft in dieser Phase von Familie zu Familie sehr unterschiedlich: Zum Teil werden sehr genaue Vorstellungen geäußert, zum Teil können die Familienmitglieder nur sehr pauschale Angaben machen und erwarten vielmehr genauere Vorschläge vom Therapeuten. In diesem Zusammenhang ist es auch wichtig abzuklären, welche anderen diagnostischen oder therapeutischen Maßnahmen durchgeführt oder vorbereitet werden; viele Familien suchen gleichzeitig an mehreren Stellen Hilfe und scheuen sich manchmal dies offenzulegen. Je besser sich die Familie akzeptiert fühlt, umso eher können auch solche Fragen offen besprochen werden, um zu verhindern, daß ein unkoordiniertes Durcheinander verschiedener Therapieangebote (durch unterschiedliche Instanzen) entsteht. In diesem Zusammenhang müssen die Therapeuten auch in der Lage sein, zu akzeptieren, daß die Familie das Behandlungsangebot durch eine andere Instanz vorzieht.

Ansetzend an den Vorstellungen der Familienmitglieder kann der Therapeut dann die Ergebnisse der Diagnostik erläutern und seinen Therapievorschlag darstellen. Hierzu gehören u.a. Informationen darüber, wie schwerwiegend die Probleme einzuschätzen sind, ob ein Behandlungsbedarf besteht, welche Ursachen anzunehmen sind, wie die weitere Prognose einzuschätzen ist, welche Aspekte durch eine Therapie überhaupt beeinflußbar sind; weiterhin gehört hierzu eine ehrliche und realistische Angabe zu den Erfolgsaussichten der vorgeschlagenen Therapie und zu ihren möglichen Nachteilen und Nebenwirkungen. Bei dieser Information sind zwei Hauptgesichtspunkte zu beachten:

- Die Information, die der Therapeut vermittelt, soll für alle Familienmitglieder möglichst gut verständlich sein. D.h. er soll an den Problemdefinitionen der Familienmitglieder anknüpfen, sie als persönlich-subjektive Sichtweisen bestätigen und seine Vorschläge nach Möglichkeit in der "Sprache der Familienmitglieder" formulieren. Im modernen psy chotherapeutischen Jargon wird dieser Aspekt unter dem Stichwort "joining" thematisiert: Die Familie soll dort, wo sie sich befindet "abgeholt" werden.

- Auf der anderen Seite aber ist es wichtig, daß der Therapeut die Eltern in ihrer Verantwortung ernst nimmt. Alle wichtigen Informationen sollen mitgeteilt werden, auch Aspekte, die möglicherweise für die Familie schmerzlich sind, sollen angesprochen werden. Wenn ein Behandlungsbedarf festgestellt wurde, soll dies unmißverständlich deutlich gemacht werden und umgekehrt sollte auch klargestellt werden, wenn keine psychische Störung beim Kind bzw. Jugendlichen vorliegt und keine Behandlungsnotwendigkeit besteht, ohne dabei die Eltern in ihrer Besorgtheit zu kränken. Es ist die Aufgabe des Therapeuten, klar und sachlich zu informieren und die Diagnostik ebenso wie das weitere Vorgehen möglichst transparent zu machen.

Bei der Diskussion der Frage, wie weiter vorgegangen werden kann und welche Maßnahmen evtl. zu ergreifen sind, ist es wichtig, daß sich der Therapeut schon im Vorfeld klar darüber ist, welche Verantwortung er bei der Familie und insbesondere bei den Eltern belassen kann und welche Verantwortung er selbst zu übernehmen hat. Je klarer der Therapeut diese Fragen für sich selbst beantwortet hat, umso weniger besteht die Gefahr, daß er sich in die oft verwirrenden, widersprüchlichen und ambivalenten Beziehungsangebote der Familienmitglieder verstrickt.

Bei leichten Störungsbildern kann der Therapeut z.B. betonen, daß er nur einen Rat geben kann, die Entscheidung aber ganz bei den Eltern liegt. Wenn die Patienten oder die Eltern meinen, daß sie die Probleme durch ihre eigene Intitiative lösen können, dann sollte der Therapeut die Familie nicht bedrängen und ihren Entscheidungsspielraum nicht einengen. Er sollte dabei die nicht geringe Möglichkeit von Spontanremissionen berücksichtigen und bedenken, daß eine eigenständige Problemlösung für die Betroffenen in der Regel wertvoller ist, als eine Hilfestellung von außen. Und schließlich sollte der Therapeut bedenken, daß Behandlungen einen Eingriff in den natürlichen Lebensablauf darstellen und allein deshalb schon negative Konsequenzen haben können. Einwände der Familie, die sich hierauf beziehen, sollten berücksichtigt und akzepiert werden. Die Autonomie und Entscheidungsfreiheit der Familie sollte also so wenig wie

möglich eingegrenzt werden. Wenn dagegen ein dringender Interventionsbedarf besteht, sollte er dies nachdrücklich betonen. Falls eine akute Gefährdung besteht und die Patienten bzw. ihre Eltern nicht kooperativ sind, sollte er seine Verantwortung für das weitere Vorgehen und z.B. seine weiteren Schritte zur Erwirkung einer richterlichen Einweisung erklären.

Das Ziel des Gesprächs besteht immer darin zu einer Vereinbarung über das weitere Vorgehen zu gelangen, die von allen Beteiligten akzeptiert wird. Dabei können prototypisch vier Grundsituationen unterschieden werden (vgl. hierzu Abb. 3.12):

(1) Therapeut und Familie stimmen im wesentlichen darin überein, welche weiteren Maßnahmen zu ergreifen sind und es kann eine konkrete Therapievereinbarung getroffen werden.

(2) Schwieriger ist die Situation, wenn eine Therapie bzw. bestimmte Therapievorschläge abgelehnt werden, obwohl aus fachlicher Sicht ein Bedarf besteht. In einem solchen Fall besteht die Aufgabe des Therapeuten darin, die Therapiemotivation der Familie zu fördern bzw. zunächst die Therapievoraussetzungen (z.B. realistische Einschätzung der Problematik) mit der Familie zu entwickeln. Diese Aufgabe erfordert viel Erfahrung und Geschicklichkeit im Umgang mit den Familien; oft gelingt es auch nicht in einer einzigen Sitzung, zu einer Vereinbarung zu gelangen. Das Ziel solcher Gespräche besteht darin, den Vorstellungen der Familie soweit wie möglich (d.h. soweit dies verantwortbar erscheint) entgegenzukommen; gleichzeitig aber sollte sich der Therapeut auf keinen Fall auf Vereinbarungen einlassen, die er für aussichtslos hält und keine Versprechungen machen (z.B. über die Dauer eines stationären Aufenthaltes), die er nicht einhalten kann. In solchen Situationen ist es oft sinnvoll, zeitlich befristete Vereinbarungen zu treffen. So geschieht es nicht selten, daß sich die Patienten z.B. bei Schulphobien oder bei einer anorektischen Problematik heftig gegen die vorgeschlagene stationäre Aufnahme sträuben und betonen, daß sie ihre Probleme allein oder im Rahmen einer ambulanten Therapie bewältigen können. Verständlicherweise fällt es den Eltern in einer solchen Situation schwer, eine stationäre Behandlung gegen den Willen ihrer Kinder durchzusetzen. Dann ist es oft am sinnvoll-

sten, eine zeitlich befristete ambulante Therapie einzuleiten (z.B. auf einen Monat befristet), wobei festgelegt wird, welche Ziele in diesem Zeitraum erreicht sein sollten (z.B. Gewichtszunahme, Schulbesuch). Das weitere Vorgehen (z.B. ambulante vs. stationäre Therapie) kann dann vom Verlauf dieses Therapieversuches abhängig gemacht werden; sehr wichtig ist es, in solchen schwierigen Fällen die Absprachen klar und unmißverständlich zu formulieren und evtl. auch in Form eines schriftlichen Vertrages festzulegen. Wenn die Familie auch solche Vorschläge zurückweist, ist es für den Therapeuten wichtig, die eigene Enttäuschung zu kontrollieren, die Ablehnung der Familie nicht als persönliche Kränkung aufzufassen und der Familie eine "Tür offenzuhalten".

(3) Aus therapeutischer Sicht sehr viel leichter zu bewältigen sind Situationen, in denen z.B. die Eltern einen Behandlunswunsch äußern, der Therapeut aber keine Behandlungsnotwendigkeit erkennen kann. In einem solchen Fall zielt die Beratung zunächst einmal darauf ab, die Eltern durch klare Auskünfte zu entlasten und zu beruhigen. Möglicherweise ist es auch notwendig, die Hintergründe der Vorstellung noch etwas genauer aufzuklären; die Vorstel-

lung eines psychisch gesunden Kindes kann durch verschiedene Hintergrundfaktoren bestimmt sein. Dazu zählen z.B. übermäßige Besorgnisse der Eltern (z.B. bei selbstunsicheren oder depressiven Eltern oder bei Eltern mit psychischen Erkrankungen), manchmal werden vermeintliche psychische Probleme der Kinder auch von den Eltern "benötigt" und als "Eintrittskarte" für eine Beratung durch einen Fachmann verwendet (z.B. bei Ehe- und Familienkonflikten). Aufgabe eines solchen Gespräches ist somit eine weiterführende Klärung der Hintergründe, die zur Vorstellung des Kindes geführt haben. Falls sich hierbei keine konkreten Ansätze für weitere Hilfestellungen ergeben, ist es wichtig, der Familie anzubieten, sich bei Bedarf wieder zu melden oder diagnostische Kontrolltermine (z.B. in einigen Monaten) zu vereinbaren.

(4) Eine relativ einfache Situation ist dann gegeben, wenn weder die Familie noch der Therapeut einen weiteren Interventionsbedarf erkennen können (z.B. nach der diagnostischen Abklärung einer Fragestellung ohne positiven Befund). Der Kontakt sollte aber auch in solchen Fällen mit dem Angebot abgeschlossen werden, sich nach einigen Monaten wieder zu melden.

	Therapiebedürfnis und -bereitschaft (Einschätzung des Patienten und seiner Familie)	
	Hoch	Gering
Therapiebedarf (Einschätzung des Diagnostikers/ Therapeuten) Hoch	1. Konsens: Therapie wird übereinstimmend für notwendig und sinnvoll erachtet	2. Dissens: Therapie wird abgelehnt, obwohl aus fachlicher Sicht ein Bedarf besteht
Gering	3. Dissens: Therapie wird gewünscht, obwohl aus fachlicher Sicht kein Bedarf besteht	4. Konsens: Einvernehmlicher Abschluß

Abb. 3.12 Grundsituationen bei der kooperativen Indikationsstellung und Therapieplanung

Die geschilderten vier Grundsituationen stellen natürlich prototypische Vereinfachungen dar; in der Praxis findet man viele Übergangsformen. So zeigt es sich sehr häufig, daß die Vorstellungen der anwesenden Familienmitglieder sehr weit divergieren; umso schwieriger ist es dann, mit der Familie einen Konsens zu finden, der von allen geteilt wird. Die gemeinsame Erarbeitung einer Therapievereinbarung ist in solchen Fällen ebenso interessant wie schwierig. Gerade in der Therapie mit Kindern, Jugendlichen und Familien besteht ein Großteil der Arbeit darin, erst die Voraussetzung für eine sinnvolle therapeutische Zusammenarbeit zu entwickeln. Je besser dies gelingt, umso einfacher stellt sich dann die Therapie dar. Bei der Entwicklung einer Therapievereinbarung hat der Therapeut deshalb auch immer seine eigenen Reaktionen auf die Familienmitglieder zu reflektieren; es geschieht sehr schnell, daß Therapeuten in das Familiensystem und in die Problematik "mit eingebaut" werden und es stellt sich dann als sehr schwierig dar, sich aus diesen Verstrickungen zu lösen.

3.6 Adaptive Indikationsstellung im Therapieverlauf: Realisierung, Konkretisierung und Weiterentwicklung der Therapieplanung

Alle bisher beschriebenen Aspekte der Indikationsstellung und Therapieplanung sind nicht nur vor Beginn und bei der Einleitung einer Therapie zu berücksichtigen, sondern sie gelten für den gesamten Therapieverlauf; der Therapieverlauf selbst stellt ein Wechselspiel zwischen diagnostischen Aspekten und Interventionen dar, in ihn können bei Bedarf auch explizit diagnostische Phasen eingeschaltet werden.

Die adaptive Indikationsstellung umfaßt mindestens drei Aspekte:

(1) die adaptive Realisierung der Therapiemethoden,

(2) die schrittweise Konkretisierung und

(3) die Weiterentwicklung des Therapieplans.

Bei der adaptiven Realisierung der Therapiemethoden geht es um die Frage, in welcher Weise die gewählten Methoden durch einzelne Interventionen in der Beziehung zwischen Patient und Therapeut realisiert werden können. Die Realisie-

rung ist abhängig davon, wie gut sich der Therapeut auf den Patienten einstellen kann; diese Einstellung geschieht vorwiegend durch intuitive Anpassungsprozesse, die nicht im Vorhinein geplant, sondern allenfalls retrospektiv reflektiert werden können. In dieser Hinsicht stellt die Therapie nicht nur für die Patienten sondern auch für die Therapeuten einen kontinuierlichen Lernprozeß dar.

Die schrittweise Konkretisierung des Therapieplans ist deshalb notwendig, weil in der Therapie mit Kindern, Jugendlichen und Familien eine genaue Planung der Therapiemethoden nur in relativ kurzen und überschaubaren Zeiträumen (1 bis 3 Monate) möglich ist; längerfristige Zielsetzungen dagegen können nur relativ allgemein und pauschal konzipiert werden. Im zeitlichen Verlauf der Therapie ist es deshalb in gewissen Abständen notwendig, die Ziele der nächsten Therapiephase zu spezifizieren. Es ist sehr sinnvoll, in größeren Abständen (etwa alle 2 - 3 Monate) in "Zwischenbilanzen" den bisherigen Therapieverlauf zu resumieren und die konkrete Planung des nächsten Therapieabschnitts gemeinsam mit der Familie vorzunehmen. Ein solches Vorgehen bezieht die Familie in die Planung ein und macht den Verlauf auch für die Patienten und ihre Familien überschaubar. Die gemeinsame Therapieevaluation bildet den Abschluß dieses Prozesses.

Schließlich umfaßt die adaptive Indikationsstellung noch die Weiterentwicklung des Therapieplans. Hierzu gehören alle verlaufsabhängigen Fortschreibungen, Ergänzungen, Abänderungen und Umstellungen des ursprünglichen Therapieplans. Zu Beginn einer Therapie sind viele Entwicklungen überhaupt noch nicht überschaubar und im Therapieverlauf können sich deshalb neue Zielsetzungen oder grundlegende Veränderungen der Zielsetzungen ergeben; dies ist im übrigen keinesfalls ein ungünstiges Zeichen, denn in dem Maße, in dem eine Therapie effektiv und produktiv fortschreitet, werden solche verlaufsabhängige Änderungen notwendig.

Inhaltliche Umstellungen betreffen z.B. folgende Aspekte: Zunächst stehen in der Therapie häufig beziehungsorientierte Interventionen im Vordergrund, in späteren Therapiephasen eher bewältigungs- und klärungsorientierte Interventionen. Viele Therapien mit Kindern und ihren Familien haben zunächst ihren Schwerpunkt bei Fragen der konkreten Problembewältigung, die später (wenn die Probleme ansatzweise bewältigt sind) durch Fragen abgelöst werden, die sich auf die individuellen und familiären Hintergründe der Problematik beziehen. Weiterhin stehen in der Regel zunächst intermediäre (interne) Therapieziele im Vordergrund, im Therapieverlauf gewinnen dann zunehmend die externen (eigentlichen) Therapieziele an Bedeutung; und während am Anfang die Verhaltensänderung in der Therapiesituation selbst angezielt wird, steht in späteren Therapiephasen die Generalisierung auf alltägliche Situationen im Vordergrund der therapeutischen Bemühungen.

Neben den inhaltlichen Schwerpunktveränderungen sind bei Therapien mit Kindern, Jugendlichen und Familien auch die formalen Therapieparameter flexibel zu halten: So beginnen die Therapien häufig mit einer hohen Sitzungsfrequenz (1 bis 2 Wochenstunden), die Abstände zwischen den Sitzungen werden am Therapieende dann häufig erheblich größer (1 Monat oder länger). Insbesondere bei stationären Therapien findet in den ersten Therapiephasen eine sehr intensive Therapie mit mehreren parallel durchgeführten Therapieformen statt, gegen das Therapieende hin wird die Therapie tendenziell auf eine (oder wenige) Therapieformen reduziert. Die Veränderungen in der Sitzungsfrequenz, in der Intensität und im Therapiesetting sind Ausdruck dafür, daß die Verantwortung, die der Therapeut übernommen hat, im Verlauf der Therapie wieder vollständig von den Patienten und ihren Familien übernommen wird. Konkrete Beispiele für die Abstimmung verschiedener Therapiekomponenten und die Veränderungen im Verlaufe von Therapien sind in den weiteren Kapiteln dieses Buches aufgeführt.

Weiterführende Literatur:

Remschmidt, H.: Gesichtspunkte zur Indikationsstellung therapeutischer Maßnahmen. In: Remschmidt, H.; Schmidt, M.H. (Hrsg.): Kinder- und Jugendpsychiatrie in Klinik und Praxis. Band I, 608-614. Thieme Verlag, Stuttgart 1988.
Schulte, D.: Therapieplanung. Hogrefe, Göttingen 1996.
Seidenstücker, G.: Indikation und Entscheidung. In: Jäger, R. (Hrsg.): Psychologische Diagnostik, 407-420. Psychologie Verlags Union, München 1988.

Literatur

Ambühl, H.: Was ist therapeutisch an Psychotherapie? Eine empirische Überprüfung der Annahmen im "Generic Model of Psychotherapy". Zeitschrift für Kinder- und Jugendpsychiatrie 41, 285-303, 1993.
Ambühl, H.; Grawe, K.: Psychotherapeutisches Handeln als Verwirklichung therapeutischer Heuristiken. Psychotherapie. Psychosomatik. Medizinische Psychologie 39, 1-10, 1989.
Bartling, G.; Echelmeyer, L.; Engberding, M.; Krause, R.: Problemanalyse im therapeutischen Prozeß. Kohlhammer Verlag, Stuttgart, Berlin, Köln, Mainz 1980.
Baumann, U. (Hrsg.): Indikation zur Psychotherapie. Urban und Schwarzenberg, München 1981.
Blaser, A.; Heim, E.; Ringer, C.; Thommen, M.: Problemorientierte Psychotherapie. Ein integratives Konzept. Huber Verlag, Bern, Göttingen, Toronto, Seattle 1992.
Caspar, F.: Was ist aus der guten alten Verhaltensanalyse geworden? In: Caspar, F. (Hrsg.): Problemanalyse in der Psychotherapie. Bestandsaufnahme und Perspektiven. Forum für Verhaltenstherapie und psychosoziale Praxis, Bd. 13, 1-19. Deutsche Gesellschaft für Verhaltenstherapie (DGVT), Tübingen 1987.
Caspar, F.: Beziehungen und Probleme verstehen. Eine Einführung in die psychotherapeutische Plananalyse. Huber Verlag, Bern, Stuttgart, Toronto 1989.
Caspar, F.; Grawe, K.: Psychotherapie: Anwendung von Methoden oder ein heuristischer, integrierender Produktionsprozeß? Report Psychologie 17, 10-22, 1992.
Döpfner, M.: Grundlegende Interventionsmethoden und ihre Integration. In: Döpfner, M.; Schmidt, M.H. (Hrsg.): Kinderpsychiatrie. Vorschulalter, 65-94. Quintessenz-Verlag, München 1993.
Döpfner, M.; Schmidt, M.H. (Hrsg.): Kinderpsychiatrie im Vorschulalter. Quintessenz-Verlag, München 1993.
Dörner, D.: Die Logik des Mißlingens. Strategisches Denken in komplexen Situationen. Rowohlt (rowohlt taschenbuch rororo), Reinbek 1992.
Grawe, K.: Heuristische Psychotherapie. Integrative Therapie 4, 309-324, 1988.
Grawe, K.: Psychotherapieforschung zu Beginn der neunziger Jahre. Psychologische Rundschau 43, 132-162, 1992.
Grawe. K., Donati, R.; Bernauer, F.: Psychotherapie im Wandel. Von der Konfession zur Profession. 3. Auflage. Hogrefe, Göttingen, Bern, Toronto, Seattle 1994.
Heekerens, H.P.: Effektivität von Kinder- und Jugendlichenpsychotherapie im Spiegel von Meta-Analysen. Zeitschrift für Kinder- und Jugendpsychiatrie 17, 150-157, 1989.

Heekerens, H.P.: Familientherapie und Erziehungsberatung. Asanger Verlag, Heidelberg 1989.

Jäger, R.S.: Der diagnostische Prozeß. In: Jäger, R. (Hrsg.): Psychologische Diagnostik, 382-386. Psychologie Verlags Union, München, Weinheim 1988.

Lau, Ch.: Planungstheorie. In: Speck, J. (Hrsg.): Handbuch wissenschaftstheoretischer Begriffe. Bd. 2 (G-Q), 481-485. UTB Vandenhoeck und Ruprecht, Göttingen 1980.

Mattejat, F.: Subjektive Familienstrukturen. Hogrefe, Göttingen 1993.

Orlinsky, D.E.; Howard, J.U.: Ein allgemeines Psychotherapiemodell. Integrative Therapie 4, 281-308, 1988.

Pohlen, M.; Bautz-Holzherr, M.: Psychoanalyse - Das Ende einer Deutungsmacht. Rowohlt (rowohlts enzykopädie), Reinbek 1995.

Queckelberghe, R.v.: Systematik der Psychotherapie. Urban und Schwarzenberg, München, Wien, Baltimore 1979.

Remschmidt, H.: Indikationen und Grenzen der Psychotherapie in der Kinder- und Jugendpsychiatrie. In: Helmchen, H.; Linden, M.; Rüger, U. (Hrsg.): Psychotherapie in der Psychiatrie, 280-290. Springer, Berlin, Heidelberg, New York 1982.

Remschmidt, H.: Gesichtspunkte zur Indikationsstellung therapeutischer Maßnahmen. In: Remschmidt, H.; Schmidt, M.H. (Hrsg.): Kinder- und Jugendpsychiatrie in Klinik und Praxis. Band I, 608-614. Thieme Verlag, Stuttgart 1988.

Remschmidt, H.; Mattejat, F.: Psychotherapeutische Ansätze in der Behandlung von Kindern und Jugendlichen. Monatsschrift für Kinderheilkunde 142, 250-257, 1994.

Remschmidt, H.; Schmidt, M.H.: Multiaxiales Klassifikationsschema für psychiatrische Erkrankungen im Kindes- und Jugendalter. 3. Auflage. Huber, Bern 1994.

Rudolf, G.: Psychotherapeutische Medizin. Ein einführendes Lehrbuch auf psychodynamischer Grundlage. Enke, Stuttgart 1993.

Schiepek, G.: Systemtheorie der Klinischen Psychologie. Wissenschaftstheorie 33. Vieweg, Braunschweig 1991.

Schmidt, L.R.: Überblick zur Psychodiagnostik. In: Schmidt, L.R. (Hrsg.): Lehrbuch der Klinischen Psychologie. 2. Auflage, 131-138. Enke, Stuttgart 1984.

Schmidt, M.H.: Kinder- und Jugendpsychiatrie. Kompendium für Ärzte, Psychologen, Sozial- und Heilpädagogen. Deutscher Ärzte-Verlag, Köln 1993.

Schmidtchen, St.: Kinderpsychotherapie. Kohlhammer (Urban Taschenbücher), Stuttgart 1989.

Schulte, D. (Hrsg.) Therapeutische Entscheidungen. Hogrefe. Göttingen 1991.

Schulte, D.: Therapieplanung. Lehrbuch der Problemanalyse und Indikationsstellung. Hogrefe, Göttingen 1996.

Schulte, D.: Therapie aus der Perspektive des Therapeuten. In: Schulte, D. (Hrsg.) Therapeutische Entscheidungen, 7-14. Hogrefe, Göttingen 1991.

Seidenstücker, G.: Indikation in der Psychotherapie: Entscheidungsprozesse - Forschung - Konzepte und Ergebnisse. In: Schmidt, L.R. (Hrsg.): Lehrbuch der Klinischen Psychologie. 2. Auflage, 443-511. Enke, Stuttgart 1984.

Seidenstücker, G.: Indikation und Entscheidung. In: Jäger, R.S. (Hrsg.): Psychologische Diagnostik, 407-420. Psychologie Verlags Union, München, Weinheim 1988.

Steller, M.: Diagnostischer Prozeß. In: Stieglitz, R.-D; Baumann, U. (Hrsg.): Psychodiagnostik psychischer Störungen, 37-46. Enke, Stuttgart 1994.

Wetzel, H.; Linster, H.W.: Psychotherapie. In: Asanger, R.; Wenninger, G. (Hrsg.): Handwörterbuch Psychologie. 4. Auflage, 627-639. Psychologie Verlags Union, Weinheim 1992.

4. Psychotherapieforschung

Helmut Remschmidt und Fritz Mattejat

Psychotherapeutische Behandlungsmaßnahmen müssen, wie alle Behandlungsmethoden bei Kindern und Jugendlichen, folgenden Gesichtspunkten Rechnung tragen:

1. Dem entwicklungspsychologischen Aspekt: Bei allen psychischen Erkrankungen von Kindern und Jugendlichen müssen Entwicklungsvorgänge und ihre Auswirkungen berücksichtigt werden, denn sie bestimmen häufig die Symptomatik einer Störung und sind auch für die Therapie maßgebend.

2. Dem Familienbezug: Die Familie oder eine familienähnliche Gemeinschaft ist die engste Bezugsgruppe des Kindes oder Jugendlichen. Da Kinder stärker als Erwachsene von ihrer Umgebung abhängig sind, müssen sie und auch ihre Störungen in diesem Kontext gesehen werden.

3. Der Bildungs- und Ausbildungssituation: Neben der Familie spielen Bildungs- und Ausbildungsinstitutionen (Kindergarten, Schule, andere Fördereinrichtungen) für die Entwicklung der Kinder eine außerordentlich wichtige Rolle. Daher müssen auch sie im Hinblick auf die Auslösung und Behebung von Störungen einbezogen werden.

4. Den Risikofaktoren für Entwicklungsvarianten, Störungen und Erkrankungen: Da sich manche Risikofaktoren (besonders solche im sozialen Bereich) noch ändern lassen, sollten sie frühzeitig identifiziert und, soweit möglich, im Rahmen eines Behandlungsplans eliminiert oder abgeschwächt werden.

5. Den protektiven Faktoren und der Prävention: Das Kindes- und Jugendalter ist geradezu prädestiniert für präventive Maßnahmen. Denn bei rechtzeitigem Eingreifen ist es gerade im Kindesalter noch möglich, die Chronifizierung psychischer Erkrankungen zu vermeiden oder, was noch wichtiger wäre, i.S.

einer Primärprävention der Erstmanifestation vorzubeugen.

6. Den Bewältigungsstrategien (Coping-Mechanismen): Die meisten psychisch kranken oder gestörten Kinder und Jugendlichen entwickeln derartige Bewältigungsstrategien. Es gilt, diese sowohl beim Patienten als auch in seiner Familie zu entdecken, mit ihm gemeinsam weiterzuentwickeln und so für die Therapie nutzbar zu machen.

Alle genannten Gesichtspunkte sind auch für die Therapieforschung von entscheidender Bedeutung. Sie müssen schon bei der *Indikationsstellung* für eine Psychotherapie berücksichtigt werden, beeinflussen ebenso den Verlauf und das Ergebnis und sind daher auch bei der Anwendung von Evaluationsmaßnahmen zu berücksichtigen.

4.1 Versorgungsforschung - Versorgungsepidemiologie

Die Versorgungsforschung ist die allgemeinste Form der Therapieforschung. Sie untersucht nicht in erster Linie die Wirksamkeit spezifischer Behandlungsmaßnahmen, sondern stellt eine Reihe allgemeiner Fragen, deren Beantwortung aber für den Einsatz therapeutischer Maßnahmen im allgemeinen und psychotherapeutischer Maßnahmen im besonderen sehr bedeutsam ist. Solche Fragen sind:

- Wie häufig sind psychische Störungen und Erkrankungen in der Population von Kindern und Jugendlichen bis zum 18. Lebensjahr?

- Wie viele der psychisch auffälligen oder erkrankten Kinder und Jugendlichen suchen Behandlungseinrichtungen auf?

- Welche Behandlungseinrichtungen suchen sie auf?
- Wodurch wird das Inanspruchnahmeverhalten der Patienten und ihrer Eltern beeinflußt?
- Spielt z.B. die Gemeindenähe eine Rolle oder die Existenz oder Nicht-Existenz spezieller Einrichtungen, die soziale Schicht und der Bildungsgrad der Eltern usw.?
- Von welchen Faktoren ist die Behandlungsdauer abhängig?
- Wie läßt sich der Behandlungsbedarf definieren?
- Wie viele Patienten bleiben unbehandelt, obwohl ein Behandlungsbedarf besteht?

Zu einer Reihe dieser Fragen konnten wir in den letzten Jahren, unterstützt durch das Modellprogramm Psychiatrie der Bundesregierung und durch mehrere Drittmittelprojekte, umfangreiche Daten erheben. Anhand dieser Daten sollen einige der oben gestellten Fragen beantwortet werden.

Evaluation der Versorgung psychisch auffälliger und kranker Kinder und Jugendlicher

Im Rahmen des Modellprogramms Psychiatrie der Bundesregierung hatten wir Gelegenheit, innerhalb eines Einjahreszeitraumes eine nahezu vollständige Inanspruchnahmepopulation psychisch kranker Kinder und Jugendlicher zu untersuchen. Erfaßt wurden insgesamt 37 Einrichtungen (z.B. Frühberatungsstellen, Erziehungsberatungsstellen, kinder- und jugendpsychiatrische Praxen, Polikliniken und Kliniken, Nervenarztpraxen usw). Durch die Berücksichtigung auch außerhalb der Region gelegener Einrichtungen konnte praktisch eine Grundgesamtheit erhoben und die Daten bevölkerungsbezogen ausgewertet werden. Durch die Ergebnisse konnte unter anderem gezeigt werden, in welcher Weise die therapeutischen Möglichkeiten von den äußeren Rahmenbedingungen abhängen: Mit zunehmender Entfernung zwischen Wohnort und Standort der klinischen Einrichtungen nahmen die stationären Inanspruchnahmeraten ab unter gleichzeitiger Zunahme der Behandlungsdauer. Patienten, die nicht gemeindenah versorgt wurden, waren zum Zeitpunkt der stationären Aufnahme im Durchschnitt um ein Jahr älter, hatten schwerwiegendere psychiatrische Diagno-

sen und wurden doppelt so lang behandelt wie jene, die aus dem Landkreis mit vorhandenen ambulanten kinder- und jugendpsychiatrischen Angeboten kamen (zu genaueren Ergebnissen siehe das Kapitel Psychotherapiebedarf in diesem Buch, vgl. hierzu auch Remschmidt und Walter, 1989).

Abschätzung des Behandlungsbedarfs

Die bisher erwähnten Erhebungen im Rahmen des Modellprogramms Psychiatrie konzentrierten sich durchweg auf Inanspruchnahmepopulationen. Die Frage nach der wahren Prävalenz psychischer Störungen und Erkrankungen konnte auf diese Weise nicht geklärt werden. Auch waren verschiedene Fragen bezüglich Angebot und Nachfrage sowie bezüglich des Effektes verschiedener selektiv wirksamer Merkmale auf die Inanspruchnahme von kinder- und jugendpsychiatrischen Einrichtungen nicht umfassend zu objektivieren. Schließlich können auch Untersuchungen an Inanspruchnahmepopulationen nicht die Anzahl unbehandelter, aber behandlungsbedürftiger Patienten eruieren. Diesem Ziel diente ein weiteres Projekt, welches mit Unterstützung durch das Bundesministerium für Jugend, Familie, Frauen und Gesundheit in der ehemaligen Modellregion durchgeführt wurde und in dem eine repräsentative Stichprobe von nahezu 2000 Schülern im Alter von 6 - 17 Jahren sowie ein Patientenkollektiv aus den kinder- und jugendpsychiatrischen Universitätskliniken Marburg, Göttingen und Mannheim untersucht wurden. Aufgrund dieser Studie konnte der Behandlungsbedarf für psychisch gestörte Kinder und Jugendliche genauer abgeschätzt werden. Weiterführende Angaben zu dieser Frage finden sich im 2. Kapitel (Psychotherapiebedarf) dieses Buches.

4.2   Psychotherapie im ambulanten und stationären Bereich

Bevor auf kompliziertere Fragen der Therapieforschung wie Wirksamkeitsnachweis, Therapieevaluation und verschiedene Variablen, die für den Therapieerfolg maßgebend sind, eingegangen wird, erscheint es zunächst sinnvoll, auf die einfache, aber sehr wichtige Frage einzugehen, in welchem Umfang überhaupt Psychotherapie ambulant und stationär angewandt wird und welche Verfahren dabei im Vordergrund stehen. Hierzu gibt es im deutschen Sprachraum bisher nur sehr wenige Untersuchungen, die sich zudem in der Regel nur auf eine Therapieform beschränken (vgl. hierzu z.B. Wuchner und Eckert, 1995; Podeswik et al., 1995; Heekerens, 1989). Wir selbst haben zu diesem Zweck 8 Jahrgänge (1983-1990) der Marburger Universitätsklinik für Kinder- und Jugendpsychiatrie und den mit ihr assoziierten Einrichtungen (Stationen, Tagesklinik, Poliklinik, Ambulanter Dienst und Erziehungsberatungsstelle) ausgewertet (Remschmidt und Mattejat, 1993 und 1994; vgl. auch die Ergebnisse der weiterführenden Auswertungen bei Remschmidt et al., 1994; Mattejat et al., 1994). Auf einige Ergebnisse dieser Auswertung soll im folgenden eingegangen werden.

Psychotherapie im ambulanten Bereich

Im erwähnten Zeitraum wurden im ambulanten Bereich insgesamt 7.969 Patientinnen und Patienten untersucht. Von diesen erfuhren 6.040 eine allgemeine Beratung bzw. Krisenintervention, während 1.929 keine weiterführende Beratung oder Behandlung erhielten. Von den 6.040 Pati-

entinnen und Patienten wurde in rund der Hälfte der Fälle (n=3.051) eine weiterführende Beratung oder Therapie durchgeführt, bei der anderen Hälfte (n=2.991) nicht, weil hier diagnostische Fragen im Vordergrund standen.

Tab. 4.1 gibt eine Übersicht über die 3.051 ambulanten Patientinnen und Patienten, bei denen weitergehende psychotherapeutische Maßnahmen durchgeführt wurden. Aus der Tabelle wird deutlich, daß in 36,8% der Fälle eine individuelle Psychotherapie mit den Patienten durchgeführt wurde, in rund 10% eine Übungsbehandlung, in 77% der Fälle eine ausführliche Elternberatung und in 30% der Fälle andere Methoden.

Tab. 4.2 verdeutlicht, welche Arten von Psychotherapie (Einzel- und Gruppensetting zusammengenommen) bei jenen 1.124 Patientinnen und Patienten durchgeführt wurden, die einer weitergehenden Psychotherapie unterzogen wurden. Es wird deutlich, daß auf dem Gespräch basierende Psychotherapiemethoden in über der Hälfte der Fälle überwiegen, gefolgt von einem spieltherapeutischen Vorgehen mit jüngeren Kindern, verhaltenstherapeutischen Maßnahmen, tiefenpsychologischen Maßnahmen und anderen Verfahren.

Tabelle 4.1 Behandlungsmaßnahmen für ambulante Patienten (1983 - 1990)

Behandlungsmaßnahmen	Patienten		Sitzungen	
	n	%	Summe	Mittel
Psychotherapie für die Patienten	1124	36,84	11998	10,67
Eltern- und familienbezogene Interventionen	2352	77,08	10096	4,29
Funkt. Übungsbehandlungen	308	10,09	10508	34,11
Andere Interventionen	917	30,05	2136	2,32
Patienten insgesamt*	3051	100,00	-	-

*Patienten, die eine weiterführendeTherapie erhielten. Da viele Patienten mehrere Behandlungsmaßnahmen erhielten (Mehrfachnennungen), ist die Summe der Behandlungsmaßnahmen höher als die Zahl der Patienten.

Tabelle 4.2 Arten der patientenbezogenen Psychotherapie bei ambulanten Patienten (1983 - 1990)

Therapieformen	Patienten		Sitzungen	
	n	%	Summe	Mittel
Gesprächstherapie	592	52,66	4124	6,96
Kinderspieltherapie	402	35,76	5546	13,79
Tiefenpsycholog. fundierte Therapie	58	5,16	957	16,50
Verhaltenstherapie	179	15,92	1131	6,31
Andere Verfahren	48	4,27	240	5,00
Psychotherapie-Patienten insgesamt[*]	1124	100,00	-	-

[*]Patienten, die eine Psychotherapie erhielten. Da manche Patienten mehrere Therapieformen erhielten (Mehrfachnennungen), ist die Summe der Therapieformen höher als die Anzahl der Patienten.

Tabelle 4.3 Medikamentöse Behandlungen bei ambulanten Patienten (1983 - 1990)

Medikamentengruppen	Medikament erhalten			
	nein		ja	
	n	%	n	%
Antikonvulsiva	2941	96,42	109	3,57
Neuroleptika	2978	97,63	72	2,36
Thymoleptika	3019	98,98	31	1,01
Tranquilizer	3025	99,18	25	0,81
Stimulantien	3015	98,85	35	1,14
Patienten insgesamt[*]	2783	91,24	267	8,75

[*]Patienten, die eine medikamentöse Behandlung erhielten (n = 3050). Da manche Patienten mehrere Medikamente erhielten (Mehrfachnennungen), ist die Summe der erhaltenen Medikamente höher als die Anzahl der Patienten.

Interessant ist der Vergleich mit der medikamentösen Behandlung, welche in Tab. 4.3 wiedergegeben ist. Sie zeigt eine Übersicht über die wichtigsten Gruppen von Medikamenten, die ambulant angewandt wurden. Es wird deutlich, daß in 3,5% aller Patienten, die medikamentös behandelt wurden, eine antikonvulsive Medikation durchgeführt wurde. Diese bezieht sich nach strenger Indikation auf Anfallspatienten. Nur in 2,3% der Fälle wurde neuroleptisch behandelt, in 1 % thymoleptisch und etwa gleich häufig mit Stimulanzien, während die Tranquilizer praktisch keinerlei Rolle spielen und unter 1% bleiben. Über 90 % der Behandlungsfälle erhielten überhaupt keine Medikamente. Damit ist ein vielgeäußertes Vorurteil widerlegt, wonach in kinder- und jugendpsychiatrischen Einrichtungen Patienten mit Medikamenten „vollgestopft" werden. Die Medikamente spielen im ambulanten Bereich nur eine sehr untergeordnete Rolle und werden streng indikationsgeleitet eingesetzt.

Zusammenfassend läßt sich für den ambulanten Bereich also folgendes ausführen:

- In rund der Hälfte aller Fälle, bei denen eine allgemeine Beratung oder Krisenintervention durchgeführt wurde, erfolgt eine weiterführende Psychotherapie.

- Diese konzentriert sich in der überwiegenden Mehrzahl auf den Patienten (im Einzel- oder Gruppensetting).

- In 77% aller Fälle erfolgt eine ausführliche Elternberatung.

- Was das therapeutische Vorgehen betrifft, so dominieren jene Therapieformen, die auf dem Gespräch beruhen, gefolgt von Spieltherapien und der Verhaltenstherapie.

- Die medikamentöse Behandlung spielt nur eine äußerst untergeordnete Rolle.

Psychotherapie im stationären Bereich

Stationär wurden im Behandlungszeitraum (1983-1990) insgesamt 1.608 Patientinnen und Patienten behandelt. Von diesen erfuhren 1.547 eine allgemeine Beratung und/oder Krisenintervention, während 61 Patienten lediglich sehr kurzfristig aus diagnostischen Gründen aufgenommen wurden. Von jenen 1.547 Patientinnen und Patienten, die eine Beratung und/oder Krisenintervention erhielten, wurde in 1.518 Fällen eine weiterführende Beratung oder Therapie durchgeführt und in 29 Fällen nicht.

Tab. 4.4 gibt eine Übersicht über jene therapeutischen Vorgehensweisen, die bei den 1.518 stationär behandelten Patientinnen und Patienten durchgeführt wurden. Es wird deutlich, daß auch hier die Psychotherapie, allerdings deutlich stärker als im ambulanten Bereich, auf den einzelnen Patienten zentriert ist, sei es als Einzel-, sei es als Gruppentherapie. Die Übungsbehandlung spielt mit 64,3% eine weitaus größere Rolle als im ambulanten Bereich, und auch die Elternarbeit ist intensiver (84,7%).

Betrachtet man nun (Tab. 4.5) die Art des psychotherapeutischen Vorgehens, so dominiert auch hier, ebenfalls stärker als in der Poliklinik, die auf dem Gespräch basierende Psychotherapie (72,6%), gefolgt von der Verhaltenstherapie (25,7%) und der Kinder-Spieltherapie. Die tiefenpsychologisch ausgerichtete Therapie liegt bei etwa 6%, unter einer Reihe von anderen Verfahren, die nicht näher spezifiziert sind.

Tabelle 4.4 Behandlungsmaßnahmen für stationäre Patienten (1983 - 1990)

Behandlungsmaßnahmen	Patienten		Sitzungen	
	n	%	Summe	Mittel
Psychotherapie für die Patienten	1342	88,40	39010	29,06
Eltern- und familienbezogene Interventionen	1286	84,71	8402	6,53
Funkt. Übungsbehandlungen	976	64,29	54686	56,03
Andere Interventionen	662	43,61	2491	3,76
Patienten insgesamt*	1518	100,00	-	-

*Patienten, die eine weiterführende Therapie erhielten. Da viele Patienten mehrere Behandlungsmaßnahmen erhielten (Mehrfachnennungen), ist die Summe der Behandlungsmaßnahmen höher als die Zahl der Patienten.

Tabelle 4.5 Arten der patientenbezogenen Psychotherapie bei stationären Patienten (1983 - 1990)

Therapieformen	Patienten		Sitzungen	
	n	%	Summe	Mittel
Gesprächstherapie	975	72,65	23236	23,83
Kinderspieltherapie	251	18,70	4626	18,43
Tiefenpsycholog. fundierte Therapie	83	6,18	2028	24,43
Verhaltenstherapie	345	25,70	5891	17,07
Andere Verfahren	190	14,15	3229	16,99
Psychotherapie-Patienten insgesamt*	1342	100,00	-	-

*Patienten, die eine Psychotherapie erhielten. Da manche Patienten mehrere Therapieformen erhielten (Mehrfachnennungen), ist die Summe der Therapieformen höher als die Anzahl der Patienten.

Tabelle 4.6 Medikamentöse Behandlungen bei stationären Patienten (1983 - 1990)

Medikamentengruppen	Medikament erhalten			
	nein		ja	
	n	%	n	%
Antikonvulsiva	1415	93,21	103	6,78
Neuroleptika	1119	73,71	399	26,28
Thymoleptika	1370	90,25	148	9,74
Tranquilizer	1466	96,57	52	3,42
Stimulantien	1426	93,93	92	6,06
Patienten insgesamt*	820	54,01	698	45,98

*Patienten, die eine medikamentöse Behandlung erhielten (n = 1518). Da manche Patienten mehrere Medikamente erhielten (Mehrfachnennungen), ist die Summe der erhaltenen Medikamente höher als die Anzahl der Patienten.

Auch im stationären Bereich ist zum Vergleich die Häufigkeit einer medikamentösen Behandlung interessant. Eine Übersicht hierzu ist in Tab. 4.6 wiedergegeben.

Zunächst ist auch hier festzustellen, daß weniger als die Hälfte der Patienten, die einer weitergehenden psychotherapeutischen oder sonstigen Behandlung unterzogen wurden (n=1.518), eine medikamentöse Therapie erhielt. An erster Stelle standen dabei die Neuroleptika (26,3%), die streng indikationsgeleitet vorwiegend bei schizophrenen Psychosen eingesetzt wurden. Es folgen die Thymoleptika mit 9,7%, die Antikonvulsiva mit 6,7%, Stimulanzien mit 6% und die Tranquilizer mit 3,4%. Im Vergleich zum ambulanten Bereich ist die Quote der Patienten, die eine Medikation erhielten, verständlicherweise größer. Sie liegt aber insgesamt gesehen sehr niedrig. Die Indikation wird sehr streng gestellt. Auch im stationären Bereich läßt sich das Vorurteil eines übermäßigen Einsatzes von Medikamenten sehr klar widerlegen.

Zusammenfassend kann für den stationären Bereich folgendes ausgesagt werden:

- In fast 90% aller Fälle, die stationär behandelt werden, erfolgt eine psychotherapeutische Behandlung, die sich ganz überwiegend im Einzel- oder Gruppensetting auf den eingewiesenen Patienten bezieht.

- In rund 85% aller Fälle werden die Eltern in die Behandlung umfassend einbezogen.

- Aber auch die Übungsbehandlung spielt eine weitaus größere Rolle als im ambulanten Behandlungsbereich.

- Was die Art der Psychotherapie betrifft, so stehen auch im stationären Bereich die auf dem Gespräch basierenden Psychotherapiemethoden mit 72% im Vordergrund, gefolgt von der Verhaltenstherapie und der Spieltherapie.

- Im stationären Bereich liegt die Rate der medikamentös behandelten Patienten höher als im ambulanten Bereich, sie ist jedoch auf das Ganze gesehen immer noch äußerst niedrig und im Vergleich zu den psychotherapeutischen Behandlungsmaßnahmen verschwindend gering.

Die wichtigsten Schlußfolgerungen aus unserer Analyse zu den therapeutischen Leistungen der Klinik für Kinder- und Jugendpsychiatrie der Philipps-Universität Marburg und der mit ihr assoziierten Einrichtungen sind:

(1) Bei den therapeutischen Leistungen nimmt die Zusammenarbeit mit den Eltern einen zentralen Stellenwert ein; dabei machen Beratungsgespräche und stützend-strukturie-

rende Hilfen für die Eltern den größten Teil aus, gemeinsame Familiengespräche dagegen werden seltener durchgeführt; Elterntherapien machen den geringsten Prozentsatz aus. Diese Schwerpunktverteilung gilt gleichermaßen für alle Teileinrichtungen; die allgemeinen Formen der Zusammenarbeit mit Eltern und Familien sind offenbar von der Verteilung der Störungsbilder und den jeweiligen institutionellen Rahmenbedingungen relativ unabhängig.

(2) Bei den Psychotherapien für die Kinder und Jugendlichen stehen Spiel- und Gesprächstherapien im Vordergrund; pragmatische und problembezogene, psychotherapeutische Vorgehensweisen spielen eine größere Rolle als spezifische, an einer bestimmten Schule oder an einem einzelnen theoretischen Konzept orientierte Therapien. Bei Psychotherapien für die vorgestellten Kinder und Jugendlichen ist die Bedeutung verhaltenstherapeutischer Behandlungsformen erheblich größer als die von tiefenpsychologisch orientierten Therapien, die nur einen untergeordneten Stellenwert einnehmen.

(3) Hinsichtlich der medikamentösen Behandlung unterscheiden sich die Teileinrichtungen extrem. Die Unterschiede sind darauf zurückzuführen, daß in den Teileinrichtungen sehr unterschiedliche Patientengruppen betreut werden: Die medikamentöse Behandlung konzentriert sich auf klar umschriebene Patientengruppen mit bestimmten Erkrankungen (z.B. Epilepsien, Psychosen, affektive Syndrome, hyperkinetische Syndrome).

Insgesamt sprechen die gewonnenen Ergebnisse durchgängig dafür, daß pragmatische und problembezogene Arbeitsformen im Vordergrund stehen. Komplexe Problemkonstellationen erfordern häufig Hilfsangebote auf mehreren Ebenen, wobei mehrere Behandlungskomponenten zu einem Gesamtkonzept integriert werden müssen. Die ausschließliche Orientierung an einer therapeutischen Schulrichtung kann der Komplexität der Problemlagen nicht gerecht werden. Das Beratungs- und Behandlungsangebot ist vielmehr in jedem einzelnen Fall neu zu erarbeiten. Durch die Ergebnisse werden somit allzu einfache und "lehrbuchmäßige" Vorstellungen zur praktischen therapeutischen Arbeit korrigiert. Die therapeutische Praxis ist differenzierter und komplizierter,

als sich dies in vereinfachenden Lehrbuchdarstellungen niederschlägt, durch die der Einruck erweckt wird, Therapie bestünde nur in der einfachen Anwendung einer bestimmten Methode.

Diese Ergebnisse und die daraus gezogenen Schlußfolgerungen sind natürlich in erster Linie vom Arbeitskonzept und vom Stil der untersuchten Klinik abhängig (keine Einschränkung auf eine psychotherapeutische Schulrichtung; Differentielle Indikation; individueller Therapieplan; Integration mehrerer Therapieformen in ein Gesamtkonzept) und deshalb nicht ohne weiteres generalisierbar. Wir vermuten jedoch, daß diese Befunde einen allgemeinen Entwicklungstrend repräsentieren und daß sich ähnliche Ergebnisse auch in vielen anderen Einrichtungen finden ließen. Doch diese Vermutung ist emprisch zu überprüfen, um zu einer kritischen Bestandsaufnahme des Therapieangebotes im Bereich der Psychiatrie und Psychotherapie des Kindes- und Jugendalters zu gelangen.

4.3   Evaluation psychotherapeutischer Behandlungsmaßnahmen

Die Evaluation psychotherapeutischer Behandlungsmaßnahmen gehört zu den schwierigsten Aufgaben der Therapieforschung in der Kinder- und Jugendpsychiatrie. Denn es geht dabei nicht um die Evaluierung bereits vorhandener, gesetzmäßig ablaufender Vorgänge, sondern um die Überprüfung von Tatsachen und Vorgängen, die durch das psychotherapeutische Eingreifen erst hervorgebracht oder geschaffen werden. In diesem Sinne führt Grawe (1987) aus: "Psychotherapeutisch relevante Tatsachen sind vor allem solche, die sich auf die Wirkung, Wirkungsweise und Indikation psychotherapeutischer Methoden beziehen. Sie entstehen erst durch die Anwendung dieser Methoden und existieren als Tatsache im wissenschaftlichen Sinne erst dann, wenn sie durch geeignete objektive Methoden als solche abgesichert wurden". Nach Grawe befindet sich die Psychotherapieforschung "gegenwärtig erst im Übergang von einem vorwissenschaftlichen Stadium zu einer empirisch fundierten Alltagswissenschaft: Es gibt im Bereich der Psychotherapie viele 'Erklärungen' (psychotherapeutische Theorien) und relativ wenig gesicherte, d.h. allgemein als solche akzeptierte Tatsachen"

(Grawe 1987). Nach Grawe kommt es angesichts dieser Situation in der Psychotherapieforschung derzeit darauf an, überhaupt erst einmal in ein Stadium der Analyse einzutreten, um die Vielzahl der Fakten, die bei der Anwendung psychotherapeutischer Methoden entstehen, zu sammeln und zu ordnen. Eine solche Phase, die er als "Botanisierungsphase" bezeichnet, sei am Beginn einer jeden empirischen Wissenschaft unverzichtbar. In der Psychotherapieforschung scheine aber vielfach die Illusion vorzuherrschen, man könne diese "Botanisierungsphase" einfach überspringen.

Zur Psychotherapieforschung im engeren Sinne zählen die Untersuchung der Wirksamkeit, der Wirkungsvergleich verschiedener Therapieformen und die Therapieprozeßforschung. In Abb. 4.1 sind diese "klassischen" Untersuchungsansätze der Psychotherapieforschung dargestellt. Darüberhinaus aber sind eine Reihe weiterer spezifischer Ansätze der Therapieforschung zu nennen, die zu einer Überprüfung und Verbesserung des psychotherapeutischen Angebotes beitragen sollen. Dazu zählt die Untersuchung von *Therapieprogrammen* und einzelner *Therapiekomponenten*, die *Optimierung von Therapieparametern* und die *Identifikation von Personen- und Kontextvariablen*, die für die Therapie und ihren Erfolg von Bedeutung sind (siehe Abb. 4.2). Im folgenden werden wir exemplarisch auf einige dieser Untersuchungsansätze eingehen.

Untersuchungs- ansatz	Fragestellung	Untersuchungsdesign
Wirksamkeit (Allgemeine Erfolgsevaluation)	Bewirkt Psychotherapie (bzw. eine bestimmte Methode) die erwünschten therapeutischen Veränderungen?	Eine Behandlungsgruppe im Vergleich zu einer nicht behandelten Kontrollgruppe oder zu einer Kontrollgruppe mit Placebo-Behandlung.
Vergleichende Wirkung und differentielle Indikation (Spezifische Erfolgsevaluation)	Ist die Wirksamkeit der verschiedenen Therapieformen unterschiedlich und welche Behandlung für eine bestimmte Problematik (Diagnose etc.) bzw. für bestimmte Patienten ist effektiver (bzw. am effektivsten)?	Zwei oder mehrere Behandlungsgruppen mit unterschiedlichen Behandlungen für das gleiche klinische Problem (z.B. Diagnose).
Wirkungsweise (Prozeßuntersuchungen)	Welche Prozesse finden im Therapieverlauf statt und wie beeinflussen diese Prozesse das Therapieergebnis?	Eine oder mehrere Behandlungsgruppen, in denen die Interaktion zwischen Patient und Therapeut erfaßt wird. Oder: Korrelationsstatistische Untersuchung von Zusammenhängen zwischen Prozeß- und Outcome-Merkmalen in einer Therapiegruppe.

Abb. 4.1 Die „klassischen" Untersuchungsansätze der Psychotherapieforschung (vgl. auch Kazdin, 1991; Grawe et al., 1994)

Untersuchungs-strategien	Fragestellungen	Untersuchungsdesign
Untersuchung der allgemeinen Effektivität von Therapieprogrammen	Bewirkt das Therapieprogramm die erwünschten therapeutischen Veränderungen?	Eine Behandlungsgruppe im Vergleich zu einer nicht behandelten Kontrollgruppe oder zu einer Kontrollgruppe mit Placebo-Behandlung.
Untersuchung der spezifischen Effektivität von Therapieprogrammen	Welches Therapieprogramm ist für eine bestimmte Problematik (Diagnose etc.) bzw. für bestimmte Patienten effektiver (bzw. am effektivsten)?	Zwei oder mehrere Behandlungsgruppen mit dem gleichen klinischen Problem (z.B. Diagnose)in unterschiedlichen Therapieprogrammen..
Identifikation von bedeutsamen Therapiekomponenten	Welche Komponenten einer Behandlung sind notwendig, hinreichend und förderlich für die therapeutischen Veränderungen?	Zwei oder mehr Behandlungsgruppen bei denen sich die Behandlungs-komponenten teilweise unterscheiden.
Kombination von bedeutsamen Therapiekomponenten	Welche Komponenten oder andere Behandlungen können zu einer Therapie hinzugefügt werden, um deren Effektivität zu erhöhen?	Zwei oder mehr Behandlungsgruppen bei denen sich die Behandlungs-komponenten teilweise unterscheiden.
Optimierung von Therapieparametern	Wie kann eine bestimmte Behandlung verändert werden, um ihre Effektivität zu steigern?	Zwei oder mehr Behandlungsgruppen, die sich in einer oder mehreren Therapiedimensionen unterscheiden. Oder: Korrelationsstatistische Untersuchung von Zusammenhängen zwischen Therapiedimensionen und Therapieergebnis.
Identifikation von bedeutsamen Personen- und Kontextparametern	Von welchen Patienten-, Familien- oder Therapeutenmerkmalen ist die Effektivität der Therapie abhängig?	Vergleich mehrerer Behandlungsgruppen (Verschiedene Gruppen von Patienten, Familien oder Therapeuten). Oder: Korrelationsstatistische Untersuchung von Zusammenhängen zwischen Personen- bzw. Kontextparametern und Therapieerfolg .

Abb. 4.2 Unterschiedliche Strategien der Therapieforschung zur Entwicklung von effektiven Behandlungen (orientiert an Kazdin, 1991)

Im einzelnen geht es in der Psychotherapie-
forschung ganz zentral um folgende Fragen: den
Wirksamkeitsnachweis, den Wirkungsvergleich,
die Therapieprozeßforschung, die Evaluation von
Therapieprogrammen und -methoden und die
Bedeutung von zusätzlichen Variablen für den
Therapieerfolg (z.B. die Bedeutung der Familie).

Wirksamkeitsnachweis

Zunächst geht es um die Frage, ob eine bestimmte
psychotherapeutische Behandlungsmethode überhaupt den Nachweis ihrer Wirkung antreten kann.
Hierzu ist sie zunächst zu definieren und an
einzelnen Patienten sowie an Gruppen von
Patienten zu erproben. Um den Wirksamkeitsnachweis zu führen, müssen entsprechende
Methoden der Veränderungsmessung angewandt
werden, die sich auf die für den Therapieerfolg
relevanten Bereiche beziehen. Dabei steht
zunächst einmal die Veränderung der Symptomatik im Vordergrund; darüberhinaus zielen psychotherapeutische Maßnahmen auf weitere Verhal-
tens- bzw. Persönlichkeitsmerkmale des Patienten
ab. In der Wirksamkeitsforschung sollte insbesondere das allgemeine soziale Funktionsniveau

des Kindes bzw. Jugendlichen erfaßt werden. Die
soziale Kompetenz kann wiederum in mehrere
Bereiche differenziert werden: Soziale Kontakte,
Freizeitaktivitäten und schulischer bzw. beruflicher Bereich. Bei der Unterschung der Effektivität von psychotherapeutischen Maßnahmen für
Kinder und Jugendliche sind schließlich auch
Veränderungen im Umfeld zu erfassen; dazu
zählen an erster Stelle die Verhaltensweisen und
Einstellungen der Eltern ihrem Kind gegenüber
und weitere Familien- bzw. Umfeldmerkmale
(Familienbeziehungen, besondere Belastungen,
soziale Unterstützung). Es genügt also nicht, den
Wirksamkeitsnachweis einer Therapiemethode
oder eines Therapieprogrammes lediglich an der
Rückbildung der Symptomatik zu messen; vielmehr muß man ebenso die Gesamtentwicklung
des Kindes, das Verhalten in Schule und Familie
und das psychosoziale Umfeld mit einbeziehen.
In Abb. 4.3 sind diese inhaltlichen Bereiche, auf
die sich die psychotherapeutische Wirkungsforschung bei Kindern und Jugendlichen bezieht,
aufgeführt (nach Mattejat und Remschmidt,
1988).

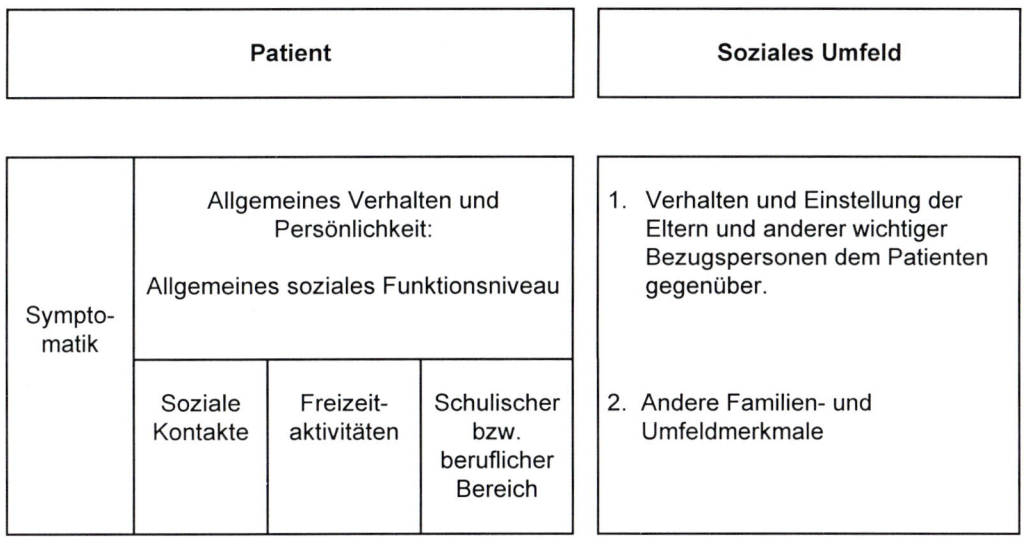

Abb. 4.3 Inhaltliche Bereiche der psychotherapeutischen Wirkungsforschung bei Kindern,
Jugendlichen und Familien (nach Mattejat und Remschmidt, 1988)

Da die Wirkungsforschung darauf abzielt, die Effektivität der Psychotherapie objektiv nachzuweisen, sollten die Veränderungen, die durch die Psychotherapie in diesen Bereichen bewirkt werden, durch möglichst objektive Methoden, d.h. Methoden mit explizit definierten und intersubjektiv nachprüfbar operationalisierten Kriterien erfaßt werden. Da die Psychotherapie aber immer auch auf subjektive Aspekte abzielt, sollten solche objektiven Messungen durch subjektive Therapie-Beurteilungen ergänzt werden, die ebenfalls in systematischer Form (z.B. durch Rating-Skalen oder durch testtheoretisch überprüfte Fragebögen) erfaßt werden können. Schließlich können sowohl objektive wie auch subjektive Daten aus verschiedenen Perspektiven (von verschiednenen "Informationsquellen") gewonnen werden: Dazu zählen neben den Patienten und ihren Eltern weitere Familienmitglieder, das pädagogische und pflegerische Personal,

die Therapeuten, die Lehrer der Patienten und schließlich externe Evaluatoren, durch die die Behandlungseffekte unabhängig beurteilt werden können (z.B. ohne Kenntnis darüber, welche Therapie das Kind erhalten hat). Die für die Therapieevaluation wichtigsten Datentypen sind in Abb. 4.4 dargestellt.

Es besteht heute weitgehend Einigkeit darüber, daß nur eine mehrdimensionale und multimethodal angelegte Effektivitätsforschung der Komplexität des Therapiegeschehens gerecht werden kann: Sie sollte sich auf mehrere inhaltliche Variablenbereiche beziehen und nach Möglichkeit sowohl subjektive wie auch objektive Daten aus mehreren Beobachter-Perspektiven gewinnen (vgl. Kazdin, 1991; Grawe et al, 1994). Auf die wichtigsten Ergebnisse der Wirkungsforschung wird unten im Abschnitt 4 (Metaanalysen) genauer eingegangen.

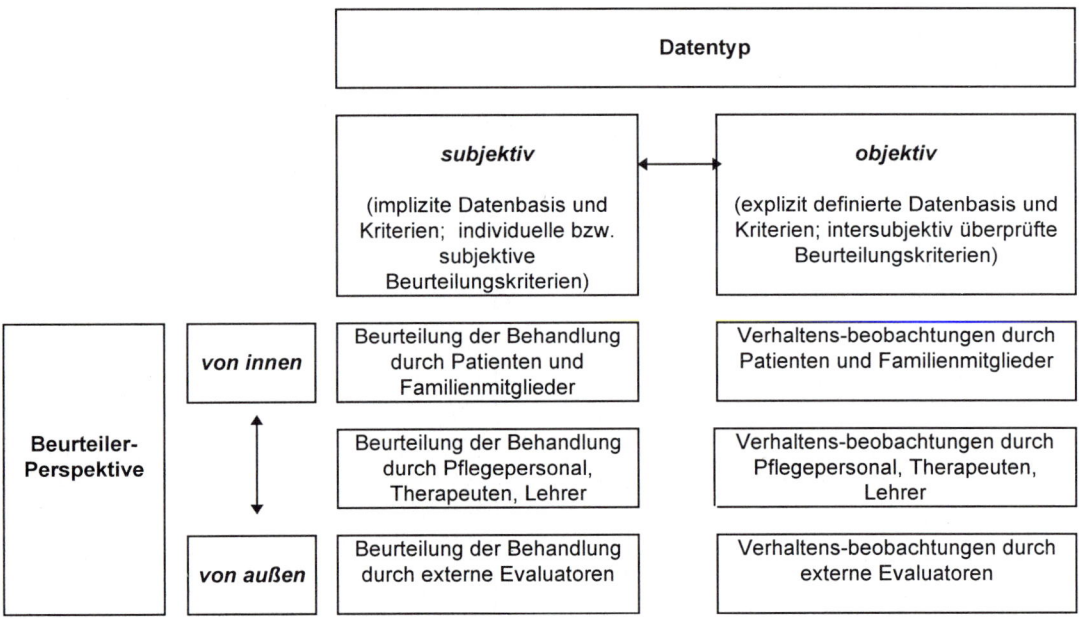

Abb. 4.4 Typologie der für die Therapieevaluation bedeutsamen Daten

Wirkungsvergleich

Bei Wirkungsvergleichen kommt es darauf an, ob eine Therapieform einer oder mehreren anderen Therapieformen bei einer definierten Störung überlegen ist. Es geht - mit anderen Worten - um die Frage, ob sich unterschiedliche Therapieformen bei bestimmten Patienten oder Patientengruppen in quantitativer oder qualitativer Weise unterscheiden. Die Klärung dieser Frage, ist bei der Indikationsstellung von hoher praktischer Bedeutung.

Um derartige Untersuchungen durchzuführen, ist es notwendig, die einzelnen Therapieformen zu definieren bzw. unter passenden, übergeordneten Gesichtspunkten zusammenzufassen. Auch hierzu hat die Arbeitsgruppe von Grawe (1987) eine Klassifikation entwickelt, die zwar von erwachsenen Patienten ausgeht, sich aber auch auf psychisch auffällige und kranke Kinder und Jugendliche übertragen läßt. Es handelt sich dabei um folgende Therapierichtungen:

1. Verhaltenstherapie
2. Humanistische Therapie
3. Psychodynamische Therapie
4. Biologisch-medizinisch orientierte Therapie
5. Entspannung/Hypnose
6. Kommunikations- und systemtheoretische Therapie
7. Eklektische Psychotherapie
8. Milieutherapie und
9. Nicht weiter spezifizierte Psychotherapie oder Beratung.

Für das Kindes- und Jugendalter gibt es bisher nur wenige systematische Vergleiche, in denen diese verschiedenen Therapiegruppen hinsichtlich ihrer Wirkung miteinander verglichen wurden. Die wichtigsten Ergebnisse aus den vorliegenden Studien sind unten im Abschnitt 4 (Metaanalysen) dargestellt.

Therapieprozeßforschung

Daß der therapeutische Prozeß, also der kontinuierliche Informationsaustausch zwischen dem Patienten und dem Therapeuten, zu den zentralen Variablen der Therapie gehört, ist nicht neu. In der analytischen Psychotherapie standen die Phänomene der Übertragung und Gegenübertragung von Anfang an im Mittelpunkt des Geschehens.

Nachdem die Jahrzehnte hindurch praktizierte Outcome-Forschung in der Psychotherapie jedoch einen gewissen Endpunkt erreicht hat, hat sich in den letzten Jahren ein Wandel zur psychotherapeutischen Prozeßforschung vollzogen. Ihr liegt die Überzeugung zugrunde, daß die psychotherapeutischen Veränderungen am besten in ihrem prozessualen Ablauf verstanden werden können und zwar: "einerseits über die Mikroanalyse von Verlaufs- und Veränderungsaspekten im Therapieprozeß, weiter über die (makro-) kontextuelle Validierung therapeutischer Abläufe und Prozesse sowie schließlich über eine Integration der Prozeßanalysen mit den Effektivitätswerten der Psychotherapie" (Bastine et al. 1989).

In Abb. 4.5 ist in einem einfachen Schema die zentrale Rolle des therapeutischen Prozesses innerhalb der Evaluation einer psychotherapeutischen Behandlung wiedergegeben. Unterschieden werden insgesamt 5 Bereiche, die durch eine Reihe von Variablengruppen gekennzeichnet sind: zunächst die *Therapiemethode* (z.B. Verhaltenstherapie, analytische Psychotherapie), sodann der *Bereich Patient-Störung-Umgebung*. Hier geht es um eine genaue Kennzeichnung des Patienten (z.B. Persönlichkeit, Störungsmuster), aber ebenso auch um die Einbeziehung der familiären oder sonstigen Umgebung. Der *therapeutische Prozeß* umfaßt im Rahmen einer Einzeltherapie die Interaktion zwischen Patient und Therapeut mit allen relevanten Merkmalen (z.B. verbaler und nicht-verbaler Informationsaustausch). Beim *Bereich Erfolg/Mißerfolg* geht es im wesentlichen um die Effektivitätsbeurteilung der Maßnahme als solcher oder um einen Vergleich mit anderen Maßnahmen. Alle drei für die Therapie relevanten Variablengruppen müssen anhand definierter Evaluationskriterien erfaßt werden.

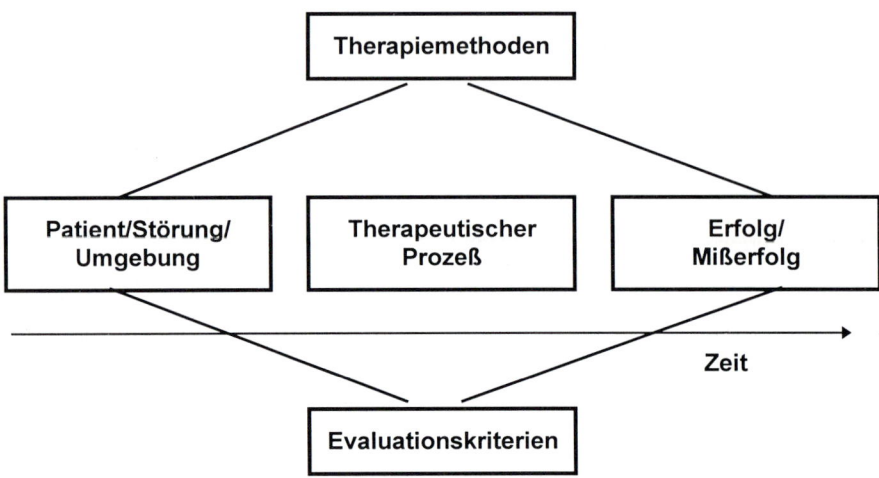

Abb. 4.5 Die zentrale Rolle des therapeutischen Prozesses innerhalb des psychotherapeutischen Geschehens

Was nun die Interaktion zwischen dem Therapeuten und dem Patienten während des therapeutischen Prozesses betrifft, so stehen wir, zumindest in der Therapie von Kindern und Jugendlichen, immer noch ganz an den Anfängen. Im Erwachsenenbereich gibt es hierzu bereits eine größere Zahl von Studien. Sie zeigen u.a., daß die *Beziehungsstruktur* zwischen Patient und Therapeut zu Beginn der Behandlung einen wesentlichen Prognosefaktor darstellt (Mintz und Luborsky 1979). Bei der frühen Herstellung einer unterstützenden und empathischen Beziehung zwischen Patient und Therapeut ist der spätere Therapieerfolg günstiger. Bereits in einer früheren Studie haben Luborsky et al. (1971) darauf hingewiesen, daß aus Patienten- und Therapeutenmerkmalen allein auf die Prognose einer psychotherapeutischen Behandlung nicht hinreichend geschlossen werden kann. Vielmehr müsse der Interaktionsaspekt berücksichtigt werden. In diesem Sinne zeigen die bereits vorliegenden Studien an erwachsenen Patienten, daß es verfahrensabhängige Unterschiede zwischen den Merkmalen des Therapiegeschehens und dem Therapieereignis gibt, denen wir in den nächsten Jahren auch im Kindes- und Jugendalter vermehrte Aufmerksamkeit schenken müssen.

Evaluation von Therapieprogrammen

Unter einem Therapieprogramm versteht man die regelhafte Kombination verschiedener Behandlungselemente (z.B. medikamentöse Therapie + Verhaltenstherapie des Patienten + Beratung der Eltern, stationär oder ambulant oder im Rahmen eines "home treatment"), die in einen Behandlungsplan integriert und auch in zeitlicher Hinsicht eingeordnet werden. Der Behandlungsplan enthält die *Behandlungsziele*, die hierfür notwendigen *Maßnahmen* und ihre *zeitliche Staffelung*. Ein derartiger Behandlungsplan darf jedoch kein starres Schema darstellen, sondern wird im Idealfall nach Maßgabe von Erkenntnissen im Therapieverlauf schrittweise modifiziert, freilich unter genauer Protokollierung der jeweiligen Veränderungen (vgl. Eisert 1986).

Im Gegensatz zur Prozeßforschung liegt auf dem Gebiet der Evaluation von Therapieprogrammen auch für das Kindes- und Jugendalter eine ganze Reihe von Studien vor, z.T. mit recht positiven Ergebnissen. Die Programmevaluation soll an drei Beispielen erläutert werden: davon beziehen sich zwei auf die Anwendung von Therapieprogrammen auf bestimmte Patientengruppen und eines auf den alternativen Vergleich mehrerer Behandlungsmethoden.

Therapieprogramme beim hyperkinetischen Syndrom

Zahlreiche Untersuchungen zur Behandlung des Hyperkinetischen Syndroms im Kindesalter haben ergeben, daß sogenannte *multimodale Behandlungsprogramme* der Behandlung durch Einzelmaßnahmen (z.B. Spieltherapie oder medikamentöse Therapie oder Verhaltenstherapie) eindeutig überlegen sind. Sie bestehen in der Regel aus der Kombination folgender Maßnahmen: strukturierende Hilfen für den Alltag (Förderung lebenspraktischer Fertigkeiten, Einübung sozialer Regeln), direkte patientenbezogene Maßnahmen (medikamentöse Therapie mit Stimulanzien, verhaltenstherapeutische Kontingenzprogramme, Beschäftigungstherapie, Maßnahmen zur Kanalisierung der Motorik) und Maßnahmen, die die Umgebung betreffen (Elternberatung, Beratung der Schule und anderer betreuender Einrichtungen). Nach den bisher vorliegenden Befunden sind derartige Therapieprogramme allen Einzelmaßnahmen deutlich überlegen. Die Stimulanzien beeinflussen dabei in dosisabhängiger Weise sowohl die Hypermotorik als auch kognitive Parameter und das sozialadaptive Verhalten. In diesem Bereich wurde unter Stimulanzienbehandlung eine Verbesserung der Aufmerksamkeit, gemessen an Vigilanz und Reaktionszeit, beobachtet, aber auch das Interaktionsverhalten zwischen Mutter und Kind zeigt unter Medikation signifikante Verbesserungen (Mash und Johnston 1982; Barkley 1988).Diese Befunde wurden mehrfach repliziert. Durch die Abmilderung der die ganze Familie störenden Verhaltensweisen des Kindes werden seitens der Eltern ganz neue Kräfte frei, und es kann eine Rekonstruktion einer natürlichen Eltern-Kind-Beziehung bei Ausbleiben von Nebenwirkungen oder Nicht-Ansprechen der Kinder erfolgen.

Therapieprogramme bei schizophrenen Jugendlichen

Auch bei dieser Gruppe von Patienten haben sich Therapieprogramme bewährt, die aus der regelhaften Kombination von neuroleptischer Medikation, stützender Psychotherapie, Beschäftigungstherapie und Einbeziehung der Familie in die therapeutischen Maßnahmen bestehen. Bei Jugendlichen und jungen erwachsenen schizophrenen Patienten haben sich jene Programme als wirkungsvoll erwiesen, die eine ausreichend dosierte neuroleptische Medikation mit struktu-

rierten und stützenden Familienprogrammen kombinieren (King und Goldstein 1979; Martin, 1991; Remschmidt und Martin, 1992). Die Kombination dieser beiden Maßnahmen hat zwei wichtige Auswirkungen: das strukturierte Therapieprogramm mit den Familien kann dazu beitragen, daß der Patient weniger überschießenden und feindseligen Emotionen ausgesetzt ist. Die neuroleptische Medikation hingegen trägt dazu bei, daß er aufgrund ihrer abschirmenden Wirkung weniger durch vorherrschende Emotionen beeinträchtigt wird. Auch hier zeigt sich, daß diese Programme erfolgreicher sind als isolierte Einzelmaßnahmen (z.B. psychotherapeutische Behandlung *oder* neuroleptische Medikation).

Vergleich von Therapieprogrammen bei unterschiedlichen Rahmenbedingungen

Klinische Erfahrungen zeigen, daß unterschiedliche Rahmenbedingungen den Therapieverlauf bedeutsam beeinflussen können. In einer eigenen Evaluationsstudie (Remschmidt und Schmidt, 1988), deren Ziel es war, stationäre Behandlung, tagesklinische Behandlung und "home treatment" bei 10 verschiedenen kinder- und jugendpsychiatrischen Diagnosengruppen vergleichend zu untersuchen, wurden insgesamt 109 Patientinnen und Patienten zweier Kliniken nach klar definierten Einschlußkriterien aus der Gesamtzahl der vorgestellten Patienten ausgewählt und nach Zufall einer der drei Behandlungsmodalitäten zugeordnet. Nach Maßgabe der Auswahlkriterien machten diese Patienten nur rund 10-15% der gesamten Inanspruchnahmepopulation der beiden Kliniken aus. In den drei Behandlungsmodalitäten kamen prinzipiell die gleichen Methoden zur Anwendung, waren aber an die jeweiligen Rahmenbedingungen angepaßt.

Die angewandten Therapiemethoden waren in erster Linie von der Diagnose abhängig: Bei relativ umschriebenen bzw. monosymptomatischen Erkrankungen standen verhaltenstherapeutische Methoden im Vordergrund; bei komplexeren Störungsbildern hingegen erschien ein umfassenderer Ansatz angemessener (z.B. Einbeziehung tiefenpsychologisch fundierter oder familientherapeutischer Methoden). Die Vorgehensweise entspricht sowohl der multifaktoriellen Bedingtheit kinder- und jugendpsychiatrischer Erkrankungen als auch dem heute üblichen mehrdimensionalen Vorgehen in der Therapie. Die vergleichende Programmevaluation ergab folgendes (Remschmidt und Schmidt 1988):

- Hinsichtlich des *Therapieerfolges* waren keine signifikanten Unterschiede zwischen den drei Behandlungsmodalitäten feststellbar, obwohl der Therapieerfolg generell zwischen den einzelnen Diagnosengruppen differierte. So zeigten erwartungsgemäß neurotische und emotionale Störungen die relativ besten Therapieerfolge (in allen Behandlungsmodalitäten), während bei Störungen des Sozialverhaltens die mit Abstand geringsten Erfolge zu verzeichnen waren.

- Hinsichtlich der *Behandlungsdauer* ergaben sich ebenfalls keine signifikanten Unterschiede zwischen den drei Behandlungsmethoden.

Durch diese Untersuchung konnte also gezeigt werden, daß für eine kleine Gruppe sorgfältig ausgewählter Patienten eine tagesklinische Behandlung und "home treatment" als gleichwertige Alternativen zur stationären Behandlung angesehen werden können. In der Praxis bedeutet dieses Resultat, daß 10-15% der Patienten, die normalerweise stationär aufgenommen werden, ebensogut tagesklinisch oder ambulant behandelt werden können, was u.a. auch eine erhebliche Kostenreduktion bedeuten würde. Freilich erfordert dieses Vorgehen eine sehr sorgfältige Auswahl (vgl. Remschmidt et al. 1988).

Die Bedeutung der Familie für den Therapieerfolg

Bei der Frage, von welchen Faktoren der Therapieerfolg abhängig ist, ist zunächst einmal das individuelle Störungsbild zu berücksichtigen: Es ist z.B. bekannt und gut nachgewiesen, daß extraversive Störungen bei Kindern und Jugendlichen eine ungünstigere spontane Verlaufsprognose und auch eine ungünstigere Therapieprognose haben als introversive Störungen. Analoges ist für Krankheits-Untergruppen bekannt; so können wir z.B. nach dem Verlauf verschiedene Schizophrenie-Typen unterscheiden (zur Therapieprognose der einzelnen Störungsbilder siehe die entsprechenden Kapitel in diesem Buch.). Die Kenntnis der spezifischen Therapieprognose bei den einzelnen Störungsbildern ist für die Indikationsstellung von Bedeutung, um zu einer möglichst realistischen und adäquaten Therapie-

planung zu gelangen (siehe das Kapitel Indikationsstellung und Therapieplanung in diesem Buch.

Doch die individuelle Diagnose ist nicht der einzige prognostisch wichtige Faktor, der in der Therapieplanung wichtig ist. So zeigt uns z.B. die klinische Erfahrung immer wieder, daß die Familiensituation und die Beziehungen der Familienmitglieder einen bedeutsamen Einfluß auf den Verlauf und Erfolg von Therapien haben können. Ob sich in dieser klinischen Erfahrung empirisch nachweisbare Zusammenhänge abbilden, ist allerdings noch nicht hinreichend geklärt, da die therapieprognostische Bedeutung der Familiensituation und der Beziehungen in der Familie noch wenig untersucht ist. Wir haben in diesem Zusammenhang mehrere Untersuchungen durchgeführt, in denen der Einfluß der Familiensituation - so wie sie sich vor Behandlungsbeginn darstellt - auf den Verlauf und den Erfolg von stationären Therapien mit Jugendlichen geklärt werden sollte.

In einer ersten Studie (Mattejat und Remschmidt, 1989) haben wir bei 50 Patienten und ihren Familien vor Beginn der Behandlung die Familiensituation mit dem "Profil psychosozialer Belastungen (PPB)" erfaßt. Dieses Instrument ist eine Weiterentwicklung der Achse V des multiaxialen Klassifikationsschemas auf der Basis der ICD, das von Remschmidt und Schmidt ins Deutsche übertragen wurde. Am Ende der Behandlung wurde der Therapieerfolg (bezogen auf die Symptomatik des Patienten) erfaßt und über spezielle statistische Verfahren wurde die prognostische Bedeutung der vor Behandlungsbeginn erhobenen Familienmerkmale für den Therapieerfolg ermittelt. Dabei zeigte sich, daß die meisten psychosozialen Merkmale keine Prognose des Therapieerfolges zulassen. Ausschließlich interaktionale Merkmale wiesen einen bedeutsamen Zusammenhang zum Therapieerfolg auf, und zwar insbesondere die folgenden zwei Hauptfaktoren:

(1) Es ist *prognostisch ungünstig*, wenn die *Eltern feindselig-ablehnende Verhaltensweisen ihrem Kind gegenüber* zeigen. Ob die Eltern außerdem auch emotional zugewandte, warme Verhaltensweisen zeigen können oder ob sie sich auch überprotektiv verhalten, das spielt für die Prognose keine bedeutsame Rolle. Besonders ungünstig ist die Prognose dann, wenn der Patient der einzige ist, dem dies in der Familie widerfährt, wenn er also in

eine negativ herausgehobene Position gerät und - in desem Sinne - eine Sündenbockrolle innehat.

(2) Der zweite prognostisch wichtige Faktor bezieht sich auf die Frage ob die Eltern in der Lage sind, ihr Kind adäquat zu führen und zu kontrollieren, ob sie elterliche Verantwortung und elterliche Stärke realisieren können; für Patienten die aus Familien kommen in denen die Eltern diese Aufgaben nicht wahrnehmen können, die sich z.B. schwankend, hilflos, unstrukturiert, inkonsequent verhalten, ist die Prognose ungünstiger. Patienten aus unterstrukturierten Familien haben eine schlechtere Prognose.

Bei Kenntnis dieser prognostisch relevanten Faktoren ist es in etwa 3/4 der Fälle möglich, richtig vorherzusagen, ob ein Jugendlicher einen guten Therapieerfolg hat oder nicht, d.h. ob sich seine Symptomatik deutlich verbessert oder nicht. In einer weiteren Untersuchung (Mattejat und Remschmidt, 1991) knüpften wir an diesem Ergebnis an und führten mit den stationär aufgenommenen Patienten und ihren Familien am Tag der Kliniksaufnahme und bei Behandlungsende eine ausführliche familiendiagnostische Untersuchung durch (131 Patienten). Hauptbestandteil der Untersuchung war ein Interview, an dem der aufgenommene Patient und seine beiden Eltern teilnahmen. Aus Gründen der Vergleichbarkeit beschränkte sich diese Untersuchung auf diese familiale Triade. Dieses Interview wurde mit den "Marburger familiendiagnostischen Skalen (MFS)" ausgewertet, das ist ein System von Ratingskalen zur Familiendiagnostik. Unter anderem wird dabei auch die familiale Beziehungsdynamik erfaßt. D.h. aufgrund der Beobachtungen und Informationen aus dem Familieninterview werden Bindungstendenzen und Abgrenzungstendenzen in der Familie beschrieben. Die Ergebnisse (siehe Abb. 4.6) sind im folgenden übersichtsartig aufgeführt:

(1) Bei den Bindungswerten unterscheiden sich die günstige und die ungünstige Therapiegruppe kaum. Bei den Abgrenzungsskalen dagegen zeigen sich sehr deutliche Unterschiede, wobei sich sowohl im väterlichen wie im mütterlichen Verhalten gegenüber dem Patienten besonders deutliche Unterschiede finden. Signifikant sind auch die Unterschiede im Verhalten des Patienten gegenüber dem

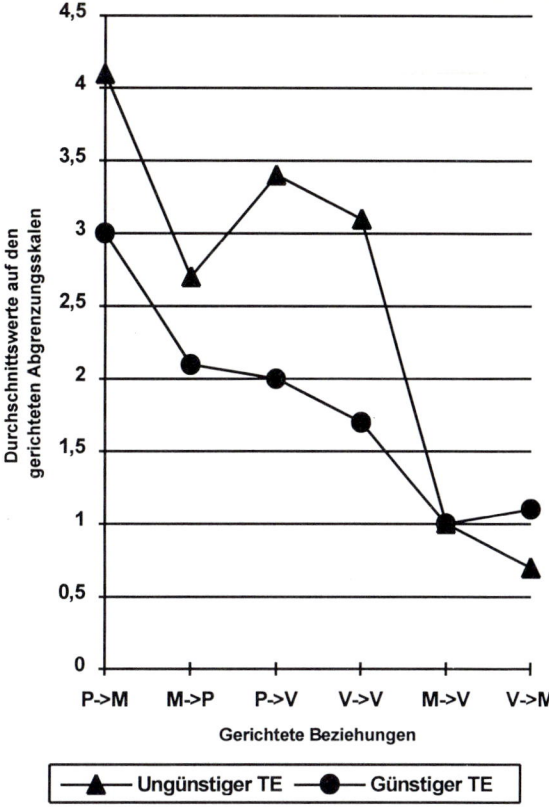

Abb. 4.6 Der Zusammenhang zwischen Familienmerkmalen (familiale Beziehungsdynamik) und Therapieerfolg (= TE) (nach Mattejat und Remschmidt, 1991)

Vater. Alle Unterschiede gehen in die erwartete Richtung, daß die ungünstige Therapieerfolgsgruppe vor Beginn der Behandlung höhere Abgrenzungswerte aufweist. In der Beziehung zwischen den Ehepartnern zeigen sich keine Unterschiede zwischen den beiden Gruppen. Es bestehen somit deutliche Zusammenhänge zwischen der familialen Beziehungsdynamik und dem symptomatischen Therapieerfolg. Hierbei ist jedoch nach der jeweiligen gerichteten Beziehung und der Verhaltensqualität (Bindung vs. Abgrenzung) zu differenzieren.

(2) Patienten aus Familien, in denen kein Elternteil bedeutsames Abgrenzungsverhalten gegenüber dem Patienten zeigt, haben die günstigsten Therapieerfolgs-Aussichten. In der Gruppe, in denen ein Elternteil Abgrenzungsverhalten zeigt, vermindern sich die Erfolgschancen bereits deutlich; sie vermindern sich drastisch bei den Patienten, bei denen *beide* Eltern ein bedeutsames Abgrenzungsverhalten zeigen. Bei den Patienten, bei denen *kein* Elternteil Abgrenzungsverhalten zeigt, haben über 80% gute Erfolgsaussichten, bei denjenigen, bei denen *beide* Elternteile Abgrenzungsverhalten zeigen, kehren sich die Verhältnisse fast um: Fast 80 % haben eine ungünstige Therapieprognose.

Diese Ergebnisse können noch weiter verdeutlicht werden, denn wir haben die Beziehungsstruktur nicht nur von außen untersucht - wie wir als außenstehende Beobachter sie wahrnehmen und einschätzen - sondern auch wie die Familienmitglieder selbst ihre Beziehungen erleben.
Dazu verwenden wir das "Subjektive Familienbild" (Mattejat und Scholz, 1994), ein Selbstberichtsverfahren, das auf dem semantischen Differential beruht. Mit diesem Verfahren können wiederum *gerichtete Beziehungen in der familialen Triade* erfaßt werden, diesmal aber nicht von außen, sondern wie Patient, Mutter und Vater sie selbst empfinden. Dabei werden zwei Aspekte erfaßt, nämlich die erlebte emotionale Verbundenheit jedes Familienmitgliedes jedem anderen gegenüber und die erlebte individuelle Autonomie im Umgang miteinander.
Ein hohes Maß an subjektiver emotionaler Verbundenheit wird dadurch angezeigt, daß die Familienmitglieder (in ihrer Wahrnehmung) Interesse füreinander zeigen, warmherzig und verständnisvoll miteinander umgehen. Ein geringes Maß an emotionaler Verbundenheit wird dadurch sichtbar, daß sie ein kühles Verhältnis zueinander haben, sich wenig füreinander interessieren und sich wechselseitig als intolerant erleben. Wenn die Familienmitglieder in ihren Beziehungen ein hohes Maß an individueller Autonomie erleben, dann werden sie sich im Umgang miteinander als selbständig, sicher und entscheidungsfähig beschreiben. Bei einem geringen Maß an (subjektiver) individueller Autonomie werden sie sich in ihren familiären Beziehungen als unselbständig, ängstlich und unentschlossen erleben.

Wenn Erhebungen mit diesem Instrument vor Beginn der Therapie vorliegen, dann kann der Therapieerfolg ebenfalls zu etwa 80% richtig vorhergesagt werden (vgl. Mattejat, 1993). Die wichtigsten Ergebnisse sind dabei:

(1) Die Prognose ist ungünstig, wenn die Eltern sich vom Jugendlichen nicht akzeptiert fühlen, d.h. wenn sie das Gefühl haben, der Jugendliche lehne sie ab.

(2) Die Prognose ist zweitens dann ungünstig, wenn der Jugendliche seine Eltern als unsicher, entscheidungsschwach und unselbständig erlebt.

Diese Befunde aus der *Innenperspektive* erklären unsere Beobachtungen aus der *Außenperspektive*: Die Eltern, deren Verhalten wir als feindselig, ablehnend und abwertend beschreiben, das sind die Eltern, die das Gefühl haben, von ihren Kindern abgelehnt zu werden; das sind - so interpretieren wir diesen Befund - erschöpfte und entmutigte Eltern, die sich positive Zuwendung und Bestätigung von ihren Kindern wünschen, aber nicht in dem erwünschten Umfang erhalten. Die Eltern sind in der „Kindposition"; diese Umkehrung bleibt den Jugendlichen nicht verborgen, die die Eltern als wenig autonom erleben und sich hier mehr Sicherheit und Entscheidungsfähigkeit von den Eltern wünschen. Das wiederum sind solche Familien, die wir in unserer ersten oben referierten Untersuchung als unterstrukturierte Familien beschrieben haben. Die Ergebnisse aus den verschiedenen Untersuchungen ergeben - wenn man versucht sie wie ein Puzzle zusammenzusetzen - ein durchaus konsistentes Bild, sodaß wir zu folgenden Schlußfolgerungen kommen:

(1) Die Ergebnisse sprechen für einen *mehrperspektivischen Ansatz* in der Therapieforschung, in dem gleichermaßen subjektive und objektive Aspekte aus mehreren Perspektiven mit unterschiedlichen Methoden erfaßt werden und sie sprechen außerdem für die *Gültigkeit und Relevanz einer familienorientierten und systemorientierten Sichtweise*. Ein enormer Einfluß der Familie auf den Therapieerfolg wird deutlich. Ein Patient kommt in der stationären Therapie umso besser vorwärts, je mehr Bewältigungsfähigkeiten er im Therapieverlauf aktivieren kann. Dazu gehören individuelle Ressourcen und solche, die aus den Beziehungen erwachsen. Dabei darf andererseits die Bedeutung der Famlien- und

Beziehungsmerkmale nicht überbewertet werden; mindestens ebenso bedeutsam für den Therapieverlauf sind individuelle Faktoren. Die künftige Forschung wird sich darum zu bemühen haben, die Interdependenz der verschiedenen Einflußfaktoren weiter aufzuklären.

(2) In diesen Ergebnissen werden auch die *Grenzen der therapeutischen Einflußnahme* deutlich; der Erfolg der Therapien hängt doch sehr stark von dem ab, was die Patienten und Familien „mitbringen". Doch dies bedeutet nicht, daß solche Befunde einen therapeutischen Fatalismus stützen können. Wir müssen vielmehr nach spezifischen Möglichkeiten suchen, die Familienbeziehungen möglichst effektiv in einem prognostisch günstigen Sinne zu beeinflussen: Wie können wir einen Prozeß fördern und unterstützen, durch den der Patient seine Eltern wieder als sicherer, entscheidungsfähiger und selbständiger erleben kann und durch den die Eltern sich wieder von ihrem Kind akzeptiert fühlen können? Die Untersuchung von familiären Einflußfaktoren auf den Verlauf und den Erfolg von Psychotherapien *führt somit direkt zu Fragen der therapeutischen Praxis* zurück. Therapieforschung in diesem Sinne ist dann erfolgreich, wenn sie dazu dient, das Behandlungsangebot zu verbessern.

4.4   Metaanalysen

Methodik und allgemeine Ergebnisse

Metaanalysen in der Psychotherapieforschung haben das Ziel, die Ergebnisse mehrerer Studien in systematischer Weise zusammenfassend darzustellen. Dabei wird ein Überblick über die vorhanden Forschungsarbeiten durch die Integration und Kumulation statistischer Kennwerte gewonnen. Smith et al. (1980) haben in ihrer richtungweisenden Metaanalyse von Therapiestudien als quantitatives Maß der Wirksamkeit einer Therapie die „*Effektstärke*" verwendet. Zur Berechnung der Effektstärke (Cohens d) wird die Differenz der Mittelwerte von Therapiegruppe und unbehandelter Kontrollgruppe am Ende der Behandlung durch die Standardabweichung der Kontrollgruppe dividiert. Mit diesem standardisierten Maß können unterschiedliche Studien und unterschiedliche Maße innerhalb einer Studie

direkt aufeinander bezogen und zusammengefaßt werden: Dieses Maß wird so gepolt, daß positive Werte einen positiven Therapieeffekt anzeigen: Eine Effektstärke von 1 bedeutet, daß das durchschnittliche Ergebnis der Therapiegruppe eine Standardabweichung günstiger liegt als das der Kontrollgruppe; positive Werte bedeuten, daß die Therapiegruppe der Kontrollgruppe überlegen ist, negative Werte bedeuten dagegen, daß die Kontrollgruppe besser abgeschnitten hat.

In ihrer Metaanalyse, in der überwiegend Erwachsenentherapien berücksichtigt wurden, haben nun Smith et al. (1980) für Psychotherapien unabhängig von der jeweiligen psychotherapeutischen Richtung eine durchschnittliche Effektstärke von .85 ermittelt. D.h. die durchschnittlichen Werte der psychotherapeutisch behandelten Patienten sind im Vergleich zu den Werten der Patienten in den Kontrollgruppen um 0.85 Standardabweichungen höher. Damit liegt der *durchschnittliche Psychotherapie-Patient* auf der 80sten Perzentile der Kontrollgruppe, d.h. er *hat ein besseres Ergebnis als 80 % der Patienten in der Kontrollgruppe.* Smith et al. haben darüberhinaus verschiedene Therapieformen hinsichtlich ihrer Effektivität miteinander verglichen. Dabei ergaben sich für die behavioralen Methoden (verhaltenstherapeutische und kognitiv-behaviorale Ansätze) bessere Werte (durchschnittliche Effektstärken: .68 - 1.13) als für die nicht-behavioralen (klientzentrierte, einsichtsorientierte, psychodynamische) Therapieansätze (durchschnittliche Effektstärken: .62 - .89). . Dieses Ergebnis konnte in neueren Übersichten bestätigt werden (s. Grawe et al., 1994). Doch die Diskussion darüber, wie diese Ergebnisse zu interpretieren sind und welche Schlußfolgerungen aus ihnen zu ziehen sind, ist methodisch äußerst kompliziert und noch längst nicht abgeschlossen. Aus der Definition der Effektstärke ist ersichtlich, daß die Berechnung von Effektstärken ein Untersuchungsdesign mit einer unbehandelten Kontrollgruppe erfordert (Kontrollgruppendesign). Wenn nur mehrere Behandlungsgruppen, aber keine unbehandelte Kontrollgruppe zur Verfügung stehen (wie dies bei der Untersuchung der spezifischen bzw. vergleichenden Wirksamkeit häufig der Fall ist), kann ein der Effektstärke analoges Maß berechnet werden, das mit dem von Smith et al. (1980) verwendeten Maß allerdings nicht identisch ist. Dabei wird für jede Behandlungsgruppe die Differenz zwischen Anfangsmessung (Prä-Messung) und Endmessung (Post-Messung) durch die gepoolte Streuung der

Tabelle 4.7 Dichotomisierte Effektdarstellung („binomial effect size display" - BESD) für eine Effektstärke von .85 nach Rosenthal (1991)

	Keine bedeutsame Verbesserung	Bedeutsame Verbesserung	Summe
Psychotherapie-Behandlungsgruppe	30	70	100
Kontrollgruppe ohne Psychotherapie	70	30	100
Summe	100	100	

Prätestwerte der untersuchten Behandlungsgruppen geteilt (vgl. Grawe et al. 1994). Dieses Maß enthält im Unterschied zur der von Smith et al. (1980) verwendeten „reinen" Effektstärke auch die Veränderungen aufgrund von Spontanremissionen und die unspezifischen Behandlungseffekte, die z.B. auch in Placebo-Gruppen erzielt werden. Bei diesem Maß für die *gesamte Effektstärke* von psychotherapeutischen Behandlungen sind deshalb im Durchschnitt etwas günstigere Werte zu erwarten als bei der *reinen Effektstärke*.

In ihrer sehr aufwendigen und umfassenden Übersichtsarbeit und Metaanalyse zu den Ergebnissen der Psychotherapie-Forschung bei Erwachsenen haben Grawe et al. (1994) u.a. eine Serie von Studien, in denen die wichtigsten Therapieformen miteinander verglichen wurden, zusammenfassend analysiert. Aufgrund dieser Analyse kommen sie zu folgenden Abschätzungen: Die Verbesserungen in den Therapiegruppen haben eine durchschnittliche *Gesamt-Effektstärke* von 1.21, die Verbesserungen in den Kontrollgruppen haben eine Effektstärke von .36. In diesem Wert stellen sich unspezifische Placebo-Effekte und Spontanremissionen dar. Zieht man die Effekstärke der Kontrollgruppen von denen der Therapiegruppen ab, ergibt sich eine *reine durchschnittliche Effekstärke für Psychotherapie von .85*. Dieser Wert entspricht erstaunlich genau dem Wert, den Smith et al. (1980) in ihrer Metaanalyse gefunden haben.

Effektstärken können in Korrelationskoeffizienten umgerechnet werden (Korrelation zwischen den Variablen „Behandlung" und „Verbesserung"). Der Effektstärke von .85 entspricht eine Korrelation von .39 (und einer aufgeklärten Varianz von .15; s. Rosenthal, 1991, Formel 2.20 auf S. 20; Formel 2.33, S. 33). Eine erklärte

Varianz von 15 % mag gering erscheinen; was dies aber praktisch bedeutet, kann durch eine dichotome Effektdarstellung (binomial effect size display BESD; vgl. Rosenthal, 1991, S. 132 ff.) veranschaulicht werden. Im BESD wird die Erfolgs- bzw. Besserungsskala dichotomisiert (gebessert/nicht gebessert) und eine Behandlungsgruppe mit einer Erfolgsgruppe (jeweils standardisiert auf 100 Personen) verglichen. Tab. 4.7 zeigt ein (aufgerundetes) BESD für eine Effektstärke von .85.

Während sich nach dieser Veranschaulichung bei 30 von 100 der unbehandelten Patienten deutliche Verbesserungen zeigen, liegt die Erfolgsrate der Psychotherapie-Patienten im Vergleich dazu erheblich höher. Eine Effektstärke von .85 besagt somit konkret, daß es für 40 von 100 Patienten einen ganz wesentlichen Unterschied ausmacht, ob sie an einer Therapie teilnehmen oder nicht (vgl. dazu auch Grawe et al., 1994, 676 ff.).

Ergebnisse bei Psychotherapien mit Kindern und Jugendlichen

Im Vergleich zum Erwachsenenbereich, für den mittlerweile eine sehr große Zahl von kontrollierten Therapiestudien vorliegt (Grawe et al. (1994) z.B. stützen sich auf 897 Studien), besteht im Bereich der Kinder- und Jugendlichentherapie noch ein erheblicher Nachholbedarf. Die wichtigsten neueren Metaanalysen, in denen die Effektivität von Kinder- und Jugendlichentherapie untersucht wurde, stammen von Casdey und Berman (1985), Weisz et al. (1987) und von Kazdin (1990); vgl. hierzu auch die Zusammenfassung bei Heekerens (1989).

Casdey und Berman (1985) analysierten 64 Studien mit unbehandelten Kontrollgruppen zur

Wirksamkeit von Psychotherapie mit Kindern, die in den Jahren 1952 bis 1983 publiziert wurden (Schwerpunkt: Kinder unter 13 Jahren). Eingeschlossen waren behaviorale und nicht-behaviorale Therapien. Sie ermittelten eine durchschittliche Effektstärke von .71. Dies bedeutet, daß die *Kinder mit Behandlung im Durchschnitt ein günstigeres Ergebnis als 76% der Kontrollkinder zeigten.* Für die behavioralen Therapien errechneten die Autoren eine Effektstärke von 1.00, für die nicht-behavioralen Therapien lag der Wert bei .40. Es zeigte sich aber, daß die Messungen in den behavioralen Therapien häufig eine Ähnlichkeit mit den Therapieprozeduren aufwiesen. D.h. die Kinder wurden gezielt in Fertigkeiten trainiert, die auch in den Post-Tests gemessen wurden. Bei Ausschluß solcher Studien, in denen eine Affinität zwischen Therapieprozedur und Abschlußmessung bestand, verringerte sich der Unterschied in den Effektstärken zwischen behavioralen und nicht-behavioralen Behandlungen (Effektstärken: .55 bzw. .34). Die Autoren konnten außerdem zeigen, daß die ermittelten Effektstärken von den verwendeten Maßen, von den Informationsquellen (Patient, Eltern, Therapeut etc.) und vom jeweils erfaßten Symptombereich abhängig sind. So zeigten sich z.B. die günstigsten Werte bei Angstmaßen bzw. phobischen Symptomen. Eine Schwäche dieser Metaanalyse besteht darin, daß der größere Teil der analysierten Untersuchungen mit speziell für die Studie „rekrutierten" Patienten arbeitete und nur ein geringer Teil der Studien (24 %) sich auf klinisch vorgestellte Patienten bezog. Dies stellt die Repräsentativität der Ergebnisse in Frage.

Weisz et al. (1987) analysierten in ihrer Metaanalyse 163 Therapiestudien mit Kindern und Jugendlichen zwischen 4 und 18 Jahren (Untersuchungen zwischen 1970 und 1985). Sie ermittelten eine *mittlere Effektstärke von .79.* Die behandelten Kinder lagen im Durchschnitt auf der 79igsten Perzentile der Kontrollgruppe. Nur 6 % der Vergleiche ergaben negative Behandlungseffekte. Die behavioralen Therapiemethoden (126 Studien; Effektstärke .88) schnitten signifikant besser ab als die nichtbehavioralen (27 Studien; Effektstärke 0.44). Allerdings verminderte sich auch hier der Unterschied, wenn Studien, in denen Ergebnismaße Ähnlichkeit zu den Behandlungsprozeduren aufwiesen, ausgeschlossen wurden. Nur 3 Studien bezogen sich auf psychodynamische Therapien, und die mittlere Effektgröße bei diesen Behandlungen war minimal (0.01). Als weiteres wichtiges Ergebnis zeigte sich, daß

Kinder unter 12 Jahren deutlichere Verbesserungen als Adoleszente aufwiesen.

Kazdin et al. (1990) berichten über eine Metaanalyse von 108 Therapiestudien mit Kindern zwischen 4 und 18 Jahren, die zwischen 1970 und 1988 durchgeführt wurden. Auch hier standen verhaltenstherapeutische und kognitiv-behaviorale Methoden im Vordergrund. Kazdin et al. haben allerdings die verschiedenen Therapiemethoden nicht miteinander verglichen. Sie ermittelten über alle Behandlungsformen eine durchschnittliche Effektstärke von .88 (Behandlung vs. keine Behandlung bei echten Kontrollgruppen); für den Vergleich mit Placebo-Kontrollgruppen (Behandlung vs. aktive Kontrollbedingung) ermittelten sie eine mittlere Effektstärke von 0.77.

Speziell zu Familientherapien haben Hazelrigg et al. (1987) und Markus et al. (1990) Metaanalysen vorgelegt. Beide Arbeiten beziehen sich auf rund 20 Studien, bei einem Überschneidungsbereich von 10 Studien auf die sich beide Metaanalysen gleichermaßen beziehen. Hazelrigg et al. ermittelten mäßige Effektgrößen um .46 (Familieninteraktionsmaße) und .50 (Maße für das kindliche Verhalten), Markus et al. gelangten zu günstigeren Effektstärken, die im Durchschnitt bei .70 lagen.

Die *wichtigsten Schlußfolgerungen*, die aus den bisher vorliegenden Metaanalysen zu Therapien mit Kindern und Jugendlichen getroffen werden können, sind:

(1) Die Gesamtmenge der Studien zu Kinder- und Jugendlichentherapien, die in Metaanalysen untersucht werden kann, ist weitaus geringer als im Erwachsenenbereich. Weniger als 10% der kontrollierten Psychotherapiestudien beziehen sich speziell auf Kinder und Jugendliche. Die Ergebnisse aus dem Erwachsenenbereich sind aus vielfältigen Gründen nicht ohne weiteres auf Kinder- und Jugendlichentherapien übertragbar; aus diesem Grund besteht hier noch ein erheblicher Nachholbedarf.

(2) Die vorhandenen Ergebnisse zeigen aber auch klar, daß Psychotherapien für Kinder und Jugendliche wirksam sind. Signifikante Behandlungseffekte zeigen sich sowohl im Vergleich zu unbehandelten Kontrollgruppen ebenso wie im Vergleich zu Gruppen mit unspezifischen Behandlungen (Placebo-Gruppen). Die Effektgrößen liegen in einem Be-

reich, der mit dem von Erwachsenentherapien vergleichbar ist.

(3) Jüngere Kinder unter 12 Jahren zeigen deutlichere Behandlungseffekte als Jugendliche. Darüberhinaus ist der Behandlungserfolg von vielen weiteren Faktoren, z.B. von der Art der psychischen Störung abhängig (vgl. hierzu die störungsspezifischen Kapitel in diesem Buch).

(4) Es zeigen sich weiterhin konsistente Unterschiede zwischen den verschiedenen Therapieformen: Die behavioralen Therapieansätze schneiden in den Therapiestudien besser ab als die nicht-behavioralen Methoden; klientzentrierte und familienbezogene Therapieformen wiederum zeigen bessere Ergebnisse als psychodynamisch orientierte Therapien.

(5) Diese Unterschiede sind aber vorsichtig zu interpretieren, da die bisherigen Untersuchungen mit einer Fülle von methodischen Problemen behaftet sind. Der größte Teil der kontrollierten Therapiestudien stützt sich auf speziell für die Studie „rekrutierte" Stichproben und ist somit nicht repräsentativ für klinische Inanspruchnahmepopulationen. Außerdem konnte gezeigt werden, daß nicht nur die Art der erhobenen Maße (inhaltlicher Bereich; Informationsquelle bzw. Beurteiler), sondern auch die theoretische Orientierung der Untersucher selbst einen deutlichen Einfluß auf die Ergebnisse haben (Shirk und Russell, 1992).

4.5   Schlußfolgerungen und offene Fragen

Obwohl die Psychotherapieforschung, das Kindes- und Jugendalter betreffend, noch zahlreiche Defizite aufweist, so gibt es doch deutliche Fortschritte im Erkenntnisstand; einige wichtige Aspekte sind (vgl. Reinecke 1993):

1. Viele Untersuchungen konvergieren dahingehend, daß traditionelle Langzeitpsychotherapien weniger wirksam sind als kürzere und stärker fokussierte psychotherapeutische Interventionen (Rutter 1983). Wie im Erwachsenenbereich so ist auch bei Kindern und Jugendlichen die Wirksamkeit verhaltenstherapeutischer und kognitiv-behavioraler Methoden am besten nachgewiesen. Nach dem heutigen Erkenntnisstand erscheint die

Effektivität anderer Therapieansätze geringer; doch auch für klientzentrierte und familientherapeutische Ansätze liegen Effektivitätsnachweise vor; im Hinblick auf psychodynamische Therapieansätze sind die bisher vorliegenden empirischen Forschungsbefunde noch nicht hinreichend.

2. Eine aktive Rolle des Therapeuten im Vergleich zur Behandlung von Erwachsenen ist bei der Behandlung von psychischen Störungen und Erkrankungen im Kindes- und Jugendalter wirksamer als eine zurückhaltendere.

3. Auch die Wahrnehmung und Einstellung des Patienten spielt für den Ausgang eine wichtige Rolle. Nach Weisz (1986) sind die Erfolgschancen einer Psychotherapie dann besser, wenn im Patienten die Überzeugung wächst, daß seine Probleme behebbar sind und er auch den Eindruck hat, daß er dazu beitragen kann. Diese Erfahrung stützt sich auf die Behandlung von 8- bis 12jährigen Kindern.

4. Auch für das Kindes- und Jugendalter scheint zu gelten, daß der Aufbau einer vertrauensvollen Beziehung zum Therapeuten eine zentrale Variable für den Therapieverlauf und ihren Erfolg darstellt.

Für die *künftige Psychotherapieforschung* sollten folgende Fragen vordringlich angegangen werden:

*   *Entwicklung effektiver Therapiemethoden für extraversive Verhaltensstörungen und dissoziales Verhalten*. Auf diesem Feld sind weit weniger erfolgversprechende Ansätze vorhanden als im Bereich der introversiven Störungen.

*   *Stärkere Förderung der Therapieprozeßforschung*, wobei sowohl die Interaktionen zwischen Patienten und Therapeuten als auch im Rahmen eines familienorientierten Ansatzes die Interaktionen zwischen Eltern und Kind genauer zu erforschen wären.

*   *Untersuchungen zur vergleichenden Wirkung unterschiedlicher Psychotherapiemethoden oder unterschiedlicher Psychotherapieprogramme* stecken noch in den Anfängen. Ihre Evaluation sollte vordringlich gefördert werden, um bessere empirische Grundlagen für eine differentielle Indikationsstellung zu gewinnen.

- Auch die *Kombination psychotherapeutischer Behandlungsmaßnahmen mit anderen (z.B. medikamentösen) Behandlungsansätzen* muß ein wichtiges Anliegen der künftigen Forschung sein.

Weiterführende Literatur:

Grawe, K.; Donati, R.; Bernauer, F.: Psychotherapie im Wandel. Von der Konfession zur Profession. 3. Aufl. Hogrefe, Göttingen 1994.

Kazdin, A.E.: Treatment research: The investigation and evaluation of psychotherapy. In: Hersen, M., Kazdin, A.E., Bellack A.S. (Eds.): The clinical psychology handbook. 2nd. ed., 293-312. Pergamon Press, New York 1991.

Literatur

Achenbach, T.M.; Edelbrock, C.S.: Manual for the Child Behavior Checklist and Revised Child Behavior Profile. Thomas A. Achenbach, Burlington, VT 1983.

Achenbach, T.M.; Edelbrock, C.S.: Manual for the Teacher's Report Form and Teacher Version of the Child Behavior Profile. Thomas A. Achenbach, Burlington, VT 1986.

Achenbach, T.M.; Edelbrock , C.S.: Manual for the Youth Self-Report and Profile. Thomas A. Achenbach, Burlington, VT 1987.

Barkley, R.A.: The effects of methylphenidate on the interaction of preschool ADHD with their mothers. Journal of the American Academy of Child and Adolescent Psychiatry 27, 336-341, 1988.

Barrnett, R.J.; Docherty, J.P.; Frommelt, G.M.: A review of psychotherapy research since 1963. Journal of the American Academy of Child and Adolescent Psychiatry 30,. 1-14, 1991.

Bastine, R.; Fiedler, P.; Komme, D.: Was ist therapeutisch an der Psychotherapie? Versuch einer Bestandsaufnahme und Systematisierung der psychotherapeutischen Prozeßforschung. Zeitschrift für Klinische Psychologie 18, 3-22, 1989.

Casdey, R.J.; Berman, J.S.: The outcome of psychotherapy with children. Psychological Bulletin 98, 388-400, 1985.

Eisert, H.-G.: Programmevaluation - Definitorische, konzeptuelle und praktische Probleme. In: Remschmidt, H.; Schmidt, M.H. (Hrsg.): Therapieevaluation in der Kinder- und Jugendpsychiatrie, 1-23. Enke, Stuttgart 1986.

Grawe, K.: Verborgene Wahrheiten über die Wirkungen von Psychotherapien - Eine Analyse des Ergebnisstandes der Psychotherapieforschung unter differentiellem Aspekt. Manuskript, Bern 1987.

Grawe, K.: Psychotherapieforschung zu Beginn der neunziger Jahre. Psychologische Rundschau 43, 132-162, 1992.

Grawe, K.; Donati, R.; Bernauer, F.: Psychotherapie im Wandel. Von der Konfession zur Profession. 3. Auflage. Hogrefe, Göttingen 1994.

Hazelrigg, M.D.; Cooper, H.M.; Borduin, C.M.: Evaluating the effectiveness of family therapies: An integrative review and analysis. Psychological Bulletin 101, 428-442, 1987.

Heekerens, H.-P.: Familientherapie und Erziehungsberatung. Asanger,. Heidelberg 1989.

Heekerens, H.-P.: Effektivität von Kinder- und Jugendlichenpsychotherapie im Spiegel von Meta-Analysen. Zeitschrift für Kinder- und Jugendpsychiatrie 17, 150-157, 1989.

Kazdin, A.E.: Treatment research: The investigation and evaluation of psychotherapy. In: Hersen, M., Kazdin, A.E., Bellack, A.S. (Eds.): The clinical psychology handbook. 2nd. ed., 293-312. Pergamon Press, New York 1991.

Kazdin, A.E.: Treatment of antisocial behavior in children and adolescents. Dorsey Press, Homewood/Illinois 1985.

Kazdin, A.E.; Bass, D.; Ayers, W.A.; Rodgers, A.: Empirical and clinical focus of child and adolescent psychotherapy research. Journal of Consulting and Clinical Psychology 58, 729-740, 1990.

King, C.E.; Goldstein, M.J.: Therapist ratings of achievement of objectives in psychotherapy with acute schizophrenics. Schizophrenia Bulletin 5, 118-129, 1979.

Luborsky, L.; Chandler, M.; Auerbach, A.; Cohjen, J.; Bachrach, H.: Factors influencing the outcome of psychotherapy: A review of quantitative research. Psychological Bulletin 75, 145-185, 1971.

Markus, E.; Lange, A.; Pettigrew, T.F.: Effectiveness of family therapy - a meta analysis. Journal of Family Therapy 12, 205-221, 1990.

Martin, M.: Der Verlauf der Schizophrenie im Jugendalter unter Rehabilitationsbedingungen. Enke, Stuttgart 1991.

Mash, E.J.; Johnston, C.: A comparison of the mother-child interactions of younger and older hyperactive and normal children. Child Development 53, 1371-1381, 1982.

Mattejat, F.: Subjektive Familienstrukturen. Göttingen, Hogrefe 1993.

Mattejat; F.; Remschmidt, H.: Family variables as predictors of differential effectiveness in child therapy. In: Brambring, M.; Lösel, F.; Skowrinek, F. (Eds.): Children at risk: Assessment, longitudinal research and intervention, 440-456. Walter de Gruyter, Berlin 1989.

Mattejat, F.; Remschmidt, H.: Die Bedeutung der familialen Beziehungsdynamik für den Erfolg stationärer Behandlungen in der Kinder- und Jugendpsychiatrie. Zeitschrift für Kinder- und Jugendpsychiatrie 19, 139-150, 1991.

Mattejat, F.; Remschmidt, H.: Explorative Untersuchung methodischer Fragen und Problerme. In: Remschmdt, H.; Schmidt, M.H. (Hrsg.): Alternative Behandlungsformen in der Kinder- und Jugendpsychiagtrie. Stationäre Behandlung, tagesklinische Behandlung und Home-Treatment im Vergleich, 81-101. Enke, Stuttgart 1988.

Mattejat, F.; Gutenbrunner, C.; Remschmidt, H.: Therapeutische Leistungen einer kinder- und jugendpsychiatrischen Universitätsklinik mit regionalem Versorgungsauftrag und ihrer assoziierten Einrichtungen. Zeitschrift für Kinder- und Jugendpsychiatrie 22, 154-168, 1994.

Mattejat, F.; Scholz, M.: Das subjektive Familienbild. Hogrefe, Göttingen 1994.

Mintz, J.; Luborsky, L.: Measuring the outcomes of psychotherapy: Findings of the PENN Psychotherapy Project. Journal of Consulting and Clinical Psychology 47, 319-334, 1979.

Podeswik, A.; Ehlert, U.; Altherr, P.; Hellhammer,. D.: Verhaltenstherapie bei Kindern und Jugendlichen: Eine versorgungsepidemiologische Untersuchung. Zeitschrift für Kinder- und Jugendpsychiatrie 21, 149-160, 1995.

Reinecke, M.A.: Outpatient treatment of mild psychopathology. In: Tolan, P.H.; Cohler, B.J.: Handbook of clinical research and practice with adolescents, 387-410. Wiley, New York 1993.

Remschmidt, H.: Therapie und Therapieforschung in der Kinder- und Jugendpsychiatrie. In: Lehmkuhl, U. (Hrsg.): Therapeutische Aspekte und Möglichkeiten in der Kinder- und Jugendpsychiatrie. Springer, Berlin 1991.

Remschmidt, H.; Gutenbrunner, C.; Mattejat, F.: Zum Stellenwert verschiedener Therapieformen in einer kinder- und jugendpsychiatrischen Universitätsklinik und assoziierten Einrichtungen. Zeitschrift für Kinder- und Jugendpsychiatrie 22, 169-182, 1994.

Remschmidt, H.; Martin, M.: Die Therapie der Schizophrenie im Jugendalter. Deutsches Ärzteblatt 89, 387-396, 1992.

Remschmidt, H.; Mattejat, F.: Therapie in der stationären und ambulanten Versorgung der Klinik und Poliklinik für Kinder- und Jugendpsychiatrie und assoziierten Einrichtungen. Ein statistischer Überblick über die therapeutischen Leistungen. Unveröff. Manuskript, Marburg 1993.

Remschmidt, H.; Mattejat, F.: Psychotherapeutische Ansätze in der Behandlung von Kindern und Jugendlichen. Monatsschrift für Kinderheilkunde 142, 250-257, 1994.

Remschmidt, H.; Schmidt, M.H. (Hrsg.): Alternative Behandlungsformen in der Kinder- und Jugendpsychiatrie. Enke, Stuttgart 1988.

Remschmidt, H.; Schmidt, M.H.; Mattejat, F.; Eisert, H.-G.; Eisert, M.: Therapieevaluation in der Kinder- und Jugendpsychiatrie: Stationäre Behandlung, tagesklinische Behandlung und home treatment im Vergleich. Zeitschrift für Kinder- und Jugendpsychiatrie 16, 124-134, 1988.

Remschmidt, H.; Walter, R.: Evaluation kinder- und jugendpsychiatrischer Versorgung. Analysen und Erhebungen in drei hessischen Landkreisen. Enke, Stuttgart 1989.

Remschmidt, H.; Walter, R.: Psychische Auffälligkeiten bei Schulkindern. Verlag für Psychologie. Hogrefe, Göttingen 1990.

Rosenthal, R.: Meta-analytic procedures for social research. Rev. ed. Sage Publ., Newbury Park, London 1991.

Rutter, M.: Psychological therapies: Issues and prospects. In: Guze, S.B.; Earls, F.J.; Barrett, J.E. (Eds.): Childhood psychopathology and development. Raven Press, New York 1983.

Shirk, S.R.; Russell, R.L.: A reevaluation of estimates of child therapy effectiveness. Journal of the American Academy of Child and Adolescent Psychiatry 31, 703-709, 1992.

Smith, M.L.; Glass, G.V.; Miller, T.I.:The benefits of psychotherapy. John Hopkins University Press, Baltimore 1980.

Weiss, B.; Alicke, M.; Klotz, M.: Effectiveness of psychotherapy with children and adolescents. Journal of Consulting and Clinical Psychology 55, 542-549, 1987.

Weiss, B.; Weisz, J.R.: The impact of methodological factors on child psychotherapy outcome research: A meta-analysis for researchers. Journal of Consulting and Clinical Psychology 54, 789-795, 1990.

Weisz, J.R.: Contingency and control beliefs as predictors of psychotherapy outcomes among children and adolescents. Journal of Consulting and Clinical Psychology 54, 789-795, 1986.

Weisz, J.R.; Weiss, B.: Studying the „referrability" fo child clinical problems. Journal of Consulting and Clinical Psychology 59, 266-273, 1991.

Weisz, J.R.; Weiss, B.; Alicke, M.D.; Klotz, M.L.: Effectiveness of clinic-based psychotherapy with children and adolescents. Journal of Consulting and Clinical Psychology 55, 542-549, 1987.

Wuchner, M.; Eckert, J.: Frequenz - Dauer - Setting in der Gesprächspsychotherapie heute. Teil 2: Klientenzentrierte Einzelpsychotherapie bei Kindern und Jugendlichen. GwG Zeitschrift 26, 17-20, 1995.

5. Qualitätssicherung

Fritz Mattejat

5.1 Einführung

Die ursprünglich für Wirtschaftsbetriebe entwikkelten Konzepte der Qualitätssicherung und des Qualitätsmanagements[1] gewinnen in neuerer Zeit zunehmende Aktualität für die Gesundheits- und Sozialdienste (vgl. Schramm, 1993). Die Qualitätssicherung im Gesundheitswesen hat in der Bundesrepublik Deutschland ihre gesetzliche Grundlage im Sozialgesetzbuch (SGB V, 1988; Gesetzliche Krankenversicherung, Neunter Abschnitt, Sicherung der Qualität der Leistungserbringung §§135 ff.). Darin werden die Vertragspartner der kassenärztlichen Versorgung verpflichtet, Maßnahmen zur "Sicherung der Qualität der Leistungserbringung" festzulegen und zu realisieren. Durch diese gesetzlichen Regelungen soll den Interessen der Patienten ebenso Rechnung getragen werden wie denen der kassenärztlichen Vertragspartner. Für die Kostenträger steht dabei der Finanzierungsaspekt im Vordergrund: Es sollen nur solche Leistungen abgerechnet werden können, deren diagnostischer und therapeutischer Nutzen fachlich anerkannt sind. Auf der Seite der Kinder- und Jugendpsychiater und -Psychotherapeuten und der anderen an der kassenärztlichen Versorgung beteiligten Berufsgruppen steht das Interesse im Vordergrund, notwendige Leistungen und den damit verbundenen Aufwand auch tatsächlich anerkannt zu bekommen, die Rahmenbedingungen der fachlichen Arbeit im Sinne eines hohen Standards zu verbessern, und die eigene Tätigkeit im Interesse der Patienten inhaltlich weiterzuentwickeln. *Qualitätssicherung soll dem Schutz der Patienten vor fachlich unqualifizierten Behandlungen dienen und dazu, daß jeder Patient eine möglichst optimale Behandlung auf modernem Entwicklungsstand erhalten kann.* Aufgrund der unterschiedlich akzentuierten Interessenlagen der Vertragspartner der kassenärztlichen Versorgung kann es dabei durchaus zu Zielkonflikten kommen. Bei der Planung und konkreten Realisierung von Maßnahmen der Qualitätssicherung ist deshalb darauf zu achten, die verschiedenen Interessen in ausgewogener Weise zu berücksichtigen.

5.2 Definition und Zielsetzung

Die Begriffe Qualität, Qualitätsbeurteilung und Qualitätssicherung können in Anschluß an Eichhorn (1993) wie folgt definiert werden: "*Qualität* ist die Gesamtheit der Merkmale, die ein Produkt oder eine Dienstleistung zur Erfüllung vorgegebener Forderungen geeignet macht. Davon ausgehend bedeutet dann *Qualitätsbeurteilung*, Abweichungen zwischen der Ist- und der Soll-Ausprägung der die Qualität determinierenden Merkmale zu erkennen, festzustellen und zu erfassen. Aufgabe einer darauf aufbauenden *Qualitätssicherung* ist es dann, durch eine systematische Analyse die Ursachen von Soll-/Ist-Abweichungen aufzudecken und diese dann durch Einleitung geeigneter Korrekturmaßnahmen zu beseitigen, mit dem Ziel, gegenwärtig bestehende Qualitätsdefizite künftig zu vermeiden."

Aus dieser Definition ist ersichtlich, daß "Qualität" kein absolutes Merkmal darstellt, sondern nur im Hinblick auf bestimmte Ziele definiert werden kann. Dabei werden die Ziele der Qualitätssicherung recht unterschiedlich konkretisiert; neben ökonomischen (z.B. Wirschaftlichkeit) und objektiv erfaßbaren Qualitätsmerkmalen (z.B. objektive Wirksamkeit von Therapiemaßnahmen) werden subjektive Aspekte (z.B. Akzep-

---

[1] Die Ausdrücke „Qualitätssicherung" und „Qualitätsmanagement" werden hier synonym verwendet.

tanz von Behandlungen durch Patienten; allgemeine Zufriedenheit) betont. Die DIN-Norm ISO 9004-2 ("Qualitätsmanagement und Elemente eines Qualitätssicherungssystems"; Deutsches Institut für Normung, 1992) die sich auf Dienstleistungsorganisationen und ausdrücklich auch auf Einrichtungen des Gesundheitswesens bezieht, stellt die "Kundenzufriedenheit" besonders in den Vordergrund:"Die Erzeugung und Aufrechterhaltung (zufriedenstellender) Qualität hängt von einer systematischen Hinwendung zu einem Qualitätsmanagement ab, dessen Aufgabe es ist, sicherzustellen, daß die Erfordernisse des Kunden verstanden und erfüllt werden." Etwas andere Schwerpunkte setzt die "Reha-Kommission" der Rentenversicherungsträger, nach der die Zielsetzung der Qualitätssicherung im Gesundheitswesen darin besteht, die Transparenz, Effektivität und Effizienz der erbrachten Leistungen zu gewährleisten (VDR, 1992, S. 213).

Das Qualitätsmanagement im Gesundheitswesen orientiert sich somit an mindestens drei unterschiedlichen Kriterienbereichen:

1. An der *subjektiven Qualitätsbewertung* durch Patienten, ihre Angehörigen und das klinische Personal (Ärzte, Psychologen, Pflegepersonal), wobei die Zufriedenheit der Patienten im Vordergrund steht;

2. an *objektiven Qualitätsindikatoren* (z.B. Nutzen, Wirksamkeit der Leistungen, unerwünschte Nebenwirkungen etc.) und

3. und schließlich an der *Effizienz* (Relation zwischen Kosten und Nutzen) der Leistungen, wobei unter „Kosten" nicht nur der finanzielle bzw. ökonomische, sondern auch der sonstige Aufwand (z.B. zeitliche, psychische Belastungen durch die Behandlungen) gefaßt werden sollte. Die Wirtschaftlichkeit stellt somit nur einen - wann auch zentralen - Aspekt der Effizienz dar.

5.3   Dimensionen der Qualitätssicherung: Aspekte, Bereiche, Aufgaben

Aspekte: In der Qualitätssicherung hat sich im Anschluß an Donabedian (1966) eine Einteilung in drei Aspekte durchgesetzt und Eingang in die Gesetzgebung gefunden: Zur *Strukturqualität* der Versorgung gehören demographische, finanzielle und materielle Aspekte der Versorgungs-

einrichtung ebenso wie die verfügbaren personellen Ressourcen und die Qualifikation der Ärzte und anderer Berufsgruppen; die *Prozeßqualität* der Krankenversorgung (teilweise auch "*Behandlungsqualität*" genannt) bezieht sich auf die Qualität der Behandlung und der Versorgungsabläufe, die *Ergebnisqualität* schließlich bezieht sich auf die Effektivität und die Effizienz der durchgeführten diagnostischen und therapeutischen Leistungen und den Behandlungserfolg.

Bereiche: Qualitätssicherung kann auf unterschiedliche inhaltliche Bereiche der Krankenversorgung bezogen werden:
- Diagnostik,
- Therapie,
- pflegerische und pädagogische Aufgaben in der Krankenversorgung,
- mit der Krankenversorgung verbundene organisatorische Aspekte (Finanzierung, Unterbringung, Verpflegung).

Neben diesen inhaltlichen Bereichen, die sich unmittelbar auf die Patientenversorgung beziehen, können die Prinzipien der Qualitätssicherung auch auf andere Bereiche, wie z.B. die Ausbildung und Fortbildung des klinischen Personals (Ärzte, Psychologen, Pflegepersonal etc.) angewandt werden.

Aufgaben: Bei der Realisierung von Maßnahmen der Qualitätssicherung stellen sich bezüglich aller drei Qualitätsaspekte und der verschiedenen inhaltlichen Bereiche folgende Aufgaben (vgl. hierzu das Positionspapier der britischen Working Party on Audit in Child Psychiatry, 1991):
1. Festlegung von Qualitätsstandards und -Kriterien (Soll-Werte),
2. Erfassung und Dokumentation der tatsächlichen Situation (Ist-Werte),
3. Analyse der Versorgungssituation, Vergleich mit den Standardvorgaben und Gesamtbewertung (Ist-Soll-Vergleich),
4. Planung und Implementierung von Maßnahmen zur Sicherung und Verbesserung der Qualität der Patientenversorgung.

Diese Aufgaben können noch weiter spezifiziert werden; ihre Gesamtabfolge wird als „Qualitätskreis" oder als „Qualitäts-Management-System" (System der Qualitätssicherung; vgl. Deutsches Institut für Normung, 1992) bezeichnet. Sie beziehen sich auf zwei Arbeitsebenen: zum einen auf die *instituti-*

onsübergreifende Entwicklung von Systemen der Qualitätssicherung und zum anderen auf die *konkrete Realisierung von solchen Systemen in Kliniken, Praxen und anderen psychotherapeutischen Einrichtungen.* Die *allgemeine institutionsübergreifende Qualitätssicherung* setzt an den gesetzlichen Vorgaben an; zu ihr gehört die Entwicklung von allgemeinen Konzepten zum psychotherapeutischen Qualitätsmanagement. Dazu gehört weiterhin die Entwicklung von Qualitätsstandards, die für Kliniken, Praxen und andere Einrichtungen Richtliniencharakter haben, die Entwicklung von Konzepten und Methoden zur Datengewinnung, -Analyse und -Bewertung und zur Implementierung von qualitätssichernden Maßnahmen. Diese Aufgaben können zum Teil durch spezielle auf die Qualitätssicherung orientierte Forschungsprojekte (Pilotstudien) bearbeitet werden. Darüberhinaus ist die Einrichtung von *überinstitutionellen Arbeitskreisen bzw. Kommissionen* notwendig, in denen Konzepte und Vorschläge mit Richtliniencharakter konsensuell entwickelt werden. Für den Bereich der kinder- und jugendpsychiatrischen Versorgung wurde z.B. in der Bundesrepublik ein Arbeitskreis mit Vertretern der DGKJP[2], des BAG[3] und des BKJPP[4] gebildet, der solche Vorschläge erarbeitet. Die *konkrete Realisierung von Systemen der Qualitätssicherung* in den einzelnen Einrichtungen kann durch örtliche *Qualitätskommissionen bzw. Qualitätszirkel* organisiert werden, deren Aufgabe darin besteht, die allgemeinen Richtlininen (z.B. Qualitätsstandards, Dokumentationsvorschläge) im Hinblick auf den jeweils spezifischen Versorgungsauftrag und die Situation der Einrichtung zu spezifizieren und ihre praktische Umsetzung einzuleiten; dies geschieht z.B. dadurch, daß die Mitglieder des Qualitätszirkels Standards diskutieren, Einzelfallanalysen durchführen, statistische Daten auswerten und praxisbezogene Fortbildung betreiben.

Die Qualitätssicherung in der Psychiatrie und Psychotherapie des Kindes- und Jugendalters steht am *Anfang ihrer Entwicklung*; dabei stehen die *beiden ersten Arbeitsbereiche* im Vordergrund:

---

[2] Deutsche Gesellschaft für Kinder- und Jugendpsychiatrie und -Psychotherapie

[3] Bundesarbeitsgemeinschaft der leitenden Ärzte Kinder- und Jugendpsychiatrischer Kliniken und Abteilungen e.V.

[4] Bundesverband der deutschen Ärzte für Kinder- und Jugendpsychiatrie und Psychotherapie.

Die Definition von Qualitätsstandards, die als Soll-Werte für die Beurteilung der tatsächlichen Versorgung dienen können und die Erfassung und Dokumentation der tatsächlichen Versorgungssituation.

5.4   Entwicklung von Qualitätsstandards

Durch Qualitätsstandards für Diagnostik, Therapie und andere Bereiche der Patientenversorgung soll definiert werden,

- Welche Leistungen für welche Patienten verfügbar sein sollen,
- nach welchen Indikationskriterien diese Leistungen erbracht werden sollen,
- wie diese Leistungen zu erbringen sind (konkrete Realisierung),
- welche Voraussetzungen (z.B. institutionelle Merkmale, Qualifikation etc.) hierfür erfüllt sein müssen
- und wie die Leistungsqualität dokumentiert, kontrolliert, gesichert und verbessert werden kann.

Die Entwicklung von Qualitätsstandards für die Patientenversorgung beruht auf Bedarfsanalysen und auf den Ergebnissen der wissenschaftlichen Therapieforschung. Im Bereich der Psychiatrie und Psychotherapie des Kindes- und Jugendalters wird die Diskussion darüber, wie Qualitätsstandards entwickelt werden können, zum gegenwärtigen Zeitpunkt noch kontrovers geführt (vgl. hierzu Mattejat & Remschmidt, 1995; s.a. Schmidt & Nübling, 1995).

Von der "Work Group on Quality Issues" der American Academy of Child and Adolescent Psychiatry (AACAP) wurden Qualitätsstandards ("Practice Parameters") für die Diagnostik, Therapie und Verlaufskontrolle bei hyperkinetischen Syndromen (AACAP, 1991; Döpfner & Lehmkuhl, 1993) und bei Störungen des Sozialverhaltens formuliert (AACAP, 1992), weitere diagnosenspezifische Standards sind in Vorbereitung. In diesen Kriterienkatalogen ist aufgeführt,

1. welche diagnostischen Erhebungen bei diesen Störungsbildern durchzuführen sind (z.B. Anamnese hinsichtlich des Kindes, Familienanamnese, Exploration etc.) und auf welche inhaltlichen Aspekte dabei besonders zu achten ist.

2. Weiterhin ist festgelegt, was die Diagnosenstellung enthalten soll und welche differentialdiagnostischen Erwägungen angestellt werden sollten.

3. Schließlich ist angeführt, welche Bausteine die Behandlung umfassen sollte, bzw. welche Behandlungskomponenten als relativ bewährte Methoden in Erwägung zu ziehen sind und welche Aspekte im Behandlungsverlauf zu beachten und zu überprüfen sind.

Die meisten Vorschläge bleiben dabei recht allgemein und unspezifisch; dies gilt insbesondere für den therapeutischen Bereich. Mögliche Maßnahmen werden aufgelistet, genauere Angaben zur Indikation oder Durchführung aber finden sich kaum.

So ist an diesen ersten Versuchen zur Entwicklung von Qualitätsstandards in der Kinder- und Jugendpsychiatrie konkret ablesbar, wo die *Schwierigkeiten bei der Formulierung von Qualitätskriterien* liegen, außerdem ist ansatzweise ersichtlich, *was Qualitätsstandards leisten können und was nicht von ihnen erwartet werden kann.* Ein wesentliches Problem ist die Frage, wie allgemein oder spezifisch die Kriterien formuliert sein sollen; Qualitätskriterien können die Diagnosen-Schemata wie ICD oder DSM nicht ersetzen und sie stellen auch keine Therapie-Manuale dar. Sie können nur in recht allgemeiner Form die wichtigsten bei der Diagnostik und Behandlung zu beachtenden Aspekte benennen. Eine qualifizierte Diagnostik und Therapie erfordert eine umfassende fachliche Kompetenz und damit natürlich weitaus mehr als nur eine Kenntnis der Qualitätsstandards, die allenfalls eine sehr grobe Orientierung vermitteln können. Doch schon allein dies kann einen Fortschritt im Sinne der Vergleichbarkeit und Transparenz darstellen. Dabei sind die beiden bisher erarbeiteten Vorschläge als vorläufige, noch problematische und verbesserungsfähige Entwürfe zu verstehen. Sie stellen *störungsspezifische Standards* dar; möglicherweise wäre es *sinnvoller, zunächst allgemeine Standards* (z.B. allgemeine Standards zur ambulanten Diagnostik bei psychischen Störungen von Kindern und Jugendlichen) zu formulieren und darauf aufbauend störungsspezifische Differenzierungen zu erarbeiten. Neben der Formulierung von störungsspezifischen Standards wären außerdem auch noch andere Ansätze denkbar, etwa die Entwicklung von *methoden- und modalitätenspezifischen Standards*, oder auch *Standards, die sich auf bestimmte Problemsituationen beziehen* (z.B. Kriseninterventionen).

5.5   Erfassung und Dokumentation der Versorgungssituation

Im Hinblick auf die Erfassung und Dokumentation der tatsächlichen Versorgungssituation stellt sich der praktischen Qualitätssicherung die Aufgabe, erprobte Methoden aus der epidemiologischen Forschung (s. z.B. Remschmidt und Walter, 1990; Esser et al., 1990), der Versorgungsforschung (vgl. z.B. Remschmidt und Walter, 1989) und der Therapie-Evaluationsforschung (vgl. z.B. Grawe et al., 1994; Remschmidt und Schmidt, 1988) in die tägliche Praxis zu übernehmen und die für die Versorgungsqualität wichtigsten Merkmale zu erfassen. Als Grundlage können hierbei die Dokumentationen dienen, so wie sie in vielen kinder- und jugendpsychiatrischen Einrichtungen in mehr oder weniger ausführlichen Versionen eingesetzt werden (vgl. hierzu Remschmidt, 1988; auch Wienand, 1993). Ein Grunddilemma liegt hierbei darin, daß die Dokumentation so genau und umfassend wie möglich, gleichzeitig aber möglichst ökonomisch und praktikabel einsetzbar sein soll. Durch die Dokumentation der tatsächlichen Versorgungssituation sollten die folgenden Fragen beantwortet werden:

(a) Wer erbringt unter welchen Rahmenbedingungen

(b) für wen und bei welchen Indikationen

(c) welche Leistungen

(d) mit welcher Qualität?

Tabelle 5.1 Datenerhebung und Dokumentation qualitätsrelevanter Merkmale

Fragestellungen	Datenerhebung / Dokumentation	Merkmalsbereiche	Beispiele
Wer erbringt unter welchen Rahmenbedingungen	Dokumentation elementarer Strukturmerkmale	Merkmale der Strukturqualität (Institutionelle und persönliche Merkmale)	Mitarbeiter, ihre Aufgaben und Qualifikation; Diagnostisches und therapeutisches Leistungsspektrum; Modus der Leistungsabrechnung.
für wen und bei welchen Indikationskriterien	Basisdokumentation	Patienten- und Umfeldmerkmale	Alter, Geschlecht, soziale Merkmale, Familienzusammensetzung, Diagnosen, Symptomatik
welche Leistungen	Leistungsdokumentation	Art, Umfang, Aufwand der Leistungen	Hauptgruppen diagnostischer und therapeutischer Leistungen, ihre Häufigkeit und zeitliche Dauer
mit welcher Qualität	Erhebung objektiver Qualitätsmaße	Nutzen und Effektivität der erbrachten Leistungen	Effektivität von Therapien durch standardisierte Prä- und Post-Messungen (Objektivierung von therapeutischen Veränderungen)
	Erhebung subjektiver Qualitätsmaße	Subjektive Versorgungsqualität, Behandlungszufriedenheit etc.	Beurteilung der Behandlung durch Patienten, ihre Angehörigen und klinisches Personal

In Tab. 5.1 sind die Aspekte dargestellt, die bei der Datenerhebung und Dokumentation von qualitätsrelevanten Merkmalen zu berücksichtigen sind. Der zuletzt genannte Aspekt (d) , ist gleichzeitig *der wichtigste und der schwierigste*, er bezieht sich auf das, was man *im engeren Sinne* unter der *Qualität der Leistungen* versteht: Wie sind die Leistungen in qualitativer Hinsicht (in Abgrenzung von quantitativen Aspekten) zu *bewerten* ? Bisher gibt es noch keine in die Praxis eingeführte allgemein anerkannte Methoden, die Prozeß- und Ergebnisqualität im engeren Sinne zu erfassen. Hier haben wir uns noch mit grundlegenden konzeptuellen und methodischen Problemen auseinanderzusetzen. Therapie-Evaluation wird primär als Beurteilung des Therapie-Erfolges (der zentrale Aspekt der Ergebnis-Qualität) verstanden. Damit bleibt die Prozeßqualität ("Behandlungsqualität") ausgeklammert; doch selbst bei dieser Eingrenzung auf den Erfolgsaspekt stellt sich Therapie-Evaluation sehr schwierig dar: In manchen Leistungs-Dokumentationen wird der Erfolg hinsichtlich der Symptomatik, der Gesamtentwicklung und der Familie vom zuständigen Therapeuten anhand einer Rating-Skala eingeschätzt. Mit diesem Vorgehen

Tabelle 5.2 Übersicht zu den Skalen des Fragebogens zur Beurteilung der Behandlung (FBB)

FBB-Version	Kurzbezeichnung der Skalen	Skalenbenennung	Qualitäts-Aspekt
Therapeuten-version FBB-T	Skala 1: Erfolg Patient	Therapieerfolg hinsichtlich des Patienten	Ergebnis
	Skala 2: Erfolg Familie	Therapieerfolg hinsichtlich der Familie	
	Skala 3: Kooperation Patient	Kooperation mit dem Patienten	
	Skala 4: Kooperation Mutter	Kooperation mit der Mutter	Prozeß
	Skala 5: Kooperation Vater	Kooperation mit dem Vater	
Jugendlichen-version FBB-J (Patienten-version)	Skala 1: Erfolg	Erfolg der Behandlung	IIII Ergebnis
	Skala 2: Beziehung	Beziehung zum Therapeuten	Prozeß
	Skala 3: Belastung	Belastung durch die Behandlung	
Eltern-version FBB-E	Skala 1: Erfolg	Erfolg der Behandlung	Ergebnis
	Skala 2: Beziehung	Beziehung zum Therapeuten, Einstellung zur Klinik und allgemeine Zufriedenheit	Prozeß

sind eine Reihe von Problemen verbunden (z.B. subjektive Verzerrungseffekte); in Therapie-Evaluationsstudien wird deshalb auch auf andere (z.B. objektive) Maße des Therapie-Erfolges zurückgegriffen. Doch diese sind meist recht aufwendig (z.B. Mehrfachmessungen) sind deshalb für die praktische Qualitätssicherung nur beschränkt geeignet.

Anknüpfend an diese konzeptuellen und methodischen Probleme haben Mattejat und Remschmidt (1993) einen Vorschlag entwickelt, wie die subjektive Versorgungsqualität erfaßt werden kann: Der Fragebogen zur Beurteilung der Behandlung (FBB) dient zur Erfassung der Behandlungsqualität im Urteil von Patienten, Eltern und Therapeuten. Das Instrument ist nicht auf eine bestimmte Therapieform begrenzt und im stationären ebenso wie im ambulanten Behandlungssetting einsetzbar. Darüberhinaus ist er relativ schnell und ökonomisch durchführbar und kann deshalb auch in der klinischen Praxis zur Evaluation von psychiatrischen und psychotherapeutischen Therapien mit Kindern, Jugendlichen und ihren Familien verwendet werden. Der FBB existiert in drei Versionen, einer Therapeuten-Version, einer Patienten-Version und in einer Eltern-Version. Die faktorenanalytisch gewonnenen Dimensionen der Behandlungsbeurteilungen sind bei Patienten, Eltern und Therapeuten unterschiedlich; dementsprechend unterscheiden sich auch die Skalendefinitionen. Bei allen Beurteilergruppen aber lassen sich zwei *Hauptaspekte* identifizieren: Der *Aspekt des Erfolges* und der *Aspekt der Akzeptabilität* der Behandlung. Der Erfolgsaspekt bezieht sich auf die Wirksamkeit und Effizienz der Behandlung, der Akzeptabilitätsaspekt auf die Qualität der Kooperation und Beziehung (zwischen Therapeut und Patient bzw. Eltern), Belastungen im Verlauf der Therapie und die allgemeine Zufriedenheit. Damit werden im FBB gleichermaßen Aspekte der Prozeß- und Ergebnisqualität erfaßt. In Tab. 5.2 sind die FBB-Skalen und die von ihnen erfaßten Qualitätsaspekte aufgeführt.

Die bisherigen Überprüfungen zeigen, daß der FBB ein verläßliches Verfahren zur Erfassung der subjektiven Behandlungsqualität darstellt. Die Übereinstimmung zwischen den verschiedenen Beurteilern ist aber relativ gering, d.h. die Behandlungen werden von den verschiedenen Beurteilern oft recht unterschiedlich beurteilt[5] . Dies spricht für die Notwendigkeit eines mehrperspektivischen Ansatzes, in dem die Behandlungsbeurteilungen sowohl von Therapeuten, wie auch von Patienten und Eltern gewonnen und miteinander verglichen werden. Der FBB stellt einen ersten und vorläufigen Versuch dar, systematische Therapiebeurteilungen zu gewinnen, wobei die *Patienten und Familien selbst in die Qualitätssicherung und -Beurteilung mit einbezogen werden.* Es ist zu erwarten, daß im Rahmen der Qualitätssicherung dieser mehrperspektivische Ansatz weiterentwickelt wird und weitere alternative oder ergänzende Methoden entwickelt werden, mit denen die qualitativen Aspekte von Therapien mit Kindern, Jugendlichen und ihren Familien genauer erfaßt werden können.

5.6 Zukünftige Aufgaben und Probleme

Nach der Entwicklung von Standards und der Gewinnung von aussagekräftigen Informationen über die tatsächliche Versorgungsstituation, bestehen die nächsten Arbeitsschritte darin, die gewonnenen Informationen in sinnvoller Weise auszuwerten und auf die festgelegten Qualitätsstandards zu beziehen; ein wichtiges Problem, das es dabei zu lösen gilt, ist die Integration der auf verschiedenen Ebenen gewonnenen Daten zu einem praktisch verwertbaren Ergebnis. Da sich die Qualitätssicherung auf unterschiedliche Zielbereiche bezieht, liegt z.B. eine wichtige Frage darin, wie die verschiedenen Qualitätsindikatoren (z.B. Wirtschaftlichkeit vs. Patientenzufriedenheit) gewichtet und zu einem Gesamtergebnis integriert werden können. Hierbei können die in der allgemeinen Evaluationsforschung entwickelten Methoden der Datenintegration genutzt und weiter ausgebaut werden (vgl. hierzu Wottawa und Thierau, 1990). Schließlich gilt es auch im Hinblick auf die Ergebnisrückmeldung und Implementierung von Verbesserungen geeignete Methoden zu ihrer Erfassung zu entwickeln; hierbei können die im Wirtschaftsleben (Control-

---

[5] Diese Diskrepanz zwischen verschiedenen „Informations-Quellen" ist schon aus anderen klinischen Forschungsbereichen bei der Erfassung der psychopathologischen Symptomatik bekannt.

ling) und in der Arbeits- und Betriebspsychologie entwickelten Methoden aufgegriffen und für den psychotherapeutischen Bereich weiterentwickelt werden (s. Doppler und Lauterburg, 1994; Schuler, 1993). Die Qualitätssicherung im Bereich der Psychotherapie des Kindes- und Jugendalters steht also vor einer Fülle von bisher noch ungelösten Aufgaben, für die bisher allenfalls ansatzweise Lösungsmöglichkeiten zu erkennen sind.

Mit der zukünftigen Entwicklung der Qualitätssicherung werden darüberhinaus grundlegende Umorientierungen notwendig:

- Die Forderung nach allgemeinen Qualitätskriterien setzt voraus, daß es auch im psychotherapeutischen Bereich möglich und sinnvoll ist, sich an objektivierbaren und überprüfbaren Kriterien zu orientieren. Dies aber bedeutet, daß Qualitätssicherung nur in dem Maße möglich sein wird, in dem Psychotherapeuten dazu in der Lage sind, sich von *eng gefaßten und wissenschaftlich überholten psychotherapeutischen Schulmeinungen zu lösen und sich verstärkt an schulenübergreifenden Ansätzen zu orientieren.*

- Ein wesentlicher Aspekt der Qualitätssicherung ist der Kontrollaspekt, d.h. die externe und interne Offenlegung und Rückmeldung der eigenen Tätigkeit. *Ziel der Qualitätssicherung ist eine möglichst hohe Transparenz der Patientenversorgung.* Unter dieser Vorgabe ist Psychotherapie alles andere als ein kryptisches Geschehen, das nur Eingeweihten zugänglich ist. Damit verändert sich nicht nur das öffentliche Bild der Psychotherapie, auch von den Psychotherapeuten erfordert dies Umstellungen: Die offene Darstellung der eigenen Tätigkeit kann - dies ist aus Supervisionsgruppen bekannt - recht heikel sein, selbst wenn dies „nur" gegenüber Fachkollegen geschieht; man denke z.B. an die Schwierigkeiten von Psychotherapeuten bei der Nutzung der Video-Technik.

- Mit dem Gewinn an Transparenz verändert sich schließlich auch das Verhältnis zwischen Patienten und Therapeuten: Qualitätssicherung bedeutet umfassende Information und Einbeziehung der Patienten in die Behandlungsplanung. Die Entscheidungen sollen - soweit dies irgend möglich ist - nicht für, sondern mit den Patienten getroffen werden. Autoritative bzw. paternalistische Behandlungsvorstellungen werden damit immer obsoleter. Therapie ist nicht als einseitige Einflußnahme, sondern als eine Tätigkeit im Auftrag des Patienten und seiner Angehörigen aufzufassen, als *eine für den Patienten und seine Angehörigen überschaubare Zusammenarbeit, als problemspezifische und zeitlich umgrenzte Kooperation.*

Qualitätssicherung repräsentiert somit einen modernen Entwicklungstrend, der durchaus positive Chancen birgt. Dabei dürfen aber Gefahren nicht verkannt werden: Die anstehenden Maßnahmen der Qualitätssicherung können zu einer Verschlechterung der Patientenversorgung führen, sofern sie inkompetent und inadäquat betrieben werden; hierbei sind insbesondere die folgenden Aspekte zu beachten:

- *Qualitätsstandards dürfen innovative Methoden nicht behindern.* Wenn Qualitätsstandards zu eng oder zu restriktiv gefaßt werden oder auf längere Zeit „festgeschrieben" werden, können sie die Einführung und Weiterentwicklung von neuen Methoden behindern und damit zu einer Verschlechterung der Patientenversorgung führen. Standards sind deshalb nur sinnvoll, wenn sie kontinuierlich revidiert werden.

- *Qualitätskontrolle darf nicht zur bürokratischen Einengung führen.* Wenn Maßnahmen der Qualitätssicherung zu einseitig nur unter dem Kostengesichtspunkt gesehen werden oder wenn der mit der Qualiätssicherung verbundene Arbeitsaufwand dazu führt, daß die Zeit für die eigentliche Patientenversorgung beschnitten wird, mindern sie letztlich die Versorgungsqualität. Zu einer sinnvollen Qualitätssicherung gehört deshalb auch der Schutz der Patienten und Therapeuten vor bürokratischen Übergriffen.

Weiterführende Literatur:

Mattejat, F.; Remschmidt, H.: Aufgaben und Probleme der Qualitätssicherung in der Psychiatrie und Psychotherapie des Kindes- und Jugendalters. Zeitschrift für Kinder- und Jugendpsychiatrie 23, 71-83, 1995.

Schmidt, J.; Nübling, R.: Qualitätssicherung in der Psychotherapie. Teil 1: Grundlagen, Hintergründe und Probleme. GwG-Zeitschrift 25, 15-25, 1995.

Literatur

AACAP (American Academy of Child and Adolescent Psychiatry): Practice Parameters for the Assessment and Treatment of Attention-Deficit Hyperactivity Disorders. Journal of the American Academy of Child and Adolescent Psychiatry 30, I-III, 1991.

AACAP (American Academy of Child and Adolescent Psychiatry): Practice Parameters for the Assessment and Treatment of Conduct Disorders. Journal of the American Academy of Child and Adolescent Psychiatry 31, IV-VII, 1992.

Deutsches Institut für Normung e.V. (Hrsg.): DIN ISO 9004, Teil 2. Qualitätsmanagement und Elemente eines Qualitätssicherungssystems. Leitfaden für Dienstleistungen. (Identisch mit ISO 9004-2: 1991). Deutsches Institut für Normung e.V., Berlin 1992.

Döpfner, M.; Lehmkuhl, G.: Zur Notwendigkeit von Qualitätsstandards in der Kinder- und Jugendpsychiatrie. Zeitschrift für Kinder- und Jugendpsychiatrie 21, 188-193, 1993.

Donabedian, A.: Evaluating the quality of medical care. Milbank Memorial Fund Quarterly 44, 166-203, 1966.

Doppler, K.; Lauterburg, C.: Change Management. Den Unternehmenswandel gestalten. Campus Verlag, Frankfurt, New York 1994.

Eichhorn, S.: Qualitätssicherung im Krankenhaus als ärztliche Aufgabe. In: Projektträgerschaft "Forschung im Dienste der Gesundheit" in der Deutschen Forschungsanstalt für Luft- und Raumfahrt e.V. (Hrsg.): Förderung der medizinischen Qualitätssicherung durch den Bundesminister für Gesundheit, 35-54. Eigendruck, Bonn 1993.

Esser, G.; Schmidt, M.H.; Woerner, W.: Epidemiology and Course of Psychiatric Disorders in School-Age Children - Results of a Longitudinal Study. Journal of Child Psychology and Psychiatry 31, 243-263, 1990.

Grawe, K.; Donati, R.; Bernauer, F.: Psychotherapie im Wandel. Von der Konfession zur Profession. Hogrefe, Göttingen, Bern, Toronto 1994.

Mattejat, F.; Remschmidt, H.: Evaluation von Therapien mit psychisch kranken Kindern und Jugendlichen. Entwicklung und Überprüfung eines Fragebogens zur Beurteilung der Behandlung (FBB). Zeitschrift für Klinische Psychologie 22, 192-233, 1993.

Mattejat, F.; Remschmidt, H.: Aufgaben und Probleme der Qualitätssicherung in der Psychiatrie und Psychotherapie des Kindes- und Jugendalters. Zeitschrift für Kinder- und Jugendpsychiatrie 23, 71-83, 1995.

Remschmidt, H. (Hrsg.): Siebenjahresbericht 1981 - 1987. Klinik und Poliklinik für Kinder- und Jugendpsychiatrie der Philipps-Universität Marburg. Marburg 1988.

Remschmidt, H.; Schmidt, M.H.: Alternative Behandlungsformen in der Kinder- und Jugendpsychiatrie. Stationäre Behandlung, tagesklinische Behandlung und Home-Treatment im Vergleich. Enke, Stuttgart 1988.

Remschmidt, H.; Walter, R.: Evaluation kinder- und jugendpsychiatrischer Versorgung. Analysen und Erhebungen in drei hessischen Landkreisen. Enke, Stuttgart 1989.

Remschmidt, H.; Walter, R.: Psychische Auffälligkeiten bei Schulkindern. Mit deutschen Normen für die Child Behavior Checklist. Hogrefe, Göttingen 1990.

Schmidt, J.; Nübling, R.: Qualitätssicherung in der Psychotherapie. Teil 1: Grundlagen, Hintergründe und Probleme. GwG-Zeitschrift 96, 15-25, 1994.

Schramm, D.: Qualitätskontrolle in „Sozialen Einrichtungen"/Nonprofit-Organisationen. Sozialmagazin 19, 22-28, 1994.

Schuler, H. (Hrsg.): Lehrbuch Organisationspsychologie. Hans Huber. Bern, Stuttgart, Toronto 1993.

SGB V - Gesetzliche Krankenversicherung vom 20.12.1988. Bundesgesetzblatt (BGBl.) I, S. 2477.

VDR: Bericht der Reha-Kommission des Verbandes Deutscher Rentenversicherungsträger. Empfehlungen zur Weiterentwicklung der medizinischen Rehabilitation in der gesetzlichen Rentenversicherung. Frankfurt / Main 1992.

Wienand, F.: Qualitätssicherung/Therapieevaluation in der Praxis. Forum der Kinder- und Jugendpsychiatrie und Psychotherapie, Mitgliederrundbrief 2, 63-64, 1993.

Working Party on Audit in Child Psychiatry: Audit in child psychiatry. (Bericht der Arbeitsgruppe), 1991.

Wottawa, H.; Thierau, H.: Lehrbuch Evaluation. Hans Huber, Bern, Stuttgart, Toronto 1990.

II. Psychotherapeutische Methoden und ihre Indikationen

6. Tiefenpsychologisch fundierte Psychotherapie

Helmut Remschmidt und Kurt Quaschner

6.1 Grundlagen der tiefenpsychologisch fundierten Psychotherapie

Das Wort "Tiefenpsychologie" wurde 1910 vom Schweizer Psychiater Eugen Bleuler in seiner Schrift über die "Die Psychoanalyse Freuds" geprägt. Freud selbst gebraucht den Ausdruck erstmals 1913 in seiner Arbeit "Das Interesse an der Psychoanalyse", um sich von der herrschenden Bewußtseinspsychologie abzugrenzen (Pongratz, 1983).
Im heutigen Sprachgebrauch bezeichnet "tiefenpsychologisch" durchaus verschiedene psychotherapeutische Vorgehensweisen und Schulrichtungen, die aber nach wie vor eine Reihe von Grundannahmen teilen. Terminologisch findet sich häufig die Gleichsetzung von "tiefenpsychologisch" mit "psychodynamisch".

Tiefenpsychologische Behandlungen gehen von folgenden *Grundannahmen* aus:
- der Bedeutung des *Unbewußten* für psychische Funktionen und individuelles Verhalten;
- der Bedeutung von *Trieben* für die Steuerung menschlicher Verhaltensweisen;
- der Bedeutung von *Entwicklungsphasen*, in deren Ablauf die libidinösen Energien, d.h. die Triebkräfte, unterschiedliche Ausformungen annehmen;
- der Vorstellung, daß *durch Konflikte hervorgerufene Symptome* auf bestimmte Entwicklungsphasen zurückzuführen sind und über die Anpassung des Individuums an seine Umgebung entscheiden;
- dem Konzept der *Übertragung*, aufgrund dessen der Patient Erlebnisse und Erfahrungen aus der Vergangenheit auf den Therapeuten projiziert, was eine Interpretation des Geschehens ermöglicht.

Weitere gemeinsame Züge der tiefenpsychologischen Richtungen werden in verschiedenen metapsychologischen Konzeptionen beschrieben (siehe z.B. Greenson, 1981; Pongratz, 1983). Wir halten uns im folgenden an die Darstellung von D. Rapaport (1973), der in seinem Strukturmodell eine Reihe von grundlegenden theoretischen Aspekten unterscheidet.

Tabelle 6.1   Strukturmodell nach D.Rapaport (1973)

(1) Der topische Aspekt	Nahezu alle tiefenpsychologischen Schulen arbeiten mit räumlichen Vorstellungen von psychischen Funktionen. Am bekanntesten ist die Instanzenlehre von S.Freud. Danach besteht die Persönlichkeit aus drei Instanzen, *Es*, *Ich* und *Über-Ich*. Das Es beinhaltet die triebhaften Impulse und arbeitet nach dem Lustprinzip. Demgegenüber vertritt das Ich, das als Inbegriff des bewußten Vorstellens und Handelns aufgefaßt wird, das Realitätsprinzip. Das Über-Ich schließlich enthält die internalisierten Moralvorstellungen und hat die Funktion des Gewissens. Alle drei Instanzen stehen in intensiver gegenseitiger Wechselbeziehung.
(2) Der dynamische Aspekt	Weiterhin kennzeichnend für die Tiefenpsychologie ist, daß es sich um eine dynamische Psychologie handelt. Als dynamisch wird das hinter allen menschlichen Verhaltensweisen antreibende Element - Bedürfnisse, Instinkte, Triebe und Gefühle - bezeichnet. Die tiefenpsychologischen Schulen erkennen nur ganz wenige Triebe an, mit deren Hilfe sie die unterschiedlichsten Verhaltensweisen zu erklären versuchen. S.Freud beispielsweise kommt in seinen frühen Schriften mit einem einzigen Sexualtrieb, der Libido, aus.
(3) Der genetische Aspekt	Die genetische Betrachtungsweise befaßt sich mit der Entwicklung des Menschen. Im Mittelpunkt des Interesses stehen dabei die ersten Lebensjahre, welche nach tiefenpsychologischem Verständnis für die Entstehung von seelischen Störungen ausschlaggebende Bedeutung haben. Die bekannteste und einflußreichste Entwicklungslehre stammt wiederum von S.Freud. Andere Auffassungen stellen häufig nur Modifikationen und Erweiterungen des ursprünglichen Freudschen Modells dar. Die Entwicklung des Kindes läßt sich nach S.Freud in fünf Phasen einteilen, die orale, anale, genitale bzw. ödipale sowie die Latenzzeit und eine zweite genitale Phase. Die *orale Phase* erstreckt sich von der Geburt bis etwa zum Alter von 18 Monaten. In dieser Zeit ist die Libido ganz auf die Mundregion zentriert, die den Charakter einer erogenen Zone hat. Die *anale Phase* umfaßt etwa den Zeitraum vom 18. Lebensmonat bis zum dritten Lebensjahr. Die Analregion steht dabei als erogene Zone im Vordergrund. Die darauf folgende phallische Phase wird auch als erste genitale oder *ödipale Phase* bezeichnet und erstreckt sich vom dritten bis zum fünften Lebensjahr. Hier wird die Genitalregion zur eigentlichen erogenen Zone, die die libidinöse Energie bindet. In diese Zeit fällt auch der sog. Ödipuskomplex, der in verkürzter Form als Zuneigung des Jungen zur Mutter und des Mädchens zum Vater beschrieben werden kann. Der Ausgang des Ödipuskomplexes beeinflußt ganz wesentlich die weitere sexuelle und soziale Entwicklung. In der darauf folgenden *Latenzzeit*, die etwa vom sechsten bis zum Ende des elften Lebensjahres dauert, treten die sexuellen Impulse in den Hintergrund, um dann mit Einsetzen der *Pubertät* in der zweiten genitalen Phase wieder verstärkt wirksam zu werden und die früheren Konflikte zu reaktivieren. Im Gegensatz zur kindlichen Entwicklung hat das *Jugendalter* relativ wenig Beachtung gefunden. Erst sehr viel später sind theoretische Vorstellungen entstanden, die denjenigen des Kindesalters an Komplexität und Differenziertheit nahe kommen (z.B. Blos 1962).
(4) Der sozio-kulturelle Aspekt	In dieser Sicht liegt der Schwerpunkt auf dem Einfluß der Umwelt. Die Entwicklung des Menschen ist wesentlich dadurch gekennzeichnet, daß er Verhaltensnormen seiner jeweiligen Umgebung übernimmt. Seine Anpassung an die Gesellschaft hängt weitgehend von dem Grad der Identifizierung mit solchen Normen ab. Soziokulturelle Einflüsse sind es auch, die die Entwicklung von ethisch-moralischen Maßstäben und Gewissensstrukturen beeinflussen. Wichtige Ergänzungen und Weiterentwicklungen der Tiefenpsychologie, auf die nicht ausführlicher eingegangen werden kann, sind durch A.Freud in ihrem Buch "Das Ich und die Abwehrmechanismen" (1936) vorgenommen worden. Davon ausgehend entstand in der Folgezeit eine neue Richtung der Psychoanalyse, die unter dem Namen "Ich-Psychologie" bekannt geworden ist und sich vor allem auf die Arbeiten von H.Hartmann (1939) stützt.

6.2   Zum Verhältnis von Erwachse-nentherapie und Kinder- bzw. Jugendlichentherapie

Eine Darstellung der tiefenpsychologisch fundier-ten Therapie von Kindern und Jugendlichen kommt nicht umhin, auf die Therapie Erwachse-ner einzugehen. Sowohl in historischer wie theo-retischer Hinsicht stellt die Erwachsenentherapie das Vorgängige, Primäre dar. Konzepte und praktischeVorgehensweisen der Kinder- und Jugendlichentherapie wurden - und werden immer noch - in Differenz zur Erwachsenenthe-rapie gesehen. Die klassische psychoanalytische Methode der Erwachsenenbehandlung bildet in gewisser Hinsicht das Maß aller (therapeutischen) Dinge und soll daher kurz in ihren wesentlichen Komponenten vorgestellt werden.

Die klassische psychoanalytische Technik

Das *Ziel der klassischen psychoanalytischen Behandlung* besteht darin, Verdrängungen aufzu-heben, indem Unbewußtes dem Bewußtsein zugänglich gemacht wird. Dieser Prozeß findet in einem Rahmen statt, der als "Setting" bezeichnet wird. Bestimmte formale Elemente dieser Situa-tion wie Frequenz, Ort und Dauer der Therapie-stunden werden ebenso konstant gehalten wie die Regeln, die die Interaktion zwischen Therapeut und Patient festlegen. Zum einen ist dies die „*Grundregel*", die den Patienten verpflichtet, in *"freier Assoziation"* seine Einfälle unentstellt und thematisch ungebunden zu äußern. Zum anderen hält die „*Abstinenzregel*" den Therapeuten zur Zurückhaltung in der Interaktion mit dem Patien-ten an. Durch die liegende Haltung des Patienten auf der Couch und durch den fehlenden Blickkontakt zum Therapeuten wird eine Regression gefördert, die die Einhaltung der Grundregel erleichtern soll. Abgesehen von die-ser *Regression* muß der Patient aber zugleich mit seinen gesunden Ich-Anteilen in der Lage sein, ein *Behandlungsbündnis* einzugehen, das den Abbruch der Therapie verhindert und die Intro-spektion gewährleistet.

Das wichtigste Mittel der Therapie ist die vom Therapeuten vorgenommene *Deutung*, die im Dienste der Bewußtmachung unbewußter pathogener   Mechanismen   steht.   Das

Deutungsmaterial, das der Patient liefert, bein-haltet - um nur das wesentliche zu nennen - Ein-fälle, Träume, Übertragung und Widerstand. Mit Übertragung sind unverarbeitete affektive Einstel-lungen aus der Frühzeit der Entwicklung des Patienten gemeint, die dieser dem Therapeuten entgegenbringt, auf ihn überträgt. Widerstand bezeichnet eine Opposition gegen den analyti-schen Prozeß, eine Abweisung therapeutischer Einwirkung, eine Resistenz gegen Veränderung.

Unterschiede zwischen Erwachse-nentherapie und Kinder- und Ju-gendlichentherapie

Die für das Erwachsenenalter typische therapeuti-sche Vorgehensweise läßt sich nicht einfach auf die Behandlung von Kindern und Jugendlichen übertragen. Modifikationen sind erforderlich, die dem jeweiligen Entwicklungsstand der kindlichen und jugendlichen Patienten Rechnung tragen. Wesentliche Unterschiede betreffen die freie Assoziation, die Etablierung eines Arbeitsbünd-nisses und die Übertragung.

Dem Kind fehlt die Fähigkeit zum freien Assoziieren völlig, beim Jugendlichen ist sie allenfalls in eingeschränktem Ausmaß gegeben. Eine ähnliche Funktion wie das freie Assoziieren nehmen in der Therapie statt dessen *Handlungen* ein. Beim Kind ist es das *Spiel*, beim Jugendli-chen sind es gemeinsame Aktivitäten, Spiele und Unternehmungen.

Die Etablierung und Aufrechterhaltung eines *Arbeitsbündnisses* ist bei Kindern und Jugendli-chen sehr viel schwieriger. Scharfman (1973) führt eine ganze Reihe von Gründen an:

- Kinder und Jugendliche haben meist *keinen Leidensdruck* und sind daher nur schwer zur Therapie zu motivieren.
- Kinder haben eine *andere Zeitperspektive*. Die Antizipation einer besseren Zukunft, die durch die Behandlung eingeleitet wird, fällt ihnen schwer.
- Das Kind tendiert dazu, (seine) *Probleme als external verursacht* zu betrachten und nicht als intrapsychisch bedingt.
- Das Ich des Kindes wie auch des Jugendli-chen ist häufig derart stark durch die Abwehr in Anspruch genommen, daß es nicht in der

Lage ist, ein *therapeutisches Bündnis* einzugehen.

- Die *Introspektionsfähigkeit* mit der therapeutisch erforderlichen Ich-Aufspaltung ist nicht gegeben bzw. eingeschränkt.
- Bestimmte Entwicklungsstufen wie das Ende der ödipalen Phase oder die Adoleszenz sind durch eine spezifische *Abkehr von der Vergangenheit* gekennzeichnet und erschweren dadurch den therapeutisch notwendigen Zugang zu derselben.

Breite Übereinstimmung herrscht darüber, daß die Übertragung von Kindern und Jugendlichen derjenigen von Erwachsenen nicht zu vergleichen ist. Kontrovers ist allerdings, welche Form die Übertragung annimmt. Als Beispiel für diese Auseinandersetzung kann die Frage gelten, ob Kinder und/oder Jugendliche eine echte Übertragungsneurose ausbilden.

Modifikationen der Technik

Die Modifikationen, die sich aus den genannten Unterschieden ableiten lassen, haben dazu geführt, daß in der *Kindertherapie das Spiel* ganz im Vordergrund steht. In der Einzeltherapie des Jugendlichen hat sich das Setting erheblich verändert (z.B. Verzicht auf die Couch).

Darüberhinaus gibt es noch weitergehende, vom Konzept der langfristigen Einzeltherapie abweichende Modifikationen. Zu erwähnen sind etwa Beratung und Krisenintervention, Gruppen- und Familientherapie (Müller-Küppers, 1988; Seiffge-Krenke, 1986).

Im Anschluß an Seiffge-Krenke (1986) lassen sich folgende *Behandlungsregeln* für den therapeutischen Umgang mit Jugendlichen aufstellen:

- Die tiefenpsychologisch fundierte Psychotherapie Jugendlicher muß *direktiver* sein.
- Der Therapeut muß im Vergleich zur Erwachsenentherapie *flexibler und aktiver* im Umgang mit Techniken sein, er braucht Bereitschaft, auf praktische Anregungen einzugehen.
- Der Jugendliche darf nicht im gleichen Ausmaß wie ein Erwachsener fundamentalen *Frustrationen* ausgesetzt werden, beispielsweise längeren Gesprächspausen, Langeweile und imaginativen therapeutischen Manövern.

- Der Umgang mit Regressionen erfordert ganz besondere Sorgfalt. Der Therapeut muß vielmehr Hilfen bei der *Realitätsprüfung* geben als in der Erwachsenenbehandlung und darüberhinaus Tendenzen fördern, die der Stärkung und dem Aufbau von Ich-Funktionen dienen.

6.3   Die Behandlung von Kindern

Die durch die Entwicklung hervorgerufenen Veränderungen des Kindesalters bringen es mit sich, daß auch die Therapie den Besonderheiten der jeweiligen Altersstufe Rechnung zu tragen hat. Darüberhinaus führen theoretische Differenzen bezüglich des Entwicklungsverlaufs und der Behandlungstechnik zu Modifikationen im Vorgehen.

Im allgemeinen wird unterschieden zwischen der Behandlung von Kindern in der *Prälatenz-* und solchen in der *Latenzzeit* bzw. zwischen Kleinkindern und Schulkindern. Die Prälatenzzeit wird dabei von manchen Autoren eingeengt auf die phallisch-ödipale Phase, weil erst in diesem Alter die entwicklungspsychologischen Voraussetzungen für ein tiefenpsychologisch fundiertes Vorgehen vorhanden seien (Scharfman, 1973). Zum einen treten internalisierte Konflikte vor dieser Phase nicht auf, zum anderen ist zu diesem Zeitpunkt eine ausreichende Differenzierung zwischen Selbst und Objekt bzw. eine Stabilität der Objektrepräsentanzen vorhanden, so daß Übertragungsreaktionen möglich werden. Das bedeutet nicht, daß tiefenpsychologisches Wissen nicht auf jüngere Kinder angewendet werden kann, es erscheint allerdings fraglich, ob darunter eine tiefen-psychologisch fundierte Therapie im engeren Sinne verstanden werden kann (Scharfman, 1973).

Indikation

Im Vergleich zur psychoanalytischen Behandlung Erwachsener - so Müller-Küppers (1988) - sei die Indikation zur Kinderanalyse "immer etwas unscharf gewesen". Dementsprechend finden sich auch bei unterschiedlichen Autoren divergente Angaben, die mitunter schwer auf einen Nenner zu bringen sind.

Bereits genannt als Indikationskriterien wurden das *Auftreten internalisierter Konflikte* sowie die Fähigkeit zur Ausbildung von *Übertragungsreaktionen.*

Eine ausgebildete kindliche Neurose mit libidinöser Regression und einer Beeinträchtigung der weiteren Entwicklung stellt eine relativ klare und eindeutige Indikation dar. Darunter fallen viele Symptome, die sich in der phallisch-ödipalen Phase entwickeln wie z.B. Phobien, Konversionsreaktionen, psychosomatische Probleme, Schlafstörungen und beginnende Zwangsneurosen (Scharfman, 1973).

Im Anschluß an A.Freud nennt Scharfman (1973) als weitere Behandlungskriterien *Beeinträchtigungen der Ich-Entwicklung,* die durch das exzessive Auftreten bestimmter Abwehrmechanismen hervorgerufen werden. Beispielsweise können die Abwehrmechanismen der Reaktionsbildung und Isolierung ein zwanghaftes Kind als überangepaßt, intellektualisierend und emotional gehemmt erscheinen lassen.

Probleme, die im Zusammenhang mit der *Geschlechtsrolle* stehen - seien es nun der Wunsch, dem anderen Geschlecht anzugehören, oder aber sexuelle Perversionen - gehören ebenfalls zum Indikationsbereich.

Die Durchführung der Behandlung

Obwohl die tiefenpsychologische Therapie von Kindern weitaus mehr Beachtung gefunden hat als die Behandlung Jugendlicher und obwohl es zur Ausbildung verschiedener Traditionen gekommen ist, hat sich eine einheitliche, der Standardmethode bei Erwachsenen vergleichbare Vorgehensweise nicht herausgebildet. Nach wie vor existiert eine ganze Reihe von zum Teil sehr *unterschiedlichen Schulrichtungen.* Die wesentlichen Gemeinsamkeiten und Unterschiede werden von Dührssen (1980) aufgeführt. Danach können als unbestrittene *Gemeinsamkeiten* gelten:

- In der Kindertherapie erhält die Persönlichkeit des Therapeuten eine völlig andere Bedeutung als in der Erwachsenenbehandlung. Die Beziehung zwischen Therapeut und kleinem Patienten wird sehr persönlich und intim.
- Die Abhängigkeit des Kindes von seinen Eltern beeinflußt die Therapie.

- Bezüglich der Behandlungstechnik sind Modifikationen je nach Lebensalter vorzunehmen.
- Neben das Gespräch tritt das Spiel, das heißt, es wird gehandelt und agiert.

Demgegenüber treten erhebliche Meinungsverschiedenheiten und Diskrepanzen auf. Strittig ist danach

- das Ausmaß, in dem die Eltern zur Unterstützung und Mitarbeit herangezogen werden sollen,
- das Verhältnis von Kindertherapie und Pädagogik,
- die Bedeutung des Spiels,
- die Rolle der Übertragung sowie
- der Wert von Interpretationen und Deutungen.

Die aufgeführten Unterschiede haben vor allem eine Rolle in der Auseinandersetzung zwischen den beiden großen Schulrichtungen von *Anna Freud und Melanie Klein* gespielt.

Die Etablierung eines Arbeitsbündnisses ist beim Kind schwieriger als beim Erwachsenen und dauert länger. A.Freud (1980) führt dies darauf zurück, daß "die für den Beginn der wirklichen Analyse notwendigen Vorbedingungen: das Leidensgefühl, das Zutrauen und der Entschluß zur Analyse " fehlen und zunächst in einer Einleitungsphase - der "Dressur" zur Analyse wie sie es nennt - geschaffen werden müssen. Auch andere Autoren (z.B. Scharfman, 1973) betonen, daß im Zuge der Entwicklung eines gegenseitigen Vertrauensverhältnisses das Kind erst lernen muß, wozu die Therapie gut sein soll. Wichtigste Mittel, "Werkzeuge" des Therapeuten sind dabei Geduld, die Bereitschaft zum Zuhören und die Fähigkeit zum Verstehen.

Von ganz wesentlicher Bedeutung ist in diesem Zusammenhang auch, daß der Therapeut ein *"doppeltes Arbeitsbündnis"* (Müller-Küppers, 1988) einzugehen hat, das nicht nur das Kind, sondern auch die Eltern umfaßt.

Die *Zusammenarbeit mit den Eltern* bleibt von Anfang bis Ende der Therapie ein zentraler Punkt. Dührssen (1988) verweist dabei besonders auf die psychodynamische Wirkung von organisatorischen Fragen, die mit den Eltern zu klären sind. Dies betrifft die Anzahl der Stunden und die Frequenz der Kontakte ebenso wie die Entfernung zwischen Wohnort und Ort der Therapie, den Stundenplan und die sonstigen Aktivitäten des Kindes. Inhaltlich bleibt ggfs. abzuklären, ob die Psychpathologie der Eltern eine gesonderte Elterntherapie erforderlich macht.

Der *zentrale Stellenwert des Spiels* in der Kindertherapie ist unbestritten. Die Unfähigkeit des Kindes zur freien Assoziation macht das Spiel zum wichtigsten Zugang zum Unbewußten, auch wenn darüberhinaus Träume, Tagträume und bewußte Erinnerung ebenfalls hilfreich sein können.

Hinsichtlich der Einordnung und Bewertung der Spieltätigkeit existieren allerdings sehr unterschiedliche Auffassungen. Während Melanie Klein das Spiel vorrangig als *Symbolsprache* des Kindes betrachtete und daher die Spieltätigkeit bereits in frühem Alter einer analytischen Deutung für zugänglich hielt, vertrat Anna Freud die Meinung, daß das Spiel nicht nur Symbolsprache sei und dementsprechend auch mit großer Vorsicht und Zurückhaltung zu deuten bzw. zu interpretieren sei. Zulliger (1988) in seiner *"deutungsfreien Kinderanalyse"* ging sogar noch einen Schritt weiter und verzichtete ganz auf die Verbalisierung einer Deutung.

Eine differenzierende Betrachtungsweise des Spiels stammt von Dührssen (1988), die Symbolspiele, Gemeinschaftsspiele und gemeinsames Spielen unterscheidet. Das *Symbolspiel* hat in der tiefenpsychologischen Therapie stets eine wesentliche Rolle gespielt. Als Spielmaterial wird häufig unstrukturiertes, amorphes Material empfohlen (Scharfman 1973), um die Kreativität und das Ausdrucksverhalten des Kindes anzuregen. Andererseits kann es für ein neurotisches Kind, dem es schwerfällt, sich mit ungeformtem Material auszudrücken, durchaus hilfreich sein, wenn es sich um vorgeformtes Spielmaterial handelt. Alle Arten von Rollenspielen, z.B. auch solche mit Puppen, eignen sich ebenfalls gut zur symbolischen Gestaltung der kindlichen Erlebniswelt.

Mit dem Begriff des *Gemeinschaftsspiels* werden Spiele bezeichnet, die bestimmte Regeln haben, welche zum Spiel gehören und eingehalten werden sollen. Dazu gehören etwa Fang- und Versteckspiele sowie Geschicklichkeits- und Regelspiele. Unter neurosenpsychologischen Gesichtspunkten ist bei diesen Spielen interessant, wie ein Kind mit Regeln umgeht, wie es auf Rivalität, wie auf Sieg und Niederlage reagiert.

Gemeinschaftliche bzw. gemeinsame Spiele setzen voraus, "daß der Therapeut einfach mitmacht" (Dührssen, 1988), beispielsweise, wenn er dem Kind beim Bauen hilft, sich am Puzzle beteiligt, Material sucht, etc. Im Vordergrund

steht dabei die Entwicklung einer vertrauensvollen Beziehung, nicht die Unterhaltung über konflikthafte Themen.

Mit dem Beziehungsaspekt ist auch das Problem der Übertragung angesprochen. Das Problem der Übertragung in der Kindertherapie ist ebenfalls kontrovers diskutiert worden. Ausgangspunkt waren wiederum die divergenten Auffassungen von Anna Freud und Melanie Klein. Im Kern bestand die Differenz darin, daß M. Klein (1987) der Meinung war, das Kind bilde eine *Übertragungsneurose* aus, während A.Freud (1980) dies bestritt, weil zum einen die psychische Struktur des Kindes dies nicht zulasse und zum anderen der Therapeut dem Kind als reale neue Person gegenübertrete, die auch pädagogisch wirke. Je nach Standpunkt des Therapeuten wird die eine oder andere Position vertreten. Häufig wird anstelle von Übertragungsneurose auch allgemeiner von *Übertragungsreaktionen* gesprochen. Dührssen (1980) schließlich relativiert den Konflikt, indem sie darauf hinweist, daß die Deutung der Übertragung bzw. des unbewußten Materials nur einen Bruchteil dessen ausmache, was am therapeutischen Verhalten letztlich wirksam sei.

Sowohl die Übertragung wie die - im Rahmen der Kindertherapie früher nur wenig thematisierte - *Gegenübertragung* verweisen auf das bereits erwähnte "doppelte Arbeitsbündnis", das der Therapeut außer mit dem Kind auch mit den Eltern eingegangen ist. Für die Übertragung des Kindes auf den Therapeuten ist zu berücksichtigen, daß das Kind "in einer Weise libidinös an die Eltern gebunden ist, die jede therapeutische Aktivität zu einem familiären Prozeß im weitesten Sinne macht" (Müller-Küppers, 1988). Die Auseinandersetzung des Kindertherapeuten mit seinen eigenen Eltern wird im Rahmen der Gegenübertragung relevant. Hier geht es beispielsweise um die Gefahr, daß der Therapeut die Rolle des "besseren Vaters" oder der "besseren Mutter" einnimmt, worauf wiederum die Patienteneltern überaus empfindlich reagieren können.

Die Frage der *Beendigung der Therapie* ist eng verknüpft mit der Frage der anzustrebenden Ziele. Trotz aller Meinungsverschiedenheiten bei technischen Problemen ist nach Dührssen (1980) die allgemeine Zielsetzung für jeden Kinderanalytiker die gleiche. Angestrebt wird "die Auflösung von Ängsten und Verdrängungsreaktionen, die bessere Verarbeitung der Antriebs- und

Impulswelt und eine Klärung in der Position zu den Eltern, bessere Realitätsanpassung, tragfähigere Gefühlslage usw.". Ähnliche Aussagen finden sich auch bei anderen Autoren. Scharfman (1973) beispielsweise gibt explizit vier Kriterien für die Beendigung von Therapien im Prälatenz- wie auch im Latenzalter an. An erster Stelle nennt er die Beseitigung neurotischer Symptome, dann die progressive Entwicklung von Libido und Ich hin zu altersadäquaten Beziehungen und Verhaltensweisen, als drittes die Aufhebung von Fixierungen und Verdrängungen und schließlich Stabilität in den Eltern-Kind-Beziehungen.

6.4   Die Behandlung Jugendlicher

Tiefenpsychologische Konzeptionen des Jugendalters

Die Adoleszenz ist immer wieder als *"Stiefkind der Psychoanalyse"* (Lampl-De Groot 1965) oder als "weißer Fleck auf der psychoanalytischen Landkarte" (Müller-Pozzi 1980) bezeichnet worden. Das Interesse an dieser Übergangsphase von der Kindheit zum Erwachsenenalter war vorwiegend theoretischer Natur, wohingegen behandlungstechnische Aspekte in den Hintergrund rückten und nur in einer geringen Zahl von Schriften ihren Niederschlag fanden.

In seiner Schrift "Drei Abhandlungen zur Sexualtheorie" (1905) hatte S. Freud die Pubertät durch zwei maßgebende Veränderungen gekennzeichnet, einmal "die Unterordnung aller sonstigen Ursprünge der Sexualerregung unter das Primat der Genitalzonen" und zum zweiten den Prozeß der Objektfindung. S. Freuds Auffassung, daß in der Pubertät der Ödipuskomplex wiederbelebt und schließlich endgültig aufgelöst wird, war sehr einflußreich und blieb über Jahre der wichtigste theoretische Bezugsrahmen. Von praktischer Seite waren es vor allem Bernfeld (1923) und Aichhorn (1925), die zu einem besseren Verständnis des Jugendalters beitrugen.

Erst Anna Freud (1936) griff die theoretischen Probleme wieder auf. Sie sah in der Pubertät die Unterbrechung einer Periode friedlichen Wachstums. Die durch körperliche Prozesse verursachte Erhöhung der Triebstärke löst im Jugendlichen Angst aus, es kommt zu einer Machtprobe zwischen Ich und Es. Dabei bietet das Ich über die früher erworbenen *Abwehrmechanismen* hinaus neue, pubertätsspezifische Abwehrmittel auf. Besonders typisch für die Adoleszenz sind die Abwehrmechanismen der Askese und der Intellektualisierung. Erstere hat die Unterdrückung der Triebbefriedigung zum Ziel, letztere die Abwehr der Triebe durch abstraktes Denken und rationales Formulieren. Die große Variabilität und Unberechenbarkeit im psychopathologischen Erscheinungsbild des Jugendlichen erklärt sich dadurch, daß sich die Abwehr gegen Triebabkömmlinge aus allen prägenitalen Phasen richten muß, was zu höchst unterschiedlichen Symptombildern führen kann.

Eine weitere wichtige Weiterführung der Freudschen psychosexuellen Entwicklungslehre stammt von Erikson (1950, 1973), der der *sozialen Dimension der Entwicklung* besondere Aufmerksamkeit schenkte. Von den acht Entwicklungsphasen, die Erikson unterscheidet, bezieht sich die fünfte - gekennzeichnet durch den Gegensatz Identität versus Identitätsdiffusion - auf Pubertät und Adoleszenz. Die Ich-Identität entwickelt sich aus einer "gestuften Integration aller Identifikationen" (Erikson, 1973), sie ist die Synthese aller angesammelten Ich-Werte wie Vertrauen, Autonomie, Initiative und Werksinn. Diese Integrationsleistung stellt einen störungsanfälligen Prozeß dar, der mißlingen kann, so daß Identitätsdiffusion statt Identität eintritt und die weitere Entwicklung gefährdet ist.

Eines der ausführlichsten Modelle der Adoleszenz stammt von Blos (1962, 1983). Er unterscheidet fünf Phasen, die die Entwicklung vom Kind zum Erwachsenen durchläuft.

Tabelle 6.2 Die Phasen der Adoleszenz nach Blos (1962, 1983)

Präadoleszenz (ca. 10.-12.Lj.)	Am Anfang steht die Präadoleszenz, während der die Zunahme des Triebdruckes eine wahllose Besetzung aller libidinösen und aggressiven Befriedigungsarten bewirkt, die dem Kind in seinen ersten Lebensjahren gut gedient haben.
Frühadoleszenz (ca. 13.-14.Lj.)	Daran schließt sich das Stadium der Frühadoleszenz an, in dem sich Jungen wie Mädchen ungestüm den libidinösen extrafamiliären Objekten zuwenden, womit der echte Trennungsprozeß von den frühen Objektbindungen einsetzt.
Mittlere Adoleszenz (ca. 15.-17-Lj.)	Während der eigentlichen oder mittleren Adoleszenz nimmt die Suche nach Objektbesetzungen neue Aspekte an. Durch das Aufgeben der narzißtischen und bisexuellen Einstellung wird eine heterosexuelle Objektbesetzung möglich.
Spätadoleszenz (ca.18.-20.Lj.)	Die Spätadoleszenz ist eine Phase der Konsolidierung. Ich-Funktionen und sexuelle Einstellung stabilisieren sich, es kommt zu einer relativ konstanten Objektbesetzung und Selbstdarstellung.
Postadoleszenz (ca.21.-25.Lj.)	Der Übergang von der Adoleszenz zum Erwachsenenalter wird durch die Postadoleszenz gebildet. Der junge Erwachsene wendet sich dem Problem der Harmonisierung seiner Persönlichkeit zu. Diese Integrierung geht Hand in Hand mit der Aktivierung der Sozialrolle, mit Werbung, Ehe, Elternschaft.

Kritik an diesen Adoleszenzkonzeptionen, insbesondere auch an der Position von Blos ist insofern geübt worden, als eine Vernachlässigung der Außenwelt, z.B. der interaktionistischen Aspekte des Übergangs, konstatiert wurde (Seiffge-Krenke, 1986).

Indikation

Die tiefenpsychologische Behandlung Jugendlicher ist außerordentlich *kontrovers* diskutiert und beurteilt worden. Das Meinungsspektrum reichte bis hin zu einer völligen Ablehnung der Analyse Jugendlicher. Aufgrund der entwicklungsbedingten Labilisierung und der damit verbundenen Widerstände und Übertragungsprobleme wurde die Behandlung in diesem Altersbereich vielfach als aussichtsloses Unterfangen gesehen. Andererseits gab es auch stets Befürworter, was verdeutlicht, wie sehr letztlich der Standort des jeweiligen Analytikers für die Beurteilung dieser Frage ausschlaggebend ist.

Als *optimale Indikation* zur tiefenpsychologischen Behandlung wird im Jugendalter eine klassische Neurose vom hysterischen oder zwanghaften Typ genannt (Scharfman 1973). Eine Erweiterung dieser Indikations-stellung wurde durch A.Freud (1958) vorgenommen, die eine Analyse bei denjenigen Jugendlichen sogar für dringend

erforderlich hielt, bei welchen ein Rückzug der Libido auf das Selbst festzustellen war. Als Beispiel führt sie den narzißtischen Rückzug mit Größenideen und hypochondrischen Befürchtungen an. Weiterhin hielt sie auch im Falle des "asketischen" Jugendlichen eine Behandlung für angezeigt.

Von Pearson (1968) stammt der Versuch, die Indikation in Abhängigkeit mit einzelnen Unterphasen der Adoleszenz zu sehen. Andererseits hält er unabhängig von bestimmten Entwicklungsstufen Fälle von Angsthysterie, Konversionshysterie und Zwangsneurose für behandlungsbedürftig. Friend (in Wolman, 1972) fordert eine genaue diagnostische Abklärung folgender Funktionen:

- der Fähigkeit zu stabilen Objektbeziehungen,
- der Fähigkeit, Angst zu ertragen, ohne zu dekompensieren,
- des sprachlichen Ausdrucksvermögens,
- der Fähigkeit zur Selbstbeobachtung und
- der Annäherung an den genitalen Primat.

Sind diese Kriterien erfüllt, dann kann die Behandlung mit einer Probezeit eingeleitet werden, an deren Ende die endgültige Entscheidung über die Fortführung der Analyse steht.

Zusammenfassend läßt sich feststellen, daß es unter vielen Analytikern Vorbehalte gibt, eine Behandlung in der Vorpubertät oder frühen Adoleszenz zu beginnen. Zumindest werden erhebliche Modifikationen der Behandlungstechnik als erforderlich angesehen. Mehr Übereinstimmung besteht dagegen darin, in der mittleren und späten Adoleszenz spezielle Neurosen wie auch neurotische Charakterstrukturen als Indikation zu betrachten. Eine tiefenpsychologische Behandlung schwerer gestörter Jugendlicher, etwa im Sinne einer Borderline-Störung, mag dort in Frage kommen, wo keine andere Möglichkeit zur Behandlung gegeben ist. Allerdings sind auch in derartigen Fällen weitreichende Modifikationen der Technik angebracht (Scharfman, 1973).

Die Durchführung der Behandlung

Im Vergleich zur Kindertherapie ist das Vorgehen in der Adoleszenz demjenigen bei Erwachsenen sehr viel ähnlicher. Dennoch existieren vom Erstinterview an auch hier zum Teil gravierende Unterschiede.

Ein besonderes Problem stellt die *niedrige Behandlungsmotivation* Jugendlicher dar. Die Gründe dafür können sowohl im Umfeld wie auch in der Person des Jugendlichen - vor allem in den entwicklungs-psychologischen Besonderheiten dieser Lebensphase - liegen. Ersteres bezieht sich vorwiegend auf die Rolle der Eltern beim Zustandekommen der Behandlung. Diese haben meist den Therapeuten ausgewählt, der Jugendliche wird von ihnen dorthin geschickt und schließlich sind es die Eltern, die diagnostische und anamnestische Angaben über den Patienten geliefert haben, allesamt Vorgänge, die die labile, ungefestigte Selbständigkeit des Jugendlichen wieder stark in Frage stellen.

Von größerer Bedeutung sind allerdings *intrapsychische Faktoren* wie z.B. Angst vor Abhängigkeit und Kränkungen bzw. - dem korrespondierend - Wünsche nach Selbständigkeit und Unabhängigkeit oder auch Loyalitätskonflikte, die sich aus der Beziehung zu den Eltern ergeben.

Dies alles verlangt eine im Vergleich zu Erwachsenen längere diagnostische Phase, von manchen Autoren (siehe z.B. Scharfman, 1973) wird auch eine zeitlich ausgedehntere Einleitung und Vorbereitung der Behandlung, eine längere *"Probezeit"* gefordert.

Nahezu einhellig wird in der Literatur die Meinung vertreten, daß der Therapeut von Beginn der Behandlung an eine *aktivere Rolle* spielt als bei Erwachsenen (Dührssen, 1980; Scharfman, 1973; Seiffge-Krenke, 1986). Die Interventionen sollen zunächst darauf abzielen, dem Patienten *Verständnis für seine Probleme* zu signalisieren, Informationen bereitzustellen, Mißverständnisse zu klären sowie die Introspektionsfähigkeit und Bereitschaft zur Selbstbeobachtung zu fördern (Scharfman, 1973). In seinem *sprachlichen Verhalten* sollte der Therapeut Ausdrucksweise und sprachliches Milieu des Jugendlichen berücksichtigen. Inhaltlich sollten sich die Gespräche zunächst an alltäglichen, weitgehend angstfreien Themen orientieren. Als schwerer Kunstfehler wird es von Dührssen (1988) bezeichnet, den Patienten in einen *Loyalitätskonflikt* seiner Familie gegenüber zu bringen, etwa dadurch, daß er direkt nach Konflikten mit Vater oder Mutter gefragt wird.

Die Etablierung und Aufrechterhaltung eines *Arbeitsbündnisses* wird durch den regressionsfördernden und daher ängstigenden Charakter der analytischen Situation erschwert. Deshalb sind Modifikationen des Settings wie etwa der Verzicht auf die Couch oft unerläßlich.

Der Verlauf der Therapie wird ganz entscheidend davon abhängen, inwieweit eine Übertragungsbeziehung hergestellt werden kann. Komplizierend wirkt dabei die Unsicherheit, ob die Übertragungsmanifestationen Jugendlicher denjenigen Erwachsener strukturell gleichen (Seiffge-Krenke, 1986). Der Jugendliche macht einen Prozeß durch, in dem er sich zugleich von seinen primären Liebesobjekten ablöst und neue nichtinzestuöse Objekte wählt. Dabei kann es geschehen, daß er kein geeignetes Objekt in der Außenwelt findet und die eigene Person libidinös besetzt. Dieser Vorgang ist für die Entstehung des typischen jugendlichen Narzißmus verantwortlich und hat zur Folge, daß weder der Therapeut noch auch alte Objekte regressiv mit Libido besetzt werden können.

Ein weiters kritisches Moment ist darin zu sehen, daß der Therapeut verschiedene Rollen einnimmt. Er ist eben nicht nur neutral und distanziert, sondern ganz wesentlich auch neues, reales Objekt, das zudem auch noch elterliche Erwartungen und Funktionen repräsentiert. Diese *Mehrfach-Rollen* erschweren die Ausbildung einer Übertragung erheblich und führen dazu, daß Ausmaß und Intensität der jugendlichen Übertragung erhebliche Variationen zeigen und einen disruptiven, wechselhaften Charakter haben.

Angesichts dieser Schwierigkeiten verwundert es nicht, daß *Übertragungswiderstände* sehr viel häufiger sind als die Annahme der Übertragung. Die Übertragungs-widerstände führen zu einer Symptomverstärkung und sind einer der häufigsten Gründe für den Abbruch der Behandlung. Daher ist es ratsam, bei Jugendlichen mit Übertragungsdeutungen sparsam und vorsichtig umzugehen (Seiffge-Krenke, 1986).

Neben der Handhabung der Übertragung ist die Analyse des Widerstandes das wesentliche Mittel der psychoanalytischen Technik. Einige alterstypische Widerstands- und Abwehrformen sollen vorgestellt werden.

Für Jugendliche besonders charakteristisch sind die - bereits erwähnten - *Abwehrmechanismen der Askese und der Intellektualisierung*. Ebenfalls erwähnt wurde eine Abwehrform, die aufgrund der Reaktivierung ödipaler inzestuöser Objekte zustandekommt. Es handelt sich um den sekundären Narzißmus, bei dem sich die Libido auf die eigene Person zurückwendet.

Ein Phänomen der *Regression* stellt die sog. "defensive Passivität" dar. Es handelt sich "hauptsächlich um eine Abwehr von Trauer über Kindheitswünsche, Träume und Phantasien, die im Zuge des Erwachsenwerdens aufgegeben werden müssen. Die Abwehr infantiler Bindungen führt hier regressiv zu einer Wiederbesetzung früherer Positionen" (Seiffge-Krenke, 1986).

Manche Autoren halten die systematische Analyse von Widerstand und Abwehr, wie sie im Kontext der phasentypischen Entwicklung auftreten, für den zentralen Punkt in der Technik der Jugendlichenbehandlung (Settlage in Harley, 1974).

Die in der Adoleszenz normale und alterstypische *Neigung zum Agieren* kann auch als Widerstand auftreten und die therapeutische Arbeit behindern.

Das Agieren erschwert darüberhinaus die Einhaltung der Abstinenzregel und der analytischen Neutralität. In viel stärkerem Ausmaß als der Erwachsene versucht der Jugendliche, den Therapeuten durch Handlungen in Konflikte miteinzubeziehen und Stellungnahmen zu allen möglichen Themen von ihm zu verlangen. Dadurch, daß der sichere Rahmen des klassischen Settings nicht immer eingehalten werden kann und ein engerer Realitätsbezug in Form von gemeinsamen Aktivitäten, Spielen und Gesprächen entsteht, eröffnen sich vielfältige Möglichkeiten zum Agieren.

Die größere Nähe zur Realität ist in ihrer Auswirkung auf die therapeutische Beziehung zu berücksichtigen. Probleme, die sich für die Übertragung ergeben, wurden bereits erwähnt. Doch auch das Auftreten und die Art der Gegenübertragung werden durch die Funktion des "neuen Objekts", die der Therapeut einnimmt, beeinflußt. Eine große Gefahr besteht darin, daß sich der Therapeut in der Gegenübertragung zu stark mit dem Jugendlichen identifiziert, weil ihm dieser beispielsweise leid tut. Gegenübertragungsreaktionen sind auch durch die Zusammenarbeit mit den Eltern unvermeidlich. Der Therapeut ist ihnen einerseits in ihrer Erwartungshaltung der Heilung verpflichtet, hat andererseits aber auch deren Beitrag zum Entstehen der Störung zu berücksichtigen, so daß einseitige innere Parteinahme oder Ablehnung die Folge sein können.

Die *Zusammenarbeit mit den Eltern* während der Behandlung des Jugendlichen zählt zu den schwierigsten technischen Problemen. Von Beginn an stellt sich die Frage, in welcher Form Kontakt zu den Eltern gehalten werden soll. Die reale Abhängigkeit des Jugendlichen macht ein Mindestmaß an Zusammenarbeit auch in denjenigen Fällen erforderlich, in welchen eine (weitgehende) Trennung von Eltern und Patient angestrebt wird. Eine weitere Gefahr, vor der Dührssen (1988) warnt, besteht in diesem Zusammenhang darin, im Kind *nur* den „designierten Symptomträger" zu sehen, und daraus den Schluß zu ziehen, daß eine Familientherapie unbedingt erforderlich sei.

In jedem Fall sind klare und eindeutige Absprachen notwendig, die den Kontakt zwischen Therapeut und Eltern regeln. Trotz dieser Absprachen wird es häufig zu Interventionen seitens der Eltern kommen. Vorzugsweise eine Symptomverstärkung, ein Symptomwandel oder das Auftreten einer akuten Krise wird von den Eltern als Anlaß zum Eingreifen genommen.

Um derartigen Handlungsweisen der Eltern zu begegnen wird mitunter sogar vorgeschlagen, die Eltern soweit zu "erziehen" und zu belehren, daß sie ein gewisses Verständnis für den therapeutischen Prozeß entwickeln und auftretende Probleme eher tolerieren (Scharfman, 1973).

Die *Beendigung der Behandlung* unterscheidet sich ebenfalls in vielerlei Hinsicht vom Vorgehen bei Erwachsenen. Mitunter wird die Auffassung vertreten, daß besser von einer Unterbrechung denn von einer Beendigung zu sprechen sei (Friend in Wolman, 1972). Maßgebend für eine derartige Einschätzung ist sicherlich die Tatsache, daß entwicklungsbedingte, "äußere" Faktoren, die im Ablösungsprozeß von der Familie zu suchen sind, in die Behandlung eingreifen.

In den Fällen, in welchen sich eine Übertragungsneurose entwickelt hat, gilt - wie bei Erwachsenen - die Auflösung derselben als Kriterium für eine Beendigung. Die Diskussion über die Übertragung im Jugendalter zeigte allerdings, daß bestimmte Aspekte der Übertragung nicht in dem Ausmaß bearbeitet werden können, wie es idealerweise zu wünschen wäre.

Daraus folgt, daß die Ziele in der Behandlung Jugendlicher begrenzter sind als bei Erwachsenen. Als mögliche Ziele nennt Friend (in Wolman, 1972) die Klärung genetischer Aspekte der individuellen Entwicklung, die Ausweitung von Ich-Ideal und Bewußtsein in verschiedenen Funktionsbereichen, ein besseres Verständnis der Angst und der Reaktionsweisen auf Angst sowie schließlich die Fähigkeit zur Aufrechterhaltung einer engen vertrauensvollen Beziehung.

6.5   Zur Evaluation

Die empirische Absicherung und Evaluation der tiefenpsychologisch fundierten Therapie bei Kindern und Jugendlichen muß als sehr dürftig bezeichnet werden. *Systematische und kontrollierte Studien fehlen nahezu völlig.* Dies ist ganz wesentlich darauf zurückzuführen, daß empirische, auf Objektivierung ausgerichtete Forschung als hinderlich oder gar als unvereinbar mit der therapeutischen Vorgehensweise angesehen wurde (Marans, 1989).

Eine Übersicht über vorliegende Untersuchungen (Heekerens, 1989) kommt dementsprechend zu dem Schluß, „daß der Effektivitätsnachweis einsichtsorientierter / psychodynamischer Kinder- und Jugendlichenpsychotherapie noch aussteht". Auf der Grundlage der existierenden Einzelfallstudien lassen sich *keine konkreten Zahlenangaben* über die Wirksamkeit und Effektivität dieser Therapieform machen.

Immerhin hat dieser unbefriedigende Zustand dazu geführt, daß Anstrengungen unternommen werden, um empirisch gesichertes Datenmaterial zu erhalten. In diesem Bemühen zeichnen sich eine Reihe von Trends ab (Marans, 1989).

Zunächst findet analog zur Entwicklung im Erwachsenenbereich eine Verlagerung von der Effektivitäts- auf die *Verlaufs- und Prozeßforschung* statt, d.h. es geht nicht mehr nur darum, anhand globaler Erfolgsmaße die Effekte einer Therapie zu prüfen, sondern das Ziel besteht vornehmlich darin, im Verlauf von Therapien diejenigen Komponenten zu erfassen, die relevant sind.

Ein weiterer Trend zielt auf die Überwindung der rein einzelfall-bezogenen Forschung. Erste Ansätze dazu bestanden in der Bildung von Indices, die eine Vielzahl von Einzelfallstudien zusammenfaßten. Ältere Beispiele sind etwa der "Hampstead-Index" oder das "Diagnostische Profil" (A.Freud, 1965).

Andere Autoren (Heinecke und Ramsey-Klee, 1986) führten bereits kontrollierte Gruppenstudien durch, in welchen der Zusammenhang von psychoanalytischen Maßen mit einer Vielzahl anderer Variabler untersucht wurde. Schließlich gibt es mittlerweile bereits Versuche, die Inhalte psychoanalytischer Therapien mit biologischen Variablen in Beziehung zu setzen (Moran und Fonagy, 1987).

Ob derartige Forschungsstrategien das Defizit an kontrolliertem Datenmaterial deutlich verringern, bleibt abzuwarten. Aufgrund der enormen methodischen Schwierigkeiten wird die Frage einer empirischen Prüfung noch lange der "wunde Punkt" der tiefenpsychologisch fundierten Therapie bleiben.

Weiterführende Literatur:

Dührssen, A.: Psychotherapie bei Kindern und Jugendlichen, 6.Aufl.Vandenhoek & Ruprecht, Göttingen 1980.

Freud, A.: Einführung in die Technik der Kinderanalyse, 3. Aufl. Kindler, München 1980.

Seiffge-Krenke, I.: Psychoanalytische Therapie Jugendlicher. Kohlhammer, Stuttgart 1986.

Literatur

Aichhorn, A: Verwahrloste Jugend, 7.Aufl. Huber, Bern 1971.

Bernfeld, S.: Über eine typische Form der männlichen Pubertät. Imago 9, 169-188, 1923.

Blos, P.: Adoleszenz, 3.Aufl. Klett-Cotta, Stuttgart 1983.

Brenner, C.: Grundzüge der Psychoanalyse. Fischer Taschenbuchverlag, Frankfurt/M. 1972.

Dührssen, A.: Psychotherapie bei Kindern und Jugendlichen, 6.Aufl. Vandenhoek & Ruprecht, Göttingen 1980.

Dührssen, A.: Analytische Psychotherapie bei Kindern und Jugendlichen. In: Remschmidt, H.; Schmidt, M.H. (Hrsg.): Kinder- und Jugendpsychiatrie in Klinik und Praxis, Bd. I., 672-685. Thieme, Stuttgart 1988.

Erikson, E.H.: Identität und Lebenszyklus, 5.Aufl. Suhrkamp, Frankfurt 1979.

Freud, A.: Adolescence. Psychoanalytic Study of the Child 13, 255-278, 1958.

Freud, A.: Das Ich und die Abwehrmechanismen, 8.Aufl. Kindler, München 1973.

Freud, A.: Einführung in die Technik der Kinderanalyse, 3.Aufl. Kindler, München 1980.

Freud, S.: Drei Abhandlungen zur Sexualtheorie Gesammelte Werke Bd. V, 30-145. Fischer, Frankfurt 1905.

Greenson, R.R.: Technik und Praxis der Psychoanalyse, 3.Aufl. Klett-Cotta, Stuttgart 1981.

Harley, M.: The Analyst and the Adolescent at Work. Quadrangle, New York 1974.

Hartmann, H.: Ich-Psychologie und Anpassungsproblem. Klett, Stuttgart 1960.

Heekerens, H.P.: Effektivität von Kinder- und Jugendlichenpsychotherapie im Spiegel von Meta-Analysen. Zeitschrift für Kinder- und Jugendpsychiatrie 17, 150-157, 1989.

Heinecke, C.; Ramsey-Klee: Outcome of Child Psychotherapy as a Function of Frequency of Session. Journal of the American Academy of Child and Adolescent Psychiatry 25, 247-253, 1986.

Hoffmann, S.O.; Hochapfel, G.: Einführung in die Neurosenlehre und Psychosomatische Medizin, 3.Aufl. Schattauer, Stuttgart 1987.

Klein, M.: Die Psychoanalyse des Kindes. Fischer, Frankfurt 1987.

Lampl-de Groot, J.: Zur Adoleszenz. Psyche 19, 477-485, 1965.

Marans, S.M.: Psychoanalytic Psychotherapy with Children: Current Research Trends and Challenges. Journal of the American Academy of Child and Adolescent Psychiatry 28, 669-674, 1989.

Moran, G.; Fonagy, P.: Psychoanalyses and Diabetic Control. British Journal of Medical Psychology 60, 357-372, 1987.

Müller-Küppers, M.: Kinderpsychotherapie. In: Kisker, K.P.; Lauter, H.; Meyer, J.-E.; Müller, C.; Strömgren, E. (Hrsg.): Psychiatrie der Gegenwart, Bd. 7, Kinder- und Jugendpsychiatrie, 3. Aufl., 429-454. Springer, Berlin 1988.

Müller-Pozzi, H.: Zur Handhabung der Übertragung in der Analyse von Jugendlichen. Psyche 34, 339-364, 1980.

Pearson, G.H.J.: Handbuch der Kinder-Psychoanalyse. Fischer, Frankfurt 1968.

Pongratz, L.J.: Hauptströmungen der Tiefenpsychologie, 1.Aufl. Kröner, Stuttgart 1983.

Rapaport, D.: Die Struktur der psychoanalytischen Theorie. Versuch einer Systematik, 3.Aufl. Klett, Stuttgart 1973.

Remschmidt, H.: Psychiatrie der Adoleszenz. Thieme Verlag, Stuttgart 1992.

Remschmidt, H.; Heinscher, H.G.: Psychodynamische Ansätze. In: Remschmidt, H.; Schmidt; M.H. (Hrsg.): Kinder- und Jugendpsychiatrie in Klinik und Praxis, Bd. I, 1.Aufl., 233-249. Thieme, Stuttgart 1988.

Scharfman, M.A.: Psychoanalytic Treatment. In: Wolman, B.B.; Egan, J.; Ross, O.R. (Hrsg.): Handbook of Treatment of Mental Disorders in Childhood and Adolescence, 47-69. Prentice Hall, Englewood Cliffs 1978.

Seiffge-Krenke, I.: Psychoanalytische Therapie Jugendlicher. Kohlhammer, Stuttgart 1986.

Sloane, R.B.; Staples, F.R.; Cristol, A.H.; Yorkston, N.J.; Whipple, K.: Analytische Psychotherapie und Verhaltenstherapie. Enke, Stuttgart 1981.

Wolman, B.: Handbook of Child Psychoanalyses. Van Nostrand-Reinhold, New York 1972.

Zulliger, H.: Die deutungsfreie psychoanalytische Kinderpsychotherapie. In: Biermann, G. (Hrsg.): Handbuch der Kinderpsychotherapie, 110-118. Fischer, Frankfurt 1988.

7. Katathymes Bilderleben

Christiane Kampmann-Elsas

7.1   Einleitung

Das Katathyme Bilderleben, auch Symboldrama oder Tagtraumtechnik genannt, legt die Fähigkeit zu panthasiegetragenen Imaginationen zugrunde. Psychische Prozesse bilden sich über eigengesetzliche innere Abläufe in optisch-szenischen Vorstellungen ab. Dabei ist das Bilderleben von quasi realer Qualität.

Die Aufforderung, sich beispielsweise eine Blume vorzustellen, aktualisiert spontan das Bild einer spezifischen Blume, die sich konkret, plastisch und farbig in der Vorstellung präsentiert. Der Imaginierende ist dabei aktiver Betrachter, der die Blume in Einzelheiten und unter selbstgewählten Blickwinkeln Stück für Stück optisch abtasten kann. Die Blumenimagination spiegelt dabei die psychische Struktur und Dynamik des Betrachters.

Die Selbstdarstellung des Seelischen in optischen Phänomenen imaginativer Art legt Leuner (vgl. 1970; 1980; 1994) der von ihm entwickelten Methode des Katathymen Bilderlebens (kata=gemäß; Thymos=Seele) zugrunde. Dabei verlagert sich das psychotherapeutische Geschehen auf die präverbale, bildliche Vorstellungsebene. Das Katathyme Bilderleben steht in methodischer Verwandtschaft zu Verfahren, die mit Bildmeditationen und imaginativen Prozessen unter Entspannung arbeiten. (vgl. Autogenes Training nach Schultz, 1973).

Die *theoretische Fundierung* des Katathymen Bilderlebens ist psychoanalytisch. Auf der Ebene des Bildbewußtseins werden tiefe innere Konflikte in wiederholender Umkreisung emotional-symbolisch ausgetragen und damit bewußtseinsnäher gestaltet. In diesem Vorgang differenziert sich diffus Gefühltes aus, Konflikte formieren sich, werden anschaubar und aus der psychischen Latenz gehoben. Es vollzieht sich ein symbolisches Ausleben von Triebwünschen und Abweh-

ren. Der Therapeut ist Begleiter in die Innenwelt des Patienten, deren Erforschung gemeinsames Ziel ist (Arbeitsbündnis). Auch die Übertragungsbeziehung zwischen Patient und Therapeut bildet sich projektiv in den Imaginationen ab.

Ausgangspunkt des katathymen Prozesses ist eine induzierte psychophysische Entspannung, die das freie Aufsteigen der Bildketten anbahnt. Die optischen Imaginationen lassen sich weiterhin anstoßen, indem der Therapeut gewisse Bildmotive (z. B. eine Wiese) vorgibt, auf deren Grundlage sich selbsttätig plastische, bewegliche und szenische Bildvorstellungen entwickeln. Der Imaginierende vermag sich in seinem "inneren Film" wie in einer realen Landschaft (katathymes Panorama) zu bewegen und innerhalb dieser Handlungen auszuführen. Häufig entstehen im Zusammenhang mit den aufsteigenden Bildern starke Gefühlserlebnisse. Ebenso formen innere Regungen und subtiler Gefühlswandel die Bilder und führen in diesen Veränderungen herbei (mobile Projektion).

Der Patient teilt alle Einzelheiten und auftauchenden Inhalte seiner "Seelenlandschaft" fortlaufend dem Therapeuten mit, der "im Bilde" sein und als Begleiter diese Landschaft optisch-imaginativ nachzeichnen muß.

Durch Nachfragen und Auffordern zu eingehendem Betrachten oder zum Einnehmen gewisser Blickrichtungen (differenzierende Analyse auf der Bildebene) bewirkt der Therapeut eine Strukturierung und Verdeutlichung der Bilder und zugleich der damit verknüpften unbewußten Inhalte (Assimilation). Der freie Bildfluß wird also durch therapeutische Interventionen geprägt, auch im Sinne eines gezielten Herangehens an symbolische Träger von Angst und Abwehr (Lenkung). Unter dem Schutz des Therapeuten kann der Patient wagen, sich in seiner Traumwelt fortzubewegen und in unbekannter Tiefe probezuhandeln. Zwischen dem tagträumenden Patienten und dem Therapeuten besteht eine enge dialogische Situation. Jeweils am Ende der katathymen Sitzung muß der Patient imaginativ zum Ausgangspunkt seiner Phantasiereise zurückkehren, auch muß der zuvor induzierte Versenkungszustand explizit zurückgenommen werden, um die Realität wiederherzustellen.

7.2 Praktisches Vorgehen

Das therapeutische Vorgehen initiiert (auf der Grundstufe) den katathymen Prozeß, indem vorgegebene Vorstellungsmotive *(Standardmotive)* das Imaginationsfeld eröffnen und vorstrukturieren. Diese Motive tragen bestimmte Symbolbedeutungen und bringen assoziierte Konfliktkerne zur Darstellung:

Motiv Wiese: breite unspezifische Motivstruktur mit viel Raum für individuelle Projektionen; Basismotiv zur Anregung des Tagtraums.

Motiv Bach: dynamisches , fließendes Prinzip, das symbolisch Bezug nimmt zum Fluß vitaler Energien und zur individuellen Emotionalentwicklung (der Bach wird imaginativ von der Quelle bis zum Meer verfolgt).

Motiv Berg: symbolische Beziehung zu Autoritäts-, Leistungs-, Rivalitätsaspekten (der Berg wird imaginativ bestiegen).

Motiv Haus: psychoanalytisches Sinnbild der Persönlichkeit; die besondere Qualität des Hauses und die verschiedenen Funktionsbereiche sind symbolisch belangvoll.

Motiv Waldrand: der Wald ist Symbol des Unbewußten mit ambivalenter Eigenschaft: bergender Ort einerseits, Ort drohender Gefahr anderseits (vom Waldrand aus werden imaginativ Gestalten beobachtet, die aus dem Dunkel des Waldes auftauchen).

Motiv zur Sexualität: im männlich-sexuellen Kontext wird ein Rosenbusch (imaginatives Pflücken einer Rose), im weiblich-sexuellen Kontext eine Auto-Stop-Szene zur Vorstellung gebracht; beide Motive erweisen sich als produktiv für das Auslösen symbolisch-sexueller Begegnungsaspekte.

Motiv zur Aggressivität: die Gestalt des Löwen als feindselig-bedrohliche Symbolik wird imaginativ vorgegeben.

Motiv Höhle: bergende und verbergende Qualität; das imaginative Eintreten ins Erinnern fördert sexuelle, auch tief verdrängtes archaisches Material.

Motiv Sumpfloch: die morastige Erde öffnet einen archaischen Symbolbereich mit Bezug zu oralen, auch zeugungsbezogenen Aspekten.

Das *"Fokussierende Vorgehen"* gibt jeweils eins der Standardmotive vor, das vom Patienten imaginativ entfaltet wird. Unter Begleitung und Lenkung des Therapeuten bewegt sich der Patient in Vorstellungsbildern *("Übendes Vorgehen")*. Im *"Assoziativen Verfahren"* wird der freie Fluß bildlicher Assoziationen therapeutisch angeregt, so daß die sich entwickelnden Bildketten in wandelnden Versionen den Konfliktkern umkreisen. Im *"Symbolisch-regieführenden Vorgehen"* werden gezielte Handlungen auf der Symbolebene angeleitet. Dabei hat - über die Einheit von Symbol und Konflikt - der operative Eingriff am Symbol unmittelbare Rückwirkung auf die intrapsychische Konfliktstruktur.

Einige Regieprinzipien lassen sich unterscheiden:

Prinzip des Versöhnens: bei fremden oder feindseligen Symbolgestalten wird imaginativ ein Versöhnen durch Annähern, Berühren, Zeigen von Zärtlichkeit angestrebt.

Prinzip des Nährens und Anreicherns: bei feindseligen Symbolgestalten führt orale Zuwendung über die Darbietung von Nahrung zu Beruhigung und zu Assimilation.

Prinzip des Schrittmachers: helfende Figuren werden eingeführt als Symbolgestalten, die substituierende Stärke im symbolischen Konfliktbereich vermitteln.

Prinzip der symbolischen Konfrontation: eine bildliche Konfrontation mit angsterregenden Symbolgestalten wird angestrebt, um eine Auseinandersetzung einzuleiten. Unter dem Begleitschutz des Therapeuten werden Angstaffekte freigesetzt und sukzessive bewältigt.

Prinzip des Erschöpfens und Minderns: feindselige Symbolgestalten werden nicht unmittelbar attackiert, vielmehr wird der Kampf verdeckt und schrittweise geführt, um eine allmähliche Erschöpfung des Gegners zu erwirken.

Prinzip der magischen Flüssigkeiten: der imaginative Umgang mit Wasser wird eingesetzt, um symbolisch reinigende, belebende Aspekte zu aktivieren.

Das Katathyme Bilderleben , das mit der symbolisch-optischen Formulierung von Konflikten arbeitet, erweist sich als ein produktives Psychotherapieverfahren für Kinder und Jugendliche, deren innere Erlebniswelt in sich stark phantasiegeprägt ist. Kinder und Jugendliche verfügen über ein lebhaftes imaginatives Potential,so daß die therapeutische Mobilisierung und Bearbeitung von Ängsten besonders einfühlsam und behutsam gehandhabt werden muß. Dabei ist die Angstschutzfunktion des Therapeuten von besonderem Belang. Auch äußern sich bei Kindern und Jugendlichen imaginativ rasche Szenenwechsel, die einerseits therapeutisch flexibel, anderseits im Sinne von Kontinuität und ruhiger Führung gehandhabt werden müssen. Insgesamt sind die kindlichen und jugendlichen Abwehrformationen weniger rigide, so daß Symptombildungen leichter auflösbar sind.

7.3 Kasuistik

Ein Fallbeispiel aus eingener Praxis soll einen rein katathym geführten Therapieprozeß veranschaulichen:

Ein 10jähriger Junge, der lange Zeit mit der vom Vater geschiedenen Mutter allein gelebt hat, entwickelt nach deren Wiederheirat und der Geburt einer Schwester ausgeprägte Zwangssymptome. Stets befürchtet er tödliche Unfälle für die Schwester und bringt diese in Zusammenhang mit eigenen unbedachten Handlungen. Der Patient befindet sich in einer permanent angsthaften Simmung mit sich aufdrängenden Gedankenketten, derer er sich nicht zu erwehren weiß. Er vermag keine Festlegungen, keine Entscheidungen zu treffen. Er kann nicht mehr schreiben, nicht klavierspielen, sich nicht fortbewegen, ohne die jeweils eingeschlagene Richtung durch Rückwärtsbewegungen wieder aufzulösen.

Anfangs können sich bei der Behandlung mit dem katathymen Bilderleben keinerlei bildliche Phantasien entfalten, im Vorstellungsfeld herrscht undurchdringliche Schwärze. Nach einigen Sitzungen tauchen grautönige, schemenhafte Bilder auf (Berge, Landschaften), die sich immer wieder rasch auflösen. Alle Bemühungen, diese vagen Imaginationen zeichnerisch festzuhalten, scheitern unter Weinkrämpfen. Allmählich gestalten sich die Bilder schwach farbig. Sie tauchen in den Vorstellungen nur bruchstückhaft, doch zunehmend deutlicher und auch anhaltender auf. In den Bildern herrschen Ungeschlossenheit und Unruhe, Berge mit steilen Abhängen und Schluchten kommen zur Darstellung (vgl. Abb 7.1).

Abb. 7.1 Zeichnung eines 10jährigen Jungen mit ausgeprägter Zwangssymptomatik: Zu Beginn eines rein katathym geführten Therapieprozesses entstanden schemenhafte Bilder mit Bergen und steilen Abhängen.

Eines Tages phantasiert der Patient spontan einen leuchtendroten Fesselballon, der ihn davonträgt. Dies leitet symbolisch-bildlich ein Auflösen der vorherigen Verhinderungen und Verfestigungen ein. Es folgen nun phantasiegetragene Reisen und Wanderschaften, die sich zunehmend ausweiten können, nachdem als symbolische Begleitfigur ein Löwe eingeführt worden ist (Prinzip des Schrittmachers). Extensive Feuerimaginationen entwickeln sich mit beängstigenden destruktiven Qualitäten. Allmählich wandelt sich die Bedrohlichkeit des Feuers in starke, angreifende Symbolfiguren (z. B. feuerspeiender Drache). Nun ist der imaginative Raum eröffnet für vielfältige Gestalten, die lustvoll sadistisch agieren (z. B. Menschenfresser vgl. Abb 7.2), ohne Beimengung angsthafter Regungen. Schließlich verebben die heftigen archaischen Impulsäußerungen in den Bildern, eine Phase mit ruhigen, bedürfnisgewährenden Imaginationen vollzieht sich (Nahrung, Sonne, Licht). Am Ende der Therapie tauchen zarte, ruhige Bilder auf mit

ebene sich spiegelnden emotionalen Veränderungen haben unmittbare Entsprechung auf der Symptom- und Verhaltensebene: Die Angstaffekte des Patienten verwandeln sich zunehmend in heftige und anhaltend aggressive Regungen, die nach einem langen Zeitraum abgelöst wurden und in eine ruhige, entspannte Stimmungslage übergehen konnten (Behandlungsdauer über 2 Jahre).

Abb. 7.3 Zeichnung desselben Jungen gegen Ende der Therapie: eine ruhige, entspannte Stimmungslage ist vorherrschend.

Abb. 7.2 Zeichnung desselben Jungen im Verlauf der Therapie. In der Imagination tauchen vielfältige Gestalten auf, hier z.B. ein Menschenfresser.

viel Weite und sehnsüchtigen Stimmungsprojektionen. Ein innerer Aufbruch pubertärer Tönung deutet sich an (vgl Abb 7.3). Die auf der Bild-

Therapietechnisch wurden fokussierend die Standardmotive zugrundegelegt mit übendem und regieführendem Vorgehen. Im weiteren Prozeß wurde zunehmend frei assoziativ gearbeitet. Nach jeder Sitzung fand ein Nach-Malen selbstgewählter imaginativer Passagen statt. Die emotionalen Konflikte wurden in autosymbolischen Darstellungen hinausprojeziert und anschaubar gemacht (Hervorheben aus der psychischen

Latenz). Unter dem Begleit- und Angstschutz des Therapeuten verminderten sich Widerstände und Abwehren, so daß sich eine Integrierung und Ausweitung der inneren Erlebniswelt und damit eine emotionale Reifung vollziehen konnte. Therapietechniken, Klassifikation, Konfrontation, Assoziation und Probehandeln fanden ausschließlich auf der Bildebene statt. (Selbstinterpretation der Bildinhalte), ohne verbale Interventionen im Sinne von Deutungen.

Weiterführende Literatur:

Leuner, H.: Lehrbuch der Katathym-imaginativen Psychotherapie. Thieme, Stuttgart 1994.
Leuner, H.; Horn, G.; Klessmann, E.: Katathymes Bilderleben mit Kindern und Jugendlichen, 3. Aufl. Reinhardt, München 1990.

7.4　Indikation

Die Methode des Katathymen Bilderlebens umfaßt sowohl für Kinder als auch für Erwachsene einen weiten Anwendungsbereich: Sie ist *indiziert* bei allen psychogenen Symptomformen wie Anpassungstörungen, Emotinalstörungen, psychovegetativen und psychosomatischen Krankheitsbildern und bei neurotischen Entwicklungen. Als *kontraindiziert* hat sich das Verfahren erwiesen im Hinblick auf ungenügende intellektuelle Differenziertheit und hirnorganische Syndrome, Psychosen oder psychoseähnliche Zustände, schwere depressive Erkrankungen (auch neurotischer Form) und ausgeprägt hysterische Neurosen.

7.5　Evaluation

Zur *therapeutischen Wirksamkeit* des Katathymen Bilderlebens existieren vielfache klinische Kontrollstudien, die seine Behandlungseffizienz sowohl für Kinder und Jugendliche (vgl. Leuner; Horn, Klessmann, 1990) als auch für Erwachsene (vgl. Leuner 1994) dokumentieren. Dabei liegen allgemeine prae-post-Vergleiche und katamnestische Untersuchungen vor (vgl. Kulessa, Jung 1990, Wächter, Pudel 1990). Ebenso gelangt die empirische Ergebnisforschung im Hinblick auf spezifische psychopathologische Erscheinungsbilder (vgl. Leuner, Henning, Fikentscher 1993; Leuner 1994) zu positiven Bewertungen des katathymen Verfahrens.

Literatur

Kulessa, C.; Jung, F.: Effizienz einer 20stündigen Kurztherapie mit dem KB im testpsychologischen prae-post-Vergleich. In: Leuner, H. (Hrsg.): Katathymes Bilderleben. Thieme, Stuttgart 1990.
Leuner, H.: Katathymes Bilderleben. Kleine Psychotherapie mit der Tagtraumtechnik. Thieme, Stuttgart 1970.
Leuner, H.: Katathymes Bilderleben. Ergebnisse in Theorie und Praxis. Thieme, Stuttgart 1980.
Leuner, H.: Lehrbuch der Katathym-imaginativen Psychotherapie. Thieme, Stuttgart 1994.
Leuner, H.; Horn, G.; Klessmann, E.: Katathymes Bilderleben mit Kindern und Jugendlichen, 3. Aufl. Reinhardt, München 1990.
Leuner, H.; Henning, H.; Fikentscher, E.: Katathymes Bilderleben in der therapeutischen Praxis. Thieme, Stuttgart 1993.
Schultz, J. H.: Das autogene Training. Thieme, Stuttgart 1973.
Wächter, H.-M.; Pudel, V.: Kontrollierte Untersuchungen einer extremen Kurzzeittherapie mit dem Katathymen Bilderleben. In: Leuner, H. (Hrsg.): Katathymes Bilderleben. Ergebnisse in Theorie und Praxis. Thieme, Stuttgart 1990.

8. Verhaltenstherapie

Uwe Müller und Kurt Quaschner

8.1 Einführung

Verhaltenstherapie besteht in dem "Versuch, menschliche Verhaltensweisen und Gefühle in einer positiven Richtung durch Anwendung der Gesetzesmäßigkeiten der modernen Lerntheorien zu verändern" (Eysenck, 1964, nach Hoffmann, 1977).

Gegenstand der Verhaltenstherapie ist das Verhalten, aber schon Eysenck erweiterte seine Definition um jene inneren Prozesse, die wir "Gefühle" nennen. Mit der "kognitiven Wende" der Verhaltenstherapie werden seit den 60er und 70er Jahren auch verbal-kognitive und motivationale Abläufe berücksichtigt. Die Auffassung der frühen Vertreter der Verhaltenstherapie, jede Bezugnahme auf innere, vermittelnde Faktoren müsse aus methodischen Gründen unterbleiben, gilt heute als überholt.

Eine Erweiterung erfuhr auch die theoretische Basis der Verhaltenstherapie. Bis in die 50er Jahre hinein bezog die Verhaltenstherapie ihren theoretischen Hintergrund vor allem aus der Lerntheorie. Man berief sich auf die Arbeiten Pawlows zum Prinzip der klassischen Konditionierung, auf Thorndikes Lerntheorie mit dem zentralen Konstrukt der Reiz-Reaktions-Assoziationen, auf Hulls formale Lerntheorie sowie auf Skinners Paradigma des operanten Konditionierens. In der Folgezeit ging man über die Anwendung lerntheoretischen Wissens hinaus und berücksichtigte auch Erkenntnisse und Modelle der übrigen Allgemeinen Psychologie, der Sozial- und Persönlichkeitspsychologie. Auch Nachbardisziplinen wie Physiologie und Neurophysiologie fanden mit ihrem Wissen Eingang in die Anwendung verhaltenstherapeutischer Methoden, wie die jüngste Entwicklung der sogenannten Verhaltensmedizin zeigt.

Im Gegensatz zu wechselnden theoretischen Orientierungen blieb die methodische Grundpo-sition der Verhaltenstherapie im Laufe ihrer Geschichte weitgehend erhalten. Verhaltenstherapie soll sich auf empirisch-experimentell gewonnenes und überprüfbares Wissen stützen.

Verändert hat sich das Menschenbild der Verhaltenstherapie. Wurde der Mensch in den früheren Zeiten der Verhaltenstherapie als passiv-reagierendes, unter Stimulus-Kontrolle seiner Umwelt stehendes Objekt aufgefaßt, wird er heute als aktives, planvoll und zielbewußt handelndes Subjekt mit der Fähigkeit zur Selbstreflexion betrachtet. Dieser Perspektivenwechsel drückt sich auch in neueren Konzepten der Verhaltenstherapie aus, wie etwa Selbstkontrolle und Selbststeuerung, Selbstverbalisation, Attributionsstile, Pläne, Handlungskompetenzen und Bewältigungsstrategien.

Die zunehmende und beständige Erweiterung der Verhaltenstherapie hat dazu geführt, daß Definitionen des Fachgebiets immer umfangreicher geworden sind. Im Gegensatz zur anfangs zitierten Definition von Eysenck gleichen neuere Bestimmungen eher ausführlichen Kriterienkatalogen (siehe z.B. Rimm und Masters, 1979; Margraf und Lieb, 1995).

8.2 Anwendung bei Kindern und Jugendlichen

Die verhaltenstherapeutische Behandlung von Kindern und Jugendlichen hat in den letzten Jahren zunehmend die spezifischen Kennzeichen und Merkmale dieser Altersgruppen berücksichtigt. Übereinstimmend finden sich in der einschlägigen Literatur eine Reihe von Trends beschrieben (z.B. Kendall, 1991; Mash, 1989).

An erster Stelle ist dabei die systemische Sichtweise als Richtschnur für Diagnostik und Behandlung zu nennen. Diese Sichtweise trägt der Tatsache Rechnung, daß kindliches und jugendliches Verhalten in hohem Maße abhängig ist vom jeweiligen Umfeld. Von besonderer Bedeutung ist in diesem Zusammenhang natürlich das familiäre Umfeld, aber auch die bereits seit längerem bestehenden verhaltenstherapeutischen Ansätze für den schulischen Bereich, die Gleichaltrigengruppe sowie weitere soziale Beziehungen werden hier eingeordnet. Insbesondere hat auch die verhaltenstherapeutisch ausgerichtete Familientherapie im Rahmen des systemischen Ansatzes eine Ausweitung und Intensivierung erfahren.

Als zweiter großer Entwicklungstrend ist die zunehmende Betonung der Entwicklungsperspektive zu nennen. In mehrfacher Hinsicht werden entwicklungspsychologische Konzepte und Modelle relevant. Neben der Bedeutung für die Konzeptualisierung von psychischen Störungen, d. h., deren Ätiologie und Genese, spielt entwicklungspsychologisches Gedankengut auch bei der Spezifizierung von Diagnose- und Behandlungsmaßnahmen eine große Rolle. Zwar gibt es verhaltenstherapeutische Techniken, vor allem die sog. operanten Techniken, die seit jeher bei der Behandlung von Kindern und Jugendlichen eingesetzt werden, andererseits wird aber auch beklagt, daß die Behandlung von Kindern und Jugendlichen oft nur mit "verwässerten" schlecht adaptierten Methoden und Techniken aus dem Erwachsenenbereich geschieht (Kendall, 1991).

Neben diesen beiden Haupttrends finden sich neuere Entwicklungstendenzen (Mash, 1989), deren Großteil eine differenziertere Betrachtung von theoretischen Modellen und praktischen Interventionsmaßnahmen verlangt.

8.3   Lerntheoretische Grundlagen der Verhaltenstherapie

Der folgende Abschnitt gibt einen Überblick über die wichtigsten lerntheoretischen Grundlagen der Verhaltenstherapie.

Klassisches Konditionieren

Beim klassischen Konditionieren erlernt ein Organismus die Assoziation von Reizen. Das Prinzip des klassischen Konitionierens geht auf die Arbeiten des russischen Physiologen Pawlow

zurück, der um die Jahrhundertwende die Physiologie des Verdauungstraktes bei Hunden untersuchte.

Pawlow ging von der gewöhnlichen Beobachtung aus, daß die Darbietung eines Stückes Fleisch bei einem Hund Speichelsekretion auslöst. Wird nun die Darbietung des Futters mehrmals mit einem anderen, für das Tier bedeutungslosen Reiz (Licht- oder Tonsignal) gepaart, so führt bereits das Erscheinen des Signals beim Hund zum Speichelfluß.

Allgemein formuliert, beinhaltet das Paradigma der klassischen Konditionierung folgende Gesetzmäßigkeit: Wird ein Reiz, der im Organismus eine unwillkürliche Reaktion auslöst, wiederholt in raum-zeitlicher Nähe mit einem neutralen Reiz dargeboten, so führt in der Folge bereits die Darbietung des neutralen Reizes zur Auslösung der unwillkürlichen Reaktion.

Die ursprünglich aus dem Tierexperiment abgeleiteten Prinzipien des klassischen Konditionierens sind auch auf den Menschen übertragbar. Bei der Entstehung einer Reihe von psychischen und psychophysiologischen Störungen (Angststörungen, Asthma, Migräne) dürften die Prinzipien des klassischen Konditionierens von Bedeutung sein.

Instrumentelles bzw. operantes Konditionieren

Beim instrumentellen Konditionieren erlernt ein Organismus die Assoziation von Verhalten und darauffolgenden Konsequenzen. Die theoretischen Grundlagen dieses Paradigmas wurden 1911 von dem amerikanischen Lerntheoretiker Thorndike in dem von ihm formulierten "Law of Effect" geschaffen. Der amerikanische Psychologe Skinner entwickelte seit den 40er Jahren den Ansatz unter dem Begriff des "operanten Konditionierens" weiter.

Man spricht von instrumentellem bzw. operantem Konditionieren, wenn die zukünftige Auftretenswahrscheinlichkeit eines bestimmten Verhaltens durch die darauf folgenden Konsequenzen erhöht wird. Derartige Verhaltenskonsequenzen werden als "Verstärker" bezeichnet.

Das Paradigma des operanten Konditionierens fand erstmals Anfang der 60er Jahre breitere Anwendung. Mit Hilfe sogenannter "operanter Verstärkungspläne" wurde das Verhalten schwer verhaltensgestörter, institutionalisierter Kinder korrigiert. Im Schulunterricht wurde der Lehrstoff im sogenannten "programmierten Unterricht" nach den Prinzipien des operanten Konditionierens dargeboten.

Modellernen

Menschliche Lernprozesse können nicht allein mit den Prinzipien des klassischen und instrumentellen Konditionierens erklärt werden. Durch Beobachtung einer Modellperson kann ein Verhalten erworben werden, ohne daß das Verhalten selbst ausgeführt werden muß. Durch die Arbeiten des amerikanischen Psychologen Bandura in den 60er Jahren fand das Konzept des Modellernens breitere Beachtung.

Therapeutischer Nutzen wird dem Ansatz des Modellernens etwa beim Training sozialer Fertigkeiten oder etwa bei der Behandlung phobischer Reaktionen beigemessen. Modellernen ist auch dann indiziert, wenn Patienten nicht in der Lage sind, verbale Instruktionen aufzunehmen wie beispielsweise bei retardierten und autistischen Kindern.

Kognitive Lerntheorien

Die Vertreter der Konditionierungstheorien, allen voran Skinner, begriffen den Organismus als eine "black box", auf die Umweltreize einwirken, die wiederum zu beobachtbaren Reaktionen führen. Objektive Beschreibungen der Prozesse im Inneren der "black box" erschienen weder möglich noch erforderlich.

Einen Gegenstandpunkt nehmen die kognitiven Lerntheorien ein, die auf eine ähnlich lange Tradition zurückblicken wie die Konditionierungstheorien. Als ein früher Vertreter gilt Tolman, der von den 30er bis in die 50er Jahre hinein die Lernprozesse von Ratten im Labyrinth mit Konzepten wie "beliefs", "expectancies" und "cognitive maps" zu erklären versuchte.

Nach den kognitiven Lerntheorien ist Lernen das Ergebnis eines Informations-verarbeitungsprozesses. Dieser Prozeß wird durch kognitive Faktoren wie Erwartungshaltungen, Annahmen über die eigene Person und die Umwelt oder Selektion von Wahrnehmungs- und Gedächtnisinhalten entscheidend beeinflußt.

Seit den 60er und 70er Jahren fanden kognitive Lernmodelle auch Eingang in die Verhaltenstherapie, die zuvor noch weitgehend von den Konditionierungstheorien geprägt waren. Eine Reihe von Therapietechniken entfalten ihre Wir-

kung zunächst auf einer kognitiven Ebene, wie die Methoden der kognitiven Umstrukturierung bei depressiven Störungen oder die Selbstkontrollverfahren bei Abhängigkeiten und Eßstörungen. Die eingetretenen Veränderungen auf der kognitiven Ebene wirken sich ihrerseits modifizierend auf das Verhalten, auf emotionale oder auch auf physiologische Prozesse aus.

8.4 Der diagnostisch-therapeutische Prozeß in der Verhaltenstherapie

Ein wesentlicher Anspruch der Verhaltenstherapie, durch den sie sich von anderen psychotherapeutischen Schulrichtungen abgrenzt, zielt auf einen engeren Zusammenhang von Diagnostik und Therapie. In der Forderung, daß Diagnostik und Therapie eine logische und operationale Einheit bilden sollen, wird ein fortlaufender Wechselwirkungsprozeß zwischen beiden Maßnahmen postuliert (Braun, 1978). Die Diagnostik endet nicht dort, wo Therapie ansetzt und beginnt, sondern begleitet und durchdringt therapeutische Maßnahmen, liefert Rückmeldungen über deren Erfolg oder Mißerfolg.

Die Vorgehensweise der Verhaltenstherapie im diagnostisch-therapeutischen Prozeß gliedert sich dabei in folgende Schritte (nach Braun, 1978):

a) Darstellung des Ist-Zustandes anhand eines funktionalen Modelles des
b) Zusammenhanges zwischen Bedingungen und Symptomverhalten.
c) Zielformulierung (Festlegung des Soll-Zustandes) in Bezug auf:
d) das funktionale Modell,
e) eine Analyse der gesellschaftlichen, sozialen und wirtschaftlichen Bedingungen.
f) Formulierung des Therapieplanes.
g) Therapiedurchführung.
h) Kontrollmessung.
i) Vergleich mit Hypothesenbildung und Therapieziel. (Siehe auch Schulte, 1976a, 1976b).

Die Abfolge dieser Schritte ist im Sinne eines Regelkreises zu verstehen, dessen Ergebnis zugleich Ausgangspunkt und Beginn einer erneuten derartigen Abfolge ist.

Auch wenn sich die klassische Verhaltensanalyse mittlerweile zu einer umfassenderen "Problemanalyse" entwickelt hat (Hautzinger, 1993), besitzt der ursprüngliche diagnostische Ansatz, wie er von Kanfer und Saslow (1976) und im weiteren dann von Schulte (1976b) formuliert worden ist, nach wie vor praktische Relevanz und Tauglichkcit. Dic Analysc cincs Symptomverhaltens anhand des sog. funktionalen Modells stellt einerseits sicherlich eine grobe Vereinfachung dar, andererseits verschafft die dadurch gegebene Strukturierung des Datenmaterials einen Überblick, der die Formulierung und Prüfung von Arbeitshypothesen und daraus abgeleiteten Therapiemaßnahmen erleichtert. Das ursprüngliche Arbeitsmodell der verhaltenstherapeutischen Diagnostik beschreibt Verhalten anhand von fünf Parametern, die in funktionaler Beziehung zueinander stehen:

S : Stimuli, vorausgehende situative
    Bedingungen
O : Biologische Ausstattung des Organismus,
    sogenannte "Organismus"-Variable
R : Reaktionen, Verhalten
K : Kontingenzverhältnisse, Muster von
    Konsequenzen
C : Konsequenzen

Die praktische Umsetzung dieses verhaltensdiagnostischen Modelles erfolgt gängigerweise in folgenden Schritten:

Festlegung, Abgrenzung eines Zielverhaltens (R)

Die möglichst genaue quantitative und qualitative Beschreibung eines Symptoms (nach Häufigkeit, Dauer, Intensität, Ausmaß) bildet die Grundlage. Dabei wird Verhalten sowohl hinsichtlich seiner motorischen Aspekte wie auch im Hinblick auf emotionale, kognitive und physiologische Merkmale erfaßt. Ausschlaggebend ist dabei, daß die Beschreibung möglichst konkret und detailliert erfolgt und nicht in allgemeinen wenig aussagekräftigen Kategorien.

Analyse der vorausgehenden Bedingungen (S):

Ebenso wie das Zielverhalten selbst sollen auch die vorausgehenden verhaltensrelevanten Situationsmerkmale ganz konkret beschrieben werden. Unter Bezug auf die zugrundeliegenden lerntheoretischen Modelle ist es in diesem Zusammenhang beispielsweise von Bedeutung, ob die vorausgehenden Stimuli im Sinne des operanten Konditionierens als Hinweisreize (diskriminative Stimuli) aufzufassen sind oder aber im Sinne der klassischen Konditionierung als Auslöserreize.

In neueren Ansätzen zur Verhaltensanalyse zählen zu den verhaltenssteuernden relevanten Stimuli auch kognitive Variable wie etwa Wahrnehmungsprozesse sowie Erwartungen, Einstellungen und Antizipationen (Hautzinger, 1993).

Analyse von organismischen Bedingungen (O):

Die sog. Organismusvariable O diente ursprünglich ausschließlich eher zur Beschreibung rein biologischer, physiologischer Bedingungen, andererseits wird sie aber mittlerweile auch als "individuell-differentielle Variable" (Braun, 1978) gesehen, die einen dispositionellen Charakter hat.

Analyse der Konsequenzen (C):

Für die Erfassung der auf ein Zielverhalten erfolgenden Konsequenzen spielt nicht nur deren Qualität eine Rolle, sondern auch die Häufigkeit, das Muster, die sog. Verstärkerrate, in der sie auftritt. Weiterhin ist es von großer Bedeutung, ob die Konsequenzen zeitlich kurz- oder langfristig auftreten, ob sie ihrem Entstehungsort nach als externe bzw. interne Konsequenzen beschrieben werden können.

Methoden und Vorgehensweisen der verhaltenstherapeutischen Diagnostik

Obwohl die verhaltenstherapeutische Diagnostik sich in ihrem theoretischen Ansatz und Anspruch deutlich von der herkömmlichen, trait-orientierten Diagnostik abgrenzt, macht sie sich deren Mittel - mangels eines elaborierten eigenen Instrumentariums - durchaus zunutze, so daß in einer Auflistung der gängigen diagnostischen Techniken neben spezifisch verhaltenstherapeutischen Maßnahmen auch andere Techniken auftauchen. Im Anschluß an Reinecker (1987) und Braun (1978) werden nun folgende "Strategien der Informationsgewinnung" aufgeführt:

Die unter dem Aspekt einer funktionalen Analyse durchgeführte *"systematische verbale Verhaltensexploration"* (Braun, 1978) stellt nach wie vor das wichtigste Mittel der Informationsgewinnung dar. Da in diesem Vorgehen insbesondere bei Kindern und Jugendlichen aufgrund von Alter, Entwicklungsstand und/oder Symptomatik u. U. enge Grenzen gesetzt sind, sind häufig Techniken der *Verhaltensbeobachtung* das Mittel der Wahl. Neben der systematischen Verhaltensbeobachtung können dabei Methoden der Selbstbeobachtung und Selbstregistrierung auch bei Kindern sinnvoll eingesetzt werden.

Fremdberichte, wie beispielsweise anamnestische Angaben von Eltern oder auch Lehrern, spielen im Kinder- und Jugendlichenbereich eine große Rolle. Weitere Möglichkeiten, um ein bestimmtes Verhalten zu erfassen, bestehen darin, dieses Verhalten entweder im *diagnostischen Rollenspiel* oder auch im sog. "Situations-Verhaltens-Test" nachzuspielen und möglichst realitätsnah ablaufen zu lassen.

Fragebögenverfahren, Verhaltensinventare und *Skalen* sind häufig eingesetzte Mittel zur Informationsgewinnung. Aufwendiger, und deshalb praktisch weniger verbreitet, sind *psychophysiologische Messungen.*

Verhaltenstherapie wird heute als komplexer Problemlöseprozeß verstanden, der sich nicht auf die einfache Beseitigung von Symptomen und auf den Aufbau eines Zielverhaltens durch Anwendung verhaltenstherapeutischer Techniken reduzieren läßt.

Zunehmende Bedeutung für den therapeutischen Prozeß wird seit einigen Jahren auch dem Krankheitsmodell und der Motivation des Patienten sowie der therapeutischen Beziehung beigemessen.

Einen zusammenfassenden Überblick über die Strategie der Verhaltenstherapie gibt Hand (1986) in seinem „Fünf-Phasen-Modell", wie es in Abb. 8.1 dargestellt ist.

8.5   Verhaltenstherapeutische Interventionsmethoden

Der folgende Abschnitt gibt einen Überblick über eine Auswahl verhaltenstherapeutischer Interventionsmethoden, die im Blickpunkt des gegenwärtigen Forschungsinteresses stehen bzw. zu den traditionellen Ansätzen in der verhaltenstherapeutischen Praxis zählen.

Operante Methoden

Operante Methoden, die zu den traditionellen Verfahren der Verhaltenstherapie gehören, dienen zum Auf- oder Abbau von Verhalten. Sie bestehen in der Anwendung operanter Lernprinzipien, wie sie beispielsweise von Skinner formuliert wurden.

Operante Verfahren kommen zur Anwendung, wenn die erwünschte Verhaltensmodifikation durch systematische Darbietung positiver oder negativer Verhaltenskonsequenzen erreicht werden kann. Zentrales Element operanter Verfahren ist der Einsatz eines Verstärkers, der auf ein Verhalten hin dargeboten oder entfernt wird und auf diese Weise die Auftretenswahrscheinlichkeit des Verhaltens verändert.

Operante Interventionsverfahren umfassen eine Reihe von Einzeltechniken, von denen im folgenden einige wiedergegeben werden.

Beim *"Shaping"* nähert sich eine Person durch positive Verstärkung einzelner Verhaltenselemente schrittweise einem komplexen Zielverhalten (beispielsweise Sprechen bei autistischen Kindern).

Verstärkerpläne basieren auf einem Vertrag zwischen Patient und Therapeut. In dem Vertrag werden das Zielverhalten und die dafür verabreichten Verstärker genannt. Derartige Verstärkerpläne finden bei der Behandlung von Störungen des Kindesalters, aber auch bei Eßstörungen, Abhängigkeiten und delinquentem Verhalten Verwendung.

Token-Programme arbeiten mit generalisierten Verstärkern (beispielsweise Plastikchips), die vom Patienten gegen primäre Verstärker (Fernsehen, Süßigkeiten) eingetauscht werden können. Token-Programme werden meist in geschlossenen Institutionen angewandt, beispielsweise bei der Aktivierung von Langzeitpatienten oder in Heimen bei Kindern und Jugendlichen mit Verhaltensstörungen.

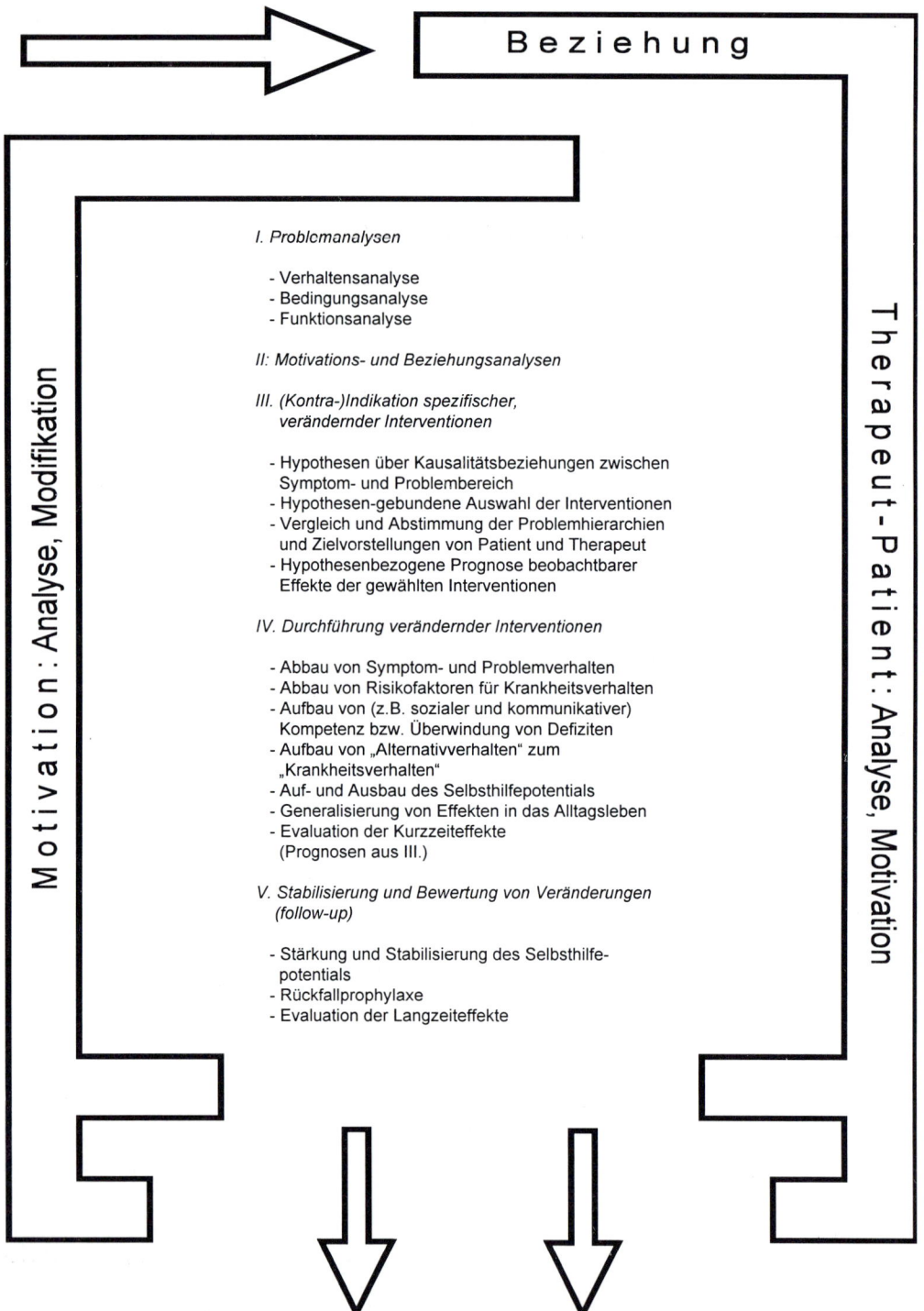

Beziehung

Motivation: Analyse, Modifikation

Therapeut-Patient: Analyse, Motivation

I. Problemanalysen

- Verhaltensanalyse
- Bedingungsanalyse
- Funktionsanalyse

II: Motivations- und Beziehungsanalysen

III. (Kontra-)Indikation spezifischer,
   verändernder Interventionen

- Hypothesen über Kausalitätsbeziehungen zwischen
  Symptom- und Problembereich
- Hypothesen-gebundene Auswahl der Interventionen
- Vergleich und Abstimmung der Problemhierarchien
  und Zielvorstellungen von Patient und Therapeut
- Hypothesenbezogene Prognose beobachtbarer
  Effekte der gewählten Interventionen

IV. Durchführung verändernder Interventionen

- Abbau von Symptom- und Problemverhalten
- Abbau von Risikofaktoren für Krankheitsverhalten
- Aufbau von (z.B. sozialer und kommunikativer)
  Kompetenz bzw. Überwindung von Defiziten
- Aufbau von „Alternativverhalten" zum
  „Krankheitsverhalten"
- Auf- und Ausbau des Selbsthilfepotentials
- Generalisierung von Effekten in das Alltagsleben
- Evaluation der Kurzzeiteffekte
  (Prognosen aus III.)

V. Stabilisierung und Bewertung von Veränderungen
   (follow-up)

- Stärkung und Stabilisierung des Selbsthilfe-
  potentials
- Rückfallprophylaxe
- Evaluation der Langzeiteffekte

Abb. 8.1 Strategie der Verhaltenstherapie: Ein Fünf-Phasen-Modell (aus Hand, 1986)

Ein allgemeines Kennzeichen operanter Techniken liegt im hohen Anteil von Fremdkontrolle. Die Darbietung oder der Entzug von Verstärkern geschieht nicht durch den Patienten selbst, sondern durch den Therapeuten, durch Erzieher oder andere Personen. Daraus ergeben sich allgemeine Hinweise für die *Indikation operanter Techniken*: Operante Techniken bieten sich an, wenn ein Patient im Verlauf einer Behandlung aufgrund seines Alters und Entwicklungsstandes, seiner intellektuellen Fähigkeiten oder der Störungsform ständig oder vorübergehend nur in begrenztem Umfang Eigenkontrolle aufbringen kann. Dieses Defizit wird dann durch die Fremdkontrolle operanter Techniken kompensiert. Aufgrund dessen besteht ein wesentlicher Anwendungsbereich im *Kindesalter*.

Den operanten Techniken mit ihrem hohen Anteil an Fremdkontrolle stehen die *Selbstkontrollverfahren* gegenüber, die zu den neueren verhaltenstherapeutischen Methoden zählen. Im Hinblick auf die Bedeutung der Eigenverantwortung des Patienten im therapeutischen Prozeß sollten, wo immer dies möglich ist, operante Techniken im Verlauf der Behandlung allmählich durch Selbstkontrolltechniken ersetzt werden. In exemplarischer Weise geschieht dies bei der verhaltenstherapeutischen Behandlung der Anorexia nervosa.

Systematische Desensibilisierung

Die Methode der systematischen Desensibilisierung wurde in den 50er Jahren von Wolpe entwickelt. Lange Zeit galt sie als das bekannteste und wichtigste Verfahren der Verhaltenstherapie. Seit einigen Jahren ersetzen die im folgenden Abschnitt dargestellten Konfrontationsverfahren zunehmend die Methode der systematischen Desensibilisierung.

Der *Anwendungsbereich* der systematischen Desensibilisierung umfaßt in erster Linie die Behandlung phobischer Reaktionen. Das Verfahren kommt darüber hinaus bei Störungen zum Einsatz, die mit Ängsten einhergehen wie sexuelle Funktionsstörungen, Zwänge, Depressionen oder Stottern. Weniger erfolgversprechend ist die Anwendung bei diffusen, frei flottierenden Ängsten.

Die systematische Desensibilisierung kommt auch bei der Behandlung von Phobien im *Kindesalter* zur Anwendung. Dann sollte jedoch im Einzelfall überprüft werden, ob die Vorstellungsfähigkeit eines Kindes genügend entwickelt ist, um sich die angstauslösenden Szenen vorstellen zu können. Gegebenenfalls können die Vorstellungsbilder durch die Darbietung realer Bilder oder Modelle ersetzt werden.

Die *Durchführung* einer systematischen Desensibilisierungsbehandlung gliedert sich in mehrere Schritte: Der Patient erlernt zunächst eine Entspannungstechnik, in der Regel die Progressive Muskelrelaxation nach Jacobson. Als nächsten Schritt erstellt der Patient mit Hilfe des Therapeuten eine individuelle Angsthierarchie. Der Patient wählt etwa 10 Situationen aus, die Angstreaktionen unterschiedlicher Intensität auslösen und bringt sie nach dem Grad der durch sie ausgelösten Angst in eine Rangreihe ("Angstthermometer", vgl. dazu das praktische Beispiel in Kap. 16).

In der eigentlichen Desensibilisierungsphase stellt sich der Patient die angstauslösenden Situationen in-sensu vor, wobei er mit der am wenigsten beängstigenden Situation beginnt und im Verlauf der Behandlung bis zur schwierigsten Situation voranschreitet. Erlebt der Patient während der Vorstellung der Situation Angst, fordert der Therapeut ihn auf, sich zu entspannen.

Der Patient geht zur nächstschwierigeren Situation über, wenn er in der Lage ist, sich die vorherige Situation völlig angstfrei vorzustellen. Eine Generalisierung des Desensibilisierungseffektes wird durch Aufsuchen wenig angstauslösender Situationen außerhalb der Therapiestunden angestrebt.

Konfrontationsverfahren

Konfrontationsverfahren stellen die gegenwärtig erfolgreichste Behandlungsmöglichkeit bei Phobien dar. Empirisch abgesicherte Kurz- wie auch Langzeiterfolge dieses Ansatzes lassen die Methode der systematischen Desensibilisierung zunehmend in den Hintergrund treten.

Kennzeichen der Konfrontationsverfahren ist die Konfrontation mit realen angstauslösenden Situationen bei gleichzeitiger Verhinderung von Vermeidungsverhalten.

Indikation: Konfrontationsverfahren kommen als Mittel der Wahl bei Phobien zur Anwendung, ferner auch bei Zwangsgedanken und Zwangshandlungen. Weniger bekannt ist der Einsatz der Verfahren bei intensiven und anhaltenden Trauerreaktionen nach traumatischen oder Verlusterlebnissen. In diesem von Ramsay in den 70er Jahren entwickelten Ansatz wird der Patient nachträglich mit dem Verlusterlebnis konfrontiert.

Zur Durchführung einer in-vivo-Konfrontation sucht der Patient in Begleitung des Therapeuten eine Situation aus, von der der Patient maximale angstauslösende Wirkung erwartet (beispielsweise bei Agoraphobie, Einkaufen im Supermarkt oder Fahrt mit der U-Bahn). Entscheidend ist, daß der Patient so lange in der Situation verbleibt, bis eine weitgehende Angstreduktion erreicht ist. Vermeidungsverhalten wie Entfernen aus der Situation oder auch Ablenkung in der Situation müssen unterbleiben. Meist kommt es schon nach wenigen Minuten, in seltenen Fällen erst nach einer halben Stunde, zu einer deutlichen Angstreduzierung. Die meisten Patienten erleben weniger Angst als sie zuvor befürchteten. Im Verlauf der Behandlung übernehmen die Patienten mehr Eigenverantwortung und absolvieren die Übungen zunehmend auch ohne den Therapeuten.

Vor Beginn der Konfrontationsübungen muß dem Patienten der Ablauf und das Wirkungsprinzip der Behandlung sorgfältig erläutert werden. Dem Patienten wird die Grundregel vermittelt, so lange in der angstauslösenden Situation zu bleiben, bis er die Angst kaum mehr wahrnimmt, und er wird aufgefordert jegliches Vermeidungsverhalten zu unterlassen. In dieser Vorbereitungsphase kommt es entscheidend auf die Motivationsarbeit des Therapeuten an. Die Zahl der Therapieabbrüche ist am höchsten während der Vorbereitungsphase.

Konfrontationsverfahren setzen den Patienten im Verlauf der Behandlung starken Belastungen aus. Dies macht den Einsatz der Verfahren bei Kindern fragwürdig. Die *Anwendung im Kindesalter* erfordert in jedem Falle eine vertrauensvolle Beziehung des Kindes zum Therapeuten und eine sehr gute Vorbereitung des Kindes. In der Literatur sind Kinder mit Schulangst beschrieben, die erfolgreich mit Konfrontationsverfahren behandelt wurden.

Falldarstellung

Die folgende Falldarstellung beschreibt den Verlauf einer Konfrontationsbehandlung, die bei einer Angststörung mit starken körperlichen Angstreaktionen im stationären Rahmen einer kinder- und jugendpsychiatrischen Klinik durchgeführt wurde.

S., ein 14jähriger Gymnasialschüler, konnte wegen morgendlicher Übelkeit und Erbrechen die Schule seit einem Jahr nicht mehr besuchen. In der Phase der Problemanalyse zu Beginn der Behandlung erwiesen sich die Übelkeit und das Erbrechen als Begleiterscheinungen einer ausgeprägten Schulangstproblematik. In der Phase der kognitiven Vorbereitung wurde S. ein adäquates Störungsmodell seiner Problematik vermittelt. Dabei wurden insbesondere die Bedeutung des Vermeidungsverhaltens (ein Jahr lang kein Schulbesuch) für die Aufrechterhaltung der Störung betont. Neben dem Störungsmodell wurden S. der Ablauf und die Wirkungsweise einer in-vivo-Konfrontationsbehandlung erläutert. Nachdem S. und dessen Eltern ihr Einverständnis zur Behandlung gegeben hatten, wurde unmittelbar am nächsten Tag mit dem Schulbesuch in einem öffentlichen Gymnasium begonnen.

Auf dem Schulweg, wo S. vom Therapeuten begleitet wurde, zeigten sich bald starke Angstreaktionen (subjektives Angsterleben, Zittern, Schweißausbrüche, Brechreiz und schließlich auch Erbrechen kurz vor Erreichen des Schulgebäudes). Nachdem S. das Schulgebäude betreten hatte, kam es bereits nach wenigen Minuten zu einer deutlichen Reduktion der Angst. Nach der ersten Stunde nahm S. keinerlei Angstsymptome mehr wahr.

In den nächsten Tagen wiederholte sich der geschilderte Ablauf in gleicher Weise, doch bereits am vierten Schulbesuchstag blieb das Erbrechen erstmals aus und trat in der Folgezeit nur noch sporadisch und letztmalig am 27. Schulbesuchstag auf. Im weiteren Verlauf reduzierten sich auch subjektives Angsterleben und Übelkeit, und nach wenigen Wochen konnte S. den Schulbesuch völlig angst- und beschwerdefrei erledigen. In der restlichen Zeit des stationären Aufenthaltes wurde ein Training sozialer Fertigkeiten durchgeführt, da die Schulangstproblematik offensichtlich von Unsicherheiten im Kontakt mit Gleichaltrigen herrührte. Bei einer Nachuntersuchung 15 Monate nach Beendigung des Klinikaufenthaltes erwies sich der Behandlungserfolg als stabil.

Kognitive Umstrukturierung

Kognitive Prozesse wie Wahrnehmungen, Erwartungen, Einstellungen, Interpretationen, Attributionen etc. sind bei einer Vielzahl von psychischen Störungen aufgrund irrationaler, verzerrter und katastrophisierender Inhalte bei Entstehung und Aufrechterhaltung der Störungen beteiligt. Bei einer therapeutischen Veränderung dieser kognitiven Inhalte sind auch in anderen Bereichen wie Verhalten und Emotionen positive Veränderungen zu erwarten. Die Methoden der kognitiven Umstrukturierung dienen der Korrektur maladaptiver Kognitionen.

Das *Hauptanwendungsgebiet* dieser Verfahren sind depressive Störungen, zum Indikationsbereich zählen darüber hinaus auch Ängste, Abhängigkeiten und Zwänge.

In den 60er Jahren wurde von Beck ein Ansatz zur kognitiven Therapie von depressiven Störungen entwickelt, der weite Verbreitung gefunden hat. Nach Beck sieht ein depressiver Mensch sich selbst, die Umwelt und die Zukunft negativ und hoffnungslos. Diese negativen Gedanken drängen sich den Betroffenen quasi automatisch auf. Bei der kognitiven Therapie der Depression nach Beck werden die negativen Gedanken und die dazugehörigen allgemeinen Einstellungen zunächst identifiziert und benannt. In der anschließenden Überprüfungsphase werden die logische Gültigkeit, der Realitätsgehalt und die Konsequenzen der Gedanken und Einstellungen kritisch herausgestellt. Schließlich werden alternative Interpretations- und Bewertungsmöglichkeiten erarbeitet und in realen Situationen erprobt.

Kognitive Interventionsmethoden bei depressiven Störungen werden zusammen mit eher auf das Verhalten gerichtete Techniken wie Aktivierung oder Verbesserung sozialer Fertigkeiten eingesetzt.

Die Standardverfahren zur kognitiven Therapie bei depressiven Störungen wurden für Erwachsene entwickelt und stellen mittlerweile bewährte Behandlungsmöglichkeiten dar. Eine Übertragung der Verfahren für die Therapie depressiver Störungen im *Kindes- und Jugendalter* dürfte nur nach einigen Modifikationen möglich sein, etwa wenn handlungsbezogene Therapietechniken mehr in den Vordergrund gestellt werden. Mit kognitiven Techniken, die Introspektions- und Selbstverbalisationsfähigkeiten erfordern, dürften Kinder eher überfordert sein.

Selbstsicherheitstraining

Selbstsicherheit umfaßt viele Facetten: Gedanken, Gefühle und Bedürfnisse ausdrücken können, aber auch Gefühle und Bedürfnisse anderer Personen wahrnehmen können; "Nein" sagen können; Gespräche beginnen, fortsetzen und beenden können; sich sozial angemessen verhalten können; sich öffentlicher Beachtung aussetzen können etc.

Den *Anwendungsschwerpunkt* für Selbstsicherheitstrainings bilden soziale Ängste und Kontaktschwierigkeiten. Die Verfahren werden darüber hinaus auch bei Aggressivität und Hyperaktivität, bei geistiger Behinderung und zur Aktivierung von psychiatrischen Langzeitpatienten eingesetzt.

Selbstsicherheitstrainings verfolgen vor allem zwei Ziele, den Abbau sozialer Ängste und den Aufbau sozialer Fertigkeiten. Dabei kommen viele Techniken zum Einsatz, wie Rollenspiele und Verhaltensübungen, Training in Alltagssituationen, Modellernen, operante Techniken, Video-Feedback, Gruppentherapie, Selbstkontrollverfahren etc. Entsprechend handelt es sich bei den Selbstsicherheitstrainings meist um integrative Programme mit festem Ablauf.

Selbstsicherheitstrainings wurden auch für *Kinder* mit sozialen Ängsten und Kontaktschwierigkeiten entwickelt. Für den deutschen Sprachraum liegt ein kompaktes Therapieprogramm von Petermann und Petermann (1989) vor, das neben Einzel- und Gruppentraining auch Elternberatung mit einbezieht.

Selbstkontrollverfahren

Seit den 70er Jahren gewinnen Verfahren der Selbstkontrolle zunehmend an Bedeutung. Die Entwicklung dieses Ansatzes geht in erster Linie auf Kanfer zurück. In Selbstkontrollverfahren werden therapeutische Funktionen vom Patienten selbst übernommen, um die Abhängigkeit vom Therapeuten zu vermindern und die Eigenverantwortung des Patienten für sein Handeln zu betonen.

Der Patient soll in die Lage versetzt werden, problematisches Verhalten, insbesondere auch nach Beendigung der Therapie, frühzeitig zu erkennen und mit Hilfe eingeübter Methoden in Richtung selbst gesetzter Ziele zu verändern. Die Aufgabe des Therapeuten beschränkt sich darauf, dem Patienten verschiedene verhaltenstherapeutische Strategien beizubringen und ihn in der Anfangsphase des Programms zu motivieren und Hilfestellungen zu geben.

Selbstkontrollverfahren bieten mannigfaltige *Anwendungsmöglichkeiten*, etwa bei Arbeits- und Lernstörungen, Abhängigkeiten, Eßstörungen, Ängsten und Phobien. Sie sind auch im *Kindes- und Jugendalter* einsetzbar, wo sie beispielsweise bei der Behandlung impulsiver und aggressiver Verhaltensauffälligkeiten angewandt werden. Bei Kindern empfiehlt es sich, anschauliche Materialien wie Spiele, Comics und andere Vorstellungshilfen einzubeziehen.

Programme zur Selbstkontrolle umfassen eine Reihe von Techniken unterschiedlichster lerntheoretischer Herkunft. Im einzelnen kommen folgende Verfahren zum Einsatz: Selbstbeobachtung (Führen eines Verhaltenstagebuchs), äußere Stimuluskontrolle (eine bulimische Patientin entfernt hochkalorische Lebensmittel aus ihrer Wohnung), Selbstverstärkung (eine Person belohnt sich selbst, wenn sie ein Ziel erreicht hat), selbstinduzierte Entspannung, Selbstinstruktionen (innere Verbalisationen zur Selbststeuerung des Verhaltens) Gedankenstop (Unterbrechung von Zwangsgedanken) usw. Schließlich kann der Patient auch in der selbständigen Durchführung von Techniken, wie der in-vivo-Konfrontation oder der kognitiven Umstrukturierung angeleitet werden.

8.6   Zur Evaluation

Im Vergleich mit anderen psychotherapeutischen Ansätzen zählen verhaltenstherapeutische Vorgehensweisen " zu den effektivsten und am besten evaluierten Therapieverfahren " (Petermann und Warschburger 1993). Insbesondere durch metaanalytische Effektivitätsvergleiche wird dies bestätigt (Kazdin et al. 1990, Kazdin 1990b).

Andererseits verbergen diese allgemeinen und positiven Bewertungen eine Reihe von Problemen und Schwächen vieler Studien, die eine differenziertere Betrachtung nahelegen. Zu nennen sind beispielsweise der geringe klinische Bezug bei der Wahl der Stichproben, die Orientierung am Erwachsenenbereich oder das Auseinanderklaffen von Anspruch und Realität im methodischen Vorgehen.

Unter Berücksichtigung dieser Einwände ist es daher sinnvoller, die empirische Überprüfung einzelner Techniken bei der Behandlung bestimmter Störungen zu betrachten, wie es in den einschlägigen Darstellungen und Lehrbüchern geschieht (Mash und Barkley 1989, Kendall 1991, Steinhausen und v. Aster 1993).

Weiterführende Literatur:

Reinecker, H.: Grundlagen der Verhaltenstherapie. Psychologie Verlags Union, München 1987.
Ross, A.O.; Petermann, F.: Verhaltenstherapie mit Kindern und Jugendlichen. Hippokrates Stuttgart, 1987.
Steinhausen,H.-C.; von Aster, M.(Hrsg.): Handbuch Verhaltenstherapie und Verhaltensmedizin bei Kindern und Jugendlichen. Beltz, Weinheim 1993.

Literatur

Bandura, A.: Self-efficacy: Toward a unifying theory of behavioral change. Cognitive Therapy and Research 1, 287-310, 1977.
Braun, P.: Verhaltenstherapeutische Diagnostik. In: Pongratz, L.J. (Hrsg.): Handbuch der Psychologie - Klinische Psychologie, 1648-1725. Hogrefe, Göttingen 1978.
Braun, P.; Tittelbach, E.: Verhaltenstherapie. In: Pongratz, L.J. (Hrsg.): Handbuch der Psychologie - Klinische Psychologie, 1955-2081. Hogrefe, Göttingen 1978.
Eysenck, H.J.: The nature of behavior therapy. In: Eysenck, H.J. (Ed.): Experiments in behavior therapy. Pergamon Press, Oxford 1964.
Hand, I.: Verhaltenstherapie und Kognitive Therapie in der Psychiatrie. In: Kisker, K.P.; Lauter, H.; Meyer, J.-E.; Müller, C.; Strömgren, E. (Hrsg.): Psychiatrie der Gegenwart, Bd. 1 (Neurosen, Psychsomatische Erkrankungen, Psychotherapie), 3. Aufl., 277-306. Springer, Berlin 1986.
Hautzinger, M.: Verhaltens- und Problemanalyse. In: Linden, M.; Hautzinger, M. (Hrsg.): Verhaltenstherapie, 2.Aufl., 27-32. Springer Verlag, Berlin 1993.
Hoffmann, N.: Einführung in den Problembereich. In: Westmeyer, H.; Hoffmann, N. (Hrsg.): Verhaltenstherapie. Hoffmann und Campe, Hamburg 1977.

Kanfer, F.H.: Basiskonzepte in der Verhaltenstherapie. In: Hand, I.; Wittchen, H.-U. (Hrsg.): Verhaltenstherapie in der Medizin. Springer, Berlin 1989.

Kanfer, F.H.; Saslow, G.: Verhaltenstheoretische Diagnostik. In: Schulte, D. (Hrsg.): Diagnostik in der Verhaltenstherapie, 2.Aufl., 24-59. Urban & Schwarzenberg, München 1976.

Kazdin, A.E.; Bass, D.; Ayers, W.A.; Rodgers, A.: Empirical and clinical focus of child and adolescent psychotherapy research. Journal of Consulting and Clinical Psychology 58, 729-740, 1990.

Kendall, P.C.: Child and Adolescent Therapy: Cognitive-Behavioral Procedures. Guilford press, New York 1991.

Linden, M.; Hautzinger, M.: Verhaltenstherapie, 2.Aufl. Springer-Verlag, Berlin 1993.

Margraf, J.; Lieb, R.: Was ist Verhaltenstherapie? Versuch einer zukunftsoffenen Neucharakterisierung. Zeitschrift für klinische Psychologie 24, 1-7, 1995.

Mash, E.J.: Treatment of Child and Family Disturbance: A Behavioral-Systems Perspective. In: Mash, E.J.; Barkley, R.A. (Hrsg.): Treatment of Childhood Disorders, 3-36. Guilford Press, New York 1989.

Mash, E.J.; Barkley, R.A.: Treatment of Childhood Disorders. Guilford Press, New York 1989.

Petermann, U.; Petermann, F.: Training mit sozial unsicheren Kindern, 3. Aufl. Psychologie-Verlags-Union, München 1989.

Petermann, F.; Warschburger, P.: Neue Trends und Ergebnisse in der Kinderverhaltenstherapie: Ursachenforschung und Interventionen. In: Petermann, F. (Hrsg.): Verhaltenstherapie mit Kindern, 6-84. Röttger Verlag, München 1993.

Reinecker, H.: Grundlagen der Verhaltenstherapie. Psychologie Verlags-Union, München 1987.

Rimm, D.C.; Masters, J.C.: Behavior Therapy, 2.Aufl. Academic Press, New York 1979.

Schulte, D.: Der diagnostisch-therapeutische Prozeß in der Verhaltenstherapie. In: Schulte, D. (Hrsg.): Diagnostik in der Verhaltenstherapie, 2.Aufl., 60-73. Urban & Schwarzenberg, München 1976a.

Schulte, D.: Ein Schema für Diagnose und Therapieplanung in der Verhaltenstherapie. In: Schulte, D. (Hrsg.): Diagnostik in der Verhaltenstherapie, 2.Aufl., 75-104. Urban & Schwarzenberg, München 1976b.

Wolpe, J.; Lazarus, A.A.: Behavior Therapy Techniques. Pergamon Press, Oxford 1966.

9. Autogenes Training

Matthias Martin

Die therapeutischen Techniken der Entspannungsverfahren und der Methoden zur Förderung der Körperwahrnehmung zählen zu einem zum Teil unübersichtlichen, bisher auch schlecht evaluierten Gebiet psychotherapeutischer Arbeit, sieht man vom autogenen Training ab, mit dem sicherlich die umfangreichsten Erfahrungen vorliegen. Entspannungsverfahren und Körperwahrnehmungstechniken werden häufig kombiniert mit anderen Therapieverfahren (z.B. tiefenpsychologisch oder verhaltenstherapeutisch orientierten Psychotherapiemethoden) eingesetzt, weswegen ihre alleinige Wirksamkeit oft schlecht einzuschätzen ist (Beispiel: Maßnahmen zur Schulung der Körperwahrnehmung bei der Behandlung der Anorexia nervosa). Die Tendenz, Maßnahmen der Entspannung und der Körperwahrnehmung als bloß "supportiv" zu diminuieren, unterschätzt aber die Wirksamkeit dieser Therapieformen und läßt außer acht, daß der Mensch eine psychophysische Einheit ist. Die vermehrte Berücksichtigung der körperlichen Aspekte in der Psychotherapie bedeutet die Wiederentdeckung des "unbeachteten Körpers auf der Couch".

9.1 Entspannungsverfahren und Körperwahrnehmung

Remschmidt und Heinscher (1988) definierten *Entspannung* als psychophysischen Zustand, der subjektiv durch das Fehlen von Aufregung, Verspannung und Nervosität bzw. das Vorhandensein von Gelöstheit, Gelassenheit und innerer Ruhe gekennzeichnet ist. *Physiologische Veränderungen* und Entspannung betreffen eine verlangsamte und gleichmäßige Atmung, die Reduktion des Sauerstoffverbrauchs, Absinken der Herzfrequenz, Zunahme des Hautwiderstandes,

Tonusverlust der Muskulatur und eine Zunahme von Alphawellen im EEG (Vaitl, 1978) sowie eine trophotrope Umstellung des Stoffwechsels. Dementsprechend werden Entspannungsübungen bei psychosomatischen und funktionellen körperlichen Störungen mit den Trainingszielen Muskelentspannung, Vasodilatation, relative Bradypnoe, Reduktion von gastrointestinaler Motiliät und von Tachykardien eingesetzt (Linden, 1981). Werden Entspannungsverfahren als eigenständige Therapie angewandt, so wird damit eine allgemeine Streßabwehr und psychische Immunisierung angestrebt.

Demgegenüber steht bei den Körperwahrnehmungstechniken das bewußte Erleben des eigenen Körpers und seiner Rhythmik, das Akzeptieren des Körperselbstbildes und die Verbesserung der Körperbeherrschung im Vordergrund. Psychisch wird darüber hinaus ein verbessertes Selbstbewußtsein und ein Gefühl größerer Selbstverantwortlichkeit angestrebt (Fischer, 1984). Eine Systematisierung der Entspannungs und Körpertherapien kann sich an folgenden Kriterien orientieren:

Die Art der Induktion der Entspannung bzw. Körpererfahrung:
Diese kann entweder durch den Übenden selbst (autosuggestiv) oder durch eine andere Person (heterosuggestiv) erfolgen.

Der Grad der (mehr aktiven oder passiven) Beteiligung des Patienten:
Gibt er sich den Anweisungen passiv und in Selbstbeobachtung hin, oder ist er durch Handlungen oder Selbstinstruktionen zur aktiven Mit- und Weiterarbeit aufgefordert.

Tabelle 9.1 Entspannung und Körperwahrnehmungstechniken (in Anlehnung an Fischer
1984)

Techniken vorwiegend gerichtet auf	
Entspannung	**Körperwahrnehmung**
Hypnose	Eutonie
gestufte Aktivhypnose (*Kretschmer*)	Konzentrative Bewegungstherapien (*Stolze, Geßlein*)
Autogenes Training (*Schulz*)	Funktionelle Entspannung (*Fuchs*)
Meditation, Yoga	Atemtherapie (*Schaarschuch*)
Progressive (Muskel-)Relaxation Biofeedback	

Tabelle 9.1 enthält die bekanntesten und
wichtigsten Entspannungs und Körperwahrnehmungstechniken und ihre Vertreter. Schwerpunktmäßig sind dabei die Entspannungsverfahren mehr einem passiven und die Körperwahrnehmungstechniken mehr einem aktiven Verhalten
des Patienten zuzuordnen.
Im folgenden wird ausschließlich auf das
autogene Training eingegangen, welches als das
praktisch bedeutsamste Entspannungsverfahren
angesehen werden kann.

9.2   Autogenes Training

Historische Vorbemerkung

Das autogene Training wurde durch den Berliner
Nervenarzt Johann Heinrich Schulz (1884-1970)
entwickelt. Schulz knüpfte an die Beobachtung
von Oskar Vogt (1870-1959) an. In seinen
Studien über Hypnose hat O. Vogt darauf hingewiesen, daß es möglich ist, die Umschaltung in
den hypnotischen Ausnahmezustand der Selbst-
entscheidung der Versuchspersonen zu unterstellen. Ausgehend von seiner Arbeit mit der Hypnose beobachtete J.H. Schulz Schwere- und
Wärmeerlebnisse in den Gliedmaßen und ein
Gefühl der Ruhigstellung von Herz und Atmung
bei den Hypnosepatienten. Dies führte zu der
Überlegung, daß durch ein Herbeiführen dieser
Erscheinungen ein hypnosevergleichbarer Zustand zu erreichen sei. Dies war die Entwicklung

von der Hypnose als einem passiv autohypnoiden
Verfahren zum autogenen Training als einem
aktiv autohypnoiden Verfahren (Kraft 1989).
1932 erschien das grundlegende Werk von J.H.
Schulz "Das autogene Training - konzentrative
Selbstentspannung" (18. Auflage. 1970). In den
letzten 30 Jahren fand das autogene Training eine
weltweite Verbreitung, das Übungsheft für das
autogene Training (20. Auflage, 1983) liegt in
englischer, französischer, isländischer, italieni-
scher, norwegischer, portugiesischer, spanischer
und tschechoslowakischer Auflage vor. Seine
Anerkennung und Würdigung als ein zentrales
psychotherapeutisches Verfahren erhielt das
autogene Training schließlich auch noch durch
die 1981 verabschiedete Weiterbildungsordnung
der Ärztekammern in der Bundesrepublik
Deutschland, worin für den Zusatztitel "Psychotherapie" wie auch "Psychoanalyse" der Nachweis eigener Kenntnisse und Erfahrungen mit
dem autogenen Training gefordert wird. Die
Anzahl der geforderten Doppelstunden variiert
bei den einzelnen Ärztekammern (ca. 20 Doppelstunden) (Kraft, 1989).

Theoretischer Hintergrund und Prinzip des autogenen Trainings

Das autogene Training führt auf dem Wege einer
konzentrativen Selbstentspannung "durch Selbst-
beeinflussung" zu einem autohypnoiden Zustand.
Anhand einer vorgegebenen Abfolge von Übungen (s. Praxis der Grundstufe) wird durch regelmäßiges Üben der gewünschte Zustand der Entspannung erreicht. Der physiologische Ansatzpunkt des autogenen Trainings ist das vegetative
Nervensystem. Durch das autogene Training soll
eine Umschaltung von einer sympathischergo-
tropen auf eine parasympathischtrophotrope
Reaktionslage des Organismus erreicht werden.
Die Umschaltungsvorgänge sind zum Teil
physiologisch meßbar bzw. lassen sich leicht
beobachten (bradykarder Puls, ruhige, regelmäßige Atmung). Die Einübung der körperlichen
Entspannung, die Hemmung überschießender
sympathischer, die hinreichende Aktivierung
parasympathischer Innervationslage führt schließlich zu psychischer Entspannung. Schließlich ist
es - in Anlehnung an Erfahrungen aus der Hypnose, möglich, durch sogenannte *"formelhafte Vor-
satzbildungen"* Wirkungen zu erzielen, die auch
nach der eigentlichen Entspannung wirksam sind.
Dies ist aus der Hypnose als sogenannter
"posthypnotischer Auftrag" bekannt. Als Folge

des regelmäßigen Übens stellt sich insgesamt eine verbesserte psychovegetative Selbstregulation ein, in alltäglichen Streßsituationen kann der Geübte überschießende Reaktionen beeinflussen.

Praxis der Grundstufe des autogenen Trainings

Für die weite Verbreitung des autogenen Trainings spricht die Vielzahl der zur Verfügung stehenden Übungshefte oder Trainingshefte für das autogene Training (Schulz, 1935, 1983; für Kinder und Jugendliche: Biermann, 1975; Kruse, 1975; Eberlein, 1976).

Grundsätzlich muß gelten, daß ein Selbststudium nicht empfehlenswert ist, sondern daß das autogene Training unter Anleitung eines Therapeuten erfolgen soll, der mit der Methode ausreichend Erfahrung hat. Das autogene Training kann einzeln oder in Gruppen erlernt werden. Die *Einzelunterweisung* entspricht eher der tradionellen Arzt-Patienten-Beziehung. Sie ist dann indiziert, wenn das autogene Training eingebettet ist in weitere, umfassendere psychotherapeutische Maßnahmen. Über die dabei zu berücksichtigenden Übertragungs-Gegenübertragungsphänomene beim Erlernen des autogenen Trainings in der Einzelsituation hat Kraft (1989) aufgrund eigener reicher Erfahrungen mit dem autogenen Training in der psychoanalytischen Praxis berichtet. Das Erlernen des autogenen Trainings *in Gruppen* wirkt sich erfahrungsgemäß günstig auf den Lernverlauf aus, weil durch die Berichte der verschiedenen Teilnehmer über ihre Übungserfahrungen ein Lerneffekt für die ganze Gruppe möglich ist. Handelt es sich um Patientengruppen, so sollten diese kleiner sein, nicht mehr als 6 bis 8 Patienten; erlernen gesunde Personen das autogene Training, so sind auch Gruppengrößen von über 15 bis 20 Teilnehmern möglich.

Die Ziele des autogenen Trainings - entspannende, erholsame Wirkung, "Umschaltung" von der ergotropen auf die trophotrophe Reaktionslage, "Resonanzdämpfung der (überschießenden) Affekte" - werden in der *Grundstufe* durch *sechs standardisierte Übungen* erreicht. Durch die Einübung erfolgt eine schrittweise Annäherung an eine trophotrope Reaktionslage:

- Schwereübung (= Entspannung der Willkürmuskulatur),
- Wärmeübung (= Entspannung der Gefäßmuskulatur, dementsprechende Gefäßerweiterung),

- Atemübung (= "passives" Erleben des Atemrhythmus, der - in Grenzen - steuerbar wird im Sinne der trophotrophen Umschaltung),
- Herzübung (gleicher Mechanismus wie Atemübung),
- Sonnengeflechtübung (= Regulation der Bauchorgane; Vermehrung der Magen-Darm-Motilität, Anregung der Verdauungstätigkeit),
- Stirnkühleübung (= Eingrenzung der durch das Training hervorgerufenen Empfindungen auf den Körper, "der Kopf bleibt frei", der Übende bleibt in der Lage das Geschehen zu steuern) (modifiziert nach Kraft, 1989).

Praktisch wichtig ist die Unterweisung der Übenden in der richtigen *Übungshaltung* (Liegehaltung, Lehnsesselhaltung, Droschkenkutscherhaltung) sowie genaue Anweisungen über die *Übungshäufigkeit* (optimalerweise dreimal am Tag aber nicht häufiger). Wichtig ist es, von Anfang an den Lernenden auf die zurücknehmende Autosuggestion hinzuweisen *(Desuggestion)*. Im einzelnen müssen die Übungsformen den entsprechenden Übungsheften entnommen werden (empfohlen: Übungsheft "Das autogene Training" von J.H. Schulz (1935, 1983), für ausübende Therapeuten: Autogenes Training, Methodik, Didaktik und Psychodynamik von H. Kraft (1989).

Autogenes Training mit Kindern und Jugendlichen

Die Anwendung des autogenen Trainings setzt seitens der Kinder und Jugendlichen die Fähigkeit zum selbständigen Erarbeiten der Methode voraus. Biermann (1975) setzt die unterste Grenze beim 10. Lebensjahr an, Kruse (1975) übt bereits mit Kindern ab dem 8. Lebensjahr. Je jünger die Kinder sind, um so mehr müssen die von J.H. Schulz für das Erwachsenentraining formulierten Formeln "sprachlich veranschaulicht" werden. Unterschiedlich stark wird von den einzelnen Autoren auch der heterosuggestive Einstieg benutzt, besonders stark von Eberlein (1976). Neben der Berücksichtigung des Entwicklungsstandes des Kindes ist immer auch die Fähigkeit der Eltern zur Kooperation zu berücksichtigen. Schwer kontaktgestörte, stark hyperkinetische und stärker intellektuell retardierte Kinder bringen die notwendigen Voraussetzungen für das Erlernen des autogenen Trainings meist nicht mit.

Praxis des autogenen Trainings mit Kindern:

Bereits 8- bis 10jährige Kinder sind gut in der Lage, das autogene Training ohne heterosuggestive Hilfestellung durch den Therapeuten bei entsprechender kindgemäßer Anleitung selbständig zu erlernen. Zu Beginn der Behandlung wird Sinn und Zweck des autogenen Trainings erläutert, was mit der "Selbstentspannung" erreicht werden soll, welche Schwierigkeiten der kindliche Patient damit überwinden lernen soll, z.B. Konzentrationsstörungen (Schule), Ängste, Bauchschmerzen. Manche Autoren übernehmen die Formeln der 6 Grundstufen des autogenen Trainings (z.B. Kruse, 1975), andere beschränken sich auf die einführende Ruheformel, die Schwere-, Wärme-und die Atemübung, die auch bei Erwachsenen für den unspezifischen Einsatz am wirkungsvollsten zu sein scheinen (Friebel 1994). Je jünger die Kinder sind, umso eher wird man die Entspannungsformel vorsprechen, wobei im Laufe der Therapie man allmählich von der zunächst oft starken äußeren Anleitung immer mehr zum eigenständigen Üben kommen soll. Das Üben in einer Kindergruppe erleichtert den Kindern oft, die Entspannung zu lernen (Habersetzer und Schuth, 1976).

Die Eltern sind insoweit einzubeziehen, daß ihnen ebenfalls der Sinn der Behandlungsmaßnahmen erklärt wird und sie zugleich angeleitet werden, das Kind beim häuslichen Üben insofern zu unterstützen und die hierfür notwendigen Rahmenbedingungen zu gestalten. Besonders wichtig ist es, daß das Kind für das Üben die entsprechende Ruhe erhält und daß es dies auch selbständig, sozusagen "autogen" durchführt.

Prinzipiell kommen die Übungsmodalitäten der sogenannten Droschkenkutscherhaltung, der "bequemen Sitzhaltung" oder die Übungshaltung im Liegen in Frage.

Hilfreich beim Üben sind zunächst Hilfsvorstellungen (z.B. Schwere - Tragen einer schweren Schultasche oder Wärme - Vorstellung, daß man sich sonnt). Das Fortschreiten zur nächsten Übung erfolgt erst dann, wenn die vorige sicher beherrscht wird; im Laufe des Erlernens können dann die Formeln entsprechend verkürzt werden, z.B. "Ruhe - Schwere - Wärme usw.".

Tabelle 9.2 Übungsformel für das Kind (nach Kruse 1975)

Erste Übung:	Ich bin ganz ruhig und entspannt. Der rechte Arm ist ganz schwer.
später:	Meine Arme und Beine sind ganz schwer.
noch später:	Schwere!
Zurücknehmen:	Arme kräftig beugen und strecken, tief atmen, Augen auf!
Zweite Übung:	Der rechte Arm ist strömend warm.
Dritte Übung:	Herz schlägt ganz ruhig und regelmäßig.
Vierte Übung:	Atmung ganz ruhig. Es atmet mich.
Fünfte Übung:	Sonnengeflecht strömend warm. (Sonnengeflecht, warme Mitte)
Sechste Übung:	Stirn angenehm kühl.
Siebte Übung:	Das "Erfinden" eigener Übungen. (Formelhafte Vorsätze)

Bei entsprechender Indikation ist der "krönende Höhepunkt" der Anwendung des autogenen Trainings erreicht, wenn das Kind "eigene Übungen erfindet" - entsprechend der formelhaften Vorsatzbildung nach J.H. Schulz. Diese sollten immer positiv formuliert sein. Ein Beispiel für solche Anwendungen bei Schulschwierigkeiten (Kruse, 1975):

"Hausaufgaben gerne, damit ich besser lerne".
"Hab' ich Mut, geht es mir gut".
"Etwas schneller denken, keine Zeit verschenken".
"Gelassen und heiter, komme ich weiter".

Bei der Behandlung der Enuresis hat sich die Formel: "Bett bleibt warm und trocken" oder bei Nabelkoliken: "Bauch bleibt weich und entspannt" bewährt. Die Formeln sollten gemeinsam mit den Kindern "entdeckt" werden.

Indikation und Kontraindikation des autogenen Trainings

Bei Berücksichtigung der o.g. Einschränkungen hat das autogene Training im Kindes- und Jugendalter ein eher weites *Indikationsspektrum* und umfaßt psychomotorische, psychosomatische und emotionale Störungen von Kindern und

Jugendlichen. Nach einer Übersicht von Biermann (1975) wurde es besonders häufig angewandt bei Asthma bronchiale, Enuresis, psychomotorischer Unruhe, Stottern, Konzentrationsstörungen, bei der Behandlung von Hemmungen und Angstsyndromen bei Kindern. Auch Schlafstörungen lassen sich ausgezeichnet mit dem autogenen Training behandeln.

Kontraindikationen bestehen bei der Behandlung von psychotischen Erkrankungen wegen der Auslösung körperbezogener Wahninhalte beim Üben, bei gravierenden hysterischen und hypochondrischen Neurosen, ebenfalls wegen der Gefahr der Symptomverstärkung, bei sozial und motorisch erheblich gehemmten und antriebsarmen Kindern ist eher ein ausdruckstherapeutisches Verfahren geeignet (Diesing, 1969).

Evaluation

Im Gegensatz zu anderen Psychotherapieverfahren wurden für das autogene Training nicht nur die klinische Wirksamkeit nachgewiesen, sondern auch die psychophysiologischen Zusammenhänge klar herausgearbeitet.

Stetter und Mann (1992) berichten über acht kontrollierte Wirksamkeitsstudien mit Hypertonikern, zwei Studien mit Streßpatienten, eine Studie mit Herzinfarktpatienten, zwei Studien mit Kopfschmerzpatienten, eine Studie mit Patienten, die an vegetativer Dystonie litten, sowie verschiedene Studien an Patienten, die an Reizcolon bzw. Morbus Crohn oder Neurodermitis litten. In allen Untersuchungen erwies sich das autogene Training als effektiv hinsichtlich der Zielsymptomatik. Gleichzeitig verbesserte sich die psychische Situation der Patienten bezüglich Ängstlichkeit und Depressivität. Parallel dazu wurden Verbesserungen in einer Reihe von biochemischen und physiologischen Risikofaktoren nachgewiesen.

Über Studien zum Entspannungstraining bei Kindern hat Friebel (1994) zusammenfassend berichtet; im Ergebnis zeigt dieser Literaturüberblick, daß Kinder von Entspannungsverfahren profitieren, mit heterosuggestiver Hilfe auch im jüngeren Kindesalter oft schneller und besser als Erwachsene Entspannungsübungen erlernen können. Es liegt eine Reihe von Untersuchungen vor, die durch physiologische Meßdaten die Wirksamkeit des autogenen Trainings bei Kindern belegen (Dittmann, 1988), ebenso die Wirksamkeit bei psychosomatisch gestörten Kindern auf die Symptomatik (Kroner et al., 1980).

Weiterführende Literatur:

Kraft, H.: Autogenes Training. Hippokrates, Stuttgart 1982.
Biermann, G.: Autogenes Training mit Kindern. Reinhardt, München 1975.
Kruse, W.: Einführung in das autogene Training mit Kindern. Deutscher Ärzte Verlag, Köln 1980.

Literatur

Biermann, G.: Autogenes Training mit Kindern. Reinhardt, München 1975.
Diesing, K.: Die pragmatischen Psychotherapieverfahren - Suggestion, Hypnose und autogenes Training - in der Kinderpsychotherapie. In: Biermann, G. (Hrsg.): Handbuch der Kinderpsychotherapie, Bd. I, S.525. Reinhardt, München 1969.
Dittmann, R.W.: Zur Psychophysiologie beim autogenen Training von Kindern und Jugendlichen. Lang, Frankfurt/Main 1988.
Eberlein, K.: Autogenes Training mit Kindern. Econ, Düsseldorf 1976.
Fischer, W.-D.: Entspannung und Körperwahrnehmung aus der Sicht der Bewegungstherapie. Zeitschrift für Krankengymnastik 36, 485, 1984.
Friebel, V.: Entspannungstraining für Kinder - eine Literaturübersicht. Praxis der Kinderpsychologie und Kinderpsychiatrie 43, 16-21, 1994.
Habersetzer, R.; Schuth, W.: Experimentelle Untersuchungen zum autogenen Training bei Kindern. Therapiewoche 26, 4617-4623, 1976.
Kraft, H.: Autogenes Training. 2. Auflage. Hippokrates, Stuttgart 1989.
Kroner, B.; Steinadler, I.: Autogenes Training bei Kindern: Auswirkung auf verschiedene Persönlichkeitsvariablen. Zeitschrift für Psychotherapie und medizinische Psychologie 30, 180-184, 1980.
Kruse, G.: Autogenes Entspannungstraining mit Kindern. Deutscher Ärzte-Verlag, Köln 1975.
Linden, M.: Entspannung (Relaxation, Autogenes Training). In: Linden, M.; Hautzinger, M. (Hrsg.): Psychotherapie-Manual, S.67. Springer, Berlin 1981.
Remschmidt, H.; Heinscher, H.G.: Psychotherapeutische Übungsbehandlung. In: Remschmidt, H.; Schmidt, M.H. (Hrsg.): Kinder- und Jugendpsychiatrie in Klinik und Praxis, Bd.I, 668-672. Thieme, Stuttgart, 1988.
Schulz, J.H.: Das autogene Training. 12. Aufl. (1. Aufl. 1932). Thieme, Stuttgart 1966.

Schulz, J.H.: Übungsheft für das autogene Training.18. Aufl., bearbeitet von D. Langen. Thieme, Stuttgart 1977.

Stetter. F.; Mann, K.: Autogenes Training. Empirisch begründetes psychotherapeutisches Verfahren in der Primärversorgung. Deutsches Ärzteblatt 89, 25-26, C- 1245 - C-1246, 1992.

Vaitl, D.: Entspannungstechniken. In: Pongratz, L.I. (Hrsg.): Handbuch der Psychologie. Bd. VIII: Klinische Psychologie; 2. Halbband, S.2104. Hogrefe, Göttingen 1978.

10. Spieltherapie

Christiane Kampmann-Elsas

10.1 Einleitung

Kinderspychotherapie ist oft Spieltherapie und arbeitet mit den Ausdrucksformen des Spielaktes und den begleitenden Verbalisierungen des Kindes. Dazu bedarf es eines geschützten Raumes mit einer spielbezogenen Ausstattung, wobei die Frage nach therapiegeeigneten Materialien in der Literatur über Gebühr erörtert wird. Generell sinnvoll sind Spielgegenstände, die breiten Raum geben für individuelle und differenzierte Ausdrucks- und Gestaltungsmöglichkeiten. Keine Überfülle sollte angeboten werden, da eine solche spielerisch ausdrucksmindernd wirkt.

Das *Spiel als therapeutisches Medium* ist geeignet für Kinder, die im spielerischen Ausdruck leben und reif sind für Selbstbeobachtungen, um die Verdeutlichungen durch den Therapeuten zu verarbeiten (Altersgruppe etwa 5 - 11 Jahre).

In der Spieltherapie werden die spielerischen Aktionen in ihrem Ausdrucksgehalt den Verbalisierungen der Erwachsenen gleichgestellt: Der Spieleinfall des Kindes entspricht dem Gedankeneinfall des Erwachsenen. Das Spiel bietet vielfältige Möglichkeiten des affektiven Ausdrucks: Konflikte und Ängste werden mobilisiert und symbolisch ausgeformt. Die so übermittelten emotionalen Botschaften des Kindes sind Grundlage der therapeutischen Interventionen. Dabei ist das jeweilige theoretische Konzept bestimmend für die Therapiepraxis. Zwei konzeptuelle Hauptrichtungen sind praxisrelevant: die nichtdirektive und die tiefenpsychologisch fundierte Kinderpsychotherapie.

10.2 Die nichtdirektive Spieltherapie

"Nichtdirektivität" meint im psychotherapeutischen Behandlungsbezug: keine Handlungsanweisungen, keine Ratschläge, keine direkten oder indirekten Beeinflussungen. Der nichtdirektive personzentrierte Ansatz wurde von Rogers konzipiert und sowohl theoretisch als auch im Anwendungsbereich modifizierend weiterentwickelt. Diese Therapieform hat sich für die Behandlung von Kindern und Jugendlichen und auch von Erwachsenen - sowohl im Einzelverfahren als auch in Gruppenform - bewährt.

Nach dem *nichtdirektiven personzentrierten Modell* bilden sich emotionale Störungen aus, wenn Erfahrungs- und Gefühlsbereiche nicht gelebt, abgespalten und verzerrt werden ("frozen wholes"). Es resultiert ein Nichtübereinstimmen von Selbststruktur und Erfahrungen (Inkongruenz) Therapieziel ist die Rückeinbindung dieser ausgegrenzten Bereiche und damit die Aufhebung von Selbstentfremdung. Dies wird therapeutisch ermöglicht durch einen freien emotionalen Erfahrungsraum, der gekennzeichnet ist durch "Bedingungsfreies Akzeptieren", "Einfühlendes Verstehen" und "Echtheit" seitens des Therapeuten.

Diese *drei Therapieprinzipien* bilden die Grundlage des nichtdirektiven Ansatzes und werden über spezifische Therapietechniken realisiert.

"Bedingungsfreies Akzeptieren" beinhaltet Achten und ein grundlegendes Bejahen der Person des Patienten, so daß sich angstvolle, belastende Gefühlsanteile eröffnen können. Das "Bedingungsfreie Aktzeptieren" hat in der Praxis eine tragende atmosphärische Qualität (vgl. auch "holding-function" nach Winnicott, 1987) und wird umgesetzt über Zusichern, Bestätigen und Anerkennen.

Das *"Einfühlende Verstehen"* bedeutet die partielle Teilhabe des Therapeuten am Erleben des Patienten. Die vom Patienten - verbal oder nichtverbal - geäußerten Erlebnisinhalte werden vom Therapeuten in annehmender Weise gespiegelt im Bemühen, den zugrundeliegenden emotinonalen Bedeutungshof zu erfassen und dem Patienten mitzuteilen. Dieses spiegelnde Herauslösen und damit Verdeutlichen emotionaler Erlebensanteile ist Kern des therapeutischen Prozesses. Über diese Verdeutlichungen können angstbesetzte und verbotene Gefühlsbereiche graduell freigelegt und vom Patienten angenommen werden. Der Therapeut ist Sprachrohr der inneren Welt des Patienten, ohne eigene Intentionen beizulegen.

Das Therapieprinzip der *"Echtheit"* meint die freie und offene Kommunikation mit dem Patienten. Im Therapiegeschehen kann es für produktive Entwicklungen notwendig werden, daß der Therapeut eigene Gefühle und eigene Perspektiven einführt. Dies kann geschehen durch Konfrontieren (der Therapeut stellt sein eigenes Bezugssystem dem des Patienten gegenüber, um Wahrnehmungsblockaden (Abwehr) aufzulösen), durch Beziehungsklärung (interaktionsbezogenes Verstehen) oder durch Selbsteinbringen (Selbstöffnen).

Das hier erörterte Modell läßt sich theoretisch und praktisch auf die *spieltherapeutische Behandlung von Kindern* übertragen (vgl. V. Axline 1947, 1972; Schmidtchen 1974). Dem Kind wird für seine verbalen und spielerischen Ausdrucksformen ein lenkungs- und wertungsfreier Raum angeboten, in dem sich seine Wünsche und Affekte zunehmend aktualisieren können. Der Therapeut ist bemüht, die in den Spieläußerungen enthaltenen Gefühle und Gefühlskonstellationen zu ergründen und diese in einfacher, konkreter und kindgerechter Sprache verdeutlichend zu benennen. Der Therapeut ist einfühlender Begleiter in der inneren Welt des Kindes und darauf bedacht, den verletzlichen Vorgang der Selbstbildung nicht zu beeinträchtigen.

Im Zusammenhang mit dem umfassenden Geschehenlassen des kindlichen Spielausdrucks stellt sich die Frage nach der Notwendigkeit von Grenzsetzungen. Grenzen werden - ebenso wie beim tiefenpsychologisch fundierten Vorgehen - explizit bejaht im Sinne von Struktur, Rahmen und Schutz. Extreme affektive Handlungen (z. B. Destruktivität) sollen eingegrenzt und nach Möglichkeit therapeutisch transformiert werden in symbolische Ausdrucksformen. Diese schützen vor Schuldgefühlen und Ängsten und gewähren im Vergleich zur realen Affekthandlung eine

ungleich höhere Ausdrucksintensität. Der Gesamtrahmen der Spieltherapie (z. B. Zeit, Raum, Schutz vor dem unmittelbaren Ausagieren exzessiver Impulse und Affekte) hat eine sinnvoll strukturierende und absichernde Funktion innerhalb des gewaltigen emotionalen Raums, der im therapeutischen Prozeß eröffnet wird. Axline (1972) brachte diesen Vorgang auf die Formel: "Die Therapie in der Welt der Wirklichkeit verankern".

Zur Veranschaulichung der Grundlagen der non-direktiven Spieltherapie erfolgt die Darstellng einer *Kasuistik*.

Kasuistisches Beispiel

Im folgenden seien zur Veranschaulichung des nichtdirektiven kindzentrierten Vorgehens die wesentlichen *Szenen eines Spieltherapieprozesses* aus eigener Praxis vorgestellt:

Infolge der Trennung des Vaters von der Familie bildet sich bei einer knapp 9jährigen Patientin, Einzelkind, eine Schulphobie aus. Sie verweigert den Schulbesuch und vermag sich unter keinen Umständen von der Mutter zu trennen. - In den Anfangssitzungen muß die Mutter im Spieltherapiezimmer anwesend sein. Die Patientin sitzt starr und abwesend auf einem Stuhl und seufzt gelegentlich. Angst, Traurigkeit und inneres Gefangensein werden ihr als emotionale Inhalte in verschiedenen Modulationen verbalisiert. Die Patientin reagiert auf diese Interventionen mit kurzfristigem mimischen Affektausdruck und Blickkontakt, um sogleich wieder in ihre Starre zurückzugehen. In den weiteren Sitzungen stabilisiert sich der Blickkontakt zur Therapeutin, und auch die nonverbalen affektiven Reaktionen im Zusammenhang mit den klärenden Gefühlsbenennungen werden offener und anhaltender.

In der vierten Stunde kommt die Patientin allein, die Mutter wartet draußen. Sie nimmt wiederum in zusammengesunkener Haltung ihren gewohnten Platz ein und beginnt vernehmlich zu seufzen. Die entsprechenden emotionalen Spiegelungen im Sinne von Belastung, Schwere und Trauer lösen heftiges Weinen aus, das bis zum Ende der Stitzung anhält. In den nun folgenden Stunden beginnt das Kind, sich erstmalig im Therapieraum zu bewegen und mit den Spielgegenständen Berührung aufzunehmen. Anfangs gibt es noch keine zusammenhängenden Spielbezüge, es geht ausschließlich um Sicheinlassen, Vertrauen fassen und berührendes Herangehen.

Abb. 10.1 Zeichnung eines 9jährigen Mädchens mit einer Schulphobie. Zu Anfang der Therapie herrschen ängstlich-bedrückte Stimmungen vor.

Abb. 10.2 Zeichnung desselben Mädchens im Verlauf der Therapie: ein Kind erhebt die Hände vor einem zackig geteilten schwarz-grell-roten Hintergrund.

Ein erstes ausgeformtes Spiel findet mit Stofftieren statt, in dem sich überwiegend hilflose *und* bedürftige Gefühlsregungen niederschlagen. Auch ängstlich-bedrückte Stimmungen kommen zum Ausdruck. Ein Benennen dieser Emotionen löst hier und auch in den nachfolgenden Stunden immer wieder anhaltendes Weinen aus. In dieser Phase entstehen spontan schwach konturierte Bleistiftzeichnungen, überwiegend blasse Blumendarstellungen (vgl. Abb. 10.1) Später wendet sich die Patientin dem Handpuppenspiel zu und beginnt nun, große bezugsvolle Spielszenen zu gestalten. Häufig gewählt werden massive Streitszenen zwischen einer männlichen und einer weiblichen Figur, wobei die weibliche deutliche Dominanz aufweist. Im Rahmen dieser Auseinandersetzungsszenen wird eine Stoffkatze schutzsuchend in die Nähe der männlichen Figur gebracht. Die therapeutischen Verbalisierungen greifen die Ängste, die Schuldgefühle und auch den zum Ausdruck gebrachten tiefen Zorn der Patientin auf. Weitere spielerische Darstellungen erfolgen, die immer wieder Anlaß geben zu Verdeutlichungen der Wut auf die Mutter bei gleichzeitiger

Angst vor Verlassenwerden. Später im Spiel werden entsprechend feindselige Regungen ausagiert gegenüber der männlichen Figur.

In dieser Phase entsteht eine Zeichnung in kräftig-abgesetzten Farben: Ein Kind erhebt die Hände vor einem zackig geteilten schwarz-grellroten Hintergrund (vgl. Abb. 10.2).

Unter den *emotionalen Klärungen* im Sinne von Angst, Trauer und Wut entfaltet sich das anfangs eng eingebundene Spiel des Kindes und wird zunehmend produktiver und phantasiereicher. Die phobische Trennungssymptomatik löst sich allmählich auf. Außerhalb der Therapie erfolgen nun vielfältige Auseinandersetzungen mit der Mutter und - zu einem späteren Zeitpunkt - auch mit der Person des Vaters. Die Patientin betont ihr Eigensein und greift umfassende Kontakte zu Gleichaltrigen auf. Die Spieltherapie kann nach einjähriger Behandlungsdauer abgeschlossen werden.

In der hier vorgestellten nichdirektiven Behandlungsmaßnahme wurde das konkret Gefühlte des Kindes und das augenblicklich Erlebte affektiv verdeutlichend gespiegelt. Dies geschah in einem freien emotionalen Erfahrungsraum über akzeptierendes, emphatisches Verstehen. In diesem Rahmen konnten ein weiter emotionaler Klärungsprozeß bewegt und Entwicklungs- und Individualisierungsmöglichkeiten eröffnet werden.

Die *Anwendungseignung des Verfahrens* ist wie folgt einzuordnen: Die nichtdirektive Spieltherapie ist indiziert bei Anpassungs- und Konfliktreaktionen, bei Emotionalstörungen und neurotischen Entwicklungen. Die Annahme, nichtdirektive Psychotherapie sei insbesondere bei leichteren Störungsformen indiziert, läßt sich empirisch nicht halten (vgl. Meyer, 1991). Es wird jedoch zunehmend auf differentielle, d. h. störungsspezifische Behandlungsformen verwiesen (vgl. Sachse, 1992; Speierer, 1993; Grawe et al., 1994).

Der kindzentrierte Ansatz ist *kontraindiziert* bei Patienten mit geringen intellektuellen Fähigkeiten und unzureichendem Selbstbeobachtungsvermögen, ebenso bei Kindern, die fortwährend impulsiv handeln und den Einschränkungen der Therapiesituation nicht gewachsen sind. Grundlage ist die Möglichkeit zur Entwicklung echter Beziehung.

Die nichtdirektive Spieltherapie setzt sich sowohl theoretisch als auch therapietechnisch von den tiefenpsychologisch fundierten Verfahren ab, die nachfolgend gegenübergestellt werden sollen. Allerdings hat die neuere Psychotherapieforschung vielfache Überschneidungen und gemeinsame, allgemeine Wirkfaktoren der unterschiedlichen Therapierichtungen belegt (z. B. Aufnehmen einer affektiv bedeutsamen Beziehung, Einsicht in emotionale Vorgänge, Auflösen verfestigter Erlebens- und Verhaltensmuster und korrigierende emotionale Erfahrungen und Umstrukturierungen (vgl. dazu Pfeiffer, 1991; Tscheulin, 1992; Enke, Czogalik; 1993).

10.3 Die tiefenpsychologisch fundierte Spieltherapie

Nach tiefenpsychologischer Konzeption werden Symptome zugrundeliegenden, *unbewußten Konfliktbezügen* zugeordnet. Im Therapiegeschehen gilt es, diese im Spiel symbolisch gebundenen latenten Konflikte herauszulösen, zu verdeutlichen und bewußt zu machen. Zur analytischen Kindertherapie lieferte Freud erste Ansätze (Interpretation von Kinderträumen; Analyse der Pferdephobie eines Kindes). Auch Adler, Jung, Ferenczi und Abraham in ihren Modifizierungen der Freudschen Psychoanalyse unternahmen erste Versuche, ihre Konzepte auf den Bereich der Kinderpsychopathologie zu übertragen.

Die psychoanalytische Kindertherapie als Spieltherapie wurde theoretisch und praktisch entscheidend entwickelt und geprägt von Anna Freud, Melanie Klein, Hans Zulliger, Donald W. Winnicott und Annemarie Dührssen. Die Autoren unterscheiden sich sowohl in ihren Grundkonzeptionen als auch in ihren technischen Vorgehensweisen (diese sind in Tabelle 10.1 wiedergegeben).

Alle aufgeführten Autoren legen bei abweichenden konzeptuellen Schwerpunkten eine *unbewußte Konfliktdynamik* zugrunde, auf die therapietechnisch unterschiedlich eingegangen wird. Tiefenpsychologische Bearbeitung im Rahmen von Kindertherapie läßt sich vollziehen in Form von klassischen Verbaldeutungen (M. Klein, 1987), aufdeckendem-symbolischen Mitagieren (Zulliger, 1988; Winnicott, 1987), stützendem und pädagogischem Begleiten auf der Grundlage kathartisch-adaptiver Prozesse im Spiel (A. Freud, 1980) und in Form von klärendem, explizit verhaltenssteuerndem Vorgehen (A. Dührssen, 1980). Alle diese Verfahren lassen sich trotz ihrer Unterschiedlichkeit für die Kindertherapie gewinnbringend einsetzen. Für die klinische Praxis erscheint es sinnvoll, die verschiedenen konzeptuellen und therapietechnischen Positionen integrativ aufzugreifen und auch differentiell anzuwenden.

Tabelle 10.1 Grundkonzeptionen und technische Vorgehensweisen der psychoanalytischen Kinder- und Spieltherapie

AUTOR:	THERAPIEKONZEPT:	THERAPIETECHNIK:
A. FREUD	Analytisches Grundkonzept unter Verquickung von therapeutischen und pädagogischen Elementen. Betonen der Bedürfnisfundierung zwischen Therapeut und Patient.	Keine Interpretationen. Spielhandlungen setzen Konflikte frei, die sich symbolisch verdeutlichen und karthatisch-adaptiv lösen.
M. KLEIN	Modifikation der klassischen Psychoanalyse: postuliert frühe Teilobjektbeziehungen mit heftigen Affektmobilisierungen, denen über Introjektionen bzw. Spaltungen begegnet wird.	Triebregungen, Ängste und Phantasien in den Spielproduktionen werden unmittelbar verbal gedeutet mit dem Ziel der Bewußtmachung und Angstminderung.
ZULLIGER	Psychoanalytische Position, die stark pädagogisch-lenkend ausgerichtet ist.	Kein verbales Deuten. Therapiemittel: symbolisch-aufdeckendes Eingreifen in das Spielgeschehen (Mitargieren).
WINNICOTT	Modifizierung der Psychoanalyse: Verbinden von stützenden, deutenden, fordernden Elementen. Primär ist nicht die Einsichtsvermittlung, sondern die korrigierende Beziehungserfahrung.	Symbolisches Mitagieren und Deuten zur Bearbeitung frühkindlicher Konflikte i.S. von Bindung und Trennung. Realisierung von tragenden und fordernden Elementen.
A. DÜHRSSEN	Neoanalytisches Konzept: geringes Betonen der unbewußten Konstellationen. Der Akzent liegt auf praktisch-pädagogischen Elementen.	Bieten eines expansiven Raums für gehemmte Antriebsbereiche. Klärende, kompensierende und verhaltensanleitende Funktion des Therapeuten.

10.4 Indikation

Die tiefenpsychologisch fundierte Spieltherapie weist ein *Indikationsfeld* auf, das dem nichtdirektiven Vorgehen analog ist: Konfliktreaktionen, Emotionalstörungen, neurotische Ausformungen und psychosomatische Krankheitsbilder. Grundlegende Voraussetzung für ihre Anwendung ist die Beziehungsfähigkeit des Kindes. Liegen deutliche Einbindungen der kindlichen Symptomatik in familiäre Konflikte vor, ist also das Kind nicht "der eigentliche Patient", ist eher ein familientherapeutisches Vorgehen angemessen.

Nicht anwendbar ist die tiefenpsychologische Methode bei Kindern mit unzureichenden intellektuellen Fähigkeiten, niedriger Versagungstoleranz, geringen Aufschub- und Sublimierungsmöglichkeiten und bei schwacher Realitätsstrukturierung. Nicht analysegeeignet sind weiterhin Kinder, die nie angemessene Bindungen entwickelt haben.

10.5 Zur Evaluation

Die empirische Effektivitätsforschung zur Kinderpsychotherapie ist wenig umfassend und vielfach methodisch unbefriedigend. Häufig wird auf die *subjektive Evidenz von Behandlungserfolgen* verwiesen und diese für ausreichend erklärt. Andererseits wird die nicht faßbare Komplexität des therapeutischen Prozesses angeführt, die Operationalisierungen und exakt quantifizierende Methoden erschwere.

Zur globalen Behandlungswirksamkeit des nichtdirektiven kindzentrierten Vorgehens liegen verschiedene empirische Belege vor (vgl. Schmidtchen, 1989; Goetze und Jaede 1974), ebenso zur Wirksamkeit tiefenpsychologischer Behandlungen (vgl. Fisher und Greenberg 1977). Tendenziell hat sich jedoch die neuere Forschungsperspektive wegverlagert von der punktuellen Ergebnisforschung einzelner Therapierichtungen. Sie hat sich vielmehr übergreifenden, metaanalytischen Verfahren zugewandt, um die Effektivität unterschiedlicher Psychotherapieformen empirisch zu werten.

Dabei erweisen sich sowohl die *tiefenpsychologisch fundierten als auch die nichtdirektiven Verfahren* - ungeachtet ihrer theoretischen und praktischen Diversität - als behandlungswirksam. Hinsichtlich des Ausmaßes der therapeutischen Effektivität kommen die einzelnen Studien zu unterschiedlichen Ergebnissen (vgl. Luborsky, Singer, Luborsky 1975; Smith, Glass, Miller 1980; Meyer et al. 1991; Enke, Czogalik 1993). Eine strukturelle Auswertung der metaanalytischen Forschungsbefunde erbringt, daß in allen Therapieverfahren die Behandlungswirkung bestimmt wird durch die Therapeut-Patient-Beziehung. Konzept- und technikübergreifend kommt also der Konstruktivität der therapeutischen Beziehung eine vorrangige Bedeutung zu.

Weiterführende Literatur:

Goetze, H., Jaede, W.: Die nichtdirektive Spieltherapie. Kindler, München 1974.
Schmidtchen, S.: Kinderpsychotherapie. Kohlhammer, Stuttgart 1989.
Axline, V.: Kinderspieltherapie im nicht-direktiven Verfahren. Reinhardt, München 1972.

Literatur

Axline, V.: Kinderspieltherapie im nichtdirektiven Verfahren. Reinhard, München 1972.
Axline, V.: Play Therapy. Houghton-Mifflin, Boston 1947.
Dührssen, A.: Analytische Psychotherapie in Theorie, Praxis und Ergebnissen. Vandenhoeck & Ruprecht, Göttingen 1972
Dührssen, A.: Psychotherapie bei Kindern und Jugendlichen, 6. Aufl. Vandenhoek & Ruprecht, Göttingen 1980.
Enke, H.; Czogalik, D.: Allgemeine und spezifische Wirkfaktoren in der Psychotherapie. Stuttgart 1993.
Finke, J.: Empathie und Interaktion. Thieme, Stuttgart 1994.
Fisher, S.; Greenberg, R.P.: The Scientific Credibility of Freud's Theories and Therapies. New York 1977.
Freud, A.: Einführung in die Technik der Kinderanalyse, 3.Aufl. Kindler, München 1980.
Goetze, H.; Jaede, W.: Die nichtdirektive Spieltherapie. Kindler, München 1974.
Grawe, K. ; Donati, R.; Bernauer, F.: Psychotherapie im Wandel. Von der Konfession zur Profession. 3. Aufl. Hogrefe, Göttingen 1994.
Klein, M.: Die Psychoanalyse des Kindes. Fischer, Frankfurt 1987.
Luborsky, D.H.; Singer, B.; Luborsky, L.: Comparative Studies of Psychotherapy. Archives of General Psychiatry 32, 995-1008, 1975.
Malan, D. H.: The Outcome Problem in Psychotherapy Research. Archives of General Psychiatry 29, 719-729, 1973.
Meyer, A. E.; Richter, R.; Grawe, K.; Graf v.d. Schulenburg, J.-M.; Schulte, B.: Forschungsgutachten zu Fragen eines Psychotherapeutengesetzes. Universitäts-Krankenhaus Hamburg-Eppendorf 1991.
Pfeiffer; W.M.: Krankheit und zwischenmenschliche Beziehung. Asanger, Heidelberg 1991.
Rogers, C.R.: Client-Centred Therapy. Mifflin, Boston 1951.
Sachse, R.: Zielorientierte Gesprächspsychotherapie. Hogrefe, Göttingen 1992.
Schmidtchen, S.: Kinderpsychotherapie. Kohlhammer, Stuttgart 1989.
Smith, M.L.; Glass, G.V.; Miller, R.I.: The Benefits of Psychotherapy. John Hopkins University Press, Baltimore 1980.
Speierer, G.W.: Zur Krankheitslehre der Gesprächspsychotherapie. Asanger, Heidelberg 1993.
Tscheulin, D.: Wirkfaktoren psychotherpeutischer Intervention. Hogrefe, Göttingen 1992.
Winnicott, D.W.: Reifungsprozesse und fördernde Umwelt. Kindler, München 1974.
Winnicott, D.W.: Vom Spiel zur Kreativität. Klett-Cotta, Stuttgart 1987.
Zulliger, H.: Die Angst unserer Kinder. Fischer TB, Frankfurt 1981.
Zulliger, H.: Die deutungsfreie psychoanalytische Kinderpsychotherapie. Fischer TB, Frankfurt 1988.
Zulliger, H.: Kinderpsychotherapie ohne Deutung unbewußter Inhalte. Psyche 5, 581-597, 1952.

11. Gesprächszentrierte Psychotherapieformen

Gerhard Niebergall

11.1 Einleitung

Mit dem Begriff *"Gesprächspsychotherapie"* wird seit der Einführung dieser Therapiemethode durch Tausch (1968) in Deutschland die Psychotherapie bezeichnet, die ursprünglich von Rogers (1951) i.S. der *"client-centered-therapy"* entwickelt wurde. Diese Festlegung auf eine Therapieform mittels der Sprache stimmt jedoch nicht mit den tatsächlichen Anwendungsmodalitäten überein, denn der Sache nach fallen "alle verbalen dialogischen Methoden in gleicher Weise unter den Begriff Gesprächspsychotherapie" (Kind, 1982).

Das Gemeinsame dieser Therapieformen besteht darin, daß das therapeutische Gespräch das psychologische Mittel ist, um, nach Wolberg (1967), (1) bestehende Symptome zu beseitigen, zu modifizieren oder zu mildern, (2) gestörte Verhaltensweisen zu wandeln und (3) die günstige Reifung und Entwicklung der Person zu fördern (zitiert nach Kind, 1982).

Nach einer Übersicht von Kind (1982) können bei therapeutischen Gesprächsformen Unterscheidungen nach dem *Grad der direkten Einflußnahme auf den Patienten* getroffen werden (siehe Abb. 11.1).

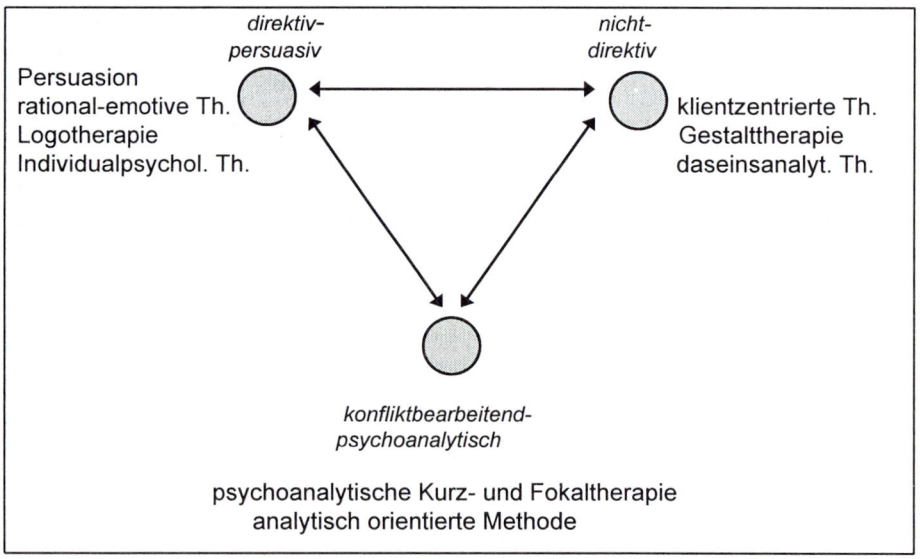

Abb. 11.1 Ausprägung der direkten Einflußnahme einzelner Psychotherapieformen (aus Kind 1982)

Dabei ist die klientenzentrierte Therapie "nicht-direktiv", direktiv nach dieser Übersicht sind z.B. die rational-emotive Therapie, eine mittlere Stellung in dieser Hinsicht nehmen konfliktbearbeitende und psychoanalytische Therapieformen ein.

In der *klinischen Praxis*, nicht zuletzt bei Patienten im Adoleszentenalter, hat es sich bewährt, den Versuch der ausschließlichen Anwendung jeweils einer bestimmten Therapieschule oder Therapietheorie aufzugeben, statt dessen flexibel auf die jeweiligen individuellen Eigenarten der Patienten einzugehen und die Problematik mit ihnen in der dafür angemessenen Therapieform zu behandeln. Ein zu starres Ausrichten im Gesprächsverlauf nach einer bestimmten Therapieform könnte dazu führen, daß sich ein jugendlicher Patient nicht ernstgenommen oder mißverstanden fühlt.

Bei der *praktischen Durchführung* einer verbalen Psychotherapie mit Adoleszenten fließen mehrere theoretische Aspekte über diesen Entwicklungsabschnitt zusammen, die in diesem Buch in einleitenden Kapiteln dargestellt wurden (siehe Kapitel 1,3,6). Dabei kennzeichnen die von Rogers hervorgehobenen wirksamen Merkmale bei einer Psychotherapie besonders den *Aspekt der Beziehung* zwischen Patienten (Klienten) und den Therapeuten. Diese *therapeutische Grundhaltung* ist jedoch keine ausschließliche Besonderheit der klientenzentrierten Psychotherapie, von den entsprechenden Autoren wurde sie jedoch als besonders wirkungsvoll herausgearbeitet. Im einzelnen lassen sie sich nach Tausch (1968) folgendermaßen beschreiben:

1. *positive Wertschätzung* sowie emotionale Wärme des Therapeuten für den Klienten;
2. *empathisches Verstehen* und Bemühen, das Verstandene dem Klienten in geeigneter Weise mitzuteilen;
3. *Kongruenz* (Echtheit und Integration) im Verhalten gegenüber dem Klienten.

Dabei verhelfen die innere Anteilnahme des Therapeuten, sein aktives Bemühen, die Konkretheit seiner Aussagen, die Anschaulichkeit seiner Sprache und besonders die *"Verbalisierung emotionaler Erlebnisinhalte"* des Patienten dazu, daß sich dieser verstanden fühlt und auf diese Weise lernt, sich selbst besser kennenzulernen und z.B. bis dahin nicht akzeptierte Anteile seiner eigenen Persönlichkeit anzunehmen und zu integrieren. Dieser Prozeß stelle eine wichtige Vor-

aussetzung für die Fähigkeit dar, im Sinn der *"fully functioning person"* (Rogers) in Kongruenz mit seiner eigenen Persönlichkeit sich wandelnden Umgebungsfaktoren anpassen zu können, womit nicht opportunistisches Verhalten, sondern eine wirkungsvolle und konstruktive Auseinandersetzung zwischen der Persönlichkeit des Klienten und eben diesen Faktoren gemeint ist. Dabei wirken sich *kathartische Abreaktionen* günstig aus, da sie zu einer Freiwerdung lange aufgestauter und nicht erlebter Emotionen führen können. Die Verbalisierung emotionaler Erlebnisinhalte bewirkt eine als therapeutisch effektiv beschriebene *Selbstexploration* und verstärkt die *Selbstheilungstendenz* der Klienten.

Mit der psychotherapeutischen Behandlung von Jugendlichen ist das *Grundkonzept der klientenzentrierten Therapie*, das aus dem folgenden Zitat von Rogers (1977) hervorgeht, gut vereinbar: "Die klientenzentrierte Orientierung ist eine sich ständig weiterentwickelnde Form der zwischenmenschlichen Beziehung, die Wachstum und Veränderung fördert. Sie geht von folgender Grundannahme aus: Jedem Menschen ist ein Wachstumspotential zu eigen, das in der Beziehung zu einer Einzelperson (etwa einem Therapeuten) freigesetzt werden kann. Voraussetzung ist, daß diese andere Person ihr eigenes reales Sein, ihre emotionale Zuwendung und ein höchst sensibles, nicht urteilendes Verstehen in sich selbst erfährt, zugleich aber dem Klienten mitteilt. Das Einzigartige dieses therapeutischen Ansatzes besteht darin, daß sein Schwerpunkt mehr auf dem Prozeß der Beziehung selbst als auf den Symptomen oder ihrer Behandlung liegt."

In diesem Zitat kommt auch die überragende *Rolle der Persönlichkeit bzw. der Grundhaltung des Therapeuten* für den Behandlungsprozeß zum Ausdruck. Nach Remschmidt (1992) übernimmt der Therapeut in der *Therapie mit Jugendlichen* "die Rolle eines freundschaftlichen Begleiters, der Verständnis für ihre Schwierigkeiten und Probleme hat und ihnen über die Reflektion von Gefühlen, Wahrnehmungen und Schwierigkeiten dazu verhilft, einen eigenen Weg zu finden. Entsprechend erteilt er keine Ratschläge, sondern ist darauf bedacht, daß der Klient selbst den ihm gemäßen Weg findet. Wenn der Therapeut im Sinne der Echtheit und Kongruenz agiert, so kommen natürlich auch seine eigenen Probleme zum Ausdruck, und der Jugendliche wird nie den Eindruck gewinnen, als sei der Therapeut makellos und perfekt. Dies erhöht seine Glaubwürdigkeit."

In gewisser Weise durchlaufen der Therapeut und sein (jugendlicher) Klient einen gemeinsamen Prozeß, wobei der Klient lernt, "seine Aufmerksamkeit auf das unmittelbar vor sich gehende Erleben und die damit verbundenen, gefühlhaft körperlichen Vorgänge zu richten, die mit einer für ihn relevanten Person, einem Gegenstand oder einer Situation verbunden sind" (Kind, 1982). Dieser Prozeß, von Rogers "experiencing" genannt, ist im weitesten Sinne eine *"Erlebenstherapie"*. Tausch, einer der wesentlichen Gründer der "wissenschaftlichen Gesprächspsychotherapie" in Deutschland, bezeichnete diesen Vorgang mit *"emotionalem Durcharbeiten"* (1968).

Daraus geht auch hervor, daß im Unterschied zu psychoanalytischem Vorgehen der Ansatz der klientenzentrierten Psychotherapie sich auf Probleme und Erlebnisformen konzentriert, die in der *Gegenwart* von Bedeutung sind. Vergangenes wird in der Therapie nur dann behandelt, wenn es vom Klienten selbst angesprochen wird. So stehen bei der Gesprächstherapie mit Jugendlichen *Inhalte* wie Alltagssorgen und Probleme in Partnerbeziehungen, Schwierigkeiten in der Schule und am Arbeitsplatz, Konflikte mit den Eltern und Geschwistern, Zukunftssorgen etc. im Mittelpunkt.

11.2 Zur Indikation und Kontraindikation

Die Methode der klientenzentrierten Psychotherapie wurde von Rogers im wesentlichen in der Erziehungs-, Jugend- und Studentenberatung entwickelt. Sie eignet sich für Störungen in diesem Bereich am besten. Sie kann auch bei *Identitätskrisen* im Jugendalter, bei *schulischen und beruflichen Leistungsstörungen* und *akuten Konfliktreaktionen* sowie bei *dissozialen Verhaltensweisen* angewendet werden. Um eine Psychotherapie mit Jugendlichen erfolgreich zu gestalten, sollten bei ihnen bestimmte *individuelle Voraussetzungen* vorhanden sein. Dies sind ein *Mindestmaß an Introspektions- und Selbstexplorationsfähigkeit*, die Möglichkeit, Gefühlszustände in eine verbale Kommunikation umzusetzen und das in den Therapiestunden Gelernte in reale Lebenssituationen zu transferieren.

Für *schwerwiegende psychiatrische Erkrankungen* (ausgeprägte neurotische Störungen, schizophrene Psychosen) ist sie ebenso wie andere psychotherapeutische Verfahren jedoch *nicht die Methode der Wahl*. Sie eignet sich auch weniger zur Behandlung psychosomatischer Erkrankungen. Dies hängt sowohl mit ihrem Zugangsmodus zusammen als auch mit ihrem Selbstverständnis als Kurzpsychotherapie, die in der Regel auf 20 bis 25 Gesprächskontakte begrenzt wird (nach Remschmidt, 1992). Andererseits sind psychotherapeutische Verfahren geeignet, Patienten, bei denen eine mehrjährige psychiatrische Behandlung erforderlich ist, psychologisch zu begleiten und zu führen.

Bei der *praktischen Durchführung* einer Psychotherapie mit Jugendlichen hat es sich bewährt, einen *eklektischen Zugang* zu wählen und theorieübergreifende Integrationen verschiedener Methoden vorzunehmen. Je nach theoretischer und praktischer Ausrichtung werden einzelne Therapeuten ihre Schwerpunkte setzen, doch bei der Durchführung einer verbalen Psychotherapie im Adoleszentenalter existieren einige Besonderheiten und Probleme.

11.3 Zur praktischen Durchführung einer verbalen Psychotherapie

Bei Jugendlichen ist zunächst allgemein zu beachten, daß nach einer Studie von Seiffge-Krenke (1986) die "Präferenzen für verschiedene Enthüllungspartner" zwischen dem Alter von 12 und 17 Jahren stark wechseln und in der spontanen Bevorzugung die Eltern und andere Erwachsene seltener Gesprächspartner werden, dagegen Gleichaltrige zunehmend an Bedeutung gewinnen. Dieselbe Autorin fand gleichfalls Unterschiede in der *"Eigenbereitschaft zur Psychotherapie"* zwischen männlichen und weiblichen Jugendlichen, wobei die Bereitschaft bei der letzteren Gruppe deutlich höher war. Weiter sollte nicht unterschätzt werden, daß die Entwicklungsphase der Adoleszenz durch mehrere *phasentypische Eigenarten* gekennzeichnet ist, die gleichfalls in der Gesprächstherapie eine Rolle spielen; diese sind in einem "Fünf-Phasen-Modell" von Blos (1962) zusammengestellt worden (siehe Kapitel 6). Diese Entwicklungsphasen bringen typische Probleme und Konflikte mit sich. Es finden intensive *Auseinandersetzungen mit dem gesellschaftlichen Normensystem*, das für Jugendliche auch durch ihre Eltern vertreten wird, statt, oft begleitet durch eine *Ablösung der Jugend-*

lichen von der Familie. So befindet sich ein Therapeut nicht selten aus der Sicht des jugendlichen Patienten in der Rolle des Vertreters des gesellschaftlichen Normensystems. Die Konflikte des Jugendlichen dabei werden in der Beziehung zum Therapeuten übertragen, so daß diesem zunächst eine mißtrauische und abwehrende Haltung entgegengebracht wird. Diese und andere Probleme lassen sich mit der *Zeitachse des Therapieverlaufs* in Verbindung bringen. Lippitt (1961) teilte den Ablauf einer Psychotherapie in fünf Phasen auf:

1. Entwicklung eines Veränderungsbedürfnisses,
2. Aufbau einer Beziehung,
3. Veränderungsarbeit,
4. Stabilisierung der Änderung,
5. Beendigung der Beziehung.

Zur „Entwicklung eines Veränderungsbedürfnisses"

Vor Beginn einer regelrechten Psychotherapie sollten Fragen bezüglich der Frequenz der Therapiestunden, der Gesamtdauer der Behandlung sowie der Inhalte der Therapie mit dem Jugendlichen und seinen Eltern besprochen werden. Für den Therapeuten selbst ist es wichtig, sich über weitere Gesichtspunkte wie *Leidensdruck des Patienten* und seiner Eltern, der Mitarbeitsbereitschaft, *Verbalisationsfähigkeit* und der Notwendigkeit ergänzender Therapiemaßnahmen Klarheit zu verschaffen. Die gesamte Dauer von gesprächstherapeutischen Maßnahmen ist oft zu Beginn eines Behandlungsverlaufes nicht sicher einzuschätzen. Klinische Erfahrungen zeigen, daß bei umschriebenen Symptomen und krisenhaften Entwicklungen in der Adoleszenz relativ wenige Gesprächsstunden im Sinne einer *"Fokaltherapie"* ausreichend sein können (15 bis 20 Stunden), andererseits existieren Krankheitsverläufe, z.B. bei Patientinnen mit einer Anorexia nervosa, die eine - begleitende - mehrjährige psychotherapeutische Behandlung erforderlich machen.

Die Initiative für die Therapie bei Kindern und Jugendlichen geht oft von den Eltern aus. Diese nehmen nicht selten an, einen Teil der "Schuld" bei der Entstehung einer psychischen Symptomatik ihrer Kinder zu haben. Eine entsprechende Beratung bei diesen Fragen sollte zu einer *Entlastung der Eltern* führen, um eine günstige Voraussetzung für die Psychotherapie zu schaffen.

Das *Veränderungsbedürfnis eines Jugendlichen* wird wesentlich durch den subjektiv empfundenen Leidensdruck bestimmt. Doch zeigen sich hier nicht selten erhebliche Probleme, die darin bestehen, daß die Jugendlichen unter ihrer eigenen psychischen Symptomatik weniger leiden als die unmittelbaren Bezugspersonen und die *Motivation für eine Psychotherapie* dann eher von den letztgenannten ausgeht. Dieser Umstand beeinträchtigt die Kooperationsmöglichkeiten, da die Jugendlichen dann keinen Sinn in einer Psychotherapie sehen und sich dagegen wehren.

In dieser Phase sollte sich der Therapeut darum bemühen, das *Vertrauen des Jugendlichen* zu gewinnen, indem er eine möglichst angstfreie Atmosphäre herstellt, eine absolute Vertraulichkeit (Schweigepflicht) zusichert, klare Regelungen der *Dreiecksbeziehung Patient - Therapeut - Eltern* schafft und eine Probezeit vereinbart.

Der Therapeut sollte nicht in die Rolle eines *"Elternsurrogats"* geraten, andererseits die Bildung einer *Allianz mit dem Jugendlichen* gegen seine Eltern ebenso vermeiden. Um das Vertrauensverhältnis zu festigen, sollte man sich darum bemühen, mit dem Jugendlichen zusammen ein *Therapieziel* festzulegen und ihm offen darzulegen, welche realistischen Erwartungen für eine Psychotherapie bestehen. Mit der Festlegung eines Therapieziels, das von der Symptomatik abhängig ist, ist auch die Wahl der *Therapiemethode* eng verknüpft. Dabei ist es für den Therapeuten wichtig, seine *Handlungsfreiheit* zu wahren und sich weder von den Eltern, anderen Bezugspersonen oder dem Jugendlichen selbst auf bestimmte Abmachungen und Methoden festlegen zu lassen.

Das Vertrauen in die Möglichkeiten einer Psychotherapie wird auch durch die vorhandene *Kompetenz des Therapeuten* verstärkt. Diese ergibt sich für die Patienten z.B. daraus, ob er in der Lage ist, eine zutreffende *Prognose* zu stellen. Deshalb ist es zu Beginn einer Psychotherapie angebracht, auf einen im allgemeinen *wechselhaften Verlauf der Behandlung* hinzuweisen. So zeigt die Erfahrung bei der Anwendung psychotherapeutischer Maßnahmen, daß sich nicht selten in der Anfangsphase eine Entlastung in der Familie, ein Nachlassen der Symptomatik und eine Erleichterung bei dem Patienten einstellen, sich diese Erfolge jedoch nicht konstant stabilisieren lassen. Vielmehr ist zu erwarten, daß es in den anschließenden Phasen der Behandlung zu *Krisen und einem erneuten Symptomanstieg* kommen kann. *Krisen im psychotherapeutischen Behand-*

lungsverlauf sind zu erwarten. Sie sind kein Grund zur Resignation, gegebenenfalls ein Anlaß zur gemeinsamen Reflektion über die Ursachen derselben und die Wahl der Behandlungsmethode. Ein eventuell vorgenommener *Wechsel der Behandlungsmethode* sollte jedoch nicht nur theoretisch begründet sein, er muß dem Patienten auch plausibel vermittelt werden, da er sich sonst möglicherweise als "Versuchskaninchen" vorkommt.

Bei der Entstehung des Vertrauensverhältnisses zwischen Patient und Therapeut spielt auch die *"Kompatibilität der Persönlichkeitsstrukturen"* zwischen ihnen eine Rolle. Auf tiefenpsychologischer Basis hat Riemann (1961) diese Problematik anschaulich dargestellt. Er beschrieb vier Persönlichkeitsstrukturen, die sich besonders im *Umgang mit Ängsten* voneinander unterscheiden. Dies sind die *schizoide*, die *depressive*, die *hysterische* und die *zwanghafte Persönlichkeit*. Treffen nun im Rahmen einer dyadischen Psychotherapiesituation bestimmte Persönlichkeitsstrukturen aufeinander, kommt es zu einer

typischen Dynamik. Um diese zu veranschaulichen, lassen sich die Persönlichkeitstypen polar anordnen und auf einer Tiefendimension miteinander in Verbindung bringen (Geßlein, 1969; Abb. 11.2).

So ist eine schizoide Persönlichkeit polar auf der *Dimension der Beziehung* einer depressiven Persönlichkeit gegenübergesetzt vorstellbar. Vergleichbares trifft für eine hysterische und zwanghafte Persönlichkeit auf der *Tiefendimension der Ordnung* zu. Nun läßt sich aus dieser Übersicht erschließen, daß die besonders charakteristischen Merkmale einer Persönlichkeitsstruktur zu mehr oder weniger regelmäßigen Schwierigkeiten mit anderen Persönlichkeitsstrukturen führen. So wird z.B. ein *schizoid strukturierter Therapeut* auf eine relativ große Distanz zu einem *depressiv strukturierten Jugendlichen* in der Therapie Wert legen, dieser wird sich rasch unverstanden fühlen, da er mehr oder weniger unbewußt auf der Suche nach Nähe und Geborgenheit ist.

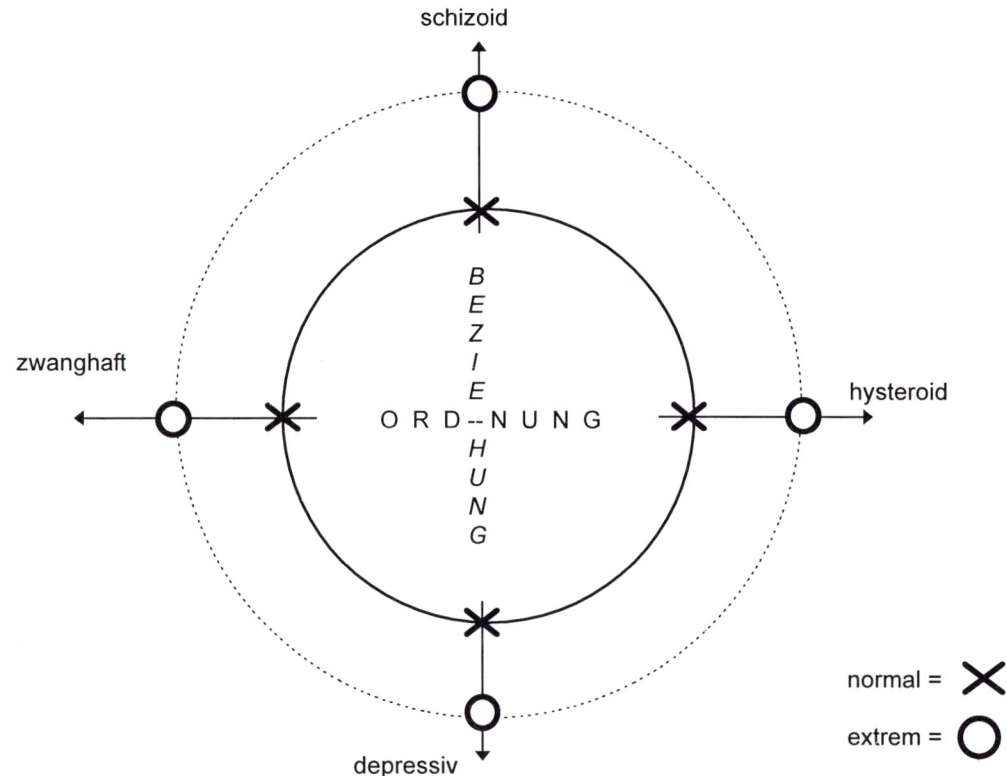

Abb. 11.2 Typologisches Diagramm (nach Geßlein 1969)

Auf der Ebene der Ordnung läßt sich vorhersagen, daß typische Schwierigkeiten zwischen einem eher *zwanghaften Therapeuten* und einem *hysterischen jugendlichen Patienten* entstehen. Ein zwanghaft strukturierter Therapeut wird Mühe haben, chaotische, die Normen des gesellschaftlichen Zusammenlebens verletzende Verhaltensweisen eines jugendlichen Patienten hinzunehmen. Umgekehrt verstärkt ein hysterisch strukturierter Therapeut bei einem zwanghaften Jugendlichen Ängste, wenn er dessen Vorlieben für Ordnung, Regelhaftigkeit und Rituale zu modifizieren versucht, ohne nachvollziehen zu können, daß diese Mechanismen ein Schutz für den Patienten vor befürchteten Ereignissen sind. In der Realität ist dieses Modell natürlich noch komplizierter, da es sich hierbei lediglich um die Beschreibung von Idealtypen der Persönlichkeit im Umgang mit Grundängsten handelt.

Von Bedeutung sind auch während „der Entwicklung eines Veränderungsbedürfnisses" die *Inhalte einer Gesprächstherapie*. Viele Jugendliche diskutieren gern, sie sehen aber wenig Sinn und Nutzen darin, Therapiegespräche mit dem Ziel zu führen, ihre problematische Lage zu verbessern. Deshalb sind sie besonders zu Beginn einer längerdauernden Gesprächstherapie überfordert, wenn von ihnen allein erwartet wird, die Inhalte der Behandlungsstunden zu bestimmen. Besonders während der Phase der *Entstehung eines Vertrauensverhältnisses* ist es wichtig, dem Jugendlichen eine innere Sicherheit in den Gesprächen zu vermitteln. Dies läßt sich technisch unter anderem dadurch erreichen, daß Inhalte der Gesprächstherapie - etwa im Sinne der *"themenzentrierten Interaktion"* von Ruth Cohn (vgl. Kind, 1982) - vorgegeben werden. Zunächst sind dies in der Regel die Anlässe, die zur ursprünglichen Vorstellung des Patienten geführt haben. Dabei ist die Einstellung Jugendlicher zu ihren *psychischen Symptomen* individuell sehr unterschiedlich. Nicht wenige stehen diesen ratlos gegenüber, z.B. Patienten mit einer Zwangssymptomatik (vgl. Kapitel 17), die eigenen "Theorien" über die Entstehung der Symptomatik sind dabei mehr oder weniger realistisch. Im Unterschied zu der *"Abstinenzregel"* bei der psychoanalytischen Therapie hat sich in diesem Zusammenhang in der psychotherapeutischen Arbeit mit Jugendlichen bewährt, die Zusammenhänge zwischen der Symptomatik, den Ursachen (Konflikten) dafür und den wissenschaftlich-theoretischen Vorstellungen zu klären. Auch hierbei führt das Bemühen des Therapeuten, gemeinsam mit dem Jugendlichen die Entwicklung seiner Symptomatik zu verstehen, dazu, daß sich dieser akzeptiert fühlt. So entstehen ein *Vertrauensverhältnis und eine Bindung zwischen dem Patienten und dem Therapeuten*, welche die notwendige Grundlage für den gesamten Behandlungsprozeß darstellen. Es ist dann möglich, den Jugendlichen mit unerfreulichen Situationen und Realitäten seines Alltagslebens, gegebenenfalls seiner Persönlichkeit, zu konfrontieren. Bewertende und tadelnde Äußerungen sind jedoch zu vermeiden. Lob und Anerkennung führen andererseits zu einer Selbstwerterhöhung. Die Bindungsfähigkeit des Patienten ist für den gesamten Therapieverlauf sowie für den Aufbau einer Beziehung mit entscheidend.

Die für eine Psychotherapie mit Jugendlichen wirksamen Faktoren stellten Lehmkuhl et al. (1992) in einer Abbildung (Abb. 11.3) übersichtlich dar.

Zu dem „Aufbau einer Beziehung"

Bei dem Aufbau einer Beziehung ist es angebracht, wie überhaupt in der gesamten Psychotherapie mit Jugendlichen, flexibel auf die jeweiligen *Entwicklungsetappen im Therapieverlauf* zu reagieren und z.B. nicht allein Gespräche, sondern auch Spiele, Spaziergänge und andere gemeinsame Aktivitäten durchzuführen. Werden Therapiegespräche geführt, ist es von Vorteil, sich die *Interessen und Vorlieben* des Jugendlichen schildern zu lassen. Dies führt nicht nur zur Vertiefung der Beziehung, sondern ermöglicht Einblicke in die Fähigkeiten und Energien des Jugendlichen, die im Sinne von *Selbstheilungstendenzen* genutzt werden können, um ein Therapieziel, eine größere *Selbständigkeit und das Bewältigen von Problemen aus eigenen Kräften,* zu erreichen.

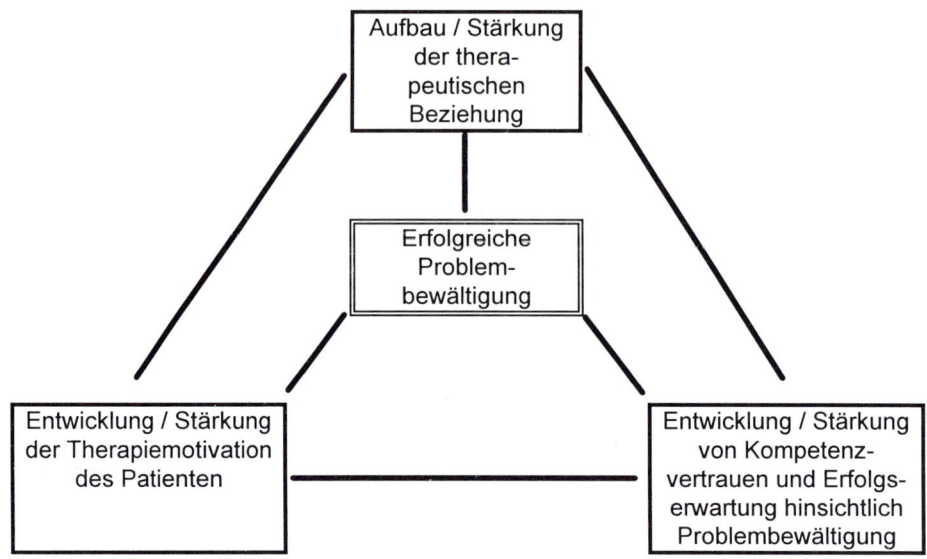

Abb. 11.3 Wirkfaktoren der Psychotherapie (nach Lehmkuhl et al. 1992)

In dieser, meist noch labilen Phase des Aufbaus einer Beziehung, ist für den Therapeuten zu beachten, daß ein jugendlicher Patient ihn als *Vertreter gesellschaftlicher Normen* oder als Beauftragten seiner Eltern erlebt und deshalb mißtrauisch auf ihn reagiert. Dies könnte bereits früh zu einem Abbruch der Therapie führen. Gelingt der Aufbau einer Beziehung, dann ist das Arbeitsbündnis oft tragfähig für eine mehrmonatige Psychotherapie. Doch ist es andererseits durch verschiedene Einflüsse gefährdet, besonders durch die Eltern, wenn sie mit dem Therapieverlauf und den Veränderungen des Patienten nicht einverstanden sind. Müller-Küppers (1988) prägte in diesem Zusammenhang den Begriff des *"doppelten Arbeitsbündnisses"*, womit er meinte, daß der Therapeut für die Entstehung eines Vertrauensverhältnisses sowohl zu dem jugendlichen Patienten als auch zu seinen Eltern sorgen sollte.

Für die Therapietechnik ist in dieser Phase auch bedeutsam, wie der Therapeut mit dem Jugendlichen umgeht. Dabei sollte er weitaus *aktiver als im Umgang mit Erwachsenen* sein, sich inhaltlich stärker an aktuellen Problemen orientieren und zugleich bedenken, daß die Wirkungen von Gesprächen auf Jugendliche sehr enge Grenzen haben können. Andernfalls könnten die Erwartungen an den jugendlichen Patienten unrealistisch hoch sein. Die vom Adoleszenten erlebte *Überforderung*, die auch durch einen nicht angemessenen *Kommunikationsstil* (elaborierte Sprache, theoretische Begriffe, lange Gesprächspausen etc.) zustandekommen kann, könnte zu einem raschen Abbruch der Behandlungsbeziehung führen.

Zur "Veränderungsarbeit"

In dieser Phase der therapeutischen Arbeit steht die Frage im Vordergrund, welche Symptome und Verhaltensweisen des jugendlichen Patienten verändert werden sollen oder können. Danach richtet sich grundsätzlich die *Wahl der Behandlungsmethode*.

Unabhängig von der spezifischen Methode lassen sich die positiven Wirkungen aller Psychotherapieverfahren auf *Lernprozesse* (Einsichten, Einstellungsveränderungen, kognitive Umstrukturierungen etc.) zurückführen. Die Frage bei den einzelnen Therapiemethoden ist jedoch, auf welche Weise diese erzielt werden. Einleitend wurde dargestellt, wie nach der Theorie von Rogers Therapiefortschritte erzielt und erklärt werden können. Doch existieren zahlreiche andere Vorschläge, besonders auch inhaltliche, in welcher Weise Psychotherapiesitzungen mit Erfolg gestaltet werden können. Hilde Bruch (1977), eine tiefenpsychologisch orientierte Therapeutin, schlägt dabei vor, sich als *Richtschnur in einem Therapiegespräch* an den Fragen "Was - Wie - Wann (zum ersten Mal) - Mit wem - Warum - Mit welchem Ziel - Mit welchem Erfolg" zu orientieren. Ziel einer Analyse dieser Fragen gemeinsam mit dem Adoleszenten ist die Initiierung eines kognitiven Prozesses in Verbindung mit aktuellem emotionalem Erleben. Hierbei kann für den jugendlichen Patienten erkannt werden, welche Bedeutung frühere Ereignisse und Prägungserlebnisse für die Gegenwart haben. Erkennt er diese, ist es ihm leichter möglich, sich in seinen mehr oder weniger starr fixierten Verhaltens- und Erlebensweisen zu verändern. Therapeutisch wünschenswert ist dabei die *Herbeiführung kathartischer Erlebnisse.* Die Aufgabe für den Therapeuten besteht darin, starkes affektives Erleben von Traurigkeit, Verzweiflung, Ärger und Wut, die, besonders wenn sie sich auf nahestehende Bezugspersonen beziehen, "verdrängt" sind, in Gang zu bringen. Kathartisches Erleben führt meist zu einer vorübergehenden *emotionalen Entlastung.* Herbeiführen läßt sich affektives Erleben in der Therapiesituation durch eine *"Verbalisierung emotionaler Erlebnisinhalte".* Verbunden mit der Phase intensiven emotionalen Erlebens sind nicht selten auch bei Jugendlichen plötzliche Erkenntnisse über Zusammenhänge zwischen früheren Ereignissen in der Kindheit mit Symptomen und Fehlhaltungen in der Gegenwart möglich. Diesen "Aha-Erlebnissen" kann sich dann eine präzisere Klärung der Umstände anschließen, die bei den früheren Ereignissen und in der Gegenwart eine Rolle spielten, welche Personen beteiligt waren, welche Gefühlsanteile (Wut, Trauer, Enttäuschung, Ängste, Zuneigung, Liebe) zum Ausdruck kamen und welche nicht bewußt erlebt wurden. Ziel dieser Vorgehensweise ist es, eine *Veränderung der emotionalen Befindlichkeit* durch die starke affektive Beteiligung des Patienten zu erzielen und Hintergründe für das eigene Verhalten bewußt werden zu lassen, so daß schließlich eine Einsicht für die eigene Persönlichkeitsentwicklung mit den Möglichkeiten einer Verhaltensänderung entsteht.

In seiner *Sprache* sollte sich der Therapeut bemühen, möglichst konkret und anschaulich zu sein, bei der Verbalisierung der emotionalen Erlebnisinhalte jedoch einen schablonenhaften und unpersönlichen Kommunikationsstil zu vermeiden. Zu lange *Gesprächspausen* stellen eine Überforderung für den jugendlichen Patienten dar. Nach Dührssen ist mit der therapeutischen Grundhaltung vereinbar, daß Trost, Lob und Ratschläge erteilt werden.

Selbst wenn während der "Phase der Veränderungsarbeit" *tiefenpsychologische Gesichtspunkte* nicht im Vordergrund stehen, lassen sich diese doch immer wieder bei bestimmten Konflikten sinnvoll einsetzen. Als ein Beispiel sei erwähnt, daß *Autoritätskonflikte* Adoleszenter in der Schule oder am Arbeitsplatz gegenüber Lehrern oder Vorgesetzten, die sich z.B. in Form einer Leistungsverweigerung manifestieren, zuweilen auf *"Übertragungsphänomene"* zurückführen lassen. Eine Wurzel dafür könnte in konflikthaften, unbewältigten Beziehungsmustern zwischen einem Jugendlichen und seinen Eltern liegen. Diese in der Kindheit entstandenen, unbewußt noch weiter wirkenden Konflikte beeinflussen die Beziehungen in der Gegenwart zu anderen Personen womöglich negativ. Das Ziel der Therapie in dieser Hinsicht wäre es, diese Zusammenhänge dem jugendlichen Patienten bewußt zu machen und auf diese Weise eine Einstellungsänderung bei ihm im Hinblick auf Autoritätspersonen herbeizuführen. Eine solche Etappe im Therapieprozeß könnte z.B. durch die Frage: "Kannst Du Dich erinnern, früher bereits ähnliches erlebt zu haben?" - eingeleitet werden.

Bewährt hat sich bei bestimmten Symptomen mit Jugendlichen eine *Analyse der psychischen "Abwehrmechanismen"* durchzuführen. Bei Zwangssymptomen lassen sich gelegentlich Zusammenhänge in der Form erkennen, daß die Zwangssymptome - im Sinn einer "Reaktionsbildung" - eine Schutzmaßnahme zur Abwehr gegenüber Triebregungen, z.B. sexuellen Impulsen, darstellen können. Doch ist es therapeutisch effektiver, nicht nur bei dem Aufdecken dieser unbewußten Zusammenhänge zu verweilen, sondern Jugendliche zu ermutigen, Einstellungs- und Verhaltensänderungen in der Realität zu überprüfen. Generell würde ohne *Realitätsüberprüfungen* die Gefahr bestehen, daß nach dem subjektiven Eindruck des Therapeuten die Behandlung einen günstigen Verlauf nimmt, tatsächlich die jugendlichen Patienten aber kaum in der Lage sind, alltägliche Anforderungen zu bewältigen. So ist es für das praktische psychotherapeutische Arbeiten mit Adoleszenten günstig, gewissermaßen in einen "Rückkopplungsprozeß" zu geraten, bei dem der Patient versucht, in den Therapiesitzungen entworfene Verhaltensmodifikationen wirklich zu erproben und die dabei gemachten Erfahrungen in einer der folgenden Therapiesitzungen zu rekonstruieren.

Im Unterschied zu der *Abstinenzregel psychoanalytischer Behandlungen* hat sich im Umgang mit Jugendlichen bewährt, daß Therapeuten auch Beispiele aus ihrem eigenen Leben schildern, die für den jugendlichen Patienten relevant sind. So können sie ein *"Modell"* für den Patienten sein, wobei gelegentlich hilfreich ist, im Sinne einer "Selbstexploration" die eigenen Erlebnisse und Gefühle mitzuteilen. Je besser die Vertrauensbeziehung ist, umso eher kommt es zu einem *Lernen am Beispiel des Therapeuten*. So können für den Jugendlichen Schilderungen förderlich sein, die auf Erfahrungen der Therapeuten mit eigenen Kindern, anderen Patienten und der eigenen Adoleszentenzeit beruhen. Diese können dazu führen, die Motive des Verhaltens anderer Personen, z.B. der *Erziehungsmethoden: der Eltern* des jugendlichen Patienten, zu erkennen und akzeptieren zu lernen.

Psychische Veränderungen benötigen mitunter viel Zeit, ebenso die psychoherapeutische Veränderungsarbeit. Deshalb ist es für alle Beteiligten bei einem psychotherapeutischen Prozeß wichtig, Geduld zu haben.

Zur „Stabilisierung der Änderung"

Durch eine Psychotherapie erzielte positive Veränderungen eines jugendlichen Patienten sind durch vielerlei Umstände und Einflüsse gefährdet, nicht zuletzt durch die Bezugspersonen des Patienten. Eltern verbinden z.B. mit einer Psychotherapie nicht selten andere Wünsche und Ziele als die Jugendlichen selbst. Es wäre unrealistisch, sich über die *Erwartungen der Eltern* hinwegzusetzen. Sie haben ebenso wie der jugendliche Patient einen Anspruch darauf, über die Art und die Ziele einer Psychotherapie informiert zu werden. Bei einigen Therapieetappen ist es unabdingbar, daß sie eingeschaltet werden, um z.B. die sich auch *im Familienkreis manifestierenden Verhaltensänderungen* der Patienten verstehen und akzeptieren zu können. Anderenfalls würden erneute Konflikte zwischen dem Patienten und seinen Bezugspersonen zu befürchten sein, die den eventuell mühsam erreichten Erfolg gefährden. Es existieren jedoch nicht selten Konflikte in Familien, die auch durch eine *Familientherapie* kaum beeinflußbar sind und die es in der Einzeltherapie notwendig machen, den Jugendlichen sozusagen *"an seinen Eltern vorbei zu therapieren"*. Doch kann dies nur eine gewisse Notlösung

für eine vorübergehende Dauer sein, bis der Jugendliche sich in seiner Persönlichkeitsentwicklung soweit stabilisiert und unter anderem von der finanziellen Abhängigkeit gelöst hat, daß er in der Lage ist, außerhalb der Familie oder in einer Heimeinrichtung zu leben. Bemerkungen von Mitschülern und abfällige Äußerungen über die von ihm durchgeführte Psychotherapie können einen Jugendlichen gleichfalls sehr verunsichern. Ebenso sind unbedachte Äußerungen von Lehrern geeignet, einen Therapiefortschritt zu gefährden. Zentral dabei sind *Verletzungen des Selbstwertgefühls*, die der jugendliche Patient hinnehmen muß, doch seine eigene Erfahrung, Alltagsprobleme besser bewältigen zu können, führen regelmäßig zu einer Stabilisierung der veränderten Verhaltensmuster. Diese gelingt umso eher, je gestärkter das Selbstwertgefühl des Jugendlichen durch die Psychotherapie geworden ist. Die Verbesserung des *Selbstkonzepts*, also die Theorie des Jugendlichen über sich selbst, kann dadurch erreicht werden, daß er zunehmend autonomer und unabhängiger von einem ihn negativ beeinflussenden Wertesystem wird. Dies trifft z.B. bei Jugendlichen zu, an die unrealistisch hohe Leistungsanforderungen gestellt werden. Für den Therapeuten kann diese Phase problematisch werden, indem er erkennen muß, daß der Therapieverlauf nicht so günstig ist, wie er angenommen hat. Doch lassen sich fast immer gemeinsam mit den Jugendlichen, sofern die Vertrauensbeziehung intakt ist, Möglichkeiten für die *Erarbeitung neuer Bewältigungsstrategien finden*.

Zur „Beendigung der Beziehung"

Die Stabilisierung der Veränderungsarbeit führt bei regelrechtem Therapieverlauf schließlich zu einer Beendigung der Beziehung und der psychotherapeutischen Behandlung. Psychotherapeutische Arbeitsbündnisse sind - anders als pädagogische Beziehungen - auf eine befristete Zeit angelegt. Dabei gibt es viele *Kriterien zur Beurteilung des Erfolges einer Psychotherapie*. Ein Kriterium ist die Symptomatik. Diese läßt sich bei bestimmten psychischen Störungen relativ problemlos feststellen und quantifizieren, bei überwiegend emotionalen und interaktionellen Störungen sind jedoch in der Regel Informationen durch Bezugspersonen erforderlich, um ein zutreffendes Bild über den Therapieverlauf zu gewinnen. Außerdem ist eine gewisse *Objektivierung des Therapieverlaufs* durch den Einsatz psychologischer

Testverfahren (Persönlichkeitstests und speziell für die Evaluierung eines Psychotherapieverlaufs entwickelter Meßinstrumente) möglich. Bei einem günstigen Verlauf hat es sich bewährt, die psychotherapeutische Betreuung nicht abrupt zu beenden, sondern im Sinne der *"dynamischen Psychotherapie"* (Dührssen) mit größeren Zeitintervallen zwischen den einzelnen Therapieterminen fortzusetzen. Dieses Vorgehen gewährleistet eine Kontrolle über den weiteren Verlauf einschließlich der Möglichkeit, rasch bei *akuten Krisensituationen* intervenieren zu können. Für viele adoleszente Patienten ist es außerdem wichtig zu wissen, jederzeit den Kontakt zum Psychotherapeuten wiederherstellen zu können, um sich z.B. im Hinblick auf bestimmte Fragen nach dem formalen Abschluß der Behandlung beraten zu lassen.

Kommt es zu einem *Abbruch der Psychotherapie*, ist dies nicht immer gleichbedeutend mit einem ungünstigen Therapieverlauf. Viele Jugendliche mitsamt ihrer Familie verlieren bei einem Nachlassen des ursprünglichen Leidensdrucks die Motivation für die Fortführung psychotherapeutischer Maßnahmen und brechen deshalb die Behandlung ab. Zusätzlich führen *Spontanremissionen* zu einer vorzeitigen Beendigung der Behandlung.

11.4 Zur Evaluation

Systematische Untersuchungen zur Überprüfung der Effektivität gesprächstherapeutischer Maßnahmen bei Jugendlichen sind kaum durchgeführt worden. Nach einer Übersicht von Schmidtchen (1989) ergibt sich allgemein, "daß klientenzentrierte oder psychoanalytische Gespräche sowie verhaltenstherapeutische Behandlung bessere Ergebnisse bringen als eine Nichtbehandlung". In einer Studie von Remschmidt und Schmidt (1988) konnte ebenfalls nachgewiesen werden, daß psychotherapeutische Maßnahmen bei seelisch kranken Kindern und Jugendlichen zum Teil deutlich positive Wirkungen haben. Diese waren signifikanter bei "introversiven" als bei "expansiven" Störungen der Jugendlichen. Schwidder (1975, zitiert nach Schmidtchen, 1989), fand bei Jugendlichen, daß neurotische Störungen zu 54% verbessert werden konnten, Verwahrlosungsverhalten und Drogenmißbrauch zu 36%. In einer Übersichtsarbeit stellte Heekerens (1989) ver-

schiedene "metaanalytische" Studien zum Therapieerfolg zusammen. Für Kinder und Jugendliche läßt sich daraus schließen, daß "klientenzentrierte/nicht direktive" Maßnahmen positive Therapieeffekte haben und den "einsichtsorientierten/psychodynamischen" Therapiemethoden überlegen waren. Etwas günstiger waren die Therapieerfolge mit "behavioralen" Methoden. Insgesamt kam er dennoch zu dem Ergebnis: "Aufs Ganze gesehen, bestehen im Bereich der Kinder- und Jugendlichen-Psychotherapie wenig bedeutsame Unterschiede in der Effektivität einzelner psychotherapeutischer Maßnahmen".

Viele der zu diesen Fragen durchgeführten Studien haben jedoch u.a. methodische Mängel. Eine nicht immer angemessen berücksichtigte Problematik ist die der Indikationsstellung, der Therapieziele, der spezifischen Wirkfaktoren im Rahmen einer Psychotherapie und bei Jugendlichen nicht zuletzt das sie beeinflussende soziale Milieu. So fassen Lehmkuhl et al. (1992) ihre kritische Literaturübersicht zusammen: "Die bisherigen Ergebnisse legen es nahe, den unspezifischen Therapiefaktoren eine größere Bedeutung beizumessen als den spezifischen" und: "Gemessen an der Wichtigkeit psychotherapeutischer Behandlungen im Kindes- und Jugendalter ist unser Wissen über die zugrundeliegenden Behandlungsprozesse und deren Effizienz erschreckend gering."

In allen Effektivitätsstudien wurde gefunden, daß die Abbruchrate bei der Jugendlichen-Psychotherapie sehr hoch ist und bei 36-56% liegt (Schmidtchen, 1989).

Für positive Effekte, die mit der "Gesprächspsychotherapie" bei Erwachsenen erzielt wurden, gibt Bommert (1986) eine Übersicht. Danach läßt sich sagen, daß diese Therapiemethode bei weniger starken, vorwiegend "psychoneurotischen Störungen" meßbare Erfolge hatte. Dabei wurden außerdem gewisse Unterschiede zwischen einem psychoanalytischen und gesprächstherapeutischen Vorgehen festgestellt. "Gesprächspsychotherapeutisch behandelte Patienten bewerten danach die Beziehungsfähigkeit in erheblichem Maße, während psychoanalytisch behandelte Patienten ihre Autonomie, Selbständigkeit und Durchsetzungsvermögen als Maßstab für die Beurteilung der Veränderungen heranziehen."

Allgemein konnte festgestellt werden, daß die Gesprächspsychotherapie sich positiv auf die "Persönlichkeit und zwischenmenschlichen Beziehungen" auswirkte.

In der klinischen Praxis läßt sich gleichfalls bestätigen, daß bei Jugendlichen mit emotionalen (neurotischen) Störungen gesprächstherapeutische Maßnahmen positive Effekte haben. Es ist jedoch auch zu bedenken, daß nicht nur günstige Veränderungen durch eine Psychotherapie bewirkt werden und bei allen Diskussionen über die Psychotherapieform nicht übersehen werden sollte, daß die Erfahrungen und die Persönlichkeit des Therapeuten - als "unspezifische Wirkfaktoren" - nicht selten entscheidender als die spezifische Behandlungsmethode sind.

11.5 Kasuistisches Beispiel

Diagnostische Befunde: In der Sprechstunde der Kliniksambulanz wurde eine 17jährige Patientin mit einer "*Eßstörung*" vorgestellt (mit durch-

schnittlich 3 bulimischen Attacken pro Tag und früheren anorektischen Phasen). Nach der Anamnese sowie der aktuellen Befunderhebung wurde die Diagnose "Bulimie mit Anorexie" gestellt (nach ICD 9: 307.5). Dauer der Symptomatik mit variierendem Schweregrad: ca. 2 Jahre. Bei einer Körpergröße von 176 cm maximales Gewicht 76 kg, minimales 56 kg. Auslösend für anorektische Phase: Selbstwertzweifel ("andere Mädchen in meiner Klasse waren gertenschlank, ich kam mir vor wie ein Tolpatsch"). Belastende familiäre Situation durch den Tod der leiblichen Mutter vor Beginn der Symptomatik sowie zunehmende Konflikte mit der Stiefmutter (erneute Heirat des Vaters ca. 2 Jahre nach dem Tod der Mutter) und Geschwisterrivalität. Besuch eines Gymnasiums mit guten Schulleistungen, sozial gut integriert, dauerhafte Freundschaft inklusive gelegentlicher Intimkontakte mit einem Jugendlichen.

Tabelle 11.1: Kasuistische Darstellung des Therapieverlaufs einer 17jährigen Patientin mit Anorexia nervosa und Bulimie

Therapiephase	Vorrangige therapeutische Aktivität	Inhalte, Probleme, Konflikte
Veränderungs-bedürfnis	• Befunderhebungen	
	• Beratungsgespräche (Vater,Stiefmutter, Patientin)	• Erläuterung der organischen, jugendpsychiatrischen und psychologischen Befunde. • Allgemeine Aufklärung über Symptomatik und Verlauf einer Anorexia nervosa mit Bulimie. • Leidensdruck in der Familie und bei der Patientin stark.
(Dauer: 5 Sitzungen / 4 Wochen)	• Erläuterung der Therapieindikation (stationär/ambulant)	• Motivation der Patientin für eine ambulante Psychotherapie vorhanden; Introspektions- u.Verbalisationsfähigkeit gut;Emotionalität differenziert
Aufbau einer Beziehung	• Beginn der Gesprächstherapie • weiteres gegenseitiges Kennenlernen	Hobbies der Patientin: Reiten, Kochen, Ausgehen mit Freund. Schulleistungen, Abiturvorbereitungen, Berufswünsche
	"non-direktive" Gesprächsführung:"Verba-lisation emotionaler Erlebnisinhalte"	• Bedeutung des Verlustes der Mutter • Reaktionen der "peer-group" und der Familie auf anorektisch-bulimische Symtpomatik
(Dauer: 6 Sitzungen / 3 Wochen)	• ergänzend: Gespräche mit Vater und Stiefmutter	• aktuelle familiäre Situation (Geschwisterrivalität; Erziehungsstil und Eifersuchtsreaktionen der Stiefmutter)

Fortsetzung Tabelle 11.1

Therapiephase	Vorrangige therapeutische Aktivität	Inhalte, Probleme, Konflikte
Veränderungs-arbeit	• direkte Konfrontation: stationäre Therapie bei verschärfung der Symptomatik	• massive Häufung der bulimischen Attacken • diätetisch: Essensplan für das Eßverhalten zu Hause. Beobachtung durch Stiefmutter: Konflikte mit ihr. • Bevormundung durch Familienangehörige (Großeltern)
	• Frequenzerhöhung der Therapie "non-direktiv"	Krise in der Beziehung zum Freund: Anstieg der anorektischen Symptomatik
	• tiefenpsychologisch orientiert	• sexuelle Erlebnisse und Erfahrungen, soziale Rolle der Frau • Klärung der Beziehung zur Stiefmutter
	• Familiengespräche	• persönliche Problematik der Stiefmutter (Selbstwert) • diskrepante Auffassungen der Eltern über Erziehungsmethoden
	• Einzeltherapie: tiefenpsychologisch orientiert	• Stiefmutter - Patientin - Selbstwertproblematik - anorektisch/ bulimische Symptomatik • Rolle und Bedeutung des Vaters im subjektiven Erleben der Patientin. Rolle der Patientin in Form eines "Mutterersatzes" (zwei jüngere Geschwister)
	• Herbeiführung kathartischer Erlebnisse	• als Pat. 13 J. alt: mehrmonatiger Krankenhausaufenthalt der leibl. Mutter mit Tod infolge eines Magenkarzinoms. • heftige Trauerreaktionen (Entlastung der Patientin) allmähliche Klärung der Beziehungsstruktur in der Familie
	• Vorschläge (verhaltens therapeutisch fundiert) für eine Modifikation des Eßverhaltens	• Reduktion der Symptomatik
	• Positive Rückmeldung über Therapieverlauf (keine sta-tionären Maßnahmen)	• Stabilisierung des Gewichtsverlaufs
	• tiefenpsychologisch orientiert	• Aufflackern der Konflikte in der Familie (Vorwürfe durch Stiefmutter) • Selbstwertproblematik in Verbindung mit anorektischer Symptomatik (Vergleich mit leibl.Mutter, Freundinnen) • Entstehung einer Beziehung zu einem neuen Freund: die psychosozial-sexuelle Rolle einer Frau
(Dauer: 50 Sitzungen / 2 Jahre)	• direkte Hinweise für Eßverhalten	• Klassenfahrt: Rückfall in bulimische Verhaltensweisen
	• "non-direktiv", tiefen-psychologisch orientiert	• Ängste, Konflikte, Wünsche: Sexualität, Identifikation als Frau • Einleitung des Ablösungsprozesses vom Elternhaus: Abitur, Studium, erneute Konflikte mit Stiefmutter
	• direkte Ratschläge	• Fragen der Berufswahl
	• verhaltenstherapeutische Strategien	• Vorbereitung auf das Abitur • Prüfungsängste

Fortsetzung Tabelle 11.1

Therapiephase	Vorrangige therapeutische Aktivität	Inhalte, Probleme, Konflikte
Stabilisierung der Änderung	• Bestärkung der Patientin hinsichtlich veränderten Eßverhaltens	Reduktion der Symptomatik (bulimische Episoden)
	• "non-direktive" Gesprächsführung hinsichtlich neuer Freundesbeziehung	Festigung der Beziehung zu einem Freund, Konflikte
	• direkte Hinweise für Eßverhalten	Eßverhalten in Gegenwart von Begleitpersonen(z.B. in Restaurants) gelegentliche Unsicherheiten über Essensmengen erfolgreiches Abitur: Berufsfindung
(Dauer: 12 Sitzungen / 10 Wochen)	• Beratungsgespräch mit Eltern und Patientin	Beginn der Ablösung im Therapieprozeß Reflektion über Therapieverlauf, Veränderungen in der Familie,Sorgen hinsichtlich Zukunft etc.
	• Zukunftsplanung mit evtl. Problemen	Pat. bereitet Wechsel aus Elternhaus vor. Beginn einer Ausbildung in Werbegraphik.
Beendigung der Beziehung	Rekapitulation des Therapieverlaufs	problematische Etappen im Therapieverlauf: Gefahr des Rückfalls in anorektisch-bulimische Symptomatik
(Therapie) (Dauer: 2 Sitzungen / 3 Wochen)	• Angebot für erneute therapeutische Interventionen	Telefonkontakte: Änderungen (Persönlichkeit, Eßverhalten) nach 3/4 Jahr: relativ stabil. Nach 4 Jahren: gute Persönlichkeitsentwicklung. Aber gelegentliche bulimische Episoden.

Weiterführende Literatur:

Dührssen, A.: Psychotherapie bei Kindern und Jugendlichen. Vandenhoeck & Ruprecht, Göttingen 1986.
Tausch, R.: Gesprächspsychotherapie. Hogrefe, Göttingen 1982.

Literatur

Blos, P.: On adolescence. Free Press of Glencoe, New York 1962.
Bommert, H.: Gesprächspsychotherapie, psychiatrische Aspekte. In: Kisker, K.P.; Lauter, H.; Meyer, J.-E.; Müller, C.; Strömgren, E. (Hrsg.): Psychiatrie der Gegenwart, Bd. 1: Neurosen, psychosomatische Erkrankungen, Psychotherapie, 307-330. Springer, Berlin, Heidelberg, New York, Tokyo 1986.
Bruch, H.: Grundzüge der Psychotherapie. S. Fischer, Frankfurt/Main 1977.

Dührssen, A.: Psychotherapie bei Kindern und Jugendlichen. Vandenhoeck & Ruprecht, Göttingen 1986.
Geßlein, L.: Bewegungstherapie bei kindlichen Verhaltensstörungen. In: Biermann, G. (Hrsg.): Handbuch der Kinderpsychotherapie, Bd. I, 580-589. Reinhardt, München 1969.
Heekerens, H.P.: Effektivität von Kinder- und Jugendlichen-Psychotherapie im Spiegel von Meta-Analysen. Zeitschrift für Kinder- und Jugendpsychiatrie 17, 150-157, 1989.
Kind, H.: Psychotherapie und Psychotherapeuten. Thieme, Stuttgart, New York 1982).
Lehmkuhl, G.; Lehmkuhl, U.; Döpfner, M. (Hrsg.): Psychotherapie mit Jugendlichen. Zeitschrift für Kinder- und Jugendpsychiatrie 20, 169-184, 1992.
Lippitt, R.: Dimensions of the consultant's job. In: Bennis, W.G., K.D. Benne, R. Chin (eds.): The planning of change, 156-162. Holt, Rinehard and Winston, New York 1961.
Müller-Küppers, M.: Kinderpsychotherapie. In: Kisker, K.P.; Lauter, H.; Meyer, J.-E.; Müller, C.; Strömgren, E. (Hrsg.): Psychiatrie der Gegenwart, Bd. 7, Kinder- und Jugend-

psychiatrie. 3. Aufl., 429-454. Springer, Berlin 1988.

Remschmidt, H.: Psychiatrie der Adoleszenz. Thieme, Stuttgart 1992.

Remschmidt, H.; Schmidt, M.H.: Alternative Behandlungsformen in der Kinder- und Jugendpsychiatrie: Stationäre Behandlung, tagesklinische Behandlung und home-treatment im Vergleich. Enke, Stuttgart 1988.

Riemann, F.: Grundformen der Angst. Reinhardt, München 1961.

Riemann, F.: Grundformen helfender Partnerschaft. Pfeiffer, München 1974.

Rogers, C.: Client-centered therapy. Mifflin, Boston 1951.

Rogers, C.: Therapeut und Klient. Grundlagen der Gesprächstherapie. Kindler, München 1977.

Schmidtchen, S.: Kinderpsychotherapie. Kohlhammer, Stuttgart, Berlin, Köln 1989.

Seiffge-Krenke, I.: Psychoanalytische Therapie Jugendlicher. Kohlhammer, Stuttgart, Berlin, Köln, Mainz 1986.

Tausch, R.: Gesprächspsychotherapie. Hogrefe, Göttingen 1968.

Wolberg, L.R.: The Technique of Psychotherapy. Grune & Stratton, New York 1969.

12. Gruppentherapie, Psychodrama und Rollenspiel

Gerhard Niebergall

12.1 Gruppentherapie

Einleitung

Bei der Gruppentherapie handelt es sich um eine psychotherapeutische Methode der gleichzeitigen Behandlung mehrerer Personen. Zahlreiche theoretische und pragmatische Gesichtspunkte sind hierbei wichtig. Diese beziehen sich auf:

- die psychotherapeutischen Theorien,
- das Konzept der Gruppe,
- die Formen der Gruppentherapie,
- die Gruppen- und Interaktionsprozesse,
- die Rolle des Einzelnen in der Gruppe,
- die Therapieziele,
- die Kriterien für die Zusammenstellung der Gruppen,
- das Setting,
- die Dauer der Therapie,
- die Funktionen und Aufgaben des Therapeuten,
- Indikationen und Kontraindikationen,
- die Evaluation der Gruppenmethoden,
- die Ökonomie und die Effizienz.

Historisch gesehen spielten bei der Bildung von Gruppentherapien (z.B. Moreno, 1973) Gesichtspunkte der *zeitlichen Ökonomie* und des Bedarfs eine Rolle. Es liegt auf der Hand, daß ein Therapeut mehr Patienten behandeln kann, wenn er die Therapie in und mit einer Gruppe durchführt. Es sollten jedoch weder der Aufwand, der bei einer sorgfältig geplanten und durchgeführten Gruppentherapie erforderlich ist, noch die besonderen Anforderungen an die *Kompetenz von Gruppentherapeuten* unterschätzt werden. Bei letzteren sollten neben einer fundierten Ausbildung in der angewandten Therapiemethode umso umfangreichere klinisch-psychiatrische Erfahrungen vorhanden sein, je größer die Belastung der einzelnen Gruppenteilnehmer mit psychiatrischen Symptomen ist.

Bei Kindern und Jugendlichen bestehen neben ökonomischen Gesichtspunkten weitere Vorteile bei einer gruppentherapeutischen Behandlung. Diese ergeben sich aus den *theoretischen Konzepten* und der *praktischen Bedeutung von Gruppen* im Alltagsleben. Jedes Individuum steht in einem ständigen Interaktionsprozeß mit anderen Personen. In einer übergeordneten sozialen Gesellschaft bilden sich Gruppen wie z.B. Familien, Schulklassen, kollegiale Gemeinschaften in Betrieben, Vereinen, Parteien etc., die durch mehrere gemeinsame Merkmale gekennzeichnet sind. Es handelt sich bei einer Gruppe nicht um eine bloße Ansammlung von Individuen, vielmehr ist für sie eine Voraussetzung, daß sich die Gruppenmitglieder wechselseitig beeinflussen und Beziehungen ("Kohäsionen") miteinander aufnehmen. Diese Beziehungen sowie die Funktionen der einzelnen lassen sich mit dem *Konzept der "sozialen Rollen"* beschreiben (Remschmidt, 1992).

In Abhängigkeit von gemeinsamen Zielen findet man in Gruppen eine mehr oder weniger deutliche *hierarchische Struktur*, wobei ein Mitglied in der Rolle des Anführers, andere in untergeordneten Rollen, einzelne in "Omega-Positionen" sind. Je nach den Zielen, die durch eine Gruppe verfolgt werden, kann sich diese Struktur ändern. Andererseits bestimmen die gemeinsamen Ziele sowie die Bedürfnisse der einzelnen Individuen die Gruppennormen, d. h. Verhaltensweisen und Verhaltensstile, die für alle Gruppenmitglieder verbindlich werden. So orientieren sich z.B. Jugendliche oft an den Normen ihrer "Peer-Group".

Konflikte in der Gruppe entstehen bei unklaren Gruppenzielen, ungeordneten Rangverhältnissen sowie Verstößen Einzelner gegen die Verhaltensnormen. Dabei kann es zu *Rollenkonflikten* zwischen den einzelnen Gruppenmitgliedern (z.B. in Form von Rangkämpfen) sowie zu Rollenkonflikten, die sich innerhalb einer Person auswirken (z.B. bei der Unvereinbarkeit zwischen internalisierten Verhaltensnormen und solchen von einer Gruppe geforderten) kommen. Diese können letztlich bei Kindern und Jugendlichen zu sozialen Verhaltens- und Anpassungsstörungen sowie einer Vielzahl individueller psychopathologischer Symptome führen.

Handelt es sich vorwiegend um eine Konfliktkonstellation zwischen individuellen Patienten und den jeweiligen Bezugsgruppen, kann die Anwendung gruppentherapeutischer Verfahren besonders effektiv sein. Die Behandlung des betreffenden Kindes oder Jugendlichen in einer Gruppe entspricht dann eher der Realität als in dem einzeltherapeutischen Setting. "Beziehungsstörungen" eines Patienten in der Schulklasse werden z.B. in der gruppentherapeutischen Situation deutlicher erkennbar und lassen sich dort unter Einbeziehung der übrigen Gruppenteilnehmer mitunter besser modifizieren als in der Einzelsituation.

Formen und Methoden der Gruppentherapien

Nach Lehmkuhl (1990) können Gruppentraining und Gruppenarbeit von der eigentlichen Gruppenpsychotherapie unterschieden werden. Remschmidt (1992) führte hierzu aus: "Während sich das *Gruppentraining* auf die Behebung definierter Verhaltensauffälligkeiten und -defizite konzentriert und einen hohen Strukturierungsgrad aufweist (gezielte Übungen, festgelegter Therapieplan), geht es bei der *Gruppenarbeit* um die Vermittlung korrigierender *sozialer Erfahrungen*, wobei der Strukturierungsgrad geringer ist. In der *Gruppenpsychotherapie* geht es vorwiegend um die Vermittlung emotionaler Erfahrungen und die Erzielung intrapsychischer Veränderungen. Dabei ist der Strukturierungsgrad gering, d.h. der Spontaneität der Gruppe als ganzer und des Einzelnen in der Gruppe wird soweit wie möglich freier Raum zur Entfaltung gelassen."

Gruppentherapieverfahren unterscheiden sich auch nach der Funktion, welche die Gruppe bei der Behandlung des einzelnen Patienten hat. *In einer Gruppe* können verschiedene Methoden, wie z.B. Autogenes Training, Hypnose, katathymes Bilderleben und bis zu einem gewissen Ausmaß verbale Therapieformen mit den einzelnen Gruppenangehörigen durchgeführt werden.

Gruppendynamische Prozesse spielen hierbei eine untergeordnete Rolle. Andere Therapieverfahren beruhen auf der Anwendung bestimmter Methoden *mit starker Einbeziehung der Gruppe* für den Einzelpatienten (z.B. Psychodrama, psychoanalytische Gruppentherapien, Selbstsicherheitstrainingsgruppen). Eine *Therapie der Gruppe* ist das Ziel wieder anderer Therapieverfahren (z.B. "Soziodrama").

Bei allen Formen der Gruppentherapien können sowohl überwiegend *verbale* als auch *handlungsorientierte* Interventionsmaßnahmen eingesetzt werden. Es sollte jedoch vor der Zusammenstellung der Gruppen Klarheit darüber bestehen, welche Störungen bei den Patienten vorhanden sind und mit welcher Therapiemethode vorgegangen werden soll.

Bei der *praktischen Durchführung* sind die Grenzen der einzelnen Formen der Gruppentherapien fließend. Die Anwendung *verbaler Interventionsmethoden* ist bei Jugendlichen erst mit zunehmendem Alter (ab ca. 14 Jahren) sinnvoll. Nach Siefen (1986) ist es dabei das Ziel der *psychoanalytischen Gruppentherapie*, verdrängte und unbewußte Konflikte, die bei den Gruppenteilnehmern zu Verhaltensauffälligkeiten und psychopathologischen Symptomen geführt haben, bewußt zu machen. Wie in der Einzelbehandlung stehen hierbei dem Therapeuten als wichtigste Therapiemaßnahmen die Handhabung von *Übertragung und Gegenübertragung*, das *Bearbeiten von Widerständen* sowie die Interventionstechniken der *Konfrontation*, *Klarifikation* und *Deutung* zur Verfügung. Entsprechend der psychoanalytischen Theorie führen das allmähliche Überwinden von Widerständen, das Erkennen der Funktion der eigenen Abwehrmechanismen, das Bewußtwerden verdrängter Konflikte zu einer besseren Selbsterkenntnis und mitunter zu einer Einsicht der komplexen Interdependenzen zwischen dem eigenen Verhalten und den Reaktionsweisen der realen Bezugspersonen. Dieser anzustrebende Entwicklungsvorgang in der Gruppe sollte dann den einzelnen Teilnehmer befähigen, außerhalb der Therapiegruppe mit realitätsgerechteren Verhaltensmöglichkeiten reagieren zu können.

Die *Haltung und die Funktionen des Therapeuten* bei der *tiefenpsychologisch* orientierten Behandlung in Gruppen mit Jugendlichen unterscheiden sich graduell gegenüber jenen bei der Arbeit mit Erwachsenen (vgl. Haar, 1980). Erforderlich sind neben einer stärkeren, angstreduzierenden Strukturierung das Zulassen spontaner, spielerischer Interaktionsprozesse der Gruppenteilnehmer sowie ein aktives, modellhaftes Verhalten des Therapeuten, z.B. auch durch die Schilderung eigener Erlebnisse und Erfahrungen. Hilfreich erleben insbesondere Jugendliche im Rahmen von "Aussprache-Gruppentherapien" (Slavson, 1966), die Hervorhebung des Sachverhaltes, daß sie mit ihrer eigenen Problematik selten allein sind, daß es vielmehr andere Jugendliche mit vergleichbaren Konflikten gibt, wobei eine ver-trauensvolle Kommunikation über bis dahin geheimgehaltene persönliche Schwierigkeiten eine spürbar entlastende Wirkung hat.

Verhaltenstherapeutische Gruppenarbeit läßt sich bereits mit Kindern ab dem Alter von 9 Jahren durchführen. Seit der *"kognitiven Wende der Verhaltenstherapie"* handelt es sich hierbei nicht mehr um die rein mechanistische Anwendung der Grundprinzipien der lerntheoretischen Gesetze (klassisches und instrumentelles Konditionieren, Einsetzen positiver und negativer Verstärker), vielmehr spielen dabei zunehmend auch emotionale, die Introspektionsfähigkeit fördernde Vorgänge eine Rolle. Es sind einige mehr oder weniger strukturierte Therapie- und Trainingsprogramme beschrieben worden (Meichenbaum, 1979; Petermann, 1983; Mattejat und Jungmann, 1981). Diese bieten den Vorzug systematischer Erfolgskontrollen. Die klinische Praxis zeigt jedoch überdies, daß eine starre Anwendung jeglicher "Therapieprogramme" und theoretischer Modelle kaum möglich und sinnvoll ist. Vielmehr ist bei der Anwendung psychotherapeutischer und lerntheoretisch fundierter Behandlungsmethoden in Gruppen mit Kindern und Jugendlichen eine besonders flexible, aktive, freundliche und wohlwollende *Haltung des Therapeuten* erforderlich, der versuchen sollte, die Kriterien nach Rogers i.S. der Wertschätzung, Echtheit und emotionalen Anteilnahme zu realisieren.

In den letzten Jahren haben sich neben den überwiegend verbalen und lerntheoretisch orientierten Gruppentherapieverfahren zunehmend *handlungsorientierte Behandlungsmethoden* etabliert. Diese enthalten zwar auch Therapieelemente und Grundprinzipien der beiden erstgenannten, sie unterscheiden sich jedoch von ihnen durch ein aktives Handeln und Üben in den Gruppen. Da sie sich bei Kindern und Jugendlichen sehr bewährt haben, sind die beiden wichtigsten von ihnen (Psychodrama, therapeutische Rollenspiele) in gesonderten Abschnitten dargestellt (siehe Seite 137; 142)..

Organisation und Durchführung einer Gruppentherapie

Bei der Planung einer Gruppentherapie ist zunächst das *"Setting"* (entweder stationär oder ambulant) zu bedenken. Bei der Zusammenstellung einer Therapiegruppe für Kinder und Jugendliche ist *Altershomogenität* umso wichtiger, je jünger die Patienten sind. Die *psychische Symptomatik* kann variieren. Zu Beginn einer längerfristig angelegten Gruppentherapie sollte geklärt sein, ob es sich um eine "geschlossene" oder "offene" Gruppe handelt. Ebenso wichtig ist es für die Teilnehmer zu wissen, durch wen die Gruppe geleitet wird, wieviele Patienten teilnehmen (bei Kindern und Jugendlichen hat sich eine Gruppengröße von 6 bis 8 Teilnehmern bewährt) und gegebenenfalls welche Patienten dafür vorgesehen sind. Bewährt haben sich außerdem Vorgespräche in der Einzelsituation mit den potentiellen Teilnehmern, um hierbei die *Therapiemotivation* zu klären, Fragen zu beantworten und die Patienten auf die Gruppentherapie einstellen zu können. Diese Maßnahmen können dazu beitragen, die *Hemmschwelle gegenüber der Teilnahme* an einer Gruppentherapie und die teils unrealistischen Befürchtungen zu reduzieren.

Der *Beginn einer Gruppentherapie* ist zunächst dadurch erschwert, daß es sich i.S. der obigen Ausführungen bei dem Zusammenkommen der einzelnen Teilnehmer noch nicht um eine "Gruppe" handelt. Die *Bildung von Gruppen* mit und ohne psychotherapeutischer Zielrichtung verläuft nach gewissen gesetzmäßigen Stadien (nach Remschmidt, 1992). Diese Stadien sind:

Exploration: Im Anfangsstadium der Gruppenbildung herrscht eine allgemeine Unsicherheit. Der Einzelne versucht festzustellen, ob er mit den anderen Gruppenmitgliedern zusammenarbeiten und sich eventuell mit deren Verhaltensnormen identifizieren kann.

Identifikation: Diese Phase ist durch ein Gefühl der Zusammengehörigkeit und der Identifikation mit der Gruppe gekennzeichnet. Dabei fehlen noch die eigentlichen Gruppenziele. Die Identifizierung erfolgt also lediglich in formaler Hinsicht, was einfach bedeutet, daß der Einzelne sich in der Gruppe geborgen und sicher fühlt. Dieses Gefühl der Geborgenheit ist ein für alle Gruppen entscheidender Faktor.

Entstehung kollektiver Ziele und Entwicklung von Gruppennormen: Kollektive Ziele entstehen vielfach schon bei dem Zusammentreten mehrerer Individuen zu einer Gruppe. Die Gruppenziele sorgen für einen ausreichenden Zusammenhalt der Gruppe. Es hat sich - auch bei Therapiegruppen - gezeigt, daß sie zu zerfallen drohen, sobald die Gruppenziele schwinden.

Im Zuge der Entwicklung einer Gruppe bilden sich bestimmte Rollen heraus. Dies sind Rollen, die sich auf eine Gruppenaufgabe, den sozialen Bestand der Gruppe sowie die besondere Beachtung der Bedürfnisse der Individuen beziehen. Diese Gruppenbildungsprozesse und die allmähliche Übernahme von Rollen durch die einzelnen Teilnehmer geben dem Therapeuten bereits zahlreiche diagnostische Hinweise über den Status des Einzelnen in der Gruppe sowie über die Struktur derselben, die therapeutisch genutzt werden können. Unabhängig von der letztlich eingesetzten Therapiemethode bilden sich *Hierarchien*, *Kohäsionen* und *Rangpositionen*, die einen Teil der Konflikte der einzelnen Teilnehmer widerspiegeln und in ihrer sozialen Bedeutsamkeit besonders gut therapeutisch bearbeitet werden können. Nach Slavson (1977) sind die *gruppenpsychotherapeutischen Ziele* bei Jugendlichen:

- eine Stärkung der positiven Ich-Anteile und damit Aufbau
- eines gesunden Selbstwertgefühls,
- Aufbau eines stärkeren Realitätsbezuges in der
- Auseinandersetzung mit anderen Gruppenmitgliedern,
- Stärkung der sozialen Beziehungen, ebenfalls in der
- Auseinandersetzung mit anderen Gruppenmitgliedern und mit
- dem Therapeuten,
- Förderung des Identifikationsverhaltens mit dem Therapeuten
- und anderen Gruppenmitgliedern,
- Abbau von Abwehrmechanismen, sofern diese der störungsfreien
- Weiterentwicklung im Wege stehen,
- Klärung des Rollenverhaltens gegenüber Erwachsenen in der
- Auseinandersetzung mit dem Therapeuten.

Bei einer eher *handlungsorientierten Gruppenarbeit* läßt sich an diesen "Klärungsprozeß" eine Übungsphase anschließen, in der die neugewonnenen Erkenntnisse in Handlungen im schützenden Rahmen der Gruppe durchgeführt und ausprobiert werden können (vgl. Abschnitt Psychodrama).

12.2 Psychodrama

Das Psychodrama als eine Form der *Gruppentherapie* ist von J. L. Moreno entwickelt worden (Moreno, 1973; Leutz, 1974). Historisch gesehen, beruht das Psychodrama einerseits auf den seit Jahrhunderten bekannten Wirkungen des Theaterspielens auf die Zuschauer sowie auf die Darstellenden selbst (Katharsis-Theorie). Andererseits hat Moreno zu Beginn dieses Jahrhunderts eigene Erfahrungen mit dem "Stegreifspiel" genutzt, um sie für gruppentherapeutische Zwecke einzusetzen.

Ein weiterer Bestandteil des Psychodramas ist die von Moreno entwickelte *Soziometrie*, so daß von einer *Triade, bestehend aus Gruppentherapie, Psychodrama und Soziometrie*, gesprochen werden kann. Soziometrische Erhebungen, deren Ergebnisse ein graphisch anschauliches Soziogramm sein kann, geben Aufschlüsse über die emotionale Bindungsstruktur in Gruppen (vgl. Niebergall, 1987). Soziometrische Diagnostik findet auch stets bei der Durchführung von Gruppentherapien statt. Durch den Einsatz psychodramatischer Techniken ist hierbei Gelegenheit gegeben, den Teilnehmern Einblicke in die eigene soziometrische Position zu vermitteln.

Das Psychodrama ist *keiner bestimmten Theorie* verpflichtet, vielmehr bietet es in besonderer Weise Möglichkeiten, neue theoretische Entwicklungen, z.B. der Psychoanalyse (Ploeger, 1983), der Verhaltenstherapie (Petzold, 1978) sowie anderer Therapieformen (Franzke, 1977) und persönliche Erfahrungen der Therapeuten zu integrieren. Mittlerweile sind viele Techniken des Psychodramas entwickelt worden (vgl. Yablonski, 1978). Um psychodramatische Techniken als Therapiemethode einsetzen zu können, sind auf Seiten der Therapeuten umfangreiche eigene Ausbildungen und möglichst klinisch-praktische Erfahrungen erforderlich.

Psychopathologische Symptome werden von einigen Psychodrama-Autoren als Folge von Rollenkonflikten, Rollenfixierungen, mangelhafter Rollenflexibilität und Störungen in der Rollenentwicklung erklärt oder als "Kreativitätsneurose" beschrieben, einhergehend mit einer "Antriebslähmung" (Leutz, 1974).

Zur praktischen Anwendung des Psychodramas

Die Anwendung des Psychodramas hat sich auch bei Kindern und Jugendlichen in diagnostischer, psychotherapeutischer und pädagogischer Hinsicht vielfach bewährt (Widlöcher, 1974). So lassen sich *Rollenspiele* als ein Bestandteil psychodramatischer Techniken effektiv für verschiedene Bereiche einsetzen, um durch das unmittelbare Erleben die subjektiven Erfahrungsmöglichkeiten der Teilnehmer zu erweitern und einen Lernprozess zu initiieren, der mitunter auf andere Weise nicht in Gang gebracht werden könnte.

Zum Ablauf einer Psychodramatherapie und zur Anwendung psychodramatischer "Techniken":

Es existieren zahlreiche "Techniken" und Möglichkeiten, psychodramatische Gruppentherapien einzusetzen und wirkungsvoll zu gestalten (Schützenberger, 1979). Zu ihnen zählen sogenannte *Gruppenspiele* wie z.B. das gemeinsame Inszenieren von Märchen, von typischen allgemeinen Situationen ("Wir sitzen alle in einem Boot") sowie von allen Teilnehmern vertrauten standardisierten Situationen (beim Einkaufen, in der Schulklasse etc.). Es sind weitere Techniken wie das *"Monodrama"* und *"Autodrama"* entwickelt worden. Doch ist der zentrale Bestandteil einer psychodramatischen Gruppentherapie das *"protagonistenzentrierte Spiel"*. Dieses hat eine große Ähnlichkeit mit einer klassischen griechischen Tragödie.

Nach Petzold (1978) läßt sich ein protagonistenzentriertes Spiel im Rahmen eines von ihm sogenannten "tetradischen Systems" in eine *Initial-, Aktions-, Integrations- und Neuorientierungsphase* gliedern (siehe Abb. 12.1).

In Abb. 12.2 ist der systematische Ablauf eines protagonistenzentrierten Spiels dargestellt, wobei neben den vier Phasen eine Reihe psychodramatischer Techniken aufgeführt sind, die eingesetzt werden, um den Gang der Handlung mit steigender emotionaler Intensität bis zu einem kathartischen Höhepunkt zu bringen und anschließend dem Protagonisten Einsichten in seine intrapsychischen Konflikte und interpersonalen Verhaltensschwierigkeiten zu vermitteln.

In der Terminologie des Psychodramas wird derjenige Gruppenteilnehmer als *"Protagonist"* bezeichnet, der eine zentrale Rolle beim Darstellen seiner Konflikte einnimmt und mit vorwiegend handlungsorientierten "Techniken" unter intensiver Begleitung durch den Psychodramatherapeuten darstellt und zu einer Lösung zu bringen versucht. Dabei wird er von den übrigen Gruppenmitgliedern (die in die Rolle von "Antagonisten" kommen) unterstützt.

Die *Initialphase* ist durch Gespräche in der Gruppe gekennzeichnet, durch welche die individuellen Konflikte der einzelnen Teilnehmer für den oder die Therapeuten deutlich werden. In dieser Phase kristallisieren sich Wünsche für ein protagonistenzentriertes Spiel der Teilnehmer heraus, d.h. die Bereitschaft, sich intensiver mit eigenen Problemen und Konflikten auseinanderzusetzen. In dieser Phase können bestimmte Techniken, die in Abb. 12.2 aufgeführt sind, eingesetzt werden. Sie zählen zu den sogenannten *"warm-up"-Techniken*. Sie werden eingesetzt, um eine therapeutisch günstige Atmosphäre in der Gruppe zu schaffen und potentiellen "Protagonisten" über mitunter vorhandene Hemmungen hinweg zu einem personenzentrierten Spiel zu verhelfen. Dies kann z.B. dadurch geschehen, daß der Therapeut sich hinter einen Teilnehmer stellt, der neben einer gewissen Bereitschaft, sich in ein protagonistenzentriertes Spiel zu begeben, zugleich Bedenken und Hemmungen äußert, und ihn *"doppelt"*. Dabei versucht der Therapeut durch Verbalisierung der innerseelischen Vorgänge des Protagonisten, ihn zu ermutigen, sich intensiver mit seinen Konflikten im Kreis der Gruppe auseinanderzusetzen. In der Initialphase ist es also die *Aufgabe des Therapeuten*, die aktuelle Therapiebereitschaft der Gruppenmitglieder zu erkennen, sich selbst über die Umsetzungsmöglichkeiten der angedeuteten Konflikte in eine psychodramatischen Handlung klarzuwerden, den potentiellen Protagonisten in seinem Spielwunsch zu stärken und die *Aktionsphase* durch Einschaltung der übrigen Gruppenteilnehmer vorzubereiten. Voraussetzung für das Gelingen eines protagonistenzentrierten Spiels ist allerdings das Vorhandensein genügenden *Vertrauens der Gruppenteilnehmer* untereinander sowie zu dem Gruppentherapeuten und seiner Kompetenz. Hierbei haben auch Übertragungs- und Gegenübertragungsprozesse eine besondere Bedeutung.

INITIALPHASE
diagnostisch-anamnestische Zielsetung
E r i n n e r n / S t i m u l i e r e n

Warm up   Kontakt   Kohäsion

Analyse von Bewegung, Ausdruck, Verhalten, verbalen Äußerungen

aus psychodynamischer Sicht   aus lerntheoretischer Sicht

projektive Auswertung   Verhaltensanalyse

aus gestalttheoretischer Sicht
Kontext- u. Prägnanzanalyse

k o n f l i k t z e n t r i e r t e s   oder   e r l e b n i s z e n t r i e r t e s   Vorgehen

AKTIONSPHASE
psychokathartische Zielsetzungen
W i e d e r h o l e n / E x p l o r i e r e n

ernstes Spiel   heiteres Spiel

konfliktorientierte Arbeit mit Atem,   erlebnisorientierte Arbeit mit freier

Stimme, Expressivität, Imagination etc.   Bewegung, Tanz, Phantasie, Sensibilität

Katharsis   Peak Experience

Öffnungs-, Schließungs-, Prägnanzerlebnisse
e m o t i o n a l e   Erfahrung
Erfahrungslernen (emotional learning)

INTEGRATIONSPHASE
analytisch-kommunikative Zielsetzung
D u r c h a r b e i t e n / I n t e g r i e r e n

Rückschau   Sharing   Feedback   Analyse

Aufhellung psychodynamischer Zusammen-   Analyse von Verhaltensmustern und

hänge, Übertragungskonstellationen,   Kommunikationsstrukturen

Reflexion im Hinblick auf Kontext, Kontinuität und Geschlossenheit
r a t i o n a l e   Einsicht
Einsichtlernen (insight learning)

NEUORIENTIERUNG
verhaltensmodifizierende Zielsetzung
V e r ä n d e r n / E r p r o b e n

Training der   Verhaltensprogramme, Shaping,

Sensibilität, Expressivität, Flexibilität,   Desensibilisierung, Imitationslernen,

Entspannungstechniken u.a.   Behaviourdrama, Transfertraining u.a.

Experimentieren, Neuformierung
von Gestalten
V e r h a l t e n s - Änderung
Verhaltenslernen (behavioral learning)

Abb. 12.1 Tetradisches System integrativer Psychodramatherapie (nach Petzold, 1978)

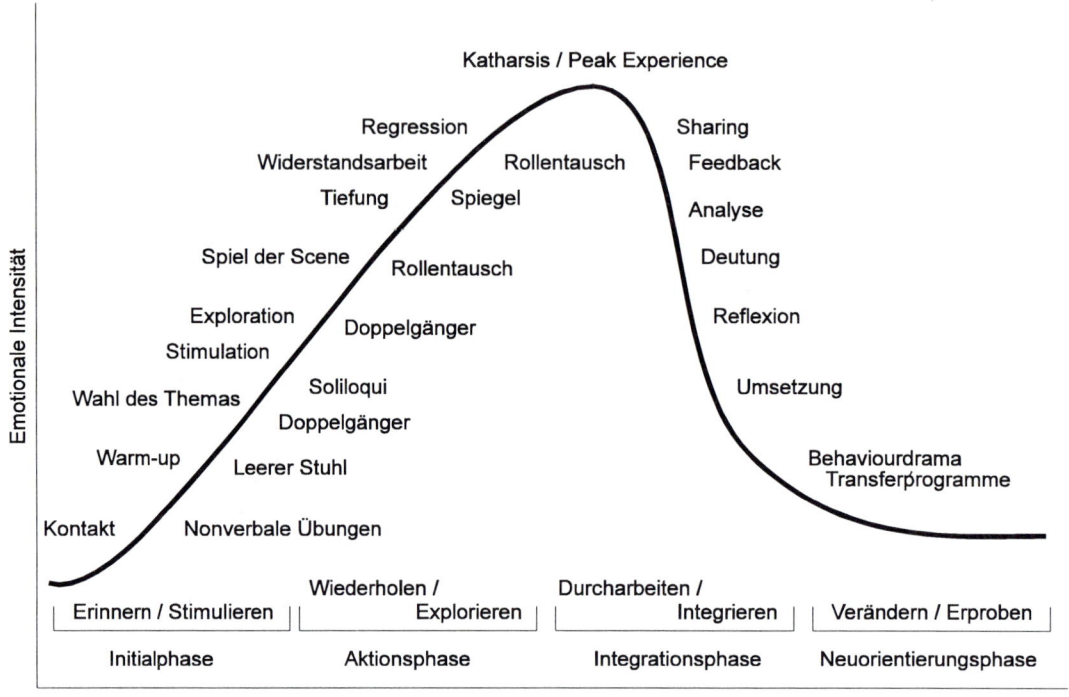

Abb.12.2 Verlauf des psychodramatischen Prozesses im tetradischen System (aus Petzold, 1978)

Vor Beginn der *Aktionsphase* stellt der Protagonist noch einmal im Gespräch mit dem Therapeuten seine Problematik dar (*"Exploration"*), wobei es auch zum Einsatz der Technik des "Doppelgängers" (siehe Abb. 12.2) kommen kann. Dabei versucht der Therapeut den Protagonisten dadurch zu unterstützen, daß er seine Aktionsbereitschaft stärkt und ihm, ohne seine inneren Widerstände zu mißachten, zu dem Aufgreifen bestimmter Spielszenen verhilft. Nicht selten ist dabei die erste dargestellte Szene ein Ausschnitt der Schwierigkeiten und Konflikte des Protagonisten in der Gegenwart. Bei dieser Szene übernehmen die übrigen Gruppenteilnehmer bestimmte "Rollen", z.B. der Geschwister in einer Familie. Dies gelingt ihnen nach vorherigen Informationen über persönliche Eigenarten derselben durch den Protagonisten. Doch kommt es bei der Übernahme dieser Rollen in der Regel zu einem Abweichen von den Verhaltensweisen der realen Bezugspersonen des Protagonisten, so daß letzterer durch einen *"Rollentausch"* diesem betreffenden Gruppenteilnehmer verdeutlichen kann, wie das tatsächliche Verhalten der realen Bezugsperson in einer bestimmten Situation war.

Der Protagonist übernimmt somit für einen bestimmten Ausschnitt einer Szene diese "Rolle", womit er zugleich die Möglichkeit hat, ähnliche subjektive Erlebnisse zu haben, wie diese reale Bezugsperson.

Von einer aktuellen Szene ausgehend ist es nicht selten naheliegend, die Entstehung und Entwicklung bestehender Konflikte in ihrer Bedeutung für die Gegenwart biographisch aufzuarbeiten, wobei es durch die therapeutische Arbeit mit dem Protagonisten zu einer intensiven Konfrontation mit mehr oder weniger "verdrängten" Konflikten aus der Kindheit kommen kann. Diese *Regression* im Psychodramaspiel bietet die Möglichkeit, den Ursprung, den Verlauf und die Bedeutung dieser Konflikte für die persönliche Entwicklung nachzuerleben und zu erkennen. Diese Etappe im protagonistenzentrierten Spiel führt meist zu *intensivem emotionalen Erleben.* Dabei hat der Therapeut die schwierige Aufgabe, zu entscheiden, ob er therapeutisch sinnvoll handelt, wenn er den Protagonisten zu noch intensiverem, *"kathartischem" Erleben* begleitet und führt. Aus therapeutischen Gründen sind "kathartische Abreaktionen" durchaus erwünscht, andererseits besteht besonders hierbei die Gefahr, daß die erneute Konfrontation mit lange zurückliegenden, traumatisierenden Ereignissen bei "Ich-schwachen", suizid- und psychosegefährdeten Patienten eine akute Dekompensation auslöst.

Der Aktionsphase schließt sich die *"Integrationsphase"* an. Während der Integrationsphase erfolgen Mitteilungen der Mitspieler über ihre subjektiven Erfahrungen und Erlebnisse in der übernommenen Rolle (*"Rollen-Feedback"*). Ebenso äußern sich die Gruppenteilnehmer oft spontan über die durch das protagonistenzentrierte Spiel ausgelösten eigenen emotionalen Beteiligungen (*"Sharing"*). Wichtige Aufgabe während der Integrationsphase ist weiter eine *"Prozeßanalyse"*, geleitet durch den Therapeuten, um die innere Logik beim Ablauf des Spiels sowie die erkennbar gewordenen intrapsychischen und interpersonalen Konflikte nochmals mit dem Ziel zu verdeutlichen, daß der Protagonist eine Einsicht in seine eigenen Verhaltensweisen gewinnt (Technik der *"Deutung und Reflexion"*). Abschließend kann eine Phase der *"Neuorientierung"* durchgeführt werden, um anstelle der ursprünglich problematischen Verhaltensweisen i.S. des *"Behaviour-Drama"* sozial angepaßtere Verhaltensweisen zu erproben und einzuüben.

Rollenspiele, Rollentausch und "Rollen-Feedback" sind elementare Bestandteile psychodramatischer Gruppentherapie. Da sie besonders gut bei Kindern und Jugendlichen angewendet werden können, werden sie in einem eigenen Abschnitt ausführlich dargestellt.

Beispiel für die Anwendung psychodramatischer Mittel bei einer stationären Gruppentherapie mit Jugendlichen

Einige der Prinzipien und Elemente einer psychodramatischen Gruppentherapie werden mit einem praktischen Beispiel etwas ausführlicher dargestellt, wobei lediglich ein grober Eindruck der Lebendigkeit und Vielfalt dieser Methode vermittelt werden kann. Es handelt sich hierbei um die 6. Veranstaltung im Rahmen einer stationären Therapie Jugendlicher, die bereits eine gewisse Übung im Umgang mit den einzelnen psychodramatischen Techniken erworben hatten. Teilnehmer waren: Peter (17 Jahre, zwangsneurotische Symptomatik bei schizoider Persönlichkeitsstruktur), Arne (15 Jahre, schwere Zwangsneurose), Hans-Werner (16 Jahre, Angst-Neu-

rose), Ute (14 Jahre, Schulangst bei Minderwertigkeitssymptomatik und Dysmorphophobie), Anna (16 Jahre, reaktive Depression bei zerrütteten familiären Verhältnissen) sowie Christine (16 Jahre, Suizidversuche im Rahmen einer depressiv-hysterischen Entwicklung). Im eröffnenden und kontaktaufnehmenden Gespräch während der *Initialphase* dieser Sitzung wurde ein gewisser Widerstand der Teilnehmer deutlich, sich intensiver mit einer eigenen Problematik auseinanderzusetzen. Um einen Einblick hinsichtlich der Intensität eines Spielwunsches zu gewinnen, forderte der Therapeut (Th.) die Jugendlichen auf, sich in einer räumlichen Distanz von ihren Stühlen so aufzustellen, daß diese symbolisch der inneren Bereitschaft entsprach, sich auf ein protagonistenzentriertes Spiel einzulassen. Die männlichen Jugendlichen entfernten sich daraufhin weit von ihren Stühlen, die drei Mädchen blieben sitzen und signalisierten somit zugleich einen unmittelbaren Spielwunsch. Sie wurden nun aufgefordert, der Gruppe die Dringlichkeit des jeweiligen Spielwunsches zu verdeutlichen. Dies gelang Christine am besten. Sie schilderte zunächst ihre persönliche Betroffenheit bei einer tätlichen Auseinandersetzung, die sich bei ihrem letzten Besuch zu Hause zwischen ihren Brüdern ereignet hatte ("das war ein Schock"). Überleitend zur *Aktionsphase* erfolgte die Verteilung der Rollen (Arne = älterer Bruder, Hans-Werner = jüngerer Bruder). Anschließend wurde diese Szene nachgespielt. Während des Anblicks der angedeuteten Schlägerei der "Brüder" erstarrte die Patientin in Körperhaltung und Mimik. Th. verbalisierte und intensivierte, hinter ihr stehend, ihre Gefühle (="Doppeln"), z.B. sinngemäß: "Wenn ich das sehe, möchte ich nicht mehr nach Hause zurück". Patientin (Pat.): "Ja, das stimmt, es hat ja alles keinen Sinn, ich möchte ja sowieso nicht mehr leben". Th.: "Am liebsten möchte ich tot sein". Pat.: "Ja, wenn ich bloß wüßte, wie das Leben nach dem Tod ist, davor habe ich Angst". Th.: "Wenn diese Angst nicht wäre, dann...". Pat.: "Dann würde ich mich am liebsten in Nichts auflösen, das hatte ich auch vor, als ich mich umbringen wollte". Th.: "Wollen wir mal darstellen, wie es für Dich im Jenseits aussehen könnte?". Pat.: "Ja". - 2. Szene: Aufteilung der Bühne in zwei Welten, einerseits die Welt des tatsächlichen Lebens, andererseits das "Jenseits" nach einem Suizid. - Überleitung und Interview. Th.: "Wo möchtest Du sein?". Pat.: "Ich weiß nicht, ich bin dazwischen". Th.: "Zwischen was?". Pat.: "Zwischen meiner Familie, der

Psychiatrie, der Schule, und dann habe ich immer Magenschmerzen und Schwindelgefühle, dann will ich nicht mehr leben". "Dialog" mit der Symptomatik der körperlichen Schmerzen, Intensivierung des emotionalen Erlebens bis zum *kathartischen Höhepunkt* durch "Doppeln" (Pat.: "Ich will nicht mehr, ich will sterben".). Anschließend ging die Pat. ins "Jenseits", ins "paradiesische Leben". Der dort erlebte "ewige Frieden" währte jedoch nicht lange, sie wurde sich unsicher angesichts des vorgestellten Gottes, ein schlechtes Gewissen, Versündigungsideen und Abivalenzkonflikte wirkten sich aus. - Überleitung zur *Integrationsphase*: Th.: "Das war jetzt Dein Spiel mit den belastenden Problemen. Jetzt müssen wir aber zurück in die Wirklichkeit". - Veränderung der Szene. Zurück in die Gruppe. Dort "Sharing", "Rollen-Feedback", Prozeßanalyse. Rückkehr auf die Station. Am nächsten Tag in der *therapeutischen Einzelsituation*: Pat. war noch unvermindert depressiv, im Gespräch im Sinne einer *Neuorientierungsphase* gelang es jedoch ansatzweise, realistische Perspektiven mit Aussichten auf Verbesserungen der gegenwärtigen Lebenssituation zu entwickeln (Verlassen der konfliktbeladenen Familie, Besuch eines Internats, eventuell mit Abitur und anschließendem Studium, zeitweise Rückkehr in die Familie nach entsprechender familientherapeutischer Vorbereitungszeit und Fortführung der Behandlung in Einzel- und Gruppentherapie).

12.3 Psychotherapeutische Rollenspiele

Das Ausführen von Spielen und das *Einüben von sozialen Rollen* hat nach Ergebnissen entwicklungspsychologischer Untersuchungen eine wichtige integrative Funktion für die Persönlichkeitsentwicklung von Kindern (Oerter und Montada, 1982). Die Übernahme sozialer Rollen, z.B. der Geschlechtsrolle, verläuft in einem dynamischen, nicht selten konflikthaften Prozeß aufgrund der an Kinder gestellten, mehr oder weniger fixierten *Rollenerwartungen* in der Familie, der Schule, im Freundeskreis, später im Beruf und in Partnerschaftsbeziehungen (vgl. Remschmidt, 1992). Tiefergehende und längerdauernde Konflikte können dabei von sozialen Anpassungsschwierigkeiten, Verhaltensauffälligkeiten in Familien und in der Schule bis zu psycho-

pathologischen Symptomen führen. Rollenspiele als therapeutische Methode können besonders dann effektiv eingesetzt werden. Sie können sowohl in Gruppen als auch in der Einzelsituation durchgeführt werden. Im Unterschied zu gesprächstherapeutischen Verfahren sind hierbei ein *aktives Handeln und ein systematisches Üben* charakteristische Merkmale. Rollenspiele können auch als *ergänzende Komponenten* bei anderen Therapieverfahren (Verhaltenstherapie, Familientherapie, Gesprächstherapie) sowie als didaktische Methode (in der Schule, im Studium, bei Supervisions- und Balintgruppen) eingesetzt werden. Mit Gewinn lassen sich schließlich Rollenspiele insbesondere bei einer Spieltherapie mit Kindern integrieren. Dabei hat es sich z.B. bewährt, mit Hilfe der Figuren des *Sceno-Tests* Kinder bestimmte Konflikte darstellen und nacherleben zu lassen, um durch eine gemeinsame Analyse bei dem Patienten ein Verständnis und eine Einsicht für die Konflikte zu erzielen und Möglichkeiten für alternative Verhaltensweisen zu erkennen. Alternative Verhaltensweisen könnten in der Einzel- oder Gruppenbehandlung geübt und verfestigt werden, um sie anschließend in konkrete Alltagssituationen zu transferieren (vgl. Müller-Küppers, 1988).

Verschiedene Formen der Rollenspiele

Folgende Formen von Rollenspielen können unterschieden werden:

1) Gruppenspiele
2) Spontanspiele
3) Konfliktzentrierte Rollenspiele
4) Individuenzentrierte Rollenspiele
5) Themenzentrierte Rollenspiele
6) Rollenspiele im Rahmen eines Selbstsicherheitstrainings
7) Rollenspiele im Rahmen von Familientherapien
8) Rollenspiele im Rahmen von Einzeltherapien (Spieltherapien).

Gruppenspiele eignen sich besonders gut *zu Beginn* einer Serie gruppentherapeutischer Veranstaltungen, um die daran Teilnehmenden mit dieser Methode vertraut zu machen sowie Ängste und Hemmungen bei der Übernahme von Rollen zu reduzieren. Dabei ist es für den *Integrationsprozeß* einer Gruppe vorteilhaft, daß möglichst alle Teilnehmer Spielrollen übernehmen. Dabei eignen sich *Märchen* besonders gut, die im allgemeinen so bekannt sind, daß nur unter ungünstigen Umständen ein Gruppenspiel nicht zustandekommt. Nach entsprechender Instruktion ist es die Aufgabe der Gruppenteilnehmer, die Rollen eines Märchens untereinander aufzuteilen und - unter zurückhaltender Anleitung des Therapeuten - den Ablauf eines Märchens zu inszenieren. Bereits bei der Diskussion über die einzelnen Rollen und bei ihrer Übernahme lassen sich stets wichtige *Einblicke in gruppendynamische Prozesse* und individuelle Schwierigkeiten gewinnen, die psychotherapeutisch genutzt werden können. So werden Hemmungen einzelner Teilnehmer deutlich, bestimmte Rollen zu übernehmen, sich mit ihnen zu identifizieren und in ein Spiel umzusetzen; andere Gruppenteilnehmer drängen sich vor und versuchen, möglichst machtvolle, mit hohem sozialen Ansehen ausgestatte Rollen zu erhalten. Bei der Inszenierung handelt es sich im Unterschied zu einem Theaterspiel nicht um die Übernahme festgelegter *"Rollenkonserven"* mit einem auswendig gelernten Text. Wünschenswert ist vielmehr, daß ein Gruppenspiel Möglichkeiten für individuelle Improvisationen bietet, welche die *Spontaneität* steigern, die Bereitschaft für die Übernahme von Verantwortung verstärken und den Lernprozeß fördern, Rücksicht auf die Bedürfnisse anderer Gruppenteilnehmer zu nehmen.

In Gruppen, die bereits eine gewisse Übung mit Rollenspielen haben, entstehen nicht selten *spontane Spiele* (z.B. Familien- und Schulszenen). Ohne gezielte Anleitung übernimmt dabei die Gruppe entsprechend der sozialen Hierarchie die Gestaltung des Rollenspiels. Doch sind *Interventionen seitens des Therapeuten* erforderlich, wenn z.B. tätliche Auseinandersetzungen unterbrochen und chaotische Entgleisungen verhindert werden müssen, zu denen es rasch bei Kindern kommen kann. Die Erlebnisse der einzelnen Gruppenteilnehmer, ihre Möglichkeiten und Grenzen, Einfluß auf das Gruppengeschehen zu nehmen, sind oft intensiver als in stärker strukturierten Rollenspielen.

Stärker strukturierend ist das Vorgehen bei den anderen Rollenspielformen. Bei dem *konfliktzentrierten Spiel* können zum Beispiel Themen aufgegriffen werden, die in der Therapiegruppe selbst, auf Stationen einer Klinik, in Schulklassen, Familien und anderen sozialen Gruppierungen bedeutsam sind und Konflikte beinhalten.

So könnte z.B. ein Konflikt aufgegriffen werden, der sich auf einer Kliniksstation wiederholt und darin besteht, daß sich Patienten weigern, nach dem morgendlichen Wecken aufzustehen. Sie würden dieses Verhalten damit begründen, daß sie zu früh oder in einem zu barschen Ton geweckt werden. Diese Situation könnte im Rollenspiel dargestellt werden, wobei ein Gruppenteilnehmer die Rolle eines Pflegers übernimmt, der am Morgen die Aufgabe hat, die Patienten zu wecken. Andere Gruppenteilnehmer würden sich selbst oder Mitpatienten in diesem Spiel darstellen. Ein Durchspielen dieser Szene, indem z.B. ein Gruppenteilnehmer in der Rolle des Stationspflegers in das Zimmer hineinkommt und laut "aufstehen" ruft, könnte dazu führen, daß sich die Patienten weigern, dieser Aufforderung zu folgen. Alle Teilnehmer bei diesem Rollenspiel würden in der Therapiegruppe diese Szene erneut erleben, wobei sie im Unterschied zu der realen Situation anschließend die Gelegenheit haben, über ihre eigenen Erlebnisse (Gefühle) und Beobachtungen Mitteilungen zu machen. Diese könnten übereinstimmend zeigen, daß sie sich ungerecht behandelt fühlen und deshalb eine Verweigerungshaltung einnehmen. Der in der Rolle des Stationspflegers befindliche Gruppenteilnehmer könnte nun seinerseits seine Gefühle äußern, die er hatte, als er pflichtgemäß versuchte, die Patienten zu wecken. Erkennbar könnte dabei werden, daß er nicht aus bösartigen Motiven handelte, sondern seine Pflicht im Ablauf des Stationsgeschehens übernahm und dafür sorgte, daß keine zeitlichen Verzögerungen auftreten (Morgentoilette, Frühstück, Schulbesuch). Bei den Patienten könnte durch dieses Rollenspiel die Einsicht geweckt werden, daß es im Rahmen eines Gemeinschaftslebens einer Kliniksstation erforderlich ist, die für alle verbindlichen Regeln einzuhalten. Andererseits könnte es das Resultat sein, daß die Patienten viel williger aufstehen würden, wenn sie nicht in einem so barschen Ton dazu aufgefordert würden. Ein erneutes Durchspielen dieser Szene mit dieser einen Veränderung, nämlich das Wort "aufstehen" nicht wie ein Unteroffizier zu brüllen, könnte bewirken, daß die Patienten ohne Protest der Aufforderung folgen. Das Ergebnis eines so gearteten konfliktzentrierten Spiels könnte dem Stationspersonal mitgeteilt werden, um eine Veränderung in dieser Hinsicht zu erzielen.

Bei dem *individuenzentrierten Rollenspiel* steht ein einzelner Gruppenteilnehmer im Mittelpunkt des Geschehens. Nach der Schilderung einer eigenen Problematik wird ein Rollenspiel inszeniert mit dem Ziel, im *geschützten therapeutischen Rahmen* Konflikte erlebbar und in der anschließenden Analyse des Dargestellten Lösungsmöglichkeiten für diese Konflikte erkennbar zu machen. Hilfreich ist hierbei die psychodramatische Technik des *"Rollentausches"*, wobei in bestimmten Szenen der "Protagonist" die Rollen übernimmt, die andere Personen im realen Leben innehaben. Die Übernahme der Rolle einer Bezugsperson kann therapeutisch sehr wirksam sein. Eine familiäre Auseinandersetzung z.B., nacherlebt in einem so gestalteten Spiel mit Rollentausch, verschafft die Möglichkeit, ein Verständnis für die Zusammenhänge von Aktionen und Reaktionen der beteiligten Personen zu gewinnen.

Bei *themenzentrierten Rollenspielen* wird ein bestimmtes Thema durch die Gruppe gewählt, das für alle Teilnehmer eine Bedeutung hat. Themenzentriertes Vorgehen hat den Vorteil, daß einzelne Teilnehmer ihre *Ängste besser bewältigen* können. Z.B. könnte sich in einer Gruppenarbeit mit Jugendlichen die Schwierigkeit herauskristallisieren, Kontakte mit anderen Jugendlichen herzustellen. Eigene Erfahrungen der Gruppenteilnehmer in dieser Hinsicht könnten im Rollenspiel dargestellt werden. Dieses würde die Möglichkeit bieten, zu erkennen, in welcher Form die Schwierigkeiten vorhanden sind, wobei dann andere Gruppenmitglieder oder der Therapeut selbst Vorschläge für Veränderungen beim Herstellen von Kontakten machen können, die zusätzlich in einer anschließenden Übungphase erprobt werden.

Bei *Methoden des "Selbstsicherheitstrainings"* ist das Rollenspiel gleichfalls ein wesentlicher Bestandteil (vgl. Mattejat und Jungmann, 1981). Hierbei können Szenen durchgespielt und Rollen erprobt werden, deren Realisierung dem Patienten im allgemeinen schwerfallen. *Übende Rollenspiele* eignen sich zum Beispiel für Patienten mit einer schizophrenen Psychose im Rahmen sozialer Rehabilitationsmaßnahmen. Bestimmte Alltagsaufgaben lassen sich dabei in schützender therapeutischer Atmosphäre systematisch üben, z.B. Einkäufe vornehmen, unbekannte Menschen nach einem Weg fragen, eine Fahrkarte an einem Bahnhofsschalter erwerben usw. (Bosselmann et al., 1993).

Rollenspiele eignen sich gleichfalls für einen *Einsatz bei Familientherapien* (Innerhofer und Warnke, 1980). Oft wiederkehrende, konflikthafte Familienszenen können dabei im Rollenspiel dargestellt, erlebbar und analysierbar gemacht werden. Nicht selten läßt sich dabei beobachten, welche Wirkungen ein "Rollentausch" auf einzelne Familienmitglieder hat, wenn z. B. ein als "verhaltensgestört" dargestelltes Kind in die Rolle des strafenden Vaters überwechselt, dieser in die Rolle des Kindes, und der Vater nun in therapeutisch dosierter Form erlebt, welche Bedeutung Strafen für das Kind haben können.

Mit Erfolg lassen sich Rollenspiele auch in *therapeutischen Einzelsituationen* einsetzen, z.B. bei *Leistungshemmungen*, die sich in der Schule manifestieren und auf einem speziellen Interaktionsgeschehen zwischen einem Lehrer und einem Patienten beruhen. Das Rollenspiel kann so gestaltet werden, daß dem Patienten möglichst realitätsnahe Übungsmöglichkeiten gegeben werden, indem z.B. der Therapeut die Rolle des Lehrers übernimmt, ihn allmählich an angstbesetzte Belastungssituationen heranführt und ihm durch die Bewältigung einer Aufgabe ein Erfolgserlebnis vermittelt. Diese Erfahrung, grundsätzlich in der Lage zu sein, eine ursprünglich angstbesetzte Leistungssituation bewältigen zu können, wirkt sich stabilisierend auf das Selbstwertgefühl aus.

Zum allgemeinen Ablauf eines Rollenspiels

Ein gruppentherapeutisches Rollenspiel läßt sich in verschiedene Phasen gliedern:

1) Gesprächsrunde (Eruierung von Themen und Konflikten)
2) Überleitung zum Spiel
3) Rollenverteilung
4) Spielphase
5) "Rollen-Feedback"/Austausch von Erlebnissen
6) Verbale Analyse des Rollenspiels
7) Vermittlung von Einsichten für Konflikte
8) Erarbeitung und Erprobung von alternativen Erlebnis- und Verhaltensweisen

Nach einer *Gesprächsrunde*, in der sich die Thematik der Gruppe oder Konflikte einzelner Teilnehmer herauskristallisieren, erfolgt eine Überleitung zu der Spielphase. Bei einer Gruppe, die vertraut ist mit der Rollenspielmethode, sind nur wenige Erläuterungen erforderlich, um eine *Rollenverteilung* vorzunehmen und zu der *Spielphase* überzuleiten. Hierbei setzen die Teilnehmer die übernommenen Rollen im Rahmen eines mehr oder weniger festgelegten Inszenierungsplans in ein gemeinsames Spiel um. Nach Abschluß der Spielphase sollte ein *"Rollen-Feedback"* vorgenommen werden. Die Teilnehmer schildern ihre Erlebnisse in der Spielphase aufgrund der Rollen, die sie innehatten. Da sich die Handlungen nicht immer bewußt kontrollieren lassen und starke Emotionen ausgelöst werden können, sind akute Dekompensationen nicht ausgeschlossen. Hierbei ist es die Aufgabe der Therapeuten, stabilisierend und Einsichten vermittelnd vorzugehen. Dies geschieht auch in der anschließenden *Analyse des Dargestellten*, wobei noch einmal die individuellen Erlebnisse in den Gesamtkontext des Gruppengeschehens gestellt werden, mit dem Ziel, Verständnis für diese zu entwickeln und eine Einsicht für die Möglichkeit alternativer Erlebnis- und Verhaltensweisen zu vermitteln. Alternative Verhaltensweisen können in einer abschließenden Phase regelrecht eingeübt werden.

Organisation und Durchführung therapeutischer Rollenspiele

Werden Rollenspiele mit *Kindern* durchgeführt, sollten die Gruppen hinsichtlich *Alter* und psychosozialem Entwicklungsstand möglichst homogen zusammengesetzt sein. Als *Gruppengröße* hat sich eine Teilnehmerzahl von 6 bis 8 Kindern oder Jugendlichen bewährt. Für *ambulante Therapiegruppen* ist es jedoch schwierig, geeignete Kinder für eine ausreichende Zeit zur Verfügung zu haben. Bei Patienten, die sich in *stationärer Therapie* befinden, ist im allgemeinen die Beurteilung der Eignung für die Teilnahme an solchen Gruppen und die entsprechende Organisation leichter durchführbar. Je nach Belastbarkeit beträgt die Dauer einer gruppentherapeutischen Arbeit 1 bis 2 Stunden. Sofern möglich, sollten zwei Therapeuten die Gruppen leiten. Bei ihnen sollten genügend Erfahrungen im Umgang mit der Methode sowie den jeweiligen psychiatrischen Störungen und psychopathologischen Symptomen vorhanden sein. Zwar gibt es keine spezifische Ausbildung zum "Rollenspieltherapeuten", die entsprechende Kompetenz gewinnt man jedoch z.B. durch eine Weiterbildung in Psychodrama, Spieltherapie, Verhaltenstherapie und anderen gruppentherapeutischen Verfahren.

12.4 Zur Indikation und Kontraindikation von Gruppentherapien, Psychodrama und therapeutischen Rollenspielen

Voraussetzung für die Teilnahme an einer Gruppentherapie, die vorwiegend tiefenpsychologisch und gesprächstherapeutisch fundiert ist, sind ausreichende Fähigkeiten zur Verbalisation eigener Erlebnisse und Emotionen sowie ein Mindestmaß an *"Gruppenfähigkeit"*. Diese Voraussetzungen sind weniger bei Kindern, für die verhaltenstherapeutisch konzipierte Gruppentherapien vorzuziehen sind, vorhanden, sondern eher bei Jugendlichen ab dem Alter von etwa 13 Jahren. Gruppentherapien und psychotherapeutische Rollenspiele führen zu positiven Veränderungen bei Kindern und Jugendlichen, z.B. bei Störungen des Sozialverhaltens, Kontaktängsten, spezifischen emotionalen Störungen mit Empfindsamkeit, Scheu und Abkapselung sowie Beziehungsschwierigkeiten. Rollenspiele lassen sich gut mit anderen therapeutischen Interventionsmaßnahmen integrieren. Sie sind auch gut geeignet, Leistungs- und Sprechhemmungen, die sich z.B. in der Schule manifestieren, zu beheben. Höhere Ansprüche an die individuellen Voraussetzungen der Teilnehmer sind bei dem Psychodrama zu stellen, sofern dies in der skizzierten klassischen Form ("protagonistenzentriertes Spiel") durchgeführt wird.

Kontraindiziert ist die Teilnahme an gruppentherapeutischen Verfahren im allgemeinen bei hohem Suizidrisiko, akuten psychotischen Verläufen, hyperkinetischen Syndromen, mangelnder Intelligenz, ausgeprägten neurotischen Störungen sowie gravierenden Störungen des Sozialverhaltens.

12.5 Zur Evaluation

Effektivitätsprüfungen von *gruppentherapeutischen Verfahren* sind sehr selten durchgeführt worden (vgl. Dies und Riester, 1986). Die Veröffentlichungen zu dieser Thematik zeigen, daß sie überdies nur für bestimmte Aspekte Aussagen ermöglichen, da entsprechende Studien oft bei nur kleinen Stichproben mit unzureichenden Kontrollgruppen erfolgten. Für delinquente Jugendliche (Goldstein et al., 1978) für ein "soziales Kompetenztraining" (Döpfner, 1981) und für ein "Gruppentraining mit Jugendlichen" (Petermann und Petermann, 1987) sind positive Effekte gruppentherapeutischer Verfahren nachgewiesen worden. Nach anderen Übersichtsarbeiten (Siefen, 1986) führten stationäre analytische Gruppenpsychotherapien ebenfalls zu Verbesserungen bei Jugendlichen.

Systematische Untersuchungen der therapeutischen Wirksamkeit des *Psychodramas* bei Kindern und Jugendlichen sind kaum durchgeführt wird. In Übereinstimmung mit eigenen Erfahrungen werden von einer Reihe von Autoren günstige Effekte beschrieben (Holl, 1981; Bosselmann et al., 1993; Widlöcher, 1974). Über positive Entwicklungen bei Patienten mit schizophrenen Psychosen im Erwachsenenalter durch die Anwendung psychodramatischer Techniken berichtete Bender (1986). *Therapeutische Rollenspiele* sind Bestandteile vieler gruppentherapeutischer Behandlungsverfahren, eigens dafür durchgeführte Evaluationsstudien sind uns jedoch nicht bekannt.

Weiterführende Literatur:

Slavson, S.R.: Analytische Gruppentherapie. Theorie und Anwendung. S. Fischer, Frankfurt 1977.
Petzold, H.: Das Psychodrama als Methode der klinischen Psychotherapie. In: Pongratz, L.J. (Hrsg.): Klinische Psychologie (2.Halbband), 2751-2784. Hogrefe, Göttingen 1978.

Literatur

Bender, W.: Psychodrama mit Psychose-Patienten. Gruppenpsychotherapie und Gruppendynamik. 21, 307-317, 1986.
Bosselmann, R.; Kindschuh-van Roje, E.; Martin, M.: Einige Einsatzmöglichkeiten des Psychodramas im therapeutischen Heim. In: Bosselmann, R.; Lüffe-Leonhardt, E.; Gellert, M. (Hrsg.): Variationen des Psychodramas, 240-246. Limmer, Meezen 1993.
Dies, R.R.; Riester, A.E.: Research on child group therapy: present status and future directions. In: Riester, A.E.; Kraft, J.A. (eds.): Child group psychotherapy, 173-220. International University Press Inc., Madison, CT 1986.
Döpfner, M.; Schlüter, S.; Rey, E.R.: Evaluation eines sozialen Kompetenztrainings für selbstunsichere

Kinder im Alter von neun bis zwölf Jahren. Ein Therapievergleich. Zeitschrift für Kinder- und Jugendpsychiatrie 9, 233-252, 1981.
Franzke, E.: Der Mensch und sein Gestaltungserleben. Psychotherapeutische Nutzung kreativer Arbeitsweisen. Huber, Bern 1977.
Goldstein, A.P.; Sherman, M.; Gershaw, N.J.; Sprafkin, R.P.; Glick, B.: Training of aggressive adolescents in prosocial behavior. Journal of Youth and Adolescence 7, 73-92, 1978.
Haar, R.: Gruppentherapie mit Kindern und Jugendlichen in Klinik und Heim. Praxis der Kinderpsychologie und Kinderpsychiatrie 5, 182-194, 1980.
Holl, W.: Erfahrungen mit einer Psychodrama-Jungengruppe. In: Engelke, E. (Hrsg.): Psychodrama in der Praxis. Pfeiffer, München 1981.
Innerhofer, P.; Warnke, A.: Elterntrainingsprogramm nach dem Münchener Trainingsmodell - ein Erfahrungsbericht. In: Lukesch, H.; Perrez, M.; Schneewind, K. (Hrsg.): Familiäre Sozialisation und Intervention. Huber, Bern 1980.
Lehmkuhl, G.: Gruppenpsychotherapie mit Jugendlichen. In: Steinhausen, H.Ch. (Hrsg.): Das Jugendalter. Entwicklung - Probleme - Hilfen. Huber, Bern 1990.
Leutz, G.: Das Klassische Psychodrama nach J.L. Moreno. Springer, Berlin 1974.
Mattejat, F.; Jungmann, J.: Einübung sozialer Kompetenz. Erfahrungen bei der Entwicklung und Erprobung eines gruppentherapeutischen Programms für Kinder. Praxis der Kinderpsychologie und Kinderpsychiatrie 30, 62-70, 1981.
Meichenbaum, D.: Kognitive Verhaltensmodifikation. Urban & Schwarzenberg, München 1979.
Moreno, J.L.: Gruppenpsychotherapie und Psychodrama. Thieme, Stuttgart 1973.
Müller-Küppers, M.: Kinderpsychotherapie. In: Kisker, K.P.; Lauter, H.; Meyer, J.-E.; Müller, C.; Strömgren, E. (Hrsg.): Psychiatrie der Gegenwart (Kinder- und Jugendpsychiatrie) Springer, Berlin 7, 429-454, 1988.
Niebergall, G.: Soziometrische Erfassung von Stationsgruppen- und Familienstrukturen. In: Remschmidt, H.(Hrsg.): Kinder- und Jugendpsychiatrie, 78-81. Thieme, Stuttgart 1987².
Oerter, R.; Montada, L.: Entwicklungspsychologie. Urban & Schwarzenberg, München 1982.
Petermann, F.; Petermann, U.: Training mit Jugendlichen. Psychologie Verlags-Union, München 1987.
Petermann, U.: Training mit sozial unsicheren Kindern: Einzeltraining, Kindergruppen, Elterntraining. Urban & Schwarzenberg, München 1983.
Petzold, H.: Das Psychodrama als Methode der klinischen Psychotherapie. In: Pongratz, L.J. (Hrsg.): Klinische Psychologie (2. Halbband), 2751-2784. Hogrefe, Göttingen 1978.
Ploeger, A.: Tiefenpsychologisch fundierte Psychodramatherapie. Kohlhammer, Stuttgart 1983.

Remschmidt, H.: Psychiatrie der Adoleszenz. Thieme, Stuttgart 1992.

Schützenberger, A.: Psychodrama. Ein Abriß. Erläuterungen der Methoden. Hippokrates, Stuttgart 1979.

Siefen, R.G.: Gruppentherapie. In: Remschmidt, H.; Schmidt, M. (Hrsg.): Kinder- und Jugendpsychiatrie in Klinik und Praxis, Band I: Grundprobleme Pathogenese, Diagnostik, Therapie, 707-712. Thieme, Stuttgart, New York (1988)

Slavson, S.R.: Unterschiedliche psychodynamische Prozesse der Aktivitäts- und Aussprachegruppen. In: Preuss, H.G. (Hrsg.): Analytische Gruppenpsychotherapie. Grundlagen und Praxis. Urban & Schwarzenberg, München 1966.

Slavson, S.R.: Analytische Gruppentherapie. Theorie und Anwendung. S. Fischer, Frankfurt 1977.

Warnke, A.: Elternarbeit in der Kinder- und Jugendpsychiatrie. In: Remschmidt, H.; Schmidt, M.H. (Hrsg.): Kinder- und Jugendpsychiatrie in Klinik und Praxis. Bd. 1: Grundprobleme, Pathogenese, Diagnostik, Therapie, 750-762. Thieme, Stuttgart 1988.

Widlöcher, D.: Das Psychodrama bei Jugendlichen. Walter, Olten 1974.

Yablonski, L.: Psychodrama. Die Lösung emotionaler Probleme durch das Rollenspiel. Klett-Cotta, Stuttgart 1978.

13. Familientherapie

Fritz Mattejat

13.1 Einführung

Neben den psychoanalyisch fundierten Methoden, den personzentrierten Ansätzen und der Verhaltenstherapie zählen familientherapeutische
Arbeitsformen heute zu den anerkannten Behandlungsmethoden, die bei psychischen Störungen
von Kindern und Jugendlichen am häufigsten
genutzt werden. Die Entwicklung des familientherapeutischen Ansatzes erhielt entscheidende
Impulse durch die im Jahre 1956 veröffentlichte
"Double-Bind-Theorie" der Schizophrenie (Bateson et al., 1956) und weitere Arbeiten zur Fami-
lientheorie der Schizophrenie (Lidz, 1958;
Wynne und Singer, 1963). Im gleichen Zeitraum
wurden - relativ unabhängig von diesen theoretischen Überlegungen - aus praktischen Erfahrungen heraus familientherapeutische Behandlungsmethoden entwickelt; zu den frühen Pionieren der
Familientherapie zählen u.a. Ackerman (1958),
Bowen (1960), Haley (1963) und Satir (1964). Im
Bereich der Kinder- und Jugendpsychiatrie be-
schäftigte sich insbesondere die Arbeitsgruppe
um Minuchin (1977) mit familientherapeutischen
Methoden. Wesentliche Anregungen für die
Entwicklung der Familientherapie im deutschen
Sprachraum gingen von Richter (1963) und von
der Arbeitsgruppe um Stierlin (1977) aus. Bei der
raschen Ausbreitung und Konsolidierung des
familientherapeutischen Ansatzes waren die von
der "Mailänder Gruppe" um Selvini-Palazzoli et
al. (1977) entwickelten Therapiemethoden besonders einflußreich; dies zeigt sich auch daran,
daß der Begriff "systemische Familientherapie"
häufig verwendet wird, um das von dieser Gruppe
entwickelte Behandlungsmodell und die daran
anknüpfenden Methoden anzusprechen. Ein
wichtiger Aspekt dieses Ansatzes liegt darin, daß
die vorgeschlagenen therapeutischen Techniken,
explizit aus den systemtheoretischen Überlegungen, so wie sie von Bateson (1981) formuliert

wurden, hergeleitet sind. Systemtheoretische
Konzepte aber haben wohl alle familientherapeutischen Ansätze beeinflußt, auch wenn dies nicht
immer in einer so direkten Weise verfolgbar ist.

Zur Einteilung der wichtigsten familientherapeutischen Ansätze wurde ein Vorschlag von
Madanes und Haley (1977) vielfach aufgegriffen:

(1) Zur strategischen Familientherapie werden
einerseits die von Watzlawick et al. (1974)
entwickelten Methoden ebenso wie die "Mailänder Schule" um Selvini-Palazzoli gerechnet. Diese Ansätze beziehen sich auf die von
Bateson erarbeiteten systemtheoretischen
Grundlagen; diese Gruppe wird auch unter
der Bezeichnung "Kurztherapien paradoxaler
Ausrichtung" (v. Schlippe 1984) zusammengefaßt.

(2) Zur strukturellen Familientherapie werden die
Therapierichtungen gezählt, die sich auf die
Arbeiten der Arbeitsgruppe um Minuchin
beziehen. Charakteristisch für diese Gruppe
ist die Betonung der familialen Subsysteme
und der generationalen Abgrenzungen in der
Familie.

Neben diesen beiden genuin familientherapeutischen Ansätzen sind noch die familientherapeutischen Erweiterungen der drei wichtigsten
psychotherapeutischen Richtungen zu nennen,

(3) die psychoanalytisch geprägte Familientherapie,

(4) die erlebnisorientierte ("humanistische")
Familientherapie,

(5) und verhaltenstherapeutische Formen der
Familientherapie.

Solche Einteilungsversuche aber haben sicherlich mehr historischen als systematischen Wert, denn die genannten Ansätze haben sich in viele unterschiedliche Richtungen ausdifferenziert (vgl. Simon und Stierlin, 1984) und so gut wie jede psychotherapeutische Methode hat sich auch ihre familientherapeutische Umsetzung geschaffen (s. z.B. den Sammelband von Schneider 1983). Die dabei zugrundegelegten theoretischen Konzepte unterscheiden sich erheblich und die Vorschläge zur praktischen Arbeit sind oft gegensätzlich, ja unvereinbar. Das Feld der Familientherapie stellt sich deshalb heute als äußerst vielfältig dar und Ackermans (1971) Feststellung "Every family therapist is doing his own thing" gilt noch heute.

Die hier vorgelegte Arbeit hat nicht den Zweck, die verschiedenen familientherapeutischen Ansätze systematisch darzustellen; zu entsprechenden Übersichten siehe z.B. Schlippe (1984) und Textor (1985). Es sollen vielmehr gezielt solche Aspekte dargestellt werden, die sich im *klinischen Bereich bei psychischen Störungen von Kindern und Jugendlichen* als nützlich erwiesen haben. Dabei wird besonders auf die Konzepte und Arbeitsformen eingegangen, die in der Familienambulanz der Klinik und Poliklinik für Kinder- und Jugendpsychiatrie der Philipps-Universität Marburg entwickelt und erprobt wurden und mit denen der Autor persönliche Erfahrungen sammeln konnte.

13.2 Theoretische Grundlagen

Grundannahmen

Trotz der Heterogenität familientherapeutischer Ansätze können Grundannahmen identifiziert werden, die den Bereich der Familientherapie inhaltlich charakterisieren und von den meisten Familientherapeuten akzeptiert werden:

(1) Individuum und System: Um das Verhalten und Erleben einer Person angemessen verstehen zu können, ist es notwendig, seine Lebensumstände und die Verhaltens- und Erlebensformen seiner wichtigsten Bezugspersonen zu berücksichtigen; jedes individuelle Verhalten ist Teilaspekt von übergeordneten Systemen (Familie, soziales, ökonomi-

sches und kulturelles Umfeld) und wird hieraus verständlich.

·(2) Familie und psychische Störung: Psychische Störungen von Kindern und Jugendlichen können auf eine Problematik im Familienbeziehungsgefüge hinweisen. Die individuellen Auffälligkeiten eines Kindes können Symptom eines zugrundeliegenden familiären Beziehungskonfliktes sein. Manchmal können seelische Krankheitssymptome sogar als wichtige und sinnvolle, das Gleichgewicht des Familiensystems sichernde Lösungsversuche aufgefaßt werden. Aber auch wenn dies nicht der Fall ist, ziehen psychische Störungen von Kindern Veränderungen in den Familienbeziehungen nach sich und oft genug werden dann die Symptome des Kindes durch die familiären Interaktionen aufrecht erhalten oder verstärkt.

(3) Familientherapie: Bei der Behandlung von psychisch gestörten Kindern und Jugendlichen sollte deshalb immer - unabhängig von der Frage nach der Ätiologie der Störung - die Situation der Familie und des gesamten Umfeldes mitberücksichtigt werden. Von Familientherapie sprechen wir dann, wenn ein Schwerpunkt der Behandlung sich auf die Veränderung der familiären Beziehungen richtet.

System und Entwicklung

Die angeführten Grundannahmen sind aus der klinischen Praxis heraus unmittelbar nachvollziehbar, denn psychisch gestörte Kinder und Jugendliche leben sehr häufig unter belasteten und problematischen Familienbedingungen (vgl. Mattejat, 1985). Bei der Verallgemeinerung solcher Erfahrungen aber ist Behutsamkeit und Genauigkeit in der sprachlichen Darstellung angebracht. Familientherapie kann *nicht* durch die pauschale Aussage

"Psychische Störungen von Kindern und Jugendlichen sind durch die Familie verursacht"

begründet werden. *Es wäre ein grundlegendes Mißverständnis, wenn man familientherapeutische Konzepte auf eine solche Annahme reduzieren wollte; in ihrer groben Vereinfachung ist sie irreführend und für die klinische Praxis gefähr-*

lich und schädlich, weil in ihr zwei entscheidende Aspekte außer acht gelassen werden:

(1) *Systemorientierung:* Der Zusammenhang zwischen Familie und psychischen Störungen ist zu einseitig dargestellt, weil die Familie nur als Ursache und die psychische Störung nur als Folge aufgefaßt werden. In der Praxis führt dies dazu, daß familientherapeutisches Denken mißverstanden wird als Anleitung, Fehler in der Familie zu suchen. Solche *Schuldzuweisungen an die Familie helfen aber nicht weiter,* und sie sind auch inhaltlich falsch, denn die kausalen Beziehungen sind in Wirklichkeit komplizierter: Durch psychische Störungen oder Behinderungen bei einem Familienmitglied werden die Familienbeziehungen und das gesamte Familienleben genauso beeinflußt wie umgekehrt die individuellen Verhaltensweisen durch die Beziehungsdynamik bestimmt werden. Systemtheoretische Begriffe wie *"Zirkularität", "Vernetzung", "Interdependenz", "Koevolution"* thematisieren diese komplexen *systemischen Abhängigkeiten:*

Die familientherapeutische Perspektive ist für die Therapie bei psychischen Störungen von Kindern und Jugendlichen bedeutsam, weil Familienbeziehungen und individuelle psychische Störungen sich wechselseitig beeinflussen und einen einheitlichen Entwicklungszusammenhang bilden.

Systemorientierung beinhaltet desalb das Postulat, daß ein psychisches Problem nicht nur auf der individuellen Ebene, sondern darüberhinaus auch auf der Ebene der dyadischen Beziehungen und in komplexeren Zusammenhängen (triadische bzw. systemische Transaktionen) zu betrachten ist.

(2) *Entwicklungsorientierung:* Die Pauschalisierung "Psychische Störungen sind durch die Familie verursacht" ist auch deshalb nicht für die Begründung familientherapeutischer Arbeitsformen in der Kinder- und Jugendpsychiatrie geeignet, weil sie zu einseitig auf die Erklärung von Problemen und Störungen ausgerichtet ist. Die Familie wird uns nur als "Teil des Problems" vorgestellt, dabei ist sie genauso als "Teil der Lösung" zu sehen. In der therapeutischen Arbeit geht es ja nicht um die retrospektive Erklärung der Krank-

heitsentstehung, sondern vordringlicher darum, Alternativen und Lösungen für den Patienten zu finden und hierbei die *Ressourcen und Bewältigungsmöglichkeiten der Familie* zu nutzen. Von der Familie selbst und speziell von den Eltern können die besten und wichtigsten Hilfen für das Kind kommen. Deshalb sollten wir unsere Unterstützungsangebote nicht nur an die jungen Patienten sondern auch an ihre Eltern richten.

Der familientherapeutische Ansatz ist deshalb von praktischer Bedeutung, weil die Familie wesentlich zur Bewältigung psychischer Störungen von Kindern und Jugendlichen beitragen kann.

Die Nutzung familientherapeutischer Arbeitsformen wird auf diese Weise durch eine *positive Entwicklungsorientierung* begründet: Familientherapie, weil wir in der Familie die Lösungen für die anstehenden Probleme suchen.

Familie als Entwicklungsraum

Mit dem Verweis auf systemische Abhängigkeiten und eine positive Entwicklungsorientierung sind die theoretischen Kernstrukturen angesprochen: Familientherapie ist systemtheoretisch begründet und orientiert sich zunehmend an entwicklungs- bzw. evolutionstheoretischen Konzepten.

Wenn wir eine solche *system- und entwicklungstheoretische Orientierung* im Hinblick auf Kinder und Jugendliche spezifizieren, kann die Familie als Entwicklungsmilieu aufgefaßt werden, in dem ein Kind mehr oder weniger günstige Entfaltungsmöglichkeiten erhalten kann; dabei trägt das Verhalten des Kindes selbst zur Qualität seiner Entwicklungsbedingungen bei, es gestaltet sie aktiv mit. Das gilt natürlich nicht nur für Kinder, sondern für alle Familienmitglieder: Wir verstehen die *Familie als Entwicklungsraum, d.h. als System von Entwicklungsbedingungen,* durch das die Entfaltungsmöglichkeiten jedes einzelnen ebenso wie die Entwicklung der Familie als Ganzes vorgezeichnet wird. Dieses System ist rückbezüglich, d.h. seine Merkmale sind selbst Ergebnisse von Entwicklungsprozessen; die Merkmale des Systems bestimmen dessen Entwicklungsmöglichkeiten. Der familiäre Entwicklungsraum kann deshalb mit der selben Berechtigung als *System von Entwicklungsergebnissen* beschrieben werden (zu einer ausführlicheren Darstellung des Konzeptes "Familie als Entwicklungsraum" siehe Mattejat, 1993 und die bei Schneewind, 1991 dargestellten Konzepte).

Die Entwicklungsbedingungen werden durch die Beziehungen der Familienmitglieder untereinander, die Struktur der Familie insgesamt, äußere Einflüsse auf die Familie und die Bewältigungsmöglichkeiten bestimmt. Jedes einzelne Merkmal erhält seine Wertigkeit erst durch das Gefüge in dem es steht, ob z.B. eine neue Situation nur als "Stressor" wirksam wird, durch den sich die Dekompensationswahrscheinlichkeit erhöht oder als "Entwicklungsreiz", durch den eine produktive Auseinandersetzung eingeleitet wird. Psychopathologie wird in diesem Rahmen als *Entwicklungspathologie* gefaßt. Auf diese Weise werden psychische Störungen auch in einen allgemeinen Zusammenhang der Lebensbewältung gerückt:

Familien benötigen dann therapeutische Hilfestellungen, *wenn die Bewältigungsmöglichkeiten im Verhältnis zu den vorhandenen Belastungen nicht mehr hinreichen.* Die allgemeinen Ziele familientherpeutischer Arbeit liegen nach diesem Konzept darin, *Entwicklungsmöglichkeiten der Familie freizusetzen, ihre Ressourcen zur Bewältigung von Belastungen zu aktivieren,* sodaß "Störreize" zu "Entwicklungsreizen" werden können (vgl. Olbrich, 1984, 1985).

Dabei sind die Therapeuten - in dem Maße, in dem überhaupt eine Zusammenarbeit mit der Familie zustande kommt - in die beschriebenen Zusammenhänge einbezogen: Schnell bilden sich zwischen Fachleuten und der Familie transaktionale Kopplungen heraus, in denen sich die "profesionellen" Voreinstellungen ebenso wie die Beziehungsstrukturen der Familie und ihre Abwehr- und Copingformen spiegeln. Auch das Therapiesystem können wir somit als Gefüge von Entwicklungsbedingungen für alle Beteiligten verstehen.

13.3 Kooperation mit der Familie: ein Arbeitskonzept

Eine starre Festlegung auf eine ausschließlich familientherapeutische Orientierung kann der Komplexität von psychischen Problemen im Kindes- und Jugendalter nicht gerecht werden. Eine Einstellung, in der die Eltern oder die ganze Familie von vornerein als "die eigentlichen Patienten" definiert werden, kann deshalb keine Grundlage für eine sinnvolle Zusammenarbeit sein. Letztlich können nur die Familienmitglieder selbst entscheiden, ob sie in ihrer Familie etwas verändert haben wollen oder nicht. Unsere Aufgabe liegt darin, der Familie eine konstruktive Zusammenarbeit anzubieten.

Praktisch bedeutet dies, daß allen Familien Beratung und Anleitung angeboten wird, in vielen Fällen intensiviert sich diese Zusammenarbeit zu einer Eltern- bzw. Familienarbeit, die sich unmittelbar auf den Vorstellungsanlaß (d.h. die psychische Störung des Kindes) bezieht (strukturierende Familientherapie); bei einem Teil der Familien können darüberhinaus zugrundeliegende familiäre Konflikte und Beziehungsmuster verändert werden. In manchen Fällen schließlich führt die Vorstellung eines Kindes bzw. Jugendlichen dazu, daß die Eltern für sich selbst eine Therapie beginnen (Paartherapie oder Einzeltherapie).

Bei der Zusammenarbeit mit der Familie kann man drei *Interventionsebenen* unterscheiden. Diese sind nach dem Grad, in dem sich die Eltern in die Therapie einbringen, geordnet und sie spiegeln auch den typischen zeitlichen Ablauf in der Zusammenarbeit mit Familien. Abb. 13.1 zeigt die Kooperationsebenen mit für sie typischen Ansatzpunkten und Zielsetzungen. In Abb. 13.2 sind die Methoden, die auf den einzelnen Interventionsebenen im Vordergrund stehen, aufgeführt.

1. Eltern- und Familien-beratung	**Ansatzpunkt:** Der Behandlungsschwerpunkt liegt in der Einzelpsychotherapie des Kindes/Jugendlichen; eine intensivere Zusammenarbeit mit den Eltern ist nicht notwendig bzw. nicht sinnvoll oder nicht erwünscht. **Zielsetzung:** Die Kontakte zu den Eltern sollen die Einzeltherapie ergänzen und „flankieren", d.h. sie dienen dem Informationsaustausch zwischen Eltern und Therapeut. Durch die Elterngespräche soll erreicht werden, daß sie die Therapie verstehen, das Vorgehen akzeptieren, mittragen und unterstützen (Therapiebündnis). Sie dienen damit auch der Vorbeugung gegen Störungen der Therapie und gegen einen Behandlungsabbruch.
⇩	
2. Strukturierende Familien-therapie: Kindbezogene Eltern- und Familienarbeit	**Ansatzpunkt:** Die Frage der Eltern, wie sie ihr Kind/Jugendlichen bei der Bewältigung seiner psychischen Störung unterstützen können. Ein weiterer Ausgangspunkt ist die häufig zu beobachtende Wechselwirkung zwischen der Symptomatik des Kindes und den elterlichen Reaktionen hierauf, die häufig die Symptomatik aufrechterhalten und verstärken und der Wunsch, diese Interaktionsmuster zu verändern. **Zielsetzung:** Die Eltern- und Familienarbeit soll die Eltern (und andere Familienangehörige) in die Lage versetzen, die psychischen Probleme des Patienten besser zu verstehen, ihre eigenen Reaktionen hierauf zu erkennen und den Patienten bei der Bewältigung dieser Probleme zu unterstützen.
⇩	
3. Beziehungs-orientierte Familien-therapie	**Ansatzpunkt:** Die Familienmitglieder thematisieren konflikthafte bzw. unbefriedigende familiäre Beziehungen; die individuellen Symptome des Kindes bzw. Jugendlichen stehen eher im Hintergrund. **Zielsetzung:** Ziel der Familientherapie ist die Klärung der familialen Interaktionsmuster und Beziehungskonflikte und die Auflösung belastender und entwicklungshemmender Momente zugunsten der Entwicklung von alternativen Beziehungsformen, die den Bedürfnissen der Familienmitglieder besser gerecht werden und neue Entwicklungsmöglichkeiten für die Familienmitglieder freisetzen.

Abb. 13.1 Ebenen der Zusammenarbeit mit Eltern und Familien: Ansatzpunkte und Zielsetzungen

(1) *Eltern- und Familienberatung*: Unabhängig davon, welche Therapie im einzelnen durchgeführt wird, ist es immer sinnvoll, die Familie aus fachlicher Sicht zu beraten und sie über die Untersuchungsergebnisse möglichst genau zu informieren. Auch wenn der Schwerpunkt der Behandlung in einer Einzeltherapie des Kindes bzw. Jugendlichen liegt, ist die Elternberatung notwendig, um sicherzustellen, daß die therapeutische Entwicklung auch von der Familie mitgetragen und unterstützt wird, z.B. auch um Behandlungsabbrüche zu vermeiden. Die Familien- bzw. Elternberatung ist die Grundlage für jede Kooperation zwischen Familie und Therapeut. Allein durch den Umstand, daß ein Kind psychische Schwierigkeiten hat, die zu einer Vorstellung führen, ist die Familie destabilisiert, die Eltern haben oft Schuldgefühle, sind leicht irritierbar oder gar desorientiert, und die Familienmitglieder sind - nachdem die Lösungsversuche innerhalb der Familie gescheitert sind - entmutigt und in ihrem Selbstvertrauen und Selbstwertgefühl beeinträchtigt. In der Zusammenarbeit mit der Familie ist es deshalb wichtig, Information der Familie Orientierung und Sicherheit zu vermitteln und die Veränderungsmotivation der Familienmitglieder zu stärken (*Entwicklung einer tragfähigen Kooperationsbeziehung*).

(2) *Strukturierende Familientherapie*: Die Beratung kann in vielen Fällen zu einer strukturierenden Familientherapie erweitert werden, die sich nicht nur auf das Verhalten und Erleben des vorgestellten Patienten, sondern auch das der anderen Familienmitglieder und richtet. Dies ist dann angezeigt, wenn die Eltern zur Bewältigung der

1. Eltern- und Familien- beratung	• Umfassende Information und Beratung (Klare Orientierung) • Klare Absprachen (Transparenz, Sicherheit) • Beziehungsfördernde Methoden: Akzeptanz, positive Konnotation, Entlastung
⇩	
2. Strukturierende Familien- therapie: Kind- bezogene Eltern- und Familienarbeit	• Beobachtung und Bewußtmachung der interaktionalen Zusammenhänge • Gemeinsame Entwicklung von Lösungskonzepten • Strukturierte Problemlösung (stützend-strukturierende Methoden) • Elterntrainings und psychoedukative Familientherapie • Verhaltenstherapeutische Methoden (Vertragsmanagement, Verhaltensaufgaben und Verhaltensverträge; kognitive Methoden) • Alle unter (1) genannten Methoden
⇩	
3. Beziehungs- orientierte Familien- therapie	• Klärung der Familienbeziehungen durch das gemeinsame Gespräch und durch nichtverbale und aktionale Methoden (z.B. Familienskulptur; psychodramatische Methoden) • Aufdeckende Konfliktklärung: Individuelle und familiengeschichtliche Hintergründe (z.B. Familien-Genogramm) • Perspektivische, zirkuläre, hypothetische Befragungsmethoden • Neuinterpretation und „Reframing" (Umdeutung) • Alle unter (1) und (2) genannten Methoden

Abb. 13.2 Ebenen der Zusammenarbeit mit Eltern und Familien: Methodische Schwerpunkte

psychischen Störung ihres Kindes wesentlich beitragen können, wenn die individuelle Symptomatik durch die Verhaltensweisen anderer Familienmitglieder verstärkt wird oder die Familie durch die psychische Störung des Kindes in eine Krise gerät. Die strukturierende Familientherapie hat das Ziel, die spezifischen Auswirkungen der Symptomatik auf das Familienleben zu neutralisieren, d.h. solche Interaktionsmuster, durch die die Symptomatik immer wieder ausgelöst und verstärkt wird, abzubauen und die Familie bei der Entwicklung von Interaktionsformen zu unterstützen, die eine Bewältigung der Symptomatik ermöglichen oder zumindest den Umgang mit ihr erleichtern. Im Vordergrund stehen hierbei Methoden, die auf eine direkte Veränderung der aktuellen Problematik zielen (konkrete Hilfen zur Problembewältigung). Welche Methoden hierbei im einzelen nützlich sind, ist von Familie zu Familie recht unterschiedlich. Im Vordergrund stehen dabei psychoedukative und verhaltenstherapeutische Methoden (z.B. Selbstbeobachtungs- und Kontrolltechniken, Verhaltensverträge), die durch weitere Technicken, wie z.B.

Videofeedback oder Rollenspielmethoden ergänzt werden können.

(3) *Beziehungssorientierte Familientherapie:* In manchen Fällen, z.B. bei massiven Ehe- oder Generationskonflikten stehen schon von Beginn an Beziehungskonflikte im Vordergrund, individuelle Symptome spielen eine untergeordnete Rolle und die Familie wünscht von sich aus eine Klärung der Beziehungskonflikte. In anderen Fällen, in denen das Kind bzw. der Jugendliche eine bedeutsame psychische Störung aufweist, treten solche Konflikte erst dann in den Blickpunkt, wenn die individuelle Symptomatik gemildert ist. Bei jugendlichen Patienten geht es dann z.B. häufig um ihre persönliche Selbständigkeit, die Verminderung ihrer inneren Abhängigkeit von den Eltern und ihre schulische oder berufliche Integration. Häufig werden in dieser Phase auch Eheprobleme manifest. Thematisch verlagert sich die Therapie von der ursprünglichen Symptomatik auf komplexere Probleme, mit denen überdies nicht nur die Familien von jugendlichen Patienten sondern letztlich alle Familien konfrontiert sind. Eine weiterführende

beziehungsorientierte Familientherapie ist natürlich dann besonders in Erwägung zu ziehen, wenn die psychische Störung des Kindes Ausdruck eines zugrundeliegenden familiären Beziehungsproblems darstellt oder wenn die familiären Rollenverteilungen und Beziehungsmuster einer Bewältigung der individuellen Symptomatik im Wege stehen (wenn ein "gesundes" Verhalten des Kindes nicht in das familiäre Beziehungsgefüge "paßt"). Das Ziel besteht darin, die Familie dabei zu unterstützen, Beziehungsformen zu entwickkeln, die den Bedürfnissen ihrer Mitglieder besser gerecht werden. Der Therapeut hat hier die Aufgabe, die Familienmitglieder zu ermutigen, Meinungsverschiedenheiten und Konflikte anzusprechen, die bisher nicht verhandelbar waren. Bei einer offeneren Thematisierung der Familienbeziehungen treten leicht Widerstände auf, hinter denen in der Regel einfühlbare Veränderungsängste stehen. Wir können in solchen Situationen versuchen, die familiären Beziehungsmuster oder festgefügte Überzeugungen und Einstellungen der Familie durch direkte Konfrontation in Frage zu stellen. Oder wir erleichtern der Familie eine Weiterentwicklung dadurch, daß wir gleichsam "mit dem Widerstand gehen" und von zu schnellen oder gravierenden Veränderungen eher abraten. Solche Interventionen erfordern viel Fingerspitzengefühl, denn es geht ja um höchst private Familienangelegenheiten, über die letztlich kein Außenstehender entscheiden kann.

Häufig sind psychische Störungen von Kindern und Jugendlichen mit Ehekonflikten assoziiert oder die Eltern leiden selbst unter psychischen Störungen. In solchen Fällen ist eine Paartherapie oder Einzeltherapie für die Eltern in Erwägung zu ziehen. Teilweise ist die psychische Störung der Eltern schon zu Beginn der Zusammenarbeit offensichtlich; manchmal dient die Vorstellung des Kindes den Eltern auch nur dazu, auf die eigenen psychischen Probleme aufmerksam zu machen und den Eltern kann sofort eine therapeutische Hilfestellung für ihre eigene Problematik angeboten werden. Häufiger aber thematisieren die Eltern ihre eigenen Schwierigkeiten erst nach einem längeren Prozeß der Zusammenarbeit, in dem sie Vertrauen zum Therapeuten gefaßt haben.

Die in Abb. 13.1 dargestellten Ebenen bzw. Phasen kennzeichnen Schwerpunkte, an denen wir uns z.B. bei der Indikationsstellung orientieren können. Durch das Schema soll keinesfalls eine starre Trennung der Ebenen bzw. Phasenab-

folge suggeriert werden. In jeder Therapiephase ist die Frage nach der Veränderungsmotivation von Bedeutung, einfache Informationen können die Familienbeziehungen beeinflussen, und der Übergang zwischen kindbezogenen bzw. strukturierenden und beziehungsorientierten Interventionen ist ohnehin fließend. Die Unterscheidung der Kooperationsebenen beinhaltet auch keine qualitative Wertung: Information und strukturierende Hilfestellungen sind genauso wichtig und erfordern wie die vertiefenden Formen der Familientherapie eine hohe Kompetenz.

Die Hauptaspekte des hier dargestellten familienbezogenen Therapiekonzeptes können nun zusammengefaßt werden:

1) Therapie ist keine einseitige Einflußnahme, im Vordergrund steht die *Kooperation* mit der Familie. Die Art der Kooperation wird von der Familie und dem Therapeuten gemeinsam bestimmt.

2) Die Zusammenarbeit mit der Familie ist *problembezogen*; Ansatzpunkt sind die Probleme, so wie sie von den Familienmitgliedern thematisiert werden. Die Zusammenarbeit mit der Familie zielt nicht von vorneherein auf auf eine umfassende Umstrukturierung der Familie oder eine allgemeine Lebenshilfe, sondern stellt ein inhaltlich und zeitlich umgrenztes Hilfsangebot dar (fokales Therapiekonzept).

3) Die Zusammenarbeit mit der Familie ist *positiv entwicklungsbezogen* (bzw. lösungsbezogen). D.h. Die Kooperation mit der Familie wird in erster Linie deshalb gesucht, weil die Familie einen wesentlichen positiven Beitrag zur Auflösung und Bewältigung psychischer Probleme beitragen kann.

4) Der Therapeut hat dabei die Aufgabe, das Therapieangebot an die Problemlage anzupassen. D.h. das Therapieangebot ist *differentiell* zu gestalten, das methodische Vorgehen möglichst flexibel an die Situation der Familie anzupassen mit anderen familienbezogenen Angeboten zu koordinieren.

5) Das hier vertretene Therapiekonzept orientiert sich schließlich am Leitbild einer *erfahrungswissenschaftlich fundierten* Praxis, in der die eigene Tätigkeit *kritisch reflektiert* wird, um den Patienten und Familien die nach

dem gegenwärtigen Kenntnisstand beste mögliche Hilfestellung zukommen zu lassen.

13.4 Indikationsstellung

Bei der Indikationsstellung

- ist erstens die allgemeine und prinzipielle Entscheidung zu treffen, ob überhaupt familientherapeutische Arbeitsformen angezeigt sind.

- Schwieriger als diese allgemeine Überlegung sind die Entscheidungen zu spezielleren Fragen: Dazu gehört zum einen die Frage, in welchem *"Setting"* die Familientherapie durchgeführt wird. Hierbei können wir unterscheiden zwischen der Familientherapie im engeren Sinne, die darin besteht, daß gemeinsame Sitzungen mit den Familienmitgliedern durchgeführt werden und der Familientherapie im weiteren Sinne, wo in sehr unterschiedlichen Zusammensetzungen gearbeitet wird (vgl. Strunk, 1987). In diesem Zusammenhang ist auch zu überlegen, in welchen Abständen die familientherapeutischen Kontakte stattfinden sollen. Weiterhin ist zu entscheiden, auf welcher Interventionsebene das Therapieangebot angesetzt werden soll und welche *Interventionsmethoden und Therapietechniken* im einzelnen genutzt werden können.

Die Antwort auf die erste Frage nach der prinzipiellen Indikation familientherapeutischer Arbeitsformen ergibt sich aus den oben dargestellten theoretischen Grundlagen: Eltern- und Familienberatung ist in jedem Falle indiziert; eine weiterführende Zusammenarbeit mit der Familie steht immer dann zur Diskussion, wenn die familiären Beziehungsprobleme eine wesentliche Rolle bei der Entstehung oder Aufrechterhaltung der Symptomatik haben oder wenn die Familienmitglieder bedeutsam zur Lösung der anstehenden Probleme betragen können und eine Therapie dazu dienen kann, dieses Selbsthilfepotential zu aktivieren.

Die Beantwortung der spezielleren Fragen nach den möglichen Settings und Methoden hängt von Indikationskriterien ab, die in drei Gruppen geordnet werden können:

(1) *Institutionelle Bedingungen und persönliche Voraussetzungen auf der Seite der Therapeuten:* Dazu gehört die Frage nach den Möglichkeiten und Grenzen familientherapeutischen Arbeitens in der jeweiligen Einrichtung. Ebensowichtig ist die Ausbildung und Erfahrung des Therapeuten, der sich klar darüber sein sollte, welche Familien er sich "zutrauen" kann. Die Möglichkeit zur Kotherapie und die Supervisonsmöglichkeiten spielen in diesem Zusammenhang eine wesentliche Rolle.

(2) *Voraussetzungen auf der Seite der Familie:* Hierunter fallen zum einen individuelle Merkmale des Patienten und andererseits die relevanten Familienmerkmale. Zu berücksichtigen sind der Alters- und Entwicklungsstand des Patienten, der Schweregrad und die qualitative Ausprägung der psychischen Störung, ihr bisheriger Verlauf, ihre Prognose und die Bewältigungsmöglichkeiten des Patienten. Indikationsrelevante Aspekte der Familie sind Ausmaß und Umfang familiärer Belastungen, z.B. soziale Belastungen, psychische Erkrankungen in der Familie, die familiäre Beziehungsdynamik, die qualitative Ausprägung aktueller familiärer Auffälligkeiten, die Entwicklungsgeschichte der Familie und ihre Copingmöglichkeiten.

(3) *Beziehungsmerkmale   (Therapiesystem):* Schließlich müssen noch Beziehungsaspekte zwischen Familie und Therapeut berücksichtigt werden. Dabei geht es in erster Linie um die Frage, in welcher Art und Weise die Familie und der Therapeut kooperieren können.

Im Hinblick auf das Setting können folgende Indikationshinweise gegeben werden: gemeinsame Familientherapie ist dann angezeigt, wenn die Familie selbst ihre Schwierigkeiten als familiale Beziehungsproblematik anbietet und die individuellen Probleme als sekundär erlebt werden oder die präsentierte Problematik als gemeinsames Problem der Familie erlebt wird. Die Voraussetzungen für gemeinsame Familiensitzungen sind außerden dann besonders günstig, wenn alle für das Problem bedeutsamen Personen zu Veränderungen (Leidensdruck, Veränderungsmotivation; vgl. Martin, 1981) bereit sind (Kooperationsbereitschaft). Durch akute Krisen wird das

Zusammengehörigkeitsgefühl von Familien oft neu aktualisiert. Gemeinsame Sitzungen haben sich z.B. möglichst früh nach Suicidversuchen als nützlich erwiesen. Bei eng aufeinander bezogenen, fusionierten Familien wurden familientherapeutische Ansätze mit gemeinsamen Familiensitzungen besonders häufig verwendet; die Familientherapie ist bei solchen Familien auch erfolgversprechender als bei desintegrierten Familien (vgl. hierzu Aponte und Vandeusen, 1981, S. 345; s.a. Heekerens, 1989). Eine gemeinsame Familientherapie ist in der Regel gut durchführbar, wenn der primäre Patient in einer intensiven Abhängigkeitsbeziehung zu anderen Familienmitgliedern steht. Schließlich spielt die individuelle Diagnose bei der Indikation zum Behandlungssetting eine wichtige Rolle: Bei psychosomatischen und introversiven emotionalen Störungen, bei Abhängigkeitsproblemen (z.B. Schulphobie) und bei adoleszenten Ablösungskonflikten können gemeinsame Familiensitzungen empfohlen werden. Die Effektivität von Familientherapie im engeren Sinne ist für diese Störungen relativ gut belegt (s. Gurman und Kniskern, 1981; Aponte und Vandeusen, 1981). Schwieriger dagegen gestalten sich in der Regel gemeinsame Sitzungen bei aggressiv-ausagierenden und dissozialen Syndromen; noch problematischer sind gemeinsame Gespräche bei Psychosen, sie sind aber auch hier nicht völlig ausgeschlossen, so können sie z.B. in der Rehabilitationsphase, als Unterstützung der Wiedereingliederung des Patienten in die Familie nach einer stationären Behandlung nützlich sein. Von gemeinsamen Familiensitzungen ist aber abzuraten, wenn die gemeinsamen Gespräche für einen der Beteiligten zu belastend oder ängstigend sind, was z.B. bei schweren Angst- oder Zwangsneurosen oder akuten Psychosen vorkommen kann. Nicht angezeigt sind gemeinsame Sitzungen auch dann, wenn maligne Interaktionsmuster, die sich häufig wiederholen, in der Therapiesitzung nicht unterbrochen werden können (z.B. bei ausgeprägt hysterischen Syndromen oder bei aggressiven Auseinandersetzungen); bei solchen nicht kontrollierbaren Interaktionsmustern besteht die Gefahr, daß die Konflikte durch die gemeinsamen Sitzungen noch weiter eskalieren. Eine Kontraindikation bezüglich gemeinsamer Familientherapie-Sitzungen ist auch dann gegeben, wenn zwischen den Eltern schwerwiegende Konflikte bestehen, etwa eine ausgeprägt feindselige Haltung oder gravierende sexuelle Probleme (vgl. Kniskern, 1981). Die vorliegenden empirischen

Untersuchungen deuten darauf hin, daß die Erfolgsaussichten einer gemeinsamen Familientherapie wesentlich von der Beziehung zwischen den Eltern abhängig ist (Gurman und Kniskern, 1981). Im Falle von schweren Ehekonflikten ist deshalb statt einer gemeinsamen Familientherapie eine Paartherapie vorzuziehen.

Bezüglich der familientherapeutischen Methode sind der Schweregrad der Erkrankung und die allgemeine Belastungsfähigkeit der Familie bedeutsam: Während bei Familien mit einem psychotischen Mitglied familienbezogene Maßnahmen in der Regel als stützende und strukturierende Therapie sinnvoll sind, können bei leichten und mittelgradigen psychischen Störungen und einer höheren Belastbarkeit der Eltern weiterführende Veränderungen angestrebt werden. Weiterhin ist die Art der Familienprobleme (Familientyp) zu berücksichtigen; bei neurotisch verklammerten Familien ist ein öffnendes und aufdeckendes Vorgehen häufig sinnvoll; dabei können paradoxe Interventionstechniken oder auch nichtverbale Methoden besonders bei unbeweglich erscheinenden und intellektualisierenden Familien hilfreich sein. Bei desintegrierten und chaotischen Familien dagegen wird eher ein strukturierend akzentuiertes Vorgehen angezeigt sein, z.B. mit Verhaltensaufgaben und Verhaltensverträgen; analoges gilt für sozial unterprivilegierte oder multipel belastete Familien, bei denen Familientherapie fließend in die Sozialarbeit übergeht. Schließlich ist bei der Wahl der Methode der Entwicklungsstand des Kindes zu beachten: Je jünger die Kinder sind bzw. je weniger sie in der Lage sind ihr eigenes Verhalten zielgerichtet zu steuern (z.B. auch bei geistigen Behinderungen), umso eher sind unmittelbar verhaltensbezogene Maßnahmen angezeigt, wie z.B. die Verwendung von Verstärkungsplänen oder auch verhaltenstherapeutische Elterntrainings. Bei Jugendlichen dagegen rückt die kommunikative Verhandlung von familiären Konflikten eher in den Vordergrund.

Voraussetzung für eine sinnvolle Beschäftigung mit diesen Indikationsfragen ist eine fundierte Anfangsdiagnostik. Die diagnostische Aufgabe ist mit der Anfangsdiagnostik aber keinesfalls abgeschlossen. Sowohl bezüglich des Settings, der angewandten Methoden und der Kombination mit anderen Therapieverfahren ist die Prozeßdiagnostik entscheidend, die unter der Leitfrage steht: "Kann die Familie unsere therapeutischen Versuche und Angebote für sich produktiv nutzen?" Wenn es in der Behandlung darum gehen soll, daß die Familie ihren Entscheidungsspielraum erweitert und mehr Anpassungsfähigkeit gewinnt, um wieviel mehr kommt es auf unsere eigene Flexibilität an, und auf die Bereitschaft unsere Überlegungen und Einstellungen zu revidieren. Dazu gehört der Versuch, die Kooperationsformen, die uns von der Familie nahegelegt werden, aufzugreifen, soweit dies aus unserer Sicht vertretbar und aussichtsvoll erscheint.

13.5 Familiendiagnostische Methoden

Aufgaben der Familiendiagnostik

Die Familiendiagnostik hat die Aufgabe, die familiären und psychosozialen Umstände zu erfassen, die für die Entstehung, Aufrechterhaltung oder Bewältigung von familialen Beziehungskonflikten oder psychischen Störungen bedeutsam sind. Die familiendiagnostische Analyse richtet sich auf zwei Ebenen:

(1) Die *Ebene des Familiensystems*: Es ist abzuklären, welchen Stellenwert die Familie für die individuelle Psychopathologie hat und welche Bedeutung die individuellen psychischen Probleme des vorgestellten Patienten für die Familie haben. Das Ziel dieser Untersuchung ist es, die Probleme, die zur Vorstellung führten, in ihrem Kontext zu verstehen.

(2) Die *Ebene des Therapiesystems*: Gleichzeitig ist zu untersuchen, welche Art der Hilfestellung die Familie annehmen kann, welche sie von vornherein ablehnt und ob sich diese mit unseren Vorstellungen und Möglichkeiten vereinbaren läßt. Das Ziel der Familiendiagnostik auf dieser Ebene besteht darin, die Kooperationsmöglichkeiten mit der Familie herauszufinden. Diese diagnostische Abklärung stellt gleichzeitig den Einstieg in die weitere Zusammenarbeit mit der Familie dar.

Familiendiagnostik zielt dabei nicht unbedingt auf eine Familientherapie ab, sondern sie soll uns helfen, die Indikation zu stellen, ob überhaupt eine Behandlung notwendig ist, welche Therapieform am ehesten zu empfehlen ist und in welcher Weise dabei mit der Familie zusammengearbeitet werden kann. Dies bedeutet auch, daß Diagnostik kein einseitiger Prozeß, sondern ein Austausch zwischen Familie und Therapeut ist, der die gesamte Zusammenarbeit mit der Familie begleitet.

Übersicht zu den familiendiagnostischen Methoden

Die familiendiagnostischen Methoden können in zwei große Gruppen eingeteilt werden: Zu den Beobachtungsverfahren werden alle die Methoden gerechnet, die sich auf die direkte Beobachtung der Familieninteraktion stützen. Bei den Selbstberichtsmethoden handelt es sich überwiegend um Fragebogenverfahren oder um verwandte Methoden, die in der Regel einzeln vorgegeben werden, und in denen die Familienmitglieder Auskunft über Aspekte des Familienlebens geben. Bei den Beobachtungsverfahren werden somit Informationen aus der "Außenperspektive" (Beobachtung von außen), bei den Selbstberichtsmethoden Angaben aus der "Innenperspektive" gewonnen. In Abb. 13.3 ist eine pragmatische Einteilung der Methoden dargestellt. Die mit Abstand wichtigste familiendiagnostische Methode ist das gemeinsame familiendiagnostische Interview, das durch Interaktionsaufgaben für die Familie oder durch familiendiagnostische Einzeluntersuchungen (jede Person getrennt) ergänzt werden kann. Wegen der praktischen Bedeutung des gemeinsamen familiendiagnostischen Interviews wird diese Methode hier ausführlich dargestellt. Angaben zu den anderen diagnostischen Methoden finden sich u.a. bei Cierpka (1988); die Selbstberichtsmethoden werden bei Mattejat (1993) diskuiert.

Diagnostisches Setting:	Diagnostisches Verfahren:		
	Interview	Fragebogen / andere Verfahren	
Gemeinsam mit der ganzen Familie oder einem Familienteil	Gemeinsames familiendiagnostisches Interview	Interaktionsaufgaben (z.B. gemeinsamer Rorschachtest)	
Einzeln mit dem Kind / Jugendl. oder weiteren Familienmitgliedern	Familiendiagnostisch orientierte Einzelexploration	Fragebogenverfahren (z.B. GT, FACES, SFB*)	Andere Untersuchungs-verfahren (z.B. FAST*, projektive Verfahren)

* Erläuterung der Abkürzungen:
  GT: Gießen-Test (Beckmann und Richter, 1972).
  FACES: Family Adaptability and Cohesion Evaluation Scales (Olson et al., 1985).
  SFB: Subjektives Familienbild (Mattejat und Scholz, 1994).
  FAST: Familien-System-Test (Gehring, 1993).

Abb. 13.3 Einteilung familiendiagnostischer Methoden

Das gemeinsame familiendiagnosti- sche Interview

Als Beispiel dafür, wie ein familiendiagnostisches Anfangsinterview durchgeführt werden kann, wird im folgenden die Interviewmethode, so wie sie in der Familienambulanz der Klinik und Poliklinik der Philipps- Universität Marburg entwickelt und erprobt wurde, vorgestellt ("Marburger Familiendiagnostisches Interview"). Zum Gespräch werden in der Regel der vorgestellte Patient und seine Eltern, bei Bedarf auch weitere Familienangehörige (z.B. Geschwister) eingeladen. Das familiendiagnostische Interview wird nach Möglichkeit von jeweils zwei Kollegen durchgeführt, wobei ein Kollege das Gespräch, für das etwa eine Stunde vorgesehen ist, mit der Familie führt, der andere Kollgege das Gespräch am Videoschirm beobachtet; es wird außerdem eine Videoaufzeichnung des Gesprächs erstellt.

a) Prinzipien der Interview-Durchführung

Bei der Gesprächsführung orientiert sich der Interviewer bzw. der Therapeut an den folgenden Prinzipien:

1) *Transparenz*: Überschaubarkeit der Therapiesituation und vollständige Information der Familie sind Voraussetzungen dafür, daß sich die Familie im Kontakt mit dem Therapeuten sicher fühlen kann. Wenn der Therapeut z.B. Vorinformationen über die Familie hat, teilt er seinen Kenntnisstand der Familie mit. Dazu gehören die Erläuterungen zum Gesprächszweck, zu den Methoden die wir anwenden, die Erklärung der technischen Mittel, die Besprechung der Frage, wer welche Informationen erhält und natürlich die Einverständniserklärung der Beteiligten.

2) *Perspektivität*: Es wird betont, daß jeder eine andere Sichtweise hat, daß jeder einen anderen Aspekt zum Gesamtbild beitragen kann, und uns deshalb die persönliche Meinung von jedem einzelnen wichtig und für unsere Arbeit nützlich ist. Der Interviewer befragt deshalb (soweit dies nicht schon von selbst geschieht) reihum alle Familienmitglieder und versucht dabei, sich jeweils in denjenigen einzufühlen, der gerade seine Position erläutert. Daraus folgt, daß der Interviewer immer wieder relativ schnell von einer Person auf die andere "umschalten" muß.

3) *Diagnostisch-empathische Einstellung:* Es geht uns ausschließlich darum, möglichst genau das aufzunehmen und zu akzeptieren, was uns die Familie mitzuteilen hat, Bewertungen sind nicht angebracht. Bei allen Fragen, die die Behandlung betreffen, wird darauf verwiesen, daß wir zunächst versuchen, die Problematik etwas genauer zu verstehen, bevor wir Ratschläge oder Vorschläge geben können. Es werden keine spezifischen Interventionen mit therapeutischer Zielsetzung gegeben. Es wird auch nicht versucht, die psychischen Probleme des vorgestellten Patienten von uns aus in ein Familienproblem umzudefinieren.

4) *Entwicklungsorientierung*: Der Therapeut würdigt das Vertrauen, das die Familie ihm schenkt. Wo die Familie nur Fehlschläge erblickt, hebt er die für die weitere Entwicklung produktiven Ansätze hervor (positive Konnotation). Die Fragen und der Abschlußkommentar des Interviewers lenken den Blick immer wieder auf positive Veränderungsmöglichkeiten, die familialen Ressourcen, die Zielvorstellungen und Selbsthilfemöglichkeiten der Familie. Die Entwicklungsorientierung markiert den Übergang zur Therapie.

b) Inhaltliche Struktur und Ablauf des Interviews

Das gemeinsame Familiengespräch ist inhaltlich nicht vollständig vorstrukturiert, so wie das bei Forschungsinterviews häufig der Fall ist. Das würde an der klinischen Situation vorbeigehen; wir lassen uns im Gesprächsablauf von der Familie führen, aber das Gespräch ist in sechs Bereiche gegliedert, die immer angesprochen werden

sollten (siehe Abb. 13.4). Mit diesem Interviewkonzept wird ein gewisses Maß an Strukturierung angestrebt, jedoch nicht um den Preis der Verdeckung familiendiagnostisch wertvoller Informationen. Meistens spricht die Familie die genannten Bereiche von sich aus an; eine Reihenfolge hinsichtlich der Strukturbereiche muß nicht eingehalten werden, die Familie sollte möglichst wenig "gebremst" werden.

(1) *Kontakt und allgemeine Information*: Der Interviewer stellt sich selbst vor, erkundigt sich nach den Namen der Familienmitglieder, spricht dabei jeden einzelnen an, informiert über die Videoaufzeichnung, den Kollegen am Bildschirm, holt das Einverständnis der Familie hierzu ein, informiert über den Zweck und die Dauer des Gesprächs und betont das diagnostische Interesse.

(2) *Vorerfahrungen, Zuweisungsweg und Vorstellungsentscheidung*: Das Interview beginnt dann mit der Frage, wie es jetzt zur Vorstellung des Kindes oder Jugendlichen gekommen ist bzw. wie die Familie dazu gekommen ist, sich in der Klinik zu melden. Die Familie hat die Möglichkeit, den Zuweisungsweg, den Prozeß der "Definition des Patienten", die Vorbehandlungen oder die Probleme bzw. Symptome selbst zu thematisieren. Der Interviewer geht darauf ein, was die Familie thematisiert; d.h. der Bereich "Zuweisungsweg etc." kann übersprungen und später nachgeholt werden.

(3) *Exploration der individuellen Problematik des Kindes / Jugendlichen*: Typische Fragen zur Einleitung der Problemexploration sind: "Was war denn jetzt der Grund für die Vorstellung?" oder "Um welche Probleme geht es jetzt im einzelnen dabei?" Auch hier wird wieder eine offen-ungerichtete Frage gestellt, die dann durch Rundfragen ergänzt wird, soweit in der Familie nicht von selbst jeder Stellung bezieht.

(4) *Familie*: Der Strukturbereich "Familie" nimmt den größten Zeitraum ein und bezieht sich auf drei Aspekte: Zum einen wird danach gefragt, wie das Problem des Patienten in der Familie emotional und kognitiv aufgenommen wird, wie darauf in der Familie reagiert wurde und wie die Familie bisher versucht hat, die Probleme zu bewältigen; zweitens werden die

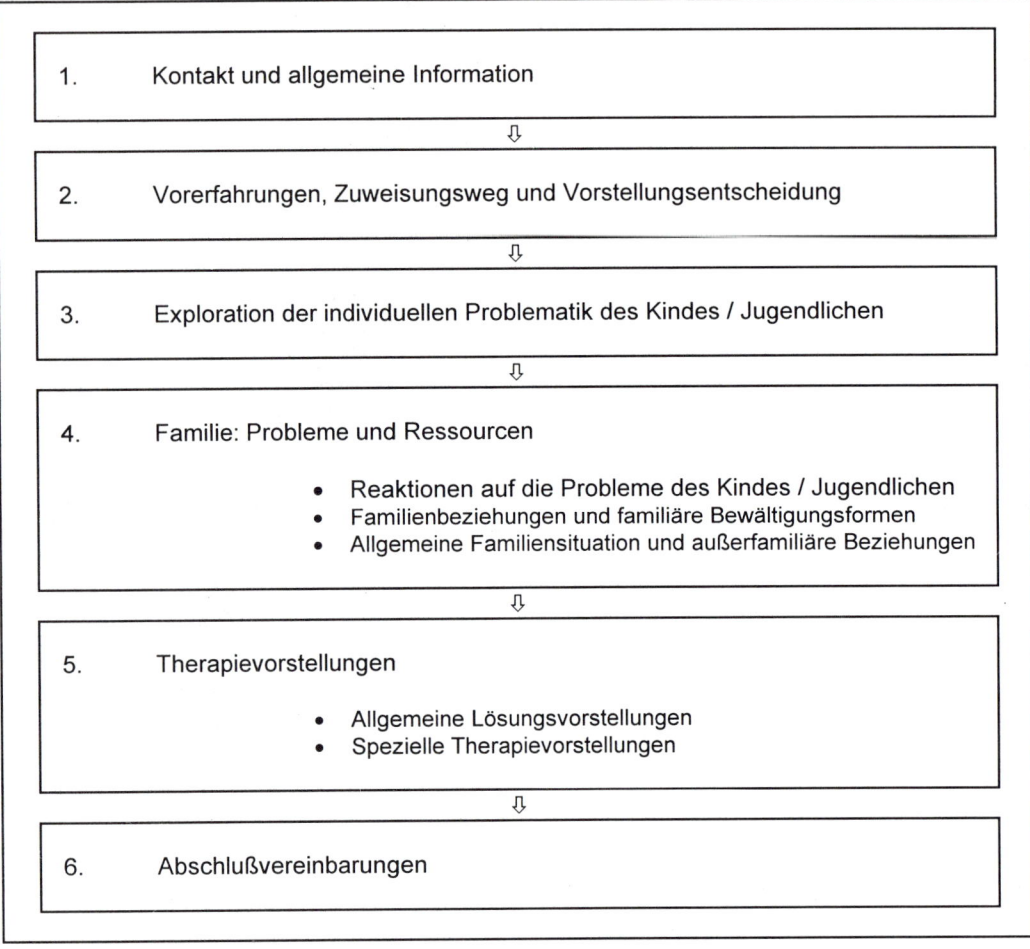

Abb. 13.4 Thematische Struktur und zeitliche Abfolge des familiendiagnostischen Interviews

Familienbeziehungen und familiären Bewälti-
gungsformen angesprochen und schließlich
wird die allgemeine Familiensituation (Probleme, Belastungen, Ressourcen) und die
außerfamiliären Kontakte erfragt.

(5) *Therapievorstellungen*: Zunächst werden die
allgemeinen Lösungsvorstellungen exploriert,
um dann auf die speziellen Therapievorstellungen zu kommen. Typische Fragen zur
Thematisierung der Therapievorstellung wären: "Wie meinen Sie, können wir Ihnen bei
der Lösung dieser Probleme helfen?", oder
"Haben sie bestimmte Vorstellungen, wie die
Therapie in der Klinik laufen sollte?" oder

"Haben Sie irgendwelche Befürchtungen im
Zusammenhang mit der Therapie?"

(6) *Abschlußvereinbarungen*: Vor Abschluß des
Gespräches erkundigt sich der Interviewer
danach, ob die Familie noch irgendwelche
Fragen an ihn hat. Am Ende des Gespräches
bedankt sich der Interviewer bei der Familie
und hebt hervor, daß wir nützliche Hinweise
für die Therapie erhalten haben und gibt bei
Bedarf noch einmal Hinweise zur Auswertung des Gesprächs. Dann werden gemeinsam
mit der Familie Vereinbarungen über das
weitere Vorgehen getroffen, d.h. es wird über
die noch ausstehenden Untersuchungen

informiert und es können weitere Termine vereinbart werden.

In der Regel kann die vorgesehene Gesprächszeit von 45 bis 60 Minuten eingehalten werden. In den meisten Fällen werden dabei auch alle sechs Themenbereiche angesprochen; häufig muß der Interviewer die Bereiche nicht von sich aus ansprechen, da die Familie von selbst auf diese Fragen kommt. Fast immer aber hat er darauf zu achten, daß sich jedes Familienmitglied zu jedem Bereich äußern kann; d.h. ergänzende Rundfragen sind fast immer notwendig. In manchen Fällen kann es aber geschehen, daß die Familie auf den einen oder anderen Bereich nicht eingeht, obwohl sich der Interviewer darum bemüht. Ein Extremfall wäre gegeben, wenn z.B. die Familie ausschließlich über den Zuweisungsweg spricht, etwa indem ausführliche Klagen über die Vorbehandlungen geäußert werden. Auch ein solcher Interviewverlauf ist diagnostisch aufschlußreich, denn die Interviewstruktur wird nicht vorgegeben, um auf jeden Fall durchgehalten zu werden; durch ihre Vorgabe haben wir vielmehr ein Muster, das mit dem tatsächlichen Interviewverlauf verglichen werden kann. Gerade die Situationen, in denen die vorgesehene Struktur nicht realisiert werden konnte, sind diagnostisch besonders informativ.

c) Auswertung des Interviews

Die diagnostische Informationsgewinnung im Interviews hat zwei Schwerpunkte, die subjektive Perspektive und das objektive Interaktionsverhalten:

(1) *Die subjektive Perspektive*: Zum einen geht es im Interview darum, die subjektive Sichtweise von jedem einzelnen Familienmitglied möglichst genau kennenzulernen und die Unterschiede zwischen den subjektiven Perspektiven der einzelnen Familienmitglieder zu verstehen. Im Gegensatz zu Anamnesegesprächen geht es also nicht darum, möglichst genaue, objektiv richtige Informationen zu erhalten, sondern es wird das subjektive Moment und die Unterschiedlichkeit subjektiver Wahrnehmungen und Einstellungen ("jeder sieht es mit anderen Augen") betont.

(2) *Das objektive Interaktionsverhalten*: Dabei erhalten wir im Gesprächsverlauf aber nicht nur inhaltliche Informationen über die Familie; genauso wichtig ist die Art und Weise wie die Familienmitglieder im Gespräch interagieren und in welcher Weise sie Kontakt zum Interviewer aufnehmen.

Für die Auswertung können die unterschiedlichen Rollenverteilungen von Interviewer und Beobachter (am Video-Bildschirm) genutzt werden. Während der Interviewer der Familie gegenüber also eine engagierte und empathische Haltung einnimmt, ist die Position des Beobachters distanzierter. Dies führt dazu, daß die familiendiagnostischen Beurteilungen zunächst unterschiedlich akzentuiert sein können. Wir versuchen diese Unterschiedlichkeit nicht zu verwischen sondern im Sinne einer klaren methodischen Ausrichtung sogar zu betonen. Die Familie und der Gesprächsverlauf wird aus zwei unterschiedlichen Blickwinkeln wahrgenommen. Auch hier gilt der Satz "Information ist der Unterschied der einen Unterschied macht": Es ist informativ und anregend, wenn Beobachter und Interviewer zunächst unterschiedliche Eindrücke gewinnen, die weiter diskutiert und reflektiert werden müssen, um zu einer gemeinsamen diagnostischen Einschätzung zu gelangen. Das Ergebnis dieser Diskussion kann in einem familiendiagnostischen Befund festgehalten werden. Für eine systematischere Auswertung können darüberhinaus klinische Ratingskalen verwendet werden; wir selbst haben in diesem Zusammenhang das "Profil psychosozialer Belastungen" und die "Marburger Familiendiagnostischen Skalen (MFS)" entwickelt. Eine mikroanalytische Auswertung der Familiengespräche bedeutet einen noch höheren Aufwand; dazu gehören z.B. interaktionschronographische Untersuchungen, die Auswertung mit Hilfe von Kategoriensystemen oder auch inhaltsanalytische Untersuchungen. Solche Mikroanalysen aber sprengen den Rahmen der klinisch-praktischen Tätigkeit, sie sind primär von wissenschaftlichem Interesse. In Abb. 13.5 sind einige Fragen, mit denen wir uns bei der Auswertung der Interviews beschäftigen, aufgeführt.

Fragen zum Familiensystem:	
Problem-beschreibung	• Was sind die wichtigsten individuellen, familiären und sozialen Problembereiche und wie schwerwiegend sind sie einzuschätzen?
Bedingungs-zusammenhänge	• In welchem Zusammenhang stehen die beschriebenen Probleme? • Welchen Stellenwert haben die Probleme im familiären Beziehungsgefüge? • Wie kann die psychische Störung des Patienten erklärt werden (Hypothesen)?
Bewältigungs-möglichkeiten	• Welche Formen der Problembewältigung bevorzugen die einzelnen Familienmitglieder? • Wie wirken die Coping-Formen der einzelnen Familienmitglieder zusammen? • Über welche noch nicht genutzten Fähigkeiten und Ressourcen verfügt die Familie, die für die anstehenden Aufgaben aktualisiert werden können?

Fragen zum Therapiesystem:	
Voraussetzungen bei der Familie	• Wer hat den Kontakt zur Einrichtung aufgenommen? • Worin besteht das Anliegen der einzelnen Familienmitglieder? • Was sind die Behandlungsvorstellungen der Familienmitglieder, welche Hoffungen und Befürchtungen verbinden sie mit einer Therapie?
Voraussetzungen der Therapeuten	• Welche Voraussetzungen und Möglichkeiten bestehen im Hinblick auf Hilfestellungen für diese Familie (institutionelle und persönliche Voraussetzungen)?
Kooperations-möglichkeiten	• Wie reagiert die Familie auf das Gesprächsangebot und die Interventionen („Resonanz" der Familienmitglieder)? • Wie reagieren umgekehrt die Therapeuten auf die einzelnen Familienmitglieder? • Wie lassen sich die Vorgaben der Familie mit den Vorstellungen der Therapeuten vereinbaren? • Auf welche Aspekte ist in der Zusammenarbeit mit der Familie besonders zu achten, welche positiven Möglichkeiten sind zu nutzen und welche Gefahren sind besonders zu beachten?

Abb. 13.5 Fragestellungen bei der Auswertung des familiendiagnostischen Interviews

13.6 Familientherapeutische Methoden

Die therapeutische Einstellung

Die Prinzipien, die für den ersten diagnostischen Kontakt mit der Familie gelten, sind gleichzeitig auch die wichtigsten Grundlagen einer produktiven therapeutischen Kooperation. Auch in den Therapiesitzungen mit Familien versucht der Therapeut, eine empathische Haltung zu erlangen: D.h. er stellt sich darauf ein, das, was ihm mitgeteilt wird und was er beobachten kann möglichst offen und genau wahrzunehmen, um ein Verständnis für die subjektive Situation jedes einzelnen zu gewinnen, sodaß sich aus diesem Verständnis heraus eine akzeptierende Haltung entwickeln kann. Diese Grundhaltung gilt für Familiengespräche ebenso wie für die Einzeltherapie.

In der Familientherapie wird das Empathieprinzip durch ein zweites wichtiges Prinzip, das der Perspektivität komplementär ergänzt: Der

Therapeut versucht, das Empathieprinzip jedem Familienmitglied gegenüber gleichermaßen zu realisieren. In gemeinsamen Familiensitzungen bedeutet dies, daß er darauf achtet, daß er seine Aufmerksamkeit möglichst ausgewogen verteilt. Dabei kommt es nicht unbedingt auf die meßbare Zeit an. Je stabiler und vertrauensvoller die Beziehung ist, umso eher ist es auch möglich, daß eine Person tolerieren kann, daß sie zeitweilig "zurückgestellt" wird. Wesentlich ist, daß er bei einer Thematik nacheinander auf die unterschiedlichen Perspektiven der anwesenden Familienmitglieder eingeht und sich in ihre unterschiedlichen Positionen einfühlt. Dies erfordert eine sehr hohe Flexibilität (viele "Umschaltungen") vom Therapeuten, denn die Positionen der verschiedenen Familienmitglieder erscheinen oft völlig unvereinbar. Perspektivität und Empathie sind somit in der Familientherapie eng aufeinander bezogen, denn es kommt darauf an, sich in die Position eines Familienmitgliedes einzufühlen und seine Darstellung nachzuvollziehen, ohne damit quasi automatisch die Positionen der anderen Familienmitglieder abzulehnen. Dies ist aber nur möglich, wenn der die "Entscheidungsfrage" über die Richtigkeit oder moralische Qualität von Meinungen oder Verhaltensweisen zunächst zurückstellt und vorläufig "einklammert". D.h. der Therapeut versucht das Gespräch von der Entscheidung über richtig oder falsch, gut oder schlecht, krank oder böse, gleichsam einen Schritt zurückzuverlagern zu Verständnisfragen darüber, wie die Situation von jedem Familienmitglied wahrgenommen und empfunden wird. Dabei verläuft die Kommunikation zunächst über den Therapeuten. Je besser er jeden einzelnen Gesprächsteilnehmer versteht, umso eher können auch die Familienmitglieder Verständnis für die Position der anderen Familienmitglieder gewinnen (Modellfunktion).

Ob gemeinsame Familiensitzungen einen produktiven Verlauf nehmen können , hängt davon ab, ob der Therapeut zur perspektivischen Empathie in der Lage ist und davon, ob die Familie diese Art der Kommunikation mitvollziehen kann. Auf der Seite des Therapeuten setzt dies voraus, daß er die eigenen Verhaltensmöglichkeiten beachtet, daß er z.B. nur dann gemeinsame Sitzungen vorschlägt, wenn er den Gesprächsverlauf hinreichend kontrollieren kann und wenn er sich zu einem solchen perspektivischen Verständnis in der Lage sieht. Ohne diese Voraussetzungen würde er sich selbst überfordern und wäre nicht in der Lage, der Familie offen und kongru-

ent zu begegnen. In der Regel zeigt es sich schon nach einigen wenigen Sitzungen, ob auch der Familie diese therapeutische Umstellung gelingt und die Gespräche für eine Verbesserung des wechselseitigen Verstehens nutzen kann. Das ist natürlich bei weitem nicht immer der Fall; manchmal scheitert schon der Versuch, überhaupt ein geordnetes Gespräch zu führen, in dem jeder zu Wort kommen kann. Schwierigkeiten ergeben sich auch dann, wenn Familienmitglieder nicht in der Lage sind oder nicht den Mut finden, ihre Position darzustellen, oder auch, wenn ein Familienmitglied nicht bereit oder nicht in der Lage ist, zuzulassen, daß ein anderer seine Meinung darstellt. Gemeinsame Familiensitzungen können in solchen Fällen einen negativen und zusätzlich belastenden Effekt haben und die Indikation zu gemeinsamen Familiengesprächen ist deshalb zu prüfen. Ähnliches gilt, wenn der Sinn der gemeinsamen Gespräche verkannt oder das Verhalten des Therapeuten grundlegend mißverstanden werden. Dies wäre z.B. der Fall, wenn ein Vater sich - allein durch den Umstand ,daß gemeinsame Gespräche geführt werden, in denen auch sein Sohn ausführlich zu Wort kommt - in seiner Autorität untergraben und abgewertet fühlt, oder wenn der Therapeut in eine Richterrolle gedrängt wird, aus der er sich nicht lösen kann. In solchen Situationen sind wesentliche Voraussetzungen für einen produktiven Verlauf gemeinsamer Familiensitzungen nicht erfüllt. Wenn gemeinsame Familiensitzungen versucht werden, hat der Therapeut die Aufgabe, dafür zu sorgen, daß die minimalen Grundbedingungen für einen produktiven Gesprächsverlauf vorhanden sind oder geschaffen werden. Wenn es umgekehrt aber gelingt, die beteiligten Familienmitglieder im beschriebenen Sinne auf die Gesprächssituation einzustellen, ist in der Therapie oft schon der entscheidende Schritt getan. Denn ein verbessertes Verständnis für sich selbst und für die anderen ermöglicht eine akzeptierende Haltung bzw. eine gelassenere emotionale Einstellung. Dies ist die beste Voraussetzung dafür, daß die Familienmitglieder neue Handlungsmöglichkeiten erproben und so ihren Spielraum in einem positiven Sinne erweitern können. Die Orientierung hin zu den positiven Entwicklungsmöglichkeiten wird von der Familie in solchen günstigen Verläufen selbst vollzogen, ohne daß weitere therapeutische Interventionen notwendig sind (s.o. das Prinzip der positiven Entwicklungsorientierung).

Die *Grundmethode der Familientherapie* nach dem hier vorgestellten Konzept besteht darin, daß der Therapeut sich an den Prinzipien der diagnostisch-empathischen Einstellung, der Perspektivität, der positiven Entwicklungsorientierung und der Transparenz bzw. Kongruenz orientiert. Dabei ist klar, daß diese Prinzipien in keinem Sinne vollständig realisiert werden können. Sie stellen immer nur Zielvorstellungen dar, denen der Therapeut sich zu nähern versucht. Gerade die Momente, in denen der Therapeut Schwierigkeiten bei der Realisierung dieser methodischen Prinzipien hat, sind für ein Verständnis des Therapieprozesses von besonderem Wert. D.h. die Erwartung an den Therapeuten besteht nicht darin, daß er die gestellten Zielsetzungen erreicht, sondern eher darin, daß er bereit ist, sich ersthaft zu fragen ob und in welcher Hinsicht er die Therapieprinzipien realisieren kann und in welcher Hinsicht dies nicht der Fall ist.

Durch die Annäherung an diese Zielvorstellungen entsteht ein Klima, in dem die Familienmitglieder durch die Therapiegespräche neue Anregungen erhalten, die sie erproben können. In diesem Milieu können spezielle Techniken (Methoden i.e.S.) genutzt werden um die Familie bei ihrer Entwicklung anzuregen und zu unterstützen. Diese Methoden werden im nächsten Abschnitt dargestellt. Vor der Nutzung dieser Techniken aber ist zu bedenken, daß es in günstigen Fällen gar nicht notwendig ist, von uns aus eine Therapietechnik in die Familie gleichsam "hineinzutragen", sondern daß es genügt, die Veränderungsansätze der Familie aufmerksam aufzunehmen; damit hat die Familie genügend Unterstützung, Verstärkung oder auch In-Frage-Stellung, also die Anregung, die sie von uns wünscht. In diesem günstigen Falle konvergieren Diagnostik und Therapie; die Familiendiagnostik, die unserer Information diente, wird zur "Diagnostik für die Familie". Das hier vertretene Therapiekonzept plädiert somit dafür, daß der Therapeut sich im Zweifelsfalle eher zurücknimmt und einen therapeutischen Aktionismus vermeidet, daß er stattdessen ein Maximum von Verantwortung bei der Familie beläßt bzw. Verantwortung, die er von der Familie übernommen hat so schnell wie möglich an sie zurückgibt.

Spezielle familientherapeutische Techniken

Die familientherapeutischen Interventionsmethoden stellen Differenzierungen und Spezifizierungen der genannten Prinzipien dar. Wir können die familientherapeutischen Methoden nach der vorherrschenden Zielsetzung einteilen (vgl. hierzu Abb. 13.2 oben). Eine etwas pragmatischere Einteilung ist in Abb. 13.6 dargestellt. Darin sind die familientherapeutischen Interventionsmethoden (Techniken) in zwei große Gruppen gegliedert: Methoden, die sich auf die Interaktion in der Familiensitzung richten und solche, die sich auf die Interaktion zwischen den Sitzungen beziehen. Für jeden der in Abb. 13.6 aufgeführten vier Methodenbereiche wird hier exemplarisch eine Methode erläutert.

a) Umdeuten (reframing)

Die Methode des Umdeutens beruht auf der Einsicht, daß eine Verhaltensweise für sich genommen noch keine spezifische Bedeutung besitzt, sondern daß sich die Bedeutungen eines Verhaltens erst aus dem sozialen und persönlichen Zusammenhang (Kontext) ergeben. Die Interaktionspartner aber reagieren nicht einfach auf objektive Tatbestände, sondern auf den Sinn, den sie mit der Verhaltensweise des anderen verbinden.

Dies kann am Beispiel eines *Adoleszentenkonfliktes* verdeutlicht werden, in dem die Eltern das Verhalten des Sohnes (häufiges Durchbrechen elterlicher Vorschriften) als "unmöglich" und völlig unverständlich erleben; für den Sohn (der die Eltern als zunehmend restriktiv wahrnimmt) gilt das selbe im Hinblick auf die Eltern. Eine weitere Eskalation des Konfliktes, in dem sich z.B. der Jugendliche ernsthaft gefährdet, ist zu befürchten. Im ersten Familiengespräch äußern die Eltern ihre Befürchtung, daß ihr Sohn psychisch krank sei; der Jugendliche nimmt nur widerwillig am Gespräch teil und antwortet kaum.

Um überhaupt eine sinnvolle Diskussion zu ermöglichen und um die festgeschriebenen Bedeutungskonzepte zu öffnen, kann der Therapeut die Verhaltensweisen in einen neuen *"Bedeutungsrahmen"* stellen (daher die englische Bezeichnung "Re - framing"). Hierzu sucht er einen sinnvollen und positiven "Meta-Rahmen" für die elterliche Position und für die des Jugendlichen. Ein sinnvoller Meta-Rahmen für die

Auf die Interaktion *in* den Therapiesitzungen gerichtet		Auf die Interaktion *zwischen* den Therapiesitzungen gerichtet	
Gesprächsmethoden	Aktionale Methoden	Direkte Interventionen	Komplexe (paradoxale) Interventionen
• Steuerung von Kommunikations-abfolgen • Zirkuläres Fragen • Umdeuten • Familiengenogramm • Suggestive und metaphorische Kommunikation	• Nutzung des Raumes (z.B. Veränderung der Sitzordnung) • Familienskulptur • Rollenspiel und psychodramatische Techniken	• Beobachtungsmethoden (Instruktion zur Selbst- und Fremdbeobachtung) • Verhaltensaufgaben • Familienverträge	• Symptom-verschreibungen • Regelverschreibungen • Ritualisierte und metaphorische Verschreibungen

Abb. 13.6 Einteilung und Beispiele für familientherapeutische Methoden

Eltern wäre z.B.:"Sie nehmen ihre Verantwortung für ihren Sohn sehr ernst und versuchen ihn zu schützen". Ein entsprechender Metarahmen für den Sohn wäre: "Du möchtest zeigen, daß du selbständig und eigenverantworlich handeln kannst". Wenn Eltern bzw. Sohn *diese positiven Umdeutungen ihres Verhaltens* akzeptieren können (und das tun sie am ehesten dann, wenn die Deutungen zutreffend sind), dann ist es möglich, über wechselseitige Vorwürfe hinauszugelangen um die Diskussion sinnvoller zu gestalten. An die Eltern gerichtet, bietet sich die Frage an: "Gelingt es ihnen, ihren Sohn zu schützen? Gibt es Alternativen, durch die Sie Ihr Ziel besser erreichen können?" An den Jugendlichen gerichtet: "Wie kannst du am besten deine Selbständigkeit weiterentwickeln, vielleicht sogar so, daß deine Eltern merken, daß du kein Kind mehr bist?"

Probleme können dadurch, daß sie in einen anderen Rahmen gestellt sind, neu definiert und zugänglicher gemacht werden. Die *Aufgabe des Therapeuten* liegt darin, den Familienmitgliedern ihre Probleme in einer Form zurückzugeben, in der die Schwerpunkte so gesetzt sind, daß sie neue Betrachtungsmöglichkeiten gewinnen und sich mit ihren Konflikten in einer produktiven Form auseinandersetzen können. Dabei schreibt der Therapeut nicht die Lösungen vor, denn die besten Lösungen sind diejenigen, die die Familie selbst entwickelt. Die Art und Weise wie der Therapeut seine Umdeutungen anbietet, können je nach Situation sehr unterschiedlich sein; meist ist es angemessen und realitätsgerecht, sie als vorsichtige Fragen zu formulieren; manchmal kann es aber auch sinnvoll sein, sie sehr bestimmt vorzutragen.

b) Familienskulptur

Nichtverbale und aktionale Therapietechniken eignen sich besonders dann, wenn das Gespräch nicht weiterführt, wenn viel geredet, dabei aber wenig gesagt wird, etwa wenn ausschließlich intellektualisierend gesprochen wird, ohne das emotional Wesentliche zu treffen oder wenn - in ganz anderen Fälllen - einzelne Familienmitglieder sprachlich unbeholfen oder im verbalen Ausdruck gehemmt bzw. blockiert sind.

Durch die Familienskulptur können sich die *Familienmitglieder ihre Beziehungen* im buchstäblichen Wortsinn deutlich "vor Augen führen": Ein Familienmitglied - der Protagonist - wird aufgefordert, die einzelnen Familienmitglieder (mit möglichst wenig Worten) so anzuordnen, daß aus dem Gesamtbild, aus der räumlichen Anordnung, der Haltung der Familienmitglieder und ihrer Stellung zueinander sichtbar wird, wie die Beziehungen der Familienmitglieder sind. D.h. seine Aufgabe entspricht der eines Bildhauers, der ein Standbild mit mehreren Personen anfertigt, dabei kann er zeigen, wie - seiner subjektiven Empfindung nach - die einzelnen Familienmitglieder "zueinander stehen" (oder sitzen oder liegen). Eine solche Skulptur kann für die Familie sehr eindrucksvoll sein, ihre Situation wird "greifbar". Oft werden die Teilnehmer sehr nachdenklich; fruchtlose Debatten und Rechthabereien treten in den Hintergrund. Überdies hat diese Technik den Vorteil, daß sich einer ausdrücken kann ohne gestört zu werden, die anderen Familienmitglieder sind nicht mehr Widersacher sondern für den "Bildhauer" wie "Wachs in seinen Händen"; schon allein der Übergang von der harten oder intellektuell betonten Problemdiskussion zum sanften Körperkontakt verändert die Stimmung in der Familie und durch das nichtsprachliche Medium werden nicht bewußte Beziehungsdefinitionen zugänglicher.

Der *Therapeut hat die Aufgabe*, die Familie bei der Skulpturmethode zu führen; er bietet die Methode an, erklärt sie und sichert das Einverständnis aller Beteiligten und hilft dem Protagonisten nicht nur durch Worte sondern indem er ihn körperlich (z.B. durch "Vormachen") durch die Skulptur führt. Es liegt in seiner Verantwortung sicherzustellen, daß der Protagonist, der die Skulptur "stellt" genügend Zeit und Unterstützung hat, sich auszudrücken und daß nach Möglichkeit alle Familienmitglieder sich in dieser Position erfahren können. Die Familienskulptur ist eine Methode, durch die festgefügte psychische Strukturen gelockert und Therapieprozesse vertieft werden können. Der Therapeut hat deshalb die Aufgabe, die Familienmitglieder - die ja nicht unbedingt übersehen können worauf sie sich einlassen - psychologisch zu schützen. D.h. er hat darauf zu achten, daß die Familienmitglieder einen solchen Therapieprozeß wünschen und mit ihm nicht überfordert werden; auf keinen Fall sollte er die Familie hierzu verführen oder drängen. Die Methode sollte nur dann versucht werden, wenn sich der Therapeut selbst im Umgang mit der Familie sicher fühlt, d.h. nur dann wenn er die *Belastbarkeit der Familienmitglieder* gut einzuschätzen weiß und wenn er selbst einen so ungewohnten und körpernahen Umgang mit der Familie angenehm erleben kann. Nach der Sulpturdarstellung - die eine ganze Sitzung in Anspruch nehmen kann - sollte jeder im Gespräch seine Eindrücke schildern können. Die Skulpturmethode kann beliebig erweitert werden, etwa indem man "Wunschskulpturen" stellt oder dadurch, daß die "stehende" Skulptur in Bewegung kommt und die Beteiligten ihre Positionen

verbalisieren. Der Übergang zum *Rollenspiel* oder in *psychodramatische Techniken* hinein ist fließend.

c) Familienverträge

Jede Therapie beruht auf impliziten Verträgen; das *therapeutische "Bündnis"* ist - unabhängig von der einzelnen Methode die Grundlage der Behandlung. Die Verwendung von schriftlich fixierten Verträgen als therapeutische Methode stammt aus der Verhaltenstherapie. In der Familientherapie besteht ein Vertrag darin, daß gemeinsam mit der Familie *feste Vereinbarungen* getroffen werden, die - um ihre Verbindlichkeit zu unterstreichen - auch schriftlich festgehalten werden. Durch die *schriftliche Fixierung* werden ganz bestimmte und umschriebene Verhaltensaspekte gezielt hervorgehoben und in den Blickpunkt gerückt. Neben diesen expliziten Aspekten sind aber die nichtgenannten Implikationen - an erster Stelle die Implikation, daß es sich bei den Partnern um vertragsmündige, also verantwortliche Partner handelt - ebenso wichtig.

Neben der Relation zwischen impliziten und expliziten Vertragsaspekten ist bei der Anwendung von Verträgen die Dynamik zwischen externer Kontrolle und Selbstverantwortung, zwischen Forderung und Unterstützung psychologisch wesentlich: Der Patient (und/oder die Eltern) wird einerseits mit Forderungen konfrontiert und kontrolliert; andererseits hat der Vertrag die Aufgabe, den Patienten (die Eltern) zu stützen und ihm möglichst viel Verantwortung zu übergeben. Ein Vertrag kann sich direkt auf interpersonales Verhalten in der Familie richten (z.B. Kommunikation miteinander; Regeln für Auseinandersetzungen etc.); familiendynamisch aber interessanter sind solche Verträge, bei denen zwar explizit individuelle Symptome im Blickpunkt stehen, der Vertrag aber so geartet ist, daß durch ihn die Familienbeziehungen indirekt verändert werden. Bei der Formulierung von Verträgen sind deshalb *zwei Ebenen* zu berücksichtigen: Zum einen sind bezüglich der *individuellen Ebene* die allgemeinen Lerngesetzen und Prinzipien zu beachten; gleichzeitig aber ist der implizite *beziehungsregulierende Inhalt* der Verträge von Bedeutung: Für wen werden welche Aufgaben festgelegt? Oft kann schon alleine durch Beobachtungsaufgaben die familiale Interakton effektiv beeinflußt werden. Dies wäre z.B. der Fall, wenn der Vater, der sonst überhaupt nicht mit dem "Symptommanagement" befaßt ist, die Aufgabe erhält, die Symptomatik zu registrieren. Eine solche Festlegung ermöglicht und provoziert neuartige Interaktionen zwischen Vater und Kind ebenso wie zwischen den Eheleuten (z.B.: Mutter hilft dem Vater bei der Bearbeitung des Beobachtungsbogens). Damit können Familienbeziehungen, obwohl sie im Vertrag gar nicht angesprochen sind, bedeutsam beeinflußt werden.

Bei der Nutzung von Verträgen sind eine Reihe von Prinzipien zu beachten. Zuallererst sollten Verträge praktisch erfüllbar und damit positiv erfolgsorientiert sein. Das bedeutet, daß sie sehr genau auf die Möglichkeiten der Familie zugeschnitten sein müssen. Sie sind umso sinnvoller, je besser die Beteiligten motiviert sind, die Absprachen zu realisieren; Verträge dürfen deshalb der Familie nicht aufoktroyiert werden sondern sollen aus der Diskussion mit der Familie entstehen. In ihnen sollten die Vorschläge der Familienmitglieder aufgegriffen werden, so weit wie dies irgend möglich ist. Verträge eignen sich besonders für solche Fälle, in denen es wichtig erscheint, daß die Therapie *Ordnung und Zielrichtung* gewinnt und wenn die familiären Interaktionen gesteuert werden sollen (z.B. um Eskalationen oder Rückschritte zu vermeiden). Sie können auch dann nützlich sein, wenn klare *Strukturen und Abgrenzungen* in der Familie gefördert werden sollen oder wenn die Verantwortlichkeiten geklärt werden sollten, um für die Familienmitglieder selbst die Überschaubarkeit in der Familie zu verbessern.

d) Symptomverschreibung

Im Vergleich zu direkten Vorschlägen und Anweisungen sollten *paradoxale Verschreibungen* noch vorsichtiger angewandt werden. Sie sind dann zu erwägen, wenn durch direkte Vorschläge die Probleme eher verschlimmert als verbessert werden. Dies kann der Fall sein, wenn die Schwierigkeiten gerade durch die Bemühungen, das Problem zu lösen, aufrechterhalten werden. Der Versuch, besonders flüssig zu sprechen, wird z .B. einem stotternden Patienten in der Regel nicht helfen, sondern kann seine Symptomatik noch verschärfen. Direkte Anweisungen helfen auch dann nicht weiter, wenn die Familienmitglieder sich in einer paradoxen Situation verfangen haben. Eine solche *paradoxe Verstrikkung* kann sich z.B. auf die therapeutische Situation selbst beziehen, etwa in folgendem Sinne: "Ich möchte selbst aus meinen Problemen herausfinden, habe es aber bisher nicht geschafft,

deshalb bin ich unfähig. Wenn aber die Therapie in Gang käme und zu Veränderungen führen würde, dann wäre damit endgültig bewiesen, daß ich "unfähig" bin. Also darf ich in der Therapie nicht mitarbeiten." (Eine andere Paradoxie, die jeder aus dem Fach kennt, wäre: "Ich möchte, daß Sie mir meine Symptome wegnehmen, mich aber dabei nicht verändern.")

In einer solchen Situation kann versucht werden, die Paradoxie mit *einer "therapeutischen Paradoxie"* aufzulösen: Der Therapeut kann z.B. deutlich machen, daß es zunächst wichtig ist, nichts zu verändern und daß die Symptome in der vorhandenen Form beibehalten werden können oder gar noch zu steigern sind: "Du kannst dich ändern indem du (zunächst) so bleibst wie du bist." Auch wenn sich zunächst keine Fortschritte zeigen, so hat der Patient doch die Vorschläge des Therapeuten befolgt und in der Therapie mitgearbeitet. Wenn er aber seine Symptome ablegt, dann hat er genau das erreicht was er wollte und die Probleme sogar gegen die Ratschläge des Therapeuten bewältigt.

Dies kann an einem *Beispiel* verdeutlicht werden: Das Hauptproblem in der Familie besteht darin, daß es täglich zu lange andauerenden und heftigen Streitigkeiten zwischen den Eltern und der Tochter, dann aber auch zwischen den Eltern kommt. Selbst wenn sich alle um Ruhe bemühen und sich voneinander fernhalten, kommt es doch aus den nichtigsten Anlässen zu einem Schlagabtausch, was für alle zu einer extremen Belastung geworden ist. Auch in den Familiensitzungen können diese lauten und eskalierenden Auseinandersetzungen vom Therapeuten nicht unterbrochen werden, sodaß eine sinnvolle Therapie unmöglich erscheint. Eine Symptomverschreibung, die sich direkt auf das Verhalten in der Sitzung richtet, könnte z.B. in folgender Weise versucht werden: "Sie haben mir gerade gezeigt wie sie in einen solchen Streit hineingeraten; ich glaube ich kann mir das schon etwas vorstellen (positive Umdefinition). Vielleicht können Sie noch etwas weiter machen und den Streit noch ein paar Minuten weiterlaufen lassen. So wird mir das vielleicht noch deutlicher. Später können wir dann darüber sprechen." Die Familie wird gebeten, etwas bewußt zu tun, was ihr sonst nur ständig "passiert". Wenn die Familie weiterstreitet, dann ist dies Teil der therapeutischen Zusammenarbeit; wenn sie irritiert reagiert und der Streit nicht mehr so recht in Gang kommen will, was genausogut geschehen kann, wird eine andere Art von Gespräch ermöglicht. Eine Symptomverschreibung, die auf das Verhalten außerhalb der Sitzungen abzielen würde, könnte herausstellen, daß die Auseinandersetzungen zeigen, daß sich die Familienmitglieder nicht gleichgültig sind und selbst den Streit nicht scheuen, um Kontakt miteinander zu haben (positive Umdefinition).

Symptomverschreibungen und Umdefinitionen wurden teilweise in einer Weise praktiziert und propagiert, daß der Eindruck entstehen mußte, der Therapeut versucht hier "therapeutische Tricks", mit denen er die Familie hinter ihrem Rücken manipulieren will. Die von uns vertretene Auffassung hierzu ist eindeutig: Der Familie etwas aufzutischen, was nicht ehrlich gemeint ist, sondern nur eine zusammenkonstruierte "Botschaft" darstellt, die der Familie mit einem geheimen Hintergedanken gegeben wird, ist ethisch nicht akzeptabel; es ist abgesehen davon auch nicht nötig und kann nach unserer Überzeugung nicht helfen. Auch diese Methoden sind (wie alle anderen Methoden) nur gerechtfertigt, wenn der Therapeut das was er sagt, auch ernst meint. Dabei können wir uns sehr wohl bewußt sein, daß *psychotherapeutische Kommunikation* immer paradoxe Momente enthält, und daß wir uns diesen Paradoxien nicht entziehen können.

13.7 Kasuistische Beispiele

Um einen Eindruck davon zu vermitteln, wie Familientherapien tatsächlich ablaufen können, werden zwei recht unterschiedliche Therapien geschildert. Es handelt sich dabei keinesfalls um systematische Therapieberichte, die Fallbeispiele beanspruchen auch keinerlei Vollständigkeit; sie sind vielmehr kursorisch, fast anekdotisch gehalten.

a) *Familientherapie im Umfang von 18 Sitzungen bei einer schulphobischen Problematik*

Der 12jährige Jürgen B. wird wegen massiver Ängste vor der Schule vorgestellt. Jürgen grübelt viel über vermeintlich zu schlechte Noten nach, befürchtet einen Leistungsabfall und hat in diesem Zusammenhang mehrfach Suicidgedanken geäußert. Jürgens Ängste sind häufig mit Bauchschmerzen und Herzklopfen gekoppelt. In den letzten beiden Wochen hat sich die Symptomatik so stark intensiviert, daß er wegen seiner Ängste weder allein zu Hause bleiben, noch allein weggehen kann. Diagnostisch können diese Probleme als Schulphobie klassifiziert werden und der Familie wird angeraten, Jürgen stationär behandeln zu lassen. Weil die Eltern dies vermeiden möchten, lassen wir uns darauf ein, probeweise eine ambulante Therapie zu beginnen, die dann auch vorwärtskommt , sodaß sich eine stationäre Aufnahme erübrigt.

Die Therapie umfaßte insgesamt 18 Sitzungen, die zunächst wöchentlich, dann in größeren Abständen stattfanden. Jürgen und seine Mutter nahmen an allen Sitzungen teil, bei 5 Sitzungen war auch der Vater anwesend, eine häufigere Teilnahme war ihm aus beruflichen Gründen nicht möglich. Zunächst war die Therapie dezidiert symptomorientiert. Sobald das Gespräch sich von der Symptomatik löste und auf die Familie insgesamt richtete, reagierten die Eltern unsicher und abwehrend. Erst nachdem die Symptomatik weitgehend bewältigt war, konnten auch die Familienbeziehungen ausführlicher thematisiert werden.

Während der ersten Phase von 5 1/2 Monaten wurde die Behandlung mit Hilfe eines Therapievertrages durchgeführt; in den Sitzungen wurde in der Regel zunächst der Therapievertrag besprochen und anknüpfend daran das Gespräch auf die allgemeine psychische Situation Jürgens und auf die familiären Beziehungen erweitert. Der Vertrag wurde dann abgesetzt und die letzten 2 1/2 Monate der Behandlung (4 Sitzungen) dienten einer vertiefenden beziehungsorientierten Familientherapie. Im folgenden wird nur noch auf die Arbeit mit dem Therapievertrag eingegangen. Von Beginn an machten wir deutlich, daß die ambulante Behandlung nur sinnvoll sein kann, wenn Jürgen möglichst schnell wieder mit dem Schulbesuch beginnt. Diesbezüglich konnten wir einen Vorschlag des Patienten selbst aufgreifen: Jürgen war sich sicher, daß für ihn ein kurzzeitiger Schulbesuch von 2 Stunden möglich sei, die Angstzustände ergäben sich für ihn dadurch, daß die Schule so lange dauere. Der erste Vertrag, den wir mit der Familie vereinbaren, ist im folgenden wiedergegeben:

Therapievertrag

Die Unterzeichneten vereinbaren heute folgenden Vertrag:

1. Die Eltern von Jürgen B. haben die Aufgabe, den Vertrag mit den Lehrern so abzusprechen, daß sich von seiten der Schule keine Schwierigkeiten ergeben.

2. Jürgen B. hat die Aufgabe, an j e d e m Schultag mindestens zwei Schulstunden (und zwar immer die beiden ersten Stunden) die Schule zu besuchen. In der kommenden Woche hat er außerdem die Aufgabe, über die zwei Stunden hinaus den Schulbesuch schrittweise auf ca. 4 Stunden zu steigern.

3. Jürgen registriert den Schulbesuch (Dauer), die Angst (abends, morgens und mittags) und die körperlichen Beschwerden auf dem von uns vorbereiteten Beobachtungsbogen.

4. Falls Jürgen B. die Mindestanforderung (täglich zwei Stunden Schulbesuch) erfüllt, wird weiterhin probiert, die Therapie zu Hause durchzuführen. Falls Jürgen B. dies nicht erreicht, wird ab Dienstag, den nn.nn. die Therapie stationär bei uns in der Klinik durchgeführt.

Unterschriften:

C.B. (Mutter)   E.B. (Vater)   Jürgen B.

Therapeut   Kotherapeut

Jürgen und seine Eltern erlebten diesen Vertrag - trotz des erheblichen psychologischen Drucks (Gefahr der stationären Aufnahme) der mit dem Vertrag verbunden war - als außerordentlich entlastend, weil damit wieder eine konkrete Zielorientierung und Perspektive erkennbar wird. Im Verlauf der Therapie wurde dieser Vertrag (in fast jeder Sitzung) schrittweise geändert. Diese Veränderungen bezogen sich auf mehrere Bereiche:

1. Zunächst war die stationäre Aufnahme eine Konsequenz, falls der Vertrag nicht durchgeführt werden kann; später wurde diese Konsequenz durch die Forderung ersetzt, daß Jürgen bei fehlender Vertragserfüllung sofort bei uns anzurufen hat.

2. Die Anforderung an die Dauer des Schulbesuches wurden immer und nur dann gesteigert, wenn alle Mindestforderungen ("Muß-Forderungen") erfüllt waren und wenn darüberhinaus Jürgen die neu zu vereinbarende Forderung schon fast erreicht hatte. Jede Steigerung wurde nur mit ausdrücklichem Einverständnis bzw. auf Wunsch Jürgens durchgeführt.

3. Nachdem zunächst nur die Dauer des Schulbesuches als Zielbereich herausgegriffen wurde, wurden später dem Vertrag noch andere Elemente hinzugefügt. Erst im Therapieverlauf wurde z.B. deutlich, daß Jürgen vor dem Schulgang seine Mutter durch inständige Bitten mit Jammern und Weinen unter Druck setzte; dieses Verhalten wurde später zusätzlich in den Vertrag aufgenommen ebenso wie Jürgens Kontakte zu Gleichaltrigen (Vereinbarung: Besuche bei Freunden).

4. Wenn solche neuen Elementen in den Vertrag eingeführt wurden, hatte (z.B. beim Aspekt "die Mutter unter Druck setzen") Jürgen zunächst nur die Aufgabe, sein Verhalten zu beobachten und zu registrieren, erst später wurde gefordert, daß diese Verhaltensweisen auch geändert werden. Neben dem "Jammern" registrierte Jürgen auch seine subjektiv erlebte Angst; bezüglich der Angst aber wurde von Anfang an klargestellt, daß diese Registrierungen dem Therapiegespräch als Informationsgrundlage dienen sollten, solche subjektiven Befindlichkeiten aber kein Gegenstand einer gezielten Verhaltenssteuerung und -Kontrolle sein sollten.

5. Der Vertrag wurde außerdem auch noch hinsichtlich der Aktivität der Eltern ergänzt. Die Eltern sollten Jürgen nicht mehr in die Schule begleiten. Diese und ähnliche elterlichen Verhaltensweisen (Probleme bei der Durchsetzung gegenüber Jürgen) wurden später in einem gesonderten Eltern-Vertrag hervorgehoben (Abgrenzung Jürgen vs. Eltern; verbesserte Durchsetzung der Eltern), in dem auch dem Vater Aufgaben zugewiesen wurden, die vorher ausschließlich von der Mutter wahrgenommen wurden. Schließlich wurden im Verlaufe der Vertragsdurchführung den Eltern wieder Verantwortungen und Kon-

trollaufgaben zurückgegeben, die wir zeitweilg übernommen hatten.

b) Familientherapie im Umfang von 3 Stunden bei akuten Abgrenzungskonflikten

Die Mutter des 17jährigen Markus bittet telefonisch um einen Gesprächstermin, und macht dabei gleich deutlich, daß wohl ihr Ehemann mitkommen würde, ihr Sohn aber nur mit Mühe dazu gebracht werden kann, am Gespräch teilzunehmen. Sie skizziert auch kurz den Anlaß ihres Anrufes: Markus bestiehlt die Eltern. In den letzten Monaten hat sich dieses Problem verstärkt. Die Eltern haben Angst, daß er in eine kriminelle Laufbahn hineingerät.

Zum gemeinsamen familiendiagnostischen Gespräch erscheinen die beiden Eltern mit Markus. Die Familienverhältnisse erscheinen geordnet; der Vater ist leitender Angestellter, die Mutter stundenweise im Büro tätig. Markus hat noch eine kleine 12jährige Schwester, die aber nicht mitgekommen ist, weil die Mutter sie mit der ganzen Sache "nicht belasten" möchte. In einem späteren Gespräch wird sie etwas deutlicher: Sie wollte nicht, daß an der Tochter "psychologisch herumgemacht" wird.

Markus ist Gymnasiast mit akzeptablen Leistungen in der Schule; er ist außerdem Leistungssportler. Die Eltern schildern den Vorstellungsanlaß ausführlich: Markus nimmt den Eltern heimlich Geld weg; außerdem nimmt er in der Familie auch ungefragt und unerlaubt Essen. Es werden z.B. Getränke oder Brötchen oder Dosenkonserven für die ganze Familie gekauft, und plötzlich ist das Essen bzw. Trinken verschwunden. Daß Markus dahintersteckt, wird erst klar, wenn Essens- oder Verpackungsreste bei ihm unter dem Bett oder im Schrank gefunden werden.

Die Eltern betonen, daß sie ihm das Essen gönnen; sie fragen sich warum das so heimlich geschieht; Markus sollte sie fragen oder ihnen zumindest Bescheid sagen, aber das genau das tut er nicht. Durch diese "Essensgeschichte" sind die Eltern zwar irritiert und verwundert aber nicht ersthaft beunruhigt. Wirklich besorgt und beängstigt aber sind sie, weil Markus ihnen Geld stiehlt; insgesamt kam in den letzten Monaten ein nennenswerter Betrag (ca. 1000 Mark) zusammen. Dies beunruhigt die Eltern aus mehreren Gründen: Erstens ist dadurch die ganze Familiensituation schwer beeinträchtigt; sie müssen darauf achten, wo ihre Geldbörse liegt. Zweitens haben sie Angst, daß dies auch außerhalb der Familie vorkommen kann und daß sich Markus dadurch seinen weiteren Lebensweg und seine guten Aussichten gefährdet. Und schließlich deuten die Eltern noch die Befürchtung an, daß Markus vielleicht geisteskrank sein könnte, weil dies so gar nicht zu seinem sonstigen Verhalten paßt.

Wenn sie ihn fragen, warum er das tut, erhalten sie - wenn überhaupt - nur lapidare Antworten: "Weil ich Geld brauche", oder - wenn es ums Essen geht - "weil ich Hunger gehabt habe". Und wenn sie dann weiter darüber sprechen wollen "das geht doch nicht - einfach etwas wegnehmen ohne was zu sagen" und Markus fragen: "Warum hast du uns denn nicht gefragt?", erhalten sie vielleicht die Antwort "keine Lust gehabt". Und auf die Frage "Warum machtst du es so, daß wir dich dabei auch noch erwischen?", dann kann die Antwort sein: "Hab ich mir nicht so überlegt".

Markus, groß gewachsen und kräftig gebaut, wirkt eher wie ein 20jähriger; bei dieser Darstellung der Eltern wirkt er betreten, schaut unter sich, für ihn offensichtlich eine sehr peinliche Situation; seine Fehler oder Missetaten werden aufgezählt. So ist es nicht verwunderlich, daß er nur unter Druck zum Gespräch mitgekommen ist; er wirkt gleichzeitig gequält, verstockt und eingeschüchtert. Die Mutter sucht im Gespräch am deutlichsten den Kontakt zum Therapeuten; sie wendet sich aber auch Markus immer wieder zu, eine besorgte, eher unsichere Frau, bedrückt und grübelnd. Sie möchte, daß wir herausfinden, "woher das kommt", wie das alles zusammenhängt. Sie meint, daß vielleicht sie selbst und ihr Mann irgendwie im Umgang mit Markus Fehler gemacht hätten (kann dazu aber nichts genaues sagen) und daß in der Familie irgendwas nicht stimmt. Und sie fragt sich weiter, wie sie vielleicht die Fehler (die sie nicht benennen kann) wieder gut machen kann. Der Vater dagegen blickt mürrisch und düster drein und hält sich zunächst zurück, auch ihm scheint die ganze Situation nicht sonderlich angenehm zu sein. Wo die Mutter besorgt reagiert, wirkt er eher ärgerlich. Er macht deutlich, daß er das Verhalten seines Sohnes für völlig unvernünftig hält und er fragt, ob das noch als ein erzieherisches Problem zu sehen ist, ob er also mehr durchgreifen muß mit entsprechenden pädagogischen Sanktionen (Taschengeld sperren, Hausarrest und ähnliches) oder ob es sich hier um ein psychiatrisches oder psychotherapeutisches Problem handelt, wo er nicht mehr zuständig ist, sondern die Fachleute. Er fragt also mehr oder weniger direkt, ob Markus "verrückt" ist - eine heikle Situation.

Eine Wendung des Gesprächs ergibt sich, als wir andere mögliche Problem- oder Konfliktbereiche in der Familie ansprechen; auf die Frage, was Markus sich in der Familie anders wünschen würde, meint er, daß er beim Telefonieren nicht mehr von der Mutter "abgehört" werden möchte. Die Mutter fällt aus allen Wolken, sie ist schokkiert; der Vater dagegen reagiert ungehalten; was Markus anführe, sei eine unsinnige Ablenkung, Markus solle gefälligst vernünftige Antworten geben. Als der Therapeut trotzdem bei diesem Thema bleibt, stellt sich heraus, daß die Familie zwei parallele Apparate hat und daß die Mutter tatsächlich schon (gewollt oder nicht gewollt) mitgehört hat. Markus fühlt sich von den Eltern überwacht und bevormundet. Als er dies schildert, ist er nahe am Weinen, muß sich sehr beherrschen und wirkt wie ein sehr viel jüngeres Kind. Mit Mühe nennt er noch andere Beispiele; z.B. daß seine Mutter ungefragt sein Zimmer aufräume oder daß er nicht in die Disco dürfe. Auch hier wieder reagieren die Eltern konsterniert und beteuern, daß Markus niemals danach gefragt hätte. Da erinnert Markus an einen Vorfall vor mehr als einem Jahr, als er einmal mit Bekannten wegfahren wollte, die Eltern Bedenken geäußert hätten und er dann zu Hause blieb. Offenbar steckt Markus schnell auf, weil er keine Chancen sieht, sich auch einmal gegen die Eltern durchzusetzen, aus welchen Gründen auch immer.

Aus unserer Sicht läuft das Gespräch auf die Frage nach der Regulierung der Distanz und der individuellen Abgrenzungen in der Familie hinaus. Die Eltern klagen darüber, daß Markus - wenn er z.B. Geld wegnimmt - unerlaubt in ihren Bereich einbricht und umgekehrt beschwert sich Markus darüber, daß die Eltern ihm keinen eigenen Raum lassen. "Persönliches Territorium, eigene private Sphäre, persönliches Eigentum", dies scheint ein aktuelles (und gemeinsames) Thema in der Familie zu sein. Interessant ist die Reaktion der Eltern, als wir ihnen diese Überlegungen skizzieren: Die Mutter greift die Kritik des Sohnes sofort auf und überlegt sich, wie sie sich selbst ändern kann; sie will auf keinen Fall mehr "Telefon-Mithören", sie ist immer noch richtiggehend schockiert; sie überlegt auch, wie das Zimmer-Aufräumen anders gestaltet werden

kann und fragt den Therapeuten nach weiteren Anweisungen. Der Vater dagegen meint, das sei alles gut und schön, aber sie sind ja wohl nicht wegen des Aufräumens gekommen, sondern wegen ernster Probleme und bis jetzt seien sie genauso weit wie vorher; das Gespräch hat nach seiner Meinung nicht weitergeführt. Deshalb noch einmal die Frage an den Experten: "Ist das ein pädagogisches Problem, daß Markus schärfer rangenommen werden muß oder braucht Markus Therapie? "

Der Mutter und Markus konnte der Therapeut sinngemäß zu verstehen geben: "Es ist natürlich sehr gut, wenn man sich an die eigene Nase faßt und selbstkritisch ist; aber ich weiß nicht ob Sie (gemeint ist die Mutter) sich ändern sollen. Vielleicht sollte sich eher der Markus ändern, der ist doch ein gestandener Bursche, der müßte doch den Mumm haben, den Eltern zu sagen was er will oder?". Dem Vater antwortete der Therapeut sinngemäß: "Ich kann Ihnen im Moment nur meine persönliche Meinung sagen; ich denke die Erziehung ist wahrscheinlich nicht das Problem; ich glaube nicht, daß Sie vorwärtskommen, wenn sie den Markus schärfer rannehmen, das haben sie ja schon erfolglos probiert. Ob Psychotherapie andererseits weiterhelfen kann, da bin ich mir im Moment unsicher." Das "Schlußbild" ist nicht verwunderlich: Am Ende des Gesprächs ist Markus aufgeräumt, ja guter Stimmung, er möchte wieder kommen; auch die Mutter scheint ganz zufrieden zu sein. Der Vater wirkt eher irritiert und frustriert, denn er hat keine rechte Antwort auf seine Frage bekommen. Es wird ein Termin zur Fortsetzung der Familiensitzung in 2 Wochen vereinbart.

Zu dieser Situationsskizze können manche theoretischen Überlegungen angestellt werden; der Vergleich mit den oben dargestellten Therapieprinzipien und Therapiemethoden kann durchaus interessant sein. Dabei ist aber zu bedenken, daß die Interventionen des Therapeuten nicht als gezielte Veränderungsversuche, eher als vorsichtige Anmerkungen gedacht waren. Gespräche und ihre Wirkungen sind nicht im vorhinein planbar. Jedenfalls ist die Symptomatik nach dem ersten Kontakt nicht mehr aufgetreten - zur großen Verwunderung aller Beteiligten. Nach 3 Monaten kam es noch einmal zu einem kurzen Rückfall; Markus hat sich dann aber stabilisiert.

In den noch folgenden zwei Familiengesprächen standen deshalb auch andere Themen im Vordergrund, z.B. Geschwisterrivalität bezüglich der kleinen Schwester, Streit ums abendliche ausgehen, Streit wegen der Mithilfe im Haushalt, Streit darüber, daß Markus raucht, was die Eltern besonders ärgert weil er Leistungssportler ist. Markus hat in dieser Zeit eine Freundin gewonnen, und die Eltern hatten auch damit ihre Schwierigkeiten. Zur Diskussion standen also Probleme, die die meisten Eltern und Jugendlichen irgendwann durchleben müssen. Ansonsten haben sich die angedeuteten familiendiagnostischen Eindrücke bestätigt und erweitert: Bei der Mutter steht eine depressive Problematik im Vordergrund, sie kämpft noch mit Ablösungsproblemen gegenüber ihren eigenen Eltern; hieraus ergeben sich auch eheliche Spannungen. Diese Thematik wurde aber nicht weiter vertieft; die Eltern meinten, sie könnten damit allein zurechtkommen.

Die beiden Beispiele wurden für die Darstellung ausgewählt, weil es sich um recht typische Fälle handelt, die den Bereich der ambulanten Familientherapie bei psychischen Auffälligkeiten von Kindern und Jugendlichen abstecken. Beim ersten Fallbeispiel handelt es sich um eine längerfristige Familientherapie von 18 Sitzungen (mit langsamen schrittweisen Veränderungen), bei der ein strukturierendes Vorgehen (strukturierende Familientherapie) mit schriftlichen Verträgen im Vordergrund stand. Eine wichtige Zielsetzung der Therapie bestand in der Kontrolle der Symptomatik (Verhinderung einer Eskalation); ein weiteres Ziel bestand darin, die elterliche Verantwortung und Kompetenz im Umgang mit dem noch recht kindlichen Jungen zu stärken. Das zweite Beispiel stellt eine sehr kurzfristige Therapie mit nur 3 Sitzungen vor, wobei die wesentlichen therapeutischen Entwicklungen wahrscheinlich schon beim ersten Kontakt eingeleitet wurden. Das Vorgehen war vorwiegend diagnostisch-interpretativ, es wurden überhaupt keine Verhaltensanweisungen gegeben. Von der Zielsetzung her war die Therapie darauf orientiert, festgelegte Familienstrukturen und Überzeugungen vorsichtig zur Diskussion zu stellen, um blockierte Entwicklungsmöglichkeiten zu öffnen, die elterliche Kontrolle eher zu lockern, und auch darauf gerichtet, die Initiative und Verantwortung des Jugendlichen zu stärken. Obwohl die beiden Therapieverläufe sehr unterschiedlich sind, so haben sie doch auch manche Ähnlichkeiten: Es handelt sich in beiden Fällen um ambulante Behandlungen mit Familien, in denen die kohäsiven Kräfte im Vordergrund stehen und bei denen die Störungen der Indexpatienten in tradi-

tioneller Terminologie als "neurotisch" bezeichnet werden würden. Im Vergleich mit diesen Therapien können sich stationäre Behandlungen mit Familien von schwer dissozialen oder psychotischen Patienten noch einmal ganz anders - meist komplexer und schwieriger - darstellen. Es soll hier auf keinen Fall der Eindruck erweckt werden, daß alle Therapien so erfolgreich oder angenehm verlaufen wie in den dargestellten Beispielen, viele Therapieversuche scheitern. In der Praxis verlaufen Psychotherapien nicht nach den idealen Regeln eines Lehrbuchs.

Weiterführende Literatur:

Böse, R.; Schiepek, G.: Systemische Theorie und Therapie. Asanger, Heidelberg 1994.
Gurman, A.S.; Kniskern, D.P. (Eds.): Handbook of Family Therapy. Brunner & Mazel, New York 1981.
Shazer, S. de: Muster familientherapeutischer Kurzzeit-Therapie. Ein ökosystemischer Ansatz. Junfermann, Paderborn 1992.
Simon, F.B.; Stierlin, H.: Die Sprache der Familientherapie. Ein Vokabular. Klett-Cotta, Stuttgart 1984.

Literatur

Ackerman, N.W.: The growing edge of family therapy. Process 10, 143 - 156, 1971.
Ackerman, N.W.: The Psychodynamics of Family Life. Basic Books, New York 1958.
Aponte, H.J.; Vandeusen, J.M.: Structural family therapy. In: Gurman, A.S.; Kniskern, D.P. (Eds.): Handbook of family therapy, 310-360. Brunner/Mazel, New York 1981.
Bateson, G.: Ökologie des Geistes. Suhrkamp, Frankfurt 1981.
Bateson, G.; Haley, J.; Weakland, J.: Toward a Theory of Schizophrenia. Behavioral Science 1, 251-264, 1956.
Beckmann, D.; Richter, H.E.: Gießen-Test. Huber, Bern, Stuttgar, Wien 1972.
Bodin, A.M.: The interactional view: Family therapy approaches of the Mental Research Institute. In: Gurman, A.S.; Kniskern, D.P. (Eds.): Handbook of family therapy, 267-309. Brunner/Mazel, New York 1981.
Bosch, M.: Strukturell- und entwicklungsorientierte Familientherapie innerhalb der humanistischen Psychotherapie. In: Schneider, K. (Hrsg.): Familientherapie in der Sicht psychotherapeutischer Schulen, 26-37. Junfermann-Verlag, Paderborn 1983.

14. Elterntraining

Andreas Warnke

Das Elterntraining ist eine spezifische, systematisierte Form der Elternarbeit. Elternarbeit ist keine Nebensache, sie ist zentraler Teil kinder- und jugendpsychiatrischer Behandlung.

Elternarbeit und Elterntraining beinhalten eine therapeutische Haltung. Sie ist positiv begründet. Vielfach ist nachgewiesen, daß die psychotherapeutischen Bemühungen effektiver sind, wenn keine ungünstigen familiären psychosozialen Umstände vorliegen und die Familien mit ihrer erzieherischen Kompetenz die Anstrengungen der professionellen Therapeuten unterstützen (Mattejat und Remschmidt, 1991).

Die normale Familie ist ein protektiver Faktor für die psychische Entwicklung eines Kindes; diese beschützenden Kräfte einer Familie lassen sich auch therapeutisch nutzen. Eltern haben aber auch bezüglich ihres Kindes das Sorgerecht, sie tragen damit die Verantwortung auch für die therapeutischen Entscheidungen. Die Familie wirkt, solange das Kind dort lebt, intensiver auf die Entwicklungen des Kindes ein, als jede andere Bezugsperson. Eltern sind Teil der kindlichen Umwelt und Änderungen der elterlichen Verhaltens- und Lebensweisen beeinflussen die kindliche Erfahrungswelt.

Die Eltern, die aufgrund einer psychopathologischen Entwicklung ihres Kindes Rat suchen, beanspruchen die fachliche Hilfe. Gleichzeitig sind sie dankbar, wenn sie sich in ihrer elterlichen Kompetenz von Anfang an anerkannt fühlen dürfen. Tatsächlich benötigen wir in der fachlichen psychotherapeutischen Bemühung die erzieherische elterliche Kompetenz. Viele Eltern sind in der Lage, therapeutische Techniken zu erlernen und sie wirksam zum Wohle der Entwicklung ihres eigenen Kindes einzusetzen. Dies haben insbesondere die Studien zum Elterntraining belegt. (Innerhofer, 1977; Warnke und Innerhofer 1978).[1]

Der wechselseitige Umgang sollte taktvoll, annehmend, vorwurfsfrei und bestärkend sein. Die familiäre Hilfsbedürftigkeit wird als Chance verstanden, überholte und unzweckmäßige Werte und Lebensweisen aufzugeben, um eine bessere Lebensorientierung, neue Wertungen, Ziele, Begabungen und eigene Handlungsspielräume zu gewinnen. Die Haltung den Eltern gegenüber wird in der Regel jener entsprechen, die mit den Begriffen "einfühlsames Verstehen", "Akzeptierung und Wertschätzung" und "Echtheit" von Rogers definiert wurden. Die Haltung im hilfreichen Umgang mit den Eltern hat nach Dührssen (1988) folgende Merkmale: Ein Interesse für das vorhandene Kräftereservoir der Familie; eine Diagnose der Familie, die Entlastung der Eltern und Umstimmung in der Gefühlslage; kein (verborgenes) Schulddenken des Therapeuten; keine Identifikation des Therapeuten mit dem Kind gegen die Eltern; dem Therapeuten ist es ein Anliegen, die positiven Ideale der Eltern zu ergründen. Die Prinzipien von Elternarbeit im Rahmen der Psychotherapie und damit auch des Elterntrainings sind durch eine Reihe von Merkmalen gekennzeichnet. Elternarbeit wird bejaht und ist integrierter, eingeplanter Bestandteil in der Psychotherapie und Psychopharmakotherapie des Kindes und Jugendlichen (Kooperationsmodell). Elternarbeit versteht sich nicht primär als ein Kompetentmachen oder Ausschließen von "versagenden" oder "psychopathogenen" Eltern, sondern als eine Möglichkeit der Kooperation mit der Familie, um die emotional tragfähigen Bindungen zwischen Eltern und Kind, die erzieherischen Fähigkeiten und andere familiäre Ressourcen der Selbsthilfe in die Behandlung einzubeziehen und zu nutzen. Die

---

[1] Die Darstellung ist in Abschnitten angelehnt an die Erörterung von Warnke 1993

familiären Ressourcen zur Selbsthilfe werden von Anfang an Bestandteil der Therapieplanung. Form und Inhalt der Elternarbeit und die zeitliche Beanspruchung durch die Kooperation sind den zeitlichen und personellen Möglichkeiten, den Fähigkeiten, Bedürfnissen, Werthaltungen und Zielsetzungen der Familie angepaßt. Anpassung meint nicht „Verbrüderung" zwischen Fachkraft und Laien, sondern das Verbinden familiärer Hilfsmöglichkeiten mit der Kompetenz von Fachkräften (Koppelung von Kompetenzen). Elternarbeit beinhaltet Zeit, um auch persönliche Anliegen der Eltern zu besprechen. Anliegen der Eltern ist es, Informationen und Hilfe in überschaubaren Zeiträumen zu erhalten (Elternorientierung). Bei der Elternanleitung werden didaktische Grundsätze beachtet - dies gilt insbesondere für die Form des Elterntrainings. Die Elternarbeit will die Tragfähigkeit der Familie stärken. Die Unterstützung der Elternarbeit beinhaltet auch die Förderung der Selbsthilfegruppen und der Elternverbände. Elternarbeit ist schließlich auch die Begleitung der Familie, und zwar dann, wenn alle fachliche Hilfe nicht zu heilen oder den Verlauf einer Erkrankung nicht zu verändern vermag. Das Elterntraining ist eine optimistische Form der Elternarbeit, den Eltern wird zugetraut, in der Psychotherapie zum Wohle des Kindes aktiv mitzuwirken (Warnke, 1993).

14.1 Der Begriff des Elterntrainings

Dem Begriff des Elterntrainings entsprechen die Bezeichnungen "Eltern als Co-Therapeuten" und "Elternanleitung". Das Grundkonzept des Elterntrainings wurzelt in der Verhaltenstherapie (Schaefer und Briesmeister, 1989). Kommunikationstheoretische, handlungstheoretische, gesprächstherapeutische und familientherapeutische Elemente wurden später in den methodischen Ansatz einbezogen (Innerhofer, 1977; Innerhofer und Warnke, 1989; Warnke, 1993). Die aktuellste Übersicht zur Indikation und Effektivität des Elterntrainings gaben Graziano und Diamment (1992).

Als psychotherapeutische Methode ist das Elterntraining indirekter Zugang zur Psychotherapie des Kindes und Jugendlichen. Die Intervention beinhaltet eine Zusammenarbeit mit den Eltern, die die Anwesenheit des Kindes selbst nicht unbedingt voraussetzt.

In den Anfängen hatte das Elterntraining das Ziel, daß Eltern in Übungsprogrammen sehr spezifische therapeutische Maßnahmen mit dem eigenen Kind durchführten, analog dem, daß Eltern lernten, ihr zerebralparetisches Kind krankengymnastisch zu behandeln.

Elterntrainingskonzepte können inzwischen eine viel komplexere Zielsetzung haben: die Zusammenarbeit mit den Eltern zielt auf Veränderungen im Wertsystem, in der Zielausrichtung, in der Erlebens- und Verhaltensfähigkeit sowie Lebensgestaltung der Eltern; dies dient dem Zweck, daß mit der therapeutischen Zielsetzung zugunsten der psychischen Gesundung des Kindes und seiner Entwicklungsförderung ein besseres wechselseitiges Verstehen zwischen Eltern und Kind, adäquatere erzieherische Interaktionsformen, eine entlastende Umstimmung in der Gefühlslage und bessere Handlungsspielräume zur Problembewältigung gewonnen werden.

Die Begründung des methodischen Ansatzes liegt in der Annahme einer erzieherischen Kompetenz der Eltern und ihrer Fähigkeiten, im Lebensalltag des Kindes soziale Erfahrungen mitzubestimmen, Entwicklungsaufgaben vorzugeben und bei ihrer Bewältigung zu helfen; sie gründet auch in dem entscheidenen Einfluß, den Eltern auf die Lebensumstände haben, wie z. B. die wohnliche Situation und die zeitlichen Tagesabläufe des Kindes. Dabei wird nicht von einer "psychotherapeutischen Begabung" der Eltern ausgegangen, sondern schlicht der Tatsache Rechnung getragen, daß auch noch so geringe Beiträge der Gesamtfamilie zur Stützung fachlicher psychotherapeutischer Maßnahmen im natürlichen Lebensumfeld des Kindes und Jugendlichen die kinder- und jugendpsychiatrische Psychotherapie wesentlich in ihrer Effektivität verbessern. Eltern werden ihren individuellen Möglichkeiten entsprechend als "Berater" und "Helfer" des Therapeuten in die Psychotherapie des Kindes einbezogen. Die Rolle des Therapeuten ist die eines "Trainers", der sich bei einem gegebenen Ziel ganz der Förderung elterlicher Begabung zur Entwicklungsförderung ihres psychopathologisch auffällig gewordenen Kindes widmet.

Dementsprechend geht es im Elterntraining darum, sich wechselseitig darin zu unterstützen, systematisch psychotherapeutisch und erzieherisch relevante Interaktionen

1) zu beobachten, um die problemrelevante und lösungsrelevante Realität wahrzunehmen,

2) Zusammenhänge zu interpretieren, also zu erklären und zu verstehen sowie zu bewerten, so daß die Entscheidungsfähigkeit gewonnen ist, um

3) das Verständnis des Problems, die Wert- und Zielsetzung zu gewinnen, die erzieherische Interaktion und die Lebenssituation zur Gesundung bzw. Entwicklungsförderung des Kindes und seiner Familie je nach therapeutischem Bedarf und Vermögen zu modifizieren.

Drei Konzeptionen des Elterntrainings lassen sich unterscheiden:

1) Symptomorientierte Übungsanleitung: Ansätze, die Eltern anleiten, eine definierte Verhaltensstörung bzw. ein definiertes Verhaltensdefizit ihres Kindes entwicklungsfördernd zu verändern, indem sie in direkten Interaktionsübungen lernen, Regeln der Verhaltenstherapie symptomorientiert einzusetzen (Schmitz, 1976; Kane et al., 1974). Zum Beispiel lernen Eltern eines geistig behinderten Kindes, ihm beim Anziehen einer Jacke in einer Weise zu helfen, daß das Kind es selbst in kleinen Schritten lernt (Kane und Kane, 1976).

2) Vermittlung psychologischer Theorien: Trainingsmodelle, die theoriegeleitete erzieherische Grundsätze, z. B. nach verhaltenstherapeutischen Prinzipien (Perrez und Mitarbeiter, 1974) oder Grundsätzen der Gesprächsführung, vermitteln. Das spezifische Problem der Familie wird gar nicht thematisiert. Den Eltern bleibt es überlassen, für welche erzieherischen Konfliktsituationen sie das erworbene Wissen problemlösend anwenden.

3) Lernen von Problemlösungsstrategien: Ein Trainingskonzept, das einen optimalen didaktischen Rahmen vorgibt, um psychotherapeutisch nutzbare Problembewältigungsstrategien und Handlungsspielräume zu erarbeiten. Diese Ziele werden nicht abstrakt, sondern mittels dem von den Eltern eingebrachten Problem (z. B. Eßstörung der magersüchtigen Tochter) angestrebt (Innerhofer, 1977; Warnke, 1988). Wie das erste Modell ist es symptom- und zielorientiert, wie das zweite ist es durchaus methodisch theoriegeleitet, aber nicht der Vermittlung einer psychotherapeutischen oder erzieherischen Theorie verpflichtet; entscheidend ist das Herausarbeiten der Problemlösungsstrategie, die bei gegebenem Problem und gegebener familiärer

Situation und Kapazität zur Problembewältigung praktikabel ist.

14.2 Allgemeine methodische Merkmale des Elterntrainings

Die Problemlösung als Grundorientierung

1) Aufgabenorientierte Zielsetzung: Der Therapiegegenstand wird durch eine konkrete erzieherische Aufgabe (z. B. das Zubettbringen eines Kindes mit hyperkinetischem Syndrom) bzw. durch ein konkretes, beschreibbares, psychisches Symptom des Kindes (z. B. Einnässen) oder ein konkretes Konfliktereignis (z. B. Geschwisterstreit) definiert. In einem erzieherischen Alltagsereignis der Familie wird das Konfliktgeschehen, das die Eltern verändern wollen, beobachtbar abgebildet; z. B. wird die Situation, in der die Eltern mit ihrem hyperaktiven Jungen im Restaurant zu Mittag essen, dargestellt.

2) Konfliktrepräsentatives Vorgehen: Das im Training bearbeitete Problemereignis soll wesentliche Konfliktfaktoren bzw. das Symptom abbilden. Das Problem des Restaurantbesuches mit einem hyperaktiven Kind wird nicht durch die Betrachtung von Filmen zur Konditionierung von Ratten und nicht durch die abstrakte Analyse frühkindlicher Interaktionsvorgänge (z. B. "Ödipuskomplex"), sondern durch die Darstellung eines aktuellen Restaurantbesuches thematisiert.

3) Motiviertes Lernen: Die Zusammenarbeit soll die Eltern befähigen und ermutigen, bei der Psychotherapie des Kindes engagiert und ehrgeizig mitzuwirken.

4) Begabungsorientiertes Vorgehen: In der Zusammenarbeit bei der Psychotherapie des Kindes sind die persönlichen Fähigkeiten und Handlungsspielräume der Eltern zur Problembewältigung richtungsweisend - nicht elterliche Defizite.

5) Situativ angemessenes Lernen: Die situativen Möglichkeiten der Eltern zur Kooperation in der Therapie, z. B. ihre zeitliche Verfügbarkeit und ihre wohnliche Situation, werden berücksichtigt.

6) Lernen, Handlungsspielräume zu gewinnen: Bewertungs- und Verhaltensalternativen sind zu finden und auszuprobieren; es geht nicht vorrangig darum, Erklärungsspielräume zu gewinnen; Erklärungen haben die Funktion von Hypothesen, die das therapeutische Handeln begründen.

7) Generalisierbar lernen: Das im Training thematisierte psychopathologische Ereignis soll den Eltern die Chance geben, mit minimalem Aufwand das definierte Therapieziel möglichst generalisiert zu bewältigen.

8) Ökonomisch lernen: Das Therapieziel wird auf eine Weise angestrebt, die für die Familie finanziell, zeitlich und personell möglichst wenig aufwendig ist.

9) Kontrolliertes Lernen: Das Therapieergebnis, d. h. die Aufgabenlösung, ist zu überprüfen. Dazu werden z. B. Beobachtungspläne für die zu verändernden Verhaltensweisen angelegt. Die Therapienachsorge gilt der Stabilisierung und Generalisierung des Therapieerfolges.

Interaktionsanalyse als diagnostisches Prinzip

Die Interaktionsanalyse ist das wichtigste diagnostische Verfahren des Elterntrainings. Sie erfaßt die funktionellen Zusammenhänge der erzieherischen Interaktionen. Vorauszusetzen ist die gewöhnliche kinder- und jugendpsychiatrische Diagnostik, die lebensgeschichtliche, internistische-körperliche, neurologische, psychopathologische und psychometrische Befunde beinhaltet. Die Veränderung von erzieherischen Interaktionen ist Gegenstand des Elterntrainings. Eine ausführliche Einführung zur Interaktionsanalyse hat Innerhofer (1974, 1980) gegeben.

Das Elterntraining als optimaler didaktischer Raum

Das Elterntraining versteht sich als ein didaktisches Mittel des Therapeuten, das den Eltern in systematischer Weise erleichtert, Einsichten in die für die Problembewältigung relevanten aktuellen entwicklungsfördernden Vorgänge und situativen Zusammenhänge zu gewinnen, eigene Möglichkeiten und persönliche Begabung zur Selbsthilfe im Konfliktgeschehen zu erkennen,

neue Lösungswege zu entwickeln, auszutesten und einzuüben. Der Therapeut organisiert eine Lernsituation, er bietet Raum, Apparaturen, Lernmittel, eine Reihe von Übungen sowie seine Erfahrungen an, um Eltern Hilfsmittel für die eigene Problemlösung in die Hand zu geben. Aufgabe des Psychotherapeuten im Elterntraining ist es, mit modernsten Lehrmethoden die Eltern zu befähigen, für die Psychotherapie ihres Kindes relevante Wertungs-, Erlebens- und Interaktionsfertigkeiten zu gewinnen. Als didaktisches Mittel werden im Elterntraining eingesetzt:

- *Die Lektüre von Lehrtexten und die schriftliche Anleitung:*
Mit den Lehrtexten sollen Eltern Kenntnisse für eine spezifische Erziehungsweise bei einem gegebenen seelischen Problem oder zu einer therapeutischen Methode vermittelt werden. Dazu liegen eine Reihe von Manualen vor (Gordon 1978; Perrez et al., 1974; Kane und Kane, 1976; Patterson und Gullion, 1974; Innerhofer, 1979).

- *Die systematische Verhaltensbeobachtung:*
Sie dient der Diagnostik, sie hat aber bereits selbst einstellungs- und verhaltensverändernde Wirkung. Sie ermöglicht die Therapiekontrolle. Ein Beispiel für die einfachste Form solcher Verhaltensdokumentation sind z. B. Kalender, in denen Eltern eintragen, in welcher Nacht das enuretische Kind eingenäßt hat. In Tabelle 1 findet sich ein Beispiel für ein sogenanntes "Schlaf-Tagebuch" in der Behandlung kindlicher Schlafstörungen.

- *Übungs- und Feedbackverfahren:*
Sie können mit den Eltern in direkter Übung mit dem Kind, aber auch bei Abwesenheit des Kindes mittels Rollenspiel durchgeführt werden. Möglich ist das Lernen am Modell des Therapeuten. Der Therapeut zeigt den Eltern z.B. auf welche Weise etwa das geistig behinderte Kind ein Hemd mit einfachsten Handgriffen selbst anzuziehen vermag (Kane und Kane, 1976). Sobald die Eltern selbst die Übungsprogramme mit dem Kind übernehmen, fällt dem Therapeuten die supervisorische Aufgabe zu. Diese kann durch direkte Hilfestellung und Bestärkung bei teilnehmender Beobachtung erfolgen. Möglich ist auch die Instruktion über Mikrophon und Walky-Talky

Tabelle 14.1 "Schlaf-Tagebuch" (übersetzt nach Douglas, 1989, Seite 21)

Schlafverhalten	MO	DI	MI	DO	FR	SA	SO
Zeit morgendlichen Aufwachens							
Zeit und Dauer von Schlaf tagsüber							
Zeit des Zubettgehens am Abend							
Zeit des Einschlafens							
Zeit des Wachseins am Abend und die erzieherische Maßnahme							
Zeit und Dauer des Wachseins in der Nacht und erzieherische Maßnahme							

sowie über Video-Aufzeichnungen, die im Anschluß an die Übungszeit mit dem Elternteil durchgesprochen werden. Das Lernen am Modell des Therapeuten ist im Rahmen von Übungsbehandlungen (z. B. Anleitung der Eltern im Umgang mit der Klingelhose bei Enuresis-Behandlung) relativ unkritisch.

Bei komplexen psychotherapeutischen Interventionen hingegen sind standardisierte erzieherische Verhaltensweisen und das Therapeutenmodell wenig praktikabel. Zudem ist "ideales " Erzieherverhalten, das der Therapeut vorgibt, nicht dem natürlichen Elternverhalten entsprechend, es verunsichert eher die Eltern. Dies umso mehr, als sich das Kind gegenüber den Eltern anders als gegenüber dem Therapeuten zu verhalten vermag. Bei komplexen erzieherischen und psychotherapeutischen Aufgabenstellungen kommt es daher auch auf die Erarbeitung von Handlungsspielräumen an. Hierzu haben sich die Techniken des Rollenspiels, des Video-Feedbacks und der Gruppe bewährt.

- *Die Videotechnik*:
Sie ermöglichst es, Verhaltenssymptome und Konfliktsituationen abzubilden und einer systematischen Beobachtung und Analyse zugänglich zu machen. Den Eltern werden Handlungsabläufe und eigene Fähigkeiten zur Problembewältigung beobachtbar und gleichsam als "Fernsehzuschauer" objektiv wahrnehmbar gemacht. Die Eltern können aus den Videofilmen zum Problemereignis den ihnen wichtigen Beobachtungsabschnitt auswählen und die Wahrnehmung

und Interpretationen anderer Beobachter und vor allem auch des Therapeuten kontrollieren. Die Kontrollmöglichkeit durch die Eltern erzieht den Therapeuten zu sorgfältiger und realitätsorientierter Arbeit. Die Arbeit mit dem Videobild hilft, bei dem konkreten Problemereignis zu bleiben und Interaktionsvorgänge in der Alltagssprache der jeweiligen Familie zu erfassen (Innerhofer 1977; Innerhofer und Warnke, 1989)

- *Die Elterngruppe*:
Sie ermöglicht den Erfahrungsaustausch gleichartig betroffener Familien, vermag Eltern zu entlasten, stärkt sie als Gruppe gegenüber den einzelnen Therapeuten. Dies allerdings nur, wenn die gruppendynamische Führung bestimmten Regeln folgt, die ein straffreies Arbeiten gewährleistet (siehe Innerhofer, 1977). Die Gruppe ermöglicht die Diskussion, "Brain-Storming" und das Spiel. Diskussionsergebnisse lassen sich durch die Rollenspiele unmittelbar in Handlungsübungen umsetzen.

14.3 Das Elterntraining nach dem Münchener Trainingsmodell

Das "Münchner Trainingsmodell" von Innerhofer (1977) hat insbesondere im kinder- und jugendpsychiatrischen Bereich Anwendung gefunden. Es ist darüber hinaus zum festen Bestandteil der Elternarbeit in der Erziehungsberatung, Heimerziehung, Frühförderung und Förderung behinderter Kinder geworden. Es ist auch Teil psychotherapeutischer Weiterbildungsseminare und in klinisch-psychologischen und sozialpädagogischen Studiengängen etabliert. Innerhofer (1977) hat eine standardisierte Form dieser Elternarbeit vorgelegt. Evaluationsstudien liegen vor. Auf Trainingskonzepte von Perrez et al. (1974) und Schmitz (1976) kann hier nur verwiesen werden.

Die Gliederung der Darstellung folgt den Schritten des diagnostischen und therapeutischen Prozesses.

Kontaktaufnahme und Diagnostik

Die Einladung an die Eltern, am Elterntraining teilzunehmen, erfolgt 3 - 4 Wochen vor seinem Beginn. Zeitliche Planung, das methodische Vorgehen (mit Rollenspiel, Video und zusammen mit anderen Eltern in der Gruppe) sowie die Zielsetzung des Trainingskurses, nämlich die Erarbeitung erzieherischer Handlungsalternativen anhand eines den Eltern wichtigen Alltagsereignisses, werden den Eltern dargelegt. Hindernisse, die der Zusammenarbeit im Wege stehen, wie z. B. die Berufstätigkeit oder die familiäre Anbindung der Mutter oder des Vaters durch andere zu versorgende Kinder, werden erfragt. Diese Hindernisse gilt es abzubauen, indem z. B. während des Trainings eine Kinderbetreuung erfolgt oder die Zeitpunkte der therapeutischen Zusammenarbeit außerhalb der elterlichen Berufszeit gelegt werden (Innerhofer und Warnke, 1978).

Die Diagnostik fußt auf der kinderpsychiatrischen Untersuchung. Für das Training diagnostisch spezifisch ist es, ein Alltagsereignis bzw. ein psychopathologisches Symptom des Kindes, an dessen Bewältigung den Eltern vorrangig gelegen ist, so zu beschreiben und zu definieren, daß es Gegenstand der therapeutischen Zusammenarbeit im Training sein kann. Zu diesem Konfliktereignis (z. B. der Hausaufgabenkonflikt beim hyperkinetischen Jungen) werden die spezifische Anamnese exploriert und die genauen situativen Verhältnisse (personelle, zeitliche, räumliche und aufgabenspezifische Gegebenheiten) sowie die wichtigsten Interaktionsabläufe festgestellt. Wichtige Lebensorte des Kindes, in denen das Problem manifest wird (z. B. Kindergarten, Schule, familiäres Zuhause), werden möglichst aufgesucht und - wenn möglich - die wichtigsten Bezugspersonen, die in das Problemgeschehen eingebunden sind (z. B. Kindergärtnerin, Lehrer), in die Elternarbeit einbezogen.

Videoaufnahmen vom Konfliktgeschehen, das die erzieherischen Handlungsabläufe erkennen läßt, sind für die Erarbeitung der Trainingsziele außerordentlich hilfreich. (Beispiele für den geplanten Einsatz der Videoaufnahmen zum Elterntraining (in Innerhofer und Warnke 1989).

Vorbereitung und Organisation des Elterntrainings

Die Vorbereitung des Elterntrainings mündet in die Formulierung von Arbeitshypothesen, den Inhalten und Zielen des Trainings.

Der Inhalt bestimmt sich wesentlich durch das ausgewählte Problemereignis, das im Rollenspiel dargestellt werden soll. Aus Kenntnis der Entwicklungsgeschichte des Problemereignisses und der aktuellen situativen Gegebenheiten und Handlungsabläufe werden bereits vor dem Training mögliche Lösungsalternativen konzipiert. Bei Beginn des Elterntrainings lassen sich daher folgende Inhalte und Ziele bereits festlegen:

- Das Problemereignis, zu dem Lösungsalternativen gewonnen werden sollen,
- vorläufig formulierte situative Veränderungen,
- vorläufig formulierte Verhaltensalternativen der am Konflikt beteiligten Personen,
- die absehbare Reihenfolge, in der die Veränderungen vorgenommen werden könnten,
- die Methode zum Erreichen dieser Veränderungen.

Die Auswahl der Eltern, die am Training teilnehmen, führt Eltern mit ähnlichen Problemen zusammen. Um den didaktischen Rahmen des Trainings von evtl. familiendynamischen Belastungen freizuhalten, ist es sinnvoll, zunächst nicht Ehepaare, sondern einzelne Väter bzw. Mütter unterschiedlicher Familien einzubeziehen. In späteren Trainingsabschnitten können die jeweiligen Ehepartner hinzukommen. Dann können mögliche familiendynamische Besonderheiten leichter aufgefangen werden. Eine Trainingsgruppe besteht aus 3 - 4 Familien (Elternteilen).

Das Training wird von zwei Therapeuten kooperativ geleitet. Zuvor wird bestimmt, wer in das Training einführt, wer zu welchem Zeitpunkt das Videogerät bedient, die Instruktionen gibt, die Rollenspiele leitet, die Beobachtungsauswertung und -analyse durchführt und die Lösungsarbeit steuert (weiterführend Innerhofer, 1977).

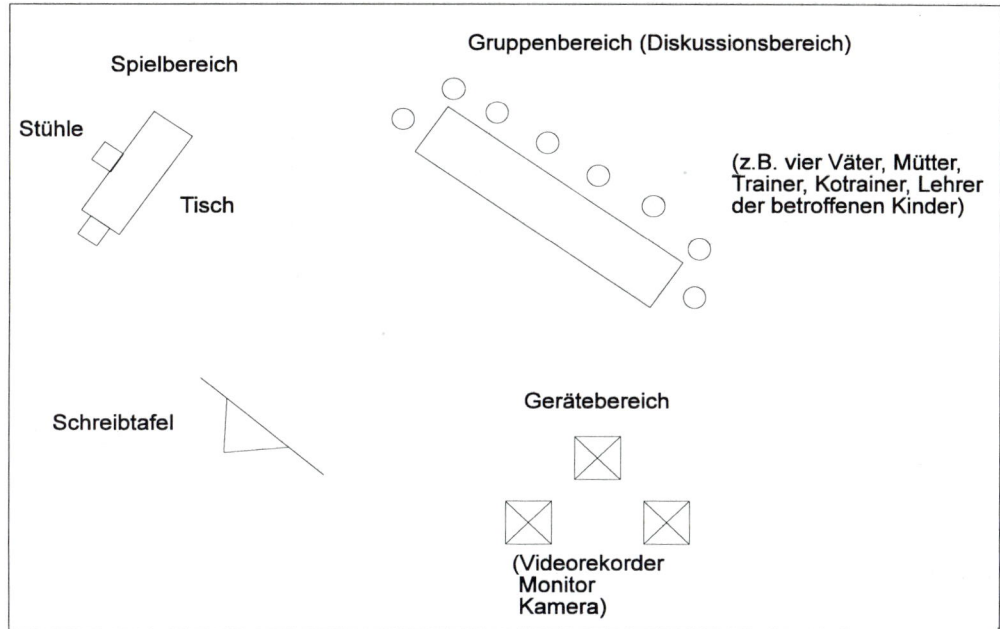

Abb. 14.1 Skizze des Trainingsraumes (nach Innerhofer, 1977)

Einführung in Verfahrensregeln und in das Rollenspiel

Die Zusammenarbeit beginnt mit der wechselseitigen persönlichen Vorstellung. Gestaltung des Raumes, ein gedeckter Tisch und ein einführendes Rollenspiel sollen rasch entängstigen und mit der handlungsorientierten Zusammenarbeit vertraut machen. Die Regeln für die Zusammenarbeit im Training werden vorgegeben:

- Kurze Spiele von 2 - 3 Minuten Dauer
- Im Spielraum wird gespielt, nicht diskutiert
- Im Diskussionsraum, in dem die Gruppe sitzt, wird nicht gespielt
- Jeder darf jederzeit das Rollenspiel abbrechen
- Jeder darf sagen, wann er sich eine Pause wünscht
- Jeder ist für die Einhaltung der Regeln mitverantwortlich.

Diese Leitsätze stehen exemplarisch dafür, daß bei der Zusammenarbeit mit den Eltern von Anfang an klare räumliche, zeitliche und inhaltliche Abmachungen getroffen sind und die Verantwortung gemeinschaftlich getragen wird.

Die Raumaufteilung ist in Abbildung 14.1 veranschaulicht.

Erster Interventionsschritt: Beobachten und Beschreiben - Lernen zu sehen

Drei Arbeitsschritte ermöglichen den ersten Lernabschnitt:

1) Ein Elternteil beschreibt das Problemereignis, das im Training behandelt werden soll, so daß das Konfliktverhalten im Rollenspiel dargestellt werden kann (Regie-Anweisung);

2) Darstellung des Problemereignisses im Rollenspiel durch Teilnehmer der Gruppe und gleichzeitig Video-Aufzeichnung (Rollenspiel-Darstellung);

3) Systematische Beschreibung von Ausschnitten der Video-Aufzeichnung des Problemgeschehens (systematisches Beobachten).

Die Beschreibung erfolgt nach definierten Richtlinien, zunächst geht es um die Auswahl des zu beschreibenden Video-Abschnittes. Beschrieben werden in der Regel:

1) Der Beginn des Konfliktereignisses,
2) ein Ausschnitt, in dem das Problem eskaliert und aufrechterhalten wird,
3) das Ende des Konfliktgeschehens;
4) Spielausschnitte, in denen lösungsrelevante Interaktionen erkennbar werden,
5) Ausschnitte, in denen (enttäuschte) Wünsche und Ziele der am Problemereignis beteiligten Personen erkennbar werden.

Die insgesamt etwa 1 - 2 Minuten langen Interaktionsabschnitte werden Sekunde um Sekunde schriftlich beschrieben, so daß folgende Fragen beantwortet sind:

Situationsbeschreibung:

- Welche Situation liegt vor? (Raum, Einrichtungsgegenstände, Aufgabenmaterialien, inhaltliche Aufgabenstellung, Personen und ihre räumliche Stellung zueinander).

Handlungsbeschreibung:

- Was wird wort-wörtlich gesagt? (Sprache)
- Was wird grob- und feinmotorisch getan? (Motorik)
- Wohin wird geschaut? (Blickkontakt)
- Wie sind Mimik, Gestik und Stimme? (Ausdrucksverhalten)
- Was geschieht in zeitlicher Folge der Handlungsabläufe? (Zeitverhältnisse)

Das Ergebnis der Lernschritte ist eine gemeinsame Sichtweise des Problemgeschehens, eine "Anatomie" der Interaktionsabläufe und situativen Gegebenheiten. Wichtig ist, daß Interpretation und Wertungen unterbleiben und die Eltern es sind, die beschreiben.

So lassen sich verletzende Beurteilungen in der Gruppe vermeiden, die Eltern werden sicher und gewinnen Zutrauen zum Rollenspiel.

Zweiter Interventionsschritt: Verstehen erzieherischer Zusammenhänge - Interpretieren und Werten

Beschreibung meint hier eine nach vorgeschriebenen Regeln durchgeführte Ordnung von Interaktionsabläufen. Interpretation bedeutet hier

eine Ordnung der wahrgenommenen Interaktionsverhältnisse, die uns den Ereignisablauf verständlich macht, so daß wir daraus therapeutische bzw. erzieherische Schlüsse ziehen können. Die Wertung sagt uns, inwieweit das Beschriebene und Interpretierte für ein definiertes Handlungsziel brauchbar sind oder nicht. Wie man zu solcher Interpretation und Wertung kommt, wird im zweiten Interventionsschritt erarbeitet.

Um solche theoretischen Lerninhalte zu vermitteln, wurden in einigen Trainingsmodellen schriftliche Manuale, Referate, eigene Unterrichtseinheiten zur Theorie oder Lehrfilme zur Verhaltensmodifikaton eingesetzt. Ihre Effektivität ist strittig geblieben.

Im Münchener Elterntraining wird dagegen der Lernschritt durch experimentelle Demonstrationsspiele angestrebt. Die Interpretationsregeln werden durch experimentell aufgebaute Rollenspiele mittels Selbsterfahrung und videogeleiteter (objektiver) Beobachtung gewonnen. Das Lernziel wird in zwei Schritten erarbeitet:

1) Durchführung eines experimentellen Demonstrationsbeispiels (Rollenspiel) mit Video-Aufzeichnung (z. B. "Hilfespiel")
2) Systematische Beobachtung zur Auswertung des Demonstrationsspiels mittels Videoaufzeichnung (z. B. "Was ist zweckmäßige Hilfe und wie wirkt sie?")

Beispiel: Die Durchführung des Hilfespiels: Lernen, zweckmäßige und unzweckmäßige Hilfe zu unterscheiden.

Der Aufbau des Hilfespiels beinhaltet zwei Schritte:

1) Eine sehr schwierige, aber grundsätzlich lösbare Aufgabe wird von einem Mitglied der Elterngruppe unter zwei verschiedenen Umweltbedingungen, nämlich zweckmäßiger und unzweckmäßiger erzieherischer Hilfe, ausgeführt;
2) die verschiedenen erzieherischen Eingehensweisen und das davon abhängige Verhalten des Interaktionspartners werden mit Video gefilmt und genau beschrieben.

Die Instruktion an die Elterngruppe lautet: *"Die nächste Aufgabe ist es, das Verhalten des Kindes in Abhängigkeit von seiner Umwelt zu verstehen. Wir werden zwei Rollenspiele machen,* an denen wir lernen können, welche erzieherischen Möglichkeiten es geben kann, um einem Kind zu einem Lernschritt zu verhelfen, den es zuvor nicht konnte. Wir nennen dies "zweckmäßige Hilfe". Wir werden auch erzieherische Maßnahmen kennenlernen, mit denen wir eher ein Kind daran hindern, daß es einen Lernschritt, den es leisten soll, bewältigt; wir nennen diese erzieherischen Einflüsse "unzweckmäßige Hilfe".

Der Therapeut bittet nun eine Mutter oder einen Vater, am Spieltisch Platz zu nehmen. Er setzt sich daneben und legt ein Puzzle (Tangramsteine) auf den Spieltisch. Das Tangram besteht aus sieben Plättchen unterschiedlicher Form (Dreiecke, Quadrate, Parallelogramm). Aus diesen geometrischen Puzzle-Plättchen lassen sich sehr unterschiedliche Formen konstruieren. Die Instruktion am Spieltisch lautet: "Ich werde Ihnen zunächst unzweckmäßig helfen. Sie sehen hier sieben Plättchen. Wenn Sie die Plättchen richtig legen, können Sie damit ein Quadrat bilden, ohne daß ein Plättchen übrigbleibt. Sie haben 2 Minuten Zeit. Versuchen Sie bitte, ein Quadrat zu legen".

Während die instruierte Mutter nun versucht, die Aufgabe zu lösen, interveniert der Therapeut mit unzweckmäßigen Hilfen: Er wendet sich der Mutter sehr freundlich, zuvorkommend und wohlwollend zu, er legt die Uhr auf den Tisch und sagt: "Sie haben, wie gesagt, 2 Minuten Zeit. Aber bitte, lassen Sie sich deshalb nicht unter Zeitdruck bringen; die Aufgabe ist sehr leicht" (sie ist objektiv sehr schwierig); "Sie machen das bisher sehr schön" (obwohl bisher kein Plättchen richtig gelegt wurde); "vielleicht halten Sie sich an den Satz: Erst denken, dann handeln. Sie müssen planvoll und sehr konzentriert vorgehen; Sie brauchen nicht nervös werden...". Der Therapeut ist unruhig, spielt mit der Armbanduhr, rückt den Tisch zurecht usw. Nach etwa 2 Minuten bricht der Therapeut die Aufgabenstellung ab.

Das Spiel wird wiederholt. Der Therapeut verändert sein Verhalten und hilft zweckmäßig. Er legt die Uhr weg, die die Zeit begrenzt, sagt, wie schwer die Aufgabe ist, bestätigt richtige Lösungsschritte, erspart sich überflüssige Kommentare, vermeidet Unruhe.

Das Hilfestellungsspiel ist niemals Selbstzweck, sondern sollte Bezug zu dem im Rollenspiel dargestellten Problemereignis zumindest einer Familie haben.

Beispiel: "Eltern eines Kindes mit Teilleistungsschwäche und Verhaltensschwierigkeiten hatten die Gewohnheit, in Anwesenheit des Kindes miteinander insbesondere wertend über seine Schwierigkeiten zu sprechen, ohne das Kind mit einzubeziehen, ohne mit ihm zu reden, ohne zu beschreiben, so daß das Kind darunter litt, unruhig reagierte und mißtrauisch wurde, wenn die Eltern sich besprachen. Um den Eltern Verständnis für ein kindorientiertes Gespräch mit dem Kind zu vermitteln, wurde folgendes Demonstrationsspiel entworfen: Ein Elternteil der Kursgruppe übernahm die Rolle eines Kindes, dem im Testraum eine für das "Kind" schwierige Aufgabe vorgelegt wurde. Ein zweiter Elternteil der Gruppen erhielt die Rolle der Kindesmutter, während der Kursleiter die Rolle des Testers spielte. Was immer nun das "Kind" tat, um die Aufgabe zu lösen, kommentierte der "Tester" gegenüber der "Mutter" anfänglich in einer Weise, daß er ständig wertend auf die "Schwierigkeiten" und "Schwächen" des Kindes hinwies ("Sie sehen, auch bei einer leichten Aufgabe muß das Kind schon überlegen; das ist, was Sie als begriffsstutzig an ihm erleben", "Sie sehen, er hört mir zu, anstatt sich auf die Aufgabe zu konzentrieren, das kennzeichnet seine Aufmerksamkeitsschwäche" usw.)

Im zweiten Spielabschnitt verzichtete der "Tester" auf wertende Kommentierung, wandte sich helfend dem "Kind" zu und gab, während er mit dem "Kind" sprach, zugleich Beobachtungsinformationen an die "Mutter". Die vergleichende Auswertung der beiden kontrastierenden Spielabschnitte bringt schnell zutage, wie im ersten Abschnitt das "Kind" zunehmend verunsichert wird, sich gar nicht erst in die Aufgabe einfindet, während im kindorientierten, beschreibend-unterstützenden Abschnitt die Selbstsicherheit des "Kindes" in die eigene Fähigkeit, mit der Aufgabe fertig zu werden, wächst und die Aufgabe, die zunächst unlösbar schien, gelöst wird (Innerhofer und Warnke, 1980).

Die Auswertung erfolgt mittels der Video-Aufzeichnung durch die Trainingsgruppe. Unter der Überschrift "Was ist unzweckmäßige Hilfe und wie wirkt sie?" werden zunächst das erste Spiel und unter der Überschrift "Was ist zweckmäßige Hilfe und wie wirkt sie?" das zweite Demonstrationsspiel ausgewertet. Bei der Bearbeitung gelten die im ersten Interventionsschritt benannten Regeln. Abweichend davon werden auch Mitteilungen über subjektive Gefühle, Interpretationen und Wertungen zugelassen.

Ein Beispiel für die inhaltliche Auswertung eines Hilfestellungsspieles findet sich in Tabelle 14.2 (s. S. 187 und 188).

Mit den Demonstrationsexperimenten werden regelhaft folgende Lernziele erreicht:

- lernen, wie Verhalten, Selbst- und Fremdwahrnehmung sowie emotionales Erleben von aktuellen Umwelteinflüssen abhängig ist;
- lernen, Absicht und Wirkung einer erzieherischen Handlung zu trennen und die Effektivität eigenen Verhaltens zu kontrollieren;
- lernen, die Auswirkungen solcher erzieherischen Einflüsse auf das unmittelbare Erleben und Verhalten des Kindes zu sehen;
- lernen, zweckmäßige und unzweckmäßige Hilfen aus dem funktionellen Zusammenhang von Handlung und Wirkung zu erkennen und Verhalten in Abhängigkeit von den Handlungszielen zu bewerten.

Das Ergebnis ist eine "funktionelle Anatomie" erzieherischer Interaktionsvorgänge, die Bezug haben zu den im ersten Interventionsschritt dargestellten Problemereignissen der jeweiligen Familien.

Dritter Interventionsschritt: Lösungsarbeit - die Gewinnung von Handlungsspielräumen

Die Lösungsarbeit gliedert sich in folgende Arbeitsschritte:

- Analyse des Problemereignisses
- Sammeln von Lösungsideen
- Austestung von Lösungsalternativen durch Versuch und Irrtum im Rollenspiel
- Die von einer Familie bevorzugte Lösungsalternative wird schriftlich als Erziehungsvorschlag formuliert und den Eltern mitgegeben.
- Das Gespräch, das der teilnehmende Elternteil mit seiner Familie nach Rückkehr aus dem Training führt, wird geplant und im Rollenspiel eingeübt.

Wichtigste Leitsätze der Lösungsarbeit sind:

- Die Handlungsspielräume, die für die betroffene Familie zur Bewältigung des thematisierten Problemereignisses nutzbar sind, werden herausgearbeitet.

- Dabei werden eigene Handlungsfähigkeiten der Eltern betont und die situativen familiären Möglichkeiten sind Bestandteile für zentrale Lösungsansätze.

- Auf die persönliche Biographie der Eltern wird im Trainingsrahmen nur dann eingegegangen, wenn persönliche Erfahrungen einen Elternteil daran hindern, die angestrebte Verhaltensänderung durchführen zu können.

- Überflüssige, hinderliche, unzweckmäßige oder ethisch unvertretbare oder die Eltern kränkende Lösungsvorschläge sind selbstverständlich kontraindiziert, vielmehr gehört das Hinlenken auf positive Lösungsansätze zu den wesentlichen Aufgaben des Therapeuten im Training.

Die Analyse des Problemereignisses - Verhaltensanalyse

Die Analyse des Problemereignisses ermittelt Ziele, situative Faktoren, Handlungsspielräume und biographische Faktoren, die in das Problemereignis einfließen und seine Bewältigung beeinflussen.

1) Die *Zielanalyse* klärt, welche Ziele, Absichten und positiven Wünsche durch das Verhalten der einzelnen Interaktionspartner beim Problemereignis Ausdruck finden.

   Beispiel: Die Analyse verwies auf drei Hauptprobleme: 1. das hyperkinetische Syndrom des Kindes mit Geschwisterrivalität; 2. schulische Lern-Leistungsschwäche mit Disziplinschwierigkeiten im schulischen Unterricht des normalbegabten Grundschülers und 3. das tägliche Einkoten des Kindes. Vorrangiges Ziel der am Training teilnehmenden Mutter war es, zunächst die aus dem hyperkinetischen Syndrom sich ergebenden Probleme und die schulische Lern-Leistungsproblematik anzugehen. Auf Seiten des Kindes war das Ziel vorrangig, gegenüber dem Geschwisterkind nicht benachteiligt zu werden

2) Die *Situationsanalyse* stellt fest, welche personellen, zeitlichen, räumlichen und materiellen Gegebenheiten für das Konfliktgeschehen mit ausschlaggebend sein könnten.

Beispiel: Die Situationsanalyse im obigen Fall ergab: 1. die Wohnverhältnisse waren gut; das ländliche Umfeld gab dem hyperaktiven Jungen viel Bewegungsfreiraum, den er nutzte; 2. der Junge war im Vereinsleben des Ortes integriert; 3. die Schulart (Hauptschule) und das Klasenniveau (7. Klasse) waren begabungsadäquat; 4. als problemrelevant wurde gesehen, daß der Patient sich mit dem als Rivalen erlebten Bruder das Zimmer (Spiel- und Schlafzimmer) teilte und 5. keine zeitliche und räumliche Regelung für die schulische Hausaufgabe bestand.

3) In der *Ereignisanalyse* geht es darum, die im Konfliktgeschehen ablaufenden Handlungsalternativen herauszuarbeiten. Dabei beschränkt sich die Handlungsanalyse auf solche Interaktionsabläufe, die für eine Konfliktlösung brauchbar erscheinen (Begabungsanalyse). Die Interaktion im Konfliktereignis wird analysiert, um Bedürfnisse und Fähigkeiten der Eltern und des Kindes sichtbar zu machen, die lösungsrelevant erscheinen.

Beispiel: In unserem Fall ergab sich u. a. : 1. der Junge war selbst in der Lage, seinen Schulranzen zum Arbeitsplatz zu bringen und das Arbeitsmaterial herzurichten (also brauchte dies grundsätzlich nicht die Mutter, wie bislang gewohnt, zu tun); 2. die Mutter zeigte Möglichkeiten zweckmäßiger Hilfe, die sie systematisch für die Hausaufgabensituation verwenden könnte (z. B. Gliedern der Hausaufgaben in kürzere Arbeitsabschnitte, anstatt Fehlerkritik Hinweis auf zuletzt richtigen Arbeitsschritt).

4) Die *biographische Analyse* sucht Daten des Lebenslaufes in Bezug zum aktuellen Symptomgeschehen und den möglichen Lösungsansätzen festzuhalten. Ihr Zweck ist es, weitere Handlungsalternativen und Kriterien zur Brauchbarkeit eines Lösungsentwurfes zu gewinnen. Das heißt, biographische Zusammenhänge werden aufgegriffen, wenn ein Lösungsweg, der sich als primär praktikabel und "theoretisch" erfolgsversprechend anbietet, seitens Mutter bzw. Vater - obwohl verbal bejaht - praktisch nicht gegangen werden kann. Nicht die biographische Erklärung ist also entscheidend, sondern die Aufklärung lebensgeschichtlicher Erfahrungen, die einem lösungsrelevanten Handlungspielraum im Wege stehen oder ihn fördern.

Die Gewinnung von Handlungsspielräumen

Für die Problemlösung werden erzieherische Handlungsalternativen eines Elternteils gedanklich und übend erarbeitet.

Die Ideensammlung durch gemeinsame Überlegungen (Brain-Storming):
Mit dem betroffenen Elternteil wird zunächst das Ziel der erzieherischen Bemühungen definiert (z. B. Auflösung des schulphobischen Verhaltens). Danach entwickelt die Elterngruppe gedanklich Vorschläge zu möglichen situativen Änderungen oder Verhaltensänderungen.

Ideensammlung durch Versuch und Irrtum (Rollenspiel und Videobeobachtung):
Ein Vorschlag, der dem betroffenen Elternteil erfolgsversprechend erscheint, wird im Rollenspiel durchgespielt. Mit dem Rollenspiel werden wiederum neue Lösungsmöglichkeiten erkennbar. Damit ergeben sich Lösungswege durch Versuch und Irrtum, Selbsterfahrung sowie videogeleitete Beobachtung. Entscheidendes Prinzip ist es, daß nicht die fehlerhaften und erfolglosen Versuche zur Sprache kommen, sondern nur solche Handlungssequenzen Aufmerksamkeit finden, die eine persönliche erzieherische Begabung oder situative Möglichkeiten der Eltern erkennen lassen, die für die Problembewältigung in den Augen des betroffenen Elternteils zweckmäßig erscheinen.

Die Lösungsarten lassen sich nach den Anlalyseschritten kennzeichnen:

1) Eine *Ziellösung* liegt vor, wenn der Konflikt durch eine Änderung, Neuordnung oder Neubewertung der Ziele im Konfliktereignis bewältigt werden kann.

Beispiel: Im obigen Beispiel des hyperkinetischen Patienten wurde entschieden, daß vorrangig die schulischen Lern- Leistungsprobleme und Disziplinarschwierigkeiten angegangen werden sollten; die Probleme der Geschwisterrivalität und des täglichen Einkotens wurden im Training nicht weiter thematisiert. Als "Problemereignis", das die Disziplinarschwierigkeiten mit den Lernschwierigkeiten verknüpft, bot sich die Hausaufgabensituation an: Ziel war ein weitestgehend selbständiges Arbeiten des Kindes und gleichzeitig Vermeidung von Eltern-Kind-Streit bei den Hausaufgaben.

2) Eine *situative oder präventive Lösung* ist gegeben, wenn durch die Änderung räumlicher, zeitlicher oder materieller Lebensbedingungen psychopathologische Entwicklungen entschärft werden können. Änderungen dieser Art sind z.B. die Umschulung eines lernbehinderten Kindes in eine „Schule für Lernhilfe", die Einrichtung einer Kindbetreuung während der beruflichen Abwesenheit des alleinerziehenden Elternteils, die Änderung der Besuchsrechtregelung bei geschiedenen Eltern oder die Entscheidung darüber, daß eine außerfamiliäre Betreuung in einer Heimeinrichtung der Entwicklung des Kindes am besten dient.

Beispiel: Situativ wurde 1. eine Hausaufgabenzeit, 2. die regelmäßige, verläßliche Anwesenheit der Mutter bei der Hausaufgabe zur Hilfe und Kontrolle festgelegt, 3. ein Arbeitstisch eingerichtet und 4. ausgemacht, daß während der Hausaufgabenzeit kein anderes Familienmitglied im Arbeitsraum Fernsehen schaut. 5. wurde die Medikation von Methylphenidat vereinbart (Dosierung 1 1/2 Tabl. Ritalin vor der Schule, 1 Tabl. vor dem Mittagessen zur Hilfe für die Hausaufgabenzeit zwischen 14.00 und 15.00 Uhr).

3) Die *interaktive Lösung* ist anzustreben, wenn zur Konfliktbewältigung eine Einstellungsänderung oder Änderung erzieherischer Interaktion erforderlich ist.

Beispiel: 1. Regeln zum Beginn der Hausaufgabe wurden vereinbart (Junge führt Hausaufgabenheft, holt Ranzen selbst, packt Arbeitsmaterialien selber aus und richtet sie her).
2. Regeln zum erzieherischen Führen des Kindes: Ignorieren von Kindverhalten, das von der Hausaufgabe ablenkt; Vermeiden überflüssiger und unzweckmäßiger "Hilfen" und Konzentration auf "zweckmäßige Hilfen" bei Fehler des Kindes

(siehe Tabl. 14.2 und 14.3). Vereinbarung zum Freizeitprogramm nach der Hausaufgabe.

4) Die *biographische Lösung* kann in aller Regel nicht innerhalb eines Trainingskurses erreicht werden. Wenn sich dazu längerfristige verhaltensmodifikatorische oder tiefenpsychologische Maßnahmen als notwendig herausstellen, so werden sie Gegenstand einer eigenen Elterntherapie werden müssen.

Beispiel a): Eine Mutter verweigerte die Mitarbeit bei der Interaktionsbeschreibung im ersten Interventionsschritt. Sie wollte das Videobild der Probleminteraktion, in der sie selbst die Mutterrolle hatte, nicht betrachten und verließ in dieser Trainingsphase den Raum. Sie beteiligte sich aber rege an der Beschreibung der videoaufgezeichneten Probleme der übrigen Eltern. In einer Einzeltherapiesitzung unmittelbar nach dem Gesamttraining wurden Selbstwertprobleme seitens der Mutter thematisiert. Anlaß ihrer Verweigerung im ersten Trainingsabschnitt war es, daß sie sich ihres Körperbildes, das sie erstmals auf Video sah, geschämt hatte ("ich komme mir zu dick vor"). Diese Problematik wurde dann Thema einer eigenen Therapiesitzung mit der Mutter allein. Deutlich wurde eine depressive Befindlichkeit mit Selbstwertproblemen der Mutter; Zusammenhänge mit Konflikten insbesondere mit der eigenen Mutter wurden durchgesprochen. Der Vater wurde in das Training einbezogen. In den anschließenden Trainingsabenden, auch in Anwesenheit der Ehepartner der Trainingsteilnehmer, gelang es ihr schließlich, sich selbst im Videobild zu betrachten und vom Blick auf ihre Körperfülle insoweit abzusehen, daß sie die Interaktion im Konfliktereignis zu bearbeiten vermochte. Die

Tabelle 14.2 Ergebnis der Auswertungen zweckmäßiger Hilfe (Beispiel: Demonstrationsspiel der Hausaufgabeninteraktion) (nach Innerhofer, 1977, S. 60 - 63)

Wie helfen wir dem anderen?	... in Bezug auf das Selbstwertgefühl:
(z.B. beim Hausaufgabenmachen)	• Steigerung des Zutrauens
	• Steigerung der Risikofreude
1. Abschirmung von Ablenkung:	• Abbau von Anfangsängsten
• ruhiger Arbeitsplatz	• Abbau von Lösungsdruck
• nur notwendiges Arbeitsmaterial im Arbeitsbereich	
• keine Unterbrechung	**... in Bezug auf das Leistungsverhalten:**
• konzentriertes, ruhiges Zusehen	• man wird
	- konzentrierter
2. Zweckmäßige Hilfe	- selbstständiger
• Klare Instruktionen geben	- engagierter
• Anpassung der Schwierigkeiten einer Aufgabe an das Leistungsvermögen	• man macht weniger Fehler
• Hinweise zum Verständnis der Aufgabenstellung	• man arbeitet gezielter und sachbezogen
• Sachlich auf Fehler hinweisen	• man erleidet weniger Mißerfolge
• Auf sachliche Fragen eingehen	• man mindert allgemeinen Streß
• Nicht zu viele Aufforderungen hintereinander	• man verbessert die Leistungen
• Auf Weigerung und Argumentieren nicht eingehen	
• Entgegenkommend sein und sich kooperativ verhalten	**... in Bezug auf soziale Verhaltensweisen:**
	• besseres Zuhören
Wie wirkt sich unsere Hilfe auf den anderen aus?	• Steigerung der Kooperation
Ganz allgemein : Zweckmäßige Hilfe bewirkt, daß Ziele erreicht werden und hat damit teilweise dieselben Auswirkungen wie Belohnung. Sie kann daher auch materielle wie soziale Belohnung ersetzen, auch strafende Ereignisse wie Kritik, Tadel und Nörgeleien können durch geschickte Hilfen überflüssig gemacht werden.	• Verhinderung oder Entschärfung von Konflikten
	• Verhinderung von Mißverständnissen
	• Ersetzung materieller Belohnungen
	• Ersetzung von Kritik, Tadel, Nörgeleien
	• Steigerung der Hilfsbereitschaft

Mutter wurde engagierte Mitarbeiterin in der Therapiegruppe. Sie begann sich politisch zu betätigen, wurde Mitglied im Ortsbeirat. Ihr Sohn, mit schwergradiger Legasthenie, schloß die Realschule erfolgreich ab und erlernte einen technischen Beruf in einem Industriebetrieb.

Beispiel b): Ein Vater hatte wiederholt in verschiedenen Beratungen nicht den Rat befolgen können, seiner inzwischen 12-jährigen Tochter mitzuteilen, daß er "nur" ihr Adoptivvater sei. Unmittelbar nach dem Training sagte er es seiner Tochter, ohne daß dies Beratungsgegenstand im Training gewesen war. Die Begründung des Vaters: "Jetzt konnte ich es ihr sagen, weil ich mir nach dem Training sicher war, daß uns (der Familie) geholfen wird, wenn sie das (die Mitteilung, Adoptivkind zu sein) nicht gleich verkraftet hätte".

Nicht alle Lösungen lassen sich sprachlich formulieren. Das Videobild einer Lösungsszene, die sich im Rollenspiel ergeben hat, kann gelegentlich die sprachliche Ausformulierung ersetzen.

Tabelle 14.3 Ergebnis der Auswertungen unzweckmäßiger Hilfe (Beispiel: Demonstrationsspiel zur Hausaufgabeninteraktion) (nach Innerhofer, 1977, S. 60 - 63)

Wie behindern wir den anderen durch unzweckmäßige Hilfe? (z.B. beim Hausaufgabenmachen)	
1. ...durch Ablenkung: • Stören der Ruhe am Arbeitsplatz • Stellen von unsachlichen Fragen • Reden von Nebensächlichkeiten • Ungeduld • Unterbrechungen	**... in Bezug auf das Selbstwertgefühl:** • führt zu negativer Selbsteinschätzung • führt zu Nervosität und Unruhe • macht Lösungskonflikte zu persönlichem Versagen • macht ängstlich in Bezug auf Leistung allgemein • macht unselbständig
2. Unzweckmäßige Hilfe • Wiederholung bereits verstandener Aufforderung • Informationen geben, die bereits bekannt sind • Aufforderung zu mehr Anstrengung • Hinweis auf die Einfachheit der Aufgabe • Verlegenheitsäußerungen: "Ach, das schaffst Du schon".	**... in Bezug auf die Leistung:** • führt zu schlechten Leistungen • führt zu Blockierungen • führt zu Überforderung • verschärft den Streß • baut Konflikte auf
3. Überfüssige Hilfe • Bleistift in die Hand geben • Buch aufschlagen • Stuhl zurechtrücken • Wiederholte stereotype Erklärungen • Überflüssige Ratschläge	**... in Bezug auf soziale Verhaltensweisen** • macht abhängig • macht trotzig • mißmutig • verschlossen • ungeduldig • aggressiv
Wie wirkt sich unzweckmäßige Hilfe auf den anderen aus? Unzweckmäßige Hilfe verhindert oder erschwert, daß Ziele erreicht werden.	**Nicht-Ausblenden von Hilfe:** bewirkt, daß das Kind keine Fortschritte mehr macht - der Lernprozeß kommt zum Stillstand

14.4 Nachsorge

Die von den Eltern erarbeiteten Lösungsvorschläge, die ihr eigenes Verhalten betreffen, werden den Eltern schriftlich mitgegeben. Mit dem einzelnen Elternteil wird besprochen, wie bei seiner Rückkehr in die Familie der Lösungsvorschlag den übrigen Familienmitgliedern mitgeteilt werden kann. Dieses Familiengespräch wird ggf. im Rollenspiel vorbereitet. In den nachfolgenden Sitzungen können die jeweils anderen Ehepartner einbezogen werden. Dabei wird von den mit einem Elternteil bereits erarbeiteten Methoden des Rollenspiels, der videogeleiteten Interaktionsbeobachtung und der systematischen Problemlösungsstrategie Gebrauch gemacht. Unabhängig von dem Training in der Gruppe sind die beschriebenen therapeutischen Schritte und Techniken in der Einzelbetreuung (z. B. Hausaufgabentraining mit einer Mutter) im Rahmen der regelmäßigen Sprechstunde verwendbar.

14.5 Indikaktion

Zahlreiche Studien zum Elterntraining haben die Effektivität mit breiter Indikation aufgezeigt (Innerhofer und Müller, 1974; Innerhofer und Warnke, 1980; Minsel, 1984; Schmitz, 1976; Schaefer und Briesmeister, 1989; Kane et al., 1974, Warnke und Innerhofer, 1978). Die behandelten psychopathologischen Syndrome sind vielfältig: Verhaltensstörungen bei behinderten und autistischen Kindern, z. B. exzessives Weinen, Einschlafstörungen, Stereotypien, Kontaktarmut und Inaktivität Störungen des Sozialverhaltens, Erziehungsprobleme bei hyperkinetischem Syndrom, Emotionalstörungen, Eßstörungen, Enuresis, Enkopresis, Autoaggressionen, selektiver Mutismus, Zwänge, aggressive Verhaltensstörungen, chronische Obstipation, Kotschmieren, Feuerlegen, Ticsyndrome, Anorexia nervosa, Hausaufgabenkonflikte bei teilleistungsgestörten Kindern, Stehlen, Stottern. Das Elterntraining ist eine mögliche psychotherapeutische Zugangsweise immer dann, wenn Eltern in der Lage sind, situative Möglichkeiten und persönliche erzieherische Begabung zum Zweck der Entwicklungsförderung ihres Kindes zu nutzen.

Unerwünschte Nebenwirkungen sind zu beachten. Die Veränderung erzieherischen Verhaltens beinhaltet eine Durchgangsphase erzieherischer Verunsicherung. Dies sowie auch eine Verunsicherung auf Seiten des Kindes können zu einer vorübergehenden verstärkten Symptomausprägung beim Kind nach dem Elterntraining führen. Daher lassen sich in manchen Fällen therapeutische Verbesserungen erst mit gewisser Latenz feststellen (Sleeping-Effekt).Für die Nachsorge ist es daher wichtig, daß Eltern auf die mögliche kritische Periode nach der Intervention hingewiesen werden, und für diese Zeit Gespräche und weitere Übungsstunden, Eltern und Kind begleitend stützen. Therapeutische Überforderung der Familie kann in Einzelfällen zu Schuldgefühlen auf Seiten der Eltern und zu Therapieabbruch führen.

Die Kooperation kann durch eine Reihe therapeutischer Maßnahmen erleichtert werden:

- Eine Bejahung der Elternarbeit und elterlicher Kompetenz von Anfang an;

- eine sorgfältige Vorbereitung der psychotherapeutischen Zusammenarbeit, so daß das Ausmaß von Fehlentscheidungen so gering wie möglich gehalten wird und die Maßnahmen auf die Bedürfnisse und Tragfähigkeit der Familie zugeschnitten sind;

- Beachtung der kindlichen Interessen und Lebensziele sowie der elterlichen Bedürfnisse, Lebensbedingungen und Möglichkeiten der Zusammenarbeit;

- in der Vermittlung von diagnostischem und therapeutischem Fachwissen an die Eltern werden didaktische Grundsätze eingehalten

(Verzicht auf theoretische Vorträge und Vermeidung abstrakt-wissenschaftlicher Sprache; Lernen durch Selbsterfahrung auf Handlungsebene; objektive Beobachtung; Einsatz von Medien, wie z. B. Video; periodischer Wechsel der didaktischen Medien z. B. zwischen Rollenspiel, Beobachtung, Beschreibung, Gruppengespräch, Entspannungsphasen (Innerhofer und Warnke 1978).

- In der Zusammenarbeit kommen elterliche Fähigkeiten zur Sprache;

- die Maßnahmen beziehen sich auf aktuelle Alltagsfragen, an deren Bewältigung den Eltern vorrangig liegt; den Eltern werden sehr konkrete Informationen und Hilfen in überschaubaren Zeiträumen vermittelt;

- Zeitaufwand und organisatorische Probleme für die Familien sind minimalisiert;

- bei Familien,die in sozio-ökonomisch schwierigen Verhältnissen leben, sind u. U. finanzielle Hilfen, Hilfen für bürokratische Angelegenheiten, Hilfe bei Stellensuche, der Einsatz familienentlastender Dienste und die systematische Planung des Tagesablaufes vorrangig.

Immer ist zwischen therapeutischen Möglichkeiten und kindlichem Bedürfnis und Entwicklungsvermögen ein vom Familienwohl bestimmtes Gleichgewicht zu finden.

Weiterführende Literatur:

Innerhofer, P.: Das Münchner Trainingsmodell. Beobachtung, Interaktionsanalyse, Verhaltensänderung. Springer, Heidelberg 1977.
Innerhofer, P.; Warnke, A.: Elterntrainingsprogramm nach dem Münchner Trainingsmodell - Ein Erfahrungsbericht. In: Lukesch, H.; Perrez, M.;. Schneewind, K. (Hrsg.): Familiäre Sozialisation und Intervention, 417 - 439. Huber, Bern 1980.

Literatur

Douglas, J.: Training parents to manage their child's sleep problem. In: Schaefer, C.E.; Briesmeister, J.M. (Eds.): Handbook of parent training: Parents as co-therapists for children's behavior problems, 13-37. Wiley & Sons, New York 1989.

Dührssen, A.: Analytische Psychotherapie bei Kindern und Jugendlichen. In: Remschmidt, H.; Schmidt, M.H. (Hrsg.): Kinder- und Jugendpsychiatrie in Klinik und Praxis, Bd. I., 672-685. Thieme, Stuttgart 1988.

Gordon, Th.: Familienkonferenz in der Praxis. Hoffmann und Campe, Hamburg 1978.

Graziano, A.M.; Diament, D.M.: Parent behavioral training: An examination of the paradigm. Behavior Modification 16, 3-38, 1992.

Innerhofer, P.: Ein Regelmodell zur Analyse und Intervention in Familie und Schule. Abänderung und Erweiterung des S-R-K-Modells. Zeitschrift für Klinische Psychologie 3, 1-29, 1974.

Innerhofer, P.: Das Münchner Trainingsmodell. Beobachtung, Interaktionsanalyse, Verhaltensänderung. Springer, Heidelberg 1977.

Innerhofer, P.: Kleine Psychologie der Eltern. 3. Aufl. Moderne Verlagsgesellschaft, München 1979.

Innerhofer, P.: Soziale Interaktionen zwischen Mutter und Kind. In: J. C. Brengelmann (Hrsg.): Entwicklung der Verhaltenstherapie in der Praxis. Röttger, München 1980.

Innerhofer, P.; Müller, G.F.: Elternarbeit in der Verhaltenstherapie. Sonderheft I der Mitteilungen der Gesellschaft für Verhaltenstherapie (GVT e.V.) München 1974.

Innerhofer, P.; Warnke, A.: Eltern als Co-Therapeuten. Analyse der Bereitschaft von Müttern zur Mitarbeit bei der Durchführung therapeutischer Programme ihrer Kinder. Springer, Heidelberg 1978.

Innerhofer, P.; Warnke, A.: Elterntrainingsprogramm nach dem Münchner Trainingsmodell - Ein Erfahrungsbericht. In: Lukesch, H.; Perrez, M.; Schneewind, K. (Hrsg.): Familiäre Sozialisation und Intervention, 417-439. Huber, Bern 1980.

Innerhofer, P.; Warnke, A.: Die Zusammenarbeit mit Eltern nach dem Münchner Trainingsmodell in der Praxis der Frühförderung. In: Speck, O.;

Warnke, A. (Hrsg.): Frühförderung mit den Eltern, 151-184. Reinhardt, München 1989.

Kane, J. F.; Kane, G.: Geistig schwer Behinderte lernen lebenspraktische Fertigkeiten. Huber, Bern 1976.

Kane, G.; Kane, J. F.; Amorosa, H.; Kumpmann, S.: Einweisung von Eltern in die Verhaltenstherapie ihrer geistig behinderten Kinder. Zeitschrift für Kinder- und Jungendpsychiatrie 2, 87-110, 1974.

Mattejat, F.; Remschmidt, H.: Die Bedeutung der familialen Beziehungsdynamik für den Erfolg stationärer Behandlungen in der Kinder- und Jugendpsychiatrie. Zeitschrift für Kinder- und Jugendpsychiatrie 19, 139-150, 1991.

Minsel, B.: Elterntraining. Zeitschrift für personenzentrierte Psychologie und Psychotherapie 3, 55-66, 1984.

Patterson, G.R.; Gullion, E.: Mit Kindern leben. Neue Erziehungsmethoden für Eltern und Lehrer. Böhlau, Wien 1974.

Perrez, M.; Minsel, B.; Wimmer, H.: Eltern-Verhaltenstraining. Müller, Salzburg 1974.

Schaefer, C.E.; Briesmeister, J.M. (Eds.): Handbook of parent training: Parents as co-therapists for children's behavior problems. Wiley & Sons, New York, 1989.

Schmitz, E.: Co-Therapeuten in der Verhaltenstherapie. Beltz, Weinheim 1976.

Warnke, A.; Innerhofer, P.: Ein standardisiertes Elterntraining zur Therapie des Kindes und zur Erforschung von Erziehungsvorgängen. In: Schneewind, K.; Lukesch, H. (Hrsg.): Familiäre Situation, 294-312. Klett-Cotta, Stuttgart 1978.

Warnke, A.: Elternarbeit in der Kinder- u. Jugendpsychiatrie. In: Remschmidt, H.; Schmidt, M.H. (Hrsg.): Kinder- und Jugendpsychiatrie in Klinik und Praxis, Bd. I, 750-763. Thieme, Stuttgart 1988.

Warnke, A.: Grundzüge der Elternberatung und Elterntherapie. In: Nissen, G. (Hrsg.): Psychotherapie und Psychopharmakotherapie, 82-100. Huber, Bern 1993.

Warnke, A.: Elterntraining. In: Steinhausen, H.-C.; Aster, M.v. (Hrsg.): Handbuch Verhaltenstherapie und Verhaltensmedizin bei Kindern und Jugendlichen, 583-599. Beltz, Weinheim 1993.

15. Kombinierte Behandlung

Helmut Remschmidt

15.1 Kombination verschiedener Psychotherapiemethoden

Unter einer kombinierten Behandlung verstehen wir die gemeinsame Anwendung verschiedener Psychotherapiemethoden oder die Kombination von psychotherapeutischen Methoden mit anderen nicht-psychotherapeutischen Behandlungsverfahren.

Wie bei der allgemeinen Indikation für die Anwendung psychotherapeutischer Methoden, muß auch bei der speziellen Indikation für eine Kombination verschiedener Psychotherapiemethoden auf die drei Grundbereiche zurückgegriffen werden, die bei jeder Anwendung von Psychotherapie bedacht werden müssen. Es sind dies: die *psychotherapeutischen Methoden*, die *Rahmenbedingungen* für Psychotherapie (Setting) und die *Störungen*, die mit Hilfe der Psychotherapie gebessert oder behoben werden sollen. Es sei an dieser Stelle noch einmal auf Abb. 1.1 in Kapitel 1 verwiesen, die in Form eines Würfels diese drei Bereiche als drei zueinander senkrecht stehende Ebenen beschreibt.

Grundsätzlich sind sowohl innerhalb der Methoden (z.B. imaginative Methoden und Psychoanalyse oder Verhaltenstherapie und Familientherapie) als auch innerhalb der Rahmenbedingungen (Setting) Kombinationen möglich. Beispielsweise lassen sich eine ambulante Behandlung und home treatment (zur Fortsetzung derselben) gut kombinieren, ebenso hat sich im stationären Setting die Kombination von individueller Therapie, Gruppentherapie und Familientherapie bewährt. Natürlich sind auch bei den einzelnen Störungen Kombinationen verschiedener psychotherapeutischer Methoden möglich und erfolgreich, worauf noch eingegangen wird.

Allerdings dürfen sich die kombinierten psychotherapeutischen Methoden nicht hinsichtlich ihrer Zielsetzung und ihrer Vorgehensweise widersprechen. Sie müssen vielmehr auf das Therapieziel hin konvergieren und auch, was ihre Vorgehensweise betrifft, nicht inkompatibel miteinander sein. So wäre z.B. ein stark strukturiertes Vorgehen i.S. des operanten Konditionierens nicht vereinbar mit einer absoluten "Laissez-faire"-Haltung, die dem Kind jede Verhaltensmöglichkeit offenläßt. Hier würden sich die Zielvorstellungen der beiden angewandten Psychotherapiemethoden erheblich widersprechen: im ersteren Falle wird ein strenges Verhaltensregime etabliert, welches den Abbau bestimmter Verhaltensweisen und den Aufbau anderer Verhaltensweisen zum Ziel hat, im letzteren Falle liegt die Vorstellung zugrunde, daß das Kind aus sich heraus, gewissermaßen durch eigene Kreativität, Verhaltensweisen entwickeln kann, die zu einer Überwindung seiner Störung beitragen.

Wiewohl also dem Einfallsreichtum des Therapeuten im Hinblick auf die Kombination verschiedener Psychotherapiemethoden wenig Grenzen gesetzt sind, so sollten dennoch die folgenden in der Praxis bewährten *Grundsätze* befolgt werden:

(1) Die kombinierten Methoden sollen klinisch erprobt und wissenschaftlich evaluiert sein. Die klinische Erprobung ist häufig geschehen, jedoch bestehen bezüglich der Evaluation noch erhebliche Defizite im Hinblick auf Psychotherapien bei Kindern und Jugendlichen. Man wird also nicht immer von Methoden ausgehen können, die die Probe der Evaluation erfolgreich bestanden haben.

(2) Die kombinierten Psychotherapiemethoden sollten mit den Therapiezielen der jeweiligen Störung kompatibel sein.

(3) Die kombinierten Methoden müssen in ein Gesamtkonzept integrierbar sein und dürfen diesem auch im Detail nicht widersprechen.

(4) Sie müssen dem Alter und Entwicklungsstand des Patienten angemessen sein.

(5) Sie müssen im jeweiligen Setting durchführbar sein.

(6) Die Kooperation des Patienten und seines Umfeldes (Eltern, Kindergarten, Schule) muß gewährleistet sein.

In der Praxis hat sich die Kombination verschiedener psychotherapeutischer Methoden bewährt. Im folgenden können hierzu nur einige Beispiele gegeben werden.

Individuelle Psychotherapie, Gruppen- und Familientherapie

In stationären und teilstationären Settings, in denen schon durch die 24- bzw. 8-stündige Anwesenheit des Patienten eine hohe Einwirkungsmöglichkeit gegeben ist und auch eine sehr intensive Behandlung das Ziel ist, läßt sich diese Kombination sehr gut und auch erfolgreich durchführen.

Je nach Störungsmuster und Behandlungsphase können die drei Behandlungsmethoden entsprechend gewichtet werden. Dies soll an zwei Beispielen illustriert werden:

Hyperkinetisches Syndrom

Bei dieser Störung führen wir - neben der medikamentösen Therapie - eine individuell strukturierte verhaltenstherapeutisch orientierte Behandlung durch, die aus Übungsprogrammen und einem Selbstinstruktionstraining besteht. Beides wird in einer Einzelsituation begonnen. Im nächsten Schritt wird dann die Einzelsituation zur Gruppensituation erweitert, wobei auch der Schulbesuch mit Kleingruppenunterricht eine Gruppensituation darstellt, in der das vorher erlernte Selbstinstruktionsprogramm seine Bewährungsprobe bestehen kann. Von Beginn der Behandlung an wird eine begleitende Elternberatung durchgeführt, nicht eine ausgesprochene Familientherapie. Vor der Entlassung des Kindes aus der stationären oder tagesklinischen Behandlung wird diese Form der Familienberatung intensiviert, damit die Fortsetzung der Behandlung zu Hause erfolgreich möglich ist. Dies kann durch spätere Hausbesuche oder gar durch ein home treatment weiter gefördert werden.

Anorexia nervosa

Bei der Anorexia nervosa wird ebenfalls zunächst mit einer Einzeltherapie begonnen, wobei zur Familie enger Kontakt gehalten wird. Sobald die Patienten hinreichend an Gewicht zugenommen haben, so daß sie in der Lage sind, am therapeutischen Geschehen angemessen aktiv teilzunehmen, wird die Gruppenbehandlung eingeführt, die mehrere Patienten mit der gleichen Störung umfaßt und Gelegenheit gibt, Erfahrungen auszutauschen und auch Ereignisse, die auf der Station stattgefunden haben, gemeinsam zu diskutieren. Im nächsten Schritt wird bei jüngeren Patienten die Familientherapie als Schwerpunkt eingeführt, die zum Ziele hat, jene Faktoren aufzudecken, die möglicherweise zur Auslösung der Erkrankung und zu ihrer Aufrechterhaltung beigetragen haben und die im Hinblick auf die Rückkehr der Patienten in die Familie unter Kontrolle gebracht werden müssen.

Individuelle Psychotherapie und Entspannungstechniken

Die Kombination individueller Psychotherapie (tiefenpsychologisch fundierter Psychotherapie oder Verhaltenstherapie) mit Entspannungstechniken hat sich bei einer ganzen Reihe von Syndromen bewährt. Manche Vorgehensweisen wie z.B. die verhaltenstherapeutische Technik der systematischen Desensibilisierung kombinieren diese Ansätze sogar in gesetzmäßiger Weise.

Tiefenpsychologisch fundierte Psychotherapie und Verhaltenstherapie

Schwieriger zu beantworten ist die Frage, ob tiefenpsychologisch fundierte Psychotherapie und Verhaltenstherapie miteinander kombiniert werden können. Denn eigentlich widersprechen diese beiden Therapieformen sich hinsichtlich ihrer Zielrichtung und hinsichtlich ihrer Vorgehensweise. Von daher sind sie zunächst nicht kompatibel miteinander. Jedoch hat sich in den letzten Jahren der schroffe Gegensatz dieser psychotherapeutischen Vorgehensweisen abgemildert, da die Vertreter der Tiefenpsychologie (Psychoanalyse) anerkannt haben, daß die Veränderungen, die sie mit ihrer Behandlung erreichen, auf Lern- und Umstrukturierungsprozessen beruhen; andererseits haben die Verhaltenstherapeuten ebenfalls längst akzeptiert, daß die Durchführung ihrer therapeutischen Maßnahmen stets im Rahmen einer Therapeut-Patient-Beziehung stattfindet, die ebenfalls als wesentliche Wirkvariable in das therapeutische Geschehen eingeht.

Insofern kann man den heutigen Stand im Hinblick auf die Kombination dieser Methoden so umschreiben, daß verhaltenstherapeutische Elemente i.S. der Einübung konkreter Fertigkeiten nicht im Widerspruch zu einer tiefenpsychologisch fundierten oder psychoanalytischen Therapie stehen und daß die Verhaltenstherapie auch die Bedeutung der Interaktionsprozesse zwischen Patient und Therapeut erkannt hat, jedoch geschieht dies unabhängig vom tiefenpsychologischen Modell der Übertragung und Gegenübertragung und auch unabhängig von der entsprechenden Nomenklatur.

Integriertes psychotherapeutisches Vorgehen

Es existieren mittlerweile eine Reihe von psychotherapeutischen Vorgehensweisen, bei denen in mehr oder weniger gesetzmäßiger Weise verschiedene Psychotherapieformen miteinander kombiniert werden. In der Regel handelt es sich dabei bereits um Psychotherapieprogramme, die meist in stationären oder teilstationären Einrichtungen entwickelt wurden und bei denen verschiedene Therapieelemente i.S. eines zeitlich strukturierten Stufenplanes miteinander kombiniert werden. Beispiele hierfür sind die integrierte Psychotherapie des Ehepaars Knoblauch für den Erwachsenenbereich (Knoblauch und Knoblauch 1983) und das in unserer Tagesklinik praktizierte Programm, das in Kap. 35 beschrieben ist.

15.2 Kombinationen von psychotherapeutischen Methoden mit anderen Behandlungsformen

Die Kombination psychotherapeutischer Behandlungsmethoden mit anderen (nicht psychotherapeutischen) Behandlungsmaßnahmen ist häufig und hat sich unter verschiedenen Rahmenbedingungen (Settings) sehr bewährt. Meist geschieht diese Kombination in Form von Therapieprogrammen. Unter solchen verstehen wir die regelhafte Kombination verschiedener Behandlungselemente (z.B. medikamentöse Therapie + Verhaltenstherapie des Patienten + Beratung der Eltern (stationär oder im Rahmen eines "home

treatment")), die im Rahmen eines Behandlungsplanes integriert und auch in zeitlicher Hinsicht geordnet werden. Der Behandlungsplan enthält die Behandlungsziele, die hierfür notwendigen Maßnahmen und ihre zeitliche Staffelung. Ein derartiger Behandlungsplan darf jedoch kein starres Schema darstellen, sondern wird im Idealfall nach Maßgabe von Erkenntnissen im Therapieverlauf schrittweise modifiziert, freilich unter genauer Protokollierung der jeweiligen Veränderungen.

Im Prinzip lassen sich recht unterschiedliche nicht-psychotherapeutische Maßnahmen mit psychotherapeutischen Maßnahmen im Rahmen eines Therapieprogrammes kombinieren. Am häufigsten ist die Kombination von medikamentöser Behandlung mit psychotherapeutischer Behandlung oder die Kombination von körperorientierten Therapiemaßnahmen (z.B. Krankengymnastik, Bewegungstherapie) mit psychotherapeutischen Verfahren.

An drei Beispielen soll die Anwendung von Therapieprogrammen erörtert werden. Davon beziehen sich zwei auf die Anwendung von Therapieprogrammen bei bestimmten Patientengruppen (hyperkinetisches Syndrom, Schizophrenie des Jugendalters) und eines auf den Vergleich mehrerer Behandlungsmodalitäten.

Therapieprogramme beim hyperkinetischen Syndrom

Zahlreiche Untersuchungen zur Behandlung des hyperkinetischen Syndroms im Kindesalter haben ergeben, daß sogenannte multimodale Therapieprogramme der Behandlung mit Einzelmaßnahmen (Spieltherapie oder medikamentöse Therapie oder Verhaltenstherapie) eindeutig überlegen sind. Sie bestehen in der Regel aus der Kombination folgender Maßnahmen: strukturierende Hilfen für den Alltag (Förderung lebenspraktischer Fähigkeiten, Einhalten sozialer Regeln), direkte patientenbezogene Maßnahmen (medikamentöse Therapie mit Stimulanzien, verhaltenstherapeutische Kontingenzprogramme, Beschäftigungstherapie, Maßnahmen zur Kanalisierung der Motorik) und Maßnahmen, die die Umgebung betreffen (Elternberatung, Beratung der Schule und anderer betreuender Einrichtungen). Die Stimulanzien beeinflussen dabei in dosisabhängiger Weise sowohl die Hypermotorik als auch kognitive Parameter und das sozialadaptive Verhalten. In diesem Bereich wurde unter Stimulanzienbehandlung eine Verbesserung der

Aufmerksamkeit, gemessen an Vigilanz- und Reaktionszeit, beobachtet, aber auch das Interaktionsverhalten zwischen Mutter und Kind zeigt unter der Medikation signifikante Verbesserungen (Mash und Johnston 1982; Barkley 1988). Diese Befunde wurden mehrfach reproduziert. Durch die Abmilderung der die ganze Familie störenden Verhaltensweisen des Kindes werden seitens der Eltern ganz neue Kräfte frei, und es kann eine Rekonstruktion einer natürlichen Eltern-Kind-Beziehung erfolgen.

Therapieprogramm bei schizophrenen Jugendlichen

Auch bei dieser Gruppe von Patienten haben sich Therapieprogramme bewährt, die aus der regelhaften Kombination von neuroleptischer Medikation, stützender Psychotherapie, Beschäftigungstherapie und Einbeziehung der Familie in die therapeutischen Maßnahmen bestehen. Bei jugendlichen und jungen erwachsenen schizophrenen Patienten haben sich jene Programme als wirkungsvoll erwiesen, die eine ausreichend dosierte neuroleptische Depotmedikation mit strukturierten und stützenden Familienprogrammen kombinieren (Goldstein et al. 1978; King und Goldstein 1979). Die Kombination dieser beiden Maßnahmen hat zwei wichtige Auswirkungen: das strukturierte Therapieprogramm mit den Familien kann dazu beitragen, daß der Patient weniger überschießenden und feindseligen Emotionen ausgesetzt ist; die neuroleptische Medikation hingegen trägt dazu bei, daß er aufgrund ihrer abschirmenden Wirkung weniger durch vorhandene Emotionen beeinträchtigt wird. Auch hier zeigt sich, daß diese Programme erfolgreicher sind als isolierte Maßnahmen (z.B. psychotherapeutische Behandlung oder neuroleptische Medikation).

Vergleich von Therapieprogrammen: stationäre Behandlung, tagesklinische Behandlung und "home treatment"

In einer Evaluationsstudie (Remschmidt und Schmidt 1988), deren Ziel es war, stationäre Behandlung, tagesklinische Behandlung und "home treatment" bei 10 verschiedenen kinder- und jugendpsychiatrischen Diagnosengruppen vergleichend zu untersuchen, wurden insgesamt 109 Patientinnen und Patienten zweier Kliniken

nach klar definierten Einschlußkriterien aus der Gesamtzahl der vorgestellten Patienten ausgewählt und nach Zufall einer der drei Behandlungsmodalitäten zugeordnet. Nach Maßgabe der Auswahlkriterien machten diese Patienten rund 10-15% der gesamten Inanspruchnahmepopulationen der beiden Kliniken aus. In den drei Behandlungsmodalitäten kamen prinzipiell die gleichen Methoden zur Anwendung, waren aber an die jeweiligen Rahmenbedingungen (Settings) angepaßt. Die angewandten Therapiemethoden waren in erster Linie von der Diagnose abhängig: bei relativ umschriebenen bzw. monosymptomatischen Erkrankungen standen verhaltenstherapeutische Methoden im Vordergrund; bei komplexeren Störungsbildern dagegen erschien ein umfassenderer Ansatz (z.B. unter Einbeziehung tiefenpsychologisch fundierter oder familientherapeutischer Methoden) angemessener. Diese Vorgehensweise entspricht sowohl der multifaktoriellen Bedingtheit kinder- und jugendpsychiatrischer Erkrankungen als auch dem heute üblichen mehrdimensionalen Vorgehen in der Therapie.

Die vergleichende Programmevaluation ergab folgendes:

- Hinsichtlich des Therapieerfolges waren keine signifikanten Unterschiede zwischen den drei Behandlungsmodalitäten feststellbar, obwohl der Therapieerfolg generell zwischen den einzelnen Diagnosengruppen differierte. So zeigten erwartungsgemäß neurotische und emotionale Störungen die relativ besten Therapieerfolge in allen Behandlungsmodalitäten, während bei Störungen des Sozialverhaltens die mit Abstand geringsten Erfolge zu verzeichnen waren.

- Hinsichtlich der Behandlungsdauer ergaben sich ebenfalls keine signifikanten Unterschiede zwischen den drei Behandlungsmodalitäten.

Durch diese Untersuchung konnte also gezeigt werden, daß für eine kleine Gruppe ausgewählter Patienten tagesklinische Behandlung und "home treatment" als gleichwertige Alternativen zur stationären Behandlung angesehen werden können. Für die Praxis bedeutet dieses Resultat, daß 10-15% der Patienten, die normalerweise stationär aufgenommen werden, ebensogut tagesklinisch oder zu Hause behandelt werden könnten, was u.a. eine erhebliche Kostenreduktion bedeuten würde. Freilich erfordert dieses Vorgehen eine sehr sorgfältige Indikationsstellung.

Weiterführende Literatur:

Remschmidt, H.: Therapie und Therapieforschung in der Kinder- und Jugendpsychiatrie. In: Lehmkuhl, U. (Hrsg.): Therapeutische Aspekte und Möglichkeiten in der Kinder- und Jugendpsychiatrie. Springer, Berlin 1991.

Literatur

Barkley, R.A.: The effects of methylphenidate on the interaction of preschool ADHD with their mothers. Journal of the American Academy of Child and Adolescent Psychiatry 27, 336-341, 1988.

Goldstein, M.J.; Rodnick, E.H.; Evans, J.R.: Drug and family therapy in the aftercare of acute schizophrenics. Archives of General Psychiatry 35, 1169-1177, 1978.

King, C.E.; Goldstein, M.J.: Therapist ratings of achievement of objectives in psychotherapy with acute schizophrenics. Schizophrenia Bulletin 5, 118-129, 1979.

Knoblauch, F.; Knoblauch, J.: Integrierte Psychotherapie. Enke, Stuttgart 1983.

Mash, E.J.; Johnston, C.: A comparison of the mother-child interaction of younger and older hyperactive and normal children. Child Development 53, 1371-1381, 1982.

Remschmidt, H.: Therapie und Therapieforschung in der Kinder- und Jugendpsychiatrie. In: Lehmkuhl, U. (Hrsg.): Therapeutische Aspekte und Möglichkeiten in der Kinder- und Jugendpsychiatrie, 1-32. Springer, Berlin, Heidelberg, New York 1991.

Remschmidt, H.; Schmidt, M.H. (Hrsg.): Therapieevaluation in der Kinder- und Jugendpsychiatrie. Enke, Stuttgart 1986.

Remschmidt, H.; Schmidt, M.H.: Alternative Behandlungsformen in der Kinder- und Jugendpsychiatrie. Stationäre Behandlung, tagesklinische Behandlung und home treatment im Vergleich. Enke, Stuttgart 1988.

III. Anwendung psychotherapeutischer Methoden bei verschiedenen kinder- und jugendpsychiatrischen Krankheitsbildern

16. Angstsyndrome

Helmut Remschmidt

16.1 Allgemeine Gesichtspunkte, Definition und Klassifikation

Unter Angstsyndromen faßt man recht unterschiedliche klinische Störungsmuster zusammen, die durch zwei Merkmale gekennzeichnet sind: eine ungewöhnlich starke und situationsunangemessene Angstentwicklung und ein ebenso ausgeprägtes Vermeidungsverhalten. Herkömmlicherweise unterscheidet man eine auf ein bestimmtes Objekt oder eine bestimmte Situation bezogene Angst von einer generalisierten, unspezifischen, "frei flottierenden" Angst. Die zuerst genannte Angst wird dem Krankheitsbild der Phobie zugerechnet, die zuletzt genannte dem der Angstneurose. Diese Unterscheidung wurde in den letzten Jahren weiter differenziert, was jedoch nicht in jeder Hinsicht zu einer Klärung der Einteilung von Angstzuständen geführt hat.
In Tab. 16.1 ist die Einteilung der Angstsyndrome nach ICD-10 wiedergegeben. In der ICD-10 werden phobische Störungen von anderen Angststörungen differenziert, wobei für die Agoraphobie zwei Varianten (mit oder ohne Panikstörung) unterschieden werden.

Der in Tab. 16.1 wiedergegebene Klassifikationsversuch verdeutlicht aber auch die Schwierigkeit, auf dem Felde der Angstsyndrome zuverlässige Abgrenzungen herbeizuführen. Vielfach ist dies gar nicht möglich, weil verschiedene Formen der Angst kombiniert auftreten können. Grundsätzlich lassen sich drei Arten von Ängsten unterscheiden:

(1) *Phobische Ängste*, die sich auf bestimmte Objekte und Situationen beziehen: Hierzu gehören die Agoraphobie, die sozialen und monosymptomatischen Phobien (auch spezifische oder isolierte Phobien genannt)

Tabelle 16.1 Einteilung der Angstsyndrome nach ICD-10

F 40	Phobische Störungen
F40.0	Agoraphobie
F 40.00	ohne Panikstörung
F 40.01	mit Panikstörung
F 40.1	Soziale Phobien
F 40.2	Spezifische (isolierte) Phobien
F 40.8	Sonstige phobische Störungen
F 40.9	Nicht näher bezeichnete phobische Störung
F 41	**Sonstige Angststörungen**
F 40.0	Panikstörung (episodische paroxysmale Angst)
F 41.1	Generalisierte Angststörung
F 41.2	Angst und depressive Störung, gemischt
F 41.3	Sonstige gemischte Angststörungen
F 41.8	Sonstige näher bezeichnete Angststörungen
F 41.9	Nicht näher bezeichnete Angststörung

(2) *Fluktuierende Ängste* (Angstanfälle), die nicht an ein bestimmtes Objekt oder an eine bestimmte Situation gebunden sind und panikartig auftreten: Hierzu gehören die Panikstörungen oder Panikattacken.

(3) *Generalisierte Ängste*, die nicht anfallsartig auftreten, sondern überdauernd sind und nicht an bestimmte Situationen oder Objekte gebunden sind: Diese Form der Angst wird auch als "frei flottierende Angst" bezeichnet.

Alle Arten von Ängsten rufen Veränderungen auf *drei Ebenen* hervor, die jeweils unterschiedlich ausgeprägt sein können:

(1) *Auf der Erlebnisebene:* Hierzu gehören Befürchtungen, Beeinträchtigungserlebnisse und Überlegungen zur Vermeidung bestimmter angstauslösender Situationen.

(2) *Auf der Verhaltensebene:* Hier geht es um Vermeidungsstrategien wie Flucht, Ausweichen, Weglaufen, Umgehung der Situation, aber auch sogenannte Sicherheitssignale, die mit einer bestimmten angstauslösenden Situation assoziiert sind. Darunter versteht man Objekte oder Situationen, die das Auftreten extremer Angst unwahrscheinlich machen, weil sie ein in der Regel rasch verfügbares Hilfeangebot darstellen (z.B. Telefon zum Anrufen des Therapeuten, Anwesenheit einer bestimmten Person, Tabletten in der Tasche).

(3) *Auf der physiologischen Ebene:* Hierzu zu rechnen sind die allgemein bekannten physiologischen Begleiterscheinungen der Angst wie erhöhte Pulsfrequenz, Schwitzneigung, Atembeschleunigung usw.

Sowohl für die Diagnostik als auch für die Therapie ist die Unterscheidung dieser drei Ebenen wertvoll. Die verschiedenen Diagnosekriterien machen stets von Merkmalen auf diesen drei Ebenen Gebrauch. Ebenso existieren Behandlungsmethoden für Angstzustände, die auf alle drei Ebenen zurückgreifen.

Für den Kliniker ist die Unterscheidung sehr wichtig, wann ein Angstzustand krankhaften Charakter hat und wann er noch zu den physiologischen Auslenkungen gerechnet werden kann. Diese Unterscheidung läßt sich nicht ganz scharf ziehen. Es gibt dennoch Kriterien, die einigermaßen zuverlässig sind. Von einer pathologischen Angst kann man sprechen, wenn folgende Kriterien gegeben sind (Marks, 1969; Remschmidt, 1973, 1978):

(1) Übermäßig ausgeprägte Angstintensität (quantitativer Aspekt),
(2) ungewöhnliche Inhalte und Objekte der Angstzustände (qualitativer Aspekt),

(3) Unangemessenheit der Angstreaktion im Verhältnis zur Situation, in der sie auftritt,
(4) Chronifizierung der Angstreaktion,
(5) Fehlen von Möglichkeiten des Individuums zur Reduktion bzw. Bewältigung der Angst,
(6) spürbare Beeinträchtigung der alterstypischen Lebensvollzüge durch den Angstzustand.

Ein für das Verständnis wichtiges Phänomen ist der alterstypische Wandel der Angst im Laufe der Entwicklung. Entsprechend dem Wechsel von potentiellen Gefahren wechseln auch die Angstobjekte im Kindes- und Jugendalter. Während bei jüngeren Kindern (bis zum 8. Lebensjahr) imaginäre Ängste (z.B. Angst vor Hexen, Teufeln, Gespenstern) und einige Realängste überwiegen, treten mit Beginn der Pubertät Ängste vor Autoritätspersonen, sozialen Situationen und Leistungssituationen in den Vordergrund (Remschmidt, 1973).

Hinzuweisen ist ferner auf die hohe *Korrelation von Ängsten zwischen Eltern und ihren Kindern* sowie auf bestimmte Familienstile (z.B. überprotektives Verhalten, symbiotische Beziehung zwischen Mutter und Kind), die das Auftreten massiver Angstzustände begünstigen.

Was die *Geschlechterverteilung* betrifft, so ist ein Überwiegen des weiblichen Geschlechtes bei Kindern und Jugendlichen sowie bei Erwachsenen festzustellen; die Verschiebung wird ab der Pubertät deutlicher.

Im Hinblick auf den Erkrankungsbeginn treten viele monosymptomatische (spezifische) Phobien bereits im Kindesalter auf (insbesondere Tierphobien), während die sozialen Phobien meist um die Pubertät und in der Frühadoleszenz beginnen. Dies hat auch mit dem entwicklungstypischen Wandel der Angstthematik zu tun, die sich in der beginnenden Adoleszenz stark auf soziale Situationen verlagert.

Im folgenden werden vier Gruppen von Angstsyndromen unterschieden, die auch in den gängigen psychiatrischen Klassifikationsschemata voneinander abgegrenzt werden. Es sind dies:
(1) Trennungsangst und Schulphobie. Auf diese wird wegen ihrer Bedeutung für das Verständnis interaktiver Vorgänge in Familien etwas intensiver eingegangen. (2) Phobische Angstsyndrome, (3) Panikattacken und Agoraphobie und (4) die generalisierte Angststörung (Angstsyndrom, früher Angstneurose).

16.2 Trennungsangst und Schulphobie

Mit dem Begriff *Trennungsangst* umschreibt man einen Angstzustand, der bei einer realen oder befürchteten Trennung von nahen Bezugspersonen entsteht. Im Säuglings- und Vorschulalter gehört ein gewisses Ausmaß an Trennungsangst zum normalen Verhalten des Kindes. Eine Störung liegt erst dann vor, wenn die Trennungsangst hinsichtlich ihrer Intensität und Dauer ungewöhnlich ist, wenn sie mit einer Beeinträchtigung der normalen alterstypischen Lebensvollzüge verbunden ist und/oder in einer Altersstufe auftritt, in der sie normalerweise bereits überwunden sein sollte, z.B. in der Adoleszenz.

Eine besondere Manifestation der Trennungsangst ist die *Schulphobie*, die bei entsprechend disponierten und ängstlichen Kindern mehrere Altersgipfel durchlaufen kann: ein erster Häufigkeitsgipfel findet bereits im Kindergartenalter statt, ein zweiter zum Zeitpunkt der Einschulung und ein dritter in der Adoleszenz, wenn die Ablösung von den Eltern aktuell wird. Die genannten Häufigkeitsgipfel markieren alle in unserem Kulturkreis vorgesehenen Trennungssituationen, denen die Kinder bzw. Jugendlichen aufgrund ihrer übermäßig engen Beziehung zu einer primären Bezugsperson (meist Mutter) nicht gewachsen sind.

Erkrankungsprofil

(1)   Klinisches Bild

Es ist im Falle der Schulphobie gekennzeichnet durch *Schulverweigerung*, durch eine Reihe massiver *körperlicher Beschwerden* (z.B. morgendliche Übelkeit, Kopfschmerzen, Bauchschmerzen), insbesondere vor dem Schulgang, und durch eine übermäßig *enge Bindung an eine Bezugsperson* (meist Mutter), der vielfach auch die Sorge des Kindes oder des Jugendlichen gilt. Obwohl die Störung als Schulphobie bezeichnet wird, liegt der Ort der Störung nicht in der Schule, sondern zu Hause.

Vielfach sind die ersten präsentierten Symptome körperliche Beschwerden, so daß zunächst eine körperliche Erkrankung vermutet wird, die nicht selten zu vielfältigen diagnostischen Maßnahmen Anlaß gibt. Oft kommen die Eltern der Kinder oder Jugendlichen mit einer festgefügten "organischen Theorie" in die Sprechstunde.

Die *Schulverweigerung* ergibt sich oft auch sekundär aus den geklagten körperlichen Symptomen. Nur selten berichten die Kinder oder Jugendlichen als erstes von ihrer Angst, in die Schule gehen zu müssen; sie berichten vielmehr über die körperlichen Beschwerden, die dann die Eltern veranlassen, sie zu Hause zu halten und eine körperliche Untersuchung zu veranlassen. Insofern sind der Hausarzt, der Kinderarzt und der Internist häufig die ersten, die die Patienten mit einer Schulphobie sehen.

Die massive Angst kommt erst dann zum Ausdruck, wenn die Eltern die Kinder, häufig nach negativer körperlicher Untersuchung, zwingen wollen, in die Schule zu gehen. Dabei kann es auch zu panikartigen Angstzuständen und zu heftigen Auseinandersetzungen mit den Eltern oder Bezugspersonen kommen. Charakteristisch ist, daß die körperlichen Symptome vor dem geplanten Schulgang oder am Wochenanfang besonders ausgeprägt sind, während der Ferien jedoch weitgehend fehlen.

In der ICD-10 sind ausführliche Kriterien für das Syndrom der Trennungsangst/Schulphobie wiedergegeben. Sie betonen die unrealistische Besorgtheit um die Hauptbezugsperson, um eine Trennung von derselben, die ausgeprägten Schulverweigerungstendenzen, die Unfähigkeit, allein zu Hause zu bleiben und die mit dem Syndrom verbundenen körperlichen Symptome, die vor realen oder erwarteten Trennungssituationen besonders ausgeprägt sind. Zum Syndrom gehört ferner einerseits Unglücklichsein und Rückzug, zum anderen aber auch extreme Angst, Wutausbrüche, Schreien und Festklammern an der Bezugsperson, wenn eine Trennung bevorsteht.

(2)   Epidemiologie

Über die Häufigkeit von Trennungsangst bzw. Schulphobien liegen nur unzureichende Angaben vor. Sie bewegen sich im allgemeinen, auf die Schulphobie bezogen, zwischen 1% und 2% der schulpflichtigen Kinder. Das Geschlechterverhältnis zwischen Jungen und Mädchen erscheint ausgeglichen.

Differentialdiagnostisch muß zwischen Schulphobie, Schulangst und Schuleschwänzen unterschieden werden. Der Oberbegriff für alle drei Syndrome ist der der Schulverweigerung. Die drei Störungsmuster unterscheiden sich strukturell deutlich voneinander, wie in Tab. 16.2

Tabelle 16.2 Formen der Schulverweigerung (nach Harbauer et al., 1980)

	Schulphobie	Schulangst	Schulschwänzen
Symptomgenese	Verdrängung der Angst vor Verlassenwerden von der Mutter (Verlustangst) und **Verschiebung** auf das Objekt	Ersatzloses **Ausweichen** vor Schulsituation aus Angst vor Kränkungen (Schulversagen) und Demütigungen ("Prügel-knabe")	Vermeiden der unlustge-tönten schulischen Leistungssituation durch **Überwechseln** in lustbetonte Verhaltens-weisen
Pathogene *Faktoren*	Pathologische Mutter-Kind-Beziehung oder begründete kindliche **Ängste** vor dem Verlas-senwerden	Psychische oder physi-sche **Insuffizienz** (Lern-schwäche bzw. -störung, Körperschwäche bzw. -mißbildungen)	**Mangelnde Gewissens-bildung** (Über-Ich-Schwäche) oder Ich-Schwäche (durch früh-kindliche Frustrierungen)
Effekt	Infantile **Gemeinschaft** mit der Mutter bleibt zunächst erhalten - Gefahr der Trennung bleibt bestehen	Durch Ausweichhandlung zunächst affektive **Erleichterung** - aber Angst vor Kontaktabbruch der Eltern	Ambivalente Bejahung der Schulverweigerung und der Risiken der **Ersatzhandlungen** (Tag-träumen, Dissozialität) - Furcht vor Strafe

wiedergegeben ist. Während bei der Schulphobie keinerlei *dissoziale Tendenzen* vorliegen, sind diese beim Schuleschwänzen deutlich vorhanden. Schulphobische Kinder und Jugendliche sind in der Regel gut begabt und haben mit der Schullei-stung meist keine Schwierigkeiten. Sie haben auch bei detaillierter Exploration keine Angst vor Personen oder Situationen innerhalb der Schule (z.B. vor Lehrern oder vor bestimmten Unter-richtsgegenständen). Jugendliche mit Schulangst hingegen zeigen deutliche Ängste, die mit schulischen Faktoren direkt zusammenhängen, sei es Leistungsangst, sei es Angst vor Lehrern oder auch vor anderen Schülern.

Differentialdiagnostisch abgegrenzt werden müssen ferner organische Erkrankungen, da die Schulphobie ja zunächst meist durch eine Reihe von körperlichen Symptomen "maskiert" wird.

(3) Ätiologie und Genese

Charakteristisch für die Schulphobie ist ein übermäßig enges Bindungsverhalten zwischen der Bezugsperson (meist Mutter) und den betrof-fenen Kindern bzw. Jugendlichen. Diese enge Beziehung hat sich in aller Regel bereits in der frühesten Kindheit entwickelt. Es handelt sich meist um ängstliche, kontaktgehemmte Kinder oder Jugendliche, die auch sehr ängstliche Mütter haben, welche eine Ablösung der Kinder nicht gestatten. Diese enge *symbiotische Beziehung zwischen Mutter und Kind* wird manchmal auch durch tragische Ereignisse, die in der Familie stattgefunden haben (z.B. Todesfälle) verstärkt. Die übermäßig enge Bindung zwischen Mutter und Kind läßt eine eigenständige Entwicklung und Abgrenzung des Kindes nicht zu. Die Mütter gestatten sich selbst auch nicht, Kritik an ihrem Kind zu üben. Vielmehr reagieren sie auf ableh-nende Gedanken gegenüber dem Kind mit massi-ven Schuldgefühlen und einer Intensivierung ihrer überfürsorglichen Haltung (Mattejat, 1981). Der *Vater spielt in derartigen Familien oft eine randständige Rolle*; er ist eher passiv und wenig mit Erziehungsfragen beschäftigt. Deshalb ist er auch nicht in der Lage, ein Gegengewicht zum Erziehungsverhalten der Mutter darzustellen. Für das Kind bzw. den Jugendlichen resultiert daraus, daß in der Familie keine klare Ordnung, Abgren-zung und Anleitung besteht. Auch die generationalen Rollen sind undeutlich definiert. So kommt es, daß die Kinder bereits im Kindergarten- und Vorschulalter übermäßig ängstlich sind und in der Folge Schwierigkeiten haben, den Kindergarten und die Schule zu besuchen.

In der ganzen Dynamik haben körperliche Beschwerden einen besonderen Stellenwert, weil sie sowohl dem Patienten als auch der Familie eine organische Genese der Störung regelrecht nahelegen. Je länger die Abwesenheit von der Schule dauert, um so mehr kommen sekundäre Probleme zum Tragen. Beim ohnehin häufig depressiv verstimmten Kind oder Jugendlichen wächst die soziale Isolation, es entsteht ein schulischer Leistungsrückstand und auch sekundäre Befürchtungen beim Wiedereintritt in die Schule. So befürchten viele Kinder, daß sie von ihren Klassenkameraden entweder als krank angesehen werden oder als Schulschwänzer oder Faulenzer gelten. Auf diese Weise entsteht ein verhängnisvoller Kreislauf, den weder die Patienten noch die Familie von sich aus unterbrechen können.

Die *Familieninteraktion* ist dadurch gekennzeichnet, daß die Mütter ebensolche Trennungsschwierigkeiten vom Kind haben wie die Kinder von ihnen. Sie lassen ferner eine Selbstabgrenzung des Kindes nicht zu und reagieren verärgert auf die Forderungen des Kindes. Die Familiensituation läßt sich ferner dadurch charakterisieren, daß das Kind für die Mutter erheblich wichtiger ist als der Vater.

In *verhaltenstherapeutischer Sicht* entspricht die Symptomatik des schulphobischen Kindes oder Jugendlichen einer Vermeidungsreaktion. Diese wird durch angstauslösende Situationen herbeigeführt und durch das Verhalten der Mutter bzw. der Eltern verstärkt (operante Konditionierung).

In *familienorientierter Betrachtungsweise* wird die Schulphobie als eine Störung des gesamten Familiensystems betrachtet, die über eine Störung der Mutter-Kind-Dyade hinausgeht. Danach sind Familien mit einem schulphobischen Kind oder Jugendlichen durch mangelnde Geschlossenheit des elterlichen Systems, ungenügende Abgrenzung zwischen Eltern und Kind und eine Unfähigkeit der Eltern, das Kind mit den Realitätsanforderungen zu konfrontieren, gekennzeichnet (Skynner, 1976; Mattejat, 1981).

Psychotherapie und psychische Führung

In der Behandlung von Trennungsangst und Schulphobie wurde eine Vielzahl von Behandlungsmethoden erprobt. Erwähnt seien nur die psychoanalytische Behandlung des Kindes bzw. Jugendlichen, Elternbehandlung oder Elternberatung, verhaltenstherapeutische Methoden (z.B. systematische Desensibilisierung) sowie Elterntraining, ferner medikamentöse Behandlung mit trizyklischen Antidepressiva. Im letzten Jahrzehnt wurden auch verschiedene Formen der Familientherapie angewandt.

Tabelle 16.3 Behandlungsziele bei Schulphobie (nach Remschmidt und Mattejat, 1990)

Bereiche der Intervention	Therapieziele
Individuelle Symptomatik des Kindes	(1) Stabiler Schulbesuch (2) Abbau psychosomatischer Symptome (3) Verminderung der depressiven und der Angstsymptomatik
Persönlichkeit und Sozialverhalten des Kindes	(1) Vermeidung der Abhängigkeit von den Eltern (2) Reduktion der sozialen Ängste (3) Stärkung des Selbstvertrauens und der Autonomie des Kindes
Familieninteraktion und Einstellung der Eltern	(1) Verbesserung der intrafamilialen Abgrenzungen (2) Abbau von überprotektiv-symbiotischen Tendenzen

Allgemeine Ziele und Prinzipien der Behandlung

Die wichtigsten Behandlungsziele bei der Schulphobie sind in Tab. 16.3 wiedergegeben. Sie zeigt, daß die anzustrebenden Therapieziele drei Zielbereichen zuzuordnen sind, der Symptomatik des Patienten, der Persönlichkeit des Patienten und seinem Sozialverhalten sowie der Familieninteraktion und der Einstellung der

Eltern. Diese Aufteilung zeigt zugleich, daß eine mehrdimensionale psychotherapeutische Behandlung notwendig ist, die den Patienten und seine Familie einbezieht.

Die in Tab. 16.3 zusammengefaßten Therapieziele lassen sich relativ gut realisieren, wenn die im folgenden angeführten allgemeinen Prinzipien berücksichtigt werden (Mattejat, 1981; Remschmidt und Mattejat, 1990):

(1) Man sollte versuchen, die Patienten so schnell wie möglich wieder in die Schule einzugliedern. Denn je länger die Schulverweigerung andauert, um so häufiger kommt es in der Familie zu einem sekundären pathogenen Zirkel, der zusätzliche Symptome und Befürchtungen in Gang setzt. Dieser erste Leitsatz bedeutet jedoch nicht, daß man die Patienten zwingen sollte, in die Schule zu gehen. Vielmehr soll durch eine Vielzahl von Maßnahmen ihre Zustimmung zum Schulbesuch erreicht und ggf. erleichtert werden (z.B. durch Begleitung einer Person).

(2) Es muß gegenüber den Eltern und dem Patienten herausgearbeitet werden, daß keine körperliche Erkrankung besteht. Dies bedeutet jedoch nicht, daß man die körperliche Symptomatik vernachlässigen darf. Sie muß vielmehr als real akzeptiert und in den Behandlungsverlauf einbezogen werden.

(3) Die Eltern sollten darin bestärkt werden, klare und durchsetzbare Entscheidungen für den Schulbesuch des Kindes zu treffen und diese auch konsequent durchzusetzen. Die Kinder und Jugendlichen sollten, soweit wie möglich, in Absprachen einbezogen werden.

(4) Schließlich ist eine sorgfältige Koordination der Maßnahmen mit allen involvierten Stellen (z.B. Schule, Hausarzt) erforderlich, um Pannen zu vermeiden (etwa, daß das Kind von der Schule wieder nach Hause geschickt wird oder ein Krankheitsattest ausgestellt wird).

Bei leichteren Fällen von Schulphobie kommt man mit diesen allgemeinen Prinzipien aus, nicht jedoch bei ausgeprägten und bereits länger bestehenden schulphobischen Syndromen. Bei diesen muß eine längerfristige, ambulante, tagesklinische oder in schweren Fällen auch stationäre Behandlung durchgeführt werden.

Entsprechend den unterschiedlichen theoretischen Auffassungen über die Schulphobie wurde auch eine ganze Reihe von *unterschiedlichen Behandlungsmethoden* vorgeschlagen: Neben der medikamentösen Behandlung kommen verhaltenstherapeutische, tiefenpsychologische und familientherapeutische Vorgehensweisen in Betracht. Nach unseren Erfahrungen hat sich ein *integratives Vorgehen* bewährt, bei dem die einzelnen Therapiemethoden in Abhängigkeit von der Entwicklung der Therapie und in Abhängigkeit von den jeweiligen Fortschritten eingesetzt werden. Dabei schließen sich z.B. verhaltenstherapeutische Methoden und medikamentöse Behandlung einerseits und tiefenpsychologisches bzw. familientherapeutisches Vorgehen keineswegs aus. Das Grundprinzip, nach dem die einzelnen Methoden aufeinander abgestimmt werden, ist das schrittweise Fortschreiten von einfachen und bescheidenen zu anspruchsvolleren und komplexeren Methoden und Zielsetzungen. Das Prinzip des schrittweisen Aufbaus der Therapie kann wie folgt realisiert werden:

- Zunächst übernimmt der Therapeut sehr weitgehend *die Verantwortung für die Therapie*; er übernimmt gleichermaßen eine unterstützende wie auch kontrollierende Funktion dem Patienten und den Eltern gegenüber. Mit dem Fortschreiten der Behandlung werden diese Funktionen wieder durch den Patienten selbst und seine Eltern übernommen. D.h., im Verlaufe der Psychotherapie werden die Anforderungen an Patient und Eltern langsam gesteigert.

- Es steht in der Regel ein *stützendes und strukturierendes Vorgehen* im Vordergrund. In dem Umfange, in dem die Familie Orientierung, Vertrauen und Sicherheit gewinnt und belastungsfähiger wird, können konfliktorientierte und aufdeckende Methoden angewandt werden. Daraus folgt, daß sich die Behandlung in der Regel zunächst an verhaltenstherapeutischen Prinzipien orientiert; eventuell kann auch eine begleitende antidepressive Medikation den Patienten in dieser Phase stabilisieren; in späteren Therapiephasen nehmen konfliktzentrierte und familiendynamisch fundierte Verfahren einen größeren Raum ein.

Indikationsstellung für verschiedene therapeutische Vorgehensweisen

Für die Behandlung der Schulphobie kommt prinzipiell sowohl eine ambulante wie auch eine stationäre Behandlung in Frage. Falls die Möglichkeit besteht, können natürlich auch andere Modalitäten wie z.B. eine tagesklinische Einrichtung genutzt werden. Für die Entscheidung, ob eine ambulante Therapie hinreichend ist oder eine stationäre Behandlung notwendig ist, sind folgende Kriterien von Bedeutung:

(1)   Alter des Kindes

Je jünger das Kind ist, um so günstiger ist die Therapieprognose insgesamt, und um so günstiger sind die Erfolgschancen einer ambulanten Behandlung. Umgekehrt sind die nachteiligen Effekte einer stationären Aufnahme bei jüngeren Kindern gravierender einzuschätzen als bei jugendlichen Patienten. Aus diesen Gründen kann bei Jugendlichen eine stationäre Behandlung eher in Erwägung gezogen werden als bei jüngeren Kindern. Es ist bemerkenswert, daß die Schulphobie auch im Jugendalter gar nicht so selten auftritt und dann besonders hartnäckig sein kann. Meist handelt es sich um Jugendliche, die bereits früher an mehreren Phasen der Trennungsangst gelitten haben.

(2)   Schweregrad der Schulphobie

Wichtiger als das Alter ist bei der Indikationsstellung die Frage nach dem Schweregrad der psychischen Störung. Je länger die schulphobische Symptomatik andauert, um so ungünstiger wird die Therapieprognose überhaupt und der ambulanten Behandlung im besonderen. Bei chronifizierten Schulphobien ist eine stationäre Behandlung meist unumgänglich, besonders dann, wenn bereits eine oder mehrere ambulante Vorbehandlungen gescheitert sind. Zur Beurteilung des Schweregrades der Schulphobie sind außer der Schulverweigerung noch andere Kriterien heranzuziehen wie z.B. das Ausmaß der psychosomatischen Symptome, der depressiven Verstimmung, der Ängste und in welchem Umfang noch Kontakte zu Gleichaltrigen bestehen (Umfang der sozialen Isolation).

(3)   Schweregrad und Ausmaß der familiären Belastungen

Hierher gehören die pathologisch relevanten Aspekte des Familienlebens. Zu bedenken sind eine ganze Fülle unterschiedlicher Belastungsfaktoren, u.a.:

- die materiellen Lebensbedingungen, die Familienzusammensetzung, die Integration der Familie in die Gemeinde bzw. Wohnumgebung;
- die körperliche und psychische Gesundheit der Eltern;
- etwaige Ehe- und Familienkonflikte;
- Auffälligkeiten und Besonderheiten in der Erziehungshaltung gegenüber dem Kind.

Neben der Abklärung der allgemeinen familiären Belastung in diesem Sinne ist speziell die Frage zu beantworten, in welcher Weise und wie stark die Symptomatik in das Familienleben eingebunden ist. Die schulphobische Problematik geht in der Regel nicht einseitig nur vom Patienten aus, sondern stellt ein Interaktionsmuster dar, in das die Eltern ebenso involviert sind. In manchen Fällen gehen die Trennungsschwierigkeiten sogar primär von den Eltern aus. Aber selbst wenn dies nicht der Fall ist, wird die Symptomatik durch das überprotektiv-bindende oder ängstliche Verhalten der Eltern oder eines Elternteils verstärkt. Symptomverstärkend wirken auch die häufig zu beobachtenden Durchsetzungsschwierigkeiten der Eltern gegenüber dem Kind. Teilweise sind die Schwierigkeiten der Eltern, das Kind mit klaren Forderungen zu konfrontieren und diese durchzusetzen, verbunden mit Schuldgefühlen und einer ambivalenten Einstellung gegenüber dem Kind.

Wie stark die Schulphobie in das *Familienleben* eingebunden ist, läßt sich meist gut daran ablesen, wie die Eltern bisher mit der Symptomatik umgegangen sind. Je ausgeprägter die Familienbelastungen insgesamt sind, je stärker die schulphobische Symptomatik in das Familienleben eingebunden ist und je mehr die Symptomatik durch das Verhalten der Eltern verstärkt wird, um so ungünstiger sind die Erfolgswahrscheinlichkeiten einer ambulanten Behandlung, und um so eher ist eine stationäre Behandlung angezeigt.

(4) Kooperationsmöglichkeiten

Die Bedingungen und Erfolgschancen der Behandlung werden schließlich entscheidend von den Kooperationsmöglichkeiten der Familie bestimmt. Hierbei können mindestens drei Aspekte unterschieden werden:

a) Die objektiven Rahmenbedingungen der Behandlung. Hier geht es um eine prinzipielle Beantwortung der Frage, ob eine ambulante Behandlung überhaupt möglich ist. Folgende Fragen sind z.B. von Bedeutung: Wie häufig kann die Familie ambulante Behandlungstermine wahrnehmen? Welche Familienmitglieder könnten regelmäßig an einer ambulanten Behandlung teilnehmen? Ist ein Elternteil in der Familie verfügbar, der den Schulgang des Kindes kontrollieren kann?

b) Kooperationsfähigkeit, z.B. Intelligenz und Introspektionsfähigkeit der Eltern und des Patienten.

c) Kooperationsbereitschaft. Die Kooperationsbereitschaft wird vom Leidensdruck der Familienmitglieder bestimmt. Dabei ist nicht nur die Intensität des Leidensdruckes von Bedeutung, sondern auch, worauf sich der Leidensdruck inhaltlich bezieht; d.h. die Problemdefinition der Familienmitglieder ist mitbestimmend für den Ansatz der therapeutischen Zusammenarbeit. Dabei können wir zwischen günstigeren und weniger günstigen Therapievoraussetzungen unterscheiden, was aus Tab. 16.4 hervorgeht.

Tabelle 16.4 Problemdefinitionen der Eltern bei Schulangst als Indikation für günstige oder ungünstige Therapiebedingungen (nach Remschmidt und Mattejat, 1990)

Inhaltliche Ebene der Problemdefinition	Exemplarische Erläuterung	Von den Eltern erwartete Behandlung oder Unterstützung	
			Günstige Therapiebedingungen
Interaktional	Die Eltern thematisieren ihre Durchsetzungsprobleme oder eigene Trennungsschwierigkeiten	Familientherapie oder Anleitung im Hinblick auf den Patienten	
Symptomatisch			
Psychische Symptome und Schulversäumnisse	Die Eltern sind besorgt wegen der Schulversäumnisse oder wegen der Angst und Depressivität des Kindes	Psychiatrische oder psychotherapeutische Behandlung für das Kind	
Körperliche Symptome	Die Eltern befürchten, daß das Kind körperlich krank ist	Organmedizinische Behandlung für das Kind	
Sekundär induziert	Die Eltern beklagen sich über den vermeintlichen ungerechtfertigten Druck, den die Schule oder Ämter ausüben; Kampf gegen Außeninstanzen	Unterstützung in ihrer Auseinandersetzung mit den Schulbehörden oder anderen offiziellen Instanzen	
			Ungünstige Therapiebedingungen

Aus der Intensität und der inhaltlichen Richtung des Leidensdruckes ergibt sich die Einstellung der Familie gegenüber dem klinischen Behandlungsangebot.

Ambulante Therapie

Bei leichten Fällen (insbesondere bei Kindern unter 10 Jahren, die in günstigen Familienbedingungen leben), bei denen die schulphobischen Tendenzen Ausdruck einer akuten Krise sind, ist es oft möglich, schon nach wenigen Beratungsgesprächen mit den Eltern wieder einen Schulbesuch des Kindes zu erreichen. Man kann den Eltern direkt sagen, daß das Kind körperlich gesund ist und entsprechende Ratschläge geben, wie sie vorgehen können. In den meisten Fällen kann aber ein Beratungsgespräch nicht weiterhelfen, und die Behandlung muß längerfristig geplant werden. Für die ambulante Behandlung hat sich ein Vorgehen bewährt, das sich auf drei Komponenten stützt:

- den verhaltenstherapeutischen Therapievertrag,
- die Medikation und
- eine vertiefende Psychotherapie bzw. Familientherapie.

(1) Der Therapievertrag

Der Therapievertrag ist eine *Vereinbarung zwischen dem Therapeuten einerseits und dem Patienten sowie seinen Eltern andererseits*. Bei der Entwicklung der jeweiligen Vereinbarungen orientieren wir uns an verhaltenstherapeutischen Prinzipien. Es werden aber darüber hinaus auch familiendynamische Aspekte einbezogen.

Im Therapievertrag verpflichten sich Patient und Eltern zu bestimmten Verhaltensweisen, d.h., durch den Vertrag sollen Verhaltensweisen des Patienten (und z.T. auch der Eltern) gesteuert werden. Dies ist aber nicht der einzige Zweck des Vertrages. Mindestens ebenso wichtig, wie die explizit genannten Effekte des Vertrages sind seine nicht genannten Implikationen (implizite Effekte). Hierzu zählt in erster Linie, daß alle Beteiligten als vertragsmündige Partner ernst genommen werden und daß dem Patienten die Motivation und Fähigkeit zur Verhaltensänderung zugeschrieben wird. Die psychologisch entscheidende Dynamik bei Therapieverträgen ist die Beziehung zwischen externer Kontrolle (durch den Therapeuten) einerseits und der Kontrolle, die der Patient selbst übernimmt.

Nähere Ausführungen zum Therapievertrag finden sich in Kap. 13.

(2) Vertiefende Einzeltherapie oder Familientherapie

In der Regel wird die Vertragsdurchführung und die in diesem Zusammenhang auftretenden Probleme im Rahmen einer ambulanten Familientherapie besprochen. Schon dabei begrenzt sich das Gespräch nicht nur auf den *Umgang mit der Symptomatik*, sondern es kommen auch andere Themenbereiche, z.B. familiäre Beziehungskonflikte, zur Sprache. Je besser die schulphobische Symptomatik durch die festgelegten Vereinbarungen kontrolliert werden kann, um so mehr bleibt in den Familiengesprächen Raum für ein konfliktorientiertes und aufdeckendes Vorgehen, so daß sich ein gradueller Übergang zu einer vertiefenden Familientherapie ergibt. In anderen Fällen wiederum stellt eine intensive tiefenpsychologisch fundierte Einzelbehandlung des Patienten oder der Eltern die sinnvollste therapeutische Weiterführung dar.

(3) Begleitende Medikation

Bei Vorliegen einer ausgeprägten depressiven Verstimmung des Kindes empfiehlt sich eine antidepressive Medikation (z.B. mit Hilfe von trizyklischen Antidepressiva), die sich auch günstig auf die körperliche Begleitsymptomatik auswirkt. Die medikamentöse Behandlung ist häufig jedoch nur für die ersten 2-3 Monate der Therapie erforderlich.

Stationäre Therapie

Nach ähnlichen Prinzipien haben wir ein stationäres Behandlungsprogramm für extrem ausgeprägte Schulphobien entwickelt und mit gutem Erfolg erprobt. Auch dieses Behandlungsprogramm orientiert sich nicht an einer bestimmten therapeutischen Schulrichtung, sondern ist problemorientiert und bei feststehendem allgemeinen Rahmen im Einzelfall variabel. Es besteht aus fünf Phasen (Mattejat, 1981; Remschmidt und Mattejat, 1990):

(1) Vorbereitung der Familie, Behandlungsvertrag, stationäre Aufnahme

Da sich Kinder und Jugendliche mit einer Schulphobie häufig gegen eine stationäre Aufnahme sträuben, muß diese *sorgfältig vorbereitet werden*. Vielfach ist dies nur möglich durch eine ambulante Therapie, die das Vertrauen zwischen dem Patienten, der Familie und dem Therapeuten festigen soll. Wenn ein solches Vertrauen entstanden ist, so ist eine stationäre Aufnahme leichter möglich. Aber auch, wenn man direkt mit einer stationären Behandlung beginnt, muß im Rahmen sorgfältiger Familien- und Einzelgesprächen die Aufnahme vorbereitet werden. Der Patient sollte auch vorher die Station sehen und ggf. mit anderen Kindern oder Jugendlichen, die eine ähnliche Störung haben, sprechen können.

(2) Therapeutische Bearbeitung der Hintergrundproblematik (durch schnittliche Dauer: 1 1/2 - 2 Monate)

Diese längste Phase der stationären Behandlung konzentriert sich auf die Bearbeitung der familiären Hintergrundproblematik. Erforderlich sind intensive psychotherapeutische Gespräche mit den Eltern und besondere Behandlungsmaßnahmen mit dem Patienten. Zu diesen gehören z.B. : die *Verminderung der Abhängigkeit* von den Eltern, Erhöhung der *Selbständigkeit*, angstreduzierende Maßnahmen und Stärkung der *Durchsetzungsfähigkeit* gegenüber Gleichaltrigen. Wenn es gelingt, auf diesen Wegen Fortschritte zu erreichen, so kommt es zu einer allgemeinen Verbesserung der psychischen Situation des Patienten, auch was seine Selbstwertproblematik und die häufig begleitende depressive Verstimmung betrifft. Eine antidepressive Medikation kann dabei helfen. Während der zweiten Phase der Therapie findet auch ein Besuch der Klinikschule statt. Diese ist in der Regel im gleichen Hause untergebracht und unterscheidet sich in vielerlei Hinsicht von den sonstigen öffentlichen Schulen (Möglichkeit zum Einzelunterricht, kleinere Klassen, individuelleres Eingehen auf die einzelnen Schüler, Schulbesuch mit Kindern, die ähnliche Störungen haben). Dadurch wird auch die Angst vor etwaigen schulgebundenen Situationen reduziert.

(3) Wiedereingliederung in eine öffentliche Schule (durchschnittliche Dauer: 3-4 Wochen)

In dieser Behandlungsphase wird mit dem Versuch begonnen, die Kinder bzw. Jugendlichen in eine öffentliche Schule in der Stadt zu schicken. Diese schulische Wiedereingliederung muß allerdings sehr sorgfältig vorbereitet werden. Sie erfolgt zunächst schrittweise für einige Stunden und unter Mitwirkung des Therapeuten bzw. anderer Bezugspersonen der Station (Schwestern, Pfleger, Sozialarbeiter). Diese ziehen sich zunehmend aus der Betreuung zurück, bis der Patient allein in der Lage ist, den Schulgang und andere schulische Fragen zu bewältigen.

(4) Rückgliederung ins häusliche Milieu

Nach der Stabilisierung des Schulbesuchs, der selbständig, ohne körperliche Beschwerden und ohne bedeutsame Ängste stattfinden muß, kann die Entlassung nach Hause erfolgen. Sie stellt jedoch, was den Besuch der Schule betrifft, immer eine kritische Situation dar. In dieser Phase werden nämlich die von der Klinik bislang ausgeübten Funktionen der Betreuung und Kontrolle wieder an die Eltern delegiert. Daher muß die Betreuung der Familie insgesamt intensiviert werden, um einem Rückfall vorzubeugen. Man kann dabei nach dem Konzept der strukturellen Familientherapie von Minuchin (1974) vorgehen.

(5) Ambulante Nachbetreuung

Eine ambulante Nachbetreuung ist dringend erforderlich. Sie ist aber, je nach Familienkonstellation und erfolgten Maßnahmen, unterschiedlich eng und unterschiedlich lang. Geht der Patient regelmäßig in die Schule und hat die bislang stattgehabte Therapie zu einer gewissen "Reorganisation der Familienstruktur" mit Auflockerung der allzu engen Bindung zwischen der Mutter und dem Kind geführt, so kann sie in größeren Abständen stattfinden. Ist der Schulbesuch noch kritisch und die Mutter-Kind-Beziehung sehr eng, so sollte die ambulante Nachbehandlung in häufigeren Abständen (wöchentlich oder 14tägig) stattfinden.

Evaluation, Verlauf und Prognose

Die Ergebnisse des geschilderten Behandlungskonzepts haben Kammerer und Mattejat (1981) anhand einer Stichprobe von 20 Kindern und Jugendlichen (durchschnittliches Alter: 13,2 Jahre; Streuungsbereich: 9,2 - 17,2 Jahre) nach einer durchschnittlichen Katamnesedauer von 19 Monaten evaluiert. Dabei zeigte sich, daß das *Alter für die Therapieprognose* von großer Bedeutung ist. Alle Kinder, die vor dem 13. Lebensjahr stationär aufgenommen worden waren, besuchten wieder regelmäßig die Schule, und bei 78% von ihnen konnte ein uneingeschränkter Therapieerfolg (stabiler Schulbesuch nach der Entlassung ohne Unterbrechungen) festgestellt werden. Ein weiterer wichtiger Indikator war die *Zeitdauer des Schulversäumnisses* vor Therapiebeginn. Je länger dieser Zeitraum war, um so geringer waren die Erfolgschancen der Therapie. Die beiden Patienten, bei denen die Therapie versagte (ein stabiler Schulbesuch war nicht zu erreichen), gehörten zu den ältesten Jugendlichen und wiesen auch die längsten Schulversäumnisse auf. Für die Gesamtstichprobe fanden sich bei 44% uneingeschränkte Therapieerfolge, bei 44% bedingte Therapieerfolge (eindeutiger Erfolg zum Katamnesezeitpunkt, aber nicht sofort nach der Rückgliederung in das häusliche Milieu) und bei 12% kein Therapieerfolg.

Aus diesen Ergebnissen und aus unseren Erfahrungen mit der Behandlung von Schulphobien lassen sich folgende Schlußfolgerungen ziehen:

(1) Je früher eine schulphobische Entwicklung erkannt und behandelt wird, um so günstiger sind die Erfolgschancen. Frühzeitig erkannte Schulphobien können fast ausnahmslos erfolgreich behandelt werden. Je älter der Patient und je chronifizierter die Schulphobie ist, um so ungünstiger sind der Therapieerfolg und die langfristige Prognose. Hieraus folgt die Forderung nach einer *möglichst frühzeitigen Diagnose und Beratung.* Die Berufsgruppen, welche als erste mit schulphobischen Kindern in Kontakt kommen (Lehrer, Sozial- und Jugendämter, praktische Ärzte, Kinderärzte) sollten über dieses kinderpsychiatrische Syndrom gut informiert sein.

(2) Der Therapieerfolg ist ferner entscheidend von der *Kooperation mit den Eltern* abhängig. Die Therapieabbrecher stellen die zentrale Problemgruppe dar. Mit unserem Konzept des "probatorischen ambulanten Behandlungsvertrages" konnten wir diesbezüglich bereits ermutigende Erfahrungen machen. Die Erfahrungen mit alternativen und komplementären Behandlungsangeboten (Tageskliniken, mobile ambulante Dienste, home treatment) weisen in die gleiche Richtung. Sie zeigen uns, daß mit diesen Modalitäten Familien erreicht werden können, die für eine herkömmliche stationäre oder ambulante Behandlung nicht zugänglich sind.

16.3 Phobische Angstsyndrome

Krankheitsprofile

(1)   Klinische Bilder:

Monosymptomatische (spezifische) Phobien
Man unterscheidet monosymptomatische Phobien von den sozialen Phobien. Bei den monosymptomatischen (spezifischen) Phobien bezieht sich die Angst auf bestimmte Objekte und Situationen. Besonders *häufig sind Tierphobien* (Spinnenphobie, Hundephobie, Pferdephobie), aber auch Angst vor geschlossenen Räumen (Klaustrophobie), vor großen und belebten Plätzen (Agoraphobie), vor Dunkelheit und vor bestimmten Situationen ist typisch. Die Agoraphobie wird im nächsten Abschnitt gemeinsam mit den Panikattacken abgehandelt, weil dieser Zusammenhang in den meisten Klassifikationsschemata so gesehen wird.

Kinder und Jugendliche mit spezifischen Phobien geraten in massive Angstzustände, wenn sie der jeweiligen Situation (Konfrontation mit Hunden, Spinnen usw.) ausgesetzt werden. Sie trachten danach, diese Situationen tunlichst zu vermeiden. Die Angstzustände gehen mit erheblichen vegetativen Erscheinungen einher (Schweißausbrüche, Harndrang, Tachykardie, Kreislauflabilität). Von der Persönlichkeitsstruktur her sind die Jugendlichen meist introvertiert, ängstlich, wenig durchsetzungsfähig und eng an eine Beziehungsperson gebunden. Nicht selten findet man in der Familie ähnliche Persönlichkeiten.

Monosymptomatische Phobien entstehen überwiegend in der Kindheit und in der Adoleszenz, zuweilen auch im frühen Erwachsenenalter.

Soziale Phobien

Sie sind häufige Angstmanifestationen des Jugendalters. Mit der zunehmenden Bedeutung bestimmter sozialer Situationen für Jugendliche wird auch die Angst bzw. Furcht in diese Richtung gelenkt. Sie konzentriert sich häufig auf *Prüfungssituationen*, Essen oder Sprechen in der Öffentlichkeit, Treffen mit dem anderen Geschlecht, alle Formen des Auftretens in der Öffentlichkeit, wobei die Jugendlichen befürchten, daß es ihnen in der jeweiligen Situation schwindlig wird, daß sie erbrechen könnten oder daß man sie auslachen könnte. Die Furcht vor den entsprechenden Situationen geht mit den üblichen physiologischen Veränderungen eines mehr oder weniger ausgeprägten Angstzustandes einher wie Tachykardie, Händezittern, Übelkeit, manchmal auch Harndrang, Vermeidung von Blickkontakt.

Vielfach sind die Patienten nicht in der Lage, zwischen diesen körperlichen Manifestationen der Angst und der angstauslösenden Situation zu unterscheiden. Sie halten häufig die körperlichen Angstmanifestationen für das primäre Problem. Die Symptomatik kann sich bis zu regelrechten *Panikattacken* steigern. Da die Patienten die jeweiligen Situationen zu vermeiden versuchen, isolieren sie sich immer mehr und verlieren häufig den Kontakt zu ihrer gleichaltrigen Gruppe oder zu wichtigen alterstypischen Aktivitäten.

Im Gegensatz zu anderen Phobien sind soziale Phobien bei beiden Geschlechtern etwa gleich häufig. Von ihrer Persönlichkeit sind die Kinder oder Jugendlichen durch Zurückgezogenheit, Scheu, niedriges Selbstwertgefühl, Versagensängste und auch Furcht vor Kritik gekennzeichnet.

Obwohl die Benennung der sozialen Phobie nach der jeweiligen Situation mehr oder weniger deskriptiven Charakter hat, ist sie in diesem Fall dennoch sinnvoll, um häufige phobische Situationen zu charakterisieren. Demnach unterscheidet man Prüfungsphobien, Krankheitsphobien (Nosophobien), Sexualphobien (Ängste im Zusammenhang mit der Sexualität), Schulphobien (die meist auf Trennungsängste zurückgehen), Klaustrophobie, Flugphobien usw. Eine besondere phobische Situation stellt die Herzphobie dar, die entweder zu den Krankheitsphobien gerechnet wird oder zu den Panikattacken.

(2)   Ätiologie und Genese

Im Hinblick auf Ätiologie und Genese der monosymptomatischen (spezifischen) Phobien werden konstitutionelle Faktoren, Konditionierungsvorgänge und negative Erfahrungen in der Angstbewältigung hervorgehoben. Interessant ist das *Konzept der "Preparedness"* (Seligman, 1970, 1971). Es besagt, daß die Angstinhalte phobischer Patienten aus der Evolution zu erklären sind. Sie beziehen sich durchweg auf Objekte, mit denen in der Evolution Gefahren verbunden waren (z.B. gefährliche Tiere, Höhen, spitze Gegenstände), nicht jedoch auf die Errungenschaften der modernen Technik (z.B. Waschmaschinen, Autos, Radios oder Fernsehgeräte). Die Objekte phobischer Störungen waren also in der phylogenetischen Entwicklung Auslöser für Angst und Vermeidungsreaktionen, die im Sinne des Überlebens der Art wichtig waren. Sie können daher nach Maßgabe dieser Theorie als phylogenetische Reminiszenzen betrachtet werden.

Darüber hinaus wurde das Konditionierungsmodell in den letzten Jahren durch weitere Momente ergänzt, unter denen das *Modellernen* eine wichtige Rolle spielt. Darunter versteht man die Übernahme der Symptomatik von einer Modellperson (z.B. Übernahme der Schlangenphobie durch das Kind nach dem Vorbild der Mutter).

Psychotherapie und psychische Führung

Psychoanalytische Verfahren sind bei monosymptomatischen und sozialen Phobien weniger erfolgreich als verhaltenstherapeutische Methoden. Sie sind aber anwendbar, wie schon die Behandlung des "kleinen Hans" mit einer Pferdephobie durch Freud (1909) gezeigt hat.

Sowohl bei monosymptomatischen als auch bei sozialen Phobien sind *verschiedene Strategien der Verhaltenstherapie die Methoden der Wahl.* Sie wurden bislang von anderen Behandlungsmethoden, was ihre Wirksamkeit betrifft, nicht erreicht. Folgende Verfahren haben sich als wirksam erwiesen:

(1)   Systematische Desensibilisierung:

Dieses von Wolpe entwickelte Verfahren hat teilweise schon historische Bedeutung, ist jedoch immer noch eine wirksame Methode zur Behandlung von Phobien. Das Prinzip besteht darin, daß der Patient schrittweise, zunächst gedanklich, dann real, mit dem phobischen Objekt bzw. der betreffenden Situation konfrontiert wird. Durch die Kombination mit einem *Entspannungsverfahren* (Autogenes Training oder Muskelrelaxation nach Jacobson, s. Kap. 9) wird der Patient in die Lage versetzt, das angstauslösende Objekt oder die angstauslösende Situation, zunächst in der Vorstellung und später in der Realität, zu ertragen. Die Aufstellung von Angsthierarchien erlaubt dabei ein schrittweises Vorgehen. Dieses Verfahren wurde in vielfältiger Weise weiterentwickelt.

(2)   Exposition und Reaktionsverhinderungen (Flooding):

Diese Methode enthält Elemente der systematischen Desensibilisierung, unterscheidet sich jedoch dadurch, daß der Patient rascher der angstauslösenden Situation oder dem angstauslösenden Objekt ausgesetzt wird, und in der Angstphase wird seine übliche Reaktion (z.B. Weglaufen, verschiedene Vermeidungstechniken) verhindert. Bei dieser therapeutischen Strategie sind folgende Gesichtspunkte zu beachten:

Sorgfältige Analyse und Erfassung der angstauslösenden Objekte bzw. Situationen:
Dabei geht es darum, die angstauslösenden Situationen so exakt wie möglich zu erfassen, gleichzeitig aber auch die Vermeidungsstrategien des Patienten und möglichst auch Ansätze für Bewältigungsstrategien. Auch phobische Patienten reagieren nicht nur über einen Vermeidungsmechanismus. Sie bieten fast immer auch Ansätze zur Bewältigung der Situation. An diesen kann man therapeutisch anknüpfen.

Sorgfältige und detaillierte Erklärung des Vorgehens:
Es ist von ausschlaggebender Bedeutung, dem Kind oder Jugendlichen den Sinn und Zweck der Behandlungsmethode zu erklären. Die Patienten müssen wissen, daß der Erfolg erst nach einer zweifellos für sie sehr belastenden Exposition möglich ist. Die Aufklärung orientiert sich an der Einsichtsfähigkeit des Patienten und muß individuell gehandhabt werden. Bewährt hat sich bei Kindern und Jugendlichen, darauf hinzuweisen, daß das Abklingen des Angstzustandes einer gewissen Gesetzmäßigkeit folgt und daß darüber hinaus viele Erfahrungen vorliegen, die nun beim

jeweiligen Patienten angewandt werden. Derartige Erklärungen sollten erst erfolgen, wenn schon eine gute und vertrauensvolle Beziehung aufgebaut ist. Wenn der Patient Vertrauen zu seinem Therapeuten gefaßt hat, so ist er auch eher in der Lage, die unangenehme Situation der Angstexposition zu ertragen.

Konfrontation und Reaktionsverhinderung in einer Realsituation:
Im Gegensatz zur systematischen Desensibilisierung, die zunächst von fiktiven Situationen ausgeht, wird der Patient einer realen Situation ausgesetzt. Diese kann auch darin bestehen, daß man z.B. im klinischen Bereich eine entsprechende Angstsituation herstellt.

Bei der Durchführung sind drei Dinge zu beachten:

- Die Dauer der *Exposition darf nicht zu kurz* sein, damit die Angst nicht in den ersten Minuten schon abflaut und die Expositionssituation dann bei einem noch zu hohen Angstpegel beendet würde. Je nach Art und Intensität der Phobie ist eine Expositionsdauer von über 60 Minuten günstig.
- Dem Patienten muß versichert werden, daß ihm nichts passieren kann und daß das Aushalten der Angstsituation mit Sicherheit zur *Angstreduktion* führen wird.
- Der *Therapeut* steht dem Patienten während der schwierigen Zeit der Angstexposition verbal, u.U. auch durch körperliche Berührung (Festhalten, Handhalten) bei.

Mit dem Verfahren läßt sich eine Reihe von zusätzlichen Behandlungselementen kombinieren. Da Patienten mit phobischen Syndromen ohnehin außerordentlich ängstlich, scheu und zurückgezogen sind, empfiehlt sich, mit dem Verfahren ein Selbstsicherheitstraining zu kombinieren (Ullrich-deMuynck und Ullrich, 1976) oder soziale Fertigkeiten in anderer Weise (z.B. durch Rollenspiel oder Modellernen) einzuüben. Auch verschiedene Gruppenverfahren (Übungsgruppen oder Aussprachegruppen) haben sich bewährt. Die Methode der Exposition und Reaktionsverhinderung hat sich bislang *als das wirksamste Verfahren zur Behandlung von phobischen Syndromen* erwiesen.

Die Unterschiede zwischen dem Desensibilisierungsmodell und dem Flooding-Modell sind in Tab. 16.5 wiedergegeben.

Tabelle 16.5 Unterschiede der Expositionsver-
fahren bei Verhaltenstherapie von Angststörungen (nach Hand, 1993)

Angst-Meidungs-Training (Desensibilisierungs-Modell)	Angst-Management-Training (Flooding-Modell)
Konfrontation sehr gestuft (Prinzip "der kleinen Schritte"),	Konfrontation rasch und intensiv (Prinzip "wer wagt gewinnt"),
Meidung von Angst/Panik	Induktion von Angst/Panik,
Entspannungstraining zur Meidung der Angst,	Managementtraining von induzierter Angst/Panik führt indirekt zur Entspannung,
Antidepressiva, Anxiolytika oder ß-Blocker können Beginn von Selbsthilfe-übungen erleichtern,	Anxiolytika behindern Therapieprozeß; Antidepressiva gelegentlich anfangs hilfreich, meist verzichtbar, mitunter hinderlich,
Durchführung in der Regel in angeleiteter Selbsthilfe.	Durchführung in der Regel therapeutengeleitet (bevorzugt in Gruppen)

(3) Kognitive Strategien:

Auch die Anwendung kognitiver Strategien (mit
oder ohne Entspannungsübungen) kann hilfreich
sein. Zu ihnen gehören verschiedene Formen des
Problemlösetrainings und des Selbstinstruktions-
trainings, kombiniert mit einem Selbstsicherheitstraining. Kognitive Strategien scheinen aber
der Methode der Exposition und Reaktionsverhinderung unterlegen zu sein.

(4) Ergänzende medikamentöse Therapie:

Angewandt wurden bislang im wesentlichen zwei
Substanzgruppen: *Antidepressiva und Benzodiazepine.* Auf Antidepressiva sprechen Patienten
mit generalisierten Angstzuständen besser an als
solche mit monosymptomatischen Phobien. Im
übrigen hängt der Einsatz von Antidepressiva
sehr davon ab, ob eine begleitende Depression
vorliegt oder nicht.

Benzodiazepine beeinflussen generell den
Angstpegel, was durch eine Vielzahl von Untersuchungen belegt ist. Eine vorübergehende
Anwendung von Benzodiazepinen kann bei
schweren Angstzuständen auch im Kindes- und
Jugendalter empfohlen werden, nicht jedoch über
einen längeren Zeitraum (länger als 6 Wochen).
Denn Benzodiazepine bringen eine nicht unerhebliche Suchtgefahr mit sich.

Im folgenden wird der Behandlungsverlauf
für einen Adoleszenten mit einem phobisch-
anankastischen Syndrom wiedergegeben.

Falldarstellung

*Behandlungsverlauf bei einem Adoleszenten mit
phobisch-anankastischem Syndrom:* Untersu-
chungsanlaß des knapp 19jährigen Adoleszenten
waren Zwangssymptome. Diese bestanden aus
Sicht der Eltern darin, daß sich der Patient
dutzendfach am Tag die Hände wusch und es
vermied, in körperlichen Kontakt mit bestimmten
Gegenständen und Stellen im Haus der Familie zu
kommen. Involviert dabei waren auch die Eltern
sowie die Schwester des Patienten, deren
räumliche Nähe ausgeprägte Ängste beim ihm
auslösen konnte. In der Familie kam es wegen der
Symptomatik des Patienten zu massiven
Konflikten mit den übrigen Familienangehörigen,
die für alle außerordentlich belastend waren. So
war der Vater in ärztlicher Behandlung wegen
einer Herz- und Magensymptomatik sowie
depressiven Zuständen, die er auf die gravierende
Störung des Patienten zurückführte. Er kommentierte die über viele Monate gereizte Atmosphäre
und ständigen Konflikte: " Es war wie in der
Hölle". Aus Sicht des Patienten entwickelte sich
die Symptomatik in folgenden Etappen: 4 1/2
Jahre vor Beginn der Behandlung war er an
einem grippalen Infekt erkrankt. Um Fieber zu
messen, habe er versucht, die Quecksilbersäule
des Thermometers auf die Ausgangslage zu bringen, wobei er es an einem Tisch zerschlug. Das
Quecksilber verteilte sich auf dem Fußboden,
wurde von den Eltern anschließend aufgekehrt
und vorübergehend vor der endgültigen Entsor-
gung im Mülleimer aufbewahrt. Unmittelbar bei
diesen Vorgängen erlebte er keine Angstgefühle.
Etwa zwei Jahre nach diesem Ereignis wurde im
Rahmen des Chemieunterrichts in der Schule eine
Taschenlampenbatterie durch einen Lehrer auf-
geschnitten und erläutert. Bei diesen Erläuterungen stellte er, einschließlich des Quecksilbers, die
einzelnen Teile auf einem Teller liegend auf eine
Schultasche des neben dem Patienten sitzenden
Freundes. Dadurch sei die gesamte Angstsym-
ptomatik ausgelöst worden, wobei sie sich im
Laufe von Monaten noch steigerte und räumlich

immer weiter ausdehnte. Die Angst bestand darin, sich vergiftet zu haben oder sich vergiften zu können. Die Wirkungen dieser Vergiftungen seien bekanntlich erst nach Jahren festzustellen (Patient: "AIDS gab es auch schon, als man noch nichts darüber wußte"). Als Abwehrmaßnahme habe er spontan eingesetzt: Waschen der Hände, Vermeidung von Kontakten mit "verseuchten Gegenständen". Vernichtung von "kontaminierten" Kleidungsstücken etc... Daß die übrigen Familienanghörigen ebenfalls Schaden erleiden könnten, glaubte er nicht. Subjektiv empfand er diese Ängste in ihrer Ausprägung sowie die daraus folgenden Abwehrmaßnahmen (Zwänge) als unsinnig, doch habe er sich nicht dagegen wehren können. Diagnose: Phobisch-anankastisches Syndrom ("Quecksilberphobie").

Zum Behandlungsverlauf: Bei der engen Interdependenz zwischen der Angst- und der Zwangssymptomatik war es angebracht, den Schwerpunkt der Behandlung auf die phobischen Ängste auszurichten, da das zwanghafte Verhalten eine Folge derselben zu sein schien.

Verschiedene Phasen im Therapieverlauf und Aktivität des Therapeuten:

Überwiegend wurden verhaltenstherapeutische Methoden im Sinn einer systematischen Desensibilisierung, Konfrontationsübungen und kognitiven Umstrukturierungen durchgeführt, die durch Übungen im Haus der Familie ergänzt wurden. Zusätzlich fanden gemeinsame Gespräche statt, gelegentlich auch Gespräche mit den Eltern allein. Vorübergehend erfolgte eine medikamentöse Unterstützung dieser Maßnahmen (mit Clomipramin). Die zeitliche Integration dieser Maßnahmen ist in Abb. 16.1 dargestellt.

Es kristallisierte sich heraus, daß die Angstintensität von mehreren Variablen abhängig war. Dazu zählten: das Material (Quecksilber oder "Quecksilberersatz"), weitere Objekte, wie z. B. Schuhe und Kleidungsstücke, die ursprünglich mit dem Quecksilber bei der Zerschlagung des Thermometers oder anschließend indirekt damit in Verbindung geraten sind, die Entfernung zu diesen Objekten , die Zeitdauer des den von ihnen ausgehenden "Strahlungen" Ausgesetztseins, Höhe der Objekte im Raum (je näher am Kopf, desto gefährlicher), die Stabilität der Lagerung dieser Objekte, Hautkontakte mit den Familienangehörigen und dem Klassenkameraden, wobei der Patient bis zum Abschluß der Behandlung vermied, ihm die Hand zu geben. Die ausgeprägteste Angst empfand der Patient bei der Vorstellung, den Quecksilberteil eines Fieberthermometers zu berühren. Dies war jedoch das vereinbarte Ziel der Konfrontationstherapie. Wesentliche Etappen der Therapie waren: Annäherung an ein Fieberthermometer ohne Quecksilber sowie anschließende Konfrontation mit einem handelsüblichen Fieberthermometer. In einem großen Raum, weit entfernt von der Eingangstür, wurde dabei das Fieberthermometer an einem sicheren Platz (Fensterbank) deponiert. Der Patient wurde ermutigt, den Abstand zu dem Thermometer soweit zu verringern, wie er es subjektiv ertragen konnte. Bei der ersten Konfrontation war es ihm möglich, sich dem Fieberthermometer auf eine Entfernung von 6 Metern zu nähern (vgl. Abb. 16.2 und Abb. 16.3). Bei anschließenden Konfrontationsübungen gelang eine Verringerung des Abstandes bis auf 2 Meter.

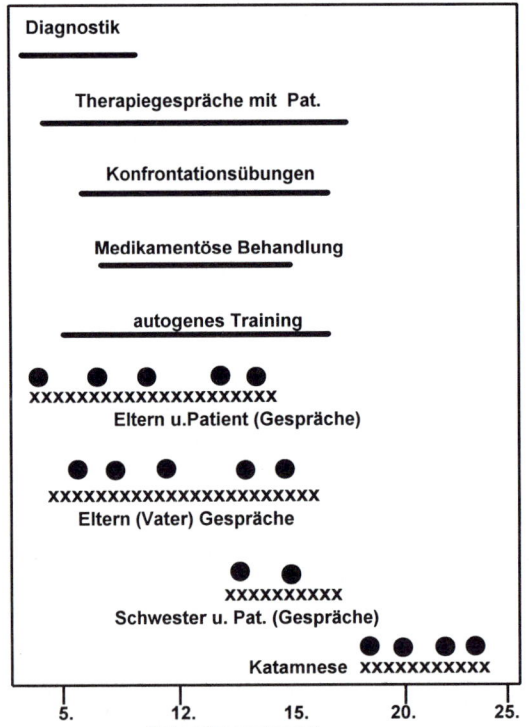

Abb. 16.1 Verlauf der Therapiemaßnahmen bei phobisch-anankastischem Syndrom (Therapie mit Pat.: 66 Sitzungen; Gespräche mit Eltern und Pat.: 5; mit Eltern allein: 4; mit Schwester: 2).

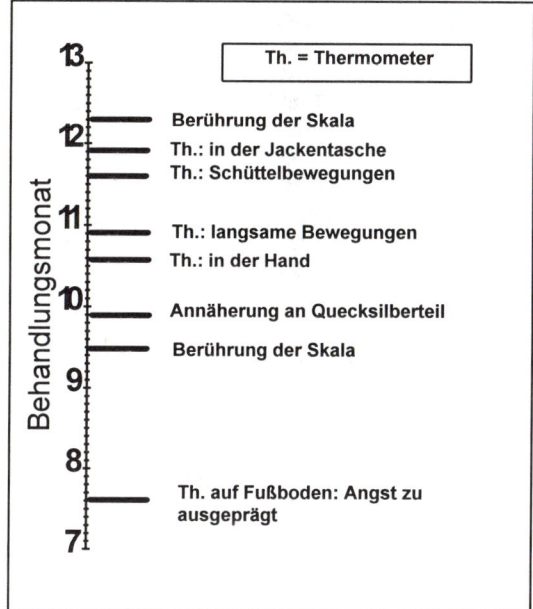

Abb. 16.2 Therapieverlauf bei „Quecksilber-phobie": Erstmals mögliche angstinduzierende Manipulationen mit Thermometer

Während der zweiten Phase der Konfrontationsübungen wurde der Lageplatz des Thermometers verändert. So wurde es z. B. auf einen Tisch, einen Stuhl und schließlich auf den Fußboden gelegt. Weiter wurden die Formen der Annäherung an das Fieberthermometer sowie die Expositionsdauer variiert. Je schneller sich der Patient auf das Fieberthermometer zubewegte und je länger er sich in einer bestimmten Entfernung von ihm aufhielt, desto stärker stieg die subjektive Angst an. Die "Rolle des Therapeuten" während dieser Phase war die ständige Ermutigung und unmittelbare Begleitung des Patienten bei den Konfrontationsübungen, die fortlaufende Analyse des Geschehens und Berücksichtigung der immer detaillierter werdenden Bedingungen des Angsterlebens mit entsprechenden Variationen bei der Konfrontation. Während der nächsten Therapiephase gelang es dem Patienten, sich mit den Händen dem Fieberthermometer zu nähern, es schließlich an der Quecksilberstelle zu berühren, mit ihm Schüttelbewegungen durchzuführen und es in die eigene Jackentasche zu stecken. Doch waren diese Therapiefortschritte mit mehr oder weniger gravierenden Komplikationen verbunden. So mußte der Patient, wie die Eltern berichteten, im Anschluß an die ersten Therapie-

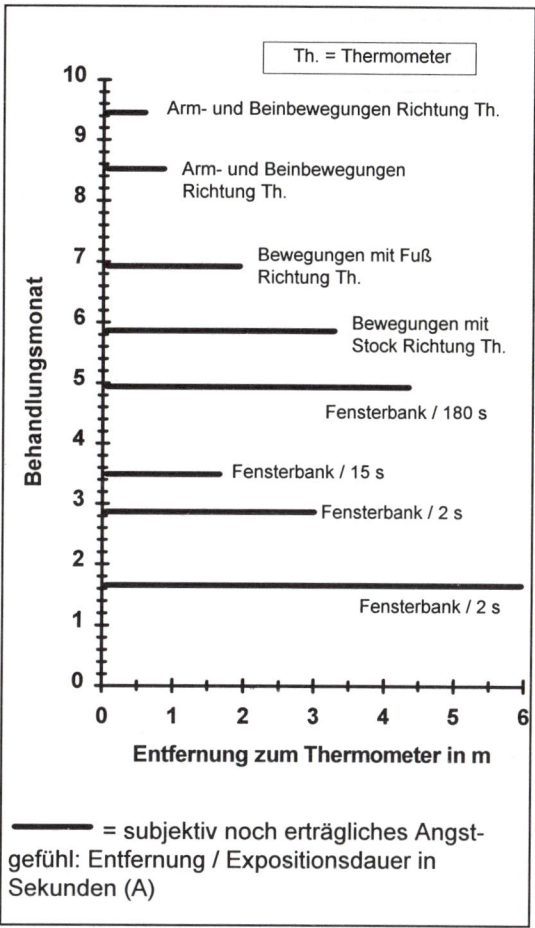

= subjektiv noch erträgliches Angstgefühl: Entfernung / Expositionsdauer in Sekunden (A)

Abb. 16.3 Therapieverlauf bei „Quecksilber-phobie"

stunden komplett seine Garderobe wechseln, weil er befürchtete, "kontaminiert" zu sein. Er erschien dann vorübergehend in seiner "Therapiekleidung". Die gemeinsamen Gespräche mit dem Patienten, seinen Eltern und seiner Schwester führten zu einem besseren gegenseitigen Verständnis und trugen zu einer allmählichen Entspannung der explosiblen und hochgradig gereizten Atmosphäre in der Familie bei. Die Verbesserung der Atmosphäre in der Familie wurde auch dadurch erzielt, daß der Patient durch vorher genau vereinbarte Konfrontationsübungen *zu Hause* kontinuierliche Fortschritte erzielte und sich allmählich immer mehr in den vormals als "verseucht" erlebten Räumen bewegen konnte und schließlich nicht mehr befürchten mußte, durch unbedachte Handlungen der Familienangehörigen in kritische Situationen zu geraten. Ein

Angstherd blieb jedoch erhalten. Das war die Aktentasche des Freundes, auf die der Lehrer Jahre zuvor die quecksilberhaltige Taschenlampenbatterie gestellt hatte. Zur Katamnese: Zwei Jahre nach Beendigung der Therapie waren die Erfolge unverändert stabil.

16.4 Panikattacken und Agoraphobie

Diese beiden Störungsmuster werden zusammen beschrieben, weil sie gehäuft gemeinsam auftreten und in den herkömmlichen Klassifikationsschemata auch im engen Kontext miteinander rubriziert werden.

Panikattacken

Krankheitsprofil

(1) Klinisches Bild

Kernmerkmal der Panikattacken (Angstanfälle) sind schwere rezidivierende Angstattacken (sogenannte Panikanfälle), die plötzlich auftreten und nicht an eine spezifische Situation oder besondere Umstände gebunden sind und von daher nicht vorausgesagt werden können. Die *Symptome sind im Einzelfall* sehr variabel, gehen jedoch immer mit einer Reihe von z.T. bedrohlich erscheinenden körperlichen Symptomen einher. Solche sind: Atemnot oder Beklemmungsgefühl, Benommenheit und Ohnmachtsgefühle, Palpitationen oder Tachykardie, Zittern, Schwitzen, Erstickungsgefühle, Übelkeit oder abdominelle Beschwerden, Depersonalisations- oder Derealisationserscheinungen, Taubheits- oder Kribbelgefühle, Hitzewallungen oder Kälteschauer, Schmerzen oder Unwohlsein in der Brust, Furcht zu sterben, Angst vor Kontrollverlust.

Die Dauer der einzelnen Anfälle erstreckt sich in der Regel auf wenige Minuten, ihre Häufigkeit ist variabel (einige Anfälle im Monat bis zu mehreren täglich). Obwohl die Angstanfälle charakteristischerweise nicht an bestimmte Situationen gebunden sind, gibt es bei einigen Patienten diese Assoziationen. Die betreffenden Situationen werden dann ängstlich gemieden (z.B. Busfahren oder Aufenthalt in einer Menschenmenge).

Differentialdiagnostisch abzugrenzen sind die Panikattacken in erster Linie von organischen Erkrankungen. Deshalb ist eine sorgfältige körperliche Untersuchung vor der Annahme einer Psychogenese stets notwendig. Abzugrenzen sind ferner andere Angst- und Zwangssyndrome.

(2) Ätiologie und Genese

Trotz einer Vielzahl jüngst durchgeführter Untersuchungen ist die Ätiologie und Genese der Panikattacken noch nicht vollständig geklärt. Für ihr Zustandekommen scheinen zwei Gruppen von Faktoren von Bedeutung zu sein:

- *Genetische und konstitutionelle Faktoren*: Im Gegensatz zu phobischen Syndromen ist die Evidenz für das Vorliegen einer stärkeren prämorbiden Angstbereitschaft bei Patienten mit Panikattacken nicht gesichert. Von daher muß die Frage nach der Bedeutsamkeit genetischer Faktoren vorerst offenbleiben. Bemerkenswert ist, daß Angstanfälle sowohl auf trizyklische Antidepressiva als auch auf Benzodiazepine positiv ansprechen, im Gegensatz zu den monosymptomatischen Phobien. Die Panikattacken stehen den generalisierten Angstzuständen (früher Angstneurosen) ätiologisch näher als den Phobien. Genetische Faktoren werden jedoch im Sinne einer familiär gegebenen verstärkten Angstbereitschaft diskutiert.

- *Psychophysiologische Mechanismen*: Diese gehen von der Beobachtung aus, daß Angstanfälle häufig von Patienten über bestimmte körperliche Symptome beschrieben werden. Dies führte zu der Annahme, daß die körperliche Symptomatik das primäre Ereignis und die emotionale Befindlichkeit der Angst das sekundäre Ereignis ist. Die regelhafte Assoziation zwischen einer bestimmten körperlichen Symptomatik und einem massiven Angstzustand führt nach mehrmaligem Auftreten zu einer Konditionierung, die schwer zu unterbrechen ist und regelhaft wieder auftritt. Die Angstanfälle entstehen nach dieser Auffassung durch eine Rückkopplung zwischen den körperlichen Symptomen und der sekundär eintretenden Angstreaktion. Wenn dem so ist, so müßten auch interne körperliche Auslöser bei der Entstehung der Angstanfälle eine führende Rolle spielen. In der Tat ließ sich dies in neueren Untersuchungen zeigen. So gesehen, haben die körperlichen Symptome eine Art "Triggerfunktion" für das Auftreten des Angstanfalls. Es kommt mit der Zeit zu einer "Angst vor der Angst" und zur Häufung von Angstanfällen durch das Auftreten entsprechender körperlicher Symptome. Als wichtigste körperliche Symptome zur Angstauslösung haben sich Herzfrequenzanstieg und Hyperventilation erwiesen. Für diese Assoziation spricht auch die Beobachtung, wonach eine breite Überlappung zwischen Paniksyndrom bzw. Agoraphobie und dem Hyperventilationssyndrom besteht. Nicht erklären können diese Modellvorstellungen allerdings, wie es zum erstmaligen Auftreten einer Panikattacke kommt.

Psychotherapie und psychische Führung

Entsprechend den Ausführungen zur Ätiologie und Genese der Panikattacken, nach denen die Beachtung körperlicher Symptome dem Angstanfall häufig vorausgeht, richten sich neuere Behandlungsmethoden sehr stark an der Konfrontation mit körperlichen Reizen aus. Folgende Vorgehensweisen haben sich bewährt:

(1) Konfrontationsbehandlung unter Berücksichtigung von Angstbewältigungsstrategien

Diese Vorgehensweise wurde primär für Patienten mit Panikattacken ohne Agoraphobie entwickkelt. Sie wurde von Margraf und Schneider (1989) ausführlich beschrieben. Das Vorgehen setzt eine sorgfältige Diagnostik voraus, in der einerseits körperliche Erkrankungen ausgeschlossen werden müssen und zum anderen die Bedeutung möglicher *körperlicher Auslöser für die Angstanfälle* genau eruiert werden muß. Wichtig ist, wie bei allen Behandlungen dieser Art, daß der Patient genau über die Vorgehensweise aufgeklärt wird. Je nachdem, welche körperlichen Sensationen den Angstanfall auslösen, wird spezifisch vorgegangen. Zum Beispiel empfiehlt sich ein atemzentriertes Vorgehen, wenn die Hyperventilation der entscheidende Angstauslöser ist. Steht der Anstieg der Herzfrequenz im Vordergrund, so muß man dieser "Spur" folgen. Bei allen körperlichen Auslösern empfiehlt es sich, diese auf physiologischem Wege herbeizuführen, also z.B. durch körperliche Anstrengung, und mit dem Patienten einen Vergleich anzustellen zwischen der Symptomatik während des Angstanfalles und der durch natürliche körperliche Anstren-

gung hervorgerufenen (Sturm 1987). Dabei können auch Biofeedback-Methoden sinnvoll sein.

(2) Vermittlung von Bewältigungsstrategien

Nahezu alle Patienten mit Angstanfällen haben bereits Ansätze für Bewältigungsstrategien entwickelt. Eine sorgfältige Eruierung derselben kann dazu führen, daß man sie für die Behandlung weiter ausbauen kann. Zur Unterstützung empfehlen sich auch Entspannungsübungen (Autogenes Training oder Muskelentspannung nach Jacobson) sowie Biofeedback-Techniken, z.B. zur Kontrolle der Herz- oder der Atemfrequenz.

(3) Kognitive Vorgehensweisen

Kognitive Momente spielen bei allen bislang erwähnten Behandlungsmethoden eine wichtige Rolle. Sie sind in der Adoleszenz, weniger im Kindesalter, bereits gut anwendbar und werden unter folgenden Gesichtspunkten eingesetzt:

- *Genaue Information des Patienten* über die Vorgehensweise. Damit verbunden sind auch häufig Erklärungen über die Genese der Störung, die für den Patienten nützlich sind.

- *Umbewertung von Angstzuständen.* Hierbei geht es häufig um einen Vergleich zwischen körperlichen Sensationen im Rahmen des Angstanfalls und unter natürlichen Bedingungen. Eine wesentliche Rolle spielt dabei die differenzierte Selbstbeobachtung, die mit vielen Patienten erst erarbeitet werden muß, weil im Akutstadium des Angstanfalls häufig nur das vorherrschende Symptom beachtet und beobachtet wird.

- *Kognitive Techniken* zur Bewertung körperlicher und psychischer Symptome. Hierbei soll der Patient lernen, wie z.B. seine irrationalen Befürchtungen mit beobachtbaren körperlichen Sensationen gekoppelt sind und wie er aus eigener Kraft (z.B. durch Entspannung oder Selbstinstruktionstraining) auf seine Symptomatik Einfluß nehmen kann. Sobald der Patient dies im Ansatz erlebt hat, reduziert sich das Gefühl des Ausgeliefertseins und der Machtlosigkeit.

Ergänzende medikamentöse Behandlung:

Als wirksam haben sich sowohl trizyklische Antidepressiva als auch Monoaminoxydasehemmer erwiesen. Die Neuentwicklungen der letzten Jahre vermeiden die gefürchteten und nahrungsabhängigen Nebenwirkungen des Blutdruckanstiegs. Auch Benzodiazepine haben sich als wirkungsvoll erwiesen. Wegen ihres Suchtpotentials ist jedoch den Antidepressiva der Vorzug zu geben. Eine medikamentöse Therapie sollte stets mit psychotherapeutischen Behandlungsansätzen gekoppelt werden, weil die rein medikamentöse Behandlung nach Absetzen der Medikation zu einer hohen Rückfallquote führt.

Agoraphobien

Krankheitsprofil

(1) Klinisches Bild

Ursprünglich wurde mit Agoraphobie die *Furcht vor großen, weiten Plätzen* bezeichnet. Von dieser Umschreibung ist man heute jedoch abgekommen. Die Bezeichnung Agoraphobie bezieht sich nicht nur auf Ängste vor weiten und offenen Plätzen, sondern ist heute eine Sammelbezeichnung für Befürchtungen vor Öffentlichkeit und Menschenansammlungen an vielen und sehr verschiedenen Orten. Deshalb wurde für die Störung auch die *Bezeichnung "multiple Situationsphobie"* vorgeschlagen.

Es ist begreiflich, daß diese Störung besondere Einschränkungen im alltäglichen Verhalten mit sich bringt. Die Patienten haben vielfach die Befürchtung, sie könnten beim Betreten eines Platzes, eines Busses oder eines Kaufhauses kollabieren. Sie suchen in Menschenansammlungen (z.B. beim Betreten einer Kirche oder beim Betreten eines Kaufhauses) stets nach Fluchtwegen, die dann vorübergehend ihrer Beruhigung dienen. Ein wesentliches Merkmal der Agoraphobie liegt in der wirklichen oder antizipierten Einengung der Bewegungsfreiheit oder dem Fehlen eines Fluchtweges in der jeweiligen Situation. Die Störung ist häufig vergesellschaftet mit einer depressiven Verstimmung, mit zwanghaften Symptomen oder mit sozialphobischen Ängsten. Diese mögliche Verquickung verschiedener Angstphänomene zeigt aber, wie wenig eindeutig die Abgrenzung zwischen den verschiedenen Angstsyndromen ist.

Die Störung beginnt, entsprechend dem alterstypischen Entwicklungsgang dieser Ängste, am häufigsten in der Adoleszenz, das weibliche Geschlecht ist in der Regel häufiger betroffen als das männliche.

(2)   Ätiologie und Genese

Auch hier werden konstitutionelle/genetische Faktoren psychogenetischen und psychosozialen Einflüssen gegenübergestellt.

Inwiefern *genetische Faktoren* bedeutsam sind, ist vorerst unklar. Es gibt aber zahlreiche Beobachtungen, wonach in den Familien von Agoraphobikern Angstsyndrome verschiedener Art, auch Phobien, depressive Verstimmungen und Alkoholismus vermehrt auftreten (Marks 1987). Inwieweit dieser gut abgesicherte Befund mehr für genetische Einflüsse oder mehr für psychosoziale Auswirkungen innerhalb der Familie spricht, muß vorerst wegen des Fehlens von Adoptions- und Zwillingsuntersuchungen unklar bleiben.

Psychologische und psychosoziale Einflüsse: Seit langem ist bekannt, daß Agoraphobien im Gegensatz zu Panikattacken durch belastende Lebensereignisse ausgelöst werden können. Solche Ereignisse sind z.B. Krankheiten, Operationen, aber auch finanzielle Probleme oder Belastungen in Partnerschaft und Familie. Die Patienten können sich allerdings häufig an die akute Auslösesituation nicht erinnern. Nach Goldstein und Chambless (1978) kann man die Agoraphobien in zwei Gruppen unterteilen. Bei den einfachen Agoraphobien kommt es nach diesem Modell aufgrund der traumatischen Erfahrung zu einer Angst vor der phobischen Auslösesituation, bei den komplexen Agoraphobien hingegen steht die *"Angst vor der Angst"* und ihren Folgen im Vordergrund. Diese Annahme läßt sich gut mit der These von der Bedeutung interner Auslöser in Form von Wahrnehmung verschiedener körperlicher Veränderungen in Einklang bringen. Sie unterstreicht wiederum die Verwandtschaft zwischen Panikattacken und Agoraphobie.

Insgesamt muß man sagen, daß beide Störungsmuster (Panikanfälle und Agoraphobie) im Kindesalter selten sind, im Jugendalter häufiger werden und im frühen Erwachsenenalter erst ihr Häufigkeitsmaximum erreichen.

Psychotherapie und psychische Führung

Bei der Behandlung der Agoraphobie geht man nach ähnlichen Prinzipien vor wie bei der Behandlung anderer phobischer Syndrome. Sofern sie mit Panikattacken gekoppelt ist, werden die hierfür erprobten Verfahren modifiziert, um die agoraphobische Komponente gezielt einzubeziehen.

Auch bei der Agoraphobie hat sich die *Konfrontationsbehandlung als die mit Abstand wirksamste Methode* erwiesen. Sie sollte, wo dies möglich ist, in vivo durchgeführt werden. Zunächst ist der Therapeut anwesend, später erhält der Patient die Instruktion, die jeweilige Situation allein durchzuhalten. Was die Vorgehensweise bei der Konfrontationsbehandlung betrifft, so werden zwei Methoden praktiziert:

- das schrittweise Vorgehen unter langsamer Ausweitung des Aktionsradius und
- die massierte Übung mit direkter Exposition gegenüber der angstauslösenden Situation über mehrere aufeinanderfolgende Tage.

Diese beiden Vorgehensweisen werden in unterschiedlicher Häufigkeit von den Patienten akzeptiert. Das schrittweise Vorgehen stößt auf weniger Ablehnung, die intensive Konfrontationstherapie mit massierter Übung hingegen führt in bis zum 25% der Fälle zu einem *Behandlungsabbruch*.

Erfolge werden auch von der Gruppentherapie berichtet. Hier kommt es darauf an, homogene Therapiegruppen zusammenzustellen, die Therapiemotivation muß hoch sein.

Der *Vorteil der Gruppentherapie* zeigt sich in zweierlei Hinsicht: einerseits fördert sie das gegenseitige Verständnis und baut das Gefühl der Vereinzelung und Isolierung ab, welches gerade bei Jugendlichen oft besteht; zum anderen fördert die Aussprache unter Patienten mit gleichartigen Erkrankungen immer auch Bewältigungsstrategien zutage, die in die Behandlung einbezogen werden können. Das dadurch entstehende Gefühl der gegenseitigen Unterstützung ist für jede Art von Therapie förderlich.

Zusätzliche medikamentöse Behandlung:

Auch bei der Agoraphobie hat sich eine medikamentöse Behandlung mit trizyklischen Antidepressiva und Benzodiazepinen bewährt. Jedoch sollte dieser Behandlungsansatz nie der einzige bleiben, sondern stets mit anderen Methoden kombiniert werden. Auch hier ist die Gefahr eines Rückfalles groß, wenn mit der medikamentösen Therapie nicht die oben erwähnten zusätzlichen Behandlungsmaßnahmen kombiniert werden.

Verlauf und Prognose

Panikattacken und Agoraphobien treten im Kindesalter sehr selten auf, vor dem 16. Lebensjahr sind etwa 10% aller Erkrankungen zu verzeichnen. Das Hauptmanifestationsalter liegt zwischen 20 und 30 Jahren. In der überwiegenden Mehrzahl der Fälle treten beide Störungsmuster mehr oder weniger plötzlich in der Öffentlichkeit auf (z.B. in Kirchen, auf Plätzen, in Kaufhäusern, in der Schule). Der Verlauf ist häufig stark fluktuierend, und es wechseln symptomreiche Phasen mit symptomfreien Intervallen. Beide Störungen haben eine *starke Tendenz zur Chronifizierung*, sofern keine Behandlung erfolgt, und wenn sie längere Zeit (über ein Jahr) bestehen. Es kommt auch zu Spontanremissionen, allerdings nicht, wenn die Störungen schon längere Zeit persistieren.

Die sozialen Folgen beider Syndrome sind ein ausgeprägtes Vermeidungsverhalten, das die Patienten häufig daran hindert, an normalen und alterstypischen Lebensvollzügen teilzunehmen, und die Gefahr, alkohol- oder medikamentenabhängig zu werden. Denn vielfach werden Alkohol und Medikamente (am häufigsten Benzodiazepine) im Sinne einer "Selbstmedikation" über längere Zeiträume eingenommen, wodurch sich häufig eine Abhängigkeit entwickelt.

16.5 Generalisierte Angststörung (Angstneurose)

Krankheitsprofil

(1) Klinisches Bild

Führendes Symptom dieser Störung ist die generalisierte, nicht an eine bestimmte Situation gebundene, frei flottierende Angst, die im Gegensatz zu den Panikattacken nicht plötzlich und episodisch auftritt, sondern als eine Art dauerhafte Grundbefindlichkeit persistiert und mit vielfältigen körperlichen Beschwerden wie Muskelverspannung, Schwitzen, Zittern, ständiger Nervosität, Herzklopfen, Schwindelgefühlen, gelegentlich auch mit Oberbauchbeschwerden, einhergeht. Häufig werden auch zukunftsgerichtete Befürchtungen und Besorgnisse ausgesprochen. Solche konzentrieren sich z.B. darauf, daß der Patient selbst oder ein naher Angehöriger erkranken oder einen Unfall erleiden könnte.

In den diagnostischen Leitlinien der ICD-10 werden drei Gruppen von Syndromen herausgestellt:

- *Besorgnisse* über künftiges Unglück, Konzentrationsstörungen oder auch erhöhte Aufmerksamkeit (Hypervigilanz);
- *motorische Symptome* in Form von körperlicher Unruhe, Spannungskopfschmerzen, Zittern, Unfähigkeit, sich zu entspannen, und
- *vegetative Übererregbarkeit* in Form von Schwitzen, Tachykardie, Tachypnoe, Schwindelgefühl, Mundtrockenheit oder auch Benommenheit.

Differentialdiagnostisch ausgeschlossen werden müssen insbesondere Herz-Kreislauf- und Lungenerkrankungen, ferner depressive Syndrome oder andere affektive Störungen, Zwangssyndrome, Psychosen, aber auch andere organische Erkrankungen (z.B. Hyperthyreose).

(2) Ätiologie und Genese

Bei der generalisierten Angststörung wird eine ausgeprägte prämorbide und familiär verbreitete Angstbereitschaft angenommen. Häufig besteht auch eine begleitende Depression oder zumindest eine Depressionsneigung. Auch diese Störung ist im Kindesalter extrem selten und beginnt in der Regel in der späten Adoleszenz. Das *Hauptmanifestationsalter liegt zwischen 20 und 30 Jahren.* Die Erkrankung beginnt häufig im Anschluß an eine depressive Verstimmung und zeigt ein leichtes Überwiegen des weiblichen Geschlechtes.

Psychotherapie und psychische Führung

Da die Störung keine spezifische Situationsbindung aufweist, ist eine entsprechende situationsbezogene Behandlung, z.B. durch die Methode der Exposition und Konfrontation, schwer möglich. Daher richten sich die Behandlungsmaßnahmen auf eine allgemeine Angstreduktion und auf die Entwicklung von Bewältigungsstrategien. In diesem Sinne können folgende Maßnahmen ergriffen werden:

1. *Entspannungsübungen:* Bewährt hat sich das Autogene Training oder auch die Progressive Muskelentspannung nach Jacobson. Das Autogene Training kann kombiniert werden mit spruchbandartigen Vorsätzen (Vorstufe des Autogenen Trainings, s. Kap. 9), die sich gegen die übertriebenen Ängste und Besorgnisse der Betreffenden richten.

2. *Einbeziehung körperlicher Symptome in die Behandlung:* Ähnlich wie bei den Panikattacken kann auch hier die körperliche Symptomatik in die Behandlung einbezogen werden. Denn die Patienten leiden ebenso an ihrer körperlichen Symptomatik wie an den Angstzuständen selbst. Durch die Hinlenkung der Aufmerksamkeit auf die körperliche Seite und ihre Einbeziehung in den Behandlungsverlauf (z.B. im Rahmen von Entspannungsübungen) ist eine Möglichkeit der Angstminderung gegeben. Auch durch den Vergleich zwischen körperlichen Sensationen im Rahmen der Angst und körperlichen Indikatoren einer natürlichen Anstrengung (z.B. Anstieg des Herzschlages, Zunahme der Atemfrequenz, Schwitzen) kann eine Umorientierung bei den Patienten erreicht werden. Es kann dabei hilfreich sein, vom Biofeedback Gebrauch zu machen, weil auf diese Weise sowohl ein Entspannungszustand leichter erreicht wird als auch die Beeinflussung von körperlichen Symptomen durch den Patienten selbst möglich wird. *Biofeedback*-Techniken haben sich insbesondere bei jenen Kindern und Jugendlichen bewährt, die sehr verkrampft sind und die oft gar kein Gespür haben, wie sie einen entspannten Zustand herstellen sollen. Als persönlichkeitsstabilisierender Begleiteffekt tritt dabei regelmäßig mehr Zutrauen in die eigenen Fähigkeiten und Möglichkeiten ein, und das Selbstbewußtsein wird gesteigert.

Ergänzende medikamentöse Behandlung:

Eine *antidepressive Medikation* wird häufig verabreicht, da die Störung oft im Anschluß an eine depressive Verstimmung beginnt. Auch *Benzodiazepine* wurden erfolgreich angewandt. Im Kindesalter verabreichen wir diese jedoch nicht und im Jugendalter auch nur selten. Sie sollen, wenn überhaupt, nur für einen kürzeren Zeitraum (maximal zwei Monate) gegeben werden, weil bei ihnen die Gefahr der Abhängigkeit gegeben ist.

Auch bei der generalisierten Angststörung darf die medikamentöse Behandlung nie einzige Maßnahme sein. Dies aus zwei Gründen: einerseits besteht die Gefahr, daß die Patienten die

Verbesserung ausschließlich dem Medikament zuschreiben und auf die Entwicklung eigener Bewältigungsstrategien verzichten; zum anderen besteht gerade bei dieser Einstellung eine hohe Rückfallgefahr nach Absetzen der Medikation.

Verlauf und Prognose

Der Verlauf der generalisierten Angststörung ist wechselhaft. Oft alternieren Perioden relativer Angstfreiheit mit einer Häufung von Angstzuständen. Die Störung beginnt im Gegensatz zu vielen Phobien meist erst in der Spätadoleszenz oder im Erwachsenenalter und neigt zur Chronifizierung. Die Prognose bezüglich der Heilung ist umso ungünstiger, je länger die Störung bereits besteht.

Weiterführende Literatur:

Morris, R.J.; Kratochwill, T.R.: Treating children's fears and phobias: A behavioral approach. Pergamon Press, New York 1983.
Wittchen, H.-K.; Bullinger-Naber, M.; Hand, I.; Kasper, S.; Katschnig, H.; Margraf, J.; Möller, H.-J.; Naber, D.; Pöldinger, W.: Patientenseminar Angst. Wie informiere ich meine Patienten über Angst? Karger, Basel, Freiburg 1983.

Literatur

Goldstein, A.J.; Chambless, D.L: A reanalysis of agoraphobia. Behavior Therapy 9, 47-59, 1978.
Harbauer, H.; Lempp, R.; Nissen, G.; Strunk, P.: Lehrbuch der speziellen Kinder- und Jugendpsychiatrie. 4. Aufl. Springer, Berlin 1980.
Kammerer, E.; Mattejat, F.: Katamnestische Untersuchungen zur stationären Therapie schwerer Schulphobien. Zeitschrift für Kinder- und Jugendpsychiatrie 9, 273-287, 1981
Margraf, J.; Schneider, S.: Panik. Angstanfälle und ihre Behandlung. Springer, Berlin 1989.

Marks, I.M.: Fears and phobias. Academic Press, New York 1969.
Marks, I.M.: Fears, phobias, and rituals. Panic, anxiety and their disorders. Oxford University Press, Oxford 1987.
Mattejat, F.: Schulphobie: Klinik und Therapie. Praxis der Kinderpsychologie und Kinderpsychiatrie 30, 292-298, 1981.
Minuchim, S.: Families and family therapy. Tavistock, London 1974.
Remschmidt, H.: Observations on the role of anxiety in neurotic and psychotic states at an early age. Journal of Autism and Childhood Schizophrenia 3, 106-114, 1973.
Remschmidt, H.: Zur Angstdynamik neurotischer und psychotischer Entwicklungen im Kindes- und Jugendalter. Klinische Pädiatrie 190, 429-435, 1978.
Remschmidt, H.: Angst bei Kindern und Jugendlichen. In: Thieme schafft Wissen, 1886-1986. Reden und Vorträge im Jubiläumsjahr. Thieme, Stuttgart-New York 1987.
Remschmidt, H.: Angstsyndrome und Phobien. In: Remschmidt, H.: Psychiatrie der Adoleszenz, 284-307. Thieme, Stuttgart, New York 1992.
Remschmidt, H.; Mattejat, F.: Treatment of school phobia in children and adolescents in Germany. In: Chiland, C., Young, J.G. (Eds.): Why children reject school, 123-144. Yale University Press, New Haven-London 1990.
Seligman, M.E.P.: On the generality of the laws of learning. Psychological Review 77, 406-418, 1970.
Seligman, M.E.P.: Phobias and preparedness. Behavior Therapy 2, 307-320, 1971.
Skynner, A.C.R.: One flesh: separate persons. Principles of family and marital psychotherapy. Constable, London 1976.
Sturm, J.: Ein multimodales verhaltensmedizinisches Gruppenkonzept für die Behandlung von Herzphobikern. In: Nutzinger, D.O.; Pfersman, D.; Welan, T.; Zapotoczky, H.: Herzphobie. Klassifikation, Diagnostik und Therapie, 136-144. Enke, Stuttgart 1987.
Ullrich-deMuynck, R.; Ullrich, R.: Das Assertiveness-Trainings-Programm ATP. Einübung von Selbstvertrauen und sozialer Kompetenz, 3 Bde. Pfeiffer, München 1976.

17. Zwangssyndrome

Helmut Remschmidt und Gerhard Niebergall

17.1 Krankheitsprofil

Zwangssyndrome sind durch das hartnäckige Auftreten von Zwangsgedanken oder Zwangshandlungen gekennzeichnet. Bei beiden handelt es sich um stereotyp auftretende Wiederholungsphänomene, die von den Patienten subjektiv als sinnlos erlebt werden, gegen die sie sich jedoch nicht oder nur unzureichend wehren können. *Zwangsgedanken* äußern sich in Form von Ideen, Vorstellungen und Impulsen, die den Patienten massiv belästigen und in seinem Aktionsradius einengen. *Zwangshandlungen* oder *Zwangsrituale* sind motorische Reaktionen, die häufig als persönlichkeitsfremd erlebt werden und sich dem Patienten immer wieder aufdrängen, ohne daß er sie dauerhaft unterdrücken kann. Zwangsphänomene haben stets eine enge *Beziehung zur Angst*. Hindert man Patienten an der Ausübung von Zwangshandlungen, so geraten sie meist in einen massiven Angst- oder Erregungszustand.

Was das *klinische Bild* betrifft, so ist folgendes zu beachten (Remschmidt, 1992): Der unterschiedliche Schweregrad der Symptomatik, die deutliche Situationsabhängigkeit der Symptomatik, die Kombination mit einer Reihe von zusätzlichen Symptomen (am häufigsten mit Ängsten, depressiven Verstimmungen, Schlafstörungen, Tics, gelegentlichen aggressiven Durchbrüchen), prämorbide Auffälligkeiten i.S. übermäßiger Anpassung, Ängstlichkeit und Zurückhaltung sowie das relativ häufige Vorkommen umschriebener Auslöser bei bis zu zwei Dritteln aller betroffenen Kinder und Jugendlichen. Als Auslöser fungieren meist alterstypische Probleme (z.B. sexuelle Erlebnisse, Trennungserlebnisse, eigene Erkrankungen oder Erkrankungen in der Familie, der Tod naher Angehöriger usw.). Eine Zwangssymptomatik kann als eigenes Syndrom oder auch im Rahmen verschiedener anderer Erkrankungen auftreten, z.B. bei hirnorganischen Stö-

rungen, bei Angstsyndromen, im Rahmen schizophrener Psychosen und beim Gilles-de-la-Tourette-Syndrom.

Bei der *Klassifikation* nach ICD-10 erfolgt eine Unterteilung der Zwangsstörungen in: Zwangsgedanken oder Grübelzwang (F 42.0), Zwangshandlungen und Zwangsrituale (F 42.1), ein gemischtes Bild, bestehend aus Zwangsgedanken und Zwangshandlungen (F 42.2).

17.2 Epidemiologie, Ätiologie, Entstehungstheorien

Zur Epidemiologie

Epidemiologische Untersuchungen zeigen, daß *Zwangssyndrome selten* sind. Nach einer Übersicht von Knölker (1987) variierten die Angaben der Inzidenzraten von Patienten mit Zwangsphänomenen von Krankheitswert bei 10 Studien zwischen 0,2 und 3,0 %. Diese Angaben beruhen auf Untersuchungen bei Erwachsenen. Bei Kindern und Jugendlichen, die in kinder- und jugendpsychiatrischen Ambulanzen und Kliniken versorgt werden, variierten diese Zahlen zwischen 0,46 % (Probst et al., 1979) und 4,6 % (Steinhausen, 1988). Remschmidt und Walter (1990) fanden bei einer unausgelesenen Schülerstichprobe (N=1.969) "Zwangshandlungen" zu 0,86 %, "Zwangsbefürchtungen" zu 4,21% sowie "Zwangsgedanken" zu 14,32 % (bei dieser Untersuchung kam die Child Behavior Checklist von Achenbach & Edelbrock, 1983, zur Anwendung).

Zur Ätiologie

Im Hinblick auf die Ätiologie und Genese von Zwangsstörungen werden folgende Faktoren diskutiert:

- *Genetische und konstitutionelle Einflüsse:* Zwangssyndrome kommen bei den Eltern und Geschwistern betroffener Kinder deutlich häufiger vor als in der Allgemeinbevölkerung.

- *Somatische Faktoren:* Diskutiert werden Hirnfunktionsstörungen allgemeiner Art sowie, mehr spezifisch, eine frontotemporale Dysfunktion bzw. Reifungsverzögerung (Knölker, 1987). Neuerdings mehren sich die Befunde für eine Störung der Basalganglien.

- *Prämorbide Persönlichkeitszüge:* Meist handelt es sich um ängstlich-depressive, zurückgezogene und scheue Kinder und Jugendliche, die bereits im Vorschulalter unter Kontaktstörungen und Ängsten litten und in der Präpubertät, häufig ausgelöst durch äußere Ereignisse, Zwangssymptome entwickeln.

- *Psychopathologische Komponenten:* In der neuropsychiatrischen Theorienbildung wird heute ein Zusammenhang zwischen Zwangssyndromen und Depression hergestellt.

In der psychologischen Theorienbildung geht man auch heute immer noch vom *Zwei-Faktoren-Modell* von Mowrer (1947) aus, das sich ursprünglich auf die Genese und Aufrechterhal-tung der neurotischen Angst konzentrierte, jedoch auch für die Genese von Zwangssyndromen, vor allem Zwangshandlungen herangezogen wird. Danach gewinnt eine bislang neutrale Situation aufgrund besonderer belastender Bedingungen allmählich den Charakter eines aversiven Reizes (erster Faktor), der in der Folge vermieden wird. Das Individuum lernt durch verschiedene Hinweisreize, dieser Situation zu entfliehen. Da es dennoch das Eintreten dieser unangenehmen Situation, die es vermeiden möchte, erwartet, werden *Handlungen*, die zu dem Ausbleiben der aversiven Situation führen, "positiv" verstärkt, und sie treten vermehrt auf (zweiter Faktor). Diese Handlungen führen zu einer Angstreduktion, sie werden somit subjektiv als "erfolgreich" erlebt. Sie fixieren sich zunehmend als Neutralisierungs- und Abwehrversuche gegen aversive Stimuli und Situationen. Da sie schließlich immer ausgeübt werden müssen, wenn aversive Stimuli wahrgenommen oder lediglich vorgestellt werden, wirken sie sich im Erleben des betreffenden Individuums wie ein "Zwang" aus, z.B. bei einem Waschzwang, obschon dieser zugleich als unsinnig oder inadäquat bewertet wird ("Ich muß mir mindestens dreimal vor dem Essen die Hände waschen, um mich nicht durch Krankheitskeime anzustecken").

Dieser Zusammenhang ist von Reinecker (1991) in einem einfachen "klinischen Modell" dargestellt worden.

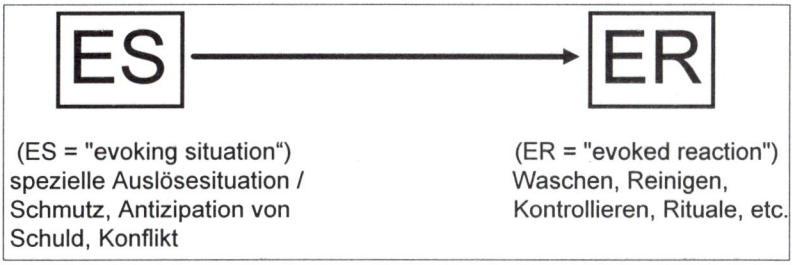

(ES = "evoking situation")
spezielle Auslösesituation /
Schmutz, Antizipation von
Schuld, Konflikt

(ER = "evoked reaction")
Waschen, Reinigen,
Kontrollieren, Rituale, etc.

Abb. 17.1 Klinisches Modell des Zusammenhanges von Auslösern eines Zwanges und den Ritualen (aus Reinecker 1991)

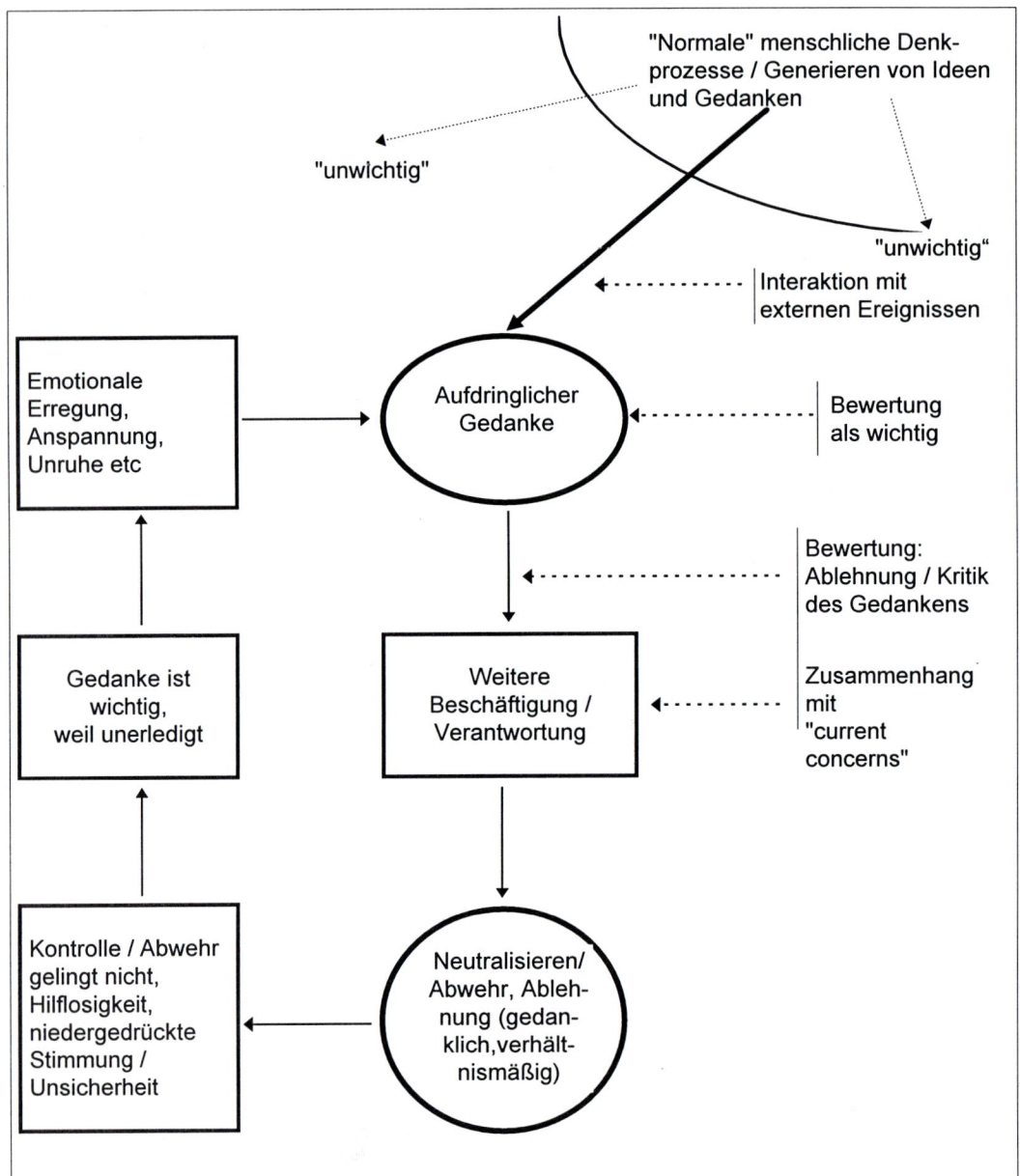

Abb. 17.2 Wichtige Elemente eines Verkettungsmodells zur Erklärung von Zwängen (insbesondere Zwangsgedanken) (aus Reinecker 1991)

Entstehungstheorien

Auch die Entstehung und Aufrechterhaltung von Zwangsgedanken lassen sich in systematischer Form nach Reinecker in einem "Verkettungsmodell" erklären (Abb. 17.2).

In diesem "Verkettungsmodell" haben sogenannte kognitive Elemente (z.B. subjektive "Bewertungen") eine entscheidende Funktion. Ohnehin ist in den letzten Jahren das "Zwei-Faktoren-Modell" von Mowrer durch kognitive Elemente ergänzt und modifiziert worden. Eine Rolle spielt dabei unter anderem das Konzept der "preparedness" von Seligman (Seligman, 1971). Dieses Konzept besagt, daß die Angstinhalte von Patienten mit *Phobien* aus der *Evolution* zu erklären sind. (Weitere Ausführungen hierzu sind in Kap. 16 enthalten.) Begegnungen mit Tieren, Menschen, Objekten und Situationen, die Phobien auslösen, führen bei den betreffenden Patienten zu mehr oder weniger spontan entwickelten Angstreduktions- und Vermeidungsstrategien. Im Zusammenhang mit Theorien über die Entstehung von Zwangssymptomen ergibt sich hieraus, daß diese vereinfachend den zitierten Kopplungen zwischen phobischem Angsterleben und Vermeidungsreaktionen gleichzusetzen sind. So können z.B. bestimmte Rituale, wie das Vermeiden des Betretens von Spalten in Gehwegplatten, das dreifache Berühren einer Türklinke vor dem Öffnen einer Tür, das regelmäßige, stille Aufsagen von Gebeten oder beschwörenden Formeln bei der Vorstellung des Todes eines nahen Familienangehörigen, zu einer subjektiv erlebten Abnahme von Angstgefühlen führen.

In *psychoanalytischer Sicht* werden Zwänge mit der anal-sadistischen Phase und einer frühen Reinlichkeitserziehung in Verbindung gebracht. Nach Freud kommt es bei der Zwangsneurose zu einer *Regression* der Triebentwicklung. Besonders bei jugendlichen Patienten mit einer Zwangssymptomatik zeigt sich, daß sie bei der Aktivierung von Sexual- und Aggressionsimpulsen in eine intrapsychische Konfliktdynamik geraten. Die Ausübung entsprechender Handlungen erleben sie oftmals als verboten (durch die "Über-Ich-Instanz"), dennoch wirken die Triebimpulse ("Es-Instanz") weiter und führen zu Angsterleben. Als Kompromiß in dieser Konfliktdynamik entstehen Zwangssymptome. Letztere enthalten nicht selten - für den Patienten unbewußt - sowohl Anteile der Triebimpulse als auch der Abwehrmaßnahmen, zu denen Regressionsphänomene zählen. Zu einer Regression auf die prägenitale "anal-sadistische" Phase kommt es, weil während dieser Entwicklungsetappe im Rahmen z.B. einer übertriebenen Reinlichkeitserziehung Dispositionen für die Fixierung der libidinösen Triebentwicklung und für die Entstehung einer Zwangssymptomatik geschaffen wurden. Mit der psychoanalytischen Theorie über die Entstehung von Zwangssymptomen ist jedoch die Auffassung durchaus vereinbar, daß konstitutionelle Veranlagungen vorhanden sein können.

17.3 Behandlungsmethoden

Tiefenpsychologisch fundierte Behandlungsmaßnahmen

Im Mittelpunkt einer tiefenpsychologischen Behandlung steht nach wie vor die These, daß sich in einer Zwangssymptomatik eine *Abwehrleistung des Ichs* äußert, die als eine *Kompromißbildung* zwischen triebhaften Impulsen des Es und den Einschränkungen des Über-Ichs aufgefaßt werden kann. Im psychotherapeutischen Prozeß, der stets mit dem Aufbau einer vertrauensvollen Beziehung beginnt (Strunk, 1985) haben folgende Aspekte der Patienten eine besondere Bedeutung:

- prämorbide Kontakt- und Gefühlshemmungen,
- die angstreduzierende Bedeutung der Zwangshandlungen,
- der häufig zu findende Zusammenhang mit sexuellen Problemen,
- die häufig deutlich vorhandene Aggressionskomponente zwanghaften Verhaltens,
- die Neigung der Patienten, zwischenmenschliche Bezüge aufzuspalten, wodurch häufig ein Widerspruch zwischen den Schilderungen der Patienten und den realen Gegebenheiten besteht,
- der erschwerte Zugang der Patienten zu ihrer eigenen Gefühlswelt.

Diese Variablen erschweren den Therapieverlauf oft erheblich. Infolge der Gehemmtheit der Patienten empfiehlt es sich, *gestalterische und kreative Momente* in die Behandlung einzubeziehen, z.B. Malen, Modellieren, Einsatz von Tagtraumtechniken. Auf diese Weise wird der Zugang dieser Patienten zur eigenen Gefühlswelt oft erst möglich. Eine Rolle bei der Psychotherapie Jugendlicher spielt stets auch der *lebenspraktische Aspekt*. Jugendliche mit dieser Symptomatik entwickeln nicht selten spontan Bewältigungsstrategien, um mit ihren Ängsten und Zwängen besser, d.h. mit vermindertem Leidensdruck und sozial einigermaßen angepaßt, leben zu können. Bei der Therapie, die besonders behutsam erfolgen sollte, empfiehlt es sich, gemeinsam mit den Patienten ein Verständnis für die Funktion bereits vorhandener Bewältigungsstrategien, die hier teilweise identisch mit der Symptomatik sind, zu gewinnen, an diese anzuknüpfen, um sie allmählich zu modifizieren, z.B. einen Waschzwang, der mit Ängsten in Verbindung steht, sich mit Krankheitskeimen zu infizieren.

Die *technischen Vorgehensweisen* im einzelnen richten sich nach dem Alter, dem Entwicklungsstand, den kognitiven und emotionalen Möglichkeiten der Patienten sowie ihrer Familien. Im *Kindesalter* steht eine non-verbale Vorgehensweise im Vordergrund, besonders *spieltherapeutische Maßnahmen* und der Einsatz anderer kreativer Möglichkeiten. Auf diese Weise kann sowohl das notwendige Vertrauen der Patienten als auch ein Einblick in ihre Abwehrstruktur gewonnen werden. Ein Kind mit einer Zwangssymptomatik kann in einer therapeutisch stützenden und schützenden Situation die Erfahrung machen, z.B. aggressive Impulse ausleben zu können, ohne von einer erwachsenen Bezugsperson bestraft zu werden. Es lernt, einen Einblick in seine innerseelischen Triebregungen zu gewinnen und sie in einer sozial verträglichen Form zum Ausdruck zu bringen.

Im *Jugendalter* kann die *verbale Vorgehensweise* eher als bei Kindern angewendet werden. Beim praktischen Vorgehen der tiefenpsychologisch fundierten Gesprächstherapie spielen die Haltung des Therapeuten, die Art der Gesprächsführung, die Inhalte, die Entstehungsweisen und Funktionen der Zwangssymptomatik neben *alterstypischen Problemen* und Konflikten eine wesentliche Rolle. In der therapeutischen Haltung sollte stets ein Verständnis und Akzeptieren der Zwangssymptomatik zum Ausdruck kommen. Dies hilft den Patienten, ihre eigene Symptomatik als einen - temporär begrenzten - Teil ihrer Persönlichkeit ohne Selbstabwertung anzuerkennen und nicht "abzuspalten". Durch eine wohlwollende Haltung, besonders gegenüber den teils als unsinnig erscheinenden Zwangssymptomen, werden die Jugendlichen zudem ermutigt, über alle Zwangserscheinungen zu berichten, wobei nicht selten erst dann das gesamte Ausmaß ihrer Verästelungen mit vielen Lebensbereichen erkennbar wird. Es ist auch angebracht, Theorien über die Entstehung und Funktionsweisen von Zwangssymptomen mitzuteilen, um auf diese Weise deutlich zu machen, daß es sich bei der eigenen Symptomatik nicht um singuläre Phänomene handelt und daß es grundsätzlich therapeutische Möglichkeiten gibt, Zwangssymptome erfolgreich zu beeinflussen. In diesem Zusammenhang kann z.B. gemeinsam mit dem Patienten die Erkenntnis gewonnen werden, daß bestimmte Zwangshandlungen die Funktionen haben, den Durchbruch des gegensinnigen Triebimpulses zu verhindern, daß z.B. durch einen Waschzwang, die Lust sich im wörtlichen und übertragenen Sinn zu beschmutzen, verleugnet und verhindert wird, daß sich hinter einer übergroßen Sorge um die Gesundheit von Familienangehörigen der Impuls verbirgt, ihnen gegenüber aggressive Triebregungen auszuleben etc. Bei dem zuletzt genannten Beispiel wird gleichfalls deutlich, daß in eine *Zwangssymptomatik oft die Eltern und Geschwister* involviert sind und sie darunter gelegentlich mehr als die Patienten selbst leiden. Deshalb sind während bestimmter Therapieetappen auch familentherapeutische Maßnahmen (siehe Kapitel 13) indiziert.

Die, meist unbewußten, *triebdynamischen Aspekte* bei einer Zwangssymptomatik sollten stets besonders behutsam, nie kritisierend und abwertend, behandelt werden. Bei Jugendlichen wird dabei erkennbar, daß sie oft mit entwicklungstypischen Anforderungen (Sexualität, Ablösung vom Elternhaus, Autonomiebestrebungen, Leistungsanforderungen in Schule und Beruf) in Verbindung stehen. Dabei ist der *Autonomieproblematik in der Adoleszenz* ein besonderes Augenmerk zu schenken. Die Bedeutung der Autonomiekonflikte zeigt sich darin, daß Patienten einerseits aufgrund ihrer zwanghaften Struktur die therapeutischen Regeln sklavisch zu befolgen versuchen, andererseits aber aufgrund starker Autonomiebestrebungen die Behandlung boykottieren, indem sie ihre Gefühle nicht preisgeben und ihr insgesamt einen massiven Widerstand entgegensetzen. Schließlich ist zu erwähnen, daß die unterdrückten Autonomiebestrebungen jugendlicher Patienten sich in *aggressiven und antisozialen Impulsen* entladen und auf den Therapeuten übertragen können. In der psychoanalytischen Literatur wird einhellig darauf hingewiesen, daß diese Phase der ungesteuerten und unkontrollierten Aggression ein notwendiges Durchgangsstadium auf dem Wege zur persönlichen Autonomie und zur Beseitigung der Zwangssymptomatik ist, die der Therapeut aushalten muß (Quint, 1993).

Trotz der sehr differenziert ausgearbeiteten Theorien über Zwangsphänomene und der zahlreichen Abhandlungen über die Behandlung von Patienten mit dieser Symptomatik auf psychoanalytischer Grundlage (z.B. Benedetti, 1978) haben sich verhaltenstherapeutische Maßnahmen besonders bei der Therapie von Zwangshandlungen als überlegen herausgestellt.

Verhaltenstherapeutische Behandlungsmaßnahmen

Die verhaltenstherapeutischen Behandlungsmethoden beruhen auf dem Grundsatz, daß *Zwangssymptome erlernt* werden. Folglich muß es auch möglich sein, durch entsprechende Verfahren ein Umlernen zu erreichen. Die moderne Verhaltenstherapie geht über die früher häufig relativ isoliert angewandten und aus heutiger Sicht mehr als mechanistisch zu betrachtenden Verhaltenstechniken deutlich hinaus. Neben der Betrachtung ausschließlicher "Reiz-Reaktions-Verbindungen" wird das Bedingungsgefüge für die Entstehung, die Aufrechterhaltung und schließlich die Behandlung heute auf einem höheren Komplexitätsgrad analysiert (Hand, 1986).

Einige verhaltenstherapeutische Techniken sollen erwähnt werden, weil in ihnen die Prinzipien der Verhaltenstherapie deutlich werden und sie noch immer eine gewisse praktische Bedeutung haben.

Aversionstherapie (Vermeidungslernen)

Bei Auftreten entsprechender Zwangserscheinungen werden aversionserzeugende Reize gesetzt. In der Literatur sind verschiedene Fälle einer positiven Beeinflussung von Zwangssyndromen (meist isolierte Zwänge) durch diese Methode beschrieben. Wenn sie überhaupt noch angewandt wird, so im Kontext mit anderen Maßnahmen i.S. eines umfassenderen Therapiekonzepts, das nicht überwiegend aversiven Charakter haben darf.

Negative Übung (Sättigung)

Im Rahmen dieser Methode versucht man, durch übertriebenes Üben des Symptoms einen Sättigungseffekt zu erzielen. Das Verfahren ist verwandt mit der paradoxen Intention nach Victor Frankl und wurde bei motorischen Zwängen (Zwangshandlungen) mit Erfolg angewandt.

Gedankenstop

Dieses Verfahren, welches auf Taylor (1963) zurückgeht, wurde erfolgreich bei angstinduzierenden Zwangsphänomenen mit gedanklichen Inhalten (z.B. Zwangsgedanken, Zwangsbefürchtungen) angewandt. Der Patient wird dabei aufgefordert, seine Zwangsgedanken verbal auszudrücken, wobei der Therapeut durch energisches Rufen oder unangenehme Störgeräusche den Patienten unterbricht. Nach neueren Entwicklungen der Verhaltenstherapie eignen sich jedoch diese drei Methoden nicht mehr für einen isolierten Einsatz.

Systematische Desensibilisierung durch angstmildernde Techniken

Dieses Verfahren wird auch heute noch erfolgreich angewandt, insbesondere bei angstinduzierenden Zwangserscheinungen und Phobien. Grundlage für dieses Vorgehen ist die von lernpsychologischer Seite betonte enge Kopplung zwischen Ängsten und Zwangssymptomen. Dabei erleben die Patienten eine Zwangssymptomatik als angstreduzierend. Zwangserscheinungen sind deshalb als Folge der Ängste, meist Phobien, aufzufassen. Deshalb ist es konsequent, bei der Behandlung primär die Ängste und nicht die Zwangssymptome zu behandeln (vgl. Niebergall und Weber, 1984).

Konfrontation und Reaktionsverhinderung

Dieses von Meyer (1966) entwickelte Verfahren beruht auf zwei Prinzipien:
Nach ausführlicher Instruktion über lernpsychologische Theorien und praktische therapeutische Erfahrungen mit dieser Methode und einer allgemeinen psychotherapeutischen Vorbereitung wird der Patient zunächst mit der Situation konfrontiert, die seine Zwangshandlungen auslöst. Dabei entsteht in der Regel ein massiver Angstzustand, der von Therapeut und Patient gemeinsam kon-

trolliert werden muß. Mit zunehmender Häufigkeit der Konfrontation mit der ursprünglich die Zwangshandlung auslösenden Situation wird der Angstzustand abgemildert, da keine negativen Konsequenzen erfolgen, und es entsteht das Gefühl, die Situation bewältigt zu haben. Dabei versucht man, zunächst eine Übersicht über die vom Patienten angewandten Bewältigungsstrategien zu gewinnen, jene auszuwählen und in die Therapie gezielt einzubeziehen, welche am ehesten gegen die Zwangssymptomatik erfolgreich eingesetzt werden können. Auf diesen liegt der besondere Akzent. Damit ist ein Weg eingeschlagen, der sich insbesondere für Kinder und Jugendliche eignet (s. Kasuistik).

Kasuistik

In folgender Kasuistik wird die Kombination verschiedener Therapiemaßnahmen dargestellt. Es handelte sich dabei um einen knapp 17 Jahre alten Jugendlichen, der 5 Monate in der Klinik stationär behandelt wurde. Für den günstigen Therapieverlauf hatten Bilder, die der Patient zeichnete, eine große Bedeutung. Die Entwicklung des Patienten war bis zu seinem 15. Lebensjahr fast problemlos. Als er 13 1/2 Jahre alt war, trennten sich seine Eltern. Kurz danach kam es zu heftigen Auseinandersetzungen zwischen ihm und seiner Mutter, er begann, seine Haare zu färben, zu rauchen und Alkohol zu trinken. Wenig später entwickelten sich Ängste vor Verschmutzungen in der Wohnung, so daß er z.B. Türgriffe nicht mehr anfassen konnte. Ferner führten diese Verschmutzungsbefürchtungen zu einem häufigen Händewaschen (bis zu 15mal am Tag). Mit zunehmender Dauer vermied er die Berührung vieler Einrichtungsgegenstände in der Wohnung, die er schließlich nur noch mit über die Hände gezogenen Plastiktüten anfassen konnte. In der Wohnung bewegte er sich auf bestimmten Wegen und vergewisserte sich regelmäßig, ob er dort etwas berührt habe. Seine dabei auftretenden Ängste konnte er zeitweise nur dadurch unter Kontrolle halten, daß er seine Mutter nachts weckte und sie fragte, ob er bestimmte Gegenstände berührt hätte. - Es wurde die Diagnose "Zwangsstörung mit vorwiegend Zwangshandlungen" (nach ICD 10: F 42.1) gestellt. Während der von ihm selbst gewünschten stationären Behandlung war der Patient sehr kooperativ, er zeigte eine gute Introspektionsfähigkeit bei hoher Intelligenz (HAWIE-R: IQ = 117). Bei den einzeltherapeutischen Maßnahmen

standen eine tiefenpsychologisch orientierte Gesprächstherapie sowie verhaltenstherapeutische Methoden im Vordergrund. Da er bereits in der zweiten Sitzung mitteilte, daß es ihm schwerfalle, über bestimmte Ereignisse seiner Biographie zu sprechen, diese jedoch für das Verständnis seiner Erkrankung wichtig seien, wurde zusätzlich eine non-verbale Therapieform gewählt. Der Jugendliche wurde angeregt, retrospektiv eigene Entwicklungsetappen bis zum vollständigen Auftreten der Erkrankung in Bildern darzustellen. Diese Bilder (3 von insgesamt 7 sind hier abgebildet) erleichterten es ihm, über wesentliche Aspekte der Entstehung der Angst- und Zwangssymptome zu sprechen. Im ersten Bild (Abb. 17.1) stellte er

Abb. 17.1 Ein 17 Jahre alter Jugendlicher mit einer Zwangssymptomatik stellt den Verlauf seiner Erkrankung bildlich dar: Hier zeigt er sich als gesunden Jugendlichen.

sich als einen gesunden Jugendlichen (in Form einer stark schematisierten Figur) selbst dar. Sein in bunter Farbe dargestelltes Gesicht ist dabei ein Ausdruck seiner damals guten Laune, der aufgespannte Regenschirm gab ihm noch ausreichenden Schutz. Die nächste Abbildung zeigt das Stadium des Beginns der Erkrankung. Er würde sich bereits nicht mehr bewegen, aus seinem Gesicht sei ein Teil der Farben bereits verschwunden. Als Ausdruck des geringeren Schutzes sei der Regenschirm flacher geworden, das Schwert symbolisiere die Erkrankung, die Blitze eine höhere Macht, die Flammen die Vernichtungskraft des Schwertes. Im nächsten Bild (Abb. 17.2, Abb. 17.3) ist die Erkrankung

in ihn eingedrungen, wobei er zu verhindern versuchte, daß das Schwert weiter in den Kopf hineinrutscht. Die Krankheit habe ihn bereits in

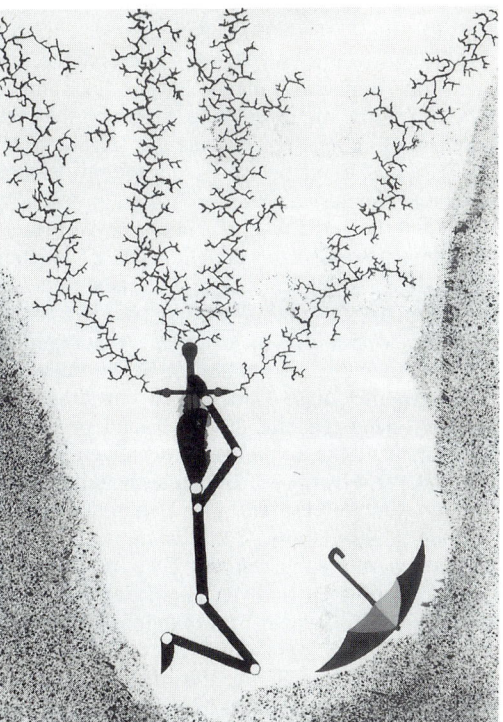

Abb. 17.3 Zeichnung desselben Jugendlichen mit fortschreitender Erkrankung.

die Knie gezwungen. Der Schirm als Schutzschild liegt auf dem Boden. Nach seiner Beschreibung stellte dieses Bild seinen seelischen Zustand in den letzten Wochen vor der stationären Aufnahme dar, als er sich subjektiv in einer bereits ausweglosen Situation befunden habe. Mit Hilfe dieser bildlichen Darstellung gelang es dem Patienten im letzten Drittel der stationären Behandlungszeit über sexuelle Konflikte - die mit einem homosexuellen Kontakt verbunden waren - zu berichten. Es entlastete ihn sichtlich, über dieses tabuisierte Thema sprechen zu können. Eng verwoben damit waren Schuldgefühle, deren Herkunft (Elternhaus) und deren teilweisen Ver-

Abb. 17.2 Zeichnung desselben Jugendlichen im Verlauf seiner Erkrankung.

quickung mit der Zwangssymptomatik (Waschzwang) analysiert werden konnten. Die psychoanalytisch-symbolische Gleichsetzung des Schwertes mit einem Phallus war ihm dabei sehr bewußtseinsfern. Parallel zu dieser phasenweise tiefenpsychologisch fundierten Gesprächstherapie erlangte A. durch das durchgeführte Verhaltenstraining wieder einen größeren Bewegungsspielraum, nachdem er zu Beginn der Behandlung die Station kaum verlassen konnte. Grundlage bei dem Einsatz verhaltenstherapeutischer Methoden war ein Protokoll, daß der Patient über einzelne Gegenstände, Orte und Handlungen erstellte, die eine große Bedeutung für die Zwangshandlungen auf der Station, die initial sehr ausgeprägt waren, hatten. So führte beispielsweise das Berühren des Griffs der Stationstür zu wiederholtem Händewaschen. Anhand dieser im Protokoll verzeichneten Ängste und Zwangshandlungen wurde ein Verhaltenstherapieplan erstellt. Diese wurden nach dem Kriterium des Ausmaßes dieser Symptomatik in eine systematische Hierarchie gebracht, wobei der ansteigende Ausprägungsgrad die subjektiv empfundenen Schwierigkeiten widerspiegelte, diese Handlungen bewältigen zu können (siehe Tabelle 17.1). Nachdem er die Handlungen 1 bis 3 (Anfassen der eigenen Kleidungsstücke, etwas vom Boden aufheben, Anfassen der Zimmertür) nach vier Behandlungsstunden bewältigen konnte, kristallisierte sich heraus, daß die vierte (Anfassen der Stationstür) einen erheblich größeren Schwierigkeitsgrad hatte und mit starken Ängsten verbunden war, die besonders bei der Vorstellung auftraten, sich nach dem Berühren der Stationstür nicht die Hände waschen zu sollen. - An diesem Beispiel sei das praktische Vorgehen detailliert erläutert: Zunächst wurde mit dem Patienten im Gespräch eruiert, welche Ängste bei ihm mit dem Berühren der Stationstür ausgelöst werden. Es waren Ängste, die sich auf eine Ansteckung mit Krankheitskeimen (der Mitpatienten) bezogen. In den darüber geführten Gesprächen wurde dann eine "ärztliche Erläuterung" über die tatsächliche Infektionsgefahr gegeben, die im Sinne einer "Desensibilisierung in imago" zu einer Angstreduktion führen sollte und tatsächlich führte. Im nächsten Schritt dieser Behandlungsetappe wurde dem Patienten gestattet, die Stationstür mit einem Handschuh zu berühren, wobei ihn der Therapeut begleitete. Dabei erlitt der Patient lediglich geringgradig ausgeprägte Angstgefühle. Doch mußte er wesentlich stärker durch den ihn begleitenden Therapeuten ermutigt werden, dann

mit bloßen Händen die Stationstür anzufassen. Es war ihm anzusehen, wie er hin- und hergerissen wurde, mehrfach auf die Stationstür zuging und sich wieder von ihr abwendete, sich dann aber, wohl nicht zuletzt durch Ermunterungen des Therapeuten dazu überwand, die Stationstür für die Dauer von wenigen Sekunden zu berühren. Durch Wiederholen dieser Übungen (im Sinne einer unmittelbaren Konfrontation mit dem angstauslösenden Objekt und einer Reaktionskontrolle) gelang es dem Patienten schließlich, mit der bloßen Hand über die Dauer von Minuten den Griff der Stationstür anzufassen, ohne im Anschluß daran deutlich spürbare Ängste zu erleben, doch blieb bei ihm bis zum Schluß der stationären Therapiezeit ein gewisses subjektives Unbehagen bei dieser Übung. Im Sinne von "positiven Verstärkungen" wurde es ihm auch bei der Bewältigung der übrigen angstbesetzten Handlungen gestattet, freien Ausgang zu nehmen oder andere angenehme Aktivitäten durchzuführen. Bedeutsam für den günstigen Therapieverlauf waren darüber hinaus weitere positive Rückmeldungen durch den Therapeuten sowie das Pflegepersonal. Nach der Entlassung wurde die Behandlung in einem Psychotherapieheim fortgesetzt. Dabei gelang es dem Patienten, eine Tischlerlehre mit Erfolg zu absolvieren und Kontakte zu seinen Eltern herzustellen sowie eine altersentsprechende Selbständigkeit zu erlangen. Die Zwangshandlungen traten kaum mehr auf. Die angedeutete sexuelle Problematik wurde mehrfach in Gesprächen aufgegriffen, doch lernte der Patient, auch mit ihr umzugehen.

Tabelle 17.1 Nach Schweregrad (Angstausprägung) hierarchisch geordnete Aufgaben des Verhaltenstrainings (1 = leichte, 8 = sehr schwierige Aufgabe)

1. Anfassen der eigenen Kleidungsstücke
2. Etwas vom Boden aufheben
3. Anfassen der Zimmertür
4. Anfassen der Stationstür
5. Anfassen der Toilettentür
6. Annehmen von Gegenständen, die von zuhause kommen
7. Anfassen der eigenen Schuhe
8. Auf dem Stuhl sitzen, auf dem vorher die Mutter gesessen hat

Die bisher beschriebenen verhaltenstherapeutischen Verfahren konzentrierten sich meist auf die Behandlung von *Zwangshandlungen*. Im Gegensatz dazu liegen für die Behandlung von *Zwangsgedanken* weit weniger ausgearbeitete Verfahren vor. Im Hinblick auf diese erfolgt in der Verhaltenstherapie meist eine *Kombination zwischen Gedankenstop und Desensibilisierungstechniken*. Auch wurden Varianten des *Konfrontationsverfahrens* erprobt.

Schließlich ist zu erwähnen, daß bei einigen Patienten im Jugendalter eine Zwangssymptomatik so ausgeprägt sein kann, daß sie trotz allen therapeutischen Bemühens kaum reduzierbar ist. Dabei handelt es sich vor allem um Zwangsphänomene, die in der Vorstellung existieren (z.B. Zwangsbefürchtungen). Indiziert ist es dann, gemeinsam mit dem Patienten Verhaltens- und Denkstrategien zu entwickeln, die sozusagen an der Symptomatik vorbeiführen. Es wird nicht mehr der Versuch unternommen, die Zwangssymptomatik selbst zu beeinflussen, sondern - im Sinne einer *kognitiven Umstrukturierung* - Bewältigungsstrategien zu entwickeln, die zu einer subjektiven Entlastung und einem adäquateren Umgang im alltäglichen Leben mit der Zwangssymptomatik führen.

Medikamentöse Behandlung

In Anbetracht der ätiologischen und genetischen Verwandtschaft von Zwangssyndromen und Depressionen wurden seit längerer Zeit Antidepressiva erprobt und auch eingesetzt. Im Vordergrund steht dabei heute insbesondere das Clomipramin, das in einer Dosierung von 50 - 75 mg/die bei unter 14jährigen und von 75 - 150 mg/die bei über 14jährigen indiziert sein kann.

Die Dosierung sollte stets einschleichend erfolgen (je nach Alter des Patienten mit 10 oder 25 mg) und dann schrittweise gesteigert werden. In manchen Fällen muß man über die o.a. Dosierungen hinausgehen, um einen adäquaten Behandlungserfolg zu erzielen. Es ist wichtig, daß die Behandlung nicht zu früh abgebrochen wird. Eine sichere Beurteilung des antiobsessiven Effektes wird nach 8 bis 10 Wochen möglich. Die bisher vorliegenden Studien, die allerdings überwiegend aus der Erwachsenenpsychiatrie stammen, zeigen, daß durch Clomipramin deutliche Besserungen zu erzielen sind, daß aber nicht in allen Fällen die Symptome verschwinden. Jedoch sind die Patienten stets in der Lage, ihre Zwangshandlungen und Zwangsgedanken wirkungsvoller unter Kontrolle zu halten und besser mit ihnen umzugehen.

Diskutiert wird in der Literatur die Frage, ob die positive Wirkung von Clomipramin und anderen Antidepressiva auf die Zwänge über einen antidepressiven Effekt zustandekommt. Nach heutiger Auffassung ist dies nicht der Fall.

In jüngster Zeit wurden auch Erfolge mit Serotonin-Wiederaufnahmehemmern beschrieben. Entsprechende Erfahrungen liegen vor für Fluvoxamin (Price et al., 1987) und auch für Fluoxetin (Turner et al., 1985).

Bei sehr schweren Zwangssyndromen wurden auch Neuroleptika (z.B. Haldol) erprobt und haben sich ebenfalls als wirksam erwiesen. Bei ihnen ("maligne Zwangskrankheit") kommt man mit einer psychotherapeutischen Behandlung allein nicht aus. Auf diese wenigen Fälle konzentriert sich die Anwendung einer neuroleptischen Medikation, während Antidepressiva auch bei Zwängen, die nicht diesen Schweregrad erreichen, indiziert sind.

17.4 Verlauf und Prognose

Generell besteht die Ansicht, daß Zwangssyndrome zur *Chronifizierung* neigen. Ob diese These aus dem Erwachsenenbereich auf Zwangssyndrome im Kindes- und Jugendalter übertragen werden kann, muß vorerst offenbleiben.

Was den Verlauf und die Prognose betrifft, so kann man zumindest *zwei Typen von Zwangssyndromen* im Kindes- und Jugendalter unterscheiden, wobei ein Übergang in eine andere Erkrankung zunächst ausgeklammert bleibt:

- *passagere Zwangssyndrome* zu Beginn der Pubertät, die nicht die gesamten Lebensbezüge des Jugendlichen betreffen und eine relativ günstige Prognose haben, und

- *schwer ausgeprägte Zwangssyndrome* (Zwangsgedanken, Zwangshandlungen, Zwangsrituale), die bereits bei primärpersönlich auffälligen Jugendlichen entstehen und eine Neigung zur Chronifizierung aufweisen.

Da die Zahl der katamnestischen Untersuchungen gering ist, müssen Aussagen zur Prognose vorsichtig bleiben. Eine Neigung zur Persistenz wird auch in der kinder- und jugendpsychiatrischen Literatur immer wieder betont (Harbauer, 1969; Probst et al., 1979).

Aus den bislang vorliegenden *katamnestischen Studien* läßt sich folgendes ableiten:

- Nach einem Katamneseintervall von 4 bis 8 Jahren bessert sich die Zwangssymptomatik deutlich in rund 60 % der Fälle, wobei die Betreffenden auch sozial relativ gut integriert sind (Probst et al., 1979; Siefen und Martin, 1984).

- In rund 30 % der Fälle ist ein chronischer Verlauf mit unzureichender sozialer Anpassung zu konstatieren.

- In etwa 10 bis 20 % der Fälle geht die Zwangskrankheit in eine schwerwiegende andere psychiatrische Erkrankung (z.B. eine schizophrene Psychose) über. In diesen Fällen stellt sich die Frage, ob es sich nicht von vornherein um eine andersartige Erkrankung gehandelt hat, die aber zu Beginn der Zwangssymptomatik noch nicht sicher zu diagnostizieren war.

Knölker (1987) konnte nach einem durchschnittlichen Katamneseintervall von 2 1/4 Jahren *vier Verlaufsformen* unterscheiden: (1) Kurze episodenhafte und längere krisenhafte Verläufe ohne Restbefund; (2) zwangsneurotische Entwicklungen ohne Restbefund; (3) zwangsneurotische Entwicklungen mit Restbefund oder unveränderter Symptomatik und weiterer Behandlungsbedürftigkeit und (4) Syndrome mit fraglichem oder definitivem Übergang in eine schizophrene Psychose. In seiner Stichprobe von 49 Kindern und Jugendlichen machten die ersten beiden Gruppen, die als geheilt angesehen werden konnten, rund 50 % aus, die dritte Gruppe 30% und die vierte 20 %.

Als *prognostisch günstige Faktoren* sind anzusehen: Fehlen bedeutsamer prämorbider Auffälligkeiten, episodischer Verlauf, kurze Krankheitsdauer bis Therapiebeginn, keine Hinweise auf eine zusätzliche Symptomatik sowie frühzeitiges Einleiten von Therapiemaßnahmen und deren konsequente Durchführung.

Die Hinweise auf eine *ungünstige Prognose* sind komplementär: ausgeprägte prämorbide Persönlichkeitsstörung, ausgeprägte Intensität der Zwänge mit progredienter Steigerung der Symptomatik, hohe Belastung mit Zwängen und Angstsyndromen in der Familie, Chronifizierung der Symptomatik trotz therapeutischer Intervention.

Weiterführende Literatur:

Knölker, U.: Zwangssyndrome im Kindes- und Jugendalter. Klinische Untersuchung zum Erscheinungsbild, den Entstehungsbedingungen und zum Verlauf. Vandenhoek und Rupprecht, Göttingen, 1987.
Reinecker, H.: Zwänge. Diagnose, Theorien und Behandlung. Huber, Bern 1991.
Rapaport, J.L.: Obsessive Compulsive Disorders in Children and Adolescents. American Psychiatric Press, Washington 1989.

Literatur

Benedetti, G.: Psychodynamik der Zwangsneurose. Wiss. Buchgesellschaft, Darmstadt, 1978.
Flament, H.M.; Whitaker, A.; Rapoport, J., Davies, M.; Berg, C.; Kalikow, K.; Sceery, W.; Shaffer, D.: Obsessive-compulsive disorder in adolescents: An epidemiological study. Journal of the American Academy of Child and Adolescent Psychiatry 27, 764-771, 1988.
Hand, I.: Verhaltenstherapie und Kognitive Therapie in der Psychiatrie. In: Kisker, K.P.; Lauter, H.; Meyer, J.-E.; Müller, C.; Strömgen, E. (Hrsg.): Psychiatrie der Gegenwart, Bd. 1 (Neurosen, Psychosomatische Erkrankungen, Psychotherapie), 277-306. Springer, Berlin 1993.
Harbauer, H.: Zur Klinik der Zwangsphänomene beim Kind und Jugendlichen. Jahrbuch für Jugendpsychiatrie und Grenzgebiete 7, 181-191, 1969.
Hautzinger, M.: Verhaltens- und Problemanalyse. In: Linden, M.; Hautzinger, M. (Hrsg.): Verhaltenstherapie, 2. Aufl. 27-32. Springer, Berlin, Heidelberg, New York 1993.
Knölker, U.: Zwangssyndrome im Kindes- und Jugendalter. Klinische Untersuchung zum Erscheinungsbild, den Entstehungsbedingungen und zum Verlauf. Vandenhoek und Rupprecht, Göttingen, 1987.
Meyer, V.: Modification of expectations in cases with obsessional rituals. Behaviour Research and Therapy 4, 273-280, 1966.
Mowrer, O.H.: On the dual nature of learning - a reinterpretation of "conditioning" and "problemsolving". Harvard Educational Review 17, 102-148, 1947.
Niebergall, G.: Verhaltenstherapeutische Aspekte bei der Behandlung eines Jugendlichen mit phobisch-anankastischem Syndrom. In: Remschmidt, H. (Hrsg.): Psychotherapie mit Kindern, Jugendlichen und Familien, Bd. 2, 102-106. Enke, Stuttgart 1984.

Price, L.H.; Charney, D.S., Goodman, W.K. et al.: Treatment of severe obsessive-compulsive disorders with fluvoxamine. American Journal of Psychiatry 144, 1059-1061, 1987.

Probst, P.; Asam, U.; Otto, K.: Psychosoziale Integration Erwachsener mit initialer Zwangssymptomatik im Kindes- und Jugendalter. Zeitschrift für Kinder- und Jugendpsychiatrie 7, 106-121, 1979.

Quint, H.: Der Zwang im Dienst der Selbsterhaltung. Psyche 38, 717-737, 1984.

Quint, H.: Die Zwangsneurose aus psychoanalytischer Sicht. Springer, Berlin, Heidelberg, New York, 1988.

Quint, H.: Psychoanalytische Therapie von zwangsneurotischen Patienten. In: Möller, H.-J. (Hrsg.): Therapie psychiatrischer Erkrankungen, 528-534. Enke, Stuttgart 1993.

Remschmidt, H.: Psychiatrie der Adoleszenz. Thieme, Stuttgart 1992.

Remschmidt, H.; Dauner, I.: Lerntheoretische Aspekte zur Genese von Zwangsphänomenen. Acta Paedopsychiatrica 37, 154-160, 1970.

Seligman, M.E.P.: Phobias and preparedness. Behavior Therapy 2, 307-320, 1971.

Siefen, R.G.; Martin, M.: Katamnesen bei zwangskranken Kindern und Jugendlichen. In: Remschmidt, H. (Hrsg.): Psychotherapie mit Kindern, Jugendlichen und Familien, 112-119. Enke, Stuttgart 1984.

Steinhausen, H.-C.: Psychische Störungen bei Kindern und Jugendlichen. Urban & Schwarzenberg, München 1988.

Strunk, P.: Zwangssyndrome. In: Remschmidt, H.; Schmidt, M.H. (Hrsg.): Kinder- und Jugendpsychiatrie in Klinik und Praxis, Bd. III, 140-147. Thieme, Stuttgart 1985.

Taylor, J.G.: A behavioural interpretation of obsessive-compulsive neuroses. Behaviour Research and Therapy 1, 237-244, 1963.

18. Depressive Syndrome und Suizidhandlungen

Beate Herpertz-Dahlmann

18.1 Definition und Klassifikation

Noch vor 20 Jahren war das Vorkommen depressiver Syndrome bei Kindern gänzlich umstritten, da nach Meinung vieler Psychiater die kognitiven und affektiven Voraussetzungen zur Entwicklung einer Depression im Kindesalter fehlten. Allenfalls wurde der Begriff der "maskierten Depression" verwandt, nach dem sich depressive Störungen unter einem anderen psychopathologischen Bild - meist Ängste oder Störungen des Sozialverhaltens - äußerten.

Die *internationale Klassifikation* psychischer Störungen (ICD 10, Dilling et al. 1991) geht von übereinstimmenden psychopathologischen Phänomenen bei der kindlichen und erwachsenen Depression aus, wobei im Gegensatz zur ICD 9 die Ätiologie und nosologische Zuordnung eines depressiven Syndroms keine Berücksichtigung mehr findet. Hierfür sind u.a. therapeutische Erfahrungen verantwortlich, nach denen sich die Medikation mit Antidepressiva als auch die Verwendung spezifischer psychotherapeutischer Verfahren (z.B. kognitive Verfahren) sowohl für die Behandlung der sog. "neurotischen" als auch der sog. "endogenen" Depression als wirksam erwiesen.

Nach den diagnostischen Leitlinien der ICD 10 werden in der Gruppe der affektiven Störungen zwei Hauptkategorien der rezidivierenden bipolaren und unipolaren Störung unterschieden, wobei eine Subklassifikation nach dem Schweregrad erfolgt. Die dritte Hauptkategorie ist die der anhaltenden affektiven Störung (Zyklothymie und Dysthymie). Mildere Formen der Depression werden auch unter der Kategorie "Belastungsreaktion" ("kurze" und "längere" depressive Reaktionen) aufgeführt (Dilling et al. 1991).

Als einzige kindheitstypische Form der Depression wird die depressive Störung des Sozialverhaltens genannt. Nach neueren Erkenntnissen scheint sich diese gemischte Störung der Emotionen und des Sozialverhaltens sowohl in bezug auf die familiäre Belastung mit depressiven Erkrankungen als auch im Hinblick auf die Prognose von den oben genannten Störungen zu unterscheiden.

Neuere Ansatzpunkte bei der Klassifikation depressiver Störungen des Kindes- und Jugendalters gehen davon aus, daß unter Beibehaltung der mit der erwachsenentypischen Depression übereinstimmenden Basissymptome zukünftig auch Entwicklungsaspekte das Depressionskonzept bestimmen werden (Übersicht bei Harrington 1994).

Epidemiologie

Durch die Vereinheitlichung der Klassifikationskriterien ist die Streuungsbreite der Prävalenzangaben zurückgegangen. Gegenüber der Kindheit (0,5 bis 2,5%) steigt die Prävalenz depressiver Störungen im Jugendalter deutlich an (2% bis 8%) (Angaben nach Harrington 1994), wobei Mädchen nach der Pubertät häufiger betroffen sind als Jungen. So wurde das Item "Depressivität" in einem symptom- und verhaltensorientierten Fragebogen für Eltern (Child Behavior Checklist, CBCL, von Achenbach und Edelbrock, 1983) bei 26% der 12-17jährigen Mädchen, aber nur bei 16% der 12-17jährigen Jungen bejaht (Remschmidt und Walter 1990).

Ätiologie

Genetische und biologische Ursachen der Depression können im Rahmen dieses Buches nur verkürzt wiedergegeben werden, wohingegen soziale und psychologische Theorien als Basis psychotherapeutischer Behandlungsverfahren eine ausführlichere Berücksichtigung finden.

a)   Genetische Ursachen

Das familiäre Erkrankungsrisiko liegt für bipolare Erkrankungen deutlich höher (wenigstens 18%) als für unipolare (wenigstens 7%). Aber auch für reaktive depressive Störungen wurde ein erhöhtes familiäres Risiko nachgewiesen (ca. 5%) (Übersicht bei Propping 1989).

b)   Biologische Ursachen

Der Wirkungsmechanismus der sog. Antidepressiva hat zur sog. Monoaminmangelhypothese beigetragen, wobei einerseits das noradrenerge System (sog. Noradrenalin-Wiederaufnahmehemmer), andererseits vornehmlich das serotoninerge System (sog. Serotonin-Wiederaufnahmehemmer) von Bedeutung sind. Biologische Marker sind u.a. Veränderungen des Schlaf-EEG's und die unzureichende Suppression von körpereigener Cortisolproduktion nach Dexamethasongabe.

c)   Psychosoziale Einflüsse

Bei Kindern depressiver Eltern sind die Genträger meist auch die Gestalter der direkten Umwelt des Kindes, so daß genetische Einflüsse und Umweltfaktoren schlecht voneinander zu trennen sind. So wird z.B. im Säuglingsalter bei depressiven Mutter-Kind-Paaren seltener als bei nicht-depressiven Paaren eine Übereinstimmung von Ausdruck und Verhalten gefunden. Säuglinge kranker Mütter sind darüber hinaus an die depressive Mimik ihrer Mütter gewöhnt und reagieren im Vergleich zu Kindern gesunder Mütter nicht mit Protest (Übersicht bei Herpertz-Dahlmann und Remschmidt, im Druck).

Negative Lebensereignisse (z.B. Trennung der Eltern, Verlust eines Elternteils durch Tod) gehen häufig der Entwicklung einer Depression voraus, wobei die akuten Ereignisse vielfach innerhalb eines Gesamtrahmens chronisch adversiver Lebensumstände gesehen werden müssen (z.B. unzureichende emotionale Versorgung nach Tod der Mutter, Mißhandlung bei chronischer Vernachlässigung).

d)   Psychologische Theorien und Behandlungsansätze

Tiefenpsychologisch orientierte Verfahren

Die meisten psychoanalytischen Theorien gehen davon aus, daß ein realer oder imaginierter Verlust die Ursache für die Entwicklung einer Depression darstellt (Übersicht bei Finch und Saylor, 1984). Die Art dieses Verlustes und die intrapsychische Ebene, auf der die Auseinandersetzung mit diesem Verlust stattfindet, wird je nach theoretischem Konzept kontrovers beurteilt. Hierdurch ergeben sich differierende Prämissen, in welcher Altersstufe sich - abhängig von der Entwicklung der Ich-Struktur - erstmalig eine Depression manifestieren kann.

So postulierte Freud (1923) als grundsätzlichen Entstehungsmechanismus der Depression die Introjektion eines verlorenen Objektes und die Neuausrichtung der Ambivalenz, die ursprünglich dem Objekt galt, gegen dieses internalisierte Objekt als Teil des eigenen Selbst. Er ging von einen Konflikt zwischen Ich und Über-Ich aus, wohingegen Bibring (1953) einen Konflikt zwischen Ich und Es annahm, der das Auftreten von Depressionen auch schon im Alter von sechs bis sieben Lebensjahren erklärt. Früheste Traumatisierungen existieren unbewußt weiter und manifestieren sich in ausgeprägter Kränkbarkeit und der Tendenz, auch geringe Konflikte als Ausdruck der eigenen Unfähigkeit zu interpretieren.

Für den psychoanalytischen Behandlungsansatz gilt im weitesten Sinne, daß der Patient in der therapeutischen Beziehung die Herkunft der gegen sich selbst gerichteten aggressiven Impulse erkennt, sie zu integrieren lernt und eine Aufwertung seines Selbstwertgefühls erlebt. Während die Therapie bei Jugendlichen ähnlich der bei Erwachsenen in Form eines Gespräches durchgeführt wird, wird man sich bei Kindern in den meisten Fällen für eine Spieltherapie entscheiden.

Verhaltenstherapeutische und kognitive Modelle

Nach dem verhaltenstherapeutischen Modell von Lewinson (Lewinson et al. 1976) wird Depression aus verstärkungspsychologischer Sicht definiert: Depression entsteht demnach durch die Unfähigkeit des Individuums, eine positive Verstärkung des eigenen Verhaltens durch die Umwelt zu bewirken. Im Mittelpunkt der therapeutischen Bemühungen stehen die Veränderungen des Aktivitätsniveaus und der sozialen Fertigkeiten des Patienten. Kashani et al. (1981) stellten die Hypothese auf, daß entsprechend diesem Modell ein Mangel an sozialer Kompetenz und Kommunikationsfähigkeit zur Entwicklung einer Depression im Kindesalter beiträgt.

Unter den *kognitiven Konzepten* haben insbesondere das Modell der "erlernten Hilflosigkeit" nach Seligman (1975) sowie das Modell der "kognitiven Verzerrung" von Beck (1986) an Bedeutung gewonnen.

Nach der Theorie von Seligman erlebt das depressive Individuum Erfolg und Mißerfolg als völlig unabhängig vom eigenen Zutun und Verhalten, welches ein Gefühl völliger Hilflosigkeit und eine negative Haltung bezüglich zukünftiger Ereignisse provoziert. Depressive Individuen leben in ständiger Erwartung, daß ihnen negative Ereignisse zustoßen, die sie nicht kontrollieren können. Das *Konzept der erlernten Hilflosigkeit* impliziert einen spezifischen Attributionsstil, der im Gegensatz zu dem von Normalpersonen das Mißlingen einer Sache stets auf das eigene Versagen zurückführt, ihm eine allgemeine statt spezielle Bedeutung zumißt, die negative Bedeutung darüber hinaus auf andere Situationen ausweitet und positive Anteile übersieht.

Beck (1979) bezeichnete die von ihm entwickelte kognitive Verhaltenstherapie zur Behandlung der Depression als "einen aktiven, direktiven, zeitlich-begrenzten und strukturierten therapeutischen Ansatz, der auf der theoretischen Annahme beruht, daß Affekt und Verhalten eines Individuums weitgehend durch die Art und Weise bestimmt werden, wie dieses Individuum seine Umwelt gestaltet". Bei der Behandlung von Erwachsenen hat dieses Therapiekonzept große Bedeutung erlangt und ist vielfach evaluiert worden. Für die Therapie von Jugendlichen und möglicherweise auch Kindern gibt es vielversprechende Übertragungsansätze, so daß dieses Konzept hier ausführlich dargestellt werden soll (siehe auch Stark 1991).

Das Depressionsmodell von Beck (siehe auch Beck et al. 1986) geht von drei Hypothesen aus (*kognitive Triade*), die die Entwicklung und Beibehaltung depressiver Symptome erklären:

1. der Patient denkt geringschätzig und abwertend über seine eigene Person (negatives Selbstbild);

2. er sieht in der Interaktion mit seiner Umwelt ausschließlich Mißerfolge, Benachteiligung und Enttäuschungen (negatives Weltbild);

3. er geht davon aus, daß seine Niederlagen und Frustrationen kein Ende finden (negative Zukunftserwartung).

Diese für den Depressiven typischen grundlegenden Annahmen führen dazu, daß er sowohl vergangene als auch gegenwärtige Erfahrungen in negativen, fixierten, keiner rationalen Überprüfung zugänglichen Denkschemata interpretiert, die ein alternatives konstruktiv-optimistisches Handlungsmuster nicht zulassen.

Solche dysfunktionalen Überzeugungen, eingebettet in ein negatives Selbst-, Umwelt- und Zukunftsbild, ließen sich auch bei Untersuchungen an Kindern und Jugendlichen nachweisen (Kovacs u. Beck 1977; Kazdin et al. 1983).

Kasuistik

Die typischen systematisch-logischen Irrtümer und verzerrte Informationsverarbeitung depressiver Jugendlicher soll anhand der Kasuistik einer 16-jährigen Patientin dargestellt werden, die auf der Basis der von Wilkes und Rush (1988) entwickelten Adaptation kognitiver Techniken für jugendliche Patienten behandelt wurde.

Die Patientin hatte eine HNO-Klinik zur operativen Korrektur einer, nach ihrer Meinung entstellenden Nasenform aufgesucht. Da die Klinik aufgrund eines nur geringgradigen Befundes die Indikation für eine Operation nicht stellen wollte, wurde die Patientin aufgrund ausgeprägter depressiver Verstimmung und eines Suizidversuches notfallmäßig stationär aufgenommen. In der Zeit vor der Aufnahme hatte sie sich von allen Aktivitäten zurückgezogen und sich völlig isoliert. Ergab sich ein notwendiger Gang in die Stadt, verdeckte sie ihre Nase mit einer Hand und vermied Geschäfte sowie öffentliche Plätze. Im Kreise der Familie war sie apathisch, vernachlässigte sich in Körperpflege und Aussehen und trug nur noch schwarze Kleidung.

Bereits während des Erstinterviews ergaben sich zahlreiche von Beck als *kognitive Irrtümer* bezeichnete Annahmen:

a) *willkürliche Schlußfolgerung:*
"Als ich die Tabletten genommen hatte, um mich umzubringen, mußte ich mich übergeben. Meine Mutter dachte, ich hätte eine Magenverstimmung und merkte nicht, wie mir in Wirklichkeit zumute war. Eine Mutter, die ihr Kind gern hat, merkt, was mit ihm los ist. Ich bin ihr also egal."

b) *Personalisierung:*
"Gestern hatte mein Vater wieder schlechte Laune; sicher deshalb, weil er mein häßliches Gesicht nicht mehr sehen kann."

c) *Minimierung:*
"Ich bin zwar Sieger bei den Kreismeisterschaften geworden, aber jeder andere hätte das mit ein bißchen Übung auch geschafft."

d) *Maximierung:*
"Meine Nase ist zu groß. Darum kann ich meinen ganzen Körper nicht leiden."

e) *Übergeneralisierung:*
"Als ich nach den Ferien wieder in die Schule kam, hat mich der Mitschüler U. nicht gegrüßt. Daran habe ich gemerkt, daß mich niemand auf meiner Schule leiden kann."

f) *Dichotomes (Schwarz-Weiß) Denken:*
"Entweder man hat eine schöne Nase und ist attraktiv, oder man ist häßlich und unansehnlich."

Bei der kognitiven Therapie geht es in der Beziehung zwischen Arzt und Patient nicht um die Bearbeitung von Kindheitskonflikten, sondern um die Schwierigkeiten des "Hier und Jetzt". Der Therapeut nimmt eine empathische aktive Rolle ein, indem er Fragen stellt. Fragen verhindern, daß dem Patienten eine Meinung oder Haltung des Therapeuten "aufgesetzt" wird. Durch eine Gegenüberstellung des "Für- und Wider" seiner Argumente soll der Jugendliche dazu gebracht werden, seine fixierten Denkschemata a) zu erkennen, b) zu überprüfen und c) durch konstruktive, stärker an der Realität orientierte Gedanken zu ersetzen.

Die Patientin (B.) berichtet der Therapeutin (Th.) über eine Wochenendbeurlaubung.

B.: *"Als ich zuhause auf das Dorffest ging, starrten mich alle Leute wegen meiner großen Nase an."*

Th.: *"Woher weißt Du, daß Dich die Leute wegen Deiner zu großen Nase angeschaut haben? Hast Du jemanden gefragt?"*

B.: *"Ich habe niemanden gefragt. Aber viele von den Jugendlichen kamen und haben gefragt, warum ich so lange nicht mehr mit ihnen gefeiert habe."*

Th.: *"Könnten Dich die anderen vielleicht angesehen haben, weil sie Dich schon lange nicht mehr gesehen haben?"*

B.: *"Mm. Sie wollten wissen, ob ich am nächsten Wochenende etwas mit ihnen unternehmen will."*

Th.: *"Würdest du jemanden einladen, den Du gar nicht magst und häßlich findest?"*

B.: *"Nein, eigentlich nicht. Dann finden sie ja vielleicht doch etwas an mir gut."*

Durch die Analyse solcher (für depressive Patienten exemplarische) Gedanken findet der Therapeut die *dysfunktionalen Überzeugungen* seiner Patienten heraus; in diesem Beispiel zeigte

sich, daß die Patientin der Meinung war, daß der Wert und Erfolg ihrer Person ausschließlich durch ihr Aussehen bestimmt waren. Viele Patienten lernen im Laufe der Therapie, einen entsprechenden Dialog in angstmachenden Situationen als inneren Dialog weiterzuführen.

Am Ende jeder Therapiestunde wird mit dem Patienten eine Hausaufgabe festgelegt, die aus gestuften Aktivitäten mit wachsendem Schwierigkeitsgrad bestehen. Die Aufgabe sollte so gewählt sein, daß der Patient Erfolge erkennen kann, damit er in der Fortführung der Therapie bestätigt wird.

Mit B. wurde vereinbart, daß sie im Rahmen des Patientenausganges Stadtgänge durchführte, bei denen sie ihre Nase nicht verdecken durfte. Später kamen Einkaufssituationen und der Besuch eines Jugendclubs hinzu. Die Patientin hatte jeweils die Aufgabe, ihre Eindrücke und Erfahrungen aufzuschreiben und in der Therapie zu besprechen.

Am Ende der Behandlung hatte B. ihre Nase immer noch nicht akzeptiert, aber es gelang ihr zunehmend, Rückzugstendenzen und Ängste vor Zurückweisung zu überwinden. Sie gewann neue Freunde, beteiligte sich an alterstypischen Aktivitäten und bewältigte die Reintegration in ihre Schulklasse. Das Verhältnis zu ihrer Mutter hatte sich während der stationären Behandlung entspannt, so daß B. manche Probleme mit ihr besprechen konnte.

In der *Jugendlichen-Behandlung* sollte die Familie in regelmäßigen Abständen in die Therapie miteinbezogen werden, damit der Patient nicht durch unterschiedliche Sicht- und Verhaltensweisen von Eltern und Therapeut einem "Wechselbad" ausgesetzt wird, welches den Therapieverlauf ungünstig beeinflussen kann.

Weitere Maßnahmen im Rahmen einer kognitiv-verhaltenstherapeutischen Depressionsbehandlung sind:

Affektives Training

Kinder und Jugendliche sollen hierbei sowohl bei sich selbst als auch bei anderen die Spannbreite emotionalen Erlebens kennenlernen (z.B. das Stimmungskontinuum fröhlich - gleichgültig - traurig - sehr traurig). In der Therapie können spielerisch (z.B. durch das Aufdecken von Karten) Gefühle mit Hilfe von Mimik oder Gestik identifiziert werden (Stark et al. 1991).

Selbstkontrollmethoden

Auf der Basis des Konzeptes von Rehm (1977) sollen durch Selbstbeobachtung, Selbstbewertung und Selbstverstärkung depressionstypische negative Kognitionen verändert werden.

Mit Hilfe der Selbstbeobachtung können Stressoren und negativ fixierte Denkschemata im Alltag des Kindes identifiziert und Therapieeffekte erfaßt werden. Beim Selbstbewertungstraining lernen Kinder, sich selbst realistischer und optimistischer zu sehen und eigene positive Eigenschaften und Entwicklungen zu erkennen. Im Rahmen der Selbstverstärkung belohnt sich das Kind für positive Lösungsstrategien (Übersicht bei Stark et al. 1991).

Aktivierung des Patienten

Bei der Therapie depressiver Kinder oder Jugendlicher ist es vielfach empfehlenswert, einen Stundenplan aufzustellen, in dem für das Kind angenehme Aktivitäten oder Unternehmungen festgelegt sind. Diese sind mit der depressionstypischen Rückzugsneigung, Passivität und Antriebsminderung nicht vereinbar und vermitteln dem Kind den Zusammenhang zwischen positiven Erlebnissen und Stimmungsaufhellung.

Erwerb und Verstärkung sozialer Kompetenz

Das Training sozialer Fertigkeiten sollte sowohl verbale als auch nonverbale Verhaltensweisen (z.B. Blickkontakt, Lächeln) einbeziehen, die bedeutsam für den Ausdruck und die Akzeptanz negativer wie auch positiver Gefühle sind. Es beinhaltet instruktive Techniken, Modellernen und Durchspielen (Praktizierung) sozial adäquater Verhaltensweisen mit einem feed back des Therapeuten. Das Kind sollte lernen, ein Problem zuerst zu durchdenken, Lösungsstrategien zu entwickeln und sich die Konsequenz der einzelnen Handlungsmöglichkeiten im *voraus* zu überlegen.

Probleme im Verlauf der Therapie

Die psychotherapeutische Behandlung depressiver Kinder und Jugendlicher impliziert nicht selten Probleme. So geht das kognitiv-verhaltenstherapeutische Konzept davon aus, daß der Patient seine Behandlung aktiv mitgestaltet. Depressive Patienten sind aber nicht selten passiv und schweigsam in der Therapie, so daß bereits der verbale Austausch Schwierigkeiten bereiten kann. Die für eine Depression typische Hoffnungslosigkeit und Anhedonie führten manchmal dazu, daß das Kind oder der Jugendliche den therapeutischen Bemühungen von vornherein keine Chance einräumten ("es hat ja doch alles keinen Zweck"). Als positive Verstärker gedachte Aktivitäten werden aufgrund der depressiven Einstellung des Kindes nicht als solche erlebt. Konzentrationsstörungen und Entscheidungsschwierigkeiten können sich ebenfalls negativ auf den therapeutischen Prozeß auswirken.

Der Therapeut sollte daher bei der Behandlung depressiver Kinder und Jugendlicher Richtlinien beachten, die die Compliance seiner Patienten verstärken. Hierzu gehören eine angenehme Umgebung und eigenes positives Engagement. Rollenspiele, Geschichten und Bildmaterial fordern den Patienten oft eher zum Mitmachen auf als der vornehmlich verbale Austausch. Therapeutische Anweisungen und Hilfestellungen sollten nie allgemein formuliert werden, sondern immer von der persönlichen Lebenswelt des Kindes und seiner Familie ausgehen.

Evaluationsstudien

Während für das Erwachsenenalter zahlreiche Studien über die Wirksamkeit der kognitiv-behavioralen Therapie vorliegen (z.B. Hautzinger 1991), finden sich nur *wenige Arbeiten für das Kindes- und Jugendalter.*

Reynolds und Coats (1986) verglichen bei jeweils 30 *depressiven Jugendlichen* den Effekt eines kognitiv-behavioralen Programms und einer Entspannungstherapie mit der Situation von Patienten auf einer Warteliste. Die beiden therapeutischen Maßnahmen wurden jeweils zweimal wöchentlich über fünf Wochen durchgeführt. Beide behandelten Gruppen zeigten nach Abschluß der Therapie bei Selbsteinschätzungsverfahren und klinischer Beobachtung gegenüber den Patienten auf der Warteliste *eine signifikante Reduktion der depressiven Symptomatik,* die auch fünf Wochen nach Therapieende noch nachzuweisen war.

Stark et al. (1987) untersuchten 29 *depressive Schulkinder* im Alter von 9 bis 12 Jahren, die entweder an einem Selbstkontrollprogramm oder an einem verhaltensorientierten Problemlösetraining teilnahmen oder auf eine Therapie warteten. Das Selbstkontrollprogramm beinhaltete Selbstbeobachtung, Selbstbewertung, Attributionsveränderung und die Umsetzung hieraus resultierender Schlußfolgerungen. Das *verhaltenstherapeutische Problemlösetraining* hatte seine Schwerpunkte im Affekttraining (s.o.), Selbstbeobachtung bei angenehmen Ereignissen, Aktivitätenplanung und dem Erwerb sozialer Fertigkeiten ("social skills"). Auch hier fand sich bei beiden Therapiegruppen gegenüber den Wartelistebedingungen eine signifikante Reduktion der depressiven Symptomatik, die in der Selbstkontrollgruppe noch ausgeprägter war.

Die gleiche Arbeitsgruppe (Stark et al. 1991) führte eine weitere Vergleichsstudie bei 24 *depressiven Kindern* von *kognitiv-behavioraler Therapie und traditioneller stützender Therapie* durch. Die Kinder trafen sich in Vierergruppen mit jeweils zwei Therapeuten in 24 bis 26 Sitzungen über 3 1/2 Monate. Zusätzlich erfolgte eine Familiensitzung einmal monatlich. Nach Abschluß der Behandlung zeigten beide Gruppen eine Besserung, die bei den Patienten der kognitiven Therapiegruppe ausgeprägter war (statistisch signifikant). Dieser Unterschied war sieben Monate nach Behandlungsende nicht mehr nachzuweisen, was die Autoren jedoch auf die Unvollständigkeit der Therapiegrupppen zum Katamnesetermin zurückführten. Dennoch müssen *Langzeiterfolge* der kognitiv-behavioralen Therapie für das Kindes- und Jugendalter noch empirisch nachgewiesen werden.

Grundsätzlich schließen sich psychotherapeutische und medikamentöse Behandlung nicht aus. In vielen Fällen - insbesondere bei mittelschwerer und schwerer Depression - kann sich die Kombination von Antidepressiva mit kognitiver Verhaltenstherapie als sehr wirksam erweisen.

18.2 Suizidales Verhalten

Definition

Suizidversuche implizieren die Absicht, das eigene Leben zu beenden, was bei vollendetem Suizid gelungen ist.

Da Suizid und Suizidversuche ein Phänomen bei unterschiedlichen psychiatrischen Störungen sein können, findet sich in der ICD 10 (und in anderen Klassifikationssystemen) keine eigene diagnostische Kategorie. Allerdings wird bei der emotional instabilen Persönlichkeitsstörung (Borderline Typus), suizidales Verhalten als typisches Symptom ausdrücklich erwähnt.

Differentialdiagnostisch ist suizidales Verhalten von selbstschädigendem Verhalten abzugrenzen.

Epidemiologie

Im Kindesalter (5-14 Jahre) liegt die *Prävalenz* der vollendeten Suizide bei 0,5 bis 1,0/100.000 Angehörige dieser Altersgruppe; im Jugend- und frühen Erwachsenenalter steigt diese Rate auf 12 bis 16/100. 000 der 15- bis 24jährigen deutlich an.

Die Häufigkeit der nicht-tödlichen Suizidversuche ist aufgrund einer vermutlich *sehr hohen Dunkelziffer* schwer abzuschätzen. Sie beträgt für Kinder ca. 1%, für Adoleszente 2% bis 9% (Übersicht bei Shaffer und Piacentini 1994 sowie Pfeffer 1991).

Während der vollendete Suizid beim männlichen Geschlecht häufiger ist, wird ein Suizidversuch in westlichen Kulturen häufiger von Mädchen oder jungen Frauen durchgeführt. Dieser Unterschied ist jedoch nicht in allen Kulturen nachzuweisen. Er ist möglicherweise darauf zurückzuführen, daß männliche Individuen härtere Methoden (Schußwaffen, Tod durch Erhängen) wählen als weibliche (Vergiftung, Sprung aus großen Höhen), die mit höherer Wahrscheinlichkeit zum Tode führen (siehe auch Shaffer und Piacentini 1994).

Ätiologie

Bei Individuen mit vollendetem Suizid ist das *familiäre Suizidrisiko* erhöht. *Biologische Studien* deuten darauf hin, daß das zentrale serotoninerge System bei Patienten mit Suizidhandlungen beteiligt ist. *Imitations-* und *"Ansteckungseffekte"* spielen ebenfalls eine Rolle. Nach Suizidhandlungen prominenter Persönlichkeiten läßt sich vor allem im Jugendalter ein Anstieg der Suizidrate feststellen, der ca. 1-2 Wochen anhält; ein ähnlicher Effekt läßt sich nach Darstellung von suizidalem Verhalten in den Medien nachweisen. Nach der Ausstrahlung des Films "Der Tod eines Schülers" im Jahre 1986 fand sich eine Häufung von vollendeten Suiziden bei männlichen Jugendlichen.

Sehr bedeutsam für suizidales Verhalten sind psychische Störungen. Nahezu 15% der Individuen mit affektiven Störungen, 10% der schizophrenen Patienten und 2% bis 4% der chronischen Alkoholiker verüben Suizid. Auch bei

Drogenabhängigen besteht ein hohes Suizidrisiko. Vorausgegangene Suizidversuche erhöhen ebenfalls die Wahrscheinlichkeit für einen vollendeten Suizid. Bei männlichen Adoleszenten lag das Suizidrisiko für Individuen, die bereits einen Suizidversuch unternommen hatten, bei 100/100.000, für depressive Jugendliche bei 270/100.000, wohingegen es bei der altersentsprechenden Normalpopulation nur 4/100.000 betrug (Gould et al. 1990).

Auslösende Ereignisse

Bei Jugendlichen mit suizidalem Verhalten lassen sich fast immer vorausgegangene Krisensituationen nachweisen, z.B. Angst vor Bestrafung nach Übertreten von Regeln oder Begehen einer strafbaren Handlung, Zurückweisung, Schul-, Alkohol- oder Drogenprobleme oder der Verlust einer Liebesbeziehung. Bei Suizidversuchen werden familiäre Konflikte als die häufigste Ursache angegeben (Übersicht bei Remschmidt 1992).

Familiäres Umfeld

Familien von Patienten mit Suizidhandlungen weisen im Vergleich zu sog. Normalfamilien besondere Merkmale auf: so findet sich eine erhöhte Rate an psychiatrischen Auffälligkeiten und ein wenig verständnisvoller, gleichgültiger oder bestrafender Erziehungsstil. Nicht wenige Jugendliche mit Suizidhandlungen fühlen sich durch die Erwartungen ihrer Eltern überfordert. Ein signifikanter Zusammenhang besteht zwischen suizidalem Verhalten und körperlicher oder sexueller Mißhandlung in der Familie, was in der Therapie bedacht werden sollte.

Risikoabschätzung

Behandelnder Arzt oder Therapeut stehen oft vor der Frage, wie hoch das Suizidrisiko eines gefährdeten Individuums tatsächlich einzuschätzen ist, d.h., sie müssen im Einzelfall konkret die Frage beantworten können, ob eine stationäre Krisenintervention erforderlich ist oder nicht. Wird der Patient in der Klinik vorgestellt, sollte die Indikation zur stationären Behandlung gemeinsam mit dem Oberarzt oder Chefarzt gestellt werden (ggf. Beschluss nach § 1626 Abs. 2 BGB).
   Hierbei haben sich folgende Risikokriterien als aussagekräftig erwiesen:

1) aktuelle Suizidideen mit Ablehnung von Alternativen sowie Vorliegen eines genauen Suizidplanes;

2) das Vorliegen einer depressiven oder anderen psychiatrischen Erkrankung;

3) vorausgegangene Suizidversuche; dabei scheint das Suizidrisiko in dem einem Suizidversuch folgenden Jahr am höchsten zu sein;

4) vorausgegangene Suizidversuche mit anderen Methoden als die der Ingestion von Medikamenten;

5) der Patient ist Familienmitglied oder ein enger Freund einer Person, die ebenfalls einen Suizidversuch unternommen hat;

6) soziale Isolation;

7) Zwistigkeiten zwischen dem Jugendlichen und seiner Umgebung oder Gewalttätigkeit in der Familie sowie drohende Scheidung der Eltern;

8) außerfamiliäre belastende Lebensumstände (z.B. Versagen in der Schule, Konflikte wegen dissozialer Verhaltensauffälligkeiten, Drogen- oder Alkoholabusus);

9) Wunsch des Patienten nach stationärer Aufnahme.

Therapie

Das schrittweise Vorgehen nach einem Suizidversuch oder bei Androhung von Suizid geht aus Tab. 18.1 hervor.

a)   Akutphase und Krisenintervention

Ist bereits ein Suizidversuch erfolgt, sollte eine Intervention so früh wie möglich, am besten bereits am Ort der Primärversorgung stattfinden. Sowohl der Jugendliche als auch seine Eltern sind im allgemeinen unmittelbar nach der "Rückkehr ins Leben" in einer emotional sehr empfänglichen Situation, die die Einleitung erster therapeutischer Maßnahmen erleichtert (siehe auch Remschmidt 1992). Diese Zeit sollte genutzt werden, um sich genau über das Motiv und die Hintergründe für den Suizidversuch zu informieren und eine Vertrauensbeziehung zu dem Patienten aufzubauen. Die Beachtung und Aufmerksamkeit, die dem lebensüberdrüssigen Patienten durch den Therapeuten zuteil wird, wirkt der für den Suizidalen typischen Auffassung entgegen, nichts mehr wert zu sein und alles verloren zu haben.

Tabelle 18.1 Schrittweises therapeutisches Vorgehen nach oder bei drohendem Suizidversuch

Akut-Phase 1 (Klinische Behandlung)	Akut-Phase 2 (Klinische Behandlung)	Erholungsphase (Klinische Behandlung)	Remissionsphase (Ambulante Nachbetreuung)
Intensivstation	psychiatrisch-psychothe-rapeutische Station	psychiatrisch-psychothe-rapeutische Station	Poliklinik, Praxis
Behandlung somatischer Komplikationen	Beobachtung und Betreuung durch Pflegepersonal	Ausdehnung des Aktionsradius (z.B. Mitpatienten-ausgang)	Beobachtung durch Bezugspersonen im häuslichen Umfeld
Konsiliarische psychiatrisch-psychotherapeutische Betreuung Eruierung der Suizidmotive	regelmäßige Einzelge-spräche zur weiteren Klärung der Suiziddyna-mik, Entwicklung von Bewältigungsstrategien	Fortsetzung der Einzel-gespräche, Entwicklung eines Präventionsplanes	engmaschige Gespräche mit dem Therapeuten, evtl. auch telefonisch
	Integration in stationäre Gruppenarbeit (z.B. Gruppentherapie, Be-schäftigungstherapie)	Fortsetzung der Gruppenarbeit	
Kontaktaufnahme zur Familie	Entscheidung über Art und Intensität der Famili-enarbeit (z.B. Beratung oder Familientherapie)	Intensivierung der Eltern- und Familiengespräche zur Vorbereitung der Entlassung	Fortsetzung der Eltern- oder Familienarbeit, Bewältigung neu auftre-tender Belastungen oder Konflikte
		Umweltbezogene Maßnahmen (z.B. Kon-taktaufnahme zu weiteren Bezugspersonen)	Hilfestellung bei der Reintegration in das soziale Umfeld (z.B. schulbezogene Maßnahmen)
Ziel: medizinische Akuthilfe, Abschätzung des weiteren Suizid-risikos, Aufbau einer Vertrauensbezie-hung, "Diagnostik" des familiären Umfeldes	Ziel: Schutz vor selbstdestrukti-ven Impulsen, Intensivierung der Vertrau-ensbeziehung zum Thera-peuten, Abbau von Vereinzelung und Verein-samung, Klärung der suizidauslö-senden fami-liären Konflikt-situation	Ziel: Stabilisierung der therapeuti-schen Bezie-hung, Veränderung der suizidaus-lösenden Bedingungen, Vorbereitung der sozialen Reintegration	Ziel: Prophylaxe eines erneuten Suizidver-suches, Aktivierung von "Ko-Thera-peuten"

Im Rahmen einer stationären Psychotherapie kann man - entsprechend dem bei den depressiven Störungen geschilderten kognitiven Vorgehen - gemeinsam mit dem Jugendlichen versuchen, *alternative Ideen zum Suizidgedanken* sowie Problemlösungsstrategien für die jeweiligen Schwierigkeiten zu entwickeln. Der Therapeut sollte den Jugendlichen ermutigen, mit ihm gemeinsam die Gedanken und Gefühle zu besprechen, die ihn in der Situation des Suizidversuches bewegt haben. Es empfiehlt sich, mit dem Patienten einen schriftlichen Plan für solche Situationen auszuarbeiten, in denen immer wieder Selbstmordgedanken auftreten. Dieser sollte mehrere Alternativlösungen beinhalten und für den Patienten stets greifbar sein.

Neben der Einzeltherapie bieten sich zusätzlich unterschiedliche Methoden der Gruppentherapie mit altersentsprechenden Jugendlichen an, damit der oft isolierte suizidgefährdete Jugendliche in *soziale Aktivitäten* eingebunden wird.

b)   Ambulante Behandlung

In der unmittelbaren Zeit nach Entlassung bzw. bei Beginn einer ambulanten Betreuung muß sichergestellt sein, daß es in der Umgebung des Patienten *zuverlässige Bezugspersonen* gibt, die eine intensive Beobachtung des gefährdeten Jugendlichen ermöglichen. Nicht selten erfolgt in dieser Zeit nach Entlassung eine Reaktivierung der Suizidideen. Mit dem Patienten kann ein Vertrag geschlossen werden, der für einen bestimmten Zeitraum die Verpflichtung des Jugendlichen beinhaltet, keinen Suizidversuch zu unternehmen. Je suizidgefährdeter der Patient erscheint, desto kürzer sollte der Zeitraum gewählt werden. Der Vertrag wird von Patient und Therapeut unterschrieben, um dem Jugendlichen zu demonstrieren, daß ihn der Therapeut ernst nimmt. Für die Zeit bis zur nächsten Therapiesitzung empfehlen sich regelmäßige Telefongespräche mit einem kurzen Bericht über die jeweilige Situation des Patienten. Diese sollten zu einer festgelegten Uhrzeit pünktlich stattfinden, um die Zeit des Suizidgefährdeten zu strukturieren. Der Jugendliche sollte ermutigt werden, bei akut auftretenden Suizidimpulsen sofort Kontakt mit dem Therapeuten aufzunehmen. Keine Therapiestunde sollte ohne einen neuen fest verabredeten Termin beendet werden. Aufgrund einer hohen Rezidivquote (s.u.) darf die Zeit der Nachbetreuung nicht zu kurz angesetzt werden.

c)   Einbeziehung der Familie und des sozialen Umfeldes

Nach einer Phase der "Familiendiagnostik" muß über die Intensität der weiteren gemeinsamen Arbeit entschieden werden, z.B. ob eine *Elternberatung* oder längerfristige *Familientherapie* durchgeführt werden soll. Hierbei müssen Gefühle persönlichen Gekränktseins, Schuldzuweisungen sowie suizidauslösende Konflikte geklärt werden.

Zusätzlich zu den Eltern sollten auch andere mögliche Bezugspersonen (Lehrer, Erzieher, etc.) in das therapeutische Setting integriert werden, wenn dies für die Konfliktbewältigung des Patienten von Bedeutung ist. In der Konfrontation mit den für den Suizidversuch ausschlaggebenden Bezugspersonen sollten Lösungsmöglichkeiten deutlich werden, ohne vordergründige Versprechungen abzugeben, die hinterher nicht gehalten werden können.

Ähnlich wie bei der Behandlung depressiver Kinder und Jugendlicher muß der Therapeut auch bei der Suizidintervention Talent und Kreativität einbringen, um dem Patienten ein Gefühl von Souveränität, Kompetenz und Selbstschätzung zu vermitteln, welches ihn auch in späteren schwierigen Lebenssituationen auf alternative Lösungsmöglichkeiten vertrauen läßt.

Prognose

Es gibt nur wenige Evaluationsstudien über psychotherapeutische Behandlungsstrategien von Jugendlichen nach Suizidversuchen, wobei sich die kognitiv-behaviorale Therapie unter Einbeziehung der Familie als vielversprechend erwiesen hat (siehe auch Rotheram-Borus et al. 1994).

Die Rückfallrate ist äußerst hoch: bis zu 50% der Jugendlichen, die einen Suizidversuch unternommen haben, wiederholen ihn; 4-10% verlaufen davon tödlich. Präventive Maßnahmen sind daher unbedingt erforderlich.

Weiterführende Literatur:

Friese, H.-J.; Trott, G.-E. (Hrsg.): Depression in Kindheit und Jugend. Huber, Bern 1988.

Goodyer, I. (Ed.): The Depressed Child and Adolescent: Developmental and Clinical Perspectives. Cambridge University Press, Cambridge 1995.

Harrington, R.: Depressive disorder in childhood and adolescence. Wiley & Sons, Chichester, N.Y. 1993.

Jochmus, I.; Förster, E. (Hrsg.): Suizid bei Kindern und Jugendlichen. Enke, Stuttgart 1983.

Literatur

Achenbach, T.M.; Edelbrock, C.S.: Manual for the Child Behavior Checklist and revised Child Behavior Profile. Queen City Printers Inc., Burlington 1983.

Beck, A.T.; Rush, A.J.; Shaw, B.F.; Emery, G.: Kognitive Therapie der Depression. Psychologie Verlags-Union, Urban und Schwarzenberg, München, Weinheim 1986.

Beck, A.T.; Rush, A.J.; Shaw, B.F.; Emery, G.: Cognitive therapy of depression. Guilford, New York 1979.

Bibring, E.: The mechanism of depression. In: Greenacre, P. (Ed.): Affective disorders, 13-48. International Universities Press, New York 1953.

Dilling, H.; Mombour, W.; Schmidt, M.H. (Hrsg.): ICD 10 - Internationale Klassifikation psychischer Störungen. Huber Verlag, Bonn, Göttingen, Toronto 1991.

Finch, A.J.; Saylor, C.F.: An overview of child depression. Progress in Pediatric Psychology. 201-238, 1984.

Freud, S.: Das Ich und das Es. Fischer-Verlag, Frankfurt 1953.

Gould, M.S.; Shaffer, D.; Davies, M.: Truncated pathways from childhood: attrition in follow-up studies due to death. In: Robins, L.; Rutter, M. (Eds.): Straight and devious pathways from childhood to adulthood, 3-10. Cambridge University Press, Cambridge 1990.

Harrington, R.: Affective disorders. In: Rutter, M.; Taylor, E.; Hersov, L. (Eds.): Child and asolescent psychiatry, 330-350. Blackwell Scientific Publications, Oxford 1994.

Hautzinger, M. (Hrsg.) Themenheft: Psychologische Behandlung bei Depressionen. Verhaltensmodifikation und Verhaltensmedizin 12, 86-171, 1990.

Herpertz-Dahlmann, B.; Remschmidt, H.: Entwicklungsabweichungen infolge von Störungen der Kind-Umwelt-Interaktionen im Säuglingsalter. Kindheit und Entwicklung 11, 15-24, 1995.

Kashani, J.H.; Husain, A.; Shekim, W.O.; Hodges, K.; Cytryn, L.; McKnew, D.H.: Current perspectives on childhood depression: an overview. American Journal of Psychiatry 138, 143-152, 1981.

Kazdin, A.E.; French, N.H.; Unis, A.S.; Esveldt-Dawson, K.: Assesment of childhood depression: correspondence of child and parent ratings. Journal of the American Academy of Child and Adolescent Psychiatry 22, 157-164, 1983.

Kovacs, M.; Beck, A.T.: An emperical-clinical approach toward a definition of childhood depression. In: Schulterbrandt, J.G.; Raskin, A. (Eds.): Depression in childhood: diagnosis, treatment and conceptual models, 1-25. New York 1977.

Lewinson, P.M.; Biglan, A.; Ziess, A.M.: Behavioral treatment of depression. In: Davidson, P.O. (Ed.): The behavioral management of anxiety, depression and pain, 91-146. Brunner and Mazel, New York 1976.

Pfeffer, C.R.: Suicide and suicidality. In: Wiener, J.M. (Ed.): Textbook of child and adolescent psychiatry, 507-514. American Psychiatric Press, Inc., Washington, D.C. 1991.

Propping, P.: Psychiatrische Genetik. Springer-Verlag, Berlin, Heidelberg, New York, Tokyo, 1991.

Rehm, L.P.: A self-control model of depression. Behavior Therapy 8, 787-804, 1977.

Remschmidt, H.; Walter, R.: Psychische Auffälligkeiten bei Schulkindern. Verlag für Psychologie - Dr. C.J. Hogrefe, Göttingen, Toronto, Zürich 1990.

Remschmidt, H.: Psychiatrie der Adoleszenz, Thieme, Stuttgart 1992.

Reynolds, W.M.; Coats, K.I.: A comparison of cognitive-behavioural therapy and relaxation - training for the treatment of depression in adolescents. Journal of Consulting and Clinical Psychology 54, 653-660, 1986.

Rotheram-Borus, M.J.; Piacentini, J.; Miller, S.; Graae, F.; Castro-Blanco, D.: Brief cognitive-behavioral treatment for adolescent suicide attempters and their families. Journal of the American Academy of Child and Adolescent Psychiatry 4, 508-517, 1994.

Seligman, M.E.P.: Helplessness: on depression, development, and death. W.H. Freeman and Company, San Francisco 1975.

Shaffer, D.; Piacentini, J.: Suicide and attempted suicide. In: Rutter, M.; Taylor, E.; Hersov, L. (Eds.): Child and adolescent psychiatry, 407-424. Blackwell Scientific Publications, Oxford 1994.

Stark, K.D.; Reynolds, W.M.; Kaslow, N.J.: A comparison of the relative efficacy of self-control therapy and a behavioral problem-solving therapy for depression in children. Journal of Abnormal Child Psychology 15, 91-113, 1987.

Stark, K.D.; Rouse, L.W.; Livingston, R.: Treatment of depression during childhood and adolescence: cognitive-behavioral procedures for the individual and family. In: Kendall, P.C. (Ed.): Child and adolescent therapy cognitive-behavioural procedurs, 165-206. Guilford Press, New York, London 1991.

Wilkes, T.C.; Rush, A.J.: Adaptions of cognitive therapy for depressed adolescents. American Journal of the Academy of Child and Adolescent Psychiatry 27, 381-386, 1986.

19. Konversionssyndrome

Helmut Remschmidt

19.1 Allgemeine Gesichtspunkte, Definition und Klassifikation

Die ursprüngliche Bedeutung des Begriffes Konversion (Freud, 1894) wurde darin gesehen, daß die in einem sexuellen Triebwunsch steckende psychische Energie in ein körperliches Symptom umgewandelt, also konvertiert wird. In dieser Auffassung gelangen die verdrängten Wünsche durch die Konversionssymptome zur symbolischen Darstellung. Das auf diese Weise verlorengegangene psychische Gleichgewicht wird durch das häufig zu beobachtende Mißverhältnis zwischen psychischer Einstellung und Schwere des Symptoms als sogenannte "belle indifférence" wieder hergestellt. Nach dieser Interpretation ist eine Konversionssymptomatik in engem Zusammenhang zur Hysterie zu sehen. Der Begriff wurde jedoch in den letzten Jahren nicht mehr ausschließlich i.S. eines psychoanalytischen Erklärungsmodells herangezogen, sondern ebenso phänomenologisch-deskriptiv angewandt. Bereits in den 20er Jahren wurde unterschieden zwischen der hysterischen Symptomneurose (Konversion) und dem hysterischen Charakter (hysterische Charakterneurose). Diese Aufteilung kann jedoch nur als graduelle Abstufung bzw. an gewissen Schwerpunkten orientierte Unterscheidung angesehen werden. Denn Konversionssyndrome treten gehäuft bei hysterischen Persönlichkeiten auf.

Klassifikation: In den letzten Jahren hat man sich bemüht, eine weitere Differenzierung aller mit der Hysterie in Zusammenhang stehenden Symptome vorzunehmen.

In der ICD-10 wird der Terminus Hysterie "wegen seiner vielen und unterschiedlichen Bedeutungen" vermieden. Statt dessen werden die zugehörigen Störungen unter folgenden drei Rubriken subsumiert:

(1) Dissoziative und Konversionsstörungen (F44) (z.B. psychogene Amnesie, psychogener Stupor, psychogene Anfälle);

(2) somatoforme Störungen (F45) (z.B. multiple Somatisierungsstörungen, hypochondrisches Syndrom, psychogene autonome Funktionsstörung, psychogener Schmerz);

(3) histrionische Persönlichkeitsstörung (F60.4). Gemeint ist damit die klassische "hysterische Persönlichkeit".

Im folgenden werden nur einige, für das Kindes- und Jugendalter bedeutsame Konversionssyndrome bzw. hysterische Störungsmuster beschrieben. Da die klinischen Manifestationen unterschiedlich sind, werden die verschiedenen Syndrome auch in der Darstellung voneinander abgegrenzt. Da aber andererseits sowohl Ätiologie und Genese als auch das psychotherapeutische Vorgehen für die einzelnen Syndrome recht ähnlich sind, werden diese Aspekte für alle beschriebenen Syndrome zusammenfassend dargestellt.

19.2 Psychogene Anfälle

(1) Krankheitsprofil

Psychogene Anfälle stehen hinsichtlich der Häufigkeit an erster Stelle der hysterischen Manifestation im Kindes- und Jugendalter, gefolgt von psychogenen Gangstörungen und Dämmerzuständen (Blanz et al., 1987). Man kann aber auch immer wieder Patienten beobachten, die gleichzeitig an einer Epilepsie und an psychogenen Anfällen leiden. Die wichtigsten Merkmale psychogener Anfälle sind:

- plötzliches oder allmähliches Einsetzen;
- Auftreten meist in Gegenwart anderer;
- Dauer in der Regel länger als epileptische Anfälle;
- Auslösung durch ein Erlebnis oder eine Belastungssituation;
- bizarre und unkoordinierte Bewegungen, die sich von epileptischen Anfallsmustern meist unterscheiden;
- Fehlen neurologischer und elektrophysiologischer Merkmale (z.B. Babinski-Reflex, EEG-Auffälligkeiten, Zungenbiß, Einnässen, postparoxysmaler Schlaf);
- seltenes Auftreten von Verletzungen;
- in etwa 10% der Fälle zusätzliche epileptische Anfälle.

Obwohl die hier angeführten Merkmale recht typisch für psychogene Anfälle sind, kann ihre Differentialdiagnose Schwierigkeiten bereiten. Abgegrenzt werden müssen sie von einer Reihe von anderen Störungen und Erkrankungen wie Epilepsien und anderen neurologischen Erkrankungen, synkopalen Anfällen, der Hyperventilationstetanie, vom hypoglykämischen Bewußtseinsverlust, von Tics, Persönlichkeitsstörungen und schizophrenen Psychosen.

19.3 Psychogene Lähmungen und Bewegungsstörungen

(1) Krankheitsprofil

Bei diesen Störungen sind in der Regel komplexe und sinnvolle Bewegungsabläufe wie Gehen, Stehen und andere willkürliche Bewegungen aufgehoben. Bemerkenswert ist dabei, daß Ausmaß und Lokalisation der Bewegungsstörungen nicht mit den Gesetzmäßigkeiten der Innervation übereinstimmen, sondern sich an laienhaften Körpervorstellungen ausrichten. So kann der Muskeltonus je nach Körperhaltung wechselhaft sein. Beim Wechsel der Körperlage kommt es oft zu Innervationen der Muskulatur, so daß Stützhaltungen entstehen. Bei Stehversuchen beobachtet man oft ein Einknicken in den Kniegelenken und ein Hinfallen der Patienten ohne größere Verletzungsgefahr. Gelegentlich kommt es auch zu regelrechten "Lähmungen", die keine Beweglichkeit mehr zulassen.

Psychopathologisch sind folgende Beobachtungen zu machen:

- Die Symptomatik erscheint zweckgerichtet und hat einen Ausdrucksgehalt, der mit der auslösenden Situation zusammenhängen kann.
- Die Symptomatik hat häufig einen demonstrativen Charakter.
- Im bemerkenswerten Gegensatz zur Schwere der Symptomatik steht die Einstellung des Patienten hierzu, die sich als Gleichgültigkeit oder Indolenz beschreiben läßt (sogenannte "belle indifférence").
- Die finale Orientierung ist Außenstehenden sichtbar, dem Patienten jedoch nicht.

(2) Differentialdiagnose

Da die Vielfalt der Symptomatik bei psychogenen Lähmungen und psychogenen Bewegungsstörungen außerordentlich groß ist (Schmerzsyndrome, Sensibilitätsstörungen, Bewegungseinschränkungen verschiedenster Art, Kombinationen mit sensoriellen Störungen oder Dämmerzuständen usw.), ist die Differentialdiagnose nicht einfach. Da organische Vorschädigungen prädisponierend sein können und auch die Gefahr besteht, daß man neurologische Erkrankungen übersieht, ist eine sehr sorgfältige neurologische Diagnostik erforderlich. Immerhin erweisen sich 10-15% der Konversionssyndrome in der Katamnese als nicht erkannte organische Erkrankungen.

19.4 Hysterische Persönlichkeitsstörung

(1) Krankheitsprofil

Unter hysterischer Persönlichkeit versteht man eine Persönlichkeitsstörung mit oberflächlicher und labiler Affektivität, Abhängigkeit von anderen, sehnsüchtigem Verhalten nach Anerkennung und Aufmerksamkeit, Suggestibilität und theatralischem Verhalten. Die Bezeichnung "infantile Persönlichkeit" ist synonym. In der ICD-10 und im DSM-III-R werden die Symptome und Verhaltensweisen unter dem Begriff "histrionische Persönlichkeitsstörung" zusammengefaßt.

Diese Persönlichkeitsvariante wird hier erwähnt, da sie in den Bereich der hysterischen Manifestationen gehört, wobei sich die hysterische Symptomatik nicht in Form körperlicher oder psychischer Teilsymptome zeigt, sondern in einer entsprechenden Haltung der gesamten Persönlichkeit.

19.5 Diagnose und Differential-diagnose hysterischer Manifestationen

Die Diagnose stützt sich auf eine sorgfältige Anamnese, auf die negativen Ergebnisse einer neurologischen Untersuchung (einschließlich Zusatzuntersuchungen) und eine ausführliche psychiatrische und psychologische Untersuchung. Diese müssen das kognitive Funktionsniveau, die emotionalen Besonderheiten und die Persönlichkeitsstruktur berücksichtigen und vor allem den möglichen Zusammenhang zwischen Symptomatik und typischen Auslösesituationen bzw. Konflikten herausarbeiten (Remschmidt, 1992).

Differentialdiagnostisch müssen hysterische und Konversionssyndrome von folgenden Erkrankungsgruppen abgegrenzt werden:

(1) Abgrenzung von psychosomatischen Erkrankungen. Die wesentlichen Gesichtspunkte hierzu hat Alexander bereits 1943 herausgearbeitet. Sie sind in Tab. 19.1 wiedergegeben.

(2) Abgrenzung von Lähmungen und psychogenen Anfällen von anderen psychogenen Bewegungsstörungen. Im Hinblick auf die Differentialdiagnose zwischen Konversionssyndromen und psychogenen Anfällen kann z.B. die Video-EEG-Technik weiterhelfen. Aber auch gegenüber Tics, der Hyperventilationstetanie und hypoglykämischen Zuständen mit Bewußtseinsverlust müssen verschiedene Konversionssyndrome abgegrenzt werden.

(3) Abgrenzung von schizophrenen Psychosen. Gerade im Jugendalter kommen nicht selten schizophrene Erkrankungen vor, die sich zunächst in Form von "hysterischen Merkmalen" äußern. Die differentialdiagnostische Abgrenzung ergibt sich meist erst nach einer längeren Beobachtungszeit.

Tabelle 19.1 Differentialdiagnose zwischen psychophysiologischen (psychosomatischen) Reaktionen und (hysterischen) Konversionsreaktionen (nach Alexander, 1943)

Psychopathologische (psychosomatische) Reaktionen	Konversionsreaktionen
1. Betroffen sind Organe, die vom autonomen Nervensystem kontrolliert werden	1. Betroffen sind Körperteile, die vom willkürlichen Nervensystem gesteuert werden
2. Symptomatik reduziert nicht Angst	2. Symptomatik reduziert (bindet) Angst
3. Symptome haben keine symbolische Bedeutung	3. Symptome haben eine symbolische Bedeutung und sind Ausdruck des jeweiligen Konfliktes
4. Gewebeschädigung kann lebensbedrohlich sein	4. Keine Gewebeschädigung (allenfalls Atrophie), nie lebensbedrohlich

19.6 Ätiologie und Genese

Nach Berblinger (1960) lassen sich die Vorstellungen zur Ätiologie und Pathogenese der hysterischen und Konversionssyndrome auf drei Grundmechanismen reduzieren:

(1) Inaktivierung von Organen und Organsystemen (z.B. bei Lähmungen oder Bewegungsstörungen oder sensoriellen Ausfällen).
(2) Gesteigerte funktionelle Autonomie des psychischen Apparates (Funktionssteigerung). Dies trifft z.B. bei psychogenen Anfällen und bei überschießenden motorischen Bewegungsabläufen zu.
(3) Verminderte funktionelle Autonomie des psychischen Apparates (z.B. bei Dämmerzuständen, Amnesien).

Diese drei Grundmechanismen gehen mehr von einer Deskription der Krankheitserscheinungen aus und verzichten bewußt auf weitergehende, meist nicht beweisbare ätiologische Zusammenhänge.

Zwar gibt es eine große Zahl von Theorien zur Ätiologie und Genese hysterischer Syndrome. Bislang sind sie aber nicht in der Lage, die Entstehung dieser Erkrankung schlüssig und widerspruchsfrei zu erklären. Deshalb wird auf sie im folgenden nicht im einzelnen eingegangen, sondern es werden einzelne Faktoren herausgestellt, deren Integration in eine schlüssige Theorie noch aussteht. Solche Faktoren sind:

(1) Genetische Belastungen: Hysterische Syndrome (insbesondere Konversionssyndrome) treten in bestimmten Familien gehäuft auf. Dieses Phänomen ist in zweifacher Weise interpretierbar: als genetische Belastung und als familiäre Symptomtradition. Obwohl bei neurotischen Erkrankungen, zu denen die hysterischen Manifestationen zu rechnen sind, Umweltfaktoren eine größere Rolle spielen, sind doch auch genetische Faktoren von Bedeutung (Schepank 1974).

(2) Persönlichkeitsstruktur: Auch in der Persönlichkeitsstruktur zeigen sich disponierende Faktoren.

(3) Vorbild in der Familie oder in der Nachbarschaft: In verschiedenen Studien wurde nachgewiesen, daß Patienten mit hysterischen Syndromen (insbesondere mit Konversionssyndromen und psychogenen Anfällen) in bis zu 60% der Fälle in ihrer Familie oder in der unmittelbaren Umgebung ein Vorbild haben, dessen Symptomatik sie "imitieren". Natürlich handelt es sich dabei um einen unbewußten Vorgang und nicht um ein bewußtes Nachahmen oder gar um Simulation.

(4) Konflikt- und Überforderungssituation: Die biographische Analyse der Symptomatik zeigt häufig, daß das Auftreten von hysterischen Syndromen durch Konflikt- und Überforderungssituationen begünstigt wird. Nicht selten hat die Symptomatik auch eine symbolische Bedeutung. Die Natur eines Konfliktes kann aber recht unterschiedlich sein. Die psychoanalytische These, wonach sich die Symptomatik auf verdrängte ödipale Trieb- bzw. Inzestwünsche zurückführen läßt, entzieht sich einem empirischen Nachweis.

(5) Bedeutung einer eigenen Erkrankung in der Vorgeschichte für die "Symptomwahl": Auch eine eigene Vorerkrankung kann die Symptomwahl beeinflussen, z.B. ein stattgehabter Unfall mit einer realen Lähmung kann später zu einer psychogenen Lähmung führen.

(6) Krankheitsgewinn: Alle hysterischen Syndrome bringen für den Patienten einen unmittelbaren oder mittelbaren Krankheitsgewinn, der sich in zweifacher Weise zeigt: zum einen werden die Anforderungen seitens der Umgebung reduziert, zum anderen erhält der Patient mehr Aufmerksamkeit und Zuwendung.

(7) Begünstigung durch organische Hirnschädigungen: Hirnorganische Vorschädigungen können das Auftreten von Konversionssyndromen begünstigen. Dies läßt sich recht deutlich bei Epilepsiekranken zeigen.

19.7 Psychotherapie und psychische Führung

Wenn der auslösende Konflikt und die vielfach typische Überforderungssituation erkannt sind, so gilt es, diese im Rahmen der Behandlung zu beseitigen oder abzumildern. In diesem Sinne gehört zur Behandlung stets auch eine *Veränderung der allgemeinen Lebensbedingungen* des Patienten. Vielfach ist aber auch auf der Symptomebene eine *Übungsbehandlung* erforderlich, z.B. bei einer psychogenen Lähmung ein schrittweises Üben der Fortbewegung. Den Patienten kann dabei erklärt werden, daß sie im Rahmen ihrer Erkrankung das Gehen verlernt haben, und was man verlernt habe, müsse man schrittweise wieder lernen.

Die Behandlung erfolgt in der Regel als *individuelle Therapie*, denn Gruppenbehandlungen begünstigen das Dominanzbedürfnis vieler Patienten und damit zumindest im Anfangsstadium ein Wiederauftreten der Symptomatik.

Wenn die *Familie* an der Verursachung, Auslösung und Aufrechterhaltung der Symptomatik beteiligt ist, muß sie unbedingt in die Behandlung einbezogen werden. In der Regel hängen Konflikte und Überforderungssituationen bei Kindern und Jugendlichen ja sehr eng mit der Familie bzw. der sonstigen Umgebung zusammen. Die Modifikation der jeweiligen Lebensbedingungen ist aber nicht leicht. Man kann nicht davon ausgehen, daß man diese Bedingungen grundsätzlich und tiefgreifend verändert, sondern muß schon zufrieden sein, wenn sich diese in einigen wichtigen Bereichen so modifizieren lassen, daß der Patient weniger im Konfliktfeld steht.

Liegen zusätzliche Erkrankungen vor (z.B. epileptische Anfälle), so erfolgt die Behandlung nach den gleichen Prinzipien, jedoch ist der Stellenwert der Medikation im Gesamtbehandlungsplan besonders wichtig.

Die wichtigsten allgemeinen Behandlungsprinzipien sind:

(1) Nach Identifikation des Konfliktes (Auslösers) Vermittlung (Erarbeitung) anderer Bewältigungsstrategien durch Anwendung verhaltenstherapeutischer Maßnahmen, einschließlich kognitiver Strategien.

(2) Übungsbehandlung unter Berücksichtigung relevanter Situationen. Diese beginnt stets als Einzeltherapie.

(3) Gegebenenfalls Einsatz von Suggestivmaßnahmen: Patienten mit hysterischen Syndromen sind in der Regel sehr suggestibel. Hysterische Syndrome lassen sich z.B. auch durch Suggestionsmaßnahmen erzeugen. Ebenso wie zur Auslösung hysterischer Syndrome können *Suggestivmaßnahmen* (z.B. Hypnose, zielgerichtete suggestive Beeinflussung) auch zur Behandlung eingesetzt werden. Dies ist seit Ende des letzten Jahrhunderts bereits bekannt. Es empfiehlt sich aber nicht, die Behandlung ausschließlich oder überwiegend auf Suggestivmaßnahmen zu stützen. Zu Beginn der Behandlung kann man sie allerdings nutzen.

(4) Einbeziehung der Familie und des sozialen Umfeldes. In welcher Form dies geschieht, muß im Einzelfall analysiert werden. Die Umstrukturierung setzt sich zum Ziel, das soziale Umfeld so zu modifizieren, daß der Patient den durch die Symptomatik erzielten *Krankheitsgewinn* nicht benötigt.

(5) Kombination medikamentöser und psychotherapeutischer Behandlung bei Vorliegen einer zusätzlichen organischen Erkrankung, z.B. einer Epilepsie.

(6) Erst im zweiten oder dritten Schritt Gespräche über eine mögliche *symbolische Bedeutung der Symptomatik*. Dem Patienten ist diese symbolische Bedeutung in der Regel nicht bewußt. Wenn man sie zu Beginn der Behandlung bereits anspricht, so wird die Krankheit vom Patienten oft schuldhaft verarbeitet, oder er fühlt sich gedemütigt. Wenn er aber im Laufe der Behandlung, die ja stets über mehrere Wochen sich erstreckt, mehr Einblick in seine Persönlichkeit und seine Reaktionsweisen erlangt, so kann er auch den Zweck bzw. Sinn der Symptomatik erkennen und damit i.S. einer echten Einsicht auch die mögliche symbolische Bedeutung.

Von entscheidender Bedeutung für das Gelingen der Psychotherapie sind zwei Faktoren: Der Therapeut muß seine Beziehung sehr genau den Möglichkeiten des Patienten anpassen, und er sollte mit voreiligen Deutungen und symbolischen Interpretationen außerordentlich vorsichtig sein. Es kommt ganz darauf an, dem Patienten andere Bewältigungsstrategien zu vermitteln, so daß er seine hysterische Symptomatik nicht mehr benötigt.

Es ist schwer, die einzelnen Behandlungsmaßnahmen abstrakt so zu beschreiben, daß sie direkt nachvollzogen werden können. Deshalb sollen die biographischen Zusammenhänge und das therapeutische Vorgehen anhand einer charakteristischen Falldarstellung veranschaulicht werden.

Kasuistik

Die 16jährige Cornelia wurde wegen des Verdachts auf eine Meningitis in eine Kinderklinik eingewiesen. Sie klagte über starke Kopfschmerzen, der Hausarzt hatte eine leichte Nackensteife festgestellt, sie ließ das linke Bein hängen und berichtete über eine ausgesprochene Kraftlosigkeit der unteren Extremitäten. Alsbald stellten sich "Lähmungserscheinungen" an beiden Beinen ein, die Patientin konnte das Bett nicht mehr verlassen. Die Mutter (Sozialarbeiterin, nach längerer Pause wieder berufstätig) verbrachte jeweils den ganzen Nachmittag bei ihrer Tochter in der Klinik, die trotz ihrer schweren Krankheitssymptomatik relativ gleichgültig, zeitweise sogar lächelnd, im Bett lag. Die internen und neurologischen Untersuchungen erbrachten keine Befunde, die das Krankheitsbild hätten erklären können. Der kinder- und jugendpsychiatrische Konsiliarius stellte die Diagnose eines Konversionssyndroms. Die Patientin wurde sodann in eine kinder- und jugendpsychiatrische Klinik verlegt und wurde dort 6 Wochen mit einem kombinierten therapeutischen Vorgehen behandelt, welches aus motorischer Übungsbehandlung, individueller Psychotherapie und Familientherapie bestand. Nach dieser Zeit konnte sie ohne jede Symptomatik die Klinik wieder verlassen. Der Verlegung in die kinder- und jugendpsychiatrische Klinik war ein zweistündiges Gespräch des kinderpsychiatrischen Konsiliararztes mit der Mutter vorausgegangen, um sie von der Notwendigkeit dieser Verlegung zu überzeugen. Im

Gefolge der biographischen Anamnese und der Familiengespräche stellte sich folgendes heraus: Die Patientin war eine hochmotivierte Leistungssportlerin und hatte schon zahlreiche Preise gewonnen. Sie stand nun kurz vor einem entscheidenden Wettkampf, vor dem sie große Angst hatte. Die familiäre Kommunikation war zutiefst gestört. Der Vater (Alkoholiker ohne berufliche Tätigkeit) verständigte sich mit der Familie nur noch auf schriftlichem Wege und stand im Familiengefüge völlig im Abseits. Die jüngere Schwester der Patientin schien unter der Situation noch am wenigsten zu leiden. Im Laufe der Behandlung gelang es, die Familiensituation soweit zu verändern, daß wieder normal miteinander gesprochen wurde, über den Alltag, aber auch über gemeinsame Probleme. Im Anschluß an die Behandlung unternahm der Vater mit beiden Kindern eine Ferienreise, was wohl als bester Indikator für die eklatante Verbesserung des familiären Klimas angesehen werden kann. Es ließ sich zeigen, daß die Symptomatik des Mädchens im ausgelenkten System der Familie als Hilferuf in einer ausweglosen Situation verstanden werden konnte und zugleich als unbewußte Vermeidungsreaktion in einer unlösbar erscheinenden individuellen Konfliktsituation. Eine Nachuntersuchung nach 1 1/2 Jahren ergab, daß der Behandlungserfolg stabil geblieben war.

Dieses Beispiel kann einige wichtige Gesichtspunkte im Zusammenhang mit hysterischen und Konversionssyndromen aufzeigen:

(1) Die *schwierige differentialdiagnostische Aufgabe* aufgrund einer möglichen engen Verflechtung zwischen neurologischer und psychiatrischer Symptomatik.
(2) Die *entwicklungspsychologische Perspektive* der Symptomatik in der Adoleszenz. In dieser Lebensphase treten Konversionssyndrome wegen der vielschichtigen körperlichen und seelischen Veränderungen gehäuft und in spezieller Äußerungsform auf.
(3) Die Bedeutung und Auswirkung *familiärer Belastungen*, hier des Alkoholismus.
(4) Die Einbeziehung der Familie in Diagnostik und Therapie. Hierzu sind große Erfahrung im Umgang mit Familien erforderlich sowie Kenntnisse über die *Familiendynamik* und die Bedeutung von Symptomen eines Familienmitglieds für das ganze Familiengefüge.

(5) Die *Kombination* verschiedener therapeutischer Ansätze und ihre Integration in einen einheitlichen Behandlungsplan, an dem jeweils mehrere Mitarbeiter einen wesentlichen Anteil haben.

19.8 Verlauf und Prognose

Erstmalig aufgetretene Konversionssyndrome sind in der Regel gut zu behandeln und rasch zu beheben. Die Behandlung gestaltet sich schwieriger, wenn die Symptomatik bereits lange besteht und dem Patienten bereits wiederholt einen erheblichen Krankheitsgewinn gebracht hat. Folgende Bedingungen erschweren das therapeutische Vorgehen:

- Chronifizierung der Störung (Krankheitsdauer länger als 2-3 Jahre);
- zusätzliches Vorliegen einer anderen Erkrankung (z.B. eines Anfallsleidens bei gleichzeitig vorhandenen psychogenen Anfällen);
- schwerwiegende psychische Folgen einer organischen Erkrankung (z.B. organische Wesensänderung oder Demenz);
- inkonsequente Führung des Patienten durch eine "insuffiziente Umgebung";
- Intelligenzminderung und geringe Differenzierung der Persönlichkeit;
- ausgesprochen hysterische Persönlichkeitsstruktur.

Weiterführende Literatur:

Blanz, B.; Lehmkuhl, G.; Lehmkuhl, U.; Braun-Scharm, H.: Hysterische Neurosen im Kindes- und Jugendalter. Zeitschrift für Kinder- und Jugendpsychiatrie 15, 97-111,1987.
Kammerer, E.: Konversionssyndrome im Kindes- und Jugendalter. Zeitschrift für Kinder- und Jugendpsychiatrie 8, 425-442,1980.
Lynn, S.J.; Rhue, J.W. (Eds.): Dissociation: Clinical and theoretical perspectives. Guilford Press, New York 1994.
Merskey, H.: The analysis of hysteria: Understanding conversion and dissociation. 2nd. ed. Gaskell, Royal College of Psychiatrists, London 1995.
Spiegel, D. (Ed.): Dissociative disorders: A clinical review. Sidran Press, Lutherville, MD 1993.
Spiegel, D. (Ed.): Dissociation: Culture, mind, and body. American Psychiatric Press Inc., Washington, DC 1994

Literatur

Alexander, F.: Fundamental concepts of psychosomatic research. Psychosomatic Medicine 5, 205-210, 1943.

Berblinger, K.: Hysterical crisis and the question of hysterical character. Psychosomatics 1, 270-279, 1960.

Blanz, B.; Lehmkuhl, B., Lehmkuhl, G., Lehmkuhl, U., Braun-Scharm, H.: Hysterische Neurosen im Kindes- und Jugendalter. Zeitschrift für Kinder- und Jugendpsychiatrie 15, 97-111, 1987.

Freud, S.: Die Abwehr-Neuropsychosen (1894). In: Gesammelte Werke, Bd. I. Imago, London 1952.

Remschmidt, H.: Hysterie und Konversionssyndrome. In: Remschmidt, H.: Psychiatrie der Adoleszenz, 327-341. Thieme, Stuttgart 1992.

Schepank, H.: Erb- und Umweltfaktoren bei Neurosen: Tiefenpsychologische Untersuchungen an 50 Zwillingspaaren. Springer, Berlin 1974.

20. Störungen der Sexualentwicklung und des Sexualverhaltens

Matthias Martin und Helmut Remschmidt

20.1 Charakteristik der Störungen und Klassifikation

Bei der Beurteilung sexueller Auffälligkeiten im Kindes- und Jugendalter sind vier Aspekte zu berücksichtigen:

* Phasenspezifische, reifungsbiologische Aspekte,
* Verlauf und Inhalt der Sexualerziehung und die Herausbildung der Geschlechtsrolle,
* aktuelle Situation unter Berücksichtigung eventueller "Auslöser" und
* die psychosexuelle Situation unter Berücksichtigung psychischer oder körperlicher Krankheiten einschließlich der Abschätzung, ob eine sexuelle Reifungsverfrühung oder Reifungsverzögerung vorliegt.

20.2 Normvarianten sexuellen Verhaltens

Onanie (Masturbation)

Definition

Die bewußt herbeigeführte sexuelle Erregung durch Manipulation an den Genitalien bis zum Eintritt der sexuellen Befriedigung bezeichnet man als *Onanie* (synonymer Begriff: *Masturbation, Selbstbefriedigung*). Die Onanie ist ein im Rahmen der menschlichen Sexualität außerordentlich häufiges Phänomen und gehört zu den normalen Durchgangserscheinungen der Adoleszenz. *Exzessive Formen* können aber doch Behandlungsgegenstand sein, bei emotional deprivierten Kindern trägt sie oft den Charakter einer *Ersatzbefriedigung* und ist unter Umständen

behandlungsbedürftig, wenn sie exzessiv ohne Rücksicht auf die Umgebung durchgeführt wird.

Im *Jugendalter* kann die Onanie unter ungünstigen Bedingungen z.B. ungünstige Sexualerziehung, unangemessene religiöse Erziehung ("Sündhaftigkeit" der Selbstbefriedigung) zu einer psychischen Symptomatik führen. Hier sind an erster Stelle sogenannte *Onanieskrupel* zu nennen mit der Entwicklung von *Schuldgefühlen* aber auch *hypochondrischen Entwicklungen* mit körperlichen Beschwerden bis hin zu paranoiden Entwicklungen. Häufig ist dies auch verbunden mit der Befürchtung sexuell abartig veranlagt zu sein. Sind solche Jugendliche gleichzeitig im sozialen Kontakt gehemmt, so ergänzen sich beide Komponenten: Unter der Befürchtung, abwegig veranlagt zu sein und normalen sexuellen Beziehungen nicht gewachsen zu sein, entsteht eine massive Rückzugssymptomatik.

Fallbeispiel 1

Das 6jährige Mädchen wurde mit folgender Symptomatik vorgestellt: Sie sei etwa 4 Jahre alt gewesen, als die Eltern sich getrennt hätten; seitdem bestünden durchgehend Rückzugstendenzen und eine generelle Verweigerungshaltung gegenüber der nunmehr alleinerziehenden Mutter. Seit dem totalen Kontaktabbruch zum Vater habe das Onanieren begonnen, sie ziehe sich zunehmend häufig zurück, schlage die Beine übereinander und rutsche, meist auf einer Stuhlkante, hin und her und stimuliere sich auf diese Weise selbst. Dabei sei sie nicht ansprechbar. Nach ambulanter Beratung kam es zunächst zu einer Verbesserung der Symptomatik, nach der Einschulung zeigte sich das Symptom verstärkt besonders in der Schule, so daß schließlich eine tagesklinische Behandlung erforderlich wurde. Die Behandlung hatte folgende Therapieschwerpunkte und führte sowohl zu einer Löschung des Symptoms wie auch zu einer wesentlichen Verbesserung der Mutter-Kind-Beziehung:

- Beratung der Mutter in einem strukturierten Umgang mit der Tochter
- Einzelspieltherapie, in der sich unter anderem der Loyalitätskonflikt zum Vater verdeutlichte
- Beschäftigungstherapie
- schulische Förderung zur Stabilisierung des Arbeitsverhaltens.

Katamnestisch konnte die Diagnose: "Emotionalstörung mit Beziehungsschwierigkeiten" nicht mehr gestellt werden.

Therapie

Grundsätzlich hat zu gelten, daß die Onanie als ubiquitäres sexuelles Durchgangsstadium *keine spezielle Therapieindikation* darstellt. Bei allen psychischen Problemen in der Adoleszenz muß aber der Sexualbereich erkundet werden, und hier speziell auch die Art und Weise, in der der Jugendliche seine sexuelle Befriedigung findet. Hierbei ist wichtig auch zu explorieren, wie der Umgang mit diesem Phänomen in der Familie ist und wie der Jugendliche diese selber für sich verarbeitet, auch welche sexuellen Phantasien hierbei eine Rolle spielen. Im übrigen ist der Umgang mit dem Problem dann beratend, entlastend, im Rahmen einer Gesprächspsychotherapie. Schwerpunkt dieser Gespräche sind

- Aufklärung über altersentsprechendes Sexualverhalten,
- entlastende Gespräche bezüglich gefürchteter Folgen der Onanie,
- spezielle Besprechung der individuellen Problemlage des Patienten und seiner (sexuellen) Phantasien,
- bei kontaktgestörten und zurückgezogenen Adoleszenten Anbahnung von Kontakten zum anderen Geschlecht, eventuell z.B. auch im Rahmen einer sozialpädagogisch geleiteten Gruppe.

Homoerotische Neigungen (Homosexualität)

Homosexualität wurde noch in der ICD 9 als eigene Rubrik geführt. In der ICD 10 existiert sie als eigenes Störungsmuster nicht mehr, sie wird jetzt unter psychische und Verhaltensstörungen in Verbindung mit der sexuellen Entwicklung und Orientierung rubriziert.

Sexuelle Reifungskrise

Die betroffene Person leidet unter einer *Unsicherheit hinsichtlich ihrer Geschlechtsidentität* oder der *sexuellen Orientierung*, was zu Ängsten oder Depressionen führt. Dies kommt meist bei Heranwachsenden vor, die sich hinsichtlich ihrer homo-, hetero- oder bisexuellen Orientierung nicht sicher sind, aber auch bei Menschen, die nach einer Zeit scheinbar stabiler sexueller Orientierung - oftmals einer langedauernden Beziehung - die Erfahrung machen, daß sich ihre sexuelle Orientierung ändert.

Ich-dystone Sexualorientierung

Die Geschlechtsidentität oder sexuelle Präferenz ist eindeutig, aber die betroffene Person hat den Wunsch, dies wäre wegen der damit verbundenen psychischen oder Verhaltensstörungen anders und unterzieht sich möglicherweise einer Behandlung, um dies zu ändern. Die sexuelle Orientierung selbst sollte nicht als Störung angesehen werden.

Grundsätzlich sind folgende Unterscheidungen zu treffen:

1. Homosexualität als entwicklungsabhängige Durchgangsphase,
2. pseudohomosexuelles Verhalten,
3. fixierte Homosexualität (Neigungshomosexualität).

Homosexuelles Verhalten in der Pubertät findet sich relativ häufig. Zum einen als Anzeichen der noch bestehenden Triebzielunsicherheit und der noch mangelhaft ausgeprägten psychosexuellen Identität, dann aber auch als sogenannte *"Notstandshomosexualität"*. Dies bedeutet, daß in der Entwicklung zwischen dem 16. und 18. Lebensjahr, also auf dem Höhepunkt des sexuellen Triebdruckes, heterosexuelle Partnerschaften von den Jugendlichen oft nur unzureichend verwirklicht werden können. Schließlich gibt es das Phänomen, daß homosexuelle Handlungen unter Druck an männlichen Jugendlichen ausgeübt werden, z.B. in Strafanstalten. Psychische Konflikte im Zusammenhang mit homosexuellen Handlungen oder mit Störungen der psychosexuellen Identitätsentwicklung sind nicht selten Anlaß für psychotherapeutische Interventionen.

Fallbeispiel 2

Der 16jährige Jugendliche wurde nach einem Suizidversuch aufgenommen. Anlaß für diesen war offensichtlich ein Verhör durch die Kriminalpolizei, wobei ihm vorgeworfen wurde, seinem Freund nicht geholfen zu haben, der in der Nacht zuvor selbst einen schweren Suizidversuch unternommen hatte. Der Patient berichtete selber, daß sein Suizidversuch keine Kurzschlußreaktion sei, er habe sich diesen vielmehr schon längere Zeit vorher als Möglichkeit überlegt; der ausschlaggebende Anlaß sei gewesen, daß seine Freundschaft mit seinem 3 Jahre älteren, homosexuellen Freund zerbrochen war und er seine Situation in der Kleinstadt als Homosexueller als ausweglos erlebte.

In den psychotherapeutischen Gesprächen wurde als zentrale Problematik deutlich, daß er tief verwurzelte Insuffizienzgefühle hatte, insbesondere glaubte, daß er oft das Opfer von anderen Menschen sei, nicht zuletzt durch seine homosexuellen Bekannten gelegentlich ausgenutzt und fallengelassen werde. Nach der stationären Behandlung, die wegen der verlängerten depressiven Reaktion mit emotionaler Störung erfolgte, besuchte der Patient erfolgreich ein Internat.

Pseudohomosexuelles Verhalten (Bräutigam, 1979) bezeichnet eine homosexuelle Betätigung ohne homosexuelle Neigung, beispielsweise die Tätigkeit als "Strichjunge" zum Gelderwerb. Es besteht hier keine psychotherapeutische Indikation im engeren Sinne, vielmehr stehen hier Deprivation, Delinquenz und Drogenkonsum im Vordergrund der Problematik.

Auch die *fixierte Homosexualität (Neigungshomosexualität)* stellt nach heutiger Anschauung keine Indikation für eine Psychotherapie dar, es sei denn, es handelt sich um eine sogenannte Ichdystone Sexualorientierung, was bedeutet, daß die betroffene Person den Wunsch hat, die Sexualpräferenz zu ändern.

Therapie

Bei Jugendlichen mit vorübergehenden homoerotischen Neigungen ist ein einzelpsychotherapeutischer Zugang empfehlenswert. Im Zentrum der Psychotherapie stehen Hilfen zur Überwindung von Identitätskrisen sowie zur Integration der Psychosexualität in die Persönlichkeit. Von besonderer Wichtigkeit erscheint dabei die begleitende Beratung der Eltern, damit nicht sekundär durch Schuldvorwürfe erzieherische Fehlreaktionen die psychischen Probleme noch verstärken.

Nach Giese (1967) besteht bei 35 % der Homosexuellen ein Wunsch nach Veränderung der sexuellen Präferenz. Hierbei sind zunächst ethische Probleme zu berücksichtigen, der Versuch, überhaupt die homosexuelle Präferenz zu verändern, hat zu folgenden Kritikpunkten geführt (Bancroft, 1985):

1. Jeder Versuch, die homosexuelle Präferenz zu ändern, verstärkt die negative soziale Einstellung zur Homosexualität.
2. Menschen, die ihre Präferenz ändern wollen, handeln nicht freiwillig, sondern unter dem sozialen Druck, konform werden zu müssen.
3. Eine Behandlung zur Präferenzänderung bei Homosexuellen ist nicht wünschenswert, da sie unnatürlich ist, weil die natürliche sexuelle Präferenz für den Homosexuellen eine Präferenz für das gleiche Geschlecht darstellt.

Die *individuelle Psychotherapie* kann sowohl auf psychoanalytischer als auch auf verhaltenstherapeutischer Grundlage erfolgen. Als Ergebnis einer langfristigen psychoanalytischen Behandlung werden maximal 19 % positive Ergebnisse berichtet. Als zu bearbeitende Probleme werden dabei ein überaus enger Kontakt zur Mutter, andererseits eine feindselige und wenig interessierte Einstellung der Väter homosexueller Männer geschildert.

Die älteren verhaltenstherapeutischen Ansätze bestanden ursprünglich aus aversiven Techniken, mit denen homosexuelle Reaktionen unterdrückt werden sollten. Diese Techniken hält man heute nicht mehr für brauchbar. Später wurden verschiedene Konditionierungsmethoden zur Steigerung sexueller Reaktionen auf heterosexuelle Stimuli eingeführt, die meist im Labor angewandt wurden (eine detaillierte Zusammenfassung all dieser Ansätze findet sich bei Bancroft, 1974). In der Behandlung zur Änderung der sexuellen

Präferenz ist das Therapieprogramm schwerpunktmäßig auf zwei Dinge ausgerichtet, nämlich auf die Phantasie des Patienten sowie auf die tatsächliche Interaktion mit einem potentiellen heterosexuellen Partner. Die Beeinflussung der Phantasie geschieht durch das sogenannte "Phantasie-Shaping", bei dem der Phantasie während der Masturbation eine heterosexuelle Komponente hinzugefügt wird, die die sexuelle Reaktion nicht stört und im Laufe der Zeit ausgeweitet wird (Bancroft, 1971). Die Behandlung mit einem potentiell heterosexuellen Partner wurde von Masters und Johnson (1979) beschrieben, wobei die Paare ein ähnliches Programm durchliefen, wie es für heterosexuelle Paare mit sexuellen Funktionsstörungen von den Autoren beschrieben wurde.

Eine wichtige Aufgabe der psychotherapeutischen Begleitung Homosexueller ist die Beratung in den (häufigen) Fällen, in denen die homosexuellen Gefühle akzeptiert werden. An erster Stelle steht dabei die Identifikation spezifischer Probleme und damit verbundener Gefühle.

Mit großer Wahrscheinlichkeit begegnet man hier:

- Schuldgefühlen wegen der homosexuellen Orientierung und der Unfähigkeit zu akzeptieren, wie unter Homosexuellen Zuneigung ausgedrückt wird.
- Schwierigkeiten bei der Aufnahme und Aufrechterhaltung enger intimer Beziehungen mit Personen des gleichen Geschlechts.
- Sexuellen Schwierigkeiten innerhalb einer homosexuellen Beziehung.
- Schwierigkeiten mit der sozialen Stigmatisierung fertigzuwerden, denen Homosexuelle in unserer Gesellschaft ausgesetzt sind (Bancroft, 1985).

20.3 Störungen der Geschlechtsidentität

Störungen der Geschlechtsidentität in der Kindheit und Präadoleszenz

Die ICD 10 (F 64.2) definiert: Diese Störung zeigt sich meist während der frühen Kindheit (und immer lange vor der Pubertät). Sie ist durch ein anhaltendes und starkes Unbehagen über das angeborene Geschlecht charakterisiert, zusammen mit dem starken Wunsch (oder der Beteuerung) zum anderen Geschlecht zu gehören. Es besteht eine ständige Beschäftigung mit der Kleidung oder den Aktivitäten des anderen Geschlechts oder einer Ablehnung des eigenen Geschlechts. Es besteht kein Umwandlungswunsch wie bei der Transsexualität. Nach Erreichen der Pubertät kann diese Diagnose nicht mehr gestellt werden.

Die Ätiologie ist unklar, folgende Faktoren, die auch in der Therapie eine Rolle spielen, werden diskutiert (Green, 1975, 1977): Neben konstitutionellen Faktoren werden insbesondere spezielle Erziehungshaltungen der Eltern angeschuldigt, die eine gegengeschlechtliche Entwicklung fördern. Außerdem sollen bei Jungen eine enge Bindung an die Mütter und eine Fixierung in der Kleinkindrolle eine Bedeutung haben, ebenso wie die Verhinderung geschlechtsspezifischer Rollenaktivitäten, z.B. aggressive Spiele bei Jungen. Auch das Fehlen gleichgeschlechtlicher Identifikationspartner (Freunde, Freundinnen) sollen eine Rolle spielen.

Therapie

Bei der Therapieindikation muß geklärt werden, ob bei dem betreffenden Jugendlichen der Wunsch besteht, im Sinne der ursprünglichen Geschlechtszugehörigkeit eine passende Geschlechtsidentität zu entwickeln; nur dann nämlich ist eine Motivation für die Behandlung gegeben. Wenn in diesem Sinne keine Behandlungsmotivation vorhanden ist, ist eine Therapie im eigentlichen Sinne nicht durchführbar; man muß sich dann auf Beratungsmaßnahmen beschränken, die dem Jugendlichen Klarheit geben über die Art und die Natur der Störung; weitere Schritte sind dann die Erarbeitung einer individuellen Lebensperspektive, die Klärung der sexuellen Wünsche und Phantasie sowie Hilfen bei der Anpassung in die Gruppe der Gleichaltrigen. Oft findet man Kontaktarmut, Rückzugsverhalten, depressive Störungen oder andere neurotische Fehlentwicklungen. Gleichzeitig liegt ein weiterer Behandlungsfokus bei den Eltern: Auch diese müssen über die Natur der Störung aufgeklärt werden; die Eltern müssen lernen, die fehlende Therapiemotivation des Jugendlichen zu akzeptieren. Dies erreicht man am besten in gemeinsamen Gesprächen mit Eltern und Jugendlichen, in denen alle offenen Fragen von beiden Seiten angesprochen werden können. Ein Teil dieser Fälle wird in eine echte Transsexualität einmünden, es taucht dann regelmäßig der Wunsch nach operativer Geschlechtsumwandlung auf. In den Fällen, in denen eine

Motivation zur Gewinnung einer zum anatomischen Geschlecht passenden sexuellen Identität besteht, ist die Prognose wesentlich günstiger, auch die Quote sekundärer psychischer Störungen ist wesentlich geringer als in den Fällen, in denen sich eine echte Transsexualität entwickelt (Remschmidt, 1992).

Transsexualismus

Die ICD 10 (F 64.0) definiert Transsexualismus wie folgt:
Es besteht der Wunsch, als Angehöriger des anderen anatomischen Geschlechtes zu leben und anerkannt zu werden. Dieser geht meist mit dem Gefühl des Unbehagens oder der Nichtzugehörigkeit zum eigenen Geschlecht einher. Es besteht der Wunsch nach hormoneller und chirurgischer Behandlung, um den eigenen Körper dem bevorzugten Geschlecht so weit wie möglich anzugleichen.

Diagnostische Leitlinien

Die transsexuelle Identität muß mindestens zwei Jahre durchgehend bestanden haben und darf nicht ein Symptom einer anderen psychischen Störung wie z.B. einer Schizophrenie sein. Ein Zusammenhang mit intersexuellen, genetischen und geschlechtschromosomalen Anomalien muß ausgeschlossen sein.

Transsexualismus kommt bei Frauen häufiger als bei Männern vor (3:2). Die gegengeschlechtliche Rollenfixierung läßt sich oft bis in die früheste Kindheit zurückverfolgen. In der jugendpsychiatrischen Sprechstunde trifft man oft auf Jungen, die sich als Mädchen kleiden, respektive Mädchen in Männerkleidung. Die *ätiologischen Vorstellungen* gehen in folgende Richtungen:

1. *Neuroendokrine Prägung des Geschlechts im pränatalen Stadium*: durch Androgenwirkung beim weiblichen Feten eine gegengeschlechtliche Wirkung in den Zentren des Hypothalamus führt zu Transsexualismus bei Mädchen; das Fehlen von Androgenen bei männlichen Feten führt zu Transsexualismus bei Jungen (Dörner, 1972).
2. Kockott und Nusselt (1976) weisen auf *Defekte der zentralnervösen Sexualsteuerung* hin: Möglicherweise liegen bei Transsexuellen pathologische Veränderungen im Temporallappenbereich vor.

3. *Familiäre Hintergrundfaktoren:* Für männliche Transsexuelle wurden folgende Faktoren beschrieben: Vaterloses Aufwachsen, Störung der Geschlechtsrollenidentität beim Vater, symbiotische Beziehung der Jungen zur Mutter, dem anatomischen Geschlecht unangemessene, entgegengesetzte Erziehungspraktiken.
4. Schließlich wurden *genetische Faktoren* angeschuldigt, da Transsexualität gelegentlich familiär gehäuft auftritt (Sigusch et al., 1979).

Therapie

Frühere Versuche, Transsexuelle psychotherapeutisch zu behandeln und zu einer ihrem anatomischen Geschlecht entsprechenden sexuellen Identität zurückzuführen, sind aufgegeben worden. Trotzdem ist in der Adoleszenz eine enge psychische Begleitung der Betroffenen notwendig: Zum einen weil Adoleszenten mehrere Jahre mit der Störung leben müssen, da eine Operation im Jugendalter nicht durchgeführt werden kann (siehe unten), was zu permanenten Konflikten und zusätzlichen psychiatrischen Komplikationen (häufige Suizidversuche, neurotische Fehlentwicklung) führt. Zum anderen müssen die Jugendlichen psychisch auf die Durchführung einer geschlechtsumwandelnden Operation vorbereitet werden.

Die Deutsche Gesellschaft für Sexualforschung hat für die *geschlechtsumwandelnde Operation* folgende *Richtlinien* erarbeitet:

1. Die *psychosexuelle Entwicklung* muß abgeschlossen sein, eine Operation soll vor dem 20. Lebensjahr nicht vorgenommen werden.
2. Der Patient soll *mindestens ein oder zwei Jahre* vor der chirurgischen Geschlechtsumwandlung *in der erwünschten neuen Geschlechtsrolle* gelebt haben. Während dieser Zeit muß er sich einer hormonellen Substitutionstherapie unterziehen. Diese Forderung wird gestellt, damit der Patient vor dem endgültigen Schritt zur Operation die Anforderungen und Veränderungen der neuen Rolle kennengelernt und verarbeitet hat. Dazu gehört auch das Aufgeben der geschlechtsspezifischen Rolle als Ehepartner.
3. Der Patient soll *in der Regel die deutsche Staatsbürgerschaft* haben und zumindest seinen Lebensmittelpunkt in der Bundesrepublik Deutschland haben.

4. Der Patient muß nach allen erforderlichen Richtlinien durchuntersucht sein. Eine Nachbetreuung muß gewährleistet sein. Zur *Voruntersuchung und Nachbetreuung* gehört das Einbeziehen der nahen sozialen Bezugspersonen.

5. Die *Indikation* zur Operation muß *mindestens von zwei* mit dieser Problematik besonders vertrauten *Ärzten* gestellt werden.

6. Ist die Transsexualität Symptom einer Psychose oder eines hirnorganischen Anfallsleidens, ist eine Umwandlung *kontraindiziert*, da es zusätzlich zu Komplikationen kommen kann.

7. Wenn die Indikation aus medizinisch-psychiatrischer Sicht gegeben ist, eine Operation aber aus anderen Gründen (z.B. Alter, körperliche Erkrankung) ärztlicherseits nicht durchgeführt werden kann, soll eine Personenstandsänderung möglich sein.

Nachuntersuchungen nach geschlechtsumwandelnden Operationen haben den anfänglichen Optimismus, den man dieser Behandlungsmethode entgegenbrachte, inzwischen empfindlich gedämpft, so daß psychotherapeutische bzw. verhaltenstherapeutische Vorgehensweisen wieder häufiger versucht werden.

20.4 Störungen der Sexualpräferenz (Paraphilien)

Unter F 65, Störungen der Sexualpräferenz, faßt die ICD 10 folgende Störungen zusammen: F 65.0 *Fetischismus*, F 65.1 *fetischistischer Transvestitismus*, F 65.2 *Exhibitionismus*, F 65.3 *Voyeurismus*, F 65.4 *Pädophilie*, F 65.5 *Sadomasochismus*, F 65.6 *multiple Störungen der Sexualpräferenz*.

Die Störungen der sexuellen Präferenz (*Paraphilien, Sexuelle Deviationen*) bedürfen in vielen, aber nicht in allen Fällen einer therapeutischen Behandlung. An therapeutisch möglichen Maßnahmen bei diesen Sexualstörungen nennt Kockott (1993) *Beratung, somatische Maßnahmen, psychoanalytisch orientierte Psychotherapie, Verhaltenstherapie und "schulübergreifende" (multimodale) Vorgehensweisen.* Beratung hat dabei folgende Aufgaben:

- das Ernstnehmen der Problematik führt - oft erstmals - zu einer psychischen Entlastung,
- es geht zunächst um die Klärung der Frage, ob das sexuelle Verhalten überhaupt als deviant anzusehen ist, verbunden mit einer Aufklärung des Patienten über die Variationsbreite sexuellen Verhaltens,
- Klärung der Frage, wer eine Veränderung will (Patient, der Partner, die Eltern),
- Einbeziehung der Eltern oder des Partners, um Verständnis zu wecken für die sexuellen Besonderheiten des Patienten,
- und schließlich geht es um die Frage, ob das Akzeptieren der sexuellen Devianz zumindestens teilweise möglich ist.

Die beratenden Gespräche haben auch das Ziel, Informationen über therapeutische Möglichkeiten zu geben.

Eine Therapieindikation im engeren Sinne kann bei Störungen der Sexualpräferenz einerseits gegeben sein durch einen zunehmenden Leidensdruck des Patienten, etwa bei progredienten Verlaufsformen mit fortschreitendem, quälendem Ausufern der devianten Sexualität, auch, wenn der Patient zunehmend bei sich sexuelle Impulshandlungen befürchtet. Zum anderen wird eine Therapieindikation häufig dann gestellt, wenn andere unter den Verhaltensweisen des Patienten leiden (Kockott, 1993). Therapien werden dann auch nicht selten vom Gericht angeordnet im Sinne einer Auflage zur Behandlung, was keineswegs eine Gegenindikation für eine erfolgreiche Therapie bedeutet (Schorsch et al., 1985).

Psychoanalytische Therapieverfahren wurden zunächst eher zurückhaltend bei Sexualdevianz angewendet, Schorsch et al. (1985) haben gezeigt, daß sich eine Therapiemotivation und eine erfolgreiche Therapie durchführen läßt. Die wichtigsten Veröffentlichungen zur psychoanalytischen Behandlung von sexuell Devianten werden von Kockott (1993) aufgeführt.

An *verhaltenstherapeutischen Maßnahmen* wurde zunächst über aversive Behandlungen berichtet. Die alleinige Anwendung aversiver Methoden gilt aber heute als ethisch fragwürdig, zudem bestand nach der Therapie durch die Reduzierung des devianten Verhaltens ohne Aufbau heterosexuellen Verhaltens ein "posttherapeutisches Vakuum" mit depressiver Verstimmung als Folge (Kockott, 1993). Das jetzige verhaltenstherapeutische Vorgehen kombiniert Selbstkontrollmethoden, Methoden des sog. "Orgasmic-Reconditioning" (Veränderung der Masturbationsphantasien und Verringerung der devianten Phantasien) angewendet. Verschiedene verhaltenstherapeutische Methoden müssen als Therapiebausteine in einen Gesamtplan eingebaut werden, der auch ganz andere Bereiche (Selbstwertgefühl, Bindungsängste, soziale Schwierigkeiten) berücksichtigt (Kockott, 1993).

Exhibitionismus

Der ICD 10 definiert den Exhibitionismus wie folgt:
Es besteht die wiederholte oder ständige Neigung, die eigenen Genitalien vor meist gegengeschlechtlichen Fremden in der Öffentlichkeit zu entblößen, ohne zu einem näheren Kontakt aufzufordern oder diesen zu wünschen. Meist wird das Zeigen von sexueller Erregung begleitet und oft kommt es zur Masturbation. Diese Neigung kann eventuell nur in Zeiten emotionaler Belastung oder in Krisensituationen manifest werden, dazwischen können lange Perioden ohne solches Verhalten vorkommen. In den diagnostischen Leitlinien heißt es, daß "die meisten Exhibitionisten ihren inneren Drang als schwer kontrollierbar und persönlichkeitsfremd empfinden".

In der jugendpsychiatrischen Praxis kommt Exhibitionismus insgesamt *häufig* vor, die Jugendlichen, die zur Vorstellung kommen, sind von ihrer Persönlichkeit in der Regel kontaktarm, gehemmt und haben ausgeprägte Schwierigkeiten mit heterosexuellen Kontakten. Sie imponieren als schüchtern und schamhaft, haben oft körperliche Minderwertigkeitsgefühle und auch andere Insuffizienzgefühle, sie wirken oft in ihrer psychosexuellen Entwicklung retardiert, kommen aus Familien, in denen nicht über Sexualität gesprochen wird oder die eine sexualfeindliche Einstellung haben.

Therapie

Viele exhibitionistische Jugendliche kommen in jugendpsychiatrische Behandlung, nachdem ihnen in einem Verfahren gemäß § 183 StGB eine Behandlungsauflage gemacht wurde, d.h. sie kommen nicht freiwillig in Behandlung. In einer ersten Phase des therapeutischen Kontaktes muß deswegen zunächst eine echte Behandlungsmotivation aufgebaut werden. Diese Art von Therapie wird meistens - wegen einer relativen Geringfügigkeit des Deliktes "Erregung öffentlichen Ärgernisses" - ambulant durchgeführt. Entgegen der verbreiteten Meinung, daß unter diesen Bedingungen eine erfolgreiche Therapie nicht durchführbar sei, gelingt es in den überwiegenden Fällen doch, ein therapeutisches Bündnis mit den Jugendlichen zu schließen, ihr Vertrauen zu gewinnen und sie zu der Einsicht zu führen, daß sie von der Behandlung profitieren.

Die *Behandlung im engeren Sinne* muß dann folgende *Gesichtspunkte* beachten: Die betroffenen Jugendlichen haben in der Regel ein nur bescheidenes, völlig unzureichendes Wissen über Sexualität, sind nur unzureichend in der Lage, darüber zu sprechen und bedürfen zunächst der Aufklärung und Information über Sexualität und altersgemäßes Sexualverhalten. In einem umfassenderen Sinne muß die Therapie auf die Persönlichkeitsentwicklung des Jugendlichen abzielen: Die meist schwerwiegenden Insuffizienzgefühle, die Kontaktstörung, schwere Selbstwertproblematiken sind weitere Themen einer umfassenden psychotherapeutischen Entwicklungsarbeit. Schließlich geht es darum, die soziale Situation des Jugendlichen, insbesondere sein Kontaktverhalten zu Mädchen zu bessern, dies kann z.B. durch ein gezieltes Selbstsicherheitstraining aber auch durch die Vermittlung und Unterstützung des Jugendlichen in entsprechenden freizeitpädagogischen Gruppen angegangen werden. Die *Therapieprognose* ist *insgesamt nicht ungünstig*, wenn es gelingt, in dieser Weise bei dem Jugendlichen soziale Hemmungen ab- und prosoziales Verhalten aufzubauen. Eine begleitende Beratung der Eltern kann hilfreich sein, die Beratung der Eltern zielt auf eine Modifikation des Umgangs mit dem Jugendlichen speziell hinsichtlich seiner psychosexuellen Entwicklung.

20.5 Behandlung von adoleszenten Sexualdelinquenten:

Nach der *Bundeskriminalstatistik* werden etwa 1/4 aller Vergewaltigungen von Jugendlichen und Heranwachsenden begangen. Sexualdelikte in der Adoleszenz sind ein relativ häufiges Problem mit einer Vielzahl von Hintergründen, die in jedem einzelnen Fall sorgfältig analysiert werden müssen.

Direktive und verhaltenstheoretisch orientierte Psychotherapiemethoden werden zur Behandlung von Sexualstraftätern besonders bevorzugt (Bancroft, 1985). Die Behandlung sollte problemspezifisch sein, d.h. auf das spezielle Problem des individuellen Patienten fokussiert. Hierbei lassen sich folgende Bereiche abgrenzen:

1. Probleme bei der Aufnahme befriedigender sexueller Beziehungen,

2. Probleme bei der Aufnahme von Beziehungen sexueller und allgemeiner Art,

3. Probleme mit geringem Selbstwert, mangelnder Selbstsicherheit oder dem Fehlen angenehmer Aktivitäten,

4. inadäquate sexuelle Erregung bei "normalen" sexuellen Reizen,

5. Probleme der Selbstkontrolle und unangemessene sexuelle Erregung bei "devianten" Reizen.

Unter den *verhaltenstherapeutischen Methoden* kann man symptomzentrierte von symptomübergreifenden unterscheiden. Zu den *symptomzentrierten* gehören (Schorsch et al., 1985) die aversive Konditionierung, bei der die sexuelle Erregbarkeit auf deviante Stimuli durch Bestrafungsreize unterdrückt wird. Weiteres symptomzentriertes Verfahren ist die sogenannte "Covert sensitization". Der Klient soll eine Situation imaginieren, die ihn zu sexuell devianten Handlungen anregt. Gleichzeitig werden auf kognitivem Wege aversive Vorstellungen induziert, die mit der sexuellen Erregung unvereinbar sind und daher zur Löschung der Erregung beitragen.

Schließlich wird das Biofeedback-Verfahren zur Symptomkontrolle eingesetzt, bei der die Biofeedback-Technik zur Kontrolle der sexuellen Erregbarkeit auf abweichende Stimuli eingesetzt wird.

Grundsätzlich ist zu diesen Verfahren anzumerken, daß ein positiver, konstruktiver Behandlungsansatz zu bevorzugen ist, d.h. der Versuch einer Person dabei zu helfen, neue und sinnvolle Verhaltensweisen aufzubauen und zu verstärken, anstatt alte, unerwünschte Verhaltensweisen auszulöschen. Sexuelle Schwierigkeiten bei der Aufnahme von Beziehungen können mittels eines Trainings sozialer Fertigkeiten angegangen werden, sowohl in individueller als auch in Gruppentherapie. Die Methoden einzelner Personen können dabei mittels der Videotechnik analysiert und mit angemessenen Kommentaren zurückgemeldet und modifiziert werden und dabei neue Verhaltensweisen aufgezeigt und wiederholt eingeübt werden (Bancroft, 1985).

Zu den *symptomübergreifenden Methoden* gehören:
Konditionierung sexueller Erregbarkeit auf nicht deviante Stimuli und die systematische Desensibilisierung, verbunden mit einer Stärkung der sozialen Kompetenz.

Die von Schorsch et al. (1985) durchgeführte Untersuchung mit überwiegend verhaltenstherapeutisch und gesprächstherapeutisch behandelten Sexualstraftätern erbrachte folgende Ergebnisse:

Bei rund der Hälfte von 86 Patienten wurde die Psychotherapie erfolgreich ambulant durchgeführt. Die Psychotherapie der Sexualstraftäter wurde von Therapeuten durchgeführt, die nicht speziell auf diesem Gebiet ausgebildet waren; bewährt hat sich ein eklektischer Ansatz (Kombination von Verhaltenstherapie mit psychodynamischen Elementen).

Weiterführende Literatur:

Bancroft, J.H.J.: Grundlagen und Probleme menschlicher Sexualität. Enke, Stuttgart 1985.

Buddeberg, C. Sexualberatung. 3. Aufl. Enke, Stuttgart 1996.

Remschmidt, H.: Psychiatrie der Adoleszenz. Thieme, Stuttgart 1992.

Literatur

Bancroft, J.H.J.: The relationship between gender identity and sexual behaviour: some clinical aspects. In: Ounsted, C.; Taylor, D.C. (eds.) Gender differences: their ontogeny and significance. Churchill Livingstone, Edinburgh 1972.

Bancroft, J.H.J.: Deviant sexual behaviour: modification and assessment. Clarendon Press, Oxford 1974.

Bancroft, J.H.J.: Homosexuality and the medical profession: a behaviourist's view. Journal of Medical Ethics 1, 176-180, 1975.

Bancroft, J.H.J.:Grundlagen und Probleme menschlicher Sexualität. Enke, Stuttgart 1985.

Bräutigam, W.:Sexualmedizin im Grundriß - Eine Einführung in Klinik, Theorie und Therapie der sexuellen Konflikte und Störungen. 2., überarb. Aufl., Thieme, Stuttgart 1979.

Dörner, G.: Sexualhormonabhängige Gehirndifferenzierung und Sexualität. Springer, Wien 1972.

Giese, H.: Die sexuelle Perversion. Akademische Verlagsgesellschaft, Frankfurt 1967.

Green, R.: Atypical sex role behavior during childhood. In: Freedman, A.M.; Kaplan, H.I.; Sadock, B.J. (eds.): Comprehensive Textbook of Psychiatry-II. 2. Aufl., Vol. 2., 1408-1414. Williams & Wilkins, Baltimore 1975.

Green, R.: Atypical psychosexual development. In: Rutter, M.; Hersov, L. (eds.): Child Psychiatry: Modern Approaches, 788-806. Blackwell, Oxford 1977.

Kockott, G.; Nusselt, L.: Zur Frage der cerebralen Dysfunktion bei der Transsexualität. Nervenarzt 47, 310-318, 1976.

Kockott, G.: Therapie von Sexualstörungen. In: Müller, H.J. (Hrsg.): Therapie psychiatrischer Erkrankungen. Enke, Stuttgart 1993.

Martin, M; Dauner, I.: Störungen der Sexualentwicklung und des Sexualverhaltens. In: Remschmidt, H.; Schmidt, M.H. (Hrsg.): Kinder- und Jugendpsychiatrie in Klinik und Praxis, Bd. III, 299-322. Thieme, Stuttgart 1985.

Masters, W.H; Johnson, V.E.: Homosexuality in perspective. Little Brown & Co., Boston 1979.

Masters, W.H; Johnson, V.E.: Impotenz und Anorgasmie. Goverts, Krüger u. Stahlberg, Frankfurt 1973.

Schorsch, E.; Schmidt, G.: Ergebnisse zur Sexualforschung. Kiepenheuer & Witsch, Köln 1975.

Schorsch, E.; Galedary, G.; Haag, A.; Hauch, M.; Lohse, H.: Perversion als Straftat. Dynamik und Psychotherapie. Springer, Berlin 1985.

Sigusch, V.; Meyenburg, B.; Reiche, R.: Transsexualität. In: Sigusch, V.: (Hrsg.): Sexualität und Medizin. Kiepenheuer & Witsch, Köln 1979.

21. Drogenmißbrauch und Sucht

Andreas Warnke

Die Behandlung jugendlicher Patienten, die Alkohol und Drogen mißbrauchen oder von Suchtmitteln abhängig sind, ist eine tägliche Aufgabe jugendpsychiatrischer Tätigkeit. Allein die Zahl der Jugendlichen mit Alkoholmißbrauch wird in der Bundesrepublik auf über 150.000 geschätzt. Die Gesamtzahl der nach relativ groben Schätzungen therapiebedürftigen Alkoholkranken beträgt zwischen 1,5 bis 2,5 Millionen in der Bundesrepublik. Hinzu kommen Medikamentenabhängige (200.000 bis 500.00) und Drogenabhängige (100.000 bis 120.000) Daß Abhängigkeitskranke den größten Anteil an Patienten in Einrichtungen der psychiatrischen Regelvorsorgung ausmachen, stellt eine präventive Herausforderung für die Kinder- und Jugendpsychiatrie dar, die dem Mißbrauch im Jugendalter therapeutisch zu begegnen hat. Über 700.000 Kinder leben in der Bundesrepublik mit einem alkoholkranken Elternteil zusammen. Ihre Gefährdung, selbst alkoholkrank zu werden, ist groß. Der Anteil der Jugendlichen zwischen 14 bis 18 Jahren am Gesamt der Personen, die im unmittelbaren Zusammenhang mit Rauschgiftdelikten als Tatverdächtige polizeilich registriert wurden, schwankte in den letzen 25 Jahren zwischen 8 und 28%. Die psychiatrischen Störungen infolge von Alkohol- und Drogenmißbrauch bedürfen oft kinder- und jugendpsychiatrischer Behandlung. Hinzu kommt, daß bei einem nicht unerheblichen Teil davon auszugehen ist, daß bereits vor Beginn der Abhängigkeitserkrankung behandlungsbedürftige psychische Störungen als ausschlaggebender Faktor bestanden haben. Die Co-Morbidität psychiatrischer Störungen bei stofflichem Mißbrauch ist in einem Maße erheblich, daß es nicht gerechtfertigt ist, daß jugendpsychiatrische Führung und Therapie hinter allein psychologischen und sozialpädagogischen Bemühungen in den Hintergrund getreten sind. Die Kinder- und Jugendpsychiatrie und -psychotherapie hat hinsichtlich der Prävention, Therapie und Rehabilitation von Suchterkrankungen eine bislang sicher nicht ausreichend wahrgenommene Verantwortung.

Die psychischen Störungen im Zusammenhang mit dem Mißbrauch psychotroper Substanzen sind komplex in ihrer Genese, den sie aufrechterhaltenden Faktoren und, wiederum bestimmt von der Eigenart der psychotropen Substanz, den Auswirkungen auf die individuelle Entwicklung des jugendlichen Patienten und den jeweils besonderen individuellen Bewältigungsmöglichkeiten und milieuabhängigen Ressourcen der Hilfe.

Im folgenden Kapitel werden nur die wesentlichen Leitlinien der strukturellen, methodischen und inhaltlichen Ansätze der Psychotherapie bei Jugendlichen mit Mißbrauch und Abhängigkeit von psychotropen Substanzen beschrieben.

21.1 Definition und Klassifikation

Definitorisch ist es auch unter therapeutischem Blickwinkel zweckmäßig, zwischen akuter Intoxikation, schädlichem Gebrauch und dem Abhängigkeitssyndrom durch Konsum psychotroper Substanzen zu unterscheiden. Die *"akute Intoxikation"* (ICD-10 F1x..0) ist ein vorübergehendes Zustandsbild nach Aufnahme von psychotropen Substanzen mit Störungen oder krankhaften Veränderungen der körperlichen, psychischen und Verhaltensfunktionen und -reaktionen. Der *"schädliche Gebrauch"* (ICD-10 F 1x.1) beinhaltet eine Gesundheitsschädigung durch den Konsum psychotroper Substanz, wie z. B. Hepatitis oder depressive Episoden. Für das *"Abhängigkeitssyndrom"* (ICD-10 F 1x.2) ist der unbeherrschbare Wunsch kennzeichnend, psychotrope Substanzen zu konsumieren, die verminderte Kontrolle über den Beginn, die Beendigung oder die Menge des Konsums sowie der Gebrauch mit dem Ziel, Entzugssymptome zu mildern. Die Abhängigkeit ist zudem gekennzeichnet durch Toleranzentwicklung, eingeengte Verhaltensmuster im Umgang mit der Substanz (z. B. Konsum bei unüblichen Gelegenheiten), Fortschreiten der Vernachlässigung anderer Vergnügungen oder Interessen zugunsten des Substanzkonsums und dem anhaltenden Konsum psychotroper Substanzen trotz schädlicher gesundheitlicher, psychischer oder sozialer Folgen (Dilling et al. 1991; Remschmidt, Schmidt 1994). Die psychische Abhängigkeit, das Verlangen zu fortgesetztem Konsum der Droge, um Befriedigung oder die Linderung von Mißempfindungen zu erleben, liegt allen Suchterkrankungen zugrunde. Für die körperliche Abhängigkeit ist das Entzugssyndrom charakteristisch. Nicht alle Substanzen erzeugen körperliche Abhängigkeit. Sie findet sich z. B. beim Morphin- und beim Barbiturat-Alkoholtyp, nicht jedoch z. B. bei Amphetaminen oder Kokain. Die Charakteristika der Substanzen entscheiden über den Stellenwert der körperbezogenen Maßnahmen im Rahmen der Psychotherapie.

21.2 Zur Symptomatik und Diagnostik

Körperliche, psychische und soziale Symptome oder Begleitstörungen sind im Einzelfall unterschiedlich; ihre diagnostische Feststellung ist Voraussetzung für die therapeutische Intervention.

Körperliche Symptome

Die körperliche Symptomatik ist unspezifisch und mitbestimmt von der Art der psychotropen Substanz. Die Vielfältigkeit der Symptome sei in Stichworten gekennzeichnet. Das *Delir* beim Barbiturat- und Alkoholtyp: Erstes Stadium mit Schlafstörungen, Schwitzen, morgendlichem Tremor, morgendlichem Erbrechen, hirnorganische Anfälle, im zweiten Stadium (vollständiges Delir): zusätzliche Bewußtseinstrübung, Orientierungsstörungen, Wahn, Halluzinationen, vegetative Fehlregulationen mit Hyperthermie, Hypertonie und bei lebensbedrohlichem Delir mit kardialen und pulmonalen Komplikationen und Bewußtlosigkeit. *Barbiturat-Intoxikation*: Ny-

stagmus, Myosis, Ataxie, Benommenheit, Bewußtlosigkeit, zentrale Atemhemmung, Kreislaufversagen, zerebrale Anfälle. *Haschisch-Mißbrauch*: Mydriasis, Gliederschmerzen, Hitze-Kälte-Gefühl, Rhinorrhoe, Anorexie; bei Entzug Gänsehaut, Tränenfluß, Diarrhoe. *Kokain-Mißbrauch*: Appetitverlust mit Kachexie, Psychose, chronische Entzündungen der Nasenschleimhäute, Deprivation mit hirnorganischem Psychosyndrom. *Opiat-Intoxikation*: Myosis, Atemdepression, Lungenödem, Hirnödem, Druckparesen, zerebrale Anfälle, Hautkrankheiten, Spritzenabszesse, Venenentzündungen, Immunschwäche, Amenorrhoe, Potenzminderung. *Schnüffelsucht*: Symptome des hirnorganischen Psychosyndroms, diffuse Hirnatrophie, adrenale Störungen. *Amphetamin-Intoxikation*: Mydriasis, Rötung des Gesichts, Mundtrockenheit, Tachykardie, Arrhytmie, Hypertonie, Kopfschmerzen, Tremor, Anorexie, Übelkeit und Erbrechen, Tinnitus.

Psychische und soziale Symptome

Die Diagnose ergibt sich aus den Ergebnissen von Eigen- und (immer unerläßlich) Fremdanamnese, Exploration und Fragebogenerhebung sowie den somatischen und laborchemischen Untersuchungsbefunden. Das Drogenscreening im Urin belegt den Drogenkonsum, nicht aber die Abhängigkeit. Es hilft der Differentialdiagnose zur akuten Intoxikation und anderen psychiatrischen Erkrankungen wie z.B. akuter schizophrener Psychose oder exogener Psychose anderer Art. Ein geeignetes Fragebogenverfahren ist der "Münchner Alkoholismus-Test" (MALT), der aus einem Selbstbeurteilungsteil und einem Fremdbeurteilungsteil Schlußfolgerungen für die Gefährdung durch Alkoholimus zuläßt (Feuerlein et al. 1979).

Anamnestische Hinweise für Drogenmißbrauch und Abhängigkeit sind ein "Knick" im Lebenslauf, gekennzeichnet durch Leistungsabfall, schulisches oder berufliches Versagen, Wesensänderung, abnehmende Verläßlichkeit und *"Amotivationales Syndrom"*. Weitere Hinweise sind die Änderung des Lebenswandels, Konflikte im sozialen Lebensumfeld, Rückzug von der Familie und dem Freundeskreis und zunehmend bindende Kontakte zur Drogenszene. Verkehrsdelikte und Kriminalität sollten die Frage nach Alkohol- und Drogenmißbrauch auslösen. Schließlich ist es die Änderung der "Person", u. a. Agitiertheit, Unruhe, Nervosität, paranoides Erleben, Halluzinationen, Depersonalisations- und Derealisationserfahrungen sowie

Suizidalität, die als Folgeschäden der Sucht auffallen.

Immer ist an *primäre psychische Erkrankungen bzw. unbewältigte Lebenskonflikte* zu denken, an mangelhafte Sozialisation, Persönlichkeitstörungen, Teilleistungsschwächen (insbesondere Lese- und Rechtschreibschwäche), an die sekundäre Entwicklung bei hyperkinetischem Syndrom sowie Depression und an psychotische Erkrankungen. Auch bereits jüngere Drogenkonsumenten können körperlichen und sexuellen Mißbrauch in der Familie oder im Drogenmilieu erfahren haben. Selbstwertprobleme sind davon mitbestimmt. Relevant ist die Frage nach dem Suchtmittelmißbrauch bei Eltern und anderen bedeutsamen Bezugspersonen sowie der Einfluß der Gleichaltrigengruppe. Nicht selten bestehen sehr enge Bindungen an die Herkunftsfamilie, und dennoch opponieren die Patienten und wollen nicht mehr in die Herkunftsfamilie zurück.

Therapeutisch relevant ist schließlich die entwicklungspsychopathologische Sichtweise, die den Drogenmißbrauch und die Abhängigkeitsentwicklung im Zusammenhang mit den normalen körperlichen und kognitiven Entwicklungen des Jugendalters und den altersentsprechenden Entwicklungsanforderungen (Entwicklungsaufgaben) sieht. Drogenmißbrauch ist vor dem 14. Lebensjahr selten, bis zum 18. Lebensjahr wird er signifikant häufiger. Mit den Suchtproblemen sind durch die Altersgebundenheit therapeutische Fragen der psychischen und körperlichen Reifung, der Schulbewältigung, der Berufsfindung, der außerfamiliären Orientierung, der Sexualität und Partnerschaftsfindung verknüpft. Die Lebenssituation ist bestimmt von Fragen der Sinnfindung, der Ablösung von bisher bestimmenden Lebensverhältnissen und Werten, dem Erkunden von neuen Interessen und Zielen, für die es sich lohnt, zu leben.

Die angeführten möglichen Begleitumstände des Drogenmißbrauchs und der Sucht sind im Einzelfall wesentlicher Gegenstand der Behandlung. Die Therapie richtet sich dementsprechend auf

a) die Schäden, die durch Konsum des Suchtmittels selbst verursacht sind,
b) die Entzugssymptome,
c) die psychische Abhängigkeit und
d) die primären Ursachen bzw. Begleitstörungen und Lebenskonflikte des Patienten.

Körperliche, seelische und soziale Gesichtspunkte sind in der Therapie zu beachten.

21.3 Therapie

Allgemeine Grundzüge der Aufgaben und des Behandlungsnetzes

Den Therapiezielen entsprechen die Phasen des therapeutischen Vorgehens:

1. Kontaktphase
2. Entgiftungsphase (wenn indiziert)
3. Entwöhnungsphase
4. Weiterbehandlungs- und Nachsorgephase

Die Tatsache, daß z. B. in der Alkoholismustherapie im ersten Jahr nach einer Entwöhnungsbehandlung bis zu 90% der Patienten rückfällig werden, um schließlich doch nach zwei und mehreren Anläufen in weit höherem Prozentsatz abstinent zu werden, zeigt, daß die Therapie kein regelhafter Ablauf, sondern ein oft mehrjähriger Prozeß im Rahmen eines therapeutischen und rehabilitativen Verbundsystems ist (Tab. 21.1).

Tabelle 21.1 Behandlungsnetz für Suchtkranke (verändert nach Feuerlein 1995)

Therapie-phase	Ambulante Einrichtung	Teilstat. Einrichtung	Stationäre Einrichtung	Sonstige
Kontakt-phase	Niedergelassener Arzt/Psychologe Erziehungs-beratungsstelle Poliklinik Fachambulanz Drogenberatungsstelle Gesundheitsamt	Tagesklinik Nachtklinik	Allg. Krankenh. Psychiatrisches Krankenhaus	Schule Betrieb Selbsthilfegruppe Familie andere Angehörige Angehörige Jugendamt JVA
Entgiftungs-phase	Niedergelassener Arzt Poliklinik (Fachambulanz)		Allg. Krankenh. Psychiatrische Klinik Suchtfachklinik	JVA
Entwöhnungs-phase	Fachambulanz Poliklinik (Niedergelassener Arzt)	Tagesklinik Nachtklinik	Suchtfachklinik Psychiatrisches Krankenhaus Allg. Krankenhaus	
Weiterbeh./ Nachsorge-phase	Niedergelassener Arzt/Psychologe Poliklinik Gesundheitsamt	Tagesklinik Nachtklinik Übergangsheim	Therapieheim Betreutes Wohnen	Schule,Betrieb Selbsthilfegruppe Angehörige, Familie Jugendamt JVA

Die *Kontaktphase* beinhaltet alle Bemühungen, den Patienten in den Wochen und auch Jahren der Behandlung für die Therapie zu motivieren, ihm Einsicht in die Diagnose zu vermitteln und die Behandlungsmöglichkeiten aufzuzeigen. Der jugendliche Patient und seine Familie sind für die Behandlung nach Mißerfolg und Abbrüchen wiederholt zu gewinnen; kurz-, mittel- und langfristige Therapieziele und nächstliegende konkrete Behandlungsmaßnahmen sind darzulegen. Dazu sind engmaschig festgesetzte Gesprächstermine und rasche Hilfen bei psychischen und körperlichen Symptomen hilfreich.

Die *Motivierung* beinhaltet die Einsicht in die Notwendigkeit einer Änderung der gegenwärtigen Situation ("So geht es nicht weiter"), die Anerkennung der Hilfsbedürftigkeit ("Ich schaffe es nicht mehr allein"), die Annahme der angebotenen Hilfe ("Ich lasse mir helfen"), das Eingeständis, mißbräuchlich mit dem Suchtmittel umzugehen bzw. abhängig zu sein ("Ich bin suchtkrank"), die Akzeptierung des Abstinenzzieles (z. B."Ich darf überhaupt keinen Alkohol mehr trinken") und die Anerkennung des Ziels des veränderten Lebenswandels ("Ich muß mein

Leben anders gestalten, wenn ich nicht mehr rückfällig werden will"; Feuerlein, 1995).

Akutbehandlung und körperliche Entzugsmaßnahmen

Nicht selten ist es die akute Suchtmittelintoxikation, die in die Behandlung führt. In all diesen Fällen ist eine Beratung des Jugendlichen und der Familie angezeigt, denn immer ist in diesen Fällen mit Emotional- und Verhaltensstörungen sowie nicht adäquat bewältigten Konflikten oder Lebensanforderungen zu rechnen.

Die *Beratung* konzentriert sich auf die Aufklärung des Patienten und - wenn möglich - der Eltern und relevanten Bezugspersonen über das Suchtmittel und die Kriterien und Risiken seines Mißbrauchs. Auszuschließen ist ein Mißbrauch in suizidaler Absicht. Ggf. richtet sich die Beratung auf die psychische Grunderkrankung (Depression, Angstsyndrom, Bulimie), die Konfliktsituation (Familienstreit, Liebesenttäuschung) oder die Überforderung aufgrund einer nicht bewältigten Entwicklungsaufgabe (schulische oder berufliche Mißerfolgssituation). Im übrigen sollten die Ziele der Kontaktphase angestrebt werden, insbesondere die Vermittlung in eine kontinuierliche Entwöhnungsbehandlung.

Akute Komplikationen bei Drogenmißbrauch erfordern eigene Behandlungsschritte. Bei Überdosierung, Spritzenabszessen und septischen Zuständen sind internistische Behandlungsmaßnahmen einzuleiten. Schwere aggressive Unruhezustände, delirante Entwicklungen oder akute Suizidalität geben Anlaß zur stationären psychiatrischen Krisenintervention.

Bei Entzugssyndromen des Neugeborenen einer drogenabhängigen Mutter ist eine Elternberatung indiziert. Zunächst ist die adäquate Medizinische Versorgung des Säuglings sicherzustellen. Es bleibt festzustellen, inwieweit das Kind der Pflege der drogenabhängigen Eltern überlassen bleiben kann, wozu die Unterstützung seitens des Jugendamtes notwendig würde. Die Mutter gilt es im Sinne der Kontaktphase für eine Entwöhnungsbehandlung zu motivieren. Bei minderjährigen Müttern ist abzuwägen, inwieweit die Einbeziehung der sorgeberechtigten Angehörigen hilfreich sein kann. Es ist davon auszugehen, daß mehr als zwei Drittel der drogenabhängigen Mütter weiterhin Drogen konsumieren werden und somit potentiell das Wohl des Kindes gefährden. Damit kann sich in Einzelfällen die Frage der frühzeitigen Freigabe der Kinder zur Adoption bzw. die Frage der Sorgerechtsübertragung auf eine nicht abhängige Bezugsperson stellen.

Psychotherapeutische Aufgaben bei Entgiftung und akutem Drogenentzug

Die Entgiftung ist gleichzeitig eine Phase der Behandlung ggf. der körperlichen Entzugssymptome sowie der Begleiterkrankungen, wie z. B. Untergewicht, Ekzeme, Abszesse, Parasitenbefall. Die Entgiftung kann ambulant stattfinden, oft ist sie aber nur im stationären Rahmen durchführbar. Die Rückfälligkeitsgefahr ist nach kurzfristiger Entgiftung bei bestimmten Drogen durch herabgesetzte Toleranz besonders hoch. Die oft bestehende soziale Konfliktlage, soziale Isolation und die Verstrickung in das Drogenmilieu lassen im Einzelfall eine ambulante Führung des Patienten nicht zu.

Die *Psychotherapie im Rahmen der stationären Entgiftung* sollte in der Hand eines verantwortlichen Therapeuten liegen, der möglichst täglich Einzelgespräche durchführt. Die Einzeltherapie wird ergänzt durch Angehörigenarbeit

und ggf. Kontakte mit dem Jugendamt, Schule oder Ausbildungsstätte. Die Voraussetzungen für eine abstinente Lebensführung auf Station sind sicherzustellen. Die Kontrolle des Konsums beinhaltet das wiederholte Drogenscreening sowie eine Kontrolle der Besuche und der Korrespondenz. Sobald als möglich sollte der Patient in die stationären *Gruppenaktivitäten* und das stationäre Therapieprogramm einbezogen werden.

Inhaltlich sind die Informationen zur Suchterkrankung (Diagnose) und die Motivierung für eine Entwöhnungsbehandlung im Sinne der Kontaktphase vorrangig. Dazu ist eine sehr eindeutige Einführung des Jugendlichen in die Stationsregeln unabdinglich. Die Kontaktaufnahme zu *Selbsthilfegruppen* ist anzustreben.

Beim Erstkontakt ist nicht die Erhebung der Drogenanamnese vorrangig. Wichtiger ist es, das aktuelle Problemfeld, wie es sich seitens des Patienten darstellt, in einem zuhörenden Gespräch in Erfahrung zu bringen. Die subjektiven Schwierigkeiten, die Sorgen des Patienten und seine Erwartungen sind der Ausgangspunkt der therapeutischen Gesprächsbeziehung. Ein Überreden und eine vorzeitige Stellungnahme zum Suchtproblem erzeugen leicht Widerstand. Ziel ist es, den Jugendlichen auf seine ganz persönliche Lebenssituation hinzuführen und aufzuklären, welche individuelle Bedeutung der Drogenkonsum für den betroffenen Jugendlichen hat. Mit Verträgen können kleine Aufgaben in kürzeren Zeitabschnitten strukturiert und deren strikte Einhaltung überwacht werden. Der Arzt sollte es vermeiden, als einseitiger und parteilicher Interessenvertreter von Eltern zu erscheinen. Die Regelung zur Entwöhnungsbehandlung gilt es möglichst einvernehmlich mit dem jugendlichen Patienten und den Sorgeberechtigten zu treffen.

Entwöhnung, Behandlung und Rehabilitation

Die Entwöhnungsbehandlung ist indiziert, wenn eine akute Entwicklungsgefährdung vorliegt und der jugendliche Patient nicht eigenständig die Fähigkeit gewinnt, abstinent zu leben. Die Entwöhnungsbehandlung kann in sehr unterschiedlichem Rahmen ambulant, teilstationär oder stationär kurzfristig (4 - 8 Wochen), mittelfristig (2 - 6 Monate) oder langfristig (mehr als 6 Monate) durchgeführt werden.

Die *ambulante Behandlung* ist relativ kostengünstig, beläßt den Jugendlichen ggf. in seinen noch intakten sozialen Beziehungen und seinem schulischen bzw. beruflichen Alltag. Sie setzt voraus, daß er bereit und fähig ist, aktiv und verläßlich die ambulanten Termine wahrzunehmen, suchtmittelfrei zu bleiben, die Behandlungsregeln einzuhalten und noch sozial integriert zu leben (geregelte Beschulung bzw. Arbeitsplatz, fester Wohnsitz in geregelten Familienverhältnissen). Haftbedingungen, suchtfördernde familiäre Verhältnisse, Strafverfahren und schwere körperliche, psychische und soziale Störungen sprechen gegen eine ambulante Entwöhnungsbehandlung. Die ambulante Therapie kann zweckmäßig sein. Die Abbruchquote ambulanter Entwöhnung ist hoch (bis ca. 50 %). Die Behandlungsdauer - bei 1 bis 2 Wochenstunden - ist mit 1 Jahr anzunehmen. Bei Drogenabhängigen beschränkt sich die Therapie eher auf Einzelbehandlung und u. U. auf eine "Begleitung" des Suchtkranken. Der Therapeut berät den weiterhin Drogen konsumierenden Jugendlichen in Krisensituationen; die Behandlung sollte in Suchtberatungsstellen erfolgen.

Die *stationäre Behandlung* ist notwendig, wenn die Fähigkeit oder auch Möglichkeit zu einer ambulanten Behandlung fehlt. Dies ist der Fall, wenn der jugendliche Patient nicht in der Lage ist, verläßlich genug Vereinbarungen einzuhalten, das soziale Lebensumfeld suchtfördernd wirkt und eine räumliche Trennung erforderlich macht und wenn wiederholte Rückfälle nach ambulanter Behandlung einen stationären Rahmen nahelegen. Eine wohnortnahe Behandlung ist wünschenswert, wenn eine familientherapeutische Arbeit sinnvoll ist. Bei der Auswahl der Einrichtung ist auch zu beachten, inwieweit psychiatrische Störungen (Eßstörungen, Psychosen, hyperkinetisches Syndrom, Teilleistungsstörungen) oder aber Menschen mit geistiger Behinderung in der behandelten Einrichtung eine neben der spezifischen Drogenbehandlung adäquate Therapie erhalten. Therapieeinrichtungen für Erwachsene sind für Jugendliche überfordernd. Die langfristige (über 6monatige) Entwöhnungsbehandlung geschieht in den Fachkrankenhäusern. Eine kurz- oder mittelfristige (6-8 Wochen) dauernde Behandlung ist auch in kinder- und jugendpsychiatrischen Kliniken stets möglich; eine längerfristige Nachbehandlung ist anzuschließen.

Die *Entwöhnungsphase*, die an die notwendige Entgiftung möglichst lückenlos anschließt, hat zum Ziel, psychische und körperliche Gesundung, soziale Wiedereingliederung und schulische bzw. berufliche Integration unter lebenslanger Abstinenz zu erreichen. Ein ideales Ziel, das ein ausreichendes Erlernen von Eigenverantwortlichkeit, kritischer Selbsteinschätzung und adäquater Problembewältigung voraussetzt. In der Praxis sind viele Kompromisse einzugehen, Rückfälle zu überwinden und in einem nicht selten jahrelangen Prozeß Wege zum Ziel individuell zu ermitteln und anzustreben. Ist die Abhängigkeit soweit fortgeschritten, daß sich der Jugendliche gleichgültig gegenüber den Folgeschäden zeigt und ist darüberhinaus die Selbstgefährdung ernst und akut bei dennoch mangelnder Behandlungseinsicht, dann ist ein direktes Eingreifen indiziert (*"helfender Zwang"*).

Ist eine Wartezeit bis zur stationären Behandlung zu überbrücken und mit einer Entzugssymptomatik zu rechnen, so können regelmäßige Gespräche, physikalische Therapien und Beschäftigungen, mit denen sich der Jugendliche "ablenken" kann, zur subjektiven Bewältigung des Entzugssyndroms beitragen. *Pharmakotherapeutisch* haben sich für diesen zeitlich begrenzten Überbrückungszeitraum Neuroleptika (Melleril, Truxal) oder auch Antidepressiva bewährt. Die ambulante Entwöhnungsbehandlung wird wesentlich gestützt durch bis zu zweimal wöchentlich stattfindende Gruppentherapie, ergänzt durch Einzelgespräche und Familienarbeit.

Betreute Wohnformen kommen als Übergang zwischen stationärer und ambulanter Therapie bzw. als stützender Rahmen der ambulanten Therapie in Frage.

Die im Folgenden dargelegten Grundzüge der Behandlung enthalten Elemente, die allgemein bedacht werden müssen; inwieweit sie im Einzelfall indiziert und durchführbar sind, ist von den therapeutischen Möglichkeiten vor Ort, den Bedingungsverhältnissen des Suchtverhaltens und den individuellen Hilfsmöglichkeiten bestimmt.

Die Darstellung beschränkt sich auf Behandlungsmöglichkeiten im stationären Rahmen. Die spezifisch psychotherapeutische Arbeit ist dabei immer im Zusammenhang mit der somatischen Therapie, Arbeits-, Beschäftigungs- und Soziotherapie zu sehen. Psychotherapie hat eine Struktur (räumlich, zeitlich), eine Methode und spezifische Inhalte.

Die äußere Struktur und inhaltliche Gliederung der Psychotherapie

Die zeitliche, räumliche und inhaltliche Strukturierung des Tagesablaufes im Zusammenleben mit der Gemeinschaft ist milieu- bzw. soziotherapeutisch begründet Das gesamte Behandlungssetting und -konzept ist zu verstehen als "optimaler didaktischer Rahmen", in dem Lösungsstrategien, die ein abstinentes Leben ermöglichen, entwickelt und eingeübt werden können.

Das *stationäre Milieu* hat selbst entscheidende therapeutische Bedeutung. Mit Aufnahme auf Station fallen Auslösereize zum Suchtmittel weg, die Suchtmittel sind nicht greifbar und auslösende Lebensereignisse (wie z. B. Konflikte mit Mitpatienten) können nicht Anlaß werden, mit Suchtmittelkonsum zu reagieren. Damit werden eingefahrene Reiz-Reaktionsschemata oder inadäquate, mit Drogenkonsum gekoppelte "Problemlösungsstrategien" unterbrochen. Nicht zuletzt wird die soziale und oft auch existentielle Bindung an das Drogenmilieu abgeschnitten. Die "Garantie der Drogenfreiheit" erfordert Zimmerkontrollen, Besuchskontrollen und Drogenscreening; bei Verstoß werden Sanktionen ausgesprochen oder Vergünstigungen zurückgenommen. Die Station ist Ort von "Gesundheitserziehung", in dem über die Schädlichkeit der Drogen informiert wird, der Umgang mit Genußmittel und Medikamenten diszipliniert wird und eine geregelte Lebensweise mit Wechsel zwischen sinnvoller Tätigkeit und Erholung stattfindet.

Die *strengen Hausordnungen* haben "Hilfsfunktionen", um den Erwerb von Alltagsfertigkeiten für eine gewöhnliche Lebensführung zu fördern. Der Suchtpatient steht mit allen anderen Patienten morgens auf, ißt zu den vorgegebenen Mahlzeiten, nimmt am allgemeinen Therapieprogramm teil. Am Anfang sind immer freiheitsregulierende Maßnahmen, ein Verbleib auf Station und Besucherkontrolle notwendig. Hausarbeiten, die Erfüllung hygienischer und pflegerischer Anforderungen sind wichtig. Die Gemeinschaft ist Übungsfeld und zugleich auch eine Stütze beim Einüben der Alltagsfertigkeiten. Die Auseindersetzung mit den Mitpatienten, eine sinnvolle Freizeitbeschäftigung, die Organisation des Alltags sind zu bewältigen. Dazu dienen Therapieregeln, die durch das stationäre Personal mit klaren Kompetenzabgrenzungen zwischen Personal und Patient eingeführt werden. Die

Einhaltung der Regeln gilt es strikt zu überwachen.

Die Einübung sozialer und kommunikativer Fertigkeiten ist in der Gemeinschaft mit den Mitpatienten erleichtert. Die Einübung des Zusammenlebens in sozialer Gemeinschaft ist wichtig, weil Suchtkranke regelhaft schwerwiegende soziale Defizite haben und sozial letztlich isoliert lebten. Probleme im Zusammenleben geben Gelegenheit, Möglichkeiten adäquater Konfliktbewältigung zu erarbeiten. Das *therapeutisch geleitete Gruppengespräch* bzw. Kommunikationsgruppen sind ein Lern- und Übungsfeld. Die anfänglichen Freiheitsbeschränkungen werden allmählich aufgelöst, so daß der jugendliche Patient zunächst unter strenger Kontrolle der Besuchskontakte - von ungünstigen Außenwelteinflüssen abgeschirmt - anschließend Gruppenausgang in Begleitung von Personal erhält und schließlich durch Ausgang mit Mitpatienten und Einzelausgang soziale Freiheiten zurückgewinnt.

Die *Lern- u. Leistungsbereitschaft* und die Fähigkeit dazu werden in einem Stufenprogramm gefördert. Therapiefortschritte und - rückschritte werden durch einen solchen Plan im Sinne eines Selbstkontrolltrainings durchschaubar. Zunächst nimmt der Patient nur an einfachen stationären Aktivitäten teil (Sport, Sauna), später wird er in die Beschäftigungstherapie einbezogen, in der bei geringen Leistungsanforderungen einfache Fähigkeiten zur Konzentration, Feinmotorik und handwerklichen Geschick gefördert werden, aber auch Interessenfelder für eine sinnvolle Freizeitgestaltung (Kochen, Malen) gewonnen werden können. Die schulische Förderung beginnt innerhalb der Klinikschule, u. U. zunächst nur im Einzelunterricht, um schließlich über externe Beschulung eine außerklinische Beschulung anzubahnen. In der Arbeitstherapie können bei berufspflichtigen Jugendlichen stärkere Arbeitsanforderungen als in der Beschäftigungstherapie gestellt und einer Arbeitsentwöhnung vorgebeugt werden. Im Einzelfall können externe Berufspraktika als Übergang in eine berufsbildende Einrichtung für den nachstationären Verlauf abgeleistet werden.

Der *Persönlichkeitsentwicklung* dienen Übungen zur Selbstbehauptung, eine Selbstwertbildung zum Erwerb spezifischer Konfliktbewältigungsstrategien. Der Wechsel von Einzelaktivitäten und Einzeltherapien zu Gruppenaktivitäten und Gruppentherapien kennzeichnet die stationäre Behandlungsstrukturierung.

Psychotherapeutische Methoden und Therapieinhalte

Psychoanalytisch orientierte Therapien, verhaltenstherapeutische Ansätze, Gesprächstherapie und familientherapeutische Methoden verbinden sich in der Regel zu einem pragmatischen Therapiekonzept.

Die Psychotherapie beinhaltet eine Information zu den spezifischen Suchtmitteln und ihrer Wirkung. Sie konzentriert sich in der Einzeltherapie längerfristig auf die ganz individuellen Lebensgegebenheiten des einzelnen Jugendlichen, auf Möglichkeiten der Lösung gegenwärtiger Lebensaufgaben bei abstinenter Lebensführung. Konkrete Aufgabenstellungen wie die Tagesplanung, Organisation der Freizeit bis hin zu Fragen der Wohnungssuche, der Arbeitsplatzfindung und der Schuldnerberatung können Gesprächsgegenstand sein. Klar definierte Lernschritte machen eine differenzierte Anerkennung der einzelnen Fortschritte möglich. Höchste Zuwendung und Anerkennung ist dem abstinenten Verhalten zu geben, während das Suchtverhalten und Verstöße gegen Stationsregeln strikt negativ bewertet werden. In der *Einzeltherapie* kann auf Begleitstörungen wie z. B. Ängste oder Depressionen spezifisch eingegangen werden. Dabei können Techniken der Desensibilisierung bezüglich lern- und leistungsbezogener wie auch sozialer Versagensängste indiziert sein. Das Tagebuch ist bei einzelnen Patienten ein hilfreicher "Gesprächspartner". Mit ihm kann der Patient Phasen von sozialer Isolierung auf Station, sozialer Hilflosigkeit, von Langeweile und von nicht befriedigten Mitteilungsbedürfnissen überbrücken. Wenn vom Patienten erwünscht, kann das Tagebuch als Gesprächsgrundlage in der Psychotherapie dienen. Der Therapeut muß über verbale Behandlungstrategien hinaus konkrete Schritte für die Bewältigung der sozialen und außerstationären schulischen, beruflichen und familiären Aufgabenstellung stützen.

Die *Gruppentherapie* ist dazu ein wesentlicher Zugang. In ihr lassen sich in Rollenspielen Selbstbehauptungsübungen und Übungen zur sozialen Fertigkeit sowie Desensibilisierungsschritte durchführen. Mit einem Mitpatienten läßt sich im *Rollenspiel* ausprobieren, wie sich adäquat reagieren läßt, wenn man in einer sozialen Situation beleidigt oder gekränkt wird, zum Glas Bier geladen oder von einem Drogendealer angesprochen wird.

Die Gruppe vermag in Motivationskrisen zu stützen, andererseits vermögen die Mitpatienten kritische Verhaltensweisen fördernd anzusprechen und somit als Korrektiv zu wirken. Der Umgang mit Enttäuschungen kann eingeübt werden. Ein themenzentriertes Arbeiten läßt sich über gestalterische Medien einleiten (Märchen ergänzen, Malen nach vorgegebener Thematik usw.).

Die *Kooperation mit der Familie* ist, sofern sie eine hinreichende Tragfähigkeit hat und nicht selbst sehr schwerwiegend suchtfördernd wirkt, von Anfang an wesentlich. Eine Minimalverständigung ist aber auch dann wünschenswert, wenn es Ziel der Therapie ist, daß der Jugendliche sich von einem suchtfördernden Elternhaus und dem Drogenmilieu verselbständigt und nicht mehr in den familiären und bisherigen Bekanntenkreis zurückkehrt. Der Arzt darf dabei weder Verbündeter des Patienten gegen die Familie noch umgekehrt Handlanger der Eltern werden. In den Familien selbst ist die Einsicht, daß beim eigenen Kind eine Suchtgefährdung besteht, die einer Behandlung bedarf, durchaus nicht immer gegeben.

Dies insbesondere dann, wenn ein Elternteil selbst Drogenmißbrauch betreibt und Mißhandlungsverhältnisse bestehen, so daß die Eltern durch die Therapie eine Gefährdung des familiären Rufes oder der familiären Existenz befürchten müssen. Die Familiengespräche dienen zunächst - neben der diagnostischen Zusammenarbeit - der Information über die Sucht, das Suchtmittel, die Symptome und die Erkennungszeichen der Erkrankung. Ein Informationsdefizit bei den Familienangehörigen ist regelhaft. In der Zusammenarbeit mit der Familie sind die Fähigkeiten und Möglichkeiten zur Konfliktbewältigung und zur erzieherischen Führung des Patienten aufzugreifen und zu fördern. Verhältnisse im familiären Bereich, die den Patienten zum Suchtverhalten verleiten, gilt es aufzuschlüsseln und zu verändern.

Die Kontaktaufnahme und Kooperation mit Schule, Arbeitgeber, lokalen Drogenberatungsstellen, Selbsthilfegruppen und betreuten Wohngruppen, die für eine ambulante Nachbehandlung und Rehabilitation in Frage kommen, sind Teil der psychotherapeutischen Arbeit. Von Anfang an kann die Klärung sozialrechtlicher Fragen wichtig sein. Die Kontakte zur Schule bzw. zum Arbeitgeber klären, inwieweit eine Wiederaufnahme in die Schule bzw. eine Rückkehr zum Arbeitsplatz möglich und Therapieziel sein kann.

Die *Anforderungen an den Therapeuten und das Team* sind in der Behandlung von Suchtkranken außerordentlich hoch. Den Erfolgen von Behandlungen stehen Mißerfolge, Therapieabbrüche und Rückfälle gegenüber. Der Arzt, vom Patienten anfangs im Gegensatz zu Vertretern der Strafjustiz, der Jugendämter und Eltern zunächst in der Rolle der "einzigen Vertrauensperson" und des "Retters" angesprochen, erfährt u. U. plötzlich, daß er vom Patienten getäuscht wurde. Die Gefahr besteht, als Arzt anzuklagen und Partei gegen den Patienten zu ergreifen. An dieser Stelle der Therapie ist es wichtig, als Arzt nicht zu resignieren oder aus dem Gefühl persönlicher Verletztheit nicht überhart zu reagieren. Andererseits würden auch Nachgiebigkeit und Gutmütigkeit das weitere Suchtverhalten des Patienten fördern. Es ist die Abhängigkeit, die die Patienten zu Regelverstoß, Wortbruch, Vertrauensbruch, zu Intrige und Lüge verführt. Das Team steht in Gefahr, verwirrt, gespalten und inkonsequent zu reagieren, Sympathien zu verteilen und die Motivation zu ernsthafter therapeutischer Bemühung zu verlieren, an Stelle der Krankheit des Jugendlichen schließlich den jugendlichen Menschen selbst abzulehnen. Multidisziplinäre Behandlungsteams, Balint-Gruppen und Supervisionen sind Hilfestellung für den Arzt. Immer wieder wird es neu darum gehen, von der Lebenssituation des Patienten auszugehen, seine Wünsche und Begabungen neu herauszuarbeiten, Erpressungsversuche und Täuschungen als inadäquate Strategien offenzulegen und neue Handlungsalternativen zu entwickeln, die dem Patienten in kurzer Frist belohnende Erfolgserfahrungen vermitteln. Der jugendliche Patient ist zu ermutigen und darin auszubilden, eigene Behandlungsfortschritte zu definieren, wahrzunehmen und anzuerkennen. Er ist darin zu schulen, innere und äußere Reize, die ihn zum Suchtmittel greifen ließen, wie z. B. der Besuch einer Disco oder aber Ängste und Depressionen, durch alternative Aktivitäten zu ersetzen. Die kurzfristigen positiven Erfolgsmitteilungen des Patienten sind selbst wieder Hilfe für den Arzt, um die Motivation für die schwierige Therapieführung aufrechtzuerhalten.

Nachsorge und Rehabilitation

Die Nachbehandlung schließt sich der Entwöhnungsphase an. Sie ist aktiv zu gestalten. Die größte Gefahr der Rückfälligkeit besteht in den ersten 6 - 12 Monaten nach der Behandlung. Die kurzfristigen Nachbehandlungstermine sollen dem Jugendlichen helfen, Lebensorientierungen zu festigen, Übergangsschwierigkeiten zu besprechen und dazu Lösungsalternativen zu entwickeln. Der Jugendliche ist bei diesen Leistungen zu ermutigen und zu loben. Die Nachsorge dient auch der Rückfallkontrolle durch Drogenscreening. Die besonderen Risikofaktoren für Rückfall, negative emotionale Stimmungen wie Depression und Angst, soziale Konflikte und suchtfördernde Milieueinflüsse, sind immer wieder als Gefährdungsquellen zu identifizieren. Probleme der Verschuldung, des schulischen Abschlusses sowie der beruflichen Bildung und der Arbeitsstellenfindung sind zu lösen. Die sozialen Hilfen haben Vorrang vor Psychotherapie, wenn die soziale und ökonomische Situation nicht tragfähig sind. Mancherorts gibt es Schulen und berufliche Ausbildungsstätten für suchterkrankte Jugendliche (Anschriften bei den Selbsthilfeorganisationen, Kliniken und Beratungsstellen erhältlich).

In der Nachbehandlung haben Nachsorgegruppen, die den Kliniken angeschlossen sind, große Bedeutung. Dies können Gruppen unter professioneller Leitung wie in speziellen Suchtambulanzen sein (Drogenberatungsstellen) oder Selbsthilfegruppen, z.B. innerhalb von Drogenberatungsstellen oder bei anderen Selbsthilfegruppen (Anonyme Alkoholiker, Blaues Kreuz, Kreuzbund, Guttemplerorden als Beispiele von Selbsthilfegruppen bei Alkoholismus; Synanon auch für andere Drogen). Eltern von Suchtkranken haben Elternkreise gebildet und einen Bundesverband gegründet. Mancherorts, insbesondere in Großstadtbereichen, stehen therapeutische Heime, therapeutische Wohngruppen und betreute Wohngemeinschaften zur Verfügung, in denen die soziale Integration nach stationärer Entwöhnungsbehandlung weitergeführt werden kann.

21.4 Zur Evaluation

Die Studien zur Alkoholismusbehandlung verweisen auf die hohen Abbruchquoten bei ambulanter und stationärer Therapie wie auch auf die hohe Rückfallquote insbesondere im ersten Jahr nach stationärer Behandlung. Nach Ergebnissen einer prospektiven multizentrischen Studie in der Bundesrepublik waren 18 Monate nach stationärer Behandlung 53,2 % abstinent, nach 4 Jahren noch 46%. Bei Patienten mit wiederholter Entwöhnungsbehandlung war die Abstinenzrate nach 18 Monaten mit 39% beachtlich hoch.

Dieses Ergebnis ist charakteristisch für den Befund, daß auch *wiederholte Behandlungen die Erfolgsquote verbessern.* Auch ist bei einer Spontanremissionsrate von wohl weniger als 20% im längerfristigen Verlauf durchaus noch mit verbesserten Quoten, Abstinenz, kontrolliertem Trinken oder Reduktion des Konsums zu rechnen (Küfner et al 1988). Bei Drogenbehandlungen liegen nach Übersichtsanalysen die Abstinenzraten zwischen 23% und 43% (Ladewig 1987). Bei Abbruch der Behandlung oder bloßer Entgiftungsbehandlung sind die Erfolgsquoten geringer.

Fallbeispiel

Eine 17jährige Patientin kam auf Anraten der Drogenberatungsstelle aus eigener Initiative und gegen den Willen der Eltern zur stationären kinder- und jugendpsychiatrischen Behandlung. Der Großvater väterlicherseits war Trinker, er suizidierte sich durch Erhängen. Der Vater betrieb exzessiv Alkoholmißbrauch. Drei Jahre vor der stationären Aufnahme erfolgte eine erstmalige kinder- und jugendpsychiatrische Behandlung mit der Diagnose einer Anorexia nervosa und ausgeprägten hysteriformen und infantilen Verhaltensweisen (Interesse für Kleinkinderspielzeug, Drang, sich mit 14 Jahren in einem Laufställchen aufzuhalten, Dunkelängste). Die damalige Einweisung war aufgrund des Verdachts einer körperlichen Mißhandlung durch den leiblichen Vater erfolgt. Die Entlassung aus erster stationärer Behandlung erfolgte auf Wunsch der Eltern gegen ärztlichen Rat. Die Patientin erreichte den Abschluß der Realschule und der Hauswirtschaftsschule mit jeweils guten Zeugnissen und begann eine Lehre als Verkäuferin.

Die spezifische Anamnese zum Mißbrauch von Alkohol und Medikamenten ergab, daß die Patientin bereits im 4. Lebensjahr seitens der Mutter aufgrund von Schlafstörungen Bier als "Einschlafmittel" verabreicht bekam. Vom 7. Lebensjahr an unregelmäßiger Konsum von Bier, Wein, Kräuter- und Eierlikör. Mit 16 Jahren regelmäßiger heimlicher Alkoholkonsum bereits am Morgen beginnend. Zuletzt vor Arbeitsbeginn Konsum von bis zu sechs Dosen Bier, während der Arbeitszeit bzw. Berufsschulzeit in den Pausen Konsum von insbesondere Asbach-Uralt mit Cola gemischt oder auch andere Alkoholika. Von Seiten der Schule erfolgte eine Vermittlung in eine Drogenberatungsstelle, während die Eltern einen Alkoholmißbrauch der Tochter leugneten. Beide Eltern beteuerten einerseits, daß sie ahnungslos über den Alkoholmißbrauch ihrer Tochter gewesen seien, andererseits gab die Mutter an, daß sie von den Terminen in der Drogenberatungsstelle gewußt und die Handtasche ihrer Tochter regelmäßig nach Alkoholfläschchen untersucht habe. Die Patientin gab an, den Alkohol ursprünglich als "Medizin" benutzt zu haben, um sich vor Leistungsängsten, depressiven Verstimmungen und schließlich vor den zuletzt bestehenden Entzugssymptomen zu "heilen". In den letzten Wochen vor stationärer Aufnahme habe der Alkohol "als Medizin" nicht mehr geholfen.

Sie habe bei Abstinenz begonnen zu zittern, Magenkrämpfe durchlitten, Unruhe, Angst und Depression bis hin zu Suizidalität erfahren. Im stationären Aufnahmegespräch verneinte die Patientin das Auftreten von Halluzinationen, versicherte den Willen zur Abstinenz.

Weitere Begleitstörungen: Die Patientin litt unter der Angst, in beruflichen wie auch berufsschulischen Leistungssituationen zu versagen, sie litt unter Einschlaf- und Durchschlafstörungen sowie häufigen Alpträumen. Ausgeprägt war eine bulimische Eßstörung. Bis auf lose Kontakte zu einer Freundin lebte sie zuletzt sozial isoliert, insbesondere im Famlienrahmen zurückgezogen, in Furcht auch vor den angeblichen Mißhandlungen des Vaters. Periodisch depressive Verstimmungen mit suizidalen Gedanken.

Therapie und Verlauf

Nach stationärer Aufnahme Sicherung der Abstinenz. Am 3. Tag nach der Aufnahme versuchte die Patientin heimlich hinter dem Vorhang im Patientenzimmer eine kleine Flasche Cognac zu trinken, die sie bis dahin unter der Bettmatratze versteckt hatte, um den Entzugssymptomen entgegenzuwirken. Sie zeigte deutliche Symptome des Alkoholentzugssyndroms: Tremor, Zittern des Körpers, Akrocyanose, Tachykardie, starke Unruhe und Ängstlichkeit, verstärkte Übelkeit, Magenkrämpfe, Appetitstörungen, quälendes und nicht beherrschbares Verlangen nach Alkohol. Distraneurin-Medikation über 5 Tage.

Anfangs tägliche Einzel- und Gruppenpsychotherapie. Frühzeitig krankengymnastische Behandlung mit Übungen zur Körperselbsterfahrung. Zunächst Beschränkung der Aktivitäten auf den stationären Rahmen und Einschränkung des persönlichen Kontakts mit den Eltern auf eine Besuchsstunde in der Woche. Dies geschah auf ausdrücklichen Wunsch der Patientin, die in haßerfüllter Einstellung gegenüber den Eltern fürchtete, von diesen aus stationärer Behandlung herausgenommen zu werden. Für den Fall drohte die Patientin Suizid an. Im Rahmen dieser Familiengespräche kam es wiederholt zu erheblichen Streitigkeiten zwischen Eltern und Patientin, die noch tagelang ungünstig auf ihr emotionales Befinden nachwirkten. Die Familiengespräche wurden daher unterbrochen. Die Eltern, insbesondere die Mutter leugneten das Suchtverhalten der Tochter, sprachen andererseits aber von einem moralischen Versagen, einer Undankbarkeit der Tochter gegenüber der sich aufopfernden Güte der Mutter. Sehr schwierig war bei den Eltern zu erreichen, einer längerfristigen stationären kinder- und jugendpsychiatrischen Behandlung ihrer Tochter zuzustimmen. Die Tochter schloß unter Androhung des Suizids eine Rückkehr in die Familie aus.

In den psychotherapeutischen Einzelgesprächen standen bald die täglichen Tagebucheintragungen der Patientin im Vordergrund. Dabei wurden aggressive und sadistische Impulse, die sich vor allen Dingen gegen enge Bezugspersonen richteten, thematisiert. Im Laufe der Einzeltherapie kam es nach Festigung der therapeutischen Beziehung zu dem "Eingeständnis" der Patientin, daß sie im Sinne einer Alkoholhalluzinose das dialogische Gespräch von "zwei Geistern" in ihrem Kopf höre und sich auch mit diesen Geistern, die ihre Vertrauten und Ratgeber seien, unterhalte. Diese Geister hätten ihr stets unter Strafandrohung verboten, über sie zu berichten. Im weiteren Verlauf wurden die Symptome der Eßstörung, des Angsterlebens und die sozialen Kontaktängste, Schuldgefühle und Selbstwertprobleme thematisiert. Die Patientin wurde fähig, zunächst Ausgang mit Mitpatienten in Begleitung von Pflegepersonal, dann Ausgang mit Mitpatienten zu haben und schließlich allein Ausgänge ohne nachgewiesene Alkoholrückfälle zu bestehen. Während des zweimonatigen stationären Aufenthaltes wurde jedoch die erhebliche Rückfallgefährdung bei psychischer Überforderungssituation und fortbestehender psychischer Abhängigkeit deutlich.

Im Kontaktverhalten entwickelte sie innerhalb von Wochen trotz der anfänglich starken sozialen Ängste tragfähige Beziehungen zu Mitpatientinnen. Eine Freundschaft zu einer Mitpatientin hielt auch nach Entlassung über Monate an. Diese verbesserte deutlich die Selbstwerteinschätzung und führten zu Stimmungsaufhellungen

Der gemeinsam erarbeitete Therapieplan zum Entlassungszeitpunkt sah eine Nachbehandlung in zwei Schritten vor: Zunächst der Wechsel in stationäre erwachsenenpsychiatrische Behandlung, die ihrem Alter von inzwischen 18 Jahren besser entsprechen konnte. Danach sollte die weitere Rehabilitierung im Rahmen eines therapeutischen Heims für Frauen fortgesetzt werden. Mit dem Arbeitgeber war eine Vereinbarung getroffen worden, daß sie ihre Lehre als Verkäuferin an gleicher Stelle fortsetzen konnte. Die Patientin hatte Kontakt zur Drogenberatungsstelle aufgenommen und in diesem Rahmen mehrere Gesprächskontakte mit einer ehemaligen, nun abstinenten Patientin aufgenommen.

Katamnese

Infolge einer Intervention der Eltern gelang es der nachbehandelnden Klinik nicht, die Patientin unmittelbar aus der erwachsenenpsychiatrischen Behandlung in das therapeutische Wohnheim zu entlassen. Im familiären Milieu kam es sofort zu einem Rückfall. Nach drei Monaten wandte sich die Patientin erneut an eine Beratungsstelle und nahm wöchentliche Therapiegespräche auf. Auf eigenen Wunsch der Patientin gelang es schließlich, über die Beratungsstelle eine Kostenbewilligung für die Behandlung in der therapeutischen Heimeinrichtung zu erreichen. Zwischenzeitliche Fortsetzung der kaufmännischen Lehre im ersten Ausbildungsjahr. Noch vor Aufnahme in das therapeutische Heim mehrwöchige stationäre Entzugsbehandlung nach Rückfall und deliranter Symptomentwicklung.

Seit dem Aufenthalt in dem therapeutischen Heim abstinent und Wiederholung des ersten Lehrjahres als Verkäuferin in der ersten Arbeitsstelle. Bei Abschluß der Katamanese noch ausgeprägte bulimische Eßstörungen, phasisch depressive Stimmungslage mit Suizidideen. Halluzinationen wurden verneint. Die Beziehungen zur Familie waren abgebrochen, sie hatte einen Freund und innerhalb des Heimes soziale Kontakte aufgenommen.

Weiterführende Literatur:

Feuerlein, W.: Definition, Diagnose, Entstehung und Akutbehandlung der Alkoholkrankheit. In: Seitz, H.K.; Lieber, C.S.; Simanowski, U.A. (Hrsg): Handbuch Alkohol, Alkoholismus, alkoholbedingte Organschäden, 1-20. Barth, Leipzig 1995.
Körkel, J.; Lauer, G.; Scheller, R. (Hrsg.): Sucht und Rückfall. Enke, Stuttgart 1995.

Literatur

Dilling, H.; Mombour, W.; Schmidt, M.H. (Hrsg.): Internationale Klassifikation psychischer Störungen: ICD-10. Huber, Bern 1991.
Feuerlein, W.; Ringer, C.; Küfner, H.; Antons, K.: Diagnose des Alkoholismus. Der Münchner Alkoholismus Test (MALT). Münchner Medizinische Wochenschrift 119, 1275-1282, 1977.
Feuerlein, W.: Definition, Diagnose, Entstehung und Akutbehandlung der Alkoholkrankheit. In: Seitz, H.K.; Lieber, C.S.; Simanowski, U.A. (Hrsg): Handbuch Alkohol, Alkoholismus, alkoholbedingte Organschäden, 1-20. Barth, Leipzig 1995.
Küfner, H.; Feuerlein, W.; Huber, M.: Die stationäre Behandlung von Alkoholabhängigen: Ergebnisse der 4 Jahreskatamnesen, mögliche Konsequenzen für Indikationsstellung und Behandlung. Suchtgefahren 34, 157-271, 1988.
Ladewig, D.: Katamnesen bei Opiatabhängigkeiten. In: Kleiner, D. (Hrsg.): Langzeitverläufe bei Suchtkrankheiten, 55-69. Springer, Berlin 1987.
Remschmidt, H.; Schmidt, M.H. (Hrsg.): Multiaxiales Klassifikationsschmema für psychische Störungen des Kindes- und Jugendalters nach ICD-10 der WHO. Huber, Bern 1994

22. Eßstörungen

Matthias Martin

22.1 Anorexia nervosa

Charakteristik des Krankheitsbildes

Die diagnostischen Leitlinien der ICD 10 für die Anorexia nervosa enthalten folgende Merkmale: Ein eindeutiger Gewichtsverlust, mindestens 15 % unterhalb der Norm bzw. ein Quetelets-Index von 17,5 (Quetelets-Index = Körpergewicht in kg/(Körpergröße in m)²). Dieser Gewichtsverlust ist selbstverursacht durch Vermeidung von hochkalorischen Speisen, wobei in wechselnder Zusammensetzung noch folgende Symptome bestehen können: selbstinduziertes Erbrechen, selbstinduziertes Abführen, übertriebene körperliche Aktivitäten und der Gebrauch von Appetitzüglern und/oder Diuretika.

Es besteht eine Körperschemastörung in Form einer spezifischen "überwertigen" Idee, zu dick zu sein oder eine zu schlaffe Körperform zu haben, sowie eine endokrine Störung auf der Hypothalamus-Hypophysen-Gonadenachse. Beginnt die Erkrankung vor der Pubertät, kommt es zu Störungen der pubertären Entwicklung einschließlich des Wachstums, die Wachstumsstörung ist nach Remission häufig reversibel.

Mit zunehmender Kachexie kommt es zu einer Reihe körperlicher Veränderungen, die wesentlichen sind in Tab. 22.1 aufgeführt.

Im Stadium hochgradiger Kachexie kommt es auch zu neuropsychologischen Ausfällen mit der Unfähigkeit, sich zu konzentrieren, vorzeitiger geistiger Erschöpfbarkeit sowie zu monotonen und zwanghaften Denkabläufen, die sich ausschließlich um Kalorien und um das Essen drehen. Computertomographische Untersuchungen ergeben in diesem Stadium eine "Pseudoatrophia cerebri" mit Vergrößerung insbesondere der Hirnsulci und des Interhemisphärenspaltes, selten

Tabelle 22.1 Körperliche Veränderungen bei Anorexia und Bulimia nervosa

Inspektion	• Trockene, schuppige Epidermis (A*) • Lanugobehaarung (A) • Akrozyanose, Cutis marmorata (A) • Haarausfall, • Speicheldrüsenschwellung • ausgeprägte Karies (B*) • Schwielen an den Fingern oder Läsionen am Handrücken (durch wiederholtes manuelles Auslösen des Würgereflexes) • Minderwuchs (A)
Labor	• Blutbildveränderungen (Leukopenie, Anämie und Thrombozytopenie) (A) • Elektrolytstörungen • Erhöhung von Transaminasen, Amylase und harnpflichtigen Substanzen • Veränderungen im Lipidstoffwechsel • Erniedrigung von Gesamteiweiß und Albumin
Endokrinologie	• Störung der Hypothalamus-Hypophysen-Nebennierenrinden-Achse, Schilddrüsenachse und Gonaden-Achse • Erhöhung des Wachstumshormons
Übrige	• CT-Veränderungen (Pseudoatrophia cerebri) • Ösophagitis, EKG-Veränderungen • durch Laxantienabusus induzierte Komplikationen (zum Beispiel Osteomalazie, Malabsorptions-Syndrome, schwere Obstipation, hypertrophe Osteoarthropathie), Osteoporose
* Symptome, die sich ausschließlich auf eines der beiden Krankheitsbilder beziehen, sind mit dem jeweiligen Buchstaben (A oder B) gekennzeichnet.	

auch in Form einer Ventrikelerweiterung. In der psychodiagnostischen Untersuchung findet man Auffälligkeiten im Konzentrationsverhalten, in der Reaktionsgeschwindigkeit sowie eine verminderte Fähigkeit in den Leistungen der Gestaltwahrnehmung, der visuomotorischen Koordination und des Gedächtnisses für optisches Material. Diese Befunde haben insofern für die Psychotherapie erhebliche Bedeutung, als sie nahelegen, zu Beginn einer Therapie auf diese Ausfälle Rücksicht zu nehmen und die Patientin in der beginnenden Therapie weder kognitiv noch emotional zu überfordern.

Psychische Befunde

Während die körperliche Symptomatik recht gleichförmig ist, sind die psychischen Befunde

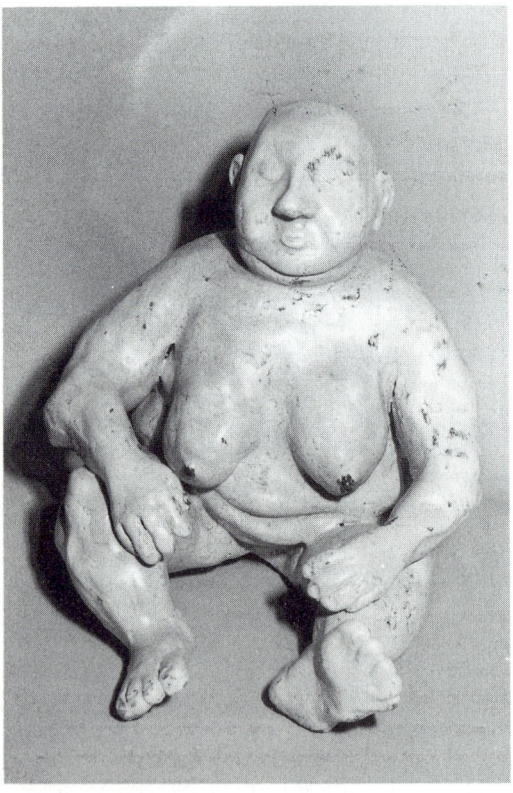

Abb. 22.1 Figuren, die eine Patientin mit Anorexia nervosa hergestellt hat, sind ein Beispiel für eine Körperschemastörung. Die Patientin befürchtet, entweder zu dünn oder zu dick zu sein. Selbstkommentar: "Beides gefällt mir nicht".

variabler. Trotzdem läßt sich ein psychopathologisches Kernsyndrom beschreiben, das bei den meisten Patientinnen besteht: Der Verlust der Kontrolle über die Diät wie überhaupt das Bestehen einer Erkrankung wird lange Zeit verleugnet; die obligate Körperschemastörung bezieht sich meist auf empfindliche Körperstellen wie Bauch, Po und Oberschenkel (s. Abb. 22.1 und 22.2).

Abb. 22.2 (Erläuterung siehe Abb. 22.1.)

Im Verlauf kommt es zu einem Verlust der Wahrnehmung von Hunger und Sättigung. Fast immer besteht ein ausgesprochen niedriges Selbstwertgefühl. Im Laufe der Erkrankung und der fortschreitenden Kachexie kommt es zu einer Einschränkung der Interessen, dem Verlust sozialer Bezüge und zunehmend zu einer depressiven Stimmungslage. Beobachtet werden auch ausgeprägte Eßrituale und ein zwanghaftes Denken, das sich um Essen und Kalorien dreht. Teilweise sind die psychopathologischen Phänomene gewichtsabhängig und schwinden bei Annäherung an das Normalgewicht; dies trifft insbesondere für die Depressivität vieler anorektischer Patientinnen zu (Tab. 22. 2).

Therapeutisch wichtig ist es, rein fastende anorektische Patientinnen von bulimanorektisch Erkrankten zu unterscheiden. Typischerweise steht am Anfang der Diät eine Reduktion von Süßigkeiten und hochkalorischen, kohlehydratreichen Nahrungsmitteln. Im Verlauf kommt es zu einem Kontrollverlust bezüglich der Diät, und bei einem Teil der Patienten etabliert sich ein

Tabelle 22.2 Psychische/psychopathologische Befunde bei Anorexia nervosa

---

- Verlust der Kontrolle über die "Diät"
- Krankheitsverleugnung
- Körperschemastörung
- Verlust der Wahrnehmung von Hunger und Sättigungsgefühl, oft auch anderer Emotionen
- niedriges Selbstwertgefühl
- Einschränkung der Interessen
- Verlust sozialer Bezüge
- depressive Stimmungslage
- Eßrituale und zwanghaftes Denken, besonders übers Essen
- geringes Interesse an Sexualität
- übersteigertes Leistungsstreben

---

bulimanorektisches Verhalten mit Heißhungerattacken, selbst ausgelöstem Erbrechen oder induzierter, forcierter Abführung. Diese Verhältnisse verdeutlicht Abbildung 22.3.

Ätiologie

Die Genese der Eßstörungen ist durch ein Zusammenspiel biologischer, kultureller, familiärer und intrapsychischer Faktoren gekennzeichnet, die nach heutigem Kenntnisstand alle an der Entstehung der Eßstörungen und an deren zunehmenden Inzidenz beteiligt sind.

Biologische Einflußgrößen sind auf der Ebene der genetischen Prädisposition und auf der Ebene biologischer Veränderungen als Auslösefaktoren der Erkrankung zum Zeitpunkt der Pubertät zu sehen (Remschmidt, 1992). Eineiige Zwillinge weisen eine Konkordanzrate von 50 %, dizygote Zwillingspaare von weniger als 10 % auf, Verwandte ersten Grades magersüchtiger Patienten haben ein achtmal höheres Erkrankungsrisiko

Als weitere prädisponierende biologische Faktoren werden die vielfältigen Wandlungsvorgänge in Zusammenhang mit der Pubertät angesehen, wobei psychologische Einflüsse eng mit den biologischen zusammenspielen. Es geht hierbei hauptsächlich um die psychologische Bewältigung der biologischen Veränderungen, die mit Wachstum und Reifung verbunden sind und in Zusammenhang damit um psychosexuelle Reifung, um die Autonomie und die Ablösung aus der Familie (Remschmidt, 1992). Als soziokulturelle Komponente in der Genese der Eßstörung ist der gesellschaftliche Druck in Richtung Schlanksein anzusehen, der seit den 50er Jahren erheblich zugenommen hat, wobei "Schlanksein" assoziiert ist mit "Erfolgreich- und sozial Attraktivsein".

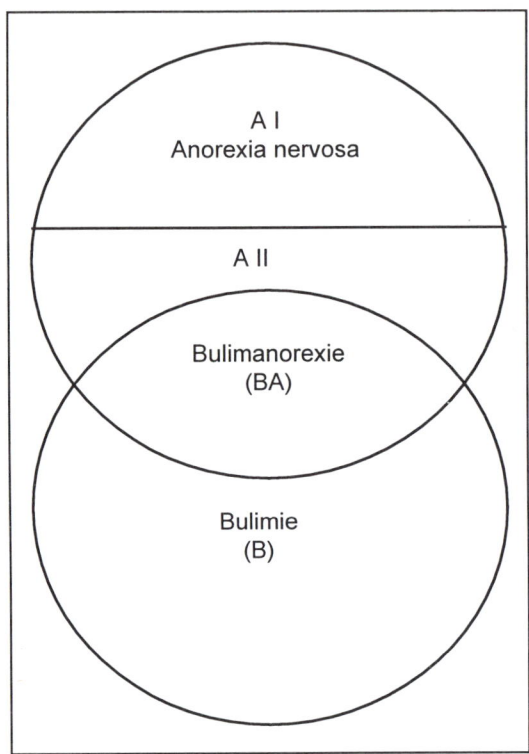

Abb. 22.3 Zusammenhang zwischen Anorexia nervosa und Bulimia nervosa(nach Remschmidt und Herpertz-Dahlmann 1988)

Kaum eine andere psychosomatische oder psychoneurotische Erkrankung in der Adoleszenz ist in so auffälliger Weise verbunden mit der phasentypischen entwicklungspsychologischen Problematik: Identitätsprobleme, Autoritäts- und Autonomiekonflikte sowie Störungen der psychosexuellen Entwicklung und Rollenübernahme prägen das Bild. Eine gängige Interpretation der anorektischen Erkrankung sieht das Geschehen als "Lösung der Probleme durch Gewichtsabnahme". Die körperlichen Merkmale der sexuellen Reifung werden zum Verschwinden gebracht und ermöglichen es der Patientin, "Kind zu bleiben" und den alterstypischen psychosexuellen Anforderungen auszuweichen. Autonomie- und Autoritätsprobleme verlagern sich auf das "Kampffeld Nahrungsaufnahme". Da Autonomie- und Identitätsprobleme aber eine universelle Problematik des Jugendalters darstellen, können sie allein das Auftreten einer Anorexie auch nicht erklären. Ein besonderes Interesse fand deswegen

die Beschreibung der familiären Interaktionsmuster in Familien mit einem anorektischen Kind (Minuchin et al., 1978). Unter dem Terminus "psychosomatische Familie" wurden typische Interaktionsmuster in Familien mit einem anorektischen Jugendlichen beschrieben: Verstrickung, überprotektives Verhalten, Rigidität, Konfliktvermeidung und unzureichendes Konfliktlösungspotential in der Familie. Auch eine über mehrere Generationen hinweg bestehende Ideologie des Verzichts, des sich Aufopferns und die Forderung nach Selbstlosigkeit wurden beschrieben (Stierlin et al., 1987). Die Befunde von Minuchin wurden durch andere nicht oder nur teilweise bestätigt (Kog et al., 1987). Ungelöst ist die Frage, ob die beschriebenen familiären Verhaltensmuster bereits vor der Erkrankung bestanden oder aber eine Folge der Erkrankung darstellen. Eine gestörte familiäre Interaktion in Familien eßgestörter Patienten scheint häufiger vorzuliegen als in normalen Familien, wobei Familien mit einer bulimisch Erkrankten größere Probleme und Störungen aufweisen als Familien mit einer anorektischen Patientin (Humphrey, 1988). Tab. 22.3 faßt die Risikofaktoren für die Erkrankung einer Eßstörung zusammen.

Tabelle 22.3 Risikofaktoren für eine Eßstörung (nach Garfinkel, 1991)

♦ Alter (um die Pubertät)
♦ weibliches Geschlecht
♦ hoher Druck in Richtung Schlanksein (Fotomodelle, Leistungssportler)
♦ hoher Leistungsdruck (zum Beispiel Medizinstudentinnen)
♦ mangelnde Fähigkeit, den eigenen Gefühlszustand wahrzunehmen
♦ familiäre Konfliktsituationen und zu enge Beziehungen
♦ sehr frühe Pubertät
♦ Zwilling
♦ insulinabhängiger Diabetes mellitus

Therapie

Allgemeine Gesichtspunkte

Erstes und vordringlichstes Ziel jeder Magersuchtsbehandlung ist die Wiederherstellung eines "gesunden Körpergewichtes". Dies bedeutet ein

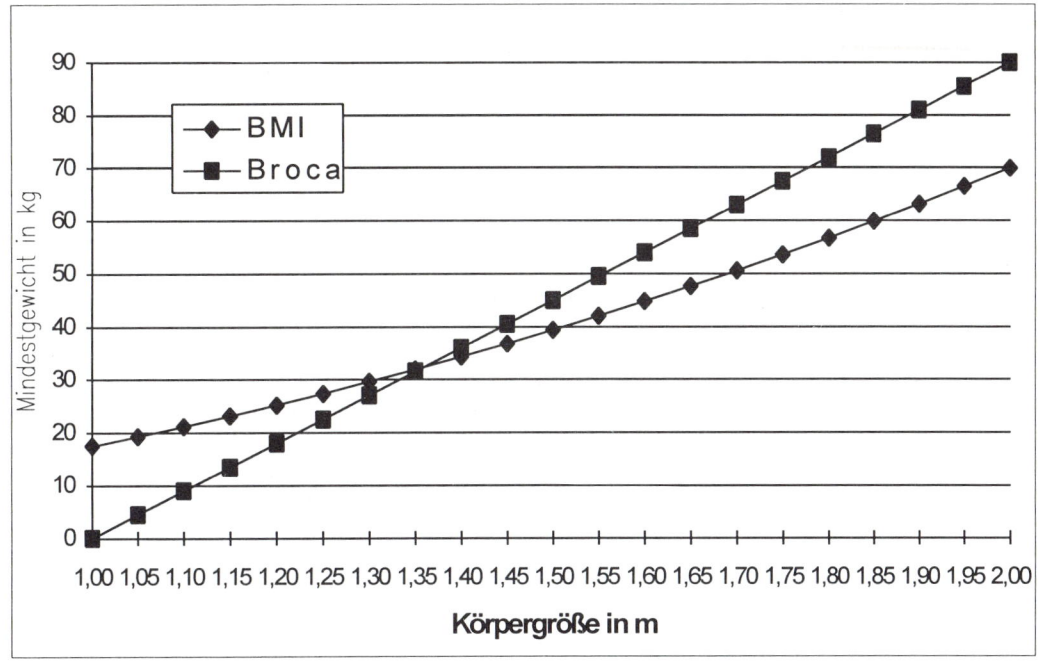

Abb. 22.4 Vergleich von Broca-Index und BMI (Erläuterungen im Text)

Gewicht, bei dem die herausragendsten Krankheitssymptome dieser psychosomatischen Erkrankung, die Störung auf der Hypothalamus-Hypophysen-Gonadenachse, überwunden wird. Ein weiteres diesbezügliches Merkmal ist die - östrogenmangelinduzierte - Knochendemineralisation. Das zu erzielende Endgewicht läßt sich an den verschiedenen zur Verfügung stehenden Tabellen ungefähr abschätzen, am gebräuchlichsten sind der Broca-Index bzw. der Queteletsbzw. Body Mass Index (BMI). Wegen der verschiedenen "Standards" des idealen Körpergewichtes muß außerdem das Lebensalter der Patientin berücksichtigt werden. Zu bedenken ist allerdings, daß die beiden Maße divergieren (s. Abb. 22.4). So kommt es beim Broca-Index im Vergleich zum BMI besonders zu einer Überschätzung des Mindestgewichtes bei Patientinnen mit einer überdurchschnittlichen Körpergröße.

Da die Gewichtszunahme, einschließlich der damit stets verbundenen Konflikte und Auseinandersetzungen mit Therapeuten und Stationspersonal, eine besondere Bedeutung im Therapieverlauf hat, sind klare Absprachen mit den Patienten erforderlich. Dabei hat sich eine

Orientierung am BMI für uns als günstiger im Vergleich zum Broca-Index herausgestellt.

Erfahrungsgemäß kann das "gesunde Körpergewicht" um plus/minus 15 % unter oder über dem an der Tabelle abgeschätzten Gewicht liegen - wobei "gesundes Körpergewicht" bedeutet, daß eine Restitution der gonadalen Funktionen der Patientin erfolgt ist.

Die konsequente und in überschaubaren Zeiträumen erfolgte Gewichtszunahme ist deswegen von eminenter Bedeutung für alle weiteren psychotherapeutischen Maßnahmen, weil viele - auch schwerwiegende - psychopathologische Symptome bei Gewichtsnormalisierung schwinden - so vor allem die Depressivität, das sich zwanghaft um das Essen drehende Denken und die sonstigen Einschränkungen der sozialen Interessen der Patientin. Dies trifft selbstverständlich nicht für alle Patienten zu - bei persistierenden Symptomen muß dann eine spezifische Behandlung erfolgen.

Die Entscheidung, ob stationäre oder ambulante Behandlung vorzuziehen ist, ist - neben anderen Kriterien vor allem gewichtsabhängig. Bei niedrigem Gewicht ist der Patientin die Kontrolle über die Eßstörung bereits so irreversibel entglitten, daß nur stationäre Einflußnahme erfolgreich sein wird.

Ambulante Anorexia nervosa-Behandlung setzt seitens der Patientin eine hohe Behandlungsmotivation und eine kooperative Familie voraus; erfahrungsgemäß ist sie nur dann erfolgreich, wenn die Symptomatik nur relativ kurzfristig bestanden hat. Solchen Patienten sollte zunächst eine ambulante Behandlung angeboten werden. Unverzichtbar ist dabei die Vereinbarung von Gewichtskontrollen und regelmäßige Gewichtszunahme - etwa pro Woche 500 g - sowie die Vereinbarung, daß die Therapie unter stationären Bedingungen fortgeführt wird, falls der am Gewicht ablesbare Erfolg ausbleibt. Eine ambulant durchgeführte Anorexiebehandlung ohne Gewichtskontrolle muß als Kunstfehler erachtet werden.

Fallbeispiel

Wir hatten Gelegenheit, eine Patientin nachzuuntersuchen, die an einer ambulanten, analytisch-familientherapeutisch orientierten Therapie teilgenommen hatte. Während dieser Therapie wurden keine Einzelgespräche durchgeführt, nur familientherapeutische Sitzungen, wobei der Therapeut auf Gewichtskontrolle verzichtete. Die Patientin nahm unter dieser Therapie fortlaufend an Gewicht ab, war schließlich so schwach, daß sie vom Vater zur Therapiestunde getragen werden mußte (!). Schließlich fiel dem Vater zu Hause eine zunehmende Atemnot der Tochter auf. In einer internistischen Intensivstation wurde ein hochgradiger Herzbeutelerguß diagnostiziert, der sofort operativ behandelt werden mußte.

Grundsätzlich kommen bei der ambulanten wie der stationären Therapie der Anorexia nervosa verschiedene Behandlungsansätze zum Tragen. Ein so komplexes Krankheitsbild wie die Anorexia nervosa ist selten nur mit einer Behandlungsmethode ausreichend zu beeinflussen - monokausale Erklärungsmuster zur Ätiologie sind ebensowenig am Platze wie monokausal-theoriegebundene Therapiemethoden. Sinnvollerweise werden symptomzentrierte Ansätze - zur Beeinflussung des Eßverhaltens - aus der Verhaltenstherapie kombiniert mit psychodynamischen und familientherapeutischen Maßnahmen. In der ambulanten Therapie stellt sich dabei die Frage nach dem Stellenwert und der Kombination von Einzeltherapie und Familientherapie, bei den stationären Behandlungsmaßnahmen zusätzlich die Kombination von Einzeltherapie, Gruppentherapie, Elternberatung und Familientherapie und deren Kombination mit milieutherapeutischen Maßnahmen der Station, Beschäftigungstherapie sowie körperbezogene Therapiemaßnahmen zur Überwindung der Körperschemastörungen durch krankengymnastische und mototherapeutische Behandlung.

Nicht unerwähnt bleiben soll, daß in Einzelfällen - bei persistierender schwerwiegender Depression - auch eine antidepressive medikamentöse Behandlung notwendig sein kann.

Spezielle Therapiemaßnahmen

Die folgenden Ausführungen über die speziellen Behandlungsmaßnahmen beziehen sich auf die Therapie unter stationären Bedingungen, also auf die Therapie der am schwersten erkrankten Patientengruppe - die geschilderten Maßnahmen sind aber ebenso - in modifizierter Form - bei einem teilstationären oder ambulanten Setting anzuwenden.

Tabelle 22.4 Phasen einer stationären Behandlung der Anorexia nervosa (nach Remschmidt und Herpertz-Dahlmann, 1988)

1. *Phase*: "Anhebung des Körpergewichtes"
   - Manchmal Sondierung erforderlich
   - Manchmal "Ausschluß der Familie" erforderlich

2. *Phase*: "Fremdsteuerung der Nahrungsaufnahme"
   - Essensplan
   - Stärkere Einbeziehung der Familie
   - Intensive Einzeltherapie

3. *Phase*: "Selbststeuerung der Nahrungsaufnahme"
   - Familientherapie
   - Fortsetzung der Einzeltherapie

4. *Phase*: Schwerpunkt Familientherapie
   - Zunehmende Integration in allen Lebensbereichen
   - Vorbereitung auf die Entlassung

5. *Phase*: Ambulante Nachbetreuung und Fortsetzung der Familientherapie

Die verschiedenen Stadien der stationären Therapie sind in der Tab. 22.4 aufgeführt. Sie läßt sich schematisch in vier Abschnitte gliedern, denen eine fünfte, ambulante Nachbetreuungsphase folgt. In der ersten Behandlungsphase stehen die Maßnahmen im Vordergrund, die ernährungs- und gewichtsbezogen sind, in der

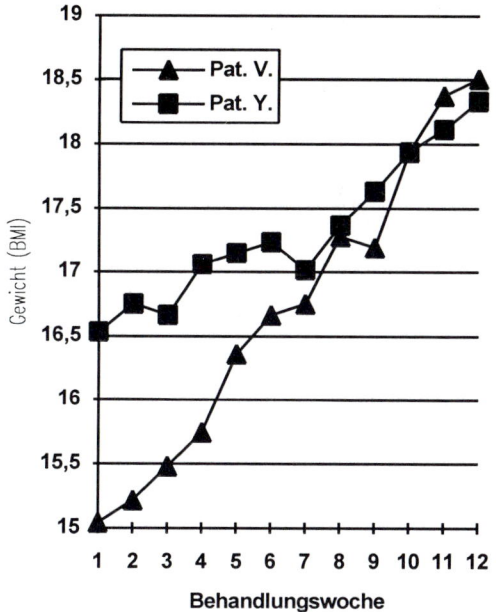

Abb. 22.5 Vergleich der Gewichtsverläufe der Patientinnen V. und Y.

mittleren Behandlungsphase liegt der Schwerpunkt bei der individuellen psychotherapeutischen Behandlung der Patientin, im letzten Drittel der Behandlungsmaßnahmen wird zunehmend die Familie in die Behandlung einbezogen. Im folgenden sollen die einzelnen Behandlungsschwerpunkte dargestellt werden.

Gewichts- und ernährungsbezogene Maßnahmen

Obwohl die an einer Anorexie erkrankten Patientinnen einerseits in der Regel Expertinnen im Kalorienzählen sind, lassen sich andererseits sehr häufig extrem dysfunktionale Annahmen und Meinungen über Art und Zusammensetzung von Nahrungsmitteln und Nahrung in Erfahrung bringen, etwa, daß Fette oder Kohlehydrate weitge-

hend aus der Nahrung eliminiert sein sollten. Unabdingbar ist deswegen zu Beginn jeder Therapie eine Aufklärung und Beratung über die Zusammenhänge einer ausgeglichenen und gesunden Ernährungsweise. Auf die besondere, zunächst unüberwindliche Abneigung der Patientin sollte, soweit als möglich, Rücksicht genommen werden, auch vegetarische Nahrung ist akzeptabel, obwohl die dann vom Volumen her umfangreichere Nahrungsmenge ein gesondertes Problem darstellen kann.

Unter stationären Bedingungen empfiehlt sich ein Beobachtungsintervall von ein bis drei Tagen, um zunächst die Eßgewohnheiten der Patientin kennenzulernen. Bei hochgradig kachektischen Patientinnen ist eine Sondenernährung empfehlenswert; in diesem Zustand wird die Sondierung der Patientin in aller Regel als Entlastung empfunden.

Fallbeispiel

Eine 16jährige, 178 cm große, bei Aufnahme 36 kg schwere Patientin berichtete uns, daß sie in den letzten Wochen der Erkrankung zu Hause fast nicht mehr schlafen konnte. Es war zu einem Zwangsgrübeln darüber gekommen, ob sie am nächsten Tag einen halben oder einen ganzen Apfel und ein oder zwei Eßlöffel Joghurt (als Tagesration!) zu sich nehmen sollte. Dieses Zwangsgrübeln führte zu einer schwerwiegenden Schlafstörung. Die Patientin wurde sondiert, unter ansteigendem Gewicht verlor sie sowohl die Schlafstörung wie das zwanghafte Denken.

Die zu erzielende Gewichtszunahme sollte kontinuierlich, aber auch nicht zu schnell erfolgen. Ein zu steiler Gewichtsanstieg ist prognostisch ungünstig und erschwert die Verarbeitung und dauerhafte Normalisierung des Körperselbstbildes (Remschmidt et al., 1990) (s. Abb.22.5).

Orientiert am Körpergewicht (BMI) sind in Abb.22.5 stationäre Behandlungsverläufe über die Dauer von 12 Wochen dargestellt. Eine rasche Gewichtszunahme zeigte dabei die Patientin V. Doch ergab eine katamnestische Nachuntersuchung (ca. drei Monate nach Entlassung), daß der Behandlungserfolg bei Patientin Y., die eine allmähliche Gewichtszunahme gehabt hatte, wesentlich stabiler war. Bei Patientin V. war es dagegen zu einem erneuten, kritischen Gewichtsverlust gekommen.

Aus diesen Betrachtungen (Remschmidt et al., 1990) läßt sich ableiten, daß es wohl unter stationären Therapiebedingungen im Zeitverlauf zu einer optimalen, anzustrebenden Gewichtszunahme kommen sollte, die für die Prognose neben anderen Faktoren eine wichtige Bedeutung hat.

Die meisten Patienten benötigen strukturierte Vorgaben über Nahrungsmenge, Zeiten und Dauer der Mahlzeiten, am besten in Form eines Essensplanes (Tab. 22.5).

Dem Essensplan ist zu entnehmen, daß pro Tag sechs Mahlzeiten eingenommen werden. Hierdurch wird erreicht, daß die jeweiligen Einzelportionen nicht zu groß sind und von der Patientin toleriert werden. Die Bemessung der Kalorien orientiert sich am Aufnahmegewicht, wobei eine entsprechende Steigerung für Aktivitäten bei fortlaufender Gewichtszunahme eingeplant werden muß.

In dieser ersten Phase der Behandlung haben sich operante Methoden, die sich in erster Linie auf eine Gewichtssteigerung beziehen, bewährt. Für eine operante Beeinflussung bieten sich sowohl Merkmale des Eßverhaltens als auch die Gewichtszunahme selber an. Als insgesamt praktikabler hat sich die operante Verstärkung der Gewichtszunahme erwiesen. Für die Verstärkung des Gewichts lassen sich eine Reihe von Vorteilen anführen (Steinhausen, 1993): Die Patienten können Eigenverantwortung und Autonomie für ihr Eßverhalten übernehmen, die typischen Machtkämpfe zwischen Personal oder Eltern und Patienten über das Eßverhalten werden vermieden, das Verstärkerkriterium läßt sich genau und relativ unabhängig von festen Zeiträumen überprüfen. Praktisch wird mit den Patienten ein Verhaltensplan vereinbart, der von der Situation einer Verstärkerdeprivation im Krankenhaus ausgeht; durch Erreichen eines bestimmten Gewichtes erwirbt die Patientin zusätzliche Privilegien, die als positive Verstärker wirksam sind (Tab. 22.6).

Die operante Verstärkung des Gewichtes als verhaltenstherapeutisches Ziel birgt die Gefahr der Manipulation durch die Patientin: Übliche manipulative Techniken sind Wassertrinken oder Manipulation der Nahrungsmenge vor dem Wiegetermin bis hin zu der Gefahr, daß Heißhungerattacken ausgelöst werden. Gegen Ende der Behandlung muß der Verstärkerplan langsam ausgeschlichen werden. Die Behandlung ist so

Tabelle 22.5 Essensplan/Diätverordnung: 2.400 Kcal

	Eiweiß	Kcal
1. Frühstück:		
75 g Vollkornbrötchen	3,6	120
20 g Butter	1,4	155
25 g Marmelade/Pflaumenmus	0,2	64
od. 25 g Honig	0,1	76
od. 30 g. Nutella	1,5	165
40 g Quark	6,3	58
2. Imbiß (10.00 Uhr):		
150 g Ballaststoffjoghurt	6,1	147
od. 150 g Frischobst	0,45	82
od. 150 g Früchtequark	7,9	185
3. Mittagessen		
120 g Fleisch	24,2	191
10 g Fett	0,04	76
150 g Gemüse	3,7	42
10 g Fett	0,04	76
od- 1 Port. Salat	0,9	20
30 g saure Sahne	0,8	38
100 g Vollkornnudeln	3,9	117
od. 100 g Vollkornreis	2,1	111
od. 100 g Kartoffeln	2,0	87
od. 100 g Püree	5,9	162
3a. Mittagessen-Nachtisch		
150 g Frischobst	0,45	82
od. 150 g Ballaststoffjoghurt	6,1	147
od. 150 g Pudding	4,1	150
od. 1 Port. Eis	4,0	205
4. Imbiß (14.30 Uhr)		
50 g Vollkornbrot	3,6	120
10 g Butter	0,7	78
25 g Marmelade	0,2	64
50 g Quark 2=%	6,3	58
od. 1 Stk. Kuchen	8,0	200
5. Abendbrot		
75 g Vollkornbrot	5,2	180
20 g Butter	1,4	155
30 g Käse 45%	7,5	120
30 g Wurst	3,7	110
150 g Rohkost	0,9	20
6. Spätimbiß		
150 g Ballaststoffjoghurt	6,1	147
od 325 g Müsli	10,6	445
	84,33	2.371

Do. + So. 1 Ei/1 Stk. Kuchen oder 2 Balisto

angelegt, daß zunehmend die Patientin in ihrer Selbstkontrolle über das Essen bestärkt wird, und es zu einer Generalisierung des erwünschten Verhaltens, zunächst unter stationären Bedingungen, dann auch unter häuslichen Bedingungen kommt. Durch zunehmende Beurlaubungen nach Hause kann dies in der Praxis überprüft werden.

Neben diesen verhaltenstherapeutischen Maßnahmen des Behandlungsbeginns beschränkt sich die psychotherapeutische Behandlung in der ersten Phase der stationären Behandlung darauf, mit der Patientin einen unterstützenden, empathischen Kontakt zu halten, Probleme und Konflikte werden aber noch nicht direkt angesprochen, weil viele Patienten im Zustand der extremen Abmagerung psychotherapeutische Angebote noch gar nicht annehmen können, bedingt durch die kognitiven Veränderungen, die durch den Hungerzustand und die Kachexie ausgelöst sind.

Tabelle 22.6 Verhaltensplan für Patientin Y.

Ausgangsgewicht:	37,3 kg	Kleingruppe, AG's auf Station
	38,5 kg	Ergotherapie (BT)
	39,5 kg	Besuch der Klinikschule
	40,5 kg	unbegrenzter Besuch der Familie
	41,5 kg	Gruppenausgang, Körpererfahrung
	42,0 kg	Nachmittagsimbiß frei
	42,5 kg	Besuch normal
	43,0 kg	Frühstücksimbiß frei
	43,5 kg	AG's außer Haus
	44,0 kg	Spätimbiß frei
	44,5 kg	Übergang zum freien Essen (je nach Absprache)
	45,5 kg	Mitpatientenausgang
	46,5 kg	Wochenendbeurlaubung (zunächst für einen Tag, später für zwei Tage)
Zielgewicht:	48,0 kg	Alleinausgang und Probebeurlaubung für mehrere Tage

Psychotherapeutische Maßnahmen

Neben den verhaltenstherapeutischen Maßnahmen muß eine Einzelpsychotherapie durchgeführt werden. In der Literatur wird ein breites Spektrum psychotherapeutischer Methoden beschrieben, die von psychoanalytischen über verhaltenstherapeutische, kognitiv-verhaltenstherapeutische bis hin zu feministischen Therapieansätzen

reichen. Insbesondere für ältere Jugendliche bietet sich eine psychodynamische Vorgehensweise an, die die aktuellen Konflikte der Lebensphase vor dem Hintergrund der Biographie und der Familiengeschichte der Patientin in den Mittelpunkt der therapeutischen Gespräche rückt. Schwerpunkt in der Therapie sind am häufigsten die ausgeprägten Insuffizienzgefühle der Patientin, niedriges Selbstwertgefühl mit ausgeprägter Tendenz zur Selbstentwertung, häufig ein sehr ausgeprägtes Harmoniebedürfnis, begleitet von der Unfähigkeit, in der Familie Konflikte auszusprechen. Weitere Problemschwerpunkte können die Bearbeitung einer übertriebenen Leistungseinstellung sein, in deren Gefolge es zu einer Einschränkung sonstiger, nicht leistungsbezogener Lebensbereiche gekommen ist, die Unfähigkeit, Beziehungen anders als unter dem Gesichtspunkt des Wettbewerbes zu sehen, eine ausgeprägte perfektionistische Einstellung, die alle Lebensbereiche überschattet. Vielfältig finden sich ausgeprägte Ängste, bezogen auf die Sexualität sowie Schwierigkeiten mit der Frauenrolle. Das Gefühl der eigenen Ineffektivität und Insuffizienz führt dazu, daß Autonomie und Identität nur über die rigide Kontrolle des eigenen Körpers ausgedrückt werden kann. In der psychodynamisch orientierten Therapie wird versucht, gemeinsam mit der Patientin die Entstehungsweise der krankhaften Einstellungen zu verstehen, ihre Funktion im Krankheitsgeschehen zu analysieren und alternative Denk- und Verhaltensmuster zu entwickeln. Zu bedenken ist, daß die Fähigkeit zu retrospektiver Betrachtung auf der Altersstufe der Adoleszenz erst begrenzt vorhanden ist. Der Focus der Therapie liegt zweifellos bei den aktuellen Problemen der Patientin; nicht der "Blick in den Rückspiegel" ist der Schwerpunkt, vielmehr gilt es, die aktuellen Probleme zu überwinden und für die Patientin gangbare Wege für die weitere Entwicklung zu beschreiben und zu ermöglichen.

Kognitive Therapiemethoden

Häufig etablieren sich im Verlauf der anorektischen Erkrankung hartnäckige, schwer korrigierbare dysfunktionale Gedanken und Überzeugungen, die einer gezielten Beeinflussung bedürfen. Kognitive Therapieansätze bei Eßstörungen haben sich bewährt bei stärker chronifizierten Verlaufsformen der Erkrankung; sie haben auch eine Bedeutung im Rahmen von Kurztherapien.

Mittels kognitiver Therapiemethoden lassen sich dysfunktionale Gedanken bezüglich Körper,

Ernährung und Gewicht beeinflussen. Sie sind aber auch geeignet zur Behandlung der Selbstwertdefizite und der Insuffizienzgefühle sowie der Defizite in der Selbstwahrnehmung (Steinhausen, 1993).

In verhaltensanalytischer Betrachtungsweise werden die Symptome der Anorexie durch kognitive Mechanismen aufrechterhalten und bestärkt: Gewichtsabnahme durch Hungern bedeutet eine kognitive Verstärkung dieses Verhaltens, weil sie der Patientin ein Gefühl der Effektivität, der Selbstkontrolle, der Autonomie und Kompetenz vermitteln. Die Frage einer Patientin: "Was bleibt mir noch, wenn ich das Hungern aufgebe?" bringt diese Problematik auf den Kernpunkt. Ein weiterer Ansatz für die kognitive Therapie ist das gestörte Selbstkonzept anorektischer Patienten. Eine Fülle negativer Einstellungen auf der Ebene der Emotionen, der Annahmen über sich selber und der Einschätzung eigener Möglichkeiten finden sich regelmäßig und sind einer kognitiven Therapie, wie sie Beck (1976) für die Depression beschrieben hat, zugänglich. Orientiert an diesem kognitiven Modell, strebt die kognitive Therapie folgende Ziele an (Steinhausen, 1993): Die Patientin soll lernen, ihr Denken zu registrieren und die eigene Wahrnehmung für ihr Denken zu schärfen. Sie soll die Beziehungen zwischen bestimmten dysfunktionalen Gedanken, fehlangepaßten Verhaltensweisen und Emotionen erkennen, die Gültigkeit ihrer jeweiligen Überzeugung analysieren, realistischere und angemessenere Interpretationen einbringen und allmählich die Grundannahmen dieser spezifischen Überzeugungen modifizieren.

Beispiel zur Erläuterung

Viele anorektische Patienten sagen: "Jeder glaubt, daß dünne Leute attraktiver und kompetenter sind." Diese "Hypothese" der Patientin wird im therapeutischen Dialog überprüft:
- Glauben andere Menschen wirklich, daß die dünneren Menschen die interessanteren sind?
- Handelt es sich dabei tatsächlich um ein lineares Verhältnis - je dünner jemand ist, desto begehrenswerter ist er?
- Trifft dies auf alle Menschen zu, oder nur auf eine Subgruppe, die unkritisch einen Modetrend akzeptiert hat?
- Denken die meisten Menschen bei dem Gebrauch der Worte "interessant", "begehrenswert" oder "kompetent" gleichzeitig an Dünnsein?

Ein solcher Dialog führt z.B. zu den Fragestellungen der kulturellen Werte hinsichtlich des Körperselbstbildes, zu Fragen des Schlankheitsideals, der Frauenrolle, der Funktion körperlicher Attraktivität.

Familienbezogene Maßnahmen

Familien- und umfeldorientierte Interventionen gehören zum Standardrepertoire fast jeder Anorexia nervosa-Behandlung. Freilich muß einschränkend festgestellt werden, daß die Erklärung der Erkrankung ausschließlich als Symptom einer - sozusagen obligat - bestehenden familiären Dysfunktion sich als nicht haltbar erwiesen hat (Vandereycken, 1987; Kog und Vandereycken, 1985). Maßnahmen der patientenorientierten Intervention müssen zeitlich und inhaltlich auf die familien- und umweltorientierten Interventionen abgestimmt sein. Einen Überblick über die Vorgehensweise gibt die Tab. 22.7.

Parallel zu einer patientenorientierten Diagnostik steht am Anfang und zeitgleich eine Familiendiagnostik (siehe hierzu Mattejat in diesem Buch). Grundlage für jede weitere familienorientierte Arbeit ist eine gründliche Information und Beratung der Eltern über das Wesen der Erkrankung und über die geplanten therapeutischen Schritte, wie sie in der Tabelle dargestellt sind. Das weitere familientherapeutische Vorgehen hat zwei Schwerpunkte: zunächst einen strukturierend-psychoedukativen Ansatz, der den Umgang der Familienmitglieder miteinander zum Themenschwerpunkt hat. Hierbei werden die Erfahrungen mit der Familie, wie sie während dieser Phase der (stationären) Behandlung deutlich werden, zum Ansatzpunkt und Inhalt der Gespräche gemacht. Diese Therapiephase geht über in eine "beziehungsorientierte" Familientherapie. Sie dient der Klärung von Beziehungskonflikten zwischen Patientin und Eltern. Hierbei können Erkenntnisse aus der Einzeltherapie der Patientin fruchtbar gemacht werden. Insofern sind Einzeltherapie und Familientherapie innig aufeinander bezogen. In der ambulanten Nachbetreuungsphase bleibt dieser Wechsel im Therapiefokus bestehen, d.h., jeweils eine Gesprächspsychotherapie pro Woche, eine Familiensitzung pro Monat. Generell bleibt festzuhalten, daß es nur sehr wenige kontrollierte Studien gibt, die die Wirksamkeit der Familientherapie der Anorexia

Therapie-phase	Dauer	Patientenorientierte Interventionen	Familien- und umfeld-orientierte Interventionen
Diagnostik	1 Woche	Anfangsdiagnostik. ⇩	Anfangsdiagnostik. ⇩
1. Therapie-pase stat. Ther.	3 Wochen	Sondenernährung; medizinische Versorgung; antidepressive Medikation. ⇩	Information und Beratung der Eltern (2 Elterngespräche). ⇩
2. Therapie-phase der stationären Therapie	2 Monate	Verhaltenstherapie zum Eßverhalten (täglich); Gesprächspsychotherapie (zwei Wochenstunden); Gruppentherapie (zwei Wochenstunden). Ergänzend: Körperorientierte Therapie (zwei Wochenstunden). ⇩	Begleitende Information und Beratung der Eltern (2 Elterngespräche). ⇩
3. Therapie-phase der stationären Therapie	2 Monate	Selbstkontrollierte Verhaltenstherapie zum Eßverhalten (täglich); Ernährungsberatung (insges. 2 Stunden); Gesprächspsychotherapie (zwei Wochenstunden); Gruppentherapie (zwei Wochenstunden). Soziales Kompetenztraining und Generalisierungstraining Wochenendbesuche zu Hause; Schule außerhalb der Klinik. ⇩	Strukturierende/psychoedukative Eltern- und Familienarbeit (Umgang der Familienmitglieder miteinander bei Besuchen): Jeweils eine Sitzung in zwei Wochen ⇩ Beziehungsorientierte Familientherapie: Klärung von Beziehungskonflikten zwischen Patienten und Eltern: Jeweils eine Sitzung in zwei Wochen. ⇩
Ambulante Therapie (Nach-Betreuung)	7 Monate	Wöchentliche Gewichtskontrolle durch den Hausarzt. Gesprächspsychotherapie: Eine Wochenstunde	Beziehungsorientierte Familientherapie: Klärung von Beziehungskonflikten zwischen Patientin und Eltern: Jeweils eine Sitzung pro Monat.

Tabelle 22.7 Beispiel für einen Therapieverlauf bei einer anorektischen Patientin (stationäre und ambulante Therapie)

nervosa empirisch nachweisen. Russell et al. (1992) beschreiben, daß Familientherapie besonders wirksam ist bei jüngeren Patientinnen, deren Erkrankung noch nicht chronifiziert war. Familientherapie als alleinige Therapieform ist nur empfehlenswert bei einer hoch selegierten Patientengruppe, die sich auszeichnet durch jüngeres Alter und kurzen Krankheitsverlauf. Sie setzt voraus, daß die Familien nicht schwer gestört sind und die Eltern sehr kooperativ auf die Behandlung reagieren (Hall, 1987).

Die Einbeziehung der Familie ist aber - auch wenn die Familientherapie nicht der Hauptschwerpunkt des gewählten Therapiesettings ist - unverzichtbarer Bestandteil jeder Magersuchtsbehandlung und hat einen ähnlich hohen Stellenwert wie die patientenorientierten Interventionen. Ein familienorientierter Ansatz bei der Behandlung der Anorexie umschließt die Elemente Beratung, Strukturierung des Umgangs miteinander und Klärung der Beziehung der Familienmitglieder.

Prognose und Behandlungsevaluation

Zur Beurteilung des Therapieerfolges eignen sich am besten die von Morgan und Russell (1975) entwickelten Kriterien: "Guter Heilungserfolg" bedeutet, normalisiertes Gewicht (+/- 15 % des Normbereiches) und regelmäßige Zyklusfunktionen, ein mittlerer Heilungserfolg wird angenommen bei stärkeren Gewichtsschwankungen und/oder Zyklusunregelmäßigkeiten, ein schlechter Verlauf bedeutet ein Gewicht dauerhaft unter 85 % des Normalgewichtes und Amenorrhoe. Unter Anwendung dieser Kriterien finden sich in den meisten Vier- bis Fünfjahreskatamnesen eine Zuordnung von 40 % zu 30 % zu 30 % zu den Kategorien geheilt - mäßig gebessert - schlechter Verlauf (Herzog et al., 1992; Remschmidt et al., 1988). Bei sehr langer Katamnesedauer beträgt die Heilungsrate 60 bis 75 % aller magersüchtigen Patienten (Herpertz-Dahlmann et al., 1994).

Übereinstimmung besteht, daß die Patienten am besten von multimodalen Therapieprogrammen profitieren, daß der Kenntnisstand über den Effekt einzelner Komponenten solcher Programme aber noch nicht ausreichend ist (Steinhausen, 1994). Am besten erforscht ist die Wirkung von operanten verhaltenstherapeutischen Methoden auf den kurzfristigen Effekt der Gewichtszunahme (Bemis, 1987). Eine kontrollierte Studie von Crisp et al. (1991) verglich die

Behandlungsmodalitäten stationäre Behandlung, ambulante Behandlung in einer Kombination von Einzel- und Familientherapie sowie ambulante Gruppentherapie. Alle drei Behandlungsprogramme waren zusätzlich kombiniert mit verhaltenstherapeutischer Beeinflussung von Eßverhalten und Gewicht. Alle drei Behandlungsmodalitäten wurden als wirksam bezüglich Zielgewicht, Normalisierung der Menstruation und psychosexuellem Empfinden beurteilt. Diese Ergebnisse gelten für eine Einjahreskatamnese. Den Effekt in der Familientherapie bei Magersucht aus den Ergebnissen in drei kontrollierten Studien haben Russell et al. (1992) wie folgt zusammengefaßt:

Familientherapie bei Magersucht ist wirksam bei frühem Beginn und nicht chronifiziertem Verlauf. Bei diesen Patienten konnte ein dauerhafterer Therapieerfolg auch nach fünf Jahren bestätigt werden, wobei als Schlüsselkomponente des Therapieerfolges die elterliche Kontrolle über das kindliche Eßverhalten angesehen wird.

22.2 Bulimia nervosa

In der ICD 10 (50.2) ist die Bulimia nervosa definiert durch "wiederholte Anfälle von Heißhunger (Eßattacken) und eine übertriebene Beschäftigung mit der Kontrolle des Körpergewichts. Dies veranlaßt die Patientin zu extremen Maßnahmen, den dickmachenden Effekt der zugeführten Nahrung zu mildern". Für eine Diagnose sind folgende Kriterien erforderlich:

1. Eine andauernde Beschäftigung mit dem Essen, eine unwiderstehliche Gier nach Nahrungsmitteln; die Patientin erliegt Eßattacken, bei denen große Mengen Nahrung in sehr kurzer Zeit konsumiert werden.

2. Die Patientin versucht, dem dickmachenden Effekt der Nahrung durch verschiedene Verhaltensweisen entgegenzusteuern: Selbstinduziertes Erbrechen, Mißbrauch von Abführmitteln, zeitweilige Hungerperioden, Gebrauch von Appetitzüglern, Schilddrüsenpräparaten oder Diuretika.

3. Die psychopathologische Auffälligkeit besteht in einer krankhaften Furcht davor, dick zu werden; die Patientin setzt sich eine scharf definierte Gewichtsgrenze, weit unter dem prämorbiden, vom Arzt als optimal oder "gesund" betrachteten Gewicht.

4. Häufig läßt sich in der Vorgeschichte mit einem Intervall von einigen Monaten bis zu

mehreren Jahren die Episode einer Anorexia nervosa nachweisen. Diese frühere Episode kann voll ausgeprägt gewesen sein oder war eine verdeckte Form mit mäßigem Gewichtsverlust und/oder einer vorübergehenden Amenorrhoe.

Charakteristik des Krankheitsbildes

Häufigkeit

Alle epidemiologischen Untersuchungen sprechen dafür, daß anorektische und bulimische Verhaltensweisen in den zivilisierten Ländern der westlichen Welt zugenommen haben. Dabei ist die Zunahme der Erkrankung an Bulimia nervosa schwerer zu objektivieren als die Zunahme der Anorexie. Die Bulimie wurde erst in der zweiten Hälfte der 70er Jahre ausführlich systematisch als eigene Erkrankung beschrieben (Russell, 1979). 1980 wurde die Bulimie als eigene diagnostische Kategorie in das DSM-III aufgenommen. Bulimische Patienten können lange Zeit ihre Symptomatik in hohem Maße verheimlichen, dies bedeutet, daß man von einer hohen Dunkelziffer ausgehen muß (Remschmidt und Herpertz-Dahlmann, 1989). In einer Erhebung von Paul et al. (1984) war die Mehrheit der Patienten im Altersbereich zwischen 20 und 30 Jahren, 16 % waren jünger, 22 % älter. Die Erkrankung begann bei der überwiegenden Mehrheit zwischen 14 und 20 Jahren mit einem Manifestationsmaximum im 18. Lebensjahr. 2 bis 4 % aller Frauen im Alter von 18 bis 35 Jahren sind an einer Bulimie erkrankt (definiert nach DSM-III-Kriterien) (Fichter, 1985).

Symptomatik

Kern der Symptomatik ist die Heißhungerattacke, in der Mehrzahl der Fälle mit konsekutivem, selbstinduziertem Erbrechen. Zwischen den Heißhungerattacken wird meist eine rigide Diät eingehalten. Dabei werden häufig bestimmte Nahrungsmittel vermieden, die dann in großen Mengen während der Heißhungerattacke gegessen werden. Das - meist zu niedrige - Gewicht wird rigide eingehalten und ständig kontrolliert. Ein Teil der Patienten wirkt deutlich depressiv verstimmt und im Verlauf der Erkrankung zunehmend sozial isoliert. Ein Teil der Fälle ist kompliziert durch eine Komorbidität mit süchtigem Verhalten (Alkohol-, Tabletten- und Drogenmißbrauch). Ähnlich wie bei der Anorexia

nervosa kann häufig eine Körperschemastörung festgestellt werden.

Ätiologie

In besonderem Maße bedarf die bulimische Eßstörung einer multifaktoriellen Analyse, um ihre Genese und das oft jahrelange Aufrechterhalten der Symptomatik zu verstehen; dies ist notwendig, um daraus therapeutische Maßnahmen abzuleiten. Einen Überblick über Entstehung und Aufrechterhaltung der bulimischen Eßstörung nach Fichter (1989) zeigt Abb. 22.6.

Soziokulturelle ("Frauenrolle", "Schlankheitsideal"), individuell psychologische und psychopathologische Faktoren ("affektive Störung", "Impulskontrollstörungen"), konstitutionelle Gegebenheiten, genetische Einflüsse und physiologische Auswirkungen gestörten Eßverhaltens ("biologische Faktoren"), Familienmerkmale und alterstypische Entwicklungsprobleme der mittleren und späten Adoleszenz bedingen sich wechselseitig. Für das Jugendalter kann beobachtet werden, daß familiäre Problemsituationen (z.B. Scheidung der Eltern), Überforderung in der Schule, zunehmende Anforderungen der Umwelt in der Adoleszenz, nicht tolerierte Individuationsbestrebungen in dieser Lebensphase sowie psychiatrische Erkrankungen der Eltern auslösend sind. Die Bulimie beginnt häufig dann, wenn die persönliche und soziale Entwicklung des Individuums einer Veränderung unterliegt (Herpertz-Dahlmann, 1991).

Die Vielzahl der ineinanderwirkenden ätiologischen Faktoren haben nach Vanderlinden et al. (1992) zu verschiedenen "Behandlungsmodellen" geführt: Bulimia nervosa als Symptom einer affektiven Störung - Depressionsmodell; als ein Zeichen fehlender Impulskontrolle - Suchtmodell; als eine durch negative Verstärkung aufrechterhaltene konditionierte Reaktion - Angstmodell; als das Resultat funktional gestörter Kognitionen - kognitives Modell; als Ausdruck eines dissoziierten Zustandes - Dissoziationsmodell; als Signal für eine pathologische Familiendynamik - Familieninteraktionsmodell; als Symptom eines, den Frauen aufgezwungenen Sozialisationsprozesses - feministisches Modell.

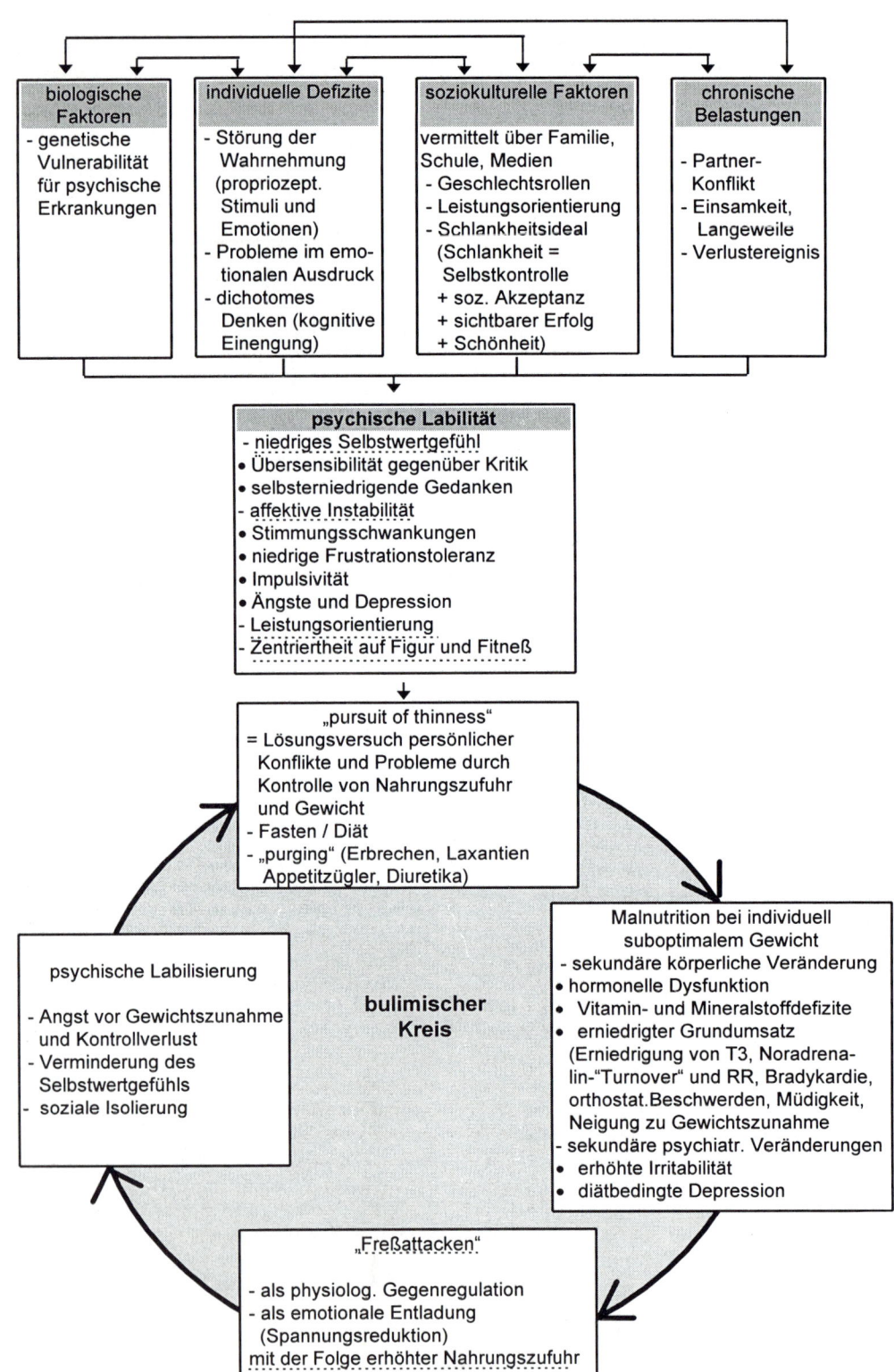

Abb. 22.6 Modell für die Entstehung und Aufrechterhaltung bulimischer Eßstörungen (nach Fichter, 1989)

Therapie

Eine einfache Übertragung von Behandlungskonzepten, wie sie für anorektische Eßstörungen gelten, auf die Bulimie ist unzureichend. Insgesamt sind bei der Erkrankung verschiedene Behandlungsmethoden versucht worden, ohne daß bisher eine Methode als herausragend bezeichnet werden könnte. Angewendet wurden Verhaltenstherapie, kognitive Verhaltenstherapie, verschiedene gruppentherapeutische Methoden, einschließlich Selbsthilfegruppen, psychoanalytische Therapien, Hypnose sowie insbesondere mehrdimensionale Ansätze. Die Therapie hat zwei Schwerpunkte: zum einen die Normalisierung des Eßverhaltens, andererseits eine Bearbeitung der individuellen Problematik der Patientin. Grundlage aller therapeutischen Maßnahmen ist eine therapierelevante Diagnostik.

Wie aus Tabelle 22.8 zu ersehen ist, kommt der Diagnostik des Eßverhaltens und der funktionalen Analyse des Eßverhaltens eine besondere Bedeutung zu, ebenso wie Wahrnehmungsstilen der Patientin sowie einer Analyse sonstiger eventueller Defizite, aber auch der besonderen Fähigkeiten, die zur Überwindung der Störung therapeutisch genutzt werden können. Die meisten Patienten verfügen über zuwenig Informationen über ihre Krankheit, ihre Folgen und ihre Behandlungsmöglichkeiten. Sie sollten - schon in der diagnostischen Phase - über gesundes Ernährungsverhalten informiert und über die Folgen bulimischen Verhaltens aufgeklärt werden, auch über Erfolgsaussichten, Dauer und Grenzen therapeutischer Maßnahmen sowie über die Möglichkeiten von Selbsthilfen und Selbsthilfegruppen.

Der Ernährungsbereich muß ausführlich, offen und direkt mit der Patientin besprochen werden. Dieses Gespräch muß auf eine anteilnehmende, auf die immer vorhandenen Schuld- und Schamgefühle der Patientin Rücksicht nehmende Weise geführt werden. Dysfunktionale Gedanken - etwa daß die Einnahme regelmäßiger Mahlzeiten unweigerlich dick mache - müssen korrigiert werden und der Zusammenhang von Diätverhalten und Heißhungerattacken erklärt werden. Oft ist die Fähigkeit, interozeptive Reize von Hunger und Sättigung wahrzunehmen und dementsprechend zu essen, verlorengegangen.

Tabelle 22.8 Diagnostik der Bulimia nervosa

- Anamneseerhebung, Beschreibung der Beschwerden
  - Körperliche Untersuchung
  - Abklärung zusätzlicher psychiatrischer Erkrankungen
  - Diagnostik des Ernährungsverhaltens
  - Tagebuchprotokolle zur Ernährung
  - Vergleich früherer und heutiger Ernährungsgewohnheiten
  - Exploration von Ernährungsideologien
  - Wunschgewicht
  - Körperwahrnehmung
- Funktionale Analyse des Eßverhaltens und anderer Verhaltensweisen
  - Identifizierung auslösender und aufrechterhaltender Bedingungen
    - Antezedenzen (situative Bedingungen)
    - Reaktionen der Patientin (Gefühle, Gedanken, Verhaltensweisen)
    - Konsequenzen des Verhaltens (positive und negative Konsequenzen, kurzfristig und langfristig)
  - Bezug zur Lebenssituation, zum familiären und sozialen Umfeld
  - Tagebuchprotokoll zur Ernährung und zum Befinden, um funktionale Zusammenhänge zwischen Essen und Emotionen zu erkennen.
- Diagnostik weiterer Defizite bzw. Fertigkeiten
  - interozeptive Wahrnehmung
  - emotionale Wahrnehmung
  - soziale Wahrnehmung
  - Denk- und Attributionsstile
  - Selbsteffizienz
  - Ausdruck von Emotionen
  - kommunikative Fertigkeiten
  - Fähigkeit zur Konfliktlösung

Ausgehend von einer subtilen Analyse der bestehenden Eßproblematik muß ein individueller psychotherapeutischer Plan zur Normalisierung des Eßverhaltens erarbeitet werden. Über die dabei zu berücksichtigenden Gesichtspunkte informiert Tabelle 22.9.

Folgende allgemeine Verhaltensregeln für den Aufbau eines normalen Eßverhaltens sind der Patientin zu vermitteln: Das Essen soll zu regelmäßigen Zeiten eingenommen werden, möglichst einschließlich kleiner Zwischenmahlzeiten. Die Ernährung muß ausgewogen sein, zu vermeiden sind spezifische Diätspeisen. Ebenso sollte die Patientin vermeiden, große Mengen an Flüssigkeit zu sich zu nehmen, weil dies ein falsches Gefühl der Sättigung verschafft und das Erbrechen erleichtert (Herpertz-Dahlmann, 1991). Hilfreich kann es sein, Mahlzeiten in Gesellschaft einzunehmen. Wichtig ist auch, auf die Eßgeschwindigkeit zu achten, sie soll weder zu schnell noch zu langsam sein (Fichter, 1989).

In einem nächsten Schritt werden auslösende und aufrechterhaltende Faktoren identifiziert. Über "Protokolle" können sowohl das Eßverhalten wie die Auslösesituation für Brechattacken erkundet sowie in der Therapie alternative Verhaltensweisen und Veränderungsstrategien erarbeitet werden.

Tabelle 22.9 Psychotherapeutische Maßnahmen zur Normalisierung des Eßverhaltens

---

- Informationsvermittlung über die Erkrankung
  - Einblick in funktionale Zusammenhänge
  - Tagebuchprotokoll
  - Erfahrungsaustausch in der Gruppe
  - Ernährungsberatung
  - Energie- und Nährstoffbedarf
  - Set-point-Theorie des Körpergewichtes
  - Vermittlung einer "Antidiät"-Haltung
  - normale Gewichtsschwankungen
  - Stimuluskontrolle
  - Kontrolle der auslösenden Bedingungen
  - Einkauf von Lebensmitteln, Zubereitung, Vorratshaltung
- Reaktionskontrolle
  - allmähliche Verminderung von Freßattacken, Erbrechen und Abführmittelabusus
  - ggf. Fremdkontrolle
  - strukturierte Eßtage mit regelmäßiger und ausgewogener Ernährung
  - Anpassung des Eßstils (Menge, Geschwindigkeit, Kauen, Schmecken, Schlucken)
  - Wahrnehmung von Hunger und Sättigung
  - zunehmende Selbstkontrolle
  - Selbstbeobachtung, Tagebuchprotokolle
  - Essen in der Gruppe
  - Essen "verbotener" Nahrungsmittel
  - Genußübungen
- Entspannungsübungen
- Abbau dysfunktionaler Einstellungen zum Aussehen und zum Gewicht,("Nur schlank werde ich geliebt.")
  - Verbesserung der Selbst- und Körperwahrnehmung
  - Videofeedback, Rückmeldung durch Gruppenmitglieder
  - Rückfallprophylaxe

Der symptomzentrierte Ansatz bei der Therapie solle kombiniert werden mit psychotherapeutischen Maßnahmen zur Verbesserung der emotionalen und psychosozialen Fertigkeiten der Patientin (Tabelle 22.10).

Tabelle 22.10 Psychotherapeutische Maßnahmen zur Verbesserung psychosozialer Fertigkeiten

---

- Identifikation von Konflikten (z.B. in Familie, Partnerschaft, Beruf)
- frühzeitiges Erkennen von Belastungssituationen
- Wahrnehmung von Gefühlen bei sich und anderen
- Ausdruck von Gefühlen
- Verminderung dysfunktionaler Gedanken und Einstellungen (Alles-oder-nichts-Denken, Katastrophen-Denken, depressiver Denkstil)
- Wahrnehmung eigener positiver Eigenschaften
- Abbau irrationaler Ängste
- Soziales Kompetenztraining
- Selbstsicherheitstraining
- Konfliktbewältigungsübungen
- Training kommunikativer Fertigkeiten (z.B. Zuhören, Sprechen, Komplimente machen)

Methoden
- kognitive Umstrukturierung
- Rollenspiele und Gruppenübungen
- Familien- und Paartherapie

Je nach Behandlungsschwerpunkt können hier gesprächspsychotherapeutische, verhaltenstherapeutische oder auch kognitiv-verhaltenstherapeutische Maßnahmen zur Anwendung kommen, letztere insbesondere, um dysfunktionale und irrationale Gedanken sowie Überzeugungen und Werthaltungen zu ändern. Bei der Bearbeitung dieser dysfunktionalen Gedanken und Überzeugungen und Werthaltungen stößt man auf Überzeugungen wie "nur wenn ich schlank bin, werde ich erfolgreich und von anderen akzeptiert sein; wenn ich vollschlank bin oder gar dick, dann bin ich wertlos, erfolglos und einsam" (Fichter, 1989). In der kognitiven Therapie geht es darum, diese irrationalen Überzeugungen und Werthaltungen, die zu einer ständigen Entwertung der Patientin führen, in Frage zu stellen und realistischere Werthaltungen entgegenzusetzen. Das Selbstwerterleben und die Selbstakzeptanz müssen vom Thema "Aussehen und Figur" entkoppelt werden.

Gelingt es mit den skizzierten Maßnahmen innerhalb eines Behandlungszeitraumes von etwa 3 Monaten nicht, die Frequenz der Eß-Brech-Attacken zumindest deutlich zu vermindern, stellt sich die Frage der stationären Behandlung (Tab. 22.11).

Tabelle 22.11 Indikation für eine stationäre Behandlung bei Bulimia nervosa (nach Fichter, 1989; Vanderlinden et al., 1992)

- schlechte körperliche Verfassung
- erfolglose ambulante Therapieversuche
- fehlende ambulante Einrichtungen
- Schwere der Eßstörung
- Eßstörung kann in der gewohnten Alltagsumgebung nicht durchbrochen werden
- Verstrickungen in der Familie oder Partnerschaft
- zusätzliche Abhängigkeit von Medikamenten, Alkohol oder Drogen
- zusätzliche psychiatrische Erkrankungen
- extreme soziale Isolierung
- Suizidgefahr
- multisymptomatische Bulimia nervosa

Die stationäre Behandlung bietet den Vorteil, daß durch Fremdkontrolle der bulimische Kreislauf unterbrochen und neue Verhaltensweisen eingeübt werden können. Insgesamt bietet das stationäre Setting den Vorteil, daß theoretisch verschiedenartig orientierte Verfahren, z.B. verhaltenstherapeutische, körpertherapeutische, stützende oder aufdeckende Therapieverfahren und Familientherapie miteinander kombiniert werden können.

In keinem Fall kann bei jugendlichen Patienten auf die Einbeziehung der Familie in die Therapie verzichtet werden. Eltern haben ihren eßgestörten Kindern gegenüber manchmal ausgeprägte Schuldgefühle, die sich auch in abwehrender Resignation gegenüber therapeutischen Maßnahmen äußern und möglichst bereits zu Anfang der Therapie angesprochen werden müssen (Herpertz-Dahlmann, 1991). Die Bearbeitung wesentlicher emotionaler Prozesse führt zur Entlastung und Abbau von Spannungen in der Familie.

Prognose und Therapieevaluation:

Vanderlinden et al. (1992) geben als prognostisch günstige Faktoren für einen therapeutischen Erfolg folgende Faktoren an: Rasche positive Reaktionen auf die Behandlung, das Fehlen von Persönlichkeitsstörungen, von Alkohol- und Drogenmißbrauch sowie von selbstzerstörerischen Tendenzen. Prognostisch günstig ist auch, wenn in der Vorgeschichte keine anorektische Phase bestanden hat sowie das Fehlen familiärer Belastungen mit psychiatrischen Erkrankungen. Positiv ist ein insgesamt noch gutes Selbstwertgefühl und eine positive Körperwahrnehmung der Patientin. Andererseits stellen die Autoren fest, daß rund 20 % der Patienten auf Behandlungsmaßnahmen keine oder kaum positive Veränderungen zeigen.

Nutzinger und de Zwaan (1989) analysierten 20 verhaltenstherapeutische Studien zur Bulimia nervosa. Die meisten Behandlungsprogramme bestanden aus einer Kombination von verhaltenstherapeutischen Einzeltechniken. Bei Therapieende zeigten rund 40 % der Patienten keine Eßanfälle mehr, 30 % zeigten eine Verminderung der Eßattacken auf etwa die Hälfte in der bisherigen Frequenz, 30 % zeigten keine wesentliche Besserung. In diesen Studien zeigte sich die besondere Bedeutung der ernährungsspezifischen Maßnahmen und der Rückfallprophylaxe.

Zu vergleichbaren Ergebnissen kamen Waadt et al. (1992) in ihrer Übersicht über 32 Therapiestudien. Auch sie fanden, daß am häufigsten verhaltenstherapeutische Methoden in der Therapie zur Anwendung kamen (Selbstbeobachtung und Selbstkontrolle, kognitivie Umstrukturierung, Selbstsicherheitstraining, Stimuluskontrolle). Durchschnittlich waren in diesen Therapiestudien 38 % der Patientinnen bei Therapieende symptomfrei, 42% nach durchschnittlich 8 Monaten Katamnese ohne Bulimieattacken. Insgesamt liegen für die Bulimia nervosa noch keine Katamnesestudien vor, die vergleichbar lange Zeiträume wie bei den Studien zur Anorexia nervosa umfassen.

Weiterführende Literatur:

Meermann, R.; Vandereycken, W.: Therapie der Magersucht und Bulimia nervosa. De Gruyter, Berlin 1987.

Steinhausen, H.-C. (Hrsg.): Eating Disorders in Adolescence. Anorexia and Bulimia Nervosa. de Gruyter, Berlin 1995.

Vanderlinden, J.; Norré, J.; Vandereycken, W.; Meermann, R.: Therapie der Bulimia nervosa. Schattauer, Stuttgart 1992.

Literatur (Anorexie)

Beck, A.T.: Cognitive therapy and the emotional disorders. International Universities Press, New York 1976.

Bemis, K.M.: The present status of operant conditioning for the treatment of anorexia nervosa. Behavior Modifikation 11, 432-463, 1987.

Crisp, A.H.; Norton, K.; Gowers, S.; Halek, C.; Bowyer, C.; Yeldham, D.; Levett, G.; Bhatt, A.: A controlled study of the effect of therapies aimed at adolescent and family psychopathology in anorexia nervosa. British Journal of Psychiatry 159, 325-333, 1991.

Garfinkel, P.E.: Anorexia and bulimia nervosa. Eating disorders - International Symposium. Paris, 1991.

Hall, A.: The place of family therapy in the treatment of anorexia nervosa. Australian and New Zealand Journal of Psychiatry 21, 568-574, 1987.

Herpertz-Dahlmann, B.; Remschmidt, H.: Somatische Störungen bei Anorexia nervosa. Monatsschrift Kinderheilkunde 136, 732-738, 1988.

Herpertz-Dahlmann, B.; Remschmidt, H.: Anorexia und Bulimia nervosa im Jugendalter. Deutsches Ärzteblatt 91, 1210-1218, 1994.

Herzog, W.; Rathner, G.; Vandereycken, W.: Long-term course of anorexia nervosa: A review of the literature. In: Herzog, W.; Deter, H.-C.; Vandereycken, W. (Eds.): The course of eating disorders, 15-29. Springer, Berlin, Heidelberg, New York 1992.

Humphrey, L.L.: Relationships within subtypes of anorexic, bulimic and normal families. Journal of the American Academy of Child and Adolescent Psychiatry 27, 544-551, 1988.

Kog, E.; Vertommen, H.; Vandereycken, W.: Minuchin's psychosomatic family model revised: A concept-validation study using a multitrait-multimethod approach. Family Process 26, 235-253, 1987.

Minuchin, S.; Rosman, B.L.; Baker, L.: Psychosomatic families. Anorexia nervosa in context. Harvard University Press, Cambridge, Ma. 1978.

Morgan, H.G.; Russell, G.F.M.: Value of family background and clinical features as predictors of long-term outcome in anorexia nervosa: Four-year follow-up study of 41 patients. Psychological Medicine 5, 355-371, 1975.

Remschmidt, H.; Herpertz-Dahlmann, B.: Anorexia nervosa im Jugendalter. Monatsschrift Kinderheilkunde 136, 718-723, 1988.

Remschmidt, H.; Wienand, F.; Wewetzer, C.: Der Langzeitverlauf der Anorexia nervosa. Monatsschrift Kinderheilkunde 136, 726-731, 1988.

Remschmidt, H.; Schmidt, M.H.; Gutenbrunner, C.: Prediction of long-term outcome in anorectic patients from longitudinal weight measurements during inpatient treatment: A cross-validation study. In: Remschmidt, H.; Schmidt, M.H. (Hrsg.): Anorexia nervosa. Child and youth psychiatry: European perspectives. Vol. 1, 150-167. Hogrefe & Huber Publishers, Toronto, Lewiston/New York, Bern, Göttingen, Stuttgart 1990.

Remschmidt, H.: Anorexia nervosa. In: Remschmidt, H.: Psychiatrie der Adoleszenz, 434-439. Thieme, Stuttgart 1992.

Russell, G.F.M.; Dare, C.; Eisler I., Le Grange, P.D.F.: Controlled trials of family treatments in anorexia nervosa. In Halmi, K. (Ed.): Psychobiology and treatment of anorexia nervosa and bulimia nervosa, 237-261. American Psychobiological Association, American Psychiatric Press, Washington, D.C. 1992.

Steinhausen, H.-C.: Anorexia und Bulimia nervosa. In: Steinhausen, H.-C.; von Aster, M. (Hrsg.): Handbuch Verhaltenstherapie und Verhaltensmedizin bei Kindern und Jugendlichen, 383-440. Beltz, Psychologie Verlags-Union, Weinheim 1993.

Steinhausen, H.-C.: Anorexia and bulimia nervosa. In: Rutter, M.; Taylor, E.; Hersov, L. (Eds.): Child and adolescent psychiatry modern approaches. Third Edition, 425-440. Blackwell Scientific Publications, Oxford 1994.

Stierlin, H.; Weber, G.: Anorexia nervosa: Family dynamics and family therapy. In P.J.V. Beumont, P.J.V.; Burrows, G.D.; Casper, R.C. (Eds.): Handbook of eating disorders I, 319-347. Elsevier-Science, Amsterdam 1987.

Vandereycken, W.: The constructive family approach to eating disorders: critical remarks on the use of family therapy in anorexia nervosa and bulimia. International Journal of Eating Disorders 6, 455-468, 1987.

Literatur (Bulimie)

Fichter, M.M.: Epidemiologie der Anorexia nervosa und Bulimia. Aktuelle Ernährungsmedizin 9, 8, 1984.

Fichter, M.M.: Magersucht und Bulimia. Springer, Berlin, Heidelberg, New York 1985.

Fichter, M.M.: Bulimia nervosa und bulimisches Verhalten. In: Fichter, M.M. (Hrsg.): Bulimia nervosa. Grundlagen und Behandlung, 1-10. Enke, Stuttgart 1989.

Fichter, M.M.: Psychologische Therapien bei Bulimia. In: Fichter, M.M. (Hrsg.): Bulimia nervosa. Grundlagen und Behandlung, 230-247. Enke, Stuttgart 1989.

Herpertz-Dahlmann, B.: Familiäre Belastungen mit affektiven Erkrankungen von Patienten mit Anorexia nervosa. Zeitschrift für Kinder- und Jugendpsychiatrie 16, 14-19, 1988.

Herpertz-Dahlmann, B.: Die Bulimie der jungen Mädchen. Zeitschrift für Allgemeinmedizin 67, 325-333, 1991.

Kog, E; Vandereycken, W.: Family characteristics of anorexia nervosa and bulimia: A review of the research literature. Clinical Psychology Review 5, 159-180, 1985.

Minuchin, S.; Rosman, B.L.; Baker, L.: Psychosomatic families - anorexia nervosa in context. Harvard University Press, Cambridge, Ma. 1978.

Nutzinger, D.O.; De Zwaan, M.: Verhaltenstherapie bei Bulimia: Rückblick und Ausblick anhand der bisherigen Forschung. In: Fichter, M.M. (Hrsg.): Bulimia nervosa. Grundlagen und Behandlung, 248-261. Enke, Stuttgart 1989.

Paul, T.H.; Brand-Jacobi, J.; Pudel, V.: Bulimia nervosa. Ergebnisse einer Untersuchung an 500 Patientinnen. Münchner Medizinische Wochenschrift 126, 614, 1984.

Remschmidt, H.; Herpertz-Dahlmann, B.: Bulimia nervosa im Jugendalter. Monatsschrift Kinderheilkunde 136, 712-717, 1988.

Remschmidt, H.; Herpertz-Dahlmann, B.: Anorexia nervosa im Jugendalter. Monatsschrift Kinderheilkunde 136, 718-723, 1988.

Remschmidt, H.; Herpertz-Dahlmann, B.: Bulimia und Bulimarexie im Jugendalter. In: Fichter, M.M. (Hrsg.): Bulimia nervosa. Grundlagen und Behandlung, 62-75. Enke, Stuttgart 1989.

Russell, G.F.M.: Bulimia Nervosa: An ominous variant of anorexia nervosa. Psychological Medicine 9, 429-448, 1979.

Vanderlinden, J.; Norré, J.; Vandereycken, W.; Meermann, R.: Die Behandlung der Bulimia nervosa. Schattauer, Stuttgart 1992.

Waadt, S.; Laessle, R.G.; Pirke, K.M.: Bulimie, Ursachen und Therapie. Springer, Berlin, Heidelberg, New York 1992.

23. Psychotherapeutisches Vorgehen bei chronischen körperlichen Erkrankungen

Ingeborg Jochmus

23.1 Einleitung

Der Wandel im Krankheitsgeschehen in der Pädiatrie ist mit einer international zu beobachtenden Zunahme chronischer Krankheiten verbunden. Prävalenzraten werden zwischen 5 und 12% (Roghman, 1981) angegeben.

Unter dem Begriff chronische Krankheit werden im folgenden körperliche Erkrankungen verstanden, die viele Jahre oder lebenslang bestehen und im unterschiedlichen Ausmaß das Leben von Kindern und Jugendlichen sowie ihren Familien beeinflussen und verändern. Eine Kausaltherapie ist nicht möglich. Die Krankheitsbilder sind in medizinischer Hinsicht sehr heterogen. Der Krankheitsverlauf kann chronisch progredient sein oder nur in längeren Zeiträumen rezidivieren, kann aber auch mit bedrohlichen akuten, krisenhaften Verschlechterungen verbunden sein. Die Lebenserwartung ist häufig verkürzt, Krankheitsfolgen können zu körperlicher Behinderung führen, selten zu gestörten psychischen Entwicklungsverläufen, aber häufiger zu akuten seelischen Krisen.

Im Vergleich zur Situation psychisch Kranker und der Indikation zu einer der Formen der Psychotherapie ist die Situation körperlich Kranker völlig anders. Etwa 2/3 der Erkrankten sind prämorbid psychisch gesunde, unauffällige Kinder und Jugendliche. Der Psychologe bzw. Kinder- und Jugendpsychiater wird hinzugezogen, um den Patienten zu einem bestmöglichen Leben mit der Krankheit zu verhelfen. Es geht also in erster Linie um supportive Maßnahmen und Hilfe zur Selbsthilfe sowie um Kriseninterventionen.

Der Kontakt mit dem Therapeuten und weiteren psychosozialen Mitarbeitern, die das ärztlich-pflegerische Team ergänzen, steht den Eltern und Patienten frei. Das Angebot erfolgt zu Beginn der stationären Diagnostik, evtl. auch schon bei ambulanten Terminen. Der Ausbau einer vertrau-ensvollen Beziehung ermöglicht es u.a., prämorbid verhaltensauffällige Kinder zu erfassen und im Laufe der Zeit auch sog. Risikofamilien zu identifizieren. Psychosoziale Arbeitsgruppen sind in vielen onkologischen und nephrologischen Abteilungen bereits etabliert. Diese professionellen Mitarbeiter dürfen nicht erst in Krisenzeiten "als Feuerwehr" gerufen werden, das führt zu Verunsicherungen. Es geht in ihrer Arbeit sehr viel um Präsenz, Beobachten und aktives Zuhören sowie um das Erkennen vorhandener psychischer Strukturen der Patienten und ihrer Familienangehörigen sowie um Bewältigungsstrategien. Diese Erkenntnisse können in therapeutisches Handeln umgesetzt werden. Weitere Aufgaben sind später Kontaktaufnahmen mit dem sozialen Umfeld.

Die Zusammenarbeit in einer solchen multi-professionellen Arbeitsgruppe muß von Toleranz, gegenseitigem Verständnis und Transparenz, also guter, offener Kommunikation geprägt sein. Verhaltensweisen von Eltern und Patienten werden dann für alle verständlicher, die Team-Mitglieder selbst finden Erleichterung bei der Erfüllung ihrer oft schweren Aufgaben.

Hinsichtlich der Art und Häufigkeit psychischer Störungen bei chronisch kranken Heranwachsenden liegen bisher nur kasuistische Erfahrungsberichte vor, die sich auf kleinere Gruppen beziehen. Generell gelten chronisch Kranke als Risikogruppe für psychische Auffälligkeiten. Untersuchungsergebnisse von Hürter (1990), die mit der deutschen Form der "Child Behavior Checklist" von Achenbach und Edelbrock (1983) gewonnen wurden, zeigten, daß unter 101 chronisch kranken Kindern 33% als psychisch und psychosomatisch belastet und gestört eingestuft wurden. (In der Normalbevölkerung ist mit 12,7% zu rechnen, Remschmidt und Walter, 1990). Im einzelnen waren es 20% unter den Diabetikern, 30,4% in der onkologischen Gruppe, 41,6% in einer Gruppe akut Erkrankter, 44,4% in der Gruppe der Mobilitätseingeschränkten und 50,0% unter den an Cystischer Fibrose Erkrankten. Es fehlen Längsschnittuntersuchungen, um etwas über die Bedeutung der registrierten Symptome aussagen zu können, ob es sich um die Chronifizierung einer psychischen Störung oder um vorübergehende Auffälligkeiten in einer Krisensituation handelt.

Es gibt auch keine empirischen Untersuchungen, die Aufschluß über die Krankheitsverarbeitung und das Krankheitskonzept der Kinder in den verschiedenen Altersstufen geben. Aus klinischen Erfahrungen weiß man, daß jüngere Kinder sich häufig schuldig fühlen und die Behandlung als Strafe für Ungehorsam erleben. Kinder im Alter zwischen 7 und 10 Jahren denken entsprechend ihrer kognitiven Entwicklung schon an äußere Ursachen wie Krankheitserreger und stellen sich vor, daß die Behandlung sie wieder gesund machen soll - oder wird. Sie verstehen, daß etwas in ihrem Körper nicht in Ordnung ist. Trotz zeitweiliger Einsicht und formaler Denkoperationen können sich aber unter starken emotionalen Belastungen Angst und Verzweiflung, Schuldgefühle und Regressionen entwickeln. Da diese Kinder meist über ihre Empfindungen nicht sprechen, hat es sich sehr bewährt, nonverbale Kommunikationsmittel einzusetzen (Malen, Modellieren, Spiel, Musik), um Anknüpfungspunkte für Gespräche zu bekommen und um das Kind emotional unterstützen zu können. Psychische Instabilität, Erwartungs- und Zukunftsängste wirken sich ungünstig auf den Krankheits- und Behandlungsverlauf aus. Klientenzentrierte Gespräche, einzeln oder in Gruppen, sind in solchen Situationen indiziert.

Ein gemeinsames Merkmal chronisch kranker Jugendlicher ist ihre Verschlossenheit, eine Neigung zu Depressionen und ein Erleben von Ängsten. Spontan geben sie keine Einblicke in ihre Probleme, lassen ihre Krankheitskonzepte und ihr Selbsterleben nicht erkennen. Verleugnung und Minimalisierung kommen als Abwehrmechanismen zur Beobachtung und helfen, das Leben erträglich zu machen. Aber es gibt auch aggressive Durchbrüche und ein Abbrechen der somatischen Therapie.

Voraussetzung für eine die medizinische Behandlung begleitende erfolgreiche psychische Unterstützung sind aber Erkenntnisse hinsichtlich der innerpsychischen Vorgänge beim Patienten und der kommunikativen Situation in der Familie. Bisher fehlen empirische Untersuchungen in diesem Bereich. Durch eine Kombination von standardisierten und individuenzentrierten Methoden ist es Schmitt (1991) gelungen, einen neuen Weg bei seinen Untersuchungen von jugendlichen Mukoviszidose-Patienten (Cystische Fibrose CF) zu beschreiben. Sowohl bei den CF-Patienten, als auch bei den untersuchten Vergleichsgruppen Morbus Crohn und Hämophilie wurden Selbstschilderungen und Lebensplanungen gefunden, die sich ähnlich waren, "so daß die geäußerten Strategien, Lebensauffassungen und Ziele offenbar von allgemeiner Bedeutung für Menschen mit einer chronischen körperlichen Erkrankung sind" (Schmitt, 1991). Daraus ergeben sich wichtige Anhaltspunkte für die psychologische Begleitung schwer erkrankter Jugendlicher.

Evaluationsstudien zur Anwendung psychotherapeutischer Verfahren bei chronisch Kranken liegen nicht vor. Es bestehen lediglich Erfahrungen, die in kasuistischen Mitteilungen dokumentiert sind, z.B. verhaltenstherapeutische Behandlungen von Spritzenangst und Compliance-Problemen, Stärkung der Eigenkompetenz und des Selbstwertgefühls, Erleben von Modellen in Gruppengesprächen mit Betroffenen sowie heilpädagogische Maßnahmen zur Stärkung des Selbstwertgefühls.

In diesem Kapitel sind beispielhaft einige somatische Krankheiten dargestellt, die bei Kindern und Jugendlichen zu einer Chronifizierung führen können. Der Schwerpunkt dabei liegt auf der "psychischen Führung" der Patienten, ihrer Familien und anderer Kontaktpersonen (in Schulen, Krankenhäusern, im Freundeskreis etc.). Dabei können die in diesem Buch beschriebenen einzelnen Therapiemethoden angewendet werden, wichtig erscheint jedoch darüber hinaus eine kontinuierliche, oft jahrelang dauernde psychologische Betreuung der Patienten und ihrer Familien, bei der es sich weniger um die Fokussierung der Behandlung einzelner Teilbereiche und Konflikte, sondern mehr um eine Art psychotherapeutischer Begleitung handelt. Diese Aufgaben sind von Steinhausen (1988) in Tabellenform zusammengestellt worden (Tab. 23.1). Einleitend sind hierzu bereits einige grundlegende Prinzipien erwähnt worden, bei den einzelnen chronischen Erkrankungen werden sie jeweils im folgenden spezifiziert.

Tabelle 23.1 Aufgaben der psychologischen Betreuung des chronisch kranken Kindes (nach Steinhausen, 1988)

Aufgaben der Eltern

Entwicklung einer angemessenen Erziehung durch:

- emotionale Zuwendung
- angemessenes Maß an Lenkung und Kontrolle
- Förderung sozialer Integration
- Förderung angemessener körperlicher Aktivitäten

Ärztlich-psychologische Aufgaben

Informationsvermittlung

Beratung der Familie und sozialen Umwelt
- in medizinischen Fragen
- und pädagogisch-psychologischen Fragen

Angstreduktion bei diagnostisch-therapeutischen Maßnahmen
- durch Vorbereitung und Aufklärung

Elterngruppen und Elterntraining

Psychotherapie
- Einzelpsychotherapie
- Gruppentherapie für Jugendliche
- Partnertherapie
- Verhaltenstherapie
- Familientherapie

23.2 Einzelne chronische Krankheiten

Diabetes mellitus Typ I

Epidemiologische Angaben

Es handelt sich um eine chronische Störung des Energiestoffwechsels, die den Kohlehydrat-, Fett- und Eiweißhaushalt betrifft. Der Erkrankung liegt eine Veränderung der Struktur und Funktion des Inselapparates der Bauchspeicheldrüse zugrunde, die auf eine multifaktorielle Vererbung sowie verschiedene endogene und exogene Noxen zurückgeführt wird. Die Prävalenz liegt bei 1 : 1.000 Kindern unter 17 Jahren; jährlich erkranken rund 1.500 Kinder und Jugendliche in Deutschland.

Klinisches Bild, Therapie und Verlauf

Die Schwere der Stoffwechselentgleisung hängt von dem Ausmaß des Insulinmangels z.Zt. der Manifestation des Diabetes ab. Das Haupterkrankungsalter liegt bei 4 - 12 Jahren (33 %) und geht im Adoleszentenalter wieder zurück. Die führenden Symptome sind Polydipsie und Polyurie, Hyperglykämie, Glukosurie und Gewichtsverlust; in schweren Fällen kommt es zur Ketoazidose (Coma diabeticum).

Insulin muß lebenslang substituiert werden (3-5 x/die) in Verbindung mit einer "geregelten Kost" in kleinen Mahlzeiten 6-7 x/die und einem geregelten Maß an Bewegung. Die Behandlung erfordert besondere Bedingungen. Die medizinische Behandlung kann bei Kindern und Jugendlichen optimale Ziele leider noch nicht erreichen (Burger u. Mitarbeiter, 1991) und das Auftreten neurovaskulärer Spätschäden nicht verhindern (Nephropathie, Retinopathie, Neuropathie). Die körperliche und geistige Leistungsfähigkeit nimmt meist nach 15- bis 20jähriger Krankheitsdauer ab, die Lebenserwartung ist verkürzt.

Den Betroffenen und ihren Eltern (Müttern) wird ein hohes Maß an Kooperation abverlangt, sie werden zu "Experten für die Zuckerkrankheit". Die Diabetikerschulung mit pädagogisch-psychologischer Mithilfe ist Voraussetzung für die Übernahme der Stoffwechselselbstkontrolle. Kinder lernen etwa vom 8. Lebensjahr an, sich selbst zu spritzen.

Psychische Führung

Bei der Manifestation der Krankheit reagieren Mütter in 80-90% der Fälle mit einem Schock und sind dann stark mit dem Erwerb der Grundzüge der Erkrankung und den Erfordernissen der Therapie beschäftigt (Jochmus, 1971). Es ist dann wichtig, daß sich ein Ansprechpartner für die Kinder von Anfang an bereithält, um ihnen ihre neue Situation zu erklären und sie zu unterstützen. Die sehr restriktive Diabetestherapie ist für junge Kinder schwer verständlich, zumals sie sich oft auch nicht krank fühlen und ihnen noch die Einsicht fehlt, daß es sich um eine schwere und folgenreiche Krankheit handelt. Mit viel Geduld und Verständnis muß ihnen immer wieder der Sinn der einzelnen Maßnahmen deutlich gemacht werden. Fortlaufende Aufklärung, die dem Alter entsprechend ist und auch diabetesspezifische psychische Probleme mit berücksichtigt, stellt ein ganz wichtiges Element dar, um Kooperation zu erreichen. Naschen, "Vergessen" von Stoffwechselkontrollen und der Versuch, die Krankheit vor Gleichaltrigen zu verheimlichen, ist bei 6- bis 12jährigen häufig und muß in Gesprächen thematisiert werden. Das Verständnis des Therapeuten kann zur Abreaktion von angestauter Wut und Aggression und zu Verhaltensänderungen beitragen, parallel müssen aber unbedingt auch Gespräche mit den Eltern geführt werden, damit sie das Verhalten der Kinder einordnen können.

Gruppengespräche mit Eltern haben eine hohe unterstützende Funktion. Die Elterngruppen werden sinnvollerweise nach den Altersstufen der diabetischen Kinder zusammengestellt, um Eltern die Möglichkeit zu geben, Ängste und Sorgen anderer Eltern in ähnlichen Situationen kennenzulernen. Die diabetesbedingten psychologischen Probleme weisen altersspezifische Unterschiede auf (Hürter, 1981). Wichtig ist, daß Eltern fähig werden, die Krankheit zu akzeptieren, daß sie vermeiden, sich in eine vorwurfsvolle Haltung gegenüber den Kindern zu begeben, oder sich mit ihnen in Machtkämpfe zu verstricken. Androhung von Spätfolgen ruft nur verstärkten Widerstand hervor. Eine Indikation für kurzfristige Familientherapie ergibt sich bei aktuellen innerfamiliären Konflikten. Die Rolle der Geschwister sollte unbedingt Berücksichtigung finden.

In der Pubertät, wenn Jugendliche sich vom Elternhaus lösen wollen und Eigenverantwortlichkeit anstreben, kann es zu Krisen kommen, die in Einzel- und Gruppengesprächen bearbeitet werden müssen. Die Erkenntnis, zeitlebens krank bzw. bedingt gesund und anders zu sein, Zukunftsängste im Hinblick auf Beruf und Partnerschaft können resignative oder suizidale Gedanken hervorrufen oder auch offene Rebellion. In dieser Altersstufe werden Einzelgespräche bevorzugt. Die Erfahrung, daß es anderen Diabetikern ähnlich geht, wird in Gruppengesprächen vermittelt und kann sehr hilfreich sein, um aus der Isolierung herauszukommen. Gesprächspsychotherapie im Einzelkontakt kommt gelegentlich in Betracht, wenn es sich um tiefergehende emotionale und Verhaltensstörungen handelt, oder wenn schwere, schon vor der Diabeteserkrankung bestehende Konflikte mit einem Elternteil sich verstärkt haben.

Chronische Nierenerkrankungen

Epidemiologische Angaben

Die chronische Niereninsuffizienz wird in ihrem Anfangsstadium häufig nicht erkannt. Bei Kindern kommen in erster Linie angeborene oder hereditäre Nierenerkrankungen als Ursache in Frage. Das präterminale Stadium dauert unterschiedlich lang, jährlich erkranken in der BRD etwa 40 bis 60 Kinder neu an einer progredienten Niereninsuffizienz, im Terminalstadium liegt der Altersgipfel zwischen dem 12. und 16. Lebensjahr (Koch, 1990).

Klinisches Bild, Therapie und Prognose

Im Stadium der Retention harnpflichtiger Substanzen und einer zunehmenden metabolischen Azidose fallen die Kinder durch Ermüdbarkeit, Kopfschmerzen, Inappetenz, Gewichtszunahme, Blässe, Polyurie und evtl. Bettnässen auf. Ferner bestehen Elektrolytstörungen und Hypertonie und schließlich eine Oligurie. Dialyse und Transplantation ermöglichen den Kindern und Jugendlichen das Überleben, aber unter schweren Bedingungen.

Das Anlegen einer Fistel oder eines Shunts signalisiert die Unaufhaltsamkeit des Krankheitsverlaufs und das Bevorstehen des Dialysebeginns. Das Punktieren wird zuerst als angsterregend und schmerzhaft erlebt, die Dialyse dauert etwa 4 bis 5 Stunden und es können körperliche Beschwerden dabei auftreten. Verlangt wird von den Kindern außer den 2- bis 3mal wöchentlich stattfindenden Dialysen die Einhaltung einer strengen Diät und eine erhebliche Flüssigkeitsbeschränkung, was vielen Schwierigkeiten macht. Dazu kommt eine regelmäßige Einnahme von durchschnittlich 16 Tabletten täglich.

Eine Alternative zur Zentrumsdialyse stellt die Peritonealdialyse (CAPD) dar. An sekundären Krankheitssymptomen ist vor allen Dingen der Minderwuchs schwerwiegend, je früher die Kinder erkranken, um so ausgeprägter ist er. Ferner fallen Blässe (Anämie), Osteopathie, Verzögerung der Pubertät und der sexuellen Entwicklung auf. Die Tatsache, daß nur die Hälfte der dialysepflichtigen Kinder nach 10 Jahren noch am Leben ist, zeigt die Schwere der Erkrankung (Schärer, 1988).

Die Dialysebehandlung zielt auf die Transplantation ab, durch die der Minderwuchs aber nicht aufgeholt werden kann; sie erfordert zeitlebens eine immunsuppressive Behandlung mit ihren Nebenwirkungen. Die Angst vor einer Abstoßungsreaktion und erneuter Dialyse begleitet die Patienten und ihre Familien, wenn auch heute 65% der transplantierten Nieren nach fünf Jahren noch funktionstüchtig sind. Dialysepflichtige Patienten mit Transplantationserfahrungen leiden besonders an emotionalen Störungen.

Psychische Führung

Die Akzeptanz der Erkrankung mit ihren besonders einschneidenden Behandlungsmethoden und der ernsten Prognose gelingt den Patienten nur gemeinsam mit ihren Familien. Der Therapeut steht schon im präterminalen Stadium als begleitender Gesprächspartner zur Verfügung. Die folgende Fremdbestimmung durch die Maschine verändert das familiäre Zusammenleben, neben der Entwicklung einer engen Mutter-Patient-Beziehung können die übrigen Kinder sich vernachlässigt fühlen. Bei der Entwicklung von Bewältigungsstrategien sprechen Eltern von Gewöhnung, Lernen und Ablenkung und sehen auch positive Veränderungen durch die Krankheit (Jochmus und Tieben-Heibert, 1981). Die Beschäftigung der Patienten neben dem Schulunterricht während der Dialysezeit verhilft zu Ablenkung und Entwicklung neuer Perspektiven. Der Therapeut als einfühlsamer und zuhörender Partner und Berater in der neuen Lebenssituation hat auch eine wichtige unterstützende Funktion, wenn viele Kinder, vor allem zu Beginn der Dialyse unter Ängsten leiden und sich stark umsorgen lassen wollen. Die Ängste beziehen sich auch auf die ungewisse Zukunft, sie müssen das Sterben von Mitpatienten verarbeiten und verlieren ihre Kontakte zu Gleichaltrigen. Die beruflichen Chancen sind z.Zt. noch sehr schlecht. Die psychosozialen Arbeitsgruppen in den nephrologischen Abteilungen, die sich seit Mitte der 70er Jahre in vielen Zentren entwickelt haben, müssen im rehabilitativen Bereich noch wichtige Aufgaben in Zukunft bewältigen.

Ein Programm für eine systemorientierte Betreuung wurde als Stütztherapie für den einzelnen Patienten, zum anderen als Beratung der beteiligten Systeme Familie, Schule und Klinik entwickelt. Familientherapien im strengen Sinne über mehrere Sitzungen können bei den äußeren Bedingungen (Dialysezeit, weite Anreisen) nur in wenigen Fällen durchgeführt werden (Stein, 1985).

Auf bevorstehende Eingriffe, Operationen oder Transplantationen werden die Betroffenen gut vorbereitet. Durch Beobachtung und Gespräche können Verhaltensänderungen der Patienten frühzeitig erkannt werden, und es kann in Krisensituationen von fachlicher Seite darauf eingegangen werden. Hilfreich ist, daß im Team die Familien mit ihren Kompetenzen und Ressourcen bekannt geworden sind, so daß vorhandene Fähigkeiten genutzt und weitere ausgebaut werden können. Ein Fehlen von Selbständigkeit kann gezielt gefördert werden, Alternativen als Gegengewicht zu der sehr bewußt erlebten Abhängigkeit helfen Ängste abzubauen.

Eine stationäre Aufnahme zur Psychotherapie ist gelegentlich bei schwerwiegenden Compliance-Problemen in Zusammenhang mit dem Risiko der Abstoßung des Transplantats notwendig. Bei lang anhaltenden Depressionen kann eine Einzeltherapie zu Neuorientierung und Kompetenzentwicklung verhelfen.

Krebskranke Kinder

Zur Diagnostik: Epidemiologische Angaben

Krebserkrankungen bei Kindern sind Systemerkrankungen des hämatopoetischen und lymphatischen Systems, embryonale Tumoren sowie Sarkome des Muskel- und Skelettsystems. Man rechnet pro Jahr mit 1.200 Neuerkrankungen. Die Kinder werden oft wegen allgemeiner uncharakteristischer Symptome vorgestellt, ergeben sich Verdachtsmomente, wird die Diagnose durch eine Knochenmarkspunktion oder röntgenologisch erstellt.

Die Diagnose Krebs ist mit der Vorstellung von Tod verbunden und löst Schock und Verzweiflung aus. Eltern hegen den Wunsch bzw. die Hoffnung, der Arzt möge sich irren. Da nach der mit Schmerzen verbundenen Diagnostik die Therapie schnell begonnen werden muß, bleibt den Eltern nicht viel Zeit, sich auf die veränderte Lebenssituation einzustellen. In dieser Phase muß dann auch offen mit dem Kind - etwa vom 5. Lebensjahr an ist es möglich - über die Krankheit Krebs gesprochen werden. Oft möchten die Eltern das Gespräch mit ihrem Kind in Anwesenheit des Arztes führen. Offenheit gilt auch für zukünftige Gespräche, in denen die Hoffnung auf den Erfolg der Behandlung so lange wie möglich deutlich gemacht werden muß. Der im Team mitarbeitende Psychologe wird sehr bald - oder von Anfang an - zu den Gesprächen mit hinzugezogen werden.

Klinisches Bild, Therapie und Prognose

Bei der Initialbehandlung mit Polychemotherapie von 10 Wochen wird die Mutter meist mit aufgenommen, trotzdem entwickeln die Kinder Heimwehreaktionen. Eine prophylaktische Röntgenbestrahlung erweist sich nur bei jedem 3. bis 4. Kind mit hohem Risiko für einen Befall des ZNS als notwendig bei der akuten lymphatischen Leukämie (ALL). In manchen Zentren wird die Behandlung nach 10 bis 12 Tagen ambulant 2- bis 3mal wöchentlich für mehrere Stunden fortgesetzt. Zu Hause sind die Kinder aber aus prophylaktischen Gründen (Infektionsgefahr) von ihren Freunden isoliert und werden stark auf die Mutter fixiert. Die Nebenwirkung der Chemotherapie (Übelkeit, Erbrechen, Haarausfall) sind für den Patienten wie seine Familie emotional sehr belastend. Lokale Maßnahmen wie Radiotherapie bzw. Operationen ergänzen die Behandlung bei Tumoren. Für die Kinder mit ALL schließt sich dann eine zweijährige ambulante Behandlung an, der Patient gilt als geheilt, wenn er 5 bis 6 Jahre rezidivfrei war. Wenn heute 70 % der ALL und mehr als die Hälfte der bösartigen Tumoren geheilt werden können, dann sind aus akuten, meist tödlich verlaufenden Krankheiten chronische mit einem ungewissen Ausgang geworden. Das Damoklesschwert eines Rezidivs oder Zweittumors schwebt jahrelang über den Patienten und ihren Familien, es liegt pauschal bei ehemals krebskranken Kindern bei 2 bis 3 % (Gutjahr, 1993). Das Ergebnis jeder ärztlichen Untersuchung wird mit Spannung erwartet und reaktiviert zeitweilig überwundene Ängste. Die Krankheitsbewältigung eines Rezidivs stellt besonders schwere Anforderungen.

Psychische Führung

Sie bezieht sich überwiegend auf die ersten beiden Jahre der Erkrankung und, nach einer Remission, auf ein Rezidiv, schließlich auch auf die Begleitung bis zum Tod. Am Anfang gerät die ganze Familie durch die lebensbedrohliche Erkrankung eines ihrer Mitglieder in eine seelische Krise, der Dialog mit der Familie kann in dieser Phase der Destabilisierung eine wichtige Aufgabe für den Psychologen darstellen in Ergänzung zu den ärztlichen Gesprächen. Der Arzt ist und bleibt der Hauptansprechpartner. Es geht aber darum, in zeitaufwendigen Gesprächen die verständlichen Reaktionen der Betroffenen in einer solchen Lebenskrise kennenzulernen und sich darüber ein Bild zu machen, welche Bewältigungspotentiale der Familie zur Verfügung stehen. In der ersten akuten Phase wird der Psychologe aus einer therapeutischen Grundhaltung heraus "personale Verfügbarkeit", "Aufrichtigkeit" und "Einfühlung" zu erkennen geben (Schmitt, 1983). Nach Bewältigung des ersten emotionalen Schocks zeigen die Eltern heftige Trauerreaktionen und entwickeln Schuldgefühle bei der Suche nach der Ursache der Erkrankung. Kinder sind nur kooperativ, wenn sie spüren, daß die Eltern den Weg des Akzeptierens der Krankheit mit ihnen gehen. Trotzdem ziehen sie sich häufig in der Anfangsphase sehr zurück, schweigen und entwickeln Abscheu gegenüber der äußerst bedrohlichen Therapie. Das Erleben der eigenen Hilflosigkeit und das Ausgeliefertsein bei erheblicher körperlicher Schwäche prägt ihr Verhalten. Die schwerste seelische Belastung ist das Erleben der Amputation, auch in Verbindung mit der Umstellungsplastik. Man wird die Möglichkeit der Mitsprache und Eigeninitiative der Patienten schon in den Vorgesprächen schaffen müssen, um den Autonomieverlust überwinden zu helfen. Auch hier wird für die Patienten in erster Linie emotionale Unterstützung verlangt. Der Verlust der Köperidentität ist eine große Hypothek.

Im allgemeinen besteht ein Mangel empirischer Erhebungen hinsichtlich psychosozialer Probleme in den Familien chronisch kranker Kinder. Bei Kindern mit onkologischen Erkrankungen hat jedoch eine Hamburger Arbeitsgruppe (Knispel und Mitarbeiter, 1985) die Betreuungsarbeit von vielen Patienten exakt dokumentiert und inhaltsanalytisch ausgewertet. Bei den dabei gewonnenen Ergebnissen zeigt sich, daß krebskranke Kinder und ihre Familien primär nicht Psychotherapie benötigen, "sondern in umfassender Weise unterstützungsbedürftig" sind.

Für Eltern krebskranker Kinder haben Selbsthilfegruppen inzwischen eine große Bedeutung gefunden.

Krebserkrankungen bedeuten eine schwere, unabsehbare und kaum erträgliche Belastung, die zu einfühlbaren, als "normal" zu bezeichnenden Reaktionen führt.

Es fehlen Längsschnittuntersuchungen hinsichtlich der psychosozialen Situation und der Lebensqualität krebskranker Kinder, was in diesem sensiblen Bereich verständlich ist. Kürzlich haben Petermann und Mitarbeiter (1992) 18 ehemalige Patienten mit Knochentumoren im Alter zwischen 15 und 25 Jahren im Durchschnitt vier Jahre nach Diagnosestellung untersucht. Alle Patienten waren unterschiedlich schwer körperbehindert. Die mit ihnen geführten Gespräche wurden inhaltsanalytisch ausgewertet und als Datenmaterial durch systematische Kategorien strukturiert. Als Hauptschwierigkeit wurde von den Jugendlichen das "Akzeptierenkönnen des veränderten Körpers" genannt, in zweiter Linie krankheitsbezogene Zukunftsängste. Eingeschränkt sind sie in ihren beruflichen Plänen. Aber auch positive Auswirkungen der Krankheit wurden genannt. 78% sprachen davon, daß sie heute bewußter leben.

Amerikanische Langzeitstudien (Kaplan, 1982) haben gezeigt, daß von Seiten der Familien die Akzeptierung der Krankheit nicht immer gelingt, daß Ehen scheitern, Kinder Schulschwierigkeiten und gesteigerte Angstreaktionen sowie psychosomatische Symptome (Einnässen, Einkoten) entwickeln. Ob Verhaltensauffälligkeiten nach Überwindung der Krebserkrankung bestehen bleiben, wird unterschiedlich beurteilt (Ritter, 1991).

Als diagnostisches Verfahren ist ein Psychosozialer Fragebogen für die Pädiatrische Onkologie (PSFPO) vorgelegt worden (Kusch u. Bode, 1992). Mit seiner Hilfe sollen verschiedene Aspekte der Krankheitsbewältigung ermittelt und präventiv Risikofamilien identifiziert werden können.

Hämophilie

Epidemiologische Angaben, Ätiologie

Es handelt sich um ein X-chromosomal rezessiv vererbtes seltenes Leiden, das durch eine verminderte Aktivität des Faktors VIII (Hämophilie A) bzw. des Faktors IX (Hämophilie B) im Gerinnungssystem hervorgerufen wird. Die Schwere der Erkrankung hängt vom Ausmaß der Faktorminderung ab, die Hämophilie A ist zehnmal häufiger als die Hämophilie B. Die Inzidenz der Erkrankung wird mit 1 : 10.000 bzw. 1 : 20.000 angegeben.

Klinisches Bild, Therapie und Verlauf

Im allgemeinen manifestiert sich die Erkrankung im 2. Lebensjahr, wenn die Kinder mobiler werden. Es können neben flächenhaften Hautblutungen und Hämatomen erste Gelenkblutungen (Sprunggelenke) auftreten, vom 4. Lebensjahr an auch im Ellenbogen- und Kniegelenk. Intrakranielle Blutungen sind selten. Seitdem die Herstellung von hochkonzentrierten Gerinnungsfaktoren in den letzten 20 Jahren möglich wurde und die kontrollierte Heimselbstbehandlung im Kontakt mit einem Hämophilie-Zentrum eingeführt wurde, konnten die Lebenserwartung und Lebensqualität der Patienten erheblich verbessert werden. Dem Effekt einer Behandlung im Bedarfsfall steht die Forderung nach einer vorbeugenden Dauerbehandlung 2- bis 3mal wöchentlich bis zum Ende des Wachstums gegenüber (Pollmann, 1991), dann wird wieder nur im Bedarfsfall substituiert. Die Erfahrung, daß die Spritze hilfreich ist, fördert die Motivation. Die Eltern müssen intravenös spritzen lernen, vom 12. Lebensjahr an können die Jungen im allgemeinen es selbst übernehmen. Ein großer Fortschritt ist, daß bei sorgfältiger Behandlung Gelenkkontrakturen und Körperbehinderungen heutzutage zu verhindern sind.

Die Verbesserung der Lebensqualität ist durch die Anfang der 80er Jahre zu beobachtende HIV-Infektion zunichte gemacht worden, knapp 50 % der Hämophilen sind infiziert, Todesfälle an Aids sind bekannt geworden. Seit Oktober 1985 werden Blutspenden auf HIV-Antikörper getestet.

Seit langem ist bekannt, daß ein Teil der erwachsenen hämophilen Patienten an sich selbst erlebt, daß psychischer Streß das Auftreten und die Dauer von Blutungen beeinflußt (A. und H.J. Kipnowski, 1979). Auch schwerer betroffene und HIV-infizierte ältere Kinder und Jugendliche berichten von ungünstigen seelischen Einflüssen auf ihre Blutungsneigung (Hamel, 1994).

Psychische Führung

Zugunsten der Aufrechterhaltung ihres positiven, optimistischen Selbst- und Körperbildes verdrängen oder bagatellisieren fast alle Hämophilen existentiell bedrohliche Aspekte der Krankheit wie mögliche Körperbehinderung, HIV-Infektion und Probleme im Bereich der Sexualität. Sie wollen das eigene Leben und die Therapie selbst in die Hand nehmen, ein möglichst normales Leben führen und zeigen weder Resignation noch Hoffnungslosigkeit. Diese Tendenz besteht bei dem größten Teil der Kranken unabhängig vom Schweregrad der Invalidität oder dem Vorliegen einer HIV-Infektion (Hamel, 1994).

In Krisenzeiten können entsprechend klinischer Erfahrungen Jugendliche aber auch panikartig reagieren und wegen einer HIV-Infektion die Behandlung abbrechen. Auch auf dem Hintergrund gestörter familiärer Beziehungen ist ein Verweigern möglich, eine solche Situation erfordert intensive psychotherapeutische Intervention (Friedrich, 1985). In Selbsthilfegruppen können Hämophile Verständnis finden und den Vorteil von Offenheit erfahren.

Eltern macht es z.T. große Schwierigkeiten, Gespräche mit ihren Kindern über das Thema HIV-Infektion zu führen. Durch die Mithilfe des Therapeuten können solche Gespräche vorbereitet und im Konzept strukturiert werden, wobei auch die emotionalen Reaktionen des Kindes Erwähnung finden sollten.

Mukoviszidose - Cystische Fibrose (CF)

Epidemiologische Angaben, Ätiologie

Es handelt sich um die häufigste angeborene Stoffwechselerkrankung, die autosomal-rezessiv vererbt wird und unheilbar ist. Jährlich werden in der BRD 200 bis 300 Kinder geboren, von den 3.500 bis 4.500 lebenden Patienten erreichen etwa 1/3 das Erwachsenenalter, wenn sie in Spezialzentren regelmäßig behandelt werden. Die mittlere Lebenserwartung beträgt 25 Jahre, während früher bereits 80-90% in den ersten beiden Lebensjahren verstarben.

1989 wurde das Mukoviszidose-Gen auf dem langen Arm des Chromosom 7 identifiziert, darüber hinaus sind 120 bis 200 Mutationen bekannt geworden. Alle exokrinen Drüsen sezernieren ein relativ wasserarmes, zähes Sekret, das die Ausführungsgänge der Drüsen verstopft und zu Organschädigungen durch zystisch-fibrotische Gewebsveränderungen führt. Pankreas und Bronchialsystem sind besonders betroffen, die pulmonalen Veränderungen und die Rechtsherzbelastung entscheiden über Krankheitsverlauf und Lebensdauer. Der proteinhaltige Schleim ist ein idealer Nährboden für Bakterien.

Die Diagnose ist durch den Schweißtest zu stellen, mit dem eine erhöhte Konzentration von Natrium und Chlorionen in einer Schweißprobe nachzuweisen ist. Ein Screening-Test im Neuge-

borenenalter ist noch nicht generell einsetzbar, eine pränatale Diagnostik sollte nur in Risikofamilien erwogen werden.

Klinisches Bild, Therapie und Prognose

Das Krankheitsbild tritt in unterschiedlichen Schweregraden auf und zeigt auch eine unterschiedliche Progredienz bei einem chronisch rezidivierenden Verlauf. Im Vordergrund der Symptomatik stehen im allgemeinen schon im Säuglingsalter Durchfälle und mangelnde Gewichtszunahme. In 10% tritt ein Mekoniumileus auf. Meist erst nach dem 6. Lebensmonat sind Symptome von Seiten des Bronchialsystems und der Lunge zu beobachten.

Eine optimale symptomatische Behandlung sollte schon im Säuglingsalter einsetzen. Sie besteht diätetisch aus einer hypercalorischen Ernährung und der Gabe von fettlöslichen Vitaminpräparaten sowie der heute wesentlich verbesserten Substitution von Pankreasenzymen. Die Progression der pulmonalen Veränderungen läßt sich durch die Verfügbarkeit von Breitspektrumantibiotika besser eindämmen, ergänzt durch schleimlösende Medikamente, Inhalationen und verbesserte physiotherapeutische Maßnahmen.

Die sog. autogene Drainage können Kinder im Alter von 4 bis 6 Jahren lernen, sie werden dadurch selbständiger. Eine kausale Behandlung zur Beseitigung des Gen-Defektes steht z.Zt. nicht zur Verfügung.

Bei schweren und längeren Verlaufsformen kommen Komplikationen wie Diabetes mellitus, biliäre Zirrhose, Oesophagusblutungen, Hämoptoe und Pneumothorax vor. Männliche Patienten sind meist infertil, für Frauen stellt eine Schwangerschaft ein erhebliches Risiko dar. Das terminale Krankheitsstadium ist mit schweren Erstickungs- und vernichtenden Angstgefühlen verbunden. Eine Herz-Lungen-Transplantation kann bei besonders schweren Verläufen die Überlebensdauer erhöhen, führt aber auch nicht zu einer Heilung und verlangt eine ständige immunsuppressive Therapie.

Psychische Führung

Für die Eltern entstehen schon bald nach Geburt ihres Kindes durch die Eröffnung der schwerwiegenden Diagnose große psychische Belastungen. In dieser Situation nehmen sie gern (65% der

Fälle) das Angebot psychologischer Gespräche an (Jedlicka-Köhler und Götz, 1989). Außerdem können Kontakt- und Aussprachemöglichkeiten in Selbsthilfegruppen wahrgenommen werden. Über das Verhalten jüngerer CF-Patienten liegen kaum Untersuchungen vor, die Gefahr der overprotection sowie die unbewußte Übermittlung mütterlicher Ängste und depressiver Gestimmtheit sollten vom Team frühzeitig erkannt und thematisiert werden. Leider fehlt es in CF-Therapiezentren noch häufig an psychosozialen Mitarbeitern. Eine offene Kommunikation in der Familie, wie später auch in der Gruppe Gleichaltriger, ermöglicht am ehesten den Patienten und ihren Familien eine angemessene Krankheitsbewältigung. Daß nicht in allen Fällen professionelle Hilfe benötigt wird, gilt auch für diese Erkrankung.

Die bisher vorliegenden psychologisch-psychiatrischen Untersuchungen stammen überwiegend aus dem anglo-amerikanischen Raum. Danach treten emotionale Krisen besonders in der Adoleszenz auf, wenn durch Stigmatisierungen (Minderwuchs, Retardierung in der sexuellen Entwicklung, erhebliches Untergewicht, auffallender Husten, Blähungen) Selbstwertprobleme und depressive Reaktionen auftreten. Hinzu kommt das Bewußtwerden einer verkürzten Lebenserwartung. In solchen Krisen sind stützende Maßnahmen durch Einzelgespräche wie auch das gemeinsme Auffinden von Alternativen und eigenen Kompetenzen wichtige Hilfen.

CF-Patienten werden als verschlossen beschrieben. Minimalisierung und Verleugnung wurden als Bewältigungsstrategien beobachtet (Boyle, 1976; Bywater, 1981). Diese Haltungen ermöglichen es den Patienten, sich ihren Lebensbedingungen anzupassen. Ein solcher Schutzmechanismus muß von den Therapeuten respektiert werden. Die Themenwahl bleibt in den Gesprächen dem Patienten überlassen. Er läßt seine Grenzen erkennen. Eine solche klientenzentrierte Grundhaltung des Therapeuten ist dringend zu empfehlen.

Um therapeutischem Vorgehen eine bessere Grundlage zu verschaffen, hat Schmitt (1991) eine empirische Studie durchgeführt, in der eine Kombination standardisierter und individuumzentrierter Methoden sowie klientenzentrierte Gruppengespräche zur Anwendung kamen. Er fand, daß das Bemühen überwog, die Krankheit zu bewältigen und ein lebenswertes Leben zu führen, dem Leben "einen Sinn und Freude abzutrotzen". Existentielle Ängste, Sorgen, resignierende Gedanken wurden von den Patienten nicht verbalisiert. Dabei ist die Zukunftsperspektive der CF-Patienten besonders tragisch und stellt höchste Anforderungen.

Herzkrankheiten

Epidemiologische Angaben

In der Kinderkardiologie hat man es überwiegend mit angeborenen Herzfehlern zu tun, ihre Häufigkeit wird mit 0,8 % aller Neugeborenen beziffert, d.h. jährlich werden etwa 6.000 bis 8.000 Kinder damit geboren. Über 90% aller Herzfehler sind operabel. Dank der Entwicklung neuer Operationsmethoden ist die Mortalität im 1. Lebensjahr, die früher 85% betrug auf etwa 10% gesunken (Stoermer, 1990). Mindestens 8 von 10 operationsbedürftigen Kindern kann zu einer höheren Lebensqualität, wenn auch z.T. mit einer verminderten körperlichen Leistungsfähigkeit, verholfen werden, sie sind als chronisch krank anzusehen. Anderen kann zu einer normalen Lebenserwartung verholfen werden (Schumacher et al., 1980); 80% erreichen das Erwachsenenalter. Herztransplantationen, die auch schon bei jungen Säuglingen seit einigen Jahren vorgenommen werden, stellen eine Chance dar, die aber noch mit sehr vielen Risiken und Problemen behaftet ist.

Klinisches Bild, Therapie und Prognose

In etwa der Hälfte der Fälle wird die Diagnose im 1. Lebensjahr gestellt. Neben einer Cyanose können es ganz uncharakteristische Symptome sein, die den Müttern auffallen. Im Kleinkindalter macht sich eine Verzögerung der körperlichen und psychomotorischen, gelegentlich auch der mentalen Entwicklung bemerkbar neben einer geringen körperlichen Leistungsfähigkeit, Atemnot und Kreislaufbeschwerden. Die Kinder fangen an, sich zurückzuziehen, ihre "Andersartigkeit" fällt den Müttern auf; die Einschulung erfolgt oft später, die Pubertät setzt später ein als bei Gesunden. Es gibt aber auch Kinder, die bis in das Schulalter hinein nicht besonders auffallen.

Auf die verschiedenen Formen der Herz- und Gefäßmißbildung kann hier nicht eingegangen werden. Zur exakten Diagnostik mit Herzkatheterisierung und Angiographie müssen die Kinder stationär aufgenommen werden. Es wird dann über Operationsfähigkeit und -termin entschieden. Die Geburt eines Kindes mit einem Herzfehler ruft bei den Eltern schwere emotionale Störungen hervor. Das Herz stellt das Symbol des Lebens dar. Die Angst, das Kind zu verlieren, kann Mütter jahrelang nicht mehr loslassen. Die Verarbeitungsweisen der Eltern hängen ganz wesentlich von ihrer Persönlichkeitsstruktur ab, aber auch von der Schwere des Herzfehlers. Ein niedriges soziales Niveau stellt einen Risikofaktor dar. Bis heute konnte nicht verhindert werden, daß die meisten Mütter eine Erziehungshaltung entwickeln, die durch übermäßige Nachsicht und Overprotection gekennzeichnet ist. Deshalb ergibt sich auch hier die Notwendigkeit einer begleitenden, unterstützenden und beratenden Mitarbeit eines familienorientierten Therapeuten. Viele Eltern fühlen sich mit der psychischen Dauerbelastung alleingelassen (Kahlert, 1985).

Es wird über "kinderpsychiatrische Auffälligkeiten" oder "Verhaltensstörungen" bei herzkranken Kindern berichtet. Es handelt sich um Symptome wie Nägelbeißen, Daumenlutschen, starke motorische Unruhe, Eßstörungen, Tics, Dominanzstreben und Aggressivität sowie vegetative Störungen. Diese Symptome nahmen postoperativ sogar noch etwas zu, während die Ängstlichkeit geringer wurde. Die teilweise extreme Verwöhnung dieser Kinder habe nach der Operation oft trotz guter Gesundheit die Eingliederung in die Gemeinschaft erschwert.

Jugendliche fühlen sich in erster Linie durch den Ausschluß von vielen sportlichen Aktivitäten sowie gemeinschaftlichen Unternehmungen im schulischen Rahmen betroffen. An dritter Stelle folgen Ängste im Zusammenhang mit körperlichen Stigmata (Narben, Cyanose), limitierte berufliche Aussichten und existenzielle Probleme, auch Tod; viele dieser Probleme bestanden auch nach erfolgreicher Operation (Ratzmann und Mitarbeiter, 1991). Schwerer herzkranke Jugendliche versuchen durch ein extrem positives Selbstbild ihre "Organminderwertigkeit" zu kompensieren, streben z.B. eine gute Schulbildung an (Kahlert, 1985).

Psychische Führung

Sie erfolgt zu Beginn in erster Linie durch den Arzt, der, mit Hilfe seiner immer wieder zu ergänzenden Informationen, die Eltern begleitet, die jahrelang in extremen Krisensituationen und mit der Ungewißheit über das Schicksal ihres Kindes leben. Sie benötigen zusätzlich dringend psychologische Hilfen, auch im präventiven Sinn

hinsichtlich des Zusammenlebens der Familie und der Entwicklung des herzkranken Kindes. Wirkt sich der Erziehungsstil der Mütter ungünstig auf die altersgerechte Entwicklung des Kindes aus, sollte der Versuch unternommen werden, in Gesprächen diese Problematik aufzugreifen. Nicht übersehen werden darf, daß kontinuierlich mit dem Älterwerden die Information über den Herzfehler und die Prognose ergänzt werden müssen und daß Offenheit praktiziert werden muß. Nur auf diesem Wege werden die Jugendlichen dazu fähig werden, mit Eltern, Freunden und Ärzten offene Gespräche zu führen und Fragen zu stellen. Die Angst vor der Zukunft wird häufig verdrängt, wird sie aber in kritischen Situationen geäußert, sollte sie in Gesprächen aufgegriffen werden (Jänsch .und Tröndle, 1982).

Epilepsie

Epidemiologische Angaben, Ätiologie

Chronisch rezidivierende Anfälle sind Ausdruck einer gestörten Hirnfunktion, die zu abnormen synchronen Entladungen von Ganglienzellgruppen führt. Die Epilepsie ist eine der häufigsten chronischen Krankheiten. Sie kann genetisch bedingt sein oder als Folge einer traumatischen oder entzündlichen Schädigung des Gehirns auftreten, es können auch beide Faktoren zusammentreffen. Die Inzidenzrate wird für Kinder unter 16 Jahren mit 1,43% angegeben. Da Anfallsleiden am häufigsten im Alter von 1-4 Jahren auftreten, betreuen Pädiater und Neuropädiater in erster Linie diese Kinder, während die Kinder- und Jugendpsychiater überwiegend beim Auftreten von sekundären Verhaltens- und Lernstörungen zu Rate gezogen werden.

Klinisches Bild, Therapie und Prognose

Die Diagnostik des Anfallstyps ist Voraussetzung für eine angemessene medikamentöse Therapie. Es gibt verschiedene Klassifizierungen, z.B. generalisierte Anfälle ohne fokale Symptomatik und partielle Anfälle mit fokaler Symptomatik, auf Einzelheiten kann hier nicht eingegangen werden (s. dazu Scheffner, 1985). Die Bedeutung des Erkrankungsalters und der Anfallshäufigkeit für das Auftreten psychischer Störungen wird unterschiedlich beurteilt, aber es ist unstrittig, daß Kinder, die an Epilepsie leiden, häufiger als andere Gruppen Verhaltensstörungen aufweisen (Rutter, 1977). Es gibt keine typische epileptische Wesensänderung bei Kindern und Jugendlichen, aber Leistungsstörungen spielen eine große Rolle. Remschmidt (1973) hat durch neuropsychologische Testuntersuchungen herausgefunden, daß eine geringe allgemeine motorische Leistungsfähigkeit besteht sowie eine Behinderung der visuomotorischen Koordination und der Zielmotorik, eine geringe verbale Flüssigkeit sowie eine Neigung zu stereotypen Reaktionen.

Es gibt einzelne Anfallsformen, die mit besonders starken Intelligenzminderungen einhergehen (BNS-Krämpfe, Grand mal-Anfälle, Absencen). Die Begabung anfallskranker Kinder kann im unteren Grenzbereich der Norm oder im Bereich der Minderbegabung liegen, kann aber auch der Norm entsprechen. Es gibt auch eine Gruppe mental Geschädigter, deren IQ vor dem Auftreten des ersten Anfalls schon niedrig war. Einige Verläufe frühkindlicher generalisierter Epilepsien sind durch einen Entwicklungsstillstand und durch den Verlust mentaler, motorischer und sozialer Fähigkeiten gekennzeichnet. Die Ursachen des mentalen Abbauprozesses sind unklar. Man kann davon ausgehen, daß 60-70% der Patienten durch eine antikonvulsive Therapie anfallsfrei werden, 15-20% sind durch die medikamentöse Behandlung zu bessern.

Die Diagnostik psychischer Störungen verlangt im Hinblick auf die Kausalität die Berücksichtigung hirnorganischer, psychoreaktiver und psychosozialer Faktoren. Die psychischen Wirkungen antikonvulsiver Medikamente müssen unbedingt mitbeachtet werden (Blank, 1989). Wenn Umweltreaktionen auf öffentlich auftretende tonisch-klonische Anfälle zur Stigmatisierung und Ausgrenzung Anfallskranker führen können, so sind innerfamiliäre Spannungen für das Auftreten von Verhaltensstörungen noch bedeutsamer. Belastungen entstehen in geringerem Maße durch das Behandlungsregime, regelmäßige Medikamenteneinnahme, geregelte Lebensweise, gewisse Einschränkungen bei Spiel und Sport und regelmäßige ärztliche Kontrollen (EEG) sind notwendig.

Wenn die Krankheit von Eltern als Makel angesehen wird, kann dies zur Sonderstellung des epileptischen Kindes in der Familie führen. Durch überhöhte Anforderungen im Leistungsbereich spüren die Betroffenen, daß sie ihre Eltern enttäuschen, unter dem Druck werden dann die Schulleistungen meist noch weiter absinken. Es kann auch zu aggressiven Durchbrüchen kommen, die

Jugendlichen fallen dann durch soziale Anpassungsschwierigkeiten mehr auf als durch ihre Grundkrankheit. In der Pubertät findet sich nicht selten eine Verzögerung der gesamten Persönlichkeitsentwicklung.

Psychische Führung

Zum einen fällt dem Arzt die Aufgabe zu, den Eltern zur Akzeptierung der Erkrankung ihres Kindes zu verhelfen. Es müssen sozialpsychologische Daten erhoben werden, und in Zusammenarbeit mit Psychologen werden die Eltern aufgrund psychodiagnostischer Testergebnisse über die Möglichkeiten und Fähigkeiten ihres Kindes informiert. Dabei ist wichtig, daß auf die Fähigkeiten des Kindes genau so hingewiesen wird wie auf defizitäre Bereiche, die besonders gefördert werden müssen. Wenn die Eltern im Konflikt zwischen ihren eigenen Erwartungen und der Realität verharren, werden sich die Spannungen auf den betroffenen Jugendlichen übertragen und sein Leistungsvermögen wird unnötig beeinträchtigt. Hier ergeben sich wichtige beratende Aufgaben, u.U. auch psychotherapeutische Interventionen.

Der Vergleich mit den gesunden Geschwistern stellt für manche Anfallskranke einen Anlaß zu resignativer oder depressiver Reaktion dar. Wichtig ist es dann, andere Orientierungsmodelle für sie zu finden.

Schließlich sollte betroffenen Jugendlichen ein längerer Zeitraum zum Aufholen der verzögerten Entwicklung und zur Nachreife eingeräumt werden. Die Heranwachsenden benötigen dabei die Unterstützung durch die Eltern. Sie sollten den Ablösungsprozeß fördern und sich hinsichtlich beruflicher Ziele an der Realität orientieren.

Asthma bronchiale

Klinisches Bild, Klassifikation, Epidemiologie, Ätiologie

Das "Asthma bronchiale" im Kindes- und Jugendalter ist eine typische "psychosomatische" Erkrankung mit einer deutlichen Tendenz zur Chronifizierung. Allgemein faßt man unter der Bezeichnung "psychosomatisch" oder "psychophysiologische" Erkrankungen eine Gruppe von Störungen zusammen, die mit einer körperlichen Symptomatik und einem faßbaren organischen Befund einhergehen, bei denen jedoch psychische

Einflüsse als Ursache, Teilursache oder den Krankheitsprozeß aufrechterhaltende Faktoren diskutiert werden. Im Hinblick auf die Entwicklung der "Psychosomatik" der letzten Jahrzehnte fällt auf, daß man mit dem Postulat einer kausalen Verknüpfung zwischen psychischen Einflüssen (z.B. traumatische Erlebnisse, anhaltende Konflikte) und körperlich faßbaren Erkrankungserscheinungen (Gewebeschädigungen in verschiedenen Organen) immer vorsichtiger geworden ist.

Unter Asthma bronchiale verstehen wir eine anfallsweise auftretende Atemnot mit verlängertem und erschwertem Exspirium, die auf eine Konstriktion der glatten Muskulatur der kleinen Bronchien und Bronchiolen beruht. Eine Anhäufung asthmatischer Anfälle kann lebensgefährlich sein. Im Intervall dazwischen bestehen häufig keinerlei Beschwerden. Das Asthma bronchiale ist die häufigste chronische Erkrankung im Kindes- und Jugendalter. Rund 2-4% Prozent einer größeren Kinderpopulation leiden an dieser Erkrankung. In der Bundesrepublik wurde ein Prozentsatz von 1-2% ermittelt. 30-40% Prozent der Fälle treten in der Pubertät auf. Bei dem klinischen Bild ist der Asthmaanfall das vorherrschende Symptom, dem Spasmen der glatten Bronchialmuskulatur, eine übermäßige Schleimsekretion und manchmal auch Ödembildungen zugrundeliegen.

Zur Klassifikation

Die modernen Klassifikationsschemata spiegeln die erwähnte Vorsicht wieder, daß sich ein klarer Zusammenhang zwischen psychischen Einflüssen und somatisch faßbaren Befunden bei den sogenannten "klassischen" psychosomatischen Erkrankungen, zu denen das Asthma bronchiale zählt, bis heute nicht nachweisen ließ. Dies bedeutet auch für das Asthma bronchiale nicht, daß psychische Einflüsse keine Rolle spielen. Nach ICD 10 werden verschiedene Formen des Asthmas der Rubrik "psychische Faktoren und Verhaltenseinflüsse bei anderenorts klassifizierten Krankheiten" (unter F 54) verschlüsselt. Es wird ausgeführt: "Diese Kategorie sollte verwendet werden, um psychische Faktoren und Verhaltenseinflüsse zu erfassen, die eine wesentliche Rolle in der Ätiologie körperlicher Erkrankungen spielen, die in anderen Kapiteln der ICD 10 klassifiziert werden". Die organische Komponente wird zusätzlich unter der Rubrik J 40 bis J 47 verschlüsselt, bei der "eine chronische Krankheit der unteren Atemwege" erfaßt wird.

Bei Gesichtspunkten zu Ätiologie und Genese wird heute betont, daß das Asthma bronchiale überwiegend im Rahmen einer multifaktoriellen Theorie zu sehen ist, die versucht, die verschiedenen Einflußfaktoren im Hinblick auf Verursachung und Auslösung des Asthmaanfalls zu integrieren. Man nimmt eine genetische Disposition im Sinne einer Organvulnerabilität an, die sich durch verschiedene Auslösereize (Infektion, immunologische Reaktion, emotionale Belastung) zur Manifestation bringen läßt. Bei diesem Prozeß spielen als intervenierende Variablen psychische und familiäre Belastungssituationen eine wichtige Rolle. Sie sind in dieser Betrachtungsweise nicht die einzigen oder die führenden Ursachen, tragen aber zur Auslösung und Aufrechterhaltung der Erkrankung bzw. des asthmatischen Anfalls bei. Diese vorsichtige und bescheidene Hypothese zur Ätiologie und Genese des Asthma bronchiale trägt der Tatsache Rechnung, daß viele voreilig formulierte psychogenetische Theorien (z.B. über eine spezifische Persönlichkeitsstruktur, spezifische Familienkonflikte oder spezifische Mutter-Kind-Beziehungen) durch die empirische Forschung widerlegt wurden. Die Zusammenhänge der verschiedenen in Frage kommenden Faktoren wird in Abb. 23.1 dargestellt.

Psychotherapie und psychische Führung

Entsprechend der Vielzahl der einzelnen Faktoren, die in dem Bedingungsgefüge zur Entstehung und Aufrechterhaltung des Asthma bronchiale eine Rolle spielen, sind die psychologischen Therapieansätze - neben den immer erforderlichen medikamentösen Behandlungen - sehr vielfältig und umfassend (z. B. einzel-, gruppen- und familientherapeutische Maßnahmen). Diese lassen sich nach folgenden Gesichtspunkten zusammenfassen:

1. Unterstützung der medikamentösen Behandlung und der allgemeinen Lebensführung durch die psychotherapeutische Behandlung. Dieses Prinzip gilt für alle psychosomatischen (psychophysiologischen Erkrankungen). Durch eine sorgfältige Aufklärung des Patienten und der Familie über die Natur der Erkrankung muß zuallererst dafür gesorgt werden, daß die notwendigen körperlichen Behandlungsmaßnahmen akzeptiert und durchgeführt werden.

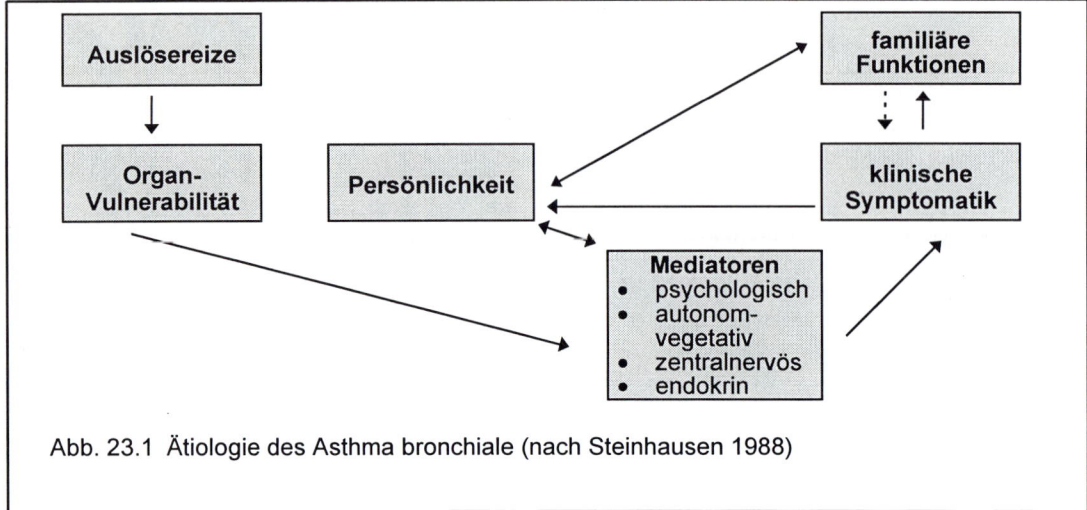

Abb. 23.1 Ätiologie des Asthma bronchiale (nach Steinhausen 1988)

2. Auf psychotherapeutischem Gebiet wurden fast alle Methoden, die man sich denken kann, durchgeführt. In Abhängigkeit von den erhobenen diagnostischen Befunden haben sich folgende Maßnahmen bewährt:

- Versuch einer Reduktion der Asthmaanfälle mit *verhaltenstherapeutischen Methoden* (z.B. durch systematische Desensibilisierung oder durch operante Konditionierungsmethoden);
- Entspannungsverfahren wie Autogenes Training im Sinne eines Angstabbaus wo dies indiziert ist;
- *individuelle Aussprachetherapie* (tiefenpsychologisch orientiert oder konfliktzentriert), wenn die Voruntersuchung gezeigt hat, daß bedeutsame individuelle Konflikte vorliegen. Diese beziehen sich in der Regel auf den jeweiligen Nahraum des Patienten (Schule, Familie, berufliche Situation).
- *Problemzentrierte Familientherapie*, wenn sich gezeigt hat, daß für die Familie unlösbare Konflikte vorliegen oder eine extreme Konfliktvermeidung zu konstatieren ist, und wenn sich in der Familie Allianzen gebildet haben, die den Patienten nachhaltig beeinträchtigen. Im Rahmen einer systematischen Betrachtung des Familiengeschehens kann ein wichtiges Ziel der Behandlung auch darin bestehen, die Bedeutung des asthmatischen Anfalls und des Kindes als Symptomträger für die Familie deutlich zu machen.
- Auch *gruppentherapeutische Ansätze* haben sich bewährt, wenn es darauf ankommt, die Kinder oder Jugendlichen aus ihrer Isolation herauszuholen und ihnen das Gefühl zu geben, daß sie nicht allein sind mit ihrer Problematik. Ein gruppentherapeutisches Setting gibt auch die Möglichkeit, Bewältigungsstrategien zu erörtern und mit denen anderer Kinder oder Jugendlicher zu vergleichen.

Neben diesen allgemeinen Prinzipien existieren auch regelrechte Psychotherapieprogramme, meist auf verhaltenstherapeutischer Basis. Sie gehen in der Regel von einer funktionellen Analyse des Asthmageschehens aus, wobei im Zusammenhang mit dem Asthmaanfall häufige Verhaltensweisen (Verhaltensexzesse) und selten auftretende Verhaltensweisen (Verhaltensdefizite) objektiviert werden. Für die verhaltenstherapeutischen Maßnahmen selbst ist es dann wichtig, ein entsprechendes Zielverhalten auszuwählen, welches durch die verhaltenstherapeutische Methodik beeinflußt werden soll. Dieses Zielverhalten kann sich auf verschiedenen Ebenen bewegen:

- auf der Ebene physiologischer Maße (z.B. auf Exspirationsvolumen, Atemfrequenz, etc.),
- auf der Ebene der selbstberichteten Symptome (z.B. Angst, Irritabilität, Müdigkeit, Gefühl der Obstruktion),

- auf der Ebene objektivierbarer Verhaltensdaten (z.B. Asthmaanfälle pro Woche, Zahl der Arztbesuche).

Nach einer sorgfältigen funktionellen Analyse, die alle drei genannten Ebenen berücksichtigt, erfolgt dann eine Intervention, die darauf abgestellt ist, die entsprechende Zielsymptomatik zu beeinflussen. Dabei können unterschiedliche verhaltenstherapeutische Methoden (Entspannungsverfahren, Biofeedback, systematische Desensibilisierung, kognitive Kontrollstrategien etc.) eingesetzt werden.

Der Einsatz der unterschiedlichen Maßnahmen hängt von der jeweiligen Verhaltensanalyse ab. So werden Entspannungsmethoden und Biofeedback-Training dann eingesetzt, wenn ausgeprägte Angst- und Spannungszustände zu beobachten sind. Kognitive Kontrollstrategien sind dann angebracht, wenn der Patient entweder seine Symptome herunterspielt oder übertreibt. Er muß dann ein Gefühl für die Einschätzung seiner Symptomatik bekommen.

Da die Vorgehensweisen, je nach Ausgangslage, unterschiedlich sind, ist es schwer, ein allgemein gültiges Programm zu empfehlen. Es kann, je nach Fallkonfiguration, aus verschiedenen Elementen individuell zusammengestellt werden.

Zum Verlauf

Trotz intensiver psychotherapeutischer Behandlungsmaßnahmen sowie der Kombination von psychologischen und medikamentösen Behandlungsformen gibt es bei rund 25% der betroffenen Kinder und Jugendlichen eine Chronifizierung dieser Erkrankung, wobei weniger als die Hälfte schwer krank ist. Nach Steinhausen (1988) ist das in der Kindheit beginnende Asthma bronchiale dadurch gekennzeichnet, daß bei etwa 30% eine längerfristig stabile Remission eintritt, bei ca. 20% eine Symptomremission, sofern Allergene gemieden werden, weitere 20% andere allergische Symptome bzw. Krankheiten entwickeln. Die Mortalität beträgt 1%. Sofern die klinische Symptomatik nur bei Infekten auftritt, ist die Prognose besonders günstig. Ungünstige prognostische Faktoren sind eine hohe Anfallsfrequenz und die Kombination mit einem Hautekzem. Im übrigen ist anzunehmen, daß psychologische Faktoren den Verlauf des Asthma bronchiale stark mitbestimmen und sich deshalb der gezielte Einsatz psychotherapeutischer Maßnahmen positiv auswirkt.

Weiterführende Literatur:

Steinhausen, H.-C.; von Aster, M.:Handbuch der Verhaltenstherapie und Verhaltensmedizin bei Kindern und Jugendlichen. Psychologie Verlags Union, Weinheim 1993.

Könning, J.; Szczepanski; von Schlippe, A. (Hrsg.): Betreuung asthmakranker Kinder im sozialen Kontext. Enke, Stuttgart 1994.

Literatur

Achenbach, T.M.; Edelbrock, C.: Manual for the Child Behavior Checklist and Revised Behavior Profile. Burlington; VT; University of Vermont 1983.

Blank, R.: Psychopathologie und Leistungsverhalten unter Antikonvulsiva bei Kindern und Jugendlichen. Zeitschrift für Kinder-und Jugendpsychiatrie 17, 140, 1989.

Boyle, I.R.; di Sant'Agnese, P.A.; Sack, S.; Millican, F.; Kulczycki, L.L.: Emotional adjustment of adolescents and young adults with cystic fibrosis. The Journal of Pediatrics 88, 318, 1976.

Burger, W.; Weber, B.; Enders, I.; Hartmann, R.: Therapie des Diabetes mellitus im Kinder- und Jugendalter. Monatsschrift Kinderheilkunde 139, 62, 1991.

Bywater, M.: Adolescents with cystic fibrosis: psychosocial adjustment. Archives of Disease in Childhood 56, 538, 1981.

Dilling, H.; Mombour, W.; Schmidt, M.H. (Hrsg.): Internationale Klassifikation psychischer Störungen. ICD-10, Kapitel V (F). Klinisch-diagnostische Leitlinien. 2. Aufl. Huber, Bern, Göttingen 1993.

Friedrich, H.: Chronisch kranke Kinder und ihre Familien. Praxis der Kinderpsychologie und Kinderpsychiatrie 34, 296, 1985.

Gutjahr, P.: Sekundärmalignome nach Krebserkrankungen bei Kindern. Deutsches Ärzteblatt 90, 1032, 1993.

Hamel, A.: Selbsterleben bei chronischer Erkrankung am Beispiel hämophiler Jugendlicher und junger Erwachsener. Inaug.Diss.Med.Fakultät d.WWU, Münster 1994.

Hürter, H.: Kinder und Jugendliche mit Diabetes und ihre Familien, Erfahrungen aus Gruppendiskussionen mit diabetischen Kindern, Jugendlichen und ihren Eltern. In: Angermeyer, M.C.; Döhner, O. (Hrsg.): Chronisch kranke Kinder und Jugendliche in der Familie. Enke, Stuttgart 1981.

Hürter, A.: Psychische und soziale Belastungen und der Wunsch nach professioneller Hilfe bei verschiedenen chronischen Erkrankungen: In: Seiffge-Krenke, I. (Hrsg.): Krankheitsverarbeitung bei Kindern und Jugendlichen. Springer, Berlin 1990.

Jänsch, G.; Tröndle, Chr.: Psychologische Untersuchungen an herzkranken Kindern vor und nach der Herzoperation. Sozialpädiatrie 4, 506, 1982.

Jedlicka-Köhler, I.; Götz, M.: Reaktionen von Patienten und Familien mit cystischer Fibrose auf psychologische Betreuung. Monatsschrift Kinderheilkunde 137, 75, 1989.

Jochmus, I.: Die psychische Entwicklung diabetischer Kinder und Jugendlicher. Enke, Stuttgart 1971

Jochmus, I., Tieben-Heibert, A.: Belastungen der Familie durch chronisch nierenreinsuffiziente Kinder und Möglichkeiten ihrer Bewältigung. In: Angermeyer, M.C.; Döhner, O. (Hrsg.): Chronisch kranke Kinder und Jugendliche in der Familie. Enke, Stuttgart 1981.

Kahlert, G.: Jugendliche mit schweren Herzkrankheiten. Inaug. Diss. Med. Fakultät d.WWU, Münster 1985.

Kaplan, D.M.: Intervention strategies for families. In:, Cohen, J.; Cullen, J.W.; Martin, L.R. (Eds.): Psychological aspects of cancer, 221-233. Raven Press, New York 1982.

Kipnowski, A.; Kipnowski, H.J.: Psychosomatische Aspekte bei genetisch determinierter Krankheit - eine Untersuchung an erwachsenen Hämophilen. Psychotherapie. Psychosomatik. Medizinische Psychologie 29, 178-183, 1979.

Knispel, J.; Thiel, R.; Wallis, H.: Bereiche psychosozialer Betreuung krebskranker Kinder und ihrer Familien. Auswertung eines ganzheitlichen Versorgungsmodells. Klinische Pädiatrie 197, 183, 1985.

Koch, U.: Abschlussbericht "Chronische Niereninsuffizienz, Mukoviscidose und Krebserkrankungen im Kindes und Jugendalter". Krankheitsübergreifende Evaluation der Modellprogramme des Bundesministeriums für Arbeit und Sozialordnung (BMA). Freiburg, 1990.

Kusch, M.; Bode, U.: Der Psycho-Soziale Fragebogen für die Pädiatrische Onkologie (PSFPO) Praxis der Kinderpsychologie und Kinderpsychiatrie 41, 240-246, 1992.

Petermann, F.; Dobmeyer, A.; Noeker, C.; Bode, U.: Psychosoziale Situation krebskranker Jugendlicher, TW Pädiatrie 5, 238, 1992.

Pollmann, H.: Die Gelenkblutung hämophiler Kinder und Jugendlicher - Substitutionsbehandlung bei Bedarf im Vergleich zur Dauerbehandlung. Ellipse 26, 370, 1991.

Ratzmann, U.; Schneider, P.; Richter, H.: How Do Children And Their Parents Cope With Congenital Heart Disease. In: Kallfelz, H.C. (Hrsg.): Kongressbericht The Association of European Paediatric Cardiologists. Hannover 1991.

Remschmidt, H.: Testpsychologische und experimentelle Untersuchungen zur Psychopathologie der Epilepsien. In: Penin, H. (Hrsg.): Psychische Störungen bei Epilepsie, 135-156. Schattauer, Stuttgart 1973.

Remschmidt, H.; Walter, R.: Psychische Auffälligkeiten bei Schulkindern. Zeitschrift für Kinder- und Jugendpsychiatrie 18, 121-132, 1990.

Ritter, J.: Psychische Störungen nach onkologischen Erkrankungen im Kindesalter, Möglichkeiten ihrer Behandlung und Prävention. Sozialpädiatrie in Praxis und Klinik 13, 18, 1991.

Roghmann, K.J.: Die Familie als Patient: Zum Wandel des Krankheitsbegriffs der Pädiatrie chronisch kranker Kinder. In: Angermeyer, M.C.; Dörner, O. (Hrsg.): Chronisch kranke Kinder und Jugendliche in der Familie. Enke,Stuttgart 1981.

Rutter, M.: Brain damage syndromes in childhood: Concepts and findings. Journal of Child Psychology and Psychiatry and Allied Disciplines 18, 1-21, 1977.

Schärer, K.: Dialyseverfahren und Indikation zur Nierentransplantation im Kindesalter. Monatsschrift Kinderheilkunde 136, 307, 1988.

Scheffner, D.: Epilepsien. In: Remschmidt, H.; Schmidt, M.H. (Hrsg.): Kinder- und Jugendpsychiatrie in Klinik und Praxis, Bd. II, 212-246. Thieme, Stuttgart, New York 1985.

Schmitt, G.M.: Die psychologische Betreuung des krebskranken Kindes. Vandenhoeck & Ruprecht, Göttingen 1983.

Schmitt, G.M.: Cystische Fibrose. Hogrefe, Göttingen, Toronto, Zürich 1991.

Schmitt, G.M.: Krankheitserleben und -verarbeitung bei Jugendlichen und jungen Erwachsenen mit cystischer Fibrose. Zeitschrift für Klinische Psychologie 22, 153-165, 1993.

Schumacher, G.; Bühlmeyer, K.: Diagnostik angeborener Herzfehler. Bd.2: Systematik der angeborenen Herzfehler. In: Zölch, K.A. (Hrsg.): Beiträge zur Kardiologie, Bd. 13. Perimed, Erlangen 1980.

Stein, L.: Systemorientierte Betreuung chronisch nierenkranker Kinder und ihrer Familien. Zeitschrift für personenzentrierte Psychologie und Psychotherapie 4, 39-52, 1985.

Steinhausen, H.-C.: Psychische Störungen bei Kindern und Jugendlichen. Urban & Schwarzenberg, München 1988.

Stoermer, J.: Entwicklung der Kinderkardiologie. Der Kinderarzt 21, 930, 1990.

24. Enuresis und Enkopresis

Kurt Quaschner und Friz Mattejat

Enuresis (Einnässen) und Enkopresis (Einkoten) zählen zu denjenigen kinder- und jugendpsychiatrischen Störungsbildern, die weit verbreitet sind und häufig Anlaß zur klinischen Vorstellung bieten. Die - scheinbar - klar abgegrenzten und eindeutig faßbaren Symptome legen insbesondere im Falle der Enuresis den Trugschluß der einfachen und schnellen Behandelbarkeit nahe. Dem steht gegenüber, daß nicht nur Uneinigkeit bezüglich der ätiologischen Konzepte und der daraus abgeleiteten Behandlungsformen besteht, sondern, daß es bereits Probleme bei der Definition gibt. Diese betreffen nicht nur die Frage der Altersgrenze bzw. des Entwicklungsstandes, sondern auch die Abgrenzung verschiedener Unterformen.

Nicht nur aus nosologischen Gründen, sondern auch im Hinblick auf die Behandlung ist es angebracht, Enuresis und Enkopresis getrennt zu behandeln. Dabei soll die Enuresis als die häufigere Störungsform am Anfang behandelt werden. Die Darstellung der Behandlung soll allerdings in einer Art und Weise erfolgen, daß die allgemeine Vorgehensweise, der therapeutische Rahmen, auch in der Behandlung der Enkopresis - mit den notwendigen störungsspezifischen Modifikationen - Anwendung finden kann.

Tabelle 24.1 Störungsprofil Enuresis

Definition und Klassifikation
Nach ICD-10 wird Enuresis wie folgt definiert (F 98.0): "Es handelt sich um eine Störung mit unwillkürlichem Urinabgang, bei Tag oder bei Nacht, der im Verhältnis zum geistigen Entwicklungsstand der betroffenen Personen abnorm und nicht Folge einer mangelnden Blasenkontrolle, aufgrund einer neurologischen Erkrankung, epileptischer Anfälle oder einer strukturellen Anomalie der ableitenden Harnwege ist. Die Enuresis kann von Geburt an bestehen, d. h., als abnorme Verlängerung der normalen infantilen Inkontinenz oder nach einer Periode bereits erworbener Blasenkontrolle aufgetreten sein. Die Form mit späterem Beginn (sekundäre Enuresis) tritt gewöhnlich im Alter von 5 - 7 Jahren auf." In den "Diagnostischen Leitlinien" heißt es weiter: "Es gibt keine scharfe Grenzlinie zwischen Normvarianten im Alter des Erwerbs der Blasenkontrolle und einer Enuresis. Eine Enuresis wird in der Regel bei einem Kind von weniger als 5 Jahren oder mit einem geistigen Intelligenzalter von weniger als 4 Jahren nicht diagnostiziert." (Dilling et al. 1991)
Prävalenz
Exakte Schätzungen von Inzidenz- und Prävalenzraten sind aufgrund des Fehlens einer einheitlichen Definition schwierig. Ca. 15%-20% der Fünfjährigen, 5% der Zehnjährigen und 2% der Zwölf- bis Vierzehnjährigen. Jungen sind etwa doppelt so häufig betroffen wie Mädchen.
Ätiologie
Im wesentlichen werden drei theoretische Auffassungen vertreten: Enuresis als (1) ein fehlgeschlagener Lernprozeß, (2) eine medizinisch-genetische Störung, (3) Ausdruck einer emotionalen Störung.
Prognose
Bis in die späte Adoleszenz und das frühe Erwachsenenalter hinein nimmt der Anteil der Enuretiker kontinuierlich ab und stabilisiert sich schließlich auf einem Niveau von ca. 1%-2% der Bevölkerung.

24.1 Enuresis

Störungsprofil Enuresis

Die wesentlichen Daten über das Störungsbild Enuresis (Definition und Klassifikation, Prävalenz, Ätiologie und Prognose) sind in knapper und übersichtlicher Form in einem „Störungsprofil" zusammengefaßt (siehe Tab. 24.1) (Dilling et al. 1991, Liebert und Fischel 1990, Walker et al. 1989).

Behandlungskonzeptionen und -strategien

Überblickt man die Vielzahl der Methoden und Techniken zur Enuresisbehandlung, dann fallen unterschiedliche Strategien auf.

Einmal finden sich Vorgehensweisen, die, ausgehend von einem als gültig angesehenen ätiologischen Modell, eine einzige, alleingültige Vorgehensweise bzw. Technik als indiziert ansehen, die nahezu unterschiedslos auf alle Enuresisformen angewandt wird. Beispiele dafür wären etwa der undifferenzierte Einsatz des Weckgerätes oder aber der Zugang "Spieltherapie".

Von diesen, historisch meist älteren Vorgehensweisen, haben sich im Laufe der Zeit Kombinationsbehandlungen abgesetzt, die mehrere Maßnahmen zeitlich entweder sequentiell oder aber simultan einsetzen.

Das weit verbreitete sequentielle Vorgehen beinhaltet im allgemeinen eine stufenweise Abfolge von zunächst "leichteren", d. h., weniger invasiven und weniger aufwendigen Techniken, hin zu aufwendigeren, invasiveren Methoden. Je nach Schwerpunktsetzung erweist sich diese Strategie vor allem in praktischer Hinsicht als vernünftig und hilfreich (Schmidt und Esser 1981).

Diesem sequentiellen Vorgehen stehen andere Strategien gegenüber, die mehr oder minder zeitgleich, d. h., simultan, in kurzzeitigen Intensivbehandlungsphasen eine Vielzahl von Techniken gleichsam in einer Art "Schrotschuß"-Verfahren zum Einsatz bringen. Bekanntestes Beispiel für ein derartiges Vorgehen ist das Trockenbett-Training von Azrin (1974).

Unsere Darstellung orientiert sich einmal an den ätiologischen Vorstellungen wie sie im Rahmen der Diagnostik zum Tragen kommen. Weiterhin finden im Therapiekonzept, das problemspezifisch und interaktional ausgerichtet ist, vorwiegend verhaltenstherapeutissche Methoden Anwendung. Durch eine differentielle Indikationsstellung soll ein höheres Maß an therapeutischer Flexibilität erreicht und ein zu starres Vorgehen vermieden werden. Voraussetzung für die differentielle Indikationsstellung ist eine Ausweitung der diagnostischen Maßnahmen, die im traditionellen Behandlungsvorgehen eher zu kurz kommen. Die Ausweitung der Diagnostik ist im übrigen ein Trend in der Enuresisbehandlung, der sich auch in anderen Konzeptionen widerspiegelt (Grosse 1991, 1993)

Obwohl der Schwerpunkt des Konzeptes im psychotherapeutischen Vorgehen liegt, kann es unter Umständen sinnvoll sein, eine medikamentöse Behandlung miteinzubeziehen. Daher wird auch auf diese Möglichkeit kurz eingegangen werden.

Von entscheidender Bedeutung für unsere Darstellung ist die Annahme, daß der Einsatz einer speziellen Technik nicht nur von der Art der Symptomatik abhängig gemacht werden kann, sondern daß darüber hinaus - insbesondere und gerade bei der Enuresisbehandlung - der psychotherapeutische Kontext größere Bedeutung erlangt, d. h., daß die Auswahl einer Behandlungsmethode ganz wesentlich auch von der Kooperationshaltung des Patienten bzw. der Familie abhängig zu machen ist. Die jeweils gewählten Methoden müssen "eingebettet" werden in die intrafamiliäre Interaktion sowie in die Therapeut-Familie-Interaktion. (Mattejat und Quaschner 1985, Quaschner und Mattejat 1989).

Im Überblick sind in dem folgenden Schema noch einmal die einzelnen Behandlungsschritte zusammengefaßt.

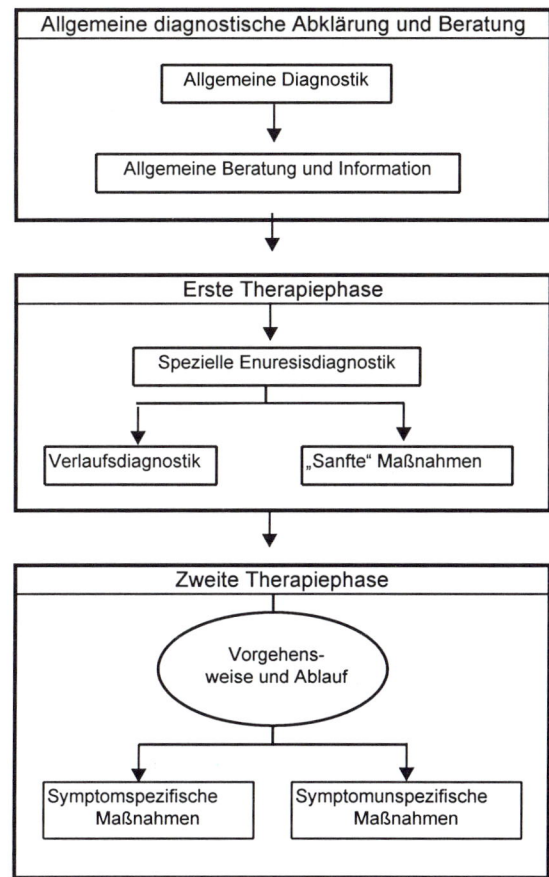

Abb. 24.1 Überblick über Behandlungskonzeptionen und Strategien

Konkretes Vorgehen

Allgemeine diagnostische Abklärung und Beratung

Allgemeine Diagnostik

Zunächst geht es darum, in einer allgemeinen
diagnostischen Abklärung den Stellenwert der
Enuresissymptomatik festzulegen, dh. die
Komorbidität abzuklären. Aufgrund eines psychopathologischen Querschnitts ist zu entscheiden, ob andere Symptome schwerwiegender
einzustufen und insofern vorrangig zu behandeln
sind oder ob die Bewältigung der Enuresis das
vorrangige Behandlungsziel darstellt. Auch Fra-

gen, die sich aufgrund des Alters bzw. Entwicklungsstandes der Patienten stellen, sind vorab zu
klären. Beispielsweise ist zu fragen, ob im Falle
einer 4 1/2-jährigen einnässenden Patientin,
schon behandelt werden soll.

Allgemeine Beratung und Information

An die Anfangserhebungen schließt sich eine
allgemeine Beratung an, die einmal informiert
über die therapeutischen Rahmenbedingungen
(z.B. Setting, Terminfrequenz, mögliche zeitliche
Dauer der Therapie, Betonung von Zusammenarbeit, Mitarbeit, Eigenverantwortung) und zum
anderen über die Störung (mögliche Entstehung
und Aufrechterhaltung der Symptomatik, Darstellung der Sauberkeitsentwicklung als - störanfälli-
ger - Lernprozeß, mögliche Zusammenhänge
zwischen Organgeschehen und psychischer Verfassung).

Erste Therapiephase

Die Schritte in diesem Behandlungsabschnitt
haben zwar durchaus bereits therapeutische Ziel-
richtungen und Wirkungen, ihr Schwerpunkt liegt
aber nach wie vor noch im Bereich des Diagnostischen. Besonders deutlich wird dies am Beispiel der Symptomregistrierung, d. h., des Füh-
rens eines Beobachtungsbogens.

Spezielle Enuresisdiagnostik

Hat sich in der allgemeinen diagnostischen
Abklärung herausgestellt, daß die Enuresis das
vorrangige Behandlungsziel ist, dann schließt
sich eine ausführliche und längere Diagnostik-
und Beobachtungsphase an, die die Grundlagen
und Entscheidungskriterien für eine gezielte
Indikationsstellung liefern soll. Die systematische
Erfassung der Symptomatik erfolgt meist in Form
eines - unterschiedlich stark strukturierten -
Interviews. Dieses in der Literatur häufig
beschriebene Vorgehen wird gelegentlich noch
ergänzt durch den Einsatz von Fragebogenverfahren, die z.T. symptomspezifisch, z.T. eher allgemein ausgerichtet sind (siehe z.B. Grosse 1991).

Tabelle 24.2 zeigt als Beispiel die Kategorien
eines derartigen „Anfangserhebungsbogens", der
sich im wesentlichen an allgemeinen pathogeneti-
schen Faktoren sowie am Modell der funktiona-

len Verhaltensanalyse der Verhaltenstherapie orientiert und je nach eigenen Behandlungserfahrungen und theoretischer Ausrichtung ergänzt und erweitert werden kann.

Tabelle 24.2 Anfangsdiagnostik: Beispiel für einen „Erhebungsbogen"

AKTUELLE SYMPTOMATIK	ABHÄNGIGKEIT DER SYMPTOMATIK	ENTWICKLUNG DER SYMPTOMATIK
• nocturna / diurna • primär / sekundär • Häufigkeit (pro Woche/Nacht/Tag) • Menge (Schwankungen?)	• Situative Abhängigkeit (Ort, Zeit, etc) • Abhängigkeit von der Lebenssituation	• Schwankungen in der Häufigkeit • längste trockene Phase • Periodenhaftigkeit (trockene Perioden/Phasen) • Sauberkeitserziehung • organische Abklärung
VORBEHANDLUNGEN		BEWÄLTIGUNGSVERSUCHE von Patient und Familie

• Medikamente
• Homöopathische Behandlung
• Weckgerät
• Elternberatung
      symptomspezifisch
      symptomunspezifisch
• symptomunspezifische Behandlung des Kindes
• Kuren
• Sonstige
		• nächtliches Wecken
		• Flüssigkeitsentzug (weniger trinken)
		• Belohnungen, Versprechen
		• Gezielte Bestrafungen
		• Ungezielte Bestrafungen / Ärgerreaktionen
		• Windeln
		• Gummiunterlage im Bett
		• selbst Bettwäsche abziehen / waschen
		• sonstige Maßnahmen

UMFELD DES PATIENTEN		
• Sozioökonomischer Status (SÖS) der Familie • Familienmitglieder • Wohn- bzw. Schlafsituation (WC) • Schul- / Kindergartensituation • soziale Kontakte • Interessen, Beschäftigungen • belastende Ereignisse in der Entwicklungsgeschichte des Patienten • Angaben / Hinweise zur familiären Interaktion		

Zu dieser Zusammenstellung sind folgende Anmerkungen zu machen:

Neben dem Erscheinungsbild der aktuellen Symptomatik, ihrer Entwicklungsgeschichte, einschließlich der wichtigen organischen Abklärung, werden situative und lebensgeschichtliche Abhängigkeiten und Bedingungen erfragt. Als sehr bedeutsam erweist sich die Analyse der Konsequenzen, die die Symptomatik in der Vorgeschichte hatte. Dabei wird unterschieden einmal nach Vorbehandlungsversuchen durch "professionelle" Behandler und andererseits nach den Bewältigungsversuchen von Patient und Familie. Letzteres liefert u. U. wertvolle Aufschlüsse über das "ätiologische Modell", das die Familie von der Störung hat. Beides zusammen, erfolglose Vorbehandlungen und Bewältigungsversuche der Familie, ergeben Hinweise auf Therapiemotivation und Kooperationsbereitschaft.

Die Erfassung des Umfelds des Patienten beinhaltet sowohl symptomspezifische Informationen sowie die Wohn- bzw. Schlafsituation (z. B. wo liegt das WC in der Wohnung) wie auch Angaben über die allgemeine Lebenssituation.

Spezielle (organische) Diagnostik

Sollte sich herausstellen, daß im Vorfeld der Behandlung eine organische Abklärung des Einnässens nicht oder in nur ungenügender Form stattgefunden hat, dann ist - vor dem Einsatz aufwendiger Techniken - auf jeden Fall eine ergänzende erneute organische Abklärung angebracht.

Verlaufsdiagnostik (Beobachtung/Registrierung/Baseline)

Die Anfangsdiagnostik ist unbedingt durch eine Verlaufsdiagnostik zu ergänzen, die allen Beteiligten nicht nur Rückmeldung über die durchgeführten Therapiemaßnahmen verschafft, sondern bereits selbst therapeutische Wertigkeit besitzt. Die Registrierung kann sich im einfachsten Fall auf die Häufigkeit der Symptomatik beziehen, aber auch differenziertere Beobachtungsleistungen einschließen.

Das Führen eines derartigen (Selbst-) Beobachtungsbogens durch Patient und/oder Eltern wird als Maßnahme in ihrer Wertigkeit und Komplexität oft unterschätzt. In der Form des sogenannten "Sonnenkalenders" wird sie häufig

eher unreflektiert gebraucht, ohne daß die Vielzahl ihrer Funktionen bedacht - und genutzt! - wird.

An erster Stelle stellt die Symptomregistrierung die Erhebung einer Baseline dar, die nicht nur über Häufigkeit und Art der Symptomatik Informationen liefert, sondern - bei entsprechend komplexerer Gestaltung - auch Angaben über mögliche Auslöser und Konsequenzen liefern kann. Darüber hinaus ist die mit der Beobachtung verbundene Rückmeldung über die Symptomatik im allgemeinen auch mit einer Problematisierung und Sensibilisierung auf Seiten von Patient und Familie verbunden, die sich wiederum günstig auf die Therapiemotivation auswirken kann. Der Umgang mit der Beobachtungs-"Aufgabe" kann zu einer ersten Abschätzung der Kooperationsform der Familie führen. Begriffe wie "Compliance" oder "Widerstand" beschreiben Phänomene, die in diesem Zusammenhang relevant sind. Beispielsweise wird das Führen des Beobachtungsbogens "vergessen" oder die Mutter übernimmt - entgegen der Absprache - die Registrierung für den Patienten. Informationen über die Eigenverantwortlichkeit bzw. die Fähigkeit zur Selbstkontrolle auf Seiten des Patienten werden dadurch ebenfalls geliefert.

"Sanfte" Maßnahmen

Diagnostische Maßnahmen - wie wenig invasiv sie geplant und durchgeführt werden mögen - besitzen gleichzeitig immer auch therapeutische Relevanz und Qualität, denn sie beeinflussen die Symptomatik in jedem Fall. So sollen die an dieser Stelle besprochenen Maßnahmen zwar in erster Linie die Baseline-Erhebung und damit die Diagnostik unterstützen, sie stellen aber andererseits in ihrer wenig eingreifenden, „sanften" Art bereits therapeutische Schritte dar. Ziel dieser Maßnahmen ist es - und so wird es der Familie und dem Patienten gegenüber dargestellt - alles abzustellen und zu unterlassen, was das Symptom verändern und beeinflussen könnte, weil es für die Baseline-Erhebung "in Reinform" beobachtet werden soll. Im einzelnen beinhalten diese Maßnahmen: keine Flüssigkeitsreduktion, kein nächtliches Wecken mehr, keine Anweisungen, abwertende Äußerungen und Kommentare im Umgang mit der Symptomatik. Als ausdrücklich erlaubte "Maßnahme" gilt lediglich der Einsatz einer Gummiunterlage im Bett.

Als Folge der (Selbst-)Beobachtung kann unter Umständen bereits eine (kurzzeitige) Symptomreduktion eintreten oder - in leichteren Fällen - gar ein völliges Sistieren. Einmal mag dabei die Verstärkerqualität, die das Registrieren haben kann (über das Rückmelden von Erfolgen) eine Rolle spielen, zum anderen das bekannte Phänomen, daß die Beobachtung eines Verhaltens dieses in seiner Qualität oder Häufigkeit verändert.

Und nicht zuletzt kann die Instruktion auch im Sinne einer „Symptomverschreibung" verstanden werden. Die Tatsache, daß der Patient in dieser Phase Einnässen "darf", ja sogar Einnässen "soll", (um eine möglichst "gute" Baseline zu bekommen), wirkt oft ausgesprochen entlastend und hat mitunter den paradoxen Effekt einer Symptombesserung.

Zweite Therapiephase

Die zweite und "eigentliche" Therapiephase mit dem Schwerpunkt auf spezifischen therapeutischen Maßnahmen basiert auf den Informationen, die in der Diagnostikphase gewonnen werden. Aus diesen Informationen lassen sich nicht nur Hypothesen über die Genese und Aufrechterhaltung der Symptomatik ableiten, sondern auch die Entscheidungskriterien, die im Rahmen einer differentiellen Indikationsstellung spezifische therapeutische Techniken zum Einsatz kommen lassen. Die Behandlungsmethoden liegen also nicht von vornherein fest, d. h., es besteht kein festgelegtes "Therapieprogramm" , sondern die Behandlungsvorschläge und Interventionen sollten so spezifisch wie möglich auf Familie und Patient abgestimmt werden. Die dabei eingesetzten Techniken sind meist die aus der Verhaltenstherapie bekannten Methoden (Selbstbeobachtungsverfahren wie bei der Häufigkeitsregistrierung, operante Verstärkungstechniken, Weckgerät). Es sei allerdings ausdrücklich darauf hingewiesen, daß die verwendeten Methoden zwar nützliche Hilfsmittel und Vehikel der Therapie sind, ihre therapeutische Wertigkeit gewinnen sie aber erst durch den Kontext, in dem sie stehen (z.B die Therapeut-Patient-Betiehung). Von daher wird ein bestimmtes Vorgehen der Familie und dem Patienten auch nicht vorgeschrieben, sondern mit den Betroffenen "verhandelt".

Vorgehensweise und Ablauf

Rein formal kann die Behandlung durch folgende Schritte beschrieben werden:

Zunächst wird dem Patienten und der Familie durch den Therapeuten ein Behandlungsvorschlag gemacht. Der Therapeut begründet die Auswahl einer bestimmten Technik bzw. Vorgehensweise. Diese Begründung beinhaltet etwa die Hypothese über die Genese und Aufrechterhaltung der Störung sowie relevante Indikationskriterien. Das in diesem Zusammenhang formulierte ätiologische Konzept muß das „Störungskonzept" der Familie berücksichtigen, das heißt, die vorgetragene Begründung muß für Patient und Familie glaubhaft sein, sie muß überzeugen.

Der Behandlungsvorschlag wird mit Patient und Familie verhandelt, d. h., deren Einwände, Änderungswünsche bzw. -vorschläge werden diskutiert und berücksichtigt. Ein kritischer Punkt ist in dieser Phase darin zu sehen, daß u. U. die Vorstellungen von Therapeut und Familie soweit auseinanderliegen bzw. sich entgegenstehen, daß im Extremfall eine Behandlung nicht zustandekommt. Zu denken wäre etwa an einen Patienten, der aufgrund eines mißlungenen Vorbehandlungsversuchs mit einem Weckgerät sich massiv gegen eine erneute Behandlung wehrt, obwohl ein derartiges Vorgehen vom Symptombild her indiziert wäre.

Abgesehen von derartigen Extremfällen ist in den allermeisten Fällen aber eine Einigung auf einen gemeinsamen Behandlungsplan im Sinne eines konkreten Vorgehens möglich.

Zusammenfassend sind in Tabelle 24.3 die wesentlichen Indikationskriterien dargestellt:

Tabelle 24.3 Indikationskriterien

Indikationskriterien für die Auswahl einer Behandlungsmethode	
Symptomatik	• Art und Erscheinungsbild der Enuresis
Patient: Alter / Entwicklungsstand / Selbst-kontrollfähigkeit	• Leidensdruck • Intelligenz • Fähigkeit zur Selbstkontrolle / Eigenverantwortlichkeit
Kooperationsform der Familie	• Leidensdruck • Kooperationsfähigkeit (z.B. Intelligenz, Differenziertheit) • Kooperationbereitschaft
Therapeutische Vorerfahrung	• Vorbehandlungsversuche
Zusatzprobleme / Zusatzsymptome	• ...auf Seiten des Patienten • ...auf Seiten der Familie • ...in der Umwelt des Patienten ("Außenbedingungen")

Symptomspezifische Maßnahmen

Es gibt verschiedene Möglichkeiten, die gängigen Techniken der Enuresis-Behandlung - beispielsweise nach ihrem Komplexitätsgrad - einzuteilen. Die an dieser Stelle vorgenommene Unterteilung in symptom-spezifische und symptom-unspezifische Techniken geht aus vom Ziel der therapeutischen Intervention bzw. von der Art des Störungsbildes.

Operante Maßnahmen

Indikation

Der Einsatz von operanten Techniken geschieht meist in Form von Verstärker- bzw. Belohnerplänen und ist als alleinige Einzelmaßnahme bei leichteren Enuresisformen angebracht. Darüberhinaus eignet sich diese Technik vorzüglich als zusätzliche, unterstützende Maßnahme im Verbund mit anderen Techniken, so daß sich insgesamt ein sehr weiter Indikationsbereich ergibt, der von der sekundären Enuresis nocturna sowie der Enuresis diurna bis zur unterstützenden Behandlung bei Einsatz eines Weckgerätes im Falle einer primären Enuresis nocturna reicht.

Durchführung

Operante Techniken stellen ein bewährtes und weitverbreitetes verhaltenstherapeutisches Vorgehen dar. Einsatz und Durchführung sind in den gängigen Lehrbüchern ausführlich dokumentiert, so daß hier lediglich einige Bemerkungen zum spezifischen Einsatz im Rahmen der Enuresisthe-

rapie zu machen sind. Die Festlegung eines Zielverhaltens ist im Falle der Eunuresisbehandlung relativ einfach, da es sich um ein vergleichsweise abgegrenztes und faßbares Symptom handelt. Als Ziel kommen meist "trockene" Tage bzw. Nächte in Frage, aber es kann auch sinnvoll sein andere zeitliche Einheiten zu wählen, beispielsweise "halbe Nächte" oder "halbe Tage", um dem Patienten überhaupt zu einem Erfolgserlebnis zu verhelfen und den Einsatz von Verstärkern zu ermöglichen.

Für die Auswahl der Verstärker ist es von ausschlaggebender Bedeutung, daß diese gemeinsam mit Patient bzw. Familie verhandelt werden.

Bei der Festlegung der Kontingenzen hat sich eine "kumulative Zählweise" bewährt, d.h., für das Erreichen der einzelnen Verstärker muß der Patient eine bestimmte Zahl von trockenen Einheiten "sammeln" - unabhängig davon, ob er zwischendurch eingenäßt hat -, um einen Belohner zu erhalten. Verlangt man von dem Patienten, daß er eine bestimmte Zeitstrecke, z. B. eine Woche lang, trocken sein soll, stellt sich häufig der Effekt ein, daß der Patient kurz vor Erreichen des Kriteriums, beispielsweise nach sechs trockenen Nächten, in der siebten und entscheidenden Nacht wieder einnäßt, was sich äußerst ungünstig auf die Therapiemotivation auswirkt.

Für viele Patientenfamilien ist es eine große Hilfe, den Verstärkerplan schriftlich zu fixieren und im Rahmen eines derartigen "Vertrages" oder Planes genau festzulegen,

Tabelle 24.4 Übersicht Operante Verstärkerpläne

Operante Verstärkerpläne	
Indikation	als (zusätzliche, unterstützende) Maßnahmen bei allen Enuresisformen geeignet
Durchführung	1. Festlegung des Zielverhaltens 2. Auswahl der Verstärker (gemeinsam mit Patient) 3. Festlegung der Kontingenzen (z.B. kumulative Zählweise) 4. schriftliche Fixierung ("Vertrag", Plan) 5. Realisierbarkeit ("Wer ist für was zuständig ?")
Probleme	• Dauer des Einsatzes zeitlich begrenzt • „falsche" Verstärkerauswahl • Einbindung in bestehende Eltern-Kind-Interaktionsproblematik

wer für was zuständig ist. Andererseits gibt es Familien, wo informelle Absprachen und Hinweise ausreichen, um ein derartiges Vorgehen umzusetzen. Die Verstärkerpläne sollten eine vorher festgelegte Gültigkeitsdauer haben, die nach Absprache mit Patient und Familie auch verlängert und gegebenenfalls auch modifiziert werden kann, etwa im Sinne eines "Ausblendens" der Verstärker.

Probleme

Wesentlicher Ausschlußgrund für den Einsatz von operanten Verstärkerplänen sind eine mangelnde Therapiemotivation bzw. ein zu geringer Leidensdruck. Da auch zu Anfang einer Behandlung gut motivierte Patienten bei zu langer Laufzeit (und geringem Erfolg) in ihrer Bereitschaft zur Mitarbeit nachlassen, ist es wichtig, die zeitliche Dauer eines Planes einzugrenzen. Je nach Verlauf bieten sich die Möglichkeiten des Verlängerns, des Modifizierens oder auch des Beendens.

Probleme kann es auch im Zusammenhang mit der Verstärkerauswahl geben. Es wurde bereits darauf hingewiesen, daß der Patient selbst unbedingt in diese Auswahl einzubeziehen ist und Verstärker nicht vom Therapeuten oder auch von den Eltern ohne Rückfrage vergeben werden sollten.

Weitere Schwierigkeiten können dadurch entstehen, daß der Umgang mit Verstärkern in eine bereits bestehende Eltern-Kind-Interaktionsproblematik eingebunden wird, und auf diese Weise zu anderen als den intendierten Zwecken führt.

Apparative Behandlung (Weckgerät):

Für die apparative Behandlung stehen auf dem Markt unterschiedliche Geräte zur Verfügung (Steroenurex-Gerät der Firma Stegat und Roth ("Klingelhose") sowie das Gerät ROE 70 der Firma Schienagel ("Klingelmatte") (Stegat 1978).

Indikation

Die Bedeutung einer genauen Indikationsstellung wird dadurch unterstrichen, daß in einzelnen Untersuchungen (Quaschner und Mattejat 1989) immerhin ein Viertel der Patienten erfolglose Vorbehandlungsversuche mit einem Weckgerät hinter sich hatte. Auffällig war dabei, daß das Gerät meist wahllos, ohne genaue Indikationsstellung, verschrieben worden war und daß darüber hinaus bei den fehlgeschlagenen Behandlungsversuchen fast nie eine eingehende Instruktion in die Wirkungsweise und in den Behandlungsablauf stattgefunden hatte. Darüber hinaus konnte auch von einer begleitenden Beratung oft keine Rede sein.

Wenn dagegen das Gerät sachgemäß und unter Berücksichtigung dieser Überlegungen zur Indikationsstellung eingesetzt wird, dann erweist es sich als eine äußerst wirksame und sichere therapeutische Technik.

Voraussetzungen für den sinnvollen Einsatz eines Weckgerätes ist jedoch, daß eine entsprechend hohe Einnässfrequenz - regelmäßiges Einnässen nahezu jede Nacht - vorhanden ist. Dies trifft vor allen Dingen auf die primäre Enuresis nocturna zu, bei der es sich um ein weitgehend habitualisiertes Symptom handelt. Ist die Einnässfrequenz bei einer sekundären Enuresis nocturna ebenfalls entsprechend hoch, dann kann auch in einem solchen Fall ein Einsatz u. U. sinnvoll sein. Da aber erfahrungsgemäß im Falle der sekundären Enuresis über die Habitualisierungskomponente hinaus andere ätiologische Faktoren von Bedeutung sind, sollte der Einsatz eines Weckgerätes sorgfältig abgewogen werden.

Bei geringerer Einnässfrequenz sowie bei sehr stark schwankender Symptomatik sind die Erfolgsaussichten deutlich reduziert.

Durchführung

Die praktische Durchführung der Behandlung verlangt weitaus mehr Sorgfalt und Aufwand als gemein hin angenommen. Patient und Familie sollten keinesfalls mit dem Gerät "alleine gelassen" werden, dies kann u. U. zu geradezu grotesken Mißverständnissen und Fehlanwendungen führen. Vor Behandlungsbeginn sollte erstens die Wirkungsweise des Gerätes eingehend erläutert und demonstriert werden, zweitens die genaue Abfolge der Schritte beim Einsatz besprochen und festgelegt werden und gegebenenfalls auch rollenspielartig geübt werden, sowie drittens ausführlich auf alle Fragen, Einwände, Bedenken und Probleme eingegangen werden, die von Seiten des Patienten und der Familie geäußert werden.

Erst nach einer derartigen ausführlichen Informations- und Einführungssitzung sollte dann mit dem Einsatz begonnen werden, wobei eine enge therapeutische Begleitung dringend anzuraten ist. Keinesfalls ausreichend ist es, die Beratung nur brieflich oder nur telefonisch durchzuführen. Mit der Familie sollten in relativ kurzen Abständen Termine vereinbart werden, an denen die bisherigen Erfahrungen besprochen und gegebenenfalls Änderungen in der Vorgehensweise vereinbart werden können. Darüber hinaus sollte sich die Familie zwischen diesen Terminen telefonisch rückversichern können.

Die Beendigung der Behandlung sollte möglichst nicht abrupt und plötzlich erfolgen, z.B. nach Erreichen eines festen, starren Kriteriums (z. B. 14 Nächte lang trocken), sondern in Absprache mit Patient und Familie. Beispielsweise besteht die Möglichkeit den Einsatz langsam auszublenden, d. h., das Gerät eine zeitlang nur noch jede zweite oder nur noch jede dritte Nacht einzusetzen. Auch nach dem Absetzen des Gerätes und

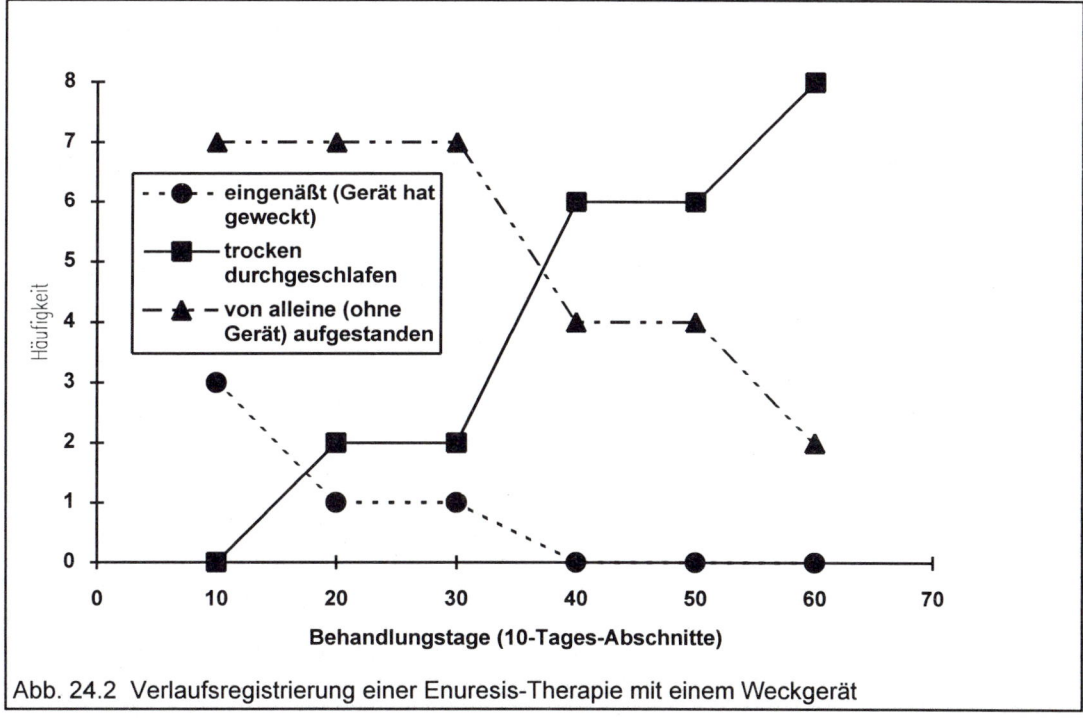

Abb. 24.2 Verlaufsregistrierung einer Enuresis-Therapie mit einem Weckgerät

dem Sistieren des Symptoms sollten meist noch mehrere Kontrolltermine in größerem zeitlichen Abstand vereinbart werden.

Der Verlauf einer derartigen Behandlung mit dem Weckgerät („Stero Enurex") wird in Abb. 24.2 gezeigt.

Über mehrere Wochen hinweg ist bei einer 6;8 jährigen Patientin mit primärer Enuresis nocturna eine Häufigkeitsregistrierung durchgeführt worden, die sich auf das Einnässen (Gerät hat geweckt), „trockenes" Durchschlafen und selbständigen nächtlichen WC-Besuch bezieht.

Probleme

Eine Reihe von speziellen Problemen ergeben sich bei dem Einsatz der apparativen Behandlung:

Wenn das Kind aufgrund seines Alters oder Entwicklungsstandes nicht in der Lage ist, selbständig mit dem Gerät umzugehen, kann ein Elternteil bestimmte Aufgaben übernehmen (z. B. das Gerät ausstellen, das Kind wecken, es zur Toilette schicken, die nasse Hose wechseln und das Gerät erneut für den Einsatz fertigmachen).

Schwierig mitunter auch unmöglich ist der Einsatz des Gerätes, wenn das Kind nicht allein, sondern mit Geschwistern in einem Zimmer schläft. Andere Probleme, die sich aus der Wohnsituation ergeben können, bestehen beispielsweise darin, daß die Toilette zu weit entfernt ist, in einem anderen Stockwerk liegt, das

Kind aufgrund einer Dunkelangst nicht dorthin gelangen kann und ä. m.

Das schwierigste Problem stellen die negativen Vorerfahrungen dar, die ein Teil der Patienten mit einer apparativen Behandlung bereits gemacht hat. Auffällig dabei ist, daß das Gerät zum einen sehr unregelmäßig eingesetzt wird, z. T. viel zu lange (bis zu einem Jahr!). Die Erfahrung zeigt, daß auch bei entsprechend "vorgeschädigten" Patienten es durchaus sinnvoll sein kann einen erneuten Behandlungsversuch mit dem Weckgerät zu unternehmen. Voraussetzung ist dabei einmal eine genaue Indikationsstellung und zum zweiten eine noch ausführlichere und behutsamere Vorbereitung und Planung. Das verweist auf die generelle Bedeutung von Motivationsproblemen insbesondere bei dieser Behandlungsform. Auch bei nicht einschlägig vorbelasteten Patienten ist der „motivationalen Einbettung" der technischen Schritte größte Aufmerksamkeit zu schenken.

Blasentrainings

Sogenannte "Blasentrainings" (engl. Bezeichnung „Retention Control") existieren in verschiedenen Formen und Komplexitätsgraden. Allgemein können "Einhalte-" von "Unterbrecher-"Trainings unterschieden werden. Bei ersteren geht es darum, den Zeitpunkt der Miktion hinauszuschieben, bei letzeren darum, eine begonnene Miktion

Tabelle 24.4 Übersicht Weckgerät

Weckgerät	
Indikation	hohe nächtliche Einnäßfrequenz, dh. habitualisiertes Symptom, dh. prim E. noct., u.U. auch bei sekund. E. noct.
Durchführung	• Erläuterung und Demonstration des Gerätes • genaue Abfolge der Behandlungsschritte festlegen und ggfs. rollenspielartig "proben" • ausführlich auf alle Fragen, Einwände und Bedenken eingehen • Absetzen nicht abrupt, sondern durch Ausblenden
Probleme	• Motivationsprobleme • negative Einstellung durch fehlgeschlagene Vorbehandlungen • äußere Bedingungen ungünstig (Wohnsituation, wechselnde Nachtwachen, etc) • Patient nicht zu selbständiger Durchführung in der Lage • Literatur: hohe Rückfallquote (bis zu 40 %)

zu unterbrechen. Ziel aller Blasentrainings ist es einmal, die funktionelle Blasenkapazität zu erhöhen, und zum zweiten die Wahrnehmung des Harndrangs zu verbessern.

Indikation

Blasentrainings können bei allen Enuresisformen angewandt werden. Meist geschieht dies in Kombination mit anderen Maßnahmen. Obwohl ihre Wirksamkeit bezüglich des Symptoms Enuresis begrenzt ist, bieten sie rein therapietechnisch den Vorteil, daß der Patient bzw. die Familie "selbst etwas tun kann", was den meisten auch unmittelbar einsichtig und plausibel ist.

Durchführung

Je nachdem wie systematisch ein Blasentraining durchgeführt wird, beinhaltet es verschiedene Komponenten. Meist wird es gekoppelt mit einer gesteigerten Flüssigkeitszufuhr (- was mitunter von einigen Autoren als eigenständige therapeutische Technik angeführt wird -). Verspürt das Kind Harndrang, wird es aufgefordert, solange wie möglich einzuhalten bzw. im Fall des Unterbrechertrainings die Miktion mehrfach zu unterbrechen. Diese Schritte werden möglichst häufig wiederholt und gegebenenfalls auch genau protokolliert (z. B. die Einhaltezeit oder die Miktionsmenge). Ein derartiges Vorgehen kann an speziellen Trainingstagen sehr intensiv durchgeführt werden, es kann aber auch - mit entsprechender Modifikation - in die Abläufe des Lebensalltages eingebungen werden.

Probleme

Je nach Aufwand und Komplexitätsgrad setzt ein Blasentraining u. U. eine sehr hohe Motivation voraus, die vor Beginn abgeklärt sein sollte.

Medikamentöse Behandlung

Im Zusammenhang mit der Kombinationsbehandlung noch eine Bemerkung zur medikamentösen Therapie. Aufgrund der außerordentlich hohen Rückfallquoten nach Absetzen der einschlägigen Medikamente, hat die medikamentöse Therapie - obwohl sie sehr weit verbreitet ist - nur einen sehr eng umgrenzten Indikationsbereich. Beispielsweise kann sie sinnvoll sein zur Unterstützung anderer Maßnahmen, etwa in Kombination mit dem Weckgerät, wenn es nicht vorangeht. Weiterhin ist ein medikamentöser Behandlungsversuch zu überlegen, wenn bei sehr ausgeprägter Enuresissymptomatik ein Initialerfolg erzielt werden soll, um die weiteren Maßnahmen in Gang zu bringen und die Motivation zur Zusammenarbeit zu steigern. Auch zu Überbrückung kritischer Phasen - klassisches Beispiel ist der Schulausflug - kann ein Medikament helfen.

Tabelle 24.5 Übersicht Blasentrainings

"Blasentrainings" (verschiedene Formen von "Einhalte-" oder "Unterbrecher-"Trainings, "Retention-Control-Training")	
Indikation	alle Enuresisformen (Vorteil: Patient kann "selbst etwas tun")
Durchführung	• (gesteigerte Flüssigkeitszufuhr) • mehr oder minder systematisches Üben des Einhaltens (z.B. zeitliche Staffelung) • (ggfs genaue Protokollierung der Abläufe)
Probleme	je nach Aufwand und Komplexitätsgrad ist u.U. eine hohe Motivation Voraussetzung

Tabelle 24.6 Übersicht Medikamentöse Behandlung

Medikamentöse Behandlung	
Indikation	• um Initialerfolg (bei sehr ausgeprägter Symptomatik) zu erzielen • zur Überbrückung kritischer Phasen (z.B.Schulausflug) • Untersstützung anderer Maßnahmen (z.B. Weckgerät)
Probleme	außerordentlich hohe Rückfallquoten nach Absetzen (90-100%)

Obwohl eine Vielzahl unterschiedlicher Medikamente zum Einsatz kamen und kommen, haben sich als die bislang wirksamsten Substanzen trizyklische Antidepressiva vom Typ des Imipramin erwiesen (Remschmidt 1992).

Kombinationsbehandlungen ("Breitband"-Verfahren)

In der Literatur werden als eigenständige Verfahren zur Behandlung der Enuresis eine Reihe von Kombinationsbehandlungen dargestellt, die sich nahezu ausschließlich aus den oben abgehandelten Komponenten zusammensetzen. Am bekanntesten sind das „Dry-Bed-Training" von Azrin (Azrin 1974) oder etwa das „Full-Spectrum Home Training" (Houts und Liebert 1984, Houts; Liebert und Padawer 1983). Ein großes Problem dieser z. T. sehr aufwendigen Vorgehensweisen ist der enorme Aufwand, den sie erfordern. Beispielsweise werden für das Dry-Bed-Training Abbruchraten von 60 % der Literatur angegeben (Liebert und Fischel 1990). Dennoch ist es praktisch, u. U. sinnvoll, die aufgeführten Techniken miteinander zu kombinieren. Die Kombination sollte allerdings auf den Einzelfall abgestimmt sein und nicht völlig standartisiert sein.

Interaktionsbezogene Maßnahmen

Indikation

Die Einbettung jeglicher Symptomatik in einen interaktionalen familiären Zusammenhang macht eine besondere Berücksichtigung dieses Kontextes unabhängig von einer konkreten "Technik" erforderlich. Insbesondere auch die Phänomene des "Widerstandes", der "Compliance" sowie der "Kooperationsform" verweisen auf die Bedeutsamkeit des interaktionalen Umfeldes.

Durchführung

Die therapeutische Haltung bzw. das therapeutische Prinzip, - unabhängig von konkreten Maßnahmen und Anweisungen -, den selbständigen, eigenverantwortlichen Umgang des Patienten mit der Symptomatik zu fördern, zielt auf eine Erhöhung der Eigenverantwortlichkeit bzw. Selbstkontrollfähigkeit des Patienten ab, läßt ihn - seinem Alter und Entwicklungsstand gemäß - Verantwortung für sein Symptom übernehmen. Nur allzu oft übernehmen die Erwachsenen (Eltern und Therapeut) in der Therapie eine aktive und das Kind eine passive Rolle, was auf Seiten des letzteren sehr leicht zu Verweigerung, Vermeidung und Widerstand führen kann.

Beispielsweise kann die Maßnahme, das nasse Bett durch den Patienten selber abziehen und beseitigen sowie das Bett neu beziehen zu lassen, die Selbständigkeit des Kindes betonen. Voraussetzung dafür ist allerdings, daß ein derartiges Vorgehen nicht wie es von Seiten der Eltern häufiger geschieht als "Bestrafung" bezeichnet und eingesetzt wird, sondern als ein Schritt, der die Verantwortung des Patienten für seine eigene Symptomatik dokumentiert.

Neben der Schaffung und Förderung von Therapiemotivation und Kooperationsbereitschaft kann damit vor allem eine Veränderung des Stellenwertes, die die Symptomatik in der Eltern-Patient-Beziehung hat, erreicht werden. Beispielsweise ist die Eltern-Patient-Beziehung häufig durch Interaktionsmuster geprägt, die für einen - bislang erfolglosen - Umgang mit der Symptomatik gekennzeichnet war, was wiederum häufig eine angespannte und gereizte Atmosphäre im Familienleben nach sich zog. Die Beschäftigung mit familiären Interaktionsmustern bedeutet naturgemäß ein ganz auf den jeweiligen Einzelfall abgestimmtes Vorgehen. Insofern erstellen die folgenden Beispiele keine generell praktikablen

Vorgehensweisen dar, sondern illustrieren eine Reihe von Möglichkeiten, das Interaktionsgeschehen zu beeinflussen.

An erster Stelle ist dabei das bereits im Zusammenhang mit den "sanften" Maßnahmen erwähnte Unterlassen von abwertenden Äußerungen der Eltern gegenüber dem Patienten, von Vorwürfen, Ermahnungen, gutgemeinten "Erinnerungen" und Anweisungen. (Zum Beispiel Vorwürfe, sich nicht zusammengenommen, konzentriert, bemüht zu haben; Ermahnungen sich zusammenzunehmen, vor allem vor dem abendlichen Zubettgehen; häufiges zur Toilette schicken; Anweisungen, weniger zu trinken oder auch Äußerungen, die die Therapiemotivation bzw. den Leidensdruck des Kindes in Frage stellen bzw. schlichtweg verneinen.)

Auch Settingänderungen bzw. -umstellungen können u. U. große Wirkung zeigen. Beispielsweise kann ein Patient, der bislang in Begleitung seiner Mutter kam, allein kommen. Entscheidungen über die Teilnahme an Klassenfahrten, Freizeiten oder etwa bei Freunden zu übernachten, sollten weitgehend vom Patienten selbst getroffen werden.

Allgemein können alle Schritte, die dem Abbau von Schuldgefühlen, Scham, Minderwertigkeitsgefühlen und ähnlichem mehr dienen, in dieser Kategorie zusammengefaßt werden.

Probleme

Maßnahmen, die sich nur auf den Umgang mit der Enuresis-Symptomatik beziehen, können sich dann als zu kurz oder eng gefaßt herausstellen, wenn andere Probleme oder Symptome letzendlich doch gravierender sind. Der Rahmen der Enuresistherapie ist dann zu verlassen, um sich ggfs. diesen anderen Schwierigkeiten zu widmen.

Symptomunspezifisches Vorgehen

Obwohl vor Beginn der Behandlung durch das psychopathologische Screening sichergestellt werden soll, daß das Einnässen die behandlungsbedürftige Zielsymptomatik darstellt, kann es sich im Verlauf der Therapie herausstellen, daß mehr oder weniger symptomunspezifisch vorgegangen werden muß, d. h., daß Probleme und Symptome zu behandeln sind, die in mehr oder weniger engem Zusammenhang mit der Enuresis stehen. Vor allem bei der sekundären Enuresis sowie der Enuresis diurna kann dies der Fall sein. Folgende Probleme und Verhaltensweisen können das Ziel eigenständiger therapeutischer Bemühungen sein:

Tabelle 24.7 Übersicht Interaktionsbezogene Maßnahmen

Interaktionsbezogene Maßnahmen	
(= Maßnahmen, die den Umgang mit dem Symptom betreffen)	
Indikation	1) E. diurna 2) sekundäre E. nocturna 3) primäre E. nocturna
Durchführung	• Unterlassen von negativen verbalen Äußerungen (wie z.B.: Abwertungen, Vorwürfen, Ermahnungen, "gut gemeinten Erinnerungen", Anweisungen,etc.) • selbständige Beseitigung der Symptomfolgen, z.B Wäsche wechseln, Bett abziehen, u.ä.m. • Settingänderungen, -umstellungen (z.B. Trennung von Patient und Eltern) • "Toilettentraining" bei E. diurna (z.B. feste Toilettenzeiten, etc.)
Probleme	• andere Symtpome stellen sich als behandlungbedürftiger heraus • die Interaktionsstörung ist umfassender, geht über die Enuresisproblematik hinaus

- Mangelnde Selbständigkeit, Eigenverantwortlichkeit, geringes Selbstbewußtsein.
- Leistungs-/Versagensängste (etwa im Hinblick auf den "Erfolg" der Enuresisbehandlung), übersteigerte Leistungsmotivation, familiäre Konflikte (z.B. Geschwisterrivalität).
- Darüber hinaus kann es auch durchaus geschehen, daß sich der Stellenwert der Enuresis insgesamt relativiert und daß - entgegen den Anfangsinformationen - ganz andere psychopathologische Symptome angegangen werden müssen, d. h., daß die Enuresis als nachrangig zu behandeln ist.

24.2 Enkopresis

Wie bei der Enuresis sollen auch für die Enkopresis die wesentlichen Daten über das Störungsbild in einem „Störungsprofil" zusammengefaßt werden (Dilling et al. 1991, Liebert und Fischel 1990, Walker et al. 1989):

Störungsprofil Enkopresis

Das Störungsprofil der Enkopresis ist in Tabelle 24.8 dargestellt.

Tabelle 24.8 Störungsprofil Enkopresis

Definition und Klassifikation
ICD-10-Kategorie: F 98,1; "Wiederholtes willkürliches oder unwillkürliches Absetzen von Faeces normaler oder fast normaler Konsistenz an Stellen, die im soziokulturellen Milieu des betroffenen Kindes dafür nicht vorgesehen sind. Die Störung kann eine abnorme Verlängerung der normalen infantilen Inkontinenz darstellen oder einen Kontinenzverlust, nachdem eine Darmkontrolle bereits vorhanden war, oder sie kann das absichtliche Absetzen von Stuhl an dafür nicht vorgesehenen Stellen trotz normaler physiologischer Darmkontrolle beinhalten." Über die unterschiedlichen Erscheinungsformen der Störung heißt es in den "Diagnostischen Leitlinien": 1. Sie kann in Folge eines unzureichenden Toilettentrainings auftreten. 2. Sie kann eine psychologisch begründete Störung widerspiegeln, bei der eine normale physiologische Kontrolle über die Defäkation vorhanden ist, bei der jedoch aus irgendeinem Grund Ablehnung, Widerstand oder Unvermögen besteht den sozialen Normen bezüglich des Absetzens von Stuhl an annehmbaren Stellen Folge zu leisten. 3. Sie kann von einer physiologischen Retention herrühren, die mit Zurückhalten, sekundärem Überlaufen und Absetzen des Stuhls an umpassenden Stellen einhergeht. In einigen Fällen geht die Enkopresis mit Verschmieren von Kot über den Körper oder die äußere Umgebung einher." (Dilling et al. 1991)
Prävalenz
Je nach Untersuchung und Definition des Störungsbildes werden Prävalenzraten zwischen 0,3% und 8% an enkopretischen Kindern genannt. Beim männlichen Geschlecht tritt das Symptom 4 - 5 mal häufiger auf als beim weiblichen. Ca. 50% - 60% der Kinder waren bereits sauber, d.h. es handelt sich in diesen Fällen um eine sekundäre Enkopresis. Bei fast 100% aller Patienten tritt die Symptomatik nur tagsüber auf.
Ätiologie
Für die funktionale Enkopresis werden im wesentlichen zwei ätiologische Modelle formuliert: a) Enkopresis als Ausdruck einer emotionalen Störung b) Enkopresis als fehlgeschlagener Lernprozeß
Prognose
Die Häufigkeit des Auftretens der Symptomatik nimmt mit dem Alter stark ab und tritt nach dem 7. Lebensjahr nur noch selten auf. Immerhin fand Rutter (1975) in einer Stichprobe von 10-11jährigen aus der Normalbevölkerung noch 1,6% Enkopretiker.

Behandlungskonzeptionen

Die Behandlung der Enkopresis hat in der wissenschaftlichen Literatur bei weitem nicht die Aufmerksamkeit gefunden, die der Enuresistherapie zuteil wurde. Dies mag einmal daran liegen, daß es sich um ein selteneres Störungsbild handelt, das zudem im Erscheinungsbild mehr variiert und nicht zuletzt in der Behandlung aufwendiger, schwieriger und langwieriger ist.

Die Behandlungskonzeptionen sind daher auch uneinheitlicher und variabler als bei der Enuresis. Dennoch bietet sich von der globalen Behandlungsstrategie ein Vorgehen an, wie es bei der Enuresis geschildert wurde. Dies beinhaltet zunächst wiederum eine genaue und ausführliche diagnostische Phase, in der der medizinisch-organischen Abklärung ein besonderer Stellenwert zukommt. Neben dem Ausschluß organischer Ursachen sollte die Behandlungsbedürftigkeit der Enkopresis im Vergleich zu möglichen anderen Symptomen abgeklärt werden, die u. U. vorrangig zu behandeln sind. Erst im Anschluß daran sollten symptomspezifische Informationen erhoben werden über das Erscheinungsbild der aktuellen Symptomatik, mögliche Abhängigkeiten, die Entwicklungsgeschichte der Symptomatik, Vorbehandlungsversuche, das familiäre bzw. das soziale Umfeld (vgl. Enuresis).

Von besonderer Bedeutung in dieser Phase ist auch die Abklärung der Behandlungsmotivation und Kooperationsbereitschaft von Patient und Familie angesichts einer aufwendigen und längeren Behandlung.

Aus der Vielzahl der Behandlungsmethoden und -techniken haben sich eine Reihe von Behandlungskomponenten herauskristallisiert, die eine Kombination verhaltenstherapeutischer und medizinischer Maßnahmen darstellen.

Behandlungskomponenten und -techniken

Die einzelnen Behandlungskomponenten lassen sich in ihrer Abfolge wie folgt darstellen (Liebert und Fischel 1990):

Erreichen eines regelmäßigen, normalen Stuhlganges.

Da die weitaus größte Zahl der enkopretischen Patienten zum retentiven, obstipierten Typ gehört, steht am Anfang oder nach einer kurzen initialen Beobachtungszeit fast immer die Entleerung von Rektum und unterem Kolon sowie die Sicherstellung eines regelmäßigen, nicht schmerzhaften Stuhlgangs. Dies kann durch verschiedene medizinische Maßnahmen wie die Verabreichung von Laxantien erreicht werden. Letztere müssen oft über einen längeren Zeitraum während der Behandlung weitergegeben werden.

Mit in diese Anfangszeit der Behandlung hinein gehört auch eine intensive Beratung von Familie und Patient. Außer den Informationen über die therapeutischen Rahmenbedingungen geht es vorrangig um die Vermittlung von Informationen über die grundlegenden physiologischen Prozesse, die bei der Ausscheidung eine Rolle spielen.

Symptomregistrierung

Über die Bedeutung und Funktion einer schriftlichen Registrierung der Symptomatik wurde bereits bei der Enuresis ausführlich eingegangen. Bei der Enkopresis sind es vor allem zwei Zielverhaltensweisen die registriert werden können. Einmal die Auftretenshäufigkeit und die situativen Bedingungen des Einkotens (unangemessenes Absetzen des Stuhls), zum anderen das erfolgreiche Aufsuchen der Toilette (angemessenes Absetzen des Stuhls).

Toilettentraining

Ziel des Toilettentrainings ist es, durch Vereinbarung fester Toilettenzeiten eine Regelmäßigkeit im Absetzen des Stuhls zu etablieren. Normalerweise werden zwischen zwei und vier feste Zeiten pro Tag vereinbart, die abgestimmt sind auf den Zeitpunkt der Laxantiengabe, Mahlzeiten oder andere alltägliche Abläufe. Je nach Alter und Entwicklungsstand des Kindes und vor allem auch je nach Behandlungsmotivation ("Widerstand") kann oder muß das Toilettentraining entsprechend vorstrukturiert und gegebenenfalls mit Hilfestellungen versehen werden. Beispielsweise kann es erforderlich sein, dem Patienten beizubringen, wie er sich nach dem Absetzen des Stuhls zu reinigen hat.

Sauberkeits- / Hygienetraining

Die Enkopresis eines Patienten kann auch Ausdruck eines Defizits im allgemeinen Hygieneverhalten sein. Daher ist es häufig über das Toilettentraining hinaus erforderlich, mit dem

Patienten zu vereinbaren, wie er sich im Falle des Einkotens zu verhalten hat und ihm gegebenenfalls dafür Hilfestellungen zu geben. Dies beinhaltet den Kleiderwechsel, das Beseitigen der schmutzigen Wäsche an einen angemessenen Platz und die anschließende Selbstreinigung. Darüber hinaus kann es notwendig sein, auch in anderen Hygienebereichen zu intervenieren, beispielsweise dafür Sorge zu tragen, daß der Patient sich - unabhängig vom Einkoten - regelmäßig wäscht, duscht, die Kleider wechselt etc.

Operante Techniken

Der Einsatz operanter Techniken, und hier vor allem die systematische positive Verstärkung von erwünschten und angemessenen Verhaltensweisen, hat sich auch in der Behandlung der Enkopresis sehr bewährt. In der Form von schriftlich fixierten operanten Verstärkerplänen stellt diese Technik einen zentralen Bestandteil vieler Behandlungsprogramme dar.

Es sei noch darauf hingewiesen, daß es insbesondere bei retentiven, obstipierten Patienten darum geht, das angemessene Absetzen des Stuhles zu verstärken und nicht das Nicht-Einkoten, da dies die Obstipation verstärken kann.

Familienbezogene Maßnahmen

Die Einbettung der Enkopresissymptomatik in die familiäre Interaktion macht auch in diesem Bereich Interventionen nötig. Diese können sich richten auf den Umgang mit der Symptomatik, auf Erwartungen, die von den Eltern an den Patienten oder auch an die Behandlung gerichtet sind. Für eine erfolgreiche Behandlung ist die Zusammenarbeit mit der Familie, die Aufrechterhaltung von Behandlungsmotivation und Kooperationsbereitschaft von ausschlaggebender Bedeutung.

24.3 Abschließende Bemerkungen

Zwei abschließende Bemerkungen seien noch zur Behandlung von Enuresis und Enkopresis gemacht.

Zunächst ist noch einmal auf die überragende Bedeutung einer guten Zusammenarbeit zwischen Therapeut und Familie hinzuweisen. Die Aufrechterhaltung der Behandlungsmotivation und der Kooperationsbereitschaft bildet die Basis für den Einsatz aller konkreten Einzeltechniken, die ohne eine derartige interaktionelle Einbettung in ihrer Effektivität sehr zu relativieren sind.

Die Beendigung der Behandlung sollte nicht abrupt erfolgen, sondern gleichsam langsam auslaufen. Wenn Patient und Familie die Möglichkeit haben, bei Rückfällen und anderen Schwierigkeiten sich jederzeit wieder an den Therapeuten wenden zu können, stellt dies eine große Entlastung dar. Andererseits vermittelt die Vereinbarung von katamnestischen Terminen auch mehr Sicherheit und Vertrauen.

Weiterführende Literatur:

Grosse, S.: Bettnässen. 2. Aufl. Psychologie Verlags Union, München 1991.
Stegat, H.: Enuresis. In: Pongratz, L.J. (Hrsg.): Handbuch der Psychologie, Bd. 8.2 (Klinische Psychologie), 2626-2665. Hogrefe, Göttingen 1978.
Buchanan, A.: Children who soil. John Wiley & Sons, Chichester 1992.

LITERATUR:

Azrin, N.H.; Sneed, T.J.; Fox, R.M.: Dry Bed Training: Rapid elimination of childhood enuresis. Behaviour Research and Therapy 12, 147-156, 1974.
Dilling, H.; Mombour, W.; Schmidt, M.H. : Internationale Klassifikation psychischer Störungen, 1.Aufl. Verlag Hans Huber, Bern 1991.
Grosse, S. : Bettnässen, 2.Aufl. Psychologie Verlags-Union, Weinheim 1991.
Grosse, S.: Enuresis. In: Steinhausen, H.-C.; Aster, M.v. (Hrsg.): Handbuch Verhaltenstherapie und Verhaltensmedizin bei Kindern und Jugendlichen, 433-460. Psychologie Verlags-Union, Weinheim 1993.
Houts, A.C.; Liebert, R.M.: Bedwetting. Charles C. Thomas, Springfield, Ill. 1984.
Houts, A.C.; Liebert, R.M.; Padawer, W.: A delivery system for the treatment of primery enuresis. Journal of Abnormal Child Psychology 11, 513-520, 1983.
Liebert, R.M.; Fischel, J.E.: The Elimination Disorders. In: Lewis, M.; Miller, S.M. (Eds.): Handbook of Developmental Psychopathology, 421-429. Plenum Press, New York 1990.

Mattejat, F.; Quaschner, K.: Zur ambulanten Behandlung von Enuretikern. Zeitschrift für Kinder- und Jugendpsychiatrie 13, 212-229, 1985.

Quaschner, K.; Mattejat, F.: Kooperation und Behandlungsabbruch: Eine Untersuchung zum Verlauf von Therapien bei Kindern mit Enuresis. Zeitschrift für Kinder- und Jugendpsychiatrie 17, 119-124, 1989.

Remschmidt, H.: Reaktive, alterstypische und neurotische Störungen. In: Schulte, F.J.; Spranger, J. (Hrsg.): Lehrbuch der Kinderheilkunde, 27. Aufl. 795-806. Gustav Fischer Verlag, Stuttgart 1993.

Schmidt, N.J.; Esser, G.: Einflüsse auf die Effizienz der verhaltenstherapeutischen Behandlung der Enuresis. Zeitschrift für Kinder- und Jugendpsychiatrie 9, 217-232, 1981.

Stegat, H.: Enuresis. In: Pongratz, L.J. (Hrsg.): Handbuch der Psychologie - Klinische Psychologie, 2626-2665. Hogrefe, Göttingen 1978.

Walker, C.E.; Kenning, M.; Faust-Campanile, J.: Enuresis and Encopresis. In: Mash, E.J.; Barkley, R.A. (Hrsg.): Treatment of Childhood Disorders, 423-448. Guilford Press, New York 1989.

25. Legasthenie und Rechenstörungen

Andreas Warnke und Gerhard Niebergall

25.1 Einleitung

Legasthenie (Lese- und Rechtschreibstörung) sowie Rechenstörungen haben wie kaum eine andere "Entwicklungsstörung" einen engen Bezug zur Schule. Die bei einem Schulkind damit verbundenen Konflikte wirken sich inner- und außerhalb des Schulunterrichts aus und führen nicht selten zu einer psychogen begründeten Störung ("sekundären Neurotisierung") mit einem breiten Spektrum von Symptomen. Nach neurosenpsychologischer Auffassung sind für die vielfältigen psychischen Symptome und Verhaltensstörungen Konflikte zwischen dem Wunsch einerseits und dem Unvermögen andererseits, gute Leistungen in der Schule zu erbringen, verantwortlich. Die sich ständig wiederholenden Überforderungssituationen und Selbstwertverletzungen in Verbindung mit dem Schulbesuch können von diesen Schülern oft nur unzureichend kompensiert werden. Die Konflikte für sie potenzieren sich ohne Behandlungsmaßnahmen zu einem "Circulus Vitiosus" zwischen Schule und Elternhaus sowie den Beziehungen zu ihrer "peer-group" (siehe Abb. 25.1).

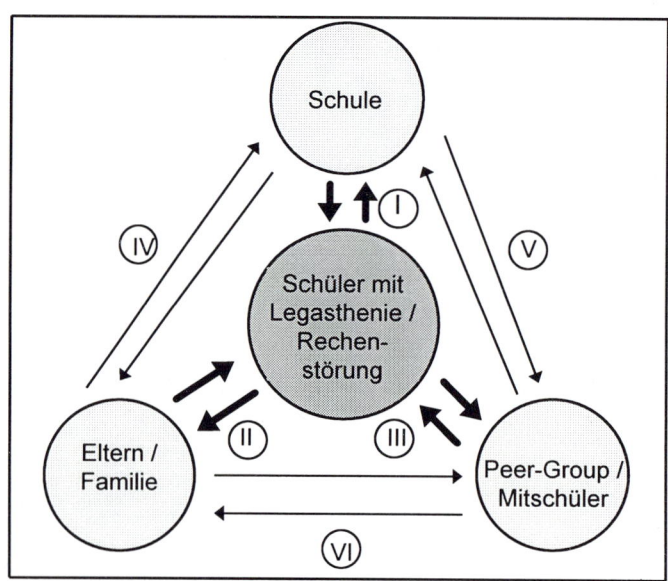

Abb. 25.1 Circulus Vitiosus durch verschiedene Konfliktbereiche für Schüler mit einer Legasthenie oder Rechenstörung

Die Konfliktbereiche I bis IV in Abb. 25.1 tangieren die betreffenden Schüler dabei unmittelbar, weniger involviert sind sie bei dem Konfliktbereich V, der aber entstehen kann, wenn sich Mitschüler im Rahmen der Beschulung auf ihre Seite stellen. Die daraus resultierende Sekundärsymptomatik unterscheidet sich nicht wesentlich zwischen Schulkindern mit einer Legasthenie und einer Rechenstörung. Aus dieser Skizzierung ergibt sich, daß die Behandlungsmaßnahmen vielfältig sein müssen: Individuelle psychotherapeutische Maßnahmen wegen der psychischen Symptomatik mit Integration der Eltern (Familien) und Koordinierung der Maßnahmen mit Lehrerinnen und Lehrern. Unbedingt müssen nach einer entsprechenden Diagnostik funktionelle Übungsbehandlungsmethoden durchgeführt werden. Dabei ist das Vorgehen bei Patienten mit einer Legasthenie und mit einer Rechenstörung selbstverständlich unterschiedlich, so daß in diesem Kapitel die allgemeinen Prinzipien der Behandlungsmaßnahmen gemeinsam für beide Störungen, die der Übungsbehandlung getrennt dargestellt werden.

25.2 Störungsprofile, Definitionen, Klassifikationen, Diagnostik

Legasthenie

Legasthenie bezeichnet die umschriebene Schwäche im Erlernen des Lesens und der Rechtschreibung.

Die Symptomatik der Lesestörung zeigt sich in einem langsamen, fehlerhaften, entweder stockenden oder flüchtigschnellen Lesefluß. Beim lauten Lesen werden Buchstaben und Worte ausgelassen, verdreht oder ersetzt. Die Analyse eines Wortes in Einzelbuchstaben und die Synthese der Buchstaben zum Wort ist gestört (Weinschenk, 1965). Die Rechtschreibung ist extrem fehlerhaft, teilweise kommt es zu Wortverstümmelungen. Dies ist auch dann der Fall, wenn das Kind sich sprachlich korrekt artikuliert und die Wörter mündlich selbst diktiert (siehe Beispiel für eine ausgeprägte Rechtschreibstörung, Tab. 25.1).

Als *primäre* Begleitmerkmale sind expressive und/oder rezeptive Sprachentwicklungsstörungen, umschriebene Rechenstörungen sowie Störungen der motorischen Entwicklung relativ häufig. Eher selten haben Kinder mit einer Legasthenie Schwächen bei der visuellen Wahrnehmung (etwa 10%).

Als *sekundäre* Begleitstörungen können sich psychopathologische Symptome ausbilden ("sekundäre Neurotisierung"). Dabei zeigen sich vor allem

- Störungen im Lern- und Leistungsverhalten (überwiegend mangelnde, seltener übermäßige Leistungshaltung),

Tabelle 25.1 Ergebnisse eines Schülers mit schwerer Legasthenie in Rechtschreibtests bei einer 8jährigen Verlaufsuntersuchung

Alter der Patienten	9;6	11;6	12;6	15;9	17;9
Schulklasse	3	5	5 (Wiederholung)	8 (Schulwechsel)	10
Rechtschreibtest	DRT 3	WRT 4/5	WRT 4/5	WRT 6+	RST 8+
Normwerte	Grundschule	Gymnasium	Gymnasium	Gymnasium	Hauptschule
Prozentrang	1	0	0	0	56

(Zur Anwendung kamen je Klassenstufe unterschiedliche Rechtschreibtests, deren Ergebnisse nicht unmittelbar vergleichbar sind, dennoch die Rechtschreibungsentwicklung dieses Patienten in Verbindung mit der Abb. 25.2 gut dokumentieren. Mit dem Patienten wurde eine langjährige Legasthenietherapie in Verbindung mit einer psychotherapeutischen Betreuung und kontinuierlichen Beratungsgesprächen mit den Eltern durchgeführt. Entscheidende Verbesserungen erzielte er jedoch erst im Alter zwischen 15 und 18 Jahren nach einem Schulwechsel. Intelligenzbefund (HAWIK) zu Beginn der Untersuchung: IQ = 127).

- emotionale Störungen (Angst und depressive Verstimmungszustände, ausgeprägte schulische Versagensängste / Verweigerung des Schulbesuches),
- hyperaktive Symptomatik (Bewegungsunruhe und Konzentrationsschwächen),
- psychosomatische Symptome (Kopf- und Bauchschmerzen, Übelkeitsgefühle im funktionellen Zusammenhang mit Schulleistungsanforderungen),
- Störungen im Sozialverhalten (schulische Disziplinschwierigkeiten, Kontaktstörungen, Aggressivität, Hausaufgabenkonflikte, Dissozialität). Es bilden sich in Einzelfällen schwere Störungen der Eltern-Kind-Beziehung aus (Übersichten hierzu bei Weinschenk, 1965; Warnke, Remschmidt, Niebergall, 1989).

Bei der Vorstellung eines jeden Schulkindes in einer pädiatrischen oder kinder- und jugendpsychiatrischen Praxis bzw. Institution muß bei der Vielfalt dieser sekundären Symptomatik differenzialdiagnostisch also immer auch an spezifische Teilleistungsstörungen gedacht werden.

Nach ICD 10 (Dilling et al., 1991) bzw. dem multiaxialen Klassifikationsschema für psychische Störungen des Kindes- und Jugendalters (Remschmidt und Schmidt, 1994) zählen die Lese- und Rechtschreibstörung sowie die Rechenstörung zu den "umschriebenen Entwicklungsstörungen". Die umschriebenen Entwicklungsstörungen schulischer Fertigkeiten sind danach von frühen Entwicklungsstadien an vorhanden. Sie sind "nicht einfach eine Folge eines Mangels an Gelegenheit zu lernen, auch nicht allein als Folge einer Intelligenzminderung oder irgendeiner erworbenen Hirnschädigung oder -erkrankung aufzufassen. Der Leistungsstand des Kindes soll eindeutig unter dem liegen, der für ein Kind von gleichem geistigen Alter erwartet wird. Es sollte eine schulische Bewertung vorliegen, die bei weniger als 3 % der Schulkinder erwartet wird." Weiter wird eine Unterscheidung zwischen Lese- und Rechtschreibstörung (F 81.0) sowie einer isolierten Rechtschreibstörung (F 81.1) getroffen. Es wird ausgeführt: "Das Leseverständnis, die Fähigkeit, gelesene Worte wiederzuerkennen, vorzulesen, und Leistungen, für welche Lesefähigkeit nötig ist, können sämtlich betroffen sein. Bei

umschriebenen Lesestörungen sind Rechtschreibstörungen häufig und persistieren oft bis in die Adoleszenz, auch wenn einige Fortschritte im Lesen gemacht werden. Bei der isolierten Rechtschreibstörung ist das Hauptmerkmal eine umschriebene und bedeutsame Beeinträchtigung der Entwicklung von Rechtschreibfertigkeiten, ohne Vorgeschichte einer Lesestörung. Sie ist nicht allein durch ein zu niedriges Intelligenzalter, durch Visusprobleme oder unangemessene Beschulung erklärbar. Die Fähigkeiten, mündlich zu buchstabieren und Wörter korrekt auszuschreiben, sind beide betroffen."

Von diesen Definitionen abweichend sind die Formulierungen der gegenwärtig gültigen Verordnungen der Bundesländer, die auf einem Beschluß der Konferenz der Kultusminister von 1978 beruhen. So definiert z.B. die Verordnung des Hessischen Kultusministeriums (vom Oktober 1985): "Lese- und/oder Rechtschreibschwierigkeiten sind als Sammelbegriff für erhebliche und langdauernde Auffälligkeiten beim Erlernen der Schriftsprache (Lesen, Schreiben, Rechtschreiben) oder späterhin bei ihrem Gebrauch zu verstehen." Der Begriff bzw. die Diagnose "Legasthenie" ist dort - ebenso wie in der ICD 10 - nicht mehr enthalten, lediglich in Parenthesen "legasthene Störung".

Die Prävalenz der Legasthenie liegt im Schulalter zwischen 2 bis 8 %, wobei eine besonders schwere Ausprägung bei 1 % der Gesamtbevölkerung anzunehmen ist.

Ätiologisch ist an mehrere Ursachen zu denken. Bei der Komplexität der Fähigkeiten, die dem Erlernen des Lesens und Rechtschreibens zugrundeliegen, sind bei einer Störung dieses Prozesses polyätiologische Faktoren wahrscheinlich. Nach dem gegenwärtigen Forschungsstand werden bei der Diskussion der Verursachung dieser Störung Subgruppen gebildet. Relativ gesichert ist der Befund, daß legasthene Kinder hochspezifisch daran scheitern, visuell vorgegebene Informationen mit sprachlich Codiertem zu verknüpfen (Lesen) und umgekehrt verbalisierte Sprache in visuell kontrollierte graphomotorische Schriftsprache (Rechtschreibung) umzusetzen. Dabei handelt es sich vermutlich um eine angeborene Disposition, die teilweise genetisch, teilweise aber auch durch prä- und perinatale cerebrale Entwicklungsabweichungen und -störungen begründet ist. Wie bei jeder biologischen Disposition ist auch bei einer Legasthenie davon auszugehen, daß die Manifestation und der Ausprägungsgrad ganz erheblich von Lebenslaufeinflüssen, insbesondere von Unterrichtsvariablen und neben dem pädagogischen Milieu in der Schule durch familiäre Bedingungen mitbestimmt werden. Forschungsergebnisse und praktische Erfahrungen im Umgang mit dieser klinischen Population lassen es absurd erscheinen, daß von einigen Autoren noch immer die Existenz des Syndroms als nosologische Entität überhaupt in Frage gestellt wird.

Zur Diagnostik der Legasthenie

Die klinische Diagnostik der Primärsymptome einer Legasthenie sollte die in Tab. 25.2 wiedergegebenen Etappen umfassen: eine Überprüfung des Alphabets, das Spontan- und Diktatschreiben sowie das Lesen von mehrziffrigen Zahlen, Buchstaben, Wörtern und Sätzen. Bei Verdacht einer Rechtschreibstörung sollte ein regelrechter Rechtschreibtest eingesetzt werden. Diese sind mittlerweile für alle Klassenstufen und Erwachsene entwickelt worden (siehe Beispiel Abb. 25.2).

Tabelle 25.2 Diagnostik der Legasthenie, Primärsymptomatik (nach Niebergall, 1987)

Diagnostik der Legasthenie (Primärsymptomatik)
1. Zahlendiktat 2. Buchstabendiktat (o.B.) 3. Abschreiben von Wörtern und Texten (o.B.) 4. Zahlenlesen (o.B.) 5. Buchstabenlesen (o.B.) 6. Leseprobe (Wörter, Text) (oft verlangsamt, stokkend, falsch) 7. Lautieren von Wörtern (o.B.) 8. Schreiben von Wörtern (fehlerhaft, gestört)
Zusätzlich: • Intelligenzdiagnostik • Lese- und Rechtschreibtests • Ärztliche Untersuchung (Sinnesbehinderungen; neurologische Erkrankungen; apparative und Labordiagnostik) • Anamnese (Eigen- und Familienanamnese)

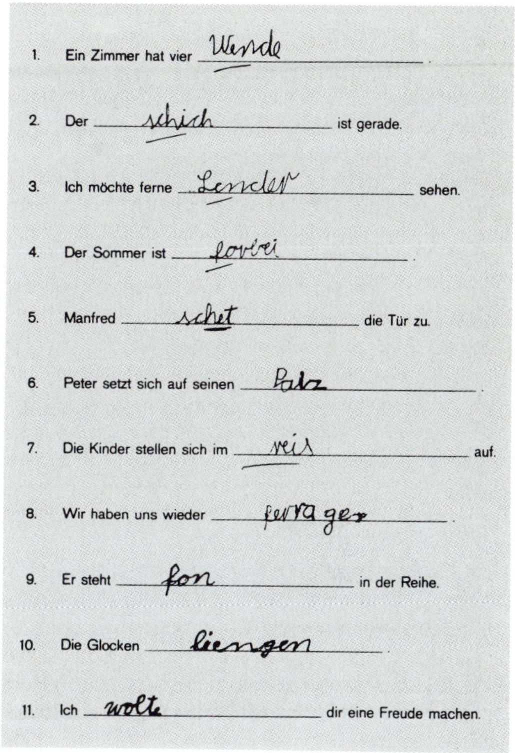
1. Ein Zimmer hat vier Wende.
2. Der schich ist gerade.
3. Ich möchte ferne Lender sehen.
4. Der Sommer ist forbei.
5. Manfred schet die Tür zu.
6. Peter setzt sich auf seinen Palz.
7. Die Kinder stellen sich im reih auf.
8. Wir haben uns wieder ferrager.
9. Er steht fon in der Reihe.
10. Die Glocken liengen.
11. Ich wolte dir eine Freude machen.

Abb. 25.2a Ausschnitt eines diagnostischen Rechtschreibtests (DRT 3) des Patienten (Alter 9;6 Jahre) mit schwerer Legasthenie (vgl. Tab. 25.1). Das Ergebnis entspricht einem Prozentrang von 1.

Erforderlich sind eine genaue organische (Sinnesbehinderungen) und neurologische (frühkindliche Hirnschädigung) Diagnostik sowie eine umfassende Intelligenzdiagnostik. Dabei muß eine Diskrepanz zwischen dem Abschneiden in einem Intelligenztest und in einem Rechtschreibtest ein bestimmtes Ausmaß haben, um eine isolierte Lese- und Rechtschreibstörung festzustellen. Die Ergebnisse in den Rechtschreibtests lassen sich in Prozentränge transformieren. Traditionell wird eine Legasthenie diagnostiziert, wenn das Ergebnis schlechter als das der übrigen 85 oder 90 Prozent der Referenzpopulation ist und der zusätzlich erhobene Intelligenzbefund mindestens im statistischen Durchschnittsbereich liegt. Gegen diese operational definierte Diagnose und die ausschließliche Anwendung von Diskrepanzkriterien sind zahlreiche Einwände erfolgt (vgl. Warnke, 1990), die hier nicht wiedergegeben werden können.

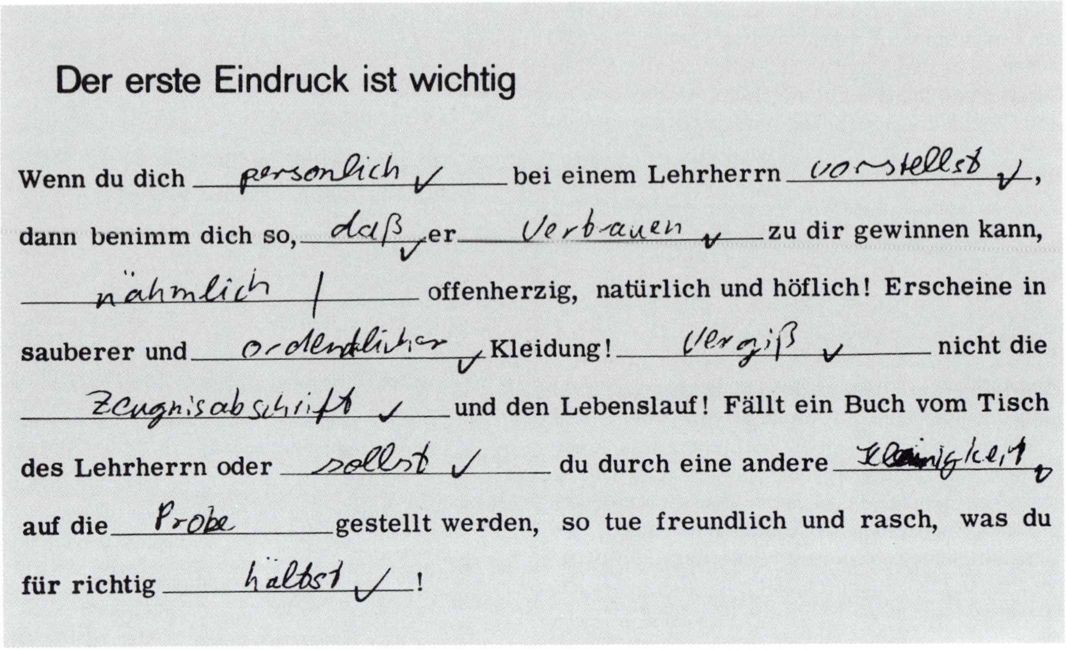

Der erste Eindruck ist wichtig

Wenn du dich ___persönlich___ ✓ bei einem Lehrherrn ___vorstellst___ ✓,

dann benimm dich so, ___daß___ er ___Verbauen___ ✓ zu dir gewinnen kann,

___nähmlich___ ✓ offenherzig, natürlich und höflich! Erscheine in

sauberer und ___ordentlicher___ ✓ Kleidung! ___Vergiß___ ✓ nicht die

___Zeugnisabschrift___ ✓ und den Lebenslauf! Fällt ein Buch vom Tisch

des Lehrherrn oder ___sollst___ ✓ du durch eine andere ___Kleinigkeit___ ✓

auf die ___Probe___ gestellt werden, so tue freundlich und rasch, was du

für richtig ___hältst___ ✓ !

Abb. 25.2b Ausschnitt eines diagnostischen Rechtschreibtests (RST 8+) des Patienten (Alter 17;9 Jahre) mit schwerer Legasthenie (vgl. Tab. 25.1). Das Ergebnis entspricht einem Prozentrang von 56.

Rechenstörungen

Eine Rechenstörung kann als eine spezifische Entwicklungsstörung (primäre Rechenstörung) bei dem Erwerb der Rechenfertigkeiten auftreten, ferner als erworbene Störung infolge einer Hirnschädigung, die zum Verlust von bereits vorhandenen Rechenfähigkeiten führt (Dyskalkulie oder Akalkulie). Rechenstörungen können sich auch als Folge einer cerebral verursachten Gedächtnisstörung einstellen, mangelhafte Rechenleistungen sind weiter ein Symptom bei einer angeborenen oder erworbenen allgemeinen intellektuellen Behinderung, schließlich kann eine Rechenstörung das Resultat einer psychogenen Dynamik sein. In diesem Abschnitt stehen besonders die Aspekte der Diagnostik und Therapie einer Rechenstörung als eine spezifische Entwicklungsstörung im Vordergrund. Nach ICD 10 (Dilling et al., 1991) wird Rechenstörung definiert: "Diese Störung beinhaltet eine umschriebene Beeinträchtigung von Rechenfertigkeiten, die nicht allein durch eine allgemeine Intelligenzminderung oder eine eindeutig unangemessene Beschulung erklärbar ist. Das Defizit betrifft die Beherrschung grundlegender Rechenfertigkeiten, wie Addition, Subtraktion, Multiplikation und Division, weniger die höheren mathematischen Fertigkeiten... Die Rechenleistung des Kindes muß eindeutig unterhalb des Niveaus liegen, welches aufgrund des Alters, der allgemeinen Intelligenz und der Schulklasse zu erwarten ist. Dies wird am besten auf der Grundlage eines standardisierten Einzeltests zur Rechenfähigkeit beurteilt...".

Nach epidemiologischen Untersuchungsergebnissen haben etwa 2 % der Grundschüler Symptome einer "Primären Rechenstörung" (Remschmidt et al., 1990). Kultusministerielle Verordnungen wie bei einer Lese- und Rechtschreibstörung existieren für diese Schülerpopulation nicht.

Den meisten Menschen, die im Umgang mit Rechenaufgaben geübt sind, ist es nicht bewußt, daß es sich bei dem Erwerb der Grundlagen der Rechenfertigkeiten um einen qualitativen Lernprozeß handelt, der sich nach Weinschenk (1975) mit folgenden sechs Positionen hinreichend beschreiben läßt:

1. Zahlworte des Anfangs der Zahlenreihe müssen in der richtigen Reihenfolge beherrscht werden.

2. Der richtige Inhalt der Zahlwörter ist in Form konkreter Mengen zuzuordnen und umgekehrt.

3. Konkrete Mengen werden auch von Abbildungen abgelöst.

4. Übergang zu abstrakten gegenständlichen Korrelaten. An die Stelle von Anzahlen konkreter Dinge wie etwa Äpfel treten jetzt Anzahlen von Strichen, Punkten und ähnlichen Dingen, die die entsprechenden Mengen der Gegenstände aller möglichen Arten repräsentieren. Diese relativ abstrakten gegenständlichen Anschauungen der Zahlbegriffe sind allgemein gültig und übertragbar. Sie stellen das begrifflich-gegenständliche anschauliche Korrelat der Zahlbegriffe dar.

5. Die Ziffern des Anfangs der Zahlenreihe unseres dezimalen Positionssystems werden erlernt.

6. Es ist die Fähigkeit zu erwerben, sich die gegenständlichen Korrelate der Zahlbegriffe auch durch bloßes Vorstellen - im Unterschied zum Wahrnehmen - zu vergegenwärtigen.

Eine Rechenschwäche äußert sich hiernach besonders bei fehlender oder mangelhaft ausgebildeter Position 6.

Das Curriculum für die Grundschule sieht vor, daß Schulkinder in der ersten Klasse den Umgang mit Zahlen (Additions- und Subtraktionsaufgaben) im Zahlenraum bis 20 in der 2. Klasse bis 100 (einschließlich Multiplikations- und Divisionsaufgaben), in der 3. Klasse bis 1.000 (Erwerb schriftlicher Methoden beim Zahlenrechnen) und in der 4. Klasse bis über 1 Mio. erlernen. Grundschullehrer machen hierbei die Beobachtung, daß die Rechenstrategien der Kinder in individuell unterschiedlicher Weise erworben werden und eine beträchtliche Varianz aufweisen, daß darüber hinaus für viele Schulkinder jeweils eine große Schwierigkeit bei dem Über-

schreiten eines neuen 10er-Schritts im Zahlensystem auftritt.

Zur Diagnostik der Rechenstörung

Schulkinder mit einer Rechenstörung fallen durch eine Diskrepanz der Leistungen im Rechnen gegenüber anderen Schulfächern auf. Wie bei Patienten mit einer Legasthenie entwickelt sich bei ihnen eine Sekundärsymptomatik, die sich in der psychischen und somatischen Befindlichkeit sowie in Verhaltensabweichungen manifestiert. Erforderlich für eine Diagnose ist eine Intelligenzdiagnostik und eine Analyse der vorhandenen Rechenfertigkeiten, wobei sich für verschiedene Altersstufen standardisierte und normierte Rechentests einsetzen lassen.

In der klinischen Praxis hat es sich bewährt, entsprechend der "6 Positionen" (Weinschenk, 1975) vorzugehen und mit Aufgaben der Grundrechnungsarten im Zahlenraum bis 100 zu überprüfen, ob diese beherrscht werden. Dabei sind relativ wenige Aufgaben ausreichend, um festzustellen, welche der qualitativen Schritte beim Erwerb der Rechenfertigkeiten noch nicht erworben sind. In der Regel scheitern rechenschwache Schüler dabei, sich die gegenständlichen Korrelate der Zahlbegriffe durch bloßes Vorstellen zu vergegenwärtigen. Dabei ist regelmäßig die Beobachtung zu machen, daß diese Kinder konkret-anschauliche Hilfsmittel, z.B. die Finger oder andere Gegenstände, einsetzen, um die Ergebnisse regelrecht auszuzählen, weil sie noch nicht gelernt haben, abstrakte Rechenoperationen durchzuführen. Eine relativ sichere Diagnose läßt sich in dieser Hinsicht bei Kindern gegen Ende des 2. Schuljahres stellen. Aus den Ergebnissen der qualitativen Analyse der vorhandenen Rechenfertigkeiten ergeben sich dann Anhaltspunkte für therapeutische Maßnahmen.

25.3 Zur Therapie

Allgemeine Prinzipien

Die Behandlung einer Legasthenie und einer Rechenstörung umfaßt mehrere Aspekte. Dies sind:

- Beratungen der Patienten, der Eltern und Lehrer;

- Psychotherapie hinsichtlich einer emotionalen und Verhaltensstörung;
- eventuell regelrechtes Elterntraining;
- Eruierung sozialrechtlicher Hilfen und Finanzierungsmöglichkeiten, z.B. im Rahmen des Bundessozialhilfegesetzes (BSHG), des Kinder- und Jugendhilfegesetzes (KJHG) sowie durch die Krankenkassen.

Die auf das individuelle Kind direkt bezogenen Maßnahmen beinhalten eine Psychotherapie einschließlich einer Motivierungsphase für die gezielte Übungsbehandlung, eine funktionelle Übungsbehandlung des Lesens und Rechtschreibens bzw. des Rechnens und assoziativer Funktionen (Konzentrationsfähigkeit, visuo-motorische Koordinationsfähigkeit, spezifisches Sprachverständnis), die Vermittlung einer angemessenen psychischen Verarbeitung der Teilleistungsschwäche, die Behandlung sekundärer psychischer Symptome. Dabei ist es sinnvoll, Übungsbehandlungen in der Einzelsituation zu beginnen und einen Transfer der Übungsfortschritte in die Schulsituation zu gewährleisten, wobei neben ambulanten Therapiemaßnahmen bei einer besonders ausgeprägten Störung auch stationäre und teilstationäre Behandlungsmaßnahmen in Frage kommen. Neben einer mit den Patienten durchzuführenden Therapie sind die Bereiche Familie und Schule, wo sich die primären und sekundären Symptome besonders ausgeprägt zeigen, mit einzubeziehen.

Die Erläuterung der Diagnosen "Legasthenie" bzw. "Rechenstörung" für das Kind und seine Eltern steht am Anfang der Behandlung. Da sich bis zu diesem Beratungszeitpunkt oft Vorurteile, Schuldzuweisungen, Schuldgefühle und beim Kind Selbstwertprobleme aufgebaut haben, kommt es nach der Erklärung der Diagnose darauf an, sich den psychischen Verletzungen, die das Kind und die Angehörigen der Familie erfahren haben, zuzuwenden. Wünsche und Zielsetzungen hinsichtlich der Schul- und Berufsentwicklung sind mit Konflikten verbunden, die nun den Beteiligten deutlich gemacht werden sollten. Aus der Analyse der Alltagssituationen, für die die Patienten und die Eltern eine Entlastung und Unterstützung besonders dringend benötigen, ergeben sich die ersten Ansatzpunkte für die regelrechte Therapie. Wichtig sind Informationen, daß diese Teilleistungsstörungen weder das Resultat von Faulheit und Dummheit des Kindes sind, noch des Versagens der elterlichen Erziehung oder der didaktischen Bemühungen eines Lehrers.

Fast immer läßt sich beobachten, daß die Kinder außerordentlich entlastet sind, wenn ihnen etwa sinngemäß gesagt wird: "Du hast eine Lese- und Rechtschreibschwäche (respektive Rechenstörung). Warum ausgerechnet Du sie hast, weiß niemand. So wie manche Kinder sehr musikalisch, andere unmusikalisch sind, manche Menschen besser sehen, andere weniger gut und daher eine Brille tragen, so fällt es Dir schwerer als den meisten anderen Kindern, richtig Lesen und Rechtschreiben (Rechnen) zu lernen. Daran hast Du keine Schuld. Du bist klug genug, um Dir wesentlich bessere Leistungen anzueignen. Aber Du brauchst dafür mehr Zeit als andere Schüler, viel Geduld, Mühe, Fleiß und nicht zuletzt die Unterstützung durch Deine Eltern, Deine Lehrer und andere Fachleute".

Die weitere Unterstützung der Familie hat drei Schwerpunkte:

1. Die Behandlung von familiären Konfliktsituationen, die sich aus der Lern-Leistungsproblematik des Kindes im familiären Alltag ergeben. In den schwersten Fällen bestehen bereits sehr spannungsreiche Eltern-Kind-Beziehungen und nicht selten erhebliche reaktive Depressionen beim Kind und den Eltern (Müttern). Dieser Behandlungsinhalt ist Teil der Therapie intrapsychischer und intrafamiliärer Probleme (siehe unten).

2. Eine Anleitung der Eltern zur Hausaufgabenhilfe. Bei Kindern mit einer Legasthenie oder einer Rechenstörung sind die Hausaufgabensituationen eine sehr schwierige pädagogische Alltagsaufgabe. Hausaufgaben werden allzuoft mit gegenseitigem Bedrängen, Vorwürfen und Tränen, manchmal täglich über mehrere Stunden regelrecht "bestritten". Diese Bemühungen können unter Umständen nicht verhindern, daß die Schüler aus der Schule den Kommentar eines Lehrers mitbringen "bitte bei den Hausaufaben mehr üben". Diese Konflikte entstehen nahezu gesetzmäßig (Warnke, 1987; Warnke, Niebergall, Remschmidt, 1989). Doch sind nicht wenige Eltern nach entsprechender Beratung mit Hinweisen für den Umgang mit diesen Teilleistungsstörungen in der Lage, ihre Kinder zu unterstützen und die emotionalen Probleme bei ihnen aufzufangen. Doch kommt es andererseits auch zu erheblichen Störungen in der Beziehung zwischen diesen Kindern und ihren Eltern, die Anlaß dafür sind, den Eltern abzuraten, sich selbst bei den Hausaufga-

bensituationen zu beteiligen. Damit die von den Eltern ergriffenen Maßnahmen erfolgversprechend sind, müssen bei ihnen einige Voraussetzungen vorhanden sein: Einsichtsfähigkeit in die Eigenart der spezifischen Lernschwierigkeiten ihrer Kinder, Geduld im Umgang mit ihnen, genügend Zeit für die Hausaufgabenbetreuung, pädagogisch zweckmäßige Hilfen für eine Entlastung der Kinder, Fähigkeiten für das Führen produktiver Absprachen mit der Schule und Koordinierung der Maßnahmen zwischen den Lehrern und dem Elternhaus (vgl. Firnhaber, 1990).

3. Unterstützung der Kooperation zwischen Elternhaus und Schule für eine spezifische Förderung des betreffenden Kindes.

Grundlage für Hilfen im schulischen Bereich für Patienten mit einer Legasthenie ist die Empfehlung der Kultusministerkonferenz (vom 20.04.1978). Daraus sind Verordnungen für die einzelnen Bundesländer entstanden, die in den wesentlichen Punkten übereinstimmen und z.B. festlegen, daß schriftliche Arbeiten (Diktate) nicht benotet werden, wenn die Note schlechter als "ausreichend" ausfällt, daß bei anderen schriftlichen Arbeiten die Fehler in der Rechtschreibung nicht bewertet werden (ebenso in Fremdsprachen), daß besondere Schwierigkeiten beim Lesen und Rechtschreiben kein ausschließlicher Grund für eine Nichtversetzung sind und daß gezielte Fördermaßnahmen dieser Schulkinder in der Schule durchgeführt werden müssen, wenn sie als solche mit "besonderen Schwierigkeiten beim Erlernen des Lesen, Schreibens und Rechtschreibens" (Verordnung des Kultusministeriums in Hessen vom Oktober 1985) gelten (für Kinder mit Rechenstörungen sind vergleichbare, ebenfalls dringend erforderliche kultusministerielle Verordnungen noch nicht erlassen worden).

Bei schweren Formen der Legasthenie (und ebenso der Rechenstörung) haben sich die Maßnahmen in der Schule, Förderkurse, die in der Regel in Gruppen durchgeführt werden, als nicht ausreichend erwiesen. (Bei schweren Formen einer Legasthenie ist auch die Beschulung in einem Internat zu diskutieren, das sich auf die Unterrichtung von Kindern mit einer Teilleistungsstörung spezialisiert hat. Adressenlisten werden vom Bundesverband Legasthenie, Gneisenaustraße 2, Hannover, bei Bedarf zugesendet).

Die individuellen Psychotherapiemaßnahmen, die in einer klinischen Einrichtung oder Praxis durchgeführt werden können, gliedern sich in Maßnahmen der Psychotherapie sowie der Übungsbehandlung.

Prinzipien der Psychotherapie

Es gibt zahlreiche psychische Symptome und Verhaltensauffälligkeiten bei Schülern mit einer Legasthenie oder einer Rechenstörung. Im diagnostischen Prozeß sowie im Therapieverlauf ist oft zu beobachten, daß dabei Selbstwertzweifel eine bedeutsame Funktion haben. Das Selbstwertgefühl hat bekanntlich im Gefüge einer Persönlichkeitsentwicklung eine sehr wichtige Bedeutung, die jedoch besonders jüngeren Schulkindern kaum bekannt und bewußt ist. Verletzungen des Selbstwertgefühls der Patienten sind deshalb oft Inhalt der ersten Etappen einer Psychotherapie. Schon der Versuch des Therapeuten, die Kinder in dieser Hinsicht zu verstehen und aufzuzeigen, welche Belastungen und ausweglos erscheinende Konfliktsituationen mit diesen "Teilleistungsstörungen" bzw. den Selbstwertverletzungen verbunden sind, führen zu einer spürbaren emotionalen Entlastung und dem Entstehen eines Vertrauensverhältnisses. Bemerkungen wie: "Man muß sich ja dumm vorkommen, wenn man schlechte Noten bekommt - obwohl Du es nicht bist; das kann ich gut verstehen, daß Du traurig bist, wenn Du wieder ausgelacht worden bist und Deine Eltern mit Dir geschimpft haben... Das würde mir wahrscheinlich auch so gehen, daß ich ärgerlich und böse werde, wenn ich mich ungerecht behandelt fühle..." - führen bei den Patienten zum psychologischen Verständnis für die (kompensatorischen) Zusammenhänge zwischen der primären Störung und den sekundären Folgen. Wichtig ist auch, neue Hoffnungen zu wecken und realistische Prognosen für den gezielt geförderten Erwerb des Lesens, Rechtschreibens und Rechnens zu geben und dabei eine Entkopplung benoteter Leistungen von den tatsächlichen Leistungsmöglichkeiten und der Bewertung der eigenen Persönlichkeit durch sich selbst sowie durch nahe Bezugspersonen vorzunehmen, ohne dabei die Notwendigkeit des Erlernens dieser Kulturtechniken in Frage zu stellen. Kinder und Jugendliche neigen anderenfalls dazu, die ursprünglich begrenzten Mißerfolgserlebnisse zu generalisieren und sich allgemein als "Versager" vorzukommen.

Die Wiedererlangung eines adäquaten Selbstwertgefühls vollzieht sich wesentlich durch objektiv erbrachte und subjektiv erlebte Erfolge. Diese Aspekte sind deshalb eine Grundlage für den gesamten Therapieverlauf, auch bei der "funktionellen Übungsbehandlung". Die ständigen Ermutigungen, sich den Schwierigkeiten zu stellen, die Aufwertung der Persönlichkeit bei vielen Interventionsschritten, die Rückmeldungen über Fähigkeiten und erworbene Kenntnisse wirken positiv auf das Selbstkonzept der Patienten (i.S. einer "Theorie über sich selbst").

Dennoch sind viele Enttäuschungen und Ängste innerhalb und außerhalb der Schule, in Prüfungssituationen und sozialen Interaktionen bei einem längeren, mitunter mehrere Jahre dauernden Therapieverlauf zu überwinden. Für die Bewältigung von Angstsituationen lassen sich Behandlungsmethoden einsetzen, wie sie durch die Verhaltenstherapie entwickelt wurden (s. Kap. 8); alternative Reaktionsmöglichkeiten und neue Bewältigungsstrategien für alltäglich sich wiederholende Belastungssituationen können in einer Gruppentherapie und mit Hilfe von Rollenspielen erprobt und eingeübt werden (s. Kapitel 12). Der Einsatz dieser Methodenvielfalt bei der Behandlung der emotionalen Symptome und der sozialen Verhaltensschwierigkeiten dieser Patientengruppe leitet sich auch aus dem Umstand ab, daß es sich nicht nur um eine monokausale Beziehung zwischen den "Primär- und Sekundärsymptomen" bei diesen Teilleistungsstörungen handelt, sondern um ein "Syndrom", bei dem sich die einzelnen Komponenten gegenseitig beeinflussen und verstärken.

Aus der Darstellung der Grundprinzipien der individuellen Therapie ergibt sich auch, daß jeweils eine enge Kooperation mit den Eltern und den Schulen erforderlich ist. Die Eltern sind dazu im allgemeinen bereit, nicht zuletzt wegen eines eigenen "Leidensdrucks".

Die Zusammenarbeit mit Lehrerinnen und Lehrern im Rahmen einer stationären und teilstationären Behandlung mit integrierten Beschulungsmöglichkeiten ist nach unseren Erfahrungen ebenfalls kein grundsätzliches Problem. Die Koordinierung der Maßnahmen mit Lehrern von Patienten, die eine externe Schule besuchen, ist dagegen nicht selten schwieriger. Dabei spielen verschiedene Gründe eine Rolle. Diese beziehen sich auf unterschiedliche theoretische und diagnostische (ätiologische) Konzepte von "Teilleistungsstörungen" zwischen Lehrern und Ärzten/ Psychologen sowie dem praktischen, pädagogi-

schen oder therapeutischen Umgang damit. Um für die betreffenden Patienten die Konflikte mit dieser Problematik nicht noch zu verstärken, sollte der Versuch nicht aufgegeben werden, einen Konsens für die Koordinierungen der Förder- und Therapiemaßnahmen innerhalb und außerhalb der Schule zu finden.

Aspekte der Übungsbehandlung der Legasthenie

Die "einzig wahre Methode" der Legastheniebehandlung gibt es nicht. Trotz der Vielfalt der Behandlungsmethoden bestehen einige Grundsätze der Legasthenietherapie:

* Die Behandlungsmaßnahmen sollten so früh wie möglich (etwa ab Mitte der 2. Klasse) und ergänzend zur schulischen Förderung durchgeführt werden. Einzelbehandlungen sind Gruppenbehandlungen und den Erfolgen in einem ausschließlich schulischem Förderunterricht deutlich überlegen. Die Strukturierung der äußeren Bedingungen (Arbeitsplatz, Pünktlichkeit, Einhalten der vereinbarten Termine) tragen zu einer verbesserten Einstellung zur Erbringung von Leistungen bei. Dabei ist die Behandlungszeit Arbeitszeit; ein zielstrebiges Arbeiten an der Lesefähigkeit und Rechtschreibung erfolgt nach einer übersichtlichen Planung. Es kann angenommen werden, daß jeder Schüler mit einer Legasthenie vorrangig das Bedürfnis hat, Lesen und Rechtschreiben durch die Therapie zu erlernen, so daß er enttäuscht wäre, wenn das eigentliche Lese- und Rechtschreibtraining nicht im Mittelpunkt der Übungsbehandlung steht.

* Lesen und Rechtschreiben läßt sich nur durch intensives Üben erwerben. Die Ganzwortmethode ist kontraindiziert. Denn dabei werden Wortbilder ohne Buchstabenkenntnis geschult. Besonders bei Kindern mit einer Legasthenie hat sich der analytisch-synthetische Unterrichtsansatz bewährt. Es werden Einzelbuchstaben eingeführt, um dann die Synthese von Buchstaben und Silben zu Wörtern zu vollziehen.

* Entsprechend dem Prinzip, die Kinder nicht zu überfordern ("Null-Fehler-Grenze") ist folgendes Vorgehen empfehlenswert: Das Analysieren und Synthetisieren von Lauten zu Wörtern und Wörtern zu Einzellauten, die

Verlängerung der Wörter beim Lesen und Schreiben von zweibuchstabigen zu mehrbuchstabigen, die Analyse und Korrektur der jeweils sich wiederholenden individuellen Fehler, das Lesen und Schreiben von ganzen Sätzen, das sinnverstehende Lesen und Schreiben von Texten, die Vermittlung einer Einsicht für die Regeln und die Ausnahmen der Orthographie. Dieses Vorgehen ist jedoch abhängig von den Fähigkeiten der jeweiligen Kinder, nicht zuletzt von ihrem Alter. Besonders der zuletzt genannte Aspekt (Vermittlung einer Einsicht für die Regeln einer Orthographie) hat sich sehr bewährt.

- Ein systematisch und hinsichtlich der Effektivität geprüftes Therapiekonzept wurde von Kossow (1975) vorgelegt. Es legt Wert auf die Beachtung des Prinzips der Lautschrift, Lautbildung, Lautunterscheidung und ganz wesentlich auf die Assoziation von Laut - Buchstabe sowie die Analyse und Synthese des Wortes als Lautgebilde. Es setzt also an einem wesentlichen primären Defizit legasthener Kinder an, dem der sogenannten "phonematischen Codierung" (vgl. Klicpera und Gasteiger-Klicpera, 1989). Das Trainingsprogramm beginnt mit einer Erarbeitung der Laute und Buchstaben, setzt sich fort mit dem Lesen und Rechtschreiben lautgetreuer Wörter usw. Bei der Übungsbehandlung wird die Verwendung von Symbolen und Handzeichen als äußerst wichtig erachtet.

- In den Schulen sowie im freien Handel sind zahlreiche Vorschläge und Übungsprogramme, Hilfsmittel und Anschauungsmaterial erhältlich, die in jede Therapie einer Legasthenie eingesetzt werden können. Dort finden sich auch Vorschläge für Spiele mit den Kindern, die auflockernd und neu motivierend sind, dennoch auf spielerische Weise den lesenden und schreibenden Umgang mit Buchstaben, Wörtern etc. gewährleisten (z.B. Naegele, 1992).

- Ebenso sind Computerprogramme zur Förderung der Lese- und Rechtschreibfertigkeiten verfügbar. Sie können eine sehr motivierende Hilfe, letztlich jedoch nur eine Ergänzung der normalen Lese- und Rechtschreibübungen sein.

- Die hier skizzierten Prinzipien bei der Vermittlung der Lese- und Rechtschreibfertigkeiten weichen nicht wesentlich von jenen ab, die in den meisten Schulen praktiziert werden.

Bei Schulkindern mit einer Legasthenie ist jedoch die Beachtung des Lerntempos besonders wichtig.

- Ist die Legasthenie zusätzlich mit anderen Teilleistungsschwächen, etwa im Bereich der Sprache, Motorik, Visuo-Motorik, Konzentration oder Lautdiskriminierung verbunden, so sind diese Teilleistungsschwächen ergänzend zur Legasthenietherapie zu behandeln. Lese- und Rechtschreibfortschritte sind allerdings bei isolierter Förderung von anderen Teilleistungsstörungen (die oft gänzlich unbewiesen als "Basalstörungen" dargestellt werden) nicht zu erwarten. Effekte zugunsten der Lese- und Rechtschreibfähigkeit lassen sich nachweisen, wenn die Übungen einen unmittelbaren Bezug zu dem Lesen und der Rechtschreibung haben (etwa verbale Sprache, Konzentrationsübungen) und in Verbindung mit Lesen und Rechtschreibung eingeübt werden. So ist eine kombinierte funktionelle Behandlung von z.B. Schreibmotorik (Schwungübungen, Schönschreibübungen), Sprechmotorik und Sprache (Verbesserung der Artikulation, der Grammatik, des Wortschatzes), der Lautdiskrimination, der visuellen und akustischen Merkfähigkeit sowie der Konzentration lediglich im Zusammenhang mit Lesen und Rechtschreiben erfolgreich.

Aspekte der Übungsbehandlung bei Rechenstörungen

In der Literatur sind systematische Darstellungen zur Behandlung von Rechenstörungen selten (Ausnahmen sind z.B. Atzesberger, 1986; Grissemann und Weber, 1990; Weinschenk, 1975). Die Behandlung einer Rechenstörung erfolgt, wie bei einer Legasthenie, in mehreren Phasen: Psychotherapie und Motivierungsphase, Zusammenarbeit mit Schule und Eltern, Übungsbehandlung in der Einzelsituation, Transfer der Übungsfortschritte in die Schulsituation. Bei dem konkreten therapeutischen Vorgehen in der Einzelsituation ist bei normal intelligenten Kindern zu bestimmen, welche der oben genannten sechs Lernschritte noch nicht erworben wurden. In der Regel wird man bei rechenschwachen, sonst normal intelligenten Schulkindern die Beobachtung machen, daß sie dabei scheitern, Rechenoperationen nach dem "bloßen Vorstellen" durchzuführen. Es handelt sich dabei also um eine besondere Form einer Denkstörung, und es stellt sich die Frage, welche Möglichkeiten genutzt werden können, um diese Patienten zu relativ abstrakten Rechenoperationen zu führen. Dies setzt voraus, daß sie einen Mengenbegriff entwickelt haben, den Mengen sicher Zahlen zuordnen können, ebenfalls unter Verwendung von konkret-anschaulichen Gegenständen, z.B. den Fingern, Aufgaben im Zahlenraum bis 10 und gelegentlich darüber hinaus bewältigen können. Weinschenk (1975) schlägt vor, durch ständige Übungen eine Verbesserung der Anschauungsgrundlagen zu erreichen. "Dabei gehen wir von der Voraussetzung aus, daß es sich bei den Rechenstörungen nicht um eine totale Unfähigkeit für das bloße Vorstellen der gegenständlichen Korrelate der Zahlbegriffe handelt, sondern um bei den verschiedenen Probanden in unterschiedlicher Weise schwach angelegte Fähigkeiten, die durch die normalen Unterrichtsmethoden in der Schule in Verbindung mit der neurotischen Fehlentwicklung nicht zum Tragen kommen."

Dem Grundsatz folgend, jegliche Überforderung zu vermeiden, sollten die Kinder Additions- und Subtraktionsaufgaben zunächst völlig sicher, später ohne Zuhilfenahme der Finger im Zahlenraum bis 10 lösen können. Bereits auf dieser Ebene sollten dann sukzessiv Strategien erworben werden, um das Rechnen losgelöst von konkret-anschaulischen Korrelaten durchzuführen. Dies kann z.B. dadurch erreicht werden, daß den Kindern einige Stäbchen auf dem Tisch vorgegeben werden, die sie sich anschließend mit geschlossenen Augen lediglich vorstellen. Im nächsten Schritt besteht die Aufgabe darin, sich die Menge mit dem zugehörigen Zahlbegriff vorzustellen, die sich ergibt, wenn einer bestimmten Anzahl von Stäbchen weitere hinzugefügt oder abgezogen werden. Es handelt sich also darum, einen Lernvorgang vom konkret-anschaulichen Rechnen zu einem Rechnen nach dem bloßen Vorstellen in Gang zu setzen. Dieses Vorgehen kann bei gefestigten Grundfertigkeiten über den Zahlenraum von 10 ausgedehnt werden. Vorzugsweise wird bei dieser Methode die visuelle Sinnesmodalität genutzt, es empfiehlt sich aber, diese Vorgehensweise mit haptischen und eventuell akustischen Sinneseindrücken zu verbinden, um so mehrere Sinneskanäle für eine intensivere Einprägung dieser grundlegenden Vorgänge zu nutzen.

Der Umgang mit Kindern, die eine primäre Rechenstörung im definierten Sinn haben, zeigt, daß sich wiederholende Schwierigkeiten auftreten, wenn jeweils ein weiterer "10er-Raum"

überschritten wird. Um diese Hürden zu überwinden, kann man im Prinzip genauso vorgehen wie bei dem Überschreiten des ersten 10er-Raumes. Als Hilfsmittel hierbei, auch um den Bezug zur Realität zu wahren, hat sich bewährt, Geldmünzen und Geldscheine einzusetzen, wobei hier besonders anschaulich die Zahlenwerte und ihre Bündelung zu einer nächsthöheren Münzeinheit (Pfennige zu Groschen, Groschen zu Markstücken, Markstücke zu 10-Mark-Scheinen etc.) vermittelt werden können. Anschauliche Vermittlungen von Größenverhältnissen sind auch mit anderen Methoden, wie z.B. Strichmengen, Linealen und Zentimetermaßen möglich. Multiplikations- und Divisionsstrategien lassen sich auf ähnlich anschauliche Weise verdeutlichen und zu abstrakten Rechenoperationen überleiten.

Wie bei allen Übungsbehandlungen bei Kindern mit spezifischen Teilleistungsstörungen sind für einen Erfolg systematische und nicht selten langjährige Übungsbehandlungen erforderlich, wobei auch für Rechenstörungen umfangreiches didaktisches Material durch Schulbuchverlage bezogen und eingesetzt werden kann. So wie bei Patienten mit einer Legasthenie kann man auch für Patienten mit Rechenstörungen konstatieren, daß Erfolge oft nur mühsam und durch das automatisierte Erlernen bestimmter Grundregeln und Grundrechenoperationen, nicht zuletzt durch Auswendiglernen, zu erreichen sind. Gleichfalls hat sich als sehr effektiv erwiesen, die von den Kindern durchgeführten Rechenstrategien bzw. Denkvorgänge verbalisieren zu lassen, um gezieltere Korrekturen an den Stellen vornehmen und erarbeiten zu können, wo die Schwächen deutlich werden. Im Rahmen von Rollenspielen (Kaufladen) lassen sich zusätzlich immer wieder neu motivierende Rechenübungen durchführen.

Das therapeutische Vorgehen bei Patienten mit einer psychogenen Rechenstörung erfolgt in einer anderen Form. Bei den Ursachen dieser Störungen handelt es sich um Versagens- und Prüfungsängste, Mißerfolgserlebnisse und problematische Beziehungskonstellationen zwischen Schülern und ihren Mathematiklehrern.

So wurde uns z.B. ein 16jähriger ausländischer Schüler vorgestellt, der die 9. Klasse eines Gymnasiums besuchte. Dort kam es zu einem raschen Leistungsabfall in Mathematik und anderen naturwissenschaftlichen Fächern, die dazu führten, daß er sogar relativ einfache Aufgaben der Grundrechnungsarten nicht mehr lösen konnte. Bei vorhandener hoher Intelligenz (IQ =

122) hatte er die intellektuellen Voraussetzungen, um durchaus kompliziertere Rechenaufgaben zu lösen. Doch stellte sich bei der Analyse der Umstände, die zu dieser "Störung" führten, heraus, daß abwertende, chauvinistisch getönte Äußerungen des Mathematik- und Physiklehrers ihn vor dem gesamten Klassenverband mehrfach persönlich schwer gekränkt hatten. So war bei ihm eine ausgeprägte Angst vor dem Versagen im Schulunterricht, die sich bald auf andere Schulfächer generalisiert hatte, entstanden. Wir empfahlen dem Patienten und seinen Eltern, ein Gespräch mit dem Direktor dieser Schule zu führen und darauf zu drängen, daß der Jugendliche einen Wechsel der Klasse in dieser Schule vornehmen könne. Nachdem tatsächlich dieser Klassenwechsel vorgenommen worden war und er Unterricht bei einem verständnisvollen Mathematiklehrer erhielt, stabilisierten sich seine Leistungen rasch und er hatte - wie er selbst nach einigen Monaten berichtete - bald wieder gute Noten auch in Mathematik.

Sind schlechte Rechenleistungen die Folge einer allgemein niedrigen Intelligenz, werden spezifische Übungsbehandlungen kaum zu Erfolgen führen.

25.4 Zur Evaluation

Verlaufsuntersuchungen zeigen, daß ohne intensive und systematische Behandlung einer *Legasthenie* Rechtschreibprobleme auch noch Jahre nach Schulabschluß bei Erwachsenen nachzuweisen sind und die Prognose für spezifische Teilleistungsstörungen im allgemeinen ungünstig ist (Esser, 1990; Strehlow et al., 1992). Bei Kindern mit einer Legasthenie sind die psychische Gesundheit, die soziale Integration und das schulische Fortkommen mitunter erheblich gefährdet. So haben im Kindesalter ca. 30 % dieser Population Verhaltensstörungen (Rutter et al., 1976). Für das Jugendalter fand Korhonen (1984) sogar bei über 50 % der Legastheniker Verhaltensstörungen. Auf einen hohen Prozentsatz von Legasthenikern unter delinquenten Adoleszenten wurde in der Vergangenheit mehrfach hingewiesen (Weinschenk, 1965). Insgesamt persistieren Lese- und Rechtschreibschwächen nach den Längsschnittstudien von Klicpera und Gasteiger-Klicpera (1989) sehr stark. Bei intensiven Therapiemaßnahmen kommt es jedoch zu deutlichen Verbesserungen des Lesens und Rechtschreibens (Gäbe, 1990; Kossow, 1975).

Auch Niebergall und Schäfer (1991) wiesen positive Effekte der intensiven Übungsbehandlung nach. Bei dieser Evaluationsstudie wurden 44 Kinder über die Dauer von durchschnittlich zwei Jahren in 80 Einzelbehandlungsstunden gefördert. Aus den Ergebnissen dieser Studie waren folgende Schlußfolgerungen abzuleiten: Ungünstige familiäre Verhältnisse behindern den Therapieverlauf; Kinder aus sozial ungünstigem Milieu brechen die Behandlung oft ab; bestimmte Persönlichkeitseigenarten der Kinder, z.B. eine zwanghafte Persönlichkeitsstruktur, beeinträchtigen den Therapieverlauf trotz guter formaler Intelligenz; bei einzelnen Patienten kann es zu einer positiven Stabilisierung der Persönlichkeitsentwicklung trotz geringer Verbesserung der Primärsymptomatik kommen; andere Kinder verbessern sich im Lesen und Rechtschreiben, behalten jedoch weitgehend soziale und emotionale Schwierigkeiten bei; systematische Übungsmethoden einschließlich der Vermittlung von Regelkenntnissen bei der Orthographie bewähren sich bei der Legasthenie-Therapie; insgesamt führen Legasthenie-Therapien bei den meisten Patienten zu deutlichen Verbesserungen, wobei sie zeitlich sehr aufwendig sind und viel Geduld bei allen Beteiligten erfordern.

Ohne gezielte Therapiemaßnahmen ist die psychische und soziale Entwicklung der Kinder und Jugendlichen mit einer Legasthenie gefährdet. Auch nicht wenige Erwachsene mit einer Legasthenie leiden darunter; so berichten sie, daß sie vermutlich als Folge früher erlittener psychischer Traumatisierungen noch Jahre nach dem Schulabschluß besonders ausgeprägte Prüfungsängste erlebt haben.

Vergleichbare Studien zur Überprüfung der Effektivität der Therapiemaßnahmen bei Patienten mit einer *"primären" Rechenstörung* liegen nicht vor. Entsprechende Erfahrungen in unserer Klinik zeigen, daß auch die Behandlung von Patienten mit einer Rechenstörung - trotz guter Intelligenz - sehr aufwendig ist und Erfolge nur mühsam zu erzielen sind. Diese lassen sich vermutlich noch eher bei Kindern in der zweiten und dritten Klasse einer Grundschule als im späteren Lebensalter erreichen. Vermutlich steht diese Beobachtung im Zusammenhang damit, daß es sich bei den jüngeren Schulkindern tatsächlich um eine sogenannte "Entwicklungsstörung", bei den älteren jedoch um mehr oder weniger isolierte, kaum kompensierbare Anlagestörungen handelt. Für beide Patientengruppen gilt jedoch, daß oft langjährige psychoedukative Maßnahmen und Beratungen bei Schul- und Berufsfragen indiziert sind.

Weiterführende Literatur:

Grissemann, H.; Weber, A.: Grundlagen und Praxis der Dyskalkulietherapie. Huber, Bern 1990.

Warnke, A.: Legasthenie und Hirnfunktion. Huber, Bern 1990.

Weinschenk, C.: Die erbliche Lese-Rechtschreibschwäche und ihre sozialpsychiatrischen Auswirkungen. Huber, Bern 1965.

Literatur

Atzesberger, M.: Lese-/Rechtschreib- und Rechenschwäche. Schriftenreihe der Bundesarbeitsgemeinschaft Hilfe für Behinderte 227. Düsseldorf 1984.

Dilling, H., Mombour, W.; Schmidt, M.H.: Internationale Klassifikation psychischer Störungen. ICD 10. Huber, Bern 1991.

Dummer-Smoch, L.: Mit Phantasie und Fehlerpflaster. Hilfen für Eltern und Lehrer legasthenischer Kinder. Reinhardt, München 1989.

Esser, G.: Bedeutung und langfristiger Verlauf umschriebener Entwicklungsstörungen. Habilitationsschrift, Heidelberg 1990.

Firnhaber, M.: Legasthenie - Wie Eltern helfen können. Fischer Taschenbuch-Verlag, Frankfurt 1983.

Gäbe, I.: Schwere Legasthenie. Einzelbehandlung bei Kindern und Jugendlichen. Lambertus, Freiburg 1990.

Grissemann, H.; Weber, A.: Grundlagen und Praxis der Dyskalkulietherapie. Huber, Bern, Stuttgart, Toronto 1990.

Grissemann, H.: Dyskalkulie heute. Huber, Bern 1996.

Klicpera, C.; Gasteiger-Klicpera, C.: Die Entwicklung des Lesens und Schreibens bei Kindern mit Lese- und Rechtschreibschwierigkeiten. In: Dummer-Smoch, L. (Hrsg.): Legasthenie. Bericht über den Fachkongreß 1988, 49-66. Bundesverband Legasthenie, Hannover 1989.

Korhonen, T.: A follow-up study of Finnish children with specific learning disabilities. Acta Paedopsychiatrica 50, 255-263, 1984.

Kossow, H.-J.: Zur Therapie der Lese-Rechtschreibschwäche. VEB Deutscher Verlag der Wissenschaften, Berlin 1975.

Martinius, J.; Amorosa, H.: Die Versorgung von Kindern mit Teilleistungsschwächen. Zeitschrift für Kinder- und Jugendpsychiatrie 22, 61-65, 1994.

Naegele, I.: Häusliche Hilfen bei Lese- und Rechtschreibschwierigkeiten - ein Ratgeber für Eltern. Beltz, Weinheim 1992.

Niebergall, G.: Diagnostische Aspekte der Legasthenie. Monatsschrift für Kinderheilkunde 135, 297-302, 1987.

Niebergall, G.; Schäfer, J.: Behandlungsansätze der Legasthenie. Vortrag auf dem internationalen Kongreß für Kinder- und Jugendpsychiatrie. Bad Homburg 1991.

Remschmidt, H.; Walter; R.; Kampert; K.; Hennighausen, K.: Evaluation der Versorgung psychisch auffälliger und kranker Kinder und Jugendlicher in drei Landkreisen. Nervenarzt 61, 34-45, 1990.

Remschmidt, H.; Schmidt, M.H.: Multiaxiales Klassifikationsschema für psychische Störungen des Kindes- und Jugendalters nach ICD-10 der WHO. Huber, Bern 1994.

Reuter-Liehr, C.: Behandlung der Lese-Rechtschreibschwäche nach der Grundschulzeit: Anwendung und Überprüfung eines Konzeptes. Zeitschrift für Kinder- und Jugendpsychiatrie 21, 135-147, 1993.

Rutter, M.; Yule; P.; Whitmore, K.: Research report: Isle of wight studies, 1964-1974. Psychological Medicine 6, 313-332, 1976.

Strehlow, U.; Kluge; R.; Möller; H.; Haffner, J.: Der langfristige Verlauf der Legasthenie über die Schulzeit hinaus: Katamnesen aus einer Kinderpsychiatrischen Ambulanz. Zeitschrift für Kinder- und Jugendpsychiatrie 20, 254-263, 1992.

Warnke, A.: Behandlung der Legasthenie im Kindesalter. Monatsschrift der Kinderheilkunde 135, 302-306, 1987.

Warnke, A.: Legasthenie und Hirnfunktion. Huber, Bern 1990.

Warnke, A.; Remschmidt; H.; Niebergall, G.: Legasthenie, sekundäre Symptome und Hausaufgabenkonflikte. In: Dummer-Smoch, L. (Hrsg.): Legasthenie. Bericht über den Fachkongreß 1988, 311-331. Bundesverband Legasthenie, Hannover 1989.

Weinschenk, C.: Die erbliche Lese-Rechtschreibschwäche und ihre sozial-psychiatrischen Auswirkungen. Huber, Bern 1965.

Weinschenk, C.: Rechenstörungen. Huber, Bern, Stuttgart, Wien 1975.

26. Stottern

Gerhard Niebergall und Helmut Remschmidt

26.1 Einleitung und Krankheitsprofil

Beim Stottern handelt es sich "um eine Störung des Redeflusses, die besonders beim mitteilenden Sprechen in Erscheinung tritt" (Böhme, 1977). Eine pragmatische Einteilung der Symptomatik erfolgt in die Grundformen *klonisches* Stottern, *tonisches* Stottern sowie eine Kombination der beiden, bestehend aus *tonisch-klonischem* Stottern. Der Redefluß beim klonischen Stottern ist durch häufige Wiederholungen beim Sprechen (Einzellaute, Silben und Wörter) unterbrochen, die tonische Form des Stotterns ist durch Blockierungen beim Sprechen, d.h. durch ein Pressen, besonders bei den Anfangslauten eines Wortes, und bei Beginn eines Satzes gekennzeichnet. Mit zunehmender Chronifizierung eines Stotterleidens entwickelt sich bei vielen Kindern und Jugendlichen eine Begleitsymptomatik, bestehend z.B. aus ticartigen Augenbewegungen und Grimmassieren, für das Sprechen inadäquaten, kaum noch willkürlich kontrollierbaren Zungen- und Mundbewegungen, Schnalz- und Grunzlauten sowie Schüttelbewegungen des Kopfes und der Extremitäten.

Nach ICD-10 (F 98.5) ist Stottern "ein Sprechen, das durch häufige Wiederholung oder Dehnung von Lauten, Silben oder Wörtern, oder alternativ durch häufiges Zögern und Innehalten, das den rhythmischen Sprachfluß unterbricht, gekennzeichnet ist".

Von den manifesten Stotterformen ist das sogenannte Entwicklungs- oder physiologische Stottern abzugrenzen, welches bei vielen Kindern als unpathologische Variante beim Spracherwerb im Alter zwischen zwei und vier Jahren auftritt. Die manifeste Stottersymptomatik entsteht jedoch häufig aus dieser Entwicklungsphase, so daß die sprachlichen Auffälligkeiten bei Kindern in diesem Alter eine große Bedeutung für präventive und eventuell auch therapeutische Maßnahmen haben. Falls möglich, sollten die Eltern immer bei ersten Anzeichen für die Entstehung einer Stottersymptomatik beraten werden.

Unabhängig von der Frage, ob das Stottern die Folge einer neurotischen Entwicklung ist oder den Ausgangspunkt dafür darstellt, entwickelt sich bei vielen Kindern mit einem Stottersyndrom eine seelische Sekundärsymptomatik, die einerseits aus selbstwertverletzenden Erlebnissen, z.B. im Kindergarten und in der Schule resultiert, andererseits sich auf das Verhalten des betreffenden Kindes in sozialen Kontakten auswirkt, so daß diese Patienten nicht selten in einen Circulus vitiosus geraten.

Mehrere Faktoren sind für die Entstehung und Aufrechterhaltung des (frühkindlichen) Stotterns verantwortlich. Nach dem Modell von Myers und Wall (1982, aus Johannsen und Schulze, 1986) wirken dabei psycholinguistische, psychosoziale und organische Faktoren zusammen (Abb.26.1).

Entsprechend der Zusammenwirkung verschiedener Faktoren bei einzelnen Patienten mit einem Stottersyndrom sollte eine differenzierte Therapieindikation gestellt werden. Je nach Behandlungsphase können dabei bestimmte Therapiemaßnahmen im Rahmen eines multimodalen Behandlungsplanes im Vordergrund stehen. Grundsätzlich besteht eine große Vielfalt der Behandlungsmaßnahmen beim Stottersyndrom. Dabei hat sich gezeigt, daß es kaum eine einzelne Therapiemethode gibt, die wesentlich effektiver als die anderen ist. Doch werden nach unseren eigenen klinischen Erfahrungen und nach unserer Literaturübersicht eindeutige Trends in den letzten Jahren erkennbar, die gegenüber einer früheren Darstellung dieser Thematik (Remschmidt und Niebergall, 1981) hinweisen auf: (a) eine Abnahme der Bedeutung tiefenpsychologischer und spezieller, überwiegend operanter und desensibilisierender verhaltenstherapeutischer Maßnahmen sowie (b) eine Zunahme von

Behandlungsmethoden, die eine direkte Modifikation des stotternden Sprechens selbst anstreben, indem versucht wird, z.B. die Häufigkeit der Stotterereignisse zu reduzieren oder die Intervalle des stotterfreien Sprechens zu verlängern. Entgegen früherer Befürchtungen, sprachbezogene Behandlungsmaßnahmen bei jungen, etwa 4 bis 5 Jahre alten Kindern könnten zu einer Manifestie- rung der Stottersymptomatik führen und sie seien deswegen kontraindiziert, wird in letzter Zeit über gute Erfolge bei der symptomorientierten Behandlung von Patienten in diesem Alter berichtet, wobei ergänzend Beratungsgespräche mit den Eltern erforderlich sind (Schulze und Johannsen, 1986).

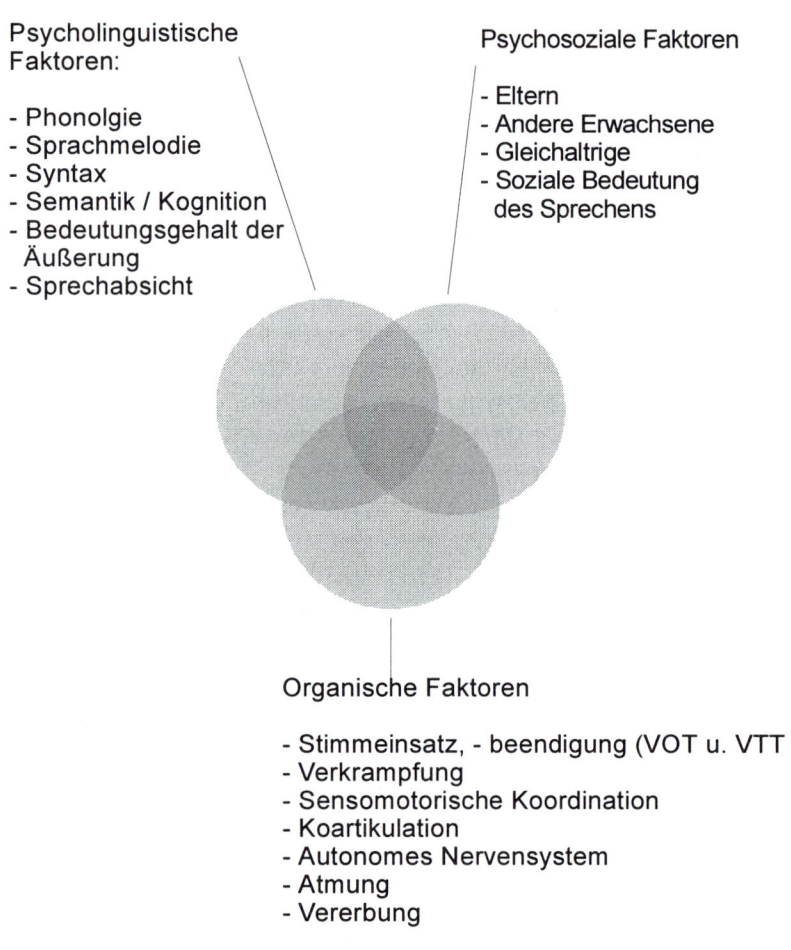

Psycholinguistische
Faktoren:

- Phonolgie
- Sprachmelodie
- Syntax
- Semantik / Kognition
- Bedeutungsgehalt der
  Äußerung
- Sprechabsicht

Psychosoziale Faktoren

- Eltern
- Andere Erwachsene
- Gleichaltrige
- Soziale Bedeutung
  des Sprechens

Organische Faktoren

- Stimmeinsatz, - beendigung (VOT u. VTT
- Verkrampfung
- Sensomotorische Koordination
- Koartikulation
- Autonomes Nervensystem
- Atmung
- Vererbung

Abb. 26.1 Faktorenmodell für die Entstehung und Aufrechterhaltung frühkindlichen Stotterns (nach Myers und Wall, 1982; aus Schulze und Johannsen, 1986)

26.2 Therapiemethoden beim Stottern

Im folgenden wird eine Übersicht über gängige Therapieverfahren bei der Behandlung einer Stottersymptomatik in dieser Systematik gegeben: (1) Allgemeines therapeutisches Setting, (2) Sprechübungsbehandlung, (3) verhaltenstherapeutische Maßnahmen, (4) tiefenpsychologische Verfahren, (5) Spieltherapie, (6) Entspannungs- und Atemübungen, (7) Familientherapie, (8) Beratungsgespräche, (9) medikamentöse Therapie sowie (10) Aspekte des Transfers und der Generalisierung von Therapiefortschritten.

Zum therapeutischen Setting und allgemeinen Therapieaspekten

(1) *"Theorie"/praktische Erfahrung*
Empathie schafft Vertrauensbasis, Entlastung für den Patienten und Therapiebereitschaft.

(2) *Behandlungsziel:*
Herstellung eines "Therapiebündnisses"

(3) *Praktische Durchführung:*
Empathie und Verständnis für den Patienten und die Bedeutung des Stotterns, Verständnis wecken für Ursachen, Umstände und Funktion der Symptomatik, Nachvollziehen der Bedeutung des Stotterns für Patienten bezüglich der subjektiven Nachteile, Hänseleien, Selbstwertverletzungen. Informationen über Behandlungsziele, Behandlungsmethoden sowie die Prognose (eventuell gemeinsam mit Eltern).

Sprechübungsbehandlung

(1) *"Theorie"/praktische Erfahrungen*
Durch bestimmte Maßnahmen ist die Sprechweise des Stotternden zu beeinflussen. Symptombehandlung, weil hier das Symptom zugleich die "Krankheit" ist. Symptomreduktion führt zur Besserung der Gesamtsituation.

(2) *Behandlungsziele:*
Reduktion der Stotter- und Begleitsymptomatik.

(3) *Praktische Durchführung:*
Erlernen des Sprechens mit (a) klangvoller Stimme, (b) weichen Konsonanten, (c) reduziertem Sprechtempo. Modifikation der Sprechmuster durch z.B.: singendes, flüsterndes, Vokale deh-

nendes Sprechen; rhythmisches Sprechen mit Hilfe eines Metronoms, Redestop bei Stotteransätzen; Unterbrechung der Rede beim Eintreten einer Begleitsymptomatik; Variation der Sprechsituation: Lesen, freies Sprechen, Fragen und Antworten, Anwesenheit mehrerer Personen; Rollenspiele: z.B. in Schulklassensituationen, in der Familie, mit Autoritätspersonen. Initial: Unterforderung, allmähliche Steigerung der Sprechschwierigkeiten. "Bewußtseinstraining", Praktizierung inkompatibler Aktivitäten, wie z.B. tiefes Atmen, Muskel- und Kehlkopfentspannung, antizipierende Formulierung des zu Sprechenden, Sprechen in kurzen Einheiten mit Pausen und im Rhythmus, Imagination von Situationen mit induzierender Wirkung für das Stottern. Sehr hilfreich: audiovisuelle Übungs- und Kontrollmöglichkeiten bezüglich der Stotter- und Begleitsymptomatik.

Verhaltenstherapeutische Maßnahmen

Systematische Desensibilisierung, Angstbewältigungsstrategien, operante Techniken, emotional-kognitive Umstrukturierung, assertive Behandlungstechniken (Rollenspiele).

(1) *"Theorie"/praktische Erfahrungen*
Stottern ist eine erlernte Verhaltensweise. Bestimmte intraindividuelle (z.B. Angsterleben) und Umgebungsfaktoren sind für die Entstehung und Aufrechterhaltung der Stottersymptomatik verantwortlich. Eine Modifikation derselben führt zu einer Reduktion der Symptomatik.

(2) *Behandlungsziele*:
Modifikation der für das Stottern verantwortlichen Bedingungen; Reduktion der Stotter- und Begleitsymptomatik.

(3) *Praktische Durchführung:*
Bei systematischer Desensibilisierung: Erstellung einer Angsthierarchie, Versetzung des Patienten in einen entspannten Zustand, dann zeitkontingente Konfrontation mit angstbesetzten, das Stottern beeinflussenden Situationen, mit dem Ziel, das Angsterleben zu reduzieren. Angstbewältigungsstrategien führen zu einer Konfrontation mit angstbesetzten (phobischen) Redesituationen in der Vorstellung, wobei es das Ziel ist, Angsterlebnisse sozusagen vor der realen, angstauslösenden Situation zu erleben, ohne den Anspruch zu haben, Angsterleben völlig zu eli-

minieren. Einflußnahme auf intraindividuelle und interpersonale Bedingungen, die das Stottern aufrechterhalten (operante Techniken), z.B. durch eine systematische Desensibilisierung beim Patienten und Beratung von Bezugspersonen. Beeinflussung des Angsterlebens im Sinne einer "emotional-kognitiven Umstrukturierung".

Tiefenpsychologische Verfahren

Individualpsychologische, psychoanalytische, konfliktzentrierte Spiel- und Gesprächstherapie.

(1) *"Theorie"/praktische Erfahrungen*
Stottern ist ein Symptom. Die Ursachen beruhen auf unbewußten, unbewältigten psychischen Konflikten des Patienten. Nach individualpsychologischer Auffassung (Adler) sind mit dem Stottern ein unbewußter Zweck und ein sekundärer Krankheitsgewinn (Machtmittel) verbunden. Ein Bewußtwerden dieser Konflikte führt zu einer Verbesserung der Symptomatik.

(2) *Behandlungsziele:*
Angestrebt wird eine Veränderung der Gesamtpersönlichkeit bzw. eine Lösung der unbewußten Konflikte. Dem Patienten sollen z.B. die Funktionen des Stotterns als Machtmittel sowie unbewältigte psychische Konflikte, resultierend aus der frühen Kindheit, bewußt werden.

(3) *Praktische Durchführung:*
Therapiemittel sind Spiele und Gespräche, welche das Behandlungssetting der Übertragungs- und Gegenübertragungsprozesse nutzen, wobei kathartische Erlebnisse, Deutungen und die Analyse von Abwehrmechanismen (einschließlich der Symptomatik) eine Rolle spielen. Die Beeinflussung des Stotterns ist jedoch nicht das primäre Behandlungsziel, bei der Spieltherapie z.B. handelt es sich um ein "kindzentriertes" Vorgehen.

Spieltherapie

(1) *"Theorie"/praktische Erfahrungen*
Spieltherapie ist eine kindgemäße und erfolgreiche Behandlungsmethode für verschiedene Formen psychischer (Entwicklungs-) Störungen im Kindesalter. Handelt es sich bei einer Stottersymptomatik z.B. um den Ausdruck von Selbstunsicherheiten des Kindes bei sozialen Kontakten und von allgemeineren Entwicklungs-

störungen, kann die eher unspezifische Spieltherapie auch das Stottern positiv beeinflussen.

(2) *Behandlungsziele:*
Förderung der allgemeinen psychosozialen Entwicklung, Behandlung von Konflikten, mehr oder weniger direkte Beeinflussung der Stottersymptomatik.

(3) *Praktische Durchführung:*
Neben der allgemeinen Förderung der psychosozialen Entwicklung des Kindes können mit Erfolg Elemente der Sprechübungsbehandlung bei der gezielten Symptombehandlung des Stotterns in eine Spieltherapie integriert werden. Dies können z.B. "Rollenspiele" oder variierende Hilfsmittel beim Sprechen sein. So hat sich z.B. gezeigt, daß Patienten mit einer Stottersymptomatik in der "Rolle eines anderen", z.B. eines Elternteils, Freundes oder Lehrers ebenso wie beim Telefonieren fließender zu sprechen vermögen. Die in der Spieltherapie induzierbaren starken Affekte können das zumindest zeitweise fließende Sprechen fördern (nicht wenige Patienten mit einer Stottersymptomatik können im Zustand der Wut fließender als in einer gewöhnlichen Stimmungslage sprechen). Das subjektive Erleben, ohne Stottersymptomatik sprechen zu können, führt bei den betreffenden Patienten zu einer Entlastung und zu einer Veränderung der Einstellung gegenüber dem Stottern. So kann sich bei ihnen der Eindruck entwickeln, das Sprechen selbst zu beherrschen und nicht unabänderlich von der Stottersymptomatik beherrscht zu werden.

Entspannungs- und Atemübungen

(1) *"Theorie"/praktische Erfahrungen*
"Verkrampfungen" der beim Sprechen beteiligten Muskeln sowie Unterbrechungen der fließenden Atmung sind Ursachen, zumindest eine Begleitsymptomatik, des Stotterns. Nach Fernau-Horn (1973) besteht dabei folgender psychosomatischer Hemmungszirkel:

a) Vorstellung des Versagens,
b) Gemütserregung,
c) Atemstillstand,
d) Tonhemmung und
e) Sprechhemmung.

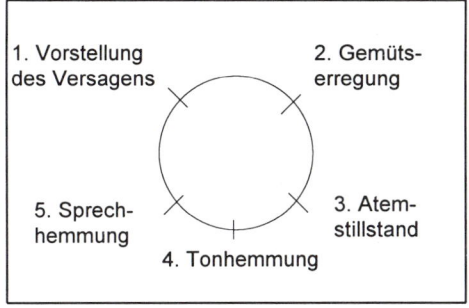

1. Vorstellung des Versagens
2. Gemütserregung
3. Atemstillstand
4. Tonhemmung
5. Sprechhemmung

Abb. 26.2 Modell des psychosomatischen Hemmungszirkels (aus Orthmann und Scholz, 1983)

(2) *Behandlungsziele*:
Körperliche Entspannungszustände sowie ein Sprechen mit dem ausatmenden Luftstrom führen zu einer Verbesserung der Sprechflüssigkeit. Im Sinne von Fernau-Horn ("der Hemmungszirkel kann nur außer Kraft gesetzt werden durch einen genau entsprechenden Ablaufzirkel") ist folgender psychosomatischer "Ablaufzirkel" beim Stottern durch gezielte Therapiemaßnahmen anzustreben:

a) Gemütsruhe, Gelassenheit, Zuversicht,
b) Atemablauf,
c) Tonablauf,
d) Sprechablauf sowie
e) Erlebnis des Ablaufs.

(3) *Praktische Durchführung:*
Vermittlung von Entspannungstechniken wie z.B. des "autogenen Trainings" (siehe Kapitel 9). Wird das AT gut beherrscht, können sich die Patienten mit einer Stottersymptomatik vor oder in bestimmten Situationen rasch in einen Entspannungszustand bringen, der sich antagonistisch auf die mit körperlichen Verkrampfungen einhergehenden Stotter-Ereignisse auswirkt. Im Rahmen der "formelhaften Vorsatzbildung" des AT können z.B. Vorstellungen wie: "Sprechen geht leicht und flüssig", hilfreich sein. Ferner sollte mit dem Patienten geübt werden, nur beim Ausatmen zu sprechen, da gleichzeitiges Einatmen und Sprechen die Wahrscheinlichkeit für eine Unterbrechung des Redeflusses erhöht. Wie auch bei allen anderen übenden Verfahren zur Verbesserung des Redeflusses sind geduldige, vielfache Übungen erforderlich, die sich zusätzlich sehr gut mit ande-

ren Therapiemethoden kombinieren lassen. Die Entspannungs- und Atemübungen können die Wirkung haben, den Circulus vitiosus des "psychosomatischen Hemmungszirkels" zu unterbrechen.

Familientherapie

(1) *"Theorie"/praktische Erfahrungen*
Nach älteren, besonders lerntheoretischen Auffassungen, führen unangemessene Reaktionen der Eltern auf Stotter-Ereignisse besonders in der Phase des "Entwicklungsstotterns" zu einer Manifestierung der Symptomatik. So verunsichern z.B. eine ängstliche Erwartungshaltung und ständige Korrekturen von Mutter und Vater die ansatzweise stotternden Kinder so stark, daß sie in der labilen Phase des Spracherwerbs eine Redeflußstörung zu entwickeln beginnen. Es handelt sich dabei um ein verbales, durch starke Emotionen begleitetes Interaktionsgeschehen in Familien, welches das Erlernen des fließenden Sprechens des Kindes behindert.

(2) *Behandlungsziele*:
Veränderung des Interaktionsmusters in der Familie zum Vorteil des Redeflusses des stotternden Patienten.

(3) *Praktische Durchführung:*
Voraussetzung für eine entsprechende Intervention ist die genaue Erfassung der Kommunikationsstruktur in der Familie. Dafür eignen sich besonders Videoaufnahmen. Mit diesen kann zunächst demonstriert werden, wie in der Familie die verbalen Interaktionen ablaufen, sich gegenseitig bedingen und eventuell das stotternde Kind in seinem Redebedürfnis hemmen. In einem weiteren Schritt der Behandlung können dem Sprechen des Kindes förderliche Veränderungen des Kommunikationsstils gemeinsam erarbeitet werden, wobei ein Ziel das Prinzip ist, dem stotternden Kind die volle Aufmerksamkeit zuzuwenden, es aussprechen zu lassen und möglichst nicht zu korrigieren. Für den emotionalen Bereich der einzelnen Familienangehörigen ist es wichtig, Schuldgefühle der Eltern erkennbar zu machen, eine Entlastung herbeizuführen und in der Familie vorhandene Ressourcen zu nutzen, d.h. zum Beispiel auch, das Kind aus seiner "Sündenbock-Rolle" zu befreien, falls es in diese Rolle wegen seiner Sprachauffälligkeiten geraten ist. Eine Einstellungsänderung gegenüber der Stottersymptomatik kann bei den Eltern auch dadurch

erzeugt werden, daß ihnen die persönliche Bedeutung der Sprachentwicklung ihres Kindes, eventuell auch im Sinne einer Erwartungsenttäuschung, bewußt gemacht wird. Im übrigen unterscheidet sich das familientherapeutische Vorgehen hierbei nicht von den Prinzipien, die in einem gesonderten Kapitel dargestellt sind.

Beratungsgespräche

(1) *"Theorie"/praktische Erfahrungen:*
Einmalige oder mehrfache, therapiebegleitende Beratungsgespräche mit Bezugspersonen der Patienten sowie Kindern und Jugendlichen mit einem Stotter-Syndrom persönlich haben einen hohen Stellenwert und eine nicht geringe Effektivität.

(2) *Beratungsziele*:
Ziele dabei sind unter anderem, dem betreffenden Personenkreis die durch entsprechende Theorien fundierten diagnostischen Befunde zu beschreiben und in ihrer Bedeutung für das Stottern zu erläutern.

(3) *Praktische Durchführung:*
Zur Sprache kommen dabei Ursachen, Verlaufsformen, generelle Interventionsmaßnahmen, prognostische Kriterien, die körperlichen Begleit- und die seelischen Sekundärsymptome des Patienten sowie die Kommunikationsformen in der Familie. Eltern fragen z.B. oft, wie sie sich selbst verhalten sollen, um das Stottern ihrer Kinder zu verbessern. Allgemeinverbindliche, generelle Regeln gibt es dabei nicht. Aber, je nach interaktionsdynamischem Stellenwert der Stottersymptomatik eines Kindes in einer Familie, kann man sagen, daß ein geduldiges und aufmerksames Zuhören sowie das Unterlassen korrigierender Einflußnahmen der Eltern beim (stotternden) Sprechen des Kindes für das Lernen eines fließenden Sprechens eine förderliche Grundhaltung sind. Strafen jeglicher Form sind völlig unangemessen. Bei Eltern, die im Umgang mit dieser Symptomatik unsicher wirken, ist die Empfehlung angebracht, statt beim Sprechen der Kinder zu intervenieren, das Stottern besser völlig zu ignorieren. Bestehen anamnestisch Hinweise dafür, daß ein Elternteil selbst gestottert hat oder aktuell noch eine Stottersymptomatik zeigt, sollte dieser Umstand Thema für mehrere Beratungsgespräche werden, wobei eine Rolle spielt, daß die eigene Leidensgeschichte dieses Elternteils mit der des Kindes verwoben ist und nicht selten

zu starke Befürchtungen hinsichtlich der weiteren Entwicklung des Kindes bestehen. Den Eltern, anderen Bezugspersonen und den Patienten selbst kann man immer sagen, daß eine Behandlung der Sekundärsymptomatik in der Regel gute Erfolgsaussichten hat, selbst wenn das Stottern bei ca. 30 % der Patienten nicht oder nur geringfügig modifizierbar ist. Bei vorhandener Kooperationsbereitschaft können Lehrer darauf hingewiesen werden, daß ihre Grundeinstellung und ihre Verhaltensweisen sowie die der Mitschüler das Stottern eines Patienten positiv oder negativ beeinflussen können. Die Angst stotternder Kinder, im Unterricht etwas sagen zu müssen, ist selbstverständlich sehr groß; mutmachende, entängstigende und eventuell den Schüler schützende Interventionsmaßnahmen der Lehrer können jeweils sehr hilfreich sein. Lerntheoretisch fundierte Auffassungen über die Interdependenzen zwischen dem Sprechen (Stottern) eines Kindes und den darauf erfolgenden Reaktionen in der Schulklasse können den Lehrern oft leichter plausibel gemacht werden als tiefenpsychologische Hypothesen darüber; außerdem sind sie leichter in der Unterrichtspraxis anzuwenden. Die Beratungsgespräche mit allen Bezugspersonen sollten dazu führen, daß die in der Einzeltherapie verfolgten Behandlungsziele außerhalb der individuellen Therapiesituation stabilisiert werden.

Zur medikamentösen Therapie

Bei einzelnen Patienten mit einer Stottersymptomatik liegt die Indikation für eine gezielte, vorübergehende Behandlung mit Neuroleptika, Anxiolytika, Tranquilizern und Antidepressiva vor. Die Wirkung dieser Medikamente ist hinsichtlich der Stottersymptomatik unspezifisch. Sie sollten nur ergänzend zu anderen Therapiemaßnahmen oder für bestimmte Gelegenheiten verabreicht werden. Läßt sich z.B. durch die skizzierten Therapiemethoden ein Stotter-Leiden nur unzureichend verbessern, haben bei positiver Wirkung diese Medikamente auch den erwünschten Effekt, zu einer Entlastung bei dem Patienten zu führen. Insbesondere ist die Indikation für bestimmte Situationen wie z.B. mündliche Prüfungen des Patienten, gegeben. Dabei sollte vorher während einer Probephase überprüft werden, wie der individuelle Patient auf die spezifische Medikamentengruppe reagiert.

Transfer und Generalisierung der Therapiefortschritte

Nicht selten zeigt sich, daß in der therapeutischen Einzelsituation und unter systematischer Beachtung einzelner Hilfsmittel beim Sprechen Patienten gute Fortschritte machen, in realen Alltagssituationen treten dann aber Stottersymptome in einem Umfang auf, der fast der Ausgangslage entspricht. Deshalb ist es erforderlich, eine Übertragung der in den Therapiesituationen erzielten Veränderungen auf Kommunikationssituationen in der Schule, im Beruf, in der Familie oder im Freundeskreis vorzubereiten und zu gewährleisten. Dieser Transfer kann dadurch gelingen, daß die therapeutische Einzelsituation durch eine Erweiterung der dabei anwesenden Personen (z.B. Mitpatienten, Stationspersonal, Eltern, Freundinnen und Freunde, Lehrer) den realistischen Anforderungen an das Sprechen eines stotternden Patienten angeglichen wird. Während des Ablaufs einer gezielten Beeinflussung einer Stottersymptomatik ist es angebracht, wiederholt tatsächliche Erlebnisse und Erfahrungen in der Therapiesituation zur Sprache zu bringen, zu analysieren und gemeinsam mit dem Patienten Einstellungen für bestimmte belastende Situationen mit einer erhöhten Wahrscheinlichkeit des Auftretens der Stottersymptomatik zu erarbeiten und auf diese Weise zu versuchen, die stotternden Kinder und Jugendlichen darauf besser vorzubereiten. Dieses Vorgehen beugt u.a. Enttäuschungserlebnissen vor. Eine zentrale Rolle dabei spielen situative Sprechängste. Treten sie auf, ist es angebracht, "Angstbewältigungsstrategien" zu vermitteln, wie sie in diesem Kapitel im Abschnitt "verhaltenstherapeutische Methoden" beschrieben sind. Hierzu zählt auch, gemeinsam Strategien und Mechanismen zu erarbeiten, die gegenüber abfälligen Bemerkungen ("der kann ja noch immer nicht richtig sprechen") und damit Schädigungen des Selbstwertgefühls schützen können. Dabei zeigt die Erfahrung, daß ein regelrechter Mechanismus im Sinn des Mottos: "Stottern beeinflußt mein Selbstwertgefühl nicht" für die Patienten, die sich innerlich diesen Satz vergegenwärtigen, eine hilfreiche Abwehrstrategie darstellen können. Die Patienten selbst sollten darauf vorbereitet sein, daß ihre Stottersymptomatik stark fluktuieren kann und dafür nicht ohne weiteres erkennbare situative und organismische Variablen verantwortlich sind. Ohne unrealistische Hoffnungen zu erwecken, kann ihnen dennoch vermittelt werden, daß es keinen Grund gibt, die eigenen Bemühungen für eine Verbesserung der Primär- und Sekundärsymptomatik aufzugeben. Bewährt hat sich in diesem Zusammenhang zusätzlich, Stottertherapien "ausschleichend" zu beenden und mit Patienten in größeren zeitlichen Abständen ihre Alltagserfahrungen sich schildern zu lassen und gegebenenfalls erarbeitete Modifikationen beim Sprechen wieder zu verstärken.

26.3 Zur Evaluation

Stottertherapien können sehr aufwendig sein und sich zum Teil über mehrere Jahre erstrecken. Entgegen früheren Auffassungen, daß eine Behandlung dieser Symptomatik nur mit gewissen Aussichten auf Erfolg bis zum Alter der Pubertät durchgeführt werden kann, finden sich mittlerweile Hinweise, daß Verbesserungen der Stottersymptomatik auch bei Erwachsenen zu erzielen sind. Unabhängig von der Frage, ob das Stottern selbst im höheren Alter positiv modifiziert werden kann, bedarf es keiner Diskussion, daß die als Folge davon auftretende seelische Sekundärsymptomatik psychotherapeutisch behandelt werden kann.

Frühere Schätzungen zur Effektivität führten dazu, daß bei einem Drittel der Patienten mit einer Stottersymptomatik diese sehr günstig modifiziert werden konnte. Bei einem weiteren Drittel ließ sie sich positiv beeinflussen, bei dem letzten Drittel der untersuchten Populationen waren keine Veränderungen der Stottersymptomatik erzielbar. Von diesen globalen Angaben gibt es je nach untersuchter klinischer Population Abweichungen (vgl. Remschmidt und Niebergall, 1981). Johannsen und Schulze (1986) fanden als sehr wichtigen, frühere Auffassungen korrigierenden Befund, daß schon früh im Alter der Kinder gezielte Interventionsmaßnahmen bessere Erfolge haben als früher angenommen wurde. Mit dieser Auffassung wird wohl auch eine lange existierende Auffassung verändert, daß es nämlich kontraindiziert sei, bei jungen Kindern gezielte Maßnahmen durchzuführen, die auf eine Verbesserung des Redeflusses einer Stottersymptomatik abzielen. Eigene Untersuchungsergebnisse (Remschmidt und Niebergall, 1981) zeigen jedoch, daß bei vielen Kindern mehrere Symptome sprachlicher Auffälligkeiten zugleich vorkommen, daß eine Stottersymptomatik oft vergesellschaftet ist mit z.B. einer multiplen Dyslalie, Dysgrammatismen und einer Polterkomponente. Dies bedeutet für praktische Gesichtspunkte bei der Therapie, daß nicht immer klar zu entscheiden ist, welcher Bestandteil der Sprachauffälligkeiten behandelt werden sollte, zumal dafür verschiedene Berufsgruppen in Frage kommen. Logopädische Übungsbehandlungen sind bekanntlich indiziert für die Therapie unterschiedlicher sprachpathologischer Symptome, weniger jedoch bei der Modifikation eines Stottersyndroms. Auch deshalb ist im Einzelfall zu entscheiden, ob Therapiemaßnahmen, die auf eine Verbesserung der Artikulationsfähigkeit der Kinder abzielen, bei solchen kontraindiziert sind, bei denen zusätzlich eine Stottersymptomatik besteht.

Literatur

Böhme, G.: Das Stotter-Syndrom. Huber, Bern, Stuttgart, Wien 1977.

Fernau-Horn, H.: Die Sprechneurosen. 2. Aufl. Hippokrates, Stuttgart 1973.

Myers, F.L.; Wall, M.J.: Toward an integrated approach to early childhood stuttering. Journal of Fluency Disorders 7, 47-52, 1982.

Orthmann, W.; Scholz, H.-J.: Stottern. Marhold, Berlin 1983.

Remschmidt, H.; Niebergall, G.: Störungen des Sprechens und der Sprache. In: Remschmidt, H.; Schmidt, M.H. (Hrsg.): Neuropsychologie des Kindesalters, 248-279. Enke, Stuttgart 1981.

Schulze, H., Johannsen, H.S.: Stottern bei Kindern im Vorschulalter. Universität Ulm, Ulm 1986.

Weiterführende Literatur:

Böhme, G.: Das Stotter-Syndrom. Huber, Bern, Stuttgart, Wien 1977.

Wendlandt, W.: Verhaltenstherapeutisches Sprechtrainingsprogramm für stotternde Kinder und Jugendliche. Marhold, Berlin 1979.

27. Hyperkinetische Störungen

Kurt Quaschner

27.1 Einleitung

Die diagnostischen Bezeichnungen für die "hyperkinetischen Störungen" variieren mit den verschiedenen Diagnosesystemen. Wurden früher viele dieser Kinder unter der Kategorie „minimale cerebrale Dysfunktion" zusammengefaßt, so haben sich in den letzten Jahren Bezeichnungen wie „hyperaktives oder hyperkinetisches Syndrom" durchgesetzt (Minde, 1985). Im angelsächsischen Sprachraum lautet die entsprechende Diagnose „Attention Deficit Hyperactivity Disorder" (ADHD). Die derzeitige Formulierung der Diagnose nach ICD 10 ist in dem folgenden Störungsprofil knapp zusammengefaßt.

27.2 Störungsprofil

Tabelle 27.1 Störungsprofil Hyperkinetische Störungen

Definition und Klassifikation
Hyperkinetische Störungen werden in der ICD-10-Klassifikation in der Kategorie F90 verschlüsselt: Als charakteristische Merkmale werden dort aufgeführt: 1. Früher Beginn.   2. Die Kombination von überaktivem, wenig moduliertem Verhalten mit deutlicher Unaufmerksamkeit und Mangel an Ausdauer bei Aufgabenstellungen.   3. Situationsunabhängige und zeitstabile Verhaltenscharakteristika."   In den diagnostischen Leitlinien werden als Kardinalsymptome eine beeinträchtigte Aufmerksamkeit und Überaktivität genannt.   "Die beeinträchtigte Aufmerksamkeit" zeigt sich darin, daß Aufgaben vorzeitig abgebrochen und Tätigkeiten beendet werden. Die Kinder wechseln häufig von einer Aktivität zur anderen, wobei sie anscheinend das Interesse an einer Aufgabe verlieren, weil sie zu einer anderen hin abgelenkt werden.   Überaktivität bedeutet exzessive Ruhelosigkeit, besonders in Situationen, die relative Ruhe verlangen. Situationsabhängig kann sie sich im Herumlaufen oder Herumspringen äußern, im Aufstehen, wenn dazu aufgefordert wurde sitzenzubleiben; in ausgeprägter Redseligkeit und Lärmen; oder im Wackeln und Zappeln bei Ruhe.   "Dieses Verhaltensmerkmal zeigt sich am deutlichsten in strukturierten und organisierten Situationen, die ein hohes Maß an eigener Verhaltenskontrolle fordern".   Beide Kardianlsymptome sollten nebeneinander vorhanden sein, darüberhinaus in mehr als einer Situation in Erscheinung treten.   Für die Diagnose zwar nicht notwendig aber im Hinblick auf therapeutische Überlegungen oft von erheblicher Relevanz sind eine Reihe von Begleitmerkmalen: "Distanzlosigkeit in sozialen Beziehungen", Unbekümmertheit in gefährlichen Situationen und impulsive Mißachtung sozialer Regeln".   "Weiterhin treten Lernstörungen und motorische Ungeschicklichkeit mit großer Häufigkeit auf und sehr häufig sind Symptome einer Störung des Sozialverhaltens, die auch die Basis bilden für die Hauptunterteilung der hyperkinetischen Störungen, in solche mit einer einfachen Aktivitäts- und Aufmerksamkeitsstörung (F90.0) und eine hyperkinetische Störung des Sozialverhaltens (F90.1)."   (Dilling et al., 1991)

Fortsetzung Tabelle 27.1 Störungsprofil Hyperkinetisches Syndrom

Prävalenz
Trotz zum Teil erheblicher Schwankungen werden in der Literatur übereinstimmend Prävalenzraten von ungefähr 3 % auffälliger Kinder im Grundschulalter genannt. Das männliche Geschlecht ist deutlich überrepräsentiert, wobei in klinischen Stichproben im Schnitt etwa 6 bis 9 mal mehr Jungen als Mädchen anzutreffen sind, während es in epidemiologischen Untersuchungen nur etwa 3 mal mehr Jungen sind (Barkley, 1989, Minde, 1985).
Ätiologie
Obwohl eine Vielzahl von ätiologischen Faktoren diskutiert wird, spielen konstitutionelle Faktoren, i. S. einer genetischen Prädisposition eine entscheidende Rolle in der Genese dieser Störungen. Andererseits scheinen der Schweregrad, die Art der Begleitsymptomatik und der langfristige Verlauf noch in engem Zusammenhang mit Umwelteinflüssen zu stehen (Barkley, 1989).
Prognose und Verlauf
Obwohl eine Reihe von hyperkinetischen Kindern hinsichtlich Ihres Temperaments bereits von Geburt an als auffällig bezeichnet wird, trifft dies für die Mehrzahl erst im Alter zwischen drei und vier Jahren zu. Verhaltensweisen, die trotz steigender Belastung der Eltern innerhalb der Familien noch toleriert und kompensiert werden konnten, bereiten dann häufig im Kindergarten bereits erhebliche Probleme, vor allem im sozialen Kontakt. Diese Probleme steigern sich im allgemeinen noch mit Aufnahme in die Schule und weiten sich auch auf andere Bereiche aus. So sind es nicht nur Schwierigkeiten im sozialen Kontakt, sondern häufig auch Leistungsprobleme als Folgeerscheinungen der verschiedenen Symptome.Die Schulkarriere des hyperkinetischen Kindes ist in hohem Maße gefährdet und nimmt oft Wendungen, die sich längerfristig negativ auswirken.   Entgegen der früher weitverbreiteten Ansicht, daß sich die hyperkinetischen Symptome im Verlauf der Pubertät "auswachsen", kann heutzutage davon ausgegangen werden, daß gut dreiviertel der Betroffenen weiterhin Schwierigkeiten in Schule und Ausbildung, in der Familie bzw. ganz allgemein in der sozialen Anpassung haben. Diese Entwicklung setzt sich auch im Erwachsenenalter fort, wenigstens 60 % der betroffenen jungen Erwachsenen zeigen weiterhin hyperkinetische Symptome. Besonders gefährdet sind diejenigen, mit einer geringen Intelligenz, einem niedrigen sozioökonomischen Status und einem hohen Maß an Aggressivität. Weiterhin wirken sich eingeschränkte soziale Kontakte zu Gleichaltrigen, emotionale Instabilität und das Ausmaß der elterlichen Psychopathologie nachteilig aus. Die Betroffenen zeigen, insbesondere im Suchtbereich und im Bereich der Delinquenz, höhere Auffälligkeitsraten als vergleichbare Altersgruppen (Barkley, 1989, Dilling et al., 1991, Minde, 1985).

27.3 Diagnostik und Therapieplanung

Die Diagnose einer hyperkinetischen Störung bereitet aus einer ganzen Reihe von Gründen erhebliche Schwierigkeiten. An erster Stelle ist dabei an die *Vielzahl und Heterogenität der Symptome* zu denken. Dies bezieht sich nicht nur auf die Kardinalsymptome, sondern auch auf die sehr unterschiedlichen Begleit- bzw. Folgesymptome, die in Schweregrad und Ausmaß bzw. in ihrer Behandlungsbedürftigkeit alles andere als nachrangig und unwichtig sind, sondern häufig (ebenfalls) im Zentrum der therapeutischen Bemühungen stehen (müssen).

Besondere Probleme bereitet im diagnostischen Vorgehen die *situative Abhängigkeit der Symptomatik* und die damit verbundene Wechselhaftigkeit. Die gängige Untersuchungssituation - ambulanter Einzelkontakt des betroffenen Kindes mit einem erwachsenen Untersucher - führt häufig zu diagnostischen Fehlschlüssen. Doch auch in einem vergleichsweise stabilen äußeren Rahmen, z. B. einer Schulklasse, kann das Verhalten je nach Anforderungen und Strukturiertheit der Situation, erheblich variieren.

Weiterhin ist es für die Einschätzung hyperaktiven Verhaltens wichtig, die *Entwicklungsdimension* zu berücksichtigen. Das Ausmaß der motorischen Aktivität beispielsweise variiert stark in Abhängigkeit von Alter und Entwicklungsstand und auch die übrigen Symptome zeigen diese Altersabhängigkeit. So kann etwa ein Verhalten, das bei einem Dreijährigen noch als "lebhaft" bezeichnet würde, d. h. im Rahmen eines normalen Entwicklungsverlaufs, bei einem Sechs- bis Siebenjähren als nicht mehr altersangemessen und ggf. als behandlungsbedürftig eingeschätzt werden.

Nicht zuletzt spielen bei der Beurteilung von angemessenem, angepaßtem Verhalten auch *normative Einschätzungen* eine Rolle. Wie stark derartige Bewertungen in die Beurteilungen des Kindes miteinfließen, machen die mitunter ausgeprägten Schuld- und Insuffizienzgefühle der Eltern deutlich. Sie können als Reflex einer moralisierenden Bewertung des hyperaktiven Verhaltens durch das Umfeld verstanden werden. Trotz aller objektivierenden Bemühungen ist der Einfluß dieses normativen Hintergrundes für den professionellen Untersucher nicht zu unterschätzen.

Diagnostische Maßnahmen und Untersuchungsinstrumente

Aufgrund dieser aufgeführten Schwierigkeiten ergibt sich die Forderung nach einer möglichst umfassenden, breit angelegten Diagnostik, die verschiedene Dimensionen miteinbezieht. Das diagnostische Vorgehen sollte sich danach nicht nur auf verschiedene *Untersuchungsinstrumente* stützen, sondern die Daten sollten auch in möglichst unterschiedlichen *Situationen* und von verschiedenen *Beurteilern* erhoben werden.

Zur Erfassung und Bewertung hyperkinetischen Verhaltens ist eine ganze Reihe sehr unterschiedlicher Instrumente und Verfahren entwickelt worden. Bevor diese störungsspezifischen Instrumente eingesetzt werden, ist es allerdings sinnvoll in einem ersten Schritt eine *allgemeine, störungsunspezifische diagnostische Abklärung* vorzunehmen, die die gängigen kinder- und jugendpsychiatrischen Maßnahmen (Anamnese, körperliche und psychodiagnostische Untersuchungen u.a.m.) beinhaltet. Ziel dieses ersten Schrittes ist es, sowohl Informationen über die Einbettung des hyperkinetischen Verhaltens in die Gesamtpsychopathologie zu erhalten (siehe z.B. Schmidt et al., 1991) als auch Daten zu gewinnen, die für die Therapie relevant sind (z.B. das Intelligenzniveau eines Patienten).

Eine *störungsspezifische Diagnostik* hat die folgenden in Tabelle 27.2 zusammengefaßten Dimensionen zu berücksichtigen:

(1) Instrumente

Neben den traditionellen Interviewtechniken wie der Anamnese sind *klinische Interviews* zur Erfassung der kindlichen Psychopathologie vor allem im anglo-amerikanischen Raum entwickelt worden. Mittlerweile gibt es aber auch bereits deutschsprachige Interviews wie etwa das Kinder-DIPS (Unnewehr et al., 1995). Der

Aufwand, den derartige stukturierte Interviews mit sich bringen begrenzt allerdings ihren Einsatz auf bestimmte Forschungszusammenhänge, für den klinischen Alltag sind sie kaum geeignet.

(1) Instrumente
• Klinische Interviews
• Verhaltensbeobachtung
• Fragebögen
• Ratingskalen
• Labormaße
(2) Beurteiler
• Untersucher
• Eltern
• Lehrer, Betreuer,u.ä.
• Patient
(3) Situationen
• strukturierte vs. unstrukturierte Situation
• Kontaktbereich (z.B.einzeln vs.Gruppe, Kind vs. Erwachsener, weiblich vs.männlich)
• Leistungsbereich (z.B.: Schulklasse, Hausaufgaben, Test)

Tabelle 27.2 Diagnostisch relevante Dimensionen

Gleiches gilt für eine Reihe von Codierungssystemen zur *direkten Verhaltensbeobachtung*, die ebenfalls in der Durchführung sehr aufwendig und wenig praxisnah sind. Sehr viel sinnvoller für die Verhaltensbeobachtung ist dagegen ein Vorgehen, daß sich am Einzelfall orientiert und die jeweiligen Beobachtungskriterien darauf abstimmt. Konkret bedeutet dies, daß mit den jeweiligen Beobachtern, relevante Situationen aus dem Lebensalltag des Kindes ausgewählt werden und diese Situationen anhand von wenigen, überschaubaren Kriterien beurteilt und eingeschätzt weren. Beispielsweise kann ein Lehrer in einem festgelegten Zeitabschnitt die Häufigkeit bestimmer Verhaltensweisen (aufstehen und sich vom Platz entfernen, dazwischenrufen, mit anderen Streit anfangen) registrieren. Auf die Bedeutung derartiger "subjektiver Maße" wird in der Literatur ausdrücklich hingewiesen (z. B. Eisert, 1993).

Als Hilfsmittel bei der Erfassung und Objektivierung hyperkinetischen Verhaltens kommt *Beurteilungs- oder Ratingskalen* deshalb eine besondere Bedeutung zu, weil sie relativ unaufwendig und ökonomisch eingesetzt werden können, beispielsweise auch mehrfach zum Zweck der Verlaufsbeurteilungen. Auch wenn die Qualität dieser Instrumente im Hinblick auf ihre Gütekriterien mancher Kritik ausgesetzt ist, haben sie sich in der Praxis - wohl wegen ihrer leichten Anwendbarkeit - etabliert.

Zu unterscheiden sind dabei allgemeine, *störungsungspezifische Fragebögen*, wie beispielsweise die „Child Behavior Checklist" (CBCL) von Achenbach (1983, 1987) oder der „Fragebogen zur Erfassung von Verhaltensauffälligkeiten" (FEV) von Döpfner et al. (1991) , die jeweils in unterschiedlichen Versionen vorliegen.

Von den *störungsspezifischen Ratingskalen* sind die verschiedenen Versionen des Instrumentes von Conners auch im deutschsprachigen Raum sehr verbreitet. Dieses Instrument existiert nicht nur in einer Kurz- und einer Langform, sondern auch in Versionen für verschiedene Beurteiler (Conners, 1973).

Unter der Bezeichnung *"Laboratoriumsmaße"* werden eine Reihe von objektiven Instrumenten zusammengefaßt, die die Kardinalsymptome hyperkinetischen Verhaltens erfassen sollen.

Aufmerksamkeit/Konzentration: Das bekannteste Maß zur Erfassung der Daueraufmerksamkeit ist der „Continuous Performance Test" (CPT), von dem verschiedene Versionen existieren (Rosvold et al., 1956). Die Gültigkeit derartiger Verfahren für die reale Situation der betroffenen Kinder, wie auch die Übereinstimmung mit anderen Maßen, ist allerdings begrenzt.

Impulsivität: Das bekannteste Verfahren zur Erfassung von Impulsivität ist der „Matching Familiar Figures Test" (MFFT) (Kagan, 1966). Die Aufgabe des Kindes besteht dabei darin aus einer Serie von Bildern dasjenige herauszufinden, das mit einem vorgegebenen Bild identisch ist. Erfaßt werden die Reaktionszeiten und die Zahl der Fehler. Es existieren noch eine Reihe weiterer Instrumente zur Erfassung der Impulsivität. Allerdings besteht ein großes Problem darin, daß die Interkorrelationen niedrig sind, was darauf hindeutet, daß die jeweiligen Verfahren unterschiedliche Aspekte von Impulsivität messen.

Motorisches Verhalten: Zur Erfassung der motorischen Komponente des hyperaktiven Verhaltens sind Aktometer eingesetzt worden, die verschiedene Arten von Bewegungen registrieren. Allerdings fehlen für diese Instrumente Normen. Darüberhinaus besteht eine große Schwierigkeit darin, daß die Bedeutsamkeit einer Situation mit diesen Instrumenten nicht berücksichtigt wird und so der Bezug zum Lebensalltag gering ist.

(2) Beurteiler

Bei der Darstellung einzelner Untersuchungsinstrumente wurde bereits erwähnt, daß für verschiedene Beurteiler unterschiedliche Versionen dieser Instrumente vorliegen. Dies verweist darauf, daß die jeweiligen Sichtweisen eines Problem- oder Zielverhaltens sich nicht decken, sondern mitberücksichtigt werden müssen. Als Beurteiler fungieren meist die professionellen Untersucher, sodann vor allem die Eltern und Betreuer des Kindes wie Lehrer oder Erzieher. Nicht übersehen werden sollte allerdings, daß die Betroffenen selbst, vor allem wenn es sich um ältere Patienten handelt, durchaus auch als Beurteiler des eigenen Verhaltens in Frage kommen und wertvolle Informationen liefern können.

(3) Situationen

Die aufgeführten Beurteiler nehmen die Patienten meist nur unter einem spezifischen Blickwinkel in dem jeweiligen Umfeld wahr (z. B. in der Schule oder zuhause in der Familie), so daß die Beobachtungsmöglichkeiten dadurch an bestimmte Situationen gebunden sind. Für die Bewertung und Einschätzung hyperkinetischen Verhaltens ist es aber ausgesprochen fruchtbar, wenn nicht nur die Beurteiler, sondern auch die Beobachtungssituationen variiert werden.

Als grundlegende situative Dimension hat sich der *Grad an Strukturiertheit* erwiesen. Damit ist die Gesamtheit der Anforderungen, Erwartungen, Regeln und Grenzen gemeint, die eine Situation kennzeichnen. Die Wechselhaftigkeit des hyperkinetischen Verhaltens wird in sehr starkem Ausmaß durch den Faktor „Struktur" bestimmt.

Darüberhinaus lassen sich relevante Beobachtungssituationen noch durch inhaltliche Merkmale kennzeichnen. Von besonderem Interesse sind in diesem Zusammenhang etwa Situationen, in denen das *Kontaktverhalten* in Vordergrund steht. Hier geht es beispielsweise darum, wie sich das betroffene Kind in der Einzel- oder der Gruppensituation verhält, wie es mit anderen Kindern im Vergleich zu Erwachsenen umgeht, ob es im Kontakt Unterschiede macht zwischen weiblichem und männlichem Betreuungspersonal bzw. zwischen Jungen und Mädchen. Ebenfalls sehr instruktiv kann die Beobachtung des *Leistungsverhaltens* sein, sei es, daß es um das Verhalten in der Schulklasse geht oder um die Hausaufgabensituation.

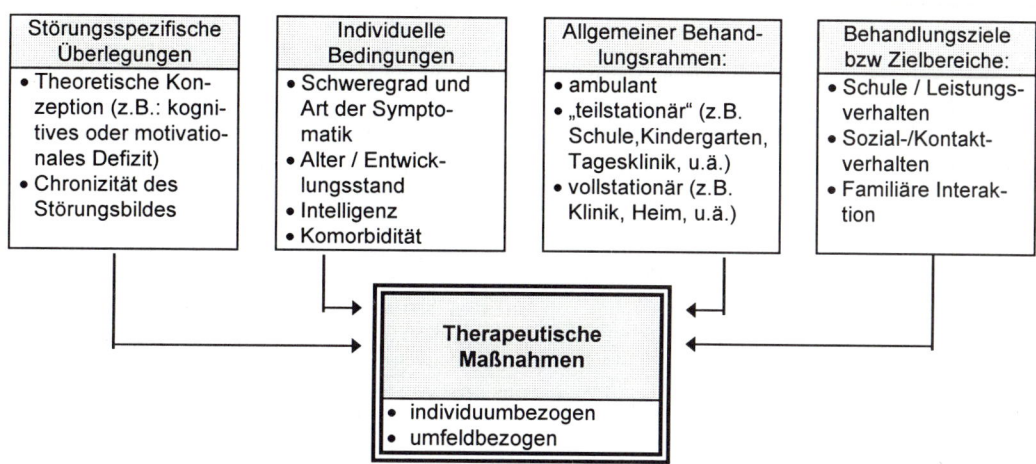

Abb. 27.1 Kriterien für Indikationsstellung und Therapieplanung

Indikation und Therapieplanung

Überlegungen und Kriterien, die für Indikationsstellung und Therapieplanung maßgebend sind, sind in Abbildung 27.1 im Überblick dargestellt. Von zentraler Bedeutung sind dabei Informationen, die im Zuge des diagnostischen Prozesses erhoben wurden, aber auch theoretische Vorstellungen und praktische Erwägungen gehen in diese Planungsphase mit ein.

Störungsspezifische Überlegungen

Der Einsatz einer therapeutischen Methode wie auch die Schwerpunktsetzung in der Therapie hängen stark vom *theoretischen Vorverständnis und Konzept* ab, das der jeweilige Therapeut vertritt. Wird beispielweise davon ausgegangen, daß es sich bei hyperkinetischen Störungen vorwiegend um ein kognitives Defizit handelt, dann werden in diesem Bereich die thereapeutischen Schwerpunkte gesetzt. Wird andererseits das grundlegende Defizit im motivationalen Bereich gesehen, dann richten sich die Interventionen darauf.

Über diese theoretischen Überlegungen hinaus, sind aber wohlbekannte empirische Fakten bei der Therapieplanung zu berücksichtigen. Dazu gehört beispielsweise die Tatsache, daß es sich beim hyperkinetischen Syndrom um ein *chronisches Störungsbild* handelt, das mit kurzfristigen oder gar einmaligen therapeutischen Interventionen nicht zu behandeln ist, sondern über einen langen, unter Umständen mehrjährigen Zeitraum behandlungsbedürftig ist.

Individuelle Bedingungen

Auf der Seite des betroffenen Patienten spielt naturgemäß der *Ausprägungsgrad des Störungsbildes* eine wichtige Rolle für die Therapie. Damit ist sowohl der *Schweregrad* gemeint, wie auch die *Art der Symptomatik*, d. h. die Frage, welche Einzelsymptome besonders prägnant sind und im Vordergrund stehen. *Alter bzw. Entwicklungstand* wirken sich maßgeblich darauf aus, ob und inwieweit der Patient selbst in die Therapie miteinbezogen werden kann. Beispielsweise geht es darum, ob Verfahren der Fremdkontrolle durch Selbstkontrollverfahren ergänzt oder gar ganz ersetzt werden können. Die *intellektuelle Leistungsfähigkeit* eines Patienten kann sich sowohl auf die Durchführung der Therapie als auch auf die Generalisierung, den Transfer auf außertherapeutische Situationen auswirken. Von wesentlicher Bedeutung ist schließlich die *Komorbidität*, d. h. die Frage nach zusätzlich vorhandenen Symptomen An erster Stelle sind in diesem Zusammenhang die Störungen des Sozialverhaltens zu nennen, die vielfach mit hyperkinetischen Syndromen assoziiert sind. Aber auch Teilleistungsstörungen und emotionale Symptome müssen häufig in der Therapie berücksichtigt werden.

Allgemeiner Behandlungsrahmen

Neben dem Schweregrad der hyperkinetischen Störung spricht vor allem die situative Abhängigkeit der Symptomatik dafür, die allgemeinen Rahmenbedingungen der Behandlung, das „Setting", bei der Planung von Interventionen verstärkt zu berücksichtigen. Da die Therapie meist sehr zeitintensiv und aufwendig zu sein hat, ist beispielsweise zu überlegen, ob der ambulante Rahmen ausreicht und ob darüberhinaus nicht Institutionen wie Schule oder Kindergarten oder eine spezifische teilstationäre Einrichtung (z. B. Tagesklinik) miteinzubeziehen sind.

Auch die für alle Beteiligten schwere Frage nach einer Trennung von Patient und Familie ist zu bedenken, sei es daß sie nur für einen begrenzten Zeitraum gewählt wird, als vollstationäre Behandlung, oder aber auch als dauerhafte Lösung (z.B als außerfamiliäre Unterbringung in einer therapeutischen Einrichtung).

Behandlungsziele bzw. Zielbereiche

Die Bezeichnung "Zielbereich" wurde an dieser Stelle gewählt, weil es bei der Behandlung hyperkinetischer Störungen oft nicht ausreicht, nur einzelne, spezifische Ziele auszuwählen. Diese Einzelziele sind meist in einem größeren Zusammenhang zu sehen, stammen aus einem Lebens- oder Verhaltensbereich des Patienten. Nicht selten beispielsweise ist der schulische Bereich besonders problematisch, wohingegen die familiäre Situation sich relativ erträglich gestaltet. Dann bietet es sich an, den Zielbereich "Schule" bzw. "Leistungsverhalten" therapeutisch besonders anzugehen und durch ein Bündel von Teilzielen zu strukturieren.

Da es sich um eine chronische Störung handelt, kommt es häufig vor, daß Ziele bzw. Zielbereiche über die Jahre wechseln, daß einmal familiäre Probleme, ein anderes Mal Leistungsprobleme und zum dritten Probleme im Sozial- bzw. Kontaktverhalten im Vordergrund stehen.

27.4 Therapeutische Maßnahmen

Die aufwendigen, vielfältigen diagnostischen Bemühungen verweisen darauf, daß auch die Therapie mehrdimensional zu sein hat. *Die einzige, allein wirksame Therapiemaßnahme gibt es* in der Behandlung hyperkinetischer Störungen nicht. Die Therapie muß mehrere, z.T. sehr unterschiedliche Maßnahmen umfassen. Diese Überlegung impliziert auch eine Relativierung des psychotherapeutischen Ansatzes. Techniken und Maßnahmen unterschiedlicher „Herkunft" sind zu integrieren und zusammenzufassen. Insbesondere der Einsatz von Therapieprogrammen verlangt eine eingehende Abstimmung der einzelnen Behandlungskomponenten, so daß ein flexibles, auf den jeweiligen Einzelfall bezogenes Vorgehen möglich ist.

Zur groben Orientierung lassen sich die therapeutischen Maßnahmen einteilen in *individuumbezogene*, d. h. solche, die den Patienten direkt betreffen, und *umfeldbezogene*, d. h. solche, die seine Interaktionspartner und sein Lebensumfeld betreffen (s. dazu auch Quaschner, 1990).

Individuumbezogene Maßnahmen

Verhaltenstherapeutische Techniken

Operante Techniken

Verhaltenstherapeutische Maßnahmen, die auf dem *Prinzip des operanten Konditionierens* beruhen, werden seit jeher in der Behandlung des hyperkinetischen Syndroms eingesetzt (Barkley, 1989). Sie haben sich nicht nur in Form von Programmen und schriftlich fixierten Plänen bewährt, sondern auch als Regeln und Orientierungshilfen im alltäglichen Umgang und besonders in der Elternberatung. In systematischer Form eingesetzt, stellen sie eines der wirksamsten Mittel zur Verhaltenssteuerung und -beeinflussung dar. Ihre Anwendung auf die Probleme hyperkinetischer Kinder soll kurz illustriert werden.

Am Anfang geht es fast immer darum, die Wahrnehmung der betreffenden Kinder zu verändern. Kein Kind ist völlig chaotisch und sogar extrem hyperkinetische Kinder verbringen mitunter eine längere Zeit mit einem Spielzeug oder mit einer Beschäftigung, die ihnen aufgetragen worden ist. Dies mag eine entmutigend kurze Zeitspanne sein, trotzdem bietet sich hier eine Möglichkeit anzuknüpfen und diese Verhaltensweisen zu erweitern und auszubauen.

Praktisch geschieht dies dadurch, daß die erwünschten Verhaltensweisen - und nur diese - verstärkt, d. h. belohnt werden. Zu den *Verstärkern oder Belohnern* ist zu bemerken, daß sie natürlich für das Kind attraktiv und erstrebenswert sein müssen, um überhaupt wirksam zu werden. Vor allem zu Anfang einer Therapie handelt es sich dabei meist um *materielle Verstärker*, die in systematischer Form eingesetzt werden. Als sog. *„Tokens"* können sie von den Patienten gegen zuvor festgelegte Belohner eingetauscht werden.

Da hyperkinetische Kinder offenbar nur schwer die Wirkung ihres Verhaltens auf andere einschätzen und verstehen können, ist mit einer angedeuteten oder gar versteckten Belohnung ebensowenig anzufangen wie mit einer zeitlich verzögerten. Daher brauchen sie stets eine schnelle, klare, verständliche und eindeutige Rückmeldung über ihr Verhalten (Taylor, 1986).

Als wirksamste Form der Belohnung erweist sich meistens die Zuwendung anderer Personen, d. h. die *soziale Verstärkung* durch Aufmerksamkeit, Lob, Ermutigung oder gemeinsame Tätigkeiten. Dementsprechend kann auch der Entzug von Aufmerksamkeit beim Auftreten unerwünschter Verhaltensweisen therapeutisch genutzt werden. Systematisch angewendet wird eine Form dieser Vorgehensweise als *Auszeit oder "Time out"* bezeichnet (Barkley, 1989). Insbesondere bei aggressiven Auseinandersetzungen und Wutanfällen, also bei Verhaltensweisen, die leicht eskalieren und verbal nur schwer zu unterbrechen sind, ist das Herausnehmen aus der Situation, der plötzliche Verlust von Zuwendung oft die einzige Möglichkeit zum Eingreifen und zum Beenden des Geschehens.

Eine andere Form des Verstärkerentzugs wird als *Verstärkerrückgabe oder „Response cost"* bezeichnet. Dabei erhält das Kind vor Beginn einer Therapiestunde eine bestimmte Anzahl von Chips, die es bei Nichtbefolgen von zuvor festgelegten Regeln verliert. Die am Ende der Stunde verbliebenen Chips kann es gegen Belohnungen eintauschen oder „sparen".

Ein weiteres operantes Prinzip ist das des *sukzessiven, d. h., schrittweisen Vorgehens*, der langsamen Annäherung an ein Ziel. Es ist sinnlos ein ganzes System positiver Erwartungen und Belohnungen aufzustellen, wenn ein Kind diese nicht erfüllt und deshalb nie belohnt wird. Beim schrittweisen Vorgehen müssen Eltern oder Betreuer entscheiden, wie der erste Schritt aussehen soll. Normalerweise ist es am günstigsten, wenn mit leichten Schritten begonnen wird, also einem kleineren Problem und nicht gerade mit dem schlimmsten und störendsten. Sollte es dann bei einfacheren Problemen klappen, kann zu den anderen Schwierigkeiten übergegangen werden.

Allgem. Regeln für den konsequenten Umgang mit hyperkinetischen Kindern (nach Barkley, 1989)
1. Regeln, Instruktionen und Anweisungen für hyperaktive Kinder sollten klar und kurz formuliert sein sowie deutlich - d.h. u.U. sichtbar und hörbar - vorgetragen und veranschaulicht werden.
2. Konsequenzen sollten schnell und umgehend eingesetzt werden, d.h. möglichst zeitnah zum jeweiligen Zielverhalten.
3. Im Hinblick auf die motivationalen Probleme hyperaktiver Kinder sollten Konsequenzen wesentlich häufiger eingesetzt werden.
4. Die Reaktionen und Konsequenzen sollten intensiver, stärker, größer sein als im Umgang mit normalen Kindern.
5. Konsequenzen mit bestrafendem Charakter wie „Response cost" oder „Time-out" sollten eingebettet sein in ein System von positiven Konsequenzen: „'Positives before negatives' is the order of the day with ADHD children".
6. Es sollte ein häufiger Wechsel von Verstärkern und Belohnern stattfinden, da bei hyperaktiven Kindern schneller Sättigungs- und Gewöhnungseffekte eintreten als bei normalen Kindern.
7. Vorausschauende Planung und zeitliche Vorstrukturierung erleichtern es den betroffenen Kindern, sich auf veränderte Abläufe und Situationen, in denen andere Regeln gelten, umzustellen. („Anticipation is the key with ADHD children.")

Tabelle 27.3 Allgemeine Regeln für den konsequenten Umgang mit hyperkinetischen Kindern (nach Barkley, 1990)

Zu Beginn sollte man sich möglichst nur auf einen Punkt konzentrieren, später können durchaus auch mehrere Ziele zugleich angesteuert werden (Taylor, 1986).

Allgemeine Regeln für den konsequenten Umgang mit hyperkinetischen Kindern, die die bisherigen Erläuterungen zusammenfassen, werden von Barkley (1990) formuliert (Tab. 27.3):

In der Form von "Kontingenzprogrammen" werden diese operanten Prinzipien auch in schriftlich fixierten Verstärker- und Belohnerplänen festgehalten. Ihre Anwendung setzt allerdings voraus, daß Belohnungen auch aufgeschoben werden können, und daß das Kind über einen entsprechenden zeitlichen Horizont verfügt. Die Arbeit mit derartigen Plänen ist nicht nur im Hinblick auf den Patienten zu sehen, sondern auch für deren Interaktionspartner von Bedeu-

tung. Kontingenzprogramme können beispielsweise dem Personal einer Einrichtung auch als
Referenz- und Bezugspunkt im Umgang mit
bestimmten Verhaltensweisen dienen.

Kognitiv-behaviorale Techniken

Während operante verhaltenstherapeutische Techniken sehr stark auf Fremdsteuerung basieren,
geht es bei kognitiven Methoden darum, den
Patienten zu vermehrter Selbstkontrolle zu verhelfen. Sie sollen in ihren Reaktionsweisen unabhängiger werden von den jeweiligen situativen
Bedingungen und ihr eigenes Verhalten aktiver
steuern lernen.

• **Selbstbeobachtung**

Wesentliche Voraussetzung für derartige Veränderungen ist häufig eine veränderte Wahrnehmung des eigenen Verhaltens und der Situation.
Der Patient soll lernen das eigene Verhalten
besser zu beobachten und zu registrieren.
Beispielsweise kann dies konkret bedeuten, daß
ein Patient anhand eines zeitlichen Tagesrasters
nicht nur die Häufigkeit von zwischenmenschlichen Konfliktsituationen registriert, sondern - je
nach Alter und kognitiven Fähigkeiten - die
jeweiligen situativen Bedingungen und Folgen
seines Handelns. Mit dem Vorgang der Selbstbeobachtung sind zumeist auch Hilfestellungen für
eine Selbstbewertung und damit wiederum auch
die Fähigkeit zur Selbstverstärkung verbunden, so
wie es im Selbstkontrollansatz von Kanfer (1977)
formuliert wurde. Die strukturierende Funktion
von systematischer Selbstbeobachtung wird häufig völlig unterschätzt, dabei kommt dieser
Technik durchaus nicht nur diagnostische, sondern auch therapeutische Bedeutung zu.

• **Selbstinstruktionstraining**

Eine bekannte Variante dieses kognitiven
Ansatzes ist das Selbstinstruktionstraining für
impulsive Kinder von Meichenbaum (Meichenbaum, 1977, Meichenbaum und Goodman, 1971
und Kendall und Braswell, 1985). Ausgangspunkt
dieses Zuganges ist die handlungsleitende Funktion, die Selbstverbalisationen insbesondere im
Kindesalter haben. Im einzelnen beinhaltet das
Selbstinstruktionstraining folgende Schritte: (Mahoney, 1979; Meichenbaum, 1977).

Schritte des Selbstinstruktionstrainings nach Meichenbaum (1977)
1. Das Kind beobachtet zunächst ein selbstverba-lisierendes Modell (in aller Regel der Therapeut aber durchaus auch ein anderes Kind), wie es eine Aufgabe erfolgreich löst.("kognitives Modeling")
2. Im Anschluß daran führt das Kind dieselbe Aufgabe durch, wobei es den verbalen Instruk-tionen des Modells folgt.("offene externe Füh-rung")
3. Dann wird dem Kind gesagt, daß es bei der Durchführung der Aufgabe selbst laut sprechen und dabei die Verbalisation des Modells mög-lichst nachahmen soll. ("offene Selbstführung")
4. Im Anschluß daran soll das Kind bei Bearbeiten der Aufgabe sich die Instruktionen selbst zuflüstern. ("ausgeblendete offene Selbstfüh-rung")
5. Schließlich soll das Kind die Aufgabe ausführen und seine Handlung durch innere Sprache len-ken. ("verdeckte Selbstinstruktionen")

Tabelle 27.4 Schritte des Selbstinstruktions-
trainings nach Meichenbaum (1977)

Die Verbalisation und Selbstinstruktion beinhalten Aussagen zu folgenden Bereichen:
• *Problemdefinition:* Zunächst geht es um Fragen über das Wesen der Aufgabe ("Halt, erst
  überlegen, worum geht es hier überhaupt").
• *Ausrichtung der Aufmerksamkeit und Planung:* Danach darum, wie diese Aufgabe
  gelöst werden kann ("Was kann ich tun? Wie
  muß ich vorgehen?").
• *Reaktionssteuerung:*   Schließlich   folgen
  Selbstinstruktionen in Form von Selbstanlei-
  tungen ("Ich mache jetzt erst das, danach muß
  ich dies so machen.")
• *Fehlerkorrigierende   Entscheidungen:*   Die
  Bewältigung von Frustrationen und Fehl-
  schlägen gehört ebenso dazu ("Jetzt habe ich
  einen Fehler gemacht, "Ich probiere es noch
  einmal anders") wie die
• *Selbstbewertung:* in Form von Selbstverstärkung ("das habe ich gut gemacht, das hat gut
  geklappt") (Mahoney, 1979).

So plausibel dieses Vorgehen auch erscheinen
mag, es bietet eine ganze Reihe von Schwierigkeiten. Zunächst ist dabei der zeitlich ökonomische Aufwand zu nennen. Konkret bedeutet dies,
daß unter Umständen über 2 - 3 Monate hinweg
mehrfach pro Woche Trainingssitzungen stattfinden. Dies setzt ein hohes Maß an Therapiemoti-

vation und Kooperationsfähigkeit voraus, was eben bezeichnenderweise bei hyperkinetischen Kindern problematisch ist. Weiterhin ist das Selbstinstruktionstraining nicht standardmäßig durchzuführen, sondern muß sehr stark auf den Einzelfall abgestimmt werden und erfordert ein gewisses Maß an therapeutischer Kreativität.

Aufbau sozialer Kompetenz

Das beeinträchtigte Sozial- und Kontaktverhalten legt es nahe, die Gruppe als therapeutischen Faktor zu nutzen. Das Zusammensein in einer Gruppe setzt das Einhalten bestimmter sozialer Regeln voraus. Diese Regeln sind oft schwierig und kompliziert, sie enthalten Bedingungen und erfordern Verständnis für andere. Hyperaktive Kinder lernen im allgemeinen nur schwer, feinere Unterscheidungen in sozialen Situationen wahrzunehmen. Ihr Verständnis für das Befinden und die Reaktion anderer Menschen ist nur gering ausgebildet. Sie sind darauf angewiesen, daß ihnen genau erklärt wird, was von Ihnen verlangt und erwartet wird. Einerseits bedeutet dies, daß die Regeln so einfach wie möglich gestaltet werden, andererseits müssen die Konsequenzen klar und eindeutig sein und sofort erfolgen. Konkret können die Regeln sich auf ein bestimmtes Kontaktverhalten richten, beispielsweise andere nicht zu verletzen, Wünsche und Bedürfnisse zu äußeren, zu fragen, zu warten bis andere fertig sind und ähnliches mehr. Ziel dieses systematischen Übens von sozialen Fähigkeiten in Kleingruppensituationen ist es, ein Minimum an sozialer Gemeinsamkeit zu verwirklichen.

Systematische Trainingsprogramme zum Aufbau sozialer Kompetenz verfolgen meist zwei allgemeine Ziele: Einmal geht es darum, das Wissen der Kinder über soziale Zusammenhänge zu vermehren. Beispielsweise soll das Bewußtsein dafür gesteigert werden, wie das eigene Verhalten dasjenige anderer Personen beeinflußt. Zum anderen sollen diejenigen sozialen Fertigkeiten aufgebaut werden, die im Verhaltensrepertoire des Kindes fehlen bzw. nur im Ansatz vorhanden sind. Ein großes Problem derartiger Trainingsprogramme besteht allerdings in der mangelhaften Generalisierung auf die natürliche Lebensumwelt des Kindes (Guevremont, 1990).

Funktionelle Übungsbehandlungen bei spezifischen Defiziten

Über die Kernsymptomatik hinaus weisen hyperkinetische Kinder in vielen Fällen noch andere, zusätzliche Defizite, Teilleistungsschwächen und Entwicklungsrückstände auf (Minde, 1985). Zu nennen sind beispielsweise die Bereiche der Sprache, der Wahrnehmung, der Visuomotorik bzw. der Psychomotorik. Diese Defizite bedürfen fast immer einer gezielten Einzelförderung oder funktionellen Übungsbehandlung. Für diese Zwecke existieren eine Reihe von standardisierten Programmen und Förderkursen (z.B. Lauth und Schlottke, 1993).

Im Folgenden sollen im Anschluß an Wagner (1989) einige Regeln aufgelistet werden, die sich in Anforderungs- und Leistungssituationen als hilfreich erweisen können und die relativ unabhängig von der Art der jeweiligen konkreten Anforderung sind (Quaschner, 1990).

1. Schaffung einer entspannten, spielerischen Atmosphäre.
2. Viele, aber kurze Übungsphasen .
3. Vermeiden von Ablenkungen.
4. Schwierigkeitsgrad allmählich steigern..
5. Attraktives Arbeitsmaterial.
6. "Inneres Sprechen", d.h. Selbstinstruktionen, als Handlungshilfe
7. Kind soll Fehler (mit Hilfe) selber finden
8. Lob und Ermutigung, statt Tadel und Ungeduld
9. Zunächst nur Einzelbehandlung
10. Ausweitung auf Gruppensituation

Tabelle 27.5 Regeln für Anforderungs- und Leistungssituationen (nach Wagner, 1989)

Mit zu den funktionellen Therapieformen kann auch die *Beschäftigungs- bzw. Ergotherapie* gezählt werden. In diesem Behandlungszugang sind unterschiedliche Techniken und Ziele integriert. Der Umgang mit ganz unterschiedlichen Materialien spricht verschiedene Sinnesmodalitäten an, das Lernen von Handlungsabläufen, Geduld, Ausdauer und Durchhaltevermögen wird in besonderem Maße gefördert. Etwas selber zu machen, fertigzustellen und zu Ende zu bringen, wirkt sich positiv auf des Selbstvertrauen aus. Und nicht zuletzt verlangt die Zusammenarbeit mit anderen das Einhalten und Akzeptieren sozialer Regeln.

Spieltherapie

Die gängige Form der sog. „nondirektiven" Spieltherapie ist sicherlich nicht die Behandlungsmethode der Wahl für hyperaktive Kinder, zumal wenn sie - im ambulanten Rahmen häufig zu sehen - als einzige Maßnahme eingesetzt wird. Ein Vorgehen, das dem Kind nur wenige Vorgaben macht und bei dem es nur geringe Einschränkungen erfährt, ist kaum hilfreich beim Aufbau von regelgeleitetem Verhalten. Andererseits ist angesichts der vielfältigen emotionalen Probleme, die hyperaktive Kinder auch haben, zu fragen, ob nicht zumindest in Teilbereichen eine spieltherapeutische Förderung sinnvoll sein kann. Wenn das Verfahren eingebettet ist in ein mehrdimensionales Behandlunskonzept, dann spricht nichts gegen einen derartigen Einsatz. Dementsprechend finden sich auch in verschiedenen therapeutischen Konzeptionen spieltherapeutische Elemente (Döpfner und Sattel, 1991, Quaschner, 1990).

Medikamentöse Behandlung

Die Medikation stellt in vielen Fällen eine wertvolle Hilfe im Rahmen der Gesamtbehandlung dar. Als alleinige Therapie reicht sie indes selten aus, sie schafft aber oft erst die Grundlagen und Voraussetzungen für die Durchführung anderer Maßnahmen. Zu beachten ist in diesem Zusammenhang, daß auf Seiten der Eltern, mehr noch aber bei Erziehern, Betreuern und Lehrern häufig Vorbehalte und Vorurteile gegenüber dieser Form der Therapie anzutreffen sind. Diese sind meist sehr hartnäckig und schwer zu zerstreuen. Trotz dieser Probleme bleibt festzuhalten, daß die Medikation einen integralen Bestandteil des Behandlungskonzeptes darstellt, der andere Behandlungsmaßnahmen keinesfalls ausschließt.

Gute Erfolge wurden in der Behandlung mit Psychostimulanzien (z.B. Ritalin) erzielt. Daneben kamen aber auch andere Psychopharmaka zum Einsatz, hauptsächlich Neuroleptika (Chlorpromazin,Thioridazin), ferner Antidepressiva (vor allem Imipramin) und Lithiumsalze (Remschmidt, 1992).

Umfeldbezogene Maßnahmen

Therapeutische Rahmenbedingungen

Auf die große Bedeutung die das situative Umfeld für das hyperkinetische Verhalten hat, wurde bereits hingewiesen. Es ist daher im jeweiligen Einzelfall genau zu überlegen, ob die „richtigen" *therapeutischen Rahmenbedingungen* gewählt wurden, ob eine Indikation für eine ambulante, eine teil- oder eine vollstationäre Behandlung besteht, ob Institutionen unterstützend in die Therapie miteinbezogen werden sollten, und wenn ja, ob es ggfs. klinische Facheinrichtungen sein sollten.

- *Ambulante Behandlung*

Die Leistungsfähigkeit einer ambulanten Behandlung ist nicht nur von den individuellen Voraussetzungen der Patienten (z.B. Alter, Schweregrad) abhängig, sondern in entscheidendem Maß von der Kooperationsbereitschaft und -fähigkeit der Eltern. Nicht selten werden auch die Möglichkeiten des ambulanten Zugangsweges überschätzt und u. U. kostbare Zeit verloren. Probleme ergeben sich beispielsweise dadurch, daß die Therapie nicht intensiv genug ist (z.B. einmal die Woche eine Stunde Spieltherapie) oder daß mehrere - notwendige - Maßnahmen nur schwer integriert werden können und/oder in der Durchführung zu aufwendig und unökonomisch sind. Daher ist zu überlegen, ob bei der Umsetzung von therapeutischen Techniken nicht eine institutionelle Anbindung sinnvoll erscheint. Eine andere Möglichkeit der Intensivierung besteht im sog. „Home treatment", wo der ambulante Behandlungsrahmen auf die häusliche Situation erweitert wird (Remschmidt und Schmidt 1988).

- *Behandlung in nicht-klinischen Institutionen*

Als nicht-klinische Institutionen werden hier Kindergärten, Schulen, Horte, Heime und vergleichbare Einrichtungen bezeichnet. Vor allem im Hinblick auf den *schulischen Bereich* gibt es vorwiegend im anglo-amerikanischen Raum (s. dazu Barkley, 1989, 1990) einige ausgearbeitete Programme, um das Betreuungspersonal bzw. die Lehrer in die Behandlung miteinzubeziehen. Nicht zu übersehen sind allerdings auch die erheblichen Schwierigkeiten, die in der Zusammenarbeit mit derartigen Institutionen eintreten können. Daher ist zu fragen, ob in der Kooperation nicht eher präventive statt therapeutische Gesichtspunkte im Vordergrund stehen sollten. Im Kontakt mit den Erziehern, den Betreuern und Lehrern geht es - wie in der Zusammenarbeit mit den Eltern - vor allem darum, Informationen über die Symptomatik und die Hintergründe des Störungsbildes zu vermitteln. Oft herrschen hier verzerrte und ideologisch überfrachtete Sichtweisen vor, die dringend korrekturbedürftig sind. Die

Tatsache, daß ein Betreuer oder Lehrer über ein bestimmtes Kind informiert ist, löst noch keine Probleme und reduziert nicht hyperkinetisches Verhalten, es kann aber zu einer neuen Sichtweise des Kindes verhelfen und damit die Voraussetzungen schaffen für konkrete Maßnahmen, die dann durchaus therapeutische Wertigkeit haben können.

Weiterhin zu erwähnen ist in diesem Zusammenhang auch die Notwendigkeit interdisziplinärer Absprachen, um die Arbeit verschiedener Therapeuten und Betreuer zu koordinieren. Gerade weil sie eine ganze Reihe von Defiziten und Problemen aufweisen, befinden sich hyperkinetische Kinder oft an mehreren Stellen in Betreuung und Behandlung. Ein abgesprochenes und ausgewogenes Vorgehen ist nur bei entsprechender Abstimmung möglich. Widersprüche und Verunsicherung der Eltern können durch Absprache der professionellen Helfer vermieden werden.

- *Die Behandlung in klinischen Institutionen:*

Bei klinischen Institutionen handelt es sich um voll- bzw. teilstationäre Einrichtungen, die ein spezifisches Behandlungsangebot machen und in denen die Kinder in der Regel nur für eine begrenzte Zeit bleiben.

Besondere Vorteile bietet die *teilstationäre Behandlung*, z.B. in kinder- und jugendpsychiatrischen Tageskliniken. Da die Patienten nur tagsüber in der Einrichtung sind und ansonsten in der Familie verbleiben, bietet sich diese Behandlungsmodalität insbesondere bei jüngeren Kindern an. Weiterhin können die Eltern intensiver in die Behandlung eingebunden werden, was durch die Wohnortnähe erheblich erleichtert wird.

In klinischen Einrichtungen können auch regelrechte Programme für die Behandlung hyperkinetischer Kinder zusammengestellt werden. In einem optimal gestalteten äußeren Rahmen können spezifische patientenbezogene Maßnahmen durchgeführt werden, die zudem auf das jeweilige Umfeld abgestimmt sind (siehe Döpfner und Sattel, 1991; Quaschner, 1990 sowie Kap. 35).

Die Behandlung im *vollstationären Bereich* einer kinder- und jugendpsychiatrischen Klinik bildet häufig die ultima ratio, nachdem ambulante und teilstationäre Maßnahmen keine durchgreifende Besserung erbracht haben. Der Schweregrad der Störung macht es dann erforderlich, die Kinder für eine begrenzte Zeit aus ihrem gewohnten Umfeld herauszunehmen und auf diese Weise

alle Beteiligten - Patienten, Eltern und Betreuer - zu entlasten. Die Zeit des stationären Aufenthaltes bietet ebenfalls die Möglichkeit zu einer intensiven Behandlung. Angesichts der Tendenz zur Chronifizierung liegt eine zentrale Funktion darin, in Ruhe längerfristige Maßnahmen in die Wege zu leiten (z.B. eine außerfamiliäre Unterbringung).

Zusammenarbeit mit den Eltern

Relativ unabhängig vom Behandlungsrahmen ist die Bedeutung der Elternarbeit zu sehen. Zwar wird die jeweilige Behandlungsmodalität sich konkret auf die Formen der Zusammenarbeit mit den Eltern auswirken, dennoch bleibt der zentrale Stellenwert dieser Maßnahme in fast allen Fällen unbestritten. In Form von Elterntrainings sind in diesem Zusammenhang eine Reihe von Standardprogrammen zur Beeinflussung des elterlichen Erziehungsstiles entwickelt worden, die aber durch hohe Abbruchraten gekennzeichnet sind (Barkley, 1990). In der Praxis hat sich eine flexiblere Vorgehensweise bewährt, die die Besonderheiten des jeweiligen Einzelfalles besser berücksichtigt. Allgemein können bei einem derartigen Vorgehen folgende Schritte unterschieden werden:

1. Schritt: Informationsvermittlung und allgemeine Orientierung

Hier geht es zunächst darum, Informationen über das Störungsbild zu vermitteln und die Hintergründe des oft schwer einzuschätzenden hyperkinetischen Verhaltens des Kindes zu erläutern. Weiterhin werden mögliche Ursachen, verlaufsbeeinflussende Faktoren und prognostische Überlegungen diskutiert.

Weiterhin ist es insbesondere zu Anfang einer Behandlung häufig erforderlich, die immensen Schuldgefühle der Eltern zu thematisieren und möglichst auch zu reduzieren. Das Ausmaß dieser Schuldgefühle läßt sich daran ermessen, daß nicht selten das ganze personale Umfeld -Verwandte, Bekannte, Betreuer - dazu neigt, die Eltern für das "unmögliche, ungezogene" Verhalten des Kindes verantwortlich zu machen und im vermeintlichen erzieherischen Fehlverhalten der Eltern die Ursachen der Schwierigkeiten zu sehen.

2. Schritt: (Verhaltens)-Beobachtung ("Diagnostik")

Der zweite Schritt beinhaltet eine Veränderung der elterlichen Wahrnehmung des Kindes, die zumeist sehr stark auf dessen negative Verhaltensweisen fixiert ist. Strukturierte Aufgaben zur Registrierung des kindlichen, aber auch von elterlichem Verhalten können hier hilfreich sein. Aufgrund einer veränderten Sichtweise ergeben sich Möglichkeiten der Zielformulierung. Die Identifizierung von Zielverhaltensweisen sollte sich dabei an positiven Merkmalen des Kindes orientieren.

3. Schritt: Umsetzung in konkrete Maßnahmen

Das im zweiten Schritt erarbeitete "diagnostische Material" bietet genug Ansatzpunkte für konkrete Maßnahmen im Umgang mit dem Kind. Im einzelnen können etwa die folgenden Maßnahmen und Ziele verfolgt werden:

• Strukturierung des Tagesablaufes

Die Strukturierung des Tagesablaufes bildet nicht nur die Grundlage und Voraussetzung für alle weiteren Maßnahmen, sondern stellt einen therapeutischen Schritt in sich dar.

• Direkte, eindeutige Rückmeldung des kindlichen Verhaltens

An dieser Stelle gilt das, was bereits im Zusammenhang mit den operanten Prinzipien für die Interaktion mit dem hyperkinetischen Kind gesagt wurde.Da es nur schwer die Folgen des eigenen Verhaltens sowie die Reaktion anderer einschätzen kann, müssen Regeln und Erwartungen klar und eindeutig formuliert sein, Rückmeldungen müssen direkt erfolgen.

• Einheitlichkeit des Erziehungstiles

Im Umgang mit hyperkinetischen Kindern werden oft ganz unterschiedliche Erziehungsstile praktiziert. Dies reicht vom strengen, strafenden Umgang bis hin zum völligen Gewährenlassen. Sowohl intra- wie interindividuell (d. h. zwischen Vater und Mutter) sollte auf einen möglichst einheitlichen Erziehungsstil hingearbeitet werden, da Unterschiede zur Desorientierung des Kindes erheblich beitragen.

• Unterbrechen von eskalierenden Verhaltensweisen.

Das frühzeitige Unterbrechen von eskalierenden Verhaltensweisen erweist sich als wirksames Mittel zur Vermeidung von Verhaltensexzessen. Daß es dabei möglich ist, Time-out-ähnliche Vorgehensweisen und Prozeduren auch im familiären Rahmen durchzuführen, zeigt Barkley (1989) ausführlich auf.

• Schrittweises Vorgehen, Formulieren von Teilzielen.

Ein Alles- oder Nichts-Denken im Umgang mit hyperkinetischen Kindern führt regelmäßig zu Enttäuschungen und einer Verschlechterung der Gesamtentwicklung. Die Tatsache, daß es sich um eine chronische Störung handelt, heißt für die Zusammenarbeit mit den Eltern, daß diese lernen müssen, sich mit Teilzielen zu begnügen und die angepeilten Ziele nur schrittweise, nach und nach zu erreichen.

27.5. Zur Evaluation

Es wurde bereits darauf hingewiesen, daß es eine allein erfolgreiche Therapiemethode für hyperkinetische Störungen nicht gibt. Dies spiegelt sich auch in den Untersuchungen zur Wirksamkeit verschiedener therapeutischer Techniken wieder. Die beste Wirkung zeigen *Kombinationsbehandlungen*, in denen verhaltenstherapeutische Maßnahmen zusammen mit medikamentöser Therapie eingesetzt wurden.. Weiterhin eine Rolle spielen vor allem umfeldbezogene Maßnahmen wie intensive Elternarbeit bzw. Elterntraining und psychoedukative Schritte (Barkley, 1989). Direkte, patientenbezogene Maßnahmen wie Selbstkontrolltechniken und soziales Kompetenztraining, zeigen zwar durchaus positive Wirkungen, leiden im großen und ganzen aber unter Problemen der mangelnden Generalisierung (Guevremont, 1990).

Die Behandlung hyperkinetischer Störungen ist nicht nur dadurch gekennzeichnet, daß mehrere Techniken eingesetzt und kombiniert werden müssen, darüberhinaus ist es auch erforderlich, diese Maßnahmen über einen langen Zeitraum hinweg durchzuführen bzw. immer wieder zu intervenieren. Für die Betroffenen, Patienten und Eltern, aber auch die professionell Tätigen ist damit in aller Regel ein langer, mühseliger Weg vorgezeichnet.

Weiterführende Literatur:

Barkley, R.A.: Attention-Deficit Hyperactivity Disorder. The Guilford Press, New York 1990.
Hinshaw, S.P.; Erhardt, D.: Attention-Deficit Hyperactivity Disorder. In: Kendall, P.C. (Ed.): Child and Adolescent Therapy. 98-128. The Guilford Press, New York 1991.

Literatur

Achenbach, T.M.; Edelbrock, C.S.: Manual for the Child Behavior Checklist and Revised Child Behavior Profile. Univ. Vermont, Department of Psychiatry, Burlington/Vt 1983.

Achenbach, T.M.; Edelbrock, C.S.: Manual for the Youth Self Report and Profile. Univ. Vermont, Department of Psychiatry, Burlington/Vt 1987.

Barkley, R.A.: Attention Deficit-Hyperactivity Disorder. In: Mash, E.J.; Barkley, R.A. (Hrsg.): Treatment of Childhood Disorders, 39-72. The Guilford Press, New York 1989.

Barkley, R.A.: Attention Deficit Hyperactivity Disorder. The Guilford Press, New York 1990.

Conners, C.K.: Rating scales for use in drug studies with children. Psychopharmalogical Bulletin 9, 24-84, 1973.

Döpfner, M.; Berner, W.; Fleischmann, T.; Schmidt, M.H.: Fragebogen zur Erfassung von Verhaltensauffälligkeiten im Vorschulalter. FEV. Beltz, Weinheim 1991.

Döpfner, M.; Sattel, H.: Verhaltenstherapeutische Interventionen bei hyperkinetischen Störungen im Vorschulalter. Zeitschrift für Kinder- und Jugendpsychiatrie 19, 254-262, 1991.

Eisert, H.G.: Hyperkinetische Störungen. In: Steinhausen, H.-C.; Aster, M.v. (Hrsg.): Handbuch Verhaltenstherapie und Verhaltensmedizin bei Kindern und Jugendlichen, 131-159. Psychologie-Verlags-Union, Weinheim 1993.

Guevremont, D.: Social skills and peer relationship training. In: Barkley, R.A. (Hrsg.): Attention-Deficit Hyperactivity Disorder, 540-572. The Guilford Press, New York 1990.

Kagan, J.: Reflexion-impulsivity:The generality and dynamics of conceptual tempo. Journal of Abnormal Psychology 71, 17-24, 1966.

Kanfer, F.H.: Selbstmanagement-Methoden. In: Kanfer, F.H.; Goldstein, A.P. (Hrsg.): Möglichkeiten der Verhaltensänderung, 350-406. Urban & Schwarzenberg, München 1977.

Kendall, P.C.; Braswell, L.: Cognitive-Behavioral Therapy for Impulsive Children. The Guilford Press, New York 1985.

Lauth, G.W.; Schlottke, P.F.: Training mit aufmerksamkeitsgestörten Kindern. Psychologie-Verlags-Union, Weinheim 1993.

Mahoney, M.J.: Kognitive Verhaltenstherapie. Pfeiffer, München 1977.

Meichenbaum, D.: Kognitive Verhaltensmodifikation. Urban & Schwarzenberg, München 1979.

Meichenbaum, D.; Goodman, J.: Training impulsive children to talk to themselves: A means of developing self-control. Journal of Abnormal Psychology 77, 115-126, 1971.

Minde, K.: Hyperaktives Syndrom. In: Remschmidt, H.; Schmidt, M.H. (Hrsg.): Kinder- und Jugendpsychiatrie in Klinik und Praxis, 1-18. Thieme Verlag, Stuttgart 1985.

Quaschner, K.: Die psychotherapeutische Behandlung und spezifische erzieherische Förderung von Vorschulkindern mit Hyperkinetischem Syndrom. Frühförderung interdisziplinär 9, 162-170, 1990.

Remschmidt, H.: Psychiatrie der Adoleszenz. Thieme Verlag, Stuttgart 1992.

Remschmidt, H.; Schmidt, M.H.: Alternative Behandlungsformen in der Kinder- und Jugendpsychiatrie. Enke Verlag, Stuttgart 1988.

Rosvold, H.E., Mirsky, A.F.; Sarason, J., Bransome, E.D.; Beck, L.H.: A continous performance test of brain damage. Journal of Clinical and Consulting Psychology 20, 343-350, 1956.

Schmidt, M.H.; Esser, G.; Moll, G.H.: Der Verlauf des hyperkinetischen Syndroms in klinischen und Feldstichproben. Zeitschrift für Kinder- und Jugendpsychiatrie 19, 240-247, 1991.

Taylor, E.: Das hyperaktive Kind. Hippokrates Verlag, Stuttgart 1986.

Unnewehr, S.; Schneider, S.; Margraf, J.: Kinder-DIPS. Diagnostisches Interview bei psychischen Störungen im Kindes- und Jugendalter. Springer-Verlag, Berlin 1995.

Wagner, I.: Aufmerksamkeitstraining mit impulsiven Kindern. 3. Aufl. Klotz, Eschborn 1989.

28. Autismus

Doris Weber und Helmut Remschmidt

28.1 Störungsprofil

Die Erstbeschreibung autistischer Störungsbilder erfolgte fast gleichzeitig durch den austro-amerikanischen Kinderpsychiater Leo Kanner (1943) und den österreichischen Pädiater Hans Asperger (1944), seinerzeit durch Krieg und Ozean getrennt. Der *Begriff* selbst geht auf Eugen Bleuler zurück (1911), der ihn für ein Grundsymptom der Schizophrenie prägte. Da autistische Kinder sich aber nicht aktiv in eine Phantasiewelt zurückziehen, sondern primär unfähig bzw. eingeschränkt fähig sind, soziale Kontakte zu entwickeln, trifft die Bezeichnung in der ursprünglich definierten Form nicht auf sie zu. Verschiedene Autoren haben sich aber für die Beibehaltung des Begriffes ausgesprochen, weil er weltweit gebräuchlich ist (Weber 1985).

Klassifikation und klinisches Bild

Nach dem Diagnoseschlüssel ICD-10 der WHO werden die beiden autistischen Syndrome (frühkindlicher Autismus, Kanner-Syndrom und autistische Persönlichkeitsstörung, Asperger-Syndrom) den tiefgreifenden Entwicklungsstörungen zugeordnet. Beide Syndrome werden vom Verhalten her definiert, sind also psychopathologische Syndrome.

Tabelle 28.1 Diagnosekriterien des frühkindlichen Autismus (F 84.0) (nach ICD-10, Dilling et al. 1992)

A. Vor dem dritten Lebensjahr manifestiert sich eine auffällige und beeinträchtigte Entwicklung in mindestens einem der folgenden Bereiche:
  1. rezeptive oder expressive Sprache, wie sie in der sozialen Kommunikation verwandt wird
  2. Entwicklung selektiver sozialer Zuwendung oder reziproker sozialer Interaktion
  3. funktionales oder symbolisches Spielen

B. Insgesamt müssen mindestens sechs Symptome von 1., 2. und 3. vorliegen, davon mindestens zwei von 1. und mindestens je eins von 2. und 3.:

---

1. Qualitative Auffälligkeiten der gegenseitigen sozialen Interaktion in mindestens drei der folgenden Bereiche:
   a) Unfähigkeit, Blickkontakt, Mimik, Körperhaltung, Gestik zur Regulation sozialer Interaktionen zu verwenden
   b) Unfähigkeit, Beziehungen zu Gleichaltrigen aufzunehmen, mit gemeinsamen Interessen, Aktivitäten und Gefühlen
   c) Mangel an sozio-emotionaler Gegenseitigkeit (Beeinträchtigung oder deviante Reaktion auf Emotionen anderer, Mangel an Verhaltensmodulation entsprechend dem Kontext oder labile Integration sozialen, emotionalen und kommunikativen Verhaltens)
   d) Mangel, spontan Freude, Interessen oder Tätigkeiten mit anderen zu teilen.

2. Qualitative Auffälligkeiten der Kommunikation in mindestens einem der folgenden Bereiche:
   a) Entwicklungsstörung der gesprochenen Sprache ohne Kompensation durch Gestik oder Mimik
   b) relative Unfähigkeit, sprachlichen Kontakt mit gegenseitigem Kommunikationsaustausch zu beginnen oder aufrechtzuerhalten
   c) stereotype und repetitive oder idiosynkratische Verwendung der Sprache
   d) Mangel an spontan Als-ob-Spielen bzw. sozialen Imitationsspielen.

3. Begrenzte, repetitive und stereotype Verhaltensmuster, Interessen und Aktivitäten in mindestens einem der folgenden Bereiche:
   a) umfassende Beschäftigung mit stereotypen und begrenzten Interessen, die in Inhalt und Schwerpunkt abnorm oder ungewöhnlich intensiv und begrenzt sind
   b) zwanghafte Anhänglichkeit an spezifische, nicht funktionale Handlungen oder Rituale
   c) stereotype und repetitive motorische Manierismen mit Hand- und Fingerschlagen oder Verbiegen oder komplexe Körperbewegungen
   d) vorherrschende Beschäftigung mit Teilobjekten oder nicht funktionalen Elementen des Spielmaterials (z.B. Geruch, Oberfläche, Geräusch, Vibration).

In Tab. 28.1 sind die diagnostischen Leitlinien nach ICD-10 für den frühkindlichen Autismus wiedergegeben.

Wie aus der Tabelle hervorgeht, manifestiert sich der frühkindliche Autismus (Kanner-Syndrom) bereits *vor dem dritten Lebensjahr* und ist durch *Funktionseinschränkungen in drei Bereichen* gekennzeichnet: in den wechselseitigen sozialen Interaktionen, im Kommunikationsverhalten und im Bereich eigener Interessen. Statt dessen treten eine Reihe von stereotypen Verhaltensweisen auf sowie zahlreiche, individuell recht verschieden ausgeprägte Verhaltensauffälligkeiten wie phobische Ängste, Schlaf- und Eßstörungen, unmotiviert erscheinende Wutausbrüche, Aggressionen und Selbstverletzungen. Über diese Charakteristika hinaus, die im übrigen im Laufe der Entwicklung deutliche Veränderungen zeigen (Weber, 1970), sind autistische Kinder und Jugendliche noch durch folgende Merkmale gekennzeichnet:

- Durch eine außerordentlich starke Variation des Intelligenzniveaus (bei drei Viertel der Patienten besteht eine ausgeprägte Intelligenzminderung),
- durch sensorielle Besonderheiten,
- durch besondere Sprachauffälligkeiten (verzögerte Sprachentwicklung, Echolalie, pronominale Umkehr)
- durch motorische Auffälligkeiten (psychomotorischer Entwicklungsrückstand, Zehenspitzengang, Stereotypien) und
- durch mehr oder weniger ausgeprägte Veränderungsängste, die die Betreuung dieser Kinder oft sehr schwierig machen.

Manche Verhaltensweisen autistischer Kinder sind auch bei gesunden Kindern in einem Stadium ihrer Entwicklung zu beobachten, beim autistischen Kind jedoch zeitlich verschoben, was den Zeitpunkt ihres Auftretens im Entwicklungsverlauf und die Dauer und Intensität des Auftretens betrifft (Weber, 1985) (z.B. Echolalie; Angst vor dem Ungewohnten; stereotype Verhaltensweisen; rituelle Gewohnheitshandlungen; symbiotische Beziehungsstrukturen; "Zehengang", d.h. Vorderfußgang).

In den Abbildungen 28.1 - 28.4 sind charakteristische Verhaltensweisen autistischer Kinder dargestellt.

Neben dem frühkindlichen Autismus ist in ICD-10 noch als weitere Kategorie der atypische Autismus definiert. Der Unterschied zum früh-

kindlichen Autismus besteht entweder in einem abweichenden Alter bei Krankheitsbeginn oder darin, daß die diagnostischen Kriterien nicht in allen für die Diagnose entscheidenden Merkmalen erfüllt werden.

Abb. 28.1 Martin, 5;4 Jahre. Frühkindlicher Autismus. Der Junge konnte sich immer wieder und ausdauernd damit beschäftigen, seinen Kopf in einen Papierkorb zu stecken und mit den Fingern Klopfgeräusche an den Papierkorbwänden auszulösen. Die Papierkörbe wählte er sachgerecht aus.

Die autistische Persönlichkeitsstörung (Asperger-Syndrom) unterscheidet sich von den beiden anderen psychopathologischen Bildern im wesentlichen durch das Fehlen eines Rückstandes in der sprachlichen und kognitiven Entwicklung. Die Patienten können jedoch ihre kognitiven Fähigkeiten nicht angemessen und gezielt einsetzen, sondern stellen sie häufig in den Dienst hochspezialisierter Sonderinteressen (z.B. Auswendiglernen des Fahrplans, Konzentration aller Interessen auf Dinosaurier).

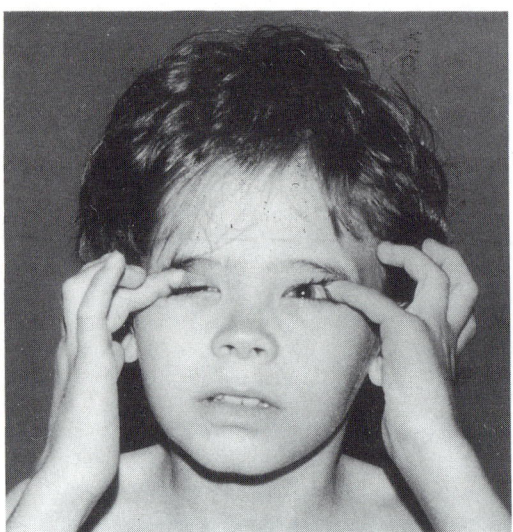

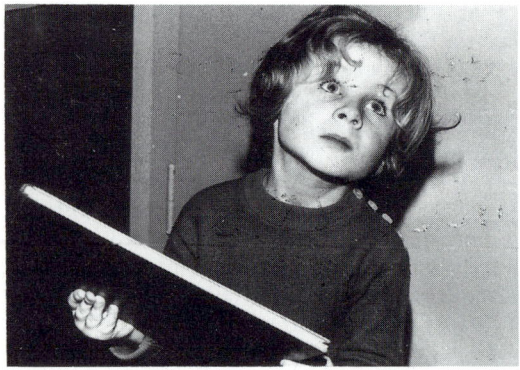

Abb. 28.4 Monika, 5;7 Jahre. Frühkindlicher Autismus. Das Kind hält ein Bilderbuch in der Hand, der Blick geht in leere Fernen (aus Weber 1988).

Abb. 28.2 Robert, 9 Jahre. Frühkindlicher Autismus, opthalmologischer Befund regelrecht. Autistische Kinder können die Besonderheiten blinder und hochgradig sehschwacher Kinder zeigen, wie z.B. "Augenbohren" (digitookuläres Phänomen), die Finger werden auf die Augen gedrückt; zu deuten als Selbststimulation eines Sinnesbereiches (aus Weber 1985)

Epidemiologie

Nach Untersuchungen in auslesefreien Stichproben findet man 4-5 Kinder mit frühkindlichem Autismus auf 10.000 Kinder und Jugendliche. Die höchsten Prävalenzraten von 10 Kindern auf 10.000 wurden von Gillberg (1989) beschrieben. Jungen sind deutlich überrepräsentiert, die Geschlechterrelation beträgt etwa 3:1.

Untersuchungen zur Prävalenz der autistischen Persönlichkeitsstörung liegen nicht vor. Das voll ausgeprägte Bild des Asperger-Syndroms ist selten, leichtgradige Störungen sind jedoch recht häufig. Auch bei dieser Störung ist der Anteil des männlichen Geschlechts deutlich höher als der des weiblichen und beträgt etwa 8:1.

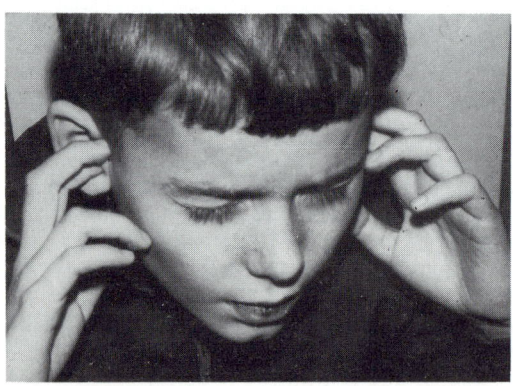

Abb. 28.3 Erich, 10;5 Jahre. Frühkindlicher Autismus. Digito-aurikuläres Phänomen. Der Junge steckte die Zeigefinger nur locker in den äußeren Gehörgang, bewegte die Finger nicht und hatte die Augen geschlossen, so konnte er lange Zeit unbeweglich verharren; es ist anzunehmen, daß er auf diese Weise versuchte, Außenreize auszuschalten (aus Weber 1970)

Diagnose und Differentialdiagnose

Die Diagnose ist die Grundlage für die Therapie. Zur Diagnosefindung sind umfassende, subtile Untersuchungen notwendig. Strukturierte Fragebögen erwiesen sich als hilfreich für die Diagnose des frühkindlichen Autismus, z.B. die Childhood Autism Rating Scale (CARS) (Schopler et al. 1980). Erforderlich sind: teilweise strukturierte Anamnese; körperliche sowie neurologische Untersuchung mit Entwicklungsdiagnose und EEG; Körperkoordinationstest für Kinder (KTK) (Schilling u. Kiphard 1974); Überprüfung des Seh- und Hörvermögens; Labordiagnostik; Chromosomenanalyse; psychologische Diagnostik;

Spielbeobachtung bzw. Gespräch mit Verhaltensbeobachtung für den psychiatrischen Befund.

Differentialdiagnose

Erstens fehlt den Kindern und Jugendlichen mit Asperger-Syndrom die *charakteristische Sprachentwicklungsstörung* der Patienten mit Kanner-Syndrom. Ihre Sprache ist aber auch von Anfang an in ihren kommunikativen Funktionen gestört (Spontanrede).

Zweitens kann das Asperger-Syndrom als eine *Persönlichkeitsstörung* (Remschmidt, 1985) aufgefaßt werden mit relativ früh gefestigten statischen Wesenszügen, die sich nur quantitativ verändern. Das Kanner-Syndrom ist hingegen ein *Krankheitsprozeß*, der im Verlauf durch hohe Variabilität und Veränderungstendenzen gekennzeichnet ist.

Es wird aber immer wieder erwogen, ob es sich beim Asperger-Syndrom nicht um die Personen mit Kanner-Syndrom und fast normaler oder *normaler Intelligenz* handelt. Diese Frage ist deshalb schwierig zu lösen, weil die Diagnose Asperger-Syndrom selten gestellt wird.
Es gibt noch einige andere Krankheitsbilder des Kindesalters mit schweren Beziehungsstörungen und weiteren Symptomen des frühkindlichen Autismus, die sich jedoch alle vom frühkindlichen Autismus abgrenzen lassen. Dazu gehören die Schizophrenie des Kindesalters, die symbiotische Psychose (Mahler), verschiedene Formen der Oligophrenie, die Dementia infantilis Heller, das Rett-Syndrom, die sensorische Hörstummheit (Entwicklungsaphasie), Sinnesdefekte und das Hospitalismus-Syndrom. Im Hinblick auf Einzelheiten des differentialdiagnostischen Vorgehens sei auf Weber (1988) verwiesen.

Ätiologie und Genese

Frühkindlicher Autismus (Kanner-Syndrom)

Im Hinblick auf dieses Syndrom sind zwei Komponenten für Ätiologie und Genese gut belegt: hirnorganische Faktoren und genetische Einflüsse.

Frühkindlicher Autismus ist überzufällig häufig mit verschiedenen hirnorganischen Erkrankungen assoziiert (z.B. mit unbehandelter Phenylketonurie, Rötelnembryopathie, tuberöser Sklerose) sowie mit unterschiedlichen pathologischen chromosomalen und metabolischen Befunden.

Für genetische Einflüsse sprechen Zwillings- und Familienuntersuchungen. Erstere zeigen regelmäßig weitaus höhere Konkordanzraten bei monozygoten Zwillingen als bei dizygoten; letztere zeigen, daß der frühkindliche Autismus bei den Geschwistern autistischer Probanden 60- bis 100mal häufiger vorkommt als in der Durchschnittsbevölkerung (Smalley et al. 1988).

Autistische Persönlichkeitsstörung (Asperger-Syndrom)

Auch hier dürfte, wie bereits Asperger (1968) vermutete, ein *genetischer Faktor* eine bedeutsame Rolle spielen. Diese Annahme gründet sich auf Untersuchungsergebnisse bei den betroffenen Kindern und Jugendlichen mit autistischer Persönlichkeitsstörung und ihren Eltern. Asperger selbst faßte die autistische Psychopathie als "Extremvariante des männlichen Charakters" auf (Weber, 1988).

28.2 Psychotherapeutische Behandlungsmethoden

Unseren Ausführungen zu den autistischen Syndromen ist zu entnehmen, daß die Psychotherapie dieser Syndrome eine einheitliche Ausrichtung haben sollte, für jedes Kind aber sorgfältig durchdacht sein muß.

Eine Therapie von autistischen Kindern und Jugendlichen erfordert spezielle Kenntnisse und Erfahrungen. Jede Therapie (Psychotherapie oder anderes Behandlungsverfahren) muß zunächst von einer gesicherten Diagnose ausgehen. Es kommt auch heute noch vor, daß Eltern mit einem frühkindlich autistischen Kind oder einem Kind mit einem Asperger-Syndrom von Arzt zu Arzt gehen, das Kind in verschiedenen Einrichtungen vorstellen, und erst nach langen Irrwegen die richtige Diagnose gestellt wird. Eine Fehldiagnose (z.B. "Spätentwickler") hat sehr negative Auswirkungen für Eltern und Kind. Von daher ist es eine wichtige Aufgabe, Ärzte, Psychologen, Eltern, Lehrer, Kindergärtnerinnen und Erzieher/-innen über das Krankheitsbild zu informieren. Vorzüglich eignet sich hierzu in bezug auf den frühkindlichen Autismus die

Denkschrift des Bundesverbandes Hilfe für das autistische Kind, in bezug auf die autistische Persönlichkeitsstörung wird auf das Lehrbuchkapitel von Weber (1985) verwiesen.

Ist die Diagnose gestellt, so muß eine ausführliche und differenzierte *Aufklärung der Eltern und Bezugspersonen* erfolgen. Dabei darf nicht verschwiegen werden, daß es sich um eine schwerwiegende Störung handelt, die aber durch gezielte und beharrlich durchgeführte Maßnahmen durchaus günstig beeinflußt werden kann. Im Zusammenhang mit der Aufklärung ist regelmäßig auch die "Schuldfrage" anzuschneiden. Viele Eltern fühlen sich schuldig an der Störung des Kindes, wobei sie entweder an die Vererbung des Autismus denken oder (was weit häufiger ist) daran, daß sie durch ihr Verhalten in den ersten Lebenswochen und -monaten die Störung des Kindes hervorgerufen oder zumindest gebahnt haben. Nicht selten sind derartige Schuldgefühle aus Kenntnissen über die psychoreaktive Hypothese der Entstehung des frühkindlichen Autismus abzuleiten, die als überholt angesehen werden muß. Diese von psychoanalytischen Theoretikern vorgebrachte These sah die Ursache des frühkindlichen Autismus im Verhalten der Eltern. Es wurde angenommen, daß die intellektualisierten und kühlen Eltern den Kindern diese Wesenszüge vererben und durch die Erziehung vertiefen. Schon frühzeitig hat van Krevelen (1964) auf schwerwiegende *iatrogene Schäden* von Familien mit autistischen Kindern hingewiesen.

Allgemeine Gesichtspunkte

Die vielfach belegte Feststellung, daß es sich beim frühkindlichen Autismus um ein Psychosyndrom handelt, bei dem genetische Faktoren, aber auch hirnorganische Einflüsse eine wesentliche Rolle spielen, schließt ein psychotherapeutisches Vorgehen nicht aus - im Gegenteil: Psychotherapie kann ganz wesentlich dazu beitragen, daß autistische Kinder sich in ihren Familien, aber auch in Institutionen angemessen entwickeln können und, entsprechend ihren Fähigkeiten und Möglichkeiten, auch sozial eingegliedert werden können. Es kommt ganz wesentlich darauf an, eine *wechselseitige Adaptation zwischen dem Kind und seiner Umwelt* zu erreichen.

Immer wieder werden, gerade im Hinblick auf den frühkindlichen Autismus, neuartige Behandlungsmethoden propagiert, denen frappierende Besserungen, ja sogar Heilungen zugeschrieben werden. Den meisten dieser Therapien fehlt aber die empirische Absicherung durch kontrollierte Therapiestudien. Verständlich ist jedoch, daß sich verzweifelte Eltern oft dorthin wenden, wo ihnen Therapieerfolg und mögliche Heilung zugesagt werden. Es gibt aber bis heute keine Therapie (weder eine Psychotherapie noch eine Somatotherapie), mit der autistische Störungen geheilt werden können.

Jedoch liegen gut kontrollierte Studien vor, die auf gesicherte Erfolge verweisen können. Diese Behandlungsmethoden beziehen sich auf eine Reihe einfacher Prinzipien, die als Elemente in ganz verschiedenartigen therapeutischen Zusammenhängen angewandt werden können.

Die folgenden Leitlinien für die Therapie greifen derartige Prinzipien auf; sie gelten für alle drei erwähnten Kategorien autistischen Verhaltens:

(1) Es ist unumstritten, daß stärker verhaltensorientierte, direkte und strukturierte Behandlungsmethoden größere Erfolge aufweisen als jene, welche die Patienten zu sehr ihrem eigenen Entwicklungsgang überlassen (Schopler, 1971,1989).

(2) Es ist vielfach bestätigt worden, daß auch die Umgebung des autistischen Kindes eher eine strukturierte und organisierte als eine gewährendnachgiebige Ausrichtung haben sollte (Bartak, 1978; Schopler, 1971, 1989).

(3) Autistische Kinder mit einem niedrigen Entwicklungsstand lassen sich durch strukturierte Maßnahmen stärker fördern als solche mit einem höheren Entwicklungsniveau.

(4) Jede Behandlung muß vom individuellen Entwicklungsprofil ausgehen und gezielt, von Patient zu Patient verschiedene, einzelne Bereiche in die Behandlung einbeziehen (z.B. Anbahnung der Entwicklungsstufen des Spielverhaltens, Sprachanbahnung, Förderung der Eigenaktivität, Abbau von Stereotypien, Eigenaggressivität).

(5) Alle therapeutischen Vorgehensweisen sollen möglichst in ein Gesamtkonzept eingeordnet werden, welches, trotz der Förderung verschiedener Einzelbereiche, ganzheitlich ist und von übergeordneten Therapiezielen ausgeht.

(6) Im Kindesalter muß jede Behandlung die Eltern oder sonstige Bezugspersonen einbeziehen. Denn wichtige Behandlungsschritte sind zu Hause fortzusetzen, zumindest aber ist eine entsprechend strukturierte häusliche Umgebung von großem Nutzen für die Therapie.

(7) In der Adoleszenz sind die besonderen entwicklungstypischen Problemkreise zu berücksichtigen, die sich oft mit deutlicher zeitlicher Latenz, verglichen mit gesunden Jugendlichen, ereignen. Hier spielen Stimmungsschwankungen, aggressive Verhaltensweisen, sexuelle Triebimpulse und beim Kanner-Syndrom außerdem selbstverletzendes Verhalten, mögliche zerebralorganische Anfälle oder auch psychotische Phasen eine wichtige Rolle.

(8) Jede Psychotherapie bei autistischen Kindern und Jugendlichen muß der Bildungs- und Ausbildungssituation Rechnung tragen, d.h. schulische und berufliche Sphäre sowie ggf. die besondere Situation in einer Einrichtung mit berücksichtigen.

(9) Nicht alle bei autistischen Kindern und Jugendlichen angewandten Maßnahmen lassen sich unter dem Begriff der Therapie oder Psychotherapie subsumieren, vielmehr brauchen autistische Kinder und Jugendliche auch Erziehung. Zur Förderung autistischer Kinder und Jugendlicher mit ihren spezifischen Bedürfnissen, Behinderungen und Fähigkeiten ist ein erzieherisches und therapeutisches Gesamtkonzept erforderlich, zu dem folgendes unabdingbar gehört:

- Ein strukturierter Tagesablauf unter konstruktiver psychischer Führung,
- gleichzeitig aber auch Freiräume mit positiven Anregungen eigener Aktivitäten.
- Alle Fördermaßnahmen müssen genau auf den Entwicklungsstand sowie auf das Sprech- und Kommunikationsvermögen des betreffenden Kindes oder Jugendlichen abgestimmt sein.

Frühförderung

Frühförderung ist bei allen autistischen Syndromen angezeigt. Die Intention der Frühförderung ist zunächst die *frühe Diagnose autistischer Syn-*

drome und im zweiten Schritt dann die Durchführung entwicklungsfördernder Maßnahmen mit dem Ziel, die Entwicklung autistischer Kinder positiv i.S. einer Annäherung an das Verhalten gesunder Kinder zu beeinflussen. Obwohl viele Eltern relativ frühzeitig das Verhalten ihres autistischen Kindes als ungewöhnlich registrieren, beginnen Fördermaßnahmen für die Kinder und Hilfen für die Eltern im allgemeinen erst im 4.-5. Lebensjahr. Dies hängt damit zusammen, daß autistische Syndrome immer noch nicht hinreichend bekannt sind und auch von Ärzten häufig nicht diagnostisch eingeordnet werden können.

Frühförderung und Früherziehung gehen davon aus, daß die Entwicklung eines Kindes in erheblichem Maße auch von Umgebungsfaktoren und Anregungen abhängig ist. Um einer schwerwiegenden Behinderung vorzubeugen bzw. die Beeinträchtigungen möglichst gering zu halten, sollen autistische Kinder frühzeitig entsprechenden Fördermaßnahmen zugeführt werden. Diese werden entweder von den Autismusambulanzen oder den interdisziplinären Frühförderstellen, von eigens dafür eingerichteten Sprechstunden in kinder- und jugendpsychiatrischen Kliniken und Kinderkliniken durchgeführt.

Die Frühförderung autistischer Kinder umfaßt in der Regel folgende Schritte:

(1) Zunächst muß, unter Berücksichtigung aller Informationen und unter Einbeziehung verschiedener Untersuchungsbefunde, die Diagnose abgesichert werden.

(2) Steht die Diagnose fest, so müssen in einem Gespräch mit den Eltern bzw. Bezugspersonen die Natur der Störung erläutert und die zu ergreifenden Maßnahmen eingehend erörtert werden. Dies erfordert stets mehrere Gespräche, die dann in eine kontinuierliche Beratung und Betreuung über Jahre übergehen.

(3) Im dritten Schritt muß ein detailliertes Entwicklungsprofil des einzelnen autistischen Kindes erstellt werden. Hierzu gehören eine Beobachtung des Kindes (möglichst unter Benutzung der Videokamera) in verschiedenen Situationen, sein Kontakt- und Sozialverhalten gegenüber Eltern und anderen Bezugspersonen, eine psychodiagnostische Befunderhebung mit einer Objektivierung der Intelligenzfunktionen eine genaue Überprüfung der Sinnesleistungen, eine neurologische Untersuchung, die Ableitung eines EEGs und ggf.

weiterführende elektrophysiologische und Laboruntersuchungen.

(4) Ausgehend vom Entwicklungsprofil des Kindes wird sodann im nächsten Schritt gemeinsam mit den Eltern ein Förder- und Behandlungskonzept erstellt, welches so exakt wie möglich vom Entwicklungsprofil des Kindes ausgeht und die Kooperationsmöglichkeiten der Eltern berücksichtigt. In dieses Förderkonzept sind auch alle anderen Personen und Institutionen einzubeziehen, die mit dem Kind zu tun haben (z.B. Kindergarten, Vorschule).

(5) Zum Therapie- und Förderplan gehört auch die Zeitperspektive. Es ist zweckmäßig, zunächst in kürzeren Zeiträumen zu planen (etwa 1-Jahres-Abschnitte) und mit prognostischen Aussagen vorsichtig zu sein, denn diese sind zu Beginn äußerst unsicher, werden aber umso sicherer, je länger und genauer man das Kind und seine Fähigkeiten und Möglichkeiten kennt.

Verhaltenstherapeutische Ansätze

Bevor ein Programm zur Verhaltensänderung erstellt wird, sollte eine funktionelle Verhaltensanalyse erfolgen. Es muß festgelegt werden, welches Verhalten modifiziert werden soll und unter welchen Umständen dieses Verhalten in welcher Häufigkeit und Intensität auftritt. Funktionelle Verhaltensanalyse heißt, daß die jeweilige Symptomatik, die man beeinflussen möchte, in einen möglichst plausiblen Zusammenhang gestellt wird. Wenn z.B. selbstverletzendes Verhalten das einzige Mittel ist, um Unzufriedenheit und auch Schmerzen auszudrücken, so wäre der Versuch, ein solches Verhalten zu beseitigen, nicht erfolgreich (Howlin und Yates, 1989).

Auch bei der Verhaltenstherapie ist es, wie bei der Frühförderung, wichtig, *die Eltern in die Behandlung einzubeziehen* und ihnen so viel Informationen wie möglich über die Besonderheiten des Autismus zu vermitteln. Viele Experten halten eine Therapie des Kindes zu Hause in Gegenwart der Eltern und ggf. auch der Geschwister für optimal, weil auf diese Weise die Bedürfnisse des autistischen Kindes im Kontext mit den Bedürfnissen der *gesamten Familie* gesehen werden können (Howlin, 1989).

Es gibt aber bei dieser familienorientierten Therapie auch Probleme. So ist es z.B. sehr wichtig, daß Eltern und Geschwister als Cotherapeuten zeitlich nicht überfordert werden und der

bei ihnen meist schon bestehende Zeitdruck dadurch noch erhöht wird. Termine müssen daher sorgfältig organisiert werden. Das Leben der Eltern sollte sich nicht nur um die Anforderungen ihres autistischen Kindes drehen. Interventionen des Therapeuten, z.B. auch das Aufzeigen von Möglichkeiten praktischer Hilfen, sollten sie befähigen, ihre Zeit effektiver zu gestalten (Howlin, 1989). Man sollte ferner berücksichtigen, daß es auch Eltern gibt, die sich nicht als Cotherapeuten eignen.

Das Vorgehen der Verhaltenstherapie bei autistischen Störungen ist nicht grundsätzlich anders als bei anderen Störungsbildern. Die methodischen Grundlagen der Verhaltenstherapie sind überall dieselben und sollen hier nicht wiederholt werden (vgl. Kap. 8). Jedoch sind die jeweiligen Methoden im Hinblick auf die Besonderheiten autistischer Kinder und Jugendlicher zu modifizieren und anzupassen. Lovaas, der als einer der ersten verhaltenstherapeutische Methoden bei autistischen Störungen angewandt hat, geht bezüglich der Anwendung dieser Methoden von drei Grundannahmen aus (Janetzke, 1993):

(1) Autismus wird nicht primär als Beziehungsstörung angesehen, sondern als eine Störung der Perzeption und der Kognition (Wahrnehmungsverarbeitung). Beim Asperger-Syndrom dominiert allerdings die Beziehungsstörung, die eher als Charaktereigenschaft angesehen wird.

(2) Da Ätiologie und Genese des Autismus noch nicht bekannt sind, ist es auch noch nicht möglich, die Ursache bzw. die Ursachen des Autismus in die Behandlung einzubeziehen. Nach den vorliegenden Erfahrungen ist eine Modifikation des Verhaltens aber auch unabhängig von einer genauen Ursachenkenntnis möglich. Sie besteht im Aufbau erwünschten und im Abbau unerwünschten bzw. störenden Verhaltens.

(3) Verhaltenstherapeutische Behandlungsmaßnahmen können nicht nur von Experten, sondern auch von Eltern und anderen Bezugspersonen durchgeführt werden, sofern sie diese Methoden erlernt haben und ihre Prinzipien verstehen.

Auf der Grundlage dieser Überlegungen und Erfahrungen wurde eine Vielzahl von verhaltenstherapeutischen Methoden vor allem für das frühkindliche autistische Syndrom angewandt.

Begonnen mit dem *operanten Konditionieren* unter Nutzung von Belohnern und aversiven Reizen bis zum *Prompting* (Geben von Hilfestellungen), *Shaping* (Verhaltensformung) und *Fading* (schrittweise Zurücknahme der Hilfestellung).

Die kleine Gruppe der Jugendlichen mit frühkindlichem Autismus und durchschnittlicher bis überdurchschnittlicher Intelligenz gleicht in ihren Verhaltensauffälligkeiten den Jugendlichen mit Asperger-Syndrom. Diese Jugendlichen wünschen sich zumeist Kontakte, auch zum anderen Geschlecht, aber tragischerweise sind sie durch die Beeinträchtigung in der sozialen Interaktion und Kommunikation nur begrenzt fähig, Kontakte aufzunehmen und dauerhaft zu gestalten. Ein Jugendlicher mit guter Intelligenz fragte z.B.: "Wenn ich ein Mädchen sehe, das mir gefällt, was soll ich tun? Hingehen und sagen: 'Guten Tag, gehst du heute abend mit mir ins Kino?' - und wenn sie es ablehnt, wie fange ich eine Unterhaltung an? Wie merke ich es, ob es sie überhaupt interessiert, was ich erzähle?" Die Jugendlichen können auch durch völlig unangemessenes Verhalten auffällig werden; z.B. platzte eine 15jährige in einen Gästekreis mit der Aufforderung an ihre Mutter, sie ausführlich sexuell aufzuklären.

Begrenzte Hilfe ist vor allem durch ein Verhaltenstraining mit Rollenspiel und Feedback durch Video oder Tonband möglich. Das Hauptproblem besteht aber in der Unfähigkeit richtig einzuschätzen, wann Verhaltensweisen - abhängig von veränderten Anforderungen sozialer Interaktion - verändert werden sollten (Howlin and Yates, 1989). In Tab. 28.2 sind die wichtigsten verhaltenstherapeutischen Vorgehensweisen beim frühkindlichen Autismus in kurzer Form wiedergegeben. Dabei wird unterschieden zwischen dem *Aufbau und dem Abbau von Verhaltensweisen*. Dem zuerst genannten Bereich sind zuzuordnen die Sprachanbahnung/Förderung der sprachlichen Kommunikation und die Förderung der sozialen Interaktion und Kommunikation. Der zweiten Kategorie zuzuordnen sind die Reduktion von Selbststimulationen, Stereotypien und selbstverletzenden Verhaltens - alles Verhaltensweisen, die sich gegen die eigene Person richten oder sich zumindest auf diese konzentrieren - und Wutausbrüche sowie aggressives Verhalten, die jeweils "nach außen" gerichtet sind. Angegeben sind jeweils der globale Anwendungsbereich, die Therapieziele und die verhaltenstherapeutischen

Methoden, welche zur Erreichung dieser Ziele angewandt werden können.

Die in der Tabelle angeführten Methoden haben alle ihre Bewährungsprobe mehr oder weniger bestanden. Es existieren in der Literatur Berichte über eine positive Anwendung dieser Methoden. Allerdings haben sie natürlich auch Grenzen. Diese Grenzen liegen in folgenden Bereichen:

- In der individuell sehr unterschiedlichen Wirksamkeit im Hinblick auf das auf- oder abzubauende Verhalten. Dies ist nicht verwunderlich, denn es kommt stets darauf an, wie die individuellen Voraussetzungen des jeweiligen Patienten sind (z.B. hinsichtlich Vorgeschichte, Intelligenz, allgemeinen Lebensbedingungen etc.)

- Im Ausmaß der Generalisierung des in der Therapie Erreichten auf andere Situationen außerhalb der Therapie. Diesem sehr wichtigen Faktor versucht man heute dadurch Rechnung zu tragen, daß man die therapeutische Situation soweit wie möglich der natürlichen Lebenssituation angleicht. Leider ist dies nicht immer möglich.

- Im Ausmaß, wie die jeweilige verhaltenstherapeutische Methode in einen Gesamtplan eingeordnet werden kann, in dem noch andere Behandlungsmaßnahmen (z.B. Pharmakotherapie, Elternberatung, Beratung der jeweiligen Bezugsperson) eine außerordentlich wichtige Rolle spielen.

Es gibt noch weitere, nicht unbedingt mit der Verhaltenstherapie verwandte Therapieformen, die - abgestimmt eingesetzt - bei den autistischen Syndromen hilfreich sein können, z.B.

- Mototherapie, evtl. in Verbindung mit Musik: Bei allen autistischen Syndromen bestehen auch motorische Auffälligkeiten, die in eine Therapie einbezogen werden sollten.
- Sport: Es eignen sich Bewegungsspiele, z.B. mit dem Ball, der Schaukel, Hüpfspiele usw.; Reiten und Voltigieren; Schwimmen.
- Musiktherapie: Vor allem Bewegung, verbunden mit Musik.
- Spieltherapie.

Bei allem ist es wichtig, die *Eigenaktivität autistischer Kinder* zu fördern.

Tabelle 28.2 Verhaltenstherapeutische Ansätze beim frühkindlichen Autismus

	Anwendungsbereich	Therapieziele	Verhaltenstherapeutische Methode
Aufbau von Verhaltensweisen	Sprachanbahnung und Förderung der sprachlichen Kommunuikation	Nonverbale Imitation, sprachliche Äußerungen, kommunikative Nutzung der Sprache	Operantes Konditionieren, Diskriminationslernen, Prompting (Hilfestellung geben), Fading (schrittweise Rücknahme von Hilfestellungen)
	Förderung der sozialen Interaktion und Kommunikation	Wahrnehmen und Erkennen von Emotionen, angemessenes Sozialverhalten in natürlichen Situationen	Modellernen, Regellernen unter Nutzung des operaten Konditionierens
Abbau von Verhaltensweisen	Reduktion von Selbststimulation, Stereotypien und selbstverletzendem Verhalten	Beeinflussung des jeweiligen "Störverhaltens" in Einzel-, Gruppen- und anderen sozialen Situationen	Aversionsbehandlung, Kombination von Aversionstherapie (z.B. des selbstverletzenden Verhaltens) und Verstärkung alternativer Verhaltensweisen, sensorische Extinktionsprogramme, Kombination von Verhaltenstherapie und Pharmakotherapie
	Wutausbrüche und aggressives Verhalten	Versuch der Ursachenklärung, direkte Beeinflussung des Störverhaltens und der Rahmenbedingungen	" " Vermeidung der für den jeweiligen Patienten typischen Auslösesituationen

Körperbezogene Psychotherapieverfahren (frühkindlicher Autismus und atypischer Autismus)

Unter dieser Bezeichnung fassen wir verschiedene, jeweils unterschiedlich begründete Psychotherapieverfahren zusammen, die den Körper der Patientinnen und Patienten ausdrücklich in die Therapie einbeziehen mit dem Ziel, auf diese Weise zu neuen positiven Verhaltensweisen anzuregen und störende Verhaltensweisen abzubauen. Es existieren unterschiedliche Ansätze. Der funktionelle Ansatz, der von der *sensorischen Integrationstherapie* verwandt wird, geht von einer gestörten Wahrnehmungsverarbeitung aus und verfolgt das Therapieziel, über eine Verknüpfung verschiedener Sinnesleistungen die Wahrnehmung besser zu koordinieren, um auf diese Weise zu einer realistischeren Wahrnehmung der Umgebung und zu einer besseren Anpassung an diese zu führen.

Die *Entwicklungsförderung nach Delacato* verfolgt das Ziel, Entwicklungsstufen nachzuholen, wobei bei diesem Ansatz die Gefahr besteht, daß Kinder, Eltern und Familienangehörige durch das Ausmaß und die Intensität der Behandlungselemente überfordert werden.

Die *integrative Körpertherapie* ist bestrebt, ausgehend vom Körper des Kindes, die Gesamtpersönlichkeit zu fördern und betont die Bedeutung der emotionalen Erfahrungen (Vermittlung von Wärme, Geborgenheit, Verständnis).

Auf diese und manche andere Verfahren soll hier nicht näher eingegangen werden. Jedoch sollen zwei methodische Ansätze ein wenig näher beleuchtet werden, die derzeit stark diskutiert werden und über die inzwischen auch zahlreiche Berichte in der Literatur erschienen sind. Es sind dies die Festhaltetherapie und die gestützte Kommunikation.

Festhaltetherapie

Diese Behandlungsmethode, entwickelt von der amerikanischen Kinderpsychiaterin Maria Welch (1984), geht davon aus, daß der Widerstand autistischer Kinder gegen Nähe und Körperkontakt durch Festhalten solange überwunden werden muß, bis das Kind seinen Widerstand aufgibt. Nach Überwindung dieses Widerstandes wird die *Angst vor Nähe* deutlich reduziert. Dieses Vorgehen ist der verhaltenstherapeutischen Methode zur Behandlung von Ängsten, dem Flooding (Reizüberflutung), verwandt, welches bei extremen Angstzuständen und Phobien sehr wirkungsvoll ist.

Das Festhalten löst bei den Kindern zunächst heftige Aggressionen, Abwehr und Widerstand aus. In der auf das Festhalten folgenden Erschöpfungsphase kann das Kind dann "unter anderen Bedingungen" Kontakt zu den Eltern aufnehmen, ohne daß es die typischen oder zumindest extremen autistischen Verhaltensweisen zeigt.

Die Vorgehensweise in der Festhaltetherapie läßt sich nach Innerhofer und Klicpera (1988) wie folgt zusammenfassen:

- Die Mutter oder Bezugsperson wird dahingehend instruiert, das Kind körperlich an sich zu klammern.
- Die autistischen Kinder entwickeln gegenüber dem Gehaltenwerden einen z.T. erheblichen Widerstand.
- Die Bezugsperson darf diesem Widerstand jedoch nicht nachgeben. Sie muß das Kind fest an sich drücken und dabei versuchen, einen Blickkontakt herzustellen.
- Mitunter entwickelt sich hierbei ein erheblicher Kampf; das Kind gerät häufig in einen ausgeprägten Erregungszustand, in dem es schreit, spuckt, kratzt und andere Abwehrreaktionen zeigt.
- Die Bezugsperson hält das Kind bis zum Zustand der Erschöpfung fest und läßt es erst dann los, wobei die Situation der Entspannung die Aufnahme einer andersartigen Kommunikation ermöglicht.
- Das Festhalten soll täglich durchgeführt werden und in der Regel eine Stunde dauern. Es soll auch durchgeführt werden, wenn die Bezugsperson den Eindruck hat, daß das Kind unglücklich ist.

Tinbergen und Tinbergen (1984) haben eine *Theorie zur Wirkung der Festhaltetherapie* entwickelt. Sie gehen davon aus, daß der frühkindliche Autismus als emotionale Störung seine Wurzeln in feindlichen Einflüssen der frühen sozialen Umgebung des Kindes hat. Die Störung der Wahrnehmung und alle anderen Auffälligkeiten betrachten sie als etwas Sekundäres. In anderen Worten ausgedrückt, fehlt dem autistischen Kind das *Urvertrauen* aus den ersten Lebenswochen und -monaten. Da autistische Kinder dieses Urvertrauen (aus welchen Gründen auch immer) nicht entwickeln können, stehen sie der mitmenschlichen Umgebung feindselig und ablehnend gegenüber. In der Festhaltetherapie wird nun dieser mißlungene Prozeß der Vertrauensbildung und Sozialisierung dadurch nachgeholt, daß dem Kind in äußerst intensiver und unerschütterlicher Weise dieses Vertrauen und diese Zuwendung körperlich entgegengebracht werden, ohne daß das Kind ausweichen kann.

Von zentraler Bedeutung bei der Festhaltetherapie ist vielleicht die Überwindung der Angst. In Analogie zur Reizüberflutung kann man sich die Wirkungsweise des Festhaltens wie folgt vorstellen: Durch die während des Festhaltens entwickelte intensive Muskelanspannung entsteht im Augenblick der Erschöpfung eine ebenso ausgeprägte Entspannung und Ermüdung, die die Überwindung der Angst erleichtern. Denn Angst und Entspannung sind weitgehend miteinander inkompatibel. Hinzu kommt, daß durch die festhaltende Person Geborgenheit und Nähe signalisiert wird, wodurch die Bildung von Vertrauen ermöglicht wird.

Problematisch bei der Festhaltetherapie ist nicht nur die manchmal äußerst dramatisch und fast gewalttätig anmutende Vorgehensweise gegenüber dem sich wehrenden Kind, sondern auch die dem Konzept mehr oder weniger zugrundeliegende These, daß das frühe Urvertrauen vom Kind nicht erworben werden kann. Diese These, die zwar keineswegs eine organische oder genetische Ursache des Autismus ausschließt, wird häufig von den Eltern i.S. einer persönlichen Schuld am Sosein ihres autistischen Kindes interpretiert. Auf diese Schuldgefühle muß man bei der Durchführung einer derartigen Behandlung vorbereitet sein. Was die Wirksamkeit der Festhaltetherapie betrifft, so liegen verschiedene Berichte vor, die zum Ausdruck bringen, daß die Kinder insgesamt ruhiger und in der Kommunikation aufgeschlossener werden, daß eine Reihe störender Verhaltensweisen wie Stereotypien, autoaggressives Verhalten und der soziale Rückzug geringer werden und daß die

Kinder insgesamt bessere Fähigkeiten in der sozialen Kommunikation entwickeln (Prekop, 1983)

Im Hinblick auf die Einschätzung dieser Behandlungsmethode ist Innerhofer und Klicpera (1988) zuzustimmen, wonach es sich hier um keine Wundertherapie handelt, jedoch um eine Ergänzung des therapeutischen Repertoires, die ermöglicht, Ängste abzubauen und damit günstigere Voraussetzungen schafft für die Anwendung anderer therapeutischer Maßnahmen.

Gestützte Kommunikation (Facilitated Communication, FC) (frühkindlicher Autismus)

Definition und Vorgehensweise

Unter gestützter Kommunikation (Facilitated Communication, FC) versteht man eine therapeutische Maßnahme, die durchgeführt wird, um Menschen mit ausgeprägten Kommunikationsstörungen zu ermöglichen, sich nonverbal mitzuteilen. Bei dieser Methode stützt oder berührt ein Helfer (facilitator) den in der Kommunikation behinderten Menschen z.B. an der Hand, am Arm oder an der Schulter, während dieser eine Buchstabentastatur oder eine Buchstabentafel benutzt, um sprachliches Material in Form von Buchstaben zu produzieren, ohne selbst zu sprechen.

Die Methode wurde von der Pädagogin Rosemarie Crossley (1980) in Australien entwickelt, um spastisch gelähmten Menschen zu einer Kommunikation zu verhelfen. In USA wurde die Methode durch Douglas Biklen (1990) propagiert, und seit 1991 wird die gestützte Kommunikation auch in Deutschland zunehmend angewandt.

Die wichtigsten Elemente der gestützten Kommunikation sind folgende (nach A. Schubert, 1992):

(1) Körperliche Stütze: Man stützt, aber man hilft nicht bei der Auswahl der Buchstaben.
(2) Anfangshilfe: Der Erfolg ist wichtig, deshalb hält man die schreibende Person von falsch gewählten Buchstaben zunächst zurück.
(3) Konzentration: Durch Ignorieren von abwegigem Verhalten hilft der "Stützer" der schreibenden Person, sich zu konzentrieren.
(4) Fähigkeiten nicht hinterfragen: Man vertraut der Fähigkeit der schreibenden Person.

(5) Set-Work: Die Behandlung beginnt mit Aufgaben, bei denen die Antwort vorgegeben ist. Zu Gesprächen wird ermutigt, wenn die Patient flüssiger schreiben kann.
(6) Nachlassen der Stütze: Mit der Zeit wird die Stützung immer mehr zurückgenommen, bis die schreibende Person selbständig ist. Wie und wann die Stütze vermindert wird, ist individuell sehr verschieden.
(7) Potentielle Patientinnen oder Patienten: Die Methode ist nicht speziell und ausschließlich für autistische Kinder und Jugendliche entwickelt worden, sondern kann ebenso bei anderen Kommunikationsstörungen angewandt werden. Nach Meinung der Vertreter dieser Methode ist weder Lese- noch Schreibfähigkeit Voraussetzung.

Zum Wirkmechanismus der gestützten Kommunikation

Die erstaunlichen Erfolge der Methode, die in Einzelfällen beschrieben wurden, waren Anlaß für zahlreiche wissenschaftliche Untersuchungen, die insbesondere der Frage nachgingen, inwieweit der Unterstützende den Unterstützten (unwissentlich) beeinflußt. In einer typischen experimentellen Situation zur gestützten Kommunikation erhalten Unterstützer und Unterstützter über Kopfhörer verschiedene Informationen bzw. Fragen, so daß Suggestionen i.S. der Frage, die der Unterstützte erhält, nicht möglich sind. Die geschriebenen Buchstaben werden anschließend auf sinnvolle Wörter hin analysiert.

In den meisten bislang vorliegenden Untersuchungen ließ sich mit den angewandten Verfahren *die Wirksamkeit der Methode nicht nachweisen*. Bis 1993 haben von 35 Studien (die allerdings nicht nur an autistischen Menschen durchgeführt wurden, sondern z.B. auch an geistig behinderten Menschen ohne Autismus) nur 6 positive Resultate für die gestützte Kommunikation erbracht. Dies betraf 11 von 285 Personen. Seit dem durchgeführte Untersuchungen erbrachten im großen und ganzen die gleichen Ergebnisse (Hudson, 1995).

Nach Meinung der American Psychological Association (APA) muß die gestützte Kommunikation als umstritten gelten, wobei weitere Untersuchungen zu dieser Methode durchaus unterstützt werden.

Die Fragen zum Wirkmechanismus erstrecken sich vor allen Dingen auf drei Bereiche:

- Wer ist der Urheber der Kommunikation?
- Welche Aussagekraft haben experimentelle Prüfungssituationen bei autistischen Patienten?
- Warum ist der physische Kontakt erforderlich?

Urheber der Kommunikation

Einige Facilitatoren stellten fest, daß ihre Überlegungen in die Kommunikation eingehen und bemühen sich bewußt, diesen Einfluß zu verringern. Die Evaluationsstudien ergaben Belege, daß häufig die Kommunikation vom Facilitator ausging, ohne daß er sich dessen bewußt war. Erklärt wird dieser Einfluß durch die Suggestibilität des unterstützten Patienten einerseits, durch bewußte oder unbewußte Manipulationen des Unterstützers (Facilitators) andererseits. Hierbei sollen subtile Bewegungen eine besondere Rolle spielen. Dennoch wird von den Anhängern der gestützten Kommunikation immer wieder darauf hingewiesen, daß es auch verschiedene Anhaltspunkte für die Echtheit der Kommunikation gibt.

Notwendigkeit des physischen Kontaktes

Es ist schwer zu verstehen, weshalb, z.B. beim Fehlen motorischer Defizite, der physische Kontakt erforderlich sein soll. Das Ausmaß der körperlichen Intervention durch die Helfer ist ausgeprägt, sogar bei guten motorischen Fertigkeiten autistischer Patienten. Die Befürworter der Methode führen diesbezüglich folgende Argumente an:

- Die Methode unterstütze die Steuerung willentlicher Handlungen. Aufgrund möglicher Störungen der Reizverarbeitung könnten autistische Menschen ihren Willen nicht in geplante Handlungen umsetzen.
- Der physische Kontakt trage dazu bei, daß die Patienten sich besser konzentrieren könnten.
- Er sei notwendig wegen des oft vorhandenen schwachen Muskeltonus.
- Die mechanische Unterstützung helfe dabei mit, die Antriebshemmung und Antriebsverarmung zu überwinden.
- Ferner werde auch eine Blockierung (sozial, emotional, kommunikativ) durch die körperliche Stützung reduziert. Diese vermittelten auch Ermutigung, Motivation und Selbstvertrauen.

- Die Nähe einer Vertrauensperson reduziere Angst.

Experimentelle Aussagekraft der Untersuchungssituation bei autistischen Patienten

Gegen die experimentelle Überprüfung der Methode wird immer wieder eingewandt, daß die "Überprüfungssituation" künstlich sei und den Betroffenen unter Druck setze. Dies wird mit folgenden Argumenten exemplifiziert:

- Eine Vertrauenssituation zwischen Unterstützer und Unterstütztem sei zwingend erforderlich. Das durch die Untersuchung zum Ausdruck gebrachte Mißtrauen kann kränken oder eine starke Belastung hervorrufen.

- Das Schreiben mit der gestützten Kommunikation scheint für autistische Patienten sehr anstrengend zu sein und eine hohe Konzentration zu erfordern. Sie sind rasch erschöpft und brauchen viel Ermutigung. Das Schreiben kann auch mißlingen, sobald, wie bei der experimentellen Überprüfung, zuviele Belastungsfaktoren zusammenkommen.

- Auch die Versuche einer direkten Überprüfung durch den Unterstützer mißlingen oft. Vielfach spüren die Unterstützten, daß sie getestet oder überprüft werden.

Zusammenfassend kann die Methode der gestützten Kommunikation nicht als ein bewährtes und allgemein wirksames Verfahren bei der Behandlung autistischer Syndrome angesehen werden. Weitere Untersuchungen müssen zeigen, ob die von einzelnen Fällen berichteten Behandlungserfolge auch verallgemeinert werden können und sich auf rational nachvollziehbare Wirkmechanismen zurückführen lassen.

Krisenintervention (frühkindlicher Autismus und atypischer Autismus)

Als Krise können wir eine Situation, einen Zustand oder eine Phase in der Entwicklung eines Menschen oder einer Gemeinschaft bezeichnen, die durch Probleme oder Verhaltensweisen gekennzeichnet sind, welche aus dem bisherigen Erlebens- und Verhaltenskontext herausfallen und für die keine greifbaren Lösungsstrategien vorliegen. Deshalb bringen derartige Krisen die davon betroffenen Menschen oft in einen Zustand der Verzweiflung und Ausweglosigkeit.

Versucht man, die Ursachen krisenhafter Störungen bei autistischen Syndromen global zusammenzufassen, so kommt man zu vier großen Ursachenbereichen, wie sie in Tab. 28.3 wiedergegeben sind.

Tabelle 28.3 Mögliche Ursachen krisenhafter Störungen bei autistischen Syndromen

1. Umwelt- und Umgebungsveränderungen
2. Kommunikative Mißverständnisse
3. Entwicklungs- und Reifungsphasen als "Krisenmoment"
4. Veränderungen in den Bedingungen und im Verlauf etwaiger Grundkrankheiten

Plötzliche Umwelt- und Umgebungsveränderungen führen, insbesondere, wenn sie ganz unerwartet für ein autistisches Kind oder einen autistischen Jugendlichen kommen, nicht selten zu schweren Erregungszuständen.

Aber auch *kommunikative Mißverständnisse* können bedeutsam sein, wie das folgende Beispiel zeigt:

Ein autistischer Heranwachsender wird mit einem Taxi jeden Tag zu einer Tagesstätte gefahren. Dabei ist ein Fluß zu überqueren mit einer Fähre. Eines Tages kommt eine Taxifahrerin mit dem jungen Mann zur Fähre, und die Ampel schaltet auf rot. Sie fährt aber trotzdem noch weiter, um die Fähre zu erreichen. Diese Abweichung vom üblichen und der damit verbundene Regelverstoß versetzen den jungen Mann in einen erheblichen Unruhe- und Erregungszustand, in dessen Verlauf er die Taxifahrerin an den Schultern faßt und sie rüttelt, was von ihr i.S. eines Angriffs mißverstanden wird. Es entsteht eine große Szene, die für den Patienten wiederum unverständlich ist. Im Endergebnis erklärt sich die Taxifahrerin nicht mehr bereit, ihn zu fahren, eine Haltung, die auch ihre Kolleginnen und Kollegen übernehmen.

Derartige kommunikative Mißverständnisse führen nicht selten zu Krisen, aber auch dazu, daß autistische Menschen hinsichtlich ihres Verhaltens völlig falsch beurteilt werden.

Auch *Entwicklungs- und Reifungsphasen* können Krisen auslösen. Erinnert sei hier nur an sexuelle Impulse, denen autistische Jugendliche

und Heranwachsende oft mangels adäquater Reaktionsmöglichkeiten hilflos gegenüberstehen.

Schließlich können sich bei etwaigen dem Autismus *zugrundeliegenden Erkrankungen* mehr oder weniger spontane Veränderungen ergeben, die das Verhalten der Betroffenen tiefgreifend beeinflussen. Der frühkindliche Autismus ist überzufällig häufig mit zahlreichen Erkrankungen assoziiert, in deren Verlauf eine Vielzahl von Veränderungen möglich sind, die im Verhalten der betroffenen Personen als ausgesprochene Krise imponieren.

Unter *Krisenintervention* verstehen wir den zusammengefaßten Einsatz von Maßnahmen, die geeignet sind, die jeweilige Krise zu beenden oder zumindest die akute Gefahr zu beseitigen, die den Betroffenen oder seine unmittelbare Umgebung bedroht. Krisenintervention ist also dadurch gekennzeichnet, daß es nicht um die Heilung einer etwaigen Grundstörung geht, sondern um die Behebung eines akut eingetretenen Zustandes.

Bei autistischen Störungen treten Verhaltensweisen auf, die nicht selten einer Krisenintervention bedürfen. Diese gehören in den Bereich der psychotherapeutischen Maßnahmen im weitesten Sinne, weshalb hier auch auf sie eingegangen wird.

Alle Kriseninterventionsmaßnahmen müssen rasch und gezielt durchgeführt werden und unterscheiden sich von längerfristigen Maßnahmen in der Therapie und Rehabilitation. Etwas vereinfacht, kann man sie in vier Gruppen einteilen: umgebungsbezogene Maßnahmen, verhaltensbezogene Maßnahmen, familienbezogene (gemeinschaftsbezogene) Maßnahmen und medikamentöse Maßnahmen.

Umgebungsbezogene Maßnahmen

Sie konzentrieren sich im wesentlichen auf zwei Bereiche: Erstens auf die Behebung von Umgebungsänderungen, die nachweislich einen Unruhe- und Erregungszustand oder eine andere Krise ausgelöst haben und zweitens auf die Herstellung oder Wiederherstellung der unmittelbaren Umgebung des autistischen Menschen mit dem Ziel, ihn entweder in seinen gewohnten Rahmen zu bringen oder neue Bedingungen zu schaffen, die zu seiner Beruhigung geeignet sind. Derartige Maßnahmen sind umso leichter durchführbar, je besser man den jeweiligen Patienten kennt. So kann z.B. in einer fremden Umgebung ein dem Patienten bekanntes und von ihm geliebtes Objekt (z.B. eine Puppe) die Situation momentan deeskalieren. Angesichts dieser Situation ist es immer wichtig, wenn man sich bei umgebungsbezogenen Maßnahmen der Mitarbeit jener Personen versichern kann, die den jeweiligen autistischen Menschen besonders gut kennen.

Verhaltensbezogene Maßnahmen

Verhaltensbezogene Maßnahmen betreffen in der Regel direkt den Patienten. Zunächst ist eine rasche Klärung dahingehend herbeizuführen, ob die behandlungsbedürftigen Leitsyndrome "Verhaltensdefizite" oder "Verhaltensexzesse" betreffen. In der Regel handelt es sich bei Verhaltensexzessen um die Steigerung selbst- oder fremdgefährdenden Verhaltens (z.B. Angstzustände, Erregungszustände, aggressives Verhalten, Selbstverletzungen). Weitaus seltener werden Verhaltensdefizite (z.B. extremer Rückzug, weitgehend fehlende oder eingestellte verbale/nonverbale Kommunikation) zum interventionsbedürftigen Leitsyndrom. Am Beispiel des selbstverletzenden Verhaltens kann man Möglichkeiten und Wirksamkeit verhaltensbezogener Maßnahmen gut verdeutlichen. So hat sich bei vielen selbstverletzenden Verhaltensweisen die "Umleitung" des selbstverletzenden Verhaltens bewährt. Es werden dabei mit dem Patienten Möglichkeiten erarbeitet, die für ihn und seine Umgebung weniger gravierend sind. Dies ist natürlich erst nach der akuten Krisenintervention möglich, die in der Regel nicht ohne den Einsatz von Medikamenten erfolgen kann. Eine weitere Möglichkeit ist, dem Betreffenden alternative Angebote als Ersatz für sein selbstverletzendes Verhalten zu machen.

Familienbezogene Maßnahmen

Sie beziehen sich zunächst auf die Beratung in erzieherischen Fragen. Denn manche Notfallkrisen ergeben sich aus Eskalationsprozessen, die in Alltagsfragen ihren Ursprung haben, aber durch Nachgiebigkeit und fehlende Konsequenz der Erziehungspersonen in fremd- und selbstverletzendem Verhalten enden. Eine detaillierte Analyse der jeweiligen Situation gibt oft Hinweise dafür, wo man eine Änderung im Verhalten der Erzieher und Bezugspersonen herbeiführen kann. Ein weiterer Gesichtspunkt konzentriert sich auf die Einbeziehung von Eltern und Bezugspersonen in therapeutische Programme. Bei entsprechender Kooperation kann durch diese Maßnahme dem Auftreten von Krisen vorgebeugt werden. Schließlich gehört zu den familienbezogenen Maßnahmen auch das Aufgreifen von zufälligen oder systematischen Beobachtungen von Eltern und Bezugspersonen und ihre Einbeziehung in das jeweilige Therapieprogramm. Deshalb sollten Ärzte oder Psychologen, die mit Krisenintervention befaßt sind, stets auch danach fragen, welche Maßnahmen Eltern und Bezugspersonen denn selbst schon ergriffen hätten, um einen unangenehmen und belastenden Zustand zu beenden oder in seiner Schwere zu reduzieren. Oft ergeben sich aus den Berichten zu derartigen Situationen konkrete Konsequenzen für die Behandlung. Hierzu ein Beispiel:

Die Mutter eines autistischen Jugendlichen, der zu Hause außerordentlich aggressiv wurde und sie auch tätlich angriff, hatte zufällig entdeckt, daß ein plötzliches Verlassen des Handlungsschauplatzes mit den Worten "Jetzt gehe ich weg" das aggressive Verhalten ihres Sohnes unterbrechen konnte, ihn aber in einen recht unglücklichen Zustand der extremen Reue und Selbstanklage brachte. Die Mutter hatte nun Skrupel, dieses Verfahren erneut anzuwenden. Im Rahmen eines Therapie- und Erziehungskonzeptes kann aber eine solche Maßnahme durchaus sinnvoll sein und mit einem Experten in seiner Anwendungsindikation so abgesprochen werden, daß die Mutter, gestützt durch den Therapeuten, in Zukunft diese oder ähnliche Maßnahmen angemessen und ohne eigene Schuldgefühle einzusetzen vermag.

Medikamentöse Maßnahmen (frühkindlicher Autismus)

Medikamente können bei Kriseninterventionen eine wichtige Hilfe darstellen. Sie können im übrigen gut mit psychotherapeutischen und erzieherischen Maßnahmen kombiniert werden. An dieser Stelle sei nur auf einige allgemeine Gesichtspunkte hingewiesen; nähere Ausführungen finden sich bei Moll und Schmidt (1991) und Warnke (1995):

(1) Medikamente sind im derzeitigen Stadium der Erkenntnis keine kausalen Behandlungsmethoden bei autistischen Syndromen.
(2) Jeder Einsatz von Medikamenten erfordert eine klare Analyse des Problems bzw. eine Diagnose und eine sorgfältige Abwägung von

erwünschten Wirkungen und unerwünschten Nebenwirkungen.

(3) Da Medikamente vorerst noch nicht im kausalen Sinne einsetzbar sind, verordnet man sie nach Maßgabe von Zielsymptomen oder Zielsyndromen (z.B. Angst, Depression, Aggressivität, Selbstverletzungen).

(4) Über die Wirkungsweise von Medikamenten liegen bereits gesicherter Erkenntnisse vor. Dieses Wissen wird aber noch keineswegs überall angewandt. Insofern ist es ein wichtiges Ziel der ärztlichen Disziplinen, die sich mit autistischen Störungen beschäftigen (hauptsächlich von Kinder- und Jugendpsychiatern und Psychiatern), diese Erkenntnisse weiter zu verbreiten, sowohl im ärztlichen Bereich als auch unter Angehörigen anderer Berufsgruppen und nicht zuletzt bei Eltern. Hartnäckige Vorurteile gegenüber dem Einsatz von Medikamenten tragen nicht zu einer Verbesserung der Situation autistischer Menschen bei.

28.3 Verlauf und Prognose

Frühkindlicher Autismus, Kanner-Syndrom

Die Prognose läßt sich im allgemeinen vom 6. Lebensjahr an einschätzen, allerdings kann es bei einzelnen Kindern mit geringer ausgeprägter Störung noch nach dem 6. Lebensjahr zu überraschenden Entwicklungsschüben kommen, und zwar auch ohne Therapie. Erfolgsbeschreibungen unter einer Therapie bei einzelnen Kindern sind deshalb noch kein schlüssiger Beweis für die Wirksamkeit der Therapie. Für die Beurteilung der Prognose haben sich als brauchbar erwiesen:

• Der IQ (vor allem der Handlungs-IQ des HAWIK) (Rutter 1970);
• das Ausmaß der Gesamtstörung;
• der Entwicklungsstand der Sprache, insbesondere das Ausmaß der kommunikativen Sprachfunktion;
• die Dauer der Echolaliephase;
• der Entwicklungsstand des Spielverhaltens;
• der Schulerfolg.

Insgesamt ist die *Prognose nicht als sehr günstig* anzusehen, wie aus Tab. 28.4 hervorgeht.

Etwa die Hälfte der autistischen Patienten bleibt lebenslang stumm. Die Prognose kann im Jugendalter noch getrübt werden durch das Auftreten von epileptischen Anfällen, psychotischen Phasen (vermutlich exogenen Psychosen), die Zunahme aggressiver Durchbrüche, autoaggressiver Handlungen und ritualistischer Phänomene, die auch im Erwachsenenalter in vermehrter Heftigkeit fortbestehen können. Auch die wenigen Erwachsenen mit Autismus, die über eine durchschnittliche oder gar überdurchschnittliche Intelligenz verfügen, zeigen noch gewisse Auffälligkeiten. Am schwerwiegendsten für ihre Lebenssituation ist die Störung der sozialen Orientierung (Weber, 1987).

Tabelle 28.4 Ergebnis der Nachuntersuchung von drei größeren Gruppen Jugendlicher und Erwachsener mit frühkindlichem Autismus (De Myer et al., 1973; Eisenberg, 1956; Rutter u. Lockyer, 1967)

1 - 2%	fast unauffällig
5 - 15%	<<normal>> im Grenzbereich
16 - 25%	Gesamtbefund einigermaßen günstig
60 - 70%	Gesamtbefund schlecht bis sehr schlecht (stets auf fremde Hilfe angewiesen)

In der Literatur finden sich nur wenige Angaben über Erwachsene mit frühkindlichem Autismus, die verheiratet sind oder mit Partnern bzw. Partnerinnen zusammenleben.

Autistische Persönlichkeitsstörung, Asperger-Syndrom

Die Lebensschwierigkeiten dieser Personengruppe entsprechen denjenigen der Gruppe mit frühkindlichem Autismus und durchschnittlicher bis überdurchschnittlicher Intelligenz. Sie sind in ihrem Leben ebenfalls am stärksten beeinträchtigt durch die Störung der sozialen Orientierung. Bei vielen gelingt die berufliche Eingliederung jedoch relativ gut, vor allem in Berufen ohne besondere Forderung nach sozialer Interaktion. Nicht wenige Erwachsene mit Asperger-Syndrom bleiben zeitlebens Eigenbrötler und Einzelgänger.

Kasuistik

1) Bernd, Diagnose: Frühkindlicher Autismus, geistige Behinderung. Ätiologie ungeklärt.

Körperlicher und neurologischer Untersuchungsbefund regelrecht.

Intelligenz im oberen Bereich der geistigen Behinderung. (HAWIK-R), stark heterogenes Intelligenzprofil. Bernd kann sich sprachlich im alltäglichen Bereich gut verständlich machen, er schreibt seinen Namen und einzelne Worte in großen Druckbuchstaben; er kennt jedoch den Wert des Geldes nicht. Seit dem Alter von 6;9 Jahren lebt Bernd in einem Schulheim für geistig behinderte Kinder.

Ein Bruder ist ebenfalls geistig behindert, aber nicht autistisch.

Bernd ist antriebsarm, er muß oft "angeschoben" werden. Zu den Kindern und Jugendlichen im Heim hat er keine engere Beziehung, ein Kontakt besteht aber zu den Erzieher(innen) seiner Wohngruppe. Der Junge ist weder aggressiv noch eigenaggressiv. Wenn er sich ärgert, wird er "stur" oder er schreit laut.

Im Alter von 10 Jahren bekam Bernd einmal den Auftrag, zwei Flaschen Mineralwasser in der Hauptküche zu holen, das er selbst gern trinkt. Auf dem Rückweg schmiß er beide Flaschen mit Wucht entzwei, war nicht zu bewegen, die Scherben aufzulesen, konnte keinen Grund angeben. Am nächsten Tag fegte er nach dem Mittagessen plötzlich alle erreichbaren Teller mit den Armen vom Tisch, wirkte verstört und ängstlich. In den nächsten Tagen erschien Bernd zu keiner Mahlzeit im Eßraum, verweigerte auch auf sein Zimmer gebrachtes Essen und Getränke. Er verlor aber nicht an Gewicht. Es wurde beobachtet, wie er sich heimlich Nahrung aus Kühlschrank und Brotkasten verschaffte, sowie aus dem Wasserhahn trank.

Es war für Bernd eine problematische Situation im Heim entstanden, er wußte, daß die Erzieherin, zu der er den besten Kontakt hatte, in Kürze ausscheiden würde, in der Schule wurde er in eine leistungshöhere Gruppe versetzt und in seiner Wohngruppe kamen zwei neue Kinder hinzu. Der Junge reagierte auf die Veränderungen in seiner Umwelt mit Ratlosigkeit, Wut und Aggression, zerschmiß die Flaschen, bekam aber Angst vor Bestrafung (Sozialangst) und es generalisierten sich Befürchtungen vor Gegenständen aus Glas und Porzellan. Diese objektbezogenen Ängste (Phobien) führten dazu, daß Bernd gemeinsame Mahlzeiten (mit Geschirr) und auch andere soziale Situationen vermied. Durch dieses Vermeidungsverhalten, das wie eine Zwangssymptomatik wirkte, kam es zu einer subjektiven Angstreduktion.

Therapie: Systematische Desensibilisierung. Bernd erhält Plastikgeschirr und wird an einen Tisch im Nachbarzimmer zum Eßraum gesetzt. Die Tür zwischen beiden Räumen wird geschlossen. Er kommt wieder zu jeder Mahlzeit. Nach acht Tagen wird die Türe zum Eßraum geöffnet. Wieder acht Tage später wird sein Eßtisch an die Türöffnung gestellt und seine Plastikschüssel für den Nachtisch gegen eine Glasschüssel umgetauscht. Einige Tage später auch das Trinkglas usw. bis alles Plastikgeschirr ausgetauscht ist. Wieder einige Tage später wird für Bernd an seinem alten Eßplatz gedeckt. Man spürt es, daß sich Bernd und die Kindergruppe über die Wiederherstellung des Gewohnten freuen.

Dadurch, daß Bernd die Therapie annimmt und mitmacht, ensteht eine soziale Entlastung. Das Plastikgeschirr ist eine Desensibilisierungsmaßnahme und bewirkt eine Angstreduktion der Phobie. Inzwischen sind 8 Jahre vergangen, eine phobische oder zwanghafte Störung ist bei Bernd nicht mehr aufgetreten.

2) Axel, Diagnose: frühkindlicher Autismus, geistige Behinderung, Verdacht auf geburtstraumatische Hirnschädigung, Gesicht und Körper wohlgebildet.

Geburt: Nabelschnurumschlingung, Herzstillstand, Vakuumextraktion, Kind zyanotisch, schrie aber sogleich. Körperliche und neurologische Untersuchung mit 2;9 Jahren: kein pathologischer Befund.

Intelligenz im oberen Bereich der geistigen Behinderung. IQ (HAWIE-R): 56, stark heterogenes Intelligenzprofil, vermag sich im alltäglichen Bereich sprachlich gut zu verständigen, kann aber nicht schreiben oder lesen.

Axel lebt zuhause und arbeitet in einer Werkstatt für Behinderte, die er gern aufsucht.

Vater: Maler (Hochschule für Bildende Künste). Mutter: Studium der Literaturwissenschaften. Die Eltern ließen sich regelmäßig beraten, beteiligten sich an der Verhaltenstherapie und hatten dabei auch selbst gute Einfälle.

Axel hat einen vier Jahre jüngeren, gesunden, begabten und sehr sportbegeisterten Bruder, der durch ihn nicht irritiert ist; zwischen beiden entstand eine freundschaftliche Distanz. Der Fammilienzusammenhalt war gut. Im Alter zwischen 3 und 8 Jahren tobte Axel täglich anfallsweise, warf Gegenstände umher und schrie häufig anhaltend. Axel ist inzwischen 23 Jahre alt, er wird seit Jahren - mit seinem Einverständnis - von der Familie auch auf weite Reisen, z.B. Flugreisen, mitgenommen. Er fällt durch sein Verhalten auf, aber er ist nicht störend. Sein Blickkontakt ist meist flüchtig, das Bewegungsgesamt nicht flüssig, er spricht sehr wenig, gelegentlich mit sich selber, eine Unterhaltung mit ihm gelingt nicht. Auf Fragen gibt er - wenn überhaupt - kurze Antworten. Ständig trägt er ein Söckchen mit sich, an das eine Kordel geknüpft ist, die er durch drehende Bewegung des Söckchens auf- und abwickelt. Auf sich selber angewiesen, fehlt ihm jegliche Orientierung. Axel ist auf das Verständnis und die Sympathie der Menschen seiner Umwelt angewiesen. Sehr gern geht Axel zu Konzerten, Ausstellungen, freut sich über Einladungen, liebt Café- und Restaurantbesuche. Er gehört zu der Gruppe von Personen mit Autismus, die am Leben der Menschen ihrer Umwelt teilnehmen und sich mit ihnen freuen können. Auf seine Weise kann er auch Sympathie bekunden, so sagte er kürzlich am Telefon: "Wir fahren morgen über Marburg nach Frankreich in die Ferien". Er lud sich also mit diesen Worten selbst ein.

Axel hatte mit vier Jahren über drei bis vier Monate panische Angst vor der Badewanne, wobei er befürchtete durch den Abfluß in die Tiefe gesaugt zu werden. Die Mutter stellte ihn daraufhin in die Wanne und duschte ihn ab. Der Abfluß mußte aber mit einem Stöpsel verschlossen sein, Axel ließ ihn nicht aus den Augen. Mit 14;4 Jahren traten bei Axel die Ängste vor dem Abfluß der Badewanne noch einmal auf. Er malte in dieser Zeit täglich mehrere Bilder von dem Haus, in dem die Familie wohnt, das Bad mit Badewanne, Toilette und Abflußrohr, unter das er als "Auffänger", wie er sagte, einen Eimer hängte (s. Abb. 28.5). Die Ängste waren schon nach drei Wochen wieder verschwunden, zum selben Zeitpunkt hörte er auf, das beschriebene Motiv zu malen. Es ist anzunehmen, daß es durch das Malen der Bilder zu einer Selbsttherapie kam.

Abb. 28.5 Zeichnung eines 14jährigen Jungen mit frühkindlichem Autismus und geistiger Behinderung, der Angst hat, durch Abflußrohre in die Tiefe gerissen zu werden. Der Eimer unter dem Abflußrohr wirkt als "Auffänger", wie er sagte.

Weiterführende Literatur:

Innerhofer, P.; Klicpera, C.: Die Welt des frühkindlichen Autismus. Reinhardt, München 1988.

DeMyer, M.K.: Familien mit autistischen Kindern. Enke, Stuttgart 1986.

Bundesverband für das autistische Kind (Hrsg.): Denkschrift zur Situatuion autistischer Menschen in der Bundesrepublik Deutschland. Hamburg 1993.

Literatur

Arens, C.; Dzikowski, S.: Aktuelle Entwicklungen in der Therapie autistischer Kinder. (Autismus heute, Bd. 1) Verlag modernes lernen, Dortmund 1988.

Asperger, H.: Die "autistischen Psychopathen" im Kindesalter. Archiv für Psychiatrie und Nervenkrankheiten 117, 76-137, 1944.

Asperger, H.: Autistische Psychopathen. In: Asperger, H. (Hrsg.): Heilpädagogik, 177-205. Springer, Wien 1968.

Bartak, L.: Educational approaches. In: Rutter, M., Schopler, E. (Hrsg.): Autism, reappraisal of concepts and treatment, 423-438. Plenum Press, New York 1978.

Biklen, D.: Communication unbound: Autism and praxis. Harvard Educational Review 60, 219-314, 1990.

Bleuler, E.: Dementia praecox oder Gruppe der Schizophrenen. In: Aschaffenburg, G. (Hrsg.): Handbuch der Psychiatrie, Abt. 4, Teil 1. Deuticke, Leipzig 1911.

Bundesverband "Hilfe für das autistische Kind" (Hrsg.): Denkschrift zur Situation autistischer Menschen in der Bundesrepublik. Hamburg 1993.

Burchard, F.: Festhaltetherapie in der Kritik. Edition Marhold, 1992.

Crossley, R.; McDonald, A.: Annie's coming out. Penguin, Melbourne 1980 (deutsch: Annie - Licht hinter Mauern. Die Geschichte der Befreiung eines behinderten Kindes. 2. Aufl., Piper, München 1994).

Dalferth, M.: Behinderte Menschen mit Autismussyndrom. Probleme der Perzeption und der Affektivität - Ein Beitrag zum Verständnis und zur Genese der Behinderung. Edition Schindele, Heidelberg 1987.

DeMyer, M.K.: Familien mit autistischen Kindern. Probleme der Kinder und Sorgen der Eltern. (Klinische Psychologie und Psychopathologie, Bd. 42). Enke Verlag, Stuttgart 1986.

DeMyer, M.K.; Barton, S.; DeMyer, W.E.; Norton, J.A.; Allen, J.; Steele, R.: Prognosis in autism: A follow-up study. Journal of Autism and Childhood Schizophrenia 15, 389-397, 1985.

Dilling, H.; Mombour, W.; Schmidt, M.H. (Hrsg.): Internationale Klassifikation psychischer Störungen, ICD-10. Huber, Bern 1992.

Dzikowski, S.; Arens, C. (Hrsg.): Neue Aspekte der Förderung autistischer Kinder. (Autismus heute, Bd.2). Verlag modernes lernen, Dortmund 1990.

Eisenberg, L.: The autistic child in adolescence. American Journal of Psychiatry 12, 607-612, 1956.

Gillberg, C.: Asperger's syndrome and recurrent psychosis: A case study. Journal of Autism and Childhood Schizophrenia 15, 389-397, 1985.

Gillberg, C.: The etiology of autism. In: Gillberg, C. (Hrsg.): Diagnosis and treatment of autism, 63-82. Plenum Press, New York 1989.

Howlin, P.: Help for the family. In: Gillberg, C. (Hrsg.): Diagnosis and treatment of autism, 185-202. Plenum Press, New York 1989.

Howlin, P.; Yates, P.: Treating autistic children at home. In: Gillberg, C. (Hrsg.): Diagnosis and treatment of autism, 307-322. Plenum Press, New York 1989.

Hudson, A.: Disability and facilitated communication: A critique. Advances in Clinical Child Psychology 17, 197-232, 1995.

Innerhofer, P.; Klicpera, C.: Die Welt des frühkindlichen Autismus. Ernst Reinhardt Verlag, München, Basel 1988.

Janetzke, H.R.P.: Stichwort Autismus. Wilhelm Heyne Verlag, München 1993.

Judt, W.: Facilitated Communication - Unterstützte Kommunikation. Autismus 32, 2-4, 1991.

Kanner, L.: Autistic disturbances of affective contact. Nervous Child 2, 217-250, 1943.

Kehrer, H.E.: Autismus. Diagnostische, therapeutische und soziale Aspekte. Asanger Verlag, Heidelberg 1989.

Krevelen, D.A. van: Autismus und Iatrogenie. Acta Paedopsychiatrica 31, 129-133, 1964.

Kusch, M.; Petermann, E.: Entwicklung autistischer Störungen. 2. veränd. Aufl. Huber Verlag, Bern 1991.

Mahler, M.S.: Symbiose und Individuation, Bd. 1, Psychosen im frühen Kindesalter. Klett, Stuttgart 1972.

Moll, G.H.; Schmidt, M.H.: Entwicklungen in der Therapie des frühkindlichen Autismus - Ergebnisse der Therapieforschung. Zeitschrift für Kinder- und Jugendpsychiatrie 19, 182-203, 1991.

Prekop, I.: Das Festhalten als Therapie bei Kindern mit Autismus-Syndrom. Frühförderung interdisziplinär 2, 54-64, 1983.

Remschmidt, H.: Persönlichkeitsstörungen. In: Remschmidt, H.; Schmidt, M.H. (Hrsg.): Kinder- und Jugendpsychiatrie in Klinik und Praxis, Bd. III, 204-212. Thieme, Stuttgart 1985.

Rimland, B.: Editor's comments. Autism Research International 8, 2, 1994.

Rutter, M.: Autistic children: infancy to adulthood. Seminars in Psychiatry 2, 435-450, 1970.

Rutter, M.: Developmental issues and prognosis. In: Rutter, M.; Schopler, E. (Hrsg.): Autism, a reappraisal of concepts and treatment, 497-505. Plenum Press, New York 1978.

Schilling, F.; Kiphard, E.J. (Hrsg.): Körperkoordinationstest für Kinder (KTK). Beltz, Weinheim 1974.

Schopler, E.: Principles for directing both educational treatment and research. In: Gillberg, C. (Hrsg.): Diagnosis and treatment of autism, 167-183. Plenum Press, New York 1989.

Schopler, E.; Brehm, S.S.; Kinsbourne, M.; Reichler, R.J.: Effect of treatment structure of development in autistic children. Archives of General Psychiatry 24, 415-421, 1971.

Schopler, E.; Reichler, R.J.; DeVellis, R.F.; Daly, K.: Toward objective classification of childhood autism: Childhood Autism Rating Scale (CARS). Journal of Autism and Developmental Disorders 10, 91-103, 1980.

Schopler, E.; Reichler, R.J.; Lansing, M.: Strategien der Entwicklungsförderung für Eltern, Pädagogen und Therapeuten. 2. unveränd. Aufl. (Förderung autistischer und entwicklungsbehinderter Kinder, Bd. 2). Verlag modernes lernen, Dortmund 1990.

Schubert, A.: Autismus ist anders. Erfahrungen mit Integration und Kommunikation. Kinderarzt 23, Heft 1 und 5, 7-8, 1992.

Smalley, S.L.: Autism and genetics. Archives of General Psychiatry 45, 953-961, 1988.

Tinbergen, N.; Tinbergen, E.A.: Autismus bei Kindern. Paul Parey, Berlin und Hamburg 1984.

Warnke, A.: Früherkennung und Frühförderung autistischer Kinder. In: Bundesverband Hilfe für das autistische Kind, Hamburg (Hrsg.): Soziale Rehabilitation autistischer Menschen. Bericht über die 7. Bundestagung, 78-92. Reha-Velag, Bonn 1991.

Warnke, A.: Medikamentöse Therapie bei Menschen mit frühkindlichem Autismus. In: Bundesverband Hilfe für das autistische Kind, Hamburg (Hrsg.): Autismus und Familie, 200-209. Reha-Verlag, Bonn 1995.

Warnke, A.; Remschmidt, H.: Behandlung geistiger Behinderungen. In: Möller, H.J. (Hrsg.): Therapie psychiatrischer Erkrankungen, 389-414. Enke, Stuttgart 1993.

Weber, D.: Der frühkindliche Autismus unter dem Aspekt der Entwicklung. Huber, Bern 1970.

Weber, D.: Autistische Syndrome. In: Remschmidt, H.; Schmidt, M.H. (Hrsg.): Kinder- und Jugendpsychiatrie in Klinik und Praxis, Bd. II, 269-298. Thieme, Stuttgart 1985.

Weber, D.: Zur Prognose frühkindlich-autistischer Kinder. In: Nissen, G. (Hrsg.): Prognose psychischer Erkrankungen im Kindes- und Jugendalter, 122-135. Huber, Bern 1987.

Weber, D.: Autistische Syndrome. In: Kisker, K.P., Lauter, H.; Meyer, J.E.; Müller, C.; Strömgren, E. (Hrsg.): Psychiatrie der Gegenwart 7, 57-87. Springer, Berlin 1988.

Welch, M.G.: Heilung vom Autismus durch die Mutter-und-Kind-Haltetherapie. In: Tinbergen, N.; Tinbergen, E.A. (Hrsg.): Autismus, 297-308. Paul Parey, Berlin und Hamburg 1984.

Wendeler, J.: Autistische Jugendliche und Erwachsene. Gespräche mit Eltern. Beltz, Weinheim 1984.

Wing, J.K. (Hrsg.): Frühkindlicher Autismus. Klinische, pädagogische und soziale Aspekte. 4., unveränd. Neuausg. Beltz, Weinheim 1992.

29. Schizophrene Psychosen

Helmut Remschmidt, Matthias Martin und Eberhard Schulz

29.1 Definition und Klassifikation

Als schizophrene Psychosen bezeichnet man psychische Erkrankungen, die zu einer Desintegration der Persönlichkeit führen. Dabei kommt es typischerweise zu charakteristischen Störungen von Denken, Wahrnehmung und Affektivität. Die intellektuellen Fähigkeiten und das Bewußtsein erweisen sich normalerweise als nicht beeinträchtigt, jedoch kommt es im Verlaufe der Erkrankung gehäuft zu kognitiven Defiziten.

Aufgrund der weiterhin unbekannten Ätiologie der schizophrenen Psychosen orientierten sich die aktuellen Klassifikationsschemata, wie ICD-10 (WHO, 1991) und DSM-III-R (APA, 1987), für die Diagnosestellung an der Symptomatologie und definieren zum Teil zeitliche Kriterien für den Beginn und den Verlauf der Erkrankung. Entsprechend den diagnostischen Leitlinien der ICD-10 kann die Diagnose einer schizophrenen Psychose gestellt werden, wenn mindestens ein eindeutiges Symptom (zwei oder mehr, wenn weniger eindeutig) der unten genannten Symptomgruppen 1-4 oder mindestens zwei Symptome der Gruppe 5-8 vorliegen. Diese Symptome müssen dabei fast ständig während eines Monats oder länger deutlich vorhanden gewesen sein:

1. Gedankenlautwerden, Gedankeneingebung oder Gedankenentzug, Gedankenausbreitung.

2. Kontrollwahn, Beeinflussungswahn, Gefühl des Gemachten deutlich bezogen auf Körper- oder Gliederbewegungen oder bestimmte Gedanken, Tätigkeiten oder Empfindungen; Wahnwahrnehmungen.

3. Kommentierende oder dialogische Stimmen, die über den Patienten und sein Verhalten sprechen, oder andere Stimmen, die aus einem Körperteil kommen.

4. Anhaltender, kulturell unangemessener und völlig unrealistischer Wahn, wie der, eine religiöse oder politische Persönlichkeit zu sein, übermenschliche Kräfte und Möglichkeiten zu besitzen (z.B. das Wetter kontrollieren zu können oder im Kontakt mit Außerirdischen zu sein).

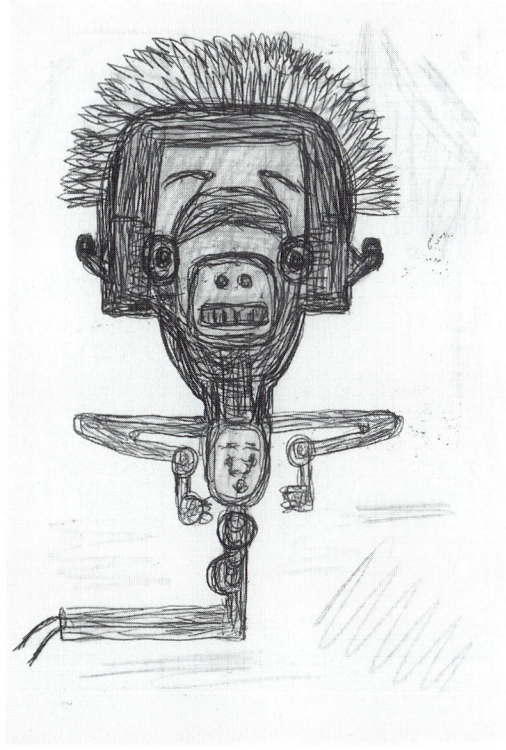

Abb. 29.1 Selbstbildnis eines 54jährigen Patienten, der seit dem 11. Lebensjahr an einer paranoid-halluzinatorischen Form der Schizophrenie erkrankt ist.

5. Anhaltende Halluzinationen jeder Sinnesmodalität, begleitet entweder von flüchtigen oder undeutlich ausgebildeten Wahngedanken ohne deutliche affektive Beteiligung oder begleitet von anhaltenden überwertigen Ideen, täglich für Wochen oder Monate auftretend.

6. Gedankenabreißen oder Einschiebungen in den Gedankenfluß, was zu Zerfahrenheit, Danebenreden oder Neologismen führt.

7. Katatone Symptome wie Erregung, Haltungsstereotypien oder wächserne Biegsamkeit (Flexibilitas cerea), Negativismus, Mutismus und Stupor.

8. Negative Symptome wie auffällige Apathie, Sprachverarmung, verflachte oder inadäquate Affekte (dies hat zumeist sozialen Rückzug und ein Nachlassen der sozialen Leistungsfähigkeit zur Folge). Es muß sichergestellt sein, daß diese Symptome nicht durch eine Depression oder eine neuroleptische Medikation verursacht werden.

Darüber hinaus können folgende klinische Subtypen schizophrener Psychosen nach den diagnostischen Leitlinien der ICD-10 klassifiziert werden:

F20.0   Paranoide Schizophrenie

F20.1   Hebephrene Schizophrenie

F20.2   Katatone Schizophrenie

F20.3   Undifferenzierte Schizophrenie

F20.5   Schizophrenes Residuum (chronisch undifferenzierte Schizophrenie)

F20.6   Schizophrenia simplex

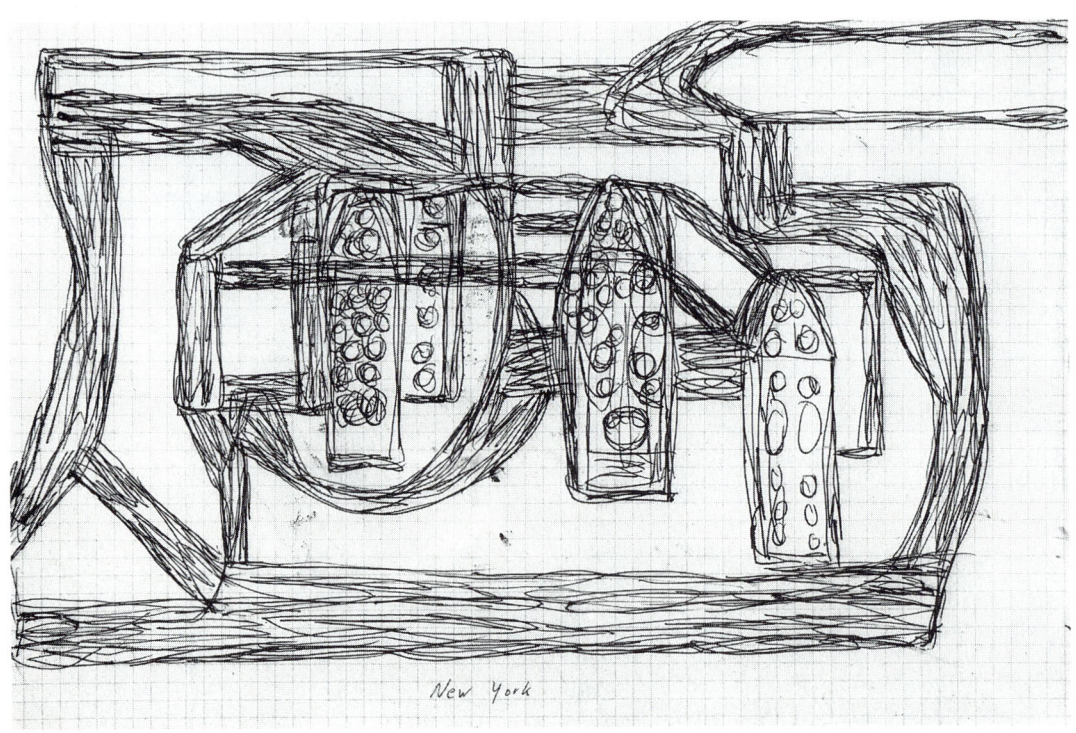

Abb. 29.2 Stammt von dem gleichen Patienten. Das Bild zeigt den "Stadtplan von New York"

Tabelle 29.1 Einige wichtige Merkmale zur Kennzeichnung von Typ-I- und Typ-II-Schizophrenien

	Typ-I-Schizophrenie (*Positive* Symptome, produktive Symptome, akute Schizophrenie)	Typ-II-Schizophrenie (*Negative* Symptome, Rückzugssymptomatik)
Klinische Symptomatik	Halluzination, Wahn, positive Denkstörung, gesteigerter Antrieb, Aggressivität, Erregung, bizarres Verhalten, Rededrang, Wortneubildungen	Affektive Verflachung, Antriebsarmut, sozialer und emotionaler Rückzug, Apathie, Spracharmut, verringerter Sprechantrieb, Anhedonie, negative Denkstörungen /Denkhemmung, Gedankenabreißen, Gedankenspiel)

Unabhängig von dieser Unterteilung in klinische Subtypen der Schizophrenie wurden anhand von psychopathologischen Merkmalen und Verlaufskriterien auch andere Ansätze zur Klassifikation schizophrener Psychosen entwickelt (Leonhard, 1986; Crow, 1980; Andreasen, 1982; Kay, 1991). Speziell das Konzept der positiven (Typ-I-) und negativen (Typ-II-) Schizophrenie erscheint dabei für die Behandlung und den Verlauf der Schizophrenie im Kindes- und Jugendalter von besonderer Relevanz (Bettes und Walker, 1987; Remschmidt et al., 1991; Schulz et al., 1994). Tab. 29.1 faßt die wichtigsten psychopathologischen Merkmale zur Charakterisierung von Typ-I- und Typ-II- Schizophrenien zusammen.

Dabei sind positive und negative Symptome keineswegs spezifisch für das Vorliegen einer schizophrenen Psychose, sondern finden sich auch bei hirnorganischen Psychosyndromen, depressiven Syndromen, Persönlichkeitsstörungen und Neurosen (Angst et al., 1989). Negative Symptome dominieren im Rahmen schizophrener Psychosen bei jüngeren Kindern (5-10 Jahre) und bei Kindern und Jugendlichen mit unterdurchschnittlichem kognitivem Niveau.

Zur Epidemiologie

Die Ergebnisse der wenigen vorliegenden Studien zur Epidemiologie schizophrener Psychosen im Kindesalter lassen sich wie folgt zusammenfassen:

(1) Die Prävalenz schizophrener Erkrankungen mit einer Erstmanifestation vor dem 12. Lebensjahr ist geringer als 1 Kind auf 10 000

Kinder. Ihr Auftreten ist demnach noch seltener als das Vorkommen des frühkindlichen Autismus (Burg und Kerbeshian, 1987).

(2) Man geht davon aus, daß schizophrene Psychosen mit Erstmanifestation im Kindesalter um den Faktor 50 seltener sind als Schizophrenien im Erwachsenenalter (Karno und Norquist, 1989).

(3) Schizophrene Psychosen sind im Kindesalter und in der Präpubertät eher seltene Ereignisse, in der Adoleszenz stellen sie jedoch eine vergleichsweise häufige Erkrankung dar. Das Erstmanifestationsalter der schizophrenen Psychosen liegt zu 2,4% zwischen dem 5. und 14. Lebensjahr, aber bereits zu 22,1% zwischen dem 15. und 19. Lebensjahr (Remschmidt, 1988).

(4) Die Geschlechterverteilung scheint im Kindesalter zugunsten der Jungen verschoben zu sein, in der Adoleszenz gleicht sich diese Differenz offenbar wieder aus (Remschmidt et al., 1994).

Prognose und Verlauf

Bestimmen negative Symptome das Krankheitsgeschehen im Rahmen einer Schizophrenie, so zeigt sich sowohl im stationären Behandlungsverlauf als auch unter rehabilitativen Bedingungen eine deutlich ungünstigere Prognose (Remschmidt et al., 1991, 1992, 1994). Dies dürfte im wesentlichen auf das schlechtere

Ansprechen der neuroleptischen Medikation und die erschwerte Beeinflussung von negativen Symptomen durch psychotherapeutische und sozial-rehabilitative Maßnahmen zurückzuführen sein.

Insgesamt erweist sich beim gegenwärtigen Kenntnisstand die Prognose der in der Präpubertät und Adoleszenz beginnenden Schizophrenien ungünstiger als der Verlauf im Erwachsenenalter (Weiner, 1982). Nach den bisher vorliegenden Befunden erreichen 23 % der jugendlichen Patienten eine weitgehende Remission. 52 % jedoch nehmen einen chronischen Verlauf gegenüber nur ca. 25 % im Erwachsenenalter; der Anteil von Teilremissionen beträgt im Erwachsenenalter 50 %, während nur 25 % der jugendlichen Schizophrenen eine teilweise Remission erreichen. Anhand einer Katamnese von 59 adoleszenten Patienten mit schizophrenen Psychosen bei einem Ersterkrankungsalter zwischen dem 14. und 18. Lebensjahr fanden Krausz (1990) und Krausz und Müller-Thomson (1993) im Hinblick auf den Langzeitverlauf von 5-11 Jahren einen Anteil von 50 % mit chronifizierten Verläufen. Nur 22 % der Patienten zeigten eine deutliche Rückbildung der Symptomatik. Schmidt und Blanz (1992) belegen im Rahmen einer katamnestischen Untersuchung, bei einer mittleren Beobachtungszeit von 5 Jahren nach der Entlassung aus der ersten stationären Behandlung wegen einer schizophrenen Psychose, ein unbefriedigendes Verlaufsergebnis. Von den 40 nachuntersuchten Adoleszenten zeigten 55 % eine schwere soziale Beeinträchtigung einhergehend mit deutlichen Einbußen in der schulischen Ausbildung oder der absolvierten Lehrtätigkeit. In 60 % der Fälle entsprach dabei krankheitsbedingt die begonnene Ausbildung nicht dem vorher erreichten Schulabschluß. Gillberg et al. (1993) verweisen anhand von schwedischen Krankenregister-Daten auf eine insgesamt ungünstige Prognose der Schizophrenie bei Erstmanifestation in der Adoleszenz. Als wichtige Prognoseindikatoren gelten dabei Ersterkrankungsalter, Art des Erkrankungsbeginns und prämorbide Persönlichkeit (Remschmidt et al., 1994; Schulz et al., 1994). Ein Ersterkrankungsalter vor dem 14. Lebensjahr und speziell die Erstmanifestationen im Kindesalter zeigen einen sehr ungünstigen Verlauf der schizophrenen Psychose. Eine frühe Belastung mit emotionalen Auffälligkeiten, i. S. von introvertierten Symptomen sowie begleitenden Entwicklungsdefiziten, und ein eher schleichender Eintritt mit vorwiegend negativen Symptomen der Schizophrenie läßt sich als eine für den weiteren Verlauf der Erkrankung ungünstige Konstellation beschreiben. Darüber hinaus zeigt Martin (1991) anhand einer prospektiven Studie, daß der Persistenz kognitiver Störungen und der Belastung mit affektiven Symptomen eine für den ungünstigen Verlauf der Schizophrenie prädiktive Wertigkeit zukommt. Die Unterscheidung der klassischen klinischen Subtypen der Schizophrenie wie beispielsweise der Hebephrenie oder der paranoiden Schizophrenie erweist sich hingegen bei Adoleszenten ohne entscheidenden Voraussagewert für Verlauf und Prognose (Martin, 1991; Remschmidt et al., 1991; Schmidt und Blanz, 1992; Schulz et al., 1994).

Entwicklungspsychopathologische Gesichtspunkte

Schizophrene Psychosen im Kindes- und Jugendalter müssen stets im Kontext von Entwicklungsvorgängen gesehen werden. Die Symptomatologie beim einzelnen Patienten läßt sich vielfach nur aus der jeweiligen Entwicklungsphase heraus begreifen. Dabei sind die Manifestationen im Kindesalter von jenen in der Adoleszenz zu unterscheiden. Alter und Entwicklungsstand müssen nach heutiger Auffassung als diejenigen Faktoren angesehen werden, die das klinische Bild der Psychosen des Kindes- und Jugendalters am stärksten prägen (Remschmidt, 1988; Remschmidt et al., 1994). Unter Berücksichtigung von entwicklungspsychopathologischen Aspekten zeigen sich Beziehungen zur Schizophrenie sowohl für einzelne Psychosen des Kindesalters, wie die frühkindliche Katatonie (Leonhard, 1986), als auch mit deutlichen Übergängen in die Schizophrenie bei Psychosen mit einer Manifestation in der späten Kindheit bis zur Präpubertät. Grundsätzlich ergibt sich in Anlehnung an Kanner (1943, 1957) eine Einteilung der kindlichen Psychosen in die Gruppe des frühkindlichen Autismus, mit einer fehlenden Beziehung zur Schizophrenie, in die desintegrativen Psychosen des Kindesalters als primär hirnorganische Störungen und die kindlichen Formen der Schizophrenie.

Die Kenntnis der kognitiven und emotionalen Entwicklung der jeweiligen Altersstufe sowie eine genaue Analyse der Entwicklungsaufgaben sind Voraussetzungen für das Verständnis der Psychose und ihrer Symptomatik in Form von Wahninhalten und Halluzinationen. Letztere zeigen alterstypische Ausformungen, sind bei

Kindern weniger systematisiert und durch die kindliche Phantasiewelt mitgeprägt, was auch die differentialdiagnostische Abgrenzung gegenüber Normvarianten des kindlichen Erlebens notwendig macht.

Im Jugendalter können dann sogenannte Adoleszentenkrisen und Reifungskrisen das Vorfeld einer schizophrenen Psychose markieren beziehungsweise diese auch zunächst maskieren (Remschmidt und Martin, 1992). Bei den Adoleszentenkrisen handelt es sich um Normvarianten des Erlebens und Verhaltens in Form von Selbstwertskrupeln, Schuldgefühlen, Insuffizienzgefühlen, körperlichen und seelischen Selbstwertkonflikten, aus denen auf der Verhaltensebene nicht selten selbstverletzendes Verhalten, Suizidversuche, Weglaufen und oppositionelles Verhalten resultieren (Remschmidt, 1992). Die fehlgeschlagene Bewältigung der Entwicklungsaufgaben und Krisen können dabei den Beginn der Psychose markieren und ihre Symptomatik mitbestimmen. Für den Ausbruch einer schizophrenen Psychose kann nach heutigem Kenntnisstand davon ausgegangen werden, daß eine bei dem Patient bestehende Vulnerabilität und Merkmale der prämorbiden Persönlichkeit, mit belastenden Lebensereignissen und familiären Einflußfaktoren in Wechselbeziehung stehen und das Scheitern von Bewältigungsaufgaben mit zur Dekompensation in die Psychose beitragen kann.

Die wesentlichen Merkmale einer erhöhten Vulnerabilität lassen sich dabei wie folgt zusammenfassen:

- Eingeschränkte Informationsverarbeitung (Störung der Aufmerksamkeit, erhöhte Ablenkbarkeit durch Störreize, Selektionsschwäche)

- Unangepaßte autonome Reaktionen (Hypo- oder Hypererregung und mangelnde Habituationsfähigkeit des autonomen Nervensystems)

- Eingeschränkte soziale Kompetenz

- Mangelnde Bewältigungsstrategien

Diese Charakteristika stehen in Wechselbeziehung mit verschiedenen psychosozialen Stressoren. Hierzu gehören vor allem affektive und kognitive Faktoren im familiären Umfeld und belastende Lebensereignisse (life events). Akut eintretende belastende Lebensereignisse spielen dabei als Risikofaktoren für das Auftreten einer Psychose eher eine untergeordnete Rolle, während langfristig belastende Situationen im familiären und sozialen Umfeld von größerer Bedeutung sind (Dohrenwend et al., 1987).

Dieses "Vulnerabilitäts-Stress-Modell" bildet eine entscheidende Grundlage für das Behandlungskonzept der Schizophrenie.

29.2 Behandlungsmaßnahmen

Die Behandlungsmaßnahmen schizophrener Psychosen müssen in einen Gesamtplan integriert werden und umfassen im Kindes- wie im Jugendalter folgende Aspekte:

1. Die psychopharmakologische Behandlung der Akutsymptomatik,

2. psychopharmakologische Aspekte der Rezidivprophylaxe,

3. psychotherapeutische Maßnahmen,

4. familienbezogene Maßnahmen,

5. spezifische Rehabilitationsmaßnahmen dort, wo sie indiziert sind.

Angesichts der Zielsetzung dieses Buches werden hier nur die psychotherapeutischen Maßnahmen behandelt.

Familienbezogene Maßnahmen

Trotz neuroleptischer Erhaltungstherapie erleiden ca. 40% der Patienten im ersten Jahr nach der Entlassung aus der stationären Behandlung einen Rückfall in die Psychose (Brown et al., 1972; Leff, 1976; Hogarty und Anderson, 1986). Die Rückfallraten steigen im zweiten Jahr auf bis 65 % an, sofern die Pharmakotherapie nicht in Kombination mit psychotherapeutischen und sozial-rehabilitativen Maßnahmen kombiniert wird. Diesen Zusammenhang verdeutlicht die Tab. 29.2.

Tabelle 29.2 Behandlungskonzept und Rückfallgefährdung bei schizophrenen Erkrankungen innerhalb eines Verlaufjahres (nach
Hogarty, 1986) (R = Rückfallraten)

Behandlung: (n=103; Alter: 17-55 J.)	R
familienorientierte Therapie und Langzeitme-dikation	19 %
soziales Rehabilitationstraining und Lang-zeitmedikation	20 %
familienorientierte Therapie, Rehabilitations-training und Langzeitmedikation	0 %
Langzeitmedikation	41 %

Die familiäre Atmosphäre läßt sich mittels der
"Expressed-Emotion" (EE)-Forschung anhand
dreier entscheidender Merkmale näher beschreiben (Vaughn und Leff, 1976; Hahlweg et al.,
1988):

- Kritik: Erfaßt werden kritische Äußerungen
  über den Patienten. Sowohl verbale Aspekte
  (Mißbilligung, Abneigung, Ärger gegenüber
  dem Patienten) ebenso wie abfälliger oder
  wütender Tonfall.

- Feindseligkeit: Erfaßt wird das Ausmaß der
  Ablehnung der Person des Patienten durch
  den Angehörigen.

- Emotionales Überangagement: Erfaßt wird
  das Ausmaß der emotionalen Beteiligung des
  Angehörigen am Leben und an der Person des
  Patienten. Dabei spielen Merkmale wie
  extreme Sorge oder Fürsorglichkeit
  (Protektivität) eine entscheidende Rolle.

Die "Expressed-Emotion-Forschung" hat
gezeigt, daß die Familienatmosphäre auf den
Verlauf der Schizophrenie, nicht jedoch auf deren
Entstehung Einfluß nimmt. Die Wirksamkeit von
Interventionsstudien unter Einschluß der Betreuung von Angehörigen belegt anhand einer deutlichen Erniedrigung der Rückfallraten die Bedeutung familiärer Faktoren für den Verlauf der
Erkrankung (Tab. 29.3).

Für das praktische Vorgehen bedeutet dies,
daß bei Kindern und Jugendlichen mit einer schizophrenen Erkrankung auch die Familie in den
Behandlungsprozeß einbezogen werden sollte.
Von früher üblichen, ambitionierten Konzepten
der Familientherapie in Familien mit einem schizophrenen Patienten ist man abgekommen. Es hat
sich z.B. nicht bestätigt, daß eine bestimmte Art
widersprüchlicher Kommunikation, etwa die
sogenannte "Doppelbindung" (double bind) und
die daraus resultierende "Beziehungsfalle"
typisch für Familien mit einem schizophrenen
Kind sind. Die aktuellen Forschungsergebnisse
und ebenso die praktischen Erfahrungen zeigen,
daß es die "psychotische" Familie nicht gibt,
ebensowenig wie die "schizophrenogene" oder
"schizopräsente" Familie. Man kann auch nicht
von vornherein annehmen, daß in einer Familie
mit einem psychotischen Kind oder Jugendlichen
etwas dysfunktional ist.

Die Zusammenarbeit mit den Familien konzentriert sich i.S. einer "psychoedukativen" oder
"psychagogischen" Familientherapie auf die
Beeinflussung des Familienklimas.

Hierbei spielt die Entlastung der Familie, die
Veränderung emotional belastender Familieninteraktion i.S. einer "Abmilderung" unter Einbeziehung der Angehörigen in die Rezidivprophylaxe eine Rolle.

Tabelle 29.3 Rückfallraten in Interventionsstudien im Zusammenhang mit Expressed Emotion

Studie	Rückfallraten	
	9 oder 12 Monate	24 Monate
Leff et al. 1982, 1985		
Famililentherapie	1/12 (8%)	2/10 (20%)
Routinebehandlung	6/12 (50%)	7/9 (78%)
Falloon et al. 1982, 1985		
Familientherapie	1/18 (6%)	3/18 (17%)
Einzeltherapie	8/18 (44%)	14/18 (83%)
Köttgen et al. 1984		
Interventionsgruppe mit hohem EE	5/15 (33%)	
Kontrollgruppe mit hohem EE	6/14 (43%)	
Kontrollgruppe mit niedrigem EE	10/20 (20%)	
Hogarty et al. 1986, 1987		
Familientherapie	4/21 (19%)	32% *
Training sozialer Fertigkeiten	4/20 (20%)	42%
Kombinierte Intervention	0/20 (0%)	25%
Kontrollgruppe	7/17 (41%)	66%
Tarrier et al. 1988, 1989		
Hohes EE		
Familientherapie		8/24 (33%)
Enaktiv	2/13 (17%)	
Symbolisch	1/12 (8%)	
Reines Unterrichtsprogramm	6/14 (43%)	
Routinebehandlung	8/15 (53%)	17/29 (59%)
Niedriges EE		
Reines Unterrichtsprogramm	2/9 (22%)	
Routinebehandlung	2/10 (20%)	6/18 (33%)

* Die Ergebnisse liegen nur als Prozentangaben vor, es werden keine aktuellen Zahlen aufgeführt (Hogarty et al. 1987) (nach Tarrier, 1990)

Schwerpunkt der Familienarbeit ist die Aufklärung der Familie über die Art der Erkrankung, die Beratung und die Einübung des Umgangs mit kritischen Situationen und die Entwicklung familiärer Strategien im Umgang mit Belastungen innerhalb und außerhalb der Familie. Das strukturierte Therapieprogramm in Familien kann dazu beitragen, daß der Patient weniger überschießenden und feindseligen Emotionen seitens anderer Familienangehöriger ausgesetzt ist. Tab. 29.4 faßt das Vorgehen schematisch zusammen.

Wie der Tabelle zu entnehmen ist, unterscheiden wir verschiedene Interventionsebenen, bei denen unterschiedliche Ziele im Vordergrund stehen die auch verschiedene Therapiephasen repräsentieren (Mattejat, 1989):

(1) Grundlage ist die Familienberatung bzw. Elternberatung. Das Hauptziel besteht hier in der Entwicklung eines tragfähigen Therapiebündnisses. Dazu gehören die Informationen über die Krankheit, die Vorstellungen zur Pathogenese, die Behandlungsmöglichkeiten, die Art der Medikation und ihre möglichen Nebenwirkungen.

(2) Auf dieser Basis kann dann eine stützende bzw. deeskalierende Familientherapie aufbauen. Das wesentliche Ziel hierbei ist die Kontrolle und Neutralisierung der Symptomatik. Das bedeutet, daß die sekundäre Dynamik, Konflikte und "Teufelskreise", die durch die Psychose ausgelöst werden, unterbrochen werden müssen. D.h. es geht darum, die Symptomatik und die Familieninteraktion gleichsam voneinander abzukoppeln.

Tabelle 29.4 Zusammenarbeit mit Familien von psychotischen Jugendlichen (nach Mattejat, 1989)

Interventionsebene	Problembereich (Fokus)	Schwerpunkt der Zielsetzung	typische Methoden
1. Familienberatung (Elternberatung)	Informationsmangel, Verunsicherung, Entmutigung, diffuse Schuldgefühle	Entwicklung eines tragfähigen Therapie-bündnisses	Orientierung und Sicherheit durch Information Positive Konnotation
2. Stützend-strukturierende Familientherapie	Wechselwirkung Symptomatik - Familieninteraktion (Symptomatik und maligne Interaktionsmuster verstärken sich wechselseitig)	Neutralisierung und Kontrolle der Symptome (Entkoppelung der Wechselwirkung Symptome - Familieninteraktion) Unterbrechung der sekundären Dynamik (sekundäre Prävention)	Klare Absprachen und Festlegungen Verhaltensaufgaben Verhaltens-"Verträge" ("Direkte" Interventionen)
3. Weiterführende entwicklungsbezogene Familientherapie	Entwicklungshemmende Beziehungsmuster und Familienkonflikte	Erweiterung des Handlungs- und Entscheidungsspielraumes: Freisetzung von Entwicklungsmöglichkeiten	Umdeutung (Reframing) Paradoxe und provokative Methoden ("Indirekte" Methoden) Konfliktverhandlung Nichtverbale und aktionale Methoden

(3) Bei manchen Familien treten, nachdem die psychotische Symptomatik abgeklungen ist und die Familie nicht mehr akut durch die Symptome geängstigt erscheint, andere Probleme in den Vordergrund. In der weiterführenden und entwicklungsbezogenen Familientherapie geht es dann um die persönliche und emotionale Selbständigkeit der Patienten, die Verminderung ihrer inneren Abhängigkeit von den Eltern, ihre Ablösung aus der Familie; für die Eltern ist es wichtig, ihr ehemals krankes Kind aus dem Blickwinkel des Patienten zu entlassen, ihm selbst mehr Eigenverantwortung zuzubilligen.

Individuelle psychotherapeutische Maßnahmen

In der Akutphase dominiert zunächst die psychopharmakologische Behandlung, jedoch ist auch in dieser Phase bereits der psychotherapeutische Zugang anzubahnen. Dies geschieht nicht in Form von ausführlichen Gesprächen über die Probleme des Patienten, auch nicht in einer ausführlichen inhaltlichen Diskussion seiner Symptome (z.B. Wahnvorstellungen, Halluzinatio-

nen), sondern in Form einer verstehenden und stützenden Beziehung mit häufigen kurzen Kontakten, die mit einer Hilfe zur Bewältigung von Alltagsproblemen verbunden ist. In dieser Phase ist eine psychoanalytisch-aufdeckende Behandlungsform kontra-indiziert. Die psychische Führung ist auch nicht nur eine Aufgabe des Arztes, sondern des gesamten Personals. Im weiteren Verlauf sind dann folgende Aspekte zu beachten:

1. Schrittweise Aufklärung des Patienten über die Natur seiner Erkrankung

Nach Remission der Akutsymptomatik ist es erste Aufgabe der Psychotherapie, dem Kind oder Jugendlichen verständlich zu machen, "was mit ihm passiert ist", d.h. ihn in die Lage zu versetzen, die psychotischen Erlebnisinhalte "sinnvoll" einzuordnen, zu verstehen und sich damit auseinanderzusetzen. Wichtig ist, daß dies in einer behutsamen und den Patienten emotional nicht belastenden Weise geschieht. Die Therapie hat supportiven, stützenden und nicht konfliktaufdeckenden Charakter. Im Idealfall lernt der Patient, mit emotional belastendem Streß so umzugehen, daß kein Rezidiv ausgelöst wird.

Typische Streßfolgen dieser Erlebnisstufe sind Verliebtheiten, Prüfungsängste, falsches Einschätzen der eigenen Fähigkeiten mit resultierender Überforderung und familiäre Konflikte, zentriert im Spannungsfeld Autonomie versus Abhängigkeit von der Familie.

2. Umgang mit der kognitiven Basisstörung

Einen weiteren Ansatzpunkt für die Psychotherapie schizophrener Patienten bildet der Umgang mit den sogenannten kognitiven Basisstörungen, die ihm zunächst verständlich gemacht werden müssen und die mit einem speziellen Trainingsprogramm angegangen werden können. Verständlich machen heißt in diesem Zusammenhang, daß dem Kind oder Jugendlichen verdeutlicht wird, daß diese Störungen, die er subjektiv ja recht gut angeben und schildern kann, mit seiner Grunderkrankung zusammenhängen und daß sie sowohl durch Übungsmaßnahmen als auch durch eine Behandlung der Grundstörung gebessert bzw. beseitigt werden können.

3. Bearbeitung der sekundären psychosozialen Probleme

Schließlich entstehen im Rahmen der schizophrenen Erkrankung auch zahlreiche sekundäre Probleme, die von Kontaktstörungen, Entfremdungs- und Insuffizienzgefühlen bis zu Ängsten und Befürchtungen vor allen Alltagsproblemen reichen. Auch hier gilt es in zweifacher Weise vorzugehen: verständlich machen, Mut machen und Erfolgserlebnisse schaffen. Diesen drei Gesichtspunkten sollte man in der Psychotherapie auch durch entsprechende Rahmenbedingungen (Setting) Rechnung tragen. Sie spielt sich keineswegs nur im Einzelgespräch mit dem behandelnden Arzt oder Psychologen ab, sondern erstreckt sich ebenso auf die Einbeziehung verschiedener Trainingsprogramme, beschäftigungstherapeutische Maßnahmen, Einübung der Bewältigung von Alltagsproblemen (z.B. Einkaufen gehen, Feste gestalten, Schulbesuch, Praktikum oder Anlerntätigkeit usw.).

Grundsätzlich sollten folgende Aspekte bei der psychotherapeutischen Betreuung von jugendlichen Patienten, die an einer Schizophrenie erkrankt sind, Berücksichtigung finden (Werner und Mattejat, 1993):

- Die Haltung des Therapeuten in der Beziehung zum Patienten ist gekennzeichnet einerseits durch einen hohen Grad an persönlicher Präsenz in dem Sinne, daß er "greifbar" ist, sich kümmert, klar Stellung bezieht, wenn nötig, dem Jugendlichen auch Widerstand entgegensetzt. Zum anderen muß eine deutliche Distanz gewahrt werden, die beinhaltet, daß man dem Patienten mit Höflichkeit und Respekt begegnet. Der Patient soll den Therapeuten als fürsorglichen, aber eigenständigen Menschen erleben, an den man sich einerseits vertrauensvoll mit seinen Sorgen und Ängsten wenden kann, dem man andererseits aber auch soviel Standfestigkeit zutraut, daß er Sicherheit und Halt geben kann.

- Der Patient muß die Möglichkeit haben, alle Dinge, die ihn bewegen, in der Therapie zum Ausdruck zu bringen. Der Therapeut wird diese Themen im Rahmen eines supportiven Vorgehens aufgreifen und dabei ein konfliktaufdeckendes Vorgehen vermeiden.

- Die Therapie richtet sich weiterhin auf die Behandlung und Hilfen zur Bewältigung von spezifischen Symptomen, wie kognitive Störungen, Defizite in der sozialen Kompetenz, Zwangshandlungen u.ä. Hier können verschiedenen verhaltenstherapeutische Techniken in die Therapie integriert werden.

Rehabilitationsmaßnahmen

Etwa 40% der Kinder und Jugendlichen, die an einer Schizophrenie erkranken, können aufgrund der Chronifizierung ihrer Erkrankung oder aufgrund ausgeprägter Störungen innerhalb der Familie nach der stationären Behandlung nicht unmittelbar ihre schulische und berufliche Tätigkeit wieder aufnehmen und auch nicht in das häusliche Milieu zurückkehren. Für diese Gruppe ist ein Rehabilitationsprogramm erforderlich, das zum Ziel hat, die Patienten nach einer ein- bis zweijährigen Rehabilitationsphase wieder in ihre gewohnte Umgebung zu integrieren oder für sie und mit ihnen gemeinsam eine neue Perspektive der schulischen und beruflichen Förderung zu erarbeiten. Ein derartiges Programm wurde von uns initiiert (Martin und Remschmidt, 1983, 1984) und evaluiert (Martin, 1991). Es hat sich gezeigt, daß dieses Rehabilitationsprogramm den Störungen der Patienten angemessen ist und eine schrittweise Rückführung in den schulischen, beruflichen und familiären Bereich ermöglicht.

Tabelle 29.5 Abfolge von Akutbehandlung und Rehabilitationsbehandlung (nach Martin und Remschmidt, 1983)

Akut-Phase (Klinische Behandlung)	Remissions-Phase (Klinische Behandlung)	Reha-Phase I (Heimbetreuung)	Reha-Phase II (Betreute Wohngruppe)
Stationäre Aufnahme	Weitere stationäre Behandlung	Depot-Medikation Gruppentherapie	Depot-Medikation Verselbständigung in Gruppe
Neuroleptische Medikation	Neuroleptische Medikation	Einzeltherapie	
Baldige Aktivierung	Integration in Gruppe	Einübung der Tagesabläufe	Selbstversorgung
Einzeltherapie und Einzelbetreuung	Mitarbeit in AGs	Schulbesuch	Schulbesuch, Anlerntätigkeit oder Lehre
Beschäftigungstherapie	Schulbesuch oder Einzelunterricht		
Kontakthalten zur Familie	"Realitätstraining"	"Realitätstraining"	
Gruppenaktivitäten (soweit möglich)	Konzentrationstraining Stadtaktivitäten/ Verselbständigung Beurlaubungen Familiengespräche		
Ziel: Beeinflussung der Akut-Symptomatik Verhinderung von Rückzug und Chronifizierung	Ziel: Reintegration im klinischen Bereich	Ziel: Reintegration in größere Gemeinschaft, Realitätsanpassung, Berufsfindung und -vorbereitung	Ziel: Selbstversorgung Berufliche Entwicklung

In Tab. 29.5 ist der gesamte Ablauf der Behandlung schizophrener Psychosen von der klinischen Akutphase bis in die zweite Rehabilitationsphase dargestellt. Abb. 29.3 zeigt den Aufbau und die Organisation des Rehabilitationsprogrammes für jugendliche Schizophrene in der Rehabilitationseinrichtung "Leppermühle" (Kreis Gießen).

Die Indikationsstellung für eine solche Rehabilitationsbehandlung ergibt sich aus den folgenden Problembereichen:

- Nach Abklingen der produktiven Symptome können sogenannte Minussymptome (negative Symptome) eine Entlassung des jugendlichen Patienten nach Hause als nicht sinnvoll erscheinen lassen. Typische Symptome sind in diesem Zusammenhang: starke Aktivitätseinbußen und die Tendenz zum sozialen Rückzug, affektive Verflachung, Minderung und Einbuße der Initiativefähigkeit, Kontaktmangel, Fortbestehen von leichteren Denkstörungen, verminderte Aufmerksamkeitsleistung und mangelnde Konzentration. Bei Persistenz dieser Auffälligkeiten sind die Jugendlichen nicht in der Lage, die Schule erfolgreich zu beenden oder eine bereits begonnene Berufsausbildung wieder fortzusetzen.

- Ein instabiler Krankheitsverlauf mit ausgeprägter Rezidivneigung stellt ebenso eine Indikation für die Rehabilitationsbehandlung dar. Gleiches gilt für Patienten, bei denen auch am Ende einer längeren stationären Behandlung noch subklinische produktive Symptome, wie fragmentarisches Wahnerleben, Beeinflussungsgedanken oder Halluzinationen fortbestehen.

Akutphase   Rehabilitationsphase   Nachbetreuungs-
                                                                    phase

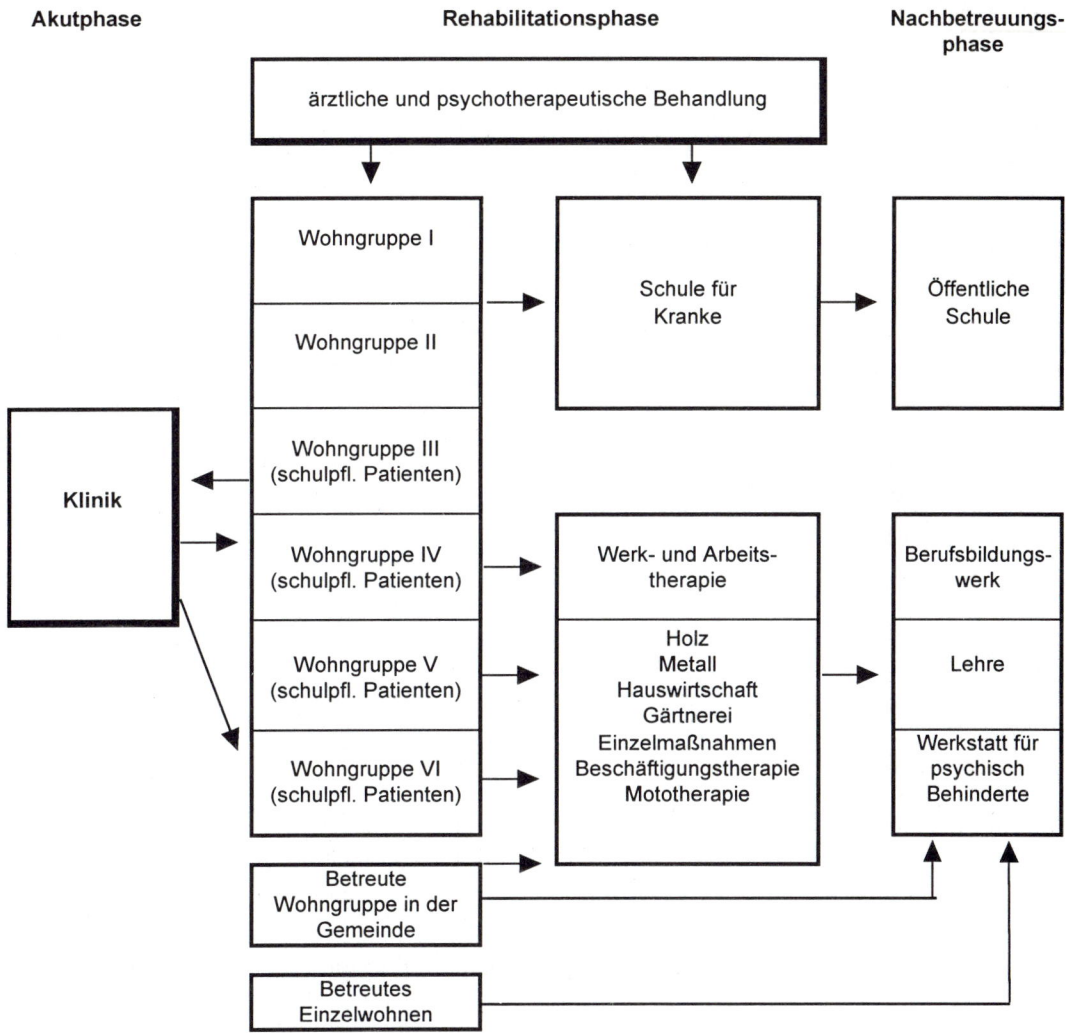

Abb.29.3 Aufbau und Organisation des Rehabilitationsprogramms in der Rehabilitationseinrichtung „Leppermühle" (nach Remschmidt und Martin, 1992)

- Ausgeprägte familiäre Belastungsfaktoren, bei denen aufgrund von erheblichen familiären Interaktionsstörungen oder gar vorhandener psychiatrischer Erkrankung bei engen Verwandten (Suchterkrankungen, Persönlichkeitsstörungen, Psychosen) die Gefahr eines Rückfalls in die Psychose begünstigt wird.

- Mangelnde Compliance des jugendlichen Patienten in Form von fehlender Motivation

für eine ambulante Weiterbetreuung, Unregelmäßigkeiten bei der Medikamenteneinnahme und dadurch bedingte Rezidivneigung bei insuffizienter Rückfallprophylaxe, Comorbidität mit Alkohol- oder Drogenabusus und schwere soziale Desintegration gelten als weitere Faktoren, welche eine Rehabilitationsbehandlung erforderlich erscheinen lassen.

Zusammenfassend ergibt sich somit die Indikation für eine Rehabilitationsbehandlung entweder aus Gründen, die im Patienten liegen oder aus Gründen, die im familiären und heimisch-sozialen Umfeld des Patienten zu suchen sind. Ziel der Rehabilitationsbehandlung bei jugendlichen Patienten ist also die Beeinflussung der verbliebenen Restsymptome einerseits, andererseits die Überwindung der dadurch bedingten sozialen Behinderung.

Im Vorfeld der geplanten Rehabilitation sollten folgende für die weitere Behandlung relevanten Überlegungen angestellt werden (Wing, 1976):

- Abschätzung der Art und des Ausmaßes der Behinderung und der "sozialen Unfähigkeit"

- Formulierung einer Reihe von zunächst begrenzten Zielen, ausgedrückt in Begriffen einer objektiven, nachprüfbaren Besserung, von denen jedes durch spezifische Formen der Therapie erreichbar sein sollte.

- Modifizierung des Behandlungsprogramms, je nach dem, ob das begrenzte Ziel erreicht wurde oder nicht, unter Berücksichtigung von Veränderungen der Zielvorstellungen der Beteiligten.

In der Rehabilitationsphase sind dem Patienten zusätzliche psychotherapeutische Hilfen zur Verarbeitung der Krankheit und zur Neuorientierung anzubieten. Nach Abklingen der akuten Psychose geht es in dieser Wiederherstellungsphase um den Aufbau eines neuen Selbstkonzeptes unter Einschluß der Erkrankung. Nach unserer Erfahrung zentrieren sich die Inhalte der psychotherapeutischen Gespräche bei jugendlichen Patienten unter Rehabilitationsbedingungen auf folgende Probleme: Angst vor dem Verlust der Identität, Probleme mit der Beziehung zum Elternhaus, insbesondere bei symbiotischen Konstellationen, das Erleben von Defiziten im emotionalen Bereich, die Meisterung von zukünftigen Lebenssituationen, ganz allgemein die Zukunftsperspektiven, Probleme des Selbstwertgefühles, insbesondere ausgelöst durch das Erlebnis der Erkrankung sowie die Bearbeitung von agressiven Zuständen sowie Schwierigkeiten im Bereich von Partnerschaft und Sexualität. In dieser Phase der Behandlung hat das einzeltherapeutische Gespräch den Sinn, immer wieder zu überprüfen, wie groß die Distanz zur Erkrankung

ist, den Patienten zur Realität zurückzuführen und ihn bei der Bewältigung real gegebener Lebenssituationen zu unterstützen.

Für die gesamte längerfristige und rehabilitative Behandlung von jugendlichen Patienten mit einer Schizophrenie muß berücksichtigt werden, daß einerseits eine soziale Überstimulation rückfallprovozierend sein kann, andererseits aber die soziale Unterstimulation zur Ausbildung sogenannter sekundärer Minussymptome führt, welche die weitere soziale Integration nachhaltig behindern. Psychoedukative Maßnahmen, das Training sozialer Fertigkeiten, Kommunikationstraining, Problemlösetraining und kognitive Therapie sollten daher möglichst frühzeitig, noch während des stationären Behandlungsrahmens im Sinne eines multimodalen Therapieansatzes mit den spezifischen psychotherapeutischen Maßnahmen und der Pharmakotherapie kombiniert werden. Die einzelnen Elemente dieses Therapieansatzes können als mittlerweile recht gut evaluiert angesehen werden und sind im Hinblick auf ihre Wirksamkeit für die Behandlung von Patienten mit einer schizophrenen Psychose überpüft worden (Alford und Correia, 1994; Harding und Zahniser, 1994; Hodel und Brenner, 1994; Kienzle und Martinius, 1992; Mari und Streiner, 1994; Resch, 1994; Rund, 1994; Rund et al., 1994).

Die wesentlichen Therapiebausteine lassen sich nach Kienzle (1994) folgendermaßen skizzieren:

1. Übungen zur *kognitiven Differenzierung:* Verbesserung der Aufmerksamkeit, Konzentrationsfähigkeit, der Begriffs- und Konzeptbildung; Förderung des Abstraktions- und sprachlichen Differenzierungsvermögens; Beeinflussung von Merk- und Lernfähigkeit.

2. Förderung der *sozialen Wahrnehmung* unter Verwendung von visuellen Therapiematerialien (z.B. affektbetonte Abbildungen).

3. Beeinflussung der *verbalen Kommunikation* im Sinne einer Förderung der Gruppeninteraktion (aktives Zuhören, adäquates Aufeinandereingehen, Kommunikationstechniken).

4. Übung *sozialer Fertigkeiten* im Sinne eines Trainings der sozialen Kompetenz (Rollenspiele).

5. *Interpersonelles Problemlösen* als Hilfestellungen zur Bewältigung unterschiedlichsten Problemlagen und zur Entwicklung von adäquaten Lösungsstrategien.

29.3. Kasuistisches Beispiel

Die damals 16jährige Patientin wurde uns zur poliklinischen Untersuchung vorgestellt. Nach Auskuft der Mutter sei die Tochter in den letzten beiden Wochen zunehmend "verwirrt" geworden, habe "komische Antworten" gegeben, zeige Ein- und Durchschlafstörungen, rede "völlig durcheinander", könne sich nicht mehr konzentrieren. Aufgrund dieser Auffälligkeiten habe man der Tochter die Lehrstelle gekündigt. Die Patientin sei in einer Bäckerei als Auszubildende tätig gewesen und habe dort den Kunden merkwürdige Fragen gestellt, sei zunehmend unpünktlich erschienen und habe auch nicht mehr den Überblick über die zu wechselnden Geldbeträge gehabt. In den letzten beiden Tagen vor der Untersuchung habe die Jugendliche nicht mehr geschlafen, sei ständig umhergelaufen, habe vor sich hin gesprochen, behauptete sie habe Grace Kelly im Haus der Eltern gesehen.

Poliklinisch wurde die Verdachtsdiagnose einer akuten paranoid-halluzinatorischen schizophrenen Psychose gestellt und die stationäre Aufnahme veranlaßt.

Familienanamnestisch bestanden keine nennenswerten Erkrankungen. Eigenanamnestisch ist erwähnenswert, daß nach komplikationsloser Entwicklung die Patientin mit Beginn des 4. Schuljahres eine Schulangst, einhergehend mit einer sekundären Enuresis nocturna, entwickelte.

Zu den Befunden

Bei der körperlichen Untersuchung der 16,8 Jahre alten, altersgemäß entwickelten Patientin ergaben sich keine pathologischen Befunde. Auch der neurologische Status war regelrecht. EEG, EKG und craniales Computertomogramm ergaben unauffällige Befunde. 14 Tage nach der stationären Aufnahme und unter neuroleptischer Therapie wurde eine psychologische Diagnostik durchgeführt. Dabei wurden durch eine Leistungs- und Persönlichkeitsdiagnostik zahlreiche typische kognitive Defizite und Auffälligkeiten gefunden: geringe Belastbarkeit, rasche Erschöpfbarkeit, Konzentrationsstörungen, inhaltliche und formale Denkstörungen bei deutlich unterdurchschnittlichem Wert im Intelligenztest (HAWIE-R).

Gestützt auf die stationären Verhaltensbeobachtungen und die erhobenen Untersuchungsbefunde, konnten wir die eingangs poliklinisch gestellte *Diagnose* einer akuten paranoid-halluzinatorischen schizophrenen Psychose bestätigen.

Zum Behandlungsverlauf

Unter dem Verdacht einer schizophrenen Psychose wurde bereits ab dem stationären Aufnahmetag eine neuroleptische Behandlung von initial mit bis zu 300 Tropfen Haloperidol und 3 x 40 Tropfen Neurocil durchgeführt. Trotz dieser Medikation persistierten Wahn und halluzinatorisches Erleben durchgängig, die Patientin blieb motorisch unruhig, getrieben, zeigte weiterhin persistierende Ein- und Durchschlafstörungen. Nachdem die Diagnose einer schizophrenen Psychose gesichert und andere Faktoren, wie exogene Psychose oder entzündliche Genese, ausgeschlossen werden konnten, erfolgten ausführliche Gespräche mit beiden Eltern. Thema dieser Elterngespräche war zunächst die genaue Aufklärung über das Krankheitsbild, die zu erwartenden Komplikationen, Art und Weise der bewährten Therapiemöglichkeiten und die längerfristigen Perspektiven. Dabei wurden relativ rasch ausgeprägte Scham- und Schuldgefühle des Vaters im Hinblick auf eine psychiatrische Erkrankung seiner Tochter deutlich und zum Gegenstand weiterführender Elterngespräche. Seitens der Mutter wurde deutlich, daß diese in einer sehr symbiotischen und überprotektiven Beziehung zu ihrer Tochter stand. In dieser Stufe der initialen Elternberatung gelang es, ein tragfähiges Therapiebündnis mit beiden Eltern herzustellen und im Anschluß daran gemeinsam mit einem Familientherapeuten eine stützend-strukturierende Familientherapie, zunächst unter Ausschluß der Patientin, nur mit beiden Elternteilen durchzuführen. Im Rahmen dieses Vorgehens zeigte sich eine deutliche Entlastung beider Elternteile, was auch anhand der regelmäßigen Besuchskontakte und später der Wochenendbeurlaubungen der Patientin in eine Familie anhand der sich zunehmend ändernden Interaktionen und veränderten Einstellungen der Eltern gegenüber der Patientin objektivieren ließ. Entsprechende klare Absprachen mit den Therapeuten wurden seitens der Familie durchgängig eingehalten, regelmäßige Rückmeldungen in den Elterngesprächen gegeben, immer wieder auftretende Befürchtungen und Ängste thematisiert.

Im Hinblick auf den Krankheitsverlauf ergaben sich relativ rasch deutliche Komplikationen dergestalt, daß die Patientin, trotz der hohen neuroleptischen Medikation, über mehrere Wochen keine erkennbare Befundbesserung aufwies. Trotz der zusätzlichen Gabe von Antiparkinson-Mitteln kam es zu schweren extrapyramidalen Nebenwirkungen, einem Tremor, einer ausgeprägten Akathisie und persistierenden Ein- und Durchschlafstörungen. Es erfolgten über ein Vierteljahr hin weitere Versuche der Umstellung auf andere konventionelle neuroleptische Medikamente ohne erkennbare Befundbesserung. Die Patientin zeigte weiterhin deutliche extrapyramidal-motorische Nebenwirkungen, wirkte läppischer und wurde zunehmend depressiver. Neben dem depressiven Affekt zeigte sich ein deutlicher sozialer Rückzug und eine ausgeprägte Minussymptomatik im weiteren Verlauf der Behandlung. Nachdem über 16 Wochen hin keine Besserung erkennbar war, änderten wir das Therapieschema und verabreichten als atypisches Neuroleptikum Leponex in Monotherapie in steigender Dosis bis zuletzt auf 3 x 150 mg pro Tag.

In den ersten Behandlungswochen fanden regelmäßige kurze Einzelgespräche mit der Patientin statt, es wurden 4 x pro Woche 45 Minuten einer Beschäftigungstherapie angeboten, eine Einzelbetreuung durchgeführt mit dem Ziel, die Patientin an Gruppenaktivitäten, Stationsaktivitäten und früher bestehende Hobbys wieder heranzuführen. Dies erwies sich zunächst als sehr schwierig, da die Patientin bei Fortbestehen produktiv-psychotischer Symptome einerseits und den zusätzlich sich vermehrt manifestierenden negativen Symptomen mit sozialem Rückzug und Apathie nur sehr schwer für das Behandlungsprogramm zu motivieren war.

Erfreulicherweise zeigte sich unter der atypischen neuroleptischen Medikation ein rasches Verschwinden der extrapyramidal-motorischen Nebenwirkungen, einschließlich des Tremors und es kam zu einer deutlichen Rückbildung der produktiv-psychotischen Symptome mit Wahnerleben und Halluzinationen. Es gelang, die Patientin in die klinikinterne Beschulung einzugliedern, sie zunehmend an Gruppenaktivitäten heranzuführen, die Beschäftigungstherapie in vollem Umfange von jetzt täglich einer Stunde zu nutzen und die Patientin für spezielle neuropsychologische Therapieverfahren zur Verbesserung von Aufmerksamkeit und Konzentration im Rahmen der Informationsverarbeitung zu motivieren. Es zeigte sich innerhalb weiterer 10-12 Behandlungswochen, daß trotz der Rückbildung der formalen und inhaltlichen Denkstörungen sowie der Störung der Wahrnehmung die neuropsychologischen Defizite in Form von mangelnder Konzentrationsfähigkeit, Aufmerksamkeit und

geringer Belastbarkeit zunehmend das weitere Krankheitsbild bestimmten. Aufgrund der Persistenz dieser Defizite kamen wir ca. ½ Jahr nach stationärer Aufnahme zu der Empfehlung für eine Rehabilitationsbehandlung. Vor- und Nachteile einer weiteren außerfamiliären Betreuung der Patientin wurden jetzt in gemeinsamen Familiengesprächen thematisiert und die Rehabilitationsbehandlung durch erste Besuchskontakte in der Einrichtung und Gespräche mit den dortigen Therapeuten vorbereitet. Unsere Empfehlung fand die Zustimmung der gesamten Familie und die Patienten wurde in die Rehabilitationseinrichtung entlassen. Die atypische neuroleptische Medikation wurde unverändert fortgeführt. Innerhalb der Rehabilitationseinrichtung wurde die Patientin einem hauswirtschaftlichen Arbeitsbereich zugeteilt, was ihrem eigenen Wunsch entsprach. Die Dauer der Arbeitsstunden wurde von zunächst zwei Stunden auf zuletzt einen vollen Arbeitstag gesteigert. Parallel dazu fanden zweimal wöchentlich therapeutische Einzelgespräche statt und 14 tägig wurden Familiengespräche, wie bereits in der Klinik, fortgeführt. Die Patientin lebte in einer Wohngruppe mit insgesamt acht anderen jugendlichen Patienten, die ebenfalls an einer schizophrenen Psychose erkrankt waren. Innerhalb der Wohngruppe wurden regelmäßige therapeutische Gruppenaktivitäten zum Abbau sozialer Defizite und Kommunikationsdefizite durchgeführt. Parallel zu diesen Maßnahmen wurde ein spezielles Therapieprogramm zum Abbau der sich weiterhin noch manifestierenden kognitiven Defizite (Modifikation des integrierten psychologischen Therapieprogramms) durchgeführt. Die im Verlaufe der Erkrankung und jetzt unter rehabilitativen Bedingungen durchgeführten neuropsychologischen Testungen ergaben eine deutliche Rückbildung des initial noch während des stationären Aufenthaltes sich manifestierenden schweren Einbruchs in den kognitiven Fähigkeiten der Patientin. Innerhalb eines halben Jahres unter rehabilitativen Bedingungen und dem hier kurz skizzierten therapeutischen Vorgehen war die Patientin in der Lage, einen 8-Stunden-Tag unter Arbeitsbedingungen voll leistungsfähig zu absolvieren. In den nächsten Monaten der Rehabilitationsbehandlung erfolgte eine zunehmende Verselbständigung der Patientin, ein berufsvorbereitendes Praktikum außerhalb der Einrichtung und nach einem Jahr der Rehabilitationsbehandlung konnte sie in die Familie entlassen werden. Noch unter der Rehabilitationsbehandlung wurde eine Anbindung der Familie an eine Angehörigengruppe vorbereitet und ein Kontakt zu einem ambulanten Therapeuten im Rahmen unserer Poliklinik wiederhergestellt. Von hier aus erfolgte die Weiterbetreuung der Patientin und ihrer Eltern in regelmäßigen monatlichen Abständen über den Zeitraum von zwei Jahren. Die neuroleptische Medikation wurde leicht reduziert und in weiteren zwei Jahren der Betreuung auf zuletzt 200 mg pro Tag reduziert. Nach jetzt 7 Jahren der katamnestischen Beobachtung ist die Patientin im Hinblick auf die zugrundeliegende schizophrene Psychose voll remittiert, ein vor zwei Jahren durchgeführter Absetzversuch führte jedoch innerhalb von zwei Tagen wieder zu erneutem Auftreten von Stimmungsschwankungen, Beeinflussungsgedanken und kognitiven Beeinträchtigungen, so daß die Medikation unverändert mit 200 mg Leponex pro Tag bislang fortgeführt wurde. Die Patientin hat sich in der Zwischenzeit verlobt und lebt in einem eigenen Haushalt gemeinsam mit ihrem Lebenspartner, einem Verwaltungsangestellten. Sie hat ihre Berufsausbildung erfolgreich abschließen können und ist derzeit voll erwerbstätig. Aufgrund eines jetzt von ihr und ihrem Lebenspartner geäußerten Kinderwunsch wird sich die Frage der Fortführung der neuroleptischen Rezidivprophylaxe erneut stellen und muß in gemeinsamen Paargesprächen thematisiert und sorgfältig abgewogen werden.

Weiterführende Literatur:

Martin, M.: Verlauf der Schizophrenie im Jugendalter unter Rehabilitationsbedingungen. Enke, Stuttgart 1991.
Remschmidt, H.; Martin, M.: Die Therapie der Schizophrenie im Jugendalter. Deutsches Ärzteblatt, 89, A₁387-396, 1992.
Resch, F.: Therapie der Adoleszentenpsychosen. Thieme, Stuttgart 1992.

Literatur

Alford, B.A.; Correia, C.J.: Cognitive Therapy of Schizophrenia - Theory and Empirical Status. Behavior Therapy 25, 17-33, 1994.
American Psychiatric Association (APA): Diagnostic and Statistical Manual of Mental Disorders, Fourth Edition: DSM-IV. APA, Washington 1994.
Andreasen, N.C.: Negative symptoms in schizophrenia: definition and reliability. Archives of General Psychiatry 39, 784-788, 1982.
Angst, J.; Stassen, H.H.; Woggon, B.: Effects of neuroleptics on positive and negative symptoms and the deficit state. Psychopharmacology 99, 41-46, 1989.
Bettes, B.A.; Walker, E.: Positive and negative symptoms in psychotic and other psychiatrically disturbed children. Journal of Child Psychology and Psychiatry 28, 555-568, 1987.
Brown, G.W.; Birley, J.L.T.; Wing, J.K.: Influence of family life on the course of schizophrenic disorders: a replication. British Journal of Psychiatry 121, 241-258, 1972.
Burg, L.; Kerbeshian, J.: A North Dacota prevalence study of schizophrenia presenting in childhood. Journal of the American Academy of Child and Adolescent Psychiatry 26, 347-350, 1987.
Crow, T.J.: Molecular pathology of schizophrenia: more than one disease process? British Medical Journal 280, 66-68, 1980.
Dohrenwend, B.P.; Shrout, P.E.; Link, B.G.; Skodol, A.E.: Social and psychological risk factors for episodes of schizophrenia. In: Häfner, H.; Gattatz, W.F.; Janzarik, W. (Eds.): Search for the causes of schizophrenia. Springer, Berlin 1987.
Falloon, I.R.H.; Boyd, J.L.; McGill, C.W.; Razani, J.; Moss, H.B.; Gilderman, A.M.: Familiy management in the prevention of exacerbations of schizophrenia: A controlled study. New England Journal of Medicine 306, 1437-1440, 1982.
Falloon, I.R.H.; Boyd, J.L.; McGill, C.W.; Williamson, M.; Razani, J.; Moss, H.B.; Gilderman, A.M.; Simpson, G.M.: Family management in the prevention of morbidity of schizophrenia: Clinical outcome of a two year longitudinal study. Archives of General Psychiatry 42, 887-896, 1985.
Gillberg, I.C.; Hellgren, L.; Gillberg, C.: Psychotic disorders diagnosed in adolescence. Outcome at age 30 years. Journal of Child Psychology and Psychiatry 34, 1173-1185, 1993.
Hahlweg, K.; Feinstein, E.; Müller, U.; Dose, M.: Folgerungen aus der Expressed-Emotion-Forschung für die Rückfallprophylaxe Schizophrener. In: Kaschka, W.P.; Joraschky, P.; Lungershausen, E. (Hrsg.): Die Schizophrenien. Biologische und familiendynamische Konzepte zur Pathogenese. 201-210. Springer, Berlin 1988.
Harding, C.M.; Zahniser, J.H.: Empirical correction of seven myths about schizophrenia with implications for treatment. Acta Psychiatrica Scandinavica 90, 140-146, 1994.
Hodel, B.; Brenner, H.D.: Cognitive therapy with schizophrenic patients: Conceptual basis, present state, future directions. Acta Psychiatrica Scandinavica 90, 108-115, 1994.
Hogarty, G.E.; Anderson, C.M.: Eine kontrollierte Studie über Familientherapie, Training sozialer

Fertigkeiten und unterstützende Chemotherapie in der Nachbehandlung Schizophrener. Vorläufige Effekte auf Rezidive und Expressed Emotion nach einem Jahr. In: Böker, W.; Brenner, H.D. (Hrsg.): Bewältigung der Schizophrenie. Huber, Bern 1986.

Hogarty, G.E.; Anderson, C.M.; Reiss, D.J.; Kornblith, S.J.; Greenwald, P.; Javan, C.D.; Monva, M.J.; and the EPICS research group: Family psychoeducation, social skills training and maintanance chemotherapy in the aftercare treatment of schizophrenia. Archives of General Psychiatry 43, 633-642, 1986.

Hogarty, G.E.; Anderson, C.M.; Reiss, D.J.: Family psychoeducation, social skills traininmg and medication in schizophrenia. Psychopharmacological Bulletin 23, 12-13, 1987.

Karno, M.; Norquist, G.S.: Schizophrenia: Epidemiology. In: Kaplan, H.I.; Saddock, B.J. (Eds.): Comprehensive textbook of psychiatry, 5th edition, Vol. 1, 699-705. Williams & Wilkins, Baltimore 1989.

Kay, S.R.: Positive and negative syndromes in schizophrenia: assessment and research. Brunner-Mazel, New York 1991.

Kienzle, N.: Kognitive Verhaltenstherapie mit schizophrenen Jugendlichen. In: Martinius, J. (Hrsg.): Schizophrene Psychosen in der Adoleszenz, 109-123. Quintessenz Verlags-GmbH, Berlin, Minden 1994.

Kienzle, N.; Martinius, J.: Modifikationen und Adaptationen des IPT für die Anwendung bei schizophrenen Jugendlichen. In: Roder, V.; Brenner, H.D.; Kienzle, N.; Hodel, B. (Hrsg.): Integriertes psychologisches Therapieprogramm für schizophrene Patienten (IPT). Psychologie Verlags Union, Weinheim 1992.

Köttgen, C.; Sonnichsen, I.; Mollenhauer, K.; Jurth, R.: Results of the Hamburg Camberwell Family Interview Study I, II, III. International Journal of Family Psychiatry 5, 61-94, 1984.

Krausz, M.: Schizophrenie bei Jugendlichen - Eine Verlaufsuntersuchung. Psychiatrische Praxis 17, 107-114, 1990.

Krausz, M.; Müller-Thomson, T.: Schizophrenia with onset in adolescence. An 11-year follow-up. Schizophrenia Bulletin 19, 831-841, 1993.

Leff, J.P.; Kuipers, L.; Berkowitz, R.; Eberlein-Vries, R.; Sturgeon, D.: A controlled study of social intervention in families of schizophrenic patients. Britisch Journal of Psychiatry 141, 121-134, 1982.

Leff, J.P.; Kuipers, L.; Berkowitz, R.; Sturgeon, D.: A controlled study of social intervention in families of schizophrenic patients: A two year follow-up. Britisch Journal of Psychiatry 146, 594-600, 1985.

Leonhard, K.: Aufteilung der endogenen Psychosen und ihre differenzierte Ätiologie. 2. Aufl.. Akademie-Verlag, Berlin 1986.

Mari, J.D.; Streiner, D.L.: An overview of family interventions and relapse on schizophrenia: Meta-analysis of research findings. Psychological Medicine 24, 565-578, 1994.

Martin, M.: Der Verlauf der Schizophrenie im Jugendalter unter Rehabilitationsbedingungen. Enke, Stuttgart 1991.

Martin, M.; Remschmidt, H.: Ein Nachsorge- und Rehabilitationsprojekt für jugendliche Schizophrene. Zeitschrift für Kinder- und Jugendpsychiatrie 11, 234-242, 1983.

Martin, M.; Remschmidt, H.: Rehabilitationsbehandlung jugendlicher Schizophrener. In: Remschmidt, H. (Hrsg.): Psychotherapie mit Kindern, Jugendlichen und Familien, Bd. II. Enke, Stuttgart 1984.

Mattejat, F.: Familientherapie bei psychotischen Jugendlichen. Vortrag, Innsbruck 1989.

Remschmidt, H.: Die Entwicklung und ihre Varianten in der Adoleszenz. In: Kisker, K.P.; Lauter, M.; Meyer, I.E.; Strömgren, E. (Hrsg.): Psychiatrie der Gegenwart, Bd. 7, 3. Aufl., 291-316. Springer, Berlin 1988.

Remschmidt, H.: Schizophrene Psychosen im Kindesalter. In: Kisker, K.P.; Lauter, M; Meyer, I.E.; Strömgren, E. (Hrsg.): Psychiatrie der Gegenwart, Bd. 7, 3. Aufl., 89-117. Springer, Berlin 1988.

Remschmidt, H.; Martin, M.; Schulz, E.; Gutenbrunner, C.; Fleischhaker, C.: The concept of positive and negative schizophrenia in child and adolescent psychiatry. In: Marneros, A.; Andreasen, N.C.; Tsuang, M.T. (Eds.): Negative versus positive schizophrenia, 219-242. Springer, Berlin 1991.

Remschmidt, H.: Adoleszenz. Entwicklung und Entwicklungskrisen. Thieme, Stuttgart, New York 1992.

Remschmidt, H.: Psychiatrie der Adoleszenz. Thieme, Stuttgart 1992.

Remschmidt, H.; Martin. M.: Die Therapie der Schizophrenie im Jugendalter. Deutsches Ärzteblatt 89, A387-A396, 1992.

Remschmidt, H.; Schulz, E.; Martin, M.: Die Behandlung schizophrener Psychosen in der Adoleszenz mit Clozapin (LeponexR). In: Naber, D.; Müller-Spahn, F. (Hrsg.): Clozapin - Pharmakologie und Klinik eines atypischen Neuroleptikums, 99-119. Schattauer, Stuttgart 1992.

Remschmidt, H.; Schulz, E.; Martin, M.; Warnke, A.; Trott, G.-E.: Childhood onset schizophrenia: history of the concept and recent studies. Schizophrenia Bulletin 20, 727-745, 1994.

Resch, F.: Psychotherapeutische und soziotherapeutische Aspekte bei schizophrenen Psychosen des Kindes- und Jugendalters. Zeitschrift Für Kinder- und Jugendpsychiatrie 22, 275-284, 1994.

Rund, B.R.: Cognitive dysfunctions and psychosocial treatment of schizophrenics: Research of the past and perspectives on the future. Acta Psychiatrica Scandinavica 90, 9-16, 1994.

Rund, B.R.; Moe, L.; Sollien, T.; Fjell, A.; Borchgrevink, T.; Hallert, M.; Naess, P.O.: The Psychosis Project - Outcome and Cost-Effectiveness of a Psychoeducational Treatment Programme for Schizophrenic Adolescents. Acta Psychiatrica Scandinavica 89, 211-218, 1994.

Schmidt, M.H.; Blanz, B.: Behandlungsverlauf und Katamnesen von 122 Psychosen in der Adoleszenz. In: Nissen, G. (Hrsg.): Endogene Psychosyndrome und ihre Therapie im Kindes- und Jugendalter. Psychiatriehistorische, entwicklungspsychiatrische, psychopathologische, katamnestische, humangenetische, prognostische, psychotherapeutische und psychopharmakologische Aspekte, 163-177. Huber, Bern 1992.

Schulz, E.; Martin, M.; Remschmidt, H.: Zur Verlaufsdynamik schizophrener Erkrankungen in der Adoleszenz. Zeitschrift für Kinder- und Jugendpsychiatrie 22, 262-274, 1994.

Tarrier, N.: Psychosoziale Interventionen bei Familien mit schizophrenen Patienten. In: Olbrich, R. (Hrsg.): Therapie der Schizophrenie, 120-134. Kohlhammer, Stuttgart 1990.

Tarrier, N.; Barrowclough, C.; Vaughn, C.E.; Bamrah, J.S.; Porceddu, K.; Watts, S.; Freeman, H.L.: The community management of schizoophrenia: A controlled trial of a behavioral intervention with families to reduce relapse. British Journal of Psychiatry 153, 532-542, 1988.

Tarrier, N.; Barrowclough, C.; Vaughn, C.; Bamrah, J.S.; Porceddu, K.; Watts, S.; Freeman, H.L.: Community management of schizophrenia: A two years follow-up of a behavioral intervention with families. British Journal of Psychiatry 154, 625-628, 1989.

Vaughn, C.E.; Leff, J.P.: The influence of family social factors on the course of psychiatric illness. British Journal of Psychiatry 129, 125-137, 1976.

Weiner, I.B.: Child and adolescent psychopathology. Wiley, New York 1982.

Werner, W.; Mattejat, E.: Psychotherapie in der Langzeitbehandlung schizophrener Jugendlicher. In: Poustka, F.; Lehmkuhl, U. (Hrsg.): Gefährdung der kindlichen Entwicklung, 251-255. Quintessenz, München 1993.

Wing, J.K.: Eine praktische Grundlage für die Soziotherapie bei Schizophrenie. In: Huber, G. (Hrsg.): Therapie, Rehabilitation und Prävention schizophrener Erkrankungen. Schattauer, Stuttgart 1976.

World Health Organization (WHO): Tenth revision of the international classification of diseases (ICD-10), Chapter V (F): Mental and behavioural disorders (including disorders of psychological development). Clinical descriptions and diagnostic guidelines. WHO, Geneva (1991); (dtsch.: Dilling, H.; Mombour, W.; Schmidt, M.H.: Internationale Klassifikation psychischer Störungen. ICD-10, Kapitel V (F). Klinisch-diagnostische Leitlinien. Weltgesundheitsorganisation. Huber, Bern 1991.

30. Dissozialität, Delinquenz und Verwahrlosung

Beate Herpertz-Dahlmann

30.1 Definition und Klassifikation

Der Begriff *Dissozialität* beschreibt Verhaltensweisen, die von den gültigen sozialen Normen abweichen; *Delinquenz* bezeichnet Verstöße gegen staatlich definierte Normen, d.h. Gesetzesverstöße. Diese Definitionen implizieren ein breites Störungsprofil, welches typische kindliche antisoziale Handlungen wie ständiges Streiten, Lügen oder Weglaufen, aber auch Gewaltverbrechen des Adoleszenten umfaßt. Die internationale Klassifikation psychischer Störungen (ICD 10, Dilling et al., 1991) unterscheidet unter dem Oberbegriff "Störungen des Sozialverhaltens" sechs diagnostische Subgruppen. Die erste bezeichnet auf den familiären Rahmen beschränkte Störungen des Sozialverhaltens, die zweite Störungen des Sozialverhaltens bei fehlenden sozialen Bindungen, die dritte Störungen des Sozialverhaltens bei vorhandenen sozialen Bindungen, die vierte beinhaltet Störungen mit oppositionellem Verhalten, die fünfte und sechste sind sog. Restkategorien für nicht ausreichend definierte Sozialstörungen.

Die erste und vierte Subgruppe (auf den familiären Rahmen beschränkte Störung sowie oppositionelles Verhalten) beziehen sich eher auf Störungen, die bei jüngeren Kindern auftreten und möglicherweise eine bessere Prognose haben. Bei der zweiten und dritten diagnostischen Kategorie liegt das Hauptmerkmal in der Qualität der persönlichen Bindungen des Kindes oder Jugendlichen und weniger darin, ob die antisozialen Handlungen allein oder als Gruppenvergehen ausgeführt werden.

Darüber hinaus werden dissoziale Störungen als Untergruppen anderer diagnostischer Kategorien aufgeführt. Hierzu zählen die hyperkinetische Störung des Sozialverhaltens und die gemischten Störungen des Sozialverhaltens und der Emotionen, denen aufgrund spezifischer Implikationen für die Therapie ein eigener Stellenwert zukommt.

30.2 Epidemiologie

Dissoziale Störungen im Kindes- und Jugendalter sind häufig; je nach untersuchter Stichprobe liegt die Inzidenz bei 5 bis 25% (Malmquist 1991). In einer Studie an einer vollständigen klinischen Population (alle ambulanten und stationären Patienten einer ländlichen Region mit ca. 450 000 Einwohnern) lag die Störungsgruppe mit 20% in der Altersgruppe der 12- bis 17jährigen an erster Stelle aller Diagnosen (Remschmidt und Walter, 1989).

30.3 Ätiologie

Die Ätiologie dissozialen Verhaltens ist multifaktoriell und impliziert biologische, psychologische und soziale Ursachen. Sie muß ausführlicher dargestellt werden, da therapeutische Verfahren unterschiedliche Schwerpunkte setzen (Kognitive Prozesse - Selbstkontrollprogramme, familiäre Faktoren - Familientherapie, soziale Faktoren - gemeinde- bzw. gruppenbezogene Maßnahmen).

Zu den biologischen Ursachen gehören genetische, geschlechtsabhängige, organische und neuropsychologische Vulnerabilitätsfaktoren. Für *genetische* Einflüsse sprechen u.a. Adoptionsstudien: in einer Studie, bei der in Stockholm 862 unehelich geborene Männer untersucht werden konnten, die in früher Kindheit von Nicht-Verwandten adoptiert wurden, zeigten diejenigen ein 1.9fach höheres Kriminalitätsrisiko, die einen delinquenten, nicht alkoholabhängigen Elternteil hatten (Cloninger et al., 1982). Für eine *Ge-*

schlechtsabhängigkeit spricht die höhere Prävalenz antisozialen Verhaltens bei Jungen. Einige Studien wiesen Zusammenhänge zwischen den Serumspiegeln von Androstendion und Testosteron und aggressiv-destruktiven Verhaltensweisen nach (Susman et al., 1987; Olweus et al., 1988). Im Rahmen *neuropsychologischer Dysfunktionen* sind Gedächtnisfunktion, Aufmerksamkeit, Abstraktionsvermögen, Planungsfunktionen, Konzentration und schlußfolgerndes Denken betroffen. Nicht selten finden sich Teilleistungsstörungen im Bereich des Lesens, Rechtschreibens und Rechnens. So wies Weinschenk (1985) darauf hin, daß Lese-Rechtschreibschwäche unter Straftätern gehäuft vorkommt. In amerikanischen Studien lag die Prävalenz umschriebener Teilleistungsschwächen bei delinquenten Jugendlichen zwischen 25 und 26%, wohingegen der Anteil in der Normalbevölkerung nur 7 bis 10% betrug (Keilitz et al. 1979) (s. auch Kapitel "Teilleistungsstörungen" in diesem Buch). Zu den *psychologischen* Faktoren zählen kognitive Verzerrungen und dysfunktionales Denken: im Vergleich zu Jungen mit niedrigem Aggressionspotential (1) sehen aggressive Jungen die Ursachen für ihre sozialen Probleme in dem feindseligen Verhalten anderer, (2) finden aggressive Jungen seltener und weniger effektive Lösungen bei Konflikten und (3) realisieren aggressive Jungen weniger Folgen antisozialer Verhaltensweisen (Guerra und Slaby 1989).

In den *Familien* von Kindern mit antisozialem Verhalten werden psychopathologische Auffälligkeiten bei den Eltern (Alkoholabusus, kriminelles Verhalten, Abwesenheit des Vaters, Ehestreitigkeiten) häufiger gefunden als in Familien von Kindern ohne Störungen des Sozialverhaltens. Harte und inkonsistente elterliche Haltung, unzureichende Beaufsichtigung und Steuerung des Kindes sowie die "Botschaft", daß aggressives Verhalten und Egozentrik normal und gerechtfertigt sind, finden sich als charakteristische Erziehungsmerkmale.
Sozioökonomische Faktoren wie niedriges Einkommen und hohe Kinderzahl spielen in der Ätiologie dissozialer Verhaltensweisen ebenfalls eine wichtige Rolle (West und Farrington, 1973).

30.4 Differentialdiagnose

Tab. 30.1 gibt eine Übersicht darüber, bei welchen Störungen und psychiatrischen Erkrankungen Dissozialität auftreten kann. Eine genaue Diagnostik muß daher der Auswahl einer geeigneten Therapiemethode vorausgehen, die grundsätzlich primär kausal orientiert sein sollte.

Tabelle 30.1 Verschiedene Formen dissozialen Verhaltens im Kindes- und Jugendalter (in Anlehnung an Hart de Ruyter, 1967)

1. dissoziales Verhalten infolge einer mangelhaften oder andersartigen Normerziehung
2. Dissozialität infolge einer temporären Störung eines vorher schon labilen Gleichgewichtes ("Bilanz-Dissozialität")
   a) situativ, sozial, edukativ bedingt
   b) infolge einer temporären "Verwahrlosung"
3. Primäre Pubertätsdissozialität
4. Dissozialität infolge grober Intelligenzdefekte, Legasthenie, Hirnerkrankungen und anderer Hirnschädigungen
5. dissoziales Verhalten als Symptom somatischer Erkrankungen
6. Dissozialität im Rahmen einer Psychose
7. Dissozialität im Rahmen einer Neurose (neurotische Dissozialität)

Die unter den Punkten 1 und 4 genannten dissozialen Störungen verlaufen eher chronisch und sind in Bezug auf den Erfolg therapeutischer Maßnahmen ungünstiger einzuschätzen, wohingegen die unter 2 und 3 angesprochenen Störungen aufgrund ihres Entwicklungsaspektes einer Intervention besser zugänglich sind. Bei dissozialem Verhalten als Symptom somatischer Erkrankungen (z.B. psychomotorische Epilepsie) und im Rahmen einer Psychose ist selbstverständlich primär die Grunderkrankung zu behandeln. Bei Vorliegen einer Lese-Rechtschreibschwäche ist neben der psychotherapeutischen Intervention auch eine Übungsbehandlung durchzuführen (s. Kapitel "Teilleistungsstörungen). Die sog. "neurotische Dissozialität" bedarf unterschiedlicher psychotherapeutischer Methoden (s. auch neurotische Delinquenz).

30.5 Behandlung

Obwohl mehrere verschiedene Methoden für die Behandlung dissozialer Verhaltensweisen entwickelt wurden, kann keine für sich eindeutige Effektivität beanspruchen (Kazdin, 1987; Lewis, 1991). Die Ursache hierfür liegt einerseits darin, daß dissoziale Kinder und Jugendliche unterschiedliche Vulnerabilitätsfaktoren (s.o.) aufweisen; andererseits zeigen die meisten Betroffenen nicht nur eine, sondern eine Vielzahl antisozialer Verhaltensweisen (z.B. Lügen, Stehlen und Weglaufen), die in ihrer Komplexität eine Kombination von Maßnahmen erfordern (Remschmidt, 1989). Immerhin haben sich einige Behandlungsmodalitäten für viele Kinder und Jugendliche als wirksam erwiesen, die Tab. 30.2 (modifiziert nach Kazdin, 1987) zu entnehmen sind.

Im folgenden werden nur die psychotherapeutischen Verfahren genauer beschrieben. Sie lassen sich unter drei Aspekten zusammenfassen: (1) Kind- oder Adoleszenten-orientierte Verfahren; (2) Familien-zentrierte Verfahren und (3) kommunale bzw. lebensweltnahe Maßnahmen.

1) Kind-zentrierte Verfahren

Patienten- bzw. kind-orientierte Verfahren wurden auf der Basis kognitiv-verhaltensmodifikatorischer Modelle entwickelt und gehen u.a. von dem theoretischen Ansatz aus, daß beim aggressiven Kind defizitäre Wahrnehmungsprozesse vorliegen (s.a. Ätiologie). Diese kommen umso mehr zum Tragen, je zweideutiger die fragliche Konfliktsituation ist (unabsichtlich vs. absichtlich) (Dodge, 1985). Aggressive Kinder üben Vergeltung, während nicht aggressive Kinder dem anderen eher ein Versehen unterstellen. Zu den Mängeln kognitiver Prozesse beim dissozialen Kind oder Jugendlichen gehören weiterhin: unzureichende Empathiefähigkeit, geringerer Einfallsreichtum bei der Konfliktlösungssuche, die "Fokussierung" auf das Handlungsziel anstatt Zwischenschritte zu überlegen, ungenügendes Verständnis für die Handlungsmotive anderer, eine geringere Sensibilität gegenüber konfliktimplizierenden Situationen sowie mangelhafte Selbstkontrolle.

Das *Problemlösungstraining* zielt auf die Veränderung dieser sozialen Kognitionen und daraus resultierender Handlungsabläufe in für das Kind provozierenden oder frustrierenden Situationen ab und ist durch die folgenden Merkmale gekennzeichnet:

(1) das Kind oder der Jugendliche soll lernen,

a) Handlungsabläufe zu antizipieren (*differenzierte Wahrnehmung*);

b) einzelne Handlungsschritte zu überlegen (*Selbststeuerung*);

c) Regeln zu erarbeiten und Aufgaben zu strukturieren (*Handlungskontrolle*);

(2) der Therapeut greift dabei aktiv in das Geschehen ein.

Das Antizipieren von Handlungsabläufen und einzelnen Reaktionsschritten kann im Einzeltraining mit Hilfe von Videofilm- oder Fotogeschichten erlernt werden. Als Gruppentraining können Rollenspiele zum Üben von Regeln und definierten Aufgaben durchgeführt werden (Ross und Petermann, 1987). Der Therapeut verbalisiert Handlungsabfolgen, spricht Selbstinstruktionen vor, gibt Hilfestellung bei der Lösungssuche, lobt und kritisiert durch direktes Feed-back oder zieht milde Konsequenzen (z.B. Punkteentzug). Erfolge dieses Behandlungsprogrammes konnten an einzelnen klinischen Populationen gesichert werden, ohne daß davon ausgegangen werden kann, daß es sich hierbei um eine umfassend wirksame Therapiemodalität für antisoziales Verhalten handelt. Es basiert aber auf empirisch überprüften Thesen für kindliches aggressives Verhalten, die bei entsprechender Weiterentwicklung Hoffnung auf eine effektive Behandlungsmethode geben. So verwandten Coie et al. (1991) ein kognitiv-behaviorales Interventionsprogramm bei drei Stichproben dissozialer Jungen aus niedrigen sozialen Schichten, die jeweils für ein Jahr behandelt wurden. Die besten Erfolge wurden bei der letzten Stichprobe erzielt, wobei das Behandlungsprogramm stetig verbessert werden konnte. Nach erfolgtem Training erhielten die Jungen mehr positives Feed-back sowohl durch Gleichaltrige als auch durch Lehrer. Auch die Evaluation des Programms von Petermann und Petermann (1993) bei fünf bis 13jährigen aggressiven Kindern erbrachte ein positives Ergebnis, das auch noch 6 Monate nach Abschluß der Behandlung stabil war.

Tabelle 30.2 Dissoziales Verhalten: Zielpunkte und therapeutische Prozesse wichtiger
Behandlungsverfahren (nach Kazdin, 1987)

	Verfahren	Zielpunkt	therapeutische Kernprozesse
Kind-zentriert	individuum-orientierte Psycho-therapie	intrapsychische Ursachen antisozialen Verhaltens, vor allem Konflikte und aversive psychologische Prozesse im Entwicklungsverlauf	primäres therapeutisches Instrument ist die Beziehung zum Therapeuten, die auf der Basis von Einsicht und Erprobung alternativer Verhaltensweisen eine korrigierende emotionale Erfahrung vermittelt
	Gruppen-therpaie	Ähnlich wie bei individuum-zentrierter Psychotherapie; zusätzliche Wirkfaktoren sind Bestätigung durch Gleichaltrige, Feed-back und das Einfühlen in die Empfindungen anderer; Therapiefokus sind auch Gruppenprozesse wie Zusammenhalt der Gruppenmitglieder und das Einnehmen von Führungspositionen	Beziehungen zu Therapeut und Gleichaltrigen.. Gruppenprozesse vermitteln den betroffenen Kindern Erfahrungen anderer und die Möglichkeit, eigene Ansichten und Verhaltensweisen zu überprüfen.
	Verhaltens-therapie	Zielsymptome sind spezifische Verhaltensauffälligkeiten; prosoziale Verhaltensweisen werden direkt geübt.	neue Verhaltensweisen werden durch direktes Training und Rollenspiel sowie Verhaltensmodifikationstechniken wie Modeling und Verstärkung erarbeitet; situationsspezifisches Training zu Hause und in der Lebenswelt des Betroffenen, wo das zu verändernde Verhalten auftritt.
	Problemlö-sungstraining	kognitive Prozesse und Problemlösungsfähigkeiten als Basis sozialer Interaktion	Problemlösungsfertigkeiten in Konfliktsituationen werden in einzelnen Schritten erlernt; Techniken sind Modeling, direktes Üben, Wiederholung, Rollenspiel, Lernhilfe durch Selbstinstruktionen bzw. "inneren Dialog" zur Identifikation prosozialer Problemlösungen
	Pharmako-therapie	biologische Faktoren der Verhaltenssteuerung auf der Basis empirischer Befunde zu Neurotransmittern, biologischen Cyclen und anderen physiologischen Parametern aggressiven Verhaltens	Gabe psychotroper Substanzen zur Beherrschung antisozialen Verhaltens; Verwendung von Lithium und Haloperidol aufgrund ihres antiaggressiven Effekts, in jüngster Zeit auch von Serotonin-Reuptake-Hemmern (z.B. Fluoxetin)
	stationäre Behandlung (Heimunterbringung)	Verwendung unterschiedlicher Techniken (s.o.) im Rahmen tagesklinischer oder stationärer Behandlung	unterschiedliche therapeutische Verfahren. Trennung von der Familie bzw. gewohnter Umgebung als notwendige Unterbrechung eingefahrener Interaktionen
Fami-lienzen-triert	Familien-therapie	Mittelpunkt der Behandlung ist das familiäre Funktionssystem, nicht der Patient selbst: innerfamiliäre Beziehungen, Rollenfunktionen, Organisation und Dynamik	Kommunikation, Beziehungen und Struktur innerhalb der Familie sowie Autonomieprozesse, Problemlösungs- und Verhandlungsstrategien
	Elterntraining	Eltern-Kind-Interaktion zu Hause, insbesondere Verhaltensauffälligkeiten des Kindes, die durch die Eltern (unfreiwillig) unterstützt oder verstärkt werden (s. Text)	direktes Training der Eltern, um kindliches Problemverhalten zu verändern, Verwendung von Techniken des sozialen Lernens
Lebens-weltori-entiert	wohnortbezogene Interventionen	Aktivitäten und Programme am Wohnort, um soziale Kompetenz und tragfähige Beziehungen zu fördern	Die Aktivitäten dienen der Förderung prosozialen Verhaltens und dem Aufbau von Beziehungen zu Gleichaltrigen, sie sollen mit antisozialem Verhalten inkompatibel sein

2) Eltern- und Familien-zentrierte Verfahren

Das *Verhaltenstraining für Eltern* von Kindern mit dissozial-aggressiven Verhaltensmustern beruht u.a. auf der Theorie, daß Eltern bei ihrem Kind - ohne es zu wollen - adäquates soziales Verhalten zu wenig beachten und unangepaßtes Verhalten durch harte Strafen ahnden (Patterson, 1982). Die Art einer solchen Eltern-Kind Interaktion wird treffend als "Verstärkerfalle" bezeichnet (Kazdin, 1987): aggressives Verhalten wird in zweifacher Hinsicht, d.h. bei Eltern *und* Kind, verstärkt, wenn Eltern dem durch dieses Verhalten ausgeübten Druck des Kindes nachgeben. Die "Falle" liegt darin, daß die Eltern kurzfristig eine Erleichterung durch die Beendigung des unangepaßten Verhaltens erleben, langfristig aber die Wahrscheinlichkeit für ein solches Verhalten beim Kind erhöhen.

Im Rahmen des Trainingsprogramms erhalten ein Elternteil oder beide Elternteile Hilfestellung, die Interaktion mit ihrem Kind zu verändern. Dies beinhaltet u.a. die Etablierung von Regeln, positive Verstärkung für adaptives Verhalten (Lob, Token-Methode), Aushandeln von Kompromissen, Verhaltensverträge und milde Formen der Bestrafung ("Time out", Verlust von Privilegien). Die Behandlung wird primär bei den Eltern durchgeführt, ohne daß der Therapeut direkt bei dem Kind interveniert. Ziel der Behandlung ist die Schulung der Eltern, Problemverhalten bei ihrem Kind zu identifizieren, zu definieren und unter neuen therapierelevanten Gesichtspunkten zu beobachten. Sie sollen die oben beschriebenen Techniken anwenden und dem Therapeuten über Konsequenzen berichten.

Die Methode des Elterntrainings wurde bei Kindern unterschiedlicher Altersgruppen und unterschiedlichen Störungen des Sozialverhaltens evaluiert und erwies sich auch 1 Jahr nach Behandlungsende als effektiv. Aggressive Kinder scheinen auf dieses Verfahren allerdings besser anzusprechen als solche mit nicht-aggressiven Störungen des Sozialverhaltens (z.B. Stehlen, Betrug) (Patterson, 1982).

Der Behandlungserfolg hängt von der Behandlungsdauer (manchmal sind 50-60 Sitzungen erforderlich), einem ausreichenden Hintergrundwissen der Eltern, der Schwere der familiären Interaktionsstörung, der sozio-ökonomischen Situation der Familie sowie von der sozialen Unterstützung der Bezugsperson des Kindes außerhalb der Familie ab. Dies beinhaltet, daß die Therapiemethode des Elterntrainings eine ausreichende Motivation der Eltern voraussetzt und sich für die sog. "Multi-Problem-Familie" (Lewis, 1991) nicht eignet. Auch die Kombination von Problemlösungstraining beim Kind und Elterntraining erwies sich als effektiv (Kazdin et al., 1987). Im deutschen Sprachraum wurde eine standardisierte Form der Elternarbeit nach dem Münchner Trainingsmodell (Innerhofer und Warnke, 1980) entwickelt und evaluiert, welches in dem entsprechenden Kapitel des vorliegenden Buches genauer dargestellt wird (Kap.14).

Im Vergleich zum Verhaltenstraining für Eltern liegen für die *funktionelle Familientherapie* weniger Evaluationsstudien vor. Die theoretische Grundlage dieser Therapieform findet sich in der Systemtheorie und der Verhaltens- und kognitiven Psychologie; sie fußt auf der Hypothese, daß das antisoziale Verhalten des Kindes der Aufrechterhaltung anderer intrafamiliärer Funktionen (z.B. Nähe und Distanz der Familienmitglieder untereinander) dient. Da Familien dissozialer Jugendlicher in ihrer Interaktion mehr Abwehr und weniger gegenseitige Unterstützung zeigen, werden in der Therapie eine direktere Form der Kommunikation, positive gegenseitige Verstärkung, konstruktive Kompromißbereitschaft und gemeinsame Lösungssuche erprobt. Voraussetzung für die funktionelle Familientherapie ist - ähnlich wie beim Elterntraining - eine hohe Kooperationsbereitschaft der Familienmitglieder.

3) "Lebenswelt"-nahe Maßnahmen

Sog. *"gemeindenahe"* oder *"lebenswelt"*-orientierte Interventionen beruhen nicht auf spezifischen therapeutischen Techniken, sondern sollen einerseits einen Transfer der in der Einzel- oder Gruppentherapie erworbenen Fertigkeiten in die Lebenswelt des Kindes oder Jugendlichen ermöglichen, andererseits durch "Imitationslernen" prosoziales Verhalten verstärken. Im Gegensatz zu institutionalisierten Maßnahmen werden dissoziale Jugendliche nicht in Gruppen von anderen verhaltensgestörten Jugendlichen betreut, sondern in Gemeinschaftsaktivitäten mit sozial unauffälligen Jugendlichen integriert. In einer Untersuchung von Feldman et al. (1983), bei der 450 Jugendliche von Anfang bis Ende beteiligt waren, konnte festgestellt werden, daß sog. "gemischte " Gruppen (dissoziale und unauffällige Jugendliche) mit einem geschulten Therapeuten und einem verhaltenstherapeutisch orientierten

Programm die besten Behandlungserfolge zeigten.

Gemeindenahe Maßnahmen eignen sich ebenfalls für die Prävention dissozialen Verhaltens bei Risikogruppen.

Kasuistisches Beispiel

In der folgenden Kasuistik wird am Beispiel eines Patienten mit einer dissozialen Verhaltensstörung eine Kombination mehrerer der oben genannten Therapieverfahren vorgestellt.

Thomas wurde von seinen Eltern im Alter von 9 Jahren in unserer Ambulanz vorgestellt. Sie hatten ihn mit 10 Lebenstagen adoptiert, Schwangerschaft und Geburt verliefen ihres Wissens nach unauffällig. Thomas war ein unruhiger Säugling und ein anstrengendes Kleinkind, das sich in die Kindergartengruppe nicht integrieren konnte. Die Probleme eskalierten mit Eintritt in die Schule. Thomas reagierte schon bei geringsten Anlässen verbal und körperlich aggressiv, verweigerte sich bei Anforderungen und verhielt sich häufig albern und kleinkindhaft. Nach Konflikten zog er sich stundenlang zurück, Freunde hatte er nicht.

Unsere Untersuchungsbefunde ergaben u.a. eine durchschnittliche Intelligenz. Das von ihm gemalte Bild ("Familie in Tieren"), in dem Thomas seine Eltern und sich selbst als Tierfiguren darstellte, ergab weitere Aufschlüsse: Der Patient erlebte den Vater als eine Person, die ihren Autoritätsaufgaben nicht ausreichend nachkommt. Die Mutter erfuhr Thomas als aggressiv und abweisend. Das Verhältnis zwischen den Eltern empfand er als äußerst gespannt, sich selbst malte er als (gepanzerte) Schildkröte zwischen den Eltern stehend, wobei er sich als "Mißgeburt aller Mißgeburten" bezeichnete. Persönlichkeitsdiagnostische Verfahren zeigten Tendenzen zu Selbstaufwertung und Selbstüberschätzung und eine ausgeprägte Zurückhaltung gegenüber sozialen Kontakten. In der Exploration wünschte er sich, "nicht mehr so ein böses Herz zu haben und andere Menschen liebhaben zu können". Aufgrund der Schwere der Symptomatik wurde Thomas in unsere Tagesklinik aufgenommen. Die von den Eltern beschriebenen Verhaltensweisen wurden auch bei uns bald beobachtet. Für die Schulstunden erhielt Thomas einen Verhaltensplan (Abb. 30.1):

Für einen Schulmorgen ohne aggressive Handlungen gegenüber Mitschülern und Lehrerin (z.B. Ärgern des Sitznachbarn, Beschimpfen der Lehrerin) konnte der Junge jeweils einen Aufkleber verdienen. In einem Vertrag zwischen Thomas, seinen Eltern und dem Therapeuten wurde eine definierte Punktezahl (= 5 Aufkleber) festgelegt, die gegen Belohnungen und Privilegien eingetauscht werden konnten und vorher mit Thomas vereinbart wurden (z.B. Tretboot fahren, ein neues Spielzeugauto) (Abb. 30.2).

Im Anschluß an die Schule wurde der Patient einer Kleingruppe zugeteilt, in der die folgenden Verhaltensweisen geübt wurden: Reaktion auf die Provokation der anderen Gruppenmitglieder, den anderen ausreden lassen, Spielregeln erstellen. Durch Videoaufzeichnung von einzelnen Spielsituationen konnte der Therapeut nochmals mit Thomas das Geschehen besprechen. In der Einzeltherapie wurde anfänglich anhand von Bildmaterial, später auch im Rollenspiel oder am Beispiel realer Konfliktsituationen Problemlösungsverhalten geübt. Thomas sollte sich verschiedene Lösungen für ein Problem überlegen, die hierfür notwendigen Schritte ableiten, die jeweiligen Konsequenzen in Betracht ziehen und sich überlegen, was sie für den anderen bedeuten. Hierfür als Beispiel folgender Ausschnitt der Einzeltherapie mit dem Patienten:

Th.: *"Petra (eine Erzieherin), hat gesagt, ich hätte das Spielzimmer durcheinander gemacht und solle aufräumen. Sie war ziemlich wütend. Ich habe hier aber gar nicht gespielt."*
Ther.: *"Was machst Du jetzt?"*
Th.: *"Ich sage ihr, daß ich hier nicht gespielt habe und deshalb auch nicht aufräume."*
Ther: *"Gut, daß Du keinen Wutanfall bekommen hast. Ich glaube dir, daß du hier nicht gespielt hast. Aber vielleicht glaubt Petra dir nicht - letzte Woche hast Du alles durcheinander gemacht."*
Th. (denkt nach): *"Ich könnte ihr sagen, daß ich es nicht war, aber ihr trotzdem beim Aufräumen helfe."*
Ther.: *"Was wird Petra sagen?"*
Th.: *"Ich glaube, sie freut sich - vielleicht wird sie nächstes Mal nicht mehr böse auf mich sein."*

Verhaltensplan

	Montag	Dienstag	Mittwoch	Donnerstag	Freitag
1. Woche	☺	☺			
2. Woche		☺		☺	
3. Woche		☺			☺
4. Woche	☺	☺	☺		☺

Ich habe während des Unterrichts keinen meiner Mitschüler angerempelt oder geschlagen.
Ich habe während des Unterrichts keinen meiner Mitschüler beschimpft.
Ich bin während des Unterrichts nicht herumgelaufen.
Ich habe während des Unterrichts meine Lehrerin nicht beschimpft.

Abb. 30.2 Verhaltensplan von Thomas für die Schule

Vertrag

Ich versuche, folgende Regeln einzuhalten.

Regeln:

1. Ich darf während des Unterrichts keinen meiner Mitschüler anrempeln oder schalgen.
2. Ich darf während des Unterrichts keinen meiner Mitschüler beschimpfen.
3. Ich darf während des Unterrichts nicht herumrennen.
4. Ich darf während des Unterrichts meine Lehrerin nicht beschimpfen

Wenn ich es schaffe diese Regeln einzuhalten, bekomme ich von meiner Lehrerin, Frau .... einen ☺ . Immer wenn ich 5 Aufkleber gesammelt habe, darf ich mir eine Belohnung aussuchen.

Beispiele für eine **Belohnung** sind:

• Tretboot fahren.
• Samstags bis 22.00 Uhr fernsehen.
• Ein neues Spielzeugauto.

_____	_____
Kind	Mama/Papa

_____	_____
Lehrerin	Therapeutin

Abb. 30.3 Beispiel für einen "therapeutischen" Vertrag

Parallel zu der Therapie mit Thomas wurde mit den Eltern ein intensives Erziehungstraining durchgeführt, in dem vor allem der Vater lernte, gegenüber dem Verhalten von Thomas eine eindeutige Position zu beziehen (zu loben bzw. zu tadeln) und Konsequenzen folgen zu lassen (z.B. "Time out"). Dies entlastete die Mutter, sodaß sich ihre exponiert-dominierende Stellung in der Familie erübrigte, welches sich positiv auf ihre Beziehung zu Thomas auswirkte.

Thomas konnte schließlich in seine Schulklasse reintegriert werden; die Normalisierung seines Verhaltens hat sich trotz einiger Rückschläge befriedigend stabilisiert. Er wird weiterhin ambulant betreut.

30.6 Delinquenz

Nach Polizeistatistiken beträgt der Anteil der tatverdächtigen Kinder an der Gesamtzahl der Tatverdächtigen ca. 5%. Einfacher Diebstahl ist am häufigsten; es folgen schwerer Diebstahl, Sachbeschädigung, Körperverletzung und Brandstiftung. Dabei sind Kinder unter 14 Jahren strafunmündig.

Bei Jugendlichen und Heranwachsenden stehen einfacher und schwerer Diebstahl ebenfalls an der Spitze der begangenen delinquenten Handlungen; in absteigender Reihenfolge finden sich Sachbeschädigungen, Aggressionsdelikte, Rauschgiftdelikte, Straftaten gegen die öffentliche Ordnung und Sexualdelikte (zitiert nach Remschmidt, 1992).

Im Prinzip können alle oben beschriebenen Behandlungsverfahren dissozialer Störungen auch bei delinquentem Verhalten angewandt werden. Da Delinquenz häufig am Ende einer jahrelangen dissozialen Entwicklung steht, sind therapeutischem Handeln enge Grenzen gesetzt, die durch den Jugendlichen selbst und seine Familie, aber auch durch beteiligte Institutionen bestimmt werden. Eine Ausnahme stellt die sog. neurotische Delinquenz dar, die anhand des folgenden Fallbeispiels skizziert werden soll.

Ein 20jähriger Heranwachsender, Peter, wurde auf Veranlassung des Gerichtes zur Begutachtung vorgestellt. Während des vorausgegangenen letzten halben Jahres war er aufgrund von Fahren ohne Fahrerlaubnis, fahrlässiger Körperverletzung und gefährlichen Eingriffs in den Straßenverkehr aufgefallen. Eine erneute Anklage erfolgte, als er einen Kaufhausdiebstahl beging und dabei eine Zeugin verletzte. Im Jugendhilfebericht wurde formuliert, daß sich Peter in seiner Grundstimmung pessimistisch und perspektivlos zeige und im Hinblick auf seinen weiteren Lebensweg wenig konkret und zielgerichtet sei. Auf dem Hintergrund dieser pessimistischen, fast fatalistisch anmutenden Lebenseinstellung könne auch sein delinquentes Verhalten gesehen werden.

Aus der Anamnese des Heranwachsenden ging hervor, daß sein Vater Suizid beging, als er sieben Jahre alt war. Seine Mutter hatte seit dieser Zeit ausgeprägte Alkoholprobleme. Nach Peters Erinnerung war er das Lieblingskind des Vaters; dieser habe ihn sehr verwöhnt und ihm alles gegeben, wohingegen das Verhältnis zur Mutter schon immer schwierig gewesen sei.

Zu seinen Motiven bezüglich der Straftaten gab Peter an, daß er sie nicht erklären könne. Er wisse, daß er sich selbst dabei schade. Es sei "ein innerer Drang, sich erwischen zu lassen". Er glaube, daß die Straftaten aus einer schwierigen Beziehung zu seiner Mutter resultierten und daß er sich selbst damit strafen wolle.

Nach den Ergebnissen der psychologischen Untersuchung hatte der Heranwachsende eine Vielzahl psychischer und psychosomatischer Beschwerden. Es fanden sich Hinweise für eine innere Gespanntheit, ein niedriges Selbstwertgefühl und einer starken Besorgtheit mit Tendenzen zu depressiven Verstimmungszuständen.

Anamnese, psychopathologische und psychologische Befunde wiesen darauf hin, daß bei Peter eine neurotische Entwicklung - basierend auf Konflikten und Verlusterlebnissen in der Kindheit - vorlag, die zu einer tiefgreifenden Identitätsunsicherheit, Bindungs- und Haltschwäche sowie wiederkehrenden Verstimmungszuständen geführt hat.

Bei dieser Form der Delinquenz (und Dissozialität) ist eine intensive psychotherapeutische Intervention indiziert, die in Form einer klientenzentrierten oder tiefenpsychologisch orientierten Gesprächstherapie (Kap. 11) durchgeführt werden könnte.

30.7 Zur Evaluation

Es überschreitet die Möglichkeiten dieses Buches, Evaluationsergebnisse einzelner Methoden zur Behandlung der Delinquenz ausführlicher darzustellen. Insgesamt sind sie jedoch wenig ermutigend. In einer Übersicht von Lab und Whitehead (1988) konnte gezeigt werden, daß etwa die Hälfte aller Studien mit unterschiedlichen Verfahren, die zwischen 1957 und 1984 veröffentlicht wurden, keinen oder nur geringgradigen Einfluß auf die Rückfallhäufigkeit delinquenten Verhaltens nachweisen konnte. In Zukunft werden bescheidenere Therapieziele definiert werden müssen, die eine längerfristige und konstantere Behandlung erforderlich machen entsprechend dem Modell einer chronischen Erkrankung (Kazdin, 1987; Remschmidt, 1989).

In einer Untersuchung von Gordon et al. (1988) wurden 27 männliche und weibliche Delinquente mit einer Verhaltenstherapie in ihrem häuslichen Umfeld behandelt, die auch die Familie miteinbezog. Der Therapieerfolg wurde durch die Anzahl und den Schweregrad der Delikte bemessen, die die Jugendlichen in einem Zeitraum von 2 1/2 Jahren im Vergleich zu einer Gruppe von 27 Delinquenten, die zu einer Strafe auf Bewährung ohne weitergehende Betreuung verurteilt worden waren, begangen hatten. Nur 11% derjenigen, die eine familienorientierte Behandlung erhalten hatten, wurden rückfällig im Vergleich zu 67% der Vergleichsgruppe.

Bei der Beurteilung des Erfolges mit sozialen Trainingskursen im Rahmen ambulanter Maßnahmen nach dem Jugendgerichtsgesetz wird dementsprechend darauf hingewiesen, daß der den meisten Evaluationsstudien zugrundeliegende Beobachtungszeitraum von einem Jahr nicht ausreicht, um eine "Legalbewährung durch neu erlernte Fähigkeiten der Problemlösung" zu beurteilen (Busch et al.,1986). Es wird zur Diskussion gestellt, ob ein Behandlungserfolg lediglich an der Rückfallfrequenz gemessen werden darf und nicht vielmehr auch andere Veränderungen (wie z.B. der Beginn einer Berufsausbildung) als Fortschritt bewertet werden müssen.

Weiterführende Literatur:

Hartmann, K.: Theoretische und empirische Beiträge zur Verwahrlosungsforschung. 2.Aufl. Springer, Berlin 1977.

Kazdin, A.E.: Treatment of Antisocial Behavior in Children and Adolescents. Dorsey Press, Homewood 1985.

Literatur

American Psychiatric Association: Diagnostic and Statistical Manual of Mental Disorders, 3rd edn. revised. American Psychiatric Association, Washington 1987.

Busch, M.; Hartmann, G.,; Mehlich, N.: Soziale Trainingskurse im Rahmen des Jugendgerichtsgesetzes. Bundesministerium der Justiz (Hrsg.), 167-170, 1986.

Cloninger, C.R.; Sigvardsson, S.; Bohman, M.: Predisposition to petty criminality in Swedish adoptees, II: cross-fostering analysis of gene-environment interaction. Archives of General Psychology 39, 1242-1247, 1982.

Coie, J.D.; Underwood, M.; Lochman, J.E.: Programmatic intervention with aggressive children in the school setting. In: Pepler, D.J.; Rubin, K.H. (Eds.): Development and treatment of childhood aggression, 389-410. L. Erlbuam, Toronto 1991.

Dilling, H.; Mombour, W.; Schmidt, M.H. (Hrsg.): ICD 10 - Internationale Klassifikation psychischer Störungen. Huber Verlag, Bern, Göttingen, Toronto 1991.

Dodge, K.A.: Attributional bias in aggressive children. In: Kendall P.C. (Ed.): Advances in Cognitive-behavioral Research and Therapy 4, 73-110. Academic Press, Orlando 1985.

Feldman, R.A.; Caplinger, T.E.; Wodarski, J.S.: The St. Louis Conundrum: The effective treatment of antisocial youths. Prentice Hall, Englewood Cliffs 1983.

Gordon, D.A.; Arbuthnot, J.; Gustavson, K.E.; McGreen, P.: Home-based behavioral-systems family therapy with disadvantaged juvenile delinquents. American Journal of Family Therapy 16, 243-255, 1988.

Guerra, N.G.; Slaby, R.G.: Evaluative factors in social problems solving by aggressive boys. Journal of Abnormal Child Psychology 17, 209-219, 1989.

Hart de Ruyter, T.: Zur Psychotherapie der Dissozialität im Jugendalter. Jahrbuch für Jugendpsychiatrie 6, 79-108, 1967.

Innerhofer, P.; Warnke, A.: Elterntrainingsprogramm nach dem Münchner Trainings-Modell - Ein Erfahrungsbericht. In: Lukesch, H.; Perez, M.; Schneewind, K. (Hrsg.): Familiäre Sozialisation und Intervention, 417-439. Huber, Bern 1980.

Kazdin, A.E.: Treatment of antisocial behavior in children: Current status and future directions. Psychological Bulletin 102, 187-203, 1987.

Kazdin, A.E.; Esveldt-Dawson, K.; French, N.H.; Unis, A.S.: Problem-solving skills training and relationship therapy in the treatment of antisocial child behavior. Journal of Consulting and Clinical Psychology 55, 416-424, 1987.

Keilitz, J.; Zaremba, B.A.; Broder, P.K.: The link between learning disabilities and juvenile delinquency: some issues and answers. Learning Disability Quarterly Vol. 2 (2), 2-11, 1979.

Lab, S.P.; Whitehead, J.T.: An analysis of juvenile correctional treatment. Crime and Delinquency 34, 60-83, 1988.

Lewis, D.O.: Adolescent conduct and antisocial disorders. In: Wiener, J.M. (Ed.): Textbook of Child and Adolescent Psychiatry, 298-308. American Psychiatric Press, Washington 1991.

Malmquist, C.P.: Conduct disorder: Conceptual and diagnostic issues. In: Wiener, J.M. (Ed.): Textbook of Child and Adolescent Psychiatry, 279-287. American Psychiatric Press, Washington 1991.

Olweus, D.; Mattsson, A.; Schalling, D.: Circulating testosterone levels and aggression in adolescent males: A causal analysis. Psychosomatic Medicine 50, 261-272, 1988.

Patterson, G.R.: Coercive Family Process. Eugene, Castilia 1982.

Petermann, F.; Petermann, U.: Training mit Jugendlichen. Förderung von Arbeits- und Sozialverhalten. Psychologie Verlags Union, Weinheim 1993.

Ross, A.O.; Petermann, F.: Verhaltenstherapie mit Kindern und Jugendlichen. Hippokrates, Stuttgart 1987.

Remschmidt, H.: Antisocial disorders, behaviour and delinquency. Current Opinion in Psychiatry 2, 490-496, 1989.

Remschmidt, H.: Psychiatrie der Adoleszenz. Thieme, Stuttgart 1992.

Remschmidt, H.; Walter, R.: Evaluation Kinder- und Jugendpsychiatrischer Versorgung. Enke, Stuttgart 1989.

Susman, E.J.; Inoff-Germain, G.; Nottelmann, E.D.: Hormones, emotional disposition, and aggressive attributes in young adolescents. Child Deviations 58, 1114-1134, 1987.

Weinschenk, C.: Die erbliche Lese-Rechtschreib-schwäche und ihre sozialpsychiatrischen Auswirkungen. Huber, Bern 1985.

West, D.J.; Farrington, D.P.: Who becomes delinquent? Heineman Educational, London 1973.

31. Körperliche Mißhandlung und Vernachlässigung

Helmut Remschmidt

31.1 Definition und Epidemiologie

Kindesmißhandlung beschreibt die nicht unfall-bedingte körperliche Verletzung eines Kindes oder Jugendlichen durch einen Elternteil oder eine Betreuungsperson. Kindesvernachlässigung beschreibt den Mangel eines Minimums an Pflege oder Beaufsichtigung eines Kindes.

In der Literatur finden sich verschiedene verwandte Begriffe. Die häufigsten sind: child abuse, child neglect, non-accidental trauma (NAT). 1962 prägten Kempe und Mitarbeiter den Begriff "Battered-child-syndrome". Dieser Begriff löst das Phänomen der Kindesmißhandlung von der einzelnen Person des Mißhandelnden ab und bringt es in den sozialen Kontext, aus dem heraus Kindesmißhandlungen verständlich werden. In den letzten Jahren zentrierte sich der Begriff der Kindesmißhandlung auf die Familie als denjenigen Ort, an dem Gewalt gegen Kinder ihren traurigen Höhepunkt findet.

Seelische Mißhandlung "erwächst meist aus einer feindseligen oder ablehnenden Einstellung der Eltern bzw. eines Elternteils gegenüber dem in seiner Geschlechtsrolle, in seiner körperlich-seelischen Eigenart bzw. wegen seiner körperlichen oder geistigen Mängel abgelehnten Kindes" (Stutte, 1971). Die Erscheinungsformen erstrecken sich auf Freiheitsbeschränkungen (Einsperren), Diffamierung, Herabsetzungen und z.T. schwere Demütigungen der Kinder. Sie können sadistische Ausmaße erreichen und in ihren Folgen schwerwiegender sein als körperliche Mißhandlungen (Strunk, 1988).

Kindesmißhandlung ist seit 1922 im deutschen Strafrecht verankert (§ 223b). Nach Angaben der polizeilichen Kriminalstatistik werden jährlich etwa 1.700 Fälle von strafbarer Kindesmißhandlung durch Eltern oder erwachsene Erziehungspersonen registriert. Man kann davon ausgehen, daß das Dunkelfeld die Zahl der registrierten Fälle bei weitem übersteigt. Die vorliegenden Schätzungen müssen als unzuverlässig angesehen werden. Sie bewegen sich zwischen 20.000 und 400.000 Fällen pro Jahr in Deutschland. Bei rund 10% der Kinder, die wegen Verletzungen ärztlich untersucht werden, besteht der Verdacht auf Kindesmißhandlung, bei weiteren 10% auf Kindesvernachlässigung (Friedman und Morse, 1974).

Über die Häufigkeit der seelischen Kindesmißhandlung existiert praktisch kein Zahlenmaterial. In der Literatur werden eklatante Fälle beschrieben, die jedoch keine Abschätzung der wahren Häufigkeit erlauben, z.B. der von Stutte (1971) mitgeteilte Fall, bei welchem ein Vater seinen Sohn dadurch strafte, daß er sein Lieblingstier (ein Kaninchen) vor den Augen des Kindes tötete und das Kind zwang, das tote Lieblingstier in seinem Bett aufzubewahren.

31.2 Klinisches Bild und Diagnose

Körperliche Kindesmißhandlung und -vernachlässigung ebenso wie sexueller Mißbrauch müssen im Gesamtkontext "Gewalt in der Familie" gesehen werden. Denn die Gewaltanwendung gegenüber Kindern ist oft nur eine von mehreren Varianten gewalttätigen Verhaltens innerhalb der Familie oder familienähnlichen Gemeinschaft.

In Tab. 31.1 ist eine Übersicht über die verschiedenen Varianten gewalttätigen Verhaltens in Familien wiedergegeben.

Hier werden nur gewalttätige Verhaltensweisen von Eltern gegenüber ihren Kindern dargestellt. Die übrigen in der Tabelle angegebenen Formen gewalttätigen Verhaltens bleiben außer acht. Die Tabelle soll aber zeigen, daß sie von großer Relevanz sind.

Tabelle 31.1 Formen der Gewaltausübung in der Familie (nach Remschmidt et al., 1990)

1. Gewalt zwischen Partnern
   a) Gewalt gegen die (Ehe-)Frau
   b) Vergewaltigung in der Ehe (Partnerschaft)
   c) Gegengewalt der (Ehe-)Frau
   d) Folgen für die Kinder als Zeugen elterlicher Gewalt
2. Gewalt zwischen Eltern und Kindern
   a) Körperliche Mißhandlungen und Vernachlässigung
   b) Seelische Mißhandlung
   c) Seelischer Mißbrauch und Inzest
   d) Gewalt von Kindern gegen ihre Eltern
3. Gewalt zwischen Geschwistern
4. Gewalt gegen ältere Menschen in der Familie

Auffälligkeiten des Kindes

An eine Kindesmißhandlung oder -vernachlässigung muß man denken, wenn beim Kind folgende Beobachtungen gemacht werden können:

(1) Nicht erklärbarer körperlicher Befund, Hinweise auf frühere Verletzungsfolgen;
(2) Zeichen für physische und psychische Vernachlässigung, für die sich keine adäquate Erklärung (z.B. Ernährungsstörung) findet;
(3) besonders ausgeprägte Ängstlichkeit des Kindes;
(4) bei jüngeren Kindern Fehlen des Schutzsuchens bei den Eltern und Zugehen auf andere Erwachsene in einer für das Kind neuen bzw. angstbesetzten Situation;
(5) bei älteren Kindern "Mauern" gegen alle Anzeichen eines Konfliktes sowie gleichzeitig Zeichen überangepaßten Verhaltens.

Im einzelnen kann das klinische Bild durch folgende Merkmale gekennzeichnet sein: körperliche Schäden, Wachstumsstörungen, intellektuelle Beeinträchtigung, emotionale Störungen und Verhaltensauffälligkeiten sowie Beeinträchtigungen der Persönlichkeit.

Verhalten und Auffälligkeiten der Eltern

Entsprechend der Bezeichnung "Mißhandlungssyndrom", die ja den Kontext mehrerer Faktoren umschreibt, muß auch dem Verhalten und den Auffälligkeiten der Eltern besondere Bedeutung beigemessen werden. Bei Vorliegen folgender Faktoren ist an eine Kindesmißhandlung oder -vernachlässigung zu denken (Kempe und Helfer, 1972):

(1) Diskrepanz zwischen Befund und Schilderung der Eltern;
(2) nicht kooperatives bis feindseliges Verhalten der Eltern;
(3) Verweigerung und Verzögerung der ärztlichen Untersuchung;
(4) inadäquate Reaktion gegenüber der Verletzung des Kindes;
(5) Hinweise auf Erregungszustände und Verluste der Kontrolle;
(6) kein Besuch stationär aufgenommener Kinder;
(7) Mißhandlung und Vernachlässigung in der eigenen Vorgeschichte;
(8) infantile eheliche Gemeinschaft oder Partnerbeziehung;
(9) starke Isolierungstendenzen der Familie, Fehlen von Nachbarschaftskontakten;
(10) unrealistische Erwartungen an das Kind;
(11) häufiger Arzt- oder Krankenhauswechsel;
(12) Alkoholmißbrauch.

Bei vielen Fällen liegt eine Kombination mehrerer der hier genannten Faktoren vor. Hinzu kommen oft noch Merkmale der sozialen Situation wie Arbeitslosigkeit, soziale Diskriminierung oder spezielle Konflikte.

Für die Diagnose der Kindesmißhandlung und -vernachlässigung sind anamnestische Angaben ausschlaggebend. Aber gerade sie sind aus begreiflichen Gründen oft nicht zu erhalten oder sehr unzuverlässig.

31.3 Ätiologie und Genese

In den letzten Jahren hat sich die Erkenntnis durchgesetzt, daß Kindesmißhandlungen und -vernachlässigungen durch ein multifaktorielles Geschehen zustande kommen. Im Einzelfall können die einzelnen Faktoren unterschiedlich gewichtet sein.

In Tab. 31.2 sind einige wichtige Faktoren wiedergegeben, von denen aus empirischen

Tabelle 31.2 Determinierende Faktoren für das Zustandekommen einer Kindesmißhandlung (nach Remschmidt, 1985)

Kind	Eltern	Familienmerkmale
Niedriges Geburtsgewicht und Unreife (30%)	Mißhandlungen in der eigenen Vorgeschichte	Niedriges Einkommen
Mißbildungen und Deformationen	Körperliche Züchtigung wird akzeptiert	Arbeitslosigkeit des Vaters
Unerwünschtheit	Mangel an erzieherischer Kompetenz	Kinderreichtum
Entwicklungsstörungen (bis 70%)	Hohe Rate an aggressivem Verhalten	Isolation von der Gemeinschaft
Normabweichendes und unerwartetes Verhalten	Niedrige positive und hohe negative Interaktionsrate	Streit und eheliche Auseinandersetzungen
	Relativ niedriger Ausbildungsstand	
	Psychiatrische Erkrankung (Alkoholismus, Psychose, Persönlichkeitsstörungen)	
	Bestimmte Persönlichkeitszüge (mangelnde Impulssteuerung, Sensitivität, Isolationstendenz, hoher Angstpegel)	

Untersuchungen bekannt ist, daß sie an der Verursachung der Kindesmißhandlung und -vernachlässigung beteiligt sind. Es handelt sich um Einflußfaktoren, die entweder das Kind betreffen oder die Eltern oder auch die Familie als Ganzes. Letztere sind deswegen bedeutsam, weil sich herausgestellt hat, daß familiäre Faktoren einerseits zur Genese der Mißhandlung und Vernachlässigung in hohem Maße beitragen und weil zum anderen auch über die Einbeziehung der Familien die Behandlung der Störung am ehesten möglich ist.

Die verschiedenen theoretischen Ansätze zur Klärung der Kindesmißhandlung und -vernachlässigung lassen sich unter drei Gesichtspunkten zusammenfassen:

- individuumzentrierte Ansätze, die die Ursachen in den unmittelbaren Beziehungspersonen (also meist bei den Eltern) sehen;
- psychosoziale Erklärungsansätze, die die Hauptursache in den sozialen Bedingungen sehen, und

- interaktionelle Ansätze, die in der Wechselwirkung verschiedener Einflußfaktoren die führende Ursache sehen.

Heute herrscht Einigkeit darüber, daß der interaktionelle Ansatz das vielschichtige Geschehen der Kindesmißhandlung und -vernachlässigung am besten erklären kann. Dieser Ansatz geht von vier Grundannahmen aus:

(1) *Fehlen eines adäquaten erzieherischen Verhaltens bei den Eltern.*
Die Eltern sind häufig durch mangelhafte affektive Bindungen gekennzeichnet. Sie haben nicht gelernt, mit schwierigen Situationen fertigzuwerden und wurden häufig früher selbst mißhandelt.

(2) *Besondere Eigenschaften der mißhandelten Kinder.*
Diese weisen häufig besondere Merkmale auf, die sie leicht zu Opfern von Mißhandlungen werden lassen (vgl. Tab. 31.2).

*(3) Herausbildung einer besonderen, die
    Gewaltausübung begünstigenden sozialen
    Interaktion.*
Die Neigung der Eltern zur Gewaltanwendung
wird durch bestimmte Merkmale des Kindes
gleichsinnig beeinflußt, so daß sich beide Faktoren addieren oder gar potenzieren können. Auf
diese Weise kann es zu einer Eskalation der
Gewaltanwendung kommen.

*(4) Begünstigung gewalttätiger Interaktionen
    durch Umgebungsfaktoren.*
Solche sind: seelische Belastungen in der Familie,
psychiatrische Erkrankungen eines oder beider
Elternteile, niedriges Einkommen, Isolierung von
der Gemeinschaft usw.

Kindesmißhandlungen und -vernachlässigun-
gen entstehen also in der Regel dadurch, daß die
dargestellten kindlichen und elterlichen Faktoren
zusammenwirken sowie durch zusätzlich ungünstige Situationen eine starke Belastung beim
jeweiligen Elternteil oder bei der Bezugsperson
entsteht. Treten zusätzliche Schwierigkeiten auf,
so entlädt sich die Spannung in einer Aggression
gegenüber dem hilflosesten Teil der Familie, dem
Kind. So gesehen, sind die meisten Kindesmißhandlungen Ausdruck der Unfähigkeit bzw. der
Hilflosigkeit von Eltern oder anderen Bezugspersonen, mit dem Kind und seinen speziellen
Bedürfnissen angemessen umzugehen.

31.4 Therapie, Rehabilitation und Prävention

Akute Intervention und Indikationsstellung für das weitere Vorgehen

Wer mit mißhandelten und vernachlässigten
Kindern zu tun hat, der versteht sich immer auch
ein Stück weit als Anwalt der Kinder. Insofern
neigt er leicht dazu, beim Vorliegen eines Miß-
handlungstatbestandes rechtliche Maßnahmen,
etwa die Entziehung des Rechtes der elterlichen
Sorge, einzuleiten. Dieser Weg sollte jedoch nicht
der erste, sondern der letzte sein.
    Zwar existieren zahlreiche gesetzliche Rege-
lungen vom Grundgesetz über das Bürgerliche
Gesetzbuch, das Jugendhilfegesetz bis zum Straf-
gesetzbuch. Jedoch muß stets im Einzelfall
geprüft werden, wie es zur Kindesmißhandlung

kam und welche Möglichkeiten der Behandlung
bestehen.
    Es ist ein großer Unterschied, ob ein Kind in
systematisch vorbereiteter Weise sadistisch
gequält wird oder ob eine überforderte Mutter mit
fünf Kindern in einer Krisensituation so
zuschlägt, daß das Kind ernsthaft verletzt wird.
    Wer langfristig und ernsthaft bestrebt ist,
Kindesmißhandlung und -vernachlässigung ein-
zudämmen und zu einem selteneren Ereignis zu
machen, der muß über den Einzelfall hinaus
Initiativen ergreifen, die geeignet sind, die Situation der betroffenen Kinder und Familien insgesamt zu verändern. Die Unabhängige Regie-
rungskommission zur Verhinderung und
Bekämpfung von Gewalt hat in ihrem Bericht
hierzu Vorschläge gemacht, die in Tab. 31.3
zusammengefaßt sind.
    Für die Indikationsstellung bezüglich weiterer
Behandlungsmaßnahmen sind folgende Faktoren
wichtig (Remschmidt, 1985):

(1) Zunächst muß ein Urteil darüber gebildet
    werden, ob bei einer schwerwiegenden Kin-
    desmißhandlung eine Wiederholungsgefahr
    besteht. In solchen Fällen muß das Kind aus
    der Familie herausgenommen werden.

(2) Danach ist zu prüfen, ob bei dem mißhan-
    delnden Elternteil eine behandlungsbedürftige
    psychiatrische Erkrankung vorliegt. Wenn
    dies gegeben ist, so muß eine entsprechende
    Behandlung eingeleitet werden.

(3) Aus der Einzelanalyse des Falles läßt sich
    ableiten, welche Art einer Kindesmißhand-
    lung vorliegt und ob es möglich sein wird, mit
    den Kindern oder den Bezugspersonen i.S.
    einer therapeutischen Intervention zusam-
    menzuarbeiten. Kann diese Frage bejaht
    werden, so läßt sich diese Zusammenarbeit
    während des stationären Aufenthaltes des
    Kindes beginnen, und es wird im Verlaufe der
    Behandlung entschieden, wann eine ambu-
    lante Fortführung der Behandlung möglich
    ist.

Der akuten Gefahr, die durch Mißhandlungen
für die Kinder entsteht, versucht man immer mehr
durch institutionelle Maßnahmen zu begegnen.
Unter ihnen spielen zunächst die Kliniken
(Kinderkliniken, kinder- und jugendpsychiatrische Kliniken) eine wichtige Rolle, ferner existieren an verschiedenen Stellen Kinderschutzzentren
und Frauenhäuser. Letztere sind besonders dann

von Bedeutung, wenn die Mütter der Kinder ebenfalls von Mißhandlungen betroffen sind. Ein Teil dieser akuten Fälle ist durch den Alkoholismus des Vaters (oder auch der Mutter) bedingt.

Tabelle 31.3 Vorschläge zur Intervention und Prävention intrafamiliärer Gewaltanwendung (nach Remschmidt et al., 1990)

1. Gesetzgeberische Maßnahmen
   a) Mißbilligung der Gewalt und Verbot der Züchtigung in der Kindererziehung
   b) Einführung von Melderechten und -pflichten für Kindesmißhandlung
   c) Kombination von Meldepflicht und Behandlungspflicht bei der Kindesmißhandlung
   d) Strafbarkeit der Vergewaltigung in der Ehe
   e) Stärkung außergerichtlicher Konfliktlösungsstrategien
2. Administrative und institutionelle Maßnahmen
   a) Polizeiliche Maßnahmen (z.B. Krisenintervention im Akutfall mit Unterstützung anderer Fachkräfte, Einrichtung von "Krisenteams")
   b) Schaffung und Unterstützung spezieller Hilfsangebote
      (1) Kinderschutzzentren
      (2) Frauenhäuser
      (3) Familienkrisenzentren (zunächst begrenzte Erprobung)
   c) Nutzung der präventiven Möglichkeiten der Schule
      (1) Bessere Vorbereitung von Kindern und Jugendlichen auf ihre späteren Aufgaben in der Familie (primäre Prävention)
      (2) Eingreifen bei Hinweisen auf Mißhandlung (sekundäre Prävention)
      (3) Vermittlung eines gewaltlosen Erziehungsverhaltens über die Vorbildwirkung des Lehrers
3. Maßnahmen im Familienumfeld
   a) Änderung der Lebensbedingungen von Familien
   b) Familienstützende Maßnahmen
      (1) Einrichtung von Familienerziehungsprogrammen
      (2) Einrichtung sozialer Unterstützungssysteme
4. Psychotherapeutische Maßnahmen
   a) Eltern- bzw. paar-zentrierte Interventionsformen
   b) Kinderzentrierte Interventionsformen (z.B. stationäre oder ambulante Familientherapie)

Psychotherapeutische Arbeit mit den Eltern und der Familie

Übergeordnetes Ziel derartiger Interventionen ist die Modifikation des elterlichen bzw. partnerbezogenen Verhaltens. Zum einen sollen die eigenen frühkindlichen Defizite der Eltern durch intensive Zuwendung kompensiert werden (reparenting), zum anderen wird versucht, die tieferliegenden Ursachen des Verhaltens zu eruieren. Der zuletzt genannte Ansatz sollte ergänzt werden durch Trainingsprogramme, die rasch verhaltenswirksam werden. Tiefenpsychologisch orientierte Behandlungsmodelle, die sich primär auf die Ursachen des Fehlverhaltens und die eigene Kindheit konzentrieren, sind selten allein wirksam, weil die Frage der Umsetzung in konkrete Verhaltensweisen nicht bearbeitet wird und eine kurzfristige Verbesserung der Familiensituation unbedingt erforderlich ist. Eine individuelle Behandlung ist besonders dann angezeigt, wenn schwerwiegende psychopathologische Züge, Persönlichkeitsstörungen und eine defiziente eigene Sozialisation vorliegen.

Im einzelnen haben sich folgende Interventionen bewährt (Remschmidt et al., 1990):

(1) *Einzeltherapie des mißhandelnden Elternteils.* Sie sollte jedoch nicht allein angewandt werden, sondern mit sozialpädagogischen Maßnahmen in der häuslichen Umgebung der Familien kombiniert werden, die auch den jeweiligen Partner einbeziehen. Untersuchungen haben gezeigt, daß durch derartige Maßnahmen etwa drei Viertel der Familien eine wesentliche Veränderung zeigten, die sich vor allem auf einen angemesseneren Umgang mit ihren intrapsychischen Konflikten und als Folge auf eine Reduktion des Mißhandlungsrisikos bezogen.

(2) *Ehepaartherapie.* Sie zielt auf eine Verbesserung der Partnerbeziehung ab, was sich mißhandlungsreduzierend auf die Situation der Kinder in der Familie auswirken soll.

(3) *Einsatz von Laientherapeuten.* Sie haben die Aufgabe, eine freundschaftliche Beziehung zu den Eltern herzustellen und damit deren Bedürfnisse nach Schutz und Fürsorge zu befriedigen (reparenting). Darüber hinaus sollen sie auch bei lebenspraktischen Problemen Hilfestellung leisten. Sie werden von den Familien als weniger bedrohlich empfunden als professionelle Helfer, können sich in der Regel intensiver um die Familien kümmern und verursachen geringere Kosten. Bei sorgfältiger Auswahl der Laientherapeuten, Vorbereitung auf ihre Aufgabe und enger Supervision erscheint diese Interventionsform erfolgversprechend (Engfer 1986).

(4) *Selbsthilfegruppen.* Auch über die Wirkung von Selbsthilfegruppen liegen ermutigende Berichte vor. Diese Interventionsform wird von den Teilnehmern als sehr hilfreich empfunden, weil sie mit Menschen zusammen sind, die die gleichen Probleme zu bewältigen und oft auch ein ähnliches Schicksal haben.

Evaluation

Die Erfolgsraten laientherapeutischer Angebote, wozu auch Selbsthilfegruppen zählen, liegen in der Regel höher als diejenigen anderer Interventionsmaßnahmen. Was die positive Wirkung einer Elterntherapie auf das Kind betrifft, so kann diese nicht ohne weiteres vorausgesetzt werden: 4 1/2 Jahre nach der ersten bekanntgewordenen Mißhandlung wurden die Kinder der Eltern, die sich in der Therapie befanden, zwar nicht mehr mißhandelt, jedoch erfuhren 68% von ihnen weiterhin Feindseligkeit, Ablehnung und/oder körperliche Bestrafung. Die Annahme, daß allein die Einsicht in die Ursache ihres Verhaltens mißhandelnde Eltern bewegen soll, dieses dauerhaft abzustellen, ist problematisch. Die praktische Umsetzung intellektueller Einsicht wird im Rahmen der Psychotherapie meist zu wenig berücksichtigt. Deshalb sind Trainingsprogramme oft erfolgreicher als Therapieversuche, die ausschließlich auf die Einsicht der Eltern in ihr Fehlverhalten bauen.

Psychotherapeutische Arbeit mit dem Kind

Auch das mißhandelte Kind benötigt ganz individuelle psychotherapeutische Hilfen, da häufig Störungen im emotionalen Bereich und oft auch langfristige Beeinträchtigungen der Persönlichkeit nach der Mißhandlung festzustellen sind. Derartige Hilfen sind auch deshalb wichtig, um zu verhindern, daß sich der Zyklus der Mißhandlung wiederholt und daß aus dem mißhandelten Kind später selbst ein mißhandelnder Elternteil wird. In der individuellen psychotherapeutischen Behandlung des Kindes haben sich folgende Maßnahmen als erfolgreich erwiesen (Remschmidt et al., 1990):

(1) Einzeltherapie des mißhandelten Kindes

Diese muß auf Alter und Entwicklungsstand abgestimmt sein. Bei jüngeren Kindern empfiehlt sich eine Spieltherapie, bei älteren Kindern Behandlungen, die stärker verbale Elemente berücksichtigen. Das Ziel ist zunächst, dem Kind zu helfen, seine Ängste und Konflikte auszudrücken und zu verarbeiten, das häufig verlorengegangene Vertrauen zu Erwachsenen wieder herzustellen und ein angemessenes Selbstwertgefühl wiederzuerlangen. Auf diese therapeutischen Angebote reagieren Kinder in der Regel positiv, und zwar umso besser und schneller, je jünger sie zum Zeitpunkt der Therapie sind. Die Erfolge der Behandlung sind umso größer, je eher die Eltern die Veränderung beim Kind akzeptieren und bereit sind, sich selbst zu ändern. Diese Beobachtung von Beezley et al. (1976) zeigt deutlich, wie eng i.S. des Mißhandlungssyndroms Veränderungen der Kinder und Veränderungen der Eltern zusammenhängen.

(2) Gruppentherapie

Sie ist für ältere Kinder (ab 8 Jahren) geeignet, die insbesondere Probleme im Umgang mit Gleichaltrigen haben.

Psychotherapeutische Arbeit mit der ganzen Familie

Entsprechend der Einsicht, daß Kindesmißhandlung und -vernachlässigung, ebenso wie andere Formen intrafamiliärer Gewalt, meist eine längerfristige Folge intrafamiliärer Kommunikationsstörungen sind, kommt der Familientherapie, dort, wo sie indiziert ist, eine besondere Bedeutung zu. Sie muß den Besonderheiten der Familienstruktur Rechnung tragen, also die starren Grenzen der Familie gegenüber der Außenwelt auflösen, die einzelnen Familienmitglieder mehr zur Selbstabgrenzung und Selbstbestimmung ermuntern, die Situation des mißhandelten Kindes allen verständlich machen und nach angemessenen Behandlungsfortschritten des Kindes und des "Täters" der Familie eine Rekonstruktion der familiären Wechselbeziehungen auf neuer Grundlage ermöglichen. Hierfür kann eine Reihe von Methoden eingesetzt werden, die jedoch bei der Anwendung durch Unerfahrene zur

Eskalation familiärer Konflikte beitragen können (Larson, 1986).

Ambulante und stationäre Familientherapie können mit Trainingsangeboten an die Eltern allein oder an die ganze Familie kombiniert werden (vgl. Remschmidt et al., 1990):

(1) Bei der stationären Familientherapie lebt die Familie mehrere Wochen oder Monate in zu diesem Zweck geschaffenen Wohneinheiten und wird von qualifizierten Helfern und Therapeuten betreut. Zu Beginn konzentriert sich die Behandlung auf eine Entlastung von Alltagspflichten mit dem Ziel, sich wieder auf die Eltern-Kind-Beziehung zu konzentrieren (re-parenting). Es folgt eine Phase der therapeutischen Arbeit mit den Familienmitgliedern und der Familie als Ganzer, wobei die familiären Interaktionsmuster verbessert werden. Dabei werden, je nach angewandter Methode, Interaktionen durchgespielt (auch solche, aus denen schon Mißhandlungen entstanden sind), um alternative Lösungsversuche und Verhaltensweisen aus der Situation selbst abzuleiten. Der Vorteil dieser aufwendigen Methode besteht darin, daß alle Familienmitglieder anwesend sind, daß man auf diese Weise stets einen Eindruck von der Motivation der Familie hat, sich zu ändern und daß kritische Situationen genau analysiert und durchgespielt werden können. Auf der anderen Seite werden die Familien vom Behandlungszentrum abhängig, und das Ganze spielt sich in einer artifiziellen Situation ab, so daß die Generalisierung auf alltägliche Familiensituationen unklar bleibt.

(2) In der ambulanten Familientherapie sind ähnliche Vorgehensweisen möglich. Sie ist weniger aufwendig und vereinbar mit der beruflichen Tätigkeit der Ehepartner. Andererseits sind Einwirkungsdauer und Einwirkungsintensität relativ gering. Nicht jede Familie ist für eine Familientherapie geeignet, da diese ein gut entwickeltes Ausdrucksvermögen, Vertrauen in den Therapeuten und eine hohe Motivation voraussetzt.

Psychotherapeutische Arbeit mit den Eltern

Die therapeutische Arbeit mit den Eltern erstreckt sich sowohl auf Konflikte und Probleme der Eltern als auch auf die Eltern-Kind-Beziehung.

Dabei kommen folgende Problemkreise zur Sprache:

1. selbst erlebte Mißhandlungen in der Kindheit;
   a) Ehe- und Partnerschaftsprobleme;
   b) soziale Situation der Familie;
   c) Eltern-Kind-Beziehung;
   d) Unerwünschtheit des Kindes;
2. nicht akzeptierte körperliche oder seelische Mängel des Kindes;
3. Situationsanalyse derjenigen Situationen, in denen Impulse zur Gewaltanwendung entstehen.

Das Ziel ist jeweils eine Rekonstruktion der Eltern-Kind-Beziehung unter starker Berücksichtigung der eigenen Biographie der Eltern, ihrer Persönlichkeit und ihres Erziehungsverhaltens. Erscheint dieser Weg nicht gangbar oder mißlingt er, so müssen rechtliche und institutionelle Maßnahmen ergriffen werden. Diese bedeuten in der Regel einen Entzug des Rechtes der elterlichen Sorge gemäß § 1666 BGB und eine Unterbringung des Kindes in einer geeigneten Einrichtung.

Rezidivprophylaxe

Schon in der Akutsituation der Kindesmißhandlung muß man sich ein Urteil darüber bilden, ob eine Rückfallgefahr vorliegt. Diese ist für das Kind immer bedrohlich und oft auch lebensgefährlich. Die Gefahr eines Rezidivs ist nicht einfach abzuschätzen. Bedacht werden müssen dabei folgende Gesichtspunkte:

(1) Persönlichkeit und Folgen der Mißhandlung für die Eltern

Die Wiederholungsgefahr einer Kindesmißhandlung ist groß, wenn die Eltern bzw. der mißhandelnde Elternteil psychiatrisch auffällig sind oder die Persönlichkeit extrem reizbar und explosibel beschrieben werden muß. In solchen Fällen ist zunächst eine Herausnahme des Kindes aus der Familie dringend indiziert, weil die Wiederholungsgefahr groß ist und damit schwere Schäden für das Kind entstehen können. Auch Schuldgefühle von Eltern, die ihre Kinder mißhandelt haben, und mit denen sie nicht fertig werden, spielen in diesem Zusammenhang eine wichtige Rolle. Ebenso begünstigt ausgeprägter Alkoholmißbrauch eine Wiederholungsgefahr.

Sind beim Kind erst schwere Schäden entstanden, so kann auch dies das Wiederholungsrisiko begünstigen. Vorwürfe des nicht mißhandelnden Elternteils und eine gestörte Partnerschaft, deren Zerrüttung durch die Mißhandlung noch gesteigert wurde, tun ein übriges.

(2) Persönlichkeit und Folgen der Mißhandlung für das Kind

Auch seitens des mißhandelten Kindes gibt es Einflüsse, die eine Wiederholungsgefahr begünstigen: ängstliches Verhalten, Leistungsversagen, ein immer stärkeres Abweichen von der elterlichen Erwartung, Regression in der eigenen Entwicklung (z.B. Wieder-Einkoten, Wieder-Einnässen) tragen dazu bei, daß der mißhandelnde Elternteil das Kind immer mehr ablehnt und in Situationen, in denen die Belastung zu groß wird, auf das Kind erneut einschlägt.

(3) Art und Ausmaß der Mißhandlung

Es gibt Mißhandlungen, die so ausgeprägt sind, daß eine Entfernung des Kindes aus der Familie in jedem Falle in der Akutphase indiziert ist. Hinzu gehören Formen der Mißhandlung, die schon primär lebensbedrohlich sind wie Würgen, Beibringen massiver Kopfverletzungen, Schlagen mit Gegenständen und ausgesprochen sadistische Verhaltensweisen, denen ohnehin ein hohes Wiederholungsrisiko innewohnt. Aber auch "mildere" Arten der Mißhandlung geben keine Garantie für ein künftiges Unterlassen gewalttätiger Handlungen gegenüber dem Kind.

(4) Einsichts- und Kooperationsfähigkeit der Familie

Auch wenn die Familie bzw. der mißhandelnde Elternteil wenig Einsicht in sein Fehlverhalten hat, die Verletzungen des Kindes verharmlost oder fadenscheinige Erklärungen für die Verletzungen hat, die nicht stimmen können, ist die Wiederholungsgefahr groß. Gleiches gilt für eine Verweigerung der Kooperation durch die Familie sowie für beobachtete Hinweise eines emotional kalten und barschen Umgangs der Eltern mit ihren bereits mißhandelten Kindern.

Administrative Maßnahmen und Kooperation

Viele Interventions- und Therapiemaßnahmen hängen hinsichtlich ihrer Wirksamkeit von der Kooperation derjenigen ab, die mit der jeweiligen Problematik im Einzelfall vertraut sind. Dies betrifft in erster Linie neben der Familie und dem betroffenen Kind die Ärzteschaft, die Jugend- und Sozialämter, Kindergarten oder Schule und u.U. auch die Justizbehörden. Zunächst kommt es darauf an, daß derjenige, der als erster mit dem Mißhandlungsfall betraut ist, die notwendigen Informationen weitergibt und mit den entsprechenden Instanzen Kontakt aufnimmt. Dies betrifft zunächst die Information des Jugendamtes und dann jene Personen, die im unmittelbaren Lebensraum des Kindes eine wichtige Rolle spielen. Wenn schwerwiegende Verletzungen vorliegen, so muß auch erwogen werden, ob das Gericht eingeschaltet wird. Aus psychiatrischer Sicht wird immer dem helfenden Eingreifen der Vorzug gegeben. Es gibt aber Fälle von Mißhandlung (insbesondere bei sadistischer Ausprägung und in Wiederholungsfällen), in denen ein strafrechtliches Vorgehen erforderlich ist. In jedem Fall sollte im Rahmen der administrativen Maßnahmen die Federführung der Betreuung des Kindes und seiner Familie in einer Einrichtung liegen, die auf dem Sektor der Kindesmißhandlung und -vernachlässigung ausreichende Erfahrung hat. In Frage kommen kinder- und jugendpsychiatrische Ambulanzen und Kliniken, Kinderkliniken, Kinderschutzzentren und Beratungseinrichtungen des Kinderschutzbundes.

Prävention

Neuerdings wird versucht, i.S. einer primären Prävention jene Kinder, Eltern und Familien ausfindig zu machen, die bezüglich eines Mißhandlungssyndroms gefährdet sind. Dabei sollte der Interaktionsansatz zugrunde gelegt werden, der nach jenen Merkmalen der Kinder, der Eltern und der Familie als Ganzer sucht, welche i.S. einer Risikobelastung Kindesmißhandlungen begünstigen.

Dabei wurden auch Instrumente entwickelt, die es erlauben, ein Mißhandlungsrisiko bei Eltern bzw. erwachsenen Bezugspersonen zu objektivieren. Ebenso versucht man, bereits unmittelbar nach der Geburt jene Kinder zu identifizieren, die einem erhöhten Risiko, mißhandelt zu werden, unterliegen.

Weiterführende Literatur:

Engfer, A.: Kindesmißhandlung. Ursachen, Auswirkungen, Hilfen. Enke, Stuttgart 1986.
Olbing, H.; Bachmann, K.D.; Gross, R.(Hrsg.): Kindesmißhandlung. Deutscher Ärzte Verlag, Köln 1989.

Literatur

Engfer, A.: Kindesmißhandlung. Ursachen, Auswirkungen, Hilfen. Enke, Stuttgart 1986.
Friedman, S.B.; Morse, C.B.: Child abuse: a five-year follow-up of early case finding in the emergency department. Pediatrics 54, 404-410, 1974.
Kempe, C.H.; Helfer, E.R.: Helping the battered child and his family. Lippicott, Philadelphia 1972.
Larson, N.R.: Familientherapie mit Inzestfamilien. In: Backe, L.; Leick, N.; Merrick, J.; Michelsen, N. (Hrsg.): Sexueller Mißbrauch von Kindern in Familien, 104-117. Deutscher Ärzteverlag, Köln 1986.
Martin, H.P.; Beezley, P.: Therapy for abusive parents: its effect on the child. In: Martin, H.P (Ed.): The abused child. A multidisciplinary approach to developmental issues and treatment, 251-263. Ballinger, Cambridge/Mass. 1976.
Olbing, H.; Bachmann, K.-D.; Gross, R. (Hrsg.): Kindesmißhandlung. Eine Orientierung für Ärzte, Juristen, Sozial- und Erzieherberufe. Deutscher Ärzteverlag, Köln 1989.
Remschmidt, H.: Kindesmißhandlung und -vernachlässigung. In: Remschmidt, H.; Schmidt, M.H. (Hrsg.): Kinder- und Jugendpsychiatrie in Klinik und Praxis, Bd. III, 366-373. Thieme, Stuttgart, New York 1985.
Remschmidt, H.; Hacker, F.; Müller-Luckmann, E.; Schmidt, M.H.; Strunk, P.: Ursachen, Prävention und Kontrolle von Gewalt aus psychiatrischer Sicht. In: Schwind, H.D.; Baumann, J. et al. (Hrsg): Ursachen, Prävention und Kontrolle von Gewalt, 157-292. Duncker & Humboldt, Berlin 1990.
Strunk, P.: Aggression in der Familie. (unveröffentlichtes Manuskript) Freiburg 1988.
Stutte, H.: Probleme der körperlichen und seelischen Kindesmißhandlung. Jahrbuch für Jugendpsychiatrie und Grenzgebiete 8, 122-133, 1971.
Trube-Becker, E.: Gewalt gegen das Kind. Kriminalistik-Verlag, Heidelberg 1987[2].

32. Sexueller Mißbrauch und sexuelle Mißhandlung

Helmut Remschmidt

32.1 Definition und Epidemiologie

Unter *sexuellem Mißbrauch* versteht man die Einbeziehung von Kindern und Jugendlichen in sexuelle Aktivitäten, deren Funktion und Tragweite sie nicht überschauen können. Sexueller Mißbrauch ist auch dann gegeben, wenn die sexuellen Aktivitäten nicht ausdrücklich gegen den Willen eines Kindes und ohne die Anwendung von Gewalt erfolgen.

Von *sexueller Mißhandlung* wird gesprochen, wenn es zur Gewaltanwendung kommt und die sexuellen Aktivitäten gegen den Willen des Kindes herbeigeführt werden. Eine häufige Form des sexuellen Mißbrauchs ist der *Inzest*, worunter man die Ausübung des Geschlechtsverkehrs mit Familienangehörigen versteht. Dabei sind sexuelle Beziehungen zwischen Vater und Tochter bzw. Stiefvater und Stieftochter am häufigsten. Jeder Fall sexuellen Mißbrauchs von Kindern ereignet sich in einer asymmetrischen Macht- und Abhängigkeitssituation zuungunsten des kindlichen Opfers.

Etwa jeder 3. bis 4. Erwachsene wurde als Kind einmal sexuell belästigt. Nach Erhebungen in den USA geben rund 5 - 10% der erwachsenen Frauen an, inzestuöse Erfahrungen zu haben. Letztere sind meist nicht punktuelle Ereignisse, sondern haben im Durchschnitt 2-3 Jahre angehalten.

Nach Angaben der polizeilichen Kriminalstatistik ereignen sich jährlich in der Bundesrepublik rund 15.000 Fälle von sexuellem Mißbrauch, wobei an diesen Taten mehr als 15.000 Kinder als Opfer beteiligt waren (unter ihnen rund 77% Mädchen).

Aus diesen Zahlen wird deutlich, daß bei verschiedenen Taten mehrere Kinder Opfer waren. Nach Erhebungen des Bundeskriminalamtes entfallen von den sexuellen Straftatbeständen etwa 36% auf sexuellen Mißbrauch von Kindern (§ 176 StGB), 24% auf Exhibitionismus (§ 183), 22% auf Vergewaltigung (§ 177 StGB) und rund 8% auf sexuellen Mißbrauch von Schutzbefohlenen (§ 174 StGB) und Inzest (§ 173 StGB).

Die Opfer sexuellen Mißbrauchs und sexueller Mißhandlung sind vor allem Mädchen, von denen rund 80% unter 14 Jahren sind. Die Täter sind überwiegend Männer im Alter zwischen 25 und 40 Jahren.

32.2 Störungsprofil

Sexueller Mißbrauch von Kindern und Jugendlichen kommt in sehr unterschiedlichen Formen und mit unterschiedlichen Begleitumständen vor. Je nach Art und Begleitumständen und auch im Hinblick auf die möglichen Folgen kann man den intrafamiliären vom extrafamiliären sexuellen Mißbrauch unterscheiden, die jeweils mit oder ohne Gewaltanwendung erfolgen können.

Ohne Gewaltanwendung findet in der Regel die sexuelle Verführung Minderjähriger statt, wobei es aber fast regelmäßig zur Ausübung eines erheblichen psychischen Druckes kommt, der oft nicht minder schwere Folgen für die betroffenen Kinder hinterläßt als die physische Gewalt. Unter physischer Gewaltanwendung werden Kinder zur Duldung oder zur Durchführung sexueller Manipulationen gezwungen, vergewaltigt oder gar, nach Ausführung der Mißhandlung, getötet.

Eine zuverlässige Übersicht über die einzelnen Formen der sexuellen Mißhandlung von Kindern wird durch das große Dunkelfeld, die Tabuisierung dieser Straftat und auch durch das sehr unterschiedliche Anzeigeverhalten erschwert. Bei der intrafamiliären sexuellen Mißhandlung unterbleibt die Anzeige oft aus Angst vor dem Täter, aus Furcht, die Familie insgesamt an den Pranger zu stellen, häufig aber auch deshalb, weil die Familie befürchten muß, durch die Bestrafung des Vaters oder Stiefvaters, die meist Täter sind, in wirtschaftliche Not zu geraten.

Aufgrund dieser und anderer Schwierigkeiten stützen sich die umfangreichen Erhebungen über den sexuellen Mißbrauch von Kindern im wesentlichen auf die retrospektiven Angaben von Erwachsenen über ihre Kindheit. Danach stehen bei den Opfern beiderlei Geschlechts Vaginal- oder Analverkehr an erster Stelle, gefolgt von orogenitalen Kontakten bei männlichen und genitalen Manipulationen bei weiblichen Opfern. Andere Praktiken kommen bei Opfern beiderlei Geschlechts etwa gleich häufig vor.

Diagnostik

Jedes diagnostische Vorgehen im Hinblick auf sexuellen Mißbrauch und sexuelle Mißhandlung beginnt damit, daß der Untersucher an diese Möglichkeit denkt und entsprechende Verdachtsmomente ernstnimmt. Hinweise auf möglichen sexuellen Mißbrauch erhält man gewöhnlich auf einem der folgenden Wege:

- Aussage des Kindes,
- gestörtes Verhalten oder Verhaltensänderungen des Kindes,
- physische Symptome oder Anzeichen,
- Verknüpfung mit anderen Formen der Mißhandlung,
- Beschuldigungen durch Eltern, Verwandte oder andere Erwachsene.

Innerhalb dieser breiten Kategorien kann die Wahrscheinlichkeit bislang nur grob geschätzt werden, daß sexueller Mißbrauch tatsächlich stattgefunden hat. Nach Damon et al. (1992) sollte insbesondere bei folgenden Hinweisen eine ausführliche Diagnostik im Hinblick auf sexuellen Mißbrauch erfolgen:

- Altersunangemessenes Sexualverhalten oder -wissen des Kindes,
- Aussage des Kindes über sexuellen Mißbrauch oder Inzest,
- körperliche Hinweise, die einen sexuellen Mißbrauch vermuten lassen,
- Bericht eines Geschwisterkindes oder anderer Informanten über einen sexuellen Mißbrauch.

Die diagnostischen Probleme sind jedoch groß. Da sich körperliche Hinweise nur bei einem kleinen Teil der Opfer von sexuellem Mißbrauch finden, erhält die psychiatrische Diagnostik einen hohen Stellenwert in der Validierung von Anklagen. Viele Daten aus verschiedenen Quellen müssen zusammengeführt werden, bevor man sich eine fundierte Meinung bilden kann. Die Diagnostik des sexuellen Mißbrauchs ist eine komplizierte und herausfordernde Aufgabe. Weder in Bezug auf das Kind noch in Bezug auf den Täter gibt es eindeutige Merkmale bzw. Symptome und entsprechend kein sicheres diagnostisches Instrument. Ein Viertel bis ein Drittel der "inzestuösen Väter" imponieren vom Verhalten und psychopathologisch als ganz normal. Darüber hinaus ist die psychische Situation des Kindes meist sehr schwierig und seine Gefühle ambivalent.

Im Rahmen der Diagnostik sollten folgende allgemeine Prinzipien berücksichtigt werden:

(1) Art und Gründlichkeit der diagnostischen Bemühungen sollten in einer vernünftigen Relation zum Ausmaß des Verdachts im jeweiligen Einzelfall stehen (Prinzip der Verhältnismäßigkeit). Ein erheblicher Verdacht rechtfertigt eine vollständige pädiatrische und psychiatrische Untersuchung. Bei geringerem Verdacht bietet sich z.B. an, dem Kind und/oder den Eltern einige Screening-Fragen zu stellen, wovon wiederum abhängig gemacht wird, ob man dem Verdacht weiter nachgeht. Durch dieses mehrstufige Vorgehen kann sowohl Übereifer in unbegründeten Fällen als auch Wegsehen in begründeten Fällen vermieden werden.

(2) Traumatische Konsequenzen der körperlichen Untersuchung sollten vermieden werden, indem z.B. die Untersuchung bei Widerstand aufgeschoben wird und Berührungen auf das Notwendigste beschränkt bleiben.

(3) Multiple Untersuchungen sollten möglichst vermieden werden. Die zuerst gewählte Vertrauensperson sollte das Kind zu allen Untersuchungen begleiten können (Fegert, 1993).

(4) Externe Informationsquellen sollten soweit wie möglich genutzt werden. Dabei geht es in erster Linie um eine Objektivierung von Verhaltensänderungen oder Auffälligkeiten des Kindes, ohne daß der Mißbrauchsverdacht vorzeitig mitgeteilt wird.

(5) Bei Aussagen von Kindern oder Jugendlichen ist stets auch deren Glaubwürdigkeit zu bedenken. Falsche Aussagen durch Kinder sind eher selten, im Jugendalter jedoch häufiger. Auch die Möglichkeit einer Falschbezichtigung muß erwogen werden, insbesondere wenn es sich um psychisch auffällige Jugendliche handelt.

Folgen sexuellen Mißbrauchs bei Kindern und Jugendlichen

Diesbezüglich lassen sich kurzfristige von mittel- bis langfristigen Folgen unterscheiden, die jeweils nicht nur vom Tatbestand als solchem, sondern auch von den Begleitumständen (z.B. Gewaltanwendung, Familienangehöriger als Täter, Situation der Heimlichkeit) abhängen.

Als *kurzfristige Folgen* sind bekannt: körperliche Verletzungen, Schmerzen, Enttäuschung, Mißtrauen, Resignation und Depression, massive Beeinträchtigung des Selbstwertgefühls, Gefühl der Ohnmacht und des Ausgeliefertseins, Leistungsversagen in der Schule, sozialer Rückzug, Suizidgedanken oder Suizidversuche.

Beim sexuellen Mißbrauch innerhalb der Familie kommen Kinder und Jugendliche (meist Mädchen) regelmäßig in Loyalitätskonflikte bezüglich ihrer Eltern. Ist der Vater oder Stiefvater der Täter, so verbietet er regelmäßig dem sexuell mißbrauchten Kind, mit der Mutter über den Tatbestand zu sprechen, was das Verhältnis des Kindes zur Mutter tiefgreifend stört. Das Gebot der Geheimhaltung und der Heimlichkeit liegt als bedrückende Last auf dem Opfer, das sich gegen den sexuellen Mißbrauch als schwächstes Glied im Machtgefüge nicht wirksam wehren kann. Oft wird die versuchte Gegenwehr durch Gewaltanwendung zunichte gemacht. Nicht selten wissen aber auch die Mütter vom sexuellen Mißbrauch der Töchter durch den Vater, dulden ihn aber machtlos und stillschweigend, weil sie die wirtschaftlichen Folgen einer Bestrafung des Vaters durch eine etwaige Anzeige fürchten oder den Ehepartner nicht verlieren möchten.

Die *mittel- bis langfristigen Folgen* liegen im wesentlichen in drei Bereichen:

(1) Beeinträchtigung der sexuellen Befriedigung und Partnerschaftsstörungen

Der sexuelle Mißbrauch stellt für viele Kinder und Jugendliche das erste sexuelle Erlebnis mit einem "Partner" dar, der beiden Geschlechtern angehören kann, in der Regel viel älter ist und aufgrund seiner "Machtstellung" das sexuelle Primärerlebnis nicht nur durch Gewaltanwendung oder andere unschöne Umstände entwertet, sondern völlig asymmetrisch gestaltet. Der sexuelle Akt wird dadurch für die Opfer mit dem Gefühl des Ausgeliefertseins, der Machtlosigkeit und der Unterlegenheit assoziiert, was keinerlei Eigenständigkeit oder Initiative erlaubt. In späteren Partnerschaften reproduziert sich häufig dieses Muster und kann nur durch viel Verständnis für das ehemals mißbrauchte Kind mühsam abgebaut werden.

(2) Störungen der Identitätsentwicklung

Auch die Identitätsentwicklung und die Übernahme der jeweiligen Geschlechtsrolle kann durch die Erfahrung eines längerwährenden sexuellen Mißbrauchs erheblich beeinträchtigt werden. Z.B. entwertet der sexuelle Mißbrauch eines Mädchens durch den eigenen Vater oder Stiefvater nicht nur das Bild des Vaters und das Bild eines männlichen Partners, sondern auch die Beziehung der Eltern untereinander. Da die eheliche Beziehung der Eltern für ein Kind zunächst als Modell für heterosexuelle Beziehungen schlechthin gilt und auch für ein angemessenes Rollenverhalten, entsteht diesbezüglich Unsicherheit und Unfähigkeit, altersgemäße Lern- und Identifikationsprozesse erfolgreich zu bewältigen.

(3) Psychische Störungen und Erkrankungen

Sexuell mißbrauchte und mißhandelte Kinder zeigen nicht nur kurzfristig und unmittelbar nach den Erlebnissen psychische Störungen und Verhaltensauffälligkeiten, sondern können auch, besonders bei langjährigem sexuellen Mißbrauch, langfristig chronische Konflikte oder schwere psychische Erkrankungen davontragen. Häufig sind depressive Verstimmungen, Appetit- und Schlafstörungen sowie Suizidgedanken, massive Lern- und Leistungsstörungen, Verwahrlosungstendenzen, die oft neurotischen Charakter haben und mit Weglaufen, ausgeprägtem Oppositionsverhalten und der Ablehnung jeder familiären Beziehung assoziiert sind sowie hysterische Reaktionen und Konversionssyndrome. Bei letzteren hatte Freud in seinen frühen Schriften zunächst an den Inzest als führende Ursache gedacht, was er in späteren Arbeiten auf "Inzestphantasien" reduzierte. Schließlich sind im Rahmen von Selbstwertkrisen auch Suizidversuche sowie selbstverletzendes und destruktives Verhalten bekannt.

Es ist ferner wichtig zu wissen, daß die Auseinandersetzung mit dem sexuellen Mißbrauch in zeitlicher Hinsicht verschiedene Phasen durchläuft, was Summit (1981) im Hinblick auf die Verarbeitung inzestuöser Erlebnisse zur Unterscheidung von vier Phasen (Geheimhaltung, Hilflosigkeit, Akkommodation, Enthüllung) veranlaßt hat.

Ätiologie und Genese

Im Hinblick auf Ätiologie und Genese können individuumzentrierte Ansätze von interaktionsorientierten und soziologischen unterschieden werden.

(1)   Individuumzentrierte Ansätze

Diese gehen von bestimmten Täter- und Opfer-Merkmalen aus. Bei den Tätern handelt es sich häufig um introvertierte, zurückhaltende, passive, unter sozialer Isolierung leidende Männer überwiegend aus dem sozialen Nahraum. Sie haben oft selbst eine Vorgeschichte mit physischer oder sexueller Mißhandlung und ein geringes Selbstwertgefühl, sind egozentrisch und autokratisch im Umgang mit den Familienmitgliedern. Häufig handelt es sich um narzißtische Persönlichkeiten mit wenig ausgeprägten Fähigkeiten, zwischenmenschliche Beziehungen und insbesondere sexuelle Partnerschaften aufzunehmen. Sie empfinden erwachsene Frauen oft als dominant und fühlen sich altersentsprechenden sexuellen Beziehungen nicht gewachsen. Sie vertreten meist ein rigides Moral- und Wertesystem (Marquit, 1986). Unter den psychopathologischen Konstellationen spielen, wie bei der körperlichen Kindesmißhandlung, Alkohol- und Drogenmißbrauch sowie egozentrische und narzißtische Persönlichkeitsstrukturen eine zentrale Rolle.

(2)   Interaktionsorientierte Ansätze

Sie betrachten den sexuellen Mißbrauch innerhalb einer Familie nicht als Versagen eines Individuums, sondern als Störung des gesamten Familiensystems. In dieser Sichtweise ist z.B. der Inzest nicht der Beginn, sondern die Folge einer länger bestehenden schwerwiegenden intrafamiliären Kommunikationsstörung. Inzestfamilien haben Schwierigkeiten, mit den Grenzen zwischen den Familienmitgliedern umzugehen (sogenannte "verstrickte Familien"). Sie neigen dazu, zwischen der Familie und der Umwelt besonders starre Grenzen zu errichten. Dies führt dazu, daß sich nahezu alle Aktivitäten innerhalb der Familie abspielen, während nach außen eine Abriegelung betrieben wird. Dies führt zur Isolation der Familie und zu einer großen wechselseitigen Abhängigkeit der Familienmitglieder. Dadurch werden die Generations- und Rollengrenzen zwischen den Familienmitgliedern verwischt. Kinder übernehmen z.T. die Rolle Erwachsener, Erwachsene haben unrealistische Erwartungen an die Kinder, von der Übernahme erwachsenentypischer Verantwortung für die Familie bis zur Befriedigung sexueller und emotionaler Bedürfnisse der Eltern. Aufgrund dieser intrafamiliären Verstrickung aller Familienmitglieder und der Entwicklung von z.T. symbiotischen Beziehungen wird einerseits sexueller Mißbrauch erleichtert, andererseits die Anzeige eines solchen für unmöglich gehalten, da der jeweils andere Elternteil sich ebenfalls in starker Abhängigkeit von dem mißhandelnden befindet. Auf diese Weise kommt dem sexuellen Mißbrauch vielfache Bedeutung im Hinblick auf intrafamiliäre Konfliktvermeidung oder Konfliktregulierung zu.

(3)   Soziologische Erklärungsansätze

Sie beziehen neben wirtschaftlichen Faktoren und defizienten Sozialisationsbedingungen folgende Faktoren ein (Finkelhor, 1982):

- Wandel der Sexualmoral (Enttabuisierung der Sexualität, Verwischung der Grenzen zwischen erlaubten und unerlaubten sexuellen Handlungen, hohe Erwartungen hinsichtlich sexueller Befriedigungsmöglichkeiten);
- Bedrohung der klassischen dominanten Sexualrolle des Mannes, die bei Männern Angst vor den sexuellen Wünschen der Frauen erzeugt;

- Zunahme der Ehescheidungen und der unvollständigen Familien bzw. der Familien, in denen Erwachsene mit nicht blutsverwandten jungen Mädchen zusammenleben;
- Zunahme der sozialen Isolation von Familien (Trend zur abgegrenzten und auf sich bezogenen Kleinfamilie).

Alle bisherigen Untersuchungen zeigen, daß der sexuelle Mißbrauch am häufigsten in der Familie oder im Bekanntenkreis zustandekommt. Über die Hälfte des sexuellen Mißbrauchs von Mädchen ereignet sich innerhalb der Familie und über ein Drittel wird durch bekannte Personen begangen, während unbekannte Täter nur 12% ausmachen. Bei männlichen Opfern überwiegen ebenfalls Familienmitglieder und Bekannte als Täter, unbekannte Personen sind etwas häufiger als bei weiblichen Opfern vertreten.

32.3 Therapie, Rehabilitation, Prävention

Alle Behandlungsmaßnahmen müssen sowohl der aktuellen Situation als auch den Folgen des sexuellen Mißbrauchs Rechnung tragen. Psychotherapeutische Maßnahmen sind stets in einen Gesamtplan zu integrieren, der alle Betroffenen und darüber hinaus auch die mit dem Fall befaßten Instanzen (z.B. Jugendamt, Gericht, Kliniken etc.) einbezieht. Interventionen lassen sich also nicht nur im engeren Sinne unter dem Blickwinkel der Psychotherapie betrachten, sondern in einem umfassenderen Kontext, in dem die Psychotherapie freilich einen wichtigen Platz hat.

Akute Intervention und Indikationsstellung für das weitere Vorgehen

Zunächst muß man sich ein Bild über Art und Ausmaß des sexuellen Mißbrauchs bzw. der sexuellen Mißhandlung machen und die akute Gefährdung, der das Kind weiterhin ausgesetzt ist, abschätzen. Deshalb empfiehlt es sich zunächst in jedem Falle, die Gefahr einer weiteren Mißhandlung durch Trennung von dem Mißhandelnden zu unterbinden. Dies gelingt nicht ohne juristische Maßnahmen i.S. des Kindesschutzes.

Im nächsten Schritt ist dann die Indikation für das weitere Vorgehen zu stellen. Dabei kann man nach Fürniss (1989) drei Interventionen unterscheiden:

(1) Die primäre Strafintervention

Bei ihr erfolgt eine Trennung des Kindes vom Mißhandler und eine Verurteilung desselben. Diese Vorgehensweise geht (direkt oder indirekt) davon aus, daß die Verantwortung und Schuld ausschließlich beim Mißhandler liegt. Diese Auffassung hat auch Folgen für die Familie, indem sie häufig zu einer dauerhaften Verurteilung der Vaterfigur führt, die langfristige Auswirkungen auf alle Familienmitglieder haben kann.

(2) Die primäre Kinderschutzintervention

Sie bringt das Kind vor der Familie in Schutz, d.h., sie nährt häufig auch die Interpretation, daß beiden Eltern der Vorwurf des Versagens gemacht werden muß und nicht nur demjenigen, der die Mißhandlung ausgeführt hat. Damit wird das Kind häufig auch jenem Elternteil entzogen, zu dem es eine gute Beziehung hat. Durch die Entfernung des Kindes aus der Familie werden die Eltern oft von eigenen Problemen abgelenkt und entwickeln nun eine neue Solidarität im "Kampf um das Kind". Das Kind wiederum entwickelt häufig Schuldgefühle, weil es die Entfernung aus der Familie als seine eigene Schuld empfindet.

(3) Die primäre therapeutische Intervention

Sie versucht, ob mit oder ohne Entfernung des Kindes aus der Familie, die gesamte Familie in ein therapeutisches Konzept einzubeziehen, welches nicht auf Bestrafung des Mißhandlers abzielt, sondern auf eine Rekonstruktion einer angemessenen Familiensituation.
Die grundlegenden therapeutischen Schritte dieser Vorgehensweise sind in Tab. 32.1 wiedergegeben (nach Fürniss, 1989).
Wie die Tabelle zeigt, erfolgt die therapeutische Intervention in sechs Schritten.
Im ersten Schritt kommt es zunächst darauf an, eine weitere sexuelle Mißhandlung zu verhindern. Dies ist in der Regel nicht ohne eine Trennung zwischen Kind und Mißhandler (hier wird der Vater als solcher behandelt) möglich.

Tabelle 32.1 Grundlegende therapeutische Schritte in der Behandlung der sexuellen Kindesmißhandlung (nach Fürniss, 1989)

---

1. Die Mißhandlung stoppen.

2. Der Vater übernimmt die alleinige Verantwortung für die Mißhandlung. Damit übernimmt er väterliche Verantwortung.

3. Beide Eltern übernehmen gleiche elterliche Verantwortung für das allgemeine Wohlergehen des Kindes. Wiederherstellung der Generationsgrenze.

4. Arbeit an der Mutter-Tochter-Beziehung. Problem: emotionale Distanz zwischen Mutter und Kind. Enttäuschung des Kindes und Rivalität mit der Mutter.

5. Arbeit am emotional-sexuellen Partnerkonflikt. Problem: sexueller Konflikt vermischt mit emotionaler Unreife und Abhängigkeit.

6. Arbeit an der Beziehung zwischen Vater und Tochter. Problem: Gefühle des Kindes über Haß, Liebe, Ohnmacht und Macht; Vaters Eifersucht und Kontrollbedürfnis.

Im zweiten Schritt der Behandlung soll der Vater die alleinige Verantwortung für die Mißhandlung übernehmen. Dies ist aus Gründen der Klarheit und Durchsichtigkeit nötig und auch im Hinblick darauf, daß nur auf diese Weise eine wirkliche Rekonstruktion des Vaterbildes wieder möglich wird.

Im dritten Schritt sind beide Eltern gefordert, indem sie die Verantwortung für die Erziehung und die Sorge für das Kind übernehmen. Auf diese Weise soll sichergestellt werden, daß nunmehr beide Eltern gewillt sind, für ihr Kind zu sorgen, auch der mißhandelnde Elternteil. Indem die Sorge zur gemeinsamen Aufgabe wird, trägt dieses Vorgehen dazu bei, daß das Vaterbild wieder schrittweise rekonstruiert werden kann. Diese gemeinsame Verantwortung steht keineswegs im Widerspruch dazu, daß sich der Vater aus "Schutzgründen" oder aus "Sicherheitsgründen" für das Kind für eine Zeitlang aus der Familie entfernt und an einem anderen Ort wohnt.

Im vierten Schritt wird der Versuch unternommen, die Mutter-Kind-Beziehung wieder zu normalisieren. Denn vielfach existiert eine erhebliche Enttäuschung beim Kind, daß die Mutter es nicht vor dem sexuellen Mißbrauch schützen konnte. Ein weiteres Ziel besteht darin, eine gute und vertrauensvolle Mutter-Kind-Beziehung in der Zukunft präventiv gegen einen weiteren Mißbrauch einzusetzen, denn wenn eine solche gute, tragfähige und vertrauensvolle Beziehung zur Mutter besteht, so kann das Kind bei der Gefahr eines weiteren sexuellen Mißbrauchs Schutz bei der Mutter suchen. In der Vergangenheit war dies oft nicht der Fall.

Im fünften Schritt kommt es darauf an, den bei den Eltern in der Regel vorhandenen emotionalen und sexuellen Partnerkonflikt therapeutisch anzugehen. In der Regel kommt es im Akutstadium des sexuellen Mißbrauchs bzw. unmittelbar nach der Aufdeckung desselben zu einer Vermischung zwischen Partner- und Elternrolle. Es sind häufig akute Dekompensationen bei beiden Eltern zu beobachten, beim mißhandelnden Elternteil z.B. Suizidversuche, Alkoholexzesse oder Flucht aus der Familie, beim nicht mißhandelnden Elternteil Scheidungsabsicht oder ebenfalls Flucht aus der gemeinsamen Wohnung. Es kommt also zunächst darauf an, diese Akutphase zu überwinden, um auf die meist zugrundeliegenden Partnerschaftskonflikte eingehen zu können, die nicht selten die Basis für den sexuellen Mißbrauch darstellen.

Erst im sechsten und letzten Schritt wird die Beziehung zwischen dem mißhandelnden Elternteil (meist Vater) und dem mißhandelten Kind zum zentralen Thema gemacht. Die Bearbeitung dieser Beziehung ist deswegen besonders wichtig, weil sie für die psychosexuelle Entwicklung des mißhandelten Kindes von ausschlaggebender Bedeutung ist. Gelingt es nicht, die Beziehung zum mißhandelnden Elternteil zu konsolidieren, so bestehen Gefahren für die spätere sexuelle Entwicklung der Mädchen, sei es i.S. unbefriedigender Beziehungen, sei es i.S. eines Abgleitens in die Prostitution. Wenn Jungen mißhandelt werden, so können natürlich ähnliche Folgen entstehen.

Wenn aufgrund der aktuellen Umstände des jeweiligen Falles eine primäre therapeutische Intervention nicht möglich ist und andere Interventionen bereits stattgefunden haben (z.B. Strafintervention oder Kinderschutzintervention), so läßt sich eigentlich in jedem Stadium der Weg zur therapeutischen Intervention finden. Dies sollte auch jeweils angestrebt werden.

Psychotherapeutische Arbeit mit dem Opfer

Wenngleich der Schwerpunkt der Intervention auf der Familie liegt, so bedeutet dies nicht, daß die individuelle Arbeit mit dem mißhandelten Kind (sei es allein oder in der Gruppe) weniger wichtig wäre. Sie ist von ausschlaggebender Bedeutung und beginnt in der Regel als individuelle Psychotherapie, kann aber, je nach Alter des Kindes, auch in der Kleingruppe ebenfalls betroffener Kinder fortgesetzt werden.

In der Regel empfiehlt es sich, mit dem Kind individuell zu beginnen, wobei je nach Alter des Kindes auch Hilfsmittel wie entsprechende Puppen und Spielmaterialien hilfreich verwendet werden können. Bei Kindern im Schulalter ist bereits der verbale Zugang recht gut möglich.

Therapieziele bei beiden Vorgehensweisen sind (Fürniss, 1989):

• Hilfestellung für das Kind, über die sexuelle Mißhandlung zu sprechen;
• Unterrichtung über die Anatomie der Geschlechtsorgane und die sexuelle Entwicklung;
• Hilfestellung zum Aufbau eines angemessenen Selbstwertgefühls;
• Hilfestellung zur Entwicklung von Selbständigkeit und Entscheidungsfähigkeit. Dadurch soll das Gefühl der Machtlosigkeit überwunden werden, das sexuell mißbrauchte und mißhandelte Kinder häufig kennzeichnet.

Die individuelle Behandlung eines sexuell mißbrauchten Kindes muß sich je nach Art und Dauer der sexuellen Mißhandlung und der Begleitumstände unterschiedlich gestalten. Wirksam und zweckmäßig sind (Engfer, 1986; Remschmidt, 1992):

(1) Abbau der Schuldgefühle des Kindes: Dem Kind ist das Gefühl zu nehmen, die Verantwortung für den sexuellen Mißbrauch oder Inzest zu tragen oder an einer etwaigen Auflösung der Familie schuld zu sein.
(2) Trennung zwischen Täter und Opfer: In der Regel sollte eher der Täter (meist der Vater) als das Kind die Familie verlassen. Nur so läßt sich vermeiden, daß der sexuelle Mißbrauch sich wiederholt.
(3) Aufbau einer vertrauensvollen Beziehung zum Therapeuten als Grundlage für jede weitere Form der angemessenen Begegnung mit Erwachsenen. Zugleich stellt diese die Basis für jede Behandlung dar.

(4) Sexualerziehung und Vorbereitung auf verantwortliches Handeln: Dieser Bereich gestaltet sich aufgrund der traumatischen Erfahrungen des Kindes besonders schwierig, muß aber in späteren Behandlungsphasen einbezogen werden, um künftige angemessene Sexualbeziehungen zu ermöglichen.
(5) Ausführliche Behandlung von Autonomieproblemen: Dabei geht es um Selbstkontrolle, Fremdkontrolle, Selbst- und Fremdbestimmung über den eigenen Körper, eigene Bedürfnisse und Kontakte.

Psychotherapeutische Arbeit mit dem Täter

Auch für den Täter ist in vielen Fällen eine individuelle Behandlung angezeigt, insbesondere bei psychopathologischen Zügen, Persönlichkeitsstörungen und einer defizienten Sozialisation. Nach einer Übersicht von Marshall et al. (1991) sind umfassende kognitiv verhaltenstherapeutische Programme für Pädophile, Inzesttäter und Exhibitionisten am effektivsten (anders bei Vergewaltigern), wobei in manchen Fällen zusätzlich Antiandrogene angewandt wurden.

Familientherapeutische Maßnahmen

Mittlerweile ist es unstrittig, daß der sexuelle Mißbrauch und sexuelle Mißhandlung häufig die Folgen einer längerfristigen Kommunikationsstörung in der Familie sind. Daher kommt es in der Therapie darauf an, eine Umstrukturierung herbeizuführen, die folgende Gesichtspunkte berücksichtigt:

• Auflösung der in der Regel starren Grenzen der Familie gegenüber der Außenwelt
• Stärkung der Selbstabgrenzung und Selbstbestimmung der einzelnen Familienmitglieder
• Verständlichmachung der Situation des sexuell mißhandelten Kindes
• individuelle Behandlung des Kindes, gegebenenfalls auch des Täters
• Prüfung der Frage, ob nach angemessenen Behandlungsfortschritten eine Rekonstruktion der intrafamiliären Wechselbeziehung möglich ist.

Hierfür existieren Methoden, die in der Hand des erfahrenen Familientherapeuten flexibel einsetzbar sind, jedoch bei der Anwendung durch Unerfahrene zur Eskalation familiärer Konflikte beitragen können.

Juristische Interventionen

Erfahrungen in verschiedenen Ländern haben gezeigt, daß mit der bloßen Bestrafung des Täters nicht viel erreicht ist. Daher hat sich der Leitsatz herausgebildet "Therapie statt Strafe". In vielen Fällen kann dieser Leitsatz jedoch nicht befolgt werden. Er wird heute auch wieder etwas kritischer gesehen. Denn es gibt immer wieder Fälle, in denen wegen der Schwere der Mißhandlung, der Rückfälligkeit des Täters und seiner Weigerung, an einer Behandlung mitzuwirken, eine Bestrafung unvermeidlich ist. Das Vorbild der USA hat gezeigt, daß man eine Anzeigepflicht mit einer Behandlungspflicht durchaus sinnvoll kombinieren kann. Als Folge der Anzeigepflicht wird zumindest ein größerer Teil von Tätern identifiziert. Durch die damit gekoppelte Behandlungspflicht ist die Chance einer Behandlung gegeben, die sehr häufig ein Auseinanderbrechen der Familie verhindert. Über die Vielzahl der Bestimmungen im deutschen Recht informiert die Monographie von Marquardt (1993).

Weiterführende Literatur:

Fürniss, T.H.: Sexueller Mißbrauch von Kindern: Ein multidisziplinäres Handbuch. Hogrefe, Göttingen 1992.
Backe, L.; Leick, N.; Merrick, J.; Michelsen, N. (Hrsg.): Sexueller Mißbrauch von Kindern in Familien. Deutscher Ärzte Verlag, Köln 1986.

Literatur

Backe, L.; Leick, N.; Merrick, J.; Michelsen, N; (Hrsg.): Sexueller Mißbrauch von Kindern in Familien. Deutscher Ärzteverlag, Köln 1986.
Damon, L.L.; Card, J.A.; Todd, J;: Incest in young children. In: Ammerman, R.T.; Hersen, M. (Hrsg.): Assessment of family violence. A clinical and legal sourcebook, 148-172. Wiley, New York 1992.

Engfer, A.: Kindesmißhandlung. Ursachen, Auswirkungen, Hilfen. Enke, Stuttgart 1986.
Fegert, J.M.: Sexuell mißbrauchte Kinder und das Recht. Bd. 2: Ein Handbuch zu Fragen der kinder- und jugendpsychiatrischen und psychologischen Untersuchung und Begutachtung. Volksblatt Verlag, Köln 1993.
Finkelhor, D.: Sexual abuse: a sociological perspective. Child Abuse and Neglect 6, 95-102, 1982.
Fürniss, T.H.: Krisenintervention und Therapie bei sexueller Kindesmißhandlung in der Familie - Erfahrungen aus Großbritannien. In: Olbing, H.; Bachmann; K.-D.; Gross, R. (Hrsg.): Kindesmißhandlung. Eine Orientierung für Ärzte, Juristen, Sozial- und Erziehungsberufe, 77-89. Deutscher Ärzteverlag, Köln 1989.
Marquardt, C.: Sexuell mißbrauchte Kinder und das Recht. Bd. 1: Juristische Möglichkeiten zum Schutz sexuell mißbrauchter Mädchen und Jungen. Volksblatt Verlag, Köln 1993.
Marquit, C.: Der Täter - Persönlichkeitsstruktur und Behandlung. In: Backe, L.; Leick, N.; Merrick, J.; Michelsen, N. (Hrsg.): Sexueller Mißbrauch von Kindern in Familien, 118-136. Deutscher Ärzteverlag, Köln 1986.
Marshall, W.L.; Jones, R.; Ward, T.; Johnston, P.; Barbaree, H.E.: Treatment outcome with sex offenders. Clinical Psychology Review 11, 465-485, 1991.
Olbing, H.; Bachmann, K.-D.; Gross, R. (Hrsg.): Kindesmißhandlung. Eine Orientierung für Ärzte, Juristen, Sozial- und Erziehungsberufe. Deutscher Ärzteverlag, Köln 1989.
Remschmidt, H.: Sexuelle Kindesmißhandlung. Epidemiologie, Erscheinungsformen und Begleitumstände sexueller Kindesmißhandlungen. In: Olbing, H.; Bachmann, K.-D.; Gross, R. (Hrsg.): Kindesmißhandlung. Eine Orientierung für Ärzte, Juristen, Sozial- und Erziehungsberufe, 71-76. Deutscher Ärzteverlag, Köln 1989.
Remschmidt, H.: Psychiatrie der Adoleszenz. Thieme, Stuttgart 1992.
Summit, R.: Beyond belief. The reluctant discovery in incest. In: Kirkpatrick, M. (Ed.): Women in context. Plenum Press, New York 1981.

IV. Anwendung psychotherapeutischer Verfahren in verschiedenen Praxisfeldern

33. Ambulante Psychotherapie in der Praxis

Reinhard Schydlo

33.1 Einleitung

In der Praxis eines niedergelassenen Kinder - und Jugendpsychiaters ist es heute selbstverständlich, psychotherapeutisch zu arbeiten. Die Erweiterung der Facharztbezeichnung in „Facharzt für Kinder- und Jugendpsychiatrie und - psychotherapie" macht die schon seit langem selbstverständliche Einbeziehung der wissenschaftlich anerkannten Psychotherapieverfahren in die kinder- und jugendpsychiatrische Weiterbildung nach außen deutlich.

Dennoch bestehen in der Kinder- und jugendpsychiatrischen Kassenarztpraxis aufgrund des Kassenarztrechtes erhebliche Einschränkungen, bestimmte psychotherapeutische Methoden, z. B. Familientherapie, Gruppenpsychotherapie mit Eltern oder die Behandlung im natürlichen Milieu des Kindes (home treatment) im Rahmen der kassenärztlichen Tätigkeit anzuwenden. Die Vereinbarungen über die Anwendung von Psychotherapie in der "kassenärztlichen Versorgung" zwischen Kassenärztlicher Bundesvereinigung und den Bundesverbänden der RVO- bzw. Ersatzkassen lassen bis heute nur psychoanalytische und verhaltenstherapeutische Methoden zu.

33.2 Entwicklung der kinder- und jugendpsychiatrischen Praxen

Auch wenn die ambulante Versorgung durch niedergelassene Kinder- und Jugendpsychiater immer noch ungenügend ist, so stellen doch die niedergelassenen Fachärzte heute den hauptsächlichen Anteil der ambulanten kinder- und jugendpsychiatrischen Versorgung. Mittlerweile gibt es in Deutschland über 150 kinder- und jugendpsychiatrische Praxen. Nach dem Einigungsver-

trag steigt jetzt auch die Zahl niedergelassener und niederlassungswilliger Kinder- und Jugendpsychiater, die in der ehemaligen DDR "Kinder-Neuro-Psychiater" hießen, in den neuen Bundesländern allmählich an.

Bis in die 80er Jahre hinein war es sehr schwierig, das Fachgebiet Kinder- und Jugendpsychiatrie innerhalb der kassenärztlichen Versorgung zu etablieren. Es entwickelten sich unterschiedliche Praxisformen. Bis in die 70er Jahre bestanden nur einige kleinere Einzelpraxen, die man teilweise als „Hobbypraxen" bezeichnen konnte, da eine Existenzmöglichkeit durch die Praxistätigkeit allein kaum möglich war. Diese Praxen wurden meistens von Kinder- und Jugendpsychiaterinnen geführt, die ihr Auskommen entweder über die Tätigkeit ihres Mannes oder in einem anderen Hauptberuf fanden. Die Ursache dafür lag darin, daß bis 1982 die sehr zeitaufwendigen kinder- und jugendpsychiatrischen Leistungen in der ärztlichen Gebührenordnung gar nicht aufgenommen waren und auch bis heute nur ungenügend bewertet werden, was aus unserer Sicht dazu führte, daß die Attraktivität und Weiterentwicklung diese Faches eingeschränkt wurden. Trotz der sogenannten "Ärzteschwemme" und der großen Zahl verhaltensauffälliger und psychisch kranker Kinder herrscht im Fachgebiet Kinder- und Jugendpsychiatrie in Deutschland immer noch ein riesiger Versorgungsmangel. Ausgehend von der Zahl der Kinder- und Jugendpsychiater pro Einwohner bzw. pro Kind und Jugendlichen steht unser reiches Land Deutschland hinter Spanien an vorletzter Stelle der kinder- und jugendpsychiatrischen Versorgung in der Europäischen Union.

Andere niedergelassene Kinder- und Jugendpsychiater, die primär Nervenärzte oder Kinderärzte waren, führten ihre kinder- und jugendpsychiatrische Tätigkeit daher nur in begrenztem Ausmaß durch. Ihre Haupttätigkeit bestand entweder in der Neurologie, der Erwachsenen-

Psychiatrie, der Kinderheilkunde oder Psychotherapie mit Erwachsenen. Die Kombination mit einem dieser Fachgebiete wurde möglich, nachdem die Facharztbezeichnung "Kinder- und Jugendpsychiatrie" auch neben anderen verwandten ärztlichen Fachgebieten geführt und auf Antrag auch kassenärztlich ausgeübt werden konnte. So benutzten viele Kollegen, die geichzeitig Kinderärzte oder Nervenärzte waren, eines dieser Mutterfächer der Kinder- und Jugendpsychiatrie als ein wesentliches finanzielles Standbein, um Kinder- und Jugendpsychiatrie und Kinderpsychotherapie überhaupt durchführen zu können. Durch Biermann wurden seit dieser Zeit auch die Kinderärzte in Kursen zunehmend für die Kinderpsychotherapie sensibilisiert.

In den rein kinderpsychiatrischen Praxen kam es zu unterschiedlichen Schwerpunkten in den einzelnen Praxisformen: Einzelne Kinder- und Jugendpsychiater, vor allem auch in den neuen Bundesländern, arbeiteten hauptsächlich neuropädiatrisch, z. B. im Rahmen der Epileptologie, andere wieder nur psychotherapeutisch, unter Einbeziehung der Erwachsenenpsychotherapie. Selten arbeitet eine Praxis mit einer größeren Zahl nichtärztlicher Mitarbeiter, wie Heilpädagogen, Sozialarbeitern oder Diplom-Psychologen.

Vor 15 Jahren stellte es deshalb noch ein ausgeprochenes Wagnis dar, eine kinder- und jugendpsychiatrische Gemeinschaftspraxis mit psychotherapeutischem Schwerpunkt und mit dem Versuch der Integration eines therapeutischen Teams mit anderen Berufsgruppen zu gründen, um möglichst das gesamte Feld ambulanter kinder- und jugendpsychiatrischer Tätigkeit, von der Kinderneurologie bis zur Psychotherapie, abdecken zu können.

Im Gegensatz zu einer Praxisgemeinschaft, in der oft auch fachübergreifend verwandte Facharztgruppen, z. B. Kinderärzte oder Nervenärzte, mit Kinder- und Jugendpsychiatern in gleichen Praxisräumen und unter Nutzung des gemeinsam beschäftigten Personals zusammenarbeiten, ist eine Gemeinschaftspraxis ein Zusammenschluß von Ärzten eines gleichen Fachgebiets, die sich zu gleichen Teilen auch die Praxiskosten, wie Raum- oder Personalkosten, teilen. Der Vorteil einer Gruppenpraxis liegt nicht nur darin, daß sich die Fachärzte in kinderpsychiatrischen Subspezialisierungen, z. B. in neuropädiatrischen oder psychotherapeutischen Spezialkenntnissen oder in der Versorgung bestimmter Problemgruppen, ergänzen können, sondern daß besonders

eine Gemeinschaftspraxis in einem größeren therapeutischen Team mit anderen Berufsgruppen zusammenarbeiten kann.

33.3 Struktur und Arbeitsweisen kinder- und jugendpsychiatrischer Praxen

Die Krankheitsbilder, die in kinder- und jugendpsychiatrischen Praxen vorgestellt werden, entsprechen weitgehend denen in kinder- und jugendpsychiatrischen Ambulanzen. Es sind dies u. a.: Psychische Störungen im Zusammenhang mit Hirnfunktionsstörungen und Teilleistungsschwächen, wie Störungen der Wahrnehmungsfunktionen, der Psychomotorik oder der Sprachentwicklung; Störungen der Emotionalität und des Antriebsverhaltens; psychosomatische Erkrankungen, psychoreaktive und neurotische Störungen, Störungen der sexuellen Entwicklung; Autismus und Psychosen; Beeinträchtigung der intellektuellen Funktionen bis zu geistigen Behinderungen; dissoziale Reaktionen; Mißhandlungssyndrome; Drogenmißbrauch und Sucht; Epilepsie und andere neurologische Erkrankungen im Kindes- und Jugendalter, meist im Zusammenhang mit schwereren psychischen Störungen. Wie die Arbeitsweise und Organisation der Praxis Kinder- und Jugendpsychiatrie strukturiert ist, geht u. a. aus der Übersicht der Struktur unserer eigenen Gemeinschaftspraxis hervor (Abb. 33.1)

Schon bei der Anmeldung der Patienten ist eine emphatische Grundhaltung der Mitarbeiter, z. B. der Arzthelferin oder der Sekretärin am Telefon, nötig, nicht zuletzt um den Anmeldenden, in erster Linie den Eltern, die Schwellenängste zu nehmen, die in vielen Fällen noch der Kinder- und Jugendpsychiatrie gegenüber bestehen.

Diagnostische Maßnahmen

Voraussetzung für eine effektive kinder- und jugendpsychiatrische und -psychotherapeutische Behandlung ist in jedem Fall zunächst eine möglichst sorgfältige Diagnostik. Neben der ausführlichen biographischen Anamnese gehört hierzu die eingehende psychiatrische Untersuchung, die nicht nur das Kind, sondern die gesamte Familie

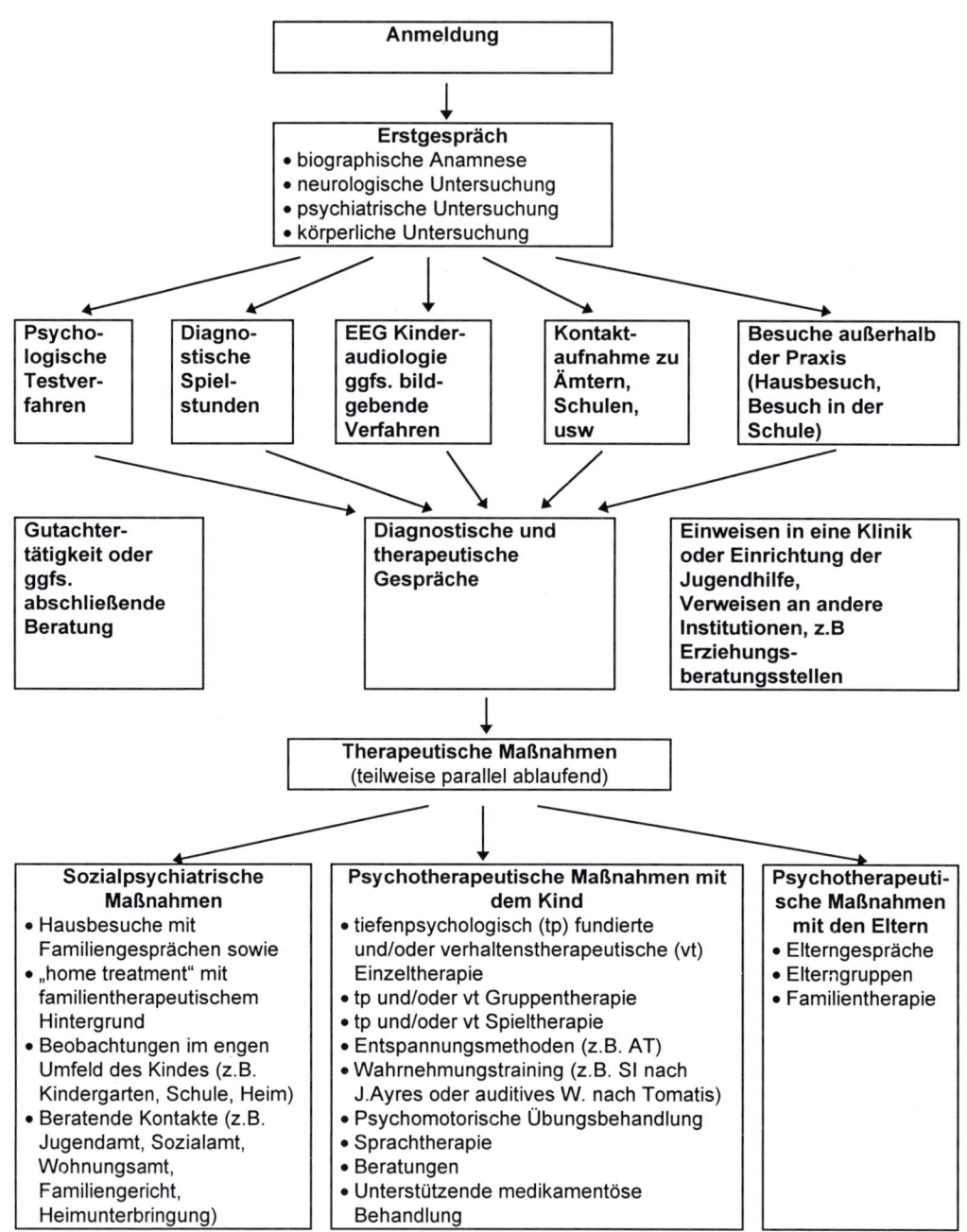

Abb. 33.1 Struktur der Arbeitsabläufe in einer kinder- und jugendpsychiatrischen Praxis

und Umwelt, deren Interaktion und Psychodynamik, erfassen sollte. Die weiterhin notwendige körperliche Gesamtuntersuchung, vor allem die ausführliche neurologische Untersuchung, sollte nicht nur schwerere neurologische oder andere körperliche Erkrankungen ausschließen, sondern in erster Linie die Wertigkeit aller organischen oder hirnorganischen Faktoren als Mitursache der psychischen Auffälligkeiten des Kindes berücksichtigen.

Mehrere statistische Untersuchungen an jeweils über 1000 Kindern unserer Praxis haben gezeigt, daß bei fast 90% aller uns ausschließlich wegen psychischer Probleme vorgestellten Kinder und Jugendlichen hirnorganische Faktoren oder Teilleistungsschwächen eine wichtige Rolle bei der Entwicklung der psychischen Symptomatik spielen. Diese Wertigkeit der körperlichen Symptome im Kind selbst wird heute noch vor allem durch nichtärztliche Berufsgruppen nicht genügend beachtet.

Die Mehrzahl der uns vorgestellten Patienten hatte vorher eine oder mehrere Beratungsstellen aufgesucht oder hatte eine "Psychotherapie" durchlaufen. Dabei war eine eingehende fachärztliche Diagnostik jedoch in den seltensten Fällen durchgeführt worden. So kam es vor, daß z. B. ein hyperkinetisches Syndrom, eine geistige Behinderung oder umschriebene Entwicklungsrückstände jahrelang nur mit psychoanalytischer Spieltherapie behandelt wurden.

Zur weiteren Diagnostik gehört die Durchführung psychologischer Testverfahren, z. B. tiefenpsychologischer Tests oder Leistungstests zur Bewertung der Wahrnehmung, der Motorik oder der Intelligenz, bei kleineren Kindern auch im Zusammenhang mit diagnostischen Spielstunden. In bestimmten Fällen, vor allem auch bei sozialen Problemen, sind Hausbesuche oder Besuche im Kindergarten oder in der Schule erforderlich, um sich ein genaueres Bild der Lebenssituation des Kindes und seiner Familie zu machen. Diese zusätzlichen diagnostischen Maßnahmen tragen zur Erkennung der Psychodynamik, der Interaktions- und Kommunikationsmuster innerhalb der Primärgruppe Familie und in den Sekundärgruppen Kindergarten, Schule, Freundeskreis usw. bei.

Therapeutische Maßnahmen

Erst nachdem die biologischen Faktoren im Kind selbst, die Interaktion des Kindes und seiner Umgebung und die psychischen und sozialen Faktoren der Gesamtfamilie in der umfassenden Diagnostik berücksichtigt und bewertet sind, kann ein Therapieplan erstellt werden. Im Vordergrund steht bei der Therapieplanung psychotherapeutischer Maßnahmen die Spezifität der Methodik, die bei dem jeweiligen Störungsmuster angemessen und wirksam erscheint. Um möglichst effektiv und wirtschaftlich arbeiten zu können, hat sich gerade in der kinder- und jugendpsychiatrischen Praxisarbeit gezeigt, daß eine einzige therapeutische Maßnahme nicht immer nur isoliert durchgeführt werden kann und sollte, sondern daß psychotherapeutische Methoden oder heilpädagogische Maßnahmen und Übungsbehandlungen durchaus kombiniert werden können.

Dafür ein *kasuistisches Beispiel:*

Der 9jährige Stefan wurde wegen zunehmender Unruhe, Konzentrationsstörungen sowie aggressiven Verhaltensauffälligkeiten und Tics vorgestellt. Durch sein Verhalten mitbedingt zeigte sich auch ein pathologisches Familienmuster: Die unterschiedliche Erziehungshaltung der Eltern, das extrem autoritäre Verhalten des Vaters und die überbeschützende Haltung der Mutter, wurden durch die Verhaltensweisen des Kindes verstärkt. Die Anamnese ergab mannigfache Risikofaktoren während der Schwangerschaft und Geburt. Die körperlich neurologische Untersuchung zeigte, deutliche statische und dynamische Koordinationsstörungen und Wahrnehmungsschwächen, die psychiatrische Untersuchung im Vordergrund eine Hyperaktivität und die die Hyperkinese noch verstärkende Haltung der Eltern.

Das ineinandergreifende Therapiekonzept bestand einerseits in einer psychomotorischen und sensomotorischen Übungsbehandlung, andererseits in Elterngesprächen und familientherapeutischen Maßnahmen, um den Familienmitgliedern ihre pathologische Interaktion zu verdeutlichen. Weiterhin wurde dem Jungen später das Autogene Training gegen seine Unruhe vermittelt, worunter auch die Tic-Symtomatik verschwand. Nach den anfänglichen familientherapeutischen Gesprächen hatten sich die Eltern einer Elterngruppe angeschlossen, die sich zuerst wöchentlich traf und mittlerweile in monatlichen Abständen trifft. Alle auffälligen Symptome des Kindes und seiner Familie konnten so in recht kurzer Zeit ausgeglichen werden.

Die von Remschmidt in Kap.1 erwähnten Grundsätze der alters- und entwicklungsbezogenen Abwandlung und der Variabilität und Praktikabilität psychotherapeutischer Maßnahmen sollten besonders beachtet werden. Je besser ausgebildet der Arzt für Kinder- und Jugendpsychiatrie und -psychotherapie und seine Mitarbeiter in den unterschiedlichen psychotherapeutischen Methoden sind, um so effizienter sind in der Regel die therapeutischen Maßnahmen. Wenn sich ein Therapeut ausschließlich auf nur eine Methode oder psychotherapeutische Schule konzentriert, schränkt er sich in der Regel selber in seinen therapeutischen Möglichkeiten ein. Die Kombination verschiedener psychotherapeutischer Methoden, die sich früher auszuschließen schienen, kann im Rahmen einer kinder- und jugendpsychiatrischen und psychotherapeutischen Behandlung durchaus angemessen sein. Da ein Therapeut jedoch selten alle psychotherapeutischen Techniken beherrschen kann, ist die Arbeit in einem Team mehrerer Therapeuten verschiedenster Ausbildung wirkungsvoller. Die einzelnen Therapeuten können sich so in ihrer Arbeit am besten ergänzen und in gemeinsamen Teambesprechungen oder in Supervisonsarbeit austauschen.

Beispiele psychotherapeutischer Methoden in der Praxis:

Psychoanalyse

Das psychoanalytische Vorgehen bei Kindern und vor allem bei Jugendlichen erfordert eine ausreichende Einsichtsfähigkeit des Patienten. Bei Kleinkindern wurde die psychoanalytische Methode zunehmend durch spieltherapeutische Techniken erweitert (z. B. durch Anna Freud, Melanie Klein, Winnicott und Zulliger). Langfristige psychoanalytische Behandlungen sind in der kinder- und jugendpsychiatrischen Praxis jedoch nur relativ selten notwendig. Sie finden Anwendung bei schweren neurotischen Entwicklungen mit psychischer und psychosomatischer Symptomatik, am ehesten bei frühen emotionalen Störungen. Suggestive und übende Techniken als Kombinationsbehandlungen sind hierbei laut Psychotherapie-Vereinbarungen grundsätzlich ausgeschlossen.

Tiefenpsychologisch fundierte Psychotherapie

Die tiefenpsychologische fundierte Psychotherapie strebt eine Konzentrierung des therapeutischen Prozesses durch bewußte Begrenzung des Behandlungszieles und durch ein vorwiegend konfliktzentriertes Vorgehen an. Als Sonderform der tiefenpsychologischen Psychotherapie gelten z. B. die tiefenpsychologisch fundierte Kurzzeittherapie, die Fokaltherapie, die dynamische Psychotherapie nach A. Dührssen oder die niederfrequente Psychotherapie. Sie können Anwendung finden bei psychosomatischen Erkrankungen, Konversionsneurosen, Angstneurosen u. a.

Verhaltenstherapie

Die Verhaltenstherapie umfaßt u. a. stimulusbezogene Methoden, z. B. die systematische Desensibilisierung bei schweren Phobien, response-bezogene Methoden, operante Konditionierung und Verhaltensübung (z. B. beim Einnässen), Methoden des Modell-Lernens, Methoden der kognitiven Umstrukturierung oder Selbststeuermethoden. Sie können z. B. bei psychogenen Eßstörungen oder Hyperaktivität zur Anwendung kommen, auch in Kombination mit anderen, z. B. familientherapeutischen Maßnahmen.

Funktionelle Übungsbehandlungen

Bei gleichzeitig vorliegenden Teilleistungsschwächen (z. B. Wahrnehmungsstörungen, motorischen Störungen, Legasthenie) stehen in erster Linie funktionelle Übungsbehandlungen im Vordergrund, z. B. die sensorische Integrationstherapie nach J. Ayres, die psychomotorische Übungsbehandlung nach E.J. Kiphard, das auditive Wahrnehmungstraining nach A. Tomatis usw. Über eine Bewegungstherapie und die Aktivierung psychomotorischer Abläufe können in den meisten Fällen auch das emotionale Befinden und das soziale Verhalten der betreffenden Kinder erheblich verbessert werden. Einige Methoden kombinieren auf der Grundlage tiefenpsychologischen Verständnisses eine Bewegungstherapie (z. B. die Konzentrative Bewegungstherapie) oder Entspannungsübungen (Funktionelle Entspannung). Das auditive Wahrnehmungstraining nach Tomatis sollte möglichst immer innerhalb einer systemischen Familientherapie erfolgen.

Familientherapie

Die kinder- und jugendpsychiatrische Behandlung war im weitesten Sinne immer schon familienzentriert, die Behandlung eines Kindes ohne die Einbeziehung seiner Familie und Umwelt erscheint kaum möglich. Die Indikation und das Setting für eine familientherapeutische Methode sind jedoch in jedem Falle zu beachten. Manchmal ist eine Mehrgenerations-Familientherapie angezeigt, in anderen Fällen steht die Mitbehandlung der Eltern im Vordergrund, manchmal nur die eines Elternteils. Nicht immer ist das Setting in Form der Einbeziehung der Gesamtfamilie sinnvoll.

Gruppentherapie

Als offene Gruppenpsychotherapie hat sich die Gruppenbehandlung auf tiefenpsychologischer und/oder verhaltenstherapeutischer Basis vor allem in der Adoleszenz sehr bewährt, besonders bei psychischen Störungen im Zusammenhang mit den in dieser Entwicklungsphase häufigen Identitätskrisen. Manchmal können sich auch hier verschiedene Methoden ergänzen, was ich am ehsten als "psychiatrische Gruppen-Psychotherapie" bezeichnen würde. Bei der Zusammenstellung einer Gruppe ist in jedem Fall die Struktur und die Gruppendynamik zu beachten. Die Struktur der Gruppenmitglieder im Hinblick auf Alter und Geschlecht sollte einigermaßen ausgeglichen sein. Verschiedene schwere Störungsbilder können sich ergänzen, manche können aber auch die Gruppendynamik hemmen.

So ist es schwierig, zu viele Jugendliche mit einer depressiven Symptomatik in eine Gruppe zu integrieren, während eine solche Gruppe durch Jugendliche mit hysterischen Anteilen wiederum aktiviert werden kann. Jugendliche mit Borderline-Strukturen, psychotischen Reaktionen, dissozialen Reaktionen, schweren Eßstörungen oder akuten psychischen Konflikten, können in einem begrenzten Ausmaß in einer solchen Gruppe integriert werden.

Bei kleineren Kindern sind Gruppen-Spieltherapien vor allem bei sozialen Störungen angezeigt. Wichtig ist bei Kleinkindern besonders die Einbeziehung der Eltern. Sehr effektiv ist hierbei auch die Durchführung von Elterngruppen, die jedoch in der Kassenarztpraxis nur begrenzt durchgeführt werden, da sie bislang noch nicht in die ärztlichen Gebührenordnungen aufgenommen wurden.

Die Aufteilung gruppenbezogener Angebote einer Praxis nach Inhalt und Zielgruppen geht aus Tabelle 33.1. hervor.

Tabelle 33.1 Aufteilung gruppenbezogener Angebote einer Praxis nach Inhalt und Zielgruppen

Gruppenangebote	für folgende Zielgruppen
Tiefenpsychologisch fundierte Soieltherapie	Kleinkinder
Heilpädagogische Maßnahmen	Klein-/Schulkinder
Verhaltenstherapie	Schulkinder und Jugendliche
Funktionelle Übungsbehandlungen	Klein-/Schulkinder
Tiefenpsychologisch fundierte Psychotherapie	Ältere Schulkinder und Jugendliche
Psychomotorische Übungsbehandlungen	Kinder und Jugendliche
Autogenes Training	Schulkinder ab 8. Lebensjahr
Elterngruppen	Eltern oder ein Elternteil
"Psychiatrische Psychotherapie"	Besonders Jugendliche und Heranwachsende

Entspannungsverfahren

Das Autogene Training, das meistens im Rahmen einer Gruppe von bis zu 6 Kindern oder Jugendlichen vermittelt wird, kommt in der Praxis in erster Linie bei leichteren psychosomatischen Reaktionen zur Anwendung, bei Kindern etwa ab dem 8. Lebensjahr. Es erweist sich als sehr effektiv, z. B. bei Nabelkoliken, Kopfschmerzen, Enuresis oder vegetativen Störungen, aber auch bei Stottern oder Schlafstörungen, wenn gleichzeitig ein vorliegender neurotischer Konflikt bearbeitet wird. Schwerere depressive Zustände, neurotische Entwicklungen, starke Ängste oder ein ausgeprägtes hyperkinetisches Syndrom können Ausschlußkriterien darstellen. Bei kleineren Kindern sind andere Entspannungstechniken, wie funktionelle Entspannung nach M. Fuchs, meist unter

Einbeziehung der Eltern, sehr effektiv, bei Jugendlichen auch die Relaxationsbehandlung nach Jakobson.

Home Treatment und sozialpsychiatrische Maßnahmen

Alle psychotherapeutischen Methoden finden eine Grenze, wenn die sozialen Störungen der Patienten oder die sozialen Probleme innerhalb der Gesamtfamilie überwiegen. Seit Juli 1994 sind endlich weitere, dringend notwendige Maßnahmen im Rahmen einer kinder- und jugendpsychiatrischen Praxis anwendbar, z. B. home treatment und andere sozialpsychiatrische Hilfen. Diese werden jedoch bisher leider nur von den Ersatzkassen finanziert und nicht, wie besonders dringend erforderlich, von den sogenannten Primärkassen, wie Orts-, Betriebs- und Innungs-Krankenkassen oder den Sozialhilfeträgern, obwohl ein Großteil der besonders sozial auffälligen Kinder und ihrer Familien bei diesen Kostenträger versichert sind. Wir selbst haben in zwei Modellversuchen die Effizienz dieser sozialpsychiatrischen Hilfen durch die Integration einer Sozialarbeiterin und einer Heilpädagogin in das therapeutische Team nachweisen können. Die Sozialarbeiterin sollte möglichst eine familientherapeutische Ausbildung haben, die Heilpädagogin eine tiefenpsychologisch fundierte. Sie können die Arbeit des Arztes in der Praxis erheblich ergänzen. Ihre Hausbesuche oder die Besuche in Schule oder Kindergarten tragen nicht nur zur diagnostischen Einschätzung bei, sondern erhöhen damit auch die therapeutischen Möglichkeiten, so daß die Notwendigkeit von Einweisungen in Kliniken oder Heime und damit auch die Behandlungskosten sozial schwer gestörter und gleichzeitig psychisch kranker Kinder erheblich reduziert werden können. In vielen Fällen, gerade bei Ausländerfamilien oder bei schweren Erkrankungen der Mutter, ist es für die Familie oft schon technisch unmöglich, ein Kind regelmäßig zu einer psychotherapeutischen Behandlung in die Praxis zu bringen. Um dann ein schwer gestörtes Kind nicht aus der familiären Gesamtsituation reißen zu müssen, sind Hilfestellung zu Hause oder im Umfeld des Kindes, z. B. in Schule oder Kindergarten - unter Supervision des behandelnden Arztes - manchmal nicht nur dringend erforderlich, sondern manchmal auch effizienter als Einweisungen in Kliniken oder Heime. Diese Sozialpsychiatrischen Hilfen sollen die gesetzlich im Kinder- und Jugendhilfegesetz vorgeschriebenen Maßnahmen der Jugendhilfe keineswegs ersetzen, sondern die Einleitung und Koordination dieser notwendigen Maßnahmen, z. B. durch gemeinsame "Helferkonferenzen", erleichtern.

33.4 Vertragsarzt und Psychotherapievereinbarung

Für den Vertragsarzt (früher Kassenarzt) gelten in jedem Fall, auch im Bereich der Psychodiagnostik, der Psychotherapie und der sogenannten psychosomatischen Grundversorgung, die Grundsätze der Notwendigkeit, Zweckmäßigkeit und Wirtschaftlichkeit der Behandlung. Werden diese Grundsätze nicht beachtet, so werden in der Regel Wirtschaftlichkeitsprüfungen oder Honorarkürzungen durchgeführt. Das Psychotherapie-Gutachterverfahren, d. h. der Antrag und die Genehmigung einer längerfristigen psychotherapeutischen Maßnahme in den anerkannten Psychotherapieverfahren, nimmt praktisch diese Wirtschaftlichkeitsprüfung vorweg.

Als "Psychotherapie" gelten im Rahmen der Psychotherapievereinbarung zwischen der Kassenärztlichen Bundesvereinigung und den Krankenkassen nur die tiefenpsychologisch fundierte Psychotherapie, die analytische Psychotherapie und die Verhaltenstherapie. Zur tiefenpsychologisch fundierten Psychotherapie zählen u. a. nur die bereits oben erwähnten Formen der Kurztherapie, Fokaltherapie, dynamischen Psychotherapie und niederfrequenten Therapie in einer längerfristigen, Halt gewährenden therapeutischen Beziehung. Hier ist in Einzelfällen eine Kombination von Einzel- und Gruppenpsychotherapie möglich. Als spezielle Anwendungsformen der psychoanalytisch begründeten Verfahren gelten die tiefenpsychologisch fundierte und die analytische Gruppenpsychotherapie sowie das Katathyme Bilderleben. Die Rational Emotive Therapie (RET) kann als Methode der kognitiven Umstrukturierung im Rahmen eines umfassenden verhaltenstherapeutischen Behandlungskonzepts Anwendung finden. Die Erfordernisse der Psychotherapierichtlinien werden noch nicht erfüllt von der systemischen Familientherapie. Nicht abrechenbar im Rahmen der Psychotherapievereinbarungen sind z. b. auch Gesprächspsychotherapie, Gestalttherapie, Logotherapie, Psychodrama, respiratorisches Biofeedback, neurolinguistisches Programmieren oder Transaktionsanalyse.

Für die Psychotherapie bei Kindern und Jugendlichen verlangen die Psychotherapievereinbarungen die Berechtigung zum Führen der Facharztbezeichnung "Kinder und Jugendpsychiatrie und -psychotherapie". Auch die Facharztweiterbildung in dem neuen Fachgebiet "Psychotherapeutische Medizin" oder die Zusatzbezeichnung "Psychotherapie" oder "Psychoanalyse" ermöglichen den Ärzten die Durchführung der Psychotherapie bei Kindern und Jugendlichen, jedoch in der Regel erst nach Nachweis eingehender Kenntnisse und Erfahrungen auf dem Gebiet der Psychotherapie bei Kindern und Jugendlichen (s. Fußnote 1, Auszug aus der Psychotherapie-Vereinbarung). Die Voraussetzungen für diese spezielle Ausbildung werden als Anlagen der Psychotherapie-Vereinbrung zwischen der Kassenärztlichen Bundesvereinigung und den Bundesverbänden der gesetzlichen Krankenkassen im "Kriterienkatalog" zu Anerkennung als Ausbildungsinstitut für tiefenpsychologisch fundierte, psychoanalytisch begründete oder verhaltenstherapeutische Psychotherapie beschrieben. Zur Durchführung von Gruppentherapien, auch bei Kindern und Jugendlichen, sind ebenfalls spezielle Weiterbildungsvoraussetzungen erforderlich. An Diplom-Psychologen und analytische Kinder- und Jugendlichen-Psychotherapeuten, die diese Voraussetzungen erfüllen und eine offizielle Zulassung der Kassenärztlichen Vereinigung erhalten haben, können die anerkannten Psychotherapiemaßnahmen von dazu ermächtigten Ärzten delegiert werden.

Gemäß der Fassung der Psychotherapievereinbarung vom Oktober 1990 wurde die sogenannte Kurzzeittherapie sowohl in den psychoanalytisch begründeten als auch in den verhaltenstherapeutischen Verfahren von 15 auf 25 Behandlungstunden erweitert. Daneben können 5 - 6 Behandlungsmaßnahmen unter Einbeziehung der Bezugspersonen durchgeführt werden. Anträge auf Kurzzeittherapie erfordern nur eine kurze Begründung bei den Krankenkassen, während die Psychotherapieanträge für eine längerfristige analytische oder verhaltenstherapeutische Psychotherapie einer eingehenden Begründung bedürfen, vor allem unter eingehender Schilderung der Psychodynamik bzw. der Verhaltensanalyse. Die Gutachten sind nach bestimmten Richtlinien zu erstellen, deren Hauptkriterien für eine "tiefenpsychologisch fundierte und analytische Psychotherapie bei Kindern" sowie für eine "Verhaltenstherapie" in den Tabellen 33.2 und 33.3 wie-

dergegeben sind.[1] Im übrigen sind ausführliche Informationen hierzu auf Anfrage durch die

Tabelle 33.2 Hauptkriterien für einen Bericht zum Erstantrag für eine tiefenpsychologisch fundierte und analytische Psychotherapie bei Kindern

1. Angaben zur spontan berichteten und erfragten Symptomatik
2. Kurze Darstellung der lebensgeschichtlichen Entwicklung
3. Krankheitsanamnese
4. Psychischer Befund zum Zeitpunkt der Antragstellung
5. Somatischer Befund
6. Psychodynamik der neurotischen Erkrankung
7. Schilderung der familiären Situation (Eltern/Beziehungsperson)
8. Neurosenpsychologische Diagnose zum Zeitpunkt der Antragstellung
9. Behandlungsplan und Zielsetzung der Therapie
10. Prognose der Psychotherapie

---

[1] Auszug aus der "Psychotherapie-Vereinbarung" § 2, Abs.4:

Psychotherapie bei Kindern und Jugendlichen nach dem Leistungsinhalt der Nrn. 860 bis 886 BMÄ darf mit Einwilligung der für seinen Kassenarztsitz zuständigen Kassenärztlichen Vereinigung ein an der kassenärztlichen Versorgung teilnehmender Arzt ausführen, wenn er der Kassenärztlichen Vereinigung gegenüber die Berechtigung zum Führen der Zusatzbezeichnung "Psychotherapie" oder "Psychoanalyse" und den Erwerb von eingehenden Kenntnissen und Erfahrungen auf dem Gebiet dieser Psychotherapie bei Kindern nachgewiesen hat.

Aus den entsprechenden Zeugnissen und Bescheinigungen muß hervorgehen , daß der Arzt eingehende Kenntnisse und Erfahrungen in der Entwicklungs-Psychologie und Lern-Psychologie einschließlich der speziellen Neurosenlehre sowie in der Psychodiagnostik bei Kindern und Jugendlichen erworben hat.

Darüberhinaus ist nachzuweisen, daß mindestens zwei Fälle analytischer oder tiefenpsychologisch fundierter Psychotherapie oder mindestens vier Fälle in Verhaltenstherapie selbständig unter Supervision - möglichst noch jeder vierten Behandlungsstunde in analytischer oder tiefenpsychologisch fundierter Psychotherapie oder nach jeder dritten Behandlungsstunde in Verhaltenstherapie - durchgeführt oder abgeschlossen wurden.

Tabelle 33.3 Hauptkriterien für einen Bericht zum Erstantrag für die Durchführung einer Verhaltenstherapie

1. Angaben zur spontan berichteten und erfragten Symptomatik

2. Lebensgeschichtliche Entwicklung des Patienten und Krankheitsanamnese

3. Psychischer Befund zum Zeitpunkt der Antragstellung

4. Somatischer Befund

5. Verhaltensanalyse

6. Diagnose zum Zeitpunkt der Antragstellung

7. Therapieziele und Prognose

8. Behandlungsplan

Kassenärztlichen Bundesvereinigung in Köln oder durch die regionalen Kassenärztlichen Vereinigungen in den einzelnen Bundesländern zu beziehen.

Weiterentwicklung therapeutischer Methoden in der kinder- und jugendpsychiatrischen Praxis

Wegen der multifaktoriellen Ursachen der Krankheitsbilder und der Multidimensionalität der Therapie ist im Rahmen einer Kassenarztpraxis - analog zu kinder- und jugendpsychiatrischen Institutsambulanzen - die Zusammarbeit in einem therapeutischen Team mit in unterschiedlichen Psychotherapiemethoden weitergebildeten Therapeuten, z. B. Diplom-Psychologen, Heilpädagogen und Sozialarbeitern oder anderen therapeutischen Berufsgruppen besonders effektiv.

Ein Beispiel dafür ist das hierzulande noch relativ unbekannte auditive Wahrnehmungstraining nach A. Tomatis. Hierdurch können die primär durch auditive und vestibuläre Wahrnehmungsverarbeitungsstörungen hervorgerufenen Entwicklungsverzögerungen, die sich wiederum in Stimm- und Sprachstörungen, Lese- und Rechtschreibschwierigkeiten, psychomotorischen Entwicklungsverzögerungen, Aufmerksamkeits-Defizit-Syndromen mit oder ohne Hyperaktivität oder auch in schweren autistischen Störungen zeigen können, in relativ kurzer Zeit gebessert werden. Wir haben mit dieser Methode teilweise in über 90 % der Fälle erhebliche Besserungen

bei einzelnen Symptomen feststellen können. Voraussetzung für die effektive Durchführung dieser Methode, die wegen der ausgelösten Regression auch tiefenpsychologische Erfahrungen sowie Kenntnisse in familientherapeutischen und kognitiven Verfahren verlangt, ist die Behandlung durch ein möglichst optimales Behandlungsteam, das unseres Erachtens neben dem Facharzt für Kinder- und Jugendpsychiatrie und -psychotherapie möglichst noch einen Facharzt für Pädaudiologie und Phoniatrie der HNO-Heilkunde umfassen sollte, die die medizinische Verantwortung für diese Behandlung tragen. Daneben sollten einem solchen therapeutischen Team idealerweise angehören: Ein/e Diplom-Psychologe/in oder ein/e Diplom-Pädagoge/in mit familientherapeutischer Ausbildung, andere Therapeuten, wie Krankengymnasten, Logopäden oder Musiktherapeuten mit qualifizierten psychotherapeutischen Ausbildungen, oder Kinder- und Jugendlichenpsychotherapeuten mit familientherapeutischer Ausbildung.

Die Universitätskliniken für Kinder- und Jugendpsychiatrie sollten daneben ihre psychotherapeutischen Evaluationsforschungen auch auf neue und erfolgsversprechende Methoden in der Praxis (z. B. Wahrnehmungstrainings im Zusammenhang mit psychotherapeutischen Verfahren) ausdehnen, damit den betroffenen Kindern die bestmögliche Behandlungmethode für die jeweiligen Krankheitsbilder zukommen kann, und damit gegenüber den Kostenträgern im Gesundheitswesen die jeweils effizientesten und kostengünstigsten Behandlungsmethoden für bestimmte psychische und psychiatrische Krankheitsbilder nachgewiesen werden können.

33.5 Einige Gedanken zur psychotherapeutischen Weiterbildung

In der Kinder- und Jugendpsychiatrie war es seit jeher selbstverständlich, aufgeschlossen gegenüber bewährten und neuen Psychotherapiemethoden zu sein, die nachweislich am effizientesten spezifische Störungsbilder der Kinder bessern oder beheben können. So arbeiten in Kliniken und Praxen häufig Psychoanalytiker, Verhaltenstherapeuten und systemische Familientherapeuten miteinander. Hierbei wird oft schon in der Diagnostik deutlich, daß alle Schulen in vielem ein gleiches oder ähnliches theoretisches Konzept verfolgen, daß sie dafür jedoch teilweise noch die völlig unterschiedlichen Fachsprachen ihrer Schulen benutzen. Es sollte deshalb versucht werden, durch Zusammenarbeit der verschiedenen Schulen im Rahmen der gemeinsamen Konzepte möglichst auch eine gemeinsame Sprache zu finden, einen "größten gemeinsamen Nenner", der dann in die psychotherapeutische Basis-Weiterbildung für Kinder- und Jungedpsychotherapeuten einfließen könnte. Daneben sollten die zur Weiterbildung anerkannten psychotherapeutischen Institute möglichst auch mit erfahrenen und langjährig niedergelassenen Kinder- und Jugendpsychiatern und -psychotherapeuten in Weiterbilungszirkeln zusammenarbeiten, was bereits in einigen Universitätskliniken, wie Marburg und Köln, der Fall ist, und was der Weiterbildung in Kinder- und Jugendpsychotherapie und der Weiterbildung effektiver Psychotherapeutischer Methoden bei Kindern und Jugendlichen in Klinik und Praxis - auch durch Einbeziehung universitärer Therapie-Evaluation - zugute käme.

Literatur

Bertling, R.; Schydlo, R.; Heubach, H.J.: Modellverbund Psychiatrie. Berichtsband 7 des Bundesgesundheitsministeriums. Nomos, Baden-Baden 1992.

Biermann, G.: Handbuch der Kinderpsychotherapie, Band I - V. Reinhardt, München, Basel 1991.

Faber, F.R.; Haarstrick, R.: Kommentar der Psychotherapie-Richtlinie. Jungjohann, Neckarsulm, München 1989.

Freud, A.: Einführung in die Technik der Kinderanalyse. Reinhardt, München, Basel 1985.

Fuchs, M.: Funktionelle Entspannung in der Kinderpsychotherapie. Reinhardt, München, Basel 1970.

Gebührenordnung für Ärzte (GOÄ). Deutscher Ärzteverlag, Köln 1988.

Heigl-Evers, A.: Psychoanalyse und Gruppen. Vandenhoeck und Ruprecht, Göttingen 1971.

Kiphardt, E.J. : Mototherapie. Modernes Lernen, Dortmund 1983.

Kölner Kommentar zum FBM. Deutscher Ärzte-Verlag, Köln 1994.

Petermann, F.: Verhaltenstherapie mit Kindern. Röttger, München 1992.

PROGNOS-AG: Untersuchungsbericht zur Reform der psychiatrischen und psychomotorischen Versorgung. Köln 1986.

Psychotherapie-Vereinbarungen. Deutsches Ärzteblatt 87, 44, 1990.

Reingen, P.; Heubach, H.J.: Beschreibung der Patienten einer Praxis für Kinder- und Jugendpsychiatrie. Dissertation, Düsseldorf 1983.

Remschmidt, H.: Psychotherapie mit Kindern, Jugendlichen und Familien. Enke, Stuttgart 1984

Remschmidt, H.; Schmidt, M.H.: Therapieevaluation in der Kinder- und Jugendpsychiatrie. Enke, Stuttgart 1986.

Schydlo, R.: Teamarbeit in der Kinder- und Jugendpsychiatrie. Der Deutsche Arzt. 22, 1979.

Schydlo, R.: Kinder- und Jugendpsychiatrie aus der Sicht eines niedergelassenen Kinder- und Jugendpsychiaters. In: Lempp, R.; Veltin, A. (Hrsg): Kinder- und Jugendpsychiatrie - eine Bestandsaufnahme. Rheinland-Verlag, Köln 1985.

Selvini-Palazzoli, M.: Paradoxon und Gegenparadoxon. Klett-Cotta, Stuttgart 1981.

Stierlin, H.: Von der Psychoanalyse zur Familientherapie. Klett, Stuttgart 1975.

Tomatis. A.: Klangwelt Mutterleib. Kösel, München 1994.

Tschuschke, V.: Wirkfaktoren statinoärer Gruppenpsychotherapie. Vandenhoeck und Ruprecht, Göttingen 1993.

Watzlawick, P.; Beavin, J. H.; Jackson, D.D.: Menschliche Kommunikation. Huber, Bern 1974.

Watzlawick, P.: Die Möglichkeit des Andersseins. Huber, Bern 1982.

34. Stationäre Psychotherapie

Matthias Martin

34.1 Einleitung

Die stationäre Psychotherapie psychogener Erkrankungen in eigenständigen Einrichtungen für erwachsene Patienten ist heute in der Bundesrepublik Deutschland einmalig groß: Es gibt in der Bundesrepublik mehr psychotherapeutische Betten in eigenständigen Fachkliniken für psychogene und psychosomatische Erkrankungen als in der ganzen übrigen Welt zusammen (Schepank, 1987; Schepank und Tress, 1988). Im Gegensatz hierzu gibt es im Bereich der Kinder- und Jugendpsychiatrie in der Bundesrepublik nur ganz wenige Spezialabteilungen, die sich als *psychotherapeutische Kliniken* für Kinder und Jugendliche definieren. Die Mehrzahl der stationären psychotherapeutischen Behandlungen im Kindes- und Jugendalter findet auf einer kinderpsychiatrischen oder jugendpsychiatrischen Allgemeinstation statt.

Die Abb. 34.1 zeigt die Altersstruktur sowie die Geschlechterverteilung der stationären Patienten der Klinik für Kinder- und Jugendpsychiatrie der Philipps-Universität Marburg. Aus der Abbildung geht hervor, daß 73 % der Patienten, die stationär betreut wurden, Jugendliche ab dem Alter von 12 Jahren waren und daß in der Zusammenfassung der Diagnosengruppe Anorexia nervosa, Neurosen und spezifische Emotionalstörungen bei 42,6 % der Patienten stationäre Psychotherapiemaßnahmen offensichtlich indiziert waren.

Die Zahlen verdeutlichen den *hohen Stellenwert stationärer Psychotherapie in der Kinder- und Jugendpsychiatrie.*

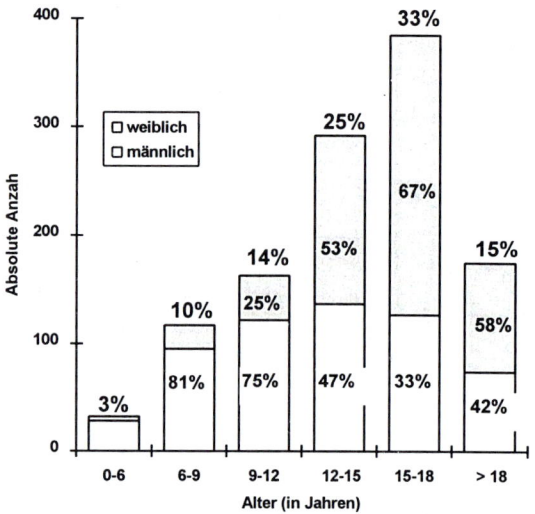

Abb. 34.1 Altersstruktur der stationär behandelten Patienten in der Universitätsklinik für Kinder- und Jugendpsychiatrie Marburg über 5 Jahre (1988-1992). Die Unterteilung der Balken gibt die Geschlechterverteilung an (nach Remschmidt, 1993).

34.2 Indikationen für eine stationäre psychotherapeutische Behandlung

Ist die Indikation für eine psychotherapeutische Behandlung gestellt (zur Indikationsstellung siehe Kap. 3), ist im weiteren die Frage nach der Behandlungsmodalität zu klären. Es werden vier verschiedene Modalitäten unterschieden:

- stationäre Behandlung,
- teilstationäre Behandlung (tagesklinische Behandlung)
- Behandlung im natürlichen Umfeld (Home-Treatment) und die
- ambulante Behandlung.

In jeder Behandlungsmodalität ist die Therapiedauer sehr unterschiedlich und kann von einigen Tagen bis zu über einem Jahr betragen. Die meisten stationären und teilstationären Therapien dauern zwischen drei und sechs Monaten (Mattejat et al., 1994; Remschmidt et al., 1994).

Indikationskriterien für die verschiedenen Behandlungsmodalitäten wurden von Remschmidt (1988, 1991), speziell für die stationäre Behandlung von Hersov (1994) dargestellt.

Eine stationäre Behandlung ist mit einem sehr großen Aufwand sowohl in psychischer, organisatorischer als auch in finanzieller Hinsicht verbunden, darüber hinaus ist zu berücksichtigen, daß der Patient aus seinem natürlichen Umfeld (Familie, Freunde, Schule) herausgelöst werden muß. Stationäre Behandlungen sind aus diesen Gründen möglichst kurz zu halten und in der Regel nur bei schweren und mittelgradigen psychischen Störungen anzuraten, und nur dann, wenn Therapien in anderen Modalitäten zu risikoreich sind, zu geringe Erfolgschancen haben (relativ aussichtslos bzw. bereits ausgeschöpft sind oder sich als gescheitert erwiesen haben) oder wenn sie aus anderen Gründen nicht realisierbar sind. Bei Indikationsstellung zu einer stationären Psychotherapie ist nicht nur die *Psychopathologie des Patienten* zu berücksichtigen, sondern auch sein *Umfeld* und die möglichen Gefährdungen, unter denen das Kind bzw. der Jugendliche stehen, bzw., die von ihm ausgehen. Wenn das Ziel ausschließlich darin liegt, ein Kind bzw. einen Jugendlichen vor seinem Umfeld zu schützen (z.B. bei Vernachlässigung, Mißhandlung oder Mißbrauch), ist die "Inobhutnahme" des Kindes nach dem KJHG, also z.B. die Unterbringung des Kindes in einer Pflegefamilie oder einem Heim durch das zuständige Jugendamt, die angemessene Maßnahme. Stationäre Aufnahmen können und dürfen Inobhutnahmen oder längerfristige Fremdplacierungen, die im Rahmen der Jugendhilfe durchzuführen sind, nicht ersetzen.

Indikationskriterien

Unbedingt angezeigt ist eine stationäre Behandlung bei *lebensbedrohlichen Zuständen* (z.B.

Intoxikationen, anorektische Krisenzustände) und bei psychischen Störungen mit *Selbst- und Fremdgefährdung* (akute Psychosen, sonstige Erregungszustände, Suizidalität und gravierende Automutilationen). Weiterhin ist eine stationäre Behandlung angezeigt, wenn eine durchgehende Beobachtung des Patienten oder kontinuierliche *Kontrolle der Behandlungsmaßnahmen* notwendig sind, oder wenn die Störung eine sehr intensive und umfassende Behandlung durch ein multidisziplinäres Team erforderlich macht (z.B. bei schweren Anorexien, Psychosen, ausgeprägten hyperkinetischen Syndromen etc.), schließlich, wenn ambulante Therapien gescheitert sind und eine *Chronifizierung* droht. Eine stationäre (psychotherapeutische) Behandlung ist auch dann indiziert, wenn die Erfolgsaussichten einer ambulanten Behandlung sehr gering sind, solange sich das Kind bzw. der Jugendliche in der Familie befindet, wenn die psychische Erkrankung durch das *familiäre Milieu* verstärkt wird und gleichzeitig die Eltern nicht zu einer Kooperation bereit sind, oder wenn die Notwendigkeit der Trennung aus therapeutischen Gründen gegeben ist, z.B. bei einer Schulphobie. Schließlich kann - als Ausnahmefall - eine stationäre Therapie auch dann indiziert sein, wenn die Therapie in einer anderen Behandlungsmodalität aus organisatorischen Gründen nicht möglich ist, z.B. wenn eine an sich indizierte tagesklinische Behandlung durch Fehlen einer entsprechenden Institution nicht durchführbar ist, oder wenn eine zu große Entfernung zwischen Wohnort und ambulanter Behandlungsmöglichkeit besteht.

Was diesen Gesichtspunkt betrifft, so läßt sich zeigen, daß Patienten aus ambulant schlecht versorgten Gebieten im Durchschnitt doppelt so lange stationär behandelt werden wie Patienten aus ambulant gut versorgten Gebieten (Remschmidt und Walter, 1989).

Schließlich kann eine stationäre Aufnahme notwendig werden, um eine genaue diagnostische Abklärung durchführen zu können (z.B. diagnostische Abklärung von Fremd- und Selbstgefährdung, bei Mißbrauchsverdacht, bei der Frage, ob eine Fremdunterbringung notwendig ist). Zusammengefaßt richtet sich die Einleitung einer stationären Behandlung also nach folgenden Gesichtspunkten:

- Schwere und/oder Chronifizierung der Erkrankung,
- Vorliegen einer Selbst- und/oder Fremdgefährdung,

- Notwendigkeit einer Trennung von der Familie,
- Fehlen geeigneter ambulanter oder teilstationärer
- Behandlungsangebote in Wohnortnähe (relative Indikation)

Die Indikation einer stationären psychotherapeutischen Behandlung findet sich demgemäß besonders häufig bei Anorexia nervosa mit fortgeschrittenem Gewichtsverlust, bei der Bulimia nervosa mit einer frequenten Folge von Eßattakken und Erbrechen, bei depressiven Patienten mit Suizidalität, bei schwerwiegender Automutilation, bei der Dekompensation eines Zwangssyndroms, bei sehr ausgeprägten Konversionszuständen sowie bei Schulphobien mit unüberwindlicher Trennungsangst. Alle kinder- und jugendpsychiatrischen Erkrankungen können, sofern die Symptomatik nicht zu schwerwiegend ist, auch ambulant behandelt werden, die Indikation zur stationären Behandlung ist in erster Linie abhängig von der Ausprägung und der Chronifizierung des Krankheitsbildes. Eine schwerwiegende und chronifizierte Erkrankung ist nur durch sehr umfassende Behandlungs- und Beeinflussungsmaßnahmen zu verändern, dies ist im ambulanten Setting nicht zu erreichen, sondern nur im stationären oder tagesklinischen Rahmen.

34.3 Wesensmerkmale der stationären Psychotherapie

Bei der stationären Psychotherapie handelt es sich um weit mehr und sehr viel Spezifischeres als nur um eine im Rahmen stationärer Krankenhausbehandlung applizierte Psychotherapie (Schepank, 1987). Nach einer Definition von Schepank (1987) ist stationäre Psychotherapie "die im Einvernehmen zwischen Patient, Therapieinstitution und Bezugsgruppe, womit insbesondere der Kostenträger sowie das familiäre und gegebenenfalls berufliche Umfeld angesprochen sind, geplante Anwendung verschiedenartiger, umschriebener psychologischer Interventionstechniken in einem hierfür in besonderer Weise organisierten Krankenhaussetting zwecks intensiver Behandlung einer überwiegend psychogenen Erkrankung mit dem Ziel von Besserung oder Heilung. Spezifikum und bezeichnend für stationäre Psychotherapie in diesem definierten Sinn ist, daß rund um die Uhr Psychotherapie in Form

verschiedener wohlorganisierter und miteinander koordinierter und jeweils theoretisch begründbarer, indizierter und individuell dosierter (verbaler und averbaler) Interventionstechniken durchgeführt wird, bei weitgehendem Ausschluß anderer somatischer, medikamentöser oder custodialer Maßnahmen. Wesentlich ist dabei vor allem die Kooperation aller an den Therapien Beteiligten unter einem leitenden psychotherapeutischen Gesichtspunkt. Das bedeutet: Aufgabenspezialisierung, detaillierter Informationsaustausch unter verantwortlicher (gegebenenfalls auch hierarchisch gegliederter) Kompetenz sowie die bewußte Handhabung eines spezifisch wissenschaftlich-empirisch fundierten Konzeptes und eines gemeinsamen angestrebten Therapiezieles."

Hersov (1994) definiert ein *therapeutisches Milieu* als eine strukturierte Umgebung, die verschiedene menschliche Beziehungen, befriedigende emotionale Kontakte und Möglichkeiten für neues Lernen und neue Erfahrungen sowie das Meistern neuer Situationen und für die Entwicklung persönlicher und sozialer Fähigkeiten und Fertigkeiten bietet.

34.4 Durchführung der stationären Psychotherapie

In der kinder- und jugendpsychiatrischen stationären Therapie kommt man in der Regel nicht mit einer einzigen Behandlungsmethode oder einer einzigen Behandlungsmaßnahme aus, um eine bestehende Störung zu behandeln. In der Regel sind *komplexe Therapieprogramme* notwendig, um bei der Schwere der Störungen eine Besserung herbeizuführen. Tiefenpsychologisch fundierte Psychotherapie als Einzeltherapie oder als stationäre Gruppentherapie, differenzierte verhaltenstherapeutische Maßnahmen sowie die Einbeziehung der Familien in Form der Familienberatung und Familientherapie sind wesentliche Eckpfeiler der stationär durchgeführten psychotherapeutischen Behandlungsmaßnahmen. Im Einzelfall können sie ergänzt werden durch Entspannungsverfahren, wie das autogene Training, psychodramatische Gruppen oder Einzelbehandlung und Rollenspiel oder das katathyme Bilderleben. Ein gutes Beispiel für die Abfolge verschiedener psychotherapeutischer Maßnahmen ist die stationäre Behandlung der Anorexia nervosa (siehe hierzu entsprechende Ausführungen in diesem Band). Es ist evident, daß nicht alle

Tabelle 34.1 Grundzüge eines Therapieplanes für die stationäre Behandlung (nach Remschmidt 1988)

I. Symptomatik, Probleme des Patienten
  1. Aus Sicht der Eltern/Sorgeberechtigten
  2. Aus eigener Sicht (individuelle Rangfolge des Leidensdrucks, abschätzbare Therapiemotivation gegenüber einzelnen Symptomen oder Problemen)

II. Verhalten des Patienten auf der Station

III. Vorläufige Diagnose, Beurteilung der Problematik

IV. Therapieziele
  1. Für den Patienten
    a) Hauptsymptomatik
    b) Verhaltensänderungen gegenüber Erwachsenen
    c) Verhaltensänderungen gegenüber Mitpatienten
    d) Verhaltensänderungen gegenüber den Eltern
    e) Verhaltensänderungen in der Schule
    f) Änderungen der Selbsteinsschätzung, des Selbstwertgefühls
  2. Ziele in der Arbeit mit den Eltern

V. Therapiemaßnahmen
  1. Für den Patienten
    a) Psychotherapie durch Arzt/Psychologen
    b) Verhalten des Personals
      – allgemein
      – gegenüber speziellen Symptomen, Problemen
    c) Aktivitäten und Verhaltensmöglichkeiten auf der Station
    d) Krankengymnastik
    e) Beschäftigungstherapie und funktionelle Übungsbehandlung
    f) medikamentöse Behandlung
    g) Schule
    h) sonstige, z.B. soziale Maßnahmen
  2. Für Familie, Beziehungspersonen, Institutionen
    a) familienbezogene Maßnahmen
    b) institutionelle Maßnahmen
    c) rechtliche Maßnahmen

VI. Kontaktaufnahme mit Außenstehenden (Jugendamt, Schule etc.)

VII. Zeitplanung
  1. Voraussichtliche Dauer der diagnostichen Maßnahmen
  2. Voraussichtliche Dauer der therapeutischen Maßnahmen
    a) kurzfristige Maßnahmen (stationärer Aufenthalt)
    b) mittelfristige Maßnahmen (Zeitraum etwa 1 Jahr)
    c) langfristige Maßnahmen (Zeitraum etwa 3 Jahre)

Behandlungsmaßnahmen durch den hauptverantwortlichen Psychotherapeuten durchgeführt werden können, sondern daß alle Mitarbeiter der Station an der Therapie beteiligt sind. Eine Viel-

zahl von Einzelmaßnahmen und eine Mehrzahl von Personen, die auf das Kind oder den Jugendlichen einwirken und mit seinen Eltern Kontakt haben, machen es notwendig, einen Therapieplan zu erstellen, der alle Maßnahmen auf das definierte Therapieziel hin koordiniert.

Der Therapieplan soll die Symptomatik des Patienten beschreiben, die Therapieziele festlegen, aus dem Therapieplan soll entnommen werden, welche Therapiemaßnahmen angezeigt erscheinen, um die Therapieziele zu erreichen. Die Erstellung des Therapieplans hat auch für den Therapeuten eine große Bedeutung im Sinne einer Klärung und Strukturierung des eigenen therapeutischen Vorgehens.

Der Therapieplan soll nach abgeschlossener diagnostischer Phase erstellt werden, spätestens nach Ablauf von etwa 14 Tagen stationärer Behandlungszeit. Er weist den einzelnen Mitarbeitern der Station ihren Aufgabenbereich zu und regelt den zeitlichen Ablauf der einzelnen Therapieschritte möglichst hinreichend exakt. Die bei der Durchführung dieses Therapieplans auftauchenden Schwierigkeiten müssen regelmäßig im stationären Team besprochen werden und führen vielfach zu seiner Modifikation. Eine reibungslose Zusammenarbeit ist in diesem Sinne erst möglich, wenn ein Stationsteam sich auf einheitliche Grundsätze geeinigt hat und die Effektivität von Therapiemethoden nicht allein an ihrem therapeutischen Anspruch, sondern auch an ihrer Durchführbarkeit und Wirksamkeit gemessen wird (Remschmidt, 1988).

Bei der Durchführung stationärer Therapiemaßnahmen kommt der Gestaltung eines *therapeutischen Klimas* daher eine große Bedeutung zu. Zu diesem Zweck ist eine zusätzliche bzw. begleitende *Weiterbildung aller Mitarbeiter* der Station notwendig, die zwei Gesichtspunkten Rechnung tragen muß:

- einmal der Vermittlung von fachlichen Kenntnissen mit dem Ziel, ein besseres Verständnis für das Verhalten des Patienten zu erreichen,
- zum anderen der Erzielung eines besseren Einblicks in die eigenen Verhaltens- und Reaktionsweisen, besonders in emotionaler Hinsicht.

Gerade der letztere Aspekt impliziert die Frage nach *Form und Inhalt der Supervision* des therapeutischen Teams. Eine erfolgreiche Supervision muß

- aufgaben- und patientenzentriert sein,
- darf nicht in Konflikt mit der Struktur der Institution treten,
- muß berufsbezogen und fachzentriert sein, und
- darf kein Therapieersatz und keine Selbsterfahrung sein.

Sie sollte nur durch Fachleute ausgeübt werden, die selber Kinder und Jugendliche psychotherapeutisch behandeln. Periodische Supervision kann nützlich sein, Supervisionspausen gewährleisten die Autonomie des Teams.

34.5 Praktische Probleme

Die Gestaltung eines therapeutischen Klimas auf Station erfordert von den Mitarbeitern ein hohes Maß an Flexibilität, Kooperationsfähigkeit und Absprachefähigkeit neben einem qualifizierten Wissen über psychiatrische, psychogene und psychosomatische Erkrankungen und deren Behandlung. Für die Mitarbeiter der Station müssen feste Zeiten eingerichtet werden für die verschiedenen notwendigen Stationsbesprechungen, wie Übergabebesprechungen, Lehrerbesprechung, Supervisionstermine etc.. Übergabebesprechungen sind täglich abzuhalten, damit alle therapierelevanten und stationsrelevanten Informationen möglichst lückenlos weitergegeben werden. Besonders wichtige Informationen sind auch schriftlich festzuhalten. Stationsbesprechungen, an denen möglichst alle Mitarbeiter der Station teilnehmen, sollen inhaltlich sowohl patientenzentriert wie methodenzentriert durchgeführt werden. *Patientenzentriert* bedeutet eine gegenseitige Information der Therapeuten mit den übrigen Mitarbeiter der Statiom über die Arbeit an dem Patienten bezogen auf sein Krankheitsbild. *Methodenzentriert* bedeutet, daß inhaltlich über die Methoden der Beeinflussung des Patienten diskutiert wird und entsprechend die verschiedenen Aufgaben auf einzelne Mitarbeiter verteilt werden (z.B.: wer führt bei einem Patienten das verhaltenstherapeutische Training durch? wie werden die entsprechenden Belohner des Verhaltensplans verteilt? was sind beim gleichen Patienten Inhalte der Spieltherapie? wo liegen die Probleme in der Familie? wie wirkt sich die Therapie des Patienten in der Schule aus?) Bewährt hat sich, eine Kontaktschwester oder einen Kontaktpfleger zu benennen, die/der während des gesamten Aufenthaltes des Patienten für diesen eine besondere Vertrauensperson darstellt.

Besonderes Gewicht in der Stationsbesprechung haben Fragen nach Umgang mit der Suizidalität, schwerer Automutilation, Umgang mit aggressivem und provozierendem Verhalten von Patienten.

Ein besonderes Augenmerk ist auf die Gestaltung des *Umgangs mit den Eltern* der stationär untergebrachten Patienten zu richten. Die Mitarbeiter müssen immer wieder dazu angeleitet werden, den Eltern mit Respekt und Anteilnahme entgegenzutreten und sich in die zweifellos schwierige psychologische Situation der Eltern einzufühlen, die ihr Kind der Klinik zur Behandlung übergeben haben.

Krankheitskonzepte, die vor allem pathogene Familieninteraktionsmuster ätiologisch-kausal in den Mittelpunkt der Betrachtung rücken, führen erfahrungsgemäß - besonders bei jüngeren Mitarbeitern - oft dazu, daß es zu einer entwertenden Einstellung den Eltern gegenüber kommt, was die Gefahr des Rivalisierens, generell eines untherapeutischen, emotionsgeladenen Umgangs mit den Eltern in sich birgt.

Erfahrungsgemäß gibt es immer wieder *rivalisierende Beziehungen zwischen verschiedenen Mitarbeitergruppierungen* z.B. wegen der scheinbar privilegierten Rolle der Therapeuten oder der Lehrer an der Kliniksschule oder Konflikte zwischen Mitarbeitern, die verschiedene therapeutische Vorstellungen haben oder unterschiedliche pädagogische Auffassungen. Solche Konflikte sind auch Teil des psychotherapeutischen Alltags und müssen von dem hauptverantwortlichen Psychotherapeuten berücksichtigt werden. Schließlich gilt es, auch Grenzen der Therapiemöglichkeiten zu erkennen und diese mit den Mitarbeitern zu besprechen. Dies ist erfahrungsgemäß besonders bei der Anleitung jüngerer Mitarbeiter eine verantwortliche Aufgabe.

34.6 Psychotherapie in komplementären Einrichtungen

Nicht alle, im Spektrum der mit Methoden der Psychotherapie zu behandelnden kinder- und jugendpsychiatrischen Erkrankungen können in einer drei- bis sechsmonatigen stationären Psychotherapie soweit gebessert werden, daß eine Entlassung ins häusliche Milieu sinnvoll erscheint. Hiergegen können auch familiäre Faktoren sprechen. Die Schaffung eines *kooperativen Systems zur Versorgung psychisch kranker Kinder und Jugendlicher* ist daher erforderlich. Speziell das Fehlen von Heimplätzen für psychisch kranke Minderjährige und von Wohngemeinschaften für psychisch kranke Jugendliche macht die Weiterbehandlung schwierig. Ausgehend von dieser Situation wurde an der Klinik für Kinder- und Jugendpsychiatrie der Philipps-Universität Marburg ein umfassendes Modell einer Versorgung psychisch kranker und behinderter Kinder und Jugendlicher entwickelt. Dies bedeutet den Aufbau eines komplementär rehabilitativen Bereiches und umfaßt die Betreuung und Rehabilitation längerfristig oder chronisch psychisch kranker Kinder, Jugendlicher und junger Volljähriger im außerklinischen Bereich. Die Aufgaben der komplementären Einrichtungen sind Rehabilitationsbehandlungen nach einer stationären Therapie (z.B. für autistische oder schizophrene sowie geistig behinderte Jugendliche), Fortsetzung psychotherapeutischer Behandlung bei chronifizierten neurotischen Störungen (z.B. Zwangsneurosen, Anorexien, Bulimien), Fortsetzung der schulischen Förderung bzw. Berufsfindung und Berufsanbahnung bei Kindern und Jugendlichen, die nicht mehr in die häusliche Umgebung reintegriert werden können, stufenweise Verselbständigung nach schweren psychiatrischen Erkrankungen im Sinne einer Rehabilitationskette (Klinik, Heim, Wohngruppe, selbständiges Wohnen).

Der Bedarf längerfristiger komplementär rehabilitativer psychotherapeutischer Betreuung ist hoch. Zwar ist es ein - ausgesprochenes oder unausgesprochenes - Ziel, jeder stationären kinder- und jugendpsychiatrischen Intervention, eine vorhandene Krankheit oder Verhaltensstörung zu beseitigen, um danach Kind und Familie wieder zu vereinigen. Die *Ergebnisse der Therapieevaluationsforschung* zeigen aber, daß zwischen 20 und 35% aller stationär behandelten Patienten einer kinder- und jugendpsychiatrischen Klinik nach der Behandlung nicht in die Herkunftsfamilie zurückkehren, sondern daß zu einer Fremdplacierung geraten und diese auch in der Regel

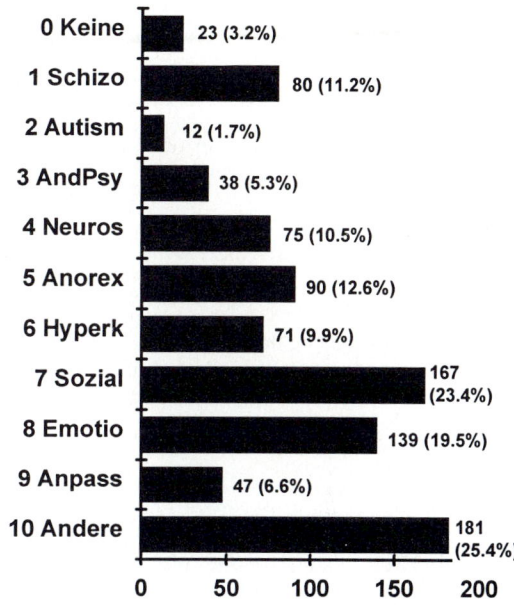

Abb. 34.2 Diagnosen auf der ersten Achse des MAS (nach ICD 9) in den Jahren 1988-1991 (Anzahl der Patienten: 714)

Erläuterungen der Abkürzungen:
0: Keine Störung auf Achse 1
1: Schizophrenie
2: Typische Psychosen des Kindesalters
3: Andere Psychosen
4: Neurosen
5: Anorexia nervosa
6: Hyperkinetisches Syndrom
7: Störung des Sozialverhaltens
8: Spezifische Emotionalstörungen
9: Anpassungs- und Belastungsreaktionen
10: Andere Diagnosen

durchgeführt wird. Angesichts der Rate von ca. 30% Unterbringungen erscheint eine kinder- und jugendpsychiatrische Klinik nicht nur als Behandlungseinrichtung, sondern auch als eine Stelle, die nach gründlicher diagnostischer Abklärung und Einschätzung, und nach einer Phase der akuten bis mittelfristigen Behandlung, eine Art "Weichenstellerfunktion" hat.

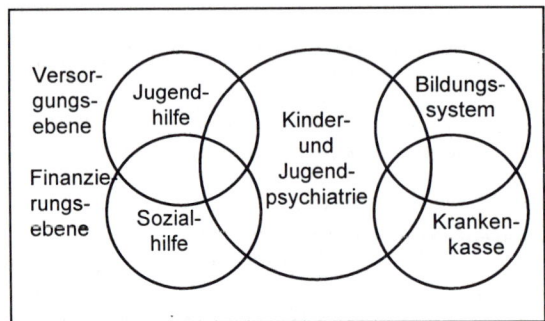

Abb. 34.3 Beziehung der Kinder- und Jugendpsychiatrie zu anderen Betreuungssystemen (nach Expertenkommission der Bundesregierung, 1988)

Die *Behandlung in einem Therapieheim* oder in einer therapeutischen Wohngruppe bietet die Möglichkeit, pädagogische und jugendpsychiatrisch-psychotherapeutische Kompetenz langfristig wirksam werden zu lassen.

Die Zusammenarbeit zwischen einer Klinik und einem komplementär rehabilitativen Bereich bietet folgende Vorteile:

- Die stationären Behandlungszeiten können verkürzt werden.

- Die Therapieheime werden in die Lage versetzt, auch schwer gestörte Patienten zu versorgen, da die klinische Station zur Krisenintervention zur Verfügung steht.

- Frühzeitige Übernahme in ein pädagogisch-strukturiertes Lebensfeld vermindert die Gefahr der Hospitalisierung.

- Insgesamt ist die Behandlung in Therapieheimen wesentlich kostengünstiger als die Behandlung in Kliniken.

Die Einführung des § 35 a in das Kinder- und Jugendhilfegesetz (KJHG) bietet umfassende Möglichkeiten der Finanzierung der komplementären Behandlung durch die Jugendämter (Fegert, 1994). Hier stellt sich sehr dringlich die Frage nach der jugendpsychiatrischen Fachkompetenz der *Mitarbeiter des Jugendamtes*, die eine ganz zentrale Verantwortung bei der fachgerechten Unterbringung der betroffenen Patienten haben. Die Probleme sind nur durch eine enge Kooperation zwischen Klinik, Jugendamt und Heimen zu lösen. Diejenigen Kinder und Jugendlichen, bei denen eine Indikation zur Unterbringung in einer therapeutischen Einrichtung besteht, brauchen ganz sicher ein pädagogisches Lebensfeld, aber sie brauchen auch Behandlungsmaßnahmen. Dies bedeutet, daß die an der Unterbringung beteiligten Ärzte, Psychologen, Pädagogen und Sozialarbeiter zu einer interdisziplinären Arbeit fähig sein müssen. *Interdisziplinäre Zusammenarbeit* bedeutet, die Fachkompetenz des jeweils anderen zu respektieren; Grenzüberschreitungen führen zur Rollenunsicherheit und dilettantischem Vorgehen in Diagnostik, Therapie und Pädagogik. Am Beispiel des Verhältnisses zwischen Psychotherapie und Pädagogik hat Herzka (1980) diese Problematik beschrieben: "Das psychoreaktiv erkrankte Kind braucht Psychotherapie, weil es krank ist, und es braucht Pädagogik, weil es ein Kind ist. Die Zusammenarbeit beider Fachgebiete zu fördern, gehört zu den elementaren Aufgaben der Kinderpsychiatrie. Kontroversen, Mißverständnisse und Mißtrauen, ja sogar Kränkungen zwischen Pädagogen und Kinderpsychotherapeuten sind dabei leider aber ebenso an der Tagesordnung, wie die Bemühungen, sich zu ergänzen. Uns erscheint es zweckmäßig, Pädagogik und Psychotherapie als zwei gleichwertige Wege der Einflußnahme auf das Kind aufzufassen, deren jeder für sich eigene Gesetzmäßigkeiten hat, die sich grundsätzlich widersprechen und dennoch erst zusammen ein Ganzes ausmachen. Beim seelisch kranken Kind bleibt das eine unvollständig ohne das andere. Es ist nötig, daß der Erzieher und insbesondere der Heilpädagoge die Krankheit des Kindes berücksichtigt und das bedingt, daß er die therapeutische Sicht kennt und in seine Erziehung miteinbezieht. Ebenso muß die Kindertherapie immer auch die Erziehungssituation des Kindes mitberücksichtigen."

Die durchschnittliche Länge des Aufenthaltes in den Therapieheimen beträgt erfahrungsgemäß zwei bis drei Jahre. Dies macht deutlich, welch hohe Bedeutung die langfristige Beziehung der untergebrachten Jugendlichen zu den pädagogischen Mitarbeitern zuzumessen ist. Zu den Aufgaben der Erzieher gehört es, die Rahmenbedingungen des Zusammenlebens zu definieren und deren Einhaltung zu gestalten, andererseits aber auch allgemeine überpersonale Werte zu vermitteln, die Entwicklung der sozialen Kontakte und Kommunikationsfähigkeit zu fördern, dem Jugendlichen das Gefühl zu vermitteln, in seiner individuellen Person mit seinen Problemen angenommen zu sein.

Im Unterschied zur pädagogischen Arbeit mit sozial gestörten und von Dissozialität bedrohten Jugendlichen, wo zunächst klare Konsequenz und die Durchsetzung von Regeln im Sinne von Verhaltensmodifikation im Vordergrund stehen, ist bei der Arbeit mit neurotischen und psychosomatisch gestörten Jugendlichen dieser Problemkreis weniger dringlich. Es handelt sich vielmehr um die Modifikation von Verhaltensweisen, wie Überanpassung oder Hemmung. Dies macht eine individuellere Erziehungsplanung notwendig. Die Gestaltung des therapeutischen Milieus bedeutet, ein pädagogisches Klima zu schaffen, das den Zugang zu den seelischen Störungen erlaubt, ohne daß dabei die Realität aus dem Blickfeld gerät. Die Komplexität der erzieherischen Arbeit stellt besondere Anforderungen und einen erhöhten Beratungsaufwand bei der *Erziehungsplanung* dar.

Die Indikation zur Behandlung in einem Psychotherapieheim ergibt sich aus der Zwischenstellung dieses komplementären Bereiches zwischen klinischem Behandlungsmodus einerseits und der ambulanten Betreuung andererseits. Die Behandlung in einem Psychotherapieheim bedeutet einen deutlich intensiveren Behandlungsmodus als etwa eine ambulante Behandlung, zusätzlich spielt bei der Indikationsstellung auch der Aspekt der Substitution unzureichender familiärer Strukturen eine Rolle. Die Familie kann dies sowohl als Kränkung wie auch als Entlastung erleben. Die Langfristigkeit der Beziehungen zu den Mitarbeitern eines Therapieheimes legt nahe, daß es besonders leicht zu Konkurrenzgefühlen kommen kann, und daß die Eltern gänzlich aus der erzieherischen Verantwortung verdrängt werden. Um die Arbeit mit den Jugendlichen auf einer stabilen Basis zu gestalten, ist die Kommunikation und ggf. die therapeutische Beeinflussung des familiären Rahmens wesentlich (Arendt und Bosselmann 1981).

Grundsätzlich gelten für die psychotherapeutische Arbeit im komplementären Bereich die gleichen Voraussetzungen und Bedingungen, wie sie für die stationäre Psychotherapie in den klinischen Einrichtungen geschildert wurden. Es ist aber zu berücksichtigen, daß der Stellenwert der pädagogischen Beeinflussung und der persönlichen Beziehung zu den pädagogischen Mitarbeitern ungleich höher einzuschätzen ist. Eine erfolgreiche psychotherapeutische Arbeit ist nur auf der Grundlage einer *pädagogisch qualifizierten Erziehungs- bzw. Betreuungsarbeit* möglich. Hierbei ist es von besonderer Bedeutung, daß die

Regeln der Zusammenarbeit zwischen Pädagogen und Therapeuten klar definiert sind, pädagogische und therapeutische Maßnahmen müssen aufeinander bezogen sein, sich gegenseitig unterstützen und zu einer therapeutischen Einflußnahme führen, die geeignet ist, auch *langjährig bestehende chronifizierte Störungen* zu beheben oder zumindest soweit zu modifizieren, daß der betroffene Jugendliche schulische, berufliche und persönliche Lebensziele verwirklichen kann. Um ein solches therapeutisches Milieu zu verwirklichen, sollten die mit der Behandlung betrauten Psychotherapeuten Mitarbeiter der Einrichtung sein, da erfahrungsgemäß so am besten ein *einheitlich abgestimmtes Therapiekonzept* im Sinne eines Therapieheimes zu verwirklichen ist. Psychotherapeutische und rehabilitative Qualifizierung von Heimeinrichtungen bedeutet auch Spezialisierung, bezogen auf das Patientenklientel, das betreut werden soll. Dies kann aber nicht bedeuten, daß - sozusagen diagnosespezifisch - Einrichtungen nur für eßgestörte oder nur für sexuell mißbrauchte Mädchen oder nur für zwangserkrankte Patienten geschaffen werden sollten. Doch ist das *rehabilitative Konzept* zur Betreuung Jugendlicher, die an einer Schizophrenie erkrankt sind (siehe Kap. 29) sehr verschieden von den Betreuungsnotwendigkeiten, wie sie für psychosomatisch (eßgestörte) und psychoneurotisch erkrankte Jugendliche benötigt werden. Schließlich bedürfen Jugendliche mit Störungen des Sozialverhaltens wiederum ganz anderer pädagogischer und therapeutischer Strategien (z.B. der Verhaltensmodifikation), so daß insoweit eine Differenzierung sinnvoll erscheint. Zudem ist an eine Altersdifferenzierung zu denken (Kindergruppen - Jugendlichengruppen). Im übrigen sind die reichen Möglichkeiten der familienanalogen Erziehung, wie sie im Bereich der Jugendhilfe entwickelt wurden, zu nutzen.

Bei der Planung und Durchführung stationärer psychotherapeutischer Arbeit ist es wesentlich, das jeweils passende therapeutische Setting auszuwählen. Der leitende Gedanke dabei muß sein, daß Einschränkungen der normalen Lebensführung, wie sie z.B. bei einem Klinikaufenthalt gegeben sind, nur so lange wie nötig durchgeführt werden, und der Übergang in eine weniger einschränkende Therapiemodalität, z.B. eine therapeutische Wohngruppe, so früh wie möglich eingeleitet wird. Je kompatibler die Therapiemodalitäten der verschiedenen kooperierenden Einrichtungen sind, umso höher ist der therapeutische Gesamterfolg.

> ### Weiterführende Literatur:
>
> Schepank, H.; Tress, W. (Hrsg).: Die stationäre Psychotherapie und ihr Rahmen. Springer, Berlin 1988.

Literatur

Arendt, G.; Bosselmann, R.: Familientherapie im Heim. Unsere Jugend 5, 208-216, 1981.

Eisert, M.: Beschreibung, Definition und Einschätzung der Behandlungsmodalitäten. In: Remschmidt, H.; Schmidt, M.H. (Hrsg.): Therapieevaluation in der Kinder- und Jugendpsychiatrie. Enke, Stuttgart 1986.

Fegert, I.M.: Was ist seelische Behinderung? Anspruchsgrundlage und kooperative Umsetzung von Hilfen nach § 35 a KJHG. Votum, Münster, 1994.

Hersov, L.: Inpatient and Day-Hospital unito. In: Rutter, M.; Taylor, E.; Hersov, L. (Eds.): Child and Adolescent Psychiatry. Modern Approaches. Third Edition, 983-995. Blackwell Scientific Publication, Oxford 1994.

Herzka, H.S.: Psychotherapie und Pädagogik - eine Gegenüberstellung. Acta Paedopsychiatrica 45, 171-174, 1980.

Mattejat, F.; Gutenbrunner, C.; Remschmidt, H.: Therapeutische Leistungen einer kinder- und jugendpsychiatrischen Universitätsklinik mit regionalem Versorgungsauftrag und ihrer assoziierten Einrichtungen - Ein Beitrag zur Qualitätssicherung. Zeitschrift für Kinder- und Jugendpsychiatrie 22, 154-168, 1994.

Remschmidt, H.: Gesichtspunkte zur Indikationsstellung therapeutischer Maßnahmen. In: Remschmidt, H.; Schmidt, M.H. (Hrsg.): Kinder- und Jugendpsychiatrie in Klinik und Praxis. Bd. I, 608-612. Thieme, Stuttgart 1988.

Remschmidt, H.; Walter, R.: Evaluation kinder- und jugendpsychiatrischer Versorgung. Enke, Stuttgart 1989.

Remschmidt, H. (Hrsg.): Fünfjahresbericht der Klinik für Kinder- und Jugendpsychiatrie der Philipps-Universität Marburg 1988-1992. Marburg, 1993.

Remschmidt, H.; Gutenbrunner, C.; Mattejat F.: Zum Stellenwert verschiedener Therapieformen in einer kinder- und jugendpsychiatrischen Universitätsklinik und assoziierter Einrichtungen - Methodische und inhaltliche Aspekte der Therapiedokumentation im Rahmen der Qualitätssicherung. Zeitschrift für Kinder- und Jugendpsychiatrie 22, 169-182, 1994.

Schepank, H.: Die stationäre Psychotherapie in der Bundesrepublik Deutschland. Soziokulturelle Determinanten, Entwicklungsstufen und Ist-Zustand, internationaler Vergleich. Zeitschrift für Psychosomatische Medizin und Psychoanalyse 33, 363-387, 1987.

Schepank, H.; Tress, W: (Hrsg).: Die stationäre Psychotherapie und ihr Rahmen. Springer, Berlin, Heidelberg, New York 1988.

Walter, R.; Remschmidt, R.: Zum Bedarf an Psychotherapie im Schulalter. Praxis Kinderpsychologie und Kinderpsychiatrie 43, 223-229, 1994.

35. Psychotherapie im teilstationären Bereich

Andreas Warnke und Kurt Quaschner

Unter der Bezeichnung *„teilstationärer Bereich"* werden tages- und nachtklinische Einrichtungen für psychisch kranke Kinder und Jugendliche zusammengefaßt. Während Nachtkliniken für die Altersgruppe kaum eine Rolle spielen, bieten Tageskliniken hervorragende Behandlungsmöglichkeiten. Einerseits verfügen sie über nahezu alle Angebote des vollstationären Bereichs, andererseits haben sie den Vorteil, daß die Patienten abends, nachts und an den Wochenenden in ihre gewohnte Umgebung zurückkehren können. (Remschmidt und Schmidt, 1988)

35.1 Indikationen und Voraussetzungen

Indikationen

Für eine tagesklinische Behandlung bestehen folgende Indikationen (Eisert und Eisert, 1988; Remschmidt, 1992; Schmidt, 1993):

(1) Die Vermeidung einer stationären Behandlung
Dies ist immer dann der Fall, wenn ambulante Maßnahmen in anderer Weise nicht möglich, voraussichtlich nicht effektiv sind oder eine ambulante Behandlung sich bereits als erfolglos erwiesen hat und gleichzeitig eine stationäre Behandlung nicht unbedingt notwendig ist. Dies trifft zum Beispiel zu bei Kindern mit Emotionalstörungen, hyperkinetischem Syndrom, minimaler cerebraler Dysfunktion und schweren Teilleistungsstörungen mit gleichzeitig entwicklungsgefährdender Problematik im schulischen und beruflichen Bereich sowie unzureichender Tragfähigkeit der Familie.

(2) Fortsetzung und Abkürzung einer stationären Behandlungsmaßnahme

Nutzen von tagesklinischer Behandlung haben Kinder und Jugendliche, deren Erkrankung eine stationäre Behandlung im Akutstadium notwendig machte, die nach Abklingen des Akutstadiums aber früher entlassen werden können, wenn eine tagesklinische Behandlungsmöglichkeit besteht (z.B. psychotische Patienten, Patienten mit hirnorganischem Psychosyndrom, Anorexia nervosa). Die tagesklinische Anschlußbehandlung empfiehlt sich auch dann, wenn nach stationärer Behandlung eine allmähliche, in der Belastung gestufte Reintegration in die Familie und externe Schule bzw. den externen Arbeitsplatz notwendig ist.

(3) Ablehnung stationärer Maßnahmen
Tagesklinische Behandlung bei Kindern und Jugendlichen, für die eine stationäre Behandlung indiziert wäre, die aber aus Gründen der Verweigerung seitens der Patienten oder Eltern nicht möglich ist: Hier geht es um Patienten, bei denen keine Lebensgefahr besteht, die aber ambulant nicht behandelbar sind und deshalb in ein chronifiziertes Stadium ihrer Erkrankung gelangen. Dies gilt in Einzelfällen für Patienten mit Schulängsten, symbiotischen Eltern-Kind-Beziehungen und mit Anorexia nervosa.

Voraussetzungen und Diagnosespektrum

Voraussetzung für eine tagesklinische Behandlung ist die Verfügbarkeit und Kooperationsfähigkeit der Familie, so daß sie zumindest zu regelmäßigen, meist 14tägigen Gesprächsterminen kommen kann und die Fürsorge für das Kind während der akuten Erkrankungs- bzw. Konfliktphase trägt. Dem Kind muß eine tägliche Rückkehr in die Familie möglich sein. Seitens des Patienten ist eine minimale Gruppenfähigkeit im offenen Rahmen Voraussetzung.

Ausschlußkriterien tagesklinischer Behandlung sind Störungen, die nur im Rahmen einer stationären und insbesondere geschlossenen Abteilung durchführbar sind, wie dies etwa bei schwerster Depression mit Suicidalität, akuter Psychose, schwerer Dissozialität und Gewaltdelinquenz gegeben ist. Ausgeprägte Trennungsprobleme überfordern Eltern und Kind oft darin, täglich den Abschied des Kindes von zu Hause bei seiner Fahrt in die Tagesklinik zu leisten. Patienten, die Gruppenregeln im offenen Rahmen nicht einzuhalten vermögen, sind tagesklinisch nicht führbar. Ebenso hat sich die tagesklinische Behandlung bei Patienten mit akuter Suchterkrankung und auch in Fällen schwerer Anorexia und Bulimia nervosa nicht bewährt.

Das *diagnostische Spektrum* hängt in starkem Maße von den jeweiligen materiellen und personellen Bedingungen sowie den konzeptuellen Schwerpunkten ab und kann demnach je nach Einrichtung mehr oder minder stark variieren. Nach den Erfahrungen in der Tagesklinik der Universität Marburg sind folgende Diagnosen häufig vertreten:

Es überwiegen die Emotionalstörungen, in der Häufigkeit folgen Hyperkinetisches Syndrom, Störungen im Sozialverhalten und neurotische Erkrankungen. Die Emotionalstörungen kombinieren sich häufiger mit Schwierigkeiten im Sozialverhalten. Häufig sind die psychiatrischen Diagnosen gekoppelt mit Entwicklungsstörungen sowie Teilleistungsschwächen bzw. Schwächen schulischer Fertigkeiten bei gleichzeitig nicht tragfähigen Familienverhältnissen. Bei vielen Kindern, insbesondere auch solchen mit Hyperkinetischem Syndrom und Störungen im Sozialverhalten, Teilleistungsschwächen und unzureichenden familiären Verhältnissen ergibt sich die Indikation zur tagesklinischen Aufnahme aufgrund der drohenden oder erfolgten Ausschulung der Kinder. Bei den Vorschulkindern finden sich insbesondere multiple Entwicklungsrückstände.

In Großstädten lassen sich diagnosespezifische Einrichtungen schaffen, wie z. B. tagesklinische Einrichtungen für lese-rechtschreibschwache Schüler mit Sprachentwicklungsstörungen, die bei normaler allgemeiner Intelligenz in den Regelschulen nicht beschulbar und ohne psychotherapeutische Begleitung nicht schulisch integrierbar sind.

Das *Alter* der tagesklinischen Patienten liegt zwischen 5 und 18 Jahren, wobei die Altersgruppe der 7- bis 12jährigen dominiert. Dabei ist von einer durchschnittlichen Behandlungsdauer von etwa fünf bis sechs Monaten auszugehen. Tagesklinische Einrichtungen, die sich auf die Behandlung Jugendlicher (Anorexie, schizophrene Psychosen) konzentrieren, haben einen entsprechenden anderen Altersschwerpunkt.

Der Transport der Kinder läßt sich so regeln, daß ein Teil der Patienten mit öffentlichen Verkehrsmitteln kommt, wenige von Eltern gebracht und abgeholt werden, andere, vor allem die Patienten im Vorschulalter und solche, die aus verkehrstechnisch schlecht erreichbaren Wohnorten kommen, mit Taxis befördert werden. Die Übernahme der Fahrtkosten ist in Absprache mit den Krankenkassen jeweils für den Einzelfall zu regeln. (Eisert und Eisert, 1988; Schmidt, 1993)

Der multimodale Therapieansatz im teilstationären Bereich

Dem Gedanken, daß die Symptome eines Patienten nicht nur durch eine Therapieform zu behandeln sind, trägt der multimodale Ansatz Rechnung. Dabei handelt es sich nicht darum, eine Reihe unterschiedlicher therapeutischer Techniken rein summarisch und standardisiert auf alle Patienten gleichartig anzuwenden. Vielmehr heißt *"multimodal"*, daß - auf der Grundlage einer *differentiellen Indikationsstellung* -, ein auf den individuellen Fall abgestimmtes Behandlungsvorgehen entwickelt wird, in dem verschiedene therapeutische Techniken - unterschiedlich gewichtet - zum Einsatz kommen.

Ein derartiges Vorgehen ist nicht nur deshalb naheliegend, weil bei einer tagesklinischen Behandlung - im Vergleich zum ambulanten Bereich - mehr Zeit zur Verfügung steht, innerhalb derer auch eine intensivere Therapie erfolgen kann. Sicherlich ist dieser quantitative Aspekt, der auf die Intensität einer Behandlung abhebt von Bedeutung. Daneben erscheint aber der inhaltlich-qualitative Aspekt von gleichrangiger Bedeutung. Letzterer besagt, daß die Struktur der Störungen derart vielgestaltig ist, daß unterschiedliche Behandlungszugänge erforderlich sind. Die Patienten haben eben selten nur ein einzelnes Symptom, sondern weisen eine ganze Palette mit z.T. höchst unterschiedlichen Symptomen und Problemen auf.

Außer der Vielgestaltigkeit der Symptomatik kommt aber in einem multimodalen Ansatz eine weitere Einsicht zum Tragen. Es handelt sich dabei um die Tatsache, daß es eine einzige, alleingültige Therapie, die - nur richtig und kunstvoll genug durchgeführt - für alle Störungsformen wirksam ist, nicht gibt (Quaschner, 1991).

35.2 Struktur und Aufgabenverteilung

Allgemeine Rahmenbedingungen

Unabhängig von der jeweiligen konzeptionellen und theoretischen Ausrichtung einer Tagesklinik kann davon ausgegangen werden, daß der äußere Rahmen - d.h. die räumliche und zeitliche Struktur sowie andere „Vorgegebenheiten" - eine besonders große Rolle spielt. Diese *allgemeinen Rahmenbedingungen* sind einerseits die Voraussetzung für die Durchführung individuumbezogener psychotherapeutischer Maßnahmen, andererseits - und hier werden sie oft unterschätzt - kommt ihnen selbst eine (psycho-)therapeutische Wertigkeit zu, sie bilden gewissermaßen ein „Therapeutikum" eigener Art. Unter verhaltenstherapeutischen Gesichtspunkten sind hier vor allem die sog. operanten Verfahren zu nennen. Als Beispiel kann die operante Technik der „Stimuluskontrolle" dienen.

Stimuluskontrolle zielt auf die Beeinflussung des Verhaltens durch geplante Anwendung und Kontrolle der dem Problemverhalten vorausgehenden Reiz- bzw. Situationsbedingungen ab. Sie ist „das häufigste und auch im Alltag gebräuchliche Mittel, bestimmte Reaktionen hervorzurufen oder zu unterbinden" (Hautzinger, 1993). Ihre Bedeutung für eine tagesklinische Behandlung läßt sich anhand der verschiedenen Stimuli-Gruppen demonstrieren, die einem Verhalten vorausgehen. In Anlehnung an Hautzinger (1993) können dabei folgende Stimuli, d.h. situative Bedingungen, unterschieden werden:

- *diskriminierende Stimuli*: Dabei handelt es sich um Reize, die aufgrund früherer Erfahrungen mit einem bestimmten Verhalten aneinandergekoppelt werden. Im Rahmen einer tagesklinischen Behandlung von Kindern ist dies z.B. die Sequenz Essenszeit-Händewaschen-Lob. Viele derartiger Sequenzen lassen sich für den tagesklinischen Alltag aufbauen und „automatisieren", so daß diese

Verhaltensweisen und Abläufe für die Patienten selbstverständlich werden.

- *verbale Stimuli, Regeln*: Abmachungen, Vereinbarungen und Signale, deren Einhaltung bzw. Nicht-Einhaltung mit bestimmten positiven oder negativen Konsequenzen verbunden werden, z.B. „Stopp"-Aufforderungen bei sich anbahnenden aggressiven Auseinandersetzungen, Verhaltensverträge u.a.m.

- *verhaltenserleichternde, fördernde Stimuli* beinhalten Hilfestellungen und die Schaffung von situativen Bedingungen, die ein bestimmtes Verhalten begünstigen. Z.B. beeinflussen die Gruppengröße und -zusammensetzung ganz maßgeblich den Ablauf therapeutischer Aktivitäten in einer Gruppe.

- *motivationale Bedingungen*: Durch vorausgehende Gestaltung einer Situation wird der Wert eines Verhaltens und einer Verstärkung erhöht (z.B. Entzug von sozialen Kontakten und gemeinsamen Spielen).

Ausführlicher soll im folgenden auf die zentrale Bedeutung einer räumlichen und zeitlichen Strukturierung eingegangen werden.

Räumliche Struktur

Die Wohnlichkeit der Räume gibt den atmosphärischen Rahmen. Die Funktionalität der Räume orientiert sich an den pädagogischen und therapeutischen Erfordernissen. Dabei hat sich folgende räumliche Struktur bewährt:

- Eine zentrale Eingangshalle als Mehrzweckraum: Er ist Empfangsraum, er gibt Zugang zu den umliegenden Funktionsräumen, er ist Warteraum und zum Festraum umgestaltbar, er enthält Garderobe, Sitzrunde und kleine Spielecke. Er ist Ausstellungsraum für gestalterische Arbeiten der Patienten.

- Eine Eßküche für Frühstück, Mittagessen und Imbiß am Nachmittag. Die Küche ist mit Spüle, Herden, Spülmaschine und Kühlschrank sowie Geschirrschränken so eingerichtet, daß ein gemeinsames Kochen der Gruppe möglich ist.

- Ein Gruppenraum mit Spielschrank, kleiner Bibliothek und Kuschelecke zur Freizeitbeschäftigung, Einzel- und Gruppenarbeit.
- Ein Spieltherapiezimmer.
- Ein Gymnastikraum, der als kleine Turnhalle nutzbar ist mit abschließbarem Geräteraum.
- Ein Beschäftigungstherapieraum mit Werkbänken und entsprechender Ausrüstung.
- Ein größerer Gruppenraum für Gruppentherapien (Rollenspiele usw.), Familiengespräche, Elterntraining, Teamsitzungen, Weiterbildung mit der Möglichkeit des Videogebrauchs.
- Je ein Arzt- und Psychologenzimmer.
- Ein Schulraum, dessen räumliche Untergliederung ermöglicht:
  - (a) Gruppenarbeit,
  - (b) Einzelarbeit und Frontalunterricht,
  - (c) Spiel- und Erholungsraum.
- Ein Sekretariats- und ein Mitarbeiterraum/-Stationszimmer.

Tabelle 35.1 Zeitliche Struktur des Tagesablaufs

8.00 - 8.30	Eintreffen der Kinder je nach Fahrtstrecke bzw. -dauer. Die Kinder werden von einer Betreuungsperson empfangen. Ablegen der Garderobe, evtl. Umkleiden.
8.30 - 8.50	Frühstück.
8.50 - 9.00	Zähneputzen, Händewaschen, „Fertigmachen" für die Schule; die Kinder werden in die Schulklassen im Klinikgebäude gebracht.
9.00 - 12.00	(a) Unterricht für die schulpflichtigen Kinder, Einzeltherapie, Elternarbeit, (b) Vorschulkinder werden vormittags einzeln oder in Kleingruppen gefördert/therapiert bzw. betreut; für Vorschulkinder ist auch ein stundenweiser Besuch der Eingangsklasse möglich.
12.00 - 12.45	Mittagessen.
12.45 - 13.30	"Freies Spiel".
13.30 - 14.00	Hausaufgabenzeit für die Schulkinder.
14.00. 16.00	Gruppen- (therapeutische) Aktivitäten (meist Kleingruppen), Elternarbeit..
16.00 - 16.15	Imbiß.
16.15 - 16.30	Abfahrt der Kinder nach Hause.

- Im Außengelände empfiehlt sich eine großzügige Spielplatzanlage mit größerem Rasenplatz und einem kleineren Grundstück für gärtnerische Tätigkeiten.

Inhaltliche und zeitliche Struktur

Der *Tagesablauf* gliedert sich wie in Tab. 35.1 dargestellt.

Dieser zeitlichen Struktur liegt eine Behandlungskonzeption als inhaltliche Struktur zugrunde.

Die Förderung lebenspraktischer Fertigkeiten

Erzieherische Maßnahmen richten sich auf lebenspraktische Fertigkeiten der Kinder. *Lebenspraktische Fertigkeiten* betreffen vor allen Dingen Essensverhalten, Kleidung und Hygiene. Die Mahlzeiten werden gemeinsam eingenommen. Für alle Essenszeiten gibt es besondere Regeln: Eine festgesetzte Sitzordnung mit z. B. drei Kindern und einem Betreuer an jeweils einem Eßtisch; Regeln zur Essensverteilung (wer schöpft wann auf, darf während des Essens gesprochen, gesungen, gespielt oder aufgestanden werden?), Regeln zum Beginn und zum Ende des Essens (Gemeinsamer Anfang, welche Tischgruppe darf zuerst aufstehen und in den Waschraum gehen?); Regeln zu den Tischsitten (Muß mit Messer und Gabel gegessen werden? Was geschieht, wenn ein Essen verweigert wird? Mit Essen beschmutzt wird, Getränke verschüttet werden?); Tischdienstregelungen (Wer übernimmt Tischdienst? Was ist beim Tischdienst zu tun?); hygienische Regeln (Regeln zum Händewaschen, Zähneputzen usw.). Wir legen Wert darauf, daß die Mahlzeiten in freien Portionen auf dem Tisch stehen, so daß die Kinder wie zu Hause ihr eigenes Essen aufschöpfen, proportionieren, sie sich das Brot selbst schmieren und sich die Getränke selbst einschenken. Bei einzelnen Kindern kann vorübergehend ein Essenstraining in einer Einzelsituation angezeigt sein.

Übungen zum Ankleiden (Schleifebinden, Knöpfen usw.) und zum Hygieneverhalten (Waschen, Toilettenverhalten, Zahnpflege usw.) sind z. B. bei Kindern mit geistiger Behinderung und mit einer Verwahrlosungssymptomatik wichtig. Bei Patienten mit Enuresis und Enkopresis ist das "Toilettentraining" ein Teil der spezifischen Therapieprogramme.

Die schulische Förderung

Zur schulischen Förderung gehören der morgendliche Schulunterricht, die Hausaufgabenbetreuung und ergänzend die Übungsbehandlungen zu schulischen Fertigkeiten (Lesen, Rechnen, Rechtschreibung) bei teilleistungsgestörten Kindern.Während der Unterrichtszeit können nach Abstimmung mit dem Lehrer einzelne Schüler zur Einzelförderung oder speziellen Übungsbehandlung (z. B. Rechtschreibtraining, Sprachtherapie) für die Behandlungszeit aus dem Unterricht herausgenommen werden. Ist ein Kind aufgrund seiner eingeschränkten Belastbarkeit nicht über den ganzen Schulvormittag unterrichtbar, so kann es vorzeitig den Unterricht verlassen. Ebenso kann dies dann der Fall sein, wenn ein Patient die Unterrichtung verweigert oder in einem Maße stört, daß eine Führung in der Klasse nicht gelingt. Für die Hausaufgabenhilfe ist kennzeichnend, daß inhaltliche Ziele und didaktische Vorgehensweisen zwischen Personal und Lehrer abgesprochen sind.

Die Förderung des Freizeitverhaltens

Die Förderung des Freizeitverhaltens ist ein wichtiger Teil der Behandlung. Kein Kind hält eine ganztägige Therapie aus. Eine vollständige "Verplanung" des Alltags für das Kind wäre auch einer auf Verselbständigung zielenden Therapie widersprechend. Bei den meisten Patienten besteht ein Defizit darin, Freizeit allein und in der Gruppe sinnvoll bzw. ausreichend konfliktfrei zu gestalten. Das tägliche Freizeitprogramm ist durch die sogenannte "flexible Programmstruktur" geregelt. Sie enthält u.a. Geburtstags- und Abschiedsfeier von Patienten, witterungsabhängige Freizeitaktivitäten wie Besuch des Sommerbades oder Schlittenfahrt im Winter, jahreszeitliche Feiern zu Ostern und Weihnachten, freies Spiel auf dem Spielplatz, Brettspiele usw.. Diese flexible Programmstruktur erfordert eine besonders koordinierte personelle Planung, um Programmabläufe und Aufsicht sicherzustellen.

Wichtig ist, daß die Freizeitplanung sowohl zeitlich als auch inhaltlich auf das Therapieprogramm abgestimmt ist. Denn in die Freizeitstunden des Nachmittags und des Vormittags sind immer auch für das einzelne Kind Therapiestunden eingeflochten.

Die therapeutische Förderung im engeren Sinne

Individuumbezogene Psychotherapiemethoden und gruppenpsychotherapeutische Verfahren sind in den Tagesablauf integriert.

Psychotherapeutische Einzelbehandlung

Die individuumbezogenen Maßnahmen können in verschiedene Gruppen unterteilt werden, von denen zunächst die psychotherapeutische Einzelbehandlung, die jeder Patient erfährt, zu nennen ist. Sie wird vom zuständigen Arzt oder Psychologen durchgeführt und beinhaltet Verfahren wie die Spieltherapie und/oder symptomspezifischere Herangehensweisen wie bestimmte verhaltenstherapeutische Techniken. Zwischen diesen beiden Zugängen zum Patienten kann das psychotherapeutische Gespräch angesiedelt werden.

Funktionelle Übungsbehandlungen

Einen ganz wesentlichen Schwerpunkt im multimodalen Therapieansatz stellen funktionelle Übungsbehandlungen von Teilleistungsschwächen dar. Die Bedeutung dieser Techniken leitet sich daraus ab, daß viele der tagesklinisch behandelten Patienten einschlägige Defizite aufweisen, auch wenn es sich oft nicht um die primäre Symptomatik handelt. Die *schulischen Leistungsprobleme* der Patienten sind häufig auf Teilleistungsschwächen in den Bereichen Lese-Rechtschreibung, Rechnen, Konzentration und Wahrnehmung zurückzuführen. Die Übungsbehandlung dieser kognitiven Defizite nimmt unter anderem auch deshalb breiten Raum ein, weil sich aus ihnen auf dem Wege sekundärer Neurotisierungen emotionale Probleme und Verhaltensauffälligkeiten entwickeln.

Krankengymnastische Aufgaben im engeren, traditionellen Sinn fallen weniger an, vorwiegend geht es um psychomotorische Behandlungsformen.

Die *Beschäftigungstherapie* hat neben dem Üben von bestimmten Funktionen und Handlungsabläufen große Bedeutung für den Aufbau von Selbstbewußtsein und Selbstwertgefühl.

Wünschenswert ist eine *logopädische Behandlungsmöglichkeit* für Patienten mit sprachlichen Auffälligkeiten.

Gruppen(-psycho-)therapeutische Maßnahmen

Das gesamte tagesklinische Leben spielt sich vornehmlich in Gruppen ab, so daß die Gruppe als therapeutisch wirksamer Faktor in vielen Situationen und mit ganz unterschiedlichem therapeutischen Anspruchsniveau wirksam wird. *Spezielle gruppentherapeutische Maßnahmen* haben vor allem zwei Schwerpunkte. Zum einen handelt es sich um Gruppen, in denen die soziale Kompetenz, das Kontaktverhalten bzw. die interpersonalen Fähigkeiten der Patienten gefördert werden. Dies kann beispielweise im Rollenspiel oder in speziell zusammengestellten Kleinstgruppen geschehen. Nicht scharf davon abzugrenzen, aber dennoch mit einer anderen Zielrichtung sind diejenigen Gruppen, die als "kreative" Gruppen bezeichnet werden können, in denen es im gestaltungs- oder beschäftigungstherapeutischen Sinne darum geht, bestimmte Fähigkeiten zur Entfaltung zu bringen.

Und nicht zu vergessen sind sog. „freie Gruppen" oder „Auffanggruppen", deren therapeutischer Anspruch geringer anzusetzen ist, die aber den Patienten mehr Spielraum für ihre Aktivitäten geben und es darüberhinaus auch erlauben, bestimmte Kinder zu Einzelterminen aus ihnen herauszuholen, ohne daß der Ablauf gestört würde.

Über die allgemeinen Rahmenbedingungen, die einzel- und gruppentherapeutischen Maßnahmen hinaus, ist - fast notwendigerweise - das weitere Umfeld außerhalb des teilstationären Bereichs unbedingt in die Behandlung miteinzubeziehen. Dabei ist die Zusammenarbeit mit den Eltern besonders wichtig, aber auch die Kooperation mit verschiedenen Institutionen gehört in sehr vielen Fällen zu diesen Aufgaben.

Zusammenarbeit mit den Eltern

Ein wesentliches Kennzeichen der teilstationären Behandlung besteht darin, daß verschiedene erzieherische Milieus und Lebensumwelten der Patienten aufeinander abzustimmen und in eine Balance zu bringen sind. Der Weg, der dabei zu beschreiten ist, führt vorrangig über die Eltern. Insofern bildet die Zusammenarbeit mit den Eltern einen Schwerpunkt in der tagesklinischen Behandlung. Bereits vor Aufnahme wird häufig versucht dem Rechnung zu tragen, in dem eine Kooperationsforderung an die Eltern gestellt

wird. Das bedeutet beispielsweise, daß die Einhaltung regelmäßiger Gesprächstermine verlangt wird. Eine derartige Forderung sichert natürlich keineswegs immer die Kooperation der Familie, Schwierigkeiten ergeben sich oft erst während der Behandlung.

Die neutrale Formulierung „*Zusammenarbeit mit den Eltern*" verweist darauf, daß es nicht darum geht, von vornherein ein bestimmtes theoretisches Konzept umzusetzen, sondern sie ist Ausdruck der Erfahrung, daß sich die Kooperation mit den Eltern in sehr unterschiedlicher Art und Weise, mit unterschiedlichen Ansprüchen, Intensitäten und Zielen gestalten kann.

Auf unterster, elementarer Ebene bedeutet "Zusammenarbeit" zunächst nur Austausch von Informationen: Wie verhält sich der Patient zuhause in der Familie? Wie verhält er sich in der Tagesklinik? Welche Schwierigkeiten und Probleme gibt es? Welche Behandlungsmaßnahmen werden durchgeführt bzw. sind geplant?

Der Übergang von dieser elementaren Ebene zu der nächsten, die man als Elternberatung bezeichnen könnte, ist fließend. Hier geht es darum, Informationen über die Art der Störung sowie den Umgang damit zu vermitteln. In konkreten Absprachen und Vereinbarungen gilt es den Transfer von in der Tagesklinik Erreichtem in die Familie sicher zu stellen und eine gemeinsame Linie im Umgang mit dem Patienten zu finden.

Wenn es das Störungsbild erforderlich macht, d.h., wenn die Störung nicht so sehr ein individuelles, sondern auch ein familiäres Problem ist, sind in der Regel intensivere Formen der Zusammenarbeit angebracht. Dabei kann es sich um spezielle Elterntrainings (siehe Kapitel 14 von Warnke) oder um familientherapeutische Maßnahmen (siehe das Kapitel 13 von Mattejat) handeln. Inhaltlich geht es meist darum, intrafamiliäre Beziehungen, Interaktionen, Einstellungen und Kommunikationsstile zu thematisieren und zu verändern.

Die inhaltliche Vielfalt, die die Zusammenarbeit mit den Eltern annehmen kann, drückt sich auch im äußeren Rahmen aus. Dieser reicht von wöchentlich stattfindenden familientherapeutischen Gesprächen, in die alle Familienmitglieder miteinbezogen sind, bis hin zu in zwei- bis dreiwöchigem Abstand durchgeführten Informations- und Beratungsgesprächen mit den Eltern oder zeitweise auch nur einem Elternteil.

Zusammenarbeit mit anderen Institutionen

Bereits vor Aufnahme eines Patienten in die Tagesklinik, aber insbesondere während des Aufenthaltes und danach, ist es oft erforderlich, mit einer Reihe von Institutionen zu kooperieren, um für den Patienten ein möglichst optimales Umfeld zu gestalten. Als ein Beispiel kann die Zusammenarbeit mit anderen Schulen gelten. Weiterhin kann es sich beispielsweise um die Kooperation mit anderen Kliniken handeln wie etwa der logopädischen Abteilung einer Hals-Nasen-Ohrenklinik im Hinblick auf diagnostische und therapeutische Fragestellungen.

Für den Fall, daß die *Nachbetreuung* eines Patienten nicht durch die Tagesklinik selbst, sondern durch andere Einrichtungen erfolgt, sind mit diesen Informationsaustausch und Absprachen durchzuführen.

Auch die *Zusammenarbeit mit Jugendämtern* nimmt gegebenenfalls breiten Raum ein. Dies trifft z.B. auf Pflegekinder zu. Weiterhin kann es in bestimmten Fällen auch zu außerfamiliären Unterbringungen kommen, die ebenfalls über das Jugendamt abgewickelt werden.

Personelle Struktur und Aufgabenverteilung (Teamarbeit)

Die personelle Struktur ist *interdisziplinär* konzipiert. Das therapeutische Angebot bzw. die Fördermöglichkeiten sind neben den räumlichen, zeitlichen und materiellen Voraussetzungen abhängig von der Art und Ausbildung der Mitarbeiter. Im einzelnen hat sich nach unseren Erfahrungen folgende interdisziplinäre personelle Struktur bewährt:

- Ein Arzt und ein Psychologe ergänzt durch eine oberärztliche Supervision: Ihnen obliegt die psychotherapeutische Behandlung des Kindes und die Zusammenarbeit mit den Eltern. Darüber hinaus sind sie für die Kooperation mit anderen Einrichtungen, wie z. B. Kliniken, Schulen, Kindergärten und Ämtern und Behörden verantwortlich. Die Indikationsstellung für die teilstationäre Behandlung und die Therapie- und Fördermaßnahmen sind zu treffen und die Integration der Befunde zur Diagnose und einem Behandlungsplan zu leisten und zu dokumentieren.

- Eine Beschäftigungstherapeutin: Sie übernimmt auch die Förderung lebenspraktischer Fertigkeiten, wie z. B. des Eßverhaltens, des Ankleidens oder der Körperwahrnehmung.

- Eine Krankenschwester: Sie übernimmt die pflegerischen Aufgaben wie etwa die Medikamentenausgabe, Klinikgänge, wiegen, Hilfe bei Blutabnahmen, EEG usw.. Darüber hinaus betreut sie schwerpunktmäßig Patienten mit körpernahen Symptomen, wie z.B. Einnässen und Einkoten.

- Eine Sozialpädagogin: Sie übernimmt u.a. die Einzelförderung in Form von Übungsbehandlungen bei teilleistungsgestörten Kindern in Bereichendes Lesens, Rechtschreibens, Graphomotorik, des Rechnens, der Konzentration und Wahrnehmung.

- Eine Erzieherin: Sie führt heilpädagogische Maßnahmen durch und kann, je nach Zusatzausbildung, z. B. Reitgruppen oder musiktherapeutische Förderung wahrnehmen.

- Ein Krankengymnast: Hier liegen die Aufgaben weniger in der klassischen Krankengymnastik, sondern vor allem in der psychomotorischen Förderung.

- Eine Sekretärin übernimmt die schriftlichen und einenTeil der organisatorischen Aufgaben.

- Die Lehrkäfte der Klinikschule unterrichten am Vormittag die schulpflichtigen Patienten.

Alle Mitarbeiter sind Einzelbetreuer für einen oder mehrere Patienten. Sie nehmen in dieser Funktion auch an Elterngesprächen teil und übernehmen spezielle heilpädagogische und therapeutische Aufgaben, wie z. B. die individuelle Betreuung aggressiver oder mutistischer Patienten. Für die teilstationäre Behandlung entscheidend ist, daß alle Mitarbeiter eine Reihe von unspezifischen Aufgaben des pflegerischen und erzieherischen Alltags übernehmen, wie etwa die Aufsicht bei Mahlzeiten, freiem Spiel oder den Hausaufgaben. Die Behandlungsplanung und Aufgabenverteilung setzt Absprachen voraus. Sie sind entscheidend für die Effektivität teilstationärer Behandlung. Während einer Woche finden folgende Besprechungen statt:

- Eine Organisationsbesprechung (1 1/2 Std.): Hierbei werden Tages- und Wochenplan festgelegt und bestimmt, wer wann für welche Kinder mit welcher Aufgabe zuständig ist.

- Therapiebesprechung und Oberarztvisite: Sie findet wöchentlich zweistündig statt. Dabei werden Anamnese, Befunde, tagesklinische Beobachtungen und Beurteilungen zusammengetragen, die Therapieziele und der Therapieplan festgelegt.

- Eine Personalbesprechung dient dazu, um weitere organisatorische und terminliche Fragen abzusprechen (z. B. die Bestellung und der Einkauf von Verbrauchsmaterialien, Fragen der Vertretung und Urlaubsregelung).

- Die Lehrerbesprechung (einstündig) findet in der Schulzeit statt. In ihr werden die Beobachtungen in der Schule und im teilstationären Rahmen wechselseitig ausgetauscht, spezielle pädagogische Fragestellungen beim einzelnen Kind erörtert, Inhalte und didaktische Maßnahmen bei der Hausaufgabenbetreuung abgestimmt, therapeutische Einheiten, die in die morgendliche Unterrichtszeit eingefügt werden, werden bestimmt; Ergebnisse der Kontakte zu externen Schulen und Fragen der weiteren Beschulung nach stationärer Behandlung geklärt.

Diese Teamgespräche sind zeitaufwendig, aber ausschlaggebend für das Gelingen der interdisziplinären Arbeit. Als Schaltzentrale müssen diese Besprechungen effektiv organisiert sein. Einige wenige Regeln zur Teambesprechung seien hier angeführt:

- Vorbereitete Tagesordnung und Zeitplan durch einen jeweils verantwortlichen Protokollanten vor der Teamsitzung.

- Pünktlichkeiten bei Anfang und Ende der Teamsitzung und den einzelnen Tagesordnungspunkten.

- Regelung der Gesprächsführung durch Gesprächsleiter.

Eine Gliederung zum inhaltlichen Ablauf: Aktuelles und Allgemeines zu Beginn zeitlich begrenzt; Vorstellung neuer Mitarbeiter oder von Besuchern; die Kontrolle, ob in früheren Sitzungen beschlossene Tagesordnungspunkte durchgeführt wurden; die Korrektur bzw. Ergänzung getroffener Maßnahmen, wenn sie sich nicht bewährt haben; die Hauptzeit, z. B. der

Therapiebesprechung gilt immer Fragen der Diagnostik, Therapie und Betreuung des Kindes, der Planung der Elternarbeit und der Außenkontakte.

35.3 Verlauf der tagesklinischen Behandlung

Die zeitliche und inhaltliche Ablaufsstruktur der tagesklinischen Behandlung läßt sich kurz zusammengefaßt wie folgt aufgliedern: (Quaschner, 1991)

Tabelle 35.2 Vorgehensweise der tagesklinischen Behandlung

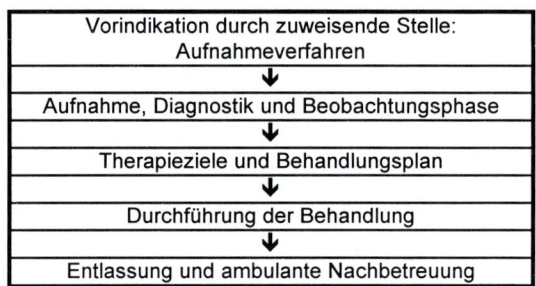

Im einzelnen beinhalten die aufgeführten Schritte folgende Inhalte:

Vorindikation und Aufnahmeverfahren

Die Aufnahme in teilstationäre Behandlung erfolgt meist nach poliklinischer oder stationärer Diagnostik. Vor Aufnahme sind eine Besichtigung der Einrichtung mit dem Patienten und seinen Eltern sowie ein Vorgespräch mit dem verantwortlichen Arzt und dem Psychologen obligat; ggf. sind andere Bezugspersonen wie Lehrer, Vortherapeuten oder Großeltern einbezogen. Dabei wird die Indikation zur teilstationären Behandlung nochmals überprüft, die Motivation der Familie zur Kooperation bestätigt, Erwartungen, Hoffnungen, Therapieziele erfragt, die Aufnahmeentscheidung getroffen, der Behandlungsbeginn festgesetzt und das voraussichtliche Behandlungsende abgeschätzt. Die Übernahme der

Behandlungskosten durch die Krankenkassen, insbesondere auch die Übernahme der Fahrtkosten wird vor Aufnahme gesichert. Die Eltern gehen die Vereinbarung ein, daß ihr Kind über Nacht, an den Feiertagen und Wochenenden in der Familie, nicht jedoch in den Schulferien während der tagesklinischen Behandlungszeit zu Hause sein kann. Die Entscheidung über eine Aufnahme erfolgt erst nach dem Erstgespräch, so daß auch die Familie die Gelegenheit hat, die Aufnahmeentscheidung zu überdenken.

Aufnahme, Diagnostik und Beobachtungsphase

Am Beginn jedes Aufenthaltes steht eine zwei- bis vierwöchige Diagnostik- und Beobachtungsphase. Sie umfaßt folgende Maßnahmen:

- Erhebung einer kinder- und jugendpsychiatrischen Anamnese am Aufnahmetag.
- Ärztliche Untersuchung mit apparativen Zusatzuntersuchungen (z. B. EEG; Laboranalysen).
- Psychodiagnostische Untersuchung.
- Verhaltensbeobachtung in den unterschiedlichsten Situationen des teilstationären Alltags.

Die Ergebnisse und Befunde werden in der Teamsitzung anhand eines strukturierten Verhaltensbeurteilungs- und Therapiezielbogens zusammengefaßt, der als Grundlage für die weitere Therapieplanung dient.

Selbstverständlich steht die diagnostische Arbeit in ständiger Wechselwirkung mit dem Therapieverlauf. Immer wieder treten während des Aufenthaltes neue anamnestische Daten oder Erkenntnisse zur familiären Situation wie aber auch zur individuellen Entwicklungsfähigkeit des einzelnen Kindes in Erscheinung. Insbesondere ist die Fähigkeit der Familie zum Ausmaß ihrer Kooperativität erst im Verlaufe der teilstationären Behandlung beurteilbar. Dieser diagnostisch-therapeutische Wechselwirkungsprozeß sei an einem Beispiel dargestellt:

Therapieziele und Behandlungsplan

Aufgrund der diagnostischen Ergebnisse werden Problemverhaltensweisen festgelegt, Therapieziele in Absprache mit der Familie formuliert und ein langfristiger Behandlungsplan aufgestellt, der die einzelnen, auf den konkreten Fall abgestimmten therapeutischen Maßnahmen koordiniert.

Die Durchführung der Behandlung

Die Behandlungsdurchführung wird in den Therapiebesprechungen und Oberarztvisiten erarbeitet, ggfs. werden Veränderungen vorgenommen. Die bewährten - und oben beschriebenen - individuen- und gruppen- sowie familienorientierten Verfahren werden eingesetzt.

Noch einmal sei an dieser Stelle zusammenfassend auf die *Besonderheiten teilstationärer Psychotherapie* hingewiesen:

- Die therapeutische Belastung des Kindes und seiner Familie ist sorgfältig zu "dosieren", um eine "Übertherapie", aber auch um Leerzeiten zu vermeiden. Kein Kind kann ganztägig therapiert werden. Außerhalb der schulischen Anforderung und den routinemäßigen Tagesabläufen sind für ein Kind in der Regel nicht mehr als zwei individuelle Therapiestunden pro Tag zumutbar.
- Zeitliche und organisatorische Absprache zwischen den Mitarbeitern des Teams sind eindeutig und sorgfältig zu planen, um Unpünktlichkeit, terminliche Kollisionen und Zeiten fehlender Betreuung bzw. Aufsicht zu vermeiden.
- Therapeutische Techniken lassen sich im teilstationären Rahmen in den Schulunterricht und den Alltag des Kindes im Sinne des "Co-Therapiekonzepts" übertragen. Beispielsweise läßt sich die Handzeichensprache, die im schulischen Unterricht bei einem Kind mit Legasthenie angewandt wird, von einem Erzieher auch in der Hausaufgabenförderung des Lesens und Rechtschreibens wie aber auch beim Lesen von Straßennamen während eines Stadtspaziergangs in der Freizeit anwenden.
- Die Zusammenarbeit mit den Eltern ist in besonderer Weise entscheidend für den Verlauf der tagesklinischen Behandlung des Kindes, da das Kind sich gleichzeitig in zwei Lebensräumen bewegt: Der Tagesklinik und der Familie.

- Für die Förderung normaler Anlagen, Begabungen und Interessen des Kindes im persönlichen Verhalten und Erleben sowie im Zusammenleben mit gleichaltrigen, jüngeren und älteren Personen richtet sich das Augenmerk auf die Defizite und Entwicklungsfähigkeiten des Patienten, für die ein Nachlernen oder eine Kompensation in Frage kommen.

Fallbeispiel

Aufnahmeanlaß für den 10jährigen Toni war eine Hyperkinetische Störung des Sozialverhaltens (ICD-10 F90.1). Neben den Symptomen einer beeinträchtigten Aufmerksamkeit und motorischen Überaktivität zeigte der Patient bei Aufnahme als weitere Auffälligkeiten eine erhebliche Distanzlosigkeit in sozialen Beziehungen sowie eine ausgeprägte impulsive Mißachtung sozialer Regeln, was zur Folge hatte, daß er in Gruppensituationen unterschiedlichster Art, vor allem aber in der Schulklasse, ausgesprochen schwer zu führen war bzw. streckenweise sogar ganz ausgeschlossen werden mußte. Von den Eltern wurde er ebenfalls als motorisch sehr unruhig, wechselhaft und unkonzentriert geschildert. Er habe ständig herumgeblödelt, keine Hemmschwelle mehr finden und keine Grenze mehr akzeptieren können. Vor allem bei Anforderungen wie etwa den Hausaufgaben habe er große Schwierigkeiten gemacht, geschimpft, sei bockig gewesen und fortwährend ausgewichen.

Die erhobenen Befunde zeigten einen intellektuell altersgemäß entwickelten Jungen, der allerdings eine Teilleistungsstörung im Sinne einer ausgeprägten Lese-Rechtschreibschwäche hatte.

Die Behandlung des Patienten spiegelt ein multimodales Vorgehen wider, wie es als durchaus typisch für den teilstationären Ansatz gelten kann. Die einzelnen therapeutischen Komponenten sind in einem Wochenplan übersichtlich dargestellt:

Tabelle 35.3 Beispiel für einen Wochenplan (Patient Toni):

ZEIT	MONTAG	DIENSTAG	MITTWOCH	DONNERSTAG	FREITAG
8.00	Ankunft				
8.30	Frühstück				
9.00	Schule	Schule	Schule	Schule	Schule
11.30	Einzel-Übungs-Behandlung		Einzel-Übungs-behandlung	Einzel-Übungs-behandlung	
12.00	Mittagessen				
12.45	"Freies" Spiel				
13.30	Hausaufgaben				
14.00	„Auffang-Gruppe"	Einzelpsycho-therapie	Wochen-gespräch	Einzelpsycho-therapie	Stunde mit Einzelbetreuerin
			"Aufräumen"		
15.00	Psychomotorik-Gruppe	Rollenspiel-Gruppe	Beschäftigungs-therapie-Gruppe	Familien-gespräch	
16.00	Imbiß				
16.15-16.30	Abfahrt				

Neben den allgemeinen therapeutischen Rahmenbedingungen (s.o.) beinhaltete der Behandlungsplan des Patienten eine Reihe von individuumbezogenen Maßnahmen, die auf die konkrete Problematik des Einzelfalles zugeschnitten waren.

Im Zentrum der Behandlung standen verschiedene verhaltenstherapeutische Techniken. Im wesentlichen handelte es sich dabei um den Einsatz von operanten Verstärkerplänen im Sinne eines Kontingenzmanagements sowie um die Durchführung eines Sozialen Kompetenztrainings, das einzel- und gruppentherapeutisch („Rollenspielgruppe") ausgerichtet war.

Von besonderer Bedeutung war in Tonis Fall auch die funktionelle Übungsbehandlung der Lese-Rechtscheibschwäche. In Absprache mit der Klinikschule wurde er dabei aus dem Gruppenunterricht herausgenommen und einzeln gefördert.

Die spezifischen gruppentherapeutischen Maßnahmen bestanden neben der erwähnten „Rollenspielgruppe" in der Teilnahme an einer sehr kleinen Beschäftigungstherapiegruppe (3 Patienten) und an einer Psychomotorikgruppe, die außer dem aktivierenden Element auch stark auf Entspannung und Beruhigung abzielende Behandlungskomponenten enthielt.

Während der gesamten Zeit des Aufenthaltes fanden regelmäßige, meist in 14-tägigem Abstand stattfindende familientherpeutische Sitzungen statt. Diese hatten nicht nur begleitenden, ergänzenden Charakter, sondern bildeten zeitweise sogar den Schwerpunkt der therapeutischen Bemühungen. Familiäre Konflikte zwischen den Eltern, aber auch zwischen Eltern und Kindern erforderten streckenweise gesonderte Interventionen. Trotz dieser Konflikte war die Zusammenarbeit mit der Familie insgesamt als sehr positiv zu bewerten. Die Eltern zeigten sich in der Kooperation zuverlässig und konstruktiv, so daß die auftretenden Schwierigkeiten überwunden werden konnten.

Bezüglich der Symptomatik zeichnete sich im Verlauf eine sehr langsame, aber insgesamt doch stetige Besserung ab. Der Kern dieser Besserung war darin zu sehen, daß Toni lernte, das eigene Verhalten in Zusammenhang mit dem Verhalten anderer zu sehen und darauf abzustimmen, d.h., daß er in Gruppensituationen und überhaupt im sozialen Kontakt sehr viel weniger Konflikte provozierte und einfacher zu führen war.

Bereits frühzeitig wurde unsererseits mit der Planung der Entlassung begonnen und Kontakt mit der aufnehmenden Schule aufgenommen. Im Vorfeld der Entlassung fand beispielsweise ein persönliches Gespräch mit der zukünftigen Lehrerin statt, stofflich-inhaltlich wurde der Übergang auf die neue Schule seitens der Klinikschule vorbereitet.

Entlassung und ambulante Nachbetreuung

Die Dauer der Behandlung richtet sich nach dem Verlauf, den Vorstellungen von Patient und Familie sowie organisatorischen Gesichtspunkten (z. B. Einschulungsterminen). Die Entlassung selbst und Verständigung über die Nachbetreuung sind ein Teil der teilstationären Behandlung in der Zusammenarbeit mit den Eltern. Ein besonders schwerwiegender Einschnitt ist die Entscheidung, wenn ein Kind nach der teilstationären Behandlung nicht mehr in die Familie, sondern in einer außerfamiliären Einrichtung leben wird. Eine ambulante Nachbetreuung wird nur dann von der Tagesklinik weiterbetrieben, wenn sich keine alternativen Möglichkeiten anbieten lassen.

35.4 Zur Evaluation

Da es sich bei Tageskliniken um einen vergleichsweise jungen Einrichtungstypus im psychiatrischen Versorgungssystem handelt, existieren nur wenige Studien über ihre Wirksamkeit. Die bislang vorliegenden Ergebnisse (z.B. Döpfner, 1993b) geben aber zu der Hoffnung Anlaß, daß diese Behandlungsform weitere Verbreitung finden wird.

Eine der wenigen Untersuchungen (Remschmidt und Schmidt, 1988), in denen verschiedene Behandlungsmodalitäten verglichen werden, kommt zu dem Schluß, daß - in bestimmtem Bereichen - die stationäre durch eine tagesklinische Behandlung ersetzt werden kann. Dies belegen auch katamnestische Untersuchungen (Quaschner, 1995), die zudem darauf hindeuten, daß die Langzeitwirkung dieser Behandlungsform recht stabil ist.

Weiterführende Literatur:

Reinhardt, H.G.: (Hrsg.): Die Kinder- und Jugendpsychiatrische Tagesklinik. Verlag d. Acta Paedopsychiatrica, Düsseldorf 1989.
Remschmidt, H.; Schmidt, M.H.(Hrsg.): Alternative Behandlungsformen in der Kinder- und Jugendpsychiatrie. Enke, Stuttgart 1988.

Literatur

Döpfner, M.: Konzeption einer teilstationären Behandlung. In: Döpfner, M.; Schmidt, M.H. (Hrsg.): Kinderpsychiatrie: Vorschulalter, 140-155. Quintessenz, München 1993a.
Döpfner, M.: Wirksamkeit teilstationärer Behandlung. In: Döpfner, M.; Schmidt, M.H. (Hrsg.): Kinderpsychiatrie: Vorschulalter, 156-174. Quintessenz, München 1993b.
Döpfner, M.; Schmidt, M.H.: Kinderpsychiatrie: Vorschulalter. Quintessenz, München 1993.
Eisert, H.G.; Eisert, M.: Stationäre Behandlung, teilstationäre Behandlung und home treatment: Möglichkeiten und konkrete Durchführung verschiedener Behandlungsmodalitäten. In: Remschmidt, H.; Schmidt, M.H. (Hrsg.): Alternative Behandlungsformen in der Kinder- und Jugendpsychiatrie, 14-28. Enke Verlag, Stuttgart 1988.
Hautzinger, M.: Stimuluskontrolle. In: Linden, M.; Hautzinger, M. (Hrsg.): Verhaltenstherapie, 2.Aufl., 289-293. Springer-Verlag, Berlin 1993.
Quaschner, K.: Ergebnisse der tagesklinischen Behandlung. Unveröffentl. Vortrag (Symposion zum 10jährigen Jubiläum der Tagesklinik der Marburger Universitätsklinik für Kinder- und Jugendpsychiatrie), Marburg 1995.
Remschmidt, H. : Psychiatrie der Adoleszenz. Thieme Verlag, Stuttgart 1992.
Remschmidt, H.; Schmidt, M.H. : Alternative Behandlungsformen in der Kinder- und Jugendpsychiatrie. Enke Verlag, Stuttgart 1988.
Remschmidt, H.; Schmidt, M.H.; Mattejat, F.; Eisert, H.G.; Eisert, M.: Therapieevaluation in der Kinder- und Jugendpsychiatrie: stationäre Behandlung, tagesklinische Behandlung und home-treatment im Vergleich. Zeitschrift für Kinder- und Jugendpsychiatrie 16, 124-134, 1988.
Schmidt, M.H.: Möglichkeiten und Grenzen teilstationärer Arbeit. In: Döpfner, M.; Schmidt, M.H. (Hrsg.): Kinderpsychiatrie: Vorschulalter, 134-139. Quintessenz, München 1993.

36. Behandlung im natürlichen Milieu (home-treatment)

Helmut Remschmidt und Andreas Warnke

36.1 Definition und Konzept

Unter *Behandlung im natürlichen Milieu (home-treatment)* versteht man die therapeutische Beeinflussung von Kindern, Jugendlichen und Familien in ihrer gewohnten Umgebung. Bei dieser kann es sich um eine Familie, Pflegefamilie oder Adoptivfamilie handeln, aber ebenso um eine Behandlung in einer Wohngruppe, einem Heim oder einer anderen Einrichtung. Die Bezeichnung home-treatment impliziert zunächst keine bestimmte Therapiemethode. Sie ist auch nicht auf ein psychotherapeutisches Vorgehen beschränkt, sondern kann verschiedene Therapieformen umfassen, die in einem einheitlichen Therapieplan zusammengeführt werden sollten. Die praktische Arbeit hat jedoch gezeigt, daß im Rahmen des home-treatment hauptsächlich verhaltenstherapeutische Methoden sowie Methoden des Elterntrainings angewandt wurden. Es ist aber ebenso möglich, auch auf andere Behandlungsmethoden zurückzugreifen, sofern die Grundvoraussetzungen für das home-treatment (Motivation des Patienten und der Familie, positive äußere Rahmenbedingungen, Eignung der Störung für diese Behandlung, nicht zu ausgeprägter Schweregrad) vorliegen.

Behandlungen im natürlichen Milieu (home-treatment) fußt auf folgenden *allgemeinen Voraussetzungen:*

(1) Der *Ort der Behandlung* ist die *gewohnte Umgebung.* Sowohl die vorher notwendige Diagnostik als auch die Therapie selbst spielen sich in diesem Milieu ab.

(2) Es erfolgen *regelmäßige Besuche eines oder mehrerer Therapeuten,* die stets mit direkten Interventionen oder mit klaren Abmachungen bezogen auf das Kind und die Bezugspersonen verbunden sind.

(3) In aller Regel werden *wesentliche Therapieschritte von den Eltern oder den Bezugspersonen* durchgeführt. Dies setzt voraus, daß sie ausreichend informiert, angeleitet und vom Therapeuten unterstützt werden.

(4) Je nach Konzept des home-treatments werden sowohl das therapeutische Vorgehen, als auch die Veränderungen (beim Kind selbst und in der Familie), mehr oder weniger genau objektiviert und in entsprechenden Skalen, Fragebögen oder auch in problemzentrierten Aufzeichnungen festgehalten.

(5) Im Falle des Auftretens besonderer Probleme oder Krisen ist der *Therapeut* in seiner Praxis oder der Institution aus der er kommt, *zu festen Zeiten erreichbar.*

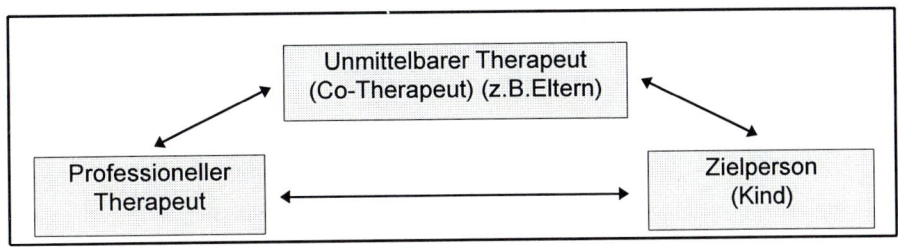

Abb. 36.1 Beziehungsstruktur beim Home-Treatment

In Abb. 36.1 ist die Beziehungsstruktur beim home-treatment wiedergegeben.

Wie die Abbildung zeigt, handelt es sich um eine Dreiecksbeziehung, im Rahmen derer der professionelle Therapeut (Arzt, Diplom-Psychologe) sowohl zum unmittelbaren "Therapeuten" besser Cotherapeuten (z.B. Mutter, Vater oder andere Bezugsperson) als auch zum Kind als der Zielperson entsprechende Kontakte hat. Dabei werden manche Regelungen und Abmachungen gemeinsam besprochen, es gibt aber ebenso therapeutische Interventionen, Anleitungen oder Gespräche in Zweiersituationen (z.B. Therapeut und Eltern oder Therapeut und Kind). Wichtig sind in jedem Fall die Rückkopplungsprozesse zwischen dem Kind und dem Therapeuten, dem Kind und dem Co-Therapeuten (z.B. Mutter) und dem Co-Therapeuten und dem Therapeuten. Diese sind notwendig und umfassen eine Vielzahl von Informationsschritten, die vom Instruktionsverständnis bis zur Rückkopplung des Therapieerfolges reichen.

Das home-treatment hat gegenüber anderen Behandlungsmethoden eine Reihe von *Vorteilen* und kann bei richtig gewählter Indikation durchaus eine Alternativmethode für die stationäre oder teilstationäre Behandlung sein (Reimer, 1983; Remschmidt und Schmidt, 1988):

(1) Durch die Verlagerung der Behandlung in das häusliche Milieu wird dem Therapeuten ein *intensiver Einblick in die Lebenssituation des Kindes und der Familie* ermöglicht. Dabei wird auch sehr rasch deutlich, welchen Stellenwert das Kind in der Familie hat, wie notwendige Abläufe in der Familie organisiert werden, wie die Familie in eine größere Gemeinschaft integriert ist usw.. Diese Informationen sind im Rahmen einer ambulanten, teilstationären oder stationären Untersuchung und Behandlung nur unzureichend zu gewinnen. Durch diesen Einblick wird einerseits die Diagnose erleichtert. Zum anderen werden therapierelevante Informationen erhoben, die direkt für den Behandlungsprozeß nutzbar gemacht werden können.

(2) Die im Rahmen der Behandlung notwendigen *Veränderungen werden am Ort der Entstehung der Störung durchgeführt.* Sie haben damit die Chance, den realen Verhältnissen des Kindes und seiner Familie angepaßt zu werden. Die Möglichkeit beschönigender Äußerungen seitens der Eltern, wie dies bei

stationären oder ambulanten Behandlungen möglich ist, entfällt weitgehend. Von daher haben die durchgeführten Maßnahmen eher eine Chance realistisch zu sein.

(3) Was die Durchführung der Therapie betrifft, so gibt es zwei Therapeuten: den professionellen Therapeuten, der von außen kommt und teilweise selbst mit dem Kind arbeitet sowie den *Co-Therapeuten in Gestalt eines Elternteils oder einer anderen Bezugsperson.* Letzteres hat natürlich Vor- und Nachteile. Die Vorteile liegen darin, daß diejenige Person aktiv in die Behandlung einbezogen ist, die die längste Zeit mit dem Kind zusammen ist, die Erziehungsverantwortung hat und insofern von der Störung des Kindes essentiell betroffen ist. Der Nachteil besteht darin, daß die für manche Therapieschritte notwendige Distanz nicht gegeben ist und die Selbsthilfekräfte des Kindes vielleicht zu wenig beachtet werden. Dies ist aber eine Aufgabe der Instruktion und der Elternberatung.

(4) Verschiedentlich wurde darauf hingewiesen, daß die Erfahrung für die Eltern an der Behandlung ihres Kindes mitzuwirken und für positive Veränderungen selbst mitverantwortlich zu sein, ihre *Motivation steigert* und das Verhältnis zum Kind verbessert (Gambrill 1977).

(5) Sofern es gelingt home-treatment frühzeitig einzusetzen, wird auch ein *Beitrag zur Prävention* geleistet, weil die Störung noch nicht in einem chronifizierten Stadium therapeutisch angegangen wird und Eltern zum home-treatment leichter motivierbar sind als zur stationären Behandlung.

(6) Schließlich sprechen auch *ökonomische Gesichtspunkte* für eine stärkere Förderung des home-treatments, denn es ist, trotz der Fahrtzeiten und des manchmal notwendigen Aufwandes in apparativer und personeller Hinsicht (z.B. zwei Therapeuten) wesentlich weniger kostenintensiv als eine teilstationäre oder stationäre Behandlung. Voraussetzung hierfür ist natürlich der Wirksamkeitsnachweis, der jedoch inzwischen geführt werden konnte (Reimer, 1983; Remschmidt und Schmidt, 1988). In der Bundesrepublik ist bislang das home-treatment als Kassenleistung nicht möglich. Die bisherigen Behandlungsversuche gingen ausschließlich von

Institutionen aus oder sie erfolgten im Rahmen von wissenschaftlichen Untersuchungen oder Modellprogrammen (vgl. Remschmidt und Walter, 1989).

36.2 Indikation und Kontraindikation

Für die Behandlung im häuslichen Milieu, die in gewissen Fällen sowohl stationäre als auch teilstationäre Therapien ersetzen kann, sind gewisse *äußerliche Rahmenbedingungen* Voraussetzung (Eisert et al., 1985):

- *Wenigstens eine Bezugsperson* muß zu konstanten Zeiten zu Hause sein.
- Die *Räumlichkeiten* sollten so sein, daß der Therapeut einen Platz findet, ohne die übrige Familie zu behindern.
- Ein *Mindestmaß an Struktur* muß vorhanden sein.
- Die *Entfernung* darf nicht zu groß sein (Fahrtzeit nicht länger als 30-40 Minuten).

Darüberhinaus muß die *Kooperationsbereitschaft der Eltern* gegeben sein, das Eltern-Kind-Verhältnis darf nicht zu sehr belastet sein, und die Eltern müssen eine gewisse Gewähr dafür bieten, daß die abgesprochenen Behandlungsmaßnahmen auch dann fortgeführt werden, wenn der Therapeut nicht anwesend ist.

Schließlich muß darauf hingewiesen werden, daß home-treatment nur sinnvoll durchgeführt werden kann, wenn eine leistungsfähige Institution mit ambulanten, stationären oder teilstationären Möglichkeiten im Hintergrund steht. Denn bei dem nicht seltenen Übergang von einer Behandlungsmodalität zur anderen sind auf diese Weise am wenigsten Schwierigkeiten zu erwarten.

Was das *Krankheitsspektrum* betrifft, so konnte gezeigt werden, daß unter bestimmten Bedingungen (klar definierte Patientengruppen, Sicherstellung der Kooperation in der Familie, angemessener Schweregrad der Störung) home-treatment durchaus als echte Alternative für eine stationäre oder eine tagesklinische Behandlung angesehen werden kann (Remschmidt und Schmidt, 1988; Remschmidt et al., 1988). Allerdings sind diese Bedingungen nur bei rund 10-15% der Patienten der Inanspruchnahmepopu-

lation einer Universitätsklinik gegeben bzw. herstellbar.

In Tabelle 36.1 sind Beispiele für therapeutische Vorgehenesweisen beim home-treatment wiedergegeben. Gleichzeitig gibt die Tabelle auch über das zu beeinflussende Zielverhalten bzw. die zu behandelnde Störung des Kindes Auskunft.

Tabelle 36.1 Beispiele für therapeutische Vorgehensweisen beim home-treatment

Angewandte Methoden	Zielverhalten bzw. Störungen
Verschiedene Formen der Verhaltenstherapie, Elterntraining, Familienberatung und Familientherapie, Pädagogische Anleitung der Eltern, Elterninstruktion, Elternberatung, Abschließen von Verträgen, Rollenspiel, Programmierte Texte, Video-feedback	Störungen des Sozialverhaltens (Aggressivität, Wutanfälle), Dissozialität und Delinquenz, Hyperaktives Verhalten, Konzentrationsstörungen, Sprachentwicklungsstörungen, Trennungsangst, Schulphobie, Geschwisterrivalität, Enuresis/Enkopresis, Autistisches Verhalten

Die in der Tabelle angeführten Störungen sind nach den Ergebnissen in der Literatur zusammengestellt. Es wird aus der Tabelle deutlich, daß home-treatment überwiegend bei "Verhaltensauffälligkeiten im weitesten Sinne" durchgeführt wurde. Es konnte aber gezeigt werden, daß diese Behandlungsmodalität auch bei schwerwiegenderen Störungen wie ausgeprägten neurotischen Entwicklungen oder Anorexia nervosa erfolgreich eingesetzt werden kann. Dies wurde in einer Studie an 109 Patienten nachgewiesen, die zehn unterschiedlichen Diagnosengruppen angehörten und die den drei Behandlungsmodalitäten stationäre Behandlung, teilstationäre Behandlung und home-treatment zufällig zugeteilt worden waren. Die drei Behandlungsmodalitäten waren also im Hinblick auf die zehn Diagnosengruppen gleichwertig. Im einzelnen handelt es sich um folgende Diagnosen nach ICD-9: verschiedene Formen von Neurosen (300), Anorexia nervosa (307.1), Enuresis (307.6), Enkopresis (307.7), Eßstörungen (307.5), Störungen des Sozialverhaltens

(312), Störungen des Sozialverhaltens mit emotionalen Störungen (312.3), emotionale Störungen (313), emotionale Störungen mit Beziehungsschwierigkeiten (313.3) und hyperkinetisches Syndrom (314). Allerdings muß noch einmal betont werden, daß es sich um eine stark selegierte Gruppe handelte (10-15% einer kinder- und jugendpsychiatrischen Inanspruchnahmepopulation).

In der hier erwähnten Studie konnte, verglichen mit den in der Literatur angegebenen Diagnosengruppen eine bemerkenswerte Ausweitung der Methode home-treatment nachgewiesen werden (Remschmidt und Schmidt, 1988). Die für das home-treatment geeigneten Patienten lassen sich im einzelnen wie folgt charakterisieren:

- Sie sind aufgrund des Schweregrades ihrer Erkrankung ambulant nicht behandelbar.
- Sie werden deshalb üblicherweise stationär aufgenommen, insbesondere wenn alternative Behandlungsmöglichkeiten fehlen.
- Sie könnten aber ebenso teilstationär oder zu Hause behandelt werden, wenn derartige Behandlungsmodalitäten in erreichbarer Nähe wären.
- Die Kooperationswilligkeit der Eltern der Patienten muß vorausgesetzt werden.
- Die Entfernung zwischen Wohnort und Standort der Klinik (des Therapeuten) darf nicht mehr als 20-30 km betragen.
- Der Schweregrad der Erkrankung darf nicht so ausgeprägt sein, daß aufgrund von Lebensbedrohung, Selbst- oder Fremdgefährdung oder anderer zwingender Gesichtspunkte eine stationäre Behandlung erforderlich ist.
- Vom Altersspektrum her sind Kinder, die noch stärker erzieherischen Einflüssen unterliegen, leichter zu behandeln als Jugendliche.
- Sie machen zahlenmäßig nicht mehr als 10-15% der gesamten Inanspruchnahmepopulation einer kinder- und jugendpsychiatrischen Klinik aus.

Kontraindikationen für eine Behandlung im häuslichen Milieu liegen lediglich in der Notwendigkeit einer stationären Aufnahme oder in der Überlegenheit anderer Behandlungsmöglichkeiten.

36.3 Hinweise zur konkreten Durchführung des home-treatments

Wenngleich im Prinzip nahezu alle psychotherapeutischen Methoden innerhalb der Organisationsform des home-treatments möglich sind, so hat sich doch in der Praxis gezeigt, daß verhaltenstherapeutische Ansätze, Elterntraining, Familienberatung und allenfalls Familientherapie überwiegen (vgl. Tab. 36.1).

Schritte der Behandlung

Nach (Reimer, 1983) hat sich bewährt bei der Einleitung eines home-treatment mit folgender Reihenfolge vorzugehen:

(1) Erstinterview

Dieses wird vom Therapeuten durchgeführt und kann sich auch auf 2-3 Sitzungen erstrecken. Das Ziel ist dabei, sich ein umfassendes Bild von der Störung des Kindes, der familiären Situation, der Kooperationsbereitschaft der Familie und den Beziehungen des Index-Kindes zu anderen Kindern oder Erwachsenen zu machen. Dabei erweist es sich stets auch als notwenig mit den Eltern und dem Kind getrennt zu sprechen und eine sorgfältige Anamnese zu erheben. Vielfach hat es sich auch bewährt die Eltern zu bitten, das Problemverhalten des Kindes genauer zu beschreiben und umgekehrt die Kinder aufzufordern ihre Symptomatik ggf. auch deren Häufigkeit schriftlich festzuhalten.

Es hat sich ferner als sehr nützlich erwiesen, ein gemeinsames Familieninterview mit beiden Eltern und dem Kind zu führen und dieses videographisch aufzuzeichnen. Diese Methode wird in der Marburger Klinik gehandhabt und ermöglicht, unter Einbeziehung entsprechender familiendiagnostischer Skalen, einen guten Einblick in die Familiendynamik und den Stellenwert der Störung für die gesamte Familie.

(2) Neurologische Diagnostik und testpsychologische Untersuchung

Eine genaue körperliche Untersuchung ist ebenso erforderlich wie eine differenzierte testpsychologische Untersuchung. Im Rahmen der letzteren kommen sowohl bewährte Verfahren zur Erfassung der Intelligenz und Persönlichkeitsdiagnostik zur Anwendung als auch spezielle Methoden, die auf die jeweilige Störung bezogen sind, z.B. Gewichtskontrollen und Instrumente zur Erfassung des Körperschemas sowie der Depression bei der Anorexia nervosa, Matching-Familiar-Figures-Test und Conners-Skala beim hyperkinetischen Syndrom.

(3) Verhaltensbeobachtung in der Familie

Vor Einleitung der eigentlichen Behandlung ist es sehr wichtig, eine Verhaltensbeobachtung in der Familie vorzunehmen. Man kann dabei unterscheiden zwischen einer freien Verhaltensbeobachtung in einer alltäglichen Situation und der Beobachtung des Kindes und seiner Eltern in einer strukturierten Situation (z.B. bei der Durchführung eines Gesellschaftsspieles oder beim gemeinsamen Familien-Rorschach). Diese freie oder strukturierte Verhaltensbeobachtung kann auch auf Video aufgezeichnet und später analysiert werden.

(4) Aufstellung eines Therapieplanes

Aufgrund der bislang gesammelten Informationen stellt der Therapeut, häufig unter Anleitung eines erfahreneren Therapeuten (Supervisor), das Therapieprogramm auf. Es soll die wichtigsten Therapieziele enthalten und auch die Schritte, die notwendig sind, um diese Therapieziele zu erreichen. Der Therapieplan muß mit den Eltern und, abgestimmt auf Alter und Entwicklungsstand, auch mit dem Kind besprochen werden. Dabei sind auch die Thrapieschritte und Aufgaben zu besprechen, die seitens der Eltern und seitens des Kindes übernommen werden müssen. Im Therapieplan ist auch der zeitliche Rahmen genau zu regeln (z.B. Zahl der Hausbesuche, Art und zeitlicher Einbau von Verstärkern usw.).

(5) Durchführung des Therapieprogrammes

Nachdem das Therapieprogramm im einzelnen besprochen ist, wird es zu Hause unter Anleitung des Therapeuten eingeübt und die Eltern werden in die von ihnen durchzuführenden Aufgaben eingewiesen. Sie werden ferner gebeten das Protokoll zu führen, das, je nach Art der Störung und der gewählten Behandlungsform, unterschiedliche Gesichtspunkte enthält. Der Therapeut erscheint mindestens einmal wöchentlich in der Familie. Er ist im übrigen auch für Rückfragen der Eltern zu festgelegten Zeiten telefonisch erreichbar.

(6) Evaluation und Nachuntersuchung

Es sollte, gerade bei relativ neuen Behandlungsmethoden, stets eine Evaluation und eine Nachuntersuchung durchgeführt werden. Die Therapieevaluation erstreckt sich im wesentlichen auf den Therapieerfolg und die Probleme und Schwierigkeiten bei der Durchführung der Behandlung. Sie muß sich entsprechender Instrumente bedienen, die eine Objektivierung des Therapieerfolges und des Therapieverlaufes ermöglichen. Die angewandten Instrumente kann man einteilen in allgemeine, die für alle Patienten, unabhängig von ihrer Störung, geeignet sind und in diagnosenspezifische, die je nach der Störung des Kindes oder Jugendlichen zusätzlich eingesetzt werden. In Tabelle 36.2 ist eine solche Übersicht wiedergegeben. Sie bezieht sich auf die in einer vergleichenden Untersuchung von stationärer Therapie, teilstationärer Therapie und home-treatment angewandten Evaluationsinstrumente (Remschmidt und Schmidt, 1988).

Aus der Tabelle geht ferner hervor, daß die Angaben zur Therapieevaluation von verschiedenen Personen erhoben werden: vom Patienten, den Eltern, dem Therapeuten, aber auch von Lehrern und Betreuern, die nicht immer unmittelbar mit der Therapie zu tun haben.

Tabelle 36.2 Übersicht: Instrumente zur Therapieevaluation mit Angabe der Zielperson und der Erhebungszeitpunkte

a) Allgemein (für alle Projektfälle)		
1. Basisdaten	(vorher)	Therapeut
2. Symptomliste	(vorher/retrospektiv/nachher)	Therapeut
3. Profil psychosozialer Belastungen	(vorher/retrospektiv/nachher)	Therapeut
4. Psychosoziale Kompetenzen	(vorher/nachher)	Therapeut
5. Dokumentation des Behandlungsverlaufs	(Ziele vorher/nachher)	Therapeut
6. Elternfragebogen (MVL 6-11; CBCL 12-18)*	(vorher/nachher)	Eltern
7. Selbsteinschätzung Patient (Birleson)	(vorher/nachher)	Patient
8. Behandlungseinschätzung	(nachher)	Therapeut
9. Zufriedenheit der Eltern	(nachher)	Eltern
10.Globaleinschätzung	(nachher)	Eltern u. Lehrer

b) Diagnosenspezifisch (beispielhaft anhand des hyperkinetischen Syndroms)

Hyperkinetisches Syndrom:

1. Matching-Familiar-Figures-Test (v/n) (Kagan et al., 1964)
2. bp-Durchstreichtest (v/n) (Eisert u. Eisert, 1982)
3. Beobachtungs-Einschätzungsbogen bei neurotischen, emotionalen und Störungen des Sozialverhaltens (Betreuer) (v/n)
4. Conners-Skala (Lehrer/Eltern) (v/n) (Conners, 1973)
5. Duveen-Skala (Lehrer) (v/n) (Weir u. Duveen, 1981)
Verhaltens-Beobachtungsliste (Lehrer) (v/n)

* MVL = Marburger Verhaltensliste (Ehlers et al., 1978)
  CBCL = Child Behavior Checklist (Achenbach u. Edelbrock, 1983)
  v = vor der Behandlung; n = nach Beendigung der Behandlung
  wö = wöchentlich

Prinzipien der Behandlung und Vermittlungsmethoden

Entscheidend für den Erfolg des home-treatments ist die Frage, ob und in welchem Ausmaß es gelingt den Eltern oder anderen Bezugspersonen, die die Therapie zu Hause fortsetzen, die notwendigen Kenntnisse und Erfahrungen zur Durchführung des Therapieprogrammes zu vermitteln. Bereits in Tabelle 36.1 wurden einige dieser *Vermittlungsmethoden* angeführt. Es geht dabei um zwei Dinge:

- Zunächst um Techniken oder Prinzipien, die sich bei der Durchführung der Therapie bewährt haben und
- zum anderen um Methoden, mit Hilfe derer diese Techniken oder Prinzipien an die Eltern weitergegeben werden können.

Techniken und Prinzipien der Behandlung

Hier kommt es darauf an, den Eltern oder sonstigen Co-Therapeuten die Prinzipien der Behandlung zu erläutern und zugleich einzuüben. Angewandt wurden bislang eine Reihe von *verhaltenstherapeutischen Prinzipien* sowie *Prinzipien der Übungsbehandlung* (Reimer, 1983):

- Positive Verstärkungen (z.B. materielle Verstärkung, Verstärkung durch Punkte, durch soziale Anerkennung oder Aktivitäten)
- Angemessene Bestrafung, dabei wird Bestrafung in der Regel als Entzug von Vergünstigungen bzw. Zuwendung definiert
- Differentielle Verstärkung
- Formulieren klarer Erwartungen und Regeln
- Kommunikationstraining
- Rollenspiele
- Verschiedene Formen der Übungsbehandlung (z.B. Konzentrationstraining, Wahrnehmungstraining etc.).

Vermittlungsmethoden

Um die hier beispielhaft genannten Techniken mit den Eltern einzuüben, haben sich eine Reihe von Vermittlungsmethoden bewährt:

- *Modellhaftes Verhalten des Therapeuten (modelling)*, um den Eltern oder Co-Therapeuten die Behandlungstechnik zu verdeutlichen. Die Eltern werden dann gebeten, sie anschließend durchzuführen bzw. einzuüben.
- *Vorspielen von Videoaufnahmen fremder Personen bzw. Therapeuten*, um das Prinzipielle des therapeutischen Vorgehens in einem analogen Fall zu verdeutlichen.
- *Videoaufnahme von Eltern-Kind-Interaktionen und Rückkopplung* im Sinne eines Video-Feedback mit anschließender genauer Aussprache. Diese Methode ist besonders geeignet, sowohl die positiven und weiterführenden Verhaltensweisen der Eltern zu verstärken, als auch unangemessene Verhaltensweisen in einer menschlich angenehmen Weise zu korrigieren.

36.4 Organisationsformen für das home-treatment

Aus den bisherigen Ausführungen können bereits die wichtigsten Gesichtspunkte für die Organisation des home-treatments abgeleitet werden. Grundsätzlich kann das home-treatment sowohl von niedergelassenen Kinder- und Jugendpsychiatern bzw. Psychologen als auch von Institutionen aus durchgeführt werden. In der Praxis hat sich jedoch vorwiegend der zuletzt genannte Weg bewährt. Jeder Therapeut, der home-treatment durchführt, benötigt eine Anlaufstelle, in der kompetente Kollegen in der Lage sind ihm Supervision und Hilfestellung in den zum Teil recht komplizierten Fragen der Alltagspraxis zu geben. Vielfach sind weitergehende diagnostische Untersuchungen in einer Institution erforderlich. Gar nicht so selten ist auch ein Übergang des home-treatments in eine teilstationäre oder stationäre Behandlung erforderlich. All diese Maßnahmen lassen sich leichter durchführen, wenn das home-treatment von Mitarbeitern einer größeren Institution durchgeführt wird.

Daneben existieren aber auch mobile Dienste, zu deren originären Aufgaben die Durchführung eines home-treatment gehört. Ein Beispiel hierfür war der knapp 10 Jahre existierende mobile kin-der- und jugendpsychiatrische Dienst im Landkreis Marburg-Biedenkopf, zu dessen Aufgaben neben der Nachbetreuung ehemals stationärer Patienten, dem Abhalten von Sprechstunden in ländlichen Gebieten und der Institutionsberatung auch home-treatment gehört (Remschmidt et al., 1986).

Weiterführende Literatur:

Remschmidt, H.; Schmidt, M.H.(Hrsg.): Alternative Behandlungsformen in der Kinder- und Jugendpsychiatrie. Enke, Stuttgart 1988.
Reimer, M.: Verhaltensänderung in der Familie. Home treatment in der Kinderpsychiatrie. Enke, Stuttgart 1983.

Literatur

Eisert, M.; Eisert, H.G.; Schmidt, M.H.: Hinweise zur Behandlung im häuslichen Milieu ("home-treatment"). Zeitschrift für Kinder- und Jugendpsychiatrie 13, 268-279, 1985.

Gambrill, E.D.: Behavior modification: Handbook of assessment, intervention and evaluation. Jossey Buss Publishers, San Francisco, Washington, London 1977.

Reimer, M.: Verhaltensänderung in der Familie. Home-treatment in der Kinderpsychiatrie. Enke, Stuttgart 1983.

Remschmidt, H.; Walter, R.; Kampert, K.: Der mobile kinder- und jugendpsychiatrische Dienst: Ein wirksames Versorgungsmodell für ländliche Regionen. Zeitschrift für Kinder- und Jugendpsychiatrie 14, 63-80, 1986.

Remschmidt, H.; Schmidt, M.H. (Hrsg.): Alternative Behandlungsformen in der Kinder- und Jugendpsychiatrie. Stationäre Behandlung, tagesklinische Behandlung und home-treatment im Vergleich. Enke, Stuttgart 1988.

Remschmidt, H.; Schmidt, M.H.; Mattejat, F.; Eisert, H.G.; Eisert, M.: Therapieevaluation in der Kinder- und Jugendpsychiatrie: stationäre Behandlung, tagesklinische Behandlung und home-treatment im Vergleich. Zeitschrift für Kinder- und Jugendpsychiatrie 16, 124-134, 1988.

Remschmidt, H.; Walter, R.: Evaluation kinder- und jugendpsychiatrischer Versorgung. Analysen und Erhebungen in drei hessischen Landkreisen. Enke, Stuttgart 1989.

37. Das Marburger Modell einer umfassenden psychiatrisch-psychotherapeutischen Versorgung[1]

Helmut Remschmidt

Psychotherapie mit Kindern, Jugendlichen und Familien läßt sich heute nicht mehr isoliert betreiben, sondern muß eingegliedert sein in ein umfassenderes Versorgungssystem, das über Mitarbeiter unterschiedlicher Kompetenzen verfügt, Überweisungen von Patienten und Familien an verschiedene Fachleute ermöglicht, Anschlußbehandlungen sicherstellt, um auf diese Weise ein breites Spektrum an Beratung und Behandlung zu garantieren das möglichst allen Problemlagen gerecht wird.

In den letzten zehn Jahren ist es gelungen, unterstützt durch das Modellprogramm Psychiatrie der Bundesregierung, durch das Land Hessen, die Philipps-Universität und verschiedene Forschungsförderungsorganisationen ein umfassendes Modell einer Versorgung psychisch kranker und behinderter Kinder und Jugendlicher zu etablieren. Abbildung 37.1 gibt einen Überblick über die Versorgungsstruktur der Marburger Universitätsklinik für Kinder- und Jugendpsychiatrie und die mit ihr eng kooperierenden Einrichtungen.

Die durchgezogenen Linien bezeichnen jene Einrichtungen, die unmittelbar zur Klinik gehören bzw. von Mitarbeitern der Klinik geleitet werden. Die gestrichelten Linien bezeichnen Einrichtungen, die in enger Kooperation mit der Klinik stehen und durch Oberärzte der Klinik entweder geleitet oder hinsichtlich ihrer Aufgaben koordiniert werden.

Tabelle 37.1 beschreibt die Aufgaben der Marburger Universitätsklinik, die sechs Bereichen zugeordnet sind.

37.1 Ambulanter und mobiler Bereich

Der ambulante Bereich gliedert sich in die Poliklinik, die Erziehungsberatungsstelle und den mobilen Dienst. Die Frühförderstelle wird nicht von der Universitätsklinik, sondern vom Verein für Interdisziplinäre Frühförderung e.V. getragen, dessen Vorsitzender entweder der Leiter der Universitäts-Kinderklinik oder der Leiter der Universitätsklinik für Kinder- und Jugendpsychiatrie ist. Träger der Erziehungsberatungsstelle ist der Verein für Erziehungshilfe e.V. Marburg, in dessen Satzung die Vorstandsmitgliedschaft des Leiters der kinder- und jugendpsychiatrischen Universitätsklinik vorgesehen ist.

Poliklinik

Aufgabe der Poliklinik, die jährlich etwa 800 bis 1000 neue Fälle betreut und derzeit über 4000 Konsultationen jährlich aufweist, besteht in der ambulanten kinder- und jugendpsychiatrischen Diagnostik, Therapie und Nachsorge. Der Einzugsbereich der Patienten liegt schwerpunktmäßig in der Stadt Marburg, dem Landkreis Marburg-Biedenkopf und den umliegenden Landkreisen. Ursprünglich war die Poliklinik für neurologische und psychiatrische Fälle gleichermaßen zuständig. Mit der Einrichtung neuropädiatrischer Abteilungen in einigen umliegenden Städten (z.B. in Gießen, Siegen und Kassel) hat im letzten Jahrzehnt die Zahl der neurologischen Fälle abgenommen. Zugenommen haben hingegen die klassischen psychiatrischen Erkrankungen wie Psychosen und Neurosen, Verhaltensauffälligkeiten und Leistungsprobleme. Mehr und mehr sind neben der rein ärztlichen Diagnostik, die Psychodiagnostik und Psychotherapie bedeutsam geworden.

---

[1] Modifizierte Fassung eines Beitrages in Settertobulte, W. et al. (1995).

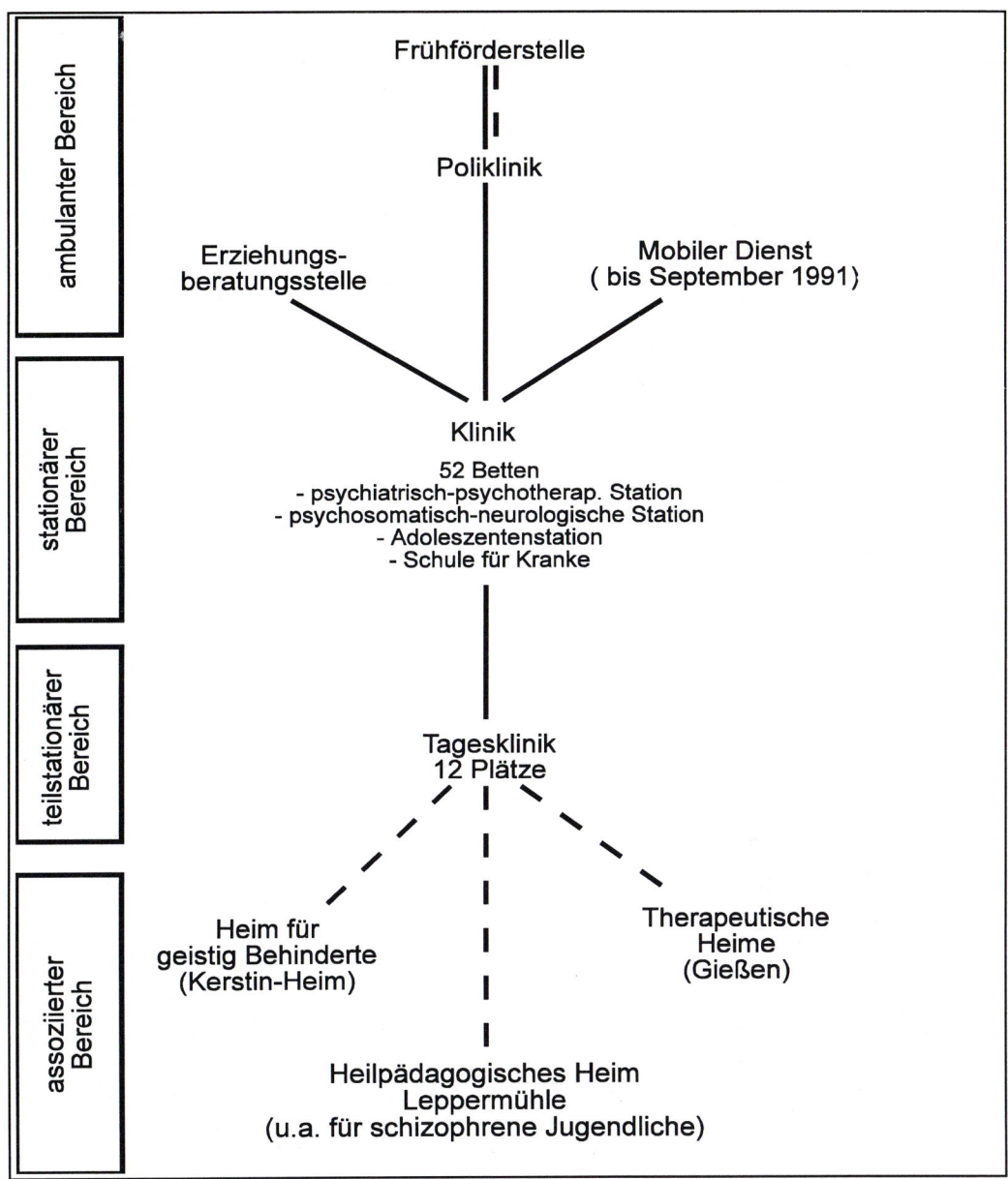

Abb. 37.1 Übersicht über das Versorgungsmodell der Marburger Universitätsklinik für Kinder- und Jugendpsychiatrie

Die Poliklinik hat vier Schwerpunkte:

- Eine allgemeine Sprechstunde, die sich in umfassender Weise auf nahezu alle psychiatrischen und neurologischen Krankheitsbilder erstreckt.

- Eine Epilepsieambulanz, die sich den Aufgaben der Diagnostik und Therapie cerebraler Anfallsleiden widmet und
- eine Familienambulanz, deren Aufgabe es ist, eine spezielle Familiendiagnostik und Familientherapie durchzuführen. Beide Maßnahmen

Tabelle 37.1 Aufgaben der Marburger Universitätsklinik für Kinder- und Jugendpsychiatrie (nach Remschmidt 1993)

1. Diagnostik und Begutachtung	*4. Lehre, Aus- und Weiterbildung*
• neurologische Diagnostik • psychiatrische Diagnostik • testpsychologische Diagnostik • neuropsychologische Diagnostk • Diagnostik in Begutachtungsfragen	• Unterricht für Studenten verschiedener Fachrichtungen • Weiterbildung von Ärzten und Psychologen • Weiterbildung des Klinikpersonals • Unterricht für Krankenschwestern
2. Therapie	*5. Kooperation und Koordination*
• Anwendung verschiedener Therapiekonzepte • Effektivitäts- und Effizienzprüfung von Therapien und neuen Therapieformen • Evaluation institutioneller Maßnahmen	• Kooperation mit Kliniken und Instituten • psychotherapeutischen Instituten • Erziehungsberatungsstellen • sozialpsychiatrischen Diensten und Kindergärten
3. Forschung	*6. Beratung und Aufklärung*
• epidemiologischer Schwerpunkt • neuropsychologischer Schwerpunkt • kommunikationstheoretischer Schwerpunkt • Eßstörungen und Schizophrenie • Überprüfung von Therapien • Katamnesen, Prognoseforschung	• Elternberatung • Öffentlichkeitsarbeit • Beratung von Institutionen • Beratungsaufgaben bei der Planung einer regionalen kinderpsychiatrischen Versorgung

beziehen sich verständlicherweise auf einen Teil der Patienten, bei denen eine besondere Indikation hierfür vorliegt.

• eine Sprechstunde für entwicklungsgestörte Kinder, die von einer Oberärztin durchgeführt wird.

Erziehungsberatungsstelle und Ärztlich-Pädagogische Jugendhilfe

Die Erziehungsberatungsstelle wird von einem Verein, dem Verein für Erziehungshilfe e.V. Marburg, getragen, die Ärztlich-Pädagogische Jugendhilfe ist eine Einrichtung der Universität. Beide Institutionen sind unter einem Dach vereinigt. Der Trägerverein der Erziehungsberatungsstelle erhält die Betriebsmittel vom hessischen Sozialministerium (Landesjugendamt), vom Landeswohlfahrtsverband Hessen und von den Bezirkskörperschaften der Stadt Marburg und des Landkreises Marburg-Biedenkopf.

In der praktischen Arbeit kooperieren Ärztlich-Pädagogische Jugendhilfe und Erziehungsberatungsstelle sehr eng, d.h. die Mitarbeiter bei der Institutionen bilden ein Arbeitsteam. Eine Besonderheit für beide Einrichtungen ist die enge räumliche, personelle und arbeitsmäßige Verbindung mit der kinder- und jugendpsychiatrischen Universitätsklinik. Zu den Aufgaben der Erziehungsberatungsstelle und der Ärztlich-Pädagogischen Jugendhilfe gehören:

a) Erziehungsschwierigkeiten, Verhaltensstörungen, Entwicklungsstörungen und -krisen, schulische Leistungsbehinderungen und Überforderungen sowie Störungen im Zusammenleben mit der Familie zu diagnostizieren, um

b) Eltern und andere Träger der Erziehung (Kindergarten, Schule, Jugendamt, Vormundschaftsgericht, Heime usw.) bzw. auch die betroffenen Kinder und Jugendlichen selbst zu befragen und ggf. die entwicklungsgefährdeten Kinder und Jugendlichen in ambulante Therapie zu übernehmen - oft in Gemeinschaft mit ihren Familien. Für die zur Universität gehörende Ärztlich-Pädagogische Jugendhilfe liegt ein zusätzlicher Aufgabenschwerpunkt in

c) der Lehre und Forschung, für beide Institutionen auch in der Öffentlichkeitsarbeit.

Ärztlich-Pädagogische Jugendhilfe und Erziehungsberatungsstelle versorgen etwa 450 Klienten bzw. Familien pro Jahr und haben wichtige diagnostische und therapeutische Schwerpunkte:

- In der Untersuchung und Behandlung von Kindern mit einer Legasthenie und anderen Teilleistungsstörungen.
- In der Behandlung von emotionalen Störungen im Kindes- und Jugendalter und
- in der Beratung bei Trennungs- und Scheidungsproblemen und den damit zusammenhängenden Sorgerechtsfragen und
- in der Familiendiagnostik, der Familienberatung und Familientherapie.

Neuerdings konnten zwei ortsständige Nebenstellen in Biedenkopf (Westkreis) und Stadtallendorf (Ostkreis) eröffnet werden, die dem Bedürfnis nach mehr Gemeindenähe der Erziehungsberatung Rechnung tragen. Psychotherapeutische Schwerpunkte der Erziehungsberatungsstelle und der ärztlich-pädagogischen Jugendhilfe sind die Behandlung emotionaler Störungen im Vorschul- und Schulalter (Spieltherapie), Übungsbehandlung bei Legasthenie und anderen Teilleistungsstörungen (einschließlich Computer-Übungsprogramme), und familienbezogene Behandlungsformen bei Krisen unterschiedlicher Genese im Kindesalter und in der Adoleszenz.

Mobiler kinder- und jugendpsychiatrischer Dienst und Frühförderstelle

Der mobile kinder- und jugendpsychiatrische Dienst wurde aus Mitteln des Modellprogramms Psychiatrie der Bundesregierung im Jahr 1981 gegründet. Er hat in den Jahren 1982 bis 1985 mit zwei Teams (bestehend jeweils aus einem Arzt, einem Diplom-Psychologen und einem Sozialpädagogen) zwei hessische Landkreise, den Landkreis Marburg-Biedenkopf und den Landkreis Waldeck-Frankenberg versorgt. Nach Auslaufen des Modellprogramms zum 31.12.1985 wurde in einem der Landkreise (Landkreis Marburg-Biedenkopf) die Finanzierung bis 1989 anteilig vom Land Hessen und dem Landkreis Marburg-Biedenkopf getragen, seit 1990 vom Landkreis Marburg-Biedenkopf allein. Am 30.9. 1991 mußte der mobile Dienst auch hier eingestellt werden, weil der Landkreis sich nicht mehr in der Lage sah, die dafür erforderlichen Mittel aufzubringen. Mit etwas anderer Zielsetzung und

dem Schwerpunkt Erziehungsberatung wird die Arbeit des mobilen Dienstes durch die am 15.09.1993 gegründeten Nebenstellen der Erziehungsberatungstelle im östlichen und westlichen Teil des Landkreises fortgesetzt.

Zu den Aufgaben des Dienstes gehörten:

(1) Nachsorge stationärer Patienten. Das Angebot an Nachsorge schließt Patienten aus kinder- und jugendpsychiatrischen Kliniken und anderen stationären Einrichtungen ein, die psychiatrisch bzw. psychosomatisch kranke Kinder und Jugendliche versorgen. Es steht insbesondere jenen Patienten zur Verfügung, deren Nachsorge wegen des Fehlens geeigneter Einrichtungen vor Ort nicht gewährleistet ist.

(2) Gemeindenahe Versorgung. Sie wird durch öffentliche Sprechstunden zu festen Terminen an verschiedenen Orten der Versorgungsregion sowie durch Hausbesuche sichergestellt. Die Erstkontakte mit den Patienten finden in der Regel in den Sprechstunden statt. Die Behandlungsentscheidung wird mit den zuweisenden Stellen abgesprochen.

(3) Institutionsberatung. Sie beinhaltet die Beratung von Einrichtungen, die nicht über ein eigenes ärztliches, psychologisches bzw. psychotherapeutisches oder heilpädagogisches Fachpersonal verfügen (z.B. Ämter, Kindergärten, Heime, Schulen, Internate).

(4) Konsiliardienst. Er kann von allen ärztlichen Einrichtungen in Anspruch genommen werden, die psychisch kranke und behinderte Kinder und Jugendliche versorgen. Besonders intensiv ist der Konsiliardienst für die Universitätskinderklinik tätig.

Der psychotherapeutische Schwerpunkt des mobilen Dienstes konzentrierte sich zunächst auf alle Beratungsfragen (Elternberatung, Institutionsberatung, Konsiliardienst). Es wurden von den Mitarbeitern aber auch zahlreiche Psychotherapien durchgeführt, insbesondere bei Kindern mit Teilleistungsstörungen, mit hyperkinetischem Syndrom, mit emotionalen Störungen und mit Störungen des Sozialverhaltens. Bei letzteren erwies sich die Zusammenarbeit mit den Schulen als außerordentlich bedeutsam.

Der mobile Dienst hat sich als eine sehr wichtige Einrichtung für die Kooperation erwiesen. Aus Tabelle 37.2 geht hervor, daß der Dienst von einer Vielzahl von Einrichtungen Zuweisungen erhielt, was für seine gute Einbindung in das Versorgungsnetz sprach.

Tabelle 37.2 Zuweisende Einrichtungen des mobilen Dienstes im Jahre 1986 (nach Remschmidt et al. 1990)

Einrichtungen	Patienten n	%
Selbstmelder	58	21,1
Kindergärten, Schulen	53	19,3
kinder- u. jugendpsych. Klinik	38	13,8
Kinderklinik	37	13,5
Jugendämter	35	12,7
Gesundheitsamt	31	11,5
niedergelassene Ärzte	10	3,6
sonstige	13	4,6
gesamt	*275*	*100,0*

Die Frühförderstelle befand sich nicht in der Trägerschaft der Universitätsklinik für Kinder- und Jugendpsychiatrie, sondern des "Vereins für Interdisziplinäre Frühförderung Marburg e.V.", dessen Vorsitzender der Leiter der kinder- und jugendpsychiatrischen Universitätsklinik war. Sie wurde zum 1.7.1995 von einem anderen Verein übernommen. Die Frühförderstelle wurde am 01.11.1987 gegründet und arbeitet interdisziplinär unter Beteiligung folgender Berufsgruppen: Diplom-Psychologen, Diplom-Pädagogen, Beschäftigungstherapeuten, Krankengymnasten, Sozialpädagogen und Logopäden. Die ärztliche Mitwirkung wird durch einen regelmäßigen Konsiliardienst sichergestellt, der von der Universitätskinderklinik und der kinder- und jugendpsychiatrischen Universitätsklinik bereitgestellt wird.

Die Frühförderstelle arbeitet auch mobil, d.h. Familien werden im Sinne der Hausfrühförderung von Mitarbeitern der Frühförderstelle aufgesucht und die Behandlung bzw. Betreuung wird vor Ort in der Familie durchgeführt.

Was den psychotherapeutischen Sektor betrifft, so liegt der Schwerpunkt der Frühförderstelle auf dem Gebiet der Elternberatung und der Behandlung von Behinderungen und psychischen Auffälligkeiten in den ersten fünf Lebensjahren.

37.2 Stationärer Bereich

Der stationäre Bereich, der für das ganze Spektrum schwerwiegender psychiatrischer Erkrankungen im Kindes- und Jugendalter zuständig ist gliedert sich in drei Stationen:
- Station A, psychiatrisch-psychotherapeutische Station mit 21 Betten
- Station B, Adoleszentenstation für Jugendliche mit 10 Betten und
- Station C, neurologisch-psychosomatische Station mit 21 Betten.

Die Klinik hat für den Landkreis Marburg-Biedenkopf im Jahre 1982 die kinder- und jugendpsychiatrische Pflichtversorgung übernommen. Sie hat also einen regionalen Versorgungsauftrag, der sich auf Patienten bezieht, die im Landkreis Marburg-Biedenkopf wohnen, ihren gewöhnlichen Aufenthalt hier haben oder auf Personen ohne festen Wohnsitz, die im Landkreis Marburg-Biedenkopf behandlungsbedürftig werden. Was das Altersspektrum betrifft, so bezieht sich die Pflichtversorgung auf alle Patienten, die das 18. Lebensjahr noch nicht vollendet haben und psychiatrisch behandlungsbedürftig sind.

Insgesamt werden pro Jahr etwa 300 Patienten neu aufgenommen. In den letzten Jahren ist die Behandlungsdauer angestiegen. Dies hängt mit einem verhältnismässig hohen Anteil von Patientinnen und Patienten zusammen, die an einer Anorexia nervosa oder Bulimia nervosa erkrankt sind.

Die Aufnahmeindikationen umfassen u.a. folgendes Spektrum: Psychosen, neurotische Störungen, psychosomatische Erkrankungen, zerebrale Anfallsleiden mit zusätzlichen psychischen Störungen, zerebrale Schädigungen leichten und schweren Grades, hyperkinetische Syndrome, Entwicklungsrückstände unterschiedlicher Ausprägung, chronisch-neurologische Erkrankungen. Ein besonderes Aufgabengebiet der Station für männliche Adoleszenten sind psychotische Erkrankungen, soziale Störungen und forensische Probleme.

Dem Krankheitsspektrum entsprechend sind die psychotherapeutischen Aktivitäten im stationären Bereich umfassend und erstrecken sich auf nahezu alle klinisch erprobten Verfahren.

Die schulische Versorgung der Patienten wird durch die im Haus befindliche Schule für Kranke gewährleistet.

Schule für Kranke am Klinikum der Philipps-Universität

Eine Zwischenstellung zwischen stationärem und teilstationärem Bereich nimmt die Schule für Kranke ein. Sie untersteht dem Staatlichen Schulamt und betreut Patienten im gesamten Universitätsklinikum. Alle stationären Patientinnen und Patienten, die aufgrund ihrer Erkrankung dazu in der Lage sind, besuchen diese Schule. Die Arbeitsweise der Schule kann wie folgt dargestellt werden:

- Beurteilung der Schulfähigkeit des Patienten durch den Arzt;

- Kontaktaufnahme zur Heimatschule (Anforderung eines Schulberichtes und eines Stoffplanes);

- Zuordnung des Schülers zu einer Lerngruppe (Kriterien: Alter, Leistungsstand, Verhaltensbesonderheiten) durch den Schulleiter im Gespräch mit den Klassenlehrern;

- Ermittlung von Lerndefiziten im Schulstoff durch den Klassenlehrer;

- Ermittlung von Lerndefiziten im sozialen Bereich im Austausch von Beobachtungen zwischen Schule und Station;

- Ergänzung der Diagnose und Therapie durch pädagogische Beurteilung und Planung pädagogischer Maßnahmen;

- Steigerung der schulischen Anforderungen, in Einzelfällen auch "externer Schulversuch" in einer Marburger Schule zur Überprüfung und Sicherung des Therapieerfolges;

- Erstellung eines pädagogischen Abschlußberichtes mit Vorschlägen für weitere schulische Maßnahmen (aus Remschmidt 1988).

Aus dieser Aufstellung der Arbeitsschwerpunkte läßt sich leicht ersehen, daß die Schule im Zusammenwirken mit der Klinik häufig eine "Weichenstellerfunktion" erfüllt, indem sie den oft überforderten und ratlosen Eltern und Lehrern der Patienten z.B. zur Wiederholung eines Schuljahres, zu speziellen Förderungsmaßnahmen oder zum Schulwechsel rät.

37.3 Teilstationärer Bereich

Gefördert durch das Modellprogramm Psychiatrie der Bundesregierung konnte der Neubau einer kinder- und jugendpsychiatrischen Tagesklinik mit 12 Behandlungsplätzen errichtet werden, die am 01.09.1984 ihre Tätigkeit aufnahm.

Der Versorgungsbereich der Tagesklinik erstreckt sich auf die Stadt Marburg und den Landkreis Marburg-Biedenkopf mit rund 250.000 Einwohnern, davon ca. 50.000 Kinder und Jugendliche im Alter von 0 bis 17 Jahren. Die Versorgungsregion umfaßt mit einem Radius von ca. 35 Kilometern den gesamten Landkreis Marburg-Biedenkopf. Das Transportproblem ist so geregelt, daß die Kinder in Absprache mit den Krankenkassen von Taxen zu Hause abgeholt und abends wieder nach Hause gebracht werden.

Diagnostisch handelt es sich bei den meisten Kindern und Jugendlichen, die in der Tagesklinik behandelt werden um solche mit Störungen des Sozialverhaltens, meist verbunden mit emotionalen Störungen, oft in Kombination mit hirnorganisch bedingten Entwicklungsrückständen und/oder speziellen Symptomen wie Enuresis, Tics, Einnässen, Einkoten, Eßstörungen. Anlaß von Eltern oder Lehrern, die Kinder vorzustellen, sind oft Schulschwierigkeiten, meist kombiniert im Leistungs- und Verhaltensbereich. Das Alter der meisten Kinder liegt zwischen sieben und 14 Jahren. Bei den behandelten Jugendlichen handelt es sich um Nachbehandlungen von Psychosen, Eßstörungen, neurotischen Störungen, selten auch um anfallskranke Jugendliche.

Die Behandlungsdauer in der Tagesklinik liegt bei vier bis sechs Monaten. Vor der Aufnahme erfolgt eine sorgfältige Diagnostik. Wenn aus dieser Indikation eine tagesklinische Behandlung hervorgeht, so wird ein differenzierter Therapieplan aufgestellt, der verschiedene therapeutische Ansätze integriert und abgestimmt ist auf Alter und Entwicklungsstufe des Patienten.

Zu Beginn der Behandlung stehen individuenzentrierte Therapiemethoden im Vordergrund. Mit zunehmender Gruppenfähigkeit liegt dann der Schwerpunkt der fortgeschrittenen Behandlung auf Gruppenaktivitäten, wobei es um das Erlernen von sozialen Verhaltensweisen und um eine bessere Integration in die Gruppe geht.

Ein weiterer Behandlungsschwerpunkt ist die Einbeziehung der Familie. Diese kann in Form von Elternberatung, Elterntraining oder Familientherapie erfolgen.

Eine sehr wichtige Funktion im therapeutischen Prozeß hat auch in der Tagesklinik die Kliniksschule. Mit den Lehrern erfolgt eine intensive Zusammenarbeit in einer regelmäßigen wöchentlichen Besprechung und Einzelabsprachen nach Bedarf. Aber auch mit Herkunfsschulen besteht eine enge Kooperation.

37.4 Assoziierter Rehabilitationsbereich (komplementärer Bereich)

Die Einrichtungen im komplementären Bereich unterstehen jeweils einer eigenen Trägerschaft, sind jedoch durch Kooperationsvereinbarungen und durch die kontinuierliche Tätigkeit von Mitarbeitern der Universitätsklinik für Kinder- und Jugendpsychiatrie in den jeweiligen Trägervereinen eng mit der Klinik verbunden. Ihre Aufgaben sind:

- Rehabilitationsbehandlung nach einer stationären Therapie (z.B. für autistische oder schizophrene sowie geistig behinderte Jugendliche).

- Fortsetzung psychotherapeutischer Behandlung bei chronifizierten neurotischen Störungen (z.B. Zwangsneurosen, Anorexien).

- Fortsetzung der schulischen Förderung bzw. Berufsfindung und Berufsanbahnung bei Kindern und Jugendlichen, die nicht mehr in die häusliche Umgebung reintegriert werden können.

- Stufenweise Verselbständigung nach schweren psychiatrischen Erkrankungen im Sinne einer Rehabilitationskette (Heim → Wohngruppe → selbständiges Wohnen).

Die drei in Abbildung 37.1 angeführten Einrichtungen haben jeweils einen unterschiedlichen Rehabilitations- bzw. Behandlungsschwerpunkt.

Kerstinheim (Heim für geistig behinderte und autistische Kinder und Jugendliche)

Beim Kerstinheim handelt es sich um eine auf geistig behinderte und autistische Kinder und Jugendliche spezialisierte Einrichtung, die am Stadtrand von Marburg liegt und über 44 Plätze verfügt. Dem Heim ist eine Schule angeschlossen, so daß die schulische Betreuung der dort untergebrachten Kinder auf dem gleichen Gelände sichergestellt ist. Die Aufenthaltsdauer der Kinder beträgt stets mehrere Jahre. Die ärztliche Betreuung erfolgt durch die Universitätsklinik für Kinder- und Jugendpsychiatrie. Im Vorstand des Trägervereins sind zwei Kinder- und Jugendpsychiater der Universitätsklinik vertreten. Die Lokalisation des Heimes in Marburg erlaubt auch kurzfristige Kriseninterventionen in der Klinik, falls dies erforderlich ist. Durch die enge Kooperation der Klinik können Interventionen rasch und ohne bürokratische Hindernisse erfolgen.

Heilpädagogisches Heim Leppermühle

Diese zwischen Marburg und Gießen gelegene Einrichtung beherbergt seit Jahren ein Rehabilitationsprogramm für jugendliche Schizophrene, welches seit mittlerweile zehn Jahren besteht und sich kontinuierlich weiter entwickelt hat. Es können dort zur gleichen Zeit rund 60 schizophrene Jugendliche betreut werden, wobei auch eine schulische Förderung, Berufsfindung, Berufsausbildung und verschiedene Wohnmöglichkeiten (Heim, Wohngruppe, freies Wohnen) existieren. Über Prinzipien und Arbeitsweise des Rehabilitationsprogrammes wurde an anderer Stelle berichtet (Martin & Remschmidt 1983, 1984, Martin 1991).

Therapeutische Heime

In Gießen befinden sich zwei therapeutische Heime, das Berthold-Martin-Haus (mit 21 Plätzen) und das Adalbert-Focken-Haus (mit 24 Plätzen), die vom Verein für Jugendfürsorge e.V. in Gießen betrieben werden und unter der organisatorischen Leitung eines Oberarztes der Universitätsklinik für Kinder- und Jugendpsychiatrie Marburg stehen. Dieser ist Vorsitzender des Vereins für Jugendfürsorge e.V. Gießen. Die Aufgabe dieser Therapieheime ist die Behandlung und Resozialisierung chronischer, psychosomatischer und neurotischer Störungen (z.B. von Anorexien, Bulimien, Zwangsneurosen).

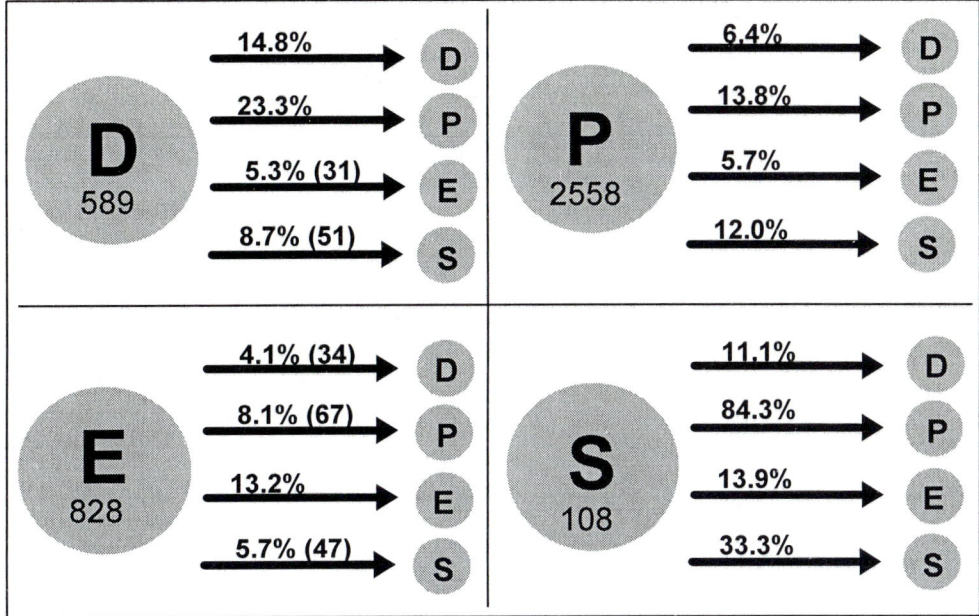

Abb. 37.2 Verteilung der Zuweisungen an verschiedene Einrichtungen beim mobilen Dienst (D), Erziehungsberatungsstelle (E), kinder- und jugendpsychiatrischen Poliklinik (P) und stationären kinder- und jugendpsychiatrischen Bereich (S) in den Jahren 1983 bis 1986 (nach Remschmidt 1993)

37.5 Modalitäten der Kooperation

Die hier nur kurz beschriebenen Einrichtungen stehen in enger wechselseitiger Kooperation und stellen ein umfassendes Versorgungsmodell für psychisch kranke und behinderte Kinder und Jugendliche sowie ihre Familien dar. Durch die kontinuierliche Tätigkeit von erfahrenen Mitarbeitern der kinder- und jugendpsychiatrischen Universitätsklinik in allen genannten Einrichtungen und durch die Ausrichtung der verschiedenen Einrichtungen an ähnlichen Versorgungsprinzipien ist eine optimale Kooperation gegeben. Durch die Personalunion von Leitungsfunktionen, die verschiedene Einrichtungstypen betreffen, ist auch eine rasche und unbürokratische Übernahme bzw. Weitervermittlung von Patienten gewährleistet, ohne daß unnötige Zusatzuntersuchungen oder administrative Hürden beseitigt werden müssen. Eine gute Möglichkeit, die Kooperation der verschiedenen Einrichtungen darzustellen ist eine Analyse der wechselseitigen Zuweisungen. Diese ist in Abbildung 37.2 dargestellt, welche die Zuweisungen zwischen drei ambulanten Einrichtungen und dem stationären Bereich dargestellt.

Die Verteilung der Überweisungsquoten zwischen den einzelnen Einrichtungen ist charakteristisch unterschiedlich. Der mobile Dienst überwies in den Jahren 1983 bis 1986 von der Gesamtzahl der 589 Zuweisungen mit 23,3% den größten Anteil an die kinder- und jugendpsychiatrische Poliklinik. Diese hohe Überweisungsquote ist auch Ausdruck des Bedarfs an apparativer ärztlicher Diagnostik und spezieller Psychodiagnostik der Patienten, die im mobilen Dienst vorstellig wurden. An zweiter Stelle steht die Zuweisung zum mobilen Dienst selbst, an dritter Stelle stehen die stationären Einweisungen und an vierter die Zuweisungen an die Erziehungsberatungsstelle.

Bei der kinder- und jugendpsychiatrischen Poliklinik erfolgte ein Großteil der Zuweisungen wiederum an die Poliklinik (z.B. für eine spezielle Therapie), gefolgt von Einweisungen in den stationären Bereich, Zuweisungen an den mobilen Dienst und Zuweisungen an die Erziehungsberatungsstelle.

Die Erziehungsberatungsstelle wiederum zeigt die größte Zuweisungsrate an die eigene Institution für spezielle Maßnahmen und hat die geringste Überweisungsrate in den stationären Bereich (5,7%). Im stationären Bereich schließlich erfolgt die höchste Rate an Überweisungen in die Poliklinik, gefolgt von Wiederaufnahmen im stationären Bereich selbst, Überweisungen an die Erziehungsberatungsstelle und an den mobilen Dienst.

37.6 Versorgung und Versorgungsforschung

Durch eine der Klinik angegliederte Forschungseinheit, die auch über entsprechende personelle und apparative Möglichkeiten verfügt, war es möglich, das Versorgungskonzept kontinuierlich zu analysieren. Darüber hinaus konnten im Laufe des letzten Jahrzehnts umfangreiche Untersuchungen zum Versorgungsbedarf angestellt werden.

Aus der Literatur läßt sich eine Mindestrate zwischen 5 - 12% psychisch gestörter Kinder und Jugendlicher aus einer Population unter 18 Jahren ableiten. Etwa 5% gelten als behandlungsbedürftig. Entsprechend hoch müßte auch die Inanspruchnahmerate in einer Region sein. Selbst der relativ gut ausgestattete Landkreis Marburg-Biedenkopf weist jedoch eine Inanspruchnahmerate von nur 3,9% auf. Das Inanspruchnahmeverhalten wird durch viele Faktoren beeinflußt, zu denen auch das regional unterschiedliche Angebot gehört: Gemeindenahe Einrichtungen erhöhen die Inanspruchnahme, sie wecken aber keineswegs zusätzlichen Bedarf, wie die Untersuchungen im Landkreis Marburg-Biedenkopf gezeigt haben (Remschmidt und Walter 1989).

Aufgabe der Versorgungsforschung ist es, nach einer sorgfältigen Analyse der Ist-Situation die Kooperation der Versorgungsstrukturen genau zu untersuchen, Defizite festzustellen und Möglichkeiten für die Verbesserung der Versorgung vorzuschlagen.

Der Landkreis Marburg-Biedenkopf und die umliegenden Landkreise können als eine sehr gut untersuchte Versorgungsregion betrachtet werden. In ausführlichen Erhebungen unter Berücksichtigung einer entsprechenden Falldefinition aufgrund eines Expertenratings wurde eine Rate an psychischen Störungen bei Schulkindern von

12,7% ermittelt. Nur 3,3% befanden sich jedoch wegen einer psychiatrischen Symptomatik oder eines Entwicklungsrückstandes in Behandlung, die Hälfte davon etwa in nichtpsychiatrischen, medizinischen Einrichtungen (Remschmidt und Walter 1990).

Zur Versorgungsforschung gehört auch die vergleichende Untersuchung verschiedener Versorgungsmodalitäten. So konnte in einer gemeinsam mit der Mannheimer Klinik durchgeführten Untersuchung zum Vergleich stationärer Behandlung, tagesklinischer Behandlung und home treatment gezeigt werden, daß diese Behandlungsmodalitäten für eine sorgfältig ausgewählte Gruppe, die etwa 10-15% der stationär aufgenommenen Patienten ausmacht, in gleichem Maße wirksam sind (Remschmidt et al. 1988).

Es ist eine wichtige Aufgabe, Weiterentwicklungen auf dem Sektor der Versorgung aufgrund der Ergebnisse empirischer Untersuchungen vorzunehmen.

Literatur

BMJFFG (Hrsg.): Empfehlungen der Expertenkommission der Bundesregierung zur Reform der Versorgung im psychiatrischen und psychotherapeutisch/psychosomatischen Bereich. Aktion Psychisch Kranke e.V., Bonn 1988.

Fichter, M.M.: Die oberbayerische Verlaufsuntersuchung: Psychische Erkrankungen in der Bevölkerung. Bericht an die Deutsche Forschungsgemeinschaft über das Projekt D4 am Sonderforschungsbereich 116 ("Psychiatrische Epidemiologie") in Mannheim, Außenstelle München. München 1988.

Knölker, U.; Lücke, M.: Zur Frage der Stigmatisierung von Patienten in einer stationären Einrichtung für Kinder- und Jugendpsychiatrie. Praxis der Kinderpsychologie und Kinderpsychiatrie 4, 138-147, 1991.

Martin, M.; Remschmidt, H.: Ein Nachsorge- und Rehabilitationsprojekt für jugendliche Schizophrene. Zeitschrift für Kinder- und Jugendpsychiatrie 11, 234-242, 1983.

Martin, M.; Remschmidt, H.: Rehabilitationsbehandlung jugendlicher Schizophrener. In: Remschmidt, H. (Hrsg.): Psychotherapie mit Kindern, Jugendlichen und Familien, Bd. II, 228-235. Enke, Stuttgart 1984.

Martin, M.: Der Verlauf der Schizophrenie im Jugendalter und Rehabilitationsbedingungen. Enke, Stuttgart 1991.

Remschmidt, H. (Hrsg.): Siebenjahresbericht (1981-1987) der Klinik und Poliklinik für Kinder- und Jugendpsychiatrie der Philipps-Universität Marburg. Marburg 1988.

Remschmidt, H.: Grundsätze zur Versorgung psychisch gestörter Kinder und Jugendlicher. In: Settertobulte, W.; Palentien, C.; Hurrelmann, K. (Hrsg.): Gesundheitsversorgung für Kinder und Jugendliche: Ein Praxishandbuch, 101-118. Asanger, Heidelberg 1995.

Remschmidt, H.; Schmidt, M.H. (Hrsg.): Alternative Behandlungsformen in der Kinder- und Jugendpsychiatrie: stationäre Behandlung, tagesklinische Behandlung und home treatment im Vergleich. Enke, Stuttgart 1988.

Remschmidt, H.; Walter, R.: Evaluation kinder- und jugendpsychiatrischer Versorgung. Analysen und Erhebungen in drei hessischen Landkreisen. Enke, Stuttgart 1989.

Remschmidt, H.; Walter, R.: Psychische Auffälligkeiten bei Schulkindern. Hogrefe, Göttingen 1990.

Remschmidt, H.; Walter, R.; Kampert, K.: Der mobile kinder- und jugendpsychiatrische Dienst: ein wirksames Versorgungsmodell für ländliche Regionen. Zeitschrift für Kinder- und Jugendpsychiatrie 14, 63-80, 1986.

Remschmidt, H.: Versorgungseinrichtungen für psychisch kranke Kinder und Jugendliche. In: Hurrelmann, U.; Laaser, U. (Hrsg.): Gesundheitswissenschaften. Handbuch für Lehre, Forschung und Praxis, 230-245. Beltz, Weinheim 1993.

Remschmidt, H.; Walter, R.; Warnke, A.: Konzeption und Versorgungsleistung eines mobilen kinder- und jugendpsychiatrischen Dienstes auf dem Land. Psychiatrische Praxis 17, 99-106, 1990.

Remschmidt, H.; Schmidt, M.H.; Mattejat, F.; Eisert, H.-G.; Eisert, M.: Therapieevaluation in der Kinder- und Jugendpsychiatrie: stationäre Behandlung, tagesklinische Behandlung und home treatment im Vergleich. Zeitschrift für Kinder- und Jugendpsychiatrie 16, 124-134, 1988.

38. Ausbildung, Weiterbildung, Fortbildung

Helmut Remschmidt, Fritz Mattejat und Gerhard Niebergall

38.1 Einleitung

Psychotherapie mit Kindern, Jugendlichen und Familien ist überwiegend eine Angelegenheit der Weiterbildung und Fortbildung für Ärzte und Diplom-Psychologen, die ihr Studium abgeschlossen haben und sich in der Phase der Spezialisierung bzw. Facharztweiterbildung befinden. Es muß aber auch ein Anliegen aller psychotherapeutisch tätigen Ärzte und Psychologen sein, psychotherapeutisches Wissen, psychotherapeutische Kenntnisse und Fertigkeiten schon im Studentenunterricht vermittelt zu bekommen. Obwohl diese Tendenz zu fördern ist, bleibt die verantwortliche Durchführung von Psychotherapien eine Aufgabe derjenigen Fachkräfte, die sowohl eine solide klinische als auch eine psychotherapeutische Ausbildung absolviert haben oder sich in einer solchen befinden.

Die zunehmende Bedeutung der Psychotherapie bei Kindern, Jugendlichen und Familien hat ihren Ausdruck u.a. in der obligatorischen Integration der Psychotherapie in den Weiterbildungsgang zum Facharzt für Kinder- und Jugendpsychiatrie erfahren. So beschloß der Deutsche Ärztetag (1992) eine Änderung der Facharztbezeichnung in: „Facharzt für Kinder- und Jugendpsychiatrie und -psychotherapie". Diese längst notwendige Integration der Psychotherapie in das Weiterbildungscurriculum der Kinder- und Jugendpsychiater erfordert verstärkte Anstrengungen, diesem Anspruch auch gerecht zu werden.

Da an der Klinik für Kinder- und Jugendpsychiatrie der Philipps-Universität Marburg erstmals in Deutschland ein diesen Anforderungen entsprechender Weiterbildungsgang entwickelt und erprobt wurde, stellen wir ihn hier ausführlich dar. Vergleichbare Weiterbildungsstätten wurden in den letzten Jahren auch an anderen universitären und außeruniversitären Einrichtungen gegründet.

Das Marburger Weiterbildungsseminar wurde im Jahr 1981 gegründet und wird von der Universitätsklinik für Kinder- und Jugendpsychiatrie, von der Ärztlich-Pädagogischen Jugendhilfe der Philipps-Universität und vom Verein für Kinder- und Familientherapie e.V. getragen. Mit der Gründung dieses Seminars wurde das Ziel verfolgt, eine umfassende Weiterbildung zu vermitteln, die die Absolventen in die Lage versetzt, Psychotherapie mit Kindern, Jugendlichen und Familien selbständig und eigenverantwortlich zu betreiben. Die Weiterbildung ist von der Hessischen Landesärztekammer anerkannt, d.h., die ärztlichen Teilnehmer des Seminars können nach erfolgreichem Abschluß der Weiterbildung die Zusatzbezeichnung „Psychotherapie" beantragen. Das Seminar steht aber nicht nur Ärzten, sondern auch Diplom-Psychologen offen. Aus dieser „Zusammenführung" ärztlichen und psychologischen Denkens ist ein lebendiger Dialog entstanden, der im Laufe der Jahre auch zu einer ständigen Verbesserung der Weiterbildung geführt hat.

Bei der Weiterbildung handelt es sich um eine *Postgraduierten*ausbildung, d.h., daß eine abgeschlossene Berufsausbildung als Arzt oder Psychologe und auch bereits eine mindestens einjährige Erfahrung im Umgang mit psychisch kranken und behinderten Kindern und Jugendlichen sowie deren Familien vorliegen müssen.

38.2 Grundprinzipien der Weiterbildung

Die psychotherapeutische Weiterbildung geht von folgenden Grundprinzipien aus:

1. Psychotherapie mit Kindern, Jugendlichen und Familien muß sich auf das gesamte Spektrum psychischer Störungen und Erkrankungen erstrecken. Dieses umfaßt sowohl Normvarianten kindlichen und jugendlichen Verhaltens als auch so schwerwiegende Störungen wie Psychosen, schwere neurotische Störungen (z.B. Zwangs-, Angst- und Konversionsneurosen) und eine Fülle von Krankheitsbildern, bei denen die Familiendynamik eine so wichtige Rolle spielt, daß auch die Familie intensiv in die Behandlung einbezogen werden muß.

2. Entsprechend dem breiten Spektrum der Erkrankungen und Störungsmuster muß auch die psychotherapeutische Weiterbildung breit sein und sich nicht nur auf eine Behandlungsmethode erstrecken, sondern vertiefte Kenntnisse und Erfahrungen in mindestens zwei wichtigen Psychotherapiemethoden sowie Kenntnissse der Indikationsstellung für weitere Psychotherapiemethoden umfassen.

3. Bei der Psychotherapie von Kindern, Jugendlichen und Familien muß besonderer Wert auf eine *differentielle Indikationsstellung* gelegt werden. Damit ist gemeint, daß, unter Berücksichtigung des empirischen Wissens, jeweils diejenige Methode bei einer psychischen Erkrankung angewandt werden soll, die bei dieser Störung auch die relativ besten Erfolge aufweist.

4. Die Behandlung von psychisch kranken Kindern und Jugendlichen erfolgt stets in einem größeren Rahmen, der die Einbeziehung der Familie, aber auch des sonstigen Lebensumkreises eines Kindes oder Jugendlichen erforderlich macht. Dementsprechend muß die Weiterbildung, neben dem engeren psychotherapeutischen Wissen und Handeln, auch Kenntnisse vermitteln, die sich auf den schulischen, beruflichen, den institutionellen und den rechtlichen Bereich beziehen.

5. Sowohl im stationären und teilstationären als auch im ambulanten Bereich sind bei der Behandlung von Kindern und Jugendlichen häufig mehrere Therapeuten tätig. Deshalb muß es ein Ziel der Weiterbildung sein, die Weiterbildungskandidaten in die Lage zu versetzen, *Therapiepläne* zu erstellen, die die Einbeziehung eines multiprofessionellen Teams unter der übergeordneten Vorstellung des jeweiligen Therapiezieles ermöglichen.

6. Eine wichtige Basis für die Therapie von Kindern, Jugendlichen und Familien ist die *Kenntnis normaler Entwicklungsvorgänge*. Die Weiterbildung legt deshalb besonderen Wert auf entwicklungspsychologische und im Zusammenhang mit der Entwicklung zu sehende psychodynamische Vorgänge.

7. Die Weiterbildung in der Psychotherapie von Kindern, Jugendlichen und Familien kann nur von Ausbildern vermittelt werden, die langjährige (ambulante, teilstationäre oder stationäre) Erfahrungen mit psychisch kranken und behinderten Kindern und Jugendlichen haben und fortlaufend entsprechende Psychotherapien durchführen. Diesem Prinzip Rechnung tragend, umfaßt der Dozentenstamm unseres Weiterbildungsseminares ausschließlich sehr erfahrene Kinder-, Jugendlichen- und Familientherapeuten.

8. Entscheidend für die Indikationsstellung für die Psychotherapie ist eine sorgfältige und ausgewogene *Diagnostik*. Diese muß allerdings stets therapiebezogen sein, um tatsächlich zu Indikationsfragen einen wichtigen Beitrag zu leisten. Auf eine derartige Diagnostik (sowohl Individual- als auch Familiendiagnostik) wird deshalb großer Wert gelegt.

38.3 Inhalte der Weiterbildung und Weiterbildungsrichtlinien

Das Weiterbildungsprogramm des Seminars ist so konzipiert, daß die erforderlichen Kenntnisse und Erfahrungen in einem dreijährigen Weiterbildungsgang erworben werden können. Zugrundegelegt wurden dabei die Rahmenrichtlinien der Hessischen Landesärztekammer zur Erlangung der Zusatzbezeichnung „Psychotherapie".

Eine Übersicht über den Weiterbildungsgang enthält Tab. 38.1. Sie zeigt den Aufbau des Weiterbildungsgangs, der sich in theoretische Grundkurse (A), diagnostische Seminare (B), Therapieseminare einschließlich Balintgruppen und Fallsupervisionen (C) und Selbsterfahrung (D) gliedert.

Tabelle 38.1 Übersicht über den Weiterbildungsgang "Psychotherapie" bei Kindern, Jugendlichen und Familien

Richtlinien der Landesärzte-kammer	Seminare in der Psychotherapie-Ausbildung Entsprechend ihrer zeitlichen Abfolge	Vorgesehene Anzahl von Stunden	Ges. Std.
1.1. - 1.3.	**A. THEORETISCHE GRUNDKENNTNISSE** 1. Persönlichkeitslehre und Entwicklungspsychologie 2. Lernpsychologie, kognitive Psychologie und Verhaltenslehre 3. Sozialpsychologische Grundlagen:Gruppen- und Familientheorie	12 12 12	60
1.4. - 1.6.	4. Psychopathologie und Psychosomatik 5. Nosologie, Klassifikation und Dokumentation 6. Neurosenlehre	8 8 8	
1.7. - 1.9.	**B. DIAGNOSTIK-SEMINARE** 1. Anamneseerhebung 2. Exploration und Verhaltensbeobachtung 3. Neurologische und neuropsychologische Befunderhebung 4. Psychodiagnostik 5. Familiendiagnostik	8 12 8 12 12	52
1.9.; 2	**C. THERAPIE-SEMINARE** **(einschließl. Balint-Gruppen und Fall-Supervision)** **a) Therapeutische Grundkurse** 1. Einführung in die problembezogene Therapie von Kindern, Jugendlichen und Familien 2. Einführung in die wichtigsten Therapiemethoden 3. Indikationsstellung, Therapieplanung, Therapiekontrolle und Therapieevaluation 4. Einübung therapeutischer Basisfertigkeiten: Problembezogene Therapie von Kindern und Jugendlichen 5. Einübung therapeutischer Basisfertigkeiten: Eltern- und Familientherapie	8 56 12 24 24	124
1.9; 2 4.1; 4	**b) Therapeutische Aufbaukurse; Balint-Gruppen** **und Fallsupervision** 1. Tiefenpsychologisch fundierte Psychotherapie, AT und verw.Verfahren Von den folgenden Kursen ist mindestens einer auszuwählen: 2. Verhaltenstherapie bei Kindern und Jugendlichen 3. Spieltherapie und Gesprächstherapie 4. Gruppentherapie mit Kindern und Jugendlichen (Psychodrama, Rollenspiel) 5. Familientherapie	100 100 100 100 100	200
4.1	**D. SELBSTERFAHRUNGSGRUPPE**	140	140

Auf die einzelnen Bausteine des Seminars soll in kurzer Form eingegangen werden.

(A) Theoretische Grundseminare

Sie vermitteln die notwendigen Grundkenntnisse, die für das Verständnis aller psychotherapeutischen Behandlungsmethoden, insbesondere unter dem Gesichtspunkt ihrer Anwendung bei Kindern, Jugendlichen und Familien, erforderlich sind.

(B) Diagnostik Seminare

Das Weiterbildungsseminar hält strikt an dem Prinzip fest, daß die Voraussetzung für eine fundierte und erfolgreiche Therapie eine sorgfältige, dem Störungsmuster angemessene Diagnostik ist. In diesem Sinne behandeln die Diagnostik-Seminare die wichtigsten diagnostischen Verfahren, wobei die Diagnostik stets als „therapiebezogene Diagnostik" aufgefaßt wird.

(C) Therapie-Seminare, einschließlich Balintgruppen und Fallsupervision

Die Therapie-Seminare vermitteln die für die Indikationsstellung und Behandlung erforderlichen Kenntnisse, Erfahrungen und Fertigkeiten. Die Therapie-Seminare gliedern sich in therapeutische *Grundkurse* und therapeutische *Aufbaukurse* (einschließlich Balintgruppen und Fallsupervision).

Während die therapeutischen *Grundkurse* eine Einführung in die wichtigsten bei Kindern, Jugendlichen und Familien praktizierten Behandlungsmethoden geben (einschließlich der Einübung therapeutischer Basisfertigkeiten), konzentrieren sich die therapeutischen *Aufbaukurse*, die Balintgruppen und Fallsupervisionen auf die Behandlungsverfahren, in denen der Kandidat besonders vertiefte Kenntnisse, Erfahrungen und Fertigkeiten erwerben möchte.

Tiefenpsychologisch fundierte Psychotherapie, autogenes Training und verwandte Verfahren sind in den Weiterbildungsgang integriert. Unter den folgenden Therapieverfahren ist eine Auswahl zu treffen:

- Verhaltenstherapie bei Kindern und Jugendlichen,
- Spiel- und Gesprächspsychotherapie,

- Gruppentherapie mit Kindern und Jugendlichen (Psychodrama, Rollenspiel) und
- Familientherapie.

(D) Selbsterfahrungsgruppe bzw. Einzelanalyse

Die Selbsterfahrung kann kontinuierlich oder im Rahmen von Blockveranstaltungen erworben werden - entweder als Gruppenselbsterfahrung oder im Rahmen einer Einzelanalyse.

Eine Übersicht hinsichtlich des zeitlichen Ablaufs der Weiterbildungsseminare gibt Tab. 38.2.

38.4 Aufnahmebedingungen und Zeitplan

Die Teilnahme an den Veranstaltungen des Weiterbildungsseminars ist für folgende Personengruppen möglich.

- Ärzte, die in ihrer praktischen Tätigkeit mit psychisch kranken Kindern, Jugendlichen und deren Familien arbeiten, insbesondere Ärzte aus den Bereichen Kinder- und Jugendpsychiatrie und Pädiatrie sowie andere Ärzte, die sich schwerpunktmäßig mit psychisch kranken Kindern und Jugendlichen beschäftigen.
- Diplom-Psychologen, die in der Kinder- und Jugendpsychiatrie oder in anderen Einrichtungen tätig sind, die mit psychisch kranken oder behinderten Kindern und Jugendlichen und deren Familien arbeiten.

Über die Aufnahme entscheidet der Weiterbildungsausschuß nach einem Gespräch mit den jeweiligen Weiterbildungskandidaten. Die Teilnahmebedingungen werden den Weiterbildungskandidaten in diesem Gespräch näher erläutert.

Die Weiterbildung erfolgt berufsbegleitend während des Semesters. Die Veranstaltungen finden in der Regel 14tägig am Freitagnachmittag und -abend und am Samstagvormittag statt. Sie können durch Blockseminare, die im Frühjahr oder Herbst stattfinden, ergänzt werden. Die Weiterbildungszeit umfaßt drei Jahre.

Tabelle 38.2 Zeitlicher Ablauf der Psychotherapie-Weiterbildungsseminare

Inhaltliche Schwerpunkte	Std. ca.	Teilnehmer	Semester					
			1.	2.	3.	4.	5.	6.
Vorgespräche (berufliche Voraussetzungen/ Qualifikation)	1	1	—					
Theorieseminare (auch Diagnostik)	50	20	—	—				
Einführungsseminare (Therapiemethoden)	40	20	—	—				
Klinische Fallvorstellungen (Psychopathologie)	50	20	—	—	—	—	—	—
Rückmeldungsgespräche (Persönliche Qualifikation/Kritik)	1	1		—				
Psychoanalytische Selbsterfahrungsgruppen (evtl. extern)	140	10		—	—	—	—	—
Fallsupervisionsgruppen	60	5						
Balintgruppen	40	20				—	—	—
Autogenes Training	12	20			—			
Vertiefungskurse	120	10			—	—	—	—
Gruppenmethoden	15	20				—	—	—
Abschlußprüfung (mündlich und schriftlich)	1	1						—

38.5 Organe des Weiterbildungsseminars

Organe des Weiterbildungsseminars sind:
- die Dozentenversammlung und
- der Weiterbildungsausschuß.

Die Dozentenversammlung umfaßt die im Weiterbildungsseminar tätigen Dozenten. Zu den Mitgliederversammlungen werden auch die auswärtigen Dozenten eingeladen. Die Dozentenversammlung tagt einmal im Jahr und bespricht grundsätzliche Fragen des Weiterbildungsganges.

Der Weiterbildungsausschuß gestaltet Einzelheiten des Weiterbildungsganges. Er ist für die Einhaltung der Richtlinien über die Inhalte der Weiterbildung verantwortlich, für die Anerkennung von Vorleistungen und auswärts erworbenen Kenntnissen und für die schriftlichen und mündlichen Prüfungen, mit denen die Weiterbildung beschlossen wird.

38.6 Organisation und Erfahrungen bei der Durchführung der Veranstaltungen

Die Durchführung der Weiterbildungsseminare erfolgt in einem „geschlossenen Kurssystem" und dauert drei Jahre (6 Semester). Die maximale Teilnehmerzahl beträgt für einen Kurs 20. Je nach Art der Veranstaltung (Theorie, Vermittlung von Therapiemethoden, Fallsupervisionsgruppen) wird die Zahl der jeweils Teilnehmenden verringert. So nehmen an den Fallsupervisionsgruppen

5 Weiterbildungskandidaten teil (siehe Tab. 38.2).

Da bestimmte persönliche Voraussetzungen vorhanden sein müssen und Bedingungen existieren, welche durch die Landesärztekammern festgelegt sind, muß vor Beginn eines Weiterbildungskurses eine Auswahl unter den zahlreichen Bewerbern getroffen werden. Diese Auswahl erfolgt nach einem persönlichen Vorgespräch. Die Bedingungen für eine Teilnahmemöglichkeit sind bereits oben aufgeführt worden. Eine Teilnahme ist z.B. nicht möglich, wenn der sich bewerbende Kandidat noch keine ausreichenden praktischen Berufserfahrungen hat und nicht in einem Bereich berufstätig ist, in dem es um die Aufgabe geht, Kinder und Jugendliche mit psychischen Störungen sowie ihre Familien zu behandeln und zu beraten. Es ist dabei nicht das Ziel, eine endgültige Beurteilung der Eignung für die spätere Ausübung psychotherapeutischer Leistungen des Kandidaten bei diesem durch ein Mitglied des Weiterbildungsausschusses geführten Gespräch vorzunehmen. Erst in einem „Rückmeldesgespräch" nach dem ersten oder zweiten Semester findet diese statt, nachdem genügend Gelegenheit bestanden hat, sich ein Bild über die persönliche Eignung der Kandidaten zu machen. In diesem Gespräch könnte z.B. darauf hingewiesen werden, daß bis zu diesem Zeitpunkt bei den verantwortlichen Dozenten der Eindruck entstanden ist, der Kandidat erfülle nicht die persönlichen Qualifikationen für eine spätere Psychotherapietätigkeit mit Kindern und Jugendlichen, etwa wegen mangelnden Einfühlungsvermögens, einer zu geringen Aktivität im Umgang mit ihnen oder zu starken emotionalen Distanz ihnen gegenüber. Hingewiesen wird dabei auch auf Lücken in theoretischen Kenntnissen und praktischen Erfahrungen sowie auf die Art der Beteiligung bei den Unterrichtsveranstaltungen.

Dieses „Rückmeldegespräch" mit dem Vorsitzenden des Weiterbildungsausschusses gibt den Kandidaten andererseits aber auch Gelegenheit, Kritik an der Art der Durchführung der Unterrichtsgestaltung und der Organisation zu äußern. Dabei werden zum Teil auch wichtige Anregungen für eine Verbesserung der Didaktik gegeben. So wurde z.B. darauf hingewiesen, daß besonders bei den theoretischen Grundkursen der Bezug zu den praktischen Erfordernissen bei der Durchführung einer Psychotherapie stärker beachtet werden soll. Es wurde der Wunsch geäußert, schon möglichst frühzeitig praktische Anwendungsmöglichkeiten verschiedener diagnostischer und psychotherapeutischer Verfahren bei Kindern und Jugendlichen kennenzulernen. Ebenso wurde der Wunsch geäußert, die einzelnen Unterrichtsveranstaltungen in einer möglichst klaren Struktur durchzuführen und den Teilnehmern anschließend schriftliche Aufzeichnungen zur Verfügung zu stellen.

Zur praktischen Unterrichtsgestaltung: Für jedes Semester wird ein inhaltliches Programm und eine Stundenaufteilung festgelegt (Beispiel s.Tab. 38.3). Das didaktische Konzept der jeweiligen Weiterbildungskurse wird gemäß den gemachten Erfahrungen kontinuierlich modifiziert. Es kristallisierte sich zunehmend heraus, daß der Erwerb von Kenntnissen und Lernfortschritten um so effizienter ist, je anschaulicher die Unterrichtsgestaltung, auch bei der Vermittlung theoretischer Grundkenntnisse, ist. Diese Erfahrungen führten dazu, daß ein reichlicher Gebrauch von den Möglichkeiten gemacht wurde, Patienten der Klinik persönlich vorzustellen, z.B. im Rahmen von "klinischen Visiten", oder mit ihnen Gespräche durch die Kandidaten bei der Vermittlung der Grundkenntnisse in Gesprächstherapie führen zu lassen. Auch psychodiagnostische Grundkenntnisse werden mit Hilfe von Kasuistiken dargestellt und veranschaulicht, bei den Therapiekursen zur Familien-, Spiel- und Gesprächstherapie werden in vielfacher Weise Rollenspiele und Demonstrationen mittels Videobändern und zahlreichen, selbst durchgeführter Psychotherapien der Dozenten mit ihren Möglichkeiten und Schwierigkeiten vorgenommen. In diesem Zusammenhang ist von den Teilnehmern betont worden, daß diese praxisnahen Unterrichtsgestaltungen und das selbständige Üben von Therapiemethoden den wirkungsvollsten Lerneffekt hatten und daß sie auch davon profitierten, die jeweils individuellen Therapiestile und unterschiedlich theoretisch verankerten Therapiepraktiken der einzelnen Dozenten kennenzulernen. So entwickelten sich bei den Teilnehmern auch gewisse Vorlieben für einzelne Psychotherapiemethoden und psychotherapeutische Theorien.

Schwierigkeiten und Probleme aus der Sicht der Dozenten bestehen bei der Durchführung der so konzipierten Weiterbildungsseminare darin, zunächst eine geeignete Zusammenstellung der Kursteilnehmer durchzuführen. Bei der Unterrichtsgestaltung selbst bedeutete der Umstand eine Schwierigkeit, daß der theoretische und praktische Kenntnisstand der Teilnehmer meist sehr heterogen war, was zur Folge hatte, daß einzelne Teilnehmer anfangs mehrfach unter- bzw. überfordert wurden. Die Erfahrung dabei zeigte, daß es zu einer Homogenisierung des Kenntnisstandes nach dem dritten oder vierten

Tabelle 38.3 Terminplan für das Psychotherapieseminar

Psychotherapieseminar Kurs 6 Terminplan für das Wintersemester 1994/95 - Fünftes Ausbildungssemester			
Tag	Zeit	Std.	Thema
Fr. 30.09.94	19.00 - 21.30	3	Kinder von psychisch kranken Eltern: Präventive und therapeutische Aspekte
Sa. 01.10.94	8.00 - 10.30	3	Klinische Fallvorstellung/Psychopathologie
	10.30 - 13.15	3	Gesprächstherapie *oder* Familientherapie
Fr. 14.10.94	19.00 - 21.30	3	Gesprächstherapie *oder* Familientherapie
Sa. 15.10.94	8.00 - 10.15	3	Klinische Fallvorstellung/Psychopathologie
	10.30 - 13.15	3	Gesprächstherapie *oder* Familientherapie
Fr. 04.11.94	19.00 - 21.30	3	Balintgruppe
Sa. 05.11.94	8.00 - 13.15	6	Balintgruppe
Fr. 25.11.94	19.00 - 21.30	3	Anorexie-Therapie
Sa. 26.11.94	8.00 - 10.15	3	Klinische Fallvorstellung/Psychopathologie
	10.30 - 13.15	3	Katathymes Bilderleben
Fr. 16.12.94	19.00 - 21.30	3	Angststörungen: Diagnose und Therapie
Sa. 17.12.94	8.00 - 10.15	3	Verhaltenstherapeut. Method. mit Kindern u. Jugendl.
	10.30 - 13.15	3	Gesprächstherapie *oder* Familientherapie
Fr. 13.01.95	19.00 - 21.30	3	Spieltherapie *oder* Familientherapie
Sa. 14.01.95	8.00 - 10.15	3	Klinische Fallvorstellung/Psychopathologie
	10.30 - 13.15	3	Spieltherapie *oder* Familientherapie
Fr. 27.01.95	19.00 - 21.30	3	Psychotherapeutische Aspekte in der Frühförderung
Sa. 28.01.95	8.00 - 10.15	3	Euthyme Therapiestrategien
	10.30 - 13.15	3	Spieltherapie *oder* Familientherapie
Fr. 10.02.95	19.00 - 21.30	3	Balintgruppe
Sa. 11.02.95	8.00 - 13.15	6	Balintgruppe
Fr. 24.02.95	19.00 - 21.30	3	Katathymes Bilderleben
Sa. 25.02.95	8.00 - 10.15	3	Klinische Fallvorstellung/Psychopathologie
	10.30 - 13.15	3	Spieltherapie *oder* Familientherapie

Ausbildungssemester kommt. Doch haben die heterogenen theoretischen Grundkenntnisse und praktischen Berufserfahrungen der einzelnen Teilnehmer nicht nur negative Folgen, vielmehr wirkten sie sich oft positiv auf die untereinander geführten Diskussionen aus, so daß auch in dieser Hinsicht deutliche Lerneffekte zu verzeichnen waren. Dabei unterstützten sich die Weiterbildungskandidaten gegenseitig, nicht zuletzt bei der Durchführung der Fallsupervisionsgruppen. Bei den *Fallsupervisionsgruppen* bestehen die besten Möglichkeiten, praktische Gesichtspunkte, beginnend mit der Diagnostik und Klassifikation, zu vermitteln und einzuüben, z.B. mit Hilfe von „Rollenspielen". Wie nicht anders zu erwarten, kristallisieren sich oft individuelle Vorlieben und Fähigkeiten der Teilnehmer heraus, die durch die Dozenten gezielt modifiziert oder weitergefördert werden konnten. Als eine Schwierigkeit stellte sich dabei heraus, daß einzelne Teilnehmer aufgrund früherer Fortbildungen oder ihrer beruflichen Tätigkeit relativ enge bzw. fixierte Vorstellungen (z.B. ausschließlich psychoanalytische Konzepte) davon hatten, wie psychotherapeutische Prozesse verlaufen sollten. Die entsprechenden Korrekturen durchzuführen war bei diesen Weiterbildungskandidaten gelegentlich schwieriger als die Vermittlung von Grundkenntnissen bei jenen, die diese „Vorbelastungen" nicht hatten. Dabei war es u.a. erforderlich, auf den Weiterbildungsrahmen („tiefenpsychologisch fundiert") zu verweisen, der durch die Richtlinien der Landesärztekammern vorgegeben ist.

Ein ständiges Ärgernis bei den Weiterbildungskandidaten und den Dozenten ist der Umstand, daß die Richtlinien bezüglich der Psychotherapieweiterbildung der Landesärztekammern der einzelnen Bundesländer nicht einheitlich sind und sich zudem ständig verändern, z.B. hinsichtlich der geforderten Anzahl der selbst durchgeführten, supervidierten Therapiefälle. Uneinheitlich und unklar sind oft auch die Kriterien der weiteren beruflichen Voraussetzungen der Weiterbildungskandidaten, z.B. beim Umfang der psychiatrischen Kenntnisse und Erfahrungen. Deshalb war es oft erforderlich, daß sich die ärztlichen Weiterbildungskandidaten bei den für sie zuständigen Landesärztekammern Informationen darüber einholen mußten, ob sie die sonstigen individuellen Voraussetzungen erfüllen, um den Zusatztitel „Psychotherapie" zu erlangen, wenn sie dieses Weiterbildungsseminar erfolgreich absolviert haben. Weitgehend

problemlos war dies der Fall für Fachärzte für Kinder- und Jugendpsychiatrie sowie Pädiatrie, bei letzteren mit dem Nachweis zusätzlicher praktischer Berufserfahrung im Umgang mit psychiatrischen Erkrankungen bei Kindern, Jugendlichen und Erwachsenen.

Schwierigkeiten zu Beginn der Weiterbildungskurse bestanden nicht selten darin, bei den Weiterbildungskandidaten Verständnis für Gesichtspunkte der *differentiellen Therapieindikation* zu wecken, die nur aufgrund fundierter neurologischer, psychiatrischer und psychodiagnostischer Befunde erfolgen kann. Hierzu zählte, daß die Vielzahl der *Teilleistungsstörungen* (Legasthenie, Rechenstörung, Sprachentwicklungsstörungen incl. Stottern, motorische Entwicklungsrückstände, mildere neurologische Defizite) in ihrer Bedeutung für vielfältige psychische Störungen des Kindes- und Jugendalters durch die Kursteilnehmer nicht immer unmittelbar nachvollzogen werden konnten. Doch zeigte sich auch in dieser Hinsicht, daß es sich meist um Schwierigkeiten in den Anfangssemestern handelte und daß sich in den späteren Semestern zunehmend ein Verständnis für die Dynamik zwischen Teilleistungsstörungen und einer sekundären Entwicklung von psychosozialen Auffälligkeiten der betreffenden Patienten entwickelte.

Unsere Erfahrungen zeigen außerdem, daß die einzelnen Weiterbildungskurse der Vergangenheit jeweils eine Eigendynamik und spezifische Kurscharakteristiken entwickelten.

Auch in diesem Zusammenhang war es wichtig, daß sich die Dozenten untereinander abstimmten, was bei regelmäßig durchgeführten *Dozentenversammlungen* geschieht. Dabei waren Absprachen hinsichtlich der Lehrinhalte vorzunehmen, damit es nicht zu fachlichen Überschneidungen, z.B. der wiederholten Vorstellung von Patienten mit einem Krankheitsbild, kam. Die gröbsten organisatorischen Mängel in dieser Hinsicht ließen sich dadurch vermeiden, daß die Dozenten sich zusätzlich, unabhängig von den Dozentenversammlungen, über die von ihnen durchgeführten Unterrichtseinheiten ständig informierten.

Unterschiedlich ausgeprägt bei den Weiterbildungskandidaten war die Bereitschaft zur Übernahme *eigener Therapiefälle*, die fortlaufend in den Supervisionsgruppen begleitet werden. Dabei sind einige Teilnehmer zunächst recht ungeduldig und drängen auf eine frühzeitige Durchführung selbständiger Psychotherapien, andere sind in dieser Hinsicht zurückhaltend und vorsichtig, und müssen ermutigt werden, sich bei der praktischen Anwendung der Therapiemethoden zu erproben. Dabei ist es nicht immer einfach, für Supervisionszwecke geeignete Patienten zu finden, wobei schon zu Beginn prognostiziert werden sollte, ob der Therapieverlauf nicht zu viele Schwierigkeiten bietet, die den Kenntnisstand und die praktischen Fertigkeiten der Supervisanden übersteigen würden.

Aus Sicht der Dozenten handelt es sich bei dem einschließlich der Teilnahme an einer psychoanalytischen Selbsterfahrungsgruppe mit 570 Stunden vorgesehenen Curriculum um eine relativ knappe Zeit, um genügend Kenntnisse und praktische Fertigkeiten zu vermitteln, damit die Weiterbildungskandidaten zusätzlich zu ihrem theoretischen Vorwissen und ihren beruflichen Erfahrungen Fertigkeiten erlangen, um bei Vorhandensein der persönlichen Eignung selbstverantwortlich und eigenständig Psychotherapien mit psychisch kranken Kindern und Jugendlichen sowie ihren Familien durchführen zu können. Um sich in dieser Hinsicht noch mehr Klarheit zu verschaffen, bieten die schriftlichen und mündlichen Abschlußprüfungen eine Gelegenheit.

38.7 Abschluß der Weiterbildung

Der Abschluß der Weiterbildung erfolgt durch ein Kolloquium mit Mitgliedern des Weiterbildungsausschusses. Der Weiterbildungsausschuß entscheidet über die Zulassung zum Abschlußkolloquium. Eine Voraussetzung für die Zulassung ist die Vorlage eines schriftlichen Fallberichtes über einen von drei behandelten Patienten bzw. eine behandelte Familie, der auch die relevante Literatur berücksichtigt.

Das Kolloquium geht zunächst von einem der behandelten Fälle aus, berührt dann aber auch weitere wesentliche Fragen der psychotherapeutischen Weiterbildung, die sich sowohl auf den praktischen als auch auf den theoretischen Bereich beziehen. Ganz wesentlich geht es in diesem Kolloquium um die Frage der Indikationsstellung, um die selbstkritische Einschätzung der eigenen Möglichkeiten, und um Fragen der Koordination und Kooperation.

Nach erfolgreichem Abschluß des Kolloquiums wird dem Weiterbildungskandidaten ein Abschlußzertifikat erstellt, das bei der Landesärztekammer mit Antrag auf Erteilung der Zusatzbezeichnung „Psychotherapie" eingereicht werden kann.

Eine Übersicht der Absolventen, die an den bisher durchgeführten Weiterbildungskursen teilgenommen haben, gibt Tab. 38.4, aufgeschlüsselt nach Geschlecht, Beruf und Arbeitsplatz bei Beendigung des Weiterbildungskurses.

Tabelle 38.4 Übersicht der Absolventen eines Weiterbildungskurses

Absolventen der Weiterbildungskurse 1 - 6 (1982 - 1995)					
	Beruf		Arbeitsplatz		
	Ärzte	Psychologen	Institution / Klinik	Niedergelassen / eigene Praxis	ohne Anstellung/ unbekannt
Geschlecht	w m	w m			
Anzahl	48 39	11 8	61	30	15

38.8 Absolventenseminare

Im Anschluß an früher durchgeführte Weiterbildungskurse haben sich bei uns seit 1986 sogenannte Absolventenseminare etabliert. Diese kamen auf mehrfach geäußerte Wünsche der ehemaligen Teilnehmer an den Weiterbildungskursen zustande. Motive der Absolventen waren z.B., zusätzliche theoretische Kenntnisse und praktische Fertigkeiten nach ihren eigenen Bedürfnissen und unabhängig von einem mehr oder weniger festgeschriebenen Fortbildungscurriculum zu erwerben. Diese Absolventenseminare, die sich zu einem festen Bestandteil des Fortbildungsangebotes der Universitätsklinik für Kinder- und Jugendpsychiatrie in Marburg entwickelt haben, werden von ca. 30 Absolventen besucht, wobei bei einzelnen Veranstaltungen regelmäßig etwa 10 bis 12 Absolventen teilnehmen. Das Interesse an diesen Fortbildungsveranstaltungen hat verschiedene Hintergründe; teilweise haben die Kollegen sich als niedergelassene Ärzte zunehmend für die Erbringung psychotherapeutischer Leistungen spezialisiert und ihre eigene Praxis umgestellt andere nutzen die Möglichkeit zu weiterer beruflicher Qualifikation, wobei natürlich auch die persönlichen Neigungen eine Rolle spielen. Diese Absolventenseminare finden viermal im Jahr in einem Umfang von 11 Stunden statt. Gewünscht werden dabei ausführliche Fallsupervisionsgruppen sowie Vertiefungskurse bei ausgewählten psychodiagnostischen Fragestellungen (z.B. Rorschach-Seminare) sowie bestimmten Therapieverfahren (z.B. psychodramatische Methoden, familientherapeutische Interventionen, katathymes Bilderleben).

In Tab. 38.5 ist die thematische Gestaltung der Absolventenseminare für ein Kalenderjahr wiedergegeben. Die Durchführung der Absolventenseminare erfolgt in ähnlicher Form wie bei den ursprünglichen Weiterbildungskursen. Ausnahmslos sind dabei die Teilnehmer außerordentlich engagiert und motiviert, zumal diese Fortbildungsveranstaltungen ja keiner formalen Qualifikation mehr dienen. Für die Dozenten ist es dabei von besonderem Interesse, Rückmeldungen über die Effizienz der früher durchgeführten Weiterbildungsseminare zu erhalten, wobei die

Tabelle 38.5 Beispiel für Wochenendprogramme des "Absolventenseminars"

Freitag, 18. März;	Supervisionsgruppen
Samstag, 19. März:	Praxis der psychoanalytischen Spieltherapie sowie katathymes Bilderleben (Kasuistiken)
Freitag, 17. Juni:	Supervisionsgruppen
Samstag, 18. Juni:	Pharmako- und kognitive Therapieansätze bei der Behandlung der Schizophrenie (neuere Entwicklungen und Kasuistiken)
	Entwicklung moralischer Instanzen (z.B. "Kohlberg-Schema")
	Behandlung aggressiver Verhaltensstörungen
Freitag, 23. September:	Supervisionsgruppen
Samstag, 24. September:	a) Grenzen der Psychotherapieverfahren - kasuistische Beispiele
	b) Komplikationen im Verlauf von Psychotherapien
Freitag, 9. Dezember:	Supervisionsgruppen
Samstag, 10. Dezember:	a) Grundlagen der Rational Emotiven Therapie
	b) Supervision von Behandlungen mit dem KB. Kasuistiken
	c) der Kursteilnehmer(innen)

Erfahrungen der Absolventen genutzt werden, um im Sinn eines Rückkopplungsprozesses Modifikationen bei der Schwerpunktbildung und der Unterrichtsgestaltung der eigentlichen Weiterbildungsseminare vorzunehmen. Schwierigkeiten bei den Absolventenseminaren, wie sie regelmäßig bei der Durchführung der ursprünglichen Weiterbildung entstehen, entfallen fast völlig wegen der veränderten Motivation der Teilnehmenden. Aber auch bei den Absolventenseminaren wird stets Wert darauf gelegt, sie in einer besonders praxisnahen, fallzentrierten Weise zu gestalten. Auch hierbei wird die Verantwortung erkennbar, die durch die Dozenten übernommen wird, nicht nur wenn sie gezielte Ratschläge für die Durchführung der Psychotherapien geben, sondern auch bei Fragen der ambulanten oder stationären Therapie, der Unterbringungsmöglichkeiten, der Einflußnahme auf die Familiendynamik und nicht zuletzt der medikamentösen Therapieindikationen.

Schließlich kristallisiert sich eine weitere Tradition in Verbindung mit der Weiterbildungsstätte an der Marburger Universitätsklinik für Kinder- und Jugendpsychiatrie heraus. Jeweils zu Beginn eines neuen Weiterbildungskurses, also in dreijährigen Abständen, wird eine Psychotherapietagung zu bestimmten Themen durchgeführt, wobei Referate durch namhafte auswärtige Fachleute sowie Dozenten, die in dem Weiterbildungsseminar tätig sind, gehalten werden. Erste Erfahrungen dabei zeigen, daß diese Psychotherapietagungen eine positive Resonanz mit Teilnehmerzahlen von 100 bis 200 gefunden haben.

Alle diese Erfahrungen ermutigen uns, in der skizzierten, jeweils aktuell modifizierten Form mit unseren Bemühungen fortzufahren, auch auf diese Weise einen Beitrag zur Verbesserung der psychotherapeutischen Behandlung von psychisch kranken Kindern und Jugendlichen sowie ihren Familien zu leisten.

Autorenindex

—A—

—B—

—C—

Sachindex